《中国民族统计年鉴—2018》
编辑委员会名单

地方民委系统

范　宝　北京市民族宗教事务委员副主任

沈淑娟　天津市民族和宗教事务委员会副主任

崔晓辉　河北省民族事务委员会副主任

刘国庆　山西省民族事务委员会主任

李国成　内蒙古自治区民族事务委员会副主任

赵　瑞　辽宁省民族和宗教事务委员会副主任

孟庆东　吉林省民族事务委员会副主任

刘　明　黑龙江省民族宗教事务委员会主任

花　蓓　上海市民族和宗教事务局局长

何昌林　江苏省民族宗教事务委员会副主任

钟昌明　浙江省民族宗教事务委员会副主任

陆友勤　安徽省民族事务委员会主任

黄进发　福建省民族与宗教事务厅厅长

马哲海　江西省民族宗教事务局副局长

马传凯　山东省民族宗教事务委员会主任

贾瑞琴　河南省民族宗教事务委员会主任

吴红娅　湖北省民族宗教事务委员会副主任

赵仁秀　湖南省民族宗教事务委员会副主任

李秀英　广东省民族宗教事务委员会巡视员

杨启标　广西壮族自治区民族宗教事务委员会副主任

彭家典　海南省民族宗教事务委员会副主任

丁时勇　重庆市民族宗教事务委员会主任

张富国　四川省民族宗教事务委员会主任

石松江　贵州省民族宗教事务委员会主任

马开能　云南省民族宗教事务委员会副主任

多布青　西藏自治区民族事务委员会副主任

王爱民　陕西省民族宗教事务委员会主任

马虎成　甘肃省民族事务委员会主任

刘　华　青海省民族宗教事务委员会副主任

杨志文　宁夏回族自治区民族事务委员会主任

买合木提•吾斯曼　新疆维吾尔自治区民族事务委员会主任

司惠明　新疆生产建设兵团民族宗教事务局局长

《中国民族统计年鉴—2018》

编者说明

一、由国家民族事务委员会主办的《中国民族统计年鉴》（2018），是一部全面反映中国政府民族经济工作以及全国少数民族和民族自治地方国民经济社会发展情况统计资料的大型资料性工具书。

二、本书由“专文”“综述篇”“统计资料篇”“附录”共 4 部分组成。

1．专文。收录了国家民委主要领导在 2017 年有关民族工作的部分文章和讲话。

2．综述篇。分“民族自治地方发展综述”“民族乡镇发展综述”“民族经济工作综述”等 3 个类目，收录了 2017 年全国、各省（自治区、直辖市）民族自治地方和民族乡镇经济社会发展情况及 2017 年各省区市及兵团民族经济工作情况的综合性文稿。

3．统计资料篇。分“民族自治地方”“陆地边境县”“牧区半牧区县”“民族乡镇”“全国少数民族发展情况”“其他资料”等 6 部分。涉及到的全国性统计数据均不包括台湾省和香港特别行政区、澳门特别行政区的资料。统计资料主要来源于国家政府主管部门、各级统计和民族工作部门。部分数据合计数或相对数由于单位取舍不同而产生的计算误差均未作机械调整。全部统计资料均经国家统计局统计设计管理司和国民经济综合统计司审核。

4．附录。收编了各类民族方面的资料。

目　录

专　文

综述篇

民族自治地方发展综述

民族乡镇发展综述

民族经济工作综述

统计资料篇

民族自治地方

十、农业

十一、工业

十二、建筑业

十三、运输和邮电

牧区半牧区县

民族乡镇

全国少数民族发展情况

一、人口

二、教育

附 录

专文

收录了国家民委主要领导在2017年有关民族工作的部分讲话。

国家民委主任巴特尔同志在全国民委主任会议上的讲话

（2017年12月21日）

当前全党全国正在兴起学习贯彻习近平新时代中国特色社会主义思想和党的十九大精神的热潮，我们召开这次全国民委主任会议，任务就是在民族工作领域把学习贯彻持续引向深入，总结2017年工作，研究今后一个时期总体思路，部署2018年工作，奋力开创党的十九大后民族工作的良好开局。

党中央、国务院对这次会议十分重视。中央领导同志会前听取了民委工作汇报，作出重要指示。今天上午国家民委委员全体会议上，国务院副总理刘延东发表重要讲话。我们一定要认真学习领会，抓好贯彻落实。

刚才，7位地方的同志发了言，对我们都有很好的启发借鉴。下面，我讲三点。

一、2017年我国民族工作创新推进取得显著成绩

2017年，党的十九大胜利召开，这在党和国家历史上、在中华民族发展史上，都有特殊重大意义。一年来，以习近平同志为核心的党中央，一如既往地重视关心民族工作，亲力亲为。进一步强化了顶层设计，把做好民族工作纳入“四个伟大”这一新时代我们党的历史使命，从经济、政治、文化、社会、生态、党建等各个方面作出了部署，提出了要求。进一步带头做好民族团结工作，深入民族地区调研走访，多次给民族地区各族群众回信，多次接见少数民族干部群众。进一步加大差别化政策支持力度，出台支持“三区三州”等深度贫困地区脱贫攻坚、加大边民支持力度促进守边固边等政策文件，把兴边富民行动作为促进区域协调发展的重要举措加以强调。在党中央、国务院正确领导下，我们深入学习贯彻习近平新时代中国特色社会主义思想，牢牢把握党的十九大召开这件头等大事，紧紧围绕“中华民族一家亲，同心共筑中国梦”这一目标任务，各项工作取得了新的进展和成绩。概括起来，有以下几个方面：

一是喜迎、学习、宣传党的十九大不断掀起新热潮。我们圆满完成党的十九大民族语文翻译工作，习近平总书记等中央领导同志专门接见了全体翻译组工作人员，并合影留念。我们严格按要求做好十九大代表推选、配合完成十九届“两委”人选推荐考察，积极参与“砥砺奋进的五年”成就展布展工作以及反恐维稳督查活动，争取中宣部支持国家民委2017年重点宣传报道工作方案，在《人民日报》《求是》等媒体刊发多篇学习研究习近平新时代民族工作思想的理论文章，中央主流媒体宣传报道数量和质量全面提升，在民族领域为十九大召开做好准备。以喜迎党的十九大为主题，成功组织全国少数民族参观团，俞正声主席、孙春兰同志会见了参观团全体成员，韩正、蔡奇等同志分别在上海、北京会见了团员代表，为十九大召开营造了良好氛围。与中央网信办联合开展“56个民族儿女寄语十九大”微视频宣传活动，微视频发布一周内总访问量突破5亿人次。十九大闭幕后，迅速以视频会议的形式召开国家民委系统干部大会，召开首都各界少数民族代表座谈会，高规格举办全国民委系统专题研讨班，全方位传达学习十九大精神。值得一提的是，我们还和哈萨克斯坦合作翻译出版《习近平谈治国理政》哈萨克文版，并在哈方举办了首发式。

二是成功筹备组织内蒙古自治区成立70周年大庆。这是十九大前夕重要的大型活动，党中央、国务院高度重视，列入中央政治局常委会工作要点，写入政府工作报告。习近平总书记、李克强总理、俞正声主席等中央领导同志分别作出重要批示指示。习近平总书记为贺匾题词，俞正声主席担任中央代表团团长，并与栗战书、刘延东、孙春兰等中央领导同志分别审定大庆方案，具体研究确定中央

代表团活动安排、人员组成、纪念品制作发放等事项。我们与内蒙古自治区密切配合、通力合作，先后组织各部门赴内蒙古联合调研 2 次，召开筹备会议 50 余次，内蒙古自治区党政领导带队到国家民委也有 6 次之多。大庆期间，中央代表团慰问全区 12 个盟及部分群众代表，及时把党中央的关心关怀送到各族干部群众心坎。整个活动充分体现了中央提出的“隆重热烈、简朴务实、突出政治性”要求，同时系统总结内蒙古 70 年历史性发展成就，集中展示了民族区域自治制度的巨大优越性和光明未来。

三是推动民族地区脱贫奔小康步伐不断加快。召开全国民族自治州全面建成小康社会经验交流会，持续聚焦脱贫奔小康，增强了分类指导的针对性。组织开展“三区三州”深度脱贫攻坚调研，中央政治局常委、国务院副总理汪洋在调研报告上作出重要批示。稳步实施促进民族地区和人口较少民族发展规划，推动国办印发兴边富民行动“十三五”规划，2017 年少数民族发展资金同比增长 20.7%，差别化政策支持力度不断加大。认真履行武陵山片区联系单位职责，分别与 17 个部门就 12 个行业的 1072 个项目进行对接，总投资 300 亿元。2017 年成功摘帽的 28 个贫困县中，西部和民族地区有 21 个。今年前 3 季度，民族八省区经济增速 7.5%，高于全平均水平 0.6 个百分点，高于东部 0.1 个百分点，贵州、西藏、云南经济增速名列全国前五。

四是民族团结进步创建全面提升。召开全国民族团结进步创建经验交流现场会，刘延东副总理出席并讲话，会议明确把“创建活动”升格为“创建工作”，提升了层次、拓展了领域、深化了内涵。组织协调有关部委和地方，到内蒙古、上海等 9 个省区市就创建工作开展了调研督查。一年来，我们完成 7 个示范州市考核验收、198 个县级以下示范区（单位）评审工作，起草完成全国双语和谐乡村（社区）示范点建设指导性意见，推动创建工作向着新的广度、深度进军，更加规范、更有成效。

五是民族事务治理法治化水平显著提高。牵头起草并推动中办国办印发《关于依法治理民族事务促进民族团结的意见》（中办发〔2017〕1 号），针对民族法治工作中存在的突出问题，提出明确的政策措施和工作要求。参与全国人大、国务院 30 件法律法规的制定、修订工作，推动民族法治体系进一步完善发展。创新普法宣传形式，联合司法部、团中央等举办“喜迎十九大共筑中国梦”民族法律知识有奖竞答，10 天内吸引网民参与超过 189 万人次。

六是少数民族流动人口服务与管理实现突破。起草并推动中办国办印发《关于加强和改进少数民族流动人口服务管理工作的意见》（中办发〔2017〕20 号）。联合中组部举办地方党政领导干部城市民族工作专题研究班，召开贯彻落实全国城市民族工作会议精神经验交流会，命名 22 个全国少数民族流动人口服务管理示范城市，城市民族工作在凝聚共识、提高能力、规范推进方面亮点纷呈。聚焦语言文化政策方面存在的问题，抓住教育服务这个关键环节，召开现场经验交流会，推广北京等地好做法好经验，推动少数民族进城务工人员更好融入城市。全国高校思想政治工作会议结束不久，我们迅速召开会议贯彻落实，对委属高校思想政治工作进行研究部署。与国家反恐办、教育部、公安部联合召开全国反恐工作视频会议，对防范“三股势力”向内地学校渗透工作作出具体部署。

七是涉民族因素突发舆情和案（事）件得到妥善处置。加强监测研判，及时召开舆情会商联席会议，先后就涉伊、涉穆、涉疆等工作进行专题研究，向中央提出的对策建议多次被采纳。会同中央网信办等部门开展网络涉伊涉穆言论引导管控专项工作，推动及时处置涉民族因素重大负面舆情，协调开展对“网络大 V”等重点人物的教育工作。积极回应社会关切，制定网络评论员管理办法，组建网络评论员队伍，制定重大网络舆情引导管控实施方案，推动主流健康舆论培育壮大。围绕做好反恐维稳与维护新疆少数民族正当权益相关工作，与国家反恐办、公安部联合召开电视电话会议，进一步明确了工作原则和要求，指导地方防止和纠正针对特定民族的歧视性做法。对一些影响较大的涉民族因素突发事件，及时指导地方、协调有关部门妥善处置，维护了民族关系大局的总体稳定。

八是民族文化繁荣发展增添了新助力。时隔 11 年之后，与国家中医药管理局联合召开全国少数民族医药工作会议，刘延东副总理与会议代表进行了座谈，对做好新时代少数民族医药工作作出了研究部署。此前出台的《中医药法》，首次明确了少数民族医药列入中医药范畴的法律地位。推动“中国金鸡百花电影节”专门举办少数民族电影展，瑶、裕固、普米等少数民族第一次有了反映本民族题材的电影。“中华民族一家亲”文化下基层活动与自治州、自治县逢十周年庆祝活动紧密结合，进一步丰富了庆祝活动内容。制定出台少数民族语言文字、全国少数民族古籍保护等委内“十三五”规划，明确了目标、任务和重点项目。

九是民族干部人才培养培训拓展了新平台。协调民族地区组织部门、民族工作部门联合办班，共同培训优秀少数民族干部，推动教育培训与选拔使用相结合，进一步发挥了国家民委在民族干部队伍建设方面的作用。首次联合中组部等 7 部委开展双语人才队伍专题调研工作，首次组织委属高校藏汉双语法学班学生赴藏区基层法院实习，为双语人才培养摸清了底数、探索了新方式。与中组部、中央统战部共同组织 524 名西部地区、民族地区干部，到中央国家机关、国有重点企业和经济相对发达省市挂职，同时选派 77 名联络员赴武陵山片区等，进一步加强了中央和国家机关与民族地区的干部交流。在北方民族大学增设国家级专业技术人员继续教育基地，拓展了急需紧缺和高端人才的培训平台。

一年来，全国民委系统推动全面从严治党向纵深发展，以实际行动和优异成绩向党的十九大献了礼，也为十八大以来的民族工作划上了圆满句号。对过去五年的民族工作，十九大报告用“创新推进”4 个字作了充分肯定，上午刘延东副总理从 6 个方面作了全面总结。总的看，过去五年，是以习近平同志为核心的党中央弘扬党的优良传统、高度重视、亲切关怀的五年，是党的民族理论政策创新发展、马克思主义民族理论中国化实现新飞跃的五年，是国家支持力度进一步加大、民族地区脱贫奔小康持续加快的五年，是各民族交往交流交融深化、中华民族共同体意识不断铸牢的五年，是民族工作顶层设计日益完善、凝聚强大合力的五年。这些历史性新成就，推动民族团结进步事业进入了新时代，为中国特色社会主义进入新时代作出了重要贡献，为我们做好今后工作打下了坚实的基础。

二、准确把握新时代我国民族工作的新形势新任务新要求

十九大总揽全局、审时度势，对做好新时代民族工作进行了突出强调和重点部署，涉及内容之多、分量之重前所未有，为我们在新的历史起点上推进工作描绘了新蓝图、作出了总动员。全国民委系统要全面准确把握习近平新时代中国特色社会主义思想和党的十九大对新时代民族工作的指导意义，真正学懂弄通做实，做到真懂真信真用，不断开创我国民族团结进步事业创新发展的新局面。

一要牢牢把握中国特色社会主义进入新时代这一历史方位。十九大正式宣告“中国特色社会主义进入新时代”，并用“3 个意味着”“4 个史上”“5 个是”，作出深刻阐述。这一重大判断，揭示了民族工作必须牢牢把握的历史方位。站在新的历史起点上，新时代民族工作迎来难得历史机遇。从国际上看，世界处于前所未有的大变局，欧美民族问题出现极端化、民粹化趋势，西方之乱和中国之治形成鲜明对比，中国特色解决民族问题的正确道路在国际上得到越来越多的理解和认同。从国内看，我国社会主要矛盾发生重大变化，民族地区正向同步小康和高质量发展迈进，各民族交往交流交融持续深化，中华民族在党的领导下正同心共筑中国梦。同时，我们也要清醒地看到，世界并不太平，新时代民族工作面临复杂严峻的挑战。从国际上看，西方蔓延的极端民族主义、民粹主义等思想对我干扰增加，国内外敌对势力遏制和打断我复兴步伐的战略图谋加剧，民族宗教问题依然是他们实施渗透破坏的主要突破口。从国内看，民族地区与东部地区缩小发展差距、同步实现小康的难度依然很大。涉民族因素的负面舆情和案（事）件易发多发，“三股势力”及其暴恐活动仍处在活跃高发阶段。总的看，我国民族关系向上向好的态势没有变，中华民族复兴的伟大前景更加灿烂，但压力和挑战不容忽视。我们要牢牢把握新时代民族问题阶段性特征，既保持战略定力，对我国民族关系前景充满信心，也要增强忧患意识，居安思危，着力提高民族工作科学性、预见性和有效性，确保民族团结进步事业不断走向新的胜利。

二要牢牢把握习近平新时代民族工作思想这一创新理论。十八大以来，民族工作最重要的创新成果就是形成了习近平新时代民族工作思想。这一思想，集中体现在习近平总书记关于民族工作系列重要讲话、指示和批示当中，主体是中央民族工作会

议精神，主线是巩固和发展中华民族命运共同体。这一思想，紧紧围绕坚定不移走中国特色解决民族问题的正确道路，提出了一系列新观点新论断，深刻回答了“怎么把握我国是统一多民族国家的基本国情”“怎么评价党的民族理论政策和我国民族工作实践”“怎么加强和改进新形势下民族工作”这些重大问题。这一思想，开辟了马克思主义民族理论政策中国化的新境界，是习近平新时代中国特色社会主义思想的重要组成部分，为新时代民族工作提供了根本遵循。民族工作领域学习贯彻习近平新时代中国特色社会主义思想，首要的是学习贯彻习近平新时代民族工作思想，以之武装头脑、指导实践、推动工作，充分发挥这一最新思想理论武器的威力。同时，要瞄准民族领域的重大理论和实践问题，进一步推进党的民族理论政策创新发展，使之始终充满生机活力，为解决世界民族问题贡献中国智慧、中国方案。

三要牢牢把握“中华民族一家亲，同心共筑中国梦”这一目标任务。为中国人民谋幸福、为中华民族谋复兴，是我们党的初心和使命。回顾我们党90多年的历史，就是一部解放各民族、团结各民族、发展各民族的历史，是一部带领中华民族站起来、富起来、正在强起来的历史。中国梦是56个民族共同的梦，需要56个民族团结奋斗才能实现。做好新时代民族工作，助力实现这一伟大梦想，必须进行伟大斗争，坚决反对一切分裂祖国、破坏民族团结和社会和谐稳定的行为；必须建设伟大工程，清除一切损害、侵蚀党和各族群众血肉联系的因素和病毒；必须推进伟大事业，坚持和拓宽中国特色解决民族问题的正确道路。做好新时代民族工作，关键是要牢牢把握总书记提出的“中华民族一家亲，同心共筑中国梦”这一目标任务，既处理好中华民族“大家庭”内各民族之间的关系，又促进“大家庭”的巩固和发展，不断推动中华民族走向凝聚力更强、包容性更大的命运共同体。牢牢把握好这一目标任务，要求我们把工作聚焦到凝聚人心、促进团结进步、铸牢中华民族共同体意识上来。民族领域各个环节、民族地区各项工作，无论是促团结、谋发展，还是抓维稳、反暴恐，必须既见物更见人，必须把着眼点和着力点放到争取人心这个最大的政治上，必须从巩固和发展中华民族共同体这个高度来谋划、来推动、来开展、来衡量。

四要牢牢把握如期实现全面小康和现代化这一战略安排。从现在起到本世纪中叶，先后如期实现全面小康、基本现代化和全面建成现代化强国，是新时代中国特色社会主义发展的战略安排。十九大作出的这一新战略安排，为新时代民族地区发展提供了空前机遇。东西部发展差距拉大是我国发展不平衡的最大短板之一，民族地区发展相对滞后是我国发展不充分的集中体现，无论是全面小康还是全面现代化，民族地区都是重点难点。要抓住新战略安排特别是新时代着力解决发展不平衡不充分的机遇，抓住“一带一路”建设、区域协调发展、乡村振兴等重大战略实施的机遇，着力抓重点、补短板、强弱项，大力完善好差别化的区域政策，推动民族地区打好防范化解重大风险、精准脱贫、污染防治的攻坚战，在融入国家发展战略中加快发展、全面发展。在新征程中，要坚持以人民为中心，一切从实际出发，既要解决好物质贫困问题，也要解决好精神贫困问题，更好满足各族群众日益增长的美好生活需要。如期实现这一战略安排，根本的还是要靠社会主义制度的优势。要进一步推动中央支持民族地区发展的各项政策措施落到实处，推动发达地区加大对口支援和帮扶力度，增强民族地区发展内生动力，确保在新征程中起步于不同社会形态、发展水平，存在巨大差异的各个民族同步进入小康社会、同步实现现代化，真正做到“任何一个民族、任何一个地区都不能落下”，创造出在中国共产党领导下的新的人间奇迹。

五要牢牢把握促进各民族交往交流交融这一根本途径。总书记指出，各民族“三交”是加强民族团结的根本途径，十九大把促进“三交”首次写入党代会报告。促进“三交”，关键是要正确看待差异性和共同性，做到维护一统、尊重差异、包容多样、增进一体。城市是“三交”的大熔炉，要发挥好城市的辐射带动作用，加强规划引导和服务管理，推动建立相互嵌入式的社会结构和社区环境，创造各族群众共居、共学、共事、共乐的社会条件。要创新开展民族团结进步宣传教育和创建，坚持向内地拓展，坚持多做“滴灌”，坚持统筹线上线下，坚持抓好领导干部和青年学生两个重点，建设各民族共有精神家园，铸牢中华民族共同体意识。促进“三交”要有正确的方式和恰当的举措，坚持绵绵用力、久久为功，切忌急于求成，既积极作为，又不胡乱作为，既尊重差异，又不固化差异。

六是牢牢把握提高民族事务治理现代化能力和水平这一时代要求。国家治理体系和治理能力现代化，是全面深化改革的总目标，也是新时代中国特色社会主义总任务的重要内容。民族工作领域推进国家治理体系和治理能力现代化，就是要坚定“四个自信”，坚持全面深化改革，坚持和完善民族区域自治，着力提高民族事务治理现代化能力和水平。坚持和拓宽中国特色解决民族问题的正确道路，关键在于提高民族事务治理现代化能力和水平，推进我国民族工作的社会化、法治化、智能化、专业化水平。比如法治化方面，要坚持法律面前人人平等，坚持是什么问题就按什么问题处理，依法治理民族事务，推进合宪性审查工作，建设适应新时代要求的中国特色民族法治体系。再比如智能化方面，要抓住大数据、云计算等现代科技及其应用带来的机遇，加强与公安、综治等部门工作平台的对接，加强与科技企业的合作，为新时代民族工作注入强大动能。

七是牢牢把握加强党对民族工作的领导这一根本保证。总书记一再强调，党的领导是中国特色社会主义最本质的特征和最大优势。做好新时代民族工作，最根本的就在于坚持和加强党的领导，不断增强党在民族工作上的政治领导力、思想引领力、群众组织力、社会号召力。要发挥好参谋助手作用，不断完善民委委员制，推动各级党委、政府把民族工作摆上重要议事日程，及时研究解决重大问题，形成全党全社会关心支持民族工作的良好格局。要按照新时代党的建设总要求，强基层、打基础，培养“三个特别”的民族干部人才队伍，一刻不停歇地推动全面从严治党向纵深发展，使党始终成为各族群众的主心骨，成为民族团结进步事业的坚强领导核心。

三、着力实现学习贯彻习近平新时代中国特色社会主义思想和党的十九大精神的良好开局

根据中央总体部署，明年民委工作的总体思路是：更加紧密团结在以习近平同志为核心的党中央周围，高举中国特色社会主义伟大旗帜，认真学习贯彻习近平新时代中国特色社会主义思想和党的十九大精神，切实增强“四个意识”“四个自信”，着力全面贯彻党的民族政策，着力加快民族地区脱贫奔小康步伐，着力铸牢中华民族共同体意识，着力提升民族事务治理现代化水平，为实现中华民族伟大复兴中国梦提供更为强大、更为坚实的力量支撑。《国家民委 2018 年工作要点》已经在会上印发，请大家提出修改意见。这里，我强调几项重点任务。

一是把学习宣传贯彻习近平新时代中国特色社会主义思想和党的十九大精神引向深入。党中央已经作出全面部署，我们要不折不扣抓好落实。这是首要的政治任务。习近平新时代中国特色社会主义思想，是十九大精神的魂、纲和主线。学习贯彻十九大精神，最根本最主要的是学习贯彻习近平新时代中国特色社会主义思想。这一思想具有原创性和时代性，是当代中国的马克思主义、是 21 世纪的马克思主义。在当代中国、当代世界，高举这一思想，就是高举马克思主义；坚持这一思想，就是坚持科学社会主义。要通过学思践悟，通过多种形式，深刻领会其时代背景、丰富内涵、思想精髓和工作要求，深刻理解其政治意义、理论意义、实践意义和世界意义，将其转化为指导实践、推进工作的强大力量，转化为维护核心、看齐中央的政治自觉，坚定不移地维护习近平总书记的核心地位，维护党中央权威和集中统一领导。中央决定明年开展“不忘初心、牢记使命”主题教育，要根据中央的统一部署抓实抓好。贯彻落实十九大精神需要解决的问题很多，必须大兴调查研究之风，紧扣新时代社会主要矛盾变化在民族领域的表现和反映，紧扣民族地区发展实际和各族群众生产生活，走出机关、沉到一线，切实把矛盾问题搞清搞透，把各项工作做实做好。2018 年是改革开放 40 周年，我们要按照中央的要求，积极主动搞好纪念活动，比如举办展览、编写书籍、组织座谈、开展调研、开设专栏等多种方式，同时以此为契机，用好改革开放这一法宝，推动十九大精神更好落到实处、推动各项工作创新发展。

二是推动民族团结进步教育和创建向纵深发展。这是履行第一职责的主要抓手，关键在于推进人文化、大众化、实体化。要抓牢教育这一环节，

突出干部、青少年、知识分子等群体，创新方式载体，在全社会不留死角地广泛开展教育。我们正在会同中央统战部起草文件，就全面深入持久开展民族团结进步创建、铸牢中华民族共同体意识提出实施意见，争取在扩大覆盖面、增强吸引力、提高精细化水平、加强机制保障等方面有所突破。现正在征求意见，修改后按程序报批，争取以中办、国办名义下发。明年还将修订全国民族团结进步模范表彰工作方案，进一步增强表彰示范功能，突出基层导向。

三是依法做好少数民族流动人口服务与管理。这是新时代民族工作的重点和难点。要进一步推动依法治理民族事务促进民族团结、加强少数民族流动人口服务管理两个中央文件的贯彻实施，通过狠抓文件落实，切实解决花钱买平安、社会融入难等问题。要抓住党政领导干部这个“关键少数”，联合中组部继续办好专题研究班，提高城市做好民族工作的能力和水平。针对涉民族因素突发舆情和案（事）件多发频发的实际，我们将进一步加强预警预测和处置应对能力建设，实现预防在先、发现及时、处置稳妥。针对涉嫌民族因素的歧视性言行，我们将进一步加大监督检查力度，同时继续开展少数民族流动人口服务管理示范城市建设，做好典型经验推广。

四是深化兴边富民行动。兴边富民行动是我们的一大特色品牌，推行 18 年来成效显著，影响很大。习近平总书记在十八届七中全会的讲话中，明确把兴边富民行动作为促进区域协调发展的重要举措。十九大报告对加快边疆开放发展也提出了明确要求。我们要抓住这一机遇，结合一带一路建设，着眼国家整体利益做好统筹谋划，发挥好兴边富民行动在国家发展战略中的重要作用。这项工作已经列入国务院常务会的议题，我们正组织人员开展调研，争取更大的力度和更多的支持。之后，我们将趁热打铁召开全国兴边富民行动工作会议，把党中央、国务院的新要求新部署学习贯彻好。贯彻中央精简会议要求，拟与全国民委系统援藏援疆工作会议套开。

五是实施好扶持民族地区和人口较少民族发展规划。抓住开展中期评估的契机，保持规划实施的连续性和前瞻性，推动解决好落实中存在的困难和问题。比如少数民族发展资金问题，有的地方反映，现在少数民族发展资金纳入扶贫资金管理，扶持对象只能是贫困县、贫困村以及建档立卡贫困户，与原有资金用途不尽一致。这方面要加强研究、做好沟通协调，既要集中力量打赢脱贫攻坚战，也要解决好民族地区特殊困难和问题。同时加强对少数民族发展资金和各类扶贫项目资金使用管理的指导和督查，确保合规、安全、有效。比如民贸民品政策问题，今年，财政部对民贸民品生产贷款贴息由中央专项变为均衡性转移支付，后经我们协调，财政部再次下发通知，明确均衡性转移支付中有民贸民品政策的因素，东部目前不享受均衡性转移支付的地区应根据实际需要通过自有财力安排解决。对此要做好跟踪调研，确保这项施行了半个多世纪的好政策延续下去，发挥作用。比如人口较少民族“两个率先”问题，要研究制定评估验收工作方案，使“两个率先”成为我国脱贫攻坚、全面建成小康社会的亮点，成为民族工作的亮点。总的考虑是把好事办实、实事办妥，为加快民族地区发展提供更多助力。

六是开展好自治州、自治县全面建成小康社会和少数民族特色村镇建设等三个现场经验交流活动。这将是第 4 次自治州会，第 5 次自治县会，民族特色村镇会是第 1 次。开会办活动不是目的，而是通过会议活动进一步用好总书记关于自治州工作的重要批示精神，落实好十九大的新要求特别是区域协调发展、乡村振兴等 7 大战略，助推民族地区加快脱贫奔小康步伐。明年的主题，自治州会是打赢深度贫困攻坚战，自治县会是先富帮后富、实现共同富裕，民族特色村镇会是发展民族文化生态旅游。希望大家聚焦这三个主题，多想办法、多探索经验、多做工作，形成好的建议和意见向中央报告。这里，强调两点，一个是聚焦脱贫奔小康，民委要把有限的力量更多放到扶志和扶智上，包括举办脱贫攻坚培训班、开展少数民族参观团活动、组织委属单位干部到“三州”挂职以及开展多层次交流合作等。还有一个是民族特色村镇的会，打算跟武陵山片区扶贫攻坚会套开。民族文化、生态和旅游三者融合发展，是武陵山片区脱贫攻坚的关键一招。两个会议套开，就是要进一步用好少数民族特色村镇建设这一抓手，推动片区文化生态旅游深度融合，为脱贫攻坚探索新路、作出示范。"十三五"期间，我们将分批在全国遴选2000个特色村寨、200个特色小镇，希望大家一起努力，严格标准，打造好示范亮点。

七是着力完善民族工作体制机制。今明两年是换届年。各地要抓住这个机遇，主动汇报、尽早汇报、及时请示，争取更多重视、更大支持，推动民族工作更好地融入工作全局。民委委员制是党和国家一项重要的制度性安排，实践证明效果很好，习近平总书记在中央民族工作会议上给予了充分肯定，俞正声主席也多次予以强调。要坚持好、完善好民委委员制，根据工作需要进一步调整充实委员单位，协调推动各委员单位把民族工作纳入本部门工作总盘子，每年都办一些解民忧、惠民生的实事，切实发挥好这一制度的优势和作用。要推动民族工作融入社区、乡村、学校、企业、党支部建设等工作，不断创新方式方法，力争更大实效。

八是办好广西壮族自治区、宁夏回族自治区成立 60 周年大庆。两个大庆是这一轮大庆活动的压轴，中央高度重视。我们要精心组织、抓紧推进，既要用好原有基础和已有经验，又要结合新的实际和新的要求，突出特色特点，确保圆满成功。要以此为契机，策划好宣传方案，协调组织好采访活动，向国内外广泛宣传广西、宁夏实施民族区域自治的光辉实践和60年特别是走进新时代的巨大成就。通过办好大庆，生动展示各族人民手足相亲、守望相助，同心共筑中国梦的豪迈和自信。

同志们！新时代意味着新起点新使命，新时代召唤着新气象新作为。总书记在十九大报告中强调，中国共产党人要做坚定者、奋进者、搏击者，不要做犹豫者、懈怠者、畏难者，这点明了走好新时代长征路的精气神。我们要当好"坚定者"，牢固树立"四个意识"，坚定"四个自信"，坚持党对民族工作的领导，不断提高保持政治定力、驾驭复杂局面、应对重大风险的能力，全面贯彻党的民族政策，把各族干部群众紧密团结凝聚在党中央周围，坚定不移地走中国特色解决民族问题的正确道路。我们要当好"奋进者"，坚持从实际出发，着力增强学习能力、改革创新能力、狠抓落实能力，把雷厉风行和久久为功有机结合起来，立足本职、敢于担当、真抓实干，不断推进民族团结进步事业新发展。我们要当好"搏击者"，发扬斗争精神，增强斗争本领，直面重大挑战、重大阻力、重大矛盾，坚持把维护民族团结和国家统一作为最高利益，不断夺取新时代民族工作领域伟大斗争新胜利。

同志们，伟大的时代孕育伟大的思想，伟大的思想指引伟大的实践。让我们更加紧密团结在以习近平同志为核心的党中央周围，深入学习贯彻习近平新时代中国特色社会主义思想，不忘初心、牢记使命、永远奋斗，推动实现"中华民族一家亲，同心共筑中国梦"，为决胜全面建成小康社会、全面建成社会主义现代化强国作出新的更大贡献！

国家民委副主任李昌平同志在全国民族经济工作暨民族地区经济形势分析会上的讲话

（2017 年 4 月 20 日）

全国民族经济工作暨民族地区经济形势分析会议的主要任务是，以党的十八届六中全会、中央民族工作会议精神为指导，全面贯彻中央经济工作会议、全国“两会”的决策部署，认真总结 2016 年民族经济运行情况，客观分析经济发展面临的形势任务，研究部署 2017 年民族经济工作。

刚才，辽宁、湖南、广西、云南等四省（区）的同志作了大会发言，既讲成绩经验、又讲困难问题，既讲思路举措、又讲信心决心，听了很受启发、倍受鼓舞。国家统计局、工信部、财政部等有关司局的同志给大家介绍了发展政策，提出了工作要求，指明了努力方向。大家一致认为，很有收获、信心大增。下面，我就进一步推动民族经济加快发展讲几点意见，供大家参考。

一、正确认识国际国内经济形势，牢牢把握我国经济发展趋势

从国内形势看，中央召开经济工作会议，会议科学分析了当前国际国内经济形势，全面总结了 2016 年的经济工作，明确提出了 2017 年的总体要求、政策取向、主要任务和工作措施，我们可以从以下几方面进行把握。

（一）正确认识经济形势总体向好的基本判断

2016 年以来，面对复杂多变的国际环境，艰巨繁重的国内改革发展稳定任务，中央加强和改善党对经济工作的领导，牢牢把握经济社会发展主动权，统筹推进“五位一体”总体布局，协调推进“四个全面”战略布局，全面贯彻落实五大新发展理念，坚持稳中求进的工作总基调，以供给侧结构性改革为主线，适度扩大总需求，全面深化改革开放，妥善应对风险挑战，引导形成良好社会预期，实现了“十三五”经济运行开门红。经济形势缓中趋稳、稳中向好，经济运行质量提高、效益提升，速度保持在合理区间；经济转型升级发展、结构优化，创新驱动能力逐步增强；主要领域具有“四梁八柱”性质的改革框架基本形成，对外开放布局进一步完善；人民生活持续改善，贫困人口减少 1240 万；生态环境有所好转，绿色发展初见成效。我国经济长期向好的基本面没有改变，现在仍然处于可以大有作为的重要战略机遇期。

（二）准确把握经济工作稳中求进的总基调

中央经济工作会议要求，全面贯彻党的十八大和十八届三中、四中、五中、六中全会精神，统筹推进“五位一体”总体布局，协调推进“四个全面”战略布局，坚持稳中求进的工作总基调，牢固树立和贯彻落实新发展理念，适应把握引领经济发展新常态，坚持以提高发展质量和效益为中心，坚持宏观政策要稳、产业政策要准、微观政策要活、改革政策要实、社会政策要托底的政策思路，坚持以推进供给侧结构性改革为主线，适度扩大总需求，加强预期引导，深化创新驱动，全面做好稳增长、促改革、调结构、惠民生、防风险各项工作，促进经济平稳健康发展和社会和谐稳定，以优异成绩迎接党的十九大胜利召开。会议强调，“稳中求进”既是治国理政的重要原则，也是做好经济工作的总基调、方法论。稳是主基调，稳是大局。要在稳的前提下，在关键领域有所进取，在把握好度的前提下，积极主动、奋发有为。我们一定要主动适应把握引领经济发展新常态，切实把思想和行动统一到中央对经济形势的科学判断上来，统一到中央对经济工作的决策部署上来。

（三）牢牢抓住供给侧结构性改革的重点任务

2016年，党中央以“三去一降一补”五大任务为抓手，推动供给侧结构性改革取得初步成效。今年，要进一步统一思想、统一行动，明确重点、乘势而上。一是深入推进“三去一降一补”。去产能方面，在维护社会稳定、金融稳定的前提下，着力化解钢铁、煤炭等行业过剩产能；去库存方面，重点解决三四线城市房地产库存过多问题；去杠杆方面，在控制总杠杆率的前提下，把降低企业杠杆率作为重中之重；降成本方面，在减税、降费、降低要素成本上加大力度，降低制度性交易成本；补短板方面，扎实推进脱贫攻坚，既补硬短板，也补软短板，既补发展短板，也补制度短板。二是深入推进农业供给侧结构性改革。今年，中央1号文件进一步明确了农业供给侧结构性改革的总体要求、主要任务和具体措施。“民以食为天，食以安为本”。要突出农产品质量安全，促进农业绿色发展，狠抓农产品生产标准、品牌创建和质量安全。加大农村环境突出问题综合治理力度，加大土地休耕试点和退耕还林还草还湖力度等。三是深入推进实体经济振兴发展。以提高质量和核心竞争力为中心，坚持创新驱动发展，扩大高质量产品和服务供给，用新技术新业态全面改造提升传统产业。四是促进房地产市场平稳健康发展。“房子是用来住的、不是用来炒的”。要综合运用土地、金融、财税、投资、立法等手段，抑制房地产泡沫，防止出现大起大落。

从国际形势看，概括起来，全球经济复苏乏力，贸易保护主义倾向抬头，“逆全球化”思潮日益显现，经济政策缺乏协调性。4月18日，国际货币基金组织《世界经济展望》报告预测，2017年全球经济增长率为3.5%，预计新兴市场和发展中经济体的经济活动将显著增强，因为在大宗商品价格部分恢复的支撑下，面临宏观经济压力的大宗商品出口国的经济状况有望逐步好转，预计中国和其他许多大宗商品进口国的经济增长将保持强劲态势。尽管经济出现好转迹象，但下行风险依然存在。

报告认为，下行风险主要源于内向型政策倾向实行保护主义，导致全球经济增长因国际贸易和跨境投资减少而放缓；美国加息步伐快于预期，可能导致全球金融状况更快收紧，对脆弱经济体造成不利影响；金融监管大力收缩，可能刺激过度冒险并增加未来发生金融危机的可能性；新兴市场经济体金融状况收紧，以及其他新兴市场经济体资产负债表薄弱持续存在；在发达经济体中部分产能大量过剩，需求疲软、通胀低迷、增长乏力，相互之间形成了负面反馈循环；地缘政治、国内治理、腐败风险、极端天气、恐怖主义和安全问题等非经济因素。因此，政策选择对于规划未来和减少风险至关重要。全球经济复苏乏力，在大宗商品价格大幅调整之后，许多经济体正在寻求提升增长潜力、包容性和应变力。开放的贸易、灵活的汇率和强有力的体制，有助于新兴市场和发展中经济体增强从外部条件中获得增长动力。

面对复杂多变的国际国内经济形势，民族经济面临的挑战更多了，肩上的责任更重了，工作的要求更高了。我们要振奋精神、攻坚克难，直面挑战、敢于担当，不断推动民族经济发展迈上新台阶。

二、深刻认识民族地区面临的新形势新特点，加快民族地区全面建成小康社会步伐

2016年，民族地区全面贯彻中央关于经济工作的决策部署，以推进供给侧结构性改革为主线，有效应对经济下行压力加大的严峻挑战，着力稳增长、促改革、调结构、惠民生、防风险，推动经济社会发展稳中有进、稳中向好。2016年，民族八省区实现地区生产总值79972亿元，增长8.1%，高于全国0.7个百分点，其中贵州、西藏分别增长10.5%、10.0%，位居全国第2、3位；固定资产投资79883亿元，增长12.0%，高于全国3.9个百分点；农村居民人均可支配收入9559元，增长9.0%，高于全国0.8个百分点。我们在肯定成绩的同时，也必须正视困难和问题。

一是脱贫攻坚难度增大。由于历史、地理和社会等原因，民族地区致贫因素多元叠加、成因复杂、表现特殊。近年来，在全国贫困人口大幅减少的情况下，民族八省区贫困人口占全国贫困人口的比重逐年增加，从2010年的30.4%上升到2016年的32.6%。2016年，农村贫困人口1411万人，贫困发生率高于全国4.8个百分点；全国建档立卡贫困人口中，少数民族贫困人口占26.3%；全国建档立卡贫困村中，民族八省区贫困村有3.2万个，占29.0%。

二是经济增长压力加大。民族地区产业结构单

一，新旧动能转换尚未完成，经济增长压力较大。2016 年，民族八省区经济同比增长 8.0%，增速比上年下降 0.6 个百分点，除云南、宁夏外，其他六个省区增速回落。地方公共财政预算收入增速比上年下降 3.5 个百分点，财政收支矛盾加剧，财政政策空间缩小。

三是结构调整任务艰巨。产业结构调整处于爬坡过坎的阶段，应用市场化手段调整结构的办法不多，融资难融资贵问题依然突出，实体经济经营成本偏高，企业成本仍呈上涨趋势，稳增长、促就业压力很大，惠民生、补短板任务繁重，生态保护、基础设施和公共服务与群众的期望相去甚远，推进农业供给侧结构性改革更为迫切，优质农产品品牌不强，产业化龙头企业量少质弱，农民持续增收面临很多困难。

四是自我发展动力不足。受市场需求不足、投资意愿下降的影响，民族地区民间投资增速放缓。2016 年，民族八省区民间投资增长 2.5%，低于全国 0.7 个百分点，分别比 2015、2014 年回落了 1.4、17.8 个百分点。民间投资占固定资产投资 45%，增速放缓必然弱化经济发展的内生动力。

五是生态保护任重道远。民族地区还处于工业化初期，经济增长主要靠增加投入和消耗资源。高能耗、高排放、高污染，使生态保护压力加大。民族地区大多是禁止开发和限制开发区，关停污染企业，实施生态移民，可能会对短期发展产生影响，处理好生态保护和加快发展的关系，是民族地区面临的重大课题。

虽然民族地区存在不少困难，但也面临很多机遇。习近平总书记多次深入民族地区，强调“到 2020 年全面建成小康社会，任何一个地区、任何一个民族都不能落下。”我们一定要按照党中央的决策部署，加快民族地区全面建成小康社会的步伐。

（一）加大投入补短板，深化改革调结构

坚定不移推进供给侧结构性改革。一是着力补齐基础设施、产业发展、脱贫攻坚、生态环保、科技创新、教育卫生等领域短板。二是持续深化行政审批和商事制度改革，减少政府对市场的过多干预。三是深入推进农业供给侧结构性改革，以保障有效供给、增加农民收入为主要目标，以提高农产品供给质量为主攻方向，挑战传统农业，构建现代农业，优化农业产业体系、生产体系、经营体系、服务体系，把民族地区的特色小产品做成农民群众的增收大产业。

（二）脱贫攻坚扶真贫，凝心聚力惠民生

习近平总书记要求，在脱贫攻坚进程中扶持谁、谁来扶、怎么扶、如何退，全过程都要精准，需要下一番“绣花”功夫。各地要按照“五个一批”的路径，落实“六个精准”的要求，推动扶贫政策精准落地。要守住扶真贫、真扶贫的底线，杜绝贫困群众“被脱贫”“数字脱贫”。“授人以鱼，不如授人以渔”。扶贫重在扶志、贵在扶智。要鼓励和引导贫困群众自力更生、自强不息，通过科教扶贫、产业扶贫，破解产业发展难题，选准主导产业，明确主攻方向。要完善金融、文化、教育、科技、医疗、卫生、土地、生态等扶贫政策体系，实现扶贫政策与低保制度相衔接。要注重后续扶持，推动稳定脱贫。

（三）发挥优势育产业，自我发展添动力

习近平总书记强调“着力培育民族地区特色优势产业，有序开发民族地区特色优势资源”。各地要依托自然资源，发挥比较优势，进一步加快产业结构调整步伐，推动产业转型升级发展，打造一批特色优势产业，培育新的经济增长点。“无农不稳、无工不富、无商不活”形象地说明了产业发展的重大意义。要注重一二三产业融合发展，大力培育新模式新形态新业态，大力发展现代农牧业、民族手工业、文化旅游业，努力提升品牌培育和质量管理水平。

（四）扩大开放增活力，外引内联拓空间

发挥沿边优势，支持边境贸易，鼓励边贸产品落地加工。边贸政策是国家给边民的政策，边民要以灵活多样的形式参与，而绝不能只是让边民当看客。要加快开发开放试验区、跨境经济合作区、综合保税区及口岸基础设施现代化建设，加强与沿海沿边地区通关一体化合作，进一步提升外贸便利化水平。要深化与“一带一路”沿线国家和地区在科技、教育、文化、卫生、体育、旅游、环保等领域的交流合作，与周边省区健全协作机制，构筑优势互补、良性互动的区域发展新格局。

（五）生态保护建屏障，绿色发展可持续

习近平总书记对生态保护高度重视，指出“绿色发展是民族地区发展的‘利器’”。民族地区要建立完善主体功能区制度、生态补偿机制、资源环境监测预警机制，为生态文明建设提供制度保障。要加强节能环保和生态建设，推动绿色低碳发展取得新进展。要落实好绿色发展理念，坚持节约资源和保护环境的基本国策，坚持可持续发展和人与自然的和谐发展。要未雨绸缪，随时准备打一场大气、水土污染治理的人民战争，让天蓝、地绿、山清、水秀永远留在民族地区。

三、围绕“十三五”规划工作重点，扎实做好 2017 年民族经济工作

2017 年，要认真贯彻中央民族工作会议、中央经济工作会议、全国民委主任会议精神，努力践行习近平总书记系列重要讲话精神，创新思路、科学谋划、扎实抓好民族经济工作，加快推进民族地区经济社会发展。

（一）实施好“十三五”促进民族地区和人口较少民族发展规划、兴边富民行动规划

《“十三五”促进民族地区和人口较少民族发展规划》《兴边富民行动“十三五”规划》是民族地区全面建成小康社会的行动纲领。落实两个规划，要重点抓好扶持人口较少民族发展、实施兴边富民行动、少数民族特色村镇保护发展、少数民族传统手工艺品保护发展等四件大事。要把规划确定的目标任务、政策措施纳入到各地各部门规划计划中，纳入到具体工作中，推动民族地区攻坚克难、加快发展，与全国一道如期全面建成小康社会。

（二）落实好国家支持民族地区经济社会发展的差别化政策

在国家“十三五”规划纲要中，把“推动民族地区健康发展”“推进边疆地区开发开放”单列成节、系统部署，把“民族地区奔小康行动”纳入“特殊类型地区发展重大工程”统筹规划、大力推进。《“十三五”促进民族地区和人口较少民族发展规划》提出了财政、投资、金融、产业、土地、社会、环境、人才、帮扶等 9 大支持政策，《兴边富民行动“十三五”规划》强调要按照差别化原则，优先支持边境地区改革创新加快发展。在促进民族经济发展方面，中央出台了很多含金量很高、操作性很强的特殊政策，比如支持沿边重点地区开发开放政策、支持特困“三州”加快建设小康社会政策等，体现了党和国家对少数民族群众的亲切关怀、对民族经济工作的高度重视，我们一定要加强同有关部门的沟通协调，确保把中央的关心送到少数民族群众的心坎上。

（三）强力推进民族地区的精准扶贫精准脱贫与全面小康进程

少数民族贫困地区是贫困人口最密、贫困程度最深、扶贫难度最大的区域，是脱贫攻坚战的“主战场”，是最难啃的“硬骨头”。打赢脱贫攻坚战，对于维护民族团结、社会稳定、祖国统一和边防巩固，确保全面建成小康社会，具有十分重大的现实意义。我们要进一步学习领会中央关于打赢脱贫攻坚战的重大意义，进一步提高对脱贫攻坚长期性、艰巨性和复杂性的认识，进一步增强政治责任感、历史使命感和时代紧迫感，进一步坚定打赢脱贫攻坚战的信心决心，按照习近平总书记“七个强化”的要求，积极配合有关部门，深入研究民族地区脱贫攻坚面临的新情况新问题，对特困地区有针对性地采取过硬措施，全力推进精准扶贫精准脱贫，确保民族地区如期实现脱贫攻坚目标。

（四）加强民族经济统计监测和形势分析，发挥好党和政府的参谋助手作用

经济统计监测和形势分析是制定方针政策、编制规划计划的重要依据，是民族经济的基础性工作。2016 年，中办、国办《关于深化统计管理体制改革提高统计数据真实性的意见》明确了深化统计管理体制改革、提高统计数据真实性的重要意义、总体要求和重点措施。各地要重视民族经济统计监测和形势分析，建立统计队伍，开展业务培训，注意创新统计数据质量审核机制。要定期分析和准确把握民族经济运行态势，研究提出相关政策建议，当好党和政府的参谋助手。多年来，民族经济统计得到了统计、发改、经信、财政等部门的支持帮助。在此，我代表国家民委表示衷心感谢！

（五）加强干部队伍建设，提高领导和驾驭民族经济工作的能力水平

把贯彻落实全面从严治党要求体现在党领导经济工作之中，把落实党中央关于经济工作的决策部署作为政治责任，党中央制定的方针政策必须执行，党中央确定的改革方案必须落地，把党对经济工作的领导落到实处。切实增强责任意识和担当精神，

按照党中央、国务院的要求，抓好责任落实和监督检查。有计划、有重点、针对性地加强干部队伍政策理论学习，进一步提高干部队伍的学习能力、研究能力、协调能力和执行能力。加强规划实施与监管，强化资金管理使用监督检查，做好各类资金绩效评价工作。

同志们，新任务对民族地区发展提出了新要求，大家责任重大、使命光荣。我们要更加紧密地团结在以习近平同志为核心的党中央周围，不忘初心、继续前进，为谱写“中华民族一家亲，同心共筑中国梦”的新篇章作出新的更大的贡献，以更加优异的成绩迎接党的十九大胜利召开！

综述篇

分“民族自治地方发展综述”“民族乡镇发展综述”“民族经济工作综述”3个类目，收录了2017年全国、各省区市民族自治地方、民族乡镇经济社会发展情况及2017年全国和各省区市及新疆生产建设兵团民族经济工作情况的综合性文稿。

民族自治地方
发展综述

全国民族自治地方经济社会发展综述

2017 年，在党中央和国务院的正确领导下，在各族干部群众的共同努力下，民族自治地方各族干部群众深入学习习近平新时代中国特色社会主义思想和系列重要讲话精神，认真贯彻落实党的十九大会议以及中央经济工作会议精神，统筹做好稳增长、促改革、调结构、惠民生、防风险等各项工作，民族地区经济在新常态下保持平稳运行，总体呈现出稳中有进、稳中向好的良好态势。

一、民族自治地方经济发展情况

（一）生产总值增速较为平稳

2017 年全国民族自治地方经济保持中高速增长，经济总量保持稳定增长。生产总值完成 72046 亿元，按可比价格计算，同比增长 7.2%，增速较上年回落 0.9 个百分点。其中，西藏自治区生产总值增长速度达到 10.0%，居于 5 个自治区首位。民族自治地方第一产业增加值完成 10737 亿元，增长 4.9%；第二产业增加值完成 28152 亿元，增长 5.6%；第三产业增加值完成 33157 亿元，增长 9.4%。

（二）农业生产持续稳定

2017 年，民族自治地方农业生产稳中有升，农业生产条件进一步改善。全年完成农林牧渔副业总产值 18888 亿元。农作物总播种面积保持稳定，农作物总产量总体平稳。农作物总播种面积为 3553 万公顷，增长 5.2%，其中粮食播种面积达到 2141 万公顷，油料播种面积达到 273 万公顷，棉花播种面积达到 223 万公顷。全年粮食产量 10118 万吨，其中棉花产量 457 万吨，油料产量 576 万吨，水果产量 5249 万吨。民族自治地方大牲畜、猪、羊年末存栏头（只）数分别为 5642 万头、8312 万只和 16751 万只，分别占全国总量的 57.8%、18.2%和 55.4%。全年肉类总产量达到 1697 万吨，其中猪肉、牛肉、羊肉产量分别为 867 万吨、232 万吨、224 万吨，牛羊奶产量 1278 万吨，羊毛产量达 32 万吨，水产品产量 554 万吨。农业生产条件进一步改善。民族自治地方农业机械总动力 17636 万千瓦；全年农村用电量 489 亿千瓦小时，农田有效灌溉面积 1378 万公顷。

（三）工业生产平稳发展，产能进一步优化

2017 年，全年工业生产稳步增长，工业总产值及工业品总产量保持平稳增长趋势，对经济发展仍然发挥着重要的支撑主导作用。民族自治地方规模以上工业企业有 20346 个，完成主营业务收入 59919 亿元。工业产能进一步优化。其中，机制纸及纸板产量 470 万吨，成品糖产量 1208 万吨，卷烟产量 1726 亿支，原煤产量 1 亿吨，原油产量 3001 万吨。发电量 15764 亿千瓦时，生铁产量 5371 万吨，粗钢产量 5659 万吨，水泥产量 36507 万吨。工业生产产销衔接保持稳定，经济效益总体水平保持稳定。全年规模以上工业企业实现利润总额 4065.37 万元。

（四）固定资产投资平稳发展，建筑业水平保持平稳

2017 年民族自治地方全社会固定资产投资完成 75306 亿元，其中，国有单位固定资产投资完成 30235 亿元。从资金来源看，仍以国家预算内资金和国内贷款为主。国家预算内资金 9511 亿元，国内贷款 8704 亿元，利用外资 246 亿元。建筑业实现平稳增长，企业资产规模总额实现新跨越，利润总额大幅提升。全年建筑业总产值完成 11097 亿元，房屋竣工面积 20119 万平方米。企业资产合计达 10417 亿元。建筑业增加值 4292 亿元。

（五）内需市场强劲增长，服务业贡献明显加强

2017 年民族自治地方消费市场活力持续释放，消费能力进一步提升。全年社会消费品零售总额完成 27230 亿元。企业库存压力有效缓解，限额以上批发零售贸易企业年末库存总额 1546 亿元。

（六）对外贸易继续保持增长

2017 年，民族自治地方进出口回暖。全年进出口贸易总额完成 7099 亿人民币，其中，出口 3924

亿美元，进口 3181 亿美元。年末实有外商投资企业 12142 个，外商投资企业投资总额 1632 亿美元，外商投资企业注册资本 597 亿美元。

（七）交通运输业稳步增长，邮电通信业有所回落

2017 年民族自治地方国有铁路运营里程 3 万公里，与上年基本持平；公路线路里程达到 124 万公里。民族自治地方铁路和公路完成货物运输周转量 14664 亿吨公里；完成旅客运输周转量 2847 亿人公里。邮电通信业全年完成邮电业务总量 2382 亿元。移动电话用户 15742 万户，固定电话用户 1697 万户，互联网接入用户 3625 万户。

（八）旅游业强劲增长，旅游收入再创新高

民族自治地方旅游资源丰富，对海内外游客形成了持续增强的吸引力。截至 2017 年底，民族自治地方共有世界自然遗产 7 处、文化遗产 4 处、人类口述和非物质遗产 10 处；国家重点自然保护区 121 个，保护区面积达 8142 万公顷；国家历史文化名城、名镇、名村分别为 26 个、36 个和 53 个；国家重点文物保护单位 512 个；国家 5A 级旅游区 52 个；国家级重点风景名胜区 50 处。2017 年国内外旅游产业走势强劲，旅游收入再创新高。民族自治地方共有旅行社 3865 个。国内旅游人次达到 17 亿人次；实现国内旅游收入 1.9 万亿元，实现国际旅游外汇收入 87.5 亿美元。

（九）财政收入持续增长，金融业运行健康平稳

2017 年民族自治地方财政收支保持较快增长，财政赤字余额持续拉大。全年完成地方公共财政预算收入 7262 亿元，地方公共财政预算支出 25655 亿元。金融业运行稳中有增，金融机构存贷款年末余额稳定增加，上市公司利润水平小幅增长。2017 年民族自治地方金融机构各项存款年末余额 11.4 万亿元，全部金融机构各项贷款余额 9.1 万亿元，上市公司利润总额 638 亿元；全年实现净利润 531 亿元。

（十）城乡居民收入稳定增长，就业民生持续改善

2017 年民族自治地方城乡居民收入稳定增长，增速高于全国平均水平，人民生活持续明显改善。城镇居民人均可支配收入为 30356 元，城镇居民人均消费支出为 19331 元。农村居民人均可支配收入为 10544 元，农村居民人均消费支出为 8790 元。就业和民生工作持续取得新进展，就业人员劳动报酬水平稳步提高，私营企业对拉动就业和民生改善的贡献日益突出。2017 年末民族自治地方从业人员 1580 万人。2017 年民族自治地方就业人员年平均工资为 67492 元。

二、民族自治地方社会事业发展情况

（一）科学研究与技术进一步稳定发展

2017 年末，民族自治地方研究与开发机构及情报文献机构 771 个，从业人员 4.8 万人，从事科技活动人员 3.5 万人。科技活动经费收入 109 亿元，支出 102 亿元。科学研究与技术开发成果数量继续保持快速增长。拥有有效发明专利总数 2451 件，专利申请量 1750 件，专利授权量 1020 件，发表科技论文 10227 篇，出版科技著作 361 种。

（二）教育事业健康稳步发展

2017 年末，民族自治地方共有普通高等院校 236 所，招生 69 万人，在校本、专科生，217 万人。普通中学 8988 所，招生 360 万人，在校学生 1031 万人。普通小学 32533 所，招生 273 万人，在校学生 1539 万人。

（三）文化事业继续推进

2017 年末，民族自治地方有各种艺术表演团体 1119 个，公共图书馆 767 个，文化馆 799 个，博物馆 611 个。全年报纸出版 17.2 亿份，各类杂志出版 1.0 万册，图书出版 6.8 亿册（张）。共有广播电视台 682 个，广播电台 25 个，电视台 55 个。民族自治地方广播综合人口覆盖率 97.4%，电视人口综合覆盖率 98.7%。

（四）卫生事业进一步改进

2017 年末，民族自治地方卫生事业条件均得到不同程度改善。其中，共有卫生机构（其中包括医院、基层医疗卫生机构、专业公共卫生机构）5.3 万个，卫生机构床位 99 万张，卫生技术人员 107 万人。民族自治地方卫生机构万元以上设备改进工作得到进一步贯彻落实，价值 10 万元以下的设备共 58 万台，10 至 49 万元的设备共 15 万台，50 万元至 100 万元的设备有 2.4 万台，价值 100 万元以上的设备有 2.0 万台。

（撰稿：马帅　侯运　审稿：朱卫东　万晓璐）

河北省

2017 年，河北省委、省政府坚持以习近平新时代中国特色社会主义思想为指引，深入贯彻落实党的十九大精神，深入贯彻落实习近平总书记对河北提出的“四个加快”“六个扎实”“三个扎扎实实”等重要指示要求，牢牢把握稳中求进工作总基调，以供给侧结构性改革为主线，统筹抓好民族自治地方改革、发展、稳定各项工作，有力有效促进了民族团结和共同发展，为民族自治地方加快脱贫攻坚步伐，与全省一道同步实现全面小康奠定了坚实基础。

一、基本情况

河北省共有 6 个自治县（丰宁满族自治县、围场满族蒙古族自治县、宽城满族自治县、青龙满族自治县、大厂回族自治县、孟村回族自治县），行政区域面积 23993.7 平方公里，占河北省总面积的 12.71%，总人口 2028682 人，其中少数民族人口 1310987 人，占总人口的 64.62%；共有 120 个乡镇、街道办事处，1491 个居委、村委会；共产党员 96822 名，占总人口的 4.77%。

二、经济实现较快增长

年末民族自治地方实现地区生产总值 801.99 亿元，较上年增长 7.44%，超出全省平均增速 0.74 个百分点。其中宽城经济总量最大，达 251.9 亿元；经济总量最小的是孟村，为 96.6 亿元。分产业看，第一产业增加值 144 亿元，增长 4.85%；第二产业增加值 344 亿元，增长 5.22%；第三产业增加值 313.9 亿元，增长 11.3%。人均地区生产总值 39533 元，比上年增长 6.18%。第一、二、三产业增加值与 2016 年相比，均呈现较快增长势头，但在经济发展中仍然面临诸多问题，经济总量仍然偏低，发展水平相对滞后，基础设施和公共服务水平差距较大，脱贫攻坚任务艰巨，民族自治地方仍有 11.44 万贫困人口，围场、丰宁、青龙 3 县是国家级扶贫开发重点县。

三、农业基本保持平稳

年末民族自治地方农林牧渔业总产值 241.8 亿元，按可比价计算，较上年增长 4.54%。其中农业产值 121.3 亿元，增长 7.98%；林业产值 15.6 亿元，下降 8.93%；牧业产值 97.1 亿元，增长 3.45%；渔业产值 3.3 亿元，下降 13.28%。农作物播种面积 273 千公顷，比上年增加 17.3 千公顷，其中粮食播种面积 205 千公顷，油料播种面积 10.3 千公顷。全年粮食产量 85 万吨，较上年增产 2.35%；油料产量 2 万吨，较上年增产 12.9%；水果产量 65.1 万吨，较上年增产 5.19%。畜牧业生产方面，大牲畜存栏 37.15 万头、出栏 31.53 万头，分别较上年增加 25.68%和 10.4%；猪存栏 85.48 万头、出栏 137.89 万头，分别较上年增加 3.16%和 1.71%；羊存栏 99.68 万头，较上年减少 4.27%，出栏 152.61 万头，较上年增加 4.06%；奶类产量 14.9 万吨，较上年增加 11.99%。

四、工业和建筑业发展持续回升

年末民族自治地方规模以上企业 294 家，较上年减少 25 家，资产总计 1006.6 亿元、主营业务收入 911.1 亿元、利润总额 49.8 亿元，分别较上年增加 3.92%、17.78%、2.42%。全社会固定资产投资 817.9 亿元，较上年增长 3.53%；固定资产投资新增固定资产 550.6 亿元，较上年减少 0.13%。全年建筑业总产值 61.8 亿元，增加值 49.3 亿元。房屋施工面积 172.7 万平米，竣工面积 109.9 万平米。工业废水排放量 391 万吨，较上年减少 5%，一般工业固体废物产生量 3531.4 万吨，较上年减少 2.74%，一般工业固体废物综合利用量 149.2 万吨，较上年减少 3.12%。

五、地方财政收入明显增加

年末民族自治地方一般公共预算收入 51.3 亿元、税收收入 36.3 亿元，分别较上年增长 9.59%、3.61%。财政支出结构继续优化，各项民生保障力度进一步加大，地方一般公共预算支出 166.9 亿元，较上年增加 7.97%，其中一般公共服务 14.2 亿元、教育 29.1 亿元、科学技术 0.8 亿元、文化体育与传媒 2.3 亿元、社会保障和就业 21 亿元、医疗卫生与计划生育 18.1 亿元、住房保障 4.7 亿元。金融机构人民币各项存款余额 1045 亿元、城乡居民储蓄存款年末余额 694.9 亿元，分别较上年增加 13.31%、18.82%。

六、城乡居民生活不断改善

随着支持少数民族和民族地区差别化政策落实，民族自治地方居民收入不断增加。城镇居民人均可支配收入 28009 元，较上年增长 8.79%，为全省平均水平（30548 元）的 91.69%；农村居民人均可支配收入 9327 元，较上年增长 3.1%，为全省平均水平（12881 元）的 72.41%。城镇居民人均消费支出 16709 元，增加 1.7%；农村居民人均消费支出 7899 元，较上年增加 13.28%。

七、贸易发展相对平稳

年末民族自治地方社会消费品零售总额 245.4 亿元，比上年增长 10.6%，其中批发和零售业实现 204.1 亿元，住宿和餐饮业实现 41 亿元。进出口总额 10197 万美元，较上年减少 2.51%，其中进口总额 730 万美元、出口总额 9467 万美元。

八、交通、邮电和旅游业快速发展

年末民族自治地方公路总里程达 14768 公里，其中等级公路 6571 公里、高速公路 300 公里。客运量总计 1695.8 万人，较上年增长 66.25%；货运量 5152.5 万吨，较上年增长 5.17%。邮电业务总量 10.15 亿元、移动电话用户 159 万户，分别较上年增长 2.7%、7.81%，固定电话用户 15.1 万户，与去年持平。全年旅游人数 836.1 万人、国内旅游收入 6.1 亿元，分别较上年增长 21.71%、29.61%。

九、社会事业稳步推进

1. 教育方面：民族自治地方共有普通中学 72 所，在校学生 7.38 万人，毕业生 2.77 万人，教职工 0.79 万人；中等职业学校 8 所，在校生 1.4 万人，毕业生 0.45 万人，教职工 0.1 万人；普通小学 252 所，在校生 16.82 万人，毕业生 2.47 万人，教职工 1.04 万人；教育经费支出 30.4 亿元，较上年增长 14.58%。

2. 文化方面：民族自治地方共有艺术表演团体 12 个，艺术表演场所 16 个，文化馆 6 个，公共图书馆 6 个，博物馆 4 个。

3. 卫生方面：民族自治地方共有医疗卫生机构 1830 个，较去年增加 436 个；卫生人员 8905 人，较去年增加 1644 人；医疗机构床位 10565 张，较去年增加 2832 张。

4. 社会保障方面：民族自治地方城镇居民最低生活保障人数 1.99 万人，较上年减少 18.79%；农村居民最低生活保障人数 10.75 万人，较上年减少 24.81%；新型农村合作医疗参加人数 169.4 万人，新型农村合作医疗参合率 97.33%，与去年基本持平。

（撰稿：靳磊　审稿：陈泽辉）

内蒙古自治区

2017 年，内蒙古认真贯彻落实中央和自治区党委重大决策部署，坚持稳中求进工作总基调，贯彻新发展理念，坚持以推进供给侧结构性改革为主线，加快推动经济结构战略性调整，主要先行指标持续好转，经济结构进一步优化，经济运行动力在转换中增强，质量在转型中提升，实现了平稳健康发展。展望 2018 年，在习近平新时代中国特色社会主义经济思想的指引下，随着供给侧结构性改革深入推进，经济新动能快速成长，全区经济将继续向高质量发展阶段迈进，实现持续健康发展。

一、2017 年全区经济运行基本情况

初步核算，经国家统计局审定正式反馈数据，2017 年，全区实现生产总值 16103.17 亿元，按可比价格计算，比上年增长 4.0%。分产业看，第一产业实现增加值 1647.24 亿元，增长 3.7%；第二产业实

现增加值 6408.58 亿元，增长 1.5%；第三产业实现增加值 8047.35 亿元，增长 6.1%。三次产业结构为 10.2：39.8：50.0。

（一）经济运行总体平稳，经济增长质量提高

经济总体保持了平稳运行的态势，经济增长质量提高，就业稳定增加，价格温和上涨。经济增速虽有所回落，但是在经济下行压力持续加大、去产能去库存与稳增长等两难多难问题更趋突出的情况下实现稳定增长，实属来之不易。随着供给侧结构性改革的深入推进，全区供给端的质量和层次明显提高，一些高端的、附加值高、符合市场需求的供给产品和服务明显增加，引导了需求的增加，形成了更高水平上的供需基本平衡。大力培育新动能和新增长点，经济的内生增长动力和可持续性大幅提升。如以云计算、大数据为代表的信息技术产业、新型煤化工产业、新能源产业、蒙医药等成为支撑全区经济发展的新动能。就业稳步增长，全年全区城镇新增就业 26.14 万人，城镇登记失业率为 3.63%。物价水平较为稳定，全年居民消费价格上涨 1.7%。

（二）先行指标持续好转，主要指标高位增长

全区全社会用电量自 2017 年 2 月份以来连续呈两位数增长，全年全社会用电量 2891.87 亿千瓦时，比上年增长 11.0%，增速比上年加快 8.6 个百分点。其中，工业用电量 2531.45 亿千瓦时，增长 10.7%，增速比上年加快 8.9 个百分点。全区货运量自 2017 年 2 月份以来连续呈两位数增长，全年货运量完成 22.75 亿吨，比上年增长 13.5%，增速比上年加快 5.8 个百分点。

（三）结构调整稳步推进，三次产业协调发展

1.农牧业生产形势较好。种植业方面，压减籽粒玉米 783 万亩，超额完成了调减任务。粮食产量再获丰收。全年粮食产量达到 553.68 亿斤，居全国第 10 位，自 2013 年以来连续 5 年稳定在 550 亿斤以上。畜牧业方面，牧业年度牲畜存栏 1.26 亿头只，连续 13 年稳定在 1 亿头只以上。

2.工业经济基本面较好。全年全区规模以上工业增加值比上年增长 3.1%，增速比上年回落 4.1 个百分点。分经济类型看，国有控股企业增加值增长 15.3%，股份制企业增长 2.8%，外商及港澳台商投资企业增长 5.8%。从六大支柱产业看，能源工业增长 10.3%，化学工业增长 11.8%，对规模以上工业增长的贡献率分别达到 170.8% 和 47.7%，分别拉动工业增长 5.3 个和 1.5 个百分点。高新技术工业中电子计算机通信业增长 32.2%。从产品产量看，29 种主要工业产品中有 21 种实现增长。其中，原煤同比增长 7.7%，焦炭增长 9.9%，钢材增长 18.0%，单晶硅增长 1.1 倍，精甲醇增长 8.7%，乳制品增长 1.9%，彩色电视机增长 25.4%。全年规模以上工业企业产销率达到 98.2%，同比提高 0.2 个百分点。

工业经济效益水平保持良好。全区规模以上工业企业实现主营业务收入比上年增长 13.7%；实现利润增长 1.2 倍。

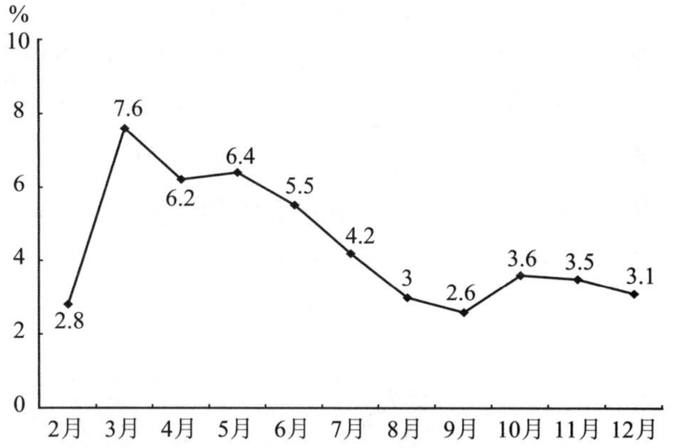

图 1　内蒙古规模以上工业增加值累计增速

3.服务业保持较快增长。服务业对经济增长的支撑作用增强。自治区服务业的快速发展，成为保持经济运行在合理区间的重要支持，对深化供给侧结构性改革，持续扩大就业，促进居民增收等方面起到极大的助推作用。服务业增速、比重、对经济增长的贡献和拉动在三次产业中均居首位，起到了主要支撑作用。全区服务业即第三产业增加值增长 6.1%。第三产业增加值占 GDP 比重为 50.0%，占据半壁江山，对经济增长的贡献率达 74.9%，拉动 GDP 增长 3.0 个百分点。服务业相关行业快速发展。金融机构人民币存、贷款余额分别比上年增长 8.4%和 10.8%，快递业务收入增长 29.5%。第三产业用电量 144.76 亿千瓦时，比上年增长 13.6%。

（四）有效需求稳定增长，结构不断调整优化

1.投资内部结构不断优化。全年全区 500 万元以上项目固定资产投资完成 14219.25 亿元，比上年下降 7.0%。其中，民间投资 6644.37 亿元，下降 3.5%，占固定资产投资额的 46.7%。分产业看，第一产业完成投资 891.07 亿元，比上年增长 27.9%；第二产业完成投资 5617.56 亿元，下降 13.5%，其中，工业投资下降 12.3%；第三产业完成投资 7710.62 亿元，下降 4.7%。投资结构优化态势明显。第三产业投资占固定资产投资总额的 54.2%，高于第二产业投资比重 14.7 个百分点。制造业投资和基础设施投资分别占固定资产投资总额的 22.7%和 39.6%。信息传输、软件和信息技术服务业、科学研究和技术服务业增长较快，增速分别为 50.7%和 19.6%。从项目个数看，全区施工项目个数 21902 个，比上年下降 4.1%；其中本年新开工项目 17404 个，下降 11.5%；本年投产项目个数 18767 个，下降 2.1%。房地产开发投资呈现下降。全年全区房地产开发完成投资 889.72 亿元，比上年下降 21.5%。商品房销售面积 2067.60 万平方米，下降 18.2%；商品房销售额 956.81 亿元，下降 16.7%。

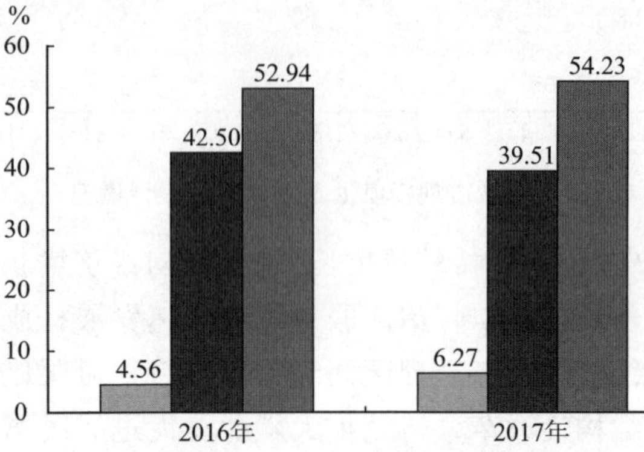

图 2　内蒙古三次产业固定资产投资结构

2.消费市场平稳运行。全年全区实现社会消费品零售总额 7160.2 亿元，比上年增长 6.9%。按经营单位所在地分，城镇零售额 6454.6 亿元，增长 6.6%；乡村零售额 705.6 亿元，增长 9.5%，快于城镇增速 2.9 个百分点。按消费类型分，餐饮收入 1120.5 亿元，增长 9.1%，商品零售 6039.7 亿元，增长 6.5%。从限额以上单位类值看，粮油、食品、烟酒类比上年增长 4.4%，家用电器和音响器材类增长 3.3%，汽车类增长 0.6%。

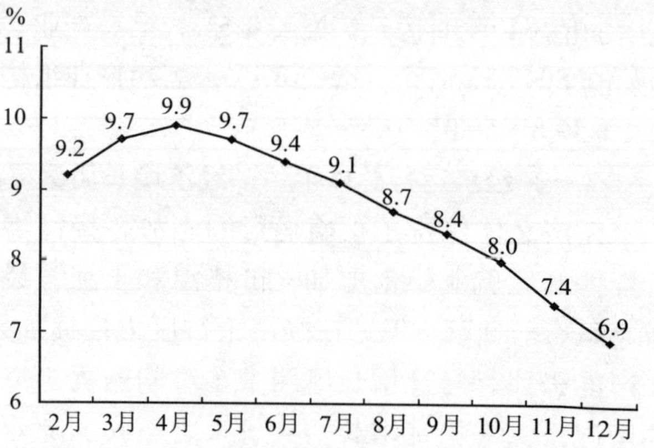

图 3　内蒙古社会消费品零售总额累计增速

3.对外贸易稳步增长。2017 年以来，全区进出口一直保持两位数高增长态势。全年全区实现进出口总值 942.42 亿元（人民币，下同），比上年增长 22.8%。其中，出口完成 334.75 亿元，增长 15.8%；进口完成 607.67 亿元，增长 27.0%。从贸易方式来看，一般贸易进出口总值占全部进出口总值的比重超过一半，达到 56.8%，增长 25.1%，快于全区进出口增速 2.3 个百分点；边境小额贸易同比增长 45.4%，快于全区进出口增速 22.6 个百分点。分国别看，自治区对蒙古和俄罗斯两国的进出口总值分别比上年增长 42.5%和 12.4%。

（五）财政收支总体平稳，金融机构存贷款稳步增长

全年全区一般公共预算收入完成 1703.39 亿元，比上年下降 14.4%，剔除 2016 年虚增因素，比上年增长 14.6%。其中，税收收入达到 1287.07 亿元，比上年下降 1.0%。一般公共预算支出完成 4523.12 亿元，比上年增长 0.2%。其中，民生支出 3158.1 亿元，增长 6.3%，占一般公共预算支出的 69.8%。财政收入质量明显提高。全年全区非税收入占一般公共预算收入的比重为 24.4%，较上年占比下降 10.2 个百分点。

12 月末，全区金融机构本外币各项存款余额为 23092.73 亿元，比年初增加 1847.07 亿元，同比增长 8.7%。本外币各项贷款余额为 21566.31 亿元，比年初增加 2107.86 亿元，同比增长 10.8%。金融机构人民币存款余额为 22952.80 亿元，比年初增加 1787.18 亿元，同比增长 8.4%。金融机构人民币贷款余额为 21456.03 亿元，比年初增加 2095.01 亿元，同比增长 10.8%。

（六）居民消费价格温和上涨，工业品生产价格涨势稳定

全年全区居民消费价格同比上涨 1.7%，涨幅比上年扩大 0.5 个百分点。其中，城市上涨 1.7%，农村牧区上涨 1.6%。分类别看，八大类消费价格继续呈现“七升一降”格局。医疗保健价格同比上涨 10.0%，居住上涨 1.7%，交通和通信上涨 1.4%，衣着上涨 1.3%，其他用品和服务上涨 1.2%，教育文化和娱乐上涨 1.0%，生活用品及服务上涨 0.7%，食品烟酒同比下降 0.2%。在食品烟酒价格中，粮食价格上涨 1.3%，鲜菜下降 6.9%，猪肉下降 12.2%。

全年全区工业生产者出厂价格同比上涨 10.6%，结束了自 2013 年以来连续 4 年下降的态势；工业生产者购进价格同比上涨 6.3%。

（七）居民收入稳步增加，城乡居民生活继续改善

居民收入实现较快增长，增速既快于上年，也快于 2017 年的 GDP 增长。全年全区居民人均可支配收入 26212 元，比上年增长 8.6%，比上年加快 0.5 个百分点。按常住地分，城镇居民人均可支配收入 35670 元，增长 8.2%，比上年加快 0.4 个百分点，其中工资性收入 21707 元，占 60.9%；农村居民人均可支配收入 12584 元，增长 8.4%，比上年加快 0.7 个百分点，其中经营净收入 6385 元，占 50.7%。农村牧区常住居民人均可支配收入增速高于城镇居民 0.2 个百分点，城乡居民收入比由上年的 2.84：1 缩小到 2.83：1。全区居民人均生活消费支出 18946 元，比上年增长 4.8%。按常住地分，城镇居民人均生活消费支出 23638 元，增长 3.9%；农村居民人均生活消费支出 12184 元，增长 6.3%。

（八）供给侧结构性改革扎实推进，去库存、降成本成效显著

去产能方面，全年平板玻璃产量下降 1.3%，水泥下降 25.7%。去库存方面，12 月末，全区商品房待售面积为 1265.60 万平方米，同比下降 8.6%。去杠杆方面，11 月末，全区规模以上工业企业资产负债率为 64.0%，同比下降 0.2 个百分点。降成本方面，1—11 月份，全区规模以上工业企业每百元主营业务收入中的成本为 77.56 元，同比下降 4.4 元。补短板方面，民生领域投资增长较快。全年教育投资增长 9.4%，水利、环境和公共设施增长 6.5%，文化、体育和娱乐业增长 9.8%。

二、当前经济运行中的一些积极变化

（一）新动能不断增强

大力培育新动能和新增长点，经济的内生增长动力和可持续性大幅提升。截至 2017 年底，全区实有各类市场主体 186.04 万户，比上年增长 6.5%，日均新登记市场主体超过 1000 户。以云计算、大数据为代表的信息技术产业、新型煤化工产业、新能源产业、蒙医药等成为支撑全区经济发展的新动能。全区战略性新兴产业增加值增速高于规模以上工业，大数据装机能力位居全国第一，世界首条稀土硫化物着色剂连续化隧道窑生产线、我国最大的电动轮矿车总装车间在包头建成，高铝粉煤灰提取氧化铝多联产技术开发与产业示范项目获得 2017 年度国家科技进步二等奖，热镀钢（铝）复合板热转彩印板技术成功实现产业化，扶持蒙医药产业化发展，等等一系列新动能的涌现助推实体经济转型升级。

（二）工业加快向中高端迈进

制造业保持较快增长。在规模以上工业中，通用设备制造业增加值比上年增长 1.3 倍，计算机、通信和其他电子设备制造业增长 32.2%，汽车制造业增长 16.6%。高技术产业中电子计算机通信业继续保持较快增长，增速达到 32.2%。新产品产量保持快速增长。碳纤维增强复合材料增长 1.1 倍，光电子器件产量增长 91.4%，智能电视增长 25.4%，太阳能电池产量增长 7.8%。

（三）新兴服务业快速发展

2017 年以来服务业发展亮点频现，新兴服务业快速发展。邮政、电信、保险均保持了两位数高速增长，特别是快递业发展势头强劲。快递业务量增长 30.3%，快递业务收入增长 29.5%，增速均高于全国平均水平。1—11 月份，全区规模以上战略性新兴服务业企业实现营业收入 182.1 亿元，同比增长 6.8%。全区规模以上科学研究和技术服务业保持较快发展，实现营业收入 66.25 亿元，同比增长 17.1%。信息传输、软件和信息技术服务业实现营业收入 245.4 亿元，同比增长 5.4%。

（四）企业效益持续改善

在生产稳步增长、产品价格上涨及成本费用下降等因素的有力拉动下，工业利润保持高位增长。1—11月份，全区规模以上工业企业实现利润总额同比增长1.2倍。2017年以来，全区规模以上服务业企业营业收入一致保持10%以上的高速增长。1—11月份，全区规模以上服务业企业营业收入1178.1亿元，同比增长18.2%，高于全国平均水平4.3个百分点。

三、当前经济运行中存在的主要问题

总体看，全区经济运行平稳，结构调整和转型升级取得新成效。但同时也要看到，国内外环境依然复杂，新旧动能的接续不可能一蹴而就，经济稳定增长的基础尚不牢固，下行压力依然较大。突出问题主要表现在：

（一）部分主要经济指标增速回落明显

受各种因素影响，2017年以来，部分主要经济指标增幅连续回落。全年全区地区生产总值增速逐季回落；规模以上工业增加值虽然在1—10月份实现了“止跌回升”，但后两个月又继续回落；固定资产投资自1—3月份以来呈逐月回落态势，1—10月份出现负增长，后两个月降幅继续扩大；社会消费品零售总额自1—4月份以来也呈逐月回落的态势。

（二）投资降幅继续扩大，新开工项目数量减少

按照控制政府债务的需要，一大批基础设施建设项目停建或缓建，对基础设施投资产生明显下拉作用，再加上重大项目审批缓慢，融资难、融资贵等因素影响，新开工项目减少，全年全区投资出现了负增长态势。全区500万元以上项目固定资产投资同比下降7.0%，降幅比1—1月份扩大0.7个百分点。房地产开发投资1—6月份出现负增长，下半年来下降幅度逐月扩大。民间投资、第三产业投资和基础设施投资1—10月份也出现负增长，后两个月降幅扩大。投资的下滑会逐步传导到经济的走势上，影响今后全区经济运行的持续性和稳定性。

（三）消费市场热点不足，消费增长低于预期

2017年以来，全区消费品市场虽然整体保持了平稳增长势头，但由于消费热点不多，加上网购导致全区部分消费外流等因素影响，消费品市场下行压力仍然较大。按类值分，限额以上单位家俱类商品比上年下降13.6%，金银珠宝类下降4.3%，服装、鞋帽、针纺织品类下降0.9%，石油及制品类下降0.3%。

上述问题根本原因在于低端供给与有效需求不足的矛盾、传统产业依赖与新产业支撑不足并存、创新能力偏弱与创新发展要求并存。这些问题，需要更好地贯彻落实新发展理念，通过质量、效率、动力“三个变革”，扎实推进供给侧结构性改革，去着力解决。

（撰稿：李日树　审稿：云冰）

辽宁省

2017年面对新形势、新任务和新要求，辽宁省民族自治地方以按照围绕省委、省政府关于民族工作的决策部署经济工作的基本要求，坚持不懈、不折不扣抓好落实，全省民族自治地方经济社会取得长足发展，少数民族群众民生得到改善。

一、基本情况

辽宁省共有岫岩满族自治县、清原满族自治县、新宾满族自治县、本溪满族自治县、桓仁满族自治县、宽甸满族自治县、阜新蒙古族自治县、喀左蒙古族自治县8个自治县，行政区域共计34163.5平方公里，占我省总面积的23%，共有31个乡（其中民族乡2个），118个镇，11个街道办事处，107个居民委员会，1134个村民委员会。

二、经济总量

2017年全年生产总值775.8亿元，按可比价格计算，比上年增长6.5%。其中，第一产业216.6亿元，增长2.3%；第二产业203.0亿元，增长15.4%；第三产业356.2亿元，增长4.6%。生产总值三次产业构成为28：26：46。

三、农林牧渔业

2017 年农林牧渔业总产值 437.8 亿元，按可比价格计算，比上一年略有下降。其中，农业产值 164.9 亿元，下降 6.2%；林业产值 68.8 亿元，增长 15.1%；牧业产值 165.7 亿元，下降 0.2%；渔业产值 29.0 亿元，增长 19.3%。

2017 年全省农作物总播种面积 614.7 千公顷，比上年增长 2.2%。粮食作物播种面积 502.8 千公顷，比上年增加 16.1%。受旱灾影响，2017 年粮食总产量 232.2 万吨，比上年增收 4.5 万吨，增长了 2.0%。油料播种面积 61.9 千公顷，比上年减少 26.9%，油料产量 10.8 万吨，比去年增长 54.3%。烟叶产量 7191 吨，比上年减少 21.78%。水果产量 28.4 万吨，与去年基本持平。年末农业机械总动力 300.8 万千瓦，比上年末下降 1.3%。农村用电量 22.5 亿千瓦小时，比上年增长 4.2%。农用化肥施用量 35.9 万吨，比上年增加 11.5 万吨。

全年大牲畜存栏 42.3 万头，比上年减少 38.5%。猪存栏 134.0 万头，比上年增加 2.1%。羊存栏 221.3 万头，比上年增加 20.9%。全年大牲畜出栏 42.0 万头，比上年减少 30.2%。猪出栏 311.7 万头，比上年略有增加。羊出栏 308.4 万头，比上年减产 1.1%。全年肉类总产量 68.6 万吨，比上年略有增长。其中，猪肉产量 30.5 万吨，比上年增加 6.3%；牛肉产量 4.9 万吨，比上年增加 20.4%；羊肉产量 6.0 万吨，比上年增加 5.3%；奶类产量 5.9 万吨，照比去年下降 37.2%；羊绒产量 221.8 吨，比上年减少 43.1%。全年造林面积 50.9 千公顷。

四、工业和建筑业

2017 年规模以上工业企业 269 家，数量照比上年大幅度下滑：其中国有企业 9 个，比上年增加 2 家；集体企业 9 个，比上年增加 1 家；港澳台商投资企业 9 家，比上年减少 3 家；外商投资企业 7 个，比上年减少 3 家；规模以上工业企业本年应交增值税 12.7 亿元，资产总计 500.2 亿元，所有者权益 157.0 亿元，主营业务收入 244.3 亿元，利润总额 18.8 亿元。

全年建筑企业 146 家，比上年增加 16 家。建筑业增加值 42.2 亿元，比上年增加 7.9%。从业人员 3.5 万人，建筑业总产值 60.2 亿元。房屋建筑施工面积 432.6 万平方米，房屋建筑竣工面积 172.8 万平方米，资产总计 69.4 亿元；实现利润 1.9 亿元。

五、贸易

全年社会消费品零售总额 465.7 亿元，比上年下降 5.4%。按行业分，批发和零售业 363.7 亿元，比上年增加 14.8%；住宿和餐饮业 59.0 亿元，比上年增长 35.6%。

全年进出口总额 20.0 亿元，其中进口总额 2.87 亿元，出口总额 17.3 亿元。年末实有外商投资企业 30 个。

六、交通运输、邮电和旅游

全年客运量总计 3017.3 万人，比上年下降 6.0%。货运总量 7397.8 万吨，比上年下降 32.7%。旅客周转量 18.2 亿人公里，比上年减少 2.7%。

全年完成邮电业务总量 10.7 亿元，比上年增长 21.9%。移动电话用户 155.9 万户，比上年增加 31.1%；固定电话用户 74.6 万户，比上年末减少 13.7%，国际互联网络用户 44.5 万户，比上年增长 7.5%。邮电营业网点 276 处，比上年减少 3 处。邮路总长度 1.9 万公里，农村投递路线总长度 2.1 万公里，两项邮递线路长度均同上年基本持平。

全省民族自治地方旅行社总数为 56 家，比上年增加 2 家。全年接待国内外旅游者 3672.9 万人次，比上年增加 59.2%。其中，接待国内旅游者 3669.6 万人次，比上年增加 59.3%；接待国际旅游者 3.3 万人次，比上年略有增长。

七、财政

全年地方财政一般预算收入 44.6 亿元，比上年增加 10.4%。其中，各项税收 31.8 亿元，比上年增加 13.6%。在各项税收中，国内增值税 13.7，受营改增影响，比上年增长了 53.9%；营业税 0.6 亿元，；企业所得税 3.6 亿元，比上年增加 44%；个人所得税 1.1 元，比上年增长了 37.5%。

全年地方财政一般预算支出 201.2 亿元，比上年增加 5.8%。其中，一般公共服务支出 14.2 亿元，比上年增加 6.8%；教育支出 33.6 亿元，比上年减少 2.6%；科学技术支出 0.3 亿元，比上年减少 25.0%；

文化体育与传媒支出 2.6 亿元，比上年增加 13.0%。

八、金融

全年各个金融机构各项存款 1256.8 亿元，比上年增长 12.9%。其中城乡居民储蓄存款年末余额 995.6 亿元，比上年增加 10.2%；全部金融机构各项贷款 570.7 亿元，比上年减少 9.8%。

九、教育

普通中学 138 所，在校生 12.0 万人，招生 4.0 人，毕业生 4.2 万人，教职工 1.5 万人，专任教师 1.2 万人。中等职业学校 9 所，在校生 0.81 万人，招生 0.29 万人，毕业生 0.19 万人，教职工 904 人。普通小学 388 所，在校生 16.6 万人，招生 2.0 万人，毕业生 2.5 万人，教职工 1.3 万人。教育经费支出 35.9 亿元。

十、文化、卫生

年末有艺术表演团体 84 个，艺术表演场所 13 个，文化馆 8 个，公共图书馆 8 个，博物馆 9 个。全年出版图书 2 种，印数 30 万册，出版报纸 7 种，出版量 232.6 万册；期刊 2 种，出版量 5 万册。

年末有各类卫生机构 2856 个。医院、卫生院 249 个，其中，医院 91 个，卫生院 158 个。各类卫生机构拥有病床 13199 张。其中，医院有病床 8187 张、卫生院有病床 3120 张。卫生机构人员 16021 人，其中卫生技术人员 11982 人，执业医师 4792 人。

十一、人民生活和社会保障

全年城镇居民人均可支配收入 14136 元，平均每人消费性支出 9262 元；农民人均可支配收入 13522 元，平均每人消费性支出 9213 元。年末城镇居民最低生活保障 3.1 万人，比上年减少了 8.8%；城镇居民最低生活保障支出 1.4 亿元，同上年基本持平。农村最低生活保障 8 万人，比上年降低了 21.7%；农村最低生活保障支出 1.9 亿元，比上年减少 13.6%。新型农村合作医疗参加 225.4 万人，比上年下降 0.9%，新型农村合作医疗费用支出 10.8 亿元，比上年增加 13.7%。新型农村合作医疗参合率达到 97.4%。

十二、环境保护和安全生产

全年工业废水排放总量 399.0 万吨，工业废水中化学需氧量排放 COD 量 2.12 万吨。工业固体产生量 730.7 万吨，工业固体废物综合利用量 1133.1 万吨。

（撰稿：赵经纬　审稿：赵瑞）

吉林省

一、民族自治地方经济发展

（一）综合

据初步核算，2017 年，全省民族自治地方实现地区生产总值 1486.59 亿元，按可比价格计算，比上年增长 3.0%，其中，第一产业 198.84 亿元，按可比价格计算，增长 3.4%；第二产业 607.38 亿元，按可比价格计算，增长 0.6%；第三产业 680.37 亿元，按可比价格计算，增长 5.2%。工业总值 560.3 亿元，建筑业总值 52.1 亿元。总值三次产业的构成为 13.4 : 40.9 : 45.8。

（二）财政

地方一般公共预算收入 89.1 亿元，比上年减少 20.3%，其中，各项税收 59.9 亿元；全年完成地方一般公共预算支出 483.1 亿元，比上年增长 12.3%。其中，一般公共服务支出 33.3 亿元；教育支出 60.9 亿；科学技术支出 2.4 亿；文化体育与传媒 11.6 亿元；社会保障和就业 79.8 亿元；医疗卫生与计划生育 30.7 亿元；住房保障 14.4 亿元。

（三）农业

继续保持稳步发展。民族自治地方农林牧渔业总产值 359.8 亿元，其中，农业产值 189.2 亿元，粮食作物播种面积 730.6 千公顷，粮食总产量 456.0 万吨。

（四）畜牧业

大牲畜、猪、羊年末存栏头（只）数分别为 74.8

万头、127.5 万头和 78.5 只。全年肉类总产量达到 22.8 万吨，其中猪肉、牛肉和羊肉产量分别为 13.5 万吨、7.3 万吨和 1.1 万吨。

（五）工业

规模以上企业单位数 725 个，资产总计 1207.3 亿元；实现主营业务收入 567.3 亿元；实现利润总额 44.2 亿元。

（六）国内贸易及固定资产投资

实现社会消费品零售总额 811.87 亿元，比上年增长 5.5%；实现固定资产投资完成额（不含农户）1154.02 亿元，比上年下降 12.9%。

（七）人民生活水平

2017 年全省民族自治地方城镇居民人均可支配收入达到 24591 元，比上年增长 6.6%；农村居民人均纯收入达到 11114 元，比上年增长 6.6%。

（八）交通运输和邮电通信业

2017 年，全省民族自治地方公路总里程 1.72 万公里，其中等级公路 1.61 万公里，高速公路 815 公里。全省民族自治地方全年完成邮电业务总量 3.59 亿元，邮路总长 6289 公里。

（九）旅游业

截至 2017 年末，全省民族自治地方有旅行社 193 家。

二、全省民族自治地方社会发展

（十）教育事业

2017 年末，全省民族自治地方小学 430 所，招生 2.11 万人，在校生 13.69 万人。普通中学 215 所，招生 3.75 万人，在校生 11.09 万人。中等职业学校 30 所，招生 5025 人，在校生 1.37 万人，毕业生 4132 人。

（十一）文化事业

截至 2017 年末，全省民族自治地方拥有文化馆 12 个，艺术表演场所 9 个，艺术表演团体 6 个；公共图书馆 12 个；博物馆 14 个。全省民族自治地方出版图书 9645 种，图书印数 6813 万册；期刊 22 种，年总印发量近 67 万册；报纸类 12 种，年总印发量近 2544 万份。

（十二）卫生事业

截至 2017 年末，全省民族自治地方有卫生机构数 2161 个；卫生机构床位 1.46 万张，卫生机构人员 2.65 万人，其中卫生技术人员 2.04 万人，其中执业（助理）医师 2840 人。

（撰稿：孟祥超　审稿：田永亮）

黑龙江省

2017 年，杜尔伯特蒙古族自治县深入学习宣传贯彻党的十九大精神和习近平新时代中国特色社会主义思想，厚植发展基础，抢抓重大机遇，持续推动产业转型，全力加快项目建设，不断加大民生投入，从严履行政府职责，经济质量趋好向优，经济社会发展取得良好成绩。

一、经济运行稳中有进

2017 年杜尔伯特蒙古族自治县地区生产总值实现 106.5 亿元、增长 10.1%，地方财政收入完成 4.3 亿元、增长 3.4%，固定资产投资完成 46 亿元、增长 9.5%，城镇和农村居民人均可支配收入分别达到 23085 元和 13890 元，分别增长 9.1%和 12.4%，主要经济指标增速保持在大庆市五区四县前列，伊品玉米深加工、九阳大豆深加工、奥德燃气长输管线、谷实生猪二期、金马国际城市综合配送中心等 15 个项目开工建设，东方希望 300 万头生猪全产业链、绿源康拜环保秸秆板材、永和菜业鲜食蔬菜产业化等 19 个重点项目成功签约，总签约额 156.8 亿元，到位资金 35.9 亿元。

二、三次产业融合发展

2017 年杜尔伯特蒙古族自治县积极优化调整种植结构，优质玉米试种成功，改写了无高品质一等粮的历史；一批土地整治、农电升级、井井通项目得到顺利实施，土地流转面积达到 70.4 万亩，各类新型农业经营主体达到 1856 个，旱田有效灌溉率和农业机械化程度分别达到 65.5%和 97.5%，粮食总产

22.3 亿斤，与四川五粮液、广西扬翔、上海谷广等企业签订玉米、高粱收购合同 3.4 亿斤，农民卖粮难问题有效解决。

巩固了多元牧业发展格局，奶牛存栏 6.8 万头，交售商品奶 9.1 万吨，分别增长 5%和 4.6%；奶牛牧场运营 61 处，中以合作大承牛牧场建成投用，谷实生猪一期项目顺利投产，和牛繁改初见成效，累计繁改和牛 3008 头，肉羊、鹅鸭、狐貉饲养量分别达到 45.2 万只、408.1 万只、191 万只，召开了全国毛皮动物产业发展研讨会。

加快水产业发展步伐，稻田河蟹综合种养、大水面青虾示范养殖 2.1 万亩，成功举办开湖节、冬捕节、高峰论坛等系列活动，“连环湖”品牌荣获 2017 年全国最具影响力水产品企业品牌，鳙鱼入选全省农产品地理标志十大区域品牌，大闸蟹打入香港市场，水产品产量达到 3.7 万吨、增长 10.5%。着力优化园区功能，提升工业经济质效，双隆商砼、永明米业等 6 家企业成功晋级规上，规上工业企业达到 31 家，实现增加值 17.5 亿元、增长 10.2%。

商贸流通活力迸发，浙江颐高电子商务产业园顺利落户，入驻企业 30 家，交易额达到 4700 万元，“杜尔伯特大米网”销售额位列省大米网平台第二位，快递企业发展到 13 家、业务量增长 70%，全年高铁发送旅客 66 万人次，新增县外手机漫游用户 22.8 万户，社会消费品零售总额实现 20.4 亿元、增长 7.5%。

推动旅游业提档升级，新建自驾逸站 6 处、水冲厕所 8 处，开通旅游客运专线 2 条，连环湖镇南岗村获评省级乡村旅游示范点，环连环湖旅游度假区被评为省级旅游度假区，富裕正洁寺晋级国家 AAAA 级旅游景区，杜尔伯特蒙古族自治县被授予“中国雪地风筝之乡”称号，全年接待游客 171 万人次、增长 36.8%，实现旅游收入 10.2 亿元、增长 88%。

三、城乡建设成效显著

编制完成新一轮城市总体规划，改造棚户区 1065 户，3.5 公里南环路贯通工程顺利实施，呼格吉乐街、城东城西出口改造升级，城南供水厂、学府公园、天湖护岸建成投用，新建 6 座水冲公厕，4200 个公共停车位免费开放，铺设城区供热管网 13.9 公里、供水主管线 8.9 公里，管道天然气入户达到 8000 户，7 条街巷告别无亮化历史。城市管理网格化、卫生保洁日常化、高效清雪制度化、联合执法常态化，设立环卫工人爱心驿站 75 处，背街小巷、建筑工地、农贸市场周边环境卫生明显好转，占道经营、私搭乱建、露天烧烤有效整治，获评省级文明城市。

投入美丽乡村建设资金 2 亿元，改造农村危房 3637 户，硬化乡村公路 69.1 公里、村屯巷道 87.6 公里，安装路灯 286 盏，新建文体活动广场 2.8 万平方米；农村环境综合整治深入开展，出动车辆 3000 余台次，参与群众 7000 多人次，清理各类垃圾 16.95 万立方米，人居环境不断改善。

四、生态环境明显优化

2017 年完成造林 2 万亩，绿化村屯 99 个，发展林下中草药 2.8 万亩，被评为全省植树造林先进单位。治理“三化”草原 24 万亩、鼠虫害草原 43 万亩，连环湖补水 2 次 0.8 亿立方米。强化生态管护，深入整改中央环保督查和国家“绿盾 2017”专项行动反馈问题，持续开展“水、大气、土壤”环境治理联合执法，严厉查处侵林盗林、放牧开荒、破坏湿地、焚烧秸秆等违法案件 195 起，率先在全市超额完成黄标车淘汰任务，“河长制”实现县乡村三级全覆盖，空气环境优良天数达到 335 天。

五、脱贫攻坚扎实推进

精准识别确定贫困人口 3780 户共计 7962 人，有效整合涉农资金 5.4 亿元，发放扶贫金融贷款 1.3 亿元，依托伊品玉米、九阳大豆、谷实生猪等重点项目，发展畜牧、种植、水产、旅游等扶贫产业 23 个，84 支驻村工作队、252 名队员克服各种困难，长期驻守真帮实扶，省市县三级帮扶单位落实扶贫项目 67 个、资金 5124.7 万元，贫困村基础设施系统改善，贫困户实现稳定增收。1114 户共计 2407 名贫困群众纳入低保，发放贫困助学金 3705 人次、414.7 万元，先诊疗后付费、一站式服务、“一免五减”医疗政策实施到位，意外险、农业保险、安全住房、安全饮水实现贫困户全覆盖，达到脱贫摘帽标准。

六、民生福祉持续改善

政策保障更加有力，投入财政资金 1.35 亿元，城乡低保年人均标准分别提高到6480元和3780元，医保实现“三险合一”，参保总人数达到21.6万人。

惠民服务更加务实，建设农村安全饮水工程223处、惠及12.9万人，成功取消让杜路收费站，收购立合、益民2家民营供热站，城区供热全部实现政府供热公司统一供暖，供热面积达到300万平方米，居民供暖“零上访”。

教育资源更加均衡，县第一中学食堂及水冲厕所、蒙古族中学宿舍楼、连环湖小学教学楼等14处共2万平方米基础设施建成投用，普惠性幼儿园发展到43所，“双语”教学填补学前教育空白，义务教育发展基本均衡工作顺利通过国检验收。

医疗服务更加健全，移址新建的妇幼保健院即将投用，公立医院实现综合改革全覆盖，在全市率先推行疫苗全天候接种制度，建立居民健康档案16万份，家庭医生签约服务5.4万人，2839名教师、341名环卫工人享受免费体检，获评省级慢性病综合防控示范县、全国计划生育优质服务先进县和全国妇幼健康优质服务示范县。

民族文化更加丰富多彩，开展“激情之夏”、“文化之冬”、民族文化艺术节、县民族歌舞团惠民展演等活动百余场次，全国少数民族门球邀请赛连续承办六届，萨日朗文化大院登上央视舞台，“小蒿子”马头琴获评全市十大工艺美术品牌，民族文化产业协会、哈萨尔祭祀文化协会、蒙古族传统游艺协会、蒙古文书法协会揭牌成立，《杜尔伯特蒙古学》《杜尔伯特史略》《杜尔伯特书画》相继出版，民族文化保护成效显著。

七、重点改革顺利实施

“放管服”工作扎实开展，实行“互联网+政务服务”，办理行政许可、便民事项2.8万件。农商银行成功组建，工商银行强势入驻，居民储蓄存款余额达到46.8亿元，投放各类贷款24.26亿元，兑现扶持招商引资企业资金1.98亿元，助力新增各类市场主体2690户。

国家级基层政务公开试点工作高标准推进，土地确权、国有林场改革接近尾声，国有资源资产清查全面铺开，累计清查账本票据1.6万份，征缴国有资源资产有偿使用费3300万元，商务综合行政执法体制改革试点、胡吉吐莫镇泊泊里村集体产权制度改革清产核资工作顺利完成。

八、社会事业全面进步

启动“智慧交通”建设，设立交通治安卡口12处，安装监控探头631个，农村社会治安群防群治新模式全省推广。全面落实安全生产和信访工作责任，强化成品油市场日常监管，专用校车实现GPS监控全覆盖，135个食品安全投诉举报联络站遍布城乡，集中整改各类安全隐患2567项，接待群众来信来访1064件次，1694户不动产权证办理、410户水淹房、乡镇事业单位改革等历史遗留问题有效解决，实现全年重特大安全事故“零发生”。多家中央、龙江媒体先后走进杜尔伯特，老龄、残疾人、关心下一代等事业发展保持省市领先，杜尔伯特知名度、美誉度、影响力得到了显著提升。

作为黑龙江省唯一实行民族区域自治的地方，国家和省市各级相关部门都给予了大力的支持，杜尔伯特利用资源优势，转化发展动能，坚定不移推进“牧业强县、旅游大县、生态名县”建设，谱写出一曲经济稳步发展、社会全面进步、民族团结和睦、人与自然和谐、人民安居乐业的新篇章。

（撰稿：张泽坤　审稿：倪晓岩）

浙江省

2017年以来，面对复杂严峻的宏观经济形势和经济下行压力，景宁县不断创新工作载体，打好“大会战”“大赶考”“大走访”三大组合拳，坚持稳中求进总基调，坚定不移推进供给侧结构性改革，结构调整继续深化，质量效益稳步提升。县域国民经济和社会发展保持良好态势。

一、2017 年经济发展主要特点

全县实现地区生产总值（GDP）54.37 亿元，同比增长 7.1%（全国增长 6.9%、全省增长 7.8%、全市增长 6.8%）。其中第一产业增加值 7.21 亿元，增长 3.5%；第二产业增加值 15.85 亿元，增长 8.8%；第三产业增加值 31.31 亿元，增长 7.2%。三次产业结构优化为 13.2:29.2:57.6，三产占比全市第一。

（一）全力稳增长，发展动能进一步提升

有效投资领跑全市。全县完成固定资产投资 58.28 亿元，同比增长 13.5%，增幅全市排名第一，其中政府投资完成 34.48 亿元，同比增长 15.8%，民间投资完成 23.80 亿元，同比增长 10.4%；基础设施投资完成 37.11 亿元，同比增长 23.2%。房地产投资完成 12.54 亿元，同比增长 36.5%，增幅全市排名第二。建安投资完成 53.19 亿元，同比增长 17.4%。

招商引资成效显著。2017 年，我县共引进新项目 50 个，合同投资额 49.9 亿元，其中，新引进大项目 8 个，完成进度 200%；实际利用市外内资 18.7 亿元，完成进度 143.5%；实现浙商回归资金 12.2 亿元，完成进度 152.4%；三项主要考核指标进度均全市第一。充分发挥民族地区优势，先后出台《关于加快总部经济发展的若干意见》、《关于加快生态工业发展的若干意见》和《工业投资项目入园决策评价服务工作规定》等文件，全新招商引资政策体系基本成型。

消费出口不断增长。全县实现社会消费品零售总额 30.93 亿元，同比增长 10.9 %，增幅全市排名第八，其中限额以上社会销售品零售额 2.32 亿元，同比增长 18.3% ，增速全市排名第七。全县出口形势良好，以流通公司自营出口为主，出口形势处于高位运行，全县累计进出口总额 9.26 亿元，其中出口 9.09 亿元，同比增长 54.7%。

财政金融基本稳定。全县实现财政总收入 13.07 亿元，增收 1.53 亿元，可比增长 13.2%，增幅全市排名第三。其中一般公共预算收入 7.01 亿元，可比增长 14.1%，完成年度目标的 106.4%，占财政总收入的 53.6%。一般公共预算收入中，税收收入 5.92 亿元，可比增长 18.7%。一般公共预算收入、一般公共预算税收收入可比增速均全市排名第一。全县金融机构人民币各项存款余额 92.57 亿元，同比下降 1.19%；人民币各项贷款余额 75.04 亿元，同比增长 8.02%；存贷比为 81.06%，排名全市第五。不良贷款率持续上升，全县不良贷款余额 1.37 亿元，不良贷款率为 1.83%。

（二）着力抓转型，产业结构进一步调整

产业融合步伐加快。农旅融合初显成效。依托特色产业，挖掘农耕文化，共建成可赏、可游、可采、可购休闲农业区点 4 个、休闲家庭农场 3 个，省级农家乐特色村 1 个，市级农家乐民宿产业集聚带 1 条，市级农家乐综合体 1 个，民宿聚集区 8 个。全域旅游带动经济增长效应逐渐显现，2017 年全县旅游总收入实现 54.08 亿元，同比增长 28.1%。住宿业营业额 0.21 亿元，同比增长 11.8%；餐饮业营业额 3.76 亿元，同比增长 14.7%。“两化融合”不断深入。积极推进“企业上云”，助力传统产业与云计算、大数据、人工智能等新技术对接，努力提高企业在新常态下的发展动力和竞争力，目前我县共有上云企业 113 家，完成目标任务的 120%。

工业结构不断优化。全年规上工业增加值同比增长 5.5%。“机器换人”成效明显，工业技改项目完成投资 2.75 亿元，同比增长 9%，主要得益于天造环保和吉利竹木等项目，工业技改投资形势有所回暖。“腾笼换鸟”进展顺利，我县“低小散”块状行业整治提升企业 11 家，腾出用能空间 530 吨标煤。装备制造业增加值同比增长 29.7%，全市排名第二；高新技术增加值同比增长 20.5%，全市排名第二；新产品产值同比增长 23.9%，增幅排名全市第六。实现总部经济企业销售收入 94.1 亿元，同比增长 30.5%。

市场主体培育不断加快。截至 2017 年底，我县共有在册市场主体 13222 户，同比增长 2.52%。内资企业 2024 户，同比增长 20.69。全年新设市场主体共 1796 户，同比增长 3.46%。内资企业新设 447 户，同比增长 66.79%，其中非私营内资企业 108 户，是去年同期的 6.35 倍，私营企业 339 户，同比增长 35.06%；新增小微企业 473 家，完成全年任务数 262.78%。全县累计共有小微企业 2685 家，银行类金融机构向小微企业发放贷款余额 10.54 亿元。

（三）聚力促改革，发展活力进一步释放

“最多跑一次”改革强力推进。根据省委省政府的统一部署，扎实开展“最多跑一次”改革，建

设公共服务数据管理中心，加快投资高效审批制度改革，投资项目 2.0 版在线审批平台实现了 4 个 100%（100%应用平台、100%网上申报、100%网上审批、100%系统打通）。政府效能不断提升，全面梳理审核，完善信息动态调整，共梳理出群众和企业到政府办事事项 744 项，其中“跑一次”716 项，不断增强群众和企业的满意度和获得感。

重点领域改革成效明显。积极推进国家重点生态功能区建设，完成产业准入负面清单编制工作。加快推进特色小镇建设，畲乡小镇累计完成固定资产投资 50.2 亿元，实现五年规划投资任务（50 亿元）三年完成。完成第二轮省级重点生态功能区小城市培育试点三年（2017—2019 年）行动计划编制，获得省补专项资金 3005 万元。扎实推进省级光伏扶贫试点县建设，发布《景宁畲族自治县光伏小康工程试点工作实施方案》，第一批 6 个地块建设顺利，第二批 8 个地块正在审核阶段。全国集体林业综合改革试验区建设、省级低碳试点县、省级服务业强县、绿色发展综合改革创新区创建等一批改革试点进展顺利。

（四）倾力惠民生，幸福指数进一步提升

发展环境显著提升。生态环境不断优化。2017 年，岭根交接断面Ⅱ类级以上水体占比 100%，Ⅰ、Ⅱ类水分别较去年增加 50 天、22 天；饮用水源水质达标率 100%；全县空气质量优良天数 334 天，优良率达 97.4%。人居环境逐步改善。开展农村生活垃圾分类减量化处理，完成农村生活垃圾分类村 45 个。全力推进小城镇环境综合整治，首批整治的 8 个乡镇顺利通过省级验收，二三批乡镇完成 30%的形象进度。

社会保障持续加强。就业工作稳步推进。全年城镇新增就业岗位 1105 个，城镇失业人员实现再就业 544 人，困难人员实现就业人数 173 人。城镇登记失业率控制在 2.69%。社会保险工作有序开展。全县企业职工养老保险参保 31083 人，城乡居民养老保险参保 63924 人。城镇职工基本医疗保险参保 22037 人，城乡居民基本医疗保险参保 125640 人。参加被征地农民基本生活保障 470 人。住房保障体系不断完善，全年新竣工公租房 132 套，基本建成 143 套。大力推进农民异地搬迁工程，完成农户异地搬迁 404 户共 1281 人。

民生基础不断巩固。民生支出快速增长。2017 年，全县用于一般公共服务、公共安全、教育、科学技术、社会保障与就业、医疗卫生与计划生育、节能环保、城乡社区事务等八项支出金额为 24.77 亿元，同比增长 17.1%，高于支出平均增幅 10.6 个百分点，占总支出的比重为 67.4%，比上年提高了 6.1 个百分点，为民生事业持续健康发展提供了强有力的保障。两项收入较快增长。2017 年，全县农村常住居民人均可支配收入达 16503 元，同比名义增长 10.1%，增速排名全市并列第二；城镇常住居民人均可支配收入 33618 元，同比名义增长 8.8%，增速全市排名第三。

二、当前存在问题

一是经济下行压力仍然很大。近年来，非营利性服务业对我县 GDP 增长拉动作用最为强劲，但不可持续，如四季度财政八项支出增速高位回落，经济增长动力不足。二是投资拉动作用有待增强。建安工程投资增幅呈现逐季回落态势，多个项目政策处理、前期进度存在较多不确定性，同时在新项目谋划上，带动性特别强的项目少。三是金融领域风险防控形势严峻。2017 年，存、贷款余额增速均远远低于全市平均水平。我县多家企业经营不善，不良贷款率逐月攀升，对企业生存和金融稳定造成不良影响。

三、2018 年工作计划

深入贯彻落实党的十九大、省第十四次党代会、市委四届三次全会精神，坚定不移沿着“八八战略”指引的道路阔步向前，坚持供给侧改革主线，紧扣“打开‘两山’新通道，富民兴县再赶超，建设美丽幸福新景宁”目标，按照高质量发展要求，着眼于走在前列，勇当全市绿色发展的探路者和模范生。努力把景宁建设成为“大花园”中的“民族风情特色园”。

（一）在新旧动能转换上下功夫，加快产业提质增效

一是抢抓“乡村振兴战略”契机，以“农旅融合”为着力点，加快构建现代农业体系。谋划推进一批田园景观带、田园综合体和休闲农业观光区，培育一批农旅融合示范基地，促进农业转型升级和

融合发展。二是积极培育生态工业体系。加快新旧动能转换，积极推进传统产业改造提升，促进产品深加工，提升市场竞争力。深化携企服企振企行动，继续抓好丽景民族工业园和澄照农民创业园建设，引导实体经济健康发展。三是以“全域旅游”为抓手，发展现代服务业。充分挖掘生态资源和民族文化优势，做深做足农旅融合、文旅融合、养旅融合文章，加快发展乡村旅游、休闲度假、文化体验等旅游业态，让畲乡景宁成为最具魅力的“诗画浙江”鲜活样本和中国畲族风情旅游目的地。

（二）在全域统筹上下功夫，有效投资继续发力

一是认真抓好项目谋划。始终坚持将项目作为龙头抓手，现已初步安排项目 129 个，年度计划投资 54 亿元。精准对接大花园、大通道、创新区等发展平台，争取更多项目纳入省市盘子。二是加快招商引资步伐。深入贯彻落实《关于加快生态工业发展的若干意见》、《加快总部经济发展的若干意见》等相关政策，打造全国最优政策洼地。深化选优商引大资，努力朝着绿色、清洁、循环、低碳的生产体系发力。积极引进带动力强、贡献率高、持续性好的项目。三是加快重点项目推进。着力优化项目结构。针对未开工项目，突出部门合力，加速项目前期，落实攻坚班组，推动项目早日落地、规范落地。主动融入全市绿色发展综合改革创新区建设，逐个推进创新区项目建设。全面抓好重大项目建设，争取项目质量优、建设进度快，又好又快地发挥这批重大项目对我县经济社会发展的支撑作用。

（三）在深化改革上下功夫，推进社会改革创新

一是深入推进“最多跑一次”改革。按照省市的统一部署，紧盯企业和群众需求，将“最多跑一次”改革不断向纵深推进。同时要以“最多跑一次”改革倒逼要素配置市场化改革，倒逼中介服务和公共服务体制改革。二是继续抓好各类改革试点。认真落实好小城市培育试点、特色小镇、省级低碳县试点、省级服务业强县试点、省光伏扶贫试点工作，探索创建民族地区城乡融合发展创新改革试点，更好地发挥试点“探路石”“破冰船”“金种子”的作用。三是深入实施供给侧结构性改革。积极推进“腾笼换鸟”，深化“亩产论英雄”改革，推进“标准地”供给。继续实施好《关于深入推进农业供给侧结构性改革促进农民收入持续较快增长的若干意见》等新的改革措施。

（四）在生态保护和改善上下功夫，优化绿色发展环境

一是加强生态环境保护。继续高标准治污水，严格落实河长制，继续加强小微水体治理，严防反弹回潮，不断巩固和提升治水、治气、治土、治固废成果。二是加大生态系统修复力度，重点抓好沙湾、英川片区和往年土地开发地块的生态复绿工程，同时继续推进“三改一拆”“六边三化三美”“小城镇综合整治”等专项行动。三是优化发展环境。以省低碳试点县建设为契机，加快小锅炉淘汰工作，抓好温室气体排放清单编制工作，优化产业发展环境，推动构建节约资源和保护环境的空间格局。

（五）在民生保障上下功夫，提升群众幸福指数

一是强化公共服务。努力抓好就业创业、教育、卫生等最基本的民生问题，进一步建立健全医疗服务体系。二是推进基础设施建设。继续推进凤凰学校、创业园学校建设，加快职高迁建项目前期。加快人民医院搬迁工作，加快建立多主体供给、多渠道保障、租购并举的住房制度。三是健全扶贫体系。充分发挥农办、民政等部门在精准扶贫中的积极作用，履行好保基本、保底线、保民生的兜底责任，确保民生工程各项政策措施落实到位，切实增加人民群众获得感和幸福感。

（撰稿：潘晶　审稿：潘友明）

湖北省

2017 年，湖北省民族自治地方“一州两县”（即恩施土家族苗族自治州、五峰土家族自治县和长阳土家族自治县）在省委、省政府的正确领导下，以《中共中央、国务院关于进一步加强民族工作，加快少数民族和民族地区经济社会发展的决定》和《国务院实施〈中华人民共和国民族区域自治法〉若干规定》为依据，按照《中共湖北省委、湖北省人民政府关于加强和改进新形势下全省民族工作的意见》（鄂发〔2014〕25 号）文件的要求，以脱贫攻坚和乡村振兴为主线，深化改革，开拓创新，使我省民族地区经济保持了稳定、协调、健康、持续发展的良好态势，国民经济稳定增长。据统计，2017 年，民族自治地方"一州两县"完成生产总值 1002.06 亿元，同比增长 7.8%。其中，第一产业 223.87 亿元，第二产业 345.2 亿元，第三产业 432.99 亿元。

一、农业生产稳定发展

年末实有耕地面积 374.239 千公顷，农业有效灌溉面积 226.216 千公顷。农业机械总动力 324.69 万千瓦，比上年增长 1.6%。农作物总播种面积 617.703 千公顷，粮食总产量 1722029 吨。农林牧渔业总产量 384.85 亿元，比上年增长 5.5%。

二、工业经济发展迅速

规模以上工业企业资产总计 478.8 亿元，主营业务收入 325.11 亿元，全年规模以上工业企业达到 506 个，国有企业 7 个，集体企业 1 个，股份合作企业 104 个，港澳台商投资企业 2 个，外商投资企业 1 个，企业总体数量相较去年减少，淘汰部分产能落后和亏损企业，民族地区工业质量和效益增加。

三、固定资产投资保持快速增长

全年全社会固定资产投资完成额达到 1014.08 亿元，比上年增长 16.4%。按企业类型分，国有企业完成 509.64 亿元，私营企业完成 268.37 亿元，外商和港澳台投资企业完成 0.8 亿元，按资金来源分，国家预算资金 172.73 亿元，国内贷款 63.19 亿元，利用外资 0.52 亿元；全社会固定资产投资新增固定资 527.03 亿元，较上年增长 35.3%。

四、国内贸易市场稳定，对外贸易繁荣活跃

国内贸易全年实现社会消费品零售总额 632.77 亿元，比上年增长 10.72%，其中：批发和零售业总额 557.1 亿元；住宿和餐饮业总额 75.6 亿元，增长 6.8%。进出口总额 38.52 亿元。

五、财政收入稳步增加

全年完成财政总收入 175.17 亿元，比上年增长 12.18%。其中：地方一般公共预算收入 82.7 亿元，增长 3.4%。地方一般公共预算支出 400.53 亿元，比上年增加 6.7%。全部金融机构各项存款余额 1624.62 亿元；全部金融机构各项贷款余额 1072.25 亿元。

六、城乡居民收入稳定增长

全年城镇居民人均可支配收入 26666 元，比上年增 9.81%；城镇居民人均消费支出 18771 元，比上年增加 10.63%。全年农民人均纯收入 9594 元，比上年增长 9.85%。

七、旅游业发展较快

全年旅行社总数为 30 家（不含门市）。旅游人数 5133 万人次，同比下降 3.3%。其中，国际旅游 40.9 万人次，国内旅游 5092 万人次。国际旅游收入 5087.57 万美元，国内旅游收入 466.56 亿元。

八、教育事业快速发展

湖北民族地区认真落实农村义务教育保障新机制，努力改善办学条件，扎实推进素质教育，加强师资队伍建设，不断规范学校管理，各类教育长足发展，专任教师有所增加，教师队伍质量明显提高。2017 年，九年制义务教育成果得到巩固，小学适龄儿童入学率达到 100%。教育经费共支出 65.67 亿元，较上年增长 21.1%。

九、文化、卫生事业蓬勃发展

截至 2017 年末，共有艺术表演团体 12 个，艺术表演场所 15 个，文化馆 13 个，公共图书馆 19 个，博物馆 12 个。全年卫生机构数 3739 个，医疗机构床位数 26774 张，比上年增长 3.34%；卫生机构人员数 31310-29951 人，比上年增长 4.54%。

（撰稿：商振华　审稿：江华富）

湖南省

2017年，湖南省民族自治地方认真贯彻落实中央、省委民族工作会议精神，抓住打赢脱贫攻坚战、实施乡村振兴战略等有利机遇，紧紧围绕与全国全省一道同步全面建成小康社会的目标，在宏观环境持续严峻复杂的情况下，统筹做好稳增长、促改革、调结构、惠民生、防风险等各项工作，保持了稳中向好的良好发展态势。

经济实力稳步提升。2017年，湖南省民族自治地方完成地区生产总值（GDP）14752621万元，按可比价格计算，同比增长9.9%。其中，第一产业增加值2217338万元，增长3.7%；第二产业增加值4217460万元，增长7.11%；第三产业增加值8317823万元，增长13.25%。按常住人口计算，人均地区生产总值24619元，同比增长5.59%。全年全社会固定资产投资完成额为17418056万元，同比增长68.63%，呈现大幅增长态势。

农业生产保持平稳。全省民族自治地方完成农林牧渔业总产值3758909.6万元，按可比价格计算，同比增长3.84%。其中，农业总产值2097746.9万元，减少2.23%；林业总产值311383.4万元，增长5.19%；牧业总产值1063546.3万元，增长1.22%；渔业总产值65816.42万元，减少18.11%。农业基础设施建设加快，生产条件不断改善。全省民族自治地方年末实有耕地面积434.111千公顷，农作物总播种面积825.5千公顷，与上年比基本保持平衡。民族自治地方全年农村用电量59458.73万千瓦小时。主要农产品产量保持稳定，粮食总产量2071994.89吨，比上年增长1.29%；油料总产量204410.712吨，比上年基本平衡；棉花产量427.34吨，比上年减少19.23%，持续减产；糖料产量34766.56吨，比上年减少1.51%；麻类产量1305.62吨，减少11.92%；烟叶产量48661.17吨，减少3.28%；茶叶产量6160.23吨，增长13.96%；水果产量1998134.06吨，增长7.15%。期末存栏大牲畜87.0878万头；出栏大牲畜56.66万头，出栏肉猪364.69万只，出栏羊47.84万只；肉类产量360952.9吨，比上年增长6.35%；奶类产量46758吨，比上年增长2.48%；全年水产品产量达56205吨，同比增长2.98%。

工业发展不容乐观。2017年，因众多不利因素影响，全省民族自治地方工业经济发展形势不容乐观。全省民族自治地方规模以上工业企业单位数613个，比上年增加41个；规模以上工业企业主营业务收入7487237万元，减少28.41%；利润总额257162.3万元，同比减少51.93%。主要工业产品因受去产能影响，大部分呈减少态势，原煤产量大幅缩减至基本停产状态，生铁产量107938吨，粗钢产量27020吨；但发电量517404.39万千瓦时，增长21.81%。

财政金融增速较快。2017年主要财政金融数据指标呈两位数增长态势。全年地方一般公共预算收入1463624万元，增长53.68%；地方一般公共预算支出5608473万元，增长8.99%。全年全部金融机构各项存款达24043719.55万元，同比增长13.66%；贷款规模进一步扩大，全部金融机构各项贷款达14049002.95万元，同比增长10.36%；城乡居民储蓄存款年末余额12315437.19万元，同比增长11.24%。

贸易旅游提质升级。全年社会消费品零售总额6452018.9万元，增长29.07%；其中，批发和零售业达5441287.4万元，增长27.17%；住宿和餐饮业达1010730.5万元，增长40.37%。2017年，全省民族自治地方共有旅行社188个，比上年增加了18个。全年共接待游客123495800人次。

社会事业不断进步。2017年，全省民族自治地方有普通高等学校5所，在校研究生937人，在校本科、专科学生44781人，毕业生14666人；有普通中学376所，在校学生281994人，毕业生86655人，专任教师20235人；有中等职业学校45所，在校学生46675人，毕业生13376人，专任教师2176人；有普通小学982所，在校学生467335人，专任教师23841人。全年教育经费支出1031555万元，比上年增长20.17%。截至2017年末，全省民族自治地方拥有卫生机构 5594 个，有医院、卫生院 661 个，村卫生室 4208 个。共有卫生技术人员 31317 人，其中执业（助理）医师 12690 人。卫生机构床位数 35808 张。城镇居民最低生活保障人数 86640.6 人，保障支出达 34259.79 万元。农村居民最低生活保障人数达 275729 人，保障支出达 60858.974 万元。群众生活水平不断提高，城镇居民人均可支配收入 22582.3 元，同比增长 9.81%；农村居民人均纯收入 8244.7 元，同比增长 13.34%。

（撰稿：黄淼　审稿：肖丽萍）

广东省

2017 年，在国家民委指导支持和省委、省政府重视推动下，广东民族地区坚持以习近平新时代中国特色社会主义思想为指导，牢牢把握各民族共同团结奋斗、共同繁荣发展的民族工作主题，围绕民族地区与全省同步实现全面小康目标，紧扣《关于扶持民族地区加快发展的意见》，大力推进区域协调发展战略，加快少数民族和民族地区经济社会发展。

一、经济持续平稳发展

2017 年，连南瑶族自治县、连山壮族瑶族自治县和乳源瑶族自治县分别实现地区生产总值 43.03 亿元、31.89 亿元、84.59 亿元，同比增长 4%、0.3%、9.2%；3 个自治县共计实现地区生产总值 159.50 亿元，比上年增长 10.22%，增长速度比全省平均高 2.72 个百分点。分产业看，第一产业增加值 22.57 亿元，增长 3.44%；第二产业增加值 59.23 亿元，增长 10.13%；第三产业增加值 77.71 亿元，增长 12.44%；人均地区生产总值 37048.67 元，比去年增长 8.90%。

二、农业生产增长保持平稳

3 个自治县全年完成农林牧渔业总产值达 36.16 亿元，同比增长 4.33%。其中，农业产值 209607.95 万元，比上年增长 3.26%；林业产值 70254.88 万元，同比增长 16.64%；畜牧业产值 54582.24 万元，渔业产值 6442.03 万元。农作物总播种面积 61.76 千公顷，粮食作物播种面积 29.70 千公顷，粮食总产量 137930 吨，与去年基本持平；茶叶产量 1038 吨，水果产量 50155 吨。

三、工业建筑业稳中有升

规模以上工业完成销售产值 114.78 亿元，同比增加 6.31 亿元，增长 5.82%；实现利润总额 10.84 元，与去年增加 1.67 亿元。建筑业全年建筑业总产值完成 10.39 亿元，同比增长 18.41%。全社会完成建筑业增加值 19.18 亿元，同比增长 9.62 亿元，增长 100.63%。

四、固定资产投资较快增长

3 个自治县固定资产投资保持较快增长。全年完成全社会固定资产投资额 91.80 亿元，同比增长 11.67%。其中，连南 10.82 亿元，比上年增长 7.13%，连山 5.57 亿元，比上年增长 8.37%，乳源 75.41 亿元，比上年增长 12.60%。总体上看，2017 年 3 个自治县全社会新增固定资产投资 85.62 亿元，同比增长 58.29 亿元，同比增长 213.28%。

五、商贸旅游快速发展

居民消费稳中有升。得益于民族地区免征企业所得税地方分享部分的政策，批发业成为推动自治县内经济的重要动力。3 个自治县全年社会消费品零售总额 261.27 亿元。其中，批发和零售业共计 231.93 亿元。住宿和餐饮业共计 5.15 亿元。限额以上批发和零售业主营业务收入 214.92 亿元。利润 9.03 亿元。限额以上住宿业主营业务收入 0.73 亿元。限额以上餐饮业主营业务收入 1.25 亿元。3 个自治县共接待游客 840 万人次，实现旅游收入 55.29 亿元。

六、财政收支维持稳定

2017 年，3 个自治县地方一般公共预算收入 7.87 亿元，与去年基本持平。其中，连南 1.25 亿元，比去年减少 15.54%；连山 1.0 亿元，比去年减少

18.03%；乳源5.63亿元，比去年增长7.8%。地方一般预算支出为53.34亿元，同比减少5.83%。其中，教育领域支出为10.85亿元，一般公共服务支出8.30亿元，社会保障和就业支出6.89亿元，医疗卫生和计划生育支出6.16亿元。金融流通运行平稳。3个自治县全部金融机构年末各项存款余额177.62亿元，比上年增长3.18%。

七、人民生活持续改善

2017年，各自治县在改善民生方面继续增加投入力度，呈现城乡居民收入增速高于GDP增速的可喜现象。城乡居民生活水平稳步提高。全年城镇居民可支配收入22500元，比上年增长9.25%。农民人均纯收入12500元，比去年增长10.97%。

八、社会事业不断进步

基础教育平稳发展。3个自治县共有普通中学28所，在校学生21312人，招生7462人，毕业6733人，教职工2084人，其中专任教师1975人。小学99所，在校学生38786人，教职工2321人，其中专任教师2237人。中等职业学校3所，在校学生数1518人，教职工419人，其中专任教师409人。文化体育取得新成绩。3个自治县文化馆，图书馆、博物馆齐全，均实现免费开放。2017年，广东省首部大型当代瑶族舞剧《瑶山那抹红》在广州江南大戏院成功首演。连南瑶族耍歌堂被评为“最具民族特色节庆”，乳源民族博物馆获评广东省非物质文化遗产传承基地，乳源《瑶族刺绣》亮相广东“文化和自然遗产日”活动。积极筹备2018年9月在连南瑶族自治县的广东省第六届少数民族传统体育运动会。卫生事业不断改善。3个自治县共有医院7所，基层医疗卫生机构205个，其中，卫生院28个，村卫生室162个。卫生人员2691人，执业（助理）医师725人。医疗卫生机构床位1359个。其中，医院床位664个，基层医疗卫生机构604个。社会保障和福利事业稳步推进。享受城镇居民最低生活保障868人，共计支出城镇居民最低生活保障金547.7185万元；享受农村居民最低生活保障12147人，共计支出农村居民最低生活保障金3581.0926万元。

（撰稿：余森河　审稿：李秀英）

广西壮族自治区

2017年，广西全区经济运行总体平稳、稳中提质、稳中增效，经济社会保持平稳健康发展。

一、综合

初步核算，全年全区生产总值（GDP）20396.25亿元，比上年增长7.3%。其中，第一产业增加值2906.87亿元，增长4.1%；第二产业增加值9297.84亿元，增长6.6%；第三产业增加值8191.54亿元，增长9.2%。第一、二、三产业增加值占地区生产总值的比重分别为14.2%、45.6%和40.2%，对经济增长的贡献率分别为8.3%、41.9%和49.8%。按常住人口计算，全年人均地区生产总值41955元。

年末全区户籍总人口5600万人，比上年末增加21万人。年末全区常住人口4885万人，比上年末增加47万人，其中城镇人口2404万人，户籍人口城镇化率为31.23%。

年末全区就业人员2841.52万人（按常住人口口径统计）。全年城镇新增就业44.61万人，比上年增加2.74万人。年末城镇登记失业率为2.21%，比上年末下降0.72个百分点。

全年全区居民消费价格比上年上涨1.6%，工业生产者出厂价格上涨7.6%，工业生产者购进价格上涨6.5%，固定资产投资价格上涨4.4%，农产品生产者价格下降1.8%。

全年全区财政收入2604.21亿元，比上年增长6.1%。一般公共预算收入1615.03亿元，增长5.2%，其中，税收收入1057.59亿元，增长6.3%。一般公共预算支出4912.89亿元，增长10.6%。

二、农业

全年全区粮食种植面积2976.2千公顷，比上年减少47.4千公顷。全年全区粮食产量1467.7万吨，比上年减少 53.6 万吨，减产 3.5%。全年全区猪牛羊禽肉总产量 403.8 万吨，比上年增长 1.1%。全年全区木材采伐量 3810 万立方米，比上年增长 11.7%。松脂产量 69.55 万吨，增长 3.9%。

三、工业和建筑业

全年全区全部工业增加值 7663.71 亿元，比上年增长 6.8%。全区规模以上工业增加值增长 7.1%。全年全区规模以上工业企业实现利润总额 1559.3 亿元，比上年增长 25.2%。全年全区全社会建筑业增加值 1635.71 亿元，比上年增长 5.6%。全区具有资质等级的总承包和专业承包建筑业企业实现利润 75.21 亿元，比上年增长 15.6%。其中，国有控股企业 18.10 亿元，下降 4.5%。

四、固定资产投资

全年全区全社会固定资产投资 20499.11 亿元，比上年增长 12.4%。其中，固定资产投资（不含农户）19908.27 亿元，比上年增长 12.8%。

在固定资产投资（不含农户）中，第一产业投资 1202.26 亿元，比上年增长 26.7%；第二产业投资 7004.23 亿元，增长 7.3%，其中工业投资 6831.04 亿元，增长 6.7%；第三产业投资 11701.78 亿元，增长 15.0%。基础设施投资 6722.28 亿元，增长 13.7%，占固定资产投资（不含农户）的比重为 33.8%。民间固定资产投资 11797.47 亿元，增长 8.5%，占固定资产投资（不含农户）的比重为 59.3%。高技术产业投资 981.70 亿元，增长 17.6%，占固定资产投资（不含农户）的比重为 4.9%。六大高耗能行业投资 2291.10 亿元，增长 10.8%，占固定资产投资（不含农户）的比重为 11.5%。

全年全区房地产开发投资 2683.48 亿元，比上年增长 11.9%。年末商品房待售面积 1598.85 万平方米，比上年末减少 173.71 万平方米。年末商品住宅待售面积 989.74 万平方米，比上年末减少 197 万平方米

五、国内贸易

全年全区社会消费品零售总额 7813.03 亿元，比上年增长 11.2%，扣除价格因素，实际增长 9.9%。按经营地统计，城镇消费品零售额 6874.20 亿元，增长 11.0%；乡村消费品零售额 938.83 亿元，增长 12.6%。按消费类型统计，商品零售额 7064.92 亿元，增长 11.1%；餐饮收入额 748.11 亿元，增长 12.0%。

六、对外经济

全年全区货物进出口总额 3866.34 亿元，比上年增长 22.6 %。其中，出口 1855.20 亿元，增长 22.3%；进口 2011.14 亿元，增长 22.9%。贸易逆差（出口小于进口）155.94 亿元，比上年增加 36.19 亿元。对东盟国家进出口总额 1893.85 亿元，比上年增长 3.7%。其中，出口 1062.46 亿元，增长 6.7%；进口 831.39 亿元，与上年基本持平。

七、交通、邮电和旅游

全年全区交通运输、仓储和邮政业增加值 932.61 亿元，比上年增长 6.5%。年末全区公路总里程 12.33 万公里，比上年新增 0.27 万公里；其中，高速公路里程 5259 公里，比上年新增 656 公里。年末铁路营业总里程 5140 公里，比上年减少 1 公里；其中，高速铁路营业里程 1751 公里。全年全区货物运输总量 17.47 亿吨，比上年增长 8.6 %。货物运输周转量 4613.32 亿吨公里，增长 8.3%。全年规模以上港口完成货物吞吐量 3.44 亿吨，比上年增长 7.4 %，其中外贸货物吞吐量 1.21 亿吨，下降 0.7%。规模以上港口集装箱吞吐量 318.37 万标准箱，增长 26.6%。全年全区旅客运输总量 5.11 亿人次，比上年增长 0.6%。旅客运输周转量 777.57 亿人公里，增长 4.5%。

全年全区完成邮电业务总量 799.92 亿元，比上年增长 76.6%。年末全区电话用户总数 4693 万户，其中移动电话用户 4385 万户。移动电话普及率上升至 89.8 部/百人。固定互联网宽带接入用户 1051 万户，比上年增加 195 万户。互联网用户 4764 万户，互联网宽带接入通达的行政村比重达到 99.4%。全年移动互联网接入流量 6.33 亿 G，比上年增长 191.6%。

全年全区入境过夜游客 512.44 万人次，比上年增长 6.2%；国际旅游（外汇）消费 23.96 亿美元，增长 10.7%。接待国内旅客 5.18 亿人次，增长 28.2%，国内旅游消费 5418.61 亿元，增长 33.9%。旅游总消费 5580.36 亿元，增长 33.1%。

八、金融

全年全区金融业增加值 1273.40 亿元，比上年增长 8.7%。年末全区金融机构本外币各项存款余额 27899.64 亿元，比年初增加 2420.84 亿元，其中人民币各项存款余额 27714.24 亿元，增加 2455.68 亿元。年末金融机构本外币各项贷款余额 23226.14 亿元，比年初增加 2585.60 元，其中人民币各项贷款余额 22781.81 亿元，增加 2606.04 亿元。全年全区保险公司原保险保费收入 565.10 亿元，比上年增长 20.5%。支付各类赔款及给付 181.80 亿元，增长 14.4%。

九、居民收入消费和社会保障

全年全区居民人均可支配收入 19905 元，比上年名义增长 8.7%，扣除价格因素，实际增长 7.0%。全区居民人均可支配收入中位数 16707 元，名义增长 9.2%。按常住地分，城镇居民人均可支配收入 30502 元，名义增长 7.7%，扣除价格因素，实际增长 5.7%；城镇居民人均可支配收入中位数为 29108 元，名义增长 7.1%。农村居民人均可支配收入 11325 元，名义增长 9.3%，扣除价格因素，实际增长 8.1%；农村居民人均可支配收入中位数为 10414 元，名义增长 10.2%。农民工月均收入水平 3237 元，增长 5.4%。

全年全区居民人均消费支出 13424 元，比上年名义增长 9.2%，扣除价格因素，实际增长 7.5%。按常住地分，城镇居民人均消费支出 18349 元，名义增长 6.3%，扣除价格因素，实际增长 4.3%；农村居民人均消费支出 9437 元，名义增长 13.0%，扣除价格因素，实际增长 11.8%。恩格尔系数为 32.9%，下降 1.5 个百分点，其中城镇为 33.2%，农村为 32.2%。

按照每人每年 2952 元的农村贫困标准计算，2017 年末，全区农村贫困人口 246 万人，比上年末减少 95 万人。2017 年，全区贫困发生率 5.7%，比上年下降 2.2 个百分点。贫困地区（33 个国家贫困县）农村居民人均可支配收入 9719 元，比上年增长 10.4%。

年末全区参加城镇职工（包括企业和机关事业单位）基本养老保险人数 777.79 万人，比上年末增加 25.88 万人。参加城乡居民基本养老保险人数 1805.94 万人，增加 33.91 万人。参加基本医疗保险人数 5173.29 万人。参加失业保险人数 302.13 万人，增加 18.42 万人。年末全区领取失业保险金人数 5.38 万人。参加工伤保险人数 388.79 万人，增加 14.72 万人。参加生育保险人数 338.58 万人，增加 18.99 万人。

年末全区社会保障卡持卡人数 3344.89 万人，比上年末增加 758.52 万人。全区共有 19.1 万人享受城市居民最低生活保障，253.9 万人享受农村居民最低生活保障，25.4 万人享受特困人员救助供养。全年民政部门资助 188.4 万人参加基本医疗保险，直接救助 26.5 万人次。

十、教育、科学技术和文化体育

全年全区研究生教育招生 1.1 万人，在校研究生 2.94 万人，毕业生 0.9 万人。普通高等教育招生 27.99 万人，在校生 86.67 万人，毕业生 21.07 万人。各类中等职业教育（不含技工）招生 25.28 万人，在校生 68.68 万人，毕业生 19.97 万人。普通高中招生 35.07 万人，在校生 97.48 万人，毕业生 28.18 万人。普通初中招生 71.22 万人，在校生 203.46 万人，毕业生 63.74 万人。普通小学招生 83.7 万人，在校生 463.75 万人，毕业生 71.36 万人。特殊教育招生 0.46 万人，在校生 2.2 万人，毕业生 0.18 万人。学前教育在园幼儿 213.99 万人。九年义务教育巩固率为 94%，高中阶段毛入学率为 88.5%。

全年安排科学研究与技术开发计划项目 2018 项，资助经费 81492 万元。取得省部级以上登记科技成果 4109 项。全年全区获广西科技进步奖项目 148 项，其中，特别贡献奖 2 项，自然科学奖 20 项，技术发明奖 23 项，科学技术进步奖 103 项。全年全区专利申请量 56957 件，比上年增长 8.2%，其中发明专利申请量 37968 件，比上年增长 0.5%。全年全区授权专利 15263 件，比上年增长 1.0%，其中授权发明专利 4552 件，比上年下降 11.0%。全年共签订技术合同 2037 项，技术合同成交金额 39.41 亿元，比上年增长 16.0%。全年全区创新驱动发展专项资金项目 142 项，资助经费 71610 万元，其中，科技重大专项经费 55210 万元，科技基地和人才专项经费 16400 万元。

年末全区共有地震台站 244 个，地震监测台网

6 个。全年全区各级气象台共发布气象预警信号 9733 次，全年自治区气象台发布预警 73 次。全区共有海洋观测站 5 个。

年末全区共有县级以上公共图书馆 114 个，文化馆 124 个，博物馆 131 个，国有艺术表演团体 100 个，娱乐场所 3590 个，互联网上网服务营业场所（网吧）4918 个。全区共有 52 个项目列入国家级非物质文化遗产名录，618 个项目列入自治区级非物质文化遗产名录。

年末全区共有广播电台 7 座，电视台 6 座，广播电视台 84 座。有线广播电视用户 725.16 万户，数字电视用户 678.73 万户。年末广播节目综合人口覆盖率为 97.2%；电视节目综合人口覆盖率为 98.6%。全年全区出版各类报纸 6.12 亿份，各类期刊 0.42 亿册，图书 2.89 亿册。年末全区共有档案馆 155 个，已开放各类档案 83.31 万卷。

全年全区运动员在世界三大赛中获金银铜牌 12 枚，其中金牌 6 枚，银牌 5 枚，铜牌 1 枚。

十一、卫生和社会服务

年末全区共有医疗卫生机构 34012 个，其中，医院 589 个，乡镇卫生院 1264 个，社区卫生服务中心 159 个，诊所（卫生所、医务室）9487 个，村卫生室 20770 个，疾病预防控制中心 117 个，卫生监督所（中心）114 个，妇幼保健院（所、站）104 个。卫生技术人员 30.54 万人，其中执业医师和执业助理医师 10.12 万人，注册护士 13.17 万人，乡村医生和卫生员 3.42 万人。医疗卫生机构床位 24.13 万张，其中医院 16.15 万张，乡镇卫生院 6.32 万张。

年末全区共有提供住宿的养老服务机构和设施 11661 个，床位 16.7 万张，年末收养 7.4 万人。为儿童提供救助收养服务的机构 41 个，床位 0.29 万张，年末收养 0.14 万人。各类社区服务设施 2149 个，其中社区服务中心 184 个，社区服务站 1539 个。

十二、资源、环境

全年全区国有建设用地供应总量 1.9 万公顷，比上年增长 28.5%。其中，工矿仓储用地 0.3 万公顷，下降 1.2%；住宅用地 0.3 万公顷，增长 14.2%；基础设施等用地 1.3 万公顷，增长 41.6%。

全年全区水资源总量 2377.3 亿立方米。全年平均降水量 1806 毫米。年末全区监测的 58 座大型水库蓄水总量 289.2 亿立方米，比上年增长 1.4%。全年全区完成造林面积 236 千公顷，其中人工造林面积 76.7 千公顷，占全部造林面积的 32.5%。截至年底，全区建成自然保护区达 78 个，其中国家级自然保护区 23 个，获批国家级生态文明建设示范区 1 个。自然保护区面积 135 万公顷。森林覆盖率 62.31%。活立木蓄积量 7.8 亿立方米。新增水土流失治理面积 1788.7 平方公里。

在监测的 14 个设区市中，城市空气质量达标的市占 42.9%，未达标的市占 57.1%，城市区域声环境质量较好的市占 100%。

年末全区城市污水处理厂日处理能力 326.2 万立方米，比上年末增长 0.2%；城市污水处理率为 93.6%，提高 1.5 个百分点。城市生活垃圾无害化处理率为 99.3%，提高 0.4 个百分点。城市建成区绿地率为 33.3%，提高 0.7 个百分点；人均公园绿地面积 12.0 平方米，增加 0.3 平方米。

（撰稿：晕丽　审稿：覃凤前）

海南省

一、概况

海南省有 6 个民族自治县，分别是白沙黎族自治县、乐东黎族自治县、昌江黎族自治县、陵水黎族自治县、保亭黎族苗族自治县、琼中黎族苗族自治县。民族自治地区陆地面积约 11497.96 平方公里，占全省陆地面积 33.9%。民族自治地区总人口 1749724 人，其中少数民族人口 909318 人，主要以黎、苗族为主。2017 年，民族自治地方围绕“共同团结奋斗、共同繁荣发展”的工作主题，克服经济下行压力的影响，持续推进国际旅游岛建设向纵深发展，大力开展民族团结进步创建活动，坚定不移地走绿色、开放、可持续发展道路，民族地区经济社会继续保持快速发展。民族自治地方生产总值524.96亿元，增长8.1%，保持较快的增长速度。其中第一、第二、第三产业生产值分别为202.82亿元、114.90亿元、207.25亿元，分别增长1.5%、13.31%和11.64%。民族自治地方人均地区生产总值33956.17元，增长8.64%，但仍低于全省人均地区生产总值48430元。

二、农业

2017年，海南省民族自治地方培育、壮大热带特色高效农业发展，落实强农惠农富农补贴资金，推进农业传统产业和特色产业发展，促进农业稳定增长、农民快速增收。全年农林牧渔业总产值314.26亿元，比上年增长9.36%，保持稳定增长。2017年，受强台风“桑卡”和“帕卡”影响，全省农业发展总体保持稳定，畜禽生产和林业生产小幅下降，种植业生产、渔业生产呈稳中向好。其中，农业总产值187.5亿元，渔业总产值45.08亿元，分别增长4.65%、4.22%；林业总产值34.35亿元，牧业总产值37.25亿元，分别下降2.15%、11.68%。(1)推进“五地一区”建设。积极转方式调结构，促进农业转型升级，以深化农业农村改革为动力，以科技化、集约化、生态化、国际化为基本方向，大力发展南繁育种、特色种植养殖、现代渔业、农产品深加工等，创建省级现代农业示范基地，大力调减甘蔗等低效产业规模，发展发展种桑养蚕、种草养畜等产业，实施生态循环农业“十大工程”，形成了以“五地一区”(冬季瓜菜基地、南繁育制种基地、热带水果基地、天然橡胶基地、海洋渔业基地和无规定动物疫病区)为主导的热带特色产业体系。(2)大力推动产业融合。推动农业一二三产融合发展，加快培育新型经营主体，发展休闲农业和乡村旅游，开展农业社会化服务试点工作，推进农业产业化、现代化进程，发展热带水果、种桑养蚕、南药、等高效产业，农业产业化、品牌标准化进一步发展，打造“一县一品”或“多县一品”，形成拳头优势产业。其中，东方甜玉米30万亩、乐东蜜瓜25万亩、三亚豇豆7万亩、陵水圣女果8万亩，亩产效益均在3万元以上。做大做强热带高效精品农业，冬季瓜菜、热带水果、热带作物、热带花卉、南繁育种等热带特色产业不断发展壮大，培育了五指山红茶、陵水圣女果、琼中绿橙、昌江菠萝、三亚热带玫瑰花等一批优质农产品品牌。(3)高标准建设现代农业示范基地。积极构建国家级、省级现代农业产业园梯次发展格局，因地制宜创建一批县级现代农业示范基地，以现代产业园为载体，加快发展现代农业。2017年，陵水国家现代农业产业园入选国家农业部、财政部公布的第二批30个国家现代农业产业园创建名单，成为海南省首个获批创建的国家现代农业产业园。积极培育一批现代农业龙头企业，新认证一批“三品一标”农产品，为全省现代农业发展树立了标杆。继续对乐东香蕉栽培、昌江斑节对虾健康养殖、白沙绿茶栽培、琼中绿橙栽培4个国家级农业标准化示范区进行扶持，推动形成产业集群。(4)大力发展生态循环农业。以创建生态循环农业示范省为抓手，实施增施有机肥和生物菌肥、增加废弃物回收利用等10大工程，加快转变农业发展方式，各县根据实际情况创建不同类型的生态循环农业示范区，取得了明显成效。按照“废弃物+清洁能源+有机肥”三位一体的技术路线，推广生态循环养殖小区和基地，合理规划畜禽养殖布局，大力发展农村沼气工程，继续推动推进畜牧业与种植业良性循环，坚持走资源节约、环境友好、产出高效、产品安全的农业可持续发展路子。(5)农业科技成效明显。大力推动农业科技研发，在耕地改良、热带经济作物农业科技成果转化等领域取得显著成效，初步建立了全省水稻、香蕉、辣椒测土配方施肥体系。持续推进酸性土壤改良，通过建立示范点，引导带动农户采用测土配方施肥、水肥一体化、有机肥替代化肥等综合技术，提升综合生产能力，促进农产品“质”“量”兼得。(6)开展共享农庄创建试点工作。为打造集循环农业、创意农业、农事体验、服务功能于一体的农业综合经营新业态的共享农庄，各自治县建立共享农庄创建试点单位，增加对农庄发展的投入，筹措资金支持创建试点工作，推进“共享农庄”标准化生态果园、标准化蔬菜生产基地、建立农产品质量追溯体系、开展“三品一标”认证、开展物联网建设实现可视化生产、推进现代信息技术应用于农业生产和管理等。各个共享农庄积极探索利用不同用地模式，开展共享农庄建设，如乐东尖峰共享农庄利用县腰果场原有的存量建设用地进行农庄用房、游客接待中心建设，吸引大量游客休闲观光。

三、工业

2017 年，海南省民族自治地方工业受炼油企业停产的影响，增速有所放缓，全年规模以上工业企业收入 112.19 亿元，全年规模以上工业企业利润 25.71 亿元。工业企业效益逐季好转，内外市场销售逐季增长。医药制造业、电力、热力生产和供应业发电供电良好衔接，继续保持较快增长；农副食品加工业、非金属矿物制品业及造纸和纸制品业生产平稳，保护平稳增长；石油加工和核燃料加工业由于龙头企业停产检修，造成该行业增加值全年下降；化学原料和化学制品制造业受上游炼油行业影响，及不定期的检修情况，造成该行业增加值全年下降。重点工业市县中，昌江县依托发电、铁矿及水泥行业的强力带动，实现两位数增长，全年增长 14.5%。工业投资结构进一步优化，制造业投、信息传输、计算机服务、软件业、互联网产业迅猛增长，强力带动了工业发展；医药、食品和造纸等制造行业生产和销售保持旺盛；不断完善海南中部绿色产业园、昌江工业园区、陵水清水湾国际信息产业园、白沙邦溪农林产品加工与交易基础等园区配套，优化产业发展环境，服务中小微企业，吸引多家企业进驻，产业集聚水平明显提高。销售方面整体较去年明显向好，得益于市场价格的提升，主要受石油化工类产品等主要工业产品销售增长带动。由于产品价格较去年大幅提高，2017 年规模以上工业企业的综合经济效益在逐步好转。轻工业增速快于重工业，规模以上轻工业增速高于重工业。单位工业增加值能耗同比下降 0.3%，降幅逐月收窄，工业节能降耗形势不容乐观。

四、旅游业

2017 年，海南省民族自治地方依托全域旅游示范省创建，落实《海南省旅游发展总体规划（2017—2030）》，深入实施“旅游+”工程，旅游市场整治成效显著，加快旅游业转型升级步伐，入境游客增速高于国内游客增速，旅游收入增速高于旅游人次增速，旅游业质量效益不断提升。全省民族自治地方年接待过夜游客总人数为 404.33 万人，旅游总收入 64.03 亿元，年均分别增长 18.5%和 19.4%，2017 年入境游客人数突破 130 万人次。（1）不断推进旅游产业优化升级。推动国家全域旅游示范区建设，加快建设旅游公路，同步建设绿色骑行道和步行道，完善沿线旅游景点，启动建设世界一流的旅游驿站，优化提升滨海传统景点，形成一路景观的风景线。加快三亚邮轮母港功能性开发与拓展，启动环海南岛海上游相关工作，力争增加西沙旅游邮轮到达岛屿数量。深入实施“旅游+”工程，加快旅游业与农业、文化体育、医疗健康、互联网、会展等产业融合发展。旅游重点公共场所 WIFI 网络覆盖率 95.3%。（2）持续完善十大旅游产品体系建设。推进旅游产业供给侧结构性改革，不断挖掘梳理优质旅游资源，释放旅游新活力，不断完善海洋旅游、康养旅游、文体旅游、会展旅游、乡村旅游、森林生态旅游、特色城镇旅游、购物旅游、产业旅游、专项旅游等十大旅游产品体系，旅游产业形成多头发展、合力推进的良好的态势。推动邮轮引进和航线开通工作，三亚出台了民航、邮轮等补贴政策，鼓励企业开通新的国际航线，开通了三亚-海参崴等多条境外航线，入境旅游实现高速增长；开通至菲律宾邮轮旅游航线，“长乐公主”号邮轮正式投入西沙航线运行，已经常态化运营的西沙邮轮航线 2017 年共执行 76 个航次、接待游客 1.9 万人次。开通“大三亚旅游经济圈”区域城际旅游公交线路。（3）打造省级旅游园区。着力建设陵水清水湾省级旅游园区，以及一批滨海旅游度假区和重点的旅游度假区，陵水清水湾被评为 4A 级景区。亚特兰蒂斯、陵水海洋主题公园等旅游综合体建设不断加快，一批大型旅游度假酒店项目正式投入营运。旅游景区建设进一步完善，全省共有 6 家高质量、高标准的 5A 级景区，其中 3 家在民族自治地方。旅游重点公共场所 WIFI 网络覆盖率 95.3%。（4）推动乡村旅游加快发展。各自治县从当地的农村资源优势和风土人情的实际出发，深度挖掘本土文化，围绕当地文化内涵和地域特色，确定和推广乡村旅游产品及旅游线路，建设特色共享农庄综合体，进一步提升特色小镇和美丽乡村旅游要素，打造出百镇千村富有个性又不失文化内涵的乡村旅游点，目前共有 100 多家乡村旅游点。陵水黎族自治县建五个椰级乡村旅游点，培育了“光坡圣女果采摘季+英州芒果节采摘季”一南一北两个互相呼应、各具特色的乡村旅游活动品牌。加快少数民族特色村寨建设，把少数民族特色村寨建设和乡村旅游融合发展，把发展乡村旅游作为打赢脱贫攻坚战的重要载体，采取一系列有力举措，全面推动乡村旅游，以保亭黎族苗族自治县什进村、琼中黎族苗族自治县什寒村、白沙黎族自治县罗帅村为代表的一批乡村旅游区游客接待量持续快速增长。

五、固定资产投资

2017 年，海南省民族自治地方面对复杂多变的外部环境和经济下行压力，建立健全促进投资健康发展长效机制，加强以“五网”为重点的基础设施建设，同时加大房地产投资调控以及生产性项目、基础设施、公共服务等领域投资力度，在保持投资平稳增长的同时，着力调优结构、补长短板。2017 年，海南省民族自治地方固定资产投资总额完成 452.65 亿元，增长 7.6%。非房地产业开发项目投资较快增长，文化体育和娱乐业、制造业、信息传输计算机服务和软件业、农业等行业投资大幅增长，卫生社会保障和社会福利业、教育、水利环境和公共设施管理业等民生和生态领域投入持续加强。抓好省重点项目建设，三亚凤凰国际机场三期改扩建项目、三亚亚特兰蒂斯、富力海洋欢乐世界、乐东黄流商贸城棚户区改造等项目进入收尾阶段。昌江核电二期、琼中至乐东高速公路、红岭灌区田间工程、城乡电网改造升级、大广坝灌区（二期）、凤凰岛国际邮轮港二期等工程稳步实施，移动信息基础设施等加快建设，琼中抽水蓄能电站首台机组投产。五指山至保亭至海棠湾高速公路、儋州至白沙高速公路、三亚海棠湾医疗公园三亚市红沙污水处理二厂工程项目、三亚市海棠湾 C2 市政道路工程项目等一批项目动工建设。信息基础设施建设水平进一步提高，实现全光网省的建设目标，城市小区光纤宽带网络覆盖率 99.5%，行政村 95.1%；城市 4G 信号覆盖率 99.3%，行政村 98.4%，无线接入网络质量不断提升，信息基础设施水平由落后位置跨越进入全国中上行列。实施美丽海南百镇千村工程，重点建设一批各具特色的产业小镇、美丽乡村。

六、财政金融

2017 年，海南省民族自治地方城乡居民收入较快增长。财政支出结构继续优化，各项民生保障力度进一步加大。民族地区地方一般公共财政预算收入 74.76 亿元，增长 3.63%；地方一般公共预算支出 239.25 亿元，增长 8.13%。2017 年，海南省民族自治地方全部金融机构人民币各项存款余额 817.245 亿元，其中城乡居民储蓄存款年末余额 414.788 亿元，分别增长 15.34%、15.17%。

七、人民生活

2017 年，海南省民族自治地方积极拓宽居民增收渠道，城乡居民收入较快增长，生活水平得到极大改善。2017 年，海南省民族自治地方城镇常住居民人均可支配收入 2.75 万元，增长 8%；农民常住居民人均可支配收入 1.15 万元，增长 9.19%。由于中部市县特别是国定贫困县精准扶贫政策发力，促进农村居民收入持续快速增长，各自治县农民收入均突破万元大关。

八、教育

2017 年，海南省民族自治地方大力实施《海南省教育事业发展“十三五”规划》，教育投入逐年增长，教育普及程度大幅度提升，教育公平程度不断提高，办学条件显著改善，教育质量持续提升，教育结构进一步优化，整体办学水平进一步提升。(1) 持续实施“一县两校一园”优质教育资源引进工程。西南大学三亚中学、华中师范大学琼中中学等 2 所引进优质教育资源合作举办的学校于 2017 年 9 月 1 日正式开学；三亚市政府与上海外国语大学签订战略合作框架协议建设上海外国语大学三亚附属中学。“好校长、好教师”引进工程引进一批特级教师、正高级教师，75%以上到贫困市县、民族市县、乡镇学校工作，辐射带动当地办学效益明显提升。快速提升学校办学水平，实施 2017 年国家、省级特岗教师招聘计划，录取一批义务教育阶段学校和学前教育特岗教师 83 人；实施乡村教师定向培养计划，完成本科层次的小学乡村教师定向免培生和专科层次的乡镇幼儿园教师定向免培生的招生计划；实施“边远乡村教学点小学教师培训计划”，加大本土校长、教师培养力度，设立特级教师工作站、“省级学科带头人遴选培训”“省级骨干教师遴选培训”“卓越校长工作室”“卓越教师工作室”等 40 个培训子项目，分层分类实施高端引领、卓越人才培养。(2)

实施义务教育“全面改薄”工程。加大资金投入力度，建设学校校舍、购置教育设备，大多数学校整体办学条件明显改善，校园面貌焕然一新，极大地提升了义务教育发展水平，2017 年，乐东黎族自治县、陵水黎族自治县通过县域义务教育发展基本均衡省级评估，同时达到国家义务教育发展基本均衡县评估认定标准，全面改善贫困地区义务教育薄弱学校基本办学条件。至此，民族地区市县全部通过“全国义务教育发展基本均衡县（市、区）”国家督导评估认定。（3）教育公平取得重大进展。高中教育每年均新增高中学位，全面取消高中生择校，初步形成充满活力、各具特色的普通高中发展新局面。全面落实义务教育免试、免费、划片、就近入学，进城务工人员子女平等接受义务教育；实施特殊教育提升工程，建设特殊教育学校，“三类”残疾儿童入学率达到 83%，确保了农村残疾儿童和留守儿童不失学。（4）做好学前教育。新建、改扩建一批公办幼儿园，实现公办乡镇中心幼儿园乡镇全覆盖，普惠性幼儿园覆盖比例达 49%。民族地区 9 个公办幼儿园主体建设完工，全部建成后，乡镇公办中心幼儿园将实现全覆盖，预计新增 2000 多个学位。（5）做好教育精准扶贫。出台《海南省教育脱贫攻坚“十三五”规划》，确立了“全上学、全资助、上好学、促成长”教育精准扶贫十二字目标，建立从学前教育到高等教育的全程特惠性资助体系，其中义务教育“四免四补”“衣食住行学”财政兜底资助，实现建档立卡贫困家庭学生全覆盖，确保建档立卡贫困家庭义务教育阶段适龄小孩全部入学；建立全覆盖的教师学生“一对一”或“一对多”成长关爱体系，注重贫困学生的智志双扶、成长成才。（6）高等教育和职业教育迈出坚实步伐。省政府与天津科技大学合作办学，天津科技大学每年特招海南省少数民族学生就读，为民族地区的经济和社会建设培养优秀的后备人才；海南热带海洋学院被确定为立项建设硕士单位。省政府与国家民委签署协议共建中央民族大学海南校区，地点设在陵水黎族自治县。（7）教育信息化水平进一步提升。以“全国教育装备综合改革试验区”和“全国教育信息化试点省”建设为契机，教育信息化大步跨越，目前，民族地区中小学校（不含教学点）光纤接入率达 96%，校园网拥有率达 90%，普通教室配备多媒体设备比例达 942%，同步课堂教室覆盖所有民族市县，并实现教学点数字资源以及村级小学以下的学校智能语音教具全覆盖，教育政务信息整合共享专项行动有序推进，教育信息化建设的主要指标跃升至中等水平。（8）继续实施教育移民工程。办好民族中学、思源实验学校、省重点中学少数民族高中班，落实民族地区思源实验学校“三免两补”和省重点中学少数民族高中班“三免一补”政策，24 所思源实验学校覆盖包括全省所有民族市县在内的 16 个市县，提供优质学位 5 万多个，使边远民族贫困地区和山区的孩子享受到与城市孩子一样的优质教育资源。（9）实施农村义务教育学生营养改善计划。保亭黎族苗族自治县、琼中黎族苗族自治县和白沙黎族自治县等 4 个国定贫困市县实现义务教育学生营养改善计划全覆盖，每生每学年补助 800 元，实施营养餐学校 300 多所，惠及中小学生 10 万多人。对考上国家重点大学的 205 名少数民族大学生每人奖励 2000 元；同时给予取得硕士和博士学位的 7 名少数民族学子每人分别奖励 4000 元、6000 元。

九、文化

2017 年，海南省民族自治地方公共文体服务体系建设全面实施，文艺精品创作亮点频现，文化遗产保护成果丰硕，推动文体旅深度融合，公共文化服务体系日臻完善，文化事业日益繁荣。（1）持续完善公共文化体育服务体系。各自治县建成公共图书馆、文化馆、博物馆，广播电视台、广播电视发射台，基本满足人民群众基本文体需求。省民族博物馆改扩建主体工程完成并对外开放，保亭黎族苗族自治县、琼中黎族苗族自治县、三亚市争创国家公共文化服务体系示范区（项目）顺利通过国家验收。（2）开展文化惠民工程。扎实推进乡镇综合文化站、农村文化活动室、文化信息资源共享、广播电视村村通、农村公益电影放映、农家书屋、农民体育健身等文化惠民工程，建成乡镇综合文化站 60 个、村级文化室 624 个，实现全覆盖，建设一批公共电子阅览室、文化信息资源共享市县支中心、乡镇行政村服务点；实施广播电视村村通、直播卫星户户通，实现了广播和电视综合人口覆盖率 100% 的目标，解决了农村群众收听收看广播电视节目难的问题；农村公益电影放映每年完成近万场次；建成农家书屋800多家；深入实施全民健身计划，打造城镇社区“15分钟健身圈”，实现各自治县广场舞示范站点全覆盖；建成覆盖大部分行政村的农民体育健身工程、全民健身中心、乡镇农民体育健身工程、全民健身路径。(3) 文艺精品创作成果丰硕。充分挖黎族苗族民歌、黎族舞蹈、黎锦等优秀传统文化资源，实施精品工程，讲好海南故事，组织开展了一系列以“海南本土文化”“特区精神”“中国梦”等为主题的精品创作活动，创作了歌舞诗《黎族故事》、人偶剧《鹿回头》等一大批精品力作，影视剧《阿婆的槟榔》《旋风女队》，图书《黎族古代历史资料》，电子音像《中国黎族》等多个弘扬主旋律、传播正能量、彰显新时代精神并富有海南地域特色的文艺精品。(4) 少数民族文化遗产保护工作成效显著。成功举办2017年“文化遗产日”非物质文化遗产系列活动，少数民族非物质文化遗产得到有效保护与传承，目前我省拥有国家级少数民族非遗项目13项，省级项目35项；举办一年一度的海南黎族苗族传统节日“三月三”、保亭七仙温泉嬉水节等节庆活动，突出黎族、苗族等少数民族文化元素，丰富多彩的活动吸引了100多万游客参与，黎族苗族文化节庆品牌影响力日益扩大，丰富和提升了海南国际旅游岛的文化内涵；黎锦技艺黎族服饰等项目相继进入职业教育和大中专院校课堂，“民歌、民服、民舞”“三进校园”成为民族地区学校的特色课。(5) 赛事活动蓬勃开展。环海南岛国际大帆船赛、环海南岛国际公路自行车赛等多项国际赛事成功举办，三亚蜈支洲岛旅游区获评“国家体育旅游示范基地”，环海南岛国际公路自行车赛获评“国家体育旅游精品赛事”和“国家体育产业示范项目”。实施海南水上运动季系列活动，打造以三亚、陵水等地为中心的中国全民水上运动核心区域；成功举办国际泳联年度颁奖盛典、世界青年帆船锦标赛，水上运动天堂的形象进一步彰显。全民健身活动得到广泛开展，举办100多项全民健身赛事活动，直接参与人数达2万余万人。乐东体校被国家体育总局命名为“国家高水平体育后备人才基地”。琼中女足获“哥德杯”世界青少年足球赛冠军。

十、卫生

2017年，海南省民族自治地方不断深化医药卫生体制改革，大力构建三亚、五指山区域医疗卫生中心，实现了“1小时三级医院服务圈”。推进公共卫生和基层医疗服务体系建设，继续改扩建民族市县疾病控制机构、乡镇卫生院、县级医院，县、乡、村三级医疗卫生服务体系进一步完善，建立了覆盖城乡居民的基本医疗卫生制度，基础设施建设不断加强，医疗卫生服务能力逐步提升，健康产业快速发展，城乡居民健康状况持续改善。引起“好院长”、“好医生”，以紧缺岗位为重点，采取刚性和柔性两种引进方式，制定多项优惠政策，在全国范围内为二级以上医院引进高级医疗技术人才，加强医疗队伍建设。继续推进基层中医药服务体系建设，第四批中医药综合服务区项目建设和第二、三批基层国医馆项目建设扎实开展，建设中医药综合服务区和基层国医馆。中医药参与深化医改工作同步开展，中医院全部纳入到公立医院综合改革，陵水黎族自治县中医院“三医联动”综合改革试点同步推进。医疗健康产业形成稳步快速发展态势，形成了三亚为中心的医疗健康产业集群，结合各市县的特色资源，发展温泉疗养、医学美容、健康养生（老）、休闲、康体运动、南药种植等特色医疗健康产业，深入开发苦丁茶、灵芝、珍珠、槟榔等保健品及中药材特色产品，打造优质医疗健康品牌；鼓励社会资本积极参与医疗健康产业建设，培育一批健康产业骨干企业。推进家庭医生签约服务试点工作，2017年将农村贫困人口和城乡计划生育特殊家庭纳入家庭医生签约服务范围，陵水县已有80%的行政村卫生室开展乡村医生签约服务，签约家庭4.67万户19.74万人，签约率55%，并给予乡村医生每签约一户10元补助。基本医疗保障制度覆盖全体城乡居民，覆盖率达95%以上。基本医疗保障水平大幅提升，全面推行大病医保，按照“统一购买大病保险、统一报销政策、统一资金使用、统一经办管理”原则，使城乡居民享受平等的大病医疗保险待遇和服务。全面实施乡镇级医院住院“限费医疗”，参合农民在县域内的乡镇级医院住院时，缴纳规定的起付线后，其基本医疗费用予以全额报销。发挥海南省慈善惠民医院扶贫济困作用，为保亭、琼中、白沙、乐东、昌江和陵水6个民族自治县农村贫困人口和城乡低收入人群提供重大疾病惠民医疗服务。疾病预防控制成效显著，强化常规免疫运行管理，适龄儿童免疫规划“八苗”接种率保持在 95%以上，麻疹发病持续保持全国较低水平，连续 22 年保持无脊灰状态，结核病整体疫情呈现下降趋势。慢性病、精神疾病防治水平不断提升。积极推进全省慢性病综合防控示范区建设工作，昌江黎族自治县启动国家级示范区申报与建设工作。

十一、社会保障

2017 年，海南省民族自治地方各项社会保障工作全面推进，社会保障体系建设稳定推进，社会保障体系进一步健全，社会保障水平持续提高。实现五项社会保险省级统筹，新农合人均筹资达到每人每年 600 元,特困求助供养标准提高到每人每月 600 元。全面上调了机关事业单位和企业退休人员基本养老金，企业退休人员月人均养老金提高到 2169 元。城乡居民基础养老金标准统一提高到 145 元，比国家确定的标准高出 75 元。城镇职工、城镇居民医保最高支付限额分别达到 50 万元和 37 万元。全面实施新型农村社会养老保险和城镇居民社会养老保险制度，参加养老保险的人数不断增多，提高城乡低保补助标准和补助水平，80 岁以上老人津贴制度实现全省覆盖，保障了老年人的基本生活。加大优抚救济支持力度，提高困难群众生活救助水平，支持残疾人事业发展，实施低收入群体补贴与简称物价联动补贴机制。实施积极就业政策，努力增加就业岗位，加强就业培训，就业形势总体稳定，就业质量不断提高，做好城镇登记失业人员、农村转移就业劳动者、毕业年度高校毕业生、城乡未继续升学的应届初高中毕业生和贫困家庭子女等人群的就业工作，失业率保持在合理区间。高校毕业生初次就业率高于全国平均水平，创业带动就业成效突出。

十二、环境保护

2017 年，海南省民族自治地方坚持生态立省战略，牢固树立“绿水青山就是金山银山”的意识，继续深化开展新一轮三年行动，把生态环境保护、可持续发展放在了更重要的位置，实现人与自然和谐发展，生态文明建设迈出了 重要步伐。重点培育十二个低碳绿色产业，不断降低资源消耗型产业比重，推动发展转型升级，经济实现较快增长的同时，环境质量持续保持全国领先水平，空气质量优良天数比例稳定在 99.6%以上，地表水水质总体优良率稳定在 90%以上，城市（镇）集中式饮用水水源水质优良率达到或接近 100%，近岸海域水质优良率超过 97.7%。着力探索完善生态文明建设各项体制机制，在全国最早划定了生态保护红线，开展生态保护红线管控制度试点工作，建立了最严格的环境准入制度和生态红线建设项目准入清单。取消了各民族自治县的 GDP 等指标考核，把生态环境保护列为负面扣分和“一票否决”事项，进一步引导自治县着重把精力放在生态文明建设和环境保护上。持续开展生态环境六大专项整治，着力强化生态环境保护工作中的薄弱环节。开展城镇内河内湖水污染防治三年行动，治理达标率提升至 57%。全面建立“河长制”“湾长制”，县、乡设立了各级河长、湾长。落实大气污染防治责任，提前完成国家下达的火电、水泥等重点行业脱硫脱硝除尘设施改造任务。超额完成国家下达淘汰黄标车任务指标。实施绿化宝岛行动，建设一批生态环保工程，积极推进生态示范区建设，民族地区森林覆盖率 71.3%。

（撰稿：赵浩　审稿：胡莲）

重庆市

2017 年，重庆民族自治地方认真贯彻习近平新时代中国特色社会主义经济思想和市委、市政府的各项决策部署，深化供给侧结构性改革，扎实做好稳增长、促改革、调结构、惠民生、防风险等工作，着力推进武陵山特色经济示范区建设，经济社会得到快速发展，人民生活水平进一步提高。

2017 年，民族自治地方地区生产总值（当年价格）达到 6059985 万元。其中：第一产业增加值

1022721 万元，增长 2.8%；第二产业增加值 2793563 万元，增长 11.3%：第三产业增加值 2243701 万元，增长 10.1%。

一、农村经济全面发展

2017 年，实现农林牧渔业总产值 1613919 万元。其中：农业产值 875684 万元，林业 107976 万元，牧业 582047 万元，渔业 27578 万元。农作物总播种面积为 468.852 千公顷，粮食作物播种面积 285.749 千公顷，油料播种面积 54.826 千公顷。全年粮食总产量为 1295501.13 吨；油料产量 104854 吨；烟叶产量 25920 吨。全年肉类总产量达到 209171.56 吨，其中猪肉 150421 吨，牛肉 30659 吨，羊肉 8021 吨。

二、工业稳步推进

2017 年，民族自治地方规模以上工业企业 184 个，资产总计 4932288 万元，实现主营业收入 2460959 万元，利润总额 230115 万元。生产主要工业产品产量分别为：原煤 106501 吨，化肥 23436 吨，水泥 3976360.98 吨，发电量 978109 万千瓦时。

三、固定资产投资平稳

2017 年，民族自治地方完成全社会固定资产投资达 6280839 万元。其中：国有企业完成固定资产投资 3783041 万元，私营企业完成固定资产投资 887306 万元；利用外资 145282 万元。全年全社会固定资产投资新增固定资产 2640209 万元。

四、地方财政收入略有减少，金融机构贷款余额有所增加

2017 年，民族自治地方一般公共预算收入 520663 万元，一般公共预算支出 2155253 万元。

民族自治地方金融机构存贷款额有所增加。全部金融机构各项存款总额 8467588 万元，全部金融机构各项贷款总额 6214585 万元，城乡居民储蓄存款年末余额 5499716 万元。

五、城乡贸易市场活跃，对外贸易快速增长

2017 年，民族自治地方全年实现社会消费品零售总额 2653750 万元。其中：批发零售贸易业实现 2357487 万元，住宿和餐饮业实现 296263 万元。进出口总额 38000.51 万美元。其中：进口总额 1238 万美元，出口总额 36762.51 万美元。

六、城乡居民生活不断改善

2017 年，民族自治地方全体常住居民人均可支配收入 17116 元。其中：城镇居民人均可支配收入 28318 元，平均人均消费支出 16129 元；农村居民人均纯收入达到 10191 元，平均人均消费支出 8690 元。

七、交通运输快速发展

重庆民族自治地方加大基础设施建设力度，交通运输条件进一步改善。2017 年民族自治地方公路线路里程总计 18959 公里。其中：等级公路 16063.11 公里，高速公路 372.76 公里。完成客运量总计 4206.74 万人次。完成货运量总计 1823.3 万吨。

八、旅游业健康发展

黔江小南海、酉阳桃花源、彭水乌江画廊、石柱黄水国家森林公园、秀山边城等一批旅游资源的进一步开发，旅游业快速发展。2017 年共接待游客 47673416 人次，创造国内旅游收入 2016120 万元，国际旅游收入 42983 万美元。

2017 年，重庆民族自治地方社会事业得到进一步发展，取得了可喜的成绩。

九、教育事业稳步发展

2017 年，民族自治地方加大教育投入，教育事业得到进一步发展。共有普通中学 107 所，职业中学 7 所，小学 295 所。年末在校学生：普通中学 154308 人，职业中学 15363 人，小学 193354 人。专任教师：普通中学 10403 人，职业中学 1017 人，小学 12443 人。教育经费支出 507927.5 万元。

十、卫生事业进一步发展

2017 年末，民族自治地方拥有医疗卫生机构 1260 个。其中：医院 72 个，卫生院 132 个，村卫生室 943 个。拥有医院、卫生院病床 11372 张。卫生技术人员 11484 人。其中：执业（助理）医生 4144 人。医疗卫生基础设施和医疗器械设备得到进一步完善，医疗技术人员能力不断提高，处置突发性公

共卫生事件的能力进一步增强。

十一、社会保障体系覆盖面加大，新型农村合作医疗体系进一步健全和完善

2017 年，城镇居民最低生活保障人数 30431 人，支出资金 15998.9 万元，农村居民最低生活保障人数 88021 人，支出资金 33615.9 万元。

2017 年民族自治地方参加新型农村合作医疗计 221.9608 万人，新型农村合作医疗费用支出 74913.04 万元，新型农村合作医疗参合率达到 92.4%以上。

十二、生态环境保护和建设工作不断加强

在发展经济的同时，民族自治地方更加注重生态环境的保护和综合治理，水环境质量、声环境质量、大气环境质量有了明显改善，有力地促进了生态环境质量的改善和经济、社会、环境的协调发展。

（撰稿：吴涛　审稿：向远道）

四川省

2017 年，面对艰巨繁重的改革发展稳定任务、多重矛盾交织和多重困难叠加的严峻考验，四川民族自治地方在以习近平同志为核心的党中央坚强领导下，在省委、省政府精心指导下，组织带领自治地方各族人民，坚定以习近平新时代中国特色社会主义思想为指导，全面贯彻落实党中央决策部署，统筹推进“五位一体”总体布局、协调推进“四个全面”战略布局，认真践行新发展理念，牢牢把握稳中求进工作总基调，始终保持专注发展转型发展战略定力，深入实施“三大发展战略”，坚定推进供给侧结构性改革，坚决打好“三大攻坚战”，统筹做好稳增长、促改革、调结构、惠民生、防风险各项工作，扎实推进藏区“六大民生工程计划”和彝区“十项扶贫工程”，全力推动民族地区经济发展、民生改善和社会进步，民族自治地方经济持续健康发展，生态环境质量明显好转，脱贫攻坚取得新成效，社会民生事业全面进步，发展质量效益明显提高。

一、民族地区经济发展稳中向好

2017 年，民族自治地方实现地区生产总值（GDP）2167.7 亿元，比上年增长 5.7%，2013 年以来年均增长 6.7%。农业生产形势稳定，实现第一产业增加值 428 亿元，增长 3.8%；工业增速回升，实现第二产业增加值 918.2 亿元，增长 6.5%；服务业稳定发展，实现第三产业增加值 821.5 亿元，增长 5.8%；三次产业结构从上年的 20.0：46.9：33.1 调整为 19.7：42.4：37.9，第一产业和第二产业比重分别降低 0.3、4.5 个百分点，第三产业提高 4.8 个百分点。实现一般公共预算收入 199.9 亿元，比上年增长 3.6%。

二、农业经济全面发展

2017 年，农业供给侧结构性改革不断深化，坚持绿色发展理念，深入实施川西藏区生态保护与建设工程。实施新一轮现代农业、畜牧业、林业重点县建设，着力建设现代农业产业基地，打造“三品一标”农产品。全年民族自治地方实现第一产业增加值 428 亿元，同比增长 4.2%。实现农林牧渔总产值 710.8 亿元。农业基础设施显著改善，耕地面积 827.7 千公顷，农田有效灌溉面积 231.2 千公顷，农村用电量达 13 亿千瓦时，农业机械总动力 556.5 亿千瓦。粮食产量稳定增长，全年粮食总产量达 279.6 万吨。进一步加大对民族自治地方特色产业的扶持力度，实施特色农产品“区域品牌+企业品牌”双品牌战略，加快推进“互联网＋农业”行动计划。“圣洁甘孜”、“大凉山”等民族品牌知名度大力提升。现代农业、生态农业、绿色农业展现出美好的前景，特优新水果、蔬菜、茶、烟、花、药等已成为民族地区农民增收的亮点，民族地区花卉、烟叶、水果生产已经成为全省以及全国主要的或重要的生产基地。

三、工业结构调整成效显著

加快产业结构优化升级，以资源为依托，以做

大产业、做强企业、做优产品为途径，培育支柱产业，引进大企业集团，打造工业集中区，促进优势资源向优势产业转化，切实推进工业化进程，工业总体规模不断扩大，发展质量不断提高，成为引领民族地区经济跨越发展的主导力量。2017 年，全省民族自治地方工业增加值 918.2 亿元，按可比价计算同比增长 6.5%。新型工业化稳步推进，各类工业园区不断兴起，凉山州风、光电与装备制造产业发展进一步加快，实现工业总产值 15.6 亿元、增长 27.7%；金属制品业、通用设备制造业、专用设备制造业增加值分别增长 9.5%、9.4%、16.0%。借鉴较发达地区发展经验走上了发展产业园区的道路，创新性建设民族地区飞地园区，以建设“飞地园区”为切入点，促进省内相对发达地区与民族地区融合发展，积极打造开放包容、互利共赢的合作平台，充分发挥省内各地资源禀赋和区位优势，努力增强民族地区经济发展内生动力。目前藏区彝区相继在眉山、成都、德阳规划建设了甘孜—眉山工业园区、成都—甘孜工业园区和德阳—阿坝产业园区 4 个飞地产业园区，共计落户企业 136 户。2017 年实现工业总产值 83.8 亿元，积极研究打造 2 个。园区作为推动民族地区经济社会持续健康发展的重要载体，将为民族地区跨越发展提供重要动力。

四、投资规模和效益显著扩大

深入实施“项目年”活动，民族自治地方投资规模继续扩大，2017 年全社会固定资产投资达到 2066.5 亿元，增速保持稳中有进，实施项目超过 3000 个，占全省实施项目总数的 8%以上，其中，凉山州在水利环境和公共设施管理业、教育行业、房地产业等行业的拉动下，全社会固定资产投资增速从前三季度的下降 2.3%转为增长 2.0%；甘孜州持续加力推进“项目年”活动，加强项目督导，全社会固定资产投资增长 5.3%，增速比上年提高 1.4 个百分点。2013 年以来民族自治地方年均增长 4.2%。在充分发挥投资先导作用的同时，不断调整固定资产投资结构，重点加强基础设施建设和工业产业发展，尤其是针对制约民族地区经济发展的交通、电力、城市基础设施等“瓶颈”加大投资力度，为民族地区经济社会发展提供重要支撑。

五、消费品市场增势稳定

民族自治地方全年实现社会消费品零售总额 849.3 亿元，比上年增长 10.8%。其中，凉山州社会消费品零售总额突破 600 亿大关，达到 616.3 亿元，增长 11.8%，增速比上年提高 0.9 个百分点；甘孜州新业态发展势头较好，带动消费品市场稳中有升，社会消费品零售总额 90.9 亿元，增长 11.4%，增速比上年提高 1.4 个百分点。51 个县（市）中，43 个县（市）增速在 10%以上。

六、城乡居民收入增长迅速

随着国家对民族地区惠民政策的继续实施，在民族自治地方工资性收入、转移性收入增长较快等因素的带动下，居民收入不断增加。城镇居民人均可支配收入 28616 元，比上年增长 8.4%，增速与全省持平。农村居民人均可支配收入 11252 元，增长 10.3%，增速比全省平均水平高 1.2 个百分点；与全省的差距缩小，相当于全省的 92.0%，比上年缩小 0.9 个百分点；城乡收入倍差从上年的 2.59 降为 2.54。其中，甘孜州和凉山州农村居民人均可支配收入增速居全省 21 个市（州）前两位，分别比全省平均水平高 2.4、1.0 个百分点。

七、基础设施取得较大突破

按照全省“项目年”工作部署，大力推进民族地区重大基础设施项目建设。交通：甘孜机场主体工程建设进展顺利，土石方挖填方工程完成 91%。成兰铁路（四川境内段）、川藏铁路成都（朝阳湖）至雅安段、成昆铁路扩能改造工程峨米段分别累计完成路基土石方总量的 62.7%、80.1%、32.3%。雅康高速草坝至泸定段建成通车，汶马、泸黄扩容、峨汉高速路基工程分别完成 80%、10.9%、8.5%，国道 317 线控制性工程雀儿山隧道通车，民族自治地方公路通车里程达到 81275 公里。全年新改建农村公路 1.32 万公里，实现 95.4%的乡镇通油路、82.4%的建制村通硬化路。水利：北川开茂水库取水闸坝枢纽已完工，丹巴嘉绒、阿坝若果朗等水利工程加快建设。通信：“宽带乡村”试点工程实现深度贫困县全覆盖，城乡网络条件加快改善。灾后重建：根据《“8·8”九寨沟地震灾后恢复重建总体规划》，大力推进科学重建，截至 2017 年底，完工项目 4 个、在建9个，累计完成投资3.2亿元。积极推进"6·24"茂县特大山体滑坡灾后恢复重建，落实重建资金4.1亿元。及时组织开展康定"11·22"地震灾后恢复重建预评估，三年重建任务基本完成。

八、民生工程扎实推进

持续用力实施藏区"六项民生工程计划"、大小凉山彝区"十项扶贫工程"，2017年分别投入各级资金75.1亿元、156.4亿元，有力有效改善了农牧民群众生产生活条件。脱贫攻坚方面：务实推进易地扶贫搬迁工程，2017年搬迁入住17440户、72754人。民族自治地方贫困人口由2016年的76.4万人下降到2017年的62.3万人，贫困发生率降低至13.2%，北川、理县、茂县、马尔康、汶川、泸定6个贫困县（市）摘帽通过省级达标验收。就业社保方面，阿坝、甘孜、凉山州城乡基本养老保险参保人数达270.5万人，民族自治地方保障城乡低保对象90.9万人，其中城市13万人、农村77.9万人。教育发展方面，深入实施民族自治地方十五年免费教育、"一村一幼"计划等，民族自治地方适龄儿童入学率达到99.72%。医疗卫生方面，持续实施民族地区卫生发展十年行动计划，民族地区每千人口拥有卫生技术人员达到4.8人。文化繁荣方面：稳步推进"藏羌彝民族文化走廊"建设，《香巴拉深处》等系列反映我省民族地区人文风情纪录片在央视等媒体播出，受到广泛好评。住房建设方面：加快安全住房建设，全年建成藏区新居17348户，新改建大小凉山彝家新寨住房17377户。

九、脱贫攻坚成效显著

民族自治地方紧紧围绕"两不愁、三保障"和"四个好"目标，坚持"六个精准"，扎实推进"五个一批"扶贫攻坚行动计划，脱贫攻坚取得显著成效，阿坝州4个拟摘帽贫困县（市）通过省级验收，239个贫困村退出、30311人脱贫，贫困发生率比上年末下降4个百分点；甘孜州366个贫困村退出、11787户48524人脱贫；凉山州有望实现500个贫困村退出、13.67万人脱贫。灾后恢复重建进展顺利，茂县"6·24"重建规划启动实施，落实重建资金4.1亿元；九寨沟"8·8"地震灾后恢复重建总体规划编制完成。

（撰稿：李学华　审稿：荣跃泽仁）

贵州省

民族自治地方共辖黔东南、黔南、黔西南3个自治州；道真、务川等11个自治县，总面积9.8万平方公里，占贵州省总面积的55.5%。年末总人口1796.26万人，占贵州省总人口的50.0%，其中少数民族人口1075.43万人，占民族自治地方总人口的59.99%。

2017年，在省委省政府坚强领导下，全省坚持以习近平新时代中国特色社会主义思想为指导，认真贯彻党的十九大精神和习近平总书记在贵州省代表团重要讲话精神，全面落实中央和省委省政府决策部署，坚持稳中求进工作总基调，坚持以脱贫攻坚统揽经济社会发展全局，坚持以供给侧结构性改革为主线，坚持守好发展和生态两条底线，强力推进大扶贫、大数据、大生态三大战略行动，主动适应新常态、积极应对新挑战、有效化解新矛盾，全省经济运行稳中有进、持续向好，经济社会发展取得新成效。贵州省各族人民发挥当家作主的积极性，努力发展和谐的社会主义民族关系，促进了民族自治地方经济社会又好又快发展。

一、综合

2017年贵州省民族自治地方地区生产总值（GDP）为4243.99亿元，占全省的31.34%，比上年增加374.8亿元，增长9.69%；地区生产总值中，第一产业增加值883.43亿元，比上年增长9.42%；第二产业增加值1246.64亿元，比上年增长13.96%；第三产业增加值805亿元，比上年增长22.95%。第一产业、第二产业、第三产业增加值占地区生产总值的比重，分别为20.8%、29.3%、40.1%。人均地区生产总值30540元，比上年增长9.94%，比贵州省低 7416 元。

年末总人口 1792 万人，比上年末增加 25 万人。其中，少数民族人口 1075 万人，占 0-14 岁人口占年末常住人口比重为 22.4%，15-64 岁人口比重为 67.2%，65 周岁及以上人口比重为 10.4%。按地域划分，城镇常住人口 1647.52 万人，占年末常住人口比重（常住人口城镇化率）为 46.02%，比上年末提高 1.87 个百分点。男女性别比（以女性为 100）为 106.45。全年出生人口 50.05 万人，出生率为 13.98‰；死亡人口 24.63 万人，死亡率为 6.88‰；自然增长率为 7.10‰。

二、农业

民族自治地方全年农林牧渔业总产值 1480.9 亿元，比上年增长 6.47%。其中，农业 721.5 亿元，增长 7.62%；林业 101.5 亿元，增长 7.45%；牧业 398.2 亿元，增长 5.11%；渔业 43.3 亿元，增长 4.32%。

全年农作物播种面积 2465 千公顷，粮食作物种植面积 1289 千公顷；烤烟产量（未加工）15.17 万吨。粮食总产量 522.4 万吨。茶叶产量 8.86 万吨，比上年增长 51.7%，水果产量 92.3 万吨。

年末大牲畜存栏 384 万头，猪 666 万头，羊 298 万头。大牲畜出栏 243 万头，猪 609 万头，羊 265 万头。肉类产量 102.58 万吨，水产品产量 13.47 万吨。

三、工业和建筑业

全年民族自治地方规模以上工业销售产值（当年价）3275.6 亿元，比上年增长 12.0%，所有者权益合计 1244 亿元，比上年增加 16.6%，全年规模以上工业企业主营业务收入 2480.6 亿元，实现利润总额 127.7 亿元，比上年增加 17.7%。

原煤产量 813 万吨，农用氮磷钾化肥总计（折纯）184.8 万吨，比上年增加 1%。发电量 252.0 万千瓦时。水泥 4524.2 万吨。

四、固定资产投资

民族自治地方全年全社会固定资产投资完成 7420 亿元，比上年增长 41.5%。其中固定资产投资（不含农户）3722.4 亿元，新增固定资产投资 2306.4 亿元，比上年增加 3.27%。

五、市场和物价

民族自治地方全年社会消费品零售总额 979.9 亿元，比上年增长 12.7%。按行业分，批发和零售业 501.8 亿元，略有下降；住宿和餐饮业 106.8 亿元，增长 17.7%，其他行业 162.5 亿元。

对外贸易、利用外资进出口总额 30509 万美元，其中进口总额 2654 万美元，出口总额 30141 万美元。

六、交通运输、邮电和旅游

年末贵州省民族自治地方公路通车里程 94164 公里，其中高速公路通车里程 2571 公里，比上年增长 5.18%；等级公路 60537 公里，比上年增长 1.06%。铁路营业里程 1433 公里，比上年增长 1.78%，内河航道里程 3651 公里。

全年客运量为 91663 万人，其中公里客运量 66691 万人，铁路客运量 26679 万人；货运量总计 75697 万吨，其中公路货运量 39179 万吨，铁路货运量 36518 万吨；旅客周转量为 5327689 万人公里。民用机场达 5 个。

全年邮电业务总量 92.6 亿元，比上年增长 80.9%。年末移动电话用户 283062 万户，固定电话年末用户 9919 万户，互联网宽带接入用户 1576803 户，邮政局所 759 处，邮政总长度 22952 公里，农村投递线路总长度 47244 公里。

贵州省民族自治地方旅行社总数 80 个，旅游总人数 1.59 亿人次。其中，接待国内旅游人数 1.58 亿人次，增长 18.2%；接待入境旅游人数 52.6 万人次。实现国内旅游收入 1377 亿元，国际旅游收入 14038 万美元。

七、财政和金融

贵州省民族自治地方一般公共预算收入 375.3 亿元，比上年增长-2.3%，其中税收收入 265.8 亿元，营业税 39.2 亿元。

全年一般公共预算支出 1470.8 亿元，比上年增长 11.36%。其中，教育支出 330.7 亿元，增长 3.97%；社会保障和就业支出 147.1 亿元，增长 26.8%；医疗卫生与计划生育支出 166.2 亿元，增长 26.8%；住房保障支出 204.5.7 亿元，文化体育与传媒支出 25.7 亿元，科技技术支出 26.1 亿元。

年末金融机构人民币各项存款余额 5692.3 亿

元，比上年末增长 6.7%。其中，全部金融机构各项贷款 4160.5 亿元，增长 20.2%，城乡居民储蓄存款年末余额 2869.5 亿元，增长 17.6%。

八、人民生活

贵州省民族自治地方全年城镇居民人均可支配收入 27438 元，比上年名义增长 9%。按常住地分，城镇常住居民人均可支配收入、农村常住居民人均可支配收入分别为 27438 元和 8730 元，分别比上年名义增长 9%和 9.1%。

全年城镇常住居民人均消费支出 16870 元，比上年增长 9%；农村常住居民人均消费支出 8039 元，比上年增长 7.8%。城市人均住房建筑面积 38 平方米，和上年持平，农村人均住房面积 40 平方米，增长 7.3%。

九、民族教育

贵州省民族自治地方年末普通高等学校、中等学校、中等职业学校、普通小校分别为 12、930、74、3596 所，在校生数分别为 92419、1180513、174020、1442947 人，各级各类学校专任教师数为 159884 人。小学学龄儿童入学率 99.5%，比上年提高 0.4 个百分点；初中阶段毛入学率 103.0%，比上年提高 1.5 个百分点；高中阶段毛入学率 85.1%，比上年提高 8.0 个百分点；高等教育毛入学率 31.2%，比上年提高 1.8 个百分点。

十、文化、卫生和体育

贵州省民族自治地方年末共有艺术表演团体 58 个，文化馆 53 个，公共图书馆 49 个，博物馆 54 个。全年图书印数 23.9 万册，图书种类 46 种，报纸种类 33 种，报纸印数 3496.8 万册。年末广播综合人口覆盖率 95.3%，电视综合人口覆盖率 99.0%。

年末共有卫生机构 16187 个。其中，医院、卫生院 1287 个，其中卫生院数 813 个，村卫生室数 9200 个。卫生机构床位数 73269 张，比上年末增长 7.95%。卫生机构人员数 89308 人，比上年末增长 7.7%，卫生技术人员 67616 人，比上年末增长 10.7%。其中，执业（助理）医师数 21328 人。

十一、人口、就业和社会保障

贵州省民族自治地方年末常住人口 1767.97 万人，其中少数民族人口 1049.9 万人。按城乡分，城镇人口 476.46 万人，乡村人口 1291.53 万人。按性别分，男性人口 930.58 万人，女性人口 837.39 万人。

年末城镇居民最低生活保障人数 34.1 万人，农村居民最低生活保障人数 249.32 万人，比上年增加 3.2%；城镇社区服务设施达 4302 个。新型农村合作医疗参加人数 1473 万人，新型农村合作医疗费用支出 102.4 亿元，比上年增长 63.4%；新型农村合作医疗参合率达 99.9%。

总的来看，2017 年贵州省经济运行延续了“十二五”时期高于全国、高于西部增长水平的良好发展态势，基础不断夯实、动力不断增强，结构不断优化，发展的速度、质量和效益同步向好，供给侧结构性改革成效初显，经济增长新动能不断累积。同时应当看到，民族自治地方基础薄弱，自然条件相对落后，经济提速增长的基础尚不牢固。下一步，让我们更加紧密地团结在以习近平同志为核心的党中央周围，在中共贵州省委的坚强领导下，大力培育和弘扬新时代贵州精神，撸起袖子加油干、迈开步子加快赶，奋力续写新时代贵州民族乡发展新篇章，开创百姓富、生态美的多彩贵州新未来，更加坚持不懈地推进大扶贫大数据两大战略行动，促进民族乡经济持续平稳健康发展和社会和谐稳定。

（撰稿：张发刚　审稿：吴继堂）

云南省

2017 年，全省民族自治地方各族人民在省委、省政府的坚强领导下，主动融入和服务国家发展战略，坚持稳中求进的工作总基调，坚定不移地贯彻新发展理念，加快培育发展新动能，统筹做好稳增长、促改革、调结构、惠民生、补短板、防风险各项工作，坚持以民族团结进步示范区建设统揽经济社会发展全局，全省民族自治地方经济社会发展呈现总体平稳、转型加快、质量提升的良好发展态势，在决战脱贫攻坚、决胜全面小康、开创跨越发展的新局面、新征程中迈出了坚实步伐。

经济继续保持平稳较快增长。2017 年民族地区各级政府扎实贯彻落实稳增长系列政策措施，强化经济运行分析研判，坚持问题导向强举措，对标对表抓落实，全省民族自治地方经济实现高开稳走，稳中向好，主要经济指标增幅高于全省平均水平。2017 年，民族自治地方实现地区生产总值 6696.7 亿元，比上年增长 10.3%，增幅高于全省平均水平 0.8 个百分点，其中：第一产业增加值 1321.6 亿元，第二产业增加值 2505.6 亿元，第三产业增加值 2869.5 亿元，分别比上年增长 6.2%、12.0%、10.8%，增幅分别高于全省平均 0.2、1.3、1.3 个百分点；人均 GDP 达到 28635 元，比上年增长 9.7%，高于全省平均水平 0.9 个百分点；实现全部工业增加值 1669.7 亿元，比上年增长 11.8%，高于全省平均水平 1.5 个百分点；社会消费品零售总额 2216.9 亿元，比上年增长 12.3%，高于全省平均水平 0.1 个百分点；完成固定资产投资（不含农户）8542.8 亿元，比上年增长 20.6%。城镇常住居民人均可支配收入 29685 元，比上年增长 8.5%，高于全省平均水平 0.2 个百分点；农村常住居民人均可支配收入达到 9856 元，比上年增长 9.5%，高于全省平均水平 0.2 个百分点。就业形势总体较好，价格总水平基本稳定，各类风险挑战得到妥善应对。

农业农村经济持续向好。农业供给侧结构性改革扎实推进，农村土地承包经营权确权登记颁证整省试点、农村宅基地制度改革有序推进，实施现代农业产业园建设，加强农业“小巨人”等新型经营主体培育，调减非优势产区玉米面积，继续推进“粮改饲”试点。积极发展政策性农业保险，云南省共实施水稻、玉米、油菜、甘蔗、橡胶、青稞、能繁母猪、奶牛、牦牛、藏山羊 10 个品种的农业保险财政补贴项目。编制完成云茶、云咖、云花、云菜、云果 5 个产业品牌发展规划，特色优势农产品花卉、茶叶、咖啡豆、中药材、橡胶产量增长较好。民族自治地方主要农产品供给保持稳定，质量安全水平平稳，主要农产品检测合格率稳定在 95%以上。2017 年云南民族自治地方农林牧渔业总产值达到 2343.4 亿元，比上年增长 6.2%，高于全省平均水平 0.2 个百分点。粮食总产量达到 1080.4 万吨，比上年增长 0.8%；人均粮食产量 467 千克，比上年增加 4 千克，比全省人均粮食产量多 65 千克。水果产量 587.6 万吨，比上年同期减少 4.5%，人均水果产量 251 千克，比全省人均水果产量多 96 千克；蔬菜产量 1077.4 万吨，比上年增长 7.1%，人均蔬菜产量 461 千克，比上年增加 26 千克，比全省人均蔬菜产量多 28 千克；烤烟产量 45.1 万吨，与上年同期基本持平；茶叶产量 24.2 万吨，比上年增长 15.2%；油料产量 28.1 万吨，与上年同期基本持平；甘蔗产量 1368.9 万吨，比上年同期增长 0.9%；猪牛羊肉总产量 328.1 万吨，比上年同期增长 12.9%，人均猪牛羊肉产量 140 千克，比上年同期增长 15 千克，比全省人均猪牛羊肉产量多 68 千克。年末大牲畜存栏数 855.8 万头，猪存栏 2539.2 万头，羊存栏 892.5 万头，均比上年有所增长。农业机械总动力达 2054 万千瓦，比上年略有增长。

基础设施建设取得新进展。继续推进 2016—2018 年“十、百、千”项目投资计划，即以“十大投资专项”为重点，谋划投资规模大、拉动力强、利长远、增后劲的“百项重大工程”，推动“千个重点项目建设”。以路网、航空网、水网、能源保障网、互联网“五网”建设为重点，启动实施了能通则通工程。2017 年民族自治地方公路里程达 18.9 万公里，其中：高速公路近 3000 公里，等级公路达 12.1 万公里，均保持了逐年增加。楚雄州、大理州、文山州等民族自治地方已进入高铁时代，丽江至香格里拉铁路、大理至瑞丽铁路、弥勒至蒙自铁路等一大批铁路建设项目顺利推进。澜沧拉祜族自治县机场建成通航，蒙自、怒江、元阳、丘北等机场新建工作加快推进。民族自治地方开工建设 22 件骨干水源工程，完成了 249.8 万农村人口饮水安全巩固提升任务，实施了 38 个小型农田水利重点县、3 个续建大型灌区、3 个中型灌区建设等其他水利工程建设，新增和改善灌溉面积 127 万亩，发展高效节水灌溉面积 70 万亩，较大改善了少数民族和民族地区人民生活生产用水条件。互联网骨干网和城域网升级扩容持续推进，宽带网络接入能力不断提升，城区光纤宽带覆盖率达 100%，行政村通光缆比例达 95%以上。民族地区邮电业务总量达 299.5 亿元，比上年增长 16.6%；移动电话年末用户达 1985.3 万户，比上年增加 124 万户，国际互联网络用户达 513.8 万户，比上年增加 46.6 万户。新型城镇化建设稳步推进，楚雄市、瑞丽市、剑川县沙溪镇获批第三批国家新型城镇化综合试点，弥勒县可邑镇、红河县东风韵镇、大理市喜州古镇等一大批宜居宜业的特色小镇初见成效。

生态文明建设不断加强。完成了生态保护红线划定方案，实现省级环境保护督察州（市）全覆盖，在全国率先发布生物物种红色名录（2017 版），全省 90%以上的典型生态系统和 85%以上的重要物种得到有效保护。实施了一批低碳城镇、低碳交通等示范项目，开展蓝天保卫、碧水青山、净土安居三个专项行动，洱海流域水环境综合治理与可持续发展试点规划获国家批复，县级以上城市集中式饮用水源地水质达标率为 100%，环境空气质量平均优良率为 98.2%，万元地区生产总值二氧化碳排放下降完成年度任务，2017 年民族自治地方造林面积达 23.3 万公顷。传统村落民居、民族特色村寨和历史文化名街、名村、名镇、名城保护力度加大，宜居宜业的特色小镇建设稳步推进，美丽乡村建设取得阶段性成效。

民生保障持续加强。全省财政全力保障民生支出，财政民生支出比例达 72.2%。全力以赴抓好扶贫，聚焦 4 个集中连片特困地区和深度贫困群体，扎实推进贫困对象精准识别、动态管理，建立健全责任落实、资金投入、考核评估等体制机制，实施易地搬迁、产业、教育、健康等精准扶贫措施，扎实开展扶持“直过”民族和人口较少民族、“三州三区”地区等脱贫攻坚行动，2017 年民族自治地方贫困人口减少 25 万人。全省城乡居民基本医疗保险政策实现统一，参保率持续稳定在 95%以上，医药卫生体制改革纵深推进，所有公立医院全部取消药品加成，分级诊疗制度有序推进，县域内就诊率达 80%以上。民族自治地方城镇居民最低生活保障人数 36.0 万人，农村居民最低生活保障人数 202.4 万人，城镇和农村居民最低生活平均保障标准分别较 2016 年提高 12.3%、18.7%。完成洱源、盈江、宁蒗、景谷等灾区恢复重建省级验收，社会大局和谐稳定。

外向型经济不断发展。2017 年民族地区引进省外到位资金 3801.2 亿元，比上年同期增长 10.8%；实现进出口总额 136.5 亿美元，比上年同期增长 20.1%；接待国内外游客 2.9 亿人次，比上年同期增长 33%；实现国际旅游收入 23.1 亿美元，与上年同期增长 19.1%，实现国内旅游收入 3226.6 亿元，比上年同期增长 44.2%，保持较快增长。

财政金融运行持续稳健。2017 年民族自治地方完成地方一般公共预算收入 537.7 亿元，比上年增长 3.3%；完成地方一般公共预算支出 2300.5 亿元，比上年同期增长 11.1%。民族自治地方全部金融机构人民币各项存款余额为 9350 亿元，比年初增长 10%，其中：城乡居民储蓄存款年末余额 4225.1 亿元，比年初减少 9.2%；全部金融机构各项人民币贷款余额 6070.8 亿元，比年初增长 15.3%。

（撰稿：易永红　审稿：陈新华）

西藏自治区

2017 年，在党中央、国务院的亲切关怀和全国人民的大力支援下，在西藏自治区党委的坚强领导下，全区上下高举习近平新时代中国特色社会主义思想伟大旗帜，全面贯彻落实党的十八大和十八届三中、四中、五中、六中、七中全会精神，认真学习贯彻党的十九大精神，深入贯彻落实中央第六次西藏工作座谈会精神，按照自治区第九次党代会和区党委九届三次全会决策部署，牢牢把握“稳中求进、进中求好、补齐短板”工作总基调，正确处理“十三对关系”，坚定不移贯彻新发展理念，全区国民经济运行平稳健康，社会事业进步明显。

一、民生实事全面实施，发展成果更加惠民

一是脱贫攻坚精准推进。以深度贫困地区为重点，着力在“补短板、破瓶颈、建机制”上下功夫，在“兴产业、强素质、促增收”上抓落实。预计 1705

个贫困村、20个以上贫困县（区）具备脱贫摘帽条件，全区15万贫困人口脱贫。积极引导群众就近就便、不离乡不离土融入产业发展。实施产业扶贫项目1720个。开工建设易地扶贫搬迁安置区（点）433个。大力推进边境地区小康村建设。召开深化对口援藏扶贫工作会议，签约项目21个，签约资金117.67亿元。推进高海拔等特殊区域农牧民搬迁2个试点，完成羊八井高海拔风湿病患者易地搬迁，150户建档立卡贫困户入住。落实生态补偿岗位20万个，总量达到70万个。坚持扶贫必扶智、治贫先治愚，对建档立卡贫困家庭子女接受高等教育实行“三免一补”政策，资助贫困大学生1.25万人；培训贫困人口4.97万人，转移就业4.62万人。

二是促进就业成效显著。举办各类创业培训138期，培训学员3471人，带动就业1944人。柳梧新区获批全国第二批双创示范基地。西藏农牧学院大学生创业孵化基地挂牌运行，首批35个创业项目完成入驻。正确处理好高校毕业生政府就业和市场就业的关系，出台促进高校毕业生就业创业政策措施，设立20亿元创业就业基金，实现市场就业9134人。新增城镇就业5.46万人，城镇登记失业率控制在2.7%以内，培训农牧民5.93万人次，转移农牧民富余劳动力110.48万人次，实现劳务收入27.87亿元。

三是公共服务全面提升。启动实施第三期学前教育行动计划和高中阶段教育普及攻坚计划，新建改扩建各级各类学校600多所。农村义务教育免费教育补助经费纳入自治区财政保障范围，“三包”标准年生均提高240元，达到3480元。落实对口援藏省市万名教师支教计划310名。达孜等15个县（区）义务教育均衡发展顺利通过国家验收，西藏大学高原生态学纳入国家一流学科建设行列。健康西藏加快推进，取消药品加成和集中招标采购制度。完成全区包虫病目标人群筛查290.38万人，手术治疗包虫病患者1517名。以“团队带团队”“专家带骨干”“师傅带徒弟”等方式结对帮带本地医务人员893人，培养医疗骨干474人。加快推进乡镇和行政村公共数字文化提档升级工程，“百场演出送基层、文化文艺进万家”活动深入开展。体育事业加快发展，在第十三届全国运动会上获得了首枚田径项目金牌。

四是保障水平显著提高。全力推进全民参保计划实施，各类保险参保人数达到343.21万人次。社保标准逐步提高，城镇居民基本医疗保险政府补助标准提高到460元。两年内三次降低失业保险费率，为全区企事业单位累计减负1.8亿元。公共就业服务信息系统建设完成，发放首批社会保障卡，跨省异地就医结算与国家平台正式接通。落实困难群众救助补助资金8.33亿元，城乡医疗救助资金2.43亿元，城镇低保、农村低保、五保标准分别提高到人均700元/月、3311元/年、4940元/年。社会救助政策体系进一步完善，新建改扩建7个救灾物资储备库，完成因灾倒损民房重建6522户、修缮3277户。

二、重点项目扎实推进，发展基础更加巩固

累计落实“十三五”项目规划中央政府投资941亿元，占规划投资2511亿元的37.5%，其中中央预算内投资520亿元，占规划投资1188亿元的43.8%，达到了序时进度。全区200个重点项目中，在建132个，已完工25个，累计完成投资1618亿元。滇藏新通道建成通车，贡嘎机场至泽当、日喀则市至和平机场、拉萨至林芝高等级公路建成通车，拉萨至那曲高等级公路控制性工程、萨嘎至朗县金东段开工。拉林铁路路基主体工程顺利完工，泽当隧道实现贯通。藏中和昌都电网联网工程、拉林铁路供电工程加快建设，主电网覆盖62个县区。拉洛等重点水利工程进展顺利。城镇垃圾、污水处理、供排水等市政基础设施持续改善。厕所革命加快推进。实施援藏项目585个，完成投资37.18亿元；招商引资累计到位资金454.59亿元，同比增长20.4%。贯彻落实自治区那曲工作会议精神，编制完成《“十三五”支持那曲市经济社会发展建设项目方案》，共安排项目125个，总投资1571亿元，规划“十三五”投资917亿元，已落实规划项目投资112.5亿元。

三、产业培育步伐加快，发展支撑更加强劲

一是现代农牧业发展步伐加快。大力推进农牧业供给侧结构性改革，深入实施“8个百千万工程”，预计农林牧渔业总产值达到169亿元，同比增长5%；粮食总产量达到103.2万吨，其中青稞产量79.5万吨，青稞平均亩产增加11.1公斤；肉奶产量分别达到32万吨、44万吨，分别同比增长4.9%和16.4%。农牧业产业化建设稳步推进，自

治区级农牧业产业化龙头企业总产值达到 33.06 亿元，同比增长 15%；农畜产品加工企业总产值达到 36.64 亿元，同比增长 16%。在第十五届中国国际农产品交易会上，帕里牦牛、亚东黑木耳获评 2017 年中国百强农产品；“雪域圣谷”青稞香米等 3 个企业产品获农产品金奖。

二是工业提质增效效果明显。全区工业固定资产投资超过 300 亿元，同比增长 40%以上，其中技改投资同比增长两倍多。设立 110 亿元政府投资基金，加快推进旅游文化、清洁能源、净土健康、天然饮用水、绿色建材、高原生态等特色产业发展。6 个重点水泥生产项目积极推进，藏中建材年产 120 万吨新型干法水泥生产线已竣工投产。绿色矿业快速发展，玉龙二期完成基建剥离、雄村铜矿完成前置审批，斯弄多铅锌矿投产运行。预计全年天然饮用水产量达到 80 万吨。园区建设步伐加快，藏青工业园室外管网工程完成 90%，拉萨经开区加快推进 A 区污水管网改造工程和 B 区排水口建设。企业效益和运行质量稳步提升，全区规模以上工业增加值按不变价格计算增长 14.2%，比上年加快 1.5 个百分点。各产业集团组建工作加快推进。

三是旅游产业升级发展。强化旅游基础设施建设，深化旅游宣传促销，旅游管理服务水平不断提升。积极开展江孜县宗城、岗托等红色旅游景区景点创建活动。开通运行“唐竺古道”号旅游品牌列车，启动冈底斯南亚旅游合作区国家级规划编制工作。突出区域特色，打造圣地拉萨“心灵之旅”，壮美日喀则“神奇之旅”、藏源山南“人文之旅”、醉美林芝“生态之旅”等旅游区域品牌。顺利召开全国旅游援藏工作会议，签约项目 97 个，涉及资金 197.5 亿元。全年接待国内外游客 2561.43 万人次，同比增长 10.6%；实现旅游总收入 379.37 亿元，同比增长 14.7%。

四是商贸经济持续繁荣。积极开展电子商务进农村综合示范工作，我区 14 个县（区）纳入国家电子商务进农村综合示范县。与京东集团签署“互联网+”全面战略合作框架协议，设立“中国特色·西藏扶贫馆”。全年电子商务重点联系企业线上交易额达 2.04 亿元。组织 104 家优质特色产品企业参加“广交会”“丝博会”“商洽会”等重点展会，签订销售合同 2880.6 万元，签约投资项目 10 个，总投资达 32.49 亿元，落实资金 7.82 亿元。

四、财税金融快速增长，发展保障更加有力

一是财税金融增长较快。地方财政收入 259.11 亿元，同比增长 25.6%，比上年加快 8 个百分点。全区完成一般公共预算收入 185.83 亿元，同比增长 19.1%，一般公共预算支出 1681.91 亿元，同比增长 6.1%。全区税务部门组织收入 339.84 亿元，同比增长 31.2%。全区金融机构本外币各项贷款余额 4043.64 亿元，比年初增长 32.6%。

二是要素保障支撑有力。全区电力装机达到 309 万千瓦。全区累计发电量 58.42 亿千瓦时，同比增长 14.3%；区内送出电量 9.11 亿千瓦时，同比增长 1.2%；全社会用电量 62 亿千瓦时，同比增长 18%。天然气、成品油、液化石油气购销平衡。全年公路交通完成客运量 999 万人，同比增长 12.4%，货运量 2148 万吨，同比增长 12.7%；铁路完成旅客运量 438.48 万人，同比增长 22.4%，货物运输 584.76 万吨，同比增长 8.9%；民航完成旅客吞吐量 454.7 万人，同比增长 11.9%，货物吞吐量 3.63 万吨，同比增长 18.4%。完成电信业务总量 42.25 亿元，完成邮政业务总量 3.39 亿元。

三是市场主体不断壮大。全区各类市场主体达到 22.69 万户，同比增长 19.1%，注册资本（金）达到 1.04 万亿元，同比增长 39.4%。注册资本亿元以上的企业达到 1774 户，是商事制度改革前的 47 倍。召开第二次非公有制经济发展大会，毫不动摇促进非公经济发展，全区非公有制经济市场主体达到 21.57 万户，同比增长 19.5%；注册资本 6382.43 亿元，同比增长 35.7%。非公经济占全区市场主体总量的 96.2%，注册资本占全区市场主体的 61.3%。

五、改革开放不断深化，发展措施更加多元

一是重点领域改革深入推进。深化农牧区改革，63 个县区全面推进承包地确权登记颁证，全区耕地流转面积为 22.94 万亩、草场流转面积 2471.45 万亩。推进林芝市农垦投资控股集团有限公司组建、八一农场企业化改革和国有土地使用权确权发证工作。全区不动产统一登记“发新停旧”工作基本完成。不断优化国有资本布局和结构，全区国有经济实现了平稳较快发展，预计区国资委监管企业实现营业

收入 101.7 亿元，同比增长 14.4%，实现利润总额 16.46 亿元，同比增长 3.5%，上缴税金 11.75 亿元，同比增长 27.8%。推进医疗服务价格改革，完成了国家对公立医院综合改革效果评审和督导检查工作，启动城市公立医院改革和分级诊疗试点工作。注册便利化“全国一张网”顺利启动，“多证合一”“一照一码”改革与全国同步完成。健全完善债务管理制度，推进资源税改革，资源税征收方式由“从量计征”改革为“从价定率征收”。“营改增”改革工作取得预期成效，全面落实结构性减税政策，减轻税负 184 亿元。强化融资担保，建立西藏自治区融资性担保业务监管联席会议制度。调整上网电价标准，率先在拉萨市实行居民用水、用气阶梯价格制度，拟定农业水价综合改革实施方案并开展试点工作。进一步理顺盐业管理职能，已有 1 家内地食盐生产企业进入我区开展业务。完成林地确权勘界 22.25 万亩。推进排污许可制度改革，确保了排污许可与环境影响评价制度的有效衔接。推进环评审批改革，严格执行规划和建设项目环境影响评价制度。

二是合作开放步伐加快。召开全区边境工作会议，推进新时期边境地区固边稳边，富边兴边。积极参加“一带一路”国际合作高峰论坛，现场签约中尼友谊工业园、尼泊尔·中国西藏文化产业园两个项目。召开“央企助力富民兴藏”会议，签约项目 357 个，协议资金落地 802 亿元。吉隆口岸扩大开放为国际性口岸，国际贸易“单一窗口”试点工作顺利开展。全年完成进出口总额 58.85 亿元，同比增长 13.9%。新设立外商投资企业 14 家，合同利用外资 2.91 亿元，备案境外投资企业 8 家，投资金额达 2839.09 万美元。

六、底线红线坚守有力，发展环境更加美好

一是生态环境持续良好。强化中央环保督查整改落实，下发了环境保护督查《责任清单》《问题清单》和《整改清单》。稳步推进自治区生态保护红线划定、第二次青藏高原综合科考、那曲种树科技攻关项目等工作。完成 11 个国家级自然保护区 852 处人类活动遥感监测结果地面核查。落实各类林业保护与建设资金 36.02 亿元，完成植树造林 124 万亩，其中人工造林 56.22 万亩，封山育林和封沙育林 67.78 万亩，完成新一轮退耕还林 12 万亩。完成人工种草 41.8 万亩，草原围栏 1036 万亩。

二是安全生产持续稳定。狠抓安全生产各项措施落实，对 7 个地（市）43 个县（区）政府和 78 家重点企业进行了安全生产巡查，组织开展了“第 16 个安全生产月”和“安全生产西藏行”“安全生产咨询日”等活动。顺利通过国务院安委会省级政府安全生产工作考核，并被评为优秀等次。全区共发生各类安全事故 376 起，死亡 187 人，与 2016 年相比，事故起数减少 102 起，下降 21.3%，未发生重大及以上安全生产事故。

（撰稿：洛桑群佩　审稿：金美）

甘肃省

甘肃省是一个多民族聚居的省份。省内现有 55 个少数民族，少数民族人口 241.05 万人，占全省常住人口的 9.4%。人口数较多的少数民族有 10 个，即：回族、藏族、东乡族、裕固族、保安族、蒙古族、哈萨克族、撒拉族、土族、满族。其中东乡族、保安族、裕固族是甘肃省独有的民族。甘肃民族地区包括 2 个自治州和 7 个自治县；其中东乡县和积石山县隶属于临夏回族自治州。民族地区共有 21 个县（市），土地面积 18.36 万平方公里，占全省总面积的 43%。民族地区常住人口 326.68 万人，占全省常住总人口的 12.5%。2017 年，甘肃民族地区与全省同样遇到了前所未有的困难，经济增速降至近年来的最低点，民族地区在省委省政府的坚强领导下，深入学习贯彻党的十九大精神，全面落实习近平总书记视察我省重要讲话和“八个着力”重要指示精神，认真贯彻省第十三次党代会的决策部署，坚持稳中求进总基调，克服困难、破解难题，有力地推动脱贫攻坚和民族地区经济社会发展。

一、经济运行总体平稳

2017 年，全省民族地区在全省经济大幅下滑的严峻形势下，保持了稳健的发展态势。全省民族地区预计完成社会消费品零售总额 186.3 亿元，预计完成公共财政预算支出 466.7 亿元，城镇居民人均可支配收入预计达到 20754 元，同比增长 8.3%，农村居民人均可支配收入预计达到 6598 元，同比增长 8.4%。甘南州 2017 年全州完成地区生产总值 142.8 亿元，完成固定资产投资 213 亿元，完成社会消费品零售总额 48.9 亿元，完成一般公共预算收入 8.29 亿元，城镇居民人均可支配收入达到 23030 元，增长 8%；农牧村居民人均可支配收入达到 6960 元，增长 8.5%；居民消费价格指数为 101.2。临夏州预计全州完成生产总值 235 亿元，固定资产投资 176 亿元，社会消费品零售总额 91.2 亿元，一般公共预算收入 16.9 亿元，农民人均可支配收入 6220 元，增长 9.5%，城镇居民人均可支配收入 19430 元，增长 8.4%。肃南县预计全年完成生产总值 20.2 亿元，完成固定资产投资 6.2 亿元，社会消费品零售总额 5.2 亿元，全县大口径财政收入完成 4.6 亿元，一般公共预算收入完成 2.3 亿元，完成财政支出 17.5 亿元，城镇居民人均可支配收入达到 24770 元，增长 8%；农牧村居民人均可支配收入达到 15720 元，增长 9%。全面建成小康社会实现程度达到 90.2%，居全市前列。天祝县预计全年地区生产总值达到 40.24 亿元，其中，第一产业增加值 7.86 亿元，第二产业增加值 10.84 亿元，第三产业增加值 21.54 亿元。

二、项目建设稳步推进

甘肃民族地区坚持把抓项目、保固投作为稳增长的关键举措，加大项目建设力度，有力促进了经济平稳增长。甘南州全州共落实国家和省上各类建设项目 476 个，争取落实国家和省上资金累计达 47 亿元，位居全省第一。兰州至合作铁路提标增线后可行性研究报告已通过审查；西宁至成都铁路正在进行全线定测；夏河机场新开通重庆—夏河—天津往返航线；玛曲至久治二级公路累计完成投资 7 亿元；峰迭至代古寺二级公路累计完成投资 5.2 亿元；引洮（博）济合供水工程累计完成投资 4.3 亿元。落实保障性安居工程及配套基础设施建设补助资金 15.98 亿元，位居全省第一。临夏州全州共实施重点项目 533 项、完成投资 280.2 亿元，建成省道 230 线永靖新寺至三塬段、广河三甲集至蒿支沟道路改造等项目，基本建成引黄济临供水工程、州医院搬迁、康乐县鸣鹿水库、永靖县城北新区易地搬迁等项目；开工建设莲麓至大河家旅游扶贫大通道、康冶二级公路、唐达二级公路、临夏市医院搬迁、积石山县旧城区道路改造等项目。肃南县榆木庄至康乐三级公路、皇城至马营三级公路等工程进展顺利，隆畅河河道治理补充工程、摆浪河河道治理工程、梨园河肃南县城段河道治理工程及明花水厂二期工程全面完工。完成农网改造升级 20.5 公里 10 千伏线路和 7.5 公里 0.4 千伏线路改造任务。

三、特色产业持续发展

民族地区全面培养特色产业，推动特色产业持续发展。一是现代农牧业持续发展。甘南州努力打造全国绿色农畜产品生产基地和“中国牦牛乳都”，重点发展牦牛、藏羊、奶牛繁育、育肥、特色养殖“五大畜牧业产业带”。预计各类牲畜年末存栏数达到 420.73 万头（只）；完成肉产量 7.44 万吨，牛奶产量 7.76 万吨。发展特色种植业和设施农业，全力建设藏中药材、优质青稞、杂交油菜、经济林果、高原夏菜“五大种植业产业带”，全州农作物春播面积达到 100.42 万亩，粮食总产量 8.68 万吨。全州藏中药材种植面积 31.82 万亩，种子种苗繁育基地 0.68 万亩。创建国家级 2 个、省级 30 个畜禽养殖标准化示范场。临夏州粮改饲面积达到 9.9 万亩，种植旱作玉米 137 万亩，加工玉米秸秆饲料 143.9 万吨，牛存栏 29.7 万头、增长 5.3%，出栏 12.9 万头、增长 5.6%；羊存栏 153.9 万只、增长 6.2%，出栏 118.6 万只、增长 6.4%。全年新增中药材、油菜、百合、设施蔬菜 3.1 万亩，经济林果 13.4 万亩。二是文化旅游产业融合发展。甘南州全年落实旅游文化项目 22 个、中央预算内投资 3.36 亿元，冶力关大景区、拉卜楞大景区等 12 个新建项目全部开工建设。甘南民族风情园、甘南民族文化旅游创意产业园（安多小镇）等 6 个文化旅游招商引资项目累计完成投资 8.6 亿元。全年接待国内外游客 1100 万人次，实现旅游综合收入 50 亿元，分别同比增长 15%和 20.2%。临夏州全面推进旅游基础设施建设和景区景点提升，八坊十三巷被评为甘肃新地标，大墩峡景区探索出民间投资推动旅游开发的新路子、游客达到百万人次；组织开展厦门万人游临夏、环青海湖自行车赛、大型音乐会等系列旅游文体活动，全州旅游接待人数 1600 万人次、增长 44%，旅游综合收入 71 亿元、增长 47.6%。天祝县成功举办第二届“野性祁连”国际越野跑、“美丽中国·和谐武威”全国少数民族赛马大会和华锐民俗文化艺术节。肃南县全年接待游客 526.5 万人（次），增长 23.9%，完成旅游收入 19.93 亿元，增长 28.8%。三是工业企业平稳发展。甘南州规模以上工业实现止跌回升，10 月份生产增速首次由负转正。全州规模以上服务业呈现“三增四降”，消费品市场、商贸流通发展势头总体平稳。肃南县新洲公司尾矿库建成投入使用，酒钢镜铁山矿、西沟矿注册并纳入规上企业管理。天祝县奥喆 PE 管材、臣祥食用菌科技示范园等项目开工建设，乌鞘岭国际滑雪场二期、鼎盛风电等项目投入运营。四是新型产业快速发展。甘南州“互联网+智慧甘南”建设启动实施。投资 6000 万元的合作、夏河、临潭电子商务示范县创建工作全面实施，大众创业、万众创新工作有效推进，大中专毕业生通过电子商务创业开设电商平台及公司 20 多家，就业人数达到 1000 多人。临夏州开展电商等高层次的技能培训 6000 人，在面向厦门、南昌、深圳等地有组织输转上实现了突破，带动了州内电子商务、快递物流等新业态的发展，广河电商企业发展到 110 家、实现线上销售 1.2 亿元。

四、生态文明建设加快进程

民族地区始终坚持绿色发展的新理念，着力实施生态功能区保护、生态防护林、水土流失治理等建设项目，生态文明建设取得了良好实效。临夏州完成退耕还林、生态林、封山育林 29.1 万亩，新建绿色通道 788.5 公里，新修梯田 3.87 万亩，土地整理 9.7 万亩。实施 3 个省列园区污水处理厂、临夏市污水处理厂二期扩建及一期提标改造、4 个重点集镇污水处理厂建设项目。甘南州 2017 年总投资 35.18 亿元的 300 个生态文明小康村全面开工建设，生态文明小康村建设与贫困村脱贫攻坚和城乡环境综合整治高度融合，争取国家资金 15.14 亿元。总投资 55.25 亿元的《甘肃“两江一水”甘南区域综合治理规划实施方案》和总投资 86.71 亿元的《玛曲县沙化草原综合治理规划》编制完成。实施天然草原退牧还草工程，建设草原围栏 80 万亩、退化草原改良 10 万亩、黑土滩治理 5 万亩、毒害草原治理 3 万亩。落实投资 12050 万元，在玛曲、碌曲、夏河 3 县治理流动沙丘和重度沙化地 1.6 万亩、重度退化草原（黑土滩）43.4 万亩，改造提升游牧民住房 3705 户。天祝县依法依规整改整治祁连山自然保护区生态环境问题。关停、退出矿山企业 14 家、探矿权 27 宗，规范水电开发项目 13 个，拆除建（构）筑物 12.61 万平方米，覆土绿化 193 万平方米，117 个问题完成整改整治，整改率 91.41%。

五、民生保障水平不断提高

甘南州全年落实教育项目 36 个，落实中央预算内投资 1.08 亿元，中央财政资金 1.2 亿元。甘南州中等职业学校一期建设项目 13 个单体工程累计完成投资 2.53 亿元，基本完成建设任务。完成了州地方病防治研究院、州疾控中心及 525 个村级卫生室标准化建设；城乡居民养老保险、城镇职工基本养老保险、城镇职工基本医疗保险、失业保险、工伤保险覆盖率分别达到 98%、96%、97%、96%、95%，全州城镇新增就业人数达到 4637 人。临夏州加大义务教育控辍保学力度，提高教育教学质量，招录各类教师 1069 名，培训教师 8500 人次。临夏现代职业学院办学规模达到 5100 人、其中高职生 3233 人。新农合实现跨省异地就医联网结报，招录医技人员 94 名、培训 539 人。城乡低保和农村特困供养补助标准分别提高 8%、22.6%、8.4%，新增城镇就业 2.5 万人。张家川县全年新增城镇就业 3030 人，建成运行“五险合一”大数据平台，积极推进全民参保计划，全民参保登记率达到 95%，城镇登记失业率达到 2.96%。天祝县投资 6979 万元实施教育项目 62 项，新改建行政村幼儿园 32 所，实现有需求的行政村幼儿园全覆盖。义务教育巩固率达 99.86%，高中阶段毛入学率达 92.33%，高考录取率达 88.72%。县藏医院被命名为“全国少数民族医药工作表现突出集体”。

六、脱贫攻坚力度不断加大

民族地区坚持把脱贫攻坚作为首要任务和最大

民生工程来抓，以脱贫攻坚统揽全省经济社会发展大局，精心谋划工作载体和抓手，持续用力，合力攻坚，取得了阶段性成果。全省贫困人口由2011年末的842万人下降到了2017年的188.67万人，贫困发生率由40.48%下降到了9.56%。民族地区贫困人口由2011年的142.77万人减少到了2017年的35.69万人，贫困发生率下降到12.53%。2017年，临夏州投入财政扶贫资金13.76亿元、同比增长41%，整合涉农资金16亿元，全年预计减少贫困人口7.63万人，通过动态调整增加3.74万人，2017年底全州剩余贫困人口26.01万人、贫困发生率14.24%。新建农村公路352公里，改造农村D级危房1.87万户，易地搬迁6181户2.98万人；行政村宽带覆盖率从67%提高到87%。加大帮扶项目资金投入，共落实帮扶资金1.3亿元。深化与厦门的东西部扶贫协作，落实对口帮扶资金1.88亿元。甘南州全年新建农牧村道路866公里，完成D级危房改造960户，D级危房全面消除，3503户易地扶贫搬迁工程进展良好，落实各级各方面援助资金2.21亿元，其中天津市区两级财政资金1.26亿元。全州整体列入国家“三区三州”深度贫困地区扶持范围，全年脱贫1.84万人，贫困发生率下降到8.54%。天祝县新改建农村公路432.8公里，完成49个贫困村饮水安全巩固提升工程，改造农村危房101户，完成实用技术培训2.4万人，培训建档立卡贫困劳动力3249人，全县预计减贫2250户8677人，18个贫困村脱贫摘帽，贫困发生率下降到7.67%。张家川县全年减少贫困人口1.54万人，贫困发生率由16.6%降至12.19%。

（撰稿：孔庆斌　审稿：王宇卫）

青海省

2017年，面对错综复杂的经济运行环境及各种挑战，省委、省政府带领全省各族人民砥砺奋进、开拓创新，深入学习贯彻落实习近平新时代中国特色社会主义思想、十九大精神，按照省第十二次党代会作出的各项决策部署，统筹推进“五位一体”总体布局，协调推进“四个全面”战略布局，牢固树立和贯彻落实新发展理念，以“四个转变”推动落实“四个扎扎实实”，全年全省经济保持总体平稳、稳中向好的发展态势。

一、综合

初步核算，全年全省地区生产总值2642.80亿元，按可比价格计算，比上年增长7.3%。分产业看，第一产业增加值238.41亿元，增长4.9%；第二产业增加值1180.38亿元，增长7.2%；第三产业增加值1224.01亿元，增长7.9%。第一产业增加值占全省地区生产总值的比重为9.0%，第二产业增加值比重为44.7%，第三产业增加值比重为46.3%。人均地区生产总值44348元，比上年增长6.4%。

年末全省常住人口598.38万人，比上年末增加4.92万人。按城乡分，城镇常住人口317.54万人，占总人口的比重（常住人口城镇化率）为53.07%，比上年末提高1.44个百分点；乡村常住人口280.84万人，占46.93%。少数民族人口285.49万人，占47.71%。全年人口出生率14.42‰，比上年低0.28个千分点；人口死亡率6.17‰，比上年低0.01个千分点。全年人口自然增长率8.25‰，比上年低0.27个千分点。全省人户分离的人口为98.75万人，其中流动人口82.06万人。年末全省户籍人口584.69万人，其中城镇户籍人口240.66万人，占总户籍人口的41.16%；乡村户籍人口344.03万人，占58.84%。

全年全省城镇新增就业人员6.10万人。年末城镇登记失业率为3.1%。全年农牧区劳动力转移就业108万人次。

全年全省居民消费价格总水平比上年上涨1.5%。其中，城市上涨1.7%，农村上涨1.1%.

全年全省农业生产资料价格比上年上涨2.4%。农产品生产者价格上涨1.0%。工业生产者出厂价格上涨16.7%，工业生产者购进价格上涨8.0%。固定资产投资价格上涨6.1%。西宁市新建住宅房屋销售价格上涨3.5%，二手住宅销售价格上涨0.7%。

全年全省公共财政预算收入 408.70 亿元，比上年同口径增长 13.5%。其中，地方公共财政预算收入 246.14 亿元，增长 9.3%；上划中央收入 162.56 亿元，增长 20.6%。在地方公共财政预算收入中，增值税 88.64 亿元，增长 5.7%；企业所得税 23.23 亿元，增长 36.1%；个人所得税 8.96 亿元，增长 39.8%。全省公共财政预算支出 1530.26 亿元，比上年增长 0.4%。其中，医疗卫生与计划生育支出增长 25.0%，城乡社区支出增长 18.9%，文化体育和传媒支出增长 11.5%，教育支出增长 9.8%，社会保障和就业支出增长 7.7%，一般公共服务支出增长 5.5%。

二、种植业和畜牧业

全年农作物总播种面积 558.58 千公顷，比上年减少 2.75 千公顷。粮食作物播种面积 278.61 千公顷，比上年减少 2.44 千公顷。其中，小麦 85.92 千公顷，减少 0.35 千公顷；青稞 45.32 千公顷，减少 0.11 千公顷；玉米 25.06 千公顷，减少 1.56 千公顷；豆类 27.74 千公顷，减少 0.76 千公顷；马铃薯 93.37 千公顷，增加 0.26 千公顷。经济作物播种面积 186.78 千公顷，比上年增加 9.38 千公顷。其中，油料 148.84 千公顷，增加 6.23 千公顷；枸杞 33.53 千公顷，增加 1.63 千公顷。蔬菜及食用菌播种面积 50.24 千公顷，比上年减少 0.12 千公顷。全年粮食产量 100.71 万吨，比上年减产 2.74 万吨。

年末全省牛存栏 546.56 万头，比上年末下降 6.6%；羊存栏 1387.41 万只，下降 0.2%；生猪存栏 108.77 万头，下降 12.0%；家禽存栏 317.54 万只，下降 14.2%。全年全省牛出栏 132.18 万头，比上年增长 5.5%；羊出栏 726.06 万只，增长 7.4%；生猪出栏 145.54 万头，增长 5.2%；家禽出栏 520.39 万只，增长 12.3%。全年全省肉类总产量 38.33 万吨，增长 6.4%。

规模以上工业中，新能源产业增加值比上年增长 10.2%，新材料产业增加值增长 22.5%，盐湖化工产业增加值增长 9.5%，有色金属产业增加值增长 6.7%，轻工纺织业增加值增长 14.6%，生物产业增加值增长 26.6%，装备制造业增加值增长 16.0%。高技术制造业增加值增长 21.0%。资源类行业增加值下降 8.0%。

全年全省建筑业增加值 390.08 亿元，按可比价格计算，比上年增长 8.1%。注册地在省内的具有资质等级的总承包和专业承包建筑企业 406 个，实现利润 15.82 亿元，比上年增长 5.8%。

四、固定资产投资

全年全省完成全社会固定资产投资 3897.14 亿元，比上年增长 10.3%。按产业分，第一产业投资 137.57 亿元，增长 4.8%；第二产业投资 1308.71 亿元，增长 0.5%，其中工业投资 1204.79 亿元，增长 1.0%；第三产业投资 2450.86 亿元，增长 16.8%。基础设施投资 1663.97 亿元，增长 15.9%。民间固定资产投资 1226.50 亿元，增长 1.2%。水利、环境和公共设施管理业，卫生和社会工作等短板领域投资大幅增长。

在全社会固定资产投资中，战略性新兴产业投资 1445.43 亿元，比上年增长 12.5%。高技术制造业投资 101.09 亿元，增长 31.2%。新材料产业投资 106.78 亿元，增长 25.1%。盐湖化工产业投资 149.82 亿元，增长 18.9%。装备制造业投资 55.40 亿元，增长 1.1 倍。轻工纺织业投资 109.35 亿元，增长 86.4%。高耗能行业投资 679.98 亿元，下降 7.7%。

全年全省房地产开发投资 408.59 亿元，比上年增长 2.9%。其中，商品住宅投资 213.66 亿元，下降 6.2%；商业营业用房投资 97.08 亿元，增长 1.1%。

五、国内贸易

全年全省社会消费品零售总额 839.03 亿元，比上年增长 9.3%。按经营地分，城镇消费品零售额 728.08 亿元，增长 9.3%（其中城区消费品零售额 427.19 亿元，增长 8.7%）；乡村消费品零售额 110.95 亿元，增长 9.9%。按消费类型分，商品零售额 774.22 亿元，增长 9.4%；餐饮收入额 64.81 亿元，增长 9.3%。

在限额以上批发和零售业商品零售额中，粮油、食品类零售额比上年增长 7.9%，化妆品类增长 24.4%，石油及制品类增长 12.3%，家用电器和音像器材类增长 7.2%，家具类增长 7.0%，汽车类增长 6.9%，烟酒类增长 6.8%，服装、鞋帽、针纺织品类增长 5.3%，日用品类增长 4.6%，金银珠宝类增长 3.2%，饮料类增长 1.9%，中西药品类下降 12.1%。

限额以上批发和零售业通过公共网络实现的零售额6562万元，增长50.7%。限额以上住宿和餐饮业通过公共网络实现餐费收入833万元，增长47.3%。

六、对外经济

全年全省货物进出口总额44.42亿元，比上年下降55.9%。其中，出口额28.75亿元，下降68.2%；进口额15.67亿元，增长50.7%。

全年全省新批外资项目14个，比上年增加8个。合同使用外商直接投资额1.60亿美元，增长66.7%；实际使用外商直接投资额0.18亿美元，增长20.0%。全年对外承包工程业务完成营业额3.90亿美元，增长26.1%，对外劳务合作派出各类劳务人员517人。

七、交通、邮电和旅游

年末全省铁路营运里程2299公里，与上年末持平，其中高速铁路218公里。公路通车里程80901公里，比上年末增加2316公里，其中高速公路3223公里，增加345公里。民航通航里程124969公里，增加4912公里。

年末全省民用汽车保有量100.10万辆，比上年末增长11.7%，其中私人汽车保有量82.90万辆，增长12.2%。民用轿车保有量48.55万辆，增长10.5%，其中私人轿车保有量42.15万辆，增长10.2%。

全年全省邮政业务量6.01亿元，比上年增长24.4%。全年邮政业完成函件业务483.44万件，包裹业务41.71万件，快递业务量1449.71万件，快递业务收入3.88亿元（比上年增长29.3%）。全年电信业务量161.59亿元，增长1.4倍。年末移动电话用户610.88万户，增长13.2%；固定电话用户106.69万户，增长4.5%。电话普及率120.91部/百人。固定互联网宽带接入用户120.15万户，比上年末增长20.6%。移动宽带用户513.17万户，比上年末增长33.6%，其中，4G移动电话用户436.69万户，增长56.4%。

全年接待国内外游客3484.10万人次，比上年增长21.1%。其中，国内游客3477.08万人次，增长21.2%；入境游客7.02万人次，增长0.2%。实现旅游总收入381.53亿元，增长23.0%。其中，国内旅游收入378.94亿元，增长23.3%；旅游外汇收入3829.04万美元，下降13.3%。

八、金融

年末全省金融机构人民币各项存款余额5826.63亿元，比年初增加256.46亿元，比上年末增长4.6%。其中，境内住户存款余额2141.41亿元，增长6.9%；境内非金融企业存款余额1608.34亿元，下降2.1%。金融机构人民币各项贷款余额6222.49亿元，比年初增加642.73亿元，比上年末增长11.5%。其中，境内住户贷款余额629.34亿元，增长21.4%；境内非金融企业及机关团体贷款余额5590.88亿元，增长10.5%。

全年保险公司原保险保费收入80.18亿元，比上年增长16.7%。其中，寿险保费收入34.34亿元，增长19.1%；财产险保费收入33.34亿元，增长12.5%；健康险和意外伤害险保费收入12.50亿元，增长22.1%。全年保险赔付额29.25亿元，比上年增长6.8%。其中，寿险赔付额6.98亿元，下降9.6%；财产险赔付额16.50亿元，增长10.8%；健康险和意外伤害险赔付额5.77亿元，增长21.1%。

九、人民生活和社会保障

全年全省全体居民人均可支配收入19001元，比上年增长9.8%。其中，人均工资性收入11351元，增长10.9%；人均经营净收入2861元，增长8.8%；人均财产净收入949元，增长10.0%；人均转移净收入3840元，增长7.4%。全年全体居民人均生活消费支出15503元，比上年增长4.9%。恩格尔系数为28.7%，比上年降低0.2个百分点。

全年全省城镇常住居民人均可支配收入29169元，比上年增长9.0%。其中，人均工资性收入20568元，增长9.8%；人均经营净收入1899元，下降5.4%；人均财产净收入1613元，增长11.1%；人均转移净收入5089元，增长11.7%。全年城镇常住居民人均生活消费支出21473元，比上年增长3.0%。

全年全省农村常住居民人均可支配收入9462元，比上年增长9.2%。其中，人均工资性收入2704元，增长9.7%；人均经营净收入3764元，增长17.7%；人均财产净收入326元，增长0.4%；人均转移净收入2668元，下降0.4%。全年农村常住居民人均生活消费支出 9903 元，比上年增长 7.4%。

年末全省养老保险参保人数 377.45 万人，比上年末增加 9.93 万人。其中，城镇企业职工养老保险参保人数 108.38 万人，增加 5.25 万人；城乡居民基本养老保险参保人数 239.11 万人，增加 3.90 万人；机关事业单位养老保险参保人数 29.96 万人，增加 0.78 万人。全省医疗保险参保人数 548.99 万人，比上年末减少 3.50 万人。其中，城镇职工医疗保险参保人数 94.03 万人，减少 3.85 万人；城乡居民医疗保险参保人数 454.96 万人，增加 0.35 万人。全省失业保险参保人数 41.47 万人，比上年末增加 0.70 万人，其中农民工参保人数 0.26 万人。全省工伤保险参保人数 66.15 万人，比上年末增加 6.40 万人，其中农民工参保人数 10.96 万人。全省生育保险参保人数 50.04 万人，比上年末增加 0.39 万人。年末全省享受城镇最低生活保障人数 13.2 万人，享受农村最低生活保障人数 42.1 万人。

十、教育、科学技术和文化体育

全年全省学龄儿童入学率 99.8%，与上年持平；普通初中毛入学率 109.3%，比上年下降 1.3 个百分点；九年义务教育巩固率 94.2%，比上年提高 0.5 个百分点；高中阶段毛入学率 84.0%，比上年提高 2.0 个百分点。全年全省研究生教育招生 1730 人，在校生 4112 人，毕业生 1051 人。普通高等教育招生 2.59 万人，在校生 7.92 万人，毕业生 1.98 万人。中等职业教育招生 2.80 万人，在校生 7.50 万人，毕业生 1.95 万人。普通高中招生 4.24 万人，在校生 12.39 万人，毕业生 3.83 万人。初中学校招生 7.05 万人，在校生 20.58 万人，毕业生 6.82 万人。普通小学招生 8.50 万人，在校生 46.51 万人，毕业生 7.28 万人。特殊教育招生 1173 人，在校生 5061 人，毕业生 414 人。幼儿园在园幼儿 20.72 万人。

全年全省取得省部级以上科技成果 510 项，比上年增加 40 项，其中，基础理论成果 114 项，应用技术成果 372 项，软科学成果 24 项。专利申请 3181 件，其中发明专利申请 949 件。专利授权 1580 件，比上年增加 223 件，其中发明专利授权 240 件。签订技术合同 1016 项，比上年增加 30 项；成交金额 67.7 亿元，比上年增长 19.0%。年末全省共有天气雷达观测站点 12 个，县级以上卫星云图接收站点 52 个，地震台站 122 个，地震遥测台网 3 个。

年末全省有艺术表演团体 12 个，文化馆 46 个，公共图书馆 49 个，博物馆 23 个，档案馆 55 个，广播电视电台 46 座，中短波发射台 26 座。广播综合人口覆盖率 98.4%，比上年末提高 0.2 个百分点；电视综合人口覆盖率 98.4%，比上年末提高 0.2 个百分点。全年出版杂志 287 万册、报纸 9196 万份、图书 1215 万册（张），其中少数民族文字图书 290 万册（张）。

年末全省有等级运动员 487 人，比上年末增加 106 人。其中，国家级运动健将 4 人，一级运动员 135 人，二级运动员 348 人。在第十三届全国运动会上获得 1 枚金牌、3 枚银牌、3 枚铜牌。全年销售体育彩票 8.17 亿元。

十一、卫生和社会服务

年末全省卫生机构 6370 个，床位 3.75 万张。其中，医院 215 个，床位 3.19 万张；乡镇卫生院 405 个，床位 4500 张；社区卫生服务中心（站）254 个，妇幼保健院（所、站）50 个，疾病预防控制中心（防疫站）56 个，村卫生室 4518 个，门诊、诊所（卫生所、医务室）803 个，卫生监督所（中心）55 个。卫生人员 4.78 万人，其中，执业（助理）医师 1.54 万人，注册护士 1.65 万人。

年末全省共有各类提供住宿的社会服务机构 57 个，其中养老服务机构 37 个。社会服务床位 9220 张，其中养老服务床位 5899 张。年末共有社区服务中心 30 个，社区服务站 441 个。

十二、资源、环境和安全生产

年末全省有自然保护区 11 个，面积 2177 万公顷，其中国家级自然保护区 7 个，面积 2074 万公顷。森林面积 452 万公顷，森林覆盖率 6.3%。湿地面积 814.36 万公顷，其中自然湿地面积 800.1 万公顷。国家重点公益林管护面积 496.09 万公顷，天然林保护面积 367.82 万公顷。全年全民义务植树 1500 万株。当年治理水土流失面积 229 平方公里，造林面积 26.92 万公顷。全年市（州）政府所在地城镇空气质量优良天数比例为 92.4%。

全年全省各类生产安全事故死亡 317 人，比上年减少 25 人。工矿商贸事故死亡 66 人，比上年减少 6 人。道路交通事故 365 起，比上年减少 6 起；死亡 248 人，比上年减少 21 人。火灾 1685 起，比上年增加 305 起。

（撰稿：王姿琪　审稿：董富海）

宁夏回族自治区

2017 年，宁夏回族自治区坚持以习近平新时代中国特色社会主义思想为指导，坚决落实“五位一体”总体布局和“四个全面”战略布局，围绕建成全面小康社会总体目标，按照经济繁荣、民族团结、环境优美、人民富裕总体要求，牢固树立新发展理念，坚持稳中求进工作总基调，不断深化供给侧结构性改革，统筹推进稳增长、促改革、调结构、惠民生、防风险等各项工作，取得了积极成效。

一、全年经济运行情况

（一）经济运行稳中向好，质量效益不断提高

通过降成本 30 条、实行清费减税、发挥产业资金引导、创新财政支农方式和防范化解房地产、金融风险等一系列政策措施，打好稳增长组合拳，经济运行的质量稳步提高。地区生产总值增长 7.8%，服务业对经济增长的贡献率达到 53.1%，投资、消费、进出口总额分别增长 4.2%、9.5%和 58.9%；地方一般公共预算收入突破 400 亿元，同口径增长 10.1%；企业利润增长 22.3%；城乡常住居民人均可支配收入分别增长 8.5%和 9%。就业形势总体稳定，城镇新增就业 8.3 万人。

（二）工业经济较快发展，转型升级步伐加快

规模以上工业增加值增长 8.6%。传统产业提升工程稳步推进，实施了 100 个技术改造、44 个节能改造项目和 15 个工业园区低成本化改造项目，3 家园区和 4 家企业被评为国家绿色示范园区和工厂。启动了开发区（园区）的调整优化工作。宁东能源化工基地加快转型，400 万吨煤制油项目实现满负荷稳定运行，100 万吨聚烯烃建成投产，高端锂电池、高端电线电缆、差别化氨纶等一批项目发挥效益。舍弗勒高端轴承、共享模具 3D 打印、力成智能工厂等传统制造业加快向智能制造转变。新能源产业加快发展，占电力装机比重达到 40%。

（三）特色农业稳步发展，品牌效应逐步扩大

特色优势产业占农业总产值比重达到 87%。粮食总产 368.2 万吨，实现“十四连丰”。现代畜牧、酿酒葡萄、枸杞、瓜菜等优势特色产业提质增效，建设草畜产业节本增效示范点 646 个，畜禽标准化规模养殖率达到 67.8%；改造提升老葡萄园 3.3 万亩，建成酒庄 86 个；新建枸杞标准化基地 5 万亩，改造提升 1.8 万亩，集约化、标准化及新品种面积达到 50%以上；瓜菜生产面积达到 316 万亩，总产 698.8 万吨。特色产业品牌工程建设成效明显，打造了 6 个区域公用品牌，20 个知名农业企业品牌，20 个特色优质农产品品牌。

（四）服务业加快发展，新业态不断涌现

出台促进服务业加快发展的意见，服务业提档工程加快实施。全域旅游示范区建设成效持续显现，游客接待量和旅游总收入分别增长 21.7%和 20.4%。落实“引金入宁”计划，新引进组建各类金融机构 29 家，新增新三板企业 12 家，总数达到 66 家。嘉泽新能成功上市，通联资本和宝塔石化获批发行境外债券。“互联网+”、大数据在医疗、交通、环保、城管等领域广泛应用，iBi 育成中心、智慧银川大数据中心等集聚效应持续显现，通航产业、电竞产业、共享经济、数字经济、楼宇经济发展势头良好。

（五）创新驱动战略深入实施，内生动力不断增强

制定出台“创新 30 条”，编制了创新驱动政策指南。加大创新投入力度，R&D 投入占地区生产总值比重达到 1.02%。组织实施自治区科技计划项目 570 项，登记科技成果 258 项。启动沿黄科技创新改革试验区建设。召开第一次“科技支宁”东西部合作推进会议，签订科技合作项目 104 个。创新生态逐步形成，“双创”成果进一步扩大，全区创业孵化园达到 205 个，新认定国家高新技术企业 45 家，

国家双创载体 28 家，组建各类创新平台 30 余家，新登记企业 3.3 万户，增长 21.5%，日均诞生“创客”293 户。

（六）区域城乡统筹发展，脱贫攻坚深入推进

加强顶层设计和政策配套，空间规划（多规合一）试点顺利完成。新型城镇化步伐加快，全区常住人口城镇化率达到 58%。出台银川都市圈建设实施方案，银川都市圈建设启动实施。石嘴山—宁东列入国家产业转型示范区。实施城镇化项目 335 个，建成美丽小城镇 25 个、美丽村庄 127 个，改造城镇棚户区 5.3 万套、危窑危房 3.3 万户。全力打好脱贫攻坚战，出台“脱贫富民 36 条”，着力抓好产业扶贫、金融扶贫、教育扶贫、健康扶贫等组合措施落地，302 个贫困村销号，19.3 万人脱贫，盐池县具备脱贫摘帽条件。易地扶贫搬迁加快推进，新建和回购移民住房 1.06 万套，搬迁安置移民 4.06 万人。

（七）生态立区战略加快推进，环境整治力度加大

印发实施“生态立区 28 条”。建立生态文明建设评价考核体系，生态保护红线划定进展顺利，永久基本农田红线划定工作全面完成。三北防护林、天然林保护、退耕还林等重点生态工程加快建设，完成营造林面积 108 万亩。全面开展大气污染防治攻坚，空气质量优良天数比上年增加 4 天。全面建立河长制，取缔入河、入湖、入沟直排口 9 个，封堵涉水企业排污口 37 个，23 个工业园区污水实现集中处理。土壤污染防治及固废管理得到加强。银川市、吴忠市低碳城市建设试点取得初步成效。

（八）重点改革不断深化，对外开放稳步推进

深化“放管服”改革，建成覆盖全区的政务大数据服务平台，积极探索区域评、多评合一，加快“不见面、马上办”审批模式建立和“多证合一”改革，404 项事项实现网上办理。商事审批事项减少 75%，当日办结率提高到 80%。自治区信用信息共享平台归集信息超过 2000 万条，实现与国家信用信息共享平台全面对接。国企改革、输配电价格改革及供销社、农垦、国有林场等改革继续深化。成功举办 2017 中国—阿拉伯国家博览会，签约项目 253 个。银西高铁、中兰高铁、吴忠至中卫城际铁路和京藏高速宁夏段改扩建工程进展顺利，新开国内航线 11 条、国际航线 2 条，旅客吞吐量突破 800 万人次。

（九）民生保障不断加强，社会事业全面发展

民生计划顺利实施，38 件民生实事基本办结。组织实施教育现代化推进、全民健康保障、文化旅游提升、公共体育普及和社会服务兜底五大公共服务工程，新建续建社会事业项目 470 多个，基本公共服务能力和水平有了新的提升。坚持社会保障惠民，职工“五险”和居民“两险”基本实现适龄人群全覆盖。企业退休人员月均养老金达到 2850 元。城镇职工、城乡居民政策范围内医疗报销比例分别提高到 76%和 72.7%，在全国处于较高水平。

二、经济运行中的突出问题

宁夏经济运行总体上呈现“稳中向好、稳中有进”的态势，大部分指标运行在合理区间，经济发展符合预期。但同时也存在一些不容忽视的问题。一是稳增长的基础还不牢固。国内外经济环境仍然复杂，下行压力依然较大。除了投资出现下滑外，消费也出现回落。与此同时，原材料价格上扬也造成部分下游行业成本增加，利润空间收窄甚至亏损。如受电煤价格大幅增长影响，火电企业成本上升，普遍出现亏损。二是融资难、融资贵问题仍较突出。实体经济融资难问题依然突出。工业贷款余额虽然有所增长，但主要集中于大企业、大项目且为中长期贷款，多数中小企业得不到有效支持。三是科技创新能力弱。全区高等院校、科研院所数量少、创新能力不强。企业科技创新主体地位还未真正确立。全区 1245 家规上企业中仅 122 家有研发机构、220 家开展研发活动。

三、经济结构调整中存在的问题

近年来，在国家和自治区一系列经济结构调整政策措施的推动下，全区结构调整取得了一定成效。但由于资源禀赋、发展水平等方面因素制约，产业层次偏低、产业链条不长、资源利用效率不高等问题依然突出，推进产业结构调整和产业转型升级的任务艰巨。一是倚重倚能的工业结构短期内难以根本扭转；二是经济增长对能源资源的依赖较大。

（撰稿：金晓玲　审稿：马汉功）

新疆维吾尔自治区

2017年，在以习近平同志为核心的党中央坚强领导下，自治区党委、人民政府团结带领全区各族人民，以习近平新时代中国特色社会主义思想为指导，深入贯彻落实党的十九大精神，主动适应经济进入新时代的要求，聚焦总目标，打好组合拳，坚持稳中求进工作总基调，坚定不移贯彻落实新发展理念，坚持以提高发展质量和效益为中心，以供给侧结构性改革为主线，统筹推进稳增长、促改革、调结构、惠民生、防风险各项工作，经济社会呈现提质增效、稳中向好态势，转型发展加快推进，民生保障持续增强，社会事业全面进步，生态环境显著改善，为决胜全面建成小康社会奠定坚实的基础。

一、综合

初步核算，全年地区生产总值（GDP）10920.09亿元，比上年增长7.6%。其中，第一产业增加值1691.63亿元，增长5.6%；第二产业增加值4291.95亿元，增长5.9%；第三产业增加值4936.51亿元，增长9.8%。第一产业增加值占地区生产总值的比重为15.5%，第二产业增加值比重为39.3%，第三产业增加值比重为45.2%，第三产业成为拉动经济增长的第一动力。全年人均生产总值45099元，比上年增长5.8%。

全年居民消费价格（CPI）比上年上涨2.2%。工业生产者出厂价格（PPI）上涨13.7%。工业生产者购进价格上涨12.8%。固定资产投资价格上涨3.5%。农业生产资料价格上涨0.8%。

二、农业

全年全区粮食种植面积3433.64万亩，比上年下降4.7%。其中，小麦种植面积1792.43万亩，下降7.3%；玉米种植面积1369.34万亩，下降0.6%。棉花种植面积3326.20万亩，增长2.9%。油料种植面积360.50万亩，增长0.1%。甜菜种植面积109.41万亩，下降5.4%。

年末牲畜存栏4946.45万头（只），比上年增长3.4%；牲畜出栏4447.37万头（只），增长0.4%。全年猪牛羊禽肉产量153.73万吨，比上年增长2.1%。其中，羊肉产量58.24万吨，下降0.1%；牛肉产量43.04万吨，增长1.3%；猪肉产量35.80万吨，增长5.6%；禽肉产量16.65万吨，增长4.6%。禽蛋产量37.37万吨，增长3.4%。生牛奶产量160.36万吨，增长2.7%。

三、工业和建筑业

全年全部工业增加值3229.09亿元，比上年增长6.1%。规模以上工业增加值3059.57亿元，增长6.4%。在规模以上工业中，按经济类型划分，国有控股企业增加值1924.05亿元，增长8.4%；集体企业增加值2.27亿元，增长24.1%；股份制企业增加值2800.39亿元，增长5.1%；外商及港澳台商投资企业增加值71.38亿元，增长11.4%；私营企业增加值452.53亿元，增长1.8%。

在自治区重点监测的十大产业中，石油工业增加值1087.86亿元，增长5.5%；有色工业285.67亿元，增长2.1%；电力工业403.82亿元，增长19.7%；化学工业318.36亿元，增长12.9%；钢铁工业35.25亿元，增长22.6%；建材工业147.82亿元，增长8.5%；煤炭工业163.25亿元，增长7.0%；纺织工业104.99亿元，增长19.8%；农副食品加工工业96.69亿元，下降1.1%；装备制造工业73.00亿元，下降20.0%。六大高耗能行业增加值增长11.1%，占规模以上工业增加值的比重为55.0%。

全年规模以上工业企业产品销售率98.6%，比上年提高0.5个百分点。完成工业品出口交货值96.70亿元，增长39.2%。

全年实现建筑业增加值1160亿元，增长5.6%。

四、固定资产投资

全年固定资产投资（不含农户）（下同）11795.64亿元，比上年增长20.0%。在固定资产投资中，第一产业投资552.33亿元，增长13.3%；第二产业投资3237.74亿元，下降15.1%，其中，工业投资3195.06亿元，下降13.1%；第三产业投资8005.57亿元，增长44.9%。

全年房地产开发投资1037.86亿元，比上年增长12.4%。其中，住宅投资588.25亿元，增长13.4%；办公楼投资66.14亿元，增长14.8%；商业营业用房投资284.95亿元，增长6.9%。

五、国内外贸易

全年社会消费品零售总额3044.58亿元，比上年增长7.7%。按经营地划分，城镇消费品零售额2760.64亿元，增长7.5%；乡村消费品零售额283.94亿元，增长10.6%。

在限额以上企业商品零售额中，按商品类别划分，粮油、食品类零售额比上年增长5.8%，饮料类增长6.4%，烟酒类增长2.6%，服装、鞋帽、针纺织品类下降0.5%，化妆品类增长7.9%，金银珠宝类下降1.1%，日用品类增长2.7%，家用电器和音像器材类下降4.0%，中西药品类增长7.5%，家具类增长35.5%，通讯器材类增长18.5%，建筑及装潢材料类增长23.7%，五金、电料类增长22.5%，汽车类下降0.3%，石油及制品类增长12.4%。

全年货物进出口总额206.60亿美元，比上年增长17.1%。其中，出口177.29亿美元，增长13.8%；进口29.31亿美元，增长42.6%。货物进出口差额（出口减进口）147.98亿美元，比上年增加9.36亿美元。

六、交通、邮电和旅游

年末铁路营业里程6244.36公里，增长1.3%；民航通航里程31.89万公里，增长14.0%；公路线路年末里程18.53万公里，增长1.8%，其中，高速公路4578公里，增长4.2%。

年末全区民用汽车保有量365.56万辆（包括三轮汽车和低速货车），比上年末增长10.8%，其中，私人汽车保有量301.74万辆，增长12.6%。

全年完成邮政行业业务总量32.52亿元，比上年增长18.3%。邮政业全年完成邮政函件业务1468.39万件，包裹业务101.7万件，快递业务量9042.35万件，快递业务收入18.95亿元。全年完成电信业务总量335.40亿元，比上年增长33.0%。年末全区固定电话用户数475万户，下降3.3%；移动电话用户2252.3万户，增长5.6%。电话普及率113.5部/百人，其中，固定电话普及率20.1部/百人，移动电话普及率95.4部/百人。互联网宽带用户569.9万户，增长21.7%。

全年全区接待游客10725.51万人次，比上年增长32.4%；旅游总消费1821.97亿元，增长30.1%。其中，接待国内游客10490.69万人次，增长32.8%；国内旅游消费1751.60亿元，增长30.7%。入境游客234.82万人次，增长17.1%；入境旅游消费10.54亿美元，增长17.0%。

七、财政和金融

全年全口径财政收入2858亿元，比上年增长21.9%。地方财政收入1913.1亿元，增长16.9%。其中，一般公共预算收入1465.5亿元，增长12.8%。税收收入943.3亿元，增长8.5%。全年地方财政支出4946.8亿元，增长9.9%。其中，一般公共预算支出4641.2亿元，增长12.2%。

年末金融机构（含外资）人民币各项存款余额21257.4亿元，比上年增长13.4%。其中，非金融企业存款余额6357.7亿元，增长10.7%；住户存款余额8402.5亿元，增长12.1%。年末金融机构（含外资）人民币各项贷款余额16871亿元，比上年增长15.9%。其中，短期贷款4959.5亿元，增长20.3%；中长期贷款10103.9亿元，增长18.2%。个人消费贷款2132.3亿元，增长17.2%。其中，个人住房贷款1603亿元，增长13.3%。

八、居民收入消费和社会保障

全年全区居民人均可支配收入19975元，比上年增长8.8%，扣除价格因素，实际增长6.5%。按常住地分，城镇居民人均可支配收入30775元，比上年增长8.1%，扣除价格因素，实际增长5.6%。其中，工资性收入20716元，增长8.0%；经营净收入3180元，增长8.1%；财产净收入1352元，增长5.7%；转移净收入5527元，增长9.0%。农村居民人均可支配收入11045元，比上年增长8.5%，扣除价格因素，实际增长6.5%。其中，工资性收入2796元，增长10.7%；经营净收入6036元，增长7.0%；财产净收入233元，增长4.5%；转移净收入1979元，增长10.5%。

全区居民人均消费支出 15087 元，比上年增长 7.3%，扣除价格因素，实际增长 4.9%。按常住地分，城镇居民人均消费支出 22797 元，增长 7.4%，扣除价格因素，实际增长 4.9%；农村居民人均消费支出 8713 元，增长 5.3%，扣除价格因素，实际增长 3.4%。

年末全区共有 64.8 万人享受城市居民最低生活保障，207.1 万人享受农村居民最低生活保障。参加城镇职工基本养老保险人数 478.18 万人，比上年末增加 14.87 万人。参加城乡居民基本养老保险人数 590.63 万人，增加 51.05 万人。参加基本医疗保险人数 1866.89 万人，增加 1179.34 万人。

九、教育、科学技术和体育

年末共有普通高等学校 42 所。全年研究生教育招生 8039 人，毕业生 5636 人。普通本专科招生 10.80 万人，在校生 34.60 万人，毕业生 7.87 万人。中等职业教育学校 160 所，全年招生 8.55 万人，在校生 23.87 万人，毕业生 6.43 万人。普通高中 355 所，全年招生 19.73 万人，在校生 56.71 万人，毕业生 16.19 万人。初中 1039 所，全年招生 30.88 万人，在校生 90.18 万人，毕业生 30.06 万人。普通小学 3523 所，全年招生 43.34 万人，在校生 228.63 万人，毕业生 30.90 万人。特殊教育学校 28 所，全年招生 836 人，在校生 3612 人，毕业生 386 人。幼儿园 7778 所，全年招生 75.99 万人，在校生 144.72 万人，毕业生 40.99 万人，增长 13.3%。

全年自治区级科技计划项目 495 个，自治区重大科技专项 7 个，自治区重大研发专项 21 个，自治区科技成果转化示范专项 118 个。年末拥有县以上部门属研究与技术开发机构 118 个。全年受理专利申请 14260 项，其中，受理发明专利申请 3270 项。获得专利授权 8094 项，其中，获得发明专利授权 950 项。登记技术合同 468 项，技术合同成交金额 5.76 亿元，其中，技术交易额 5.67 亿元。

全区运动健儿在国际比赛中荣获金牌 16 枚，银牌 6 枚，铜牌 3 枚。在全国比赛中荣获金牌 56 枚，银牌 54 枚，铜牌 66 枚。

十、卫生和社会服务

年末共有医疗卫生机构 15682 个，其中，医院、卫生院 1632 个，妇幼保健院（所、站）91 个，专科疾病防治院（所、站）3 个。医院、卫生院拥有床位 13.80 万张，增加 1646 张。卫生技术人员 14.71 万人，增加 2667 人，其中，执业医师和执业助理医师 5.26 万人，注册护士 5.89 万人。疾病预防控制中心 121 个，疾病预防控制中心卫生技术人员 3827 人。乡镇卫生院 925 个，拥有床位 2.33 万张，乡镇卫生院卫生技术人员 2.13 万人。

年末各类收养性社会服务机构及设施 2181 个，其中，综合性社区服务中心 218 个。全年销售福利彩票 46.12 亿元，增长 9.9%；筹集公益金 13.62 亿元，增长 8.0%。

十一、资源环境

全年完成造林面积 25.53 万公顷，其中，退耕还林面积 8.15 万公顷。森林覆盖率 4.87%。自治区级以上自然保护区 29 个，其中，国家级自然保护区 15 个，自治区级自然保护区 14 个，保护区总面积 1968 万公顷。

全区水、风、太阳能等清洁能源发电量占全部发电量的 21.3%，比上年上升 2.5 个百分点。重点耗能工业企业单位吨原煤生产综合能耗下降 2.3%，单位油气产量综合能耗下降 6.0%，单位电解铝综合能耗下降 1.2%，炼焦工序单位能耗下降 6.8%，每千瓦时火力发电煤耗下降 0.6%。

（撰稿：裴海龙　审稿：姜国利）

民族乡镇发展综述

北京市

北京市有 5 个民族乡，其中 2 个回族乡、2 个满族乡和 1 个满族蒙古族乡，共涉及 62 个行政村，人口 83207 人，其中少数民族人口为 20098 人，占 24%。北京市民族乡城市化进程较快，其中，朝阳区常营回族乡、密云区檀营满族蒙古族乡已基本完成城市化。

一、加快产业转型升级，经济发展质量不断提高

2017 年，全市民族乡实现财政收入 60712.1 万元，财政支出 90968.5 万元，财政自给率约为 66.7%。北京市民族乡受疏解非首都功能和产业禁限制发展等政策影响，特别是地处生态涵养区的民族乡，一产和二产规模不断减小，4 个民族乡（因密云区檀营满族蒙古族乡已城市化，无统计数据）乡镇企业总产值 1044954 万元，其中，工业企业总产值 315636.9 万元，农林牧渔业总产值 49063 万元。3 个涉农的民族乡围绕疏解整治促提升和推进农业供给侧结构性改革，加快产业转型升级和融合发展。于家务国际种业科技园成功举办第六届北京现代种业博览会，已经形成以种业为核心的全产业链条，种业综合服务区建设取得突破性进展，各类农作物新品种、新技术的综合展示面积近 4 万亩，各类温室及种苗车间 50 栋，约 28 万平米，物联网覆盖面积 15000 亩，科技服务体系进一步完善。2017 年全乡实现税收 9 亿元，形成乡财力 2 亿元，全乡人均所得 2.5 万元。喇叭沟门满族乡积极推动发展集文化休闲、养生度假和生态体验于一体的特色旅游产业，依托白桦林景区、满族民俗博物馆，开展“风情节”、“红叶节”等特色主题活动，全年共接待游客 24.54 万人次，旅游综合收入 3150.47 万元，其中民俗旅游收入 1613.82 万元，同比增长 3.23%，整体呈现良好态势。长哨营满族乡加快推进美丽乡村建设，初步形成以满族文化为主线、以乡核心区为统领、与生态涵养功能相适应的“八个八旗”发展格局。着力培育新的增长点，大力发展现代设施农业，全乡温室大棚使用率提升到 75%，全面启动东南沟和老西沟高标准苗圃基地建设，流转土地 3586 亩，创新营销模式，积极探索运用“互联网+农业”新模式，农业致富效应日益凸显。

二、着力改善环境质量，生态水平持续提升

5 个民族乡的 62 个行政村深入开展疏解整治促提升专项行动，全面清退违规养殖业等低端产业；大力开展环境整治，拆除私搭违建，扎实做好大气污染和水污染防治、垃圾清理等重点难点工作；完成农业综合开发小流域治理、林木抚育和外埠防火隔离带等工程项目，全面推进生态文明建设，区域发展环境进一步提升。喇叭沟门满族乡整合资金约一亿元完成前沟路改扩建、后沟路大修等工程和帽山、大甸子、中榆树店等村级文化活动室项目主体工程，有效提升了乡村基础设施和公共服务的条件和水平。长哨营满族乡坚持把生态文明建设作为重点工作，全年拆除私搭乱建 2.5 万余平米，累计清理河道近 3.6 万余米，净化水面近 5000 平米；完成国家重点公益林 3.5 万亩，完成村庄绿化补植 20.2 万平米，林木绿化率、森林覆盖率分别达到 80.93% 和 65.84%。2017 年，喇叭沟门和长哨营满族乡总计有 6 个民族村被国家民委命名为“中国少数民族特色村寨”。于家务回族乡深入推进“煤改清洁能源”工作，全乡冬季取暖实现无煤化，翻修路面 13000 平米，拆违面积 1500 平米，铺设排水暗管并拓宽路面 800 米，对村内所有彩钢棚建筑进行登记检查，统一要求限期内更换防火建筑材料，保障村民的生命和财产安全。

三、持续优化公共服务，切实提升百姓福祉

教育医疗、社会保障、文化体育等基本公共服务均等化水平持续提升，民族乡共有 17 所学校，在校生 8916 人，中小学办学条件全部达到全市中小学

统一标准。实现广播电视、数字影厅、全民健身设施和文化活动室（站）全覆盖。建有医院、卫生院32个、村卫生室61个，按照15至30分钟可及原则，实现了基层医疗卫生服务全覆盖。投入资金2600多万元支持怀柔区喇叭沟门满族乡中心幼儿园、敬老院等项目建设，民族乡居家养老服务更加快捷便利，养老床位基本满足需求。于家务回族乡加强中小学及幼儿园师资队伍建设和环境建设，圆满完成13743名新型农村合作医疗参保人员向城乡基本医疗保险的平稳转移。

（撰稿：刘刚　审稿：范宝）

天津市

天津市蓟州区孙各庄满族乡位于蓟州东北部山区，是我市唯一的少数民族乡，全乡总面积26平方公里，辖13个行政村。2017年乡党委、政府认真贯彻落实市、区决策部署，实现地区生产总值3.1亿元，招商引资0.6亿元，税收518万元，农民人均可支配收入19300元。围绕发挥好“资源、历史、文化、生态”四大优势，打好山水牌、念好农字经、算好文化账、走好高质高端路、抓好从严治党根，着力打造核桃之乡、蜜蜂之乡和文化之乡，不断提高产业发展层次和水平。

一、坚持走好高质高端路，抓好经济发展

（一）高水平实施好核桃产业化提升工程，着力打造“核桃之乡”。实施了基础设施建设、技术改良、保鲜烘烤、广告宣传、网上销售、核桃加工等6个重点项目建设，全乡核桃种植面积达到1.5万亩，产量达到380万公斤，总产值达9500万元，人均收入13000多元。成为京津地区最具品牌影响力的薄皮核桃生产、销售基地。

（二）高水平提高蜜蜂养殖规模和品质，着力打造“蜜蜂之乡”。养殖小区达到了40个，高品质蜂箱发展到3000个，蜜蜂种群发展到3000群，实现了全乡人均一箱蜂，人均增收2500元以上。依托合作社，在天津、北京以及各景区景点设立专柜，广开销售渠道。积极推进蜜蜂养殖与旅游休闲产业结合，建设蜜蜂文化观光体验园、蜜蜂故事园，打造成“一产蜜蜂养殖、二产蜜蜂加工和三产文化旅游”于一体的特色景点。

（三）高水平发展特色旅游，着力打造“满族文化之乡”。制订并着手组织实施“123”发展计划，即建设一条满族小吃风情街，建设核桃川休闲乡野公园和栗子沟满族风情乡野公园，建设隆福寺、丈烟台、荣山三个满族特色村寨。

二、坚持保障和改善民生，抓好社会事业

（一）强力推进低收入户帮扶活动。目前，全乡共有低收入帮扶户86户。乡党委政府把帮扶这些低收入户增收致富，作为重要政治任务来抓，所有包保领导都制定了帮扶台账、帮扶计划，落实了帮扶项目，明确帮扶时限。集中资源、集中政策、集中资金，支持帮助各个包保领导定项目、定产业、定人员，合力攻坚，共同帮扶。针对蜜蜂养殖产业的特点，结合低收入户家庭和亲友的劳动能力，分别制定了自养、寄养、打工三种模式。

（二）强力推进环保督查整治活动。按照区委、区政府的部署，开展了全方位、无盲区进行拉网式自查自纠，下大力量拆除了与遵化交界处五家搅拌站、两家选料厂，拆除了多年的环保隐患。中央环保督查组进驻后，无一家环保信访举报。在环保督查回头看过程中，对全乡的“散乱污”企业全部实行“两断三清”。同时，按照网格化管理原则，明确包村干部、包片领导、综合执法三级巡查机制，确保散乱污企业不反弹、不复工。

（三）强力推进矛盾纠纷大化解活动。坚持化解为先、化解为王的原则，全面开展矛盾纠纷大排查、大化解工作。通过排查汇总梳理，对邻里纠纷、土地纠纷、涉法涉诉、反映村干部等类矛盾问题，分别成立村干部调解组、职能部门调解组、律师团调解组、纪委解决组等四个工作组，有针对性开展工作。乡党委政府自己排查的36件矛盾纠纷，已经

有30件得到妥善化解，有力保持了全乡满汉群众的稳定，无一例进京津非正常上访。

（四）强力推进土地改革试点活动。目前，13个村，涉及宅基地共计2245宗，宅基地地上房屋确权登记发证工作进展顺利，一次公告宅基地938宗，二次公告41宗。全乡涉及6个村19宗外来户宅基地使用收费84091.5元已经全面完成。按照压茬推进、应发尽发的原则，全乡确权登记发证工作已全面完成。

三、坚持亲商、重商和促企增效，抓好招商引资

（一）发展注册经济，在金鼎商务中心、兴华商务中心，设立专门招商板块，组建三支专业队伍，深入到北京、天津滨海新区和河北唐山招商引资，大力引进注册经济和企业。

（二）引进实体企业，依托核桃产业、蜜蜂产业的良好发展基础，积极引进核桃油加工、核桃粉加工、蜂蜜加工、蜜蜂园建设、满族特色旅游建设等方面的企业。目前，投资1000万元的天津核胜食品有限公司和投资800万元的天津爱益乐蜂科技发展公司已经建成投产。金元宝旅游公司投资6000万元的包装荣山旅游村。

（撰稿：王海洋　审稿：苏玮）

河北省

河北省50个民族乡（镇）共有651个行政村。其中647个村通公路、566个村通自来水，分别占行政村总数的99.39%、86.94%，全部通邮、通电、通电话；行政区划面积5109.3平方公里，占河北省总面积的2.72%，总人口90万人，其中少数民族人口35万人，占全省少数民族总人口的9.52%。

全省民族乡（镇）企业快速发展，总产值790.19亿元，较上年增长38.38%；企业从业人员12.29万人，较上年增长16.59%；企业年净利润总额62.8亿元，较上年增长21.62%。

农林牧渔业总产值95.3亿元，较上年增长5.28%，粮食产量55万吨，肉类产量123万吨。农作物总播种面积146.5万亩，其中粮食总播种面积113.8万亩。农民专业合作社1222个，合作社成员18694户。

全省民族乡（镇）财政收入大幅增加，公共财政收入13.1亿元，较上年增长44.14%，其中滦平县小营满族乡完成财政收入4.6亿万元，人均财政收入为30391元，居全省50个民族乡（镇）之首。财政支出8.8亿元，较上年增长31.23%。

农民人均可支配收入为9361元，较上年增长5.93%，是全省平均水平（全省为12881元）的72.67%，比去年下降1.47个百分点。农民人均纯收入最高的是石家庄市藁城区九门回族乡，为16400元。

全省民族乡（镇）共有学校269所，在校学生73113人，教师5400人；图书馆、文化站102个，村文化活动室626个；医院、卫生院（所）63个，医务人员777人，病床1558张；村卫生室796个，卫生人员910人，医生与病床数倒置问题基本得到解决。

（撰稿：靳磊　审稿：陈泽辉）

内蒙古自治区

促进民族乡经济文化等事业的发展，保障少数民族的合法权益，增强民族团结是内蒙古开展民族乡工作基本准则。

一、内蒙古自治区民族乡经济社会发展现状

内蒙古自治区现有民族乡 18 个，主要分布在内蒙古自治区的呼伦贝尔市、兴安盟、赤峰市和乌兰察布市。18 个民族乡中鄂温克族民族乡 7 个，满族民族乡 4 个，达斡尔族民族乡 2 个，鄂伦春族、朝鲜族、回族、俄罗斯族、达斡尔族与鄂温克族联合乡各 1 个。

18 个民族乡地区面积共计 27633.04 平方公里，约占我区土地面积的 2.34%；人口总数为 201374 人，约占我区人口总数的 0.83%；少数民族人口为 69597 人，约占全区少数民族人口的 1.38%；民族乡主体民族人口约 32365 人，约占全部民族乡少数民族人口的 46.5%。我区 18 个民族乡普遍具有以下两个特点：一是多民族聚居。大部分民族乡均由 10 个左右民族成分构成。各民族间和睦相处，不同民族间通婚比较普遍。二是地处偏远，交通不便。18 个民族乡中除阿荣旗新发朝鲜民族乡、额尔古纳市三河回族乡、根河市敖鲁古雅鄂温克民族乡、赤峰市松山区当铺地满族乡 4 个民族乡外，大部分民族乡远离干线公路和旗县政府所在地，莫力达瓦达斡尔族自治旗杜拉尔民族乡距 111 国道 60 公里，恩和俄罗斯族民族乡距额尔古纳市政府所在的拉布大林镇 168 公里。

18 个民族乡的经济社会事业有了长足发展，人民生活显著提高。民族乡抓住发展机遇，利用国家、自治区和盟市、旗县（市、区）政府对民族乡在项目安排和资金扶持上的优惠政策，大力改善农牧民生产生活的基础设施条件，文化、体育、广播电视事业快速发展，村村通工程基本完成；全面推进新型农村合作医疗，积极发展乡村医疗服务，社会事业不断完善。

二、贯彻落实民族工作会议精神及采取的政策举措

中央和自治区民族工作会议召开以来，内蒙古自治区各级政府认真贯彻会议精神，面对民族工作的新形势、新要求，全面贯彻落实党的民族政策。呼伦贝尔市、兴安盟、赤峰市、乌兰察布市及相关旗县（市、区）不断加强对民族乡的工作力度，加快推进民族乡经济社会发展和全面建成小康社会的步伐。

（一）采取有效措施，加快少数民族贫困人口脱贫步伐。民族乡按照自治区安排部署，结合实际，以增加民族乡贫困人口收入为核心，始终坚持“开发扶贫”和“精准扶贫”相结合，因村施策、因人施策，大力推进民族乡扶贫开发工作，通过实施整村推进、科技扶贫及扶持产业、就业发展、政府救助等带动和帮助贫困户脱贫致富，取得了较好的效果，脱贫人数逐年增加。

（二）凝神聚力支持和推进民族乡优势经济产业的发展。18 个民族乡因地制宜，大力发展肉牛、肉羊、奶牛、玉米、大豆、马铃薯、柞蚕、木耳等各具地方特色的支柱产业。畜牧业养殖向规模化、集约化、产业化迈进。积极发展设施农业，建立现代化农业园区，推广公司加基地加农户生产模式，带动农牧民发展生产，增加收入，农牧业基础地位进一步加强。如：阿荣旗新发朝鲜民族乡依托朝鲜族传统水稻种植优势，大力发展绿色水稻产业，推行“龙头企业+合作社+基地+农户”和企业自建基地等发展模式，并通过“绿色产业链”打造出“阿伦新米”、“笑顺稻”、“口粮田”等绿色大米品牌，形成了市场竞争力强的优势产业。

（三）积极保护和传承优秀民族文化。18 个民族乡大部分都建有民族乡博物馆。各民族乡积极开展民族语言传承工作，积极培养本民族语言教师，开展民族语言教学课程，推动各民族文化共同繁荣发展。有的民族乡还拥有自己的文化名片，如：阿荣旗新发朝鲜民族乡组建了朝鲜族专业文化团体；鄂温克民族乡在传统节日“瑟宾节”开展具有民族特色的文体活动；恩和俄罗斯民族乡的俄罗斯“巴斯克节”和俄罗斯族民间舞蹈列入自治区首批非物质文化遗产，使优秀少数民族传统文化得到了传承与保护。

（四）大力发展旅游业，促进各民族间开放和交流。一些民族乡依托乡域内丰富的自然资源和民族文化优势，积极发展文化旅游产业，促进民族乡群众转产增收。如：额尔古纳市恩和俄罗斯族民族乡通过扶持人口较少民族发展和特色村寨项目资金建设，依托俄罗斯族民俗风情积极发展俄罗斯家庭旅游项目，俄罗斯家庭游俨然成为了当地经济发展

的支柱产业。根河市聘请专家对敖鲁古雅乡进行总体规划，从民俗、旅游和建筑风格上再现“敖鲁古雅风情、驯鹿部落文化”特色，打造具有鄂温克民族风情的敖鲁古雅。

三、内蒙古自治区民族乡当前面临的主要困难和问题

18 个民族乡通过近几年的发展，经济社会都有了长足的提升。基础设施建设不断完善、生产生活条件不断提高、民族文化事业不断提升。虽然取得的成绩显而易见，但与全面建成小康社会的要求还有不可忽视的差距，主要存在以下困难和问题：

（一）民族乡综合实力不强，再生动力不足。18 个民族乡 4 个地处国贫旗市（县、区），10 个地处区贫旗市（县、区），自然条件相对恶劣、地理位置相对偏远、基础设施相对滞后、生产生活相对粗放、增收难度相对较大。市场经济条件下发展的理念落后和基础设施建设制约民族乡发展再生动力。

（二）民族乡多种成因沉积，发展水平不均。18 个民族乡由于自然、历史、区位和成因等诸多方面原因，各民族乡之间发展极其不均衡，发展短板随着民族乡经济社会加快发展集中显现。

（三）民族乡特色产业显雏形，支柱产业未形成。大部分民族乡特色产业过于集中在农牧业，农牧独大且产业化、市场化程度不高，农牧民增产增收渠道较窄。我区大部分民族乡工业基本是空白，服务业更是发展不足。缺少如云南丽江、江西婺源等这样围绕少数民族生产生活开展的文化旅游精品。缺乏资本投入、人才培养对这些特色优势产业和特色种养殖的支持，难以形成造福一方的特色支柱性产业。

（四）民族乡民族文化保护，文化传承投入不足。民族乡经济社会事业快速发展，群众生产生活水平不断提高，但民族乡的民族符号相对淡化，民族特点不够显目，少数民族优秀传统文化亟待保护。如莫力达瓦达斡尔族自治旗的杜拉尔鄂温克民族乡，当地鄂温克族，只有语言没有文字，众多民歌、传说都是口口相传、代代接续，随着城镇化脚步的加快，年轻的鄂温克人多外出打工、外出求学，文化传承人严重短缺，甚至一些年轻人已经不会讲本民族语言，这些民族的民歌、传说和传统文化亟待保护和传承。

四、对策及建议

（一）攻坚克难，坚决打赢民族乡脱贫攻坚战。中央和自治区党委关于打赢脱贫攻坚的决定，吹响了脱贫攻坚的冲锋号，由于历史和自然等原因，内蒙古自治区民族乡多为多民族杂居，且相对偏远的地区，贫困程度较深，按照习近平总书记关于“全面实现小康，一个民族都不能少”的指示要求，“十三五”期间，要进一步加大脱贫攻坚力度，脱贫工作实施中要优先考虑安排民族乡贫困群众。建议国家进一步加大对这些地区，特别是贫困地区的一般性转移支付力度，减免其重大项目、重大工程的配套资金比例，进一步加快民族乡全面建设小康社会步伐。

（二）同心助力，改善民族乡基础设施短板。民族乡多为基础差、底子薄、历史欠账多的现状。贫困人口集中的民族乡多处在自然环境恶劣，生态环境脆弱，基础设施陈旧，生产技术落后，经济结构单一，依然处在靠天吃饭，广种薄收的状况，且交通、就业、上学、取暖等因素造成生活成本大幅上升，同时相应的生产生活等各方面都需要加大投入，导致农牧民群众的实际可支配收入增长缓慢，支出较大。建议国家加强政策顶层设计，强化民族乡增产增收的政策导向。建议国家进一步加大民族乡的基础设施投入，特别是道路交通设施建设的支持，把着力点放在与人民群众生产生活密切相关的项目上，帮助民族乡村经济加快发展。

（三）传承保护，加强民族特色人才培养。民族乡少数民族群众由于其长期处于获得能力较低的实际现状，与时俱进的发展意识又极为被动，优秀的民族传统文化如何创新发展，如何传承保护，如何在“大众创业、万众创新”这样一个大背景下焕发青春，既需要资金支持，更需要文化人才队伍建设。建议从国家层面给予政策支持，特别是对民族乡年轻民族文化传承人的培育方面，给予更多走出去，学进去，使新一代较少民族群众不仅精通本民族文化精髓，更懂得未来文化发展方向。建设一批少数民族非物质文化遗产生产性保护示范基地，以便于传承保护民族乡少数民族传统的生产生活习惯，通过创新发展、继承发展，使民族文化精髓，

进行商业化文化创新工程。

（四）绿色发展，加强民族乡生态保护和建设。“绿色是内蒙古的底色和价值，生态是内蒙古的责任和潜力”。民族乡多地处生态脆弱区，且靠天吃饭的现状仍未得到根本性改变。建议国家强化民族乡增产增收的政策导向，进一步健全生态补偿机制，增强内蒙古自治区生态安全屏障功能，增加生态补偿一般性转移支付，使民族乡守着绿水青山，也不丢掉金山银山。

（撰稿：李日树 审稿：云冰）

辽宁省

2017 年，辽宁省有 54 个民族乡，其中：满族乡 38 个，蒙古族乡 9 个，朝鲜族乡 2 个，民族联合乡 5 个。民族乡行政区划总面积为 7359.16 平方公里，年末总人口达到 88.1 万人，其中少数民族人口达到 49.9 万人，占民族乡总人口的 56.6%。

2017 年，全省民族乡镇经济社会得到进一步发展，基础设施不断改善，人民生活水平不断提高。全省民族乡共有 510 个村民委员会，已通自来水的村有 354 个，占 69.4%；510 个村全部通公路、通电、通邮、通电话。

2017 年，全省民族乡乡镇企业从业人员 46678 人，乡镇企业总产值 249.8 亿元，其中工业总产值 154.8 亿元，乡镇企业年净利润总额 14.1 亿元。

2017 年，全省民族乡农作物总播种面积 245.8 万亩，其中粮食播种面积 180.2 亩。2017 年，民族乡粮食产量 84.5 万吨，肉类总产量达到 24.2 万吨。民族乡实现农林牧渔业总产值 111.7 亿元。

2017 年，全省民族乡财政收入为 7.3 亿元，财政支出为 6.6 亿元；农民人均纯收入达到 10234 元。全省共有农民合作社 1731 个，合作社成员 3.6 万户，农业技术服务机构 175 个，农技机构从业人员 542 位。

2017 年，全省民族乡共有学校 213 所，在校学生总数 5.3 万人，教师总数 5657 人；图书馆 32 个，文化站 54 个，村文化活动室 481 个。医疗卫生机构 669 个，其中医院 26 个，卫生院 49 个，卫生人员 1521 人，病床 1880 张，村卫生室 602 个。

（撰稿：赵经纬 审稿：赵瑞）

吉林省

一、全省民族乡（镇）经济发展

2017 年底，全省有民族乡（镇）33 个，其中：村民委民会 395 个。民族乡（镇）总人口数 61.86 万人，其中少数民族人口 18.7 万人，少数民族人口占人口的 30.2%。财政收入 8.13 亿元，财政支出 7.93 亿元。

（一）乡镇企业生产稳步增长

2017 年，全省民族乡镇企业实现总值 290.8 亿元，比上年增长 7.4%，其中，工业企业实现工业总产值 178.8 亿元，比上年增长 13.0%；工业总产值占民族乡镇企业总产值的 61.5%。乡镇企业全年实现净利润 25.7 亿元，比上年增长 9.8%。从业人员达 4.43 万人。

（二）农业生产发展平稳

2017 年，全省民族乡镇实现农林牧渔业总产值 81.7 亿元，比上年增长 4.6%；农作物总播种面积 267.9 万亩，其中粮食播种面积 236.1 万亩。粮食总产量达到 142.3 万吨，肉类总产量 9.6 万吨。

（三）农业生产条件有所改善

2017 年，全省民族乡镇农民合作社个数 1773 个，农民合作社成员数 31442 户，农业技术服务机构个数 110 个，农业技术服务机构从业人数 5124 人。

（四）人民生活水平进一步改善

2017 年，全省民族乡镇农民人均纯收入 10888 元，比上年增长 7.1%。全省 395 个民族乡镇全部通电、通邮、通电话，391 个民族乡镇通公路，330 个民族乡镇通自来水。

二、全省民族乡社会发展

2017 年，全省民族乡（镇）拥有各类学校 129 个，在校学生 3.25 万人，教师 4580 人。图书馆 101 个，文化站 53 个，村文化活动室 394 个。医院 5 个，卫生院 36 个，拥有医生 579 人，拥有病床 823 张。村卫生室 408 个，拥有医生 568 人。

（撰稿：孟祥超　审稿：田永亮）

黑龙江省

一、黑龙江省少数民族乡基本情况

黑龙江省现有 63 个少数民族乡（镇），包括 52 个少数民族乡和 11 个少数民族建制镇。占全省乡镇数量的 7.5%。民族乡（镇）总人口 97.1 万人，其中，少数民族人口 40.5 万人，占少数民族乡镇总人口的 42%。

2017 年，黑龙江省 63 个少数民族乡镇完成地区生产总值 277.03 亿元，比上年增长 7.4%，比 2012 年增长 44%。农村居民人均可支配收入达到 14521 元，比上年增长 5.3%，民族乡镇经济运行总体呈现“总体平稳、稳中有进”的局面。

二、黑龙江省少数民族乡经济发展情况

近年来，为帮助少数民族乡镇摆脱当前的经济发展困境，省市有关部门和各级地方政府通过多项措施齐抓并举、花大力气做好少数民族地区的发展建设工作，并已初步取得成效。

1. 特色产业优势明显。黑龙江省少数民族乡镇在优化一产结构上，以大力发展特色种养殖业为抓手，在水稻种植、食用菌栽培、特色养殖等方面都形成了优势产业，确保农民收入增加。

2. 产业结构逐年优化。在加快民族乡镇经济增长方面，黑龙江省以产业结构优化为突破口，实现少数民族群众快速致富为出发点，全力推动民族乡镇产业结构向“固一产、促二产、强三产”的方向迈进，经过几年的政策性引导和结构性调整，三产比重已经逐步调整为 46∶38∶16，一产占比减小，二、三产业占比提高，仍有进一步优化空间。

3. 旅游业快速发展。旅游业正在成为民族地区经济发展的快速增长点，2017 年全省少数民族地区共计 40 个 A 级以上景区，其中 5A 级 1 个、4A 级 11 个、3A 级 11 个、2A 级 16 个、A 级 1 个，民族旅游收入突破三亿元，且仍存在极大的上升空间，民族旅游收入仍有非常大的潜力待挖掘。

4. 工业化进程不断加快。少数民族乡镇以开发利用自身在土地、矿产、劳动力和血缘关系等方面的比较优势为着力点，积极对外开展招商引资，不断推动工业大项目落地，实现资本、土地和劳动力等生产要素的优化重组，促进民族乡镇工业经济快速发展。

5. 第三产业兴旺蓬勃。黑龙江省少数民族乡镇在发展劳务经济、旅游产业、传统文化开发利用等环节上加快发展步伐。一方面大力开展农村剩余劳动力的转移工作，向国内沿海发达地方和韩国等国外发达地区输出劳务。另一方面充分发挥少数民族地区民俗资源富集、风情浓郁、自然风光优美的资源优势和良好现代农业基础，大力发展山水风光游、民俗风情游、生态度假游、农业科技示范观光游、“渔家乐”民俗游和民族手工艺品制作等产业项目，取得了良好的经济效益。

6. 基础设施条件日益改善。在推动民族乡镇发展方面，黑龙江省以加强基础设施建设为着力点，逐年加大投入，不断改善农村人居环境和生产生活条件。加大健康卫生状况改善力度和县、乡、村三级医疗卫生保障能力建设，截至 2017 年，全省 63

个民族乡镇建有 69 个乡镇卫生院，实现了一乡一院，所有民族乡全部实现通电、通网、通邮、通车和安全饮水。

三、当前民族乡经济社会发展面临的主要问题

1. 农村经济实力薄弱，乡镇企业和非公经济发展不够。乡村工业规模小、水平低，发展后劲不足，农村经济基础薄弱，农民家庭收入渠道狭窄，城镇化进程缓慢。

2. 产业结构单一，生产经营规模小，生产效率低。种植管理粗放，难以形成规模效益，直接影响了农民的收入。

3. 农民整体素质较低，不能适应农业产业化、现代化的要求，具有一定文化基础和劳动技能的青壮劳动力都外出打工，留守村中大部分是老弱病幼。

4. 思想观念陈旧，习惯于传统农业，对现代效益农业接受程度低。缺乏市场信息，怕担风险，不敢放开手脚进行结构调整。或调整规模较小，技术含量不高，影响了农业产业化、现代化程度的进一步提升。

四、加快民族乡经济社会发展的对策建议

1. 进一步完善扶持民族乡发展的各项政策措施，加大民族乡扶贫开发工作的力度，在投入资金扶持经济的同时，也给予文化、环境等方面的政策倾斜，推动经济社会各项事业协调发展、共同进步。

2. 创新发展地方经济、积极拓宽增收渠道。以增加少数民族农民收入为目标，因地制宜，调整农业结构，发展特色农业，利用优势资源发展当地经济，大力发展民族特色产业，形成新的亮点和增长点。

3. 促进劳动力向二三产业转移，增加农民收入，加大少数民族群众的职业技能培训，鼓励引导剩余劳动力外出打工经商，通过劳务输出增加农民收入。

4. 强化“三农”服务，扶持优势产业，发展特色产业，在政策、资金、项目、技术、人才等方面向民族乡倾斜，促进民族乡的发展。

5. 继续推进发展民族乡科教事业，改善农村人口素质，提高劳动技能。建设农业实用技术和扶贫开发示范工程项目，健全农业科技推广服务组织，动员和鼓励农业科技人员深入农村基层，普及和传授农业科技知识，推广农业实用技术。实现科技兴农，科技致富。

6. 培养本乡本土的致富带头人。人才是做好民族工作的关键，一方面留住能人，一方面培养能人。通过优惠的政策和灵活多样的措施，帮助少数民族和民族地区培养更多的经营管理、专业技术、技能型人才和农村适用技术人才。

7. 加强少数民族干部队伍梯队建设，创造良好的用人机制和环境，充实壮大少数民族地区干部人才队伍，积极鼓励支持和吸引各类人才到民族地区创业发展。

（撰稿：张泽坤　审稿：倪晓岩）

江苏省

2017 年，是高邮市菱塘回族乡新一届政府履职的第一年。作为江苏省唯一的一个民族乡，在乡党委的坚强领导下，团结和依靠全乡人民，自觉践行新发展理念，该乡坚持“稳中求进”工作总基调，扎实推进“两聚一高”，统筹做好改革发展稳定工作，较好地完成了乡十九届人大一次会议确定的各项目标任务。

一、以创新驱动为引领，发展活力得到新提升

（一）聚合发展动能，主要经济不断向好。全年实现：GDP38.18 亿元，同比增长 8%；财政收入 2.23 亿元，占全年目标 109.5%，同比增长 14.7%；公共预算收入 1.14 亿元，占全年目标 110.1%，同比增长 23.4%；固定资产投资 42 亿元，占全年目标

100%，同比增长 15%；农民人均纯收入 3.12 万元，同比增长 9%。

（二）聚焦优质产业，重大项目不断推进。舞动项目龙头，紧盯优质资源，以优质项目带动产业转型升级。全年新开工 5 亿元项目 1 个；亿元项目 4 个，占全年目标 133%；5000 万元项目 3 个，占全年目标 100%。竣工 5 亿元项目 1 个，超额完成目标；亿元项目 3 个，占全年目标 100%；5000 万元项目 5 个，占全年目标 250%；入库重大产业项目当年完成投资 8.55 亿元，占全年目标 103%。

（三）聚力招商引资，开放步伐不断加快。围绕产业发展方向，组织赴长三角、珠三角、京津冀等地区开展招商活动，并在南京、杭州等城市举办乡贤恳谈会。全年注册个体户 229 户，占全年目标 152.7%；注册私营企业 162 家，占全年目标 180%；个转私 13 个，占全年目标 100%；注册外资实际到账 450 万美元，占全年目标 150%。

（四）聚集资源要素，创新活力不断彰显。新增高新技术企业申报数 6 家，占全年目标 120%；省级高新技术产品 19 个，占全年目标 126%；专利申请 400 件，占全年目标 105%；新增市级以上研发机构 3 个，占全年目标 300%；技术开发合同 4 个，占全年目标 133%；技术开发合同额 1253 万元，占全年目标 201%。出台了企业家培育三年行动计划，着力打造“五心”企业家队伍。引进创业创新领军人才和优秀博士人才 3 名。新增省级研究生工作站 2 家。

二、以质量效益为导向，产业水平得到新提升

（一）工业经济加快提质，支柱产业不断增长。工业开票销售 51.63 亿元，占全年目标 100.3%，同比增长 12.3%；工业入库税收 1.58 亿元，占全年目标 103.3%，同比增长 11.4%；新进规模以上企业 6 家。电线电缆重点企业带动效果明显，实现电线电缆产业开票销售 35.9 亿元，占全部工业开票销售 69.7%，同比增长 12.6%；入库税收 8040 万元，同比增长 36%，占全部工业入库税收 52.5%。曙光公司获批全国品牌培育试点企业，红旗公司获评全国机械行业管理进步示范企业，中大公司获批省级企业技术中心。灯具照明产业增速创近年新高，实现开票销售 14.8 亿元，占全部工业开票销售 28.7%，同比增长 182%；入库税收 3370 万元，同比增长 66%，占全部工业入库税收 22%。龙腾集团获批全国品牌培育试点企业，龙腾院士工作站被评为 2017 年度全国示范院士专家工作站。

（二）现代农业加力推进，产业体系不断健全。实现农业增加值 2.9 亿元，同比增长 4%；积极组织农业龙头企业外出参展推介，新增扬州市农业龙头企业 1 家；创成扬州市级农业产业园区 1 个；“三资”投农实际到账资金 9160 万元。全面推行农产品质量安全“三定一考核”网格化监管，蔬菜速检常态化开展。大力发展农村电子商务，各村建立了益农信息社，全年网上销售农产品近 4000 万元，湖畔水产专业合作社创成扬州市电子商务示范企业。菱塘村创成省“一村一品一店”示范村，高庙村农业开发项目通过高邮、扬州验收，王姚村生态农业基地项目已开工建设。高邮湖大闸蟹养殖精品园创成全国休闲渔业示范基地。

（三）建筑产业加添亮点，内外市场不断拓展。全年实现建筑业产值 60 亿元，占全年目标 122%，同比增长 22.4%。建筑施工面积 200 万平方米，占全年目标 114%，同比增长 11.7%。大力实施产业发展规划，推进建筑产业转型升级，引导优质建筑企业发挥示范带头作用，整合资源抱团发展。新增一级建造师 12 个、二级建造师 16 个，新增国外市场 1000 多万美元项目 1 个，获得扬州市优质工程 5 个。瑞沃集团被评为省建筑业优秀企业和省建筑业 50 强企业。

（四）服务产业加速发展，民族旅游不断增色。全年实现服务业增加值 7.25 亿元，占全年目标 100.7%，同比增长 12.7%。新增服务业限上法人企业 1 家。出台了推进全域旅游发展新一轮三年行动计划。湖天新月展馆对外开放，乔登江院士事迹展览馆正在推进之中。成功举办第二届江苏菱塘民族旅游美食节，承办了第二届高邮湖大闸蟹旅游美食节菱塘分会场活动和 2017 扬州马拉松自行车骑行活动。获评第七届中国（江苏）国际餐饮博览会优秀组织单位，被明确为同程旅游十大口碑好评旅游目的地和扬州市最佳马拉松自行车骑行乡村驿站。

三、以生态宜居为特色，镇村建设得到新提升

（一）专项工程有力推进，生态文明建设不断见效。积极开展“263”专项行动，着力推进江淮生态大走廊建设。全面落实河长制，河长制办公室进入实质性运营。开展高邮湖和市乡级河道水环境污染综合治理，完成高邮湖菱塘域内退网任务 3276 亩。在全市率先开展垃圾分类回收试点，建设站台式垃圾分类投放亭 10 座。实施重点企业挥发性有机物综合治理和“十小”企业清查取缔专项行动，整治燃煤锅炉 7 台。利用风力和太阳能发电 1.01 亿度，节约标准煤约 10.3 万吨，CO_2减排 10 吨左右。新增成片造林面积 512 亩，完成更新造林面积 161 亩。规模化畜禽养殖场粪污无害化处理率达 98%。秸秆禁烧禁抛、还田和综合利用工作取得新进展。农村环境长效管护继续保持全市先进。省生态文明建设示范乡镇创建工作通过验收。

（二）特色工程有效推进，镇村融合发展不断加强。“412”工程明确的 48 项任务，已完成 31 项，待验收 2 项，方案调整 4 项，其余 11 项正在落实之中。民族风情小镇创建扎实推进，已被列为省旅游风情小镇培育单位和扬州市级特色小镇创建单位。按照高邮“一图三表”要求，坚持“多规合一”，完善功能区划。先后与多家公司进行多轮洽谈，正在遴选“一体化”推进规划、投资、建设、运营、管理的实施主体。

（三）重点工程有序推进，美丽乡村建设不断升级。有效实施集镇小区设施配套、集镇道路改造提升、集镇不淹不涝等工程。民族大道二期、南北大道、纬五路和中大路绿化工程高标准完成。东外环路、盛庄路改造工程正在进行。全乡防汛项目一期工程顺利完工，小堰塘渔港项目得到推进，高标准基本农田项目启动实施，20.8 公里环湖大道路面黑色化项目全面完成。新建天然气主管道 25 公里，完成工业用天然气主管道铺设，部分企业和居民用上了天然气。实施农村公路提档升级 6.5 公里。S333 西延菱塘段已完成前期相关手续。S611 西延工程完成初步设计评审，正在进行施工图设计。改造危房 29 户，发放危房改造补助资金 43 万元。王姚、骑龙、龚家完成改厕任务，全乡改厕普及率达 99%。

四、以惠民利民为根本，幸福指数得到新提升

（一）立足普惠均衡，社会保障不断完善。坚持应保尽保、按标施保，发放城市低保金 4.88 万元、农村低保金 162.93 万元、五保供养金 57.81 万元。五保老人顺利搬迁入住新建的民族敬老院。做好“一门受理、社会救助”工作，共救助 45 人次。共发放慰问资金 58.18 万元，受惠群众 1550 人次。落实孤儿保障政策，开展了“爱心妈妈”结对帮扶活动。认真组织“四创双拥模范乡镇”，加强优抚对象自然增长机制落实，发放“光荣人家”牌 703 户。菱塘和龚家 3A 级和曙光社区 4A 级居家养老服务站通过第三方评估。菱塘村创成省创业型村。研究出台落实全乡贫困家庭精准帮扶“3+N”工作的实施意见，全面实行“一户一策”，分别从就业、医疗、教育、住房、生活保障、资金慰问等多个方面“量身定制”具体帮扶方案，全乡 15 户最贫困家庭、20 户比较贫困家庭和 178 户一般贫困家庭帮扶工作得到有力推进，按既定目标完成脱贫任务。动态做好严重精神障碍患者免费服药和帮扶工作。

（二）优化公共服务，社会事业不断进步。2017 年，菱塘乡被评为全国社区教育示范乡镇。民族中专创成省高水平示范性电线电缆制造实训基地，获得省创业大赛总决赛二等奖；民族初中中考再创佳绩，创成扬州市教科研四星级学校；回民实小被命名为全国国防教育特色学校和省健康促进银奖学校，成为省少儿《红楼梦》研学基地；回民幼儿园顺利通过省优质园复评。广泛开展健康宣传，开展专家义诊活动，做好病媒生物防制。积极开展健康主题知识竞赛、心理辅导讲座、广场舞大赛等活动。对照省健康镇创建标准，在全市率先创成省健康镇。文化体育站、卫生院、光明公司分别创成省健康机关、健康医院、健康企业，菱塘村、龚家村创成省健康村。

（三）维护和谐大局，民族团结不断巩固。积极做好少数民族扶贫工作，抓好民族优惠政策的落实，不断丰富民族团结创建内容。开辟“少数民族之家”阵地，举办“民族一家亲”“同心建菱塘”文艺演出，承办 2017 江苏菱塘“光明杯”民族体育项目邀请赛，组织参加 2017 年江苏省“红石榴杯”民

族体育运动会，邀请上海徐汇区民族联医卫分会来菱开展义诊服务活动。邀请省民委领导来菱进行民族宗教政策专题讲座，统筹开展回民三大传统节日活动，实施好普胤禅寺公厕建设、古张灯寺概念性规划设计。

（四）彰显公平正义，社会治理不断创新。深入开展安全生产大排查大整治，培训企业法人及安全员1100多人次，新创安全生产三级标准化企业8家，关闭非法违规加油站（点）5家，开展食品摊贩发证、农家宴备案、农产品快速检验、食品卫生安全大检查等工作，全乡安全形势平稳可控。高质量超额完成征兵工作，被扬州市政府、扬州军分区联合表彰为征兵工作先进单位。深入开展“雷霆行动”、反电信诈骗等专项行动，在全市率先建成大数据勤务指挥中心。派出所被公安部命名为“一级派出所”。深入开展社会矛盾大排查大整治，创新村级政法队伍“1+1”模式，注册成立第三方调解社会组织“一家亲调解服务中心”。新增10只监控探头，主要道路口监控全覆盖。全面开展系列平安创建，创成省反邪教示范乡镇。曙光社区被评为省和谐社区建设示范社区，文昌社区创成省民主法治示范社区。

五、以为民服务为宗旨，自身建设得到新提升

（一）坚持依法行政，法治意识不断增强。坚持依法行政，重大事项决策和重要政策出台均咨询法律顾问意见。自觉接受乡人大监督，广泛听取社会各界意见，按照“代表建议件件答复、民生焦点事事关注、发展措施项项靠实”的要求，认真答复和办理好代表在乡第十九届人民代表大会第一次会议和第二次会议期间提出的42条建议。目前，所有建议均已进行二次答复办理，满意率100%。

（二）坚持高效理政，行政效能不断提高。项目化推进政府重点工作，坚持分管负责人月度汇报交流工作制度。充分利用政府门户网站、官方微信等平台，推进政务公开。坚持民生导向，充分发挥“12345”政府服务热线、市长信箱等作用，着力解决群众反映的热点难点问题，政府行政能力和服务水平进一步提高。深入开展“三服务”工作，帮助企业办理事项77件，收集民生诉求16件、解决率100%。

（三）坚持从严治政，能力作风不断强化。深入学习贯彻党的十九大精神，自觉用习近平新时代中国特色社会主义思想武装头脑、指导实践、推动工作。广泛开展大走访活动，收集了一批意见，领办了一批实事，拉近了干群距离，增进了干群关系。严格落实中央“八项规定”精神，加大行政监察和审计监督力度，核减工程造价200万元。开展系列廉政教育活动，保持了廉洁为民的良好从政氛围。

（撰稿：洪静　审稿：鲍蜀生）

浙江省

浙江省世居少数民族以农村畲族为主，具有大分散、小聚居的特点。全省有18个民族乡（镇），均为畲族乡（镇），分布在杭州市、温州市、金华市、衢州市和丽水市的13个县（市、区），它们是：杭州市桐庐县的莪山畲族乡，温州市平阳县的青街畲族乡，苍南县的岱岭畲族乡、凤阳畲族乡，文成县的西坑畲族镇、周山畲族乡，泰顺县的司前畲族镇、竹里畲族乡，金华市武义县的柳城畲族镇，兰溪市的水亭畲族乡，衢州市龙游县的沐尘畲族乡，丽水市莲都区的老竹畲族镇、丽新畲族乡，龙泉市的竹垟畲族乡，云和县的雾溪畲族乡、安溪畲族乡，遂昌县的三仁畲族乡，松阳县的板桥畲族乡。截至2017年底，全省民族乡（镇）总人口数为188396人，其中少数民族人口41174人，占人口总数的21.86%。行政区划总面积1156.52平方公里，共辖213个行政村。民族乡（镇）主要分布浙南或浙西南，一般地理位置较偏，一半左右的民族乡（镇）离县城有30至50公里路程。18个民族乡（镇）中有16个是我省的革命老区乡镇，其中有10个曾被列入全省211个重点扶持的欠发达乡镇、或省重点欠发达县

特别扶持计划范围。

浙江省民族乡（镇）经济发展"赶趟"步子稳健。18 个民族乡（镇）地区生产总值为 103.93 亿元，财政总收入为 4.72 亿元，增幅均在 10%以上。18 个民族乡（镇）人均可支配收入达到 15935 元，同比增长 15.33%，其中少数民族人均可支配收入为 15094 元，同比增长 16.05%。其中，有 5 个乡（镇）农民人均可支配收入突破 2 万元。

（撰稿：潘晶　审稿：潘友明）

安徽省

安徽省现有 9 个民族乡（肥东县牌坊回族满族乡、五河县临北回族乡、颍上县赛涧回族乡、凤台县李冲回族乡、寿县陶店回族乡、淮南市谢家集区孤堆回族乡、淮南市潘集区古沟回族乡、定远县二龙回族乡、宁国市云梯畲族乡），1 个回民农场和 1 个回民街道（皖河农场三益回民分场、亳州市谯城区花戏楼街道，均享受民族乡待遇）。2017 年，全省各民族乡深入学习贯彻党的十九大精神和习近平总书记视察安徽重要讲话精神，以习近平新时代中国特色社会主义思想为指引，以改革创新有效推动少数民族和民族聚居地区加快发展，以精准发力切实推进少数民族和民族聚居地区脱贫攻坚，全省少数民族和民族聚居地区同步全面建成小康社会事业取得新进展。2017 年，全省 9 个民族乡建档立卡贫困户累计 3376 户 10247 人实现脱贫，分别占总数的 73.5%和 77.5%。经济运行平稳，农民人均可支配收入 14705 万元，比上年增长 12.5%，农林牧渔业总产值 18.5 亿元，比上年增长 16.3%。财政收支运行平稳，公共财政收入完成 1.5 亿元，比上年增收 0.61 亿元，增长 70%，公共财政支出 1.77 亿元，增支 0.58 亿元，比上年增长 48.5%，实现均衡支付，较好的完成了预定目标。

一、坚持精准扶贫，脱贫攻坚取得新成就

民族乡深入贯彻落实中央和省市县关于脱贫攻坚决策部署要求，坚持精准施策，扎实推进脱贫攻坚工作。一是强化领导，压实责任。潘集区古沟回族乡积极做好与有关领导和定点帮扶单位的对接工作，安排乡村干部 143 人与全乡贫困户结成对子，采取"一对一、多对一"模式强化精准帮扶。淮南市检察院、人防办分别向古沟、新河两个贫困村派驻了驻村扶贫工作队，由副县级干部担任村党组织第一书记兼扶贫工作队队长。其他各村配齐配强村级扶贫工作队，扶贫专干选聘到位，明确了工作内容和工作职责，并与各村签订脱贫攻坚责任状，形成了一级抓一级，层层抓落实的工作格局。二是精准识别，落实政策。颍上县赛涧回族乡深入实施脱贫攻坚十大工程，全乡建档立卡贫困户实现产业扶贫全覆盖，共投入各类扶贫资金 672.3 万元，投入小额信贷资金 2025 万元，带动 253 户贫困户脱贫致富，48 户危房得到改造，291 户享受到教育扶贫，289 人因病致贫困难群众得到医疗救助，年度脱贫目标顺利完成。三是突出产业，夯实基础。寿县陶店回族乡贫困户个人发展产业 577 户，兑现奖补资金 62.5 万元，实现村级集体经济年收入均超 10 万元。谢家集区孤堆回族乡积极实施"种养殖大户+贫困户、合作社+贫困户"等入资入股的合作方式，加大产业扶贫力度。2017 年，建成杨岗村蔬菜基地大棚 16 个，受益贫困户 183 户，年均增加收入 300 元；注资 22 万元到玉兰粮油面粉加工企业，受益贫困户 10 户，年均增加收入 1000 元。

二、坚持加大投入，基础设施建设获得新进展

一是道路基础设施不断完善。定远县二龙回族乡争取上级民委、发改委、财政等部门资金 500 多万元，建设 11 条道路，共 8077 米。投入 886 万元新建宽 9 米、长 870 米东外环路 1 条，"白加黑"改造道路 2.8 公里，全面提升集镇范围道路标准。整合资金 170 多万元打通集镇所有断头路，全乡 113 个村民组全部修通宽 3.5 米至 5 米的水泥连接路，实现"组组通"水泥路全覆盖。二是水利建设步伐

不断加快。潘集区古沟回族乡实施了小型水利工程改造提升项目，涉及电灌站更新改造 1 座、顾高新河闸 1 座、排涝沟疏浚 6 条、塘坝扩挖 8 口；硬化祁古干渠中段长 998 米；对 2016 年渠道农田水利养护工程西四支渠西段维修 385 米。三是供电供水设施不断改造升级。寿县陶店回族乡完成陶店村到江黄高压线路改造，改扩建沿湖泵站 3 座，新增容量 69 千瓦。谢家集区孤堆回族乡利用小农水专项资金，完成了 8 口当家塘、6 座电站的技改工程建设。五河县临北回族乡投资 6 万元对宣滩村自来水进行管道改造和入户安装，覆盖 185 户，保证宣滩村群众饮水安全，还积极联系水利局、环保局对尤巷自来水厂和临北自来水厂进行检查和维护，确保供水质量。四是农田基本建设不断提质增效。定远县二龙回族乡争取财政部门农业综合开发项目和农委千亿亩粮食增产项目，共计投入 2000 多万元，先后实施了中汤村 4500 亩、岗镇村和小岗村双河片 7300 亩土地整平任务，极大方便农民群众耕作和土地流转，有力促进高效农业发展。

三、坚持特色产业，产业结构调整显现新成效

民族乡坚持以农民增收致富为目标，积极培育发展特色产业，大力实施产业结构调整。一是大力发展乡村旅游业。宁国市云梯畲族乡把乡村旅游作为全乡经济发展的重要支柱，推进全域旅游。全乡农家乐 45 家，床位 1300 余张。2017 年就新增农家乐 10 家，新增床位 400 余张，申创五星级农家乐 2 家、四星级农家乐 1 家、三星级农家乐 1 家。云梯花溪谷月季园完成规划设计，项目一期建设顺利，已完成近 300 亩种苗培育及园内月季园区、映山红区、红梅盆栽区种苗种植，项目落地初见成效。全乡累计接待游客 15 万人次以上，实现旅游收入 6000 余万元，千秋畲族村成功创建省级旅游示范村。二是大力提升传统农业。潘集区古沟回族乡小麦、水稻实现良种全覆盖，完成小麦专用品牌生产 200 亩，水稻专用品牌机插 1600 亩。聂圩、新河两村开展水稻生物防治近 2000 亩，新河村实施整村小麦赤霉病统防统治 2600 亩。利用农业开发项目，在新河村实施 2600 亩的土地深耕秸秆还田整村推进工作，有效的促进了全乡的秸秆禁烧和综合利用工作。三是大力推进现代农业。肥东县牌坊回族满族乡坚持一二三产深度融合，大力发展特色、高效、生态、休闲型都市农业。积极引进农业龙头企业，扩大绿色、有机、无公害农产品供给，促进产品变精品，提升农产品市场竞争力。积极推进“互联网+现代农业”发展模式，推动村级电子商务网点、物流配套全覆盖。全乡蔬菜种植面积已发展到逾 1.6 万亩，年产蔬菜 7 万多吨，产值近 2 亿元。

四、坚持民生为本，社会事业展现新风貌

民族乡坚持把保障和改善民生作为推进基本公共服务均等化，保证全体人民共享改革发展成果的重要途径。一是民族教育进一步发展。定远县二龙回族乡为民族学校争取 40 套廉租房工程项目，已完成二层混凝土浇筑，建成后将改善学校教师住宿条件。乡党委、政府坚持每年对全乡考取二本以上的大学生进行奖励慰问。2017 年全乡考取二本以上大学生 55 人，每人奖励慰问钱物 800 多元。同时，争取王贵伦慈善基金会等资助了 16 位贫困学生，资助金额每人 1000—3000 元。五河县临北回族乡临北中心校获得全县农村教学质量、内涵发展双第一的佳绩，临北中学夏玉桥老师获得中国好人荣誉称号。二是医疗卫生水平进一步提升。寿县陶店回族乡提高计划生育服务水平，有序实施全面两孩政策，大力加强基本公共卫生服务，改善中心医院条件，全面提升妇幼保健工作水平，在全县率先开展了家庭医生集中签约服务工作，使全乡因病致贫人口全部得到优质，高效的服务。三是群众文化生活进一步丰富。五河县临北回族乡建成 1 个省级农民文化乐园和 11 个农家书屋，扶持狮子舞、毽球及广场舞等群众喜爱的文化体育活动，举办送戏下乡 70 余场。潘集区古沟回族乡村民自发组建了业余文艺队伍，突出民族文艺特色，经常与周边乡镇、村庄开展文艺交流。四是社会保障进一步完善。肥东县牌坊回族满族乡及时兑现城镇低保金和农村低保金、伤残金、五保补助费；实施城乡居民合作医疗保障制度和大病救助活动，城乡居民合作医疗参合率达 100%；加大城乡居民社会养老保险宣传力度，全乡城乡居民社会养老保险参保率达 100%。

五、坚持共建共享，美丽乡村建设实现新突破

一是特色小镇持续推进。肥东县牌坊回族满族乡坚持“规划引领，彰显特色，连片推进，配套跟进”，与北京城建集团签订战略合作协议，完成特色小镇规划编制，民族餐饮展示馆、蹴球馆、回族民俗馆基本建成，着力构建宜居宜业，和谐秀美的民族特色小镇。定远县二龙回族乡被定远县确定为“特色小镇”建设单位，特色小镇整体规划设计已通过专家评审。二是三大革命全面实施。谢家集区孤堆回族乡积极推进农村垃圾、污水、厕所专项整治“三大革命”工作，全力开展“向垃圾宣战，建美丽家园”农村环境集中整治专项行动。全乡投入资金 120 余万元，出动人员 3800 余人次，累计清理陈年垃圾达 2600 余吨，拆除乱搭乱建、破损广告牌 58 处，清理疏浚沟渠 67 条，新增绿化面积 7600 平方，美化墙体近 6 万平方，基本实现了“三清两化”。推动城乡环卫一体化，实行保洁和垃圾清运社会化服务管理，实现所有自然村庄全覆盖并形成长效机制。加快改厕进度，全乡共拆除旱厕 31 座，新建改建乡政府驻地公厕 4 座，新建许桥村公厕 1 座。加大投入，完善制度，切实加强污水处理厂日常管护，保证正常运行，代表淮南市在全省“三大革命”检查中取得较好成绩。三是美丽乡村建设加速。宁国市云梯畲族乡加快云梯村集镇建成区整合整治和省级美丽乡村中心村建设，投入资金 500 余万元，集中力量完成了集镇乱搭乱建整治、吴潜文化广场、老街改造、特色路灯改造和污水管网延伸等项目，并在 2017 年 9 月顺利通过省级验收。推进毛坦村的宣城市美丽乡村中心村建设，完成毛章路 4.3 公里的拓宽改造，扩建毛坦村党群服务中心。继续发挥“村为主”机制作用，实行乡村干部联组责任制，建立农村环境常态化保洁机制，不断完善农村环卫基础设施，加强农村环境卫生整治、村旁屋边和乱搭乱建整治、十星清洁户评比等工作，全乡环境卫生面貌得到持续改善。

六、坚持巩固中华民族共同体，民族团结进步事业焕发新活力

民族乡牢牢把握“共同团结奋斗，共同繁荣发展”的主题，牢牢把握铸牢中华民族共同体意识，坚持以民族团结进步宣传月、民族团结进步创建活动等工作为载体，以多种形式营造宣传党的民族政策、促进民族团结进步的良好氛围，促进各民族交往交流交融，平等、团结、互助、和谐的社会主义新型民族关系不断发展。宁国市云梯畲族乡在千秋村继续推广畲族建筑风格，《畲乡志》初稿上报省方志部门审核。成功申报云梯村《望仙庵墓崖石刻群》为宣城市文物保护单位，云梯村中岭洞为宁国市文物保护单位。千秋畲族村成功申报红曲酒酿造工艺为省非遗保护项目，积极申报“中国传统村落”。成功举办以“民族一家亲、共迎十九大”为主题的摄影比赛、微信美图传、厨艺大赛等“畲乡三月三”系列活动，首次邀请新华社、人民日报和今日头条、腾讯网等媒体，获得广泛好评。宁国市云梯畲族乡被国家民委评为“全国民族团结进步创建示范单位”。潘集区古沟回族乡紧紧围绕“喜迎党的十九大，努力实现‘中华民族一家亲，同心共筑中国梦’”主题，大力开展民族团结进步宣传教育，共发放宣传单 4000 余份，悬挂横幅标语 200 余条。组织开展了开斋节慰问、座谈、扶贫助困等活动，有力的促进了民族团结。寿县陶店回族乡始终把加强统一战线、民族团结、维护社会稳定、发展民族经济，作为各项工作的出发点和落脚点。把统一战线和民族宗教工作纳入全年重要议事日程，全面贯彻《安徽省民族工作条例》，广泛宣传“两个共同”、“三个离不开”思想，促进各族群众相互尊重、和谐共处。

（撰稿：张正喆　审核：陆友勤）

福建省

2017 年，认真学习习近平新时代中国特色社会主义思想和党的十九大精神，在福建省委省政府的

正确领导下，各级各有关部门认真按照中央的决策部署，凝心聚力，多措并举，主动作为，推动全省民族乡村经济持续发展，社会事业不断进步。

一、民族乡村基本情况

福建省有 19 个民族乡，其中 18 个畲族乡，1 个回族乡。2017 年，全省民族乡总人口 45.63 万人，其中少数民族人口 14.50 万人，占 31.8%。民族乡所辖民族行政村通邮、通电、通路、通电话率达 100%，通自来水率为 97.5%。

2017 年，民族乡经济总量持续增长，其中公共财政收入 50864.19 万元，同比增长 10.9%；乡镇企业总产值 366.08 亿元，乡镇企业年净利润总额 14.75 亿元，同比分别增长 41.4%和 25.3%；农林牧渔业总产值为 46.15 亿元，同比增长 16.8%。

二、多措并举主动作为，推进民族经济持续发展

1. 民族乡村特色优势产业发展不断壮大。全省民族乡村根据实际情况，不断发展现代农业、农副产品加工业、民族手工业、旅游业等特色产业，鼓励发展农民合作组织，促进少数民族群众就业增收。2017 年，全省民族乡共建立农民合作社 643 个，拥有成员 11409 人，成员同比增长 17.7%；省级少数民族补助资金和中央少数民族发展资金均重点用于支持 23 个省级扶贫开发工作重点县中的 148 个民族村和 23 个少数民族贫困村的发展。三明市青水畲族乡、福州市霍口畲族乡和漳州华安县官畲村等 20 个民族乡村旅游产业蓬勃发展，登上了“清新福建”2017 新晋品牌红榜。据统计，2017 年全省 19 个民族乡农民人均纯收入达 15306 元，同比增长 9.2%。

2. 民族乡村群众生产生活条件不断改善。民族乡党委政府主动加强与挂钩帮扶单位的沟通联系，根据挂钩帮扶单位的优势，争取解决相应的项目支持，使民族乡村群众的生产生活条件得到不断改善。据不完全统计，2017 年各挂钩帮扶单位和各级财政共投入帮扶资金 8241 万元，扶持项目 96 个，拉动社会资金投入 4.48 亿元。

三、注重弥补民生短板，促进社会事业全面进步

1. 完善学校基础设施，开展少数民族助学帮扶。2017 年，争取 246 万元资金扶持全省 27 所民族中小学寄宿制改扩建工作，使民族中小学的教学条件进一步得到改善。继续实施少数民族学生助学金制度，共发放少数民族中学生助学金 648.94 万元，受助学生 5827 人。目前，全省民族乡拥有学校 79 所，在校学生数 30033 人，教师数 2500 人。

2. 改善公共医疗条件，提高基本卫生服务水平。目前，全省 19 个民族乡共有卫生院 19 所，卫生技术人员 417 人，村卫生室 312 所，乡村医生和卫生员 376 人。2017 年全省共投入 116 万元重点扶持 11 个民族乡村卫生院所建设；协调中国初级卫生保健基金会，向 14 个民族乡卫生院捐赠 47 件价值 683.56 万元医疗设备；协调省卫计委专款 64 万元支持 4 个民族乡卫生院建设中医馆，推动民族乡村卫生事业发展。组织 3 批省级医院专家，走进民族乡村为 3000 人次义诊送药。

3. 实施科技帮扶培训，助力农民掌握实用技术。根据民族乡村和少数民族群众的实际需求，实施科技支持民族乡村发展工程，开展少数民族实用技术和职业技能培训。2017 年，联合省委统战部、省农业厅等部门共同举办畲族月嫂、电子商务、林下经济等各类实用技术和职业技能培训，有 605 人次的少数民族群众参加培训。

4. 注重优秀文化保护，丰富群众精神文化生活。推动民族乡村开展“二月二”“三月三”“四月八”等群众性民族文化活动，促进少数民族优秀传统文化的保护传承。加强文化站所建设，丰富群众文化生活。目前，民族乡村拥有乡图书馆、文化站 30 个，村文化活动室 302 个。

（撰稿：赖龙娣　审稿：兰铁军）

江西省

2017 年，江西省 8 个民族乡深入贯彻落实习近平新时代中国特色社会主义思想和党的十九大精

神，紧紧围绕“中华民族一家亲，同心共筑中国梦”的目标任务，主动适应经济发展新常态，大力推进产业升级、完善基础设施、改善乡村面貌，民族乡经济社会发展实现新突破，呈现稳中有进、稳步提升、持续向好的态势。

一、发展为先，努力保持经济平稳发展

2017 年，江西省民族乡始终坚持把发展作为第一要务，加快发展、加速转型，民族乡经济稳中有升。8 个民族乡实现乡（镇）企业总产值 11 亿元，其中工业企业总产值 8.4 亿元，乡（镇）企业年净利润总额 8780 万元；农林牧渔业总产值 8 亿元；粮食产量 41849 吨，肉类总产量 11220 吨；公共财政收入 2.3 亿元，公共财政支出 2.9 亿元，农民人均可支配收入 12405 元。

二、提质增效，农业主导产业做大做强

加大产业基地建设，推进产业逐步升级，农业主导产业进一步做强做大。金坪民族乡依托农场果业优势，以市场为导向，积极调整产业结构，按规划要求改种猕猴桃、油桃、葡萄、翠冠梨等优质果品 600 余亩；赤土畲族乡进一步加大油茶、脐橙、甜柚、生猪、工业原料林五大农业主导产业扶持力度，全年新开发果业面积超过 2000 亩，“五个万亩基地”更加壮大；樟坪畲族乡依托“一村一品”产业的创新发展，重点推进毛竹林和高山蔬菜种植，现已发展毛竹丰产林面积 15000 亩、高山蔬菜种植面积近 200 亩；同时，农村合作社也由 2016 年的 144 个，增加至 189 个，充分发挥合作社的作用，建立健全了农户稳定增收长效机制。

三、发展旅游，加快美丽乡村推进步伐

2017 年，结合省特色小镇建设工作，积极把民族乡建设成为具有浓郁民族风情和乡村风情的特色旅游小镇。金坪民族乡以现代农业为基础，以民族文化为特色，深入拓展生态观光、休闲娱乐、文化体验等功能，形成一个集乡村休闲旅游和民族文化旅游于一体的旅游综合体；樟坪畲族乡坚持“生态立乡、产业富乡、旅游兴乡、同心安乡”的总体发展思路，以乡政府办公楼为中心，依托浓厚的少数民族文化打造畲族文化旅游发展带、依托良好的生态打造康养养生圣地、依托花桥水库项目建设打造特色乡村休闲产业；金竹畲族乡为建成生态旅游休闲地，重点打造吓通畲族文化示范村、建设畲族民俗文化展示馆、新建大通梯田观景平台，南昌西至上海 G1386 次高铁列车以“金竹飞瀑号”专列命名，拉开了金竹飞瀑养心谷正式营业的序幕。

四、弘扬文化，推进民族团结进步创建

民族乡党委、政府将落实民族政策、实现民族团结作为工作重点，大力传承和弘扬畲族传统文化，不断挖掘和保护畲族传统文化，对畲族的马灯舞、竹杠舞、唱山歌等活动进行了整理和编排，成立了专门的表演队伍，让民族特色艺术得到进一步传承和发展。樟坪畲族乡以“讲团结、谋发展、促进步、创和谐”为目标，深入开展民族团结进步示范创建活动，被国家民委评为第五批全国民族团结进步创建示范区。

（撰稿：茅黎　审稿：马哲海）

山东省

2017 年，山东省民族乡镇立足镇域经济发展，坚持稳中求进的工作总基调，主动适应经济发展新常态，积极有效应对困难挑战，把改革创新贯穿于经济社会发展各个领域的各个环节，围绕“谋发展、保稳定、促民生”工作主线，致力于少数民族脱贫攻坚，积极发展民族经济，实施农业增效增收，经济社会各项事业持续健康发展，社会和谐稳定，人民生活水平显著提高。

一、民族乡镇基本情况

全省有 4 个回族镇，共有行政村 158 个，行政区划面积 216.06 平方公里，总人口 153821 人，其

中少数民族人口 31603 人，占民族乡镇总人口的20.5%，实现村村通路、通电、通邮、通自来水，全省民族乡镇经济社会得到进一步发展，基础设施不断完善，少数民族传统产业转型升级逐步推进，人民生活水平不断提高。

二、民族乡（镇）经济发展情况

2017 年民族乡镇财政总收入 34995 万元，同比增加 8521 万元，财政支出 17565 万元。

（一）乡镇企业生产稳步增长。2017 年，民族镇企业生产总值 311 亿元，比去年增加 41 亿元，增长 8.6%，其中，工业企业实现 282.2 亿元，比去年增加 30.8 亿元，增长 5.8%；乡镇企业年净利润总额 59.5 亿元，比去年增加 45.3 亿元，上升 31%，从业人员 14574 万人。

（二）农业生产平稳发展。2017 年，全省 4 个民族镇实现农林牧渔业总产值 148730 万元，农作物总播种面积 28.6 万亩，其中粮食播种面积 22.6 万亩，与上年度基本持平；粮食总产量 14.7 万吨，肉类总产量 3.9 万吨，比去年略有减少。农民专业合作社 270 个，比去年增加 31 个，农民专业合作社成员 2857 户。

（三）少数民族群众生活水平进一步改善。2017 年，全省 4 个民族镇，实现村村通路、通电（包括电话）、通邮、通自来水。农民人均纯收入 1.4 万元，生活水平进一步提高。

三、脱贫攻坚稳步推进

2017 年，全省 4 个民族乡（镇），共投入少数民族发展资金 215 万元，支持少数民族脱贫攻坚，按计划完成少数民族群众脱贫任务，脱贫攻坚工作成效显著，共实现脱贫人口 1880 人。

四、全省民族乡（镇）社会发展情况

2017 年，全省 4 个民族镇拥有各类学校 31 个，在校学生 1.22 万人，教师 730 人。图书馆 6 个，文化站 4 个，村文化活动室 156 个。拥有农业技术服务机构 38 个，农业技术服务机构从业人员 115 人。医疗卫生机构 100 个，卫生院 4 个，医生 152 人，医疗卫生机构床位 333 张；村卫生室 94 个，乡村医生和卫生员 259 人。

4 个民族镇各项惠农政策落实到位。新农合、新农保参合入保率达到 90%以上；适龄儿童入学率、小学初中毕业率均达到 100%，城乡文化、医疗设施继续完善，社会保障体系健全，质量稳步提高。

（撰稿：韩昌钦　审稿：罗军）

河南省

河南省有 12 个回族乡和 9 个回族镇，在各级党委、政府的领导下，民族乡（镇）牢固树立和落实创新、协调、绿色、开放、共享的发展理念，主动适应经济发展新常态，以提高发展质量和效益为中心，以增进人民群众幸福感和获得感为目标，统筹推进经济、社会、文化、生态文明建设，确保少数民族群众和全省一道同步迈入全面建成小康社会。民族乡（镇）经济社会各项事业持续健康发展。

一、经济运行健康平稳

21 个民族乡（镇）行政区划面积 431.54 平方公里，辖 206 个民族村，全面完成道路“村村通”工程，电力、广播电视、邮政、电话“村村通”，有 203 个行政村通自来水，占行政村总数的 98%。21 个民族乡（镇）年末总人口 79.8 万人，其中少数民族 18.96 万人，少数民族人口比例为 24%。2017 年年末农作物总播种面积达到 66.6 万亩，建有农业技术服务机构 118 个，从来人员 634 人，有各类农民合作社 253 个，成员 4659 人。21 个民族乡乡镇企业总产值 392 亿元，其中工业企业总产值 209 亿元，农林牧渔业总产值 32.8 亿元，粮食产量 21.7 万吨；肉类总产量 4.3 万吨；21 个民族乡（镇）公共财政收入 6.6 亿元，公共财政支出 6.8 亿元，农民人均纯收入 11463 元，同比增加 1237 元，增长 11%。

二、农业结构调整更加优化

2017 年，我省 21 个民族乡加快推进农业供给侧结构改革，推进种植业、畜牧业结构调整，调减粮食种植面积，推动粮经饲统筹、农牧游结合、种养加一体、一二三产融合发展。传统农业种植开始向农业专业合作社经营转变，畜禽散养开始向规模化养殖转变。临颍繁城回族镇有序推进土地流转，新增流转土地 5200 亩，全镇流转率达到 62%。为农业现代化发展打下良好基础。新增烟叶合作社 5 个，全年收购烟叶 90 万斤，实现烟叶税收 300 万元，烟叶种植面积、收购总量、投放金额、烟叶税收均保持漯河市五连冠。镇平县郭庄回族乡盘活土地存量，流转土地 7000 亩，用于发展特色产业，培育出小杂果、烟叶、蔬菜、养牛四个支柱产业，引进 3 家农业专业化龙头企业，年生产无公害蔬菜 4500 吨全部外销，实现产值 1.6 亿元，带动当地村民实现家门口就业，全乡农民人均纯收入增长 300 元。禹州山货回族乡农业生产形势良好，在田成方、林成网、渠相通、路相连、旱能浇、涝能排的高效农田新格局的支持下，农业生产条件明显改善，农业效益显著提高。加快农业结构调整和土地确权，流转土地 384 亩，巩固提升中药材种植、畜牧养殖等传统农业，全面落实各项惠农政策，大力发展劳务经济，多渠道促进农民增收。民权伯党乡不断调整农业结构，助推农民增收，通过土地流转不断加大农业产业结构调整力度，把发展现代农业与推进农村工业化、城镇化和新农村建设相结合，实行专业化生产、规模化建设、企业化管理，形成“种、管、销”一体化的经营体系，使农业走向良性发展轨道。

三、招商引资实现新突破

21 个民族乡本着“招商决定发展，招商决定未来”的理念，招商引资不放松，不断优化招商环境，招商引资继续深化。太康县城关回族镇围绕主导产业抓招商，充分发挥城镇交通和区位优势，盯紧楼宇经济、食品工业等项目，大力实施招商引资、项目带动战略。落地招商项目 6 个，总投资 17 亿元，2017 年引进到位资金 6.5 亿元。西平蔡寨回族乡党委政府加大招商引资力度，招商引资和项目建设取得良好成效。引进工业项目两个：一个是投资 1.3 亿元，年产 2 万套的兴博益科教设备有限公司，另一个是投资 3000 万元，年产水饺汤圆 400 吨的斯苑食品，极大促进了当地经济发展。禹州山货全乡今年共完成招商引资 1.5 亿元，其中引进超亿元项目 1 个，轩和钧釉项目已建成投产实现了山货回族乡历史上亿元项目零的突破。姚庄回族乡北京军威时代训练装备有限公司投资 3.2 亿元筹建的河南军威时代训练装备有限公司军需产品项目，目前厂区基础设施已开工建设，项目建成后，预计年销售总额 1.8 亿元，实现税收 700 万元，可安排 400 个就业岗位。

四、特色经济渐成规模

21 个民族乡以市场为导向，突出做优特色产业，发展特色经济，逐步达到“以特色促发展、以特色促效益、以特色促繁荣”的发展目标，不断做大做强民族特色经济。方城县袁店回族乡烟叶产业实现种植面积和烟农队伍“双稳定”。在连续两年收购形势紧缩、自然灾害严重的情况下，2017 年全乡种植烟叶 3500 亩，收购 43 万公斤，投放资金 1151 万元，实现烟税 254 万元。新增薄皮核桃 1100 亩、有机葡萄 200 亩、花卉苗圃 300 亩，林果采摘游园总面积达到 4000 亩，春赏花、夏摘果的休闲观光游已初具规模。坚持规模化养殖和分散养殖同步推进，巩固发展规模 500 头畜位养牛场 1 座，500 只规模养羊场 2 处，万羽养鸡场 2 处。新蔡县李桥回族镇主动融入“一带一路”建设，落实优惠政策，组织企业参加各类展会，积极参与和开展“千家培育百家壮大”工程，增强了少数民族企业的竞争力。禹州山货回族乡林业生态建设扎实推进，农田林网新补栽桐树 2400 余棵，创建 6 个林业生态村。2017 年补栽女贞、百日红、红叶李、红叶石楠等景观树 5000 余棵，全乡林木覆盖率达到 32%。许昌艾庄回族乡积极推进都市生态农业，发展林果经济，形成了以葡萄、莲藕、桃树、核桃等为主的经济林果业。充分发挥牛、羊、鸡养殖的优势地位，强化少数民族地区特色养殖；高标准设计了全乡文化旅游产业，规划了天宝宫文化遗产区、旅游购物区、特色餐饮服务区、农业休闲区。

五、脱贫攻坚工作扎实推进

21 个民族乡牢固树立让少数民族贫困人口与全

省人民同步迈入全面小康的政治责任，少数民族和民族聚居地区脱贫攻坚工作成效显著。襄城县颍桥回族镇在产业帮扶上下功夫。在落实教育、民政、住房、医疗、居住环境改善等政策的基础上，坚持“因户施策，因人帮扶”的工作思路，分类制定帮扶措施，综合实施产业扶贫、金融扶贫，种植养殖帮扶，就业帮扶等措施，进行精准帮扶。民权县伯党乡创新产业模式促发展，因村施策，分别实施了到户增收肉羊养殖、扶贫车间定点及代加工、入股种植、养殖合作社分红等项目，扶持贫困户加快脱贫步伐。沈丘槐店回族镇通过加大投入，帮助贫困户解决实际问题，为贫困户修建围墙、铺地坪、安装大门，建设光伏发电项目为贫困户增加收入。方城袁店回族乡统筹整合扶贫资金 3000 万元，建成贫困村道路 20 公里、实现安全饮水全覆盖。推广“金融+企业+支部+合作社+贫困户”的带贫模式，光伏扶贫实现全覆盖，双倍完成光伏建设任务。西平蔡寨回族乡 2017 年发放各类扶贫资金 160 余万元，依托肖洼工业园区、兴豫粮油购销、惠农源合作社等企业，建立扶贫基地 13 个，自建穆力清洁能源光伏发电项目一个，已并网使用，带动贫困户 40 户。洛宁王范回族镇通过“造血式”扶贫的方式，对接全县扶贫工作大局，帮助全县农村困难群众通过就业或创业实现脱贫致富。民权伯党回族乡全乡新成立专业种植合作社 2 个，家庭农场 6 个，在康庄、伯西、翟庄三个村集中流转土地 400 多亩，建温室大棚 16 座，拱棚 24 座，主要种植樱桃、冬梨、苹果、桃等，套种南瓜、甜瓜及各种蔬菜，实现了土地效益最大化，为全乡 400 多贫困人口提供了就业机会，增加了收入。叶县马庄协调金牛足、领军调料厂、三益厂、国安消防、秋月合作社，安排有劳动能力的贫困人口 12 人到企业务工，救助贫困户 47 户，为贫困家庭开辟了稳定增收新渠道。

六、社会事业和谐发展

21 个民族乡(镇)内建有学校 199 所，教师 9281 人，在校学生 16.8 万人。21 个民族乡（镇）卫生院条件持续改善，民族乡（镇）所在地有各类医院、卫生院、村级卫生室等 177 所。21 个民族乡（镇）实现新型农村合作医疗制度全覆盖。敬老院、文化科技大院等一批少数民族公益事业在民族乡（镇）兴建。各民族乡（镇）积极践行社会主义核心价值观，创新载体，夯实基础，不断提升文化软实力，建有图书馆 18 个，文化站 24 个、村文化活动室 181 个。在中华民族传统节日期间，组织开展文艺演出、征文、书画等文体活动，不断引导广大干群认识传统、尊重传统、弘扬传统，增进爱党、爱国、爱社会主义情感，推进城关文化健康、规范、有序发展。

（撰稿：王霞　审稿：余德海）

湖北省

2017 年，湖北省 12 个民族乡（镇）在地方各级党委、政府的正确领导下，坚决落实党中央国务院关于脱贫攻坚的总体部署和党的十九大精神，精准制定措施，决战深度贫困，以乡村振兴和脱贫攻坚总揽工作全局，围绕农业稳定增效、农民持续增收目标，加快特色农业提档升级，聚力推进脱贫攻坚，实现了农业农村经济持续较快发展。截止 2017 年底，全省 12 个民族乡（镇）下辖 188 个村委会，人口共计 296291 人，其中少数民族人口 154636 人。

乡镇经济发展迅速。各民族乡（镇）围绕迅速壮大乡镇经济规模、增强财税收入为目标，坚持以产业发展为龙头，以招商引资和发展民营经济为突破口，以发展资源型工业、培育特色经济和发展壮大园区经济为主要途径，因地制宜、分类指导、多管齐下，努力提高工业化、城镇化和农业产业化水平。截止 2017 年底，全省 12 个民族乡（镇）财政总收入为 21241 万元，财政支出 26090 万元；乡镇企业从业人员 16877 人，乡镇企业总产值 756143 万元，其中工业企业产值 643078 万元；乡镇企业年净利润总额达到 53647 万元。

农业基础得到巩固。各民族乡（镇）大力推进农业结构战略性调整，积极树立人与自然和谐发展的观念，将农业结构调整同生态城市建设相融合，大力推进生态型现代农业的快速发展，为增加农民收入开拓了新的渠道。同时，在努力维持现有粮食产量，确保粮食安全的前提下，通过充分发挥地域比较优势，进一步发展壮大特色农产品基地，发展高附加值农作物，推进农业标准化生产，农产品品质和农民收入大幅提高。截至 2017 年底，全省 12 个民族乡（镇）年末农林牧渔业总产值 437284 万元，农作物总播种面积 881916 亩，其中粮食播种面积 447432 亩，粮食产量 145245 吨。

基础设施逐步改善。各民族乡（镇）争取整合开发、交通、国土、水利、电力、财政、民政、烟草等各部门项目资金，大力推进农村基础设施建设，城乡面貌发生了显著变化。尤其在村庄建设过程中，坚持“能依山的不占良田，能集中的不分散，能体现民族特色的不建洋房”三项原则，注重落实“规划、宣传、示范、引导、协调”五个环节，以调整区域村庄布局、集中建设中心村、改造农民住房、建设特色民居、治理村庄环境、改善村容村貌、完善公共基础设施、建立长效管理机制等为主要内容，积极探索集中建设居民点的新农村模式。截止 2017 年底，全省 12 个民族乡（镇）188 个行政村中，已通公路的有 185 个，已通自来水的有 188 个，已通电的有 188 个，已通电话的有 188 个，已通邮的有 185 个。

教育事业蓬勃发展。各民族乡（镇）把教育放在优先发展的战略地位，加大投入，改善办学条件，认真落实教育经费保障机制和“两免一补”政策，创新管理机制，实施教育综合改革，加强教师队伍建设，推行素质教育，教育教学质量稳步提高。截至 2017 年底，全省 12 个民族乡（镇）共有学校 69 所，在校生 19201 人，教师 1297 人。

卫生防疫工作成绩明显。各民族乡（镇）完善了镇村两级卫生体系，农村卫生基础设施进一步改善。截止 2017 年底，全省 12 个民族乡（镇）共有医院、卫生院 13 个，医护人员 474 名，其中执业医师 183 人；599 个病床；村卫生室 169 个，医生 202 名；全面推行新型农村合作医疗工作，参合率达 98% 以上，农民因病返贫、因病致贫的现象得到遏制。扎实开展疾病预防控制、妇幼保健、爱国卫生运动、艾滋病预防等工作，群众健康得到保障，卫生工作成绩明显。

民主法制建设进一步健全。各民族乡（镇）自觉接受人大的法律监督和工作监督，认真办理人大代表提出的建议、批评和意见，使人大代表在“三个文明”建设中的桥梁、纽带和模范带头作用得到较好发挥。积极推进村级财务管理体制改革，全面推行政务、村务、财务“三公开”，村民的“四权”得到全面落实，村民自治的民主化、法治化建设得到进一步加强。深入开展普法工作，不断增强干部群众的法律意识和依法行政能力。加大社会矛盾纠纷的排查调处力度，保障工作经费投入。认真开展社会治安综合治理工作，积极开展创建无毒社区活动，严厉打击邪教组织，维护了社会的稳定。

（撰稿：商振华　审稿：江华富）

湖南省

2017 年，湖南省 84 个民族乡的广大干部群众在当地党委、政府的坚强领导下，深入学习贯彻习近平总书记一系列重要论述，紧紧围绕全面建成小康社会目标，攻坚克难，奋力前行，狠抓经济社会全面发展，保持了稳中向好的良好发展态势。截至 2017 年末，全省乡镇区划调整后，湖南省 84 个民族乡（镇）总面积 11930 平方公里，有 1002 个村民委员会。总人口 1465194 人，其中少数民族人口 936192 人，少数民族人口占民族乡（镇）总人口达 63.89%。

经济发展持续增长。全省 84 个民族乡（镇）农民人均纯收入 6054.86 元，同比增长 17.89%；公共财政收入 81267.93 万元，公共财政支出 76346.36 万元，同比分别增长 18.16%、11.95%；实现农林牧渔业总产值 606844.87 万元；全省民族乡（镇）企业有从业人员 42996 人，乡（镇）企业总产值 774161.89

万元，其中工业企业总产值 575534.8 万元，乡（镇）企业年净利润总额 104853.48 万元。全省民族乡（镇）农作物总播种面积 2462919.85 亩，粮食产量 753020.22 吨，肉类总产量 152958.64 吨，均比上年有所增长。

基础设施持续改善。2017 年末，全省 84 个民族乡（镇）的 1002 个行政村中，已通公路的村有 1000 个，已通自来水的村有 875 个，已通电的村有 1020 个，已通电话的村有 1000 个，已通邮的村有 995 个，基础设施建设步伐加快，人民生产生活条件更为便利。

民生事业持续进步。2017 年，全省 84 个民族乡（镇）有农民合作社 1564 个，农民合作社成员 45195 户分别比上年度增加 47.82%、41.85%；有农业技术服务机构 117 个，农业技术服务机构从业人员 453 人。全省民族乡（镇）共有学校 439 个，在校学生 104726 人，教师 7551 人；有图书馆 286 个，文化站 96 个，村文化活动室 1022 个。

（撰稿：黄淼　审稿：肖丽萍）

广东省

广东省共有 7 个民族乡，分布在韶关、河源、惠州、肇庆、韶关等 5 个地级市，其中瑶族乡 5 个，壮族瑶族乡 1 个，畲族乡 1 个。7 个民族乡行政区划面积共 1377.59 平方公里，占广东总面积的 0.77%，下辖 50 个村委会。2017 年末总人口 84193 人，其中少数民族人口 37414 人，占广东省少数民族总人口的 1.05%。

2017 年，民族乡以习近平新时代中国特色社会主义思想为指导，深入学习贯彻党十九大会议精神，以实施乡村战略为契机，建设社会主义新农村为抓手，不断推动民族乡经济实力稳步提升、民生事业协调发展、社会大局和谐稳定。

一、经济实力稳步增长

2017 年，7 个民族乡实现农林牧渔业总产值 60273.6 万元。公共财政收入 7101.52 万元，比去年增长 11.77%，公共财政支出 6680.14 万元。农民人均可支配收入 11967.8 元，同比增长 10.66%。与全省平均水平相关比仍有很大差距，2017 年广东省农民人均可支配收入 15779.7 元，民族乡人均可支配收入比全省平均水平低 3811.9 元，仅为全省平均水平的 75.84%。

二、工业发展形势较好

2017 年，7 个民族乡实现乡镇企业总产值 21.68 亿元，其中：工业企业总产值 17.06 亿元，同比增长 15.08%。乡镇企业年净利润总额 1.38 亿元。其中东源漳溪乡和龙门蓝田乡招商引资成效突出。漳溪畲族乡金圆环保建材股份有限公司投资 8 亿元，净创税收达到 3589 万元。辉科环保建材股份有限公司，净创税收达 1200 万元。蓝田瑶族乡光裕汽车空调有限公司项目已经开展试投产，预计年产值可达 1.7 个亿。

三、生态旅游蓬勃发展

民族乡因地制宜，打造富有民族特色的生态旅游文化产业。龙门芊蔓园瑶族风情特色街项目一期土地完成招拍挂，新引进签约项目 2 个，东坑健康旅游生态项目计划投资 1 亿元，蓝田瑶族风情园升级改造项目计划投资 2.1 亿元。黄龙岩景区成功创建了 3A 旅游区，并着力打造独特民族风景旅游线路：上蓝村黄龙岩畲族风情旅游区——下蓝村畲族特色村寨——嶂下村绿地美农业生态休闲基地。下帅乡投入 100 多万元完成了山门牌坊和路向标志建设，投入 80 多万元建成一个镇级森林公园。秤架乡借助“十里瑶韵长廊、百亩果园花海、千亩茶园飘香”，发展农家乐、民宿、乡村旅游等产业，打造“秤架瑶族乡森林养生旅游特色小镇”的品牌。三水乡以“农业产业为旅游，旅游发展促产业”，塑造“新 8 竹海瑶”品牌，建设茶趣园，举办第一届“采茶节”，将茶叶融入到乡村旅游的各个环节。

四、美丽乡村持续推进

据统计，漳溪乡今年修建和升级村、组文化活动广场5个、新增LED路灯450盏，修筑村道17.6公里，三面光水渠1250米、大小坡头6座，新农村三清三拆面积共3万多平方米。下帅乡投入约75万元专项资金，用于全乡垃圾池升级改造、配置垃圾桶、封闭式垃圾压缩车等环卫基础设施，投入400多万元建设圩镇核心区域美化亮化工程，投入190多万元完成六桥新农村示范村一期工程建设。蓝田乡建成了2座农村生活污水处理设施，完善了圩镇段污水支管网建设，全力创建“国家级生态文明建设示范乡镇”。

五、社会事业不断进步

7个民族乡共学校19所，在校学生4017人，教师441人。下帅乡投入450多万元对民族学校及教学点进行综合改造升级。图书馆5个，文化站7个，村文化活动室71个。始兴县深渡水瑶族乡获评广东省“第一批民族团结进步创建活动示范单位”。漳溪畲族乡黄龙岩景区被国家民委授予“全国民族团结进步教育基地”，畲族传统文化活动“蓝大将军出巡”被列为广东省级非物质文化遗产项目，成立了漳溪畲族乡非物质文化遗产保护工作站。投资600多万元的广东畲族中心标志建筑物——广东畲族宫顺利开工。下帅乡投入60多万元完善圩镇文化长廊建设。此外，各乡还成功举办了“元宵节”、“牛王诞”、“长寿宴”等文化活动。医疗卫生机构51个，基层医疗卫生机构52个，卫生院7个，村卫生室49个，卫生人员173人，卫生技术人员142人，其中：执业（助理）医师35人，乡村医生和卫生员58人，医疗卫生机构床位150张，其中，卫生院123张。秤架乡投入80多万元完成卫生院中医馆和相关功能室建设，购置医疗设备器械一批，并积极探索引进瑶医瑶药。下帅乡投资600多万的新卫生院已落成并投入使用，总投资550万元的新敬老院正在建设中。

（撰稿：余森河　审稿：李秀英）

广西壮族自治区

广西壮族自治区有59个民族乡，分布在南宁、柳州、桂林、梧州、防城港、贵港、百色、贺州、河池等9个设区市的33个县（市、区）。其中，有瑶族乡46个，苗族乡9个，瑶族苗族乡1个，侗族乡1个，回族乡1个，仫佬族乡1个。59个民族乡行政区划面积为17731.21平方公里，占广西总面积的7.46%，年末总人口1172500人，其中少数民族人口849504人，占广西少数民族总人口的3.91%。

2017年，在各级各部门的大力支持下，全区59个民族乡经济社会事业进一步发展，基础设施建设进一步加强，人民生活条件得到进一步改善。

一、经济实力稳步增长

2017年，民族乡经济发展稳中求进，大部分指标同比增长。59个民族乡实现乡镇企业总产值58.43亿元；实现农林牧渔业总产值64.93亿元。公共财政收入5.34亿元，同比增长21.64%；公共财政支出7.26亿元，同比增长35.75%。

二、民生问题持续改善

2017年，民族乡基础设施建设明显加强，群众生产生活条件显著提高，民生问题持续改善。截至2017年末，全区59个民族乡595个行政村中，已通公路的行政村有593个，占99.66%；已通自来水的行政村有515个，占86.7%；已通电的行政村有593个，占99.83%；已通电话的行政村有586个，占98.65%；已通邮的行政村有531个，占89.39%。

三、社会事业蓬勃发展

2017年，各级党委、政府不断加大对民族乡社会事业发展的扶持力度，逐步改善中小学办学条件，完善乡镇两级卫生体系。2017年底，全区59个民族乡有各类学校 580 所，教师人数 6630 人，在校学生 10.49 万人。民族乡医疗卫生条件逐步改善，民族乡所在地有各类医院、卫生院 72 所，有村级卫生室 574 个。59 个民族乡建有图书馆 84 个、文化站 59 个、村文化活动室 542 个。

四、农民增收任务较重

广西的民族乡一般都地处偏僻、交通不便地区，虽历经了各级政府多次组织实施的扶贫攻坚战、村村通电、通路和通广播电视等基础设施建设工程，在道路交通、农田水利、广播电视、基础教育等民生项目上实现了历史性的跨越，生产生活条件有了明显的改善，但部分民族乡农田整治、排灌抗旱、茅草房改造、环境卫生等基础设施建设标准低，配套设施不完善，还有很多少数民族村屯不通公路，不少村屯属石漠化大石山区，自然条件恶劣，抵御自然灾害能力弱。总体来说，广西 59 个民族乡经济总量小、综合实力弱，工业化、城镇化水平仍然较低，大多位于贫困县，扶贫开发和农民增收任务较重。2017 年，广西 59 个民族乡农民人均纯收入为 7725.77 元，比广西全区农民人均纯收入 11325 元低 3599.23 元。

（撰稿：罍丽　审稿：覃凤前）

重庆市

2017 年，民族乡经济进一步发展，基础设施建设进一步加强，人民生活进一步得到改善，社会事业有了长足进步。

2017 年，重庆市辖有民族乡 14 个，98 个村民委员会。已通电的村 98 个；已通公路的村 97 个；已通电话的村 97 个；已通邮的村 85 个；已通自来水的村 97 个；民族乡行政区划面积 1421.8 平方公里。年末总人口 166264 人，其中少数民族人口 61735 人。

2017 年，重庆市民族乡农林牧渔业总产值 127605.654 万元；农作物总播种面积为 425785.2 亩；全年粮食总产量为 74317.1 吨；全年肉类总产量达到 30060.078 吨；人均纯收入 10207 元。

2017 年，重庆市民族乡有学校 29 所，在校学生总数 9614 人，教师总数 986 人；图书馆、文化站共 28 个，村文化活动室 98；医院、卫生院 15 个，卫生技术人员 293 人，病床 308 张。

（撰稿：吴涛　审稿：向远道）

四川省

1984 年以来，四川省先后建立过 128 个民族乡。由于行政区划调整和城镇化步伐加快，有 30 个民族乡相继撤乡建镇或两乡合并，截止 2015 年，全省共有 98 个民族乡，行政区划面积 1.67 万平方公里。民族乡总人口 78.2 万人，其中少数民族人口 37.3 万人，占民族乡总人口 47.6%。

四川民族乡分布在全省 12 个市（州）的 29 个县（市、区），大部分位于盆地边缘或高原向盆地过渡的高山峡谷地带，散杂居地方的民族乡还与云南、贵州、重庆、湖北、陕西等省市的民族地方毗邻。

2017 年，全省民族乡经济不断发展，基础设施进一步改善。有村民委员会 614 个。其中，已通公路的村 605 个，占 98.5%；已通自来水的村 535 个，占 87.1%；已通电的村 609 个，全部实现通电；已通电话的村 600 个，占 97.7%；已通邮的村 384 个，占 63.1%。

2017 年，全省民族乡农林牧渔业总产值 61.9 亿元，农作物总播种面积 177.3 万亩，粮食产量 41.6 万吨，肉类总产量 1.9 万吨。农民合作社 1219 个，合作社成员 3.8 万户。

全省民族乡乡镇企业总产值 135.9 亿元，乡镇企业从业人员 2.2 万人，企业年净利润达 15.2 亿元。

民族乡财政收入 12.8 亿元，同比增长 5.6%；财政支出 14 亿元，同比增长 9.9%。人均纯收入 10924 元，比上年增加同比增长 10.7%。

2017 年，全省民族乡共有 224 所学校，在校学生 6.68 万人，教师 4368 人。图书馆 152 个，文化站 133 个，村文化活动室 582 个。医院 182 个、基层医疗卫生机构 905 个，医疗卫生人员 1298 人，病床 1754 个。

（撰稿：李学华　审稿：荣跃泽仁）

贵州省

2017 年贵州省各民族乡在各级党委、政府的领导下，坚持以习近平新时代中国特色社会主义思想为指导，认真贯彻党的十九大精神和习近平总书记在贵州省代表团重要讲话精神，全面落实中央和省委省政府决策部署，坚持稳中求进工作总基调，坚持以脱贫攻坚统揽经济社会发展全局，坚持以供给侧结构性改革为主线，坚持守好发展和生态两条底线，强力推进大扶贫、大数据、大生态三大战略行动，认真贯彻国务院颁布的《民族乡工作条例》，积极争取上级各部门大力支持，努力增强自我发展能力，促进了民族乡经济社会又好又快发展。

一、基本情况

2017 年，全省民族乡 193 个，占全省 1572 个乡镇（办事处）的 12.3 %，占全国民族乡总数的 20.4%，居全国第一，共有 2102 个村民宗委员会，占全省 16612 个村民宗委员会的 12.6%，行政区划面积 2.04 万平方公里，占全省行政区划面积的 20.8%。年末总人口 430.4 万人，占全省年末常住人口的 12.0%，少数民族人口 227.4 万人，占民族乡总人口的 55.5%。公共财政收入 41.8 亿元，比上年增长 23.1%；财政支出 36.8 亿元，保持收入相对平衡，略有节约。农村居民纯收入达 7765 元，比上年增长 194 元。民族乡大多分布在较偏远地区，因劳动力外出和返回比较频繁，常住人口总量受此影响变动幅度较大，2017 民族乡年末总人口略有上升，但少数民族人口较上年有所下降。

二、2017 年民族乡经济社会发展状况

（一）农民人均纯收入大幅上升

全省 193 个民族乡中，农民人均纯收入在 3000 元以下的乡有 2 个，和上年持平；3000－4000 元的乡 2 个，比上年减少 2 个；4000－5000 元的乡 4 个，比上年减少 10 个；5000－6000 元以上的乡 6 个，比上年减少 33 个，6000－7000 元以上的乡有 12 个，比上年减少 68 个，7000－8000 元的乡有 51 个，比上年减少 42 个，8000－10000 元的乡有 70 个，比上年增加 46 个，10000 元以上的乡有 22 个，比上年增加 5 个。不难看出，3000－7000 元的乡有下降，7000 元以上的乡大幅度增加，说明扶贫各项措施得当，农民生活得到有效改善，民族乡的经济发展变化成效明显。2017 年全省农民人均纯收入为 7765 元，171 个民族乡在全省平均水平以下，占民族乡的 88.6%；22 个民族乡在全省平均水平以上，占民族乡的 11.4%；1 个民族乡处在现行贫困标准线以下。

民族乡农民人均纯收入增长变动情况表

农民人均纯收入（元）	2016 年	2017 年	2017 比 2016 增长（%）
3000 以下	1	2	0
3000－4000	3	2	-25.00
4000－5000	14	4	-12.50
5000－6000	39	6	56.00
6000－7000	80	12	105.13
7000－8000	93	51	93.75
8000－10000	24	70	140.00
高于 100000	17	22	88.89
省平均水平以下	152	171	-5.59

（二）科教文卫事业发展加快

2017 年，全省民族乡 3159 个中小学拥有在校学生 4 万人，拥有教师 32131 人，在校生比上年减少 1.35 万人，教师数比上年增加 437 人。师生比为 1∶15。平均每个教师负担的学生人数比全省少 5.5

人，比民族地方少 0.3 人。

民族乡拥有医院、卫生院 194 个，比上年增加 42 个，村级卫生室 2193 个，比上年增加 49 个，各类病床 5834 张，比上年增加 583 张，各类医生 3591 人，比上年增加 811 人。民族乡每 823 人拥有一张床位，每 718 人拥有一名医生。

农村基层科技文化事业主要表现为农技机构、人员和文化场所的的建设。乡级图书馆、文化站及村办文化室分别为 133 个、232 个和 1987 个，分别比上年增加 51、15、37 个。平均每 1 个民族乡拥有 0.7 个图书馆，每个民族乡拥有 1.1 个文化站，每个民族乡拥有 10 个村级文化室。农技推广服务机构 228 个，5418 个农村合作社，比上年增加 1904 年，农技推广服务从业人员 1663 人。

（三）基础设施建设大幅提升

截至 2017 年末，民族乡共设 2065 个行政村，其中：已通公路的村 2065 个、已通自来水的村 1863 个、已通电的村 2086 个、已通电话的村 1934 个、已通邮的村 1060 个。分别比上年增加 4.44%、1.8%、0.63%，占民族乡行政村总数的 99.0 %、85.9%、100%、88.9 %、51.0%。

（四）农业产业化发展加快

农林牧渔业总产值为 250.4 亿元，比 2016 年增加 36.5%，农作物播种面积 700 万亩，粮食总产量 153 万吨，比上年增长 15%，农民合作社 5418 个，比上年增加 1904 个，农民合作社成员达 122513 户，为民族乡今后的跨越发展打下良好的基础。

三、存在的主要问题

（一）农村贫困问题依然严峻

与 2016 年数据相比，“五通”村的村数相对有所增加，虽然数据反应基础设施投入大幅度提升，但相比城镇化交通建设速度发展较慢，农村自来水饮水工程投入较弱，通讯事业发展较快，群众拥有手机数量增加，书信投递业务减少。纵向比较，民族乡的发展虽然取得了较好的成绩，但与全省及民族地方平均水平相比仍然存在明显差距。有些民族乡虽然已经脱了贫，但基础不牢，极易返贫。民族乡生产生活基础设施建设相对落后，由于起点低，仍未从根本上得到改善，民族乡“五通工程”（通电、通路、通水、通电话、通广播电视）任务十分艰巨。

（二）民族乡师资力量仍然不足

从民族乡统计数据看，在校学生减少是计划生育国策的周期性影响，与全省全国的大趋势一致；民族乡居民居住分散，教学点或学校相应设立分散，师生比在 1：10 左右比较理想，目前的师生比例反映了民族乡仍缺乏师资的现状。

（三）民族乡公共医疗资源不足

民族乡因撤乡变镇人口不降反增，但医生数、病床数等公共资源投入不足，民族乡医疗卫生发展速度虽在大幅度提高，但与全省比较差距仍然很大。

（四）对民族乡关注力度不够

部分干部对民族乡的整体情况深入调查不够，分析研究不够，情况摸不清、底数搞不明、问题吃不透的现象还比较严重。有的还只停留在民族乡的数量、人口情况上，而对民族乡的经济发展、文化建设情况的分析不够，对地方之间和民族之间的比较研究不够，特别是对民族贫困状况了解不够，扶贫任务繁重，对统计工作带来不便，统计数据粗，分析对比浅，致使对民族乡工作分类指导不够，工作力度不够。

（撰稿：张发刚　审稿：吴继堂）

云南省

2017 年云南省纳入统计范围的民族乡有 140 个，与上年一致，国土总面积 4.12 万平方公里，辖 1057 个行政村，总人口 275.6 万人，其中少数民族人口 174.2 万人，占总人口的 63.2%。近年来，各级党委政府围绕全面建成小康社会和农业农村现代化的目标，不断加大对民族乡的扶持力度，通过实施乡村振兴战略、民族团结进步示范区建设百乡示范创建工程等一系列扶持民族乡发展的政策措施，全省民族乡实现了经济稳步发展、民生持续改善、社会和谐稳定的良好局面。

综合实力不断增强。通过夯实民族乡农业发展基础，调整优化产业结构，转变产业发展方式，建设产业服务平台，促进农村产业融合发展，建设生态宜居美丽乡村、深入推进脱贫攻坚、保障和改善民生等项目建设，民族乡综合发展水平不断提升。2017 年 140 个民族乡实现农林牧渔业总产值 307 亿元，比上年同期增长 7.5%；实现乡镇企业总产值 181.8 亿元，比上年增长 22.2%，其中：工业企业实现总产值 134.8 亿元，比上年增长 23.2%；财政支出 29.5 亿元，比上年增长 13.9%；实现农村居民人均可支配收入 8081 元，比上年增长 10.2%。

基础设施进一步改善。以解决好“农民出行难、运输难”为重点，下大力气打通乡村断头路，全面推进“四好农村公路”建设，为加快乡村发展提供保障。2017 年 140 个民族乡公路通达率达 100%，通畅率达 99%以上；民族乡所辖的 1057 个行政村 100%通公路、通电和通电话；自来水受益村 1033 个，占 98%；大力发展电子商务进农村，培育一批带动力强的电商村，建制村通宽带覆盖率达 80%以上，目前约 50%的村通快递业务。按照“集中连片、旱涝保收、稳产高产、生态友好”的要求进一步推进高标准农田建设，实施了一批集中供水、高效节水灌溉、防洪、生态保护等建设项目，民族乡农业生产条件明显改善。

农业基础地位持续稳固。云南各民族乡立足农业这个根本，坚持严格保护耕地，稳定粮食生产，大力发展乡村本土特色产业，培育新型经营主体，努力推动农业成为有奔头的产业。2017 年 140 个民族乡农作物播种面积 921.8 万亩，人均农作物播种面积 3.3 亩；粮食播种面积 545.2 万亩，粮食产量达 159.9 万吨，比上年增产 4.8 万吨，比上年增长 3%，人均粮食产量 580 千克，比上年增加 15 千克，比全省人均粮食产量多 178 千克，粮食生产实现了连年增产。肉类总产量达 45.6 万吨，比上年同期增长 4.1%，人均肉类总产量 165 千克，比上年增加 6 千克。大力发展特色优势产业取得成效，比如德宏州三台山德昂族乡根据地形资源丰富的特点，确定了以种植甘蔗、茶叶、板栗、坚果和养殖牛、猪等畜禽为主的产业发展思路，经过几年发展，山乡一扫过去贫穷落后的面貌。2017 年出冬瓜村早内村民小组 47 户 207 人共种植坚果 2400 余亩，实现人均收入 1 万余元；套种西番莲 500 多亩，全村收入近百万元。2017 年三台山乡实现农村经济总收入 1.67 亿元，农村常住居民人均可支配收入 6348 元。同时，各民族乡积极发展农民产业专业合作社，2017 年末 140 个民族乡有农民专业合作社 3000 多个，比上年增加了 1000 多个，社员 15 万户，比上年增加了 0.5 万户。这种新型产业经营主体成为了扶持农户增收的新引擎。

乡村民生持续改善。2017 年 140 个民族乡建有学校 1158 所，教师 2.1 万人，在校学生 31 万人。所有民族乡都建了文化站，共有村文化活动室 2460 个。医疗卫生条件不断改善，每个民族乡都有卫生院，共有卫生人员 6100 多人，其中卫生技术人员 3200 多人，执业医师和助理执业医师约 1000 多人，病床 3600 多张，村卫生室 1061 个，乡村医生和卫生员 2700 多人。城乡居民医疗保险、大病保险和新型农村养老保险政策已实现全覆盖。紧紧围绕“两不愁、三保障”脱贫目标，集中力量抓好特色产业扶贫、就业扶贫、易地扶贫搬迁、教育脱贫攻坚、健康扶贫、农村危房改造、生态保护扶贫、综合保障扶贫、基础设施和人居环境改善、扶贫扶志等精准脱贫行动，贫困人口脱贫步伐加快。

社会大局和谐稳定。各民族乡认真宣传和贯彻执行党的民族政策和民族法律法规，用政策和法治来保障和促进民族团结，乡镇干部认识和处理民族问题的能力不断提高。加强民族团结进步宣传教育，及时排查影响民族关系的不稳定因素，及时有效化解涉及民族因素的矛盾纠纷，维护民族团结和社会稳定，多年来没有发生因民族因素引发的重大群体性事件。社会治安防控体系不断完善，农村网格化管理全面推进，安全生产形势总体良好，社会治安秩序良好。

（撰稿：易永红　审稿：陈新华）

西藏自治区

西藏自治区共有 9 个民族乡，分别为山南市错那县勒、麻麻、贡日、吉巴 4 个门巴民族乡、隆子县斗玉珞巴民族乡；林芝市墨脱县达木珞巴民族乡，巴宜区更章门巴民族乡，米林县南伊珞巴民族乡和昌都市芒康县纳西民族乡。

一、斗玉珞巴民族乡经济社会发展综述

（一）基本情况

斗玉珞巴民族乡位于隆子县东北方向，距县城 129 公里，海拔 3100 米。全乡行政区域 333 平方公里，下辖 3 个行政村，10 个自然村。2017 年底全乡共 197 户，644 人，其中珞巴族 56 户 214 人，占总人口的 33%，全乡劳力 384 人，享受边民补贴 197 户。全乡耕地面积 484 亩，森林面积 25.5 万亩，草场面积 26.6 万亩，牲畜总头数 2246 头（只／匹）。2017 年全乡经济总收入 1520.23 万元，同比增长 3.2%，人均可支配收入 15203 元，同比增长 12.0%。

（二）经济发展

一是农牧业生产工作方面。2017 年农作物播种总面积 484 亩，其中青稞播种面积 204.2 亩、小麦 180.4 亩、油菜 59.9 亩、蔬菜 20.2 亩，在青稞种植面积中 102 亩用于黑青稞种植，青稞产量达到 98.5 吨。二是发展特色产业方面。2017 年底，天麻黑青稞实现利润 2.5 万元，藏式卡垫、木材竹器加工实现利润 3.5 万元。三是鼓励群众就业方面。2017 年申报项目珞巴民俗文化体验区建设、斗玉村乡村旅游建设等项目，群众通过就近务工，实现增收 240 万元。

（三）社会事业

科技支撑方面。大力开展藏青 2000 和山油 2 号的推广，用科技支持老百姓增产增收。文化保护方面。组织开展“玉罗节”活动，初步形成以珞巴服饰、珞巴刀舞等为主体形式的节日框架和由九个完整的珞巴原生态节目组成的文艺演出体系。收集 2000 余条珞巴语词汇，用藏语发音编辑成册，用于乡教学点教学传承珞巴语言文字文化。加强对珞巴文化陈列馆的建设力度，增添珞巴族的器物展示。教育扶持方面。全乡 21 名小学生贯彻落实了“三包”政策和学生营养改善计划，新建教学点工程完工，经验收合格已投入使用。卫生服务方面。完善乡卫生院和村卫生所建设，并配备 9 名医生，可为老百姓提供一般病患的治疗。提高“住院分娩”率目标，住院分娩人数为 9 人，住院分娩率 100%。社会救助事业方面。对未成年服刑人员子女、残障孤儿、贫困人口等社会弱势群体进行精准识别建卡立档，纳入贫困救助对象。精准扶贫工作方面。全乡边民补助从 2016 年的 2700 元提高到 2017 年的 3900 元。截至 2017 年底，已全面实现脱贫。

二、贡日门巴民族乡经济社会发展综述

（一）基本情况

贡日门巴民族乡位于错那县西南部，离县城 36 公里，平均海拔 3196 米，辖斯木、贡日两个行政村。辖区面积 167040 亩，其中草场面积 97200 亩，林地面积 62500 亩，耕地面积 114 亩，全乡共有农牧民群众 59 户 177 人，共有劳动力 101 人。

（二）社会经济各类指标

截至 2017 年底，全乡财政收入 196.92 万元，其中第一产业收入 17.03 万元，第二产业收入 51.03 万元，第三产业收入 57.42 万元，劳务输出总收入 70.74 万元，年人均收入达 196.92 万元。

（三）特色产业发展情况

斯木村合作社以国家投资+群众集资的方式总投资 320 万元，占地面积 1500 平方米左右，其中国家投资 108 万元，个人投资 212 万元。按照股份制形式分配利润，合作社为当地群众每户每年增加收入 5000-6000 元。

三、麻麻门巴民族乡经济社会发展综述

（一）基本情况

麻麻门巴民族乡位于错那县城南部，距县城 40 公里，平均海拔 2800 米。麻麻门巴民族乡辖区一个

行政村（麻麻村）。全乡共 66 户 156 人，其中门巴族 106 人、藏族 50 人。全乡总面积 82.7 平方公里，耕地面积 68 亩，草场面积 61716 亩，林地面积 54990 亩。2017 年全乡农村经济总收入 456.94 万元，人均收入 5231.33 元。其中，一产收入 88.08 万元，二产收入 106.1 万元，三产收入 262.76 万元。牧业收入 28.58 万元，林业收入 46.51 万元，其他收入 63.58 万元，劳务输出收入 91.7 万元；政策性收入 24 项 1060066.74 元，占群众纯收入的 44%左右。全乡有牲畜 242 头。全乡建档立卡贫困户 6 户 11 人，五保户 1 户 1 人，低保户 5 户 10 人，2017 年脱贫 4 户 9 人，2018 年计划脱贫 2 户 2 人，全乡贫困发生率为 1.23%。

（二）社会经济各类指标

农村经济总收入 423.46 万元，同比增长 6.9%；农村居民人均可支配收入 14367 元，同比增长 19%；粮食产量 33.56 吨，同比增长 6.9%。

（三）特色产业发展情况

依托低海拔优势大力发展茶叶种植，共种植茶田 352 亩。现有四家木碗加工点，一年可为其家庭增收近 10000 元。

（四）旅游业发展方面

目前，共开办 52 家家庭旅馆，7 家餐馆、5 家茶馆、5 家商店、7 家民族特色产品销售点，共为群众创收 848200 元，户均 12659 元。

四、勒门巴民族乡经济社会发展综述

（一）基本情况

勒门巴民族乡位于错那县西南部，距县城 52 公里，平均海拔 2350 米。辖区行政面积约 363 平方公里，森林面积 14.78 万亩，草场面积 9.3618 万亩，退耕还林面积 204.87 亩，茶田面积 693 亩（其中可采摘 144 亩、2013 年以来新播种 579 亩、2017 年新增采摘 18 亩），全乡农作物种植面积 32.25 亩。下辖 2 个行政村，4 个自然村，常住 54 户（勒村 33 户、贤村 21 户）共 140 人（其中门巴族 86 人，藏族 54 人）。全乡共有劳力 87 人（女性 41 人），农村低保 1 户 1 人，城镇低保 6 户 16 人。

（二）社会经济各项指标

2017 年国民生产总产值实现 452.25 万元，同比增长 14%。（其中政策性收入 2170482.41 元，占全乡总产值 44%，种植业收入 1197195 元，占总产值 26%，交通及旅游业收入 957500 元，占总产值 21%，牧业收入 407300 元，占总产值 9%。）农牧民人均纯收入达到 17864 元，同比增长 6.07%。

（三）农牧业生产不断发展

2017 年共加工茶叶 17782.86 斤，创收 2055105 元。年末牲畜存栏总头数 334 头，牧业收入为 40.73 万元。

（四）特色产业发展情况

投资 1 亿余元，建设勒村 24 户民房、游客接待中心、商业街及政务综合中心，于 2017 年 12 月底圆满竣工交付。

五、吉巴门巴民族乡经济社会发展综述

（一）基本情况

吉巴门巴民族乡距县城所在地 39 公里，平均海拔 3500 米。全乡总户数有 64 户共 200 人，建档立卡 1 户 3 人（低保户）。全乡下辖 2 个行政村，耕地面积 542 亩，人均耕地面积 2.71 亩，农作物主要以春小麦、冬青稞、荞麦为主，草场面积 14735.9 亩，牲畜总头数 604 头，林地面积 91604.5 亩。

（二）社会经济各项指标

2017 年全乡农牧民群众人均收入达到 12667.5 元；农村经济总收入 460.55 万元，同比增长 7.4%，其中第一产业收入 168.6 万元，第二产业收入 73.6 万元，第三产业收入 218.35 万元。农牧民人均纯收入达到 12667.5 元，同比增长 7.4%。粮食作物 73 吨，牲畜总头数 604 头。

（三）农牧业生产

2017 年以来第一产业健康有序发展，共产冬小麦 13 吨、青稞 19 吨、荞麦 51 吨、各类野生药材 15.8 吨，至 2017 年底牲畜存栏数 604 头，总收入达到了 168.6 万元。

（四）特色产业发展情况

吉巴村合作社集体经济收入 5 万元（其中野猪养殖厂收入 1.5 万元、荞麦加工厂收入 3.5 万元），人均增收 400 余元。让村门隅甘露合作社收入 6 万元，人均增收 1000 余元。

六、达木珞巴民族乡经济社会发展综述

（一）基本情况

达木珞巴民族乡下辖达木村、卡布村、珠村、

贡日村 4 个行政村。全乡总面积 800 多平方公里，平均海拔 1860 米，乡政府所在地海拔 1560 米。2017 年年底，全乡总人口为 270 户 1080 人（农业人口 265 户 1071 人）其中珞巴族 677 人，门巴族 377 人，藏族 21 人。

（二）经济指标

2017 年全乡农村经济总收入为 1664.25 万元，同比增长 15%，人均纯收入 10277.3 元，同比增长 15%，人均现金收入 8375.53 元，同比增长 15%。

（三）农牧业生产情况

2017 年农作物播种面积 2604.4 亩，其中水稻 600.4 亩，玉米 1283.6 亩，其他农作物 720.4 亩，其中蔬菜大棚面积 19.3 亩。粮食产量 651.49 吨，较去年增长 18.22%，其中稻谷 227.74 吨，同比增长 42.5%，玉米 373.65 吨，同比增长 50.1%。2017 年牲畜总计 3311 头。其中大牲畜 1157 头(包含牛 1093 头，马 17 头，骡 47 头)，猪 1150 头。家禽（藏鸡）1004 只。

（四）产业发展情况

1.茶叶为主导特色农牧产业。全乡以茶叶作为主要特色农牧产品，现有茶叶种植面积 800 亩，其中卡布村 600 亩、达木村 200 亩，群众增收 601200 元。

2.野花椒、红米、辣椒等配套特色产业。已完成投资建设珠村 200 亩的优质水稻田和 120 亩的野花椒基地，57 户 231 人收益。目前正在建设达木乡 220 亩野花椒种植基地、30 亩野花椒育苗基地和 60 亩辣椒基地。

3.抓好藏药材可持续的开发。2017 年全乡采摘野生七叶一枝，带动群众增收达 105 万元。

（五）教育卫生事业情况

2017 年适龄儿童入学率达 100%，在校生巩固率达 99%，成年扫盲率 99%。乡卫生院巡诊 3 次，受诊人数达 280 人次，药品销售总额为 5.6 万元，为儿童接种疫苗 4 次；由广东省援藏投资 400 万元修建的乡卫生院已建成使用，乡卫生院办公条件得到极大改善，2017 年农村群众参保率收率达 100%。

（六）文化旅游发展情况

开展珞巴文化挖掘、保护、收集和传承工作，2017 年新创作珞巴歌舞 3 个，正在制作珞巴历史书籍。依托达木乡位处扎墨公路沿线的优势，大力发展农家乐、家庭旅社等旅游项目。目前，达木村有扎西农家乐等 5 个家庭旅馆，扎西农家乐年收入达到 15 万元。

七、更章门巴民族乡经济社会发展综述

（一）基本情况

更章门巴民族乡位于林芝市巴宜区 318 国道旁，318 国道林拉高等级公路贯穿全乡。全乡总面积 619 平方公里，平均海拔约 3000 米，距离城区 35 公里。下辖 6 个行政村，共 319 户 1374 人。

（二）各项经济指标

2017 年生产总值达到 3122.83 万元，同比增长 14%；农牧民人均现金收入（可支配收入）达到 14892 元，同比增长 26.5%。

（三）产业发展情况

久巴村草莓种植项目 2017 年实现销售收入 300 万余元，每户平均增收 4 万余元。扶贫项目藏鸡养殖成效明显，项目启动至今，旺季日均产蛋量为 300 枚左右，淡季为 150 枚左右，市场售价为 2 元每枚，每年销售收入 13.5 万元。老排龙木耳种植集体经济初步形成，目前已初见效益。排龙棚户区改造项目收益稳定，乡政府与西藏乐途旅游公司签订协议，实现每年增收 40 万元。

（四）教育卫生事业情况

全乡参加社保人数 1412 人，完成率 100%。两降一升体检率 100%；包虫病筛查率 100%；乡小学在校生 186 人，中小学生入学率 100%，投资 281 万余元新建幼儿园，预计 2018 年 3 月投用。

八、南伊珞巴民族乡经济社会发展综述

（一）基本情况

米林县南伊珞巴民族乡平均海拔 2940 米。行政区域国土面积 648.4 平方公里，其中林地面积 5.8 万亩，草地面积 21 万亩，冰川面积 3399 亩。全乡下辖南伊、琼林、才召 3 个行政村，129 户 549 人，其中劳动力 290 人。

（二）各项经济指标

2017 年底，全乡有农牧民群众 123 户 549 人。全乡国民经济收入达到 1292.38 万元，农民人均纯收入 16478.43 元，现金收入 14208 元。

（三）农牧业生产情况

农作物播种总面积为 1452.62 亩，其中粮食播

种面积 1059.22 亩、油菜 231.9 亩、蔬菜 134.05 亩，其他作物 27.45 亩，蔬菜产量 191210.28 斤，其他作物产量 33621.84 斤。牲畜总数 3335（头、只、匹），其中大牲畜 1598（头、只、匹）；肉类总产量 80610 斤，酥油产量 35344.51 斤。

（四）产业发展情况

一是西藏灵芝生物科技有限公司租用南伊村占地 430 亩，年租金 40 余万元，受益群众达 39 户 156 人，人均每日收入可达 200 元。二是米林县扎贡沟藏药材种植有限公司租用南伊村流转地 52 亩，年租金 3 万余元，人均每日收入可达 150 元。南伊村致富带头人开发研制风痛宁药浴粉，用于治疗类风湿性关节炎、肾虚、失眠等症状，以全村入股的形式在县城出售，切实增加了群众收入。三是才召村珞巴工坊通过统一的销售渠道实现每人每月最低增收 3000 元。

（五）教育卫生事业情况

一是适龄儿童入学率 100%、在校生巩固率、教育“三包”经费到位率、初中适龄少年入学率均达到 100%，巩固率达 99.8%。二是今年参加新型农村养老保险 245 人全部录入系统，缴费率 100%。合作医疗账户覆盖率、个人缴费率、报销率均达 100%，今年共计报销合作医疗 552 人次资金 36515.15 余元。

（六）旅游发展情况

目前全乡已拥有家庭旅馆 15 户，2017 年仅旅游商品饮食业就为全乡群众创收 152.87 万余元；争取培训项目，开展旅游服务、黑木耳、野生食用菌的栽培培训，今年共开展或协助开展各类培训 10 余次，培训人数 240 人次。

九、纳西民族乡经济社会发展综述

（一）基本情况

纳西民族乡地处滇藏 214 国道线上，距芒康县城 112 公里。全乡面积 374.9 平方公里，其中森林面积 10337 公顷。现有耕地面积 3153.75 亩，人均占有耕地 0.77 亩；全乡辖 4 个行政村 21 个自然小组，835 户，总人口 4604 人。

（二）各项经济指标

2017 年全乡农村经济总收入达 12138.1 万元，同比增长 16%，完成了年初计划的 100%；劳务输出 5332 人次，劳务收入 895 万元；农牧民人均纯收入达到 12166.5 元，其中现金收入 9615 元，增长 10%；粮食总产量 976.5 吨，牲畜出栏 1789 头（只、匹），牲畜存栏数为 4068 头（只、匹）。

（三）特色优势产业

为提高农牧民经济收入，在原有葡萄种植基地 645 亩基础上增加 543.3 亩种植葡萄。经济林木种植 1441.08 亩，其中橘子 65.03 亩、苹果 729.41 亩、石榴 646.64 亩。建立康巴蜜橘产业基地，基地占地 900 余亩。建造温室大棚 83 座，总亩数 155.89。建立三家卡若香猪养殖厂，香猪存栏 918 头；一家奶牛厂，奶牛 30 头。成立大峡谷农牧民施工队、汽车运输队等，每年可为群众增收 150 万元。

（四）民生事业

新型农村养老保险参保 1875（16—59 岁）人。截至 2017 年 60 岁以上享受养老保险人数 450 人。2017 年牲畜保险上报 89 头，农田 228.5 亩，林业生态等八大岗位解决就业岗位 1052 个。

（五）旅游产业

截至 2017 年底，全乡共有 63 户藏家乐，每年可创收 200 万元左右。纳西乡加达村注册资金 107 万元成立的康巴旅游合作社，可为群众创收 10 万元左右。

（撰稿：洛桑群佩　审稿：金美）

陕西省

2017 年，在国家民委和各级党委、政府的大力支持下，我省民族乡镇团结进取、攻坚克难，积极应对复杂多变的经济环境，着力推进经济持续健康发展，各项社会事业取得新进步，人民生活质量和水平显著提高。

陕西是一个少数民族散杂居省份，有回、满、壮、苗、蒙古族等少数民族成份 54 个，少数民族人口近 20 万，总体呈大分散、小聚居态势。全省有三个民族乡镇，均为回族镇，分别是商洛市镇安县西口回族镇、茅坪回族镇和安康市宁陕县江口回族镇。三个回族镇总面积 746 平方公里，2017 年总人口 38264 人，其中少数民族 11569 人，占民族镇总人口的 30.2%。三个族镇共有 24 个村民委员会，全部通公路、通自来水、通电、通电话、通邮。

2017 年，全省民族镇乡镇企业从业人员 874 人，乡镇企业总产值 79156 万元，其中工业总产值 78901 万元，乡镇企业年净利润总额 19913 万元；农林牧渔业总产值 31453 万元，农作物总播种面积 39904 亩，其中粮食播种面积 21964 亩。

2017 年，全省民族镇共有学校 15 所，在校学生总数 3913 人，教师总数 278 人；图书馆 18 个，文化站 2 个，村文化活动室 24 个。卫生院 8 个，村卫生室 29 个，卫生医疗人员 62 人。

（撰稿：马珂　审稿：雷西明）

甘肃省

甘肃是一个多民族省份，56 个民族俱全，少数民族人口 241.05 万人，占全省总人口的 9.43%。世居甘肃的少数民族有回、藏、东乡、保安、裕固、蒙古、撒拉、哈萨克、土、满等 10 个，其中东乡族、保安族、裕固族是甘肃独有少数民族。全省共有 2 个民族自治州，7 个民族自治县，21 个民族县（市），34 个民族乡。民族地区国土面积 18.3 万平方公里，占全省总面积的 43%，常住人口 319.5 万人，占全省总人口的 12.4%。全省 34 个民族乡，分布在白银、张掖、平凉、酒泉、庆阳、陇南、临夏、甘南 8 个市（州）的 16 个县（市、区）。34 个民族乡中，回族乡 15 个，东乡族乡 8 个，藏族乡 7 个，蒙古族乡 2 个，裕固族乡和土族乡各 1 个。34 个民族乡总人口 32.5 万人，其中少数民族人口 21.6 万人，占总人口的 66.4%；国土面积 16629.7 平方公里，占全省区划面积的 3.7%。

省委、省政府始终高度重视民族乡发展问题，2017 年，我省民族乡在省委、省政府的坚强领导下，深入学习贯彻党的十八大，十八届三中、四中、五中全会，以及中央民族工作会议和省民族工作会议精神，认真贯彻落实省委、省政府各项决策部署，各级党委、政府积极探索促进民族乡发展的新思路、新办法，采取积极措施，进一步促进全省民族乡特色产业、生态建设、脱贫攻坚、民族团结等各项事业发展，民族乡总体保持了经济健康发展，脱贫攻坚有序推进的良好局面。

一、经济发展健康平稳

2017 年，全省 34 个民族农林牧渔总产值达到 22 亿元，粮食总产量达到 20 万吨；农民专业合作社达到 694 个，比上年增加 79 个，增长 12.8%；34 各民族乡公共财政收入达到 2.8 亿元，比上年增长 16.7%；公共财政支出达到 2.9 亿元，比上年增长 16%。306 个行政村中已通公路的 306 个，通自来水的 301 个，全部通电、通电话，通邮的 266 个。34 个民族乡中有 20 个民族乡农村居民人均可支配收入超过全省平均水平，张掖市白银蒙古族乡、马蹄藏族乡、祁丰藏族乡和肃州区黄泥堡裕固族乡、瓜州县腰站子东乡族乡、玉门小金弯东乡族乡农村居民人均可支配收入超过万元，部分是全省平均水平的两倍之多。

二、脱贫攻坚持续推进

全省民族乡认真贯彻落实省委、省政府工作部署，始终将脱贫攻坚作为首要任务和“一号工程”来抓，全省民族乡在政策扶持和各方努力下，脱贫攻坚取得了较好成绩。一是扶贫工作力度加大。紧扣“两不愁、三保障”，大力推动民族乡脱贫攻坚。正宁县五顷塬回族乡全年核查农户 1612 户 5973 人，精准识别涉贫农户 27 户 110 人，全乡贫困发生率下降到 1.76%；临潭县长川回族乡贫困人口从 2013 年的 3850 人下降到了 1046 人，贫困发生率从 34.57% 下降到了 9.39%；临夏县井沟东乡族乡通过广泛宣传动员、摸排上报，争取D级危房改造指标513户，无能力建房14户，全乡D级危房全面改造完成。二是基础设施明显改善。各民族乡党委、政府把解决制约脱贫攻坚和发展的基础性问题放在首位，通过多渠道争取项目和资金，民族乡基础设施得到明显改善。广河县阿力麻土东乡族乡利用财政“一事一议”奖补等项目对阿力麻土村9.5公里村社道路进行了硬化；对三蒿公路至兰家村寺头原有破损道路进行破除重铺，解决该村2个社75户350人的出行及生产生活物资的运输，加快群众脱贫致富步伐；临夏县安家坡东乡族乡充分利用民族乡发展资金优势，累计硬化村社道路74.5公里，硬化率达到85.8%；卓尼县杓哇土族乡全年共争取项目建设资金5303.83万元，组织实施交通、水利、文化设施等建设项目。三是产业扶贫成效显著。临夏县安家坡东乡族乡以畜牧强乡为目标，大力发展壮大畜牧养殖，通过政府引导、政策扶持，全乡建成畜牧养殖企业12家、发展规模养殖户125户，群众畜牧业收入达到人均纯收入的30%以上。广河县阿力麻土东乡族乡积极发挥村级产业发展互助社职能，解决群众发展资金短缺难题。规范运行了村级产业发展互助社，保证互助社正常运行，全年六个互助社共计发放互助金354笔443.1万元。正宁县五顷塬回族乡按照“塬面苹果、山地草畜、全乡发展劳务和乡村旅游”的产业发展思路，深层次挖掘和开发红色文化和乡村旅游资源，引导群众逐步开展产业结构调整，发展乡村旅游和中药材种植，促进产业转型升级。全省民族乡从基础保障、产业培育等方面对症下药，因村施策、因户施法，做到基础扎实、资料对口、群众满意、真扶贫、扶真贫，真正帮助群众发展致富产业和解决实际问题，切实加快脱贫致富奔小康步伐。

三、社会事业长足进步

全省民族乡坚持把教育卫生、创业就业、社会保障等公共服务作为民生之本、发展之基，在相关政策的大力支持下，教育、文化、卫生等社会事业全面协调发展，取得了较好成绩。一是教育教学条件全面改善。高度重视民族乡教育发展，一批教育项目相继实施，进一步解决了适龄儿童上学难的问题，大大改善了民族乡的办学条件，34个民族乡全部实现了“两基”目标。目前，全省民族乡有中小学247所，教职工2677人，在校学生近3万人。二是推进深化医疗改革，大力支持民族乡医疗卫生基础设施和村级卫生网点建设，着力改善医疗卫生条件。完成民族乡医疗机构改造建设任务，目前，34个民族乡共有医疗卫生机构238个，卫生院36个，村卫生室265个，卫生技术人员353名。民族乡每个行政村都具备了一个医疗点，乡、村医疗、卫生、保健体系进一步完善。三是社会保障体系逐步完善。全面贯彻落实新型农村合作医疗、就业创业、最低生活保障等基本社会保障制度，民族乡新型农村合作医疗实现了全覆盖，参合率达到98%以上。救助体系进一步完善，城乡低保、五保供养、大病救助、临时救助等工作全面推进。四是文化事业繁荣发展。重视民族乡少数民族文化事业发展，持续推进文化站、文化室、农家书屋等文化设施建设，全省民族乡现有文化站33个，村文化室316个，实现了标准化乡镇综合文化站和行政村农家书屋全覆盖。组织举办少数民族传统体育赛事活动，加快少数民族体育事业发展。综治维稳、安全生产、信访等工作得到全面加强，社会大局和谐稳定。

（撰稿：孔庆斌　审稿：王宇卫）

青海省

青海省有28个民族乡，行政区划面积5436平方公里。分布在4个市（州）的12个县，其中藏族乡17个，回族乡8个，蒙古族乡2个，土族乡1个。

2017年，民族乡总人口22.8万人，其中少数民族人口15万人，占民族乡总人口66%。2017年有村民委员会340个。其中，已通公路339个，占99.7%；已通自来水的村337个，占99.1%；已通电话的村337，占99.1%；已通邮的村314个，占92.4%。

财政收入 1.49 亿元，财政支出 1.44 亿元。学校 116 所，在校学生 1.9 万人，教师 1377 人。图书馆 79 个，文化站 57 个，村文化活动室 240 个。医院、卫生院 133 个，卫生人员 330 人，病床 220 张。

（撰稿：王姿琪　审稿：董富海）

新疆维吾尔自治区

2017 年，新疆维吾尔自治区共有民族乡 42 个，其中：哈萨克族乡 13 个，回族乡 5 个，柯尔克孜族乡 6 个，蒙古族乡 10 个，锡伯族乡 1 个，乌孜别克族乡 1 个，塔吉克族乡 4 个，塔塔尔族乡 1 个，达斡尔族乡 1 个。从区域分布看，南疆 9 个、东疆 4 个、北疆 29 个；其中边境县（市）24 个、农区 8 个、牧区 34 个。民族乡行政区划总面积 5.56 万平方公里，年末总人口达到 35.23 万人，其中少数民族人口 28.67 万人，占民族乡总人口的 81.38%。

——综合经济方面。2017 年，全区 42 个民族乡经济发展稳定调整。全年实现农林牧渔业总产值 80.09 亿元，比上年增长 26.26%。农作物播种总面积 208.17 万亩，比上年减少 3.72%。其中由于受种植结构调整影响，粮食播种面积 120.50 万亩，比上年减少 11.06%；全年实现粮食总产量 68.07 万吨，肉类总产量 9.65 万吨。全区民族乡乡镇企业总产值达 18.07 亿元，其中工业总产值 8.56 亿元，乡镇企业年净利润总额 1.60 亿元，乡镇企业从业人员 6738 人。

——财政收支状况。2017 年，全区民族乡公共财政收入达到 7.35 亿元，比上年增长 3.81%。公共财政支出 7.35 亿元，，比上年减少 7.66 %。

——基础设施日趋完善。2017 年，全区民族乡 257 个村民委员会中，已通公路的村有 257 个，占 100%；已通自来水的村 240 个，占 93.38%；已通电的村 257 个，占 100%；已通电话的村有 249 个，占 96.288%；已通邮的村 241 个，占 93.77%。

——社会事业取得进步。2017 年，全区民族乡共有学校 126 所，在校学生总数 3.54 万人，教师总数 4114 人；图书馆 101 个，文化站 45 个，村文化活动室 249 个。农村三级卫生保健网建设情况良好，有医院卫生院 73 个，医生 375 人，病床 818 张；村卫生室 223 个。

——农牧民收入增加。2017 年，42 个民族乡农牧民家庭人均可支配收入 13865.82 元。其中人均纯收入 1 万元以上的民族乡超过 36 个。在农牧民家庭总收入中，非农业收入比重明显增加，主要包括农牧民家庭经营的第二、第三产业收入和乡镇企业、个体私营企业、转移劳动力等工资性收入。

（撰稿：裴海龙　审稿：姜国利）

民族经济工作综述

北京市

2017 年是实施“十三五”规划的重要之年，也是供给侧结构性改革的深化之年。北京市认真贯彻落实中央、北京市民族工作会议精神和有关工作部署，切实增强以首善标准做好首都民族经济工作的自觉性，各项工作取得明显成效。

一、民族经济工作机制更加完善

一是坚持高位推动。连续第九年召开北京市民族乡村经济工作会，交流经验，表彰先进，部署工作，着力完善落实差别化政策体系。连续第十年举办北京市清真饮食文化节，为繁荣北京清真食品市场、弘扬清真饮食文化、促进民族团结和谐做出了积极贡献，取得了经济效益和社会效益的双丰收。围绕疏解整治促提升和推进农业供给侧结构性改革，举办 10 期民族乡村特色产业融合发展培训班，解读政策、解析经典案例，探索实践农科结合、农旅结合、农文结合的发展新模式，惠及千余人。二是注重凝心聚力。市级各部门、各区、各乡镇主动将涉及民族乡村的政策措施、工程项目纳入各地各部门工作计划，2017 年市级少数民族经济发展专项资金额度增长至 4800 万元，增幅 33%，各有关区和乡镇同步加大资金投入力度，安排专项投入规模近 6000 万元。全市形成了市、区、街道（乡镇）三级清真食品监督网络，注重发挥民族政策监督管理员队伍等社会力量的作用。发挥北京烹饪协会清真专业委员会作用，开展各类培训提升服务。鼓励清真食品企业多次在全市具有清真饮食习惯群众相对聚居的重点区域开展清真食品进社区展卖活动，为当地居民提供优质、放心、价廉的清真食品。三是强化政策激励。不断完善市级专项资金以奖代补机制，重点针对低收入农户增收、精准帮扶、特色发展等民族乡村经济发展面临的重点任务，优化考核指标体系和奖项设置，充分发挥以奖代补考评的激励作用，积极引导区、乡镇、民族村向全市重点工作聚焦和发力。

二、民族乡村经济发展成效显著

一是产业结构更加合理。重点打造于家务回族乡国际种业园区，积极支持房山区窦店村创建国家现代农业示范区，努力构建符合首都功能定位的“高精尖”经济结构。二是加大专项资金帮扶力度。2017 年投入 4400 万元支持 31 个产业项目发展，90%的资金投向山区民族村、未达标民族村和低收入民族村（户）。2018 年度资金预分配工作继续着力向山区民族村发展、未达标民族村增收和低收入民族村（户）帮扶工作倾斜。三是农民收入持续增加。全市民族村农民人均收入约 2.5 万元，超过全市平均水平 2100 元，同比增长 7.9%，数额和增幅均高于全市水平，117 个民族村人均收入达到所在区或全市平均水平，占民族村总数的 95.1%。全市民族村落实“六个一批”帮扶措施取得成效，低收入农户人均可支配收入超过 1.5 万元，同比增长 45.8%，3 个低收入民族村 92%以上低收入农户人均可支配收入超过 11160 元标准线，提前完成了《北京市“十三五”时期少数民族事业发展规划》确定的低收入农户达标任务。全市民族村劳动力就业率达到 92.9%，较上一年增长 0.2%。四是基本公共服务水平不断提升。广播电视、数字影厅、全民健身设施和文化活动室（站）、基层医疗卫生服务实现全覆盖，民族中小学办学条件全部达到全市中小学统一标准，民族村基础养老金、福利养老金、低保等社会保障待遇同步提升。7 个民族村被命名为第二批“中国少数民族特色村寨”，全市有 15 个乡镇将 27 个民族村纳入第一批美丽乡村建设专项行动计划。

三、清真食品行业品质不断提升

一是清真食品服务保障能力进一步提升。圆满完成“一带一路”国际合作高峰论坛和十九大等重大活动的服务保障。二是规范化建设水平不断提升。组织 2 期“清真食品行业品质提升培训班”，对清真食品企业经理、厨师长、厨师、服务经理等从业人员 200 余人进行培训，新增选市级规范化清真特色餐厅 26 家和规范化清真食品专柜 1 家，全市规范化清真特色餐厅、食品专柜分别达到 130 家和 212 家。三是日常监督管理机制更加完善。将清真食品市场检查工作纳入我市安全维稳整体工作，在春节、两会、国庆重点节日和重大活动期间，多次组织各区重点排查交通枢纽、旅游景点、庙会等人口密集区域的清真饮副食网点，重点检查了清真食品货源、存贮加工场所、从业人员以及新版清真食品牌证使用等情况，有力确保全市清真食品市场健康有序。四是专项治理工作取得成效。深入贯彻落实中央统战部、国家民委精神，在全市范围内开展为期三个月的"清真食品标志管理专项治理活动"，换发新证 378 家，新办许可 91 家，清理登记流失清真网点 56 家，清真食品专用标志管理进一步规范。

四、政策资金使用管理更加规范

一是注重完善制度。根据财政要求持续修订专项资金使用管理办法，进一步规范项目申报、资金分配、绩效评价结果等各个环节的工作要求，坚持按照公开征集、择优录取、市级统筹、区级实施的原则，进一步明确资金扶持方向和条件、工作流程和要求。二是持续推进项目储备。按照"储备一批、推进一批、实施一批"的原则，指导各区加强项目库建设。三是切实用好政策资金。严格遵照财政体制改革要求，进一步提高各类政策资金使用管理水平。严把民品工作的审核关、监管关。共审核民族特需商品定点生产企业流动资金贷款 18 笔共约 5.17 亿元，贴息 1488 万元，有力地促进了民品企业的发展。

（撰稿：刘刚　审稿：范宝）

天津市

2017 年，在市委、市政府的正确领导和国家民委的指导帮助下，天津市民族经济工作紧紧围绕"中华民族一家亲，同心共筑中国梦"的工作主题，紧密结合天津民族工作实际，深入贯彻落实党的十九大精神、中央民族工作会议精神，基本情况如下。

一、完成结对帮扶，推进民族乡村加快发展

去年是市委、市政府将发展相对落后的 29 个民族村纳入全市结对帮扶工作的最后一年。经过近四年的结对帮扶，在相关部门的支持帮助和共同努力下，我市民族乡村经济社会发展的水平和质量得到大力提升，少数民族群众生活得到进一步改善。

一是充分发挥驻村工作组组长"第一书记"作用，深入开展党的群众路线教育实践活动、"三严三实"专题教育、"两学一做"学习教育。二是大力实施"清洁村庄"行动，扎实推进美丽村庄"六化六有"建设，累计投入帮扶资金 3278.6 万元，完成基础设施建设项目 27 个，硬化道路 22.6 万平米，民族村全部达到美丽村庄建设标准。三是按照《关于支持 500 个困难村发展经济的实施方案》要求，26 个民族村全部制定了"一村一策"经济发展方案，确定产业发展项目 44 个，计划投入 8589.5 万元。四是组织技术帮扶组，为民族村提供产业规划、技术指导、品牌创建、市场营销等方面的帮扶，先后引进农业优势新品种、实用新技术 117 项，组织开展农民技术技能培训 105 期，培训农民 8440 人次。五是全面推行村级重大事务"六步决策法"、"四议两公开"工作法，民族村普遍形成了"党支部、村委会、村监会、服务站、合作社、保洁队"六位一体的农村基层管理服务体系。六是深入推进"平安村庄"建设，建立健全矛盾发现机制、调处、应急处置等各项机制，深入开展入户走访，排查化解矛盾纠纷。

二、认真研究谋划，做好特色村寨保护与发展

目前，天津有 2 个民族村被国家民委命名全国少数民族特色村寨，分别是蓟州区的孙各庄满族乡隆福寺村、渔阳镇桃花寺村。一年来，我们不断加

大工作指导和投入，使少数民族特色村寨建设成为全市民族乡村发展的“排头兵”。

一是进一步推动落实《京津冀民族工作协同发展合作框架协议》，积极融入京津冀协同发展战略，联手加快推进环京津“一线两片”少数民族特色村寨建设。二是投入资金 50 万元，扶持隆福寺村和桃花寺村的少数民族特色村寨建设项目。三是积极协调市民委委员单位助推民族乡村发展，市建委将隆福寺村列入第五批中国传统村落名录，下拨 10 万元村镇建设专项资金，用于补贴该村村庄规划编制工作。市交通运输委投资 20 多万元，为孙各庄满族乡维修改造了乡村公路。市体育局为隆福寺村修建了登山步道和多功能运动场。市市容园林委为隆福寺村栽种法国梧桐 300 余棵。

三、创新工作手段，提升清真食品监管与服务水平

（一）引入“互联网+政务”，推进清真食品信息化建设。天津市清真食品监管服务网络平台正式上线，监管服务网、备案管理系统和微信公众平台同时运行。清真食品备案手续简化透明，清真食品企业数据库建立完毕。积极会同市场监管部门，将清真食品备案纳入我市“多证合一”，完成了两部门工作系统的对接，实现了让数据多跑路，让群众和企业少跑路。

（二）换发新版清真标志牌，夯实依法监管工作基础。创新设计制作了具有二维码功能的新版清真食品备案证和标志牌，实现备案企业基本信息可追溯，增强了事中事后监管能力。严把清真食品生产经营“入门关”，公示清真食品备案流程，修改和制作相关工作模板，使清真食品备案更加规范化和标准化。搜集整理与清真食品工作相关的法律法规 40 个，编印成册，为基层民族工作部门做好清真食品工作提供了法律支撑。

（三）强化监督检查，确保清真食品市场稳定。召开全市清真食品依法监管工作会议，举办了天津市清真食品安全与创新发展研讨会。积极协调市食安办，将清真食品工作纳入全市食品安全监管计划，实现了清真食品工作与食品安全工作同部署同检查同考核。深入贯彻中央相关精神和《国家民委办公厅关于就进一步规范清真食品管理开展自查工作的通知》，就进一步规范清真食品管理、防范和治理组织开展了为期 3 个月的集中自查。配合第十三届全运会专委会，切实做好全运会期间的清真食品供应保障。

（四）积极扶持清真食品网点建设和企业技术改造。制定《2017 年度清真食品网点建设和企业技术改造扶持资金使用管理办法》，经认真筛选和审核，对 21 家经营规范的清真食品企业给予扶持，进一步保障了我市在校中小学生的清真就餐需求、推进了清真牛羊肉定点屠宰场建设，促进了清真食品企业健康发展。

四、落实国家民族特需商品生产的相关政策

完成民族特需商品定点生产企业 2016 年度贴息清算资金的审核拨付工作。按照《国家民委关于“十三五”期间进一步落实扶持民族贸易和民族特需商品定点生产企业优惠政策的通知》（民委发〔2016〕152 号）精神，第一时间对各定点企业贷款情况进行摸底调研，及时召开与财政、人民银行的协调会积极研商，对符合条件的民族特需商品定点生产企业审核拨付流动资金贷款贴息。进一步推动民族特需商品定点生产企业流动资金贷款贴息专项资金申报工作。为落实“十三五”期间我市民族特需商品定点企业优惠政策，根据《财政部关于进一步做好民族贸易和民族特需商品生产贷款贴息工作有关事宜的通知》（财金函〔2017〕6 号），与相关部门、相关省市多次沟通，完成了具体方案的起草工作。

（撰稿：王海洋　审稿：苏玮）

河北省

2017 年，在国家民委的指导帮助和省委、省政府的正确领导下，坚持以习近平新时代中国特色社

会主义思想引领民族工作方向，紧紧围绕迎接宣传、学习贯彻党的十九大，坚持稳中求进工作总基调，认真贯彻落实国家民委各项工作部署，深入开展民族地区脱贫攻坚、环京津少数民族特色村镇示范带建设、民族团结进步创建三个专项行动，强化担当、坚守底线、奋发进取，努力开创全省民族地区经济社会发展新局面。

全省 6 个自治县（丰宁满族自治县、围场满族蒙古族自治县、宽城满族自治县、青龙满族自治县、大厂回族自治县、孟村回族自治县）、3 个民族县（滦平、隆化、平泉）实现地区生产总值 1295.8 亿元，比上年增加 153 亿元；人均地区生产总值 38301 元，为全省平均水平的 79.82%，比上年增加 1.13 个百分点。城镇居民可支配收入 27094 元，农村居民人均可支配收入 9329 元，分别较上年增加 9.84%、11.4%。

一、实施民族地区脱贫攻坚专项行动，推进民族地区精准脱贫

多方聚力抓好民族地区精准扶贫、精准脱贫，建立 7 个少数民族贫困县（丰宁满族自治县、围场满族蒙古族自治县、青龙满族自治县、孟村回族自治县、滦平县、隆化县、平泉市）、886 个贫困村、32 万贫困人口的攻坚台账，明确了 3 类 11 项措施并抓好落实，安排贫困县和集中连片特困地区少数民族发展资金 4475 万元，并组织开展专项检查，提高资金使用效益。紧紧扭住发展第一要务，出台《关于促进我省少数民族和民族地区发展的实施意见》（冀政办字〔2017〕36 号），推动有关部门按照责任分工抓好落实，最大限度把政策红利转化为发展成效。推动落实差别化政策，省财政安排民族地区补助金 135.7 亿元，其中专项扶贫资金 4.5 亿元，投资 5.2 亿元解决民族地区群众吃水难浇地难问题，补助 6.7 亿元建设民族地区普通干线、农村公路 500 余公里，投资 27 亿元实施易地扶贫搬迁集中安置项目 49 个、受益群众 5.2 万人。做好省政府赴平泉、丰宁现场办公协调组织工作，充分发挥主任委员单位牵头协调和桥梁纽带作用，着眼于提升帮扶总体效益、提升可持续发展能力、提升社会公共服务水平、提升群众整体素质这四个关键，抓住前期筹备、项目对接、督办落实三个重要环节，张古江副省长亲自主持现场办公，54 个省直部门支持项目 601 个、资金 242.89 亿元，帮扶资金较 2012 年两县现场办公增加了 167.25 亿元，增幅 221%。用足用好民贸民品优惠政策，会同省财政厅、财政部驻冀专员办、人民银行石家庄中心支行，落实民品企业贷款贴息 7800 万元。召开自治县、民族县县长联席会议，就贯彻落实"一法两规定"、强力扶贫攻坚、聚力打造特色村镇示范带等进行集中研究，推进工作顺利开展。

二、实施环京津少数民族特色村镇示范带建设专项行动，推动民族地区加快发展

高位谋划推动少数民族特色村镇建设工作，国家民委和省委省政府主要领导、分管领导先后到民族特色村镇考察调研，提出重要指导意见，环京津少数民族特色村镇示范带建设列入国家《"十三五"促进民族地区和人口较少民族发展规划》。坚持科学谋划，制发《少数民族特色村镇建设工作细则》《少数民族特色村镇动态调整管理办法》等文件，召开动员会、推进会、现场观摩经验交流会，扭住阶段目标，加强督促指导，帮助解决突出问题，激发各级创建热情。分类打造承德、唐山、保定、秦皇岛的特色满族风情村镇，石家庄、廊坊、沧州、邯郸的特色回乡，张家口的蒙古风情村寨，集中打造 111 国道沿线和清东陵、清西陵周边"一线两片"精品片区，为全省提供示范样板。安排少数民族发展资金 5000 多万元，撬动社会资金 6 亿多，对在建的 100 个特色村镇给予重点支持，3 个精品片区初步具备示范功能，58 个村实现了民居特色鲜明、产业支撑有力、人居环境优美、民族文化浓郁、民族关系和谐"五个一"建设目标。

三、实施民族团结进步创建专项行动，促进民族团结和共同发展

聚焦"中华民族一家亲、同心共筑中国梦"目标任务，以"十个一"为抓手，组织开展全省第八个民族团结进步宣传月，集中展现党的十八大以来河北省民族工作取得的优秀成果，全力营造全省各民族和睦相处、和衷共济、和谐发展的社会氛围。落实京津冀协同发展重大战略，建立京津冀民族工作协同发展机制，举办三地民族团结进步创建互观互学活动和创建工作先进事迹报告会，两次召开三

地民族工作协同发展座谈会，在打造环京津少数民族特色村镇示范带等方面形成工作合力。指导青龙、丰宁两县办好30周年县庆，协调组成省代表团前往祝贺，通过县庆活动充分展示自治县民族团结进步事业突出成就和发展成果，集中宣传民族区域自治政策。加大对民族地区社会事业支持力度，举办全省少数民族文艺创作培训班暨少数民族文艺调（会）演总结研讨班，大力推动少数民族文艺作品创作。借助省直“三下乡”工作平台，开展走进围场集中服务活动，提供资金、物资、项目总值23.27亿元。组织开展向承德、沧州、秦皇岛等市的自治县、民族县乡送文化、送科技、送健康活动，共举办25场次，受益群众2万余人，帮助解决生产生活中的实际困难和技术难题。

（撰稿：靳磊　审稿：陈泽辉）

山西省

2017年，山西省民族经济工作在山西省委、省政府的领导下，在国家民委的指导、支持下，深入贯彻落实中央民族工作会议和山西省民族工作会议精神，紧盯“中华民族一家亲，同心共筑中国梦”的目标，围绕“共同团结奋斗、共同发展繁荣”的民族工作主题，按照省委、省政府的战略部署，服务山西转型发展的大战略，加快少数民族聚居村贫困村的脱贫攻坚力度，认真落实民族用品定点生产企业的政策，加强清真食品的监督管理，指导少数民族特色村寨建设，大力推进民族经济的健康发展。

一、2017年民族经济主要工作

（一）少数民族聚居村脱贫攻坚成效明显

遵照中央“扶贫项目责任主体到县”的要求，认真做好少数民族发展资金分配工作，2017少数民族发展资金707万元，省级100万元，按照因素法分配到县，主要用于道路硬化，滴水灌溉等基础设施建设等，发展资金按期安全到县后，省民委会同各市民族宗教事务局，对各县资金使用情况进行指导，协调各县对少数民族聚居村资金使用进行倾斜，要求少数民族聚居村使用少数民族发展资金时，秉持绿色可持续发展的理念，集体经济优先的理念，贫困群众优先受益的理念，同时加强对项目的审核、监管工作。对少数民族发展资金的使用情况进行专项检查，了解资金拨付的情况，确保少数民族发展资金使用安全。2017年，山西省壶关县2个少数民族聚居的贫困村实现了脱贫，运城市有2个村的少数民族建档立卡贫困户全部脱贫。

认真做好扶贫发展资金交叉检查工作，根据国家民委安排，赴湖南省检查调研，学到了好经验好做法，同时做好西藏检查组来我省检查调研的相关工作，加强沟通交流，为我省加强少数民族发展资金使用积累了宝贵经验，开拓了新的思路。

2017年，我省社会力量在帮助城市少数民族贫困人口上取得突破，山西回族企业家程田青在投资230万探索城市少数民族贫困人口脱贫帮扶模式的基础上，又投资500万在国家级贫困县武乡县推出创业扶贫、就业贫困、教育扶贫、保障扶贫、基金扶贫等五大扶贫模式，开创了我省少数民族企业家围绕中心，勇于担当的大爱精神，开辟社会力量在脱贫攻坚工作中的先河。

（二）少数民族企业健康发展

山西省实施民族用品定点生产企业共计29家，涉及的民族用品门类有纺织、材料、工艺品、清真食品等行业，主要集中在清真食品行业，省民委配合省财政厅，会同财监办、人行山西分行，在对全省民族用品定点生产企业发展状况进行充分调研，分析研究的基础上，初步形成了山西省民族特需商品定点生产贷款贴息资金管理办法。2017年认真贯彻落实民族用品企业贷款优惠政策，全省29家民族用品定点生产企业，共享受流动资金优惠全年总贷款数：111892万元，贴息金额34939040.8元，促进了山西民族经济的发展。

（三）加强清真食品生产经营的监督管理

1. 严格依法管理。认真贯彻落实《山西省清真食品监督管理条例》，保障少数民族群众的合法权益，推动清真食品业健康有序发展。我们坚持服务与管理并举，指导各市进一步规范清真食品认证监制工作，建立健全监督制度，定期对清真食品进行检查，了解清真食品生产经营企业的经营状况，严格把握生产、销售各个环节，加强部门协同，形成联动机制。

做好节假日期间清真食品生产经营的安全检查工作。省民委聘请了省级清真食品管理监督员，制定了《山西省清真食品管理监督员管理规定》，依法依规开展管理，对山西省清真食品产业健康发展起到了积极的作用。针对我省清食生产经营许可证及标志牌混乱的现象，省财政拨专款重新制作清真食品生产经营许可证及标志牌，2017 年，完成了我省清真食品生产经营企业的换证工作。

2. 注重法制建设。随着清真食品产业的发展及发展环境的变化，《山西省清真食品监督管理条例》已不能完整、准确地调整清真食品生产经营的活动，我委积极向省人大呼吁，建议将我省清真食品条例修订列入议事日程，2017 年省人大将《山西省清真食品监督管理条例》的修订工作，正式列为立法调研计划项目。

3. 开展专项治理。针对我省出现的清真食品方面的有关问题下发通知，进行重点检查，开展专项治理。

（四）继续做好对口援疆工作

大力宣传中央全面加强新疆工作、各地支援新疆的大好形势，大力宣传在我省务工经商的新疆少数民族的先进典型、先进事迹，积极与新疆驻山西省新疆籍务工经商人员服务管理工作组对接，及时沟通，紧密联系，加强工作协作，建立了工作联系制度和信息通报制度，形成了流出地与流入地高效互动。与省委统战部共同对近年来贯彻落实第二次中央新疆工作座谈会和中央统战工作会议、中央民族工作会议精神的情况进行了认真总结和自查，在此基础上形成了《省委统战部、省民委贯彻落实中央新疆工作重大决策部署情况自查报告》。

二、2018 年民族经济工作要点

2018 年山西省民族经济工作继续以贯彻中央民族工作会议和全省民族工作会议精神为主线，紧密围绕省委、省政府中心工作和国家民委的总体安排，立足改善民生，坚持促进发展，延伸服务触角，加强资金监管，推动民族经济工作再上新台阶，作出新贡献。

（一）加大少数民族聚居村帮扶力度

2018 年，山西省将努力实现 23 个少数民族聚居的贫困村全部脱贫的目标。围绕这一目标，一是加大扶贫投资力度，继续完善少数民族聚居村道路交通、安全饮水、街巷硬化、广播电影、教育卫生等基础设施建设，实施精准扶贫，努力改善少数民族群众的生产生活条件；二是坚持帮扶措施与增强自身发展能力相结合，积极协调相关部门扶持特色产业，以发展少数民族聚居村集体经济为重点，努力把少数民族聚居村纳入全省金融小额贷款扶持范围，带动金融资本支持特色产业开发；把少数民族聚居村的农民群众纳入农民培训教育重点，培养懂技术、会管理、善经营的新型职业农民。继续抓好少数民族特色村寨保护与发展工作。

（二）加大民品企业工作力度

1. 规范管理。进一步完善民品企业基础档案制度和商品展示制度，规范民品企业生产台账内容，完善民品企业生产《目录》商品的展示室（或展示柜台）。

2. 完善制度。继续协调财政、银行等部门做好民族特需商品定点生产企业优惠政策的落实工作，出台山西省少数民族特需商品生产贷款贴息资金管理办法。

3. 加强监督。加强优惠政策落实工作的监督和管理，确保企业良性健康发展。会同财政、人行等部门定期检查民品企业生产《目录》商品的情况，对达不到生产要求的企业终止享受优惠政策。

4. 开展公益活动。继续引导、鼓励和支持民品企业积极承担社会责任，参与脱贫攻坚、扶贫济困、捐资助学等社会公益活动，努力促进各民族和睦相处、和衷共济、和谐发展的良性互动。

（三）加强清真食品产业扶持力度

继续依法加强清真食品生产经营的监督管理，继续完善山西省清真食品监督管理机制，依法打击经营假冒清真食品的违法行为，切实维护少数民族群众的合法权益。积极协调有关部门加强对清真食品产业的扶持，推动清真食品业健康有序发展，扶持少数民族群众信得过的清真食品龙头企业，打造山西省清真食品精品品牌，引领我省清真食品企业努力提升国际竞争力，参与国际竞争。围绕我省中心工作，积极配合相关部门，认真做好 2019 年全国青运会清真食品供应相关工作。

（撰稿：常高红　审稿：魏慈惆）

内蒙古自治区

2017 年是中国共产党第十九次全国代表大会胜利召开之年，也是内蒙古自治区成立 70 周年。一年来，围绕学习贯彻十九大精神，庆祝内蒙古自治区成立 70 周年这条主线，在国家民委的大力支持下，在委党组的正确领导下，圆满完成了 2017 年确定的各项民族经济工作任务。

一、牵头编制《“十三五”时期加快内蒙古自治区少数民族聚居地区发展的实施意见》（送审稿）

2016 年 12 月国务院印发了《关于“十三五”促进民族地区和人口较少民族发展规划》（国发〔2016〕79 号），2017 年 5 月国务院办公厅印发了《兴边富民行动“十三五”规划》（国办发〔2017〕50 号）。按照自治区领导的指示精神，由民委牵头起草内蒙古自治区贯彻国家两个规划的实施意见。在多次征求自治区多部门和各盟市意见的基础上，几易其稿，反复修改，完成了《内蒙古自治区人民政府关于“十三五”时期加快我区少数民族聚居地区发展的实施意见》（送审稿）的编写工作，现已提请自治区人民政府审议印发。

二、持续深入推进兴边富民行动和扶持人口较少民族发展，助力少数民族和少数民族聚居地区加快发展

2017 年是“十三五”规划的第二年，继续深入持久推进兴边富民行动和扶持人口较少民族发展两项工作，进一步扩大了扶持范围，内蒙古自治区边境旗市由“十二五”时期的 19 个增加到“十三五”时期的 20 个，人口较少民族聚居村由 192 个增加到 231 个，工作量进一步加大。按照国家民委和自治区党委政府相关要求，认真指导边境旗市和人口较少民族聚居旗市实施重大工程和重点项目，进一步加强基础设施建设、培育特色优势产业、改善农牧民生产生活条件，着力补齐边境地区和人口较少民族聚居地区发展短板。积极参与打赢民族地区脱贫攻坚战，工作重心进一步向少数民族聚居贫困地区、牧区倾斜，同时兼顾散杂居地区少数民族群众民生改善，有力助推内蒙古自治区少数民族和少数民族聚居地区加快发展夯实全面实现小康社会基础。积极配合有关新闻媒体（民族团结杂志社、内蒙古人民广播电台、内蒙古电视台等单位）积极宣传兴边富民工作和扶持人口较少民族发展工作取得的成效，营造良好的工作氛围。

三、积极争取，依法分配管理少数民族发展资金

积极争取国家少数民族发展资金对我区投入规模。2017 年中央财政总计预算安排内蒙古自治区少数民族发展资金 49711 万元，比上年增加 8526 万元，增幅 20%。自治区本级财政预算安排少数民族发展资金 7800 万元，与上年持平。依据自治区民委少数民族发展资金额度分配办法和资金管理相关规定，拿出切块分配意见，提交委党组会研究审议后会商财政厅下达。重点支持内蒙古自治区边境地区、人口较少民族聚居地区、牧区、少数民族聚居贫困旗县及散居地区开展兴边富民行动、扶持人口较少民族发展、少数民族脱贫攻坚、少数民族特色村镇和少数民族传统手工艺品保护与发展等项工程，对民族地区加快发展切实补齐发展短板，全面建成小康社会发挥了强有力的推动作用。根据国家六部委财政扶贫资金管理办法，配合财政厅适时制订了内蒙古自治区财政扶贫资金管理办法，制定了少数民族发展资金绩效考评办法，积极支持贫困旗县统筹整合涉农涉牧财政扶贫资金，实施精准扶贫精准脱贫

工程。按照国家民委关于少数民族发展资金省区间互检要求，迎接四川省民委来我区资金检查，并赴海南省开展检查，圆满完成互检相关工作。参与自治区人大常委会关于我区少数民族聚居地区脱贫攻坚和民族乡工作专项检查。

四、做好新一轮民贸民品生产优惠政策落实工作

配合自治区财政厅，按时完成2016年度民族贸易业企业和民族特需商品生产企业优惠利率贷款中央财政贴息工作。按照国家民委、财政部关于“十三五”时期民族贸易和民族特需商品生产优惠政策贯彻落实的最新精神，及时向自治区人民政府专题报告，会同自治区财政厅、中国人民银行呼和浩特中心支行开展优惠政策相关调研和座谈，积极向国家民委反映政策执行中出现的新情况新问题，推动地方认真贯彻落实自治区意见，确保民贸民品生产优惠政策延续执行，保障少数民族群众生产生活特殊需求。

五、加大少数民族特色村镇和少数民族传统手工艺品保护与发展工作力度

2017年进一步加大了对少数民族特色村镇和少数民族传统手工艺品保护与发展支持力度，对全区16个少数民族特色村镇和30个民族手工艺品制作重点扶持对象，分别安排专项补助资金1280万元和600万元。积极与住建厅、旅发委沟通，力争把少数民族特色村镇纳入自治区特色小镇建设规划当中。首次组织了少数民族特色村寨保护与发展东西部互观互检活动，形成了调研报告。通过积极组织和认真申报，2017年内蒙古自治区有40个嘎查村被国家民委命名为全国第二批少数民族特色村寨。与鄂尔多斯市鄂托克前旗民族职业中学合作，举办了第二期以100名农牧民群众为培训对象的全区少数民族手工艺品培训班。

六、认真做好民族统计工作

会同自治区统计局部署2017年度统计工作，共有4个自治地方、20个边境旗市、54个牧区半牧区旗市、18个民族乡、1个边销茶生产企业填报统计数据。认真完成中国民族统计年鉴（2016年）内蒙古部分撰稿统计工作。牵头组织自治区发改委、经信委、统计局参加2017年民族地区经济形势分析会并准备好参会材料。

（撰稿：李日树　审稿：云冰）

辽宁省

一、全省少数民族百乡万户惠民工程继续开展

整合国家民委经济专项工作，以民族专项资金为支撑，结合各地配套和协调资金，通过实施发展生产、改善民生、科技培训项目，持续（第四个年度）开展全省少数民族百乡万户惠民工程，进一步促进民族地区和少数民族群众增收致富。年初，专门印发了《辽宁省2018年度少数民族百乡万户惠民工程实施方案》，各市民委全力推进相关工作的实施。截至2018年10月，全省共投入少数民族发展资金19365万元，协调带动其它资金5.9亿元；实际开工项目469个；项目覆盖61个县（市、区）、220个乡镇、436个村屯；项目带动农户总数20.2万户，少数民族农户14.3万户；项目受益群众总数60.3万人，少数民族群众39.2万人。

二、“十三五”民族工作专项规划中期评估工作圆满完成

为落实国家民委和省政府关于开展专项规划中期评估的相关工作要求，我们坚持“双向推动”。一方面聘请具有专业资质的辽宁省国际工程咨询中心有限公司对《辽宁省少数民族事业“十三五”规划》、《辽宁省少数民族特色村镇保护与发展“十三五”规划》、《辽宁省少数民族语言文字工作“十三五”规划》、《辽宁省扶持人口较少民族发展“十三五”

实施意见》、《辽宁省兴边富民行动“十三五”规划》、《辽宁省国民经济和社会发展第十三个五年规划纲要》（涉民族事业方面）、国家《“十三五”促进民族地区和人口较少民族发展规划》（涉辽宁地区）、国家《兴边富民行动“十三五”规划》（涉辽宁地区）等 8 个规划和实施意见进行了中期评估，并形成了第三方评估报告。另一方面，我们组织专门力量，根据省政府通知要求，形成了《辽宁省少数民族事业“十三五”规划》、《辽宁省国民经济和社会发展第十三个五年规划纲要》（涉民族事业方面）两个中期评估自评报告；根据国家民委通知要求，形成了国家《“十三五”促进民族地区和人口较少民族发展规划》（涉辽宁地区）、国家《兴边富民行动“十三五”规划》（涉辽宁地区）两个中期评估自评报告。我省所有涉重点规划评估部门，我委第一家报送；全国民委系统，辽宁省第一个完成。省政府和国家民委对我们开展中期评估完成的速度和质量，给予了充分认可。

三、全省民族专项资金使用和项目管理质量提升活动扎实推进

认真贯彻落实习近平总书记关于开展扶贫领域腐败和作风问题专项治理的重要指示要求，根据中央和省开展脱贫攻坚作风建设年活动相关要求，在全省民委系统开展民族专项资金（包括少数民族发展资金、少数民族地区补助费和少数民族乡发展资金）使用和项目管理质量提升行动。启动阶段，制定并下发实施方案，成立领导小组（各市也分别成立相应组织领导机制），专题进行动员部署，在全省民委系统统一思想认识和工作要求；查改阶段，围绕方案提出的“六个方面的问题”，问政于民、问需于民、问计于民。通过深入基层、深入驻村帮扶点，采取召开座谈会、个别访谈等方式，广泛听取基层和群众的意见，共收集整理 6 个方面、23 类、268 个意见建议；整改阶段，根据中央六部门出台的《中央专项扶贫资金管理办法》修订《辽宁省少数民族发展资金管理办法》，并组织学习培训，全省有 7 个市根据中央和省管理办法出台了地方性管理办法和规章；结合省财政厅 2015－2017 年度扶贫资金专项检查通报内容，对存在的问题予以梳理和分类，聘请专业机构对资金使用和项目管理存在的问题进行逐一审计，并逐市下发整改通知书；召开全省民族经济工作会议，对贯彻脱贫攻坚作风建设年活动进行专题动员部署，召开少数民族发展资金使用和项目管理现场经验交流会，进一步规范资金使用和项目管理；验收阶段，组织全省少数民族发展资金使用和项目管理互检活动，以分组互学互检的方式，采取听、查、看、问、评等手段，对 2018 年民族专项资金使用和项目管理工作开展绩效评价，互相学习、互相促进、共同提高。

四、民族经济专项工作成效显著

一是深入开展兴边富民行动。认真学习贯彻中办、国办《关于深入推进兴边富民行动的意见》（中办发〔2018〕52 号），按照省委省政府领导批示要求，结合工作实际，在广泛征求丹东市及省直有关部门意见基础上，推动出台我省的实施意见，进一步加强对兴边富民行动工作的谋划部署。根据国家民委要求，完成了兴边富民行动“十三五”中期评估工作，全年投入民族专项资金 3488.5 万元，安排项目 64 个，带动边境一线 26 个乡镇（社区）、259 个行政村的相对贫困群众脱贫致富，进一步加强了边境地区基础设施建设和经济建设。二是有效实施特色村寨保护与发展。完成了“十三五”少数民族特色村寨建设工作中期评估，全年投入民族专项资金 3968.1 万元，整合其他资金 2.2 亿元，实施项目 47 个，共有 35 个村被国家民委命名为第二批中国少数民族特色村寨。三是有序推进扶持人口较少民族发展工作。根据国家民委要求完成了“十三五”扶持人口较少民族发展中期评估工作，全年安排民族资金 699 万元，整合各类资金 7000 万元，实施特色产业项目 13 个，至年底，所有锡伯族建档立卡贫困村全部脱贫摘帽，提前完成“两个率先”的目标。

五、少数民族地区补助费的管理使用得到进一步规范

认真研究制定 2018 年地补费分配计划，及时提请委党组会审定，积极与省直有关部门和各市沟通协调，按时分配下达地补费 2200 万元。制定下发《关于加强地补费管理使用工作的通知》，督促各市民委每季度报送支出情况，组织开展地补费审计监管工作，进一步规范资金的管理使用，有效保障了全省

少数民族重点地区经济、社会事业发展和年度民族重点任务的顺利实施。

六、民贸民品工作顺利开展

根据国家民委、财政部和中国人民银行《关于确认并报送“十三五”期间全国民族特需商品定点生产企业名单的通知》(民委发〔2018〕49 号)要求，我们会同省财政厅和中国人民银行沈阳分行联合制定下发《关于申报“十三五”期间全省民族特需商品定点生产企业的通知》(辽民宗发〔2018〕54 号)，在全省范围内组织开展了“十三五”期间民族特需商品定点生产企业的申报工作，从大连、鞍山等 9 市上报的 65 家企业中，通过材料审核、实地走访等方式方法，严格依据确定的原则、标准、程序及有关要求，报委党组审议确定了 39 家民品企业，并督促有关市结合国家“十三五”有关政策和我省的现状，积极探索落实民贸民品政策、促进企业健康发展的工作思路。

七、民族统计年报工作高质量完成

召开全省民族监测统计年报会议，指导相关市、县对全省 8 个自治县的 293 项指标，5 个边境县的 163 项指标，6 个半牧区的 127 项指标，54 个民族乡的 36 项指标等共计 5921 条数据进行汇总、比对、审核、校正和上报，高标准高质量完成了民族统计工作。同时，通过统计综述向国家民委及时反映我省民族地区国民经济和社会发展的概况。赵经纬同志在民族统计工作中的突出表现受到国家民委办公厅通报表扬，连续 4 年被评为优秀统计员。

八、援疆援藏工作顺利实施

按照省对口支援办的项目计划，做好对口支援新疆“一地两师”和西藏那曲市工作，先后组织那曲市 19 名参访成员、新疆“一地两师”79 名参访成员来辽参观学习，开展民族交往交流交融活动，增进民族情谊。同时，坚持“走出去”与“请进来”相结合，组织省市县民委工作人员、民族团结进步先进个人、优秀民贸民品企业代表、少数民族群众等 20 人深入塔城地区、第八师、第九师，实地学习新疆民族工作的好经验、好做法、好作风，深化民委系统加强对口援疆工作的理性思考，找准切入点，提高今后对口援疆工作的针对性。

（撰稿：赵经纬　审稿：施光磊）

吉林省

2017 年是党和国家事业发展中具有重要意义的一年，也是民族工作大事多、要事多的一年。一年来，我们以习近平新时代中国特色社会主义思想为指导，深入学习贯彻党的十九大精神，紧紧围绕吉林全面振兴发展大局，以贯彻落实中央和省民族工作会议精神为主线，着力推动民族地区发展和脱贫攻坚，着力促进各民族交往交流交融，各项工作取得了新的成效。

一、支持民族地区发展和脱贫攻坚取得新成效

推动落实差别化支持政策。组织编制《吉林省少数民族和民族地区发展“十三五”规划》《吉林省“十三五”兴边富民行动规划》，并以省政府办公厅文件形式印发。配合省人大出台了《吉林省实施<中华人民共和国民族区域自治法>办法》，修订了《吉林省清真食品管理条例》。配合全国政协民宗委、省政协开展民族边境地区发展专项调研，提出了政策建议。制定了支持延龙图新区发展的 16 项政策措施，积极帮助长白县协调推进“松江河至长白高速公路”建设项目，支持民族地区和民族事业发展。

扎实推进兴边富民和脱贫攻坚工作。落实国家和省少数民族发展资金 2.5 亿元，实施各类惠民项目 220 多个。投入资金 2160 万元推进 24 个少数民族特色村寨建设。加强少数民族发展资金监管，聘请第三方对 2016 年民族边境地区项目资金进行绩效考评。召开了全省民族边境地区脱贫攻坚互观互学经验交流现场会。抓好脱贫攻坚包保帮扶工作，

制定《省民委帮扶镜城村脱贫工作总体规划》，协调落实项目资金 897 万元，帮助镜城村发展种养殖项目，改善生产生活条件；发动社会力量开展送医药文化下乡，组织结对帮扶干部进村入户走访慰问贫困户，累计资助款物 60 余万元。镜城村成为安图县脱贫攻坚示范村，截至 2017 年底，全村 52 户建档立卡贫困户去年年底全部脱贫，贫困村摘帽。机关包保帮扶工作在全省脱贫攻坚年度考核中获优秀等次。

抓好民贸优惠政策落实。重新调整核定民贸民品企业，全省民贸民品企业达到 186 家。在东博会期间举办了首届吉林省少数民族商品展，集中展出民族服饰、民族食品、民族乐器、针纺织品等特色民族商品 4 大类 200 余个品种，扩大民贸民品企业对外交流，提升了企业品牌影响力。

二、促进民族文化教育事业发展取得新成果

成功举办第七届全省少数民族传统体育运动会。赛会包括松原主赛场和吉林龙舟、白城赛马两个分赛场，全省 12 个代表团、2000 余人参加了赛事活动，集中检阅了我省少数民族文化体育传承发展成果。时任省委副书记、省长刘国中出席主赛场开幕式并宣布开幕。国家民委副主任李昌平、副省长李晋修出席龙舟赛开幕式并为龙舟点睛。

持续抓好民族优秀传统文化保护传承。修订《吉林省少数民族文化体育传承基地管理办法》，举办全省少数民族文化体育传承基地经验交流培训活动，为第四批命名的全省少数民族文化体育传承基地挂牌。召开吉林省代表团参加第五届全国少数民族文艺会演总结大会，总结我省代表团参加会演的经验成果，表彰了成绩突出的有功单位和个人。召开 2018 年第二届全省少数民族文艺汇演第一次筹备会议，启动“中国少数民族电影工程”我省民族电影剧本的征集工作。

加强少数民族历史文化研究。成立课题组对省内相关地区满族、锡伯族文化产业化进行调研。出版发行《少数民族特色村寨百年传承》《满族民间萨满神本集成（上下卷）》，启动《伊通满族文化系列丛书（五卷）》《吉林省民族宗教志（2001—2010）》等出版编修工作。《吉林省少数民族古籍系列丛书（15 卷）》成功列入国家民委少数民族古籍“十三五”重点项目出版规划。省民族宗教研究中心被国家民委评为第三批国家民委民族理论政策研究基地。

加强少数民族语言文字工作。扎实推进朝鲜语三协工作，召开了东北三省朝鲜语文协作工作座谈会。发行推广《朝鲜语规范集》，编写了《朝鲜语用语》口袋书。组织开展双语和谐乡村（社区）创建活动，珲春市新安街道长安社区被评为第二批全国双语和谐乡村（社区）示范点建设单位。调整吉林省蒙古语八协小组成员，组织参加八协小组第八次组长会议暨第十七次成员会议，举办全省第二届党政机关蒙汉双语培训班，协调做好 180 名蒙古族学校学生对等交换培养工作。做好《中国朝鲜语文》《吉林蒙古语文》编辑出版工作。

三、城市民族工作扎实推进

加强对城市民族工作的调研指导。围绕民族团结进步示范点创建、尊重少数民族风俗习惯、城市少数民族流动人口管理服务，深入到长春、吉林部分企业、社区、学校进行了调研。配合省政协开展了“城市少数民族人口服务管理”咨政协商，召开全省民委系统城市民族工作座谈会，研究分析全省城市民族工作特点规律，创新我省城市民族工作发展的途径和办法。

做好少数民族流动人口服务管理工作。保障少数民族流动人口特殊需求，指导各地认真解决好新疆少数民族群众民生及“入寺”过正常宗教生活等方面问题，在长春市建立了新疆籍务工经商人员便民服务站。加强清真食品管理，组织开展专项检查，指导各地规范清真市场秩序。延吉市被确定为全国少数民族流动人口服务管理示范城市。

四、民族团结进步创建进一步深化

加强民族团结宣传教育。紧紧围绕党的十九大和省第十一次党代会胜利召开，深入开展民族理论政策、民族法律法规和民族知识宣传教育。充分利用重大纪念活动、民族传统节庆等时机，依托国家民委“一报两刊”、各级主流媒体、网站微信等新媒体，集中宣传我省民族团结进步事业发展新成就。

深入推动联创共建。着眼筑牢中华民族共同

体意识，促进各民族交往交流交融，以联创共建为突破口，推动创建工作社会化、常态化。组织开展“民族团结宣传月”活动。举办贯彻落实全国民族团结进步创建经验交流现会议精神暨全省创建业务培训班。组织开展了民族团结进步创建“互观互检”活动。

抓好示范典型培育。命名了第三批全省民族团结进步创建活动示范单位。组织开展第二届“吉林好人·最美民族团结之星”评选活动，延边、长白、伊通等地联合开展评选活动并召开发布会。经推荐申报，我省敦化等六个县（市）被国家民委命名为第五批民族团结进步创建示范区（单位）。

着力做好援疆援藏工作。举办西藏民宗系统干部培训班，协调国家宗教局、西藏自治区区委党校等有关同志和专家学者为学员授课。征订了2060份《中国民族》，免费赠送新疆阿勒泰和西藏日喀则地区，覆盖到各县乡村。

（撰稿：孟祥超　审稿：田永亮）

黑龙江省

2017年，黑龙江省在国家民委的关怀和帮助下，按照黑龙江省委、省政府的工作部署，围绕“抓两头促中间”发展理念，深入贯彻实施“十三五”规划，重点做好贫困民族地区脱贫攻坚和人口较少民族率先全面建成小康社会这两项工作，促进全省少数民族和民族地区经济社会建设不断进步。

一、贯彻实施“十三五”规划，坚持规划统领，支持少数民族地区加快发展

2017年，黑龙江省人民政府印发了《黑龙江省“十三五”促进民族地区和人口较少民族发展规划》（黑政规〔2017〕24号）和《黑龙江省兴边富民行动规划（2016—2020年）》（黑政办规〔2017〕52号），并依据部门职责，将目标任务分解到各相关省直厅局，同时黑龙江省民委要求各市（地）民族宗教局制定相应的配套规划或者实施意见，加强与本级有关部门的沟通协调，确保《规划》的贯彻推进落实。

同时，黑龙江省将“支持少数民族地区加快发展”作为目标任务列入政府工作报告，并将其作为2017年“黑龙江省政府30件民生实事”进行重点督办。黑龙江省民委也将此项工作作为必须完成好的重大政治任务，积极沟通协调省直相关部门和各级地方政府，高标准谋划部署，制定工作方案，细化任务分解，将工作范围扩大到黑龙江省所有民委委员单位和各市（地）、县（市、区），形成了全省各部门，省市县共同发力，为少数民族办实事的联动格局。

在任务推进过程中，黑龙江省民委坚持定期与省直各部门协调，争取更多政策能第一时间落地少数民族地区。2017年，黑龙江省发改委、教育厅、财政厅、交通厅、文化厅等14个民委委员单位，投入支持少数民族地区加快发展的资金超过15亿元，资金覆盖面涉及民族地区基础设施、产业项目、脱贫攻坚、民生保障、文化教育等多方面，少数民族和民族地区经济社会建设得到较快发展。

二、查找问题完善措施，解决工作中的突出问题

2017年，黑龙江省民委进一步加强了少数民族发展资金监管。一是建立财政专项扶贫资金安全运行机制，会同省财政厅、扶贫办、发改委、林业厅共同制定《财政专项扶贫资金安全运行机制》，由省委办公厅和省政府办公厅联合印发，从资金分配、使用、监督、问责、保障等方面建立完善机制。二是项目建设过程中监管。专题调研推进了桦川县、肇东市、抚远市等地少数民族发展资金项目运行情况，指导并督促充分发挥资金效益。三是开展了审计和绩效考评工作。与省财政厅沟通联合聘请第三方机构对全省少数民族发展资金项目进行年度审计及绩效考评，进一步增强资金使用安全性和监督检查的客观性。并将之作为一项基本的监管手段，与日常监督检查工作、各级审计部门审计工作相结合，确保少数民族发展资金项目发挥应有功效。黑龙江省民委还结合2017年各级审计工作发现的问

题，对其中频率高发的普遍性问题采取措施进行针对性整改。

三、加大力度，精准施策，推进少数民族地区经济发展

（一）发挥少数民族发展资金作用。2017 年国家拨付黑龙江省少数民族发展资金 34971 万元，比 2016 年增长 20.7%。围绕兴边富民行动、扶持人口较少民族发展（人口较少民族率先全面建成小康社会）、建档立卡少数民族贫困村脱贫攻坚、少数民族特色村镇保护与发展等 4 个重点工作，对资金进行测算砍块分配到县（市、区），全年安排项目 259 个。至 12 月份，已完工 157 个，建设中 48 个，未开工 54 个，项目完工率 61%，开工完工率 79%。项目的实施进一步促进了少数民族和民族地区经济社会的建设发展，例如绥化市北林区正黄四村实施的 6000 亩旱改水工程建设，每亩地为少数民族群众增收 500 元。

（二）开展民族地区技能培训。从培养民族地区内生动力入手，以扶智为目标，通过适合的培训项目，提高少数民族群众致富能力和职业技能，推进脱贫攻坚、扶持人口较少民族发展、兴边富民行动等各项工作的开展。一是利用春节外出务工人员返乡过年的时机，开展了民族地区技能培训调查，对民族地区群众参加育婴师（月嫂）、养老护理、物流配送、电子商务等技能培训的意愿进行调查，其中育婴师、电子商务最受欢迎，调查结果为开展技能培训提供依据。二是举办了全省民族地区致富带头人培训班。培训全省民族地区中从事农业生产加工、经营销售、电商物流等相关产业的致富带头人 240 人，还专门聘请东北农业大学教授培训农产品电子营销方面的知识。三是举办少数民族地区育婴师培训工作。2017 年共举办三期培训班，培训 150 人。培训结束后，委托培训学校为学员推荐工作，跟踪就业情况，倡议已就业学员介绍经验，至 12 月，已有 58 人就业，累计收入 32 万元，最高工资收入达每月 8000 元。

（三）创新开展少数民族地区电商创业工作。发挥黑龙江民族职业学院教学优势，依托学院电商班学生成立少数民族地区电商创业大学生创新创业服务队，深入杜尔伯特蒙古族自治县巴彦查干乡巴彦他拉村、敖林西伯乡好尔陶村、胡吉吐莫镇东吐莫村开展直面农民、针对性强的电商创业服务。摸清少数民族乡村特色产品情况，进行电子平台销售。2017 年第一期服务队已经结束实地调研正在数据整理中，并积极探讨搭建农产品网络销售商铺。

四、重点推进脱贫攻坚工作

一是加大少数民族地区脱贫攻坚工作扶持力度。以黑龙江省 90 个建档立卡少数民族贫困村作为脱贫攻坚的主战场，按照“突出重点、集中使用”的原则，大力培育贫困民族地区自我发展能力。全年共投入到贫困县和贫困县外建档立卡贫困民族村共 21837 万元，占全年资金总额的 62.5%，比去年增长 36%。二是扶贫措施向帮扶村倾斜，加快帮扶村脱贫进度。2017 年为杜尔伯特蒙古族自治县巴彦他拉村投入少数民族发展资金 1360 万元，同比增长 223.8%。在巴彦他拉村开展全国第四个“扶贫日”活动，省民委刘明主任亲自带队到村慰问贫困户；同时将举办的技能培训班名额分配向帮扶村倾斜，只要巴彦他拉村村民有培训意愿，就全部纳入培训范围；优先考虑帮扶村电商平台搭建需求。将巴彦他拉村纳入特色村镇重点建设名录中加以扶持。三是加强对贫困民族村的调研，和全省脱贫工作要求有效衔接。按照中央和省委“精准扶贫”的要求，结合全省脱贫攻坚“回头看”工作，汇总形成了《全省 90 个建档立卡少数民族贫困村基本情况统计表》，结合贫困村的实际情况，设置了 65 个统计指标，及时摸清了建档立卡少数民族贫困村的底数，较为全面地反映了贫困村的发展现状。

五、推动人口较少民族率先建成小康社会

一是 2017 年重点扶持赫哲、锡伯、柯尔克孜族小康社会建设。通过实地调研了解这 3 个民族的发展情况，帮助解决发展中存在问题。2017 年底前，同江市、饶河县、抚远市、佳木斯郊区赫哲族 3 乡 7 村，哈尔滨双城区的 3 个锡伯族村已经初步具备建成小康社会的条件，兰西县锡伯族村基础设施尚未完善，需进一步扶持。富裕县柯尔克孜村已经着手寻找促进村民增收的特色产业。二是组织参加人口较少民族培训班。按照国家民委和黑龙江省的相关规划，黑龙江省民委从“扶贫先扶志”着手，把

工作重心放在加强人口较少民族聚居地区政府工作人员的岗位知识培训方面。先后组织黑龙江省人口较少民族地区民委及相关负责同志共 60 人次，参加了国家民委举办的人口较少民族动态监测体系培训、扶持人口较少民族发展专题研讨班、黑龙江省人口较少民族地区基层干部专题研讨班。进一步提高黑龙江省人口较少民族地区基层干部工作能力和水平。其中黑龙江省人口较少民族地区基层干部专题研讨班是近年来国家民委首次为黑龙江省的少数民族地区干部举办的专项培训。

六、加强兴边富民行动工作

一是配合国家民委完成了“喜迎十九大·兴边富民行动边境行”大型宣传活动在黑河市爱辉区的采访任务。来自中国新闻网、中国民族报社等 12 家新媒体记者组成采访团开展实地采访，集中报道黑龙江省黑河市、爱辉区为代表的兴边富民行动成果 20 余篇，营造了良好的宣传氛围。二是完成边境地区基本情况调研。按照《国家民委办公厅关于做好兴边富民行动实施情况总结的通知》(民办发〔2017〕133 号）要求，统计汇总了边境县 2010—2017 年兴边富民补助资金落实情况、项目实施情况，填报了边境县基本情况、边境县贫困情况、边境县经济社会发展情况等共 7 套表格。对边境地区兴边富民行动“十二五”规划实施以来的主要做法、实际成效、形成的典型经验以及实施过程中面临的突出问题进行调研总结，并就如何贯彻落实国家和省兴边富民行动“十三五”规划，进一步加强兴边富民行动力度提出意见和建议。

七、少数民族特色村镇保护发展工作成效显著

2017 年，黑龙江省有 17 个少数民族村在国家民委第二批“中国少数民族特色村镇”评选工作中被命名挂牌，加上第一批 4 个村，全省共有 21 个村进入国家少数民族特色村镇名录。2017 年特色村镇保护与发展主要做了以下工作：一是继续加大对全省少数民族特色村镇重点村镇的扶持力度。全年共扶持 22 个重点村镇，比 2016 年重点扶持的 13 个村增加 9 个；投入资金 5570 万元，比上年增加 71%。二是调整特色村镇层级化管理中的储备村镇名单和重点村镇名单。紧紧围绕国家、省中心工作，立足解决少数民族特色村镇保护发展工作面临的新情况新问题，开展特色村镇层级化管理中的储备村镇名单和重点村镇名单调整工作。主要考虑拟纳入村镇是否临近著名景区、是否处于名优特产品主产区、各民族协调平衡发展等因素，通过各市（地）推荐、实地调研、联合评议等方式，确定 115 个村纳入储备村镇名单，34 个村纳入重点村镇名单。三是推进三江沿岸赫哲族特色村镇示范带建设。分布在乌苏里江、黑龙江和松花江沿岸的 7 个赫哲族村基础设施建设已实现“五通十有”的目标，乡村面貌显著改善，人居环境不断优化，农民收入大幅提高，7 个赫哲族村 2016 年人均可支配收入 15033 元，比 2010 年增长 148%。7 个赫哲族村中有 3 个村已被命名挂牌为“中国少数民族特色村寨”，此外，抚远市抓吉赫哲族村、饶河县四排赫哲族村也已基本具备少数民族特色村寨的条件。佳木斯郊区、抚远市在赫哲族村发展起多家民宿，同江市正全力打造“赫哲故里”“赫哲第一乡”品牌和“追随习总书记脚步”赫乡民俗体验游等多条旅游线路，饶河县大顶子山生态旅游景区项目已建设完成，正在加快推进乌苏里江国家湿地公园项目。赫哲族村中旅游产业逐渐发展成支柱产业，经济处已向国家民委积极申报“中国·黑龙江流域赫哲族文化旅游示范区”，争取获得国家民委批复。

2017 年，在国家民委的关怀扶持下，我省少数民族和民族地区经济社会建设不断进步，各项事业都得到了长足的发展，但由于多种原因，我省少数民族经济社会发展与发达地区仍存在较大差距，在下一年的工作中，黑龙江省民委将正视不足，推动创新，砥砺前行，认真贯彻落实国家民委的各项工作要求，力争推动我省少数民族经济社会发展再上新台阶。

（撰稿：张泽坤　审稿：倪晓岩）

上海市

一、转变思路，积极做好对口帮扶工作

（一）做好对口帮扶云南工作。组织委领导、市级宗教团体、相关区民族宗教办赴云南考察德宏、临沧等地区相关帮扶项目，安排资金 63 万元。其中，投入资金 33 万元，在上海开展云南省临沧地区干部培训班。同时转变与云南省对口扶贫协作工作思路，通过在云南省德宏州芒市职业教育中心设立“工艺美术从业人员创业基地”，并投入资金 30 万元，把人才教育培训进一步深化为人员创业和产业发展，使少数民族和民族地区的“造血”能力得到进一步强化。

（二）做好对口帮扶西藏、新疆、贵州工作。2017 年度，对西藏日喀则地区共投入帮扶资金 120 万元，建立 4 个卫生院。投入资金 10 万元，在新疆和田地区一个村建立“红色网吧”。参加国家宗教局组织的贵州省三都水族自治县脱贫工作会议，协调落实会议有关精神，开展相关对口帮扶工作。

（三）做好民族地区干部来沪挂职锻炼工作。配合市委组织部、统战部认真做好中央“三部委”2016 年西部地区和其他少数民族地区来沪挂职干部的接待、培训、总结等相关工作。根据《2017 年上海市对口支援地区人力资源开发项目及资金计划安排》，组织云南省临沧地区干部来沪开展自贸区工作培训班。

（四）配合做好对口支援先进表彰工作。配合市合作交流办，完成上海市对口支援与合作交流工作先进集体和先进个人评选表彰工作，本委推荐的天主教上海教区和苏瑞华分别荣获先进集体和先进个人称号。

二、夯实基础，着力加强清真食品管理工作

（一）提高管理力度。加强政府监管，严格按照中央有关精神，结合上海实际开展专项整治。组织各区对清真食品方面存在的有关问题进行自查和专项检查，做好清真食品管理工作，维护少数民族群众的合法权益。深入本市清真食品供应企业，调研了解情况，为企业排忧解难。

（二）加强法制建设。实施新版《上海市清真食品标志牌管理办法》，推进清真标志牌的动态管理。目前，各区已经基本完成换牌工作。同时，通过对已挂牌的清真食品生产企业依法进行监督检查，确保节日与重大活动期间清真食品供应的平稳、有序。

（三）规范资金使用。加强指导，推动全市清真食品网点科学合理地规划布局。协调有关部门落实清真食品行业优惠政策，贯彻落实《上海市清真食品基本供应点专项资金管理办法》，完成清真食品基本供应网点专项资金 595 万元。完善清真食品社会监督网络及完成今年清真义务监督员队伍 80 万元管理经费的拨付，确保经费专款专用。

三、推进少数民族社会发展

（一）5 月 26 日到 6 月 30 日，推动我委与上海戏剧学院、西藏自治区文化厅共同举办“西藏面具艺术展”，通过一个多月的展览，在推进国家非物质文化遗产保护与传承的同时，促进民族文化建设和民族团结进步建设。

（二）9 月，协调云南省民族宗教委、市文广局及上海儿童艺术剧院，组织中国福利会儿童艺术剧院把代表上海参加第五届全国少数民族文艺会演，反映沪滇两地人民深情厚谊的儿童剧《彩虹》带到云南演出，在两地之间进一步架起了代表沪滇人民友谊的“彩虹桥”。

（撰稿：程挺　审稿：钱小弟）

江苏省

2017年，江苏省民委以党的十八届三中、四中、五中、六中、七中全会和十九大精神为指导，坚持稳中求进工作总基调，争先创优，开拓进取，推进了全省民族经济社会事业快速发展，进一步巩固和发展了平等团结互助和谐的社会主义民族关系。

一、多措并举，切实提升民族聚居地方经济发展水平

江苏省结合民族聚居地方的实际情况，采取切实举措，精准施策，持续加大对全省民族乡村的扶持力度，农村少数民族聚居地方的基础设施、村集体收入、少数民族群众的生活状况有了很大改善。

一是提高少数民族发展资金使用成效。会同省财政厅、省扶贫办制定出台《江苏省财政专项扶贫资金绩效评价办法》，对少数民族发展资金的资金投入、资金拨付、资金监管、资金使用成效等方面情况开展绩效评价。今年中央财政下拨江苏省少数民族发展资金1922万元，省级财政配套资金1928万元，省民委充分发挥这些资金的引导作用，提高资金的集聚使用效益，整合捆绑其它部门、行业资金3亿多元，对2个民族乡镇、22个民族村近200个项目进行了资金扶持，推进了全省民族乡村特别是经济薄弱村的强村富民进程。

二是推动经济薄弱民族村加快发展。对全省经济薄弱民族村进行走访调研，梳理出基础设施较差、产业结构单一、集体经济薄弱等7个问题，基本摸清了经济薄弱民族村发展问题的症结。积极协调省人大常委会召开全省扶持民族乡村发展工作座谈会，就细化帮扶民族村的具体措施，抓好责任落实开展工作研讨和部署，并在会后及时形成会议纪要，报送省委、省政府并交付有关部门落实处理。分别与苏北地区2个县政府签订帮扶协议，在政策、资金、项目、人才等方面，对辖区内的民族村实施特殊的倾斜扶持，为壮大村集体经济和提高村民收入水平奠定了基础。

三是支持民族村开展特色田园乡村建设。开展特色田园乡村建设，是省委、省政府夯实“强富美高”新江苏的重大举措。省民委结合少数民族散居省份特点，从全省民族乡村的现状和实际出发，将特色田园乡村建设和特色村镇建设有机结合，推动了全省民族乡村的硬件建设、文化传承和经济发展互促共进。常州市城西民族村近年来在土地制度、产业发展、农民增收、集体经济培育实施了一系列创新举措，全村经济社会事业得到快速发展，实现了脱贫、致富、奔小康的“三级跳”，在我委和省建设厅推动下，该村从全省3万多个行政村中脱颖而出，成功入选45家首批试点地区和试点村庄名单，为全省更多的民族村参与特色田园乡村争创活动提供了示范样板。

四是深化特色村镇建设培训工作。举办全省少数民族特色村镇建设培训班，就少数民族特色村镇保护与发展规范、特色田园乡村建设设计规划、农村特色产业培育、“一村一品一店”模式等进行培训。有关市、县（市、区）民宗局分管领导、经办人员以及民族乡（镇）、村负责人共90余人参加培训。为增强培训效果，培训班还邀请了党的十九大代表、连云港市西棘荡村党委书记钟佰均到会介绍强村富民的先进经验。培训期间，组织全体参训学员赴南京、镇江的民族村进行了参观调研。通过理论培训和现场考察有效提升了基层干部抓好特色村镇建设、弘扬民族文化、发展特色产业的能力素质。

二、明确重点，做强做细城市民族经济工作

针对江苏城市民族工作出现的新情况新问题，省民委认真贯彻落实全省城市民族工作会议精神，加强组织领导，完善工作机制，严格督促检查，推动全省城市民族经济工作不断迈上新台阶。

一是创新少数民族流动人口服务管理机制。省民委认真落实省委省政府要求，积极探索少数民族流动人口服务工作的新路径和新措施，将“建立和完善城市少数民族流动人口服务管理体系”作为主

攻目标，建立健全了民族关系分析评估机制、矛盾纠纷调处机制、涉疆工作省级部门联系沟通机制、信息报送共享机制、流入地和流出地对接协作机制等一系列工作机制，该体系被省政府列入 2017 年十大主要任务的百项重点工作。联合省公安厅开展在苏新疆籍少数民族流动人员信息普查工作。联合新疆驻苏工作小组，对在苏新疆籍务工经商流动人员逐个见面登记信息，全面摸清涉疆工作底数，把好涉疆维稳关。苏州根据本市 1400 家拉面店主大部分来自青海海东，2000 多名玉石经营者主要来自新疆和田的实际情况，与海东市、和田市签订了《共同服务管理在苏海东籍少数民族经商人员协议书》《共同服务管理在苏和田籍少数民族经商人员协议书》，进一步完善了少数民族流出地共管服务机制。

二是加强全省清真食品保障与监管。省民委利用 200 万元清真饮食网点建设补助经费对全省 18 家清真饮食店以及 3 家示范拉面店予以补助，指导苏州市民族团结进步促进会开展省级拉面示范店创建活动，划拨 15 万元专项经费举办全省民族风味拉面技能比赛。专门划拨 17 万元工作经费帮助对清真饮食需求较大的江苏师范大学、淮海工学院改建清真食堂。同时，积极敦促各地坚决落实好对有清真饮食习惯的少数民族群众每月不低于 11 元的财政补助政策。支持和推动南京市在全国率先修订出台了《南京市清真食品监督保护条例》，推动城市民族事务治理走上法治化、规范化轨道。根据中央和省委省政府相关要求，专门下发了《关于开展全省清真食品管理专项检查的通知》，在全省范围内开展了为期 3 个月的清真食品管理调研检查工作，全省各地出动调研检查人员 432 人次，检查各类清真网点（饭店、企业、加工点）4852 家次，发出责令整改通知书 10 次，有效维护了我省清真食品行业的正常秩序。

三是认真落实民族特需商品生产优惠政策。2107 年，中央财政对民品生产贷款贴息由专项资金变为均衡性转移支付，并明确要求东部不享受均衡性转移支付的地区通过自有财力解决所需资金。针对民贸民品政策的新变化，省民委及时传达财政部和国家民委有关文件精神，要求各有关市认真贯彻落实上级要求，继续做好本地区民品生产贷款贴息工作，确保施行了半个多世纪的好政策继续延续；多次与省财政厅协商，基本解决了 2017 年全省民品生产贷款贴息的专项资金。

三、深化帮扶，有序开展对口支援工作

2017 年，江苏省进一步落实对口支援协议，帮助各受援地民族工作部门加强队伍建设、改善办公条件，配合相关部门做好结对帮扶工作，帮助少数民族和民族地区改善基础设施、兴办希望工程。

一是推进对口援疆工作。省民委一直把做好民委宗教系统的对口援疆工作作为一项重要政治任务抓好抓实。9 月底，江苏、伊犁民族宗教统战系统对口援伊工作座谈会在伊犁州党委召开，省民委向伊犁州民宗系统捐赠 10 万元，用于改善办公条件，推进能力建设；配合组织实施民族团结进步模范代表、爱国宗教界人士、优秀青年代表、村组少数民族干部代表“四个江苏行”活动；配合做好江苏 114 个优强乡镇、212 个村分别与伊犁乡镇、薄弱村结对共建，促进苏伊各族群众交往交流交融。

二是帮扶少数民族贫困孤儿。为支持国家对武陵山区的扶贫开发战略，协调全省 12 家民品企业开展了对湖南湘西洲少数民族贫困孤儿的帮扶工作，为部分少数民族贫困孤儿提供了电脑、太阳能热水器、防寒服、运动服、运动鞋、棉被等价值 84 万元的物品，起到了雪中送炭的作用。

三是深化贵州三都的扶贫工作。推动五个省级宗教团体和爱德基金会继续加大对贵州三都水族自治县的帮扶力度，出资 400 万元帮助县医院设立了 ICU 远程诊断平台，出资 600 万元帮助当地小学建设综合楼、食堂以及配套设施购置，使我委对三都的扶贫开发工作持续向深度和广度拓展。

（撰稿：洪静　审稿：鲍蜀生）

浙江省

2017 年，浙江省民族经济工作在国家民委的指导下，在省委、省政府的正确领导下，按照习近平

总书记在G20峰会期间提出的“秉持浙江精神，干在实处、走在前列、勇立潮头”的新要求，强化政策引领推进精准帮扶，突出改革创新激发内生动力，着眼均等均衡切实改善民生事业，推动少数民族和民族地区补课赶趟，跨越发展，为浙江“两个高水平”建设作出应有贡献。

一、秉持浙江精神，强化民族经济工作顶层设计

（一）学习贯彻会议讲话，强化精神引领。浙江省十四次党代会召开后，全省各地围绕党代会上“画好同心圆”的要求，广泛开展学习讨论，为党的十九大召开储备理论积累。党的十九大召开后，全省各地立即通过理论中心组、党校主体班次教学等多种形式深入宣传省党代会的主要精神，为民族战线干部群众打牢精神指引。围绕会议精神的学习、宣传、贯彻，我们还与民族画报、新华社、中国新闻社、凤凰网、浙江在线等联合举办“媒体看畲村”专题宣传采访活动，一批优秀少数民族特色村寨、民族工作先进人物等典型得到全方位展示和宣传，在全社会引起强烈反响。

（二）制定出台规划文件，强化政策引领。一是制定一个规划在精心调研和多方征求意见的基础上，我们于今年年初制定出台了《浙江省少数民族事业发展“十三五”规划》。高起点科学设计和制订总体性目标任务，并通过对指标找差距，对数据抓落实，分解阶段性目标任务予以实施。联合浙江电视台、浙江日报等主流新闻媒体开展《浙江省少数民族事业发展“十三五”规划》的细化解读，增强全社会对规划内容的理解和实施的监督。二是延续两项政策。2017 年是我省扶持景宁发展的浙委〔2012〕115号文件和扶持18个民族乡（镇）发展的浙政办函〔2013〕98号文件2个文件的实施期满之年，我委围绕两个文件的完善和延续，我委做了大量工作。经过近三个月的深入调研和广泛讨论，我委牵头起草了《关于加大力度继续支持民族乡村加快发展的意见》，《意见》初稿主要包括发展目标、帮扶机制、基础设施和特色村镇建设、特色产业和生态建设、社会事业发展、人才建设、工作督查等内容。

（三）科学谋划全年工作，强化目标引领。召开全省民族经济工作现场会，全面部署2017年民族经济各项工作。会议围绕精准帮扶工作主题，对标少数民族和民族地区发展“十三五”规划任务目标，科学谋划全省少数民族和民族地区精准帮扶工作，通过专家解读、学习思考、互相交流，全面提升民族地区干部科学谋划“十三五”发展的能力，科学落实精准帮扶的能力，从而加快缩小差距步伐，推动我省少数民族和民族地区与全省同步实现高水平小康社会。

二、着眼干在实处，打牢民族经济工作基层基础

（一）着眼基础数据互比互促，对民族乡村发展情况进行数据统计分析。我委于每年年初集中一个月左右的时间，依托民族工作信息平台，对自治县、民族乡（镇）和民族村的农民人均收入、财政收入或集体经济收入等主要指标进行分析研究。景宁畲族自治县2017年实现地区生产总值54.4亿元，同比增长11%，财政总收入13.07亿元，其中地方财政收入7.01亿元，同比分别增长13.3%和14.1%。18个民族乡（镇）地区生产总值为103.93亿元，财政总收入为4.72亿元，增幅均在10%以上。在人均可支配收入方面，2017年全省少数民族人均可支配收入达到17004元，占全省农村居民人均可支配收入24956元的68.1%，较2016年少数民族农村居民人均可支配收入的14527元增长了17%，是全省人均可支配收入增幅9.1%的1.8倍。在统计分析的基础上，按照主要经济指标对各地发展情况进行排序。2017 年全省 31 个辖有民族村的县（市、区）中，临安、淳安等16个县（市、区）少数民族人均可支配收入已经接近或超过所在县（市、区）水平。少数民族低收入农户平均收入达10558元。331个民族村村级集体经济总收入达到 10 万元以上，占比74.72%，146个村经营性收入达到5万元以上，占比32.96%，111个村集体经济总收入超过50万元以上，占比25.06%。

（二）着眼基层民情走访调研，为民族乡村精准发展调研把脉。由省民宗委副主任钟昌明带队的调研组，在4月份前后集中一个月的时间，赴丽水（丽水市7乡镇）、温州（温州市7乡镇）、金华（杭金衢4乡镇）三地分片开展了全省民族乡（镇）工

作座谈调研活动。座谈调研活动紧紧围绕经济发展、农民增收、文化传承、特色畲寨、公共民生、精准帮扶等“十三五”期间民族乡村发展的重点和难点问题，通过带着问题走访调研，把脉问诊民族乡村经济社会发展的现状和问题；解读政策座谈交流，倾听民族乡村发展过程中的呼声和需求。采用现场调研和座谈交流相结合的方式，互看互学互促，推动民族乡村各项帮扶优惠政策落地起效，广泛征求意见，增强下步政策举措的精准性和实效性。

（三）着眼基础信息动态分析，依托大数据平台画好“民情地图”。一是建立一套统计体系。编制了一套较为完善科学的自治县、重点县、民族乡镇、民族村的统计报表，围绕“富起来、靓起来、活起来、强起来”的要求，对自治县、民族工作（含城市民族工作）重点县、民族乡（镇）和民族村的基层组织建设、经济发展、基础设施、文化繁荣、社会服务管理等主要指标进行全面清晰的了解和统计。二是建立一个大数据平台。依托浙江省民族宗教信息系统，将摸排统计上来的数据录入信息系统，实现自动汇总、大数据分析和动态管理，同时通过纵向的年际分析和横向的县际（乡际、村级）对比，直观的反映民族地区发展现状，为制订帮扶政策提供科学的依据。同时，围绕“强基础、树亮点、促团结”的目标，从少数民族流动人口分布到服务管理组织机构建设、从民族团结进步示范创建到矛盾纠纷排查化解，构建一套全面、直观、立体反映城市民族工作的综合地图体系，推进城市民族工作的规范化、信息化、精细化。三是画好一本“民情地图”。在大数据平台的基础上，将全省民族工作细化落实到“民族地区发展图（含基本情况图、经济发展图、公共服务图）”和“城市民族工作图（人员分布图、组织机构图、示范创建图、稳定形势图）”两大部分，通过各级民宗干部绘写“浙江省民族工作民情地图”，进一步知晓民族工作民情，把准民族工作脉搏，理清民族工作思路，解决民族工作问题，真正使民族工作更好地深入基层、深入百姓、深入实际。

三、对标走在前列，亮出民族经济工作创新举措。

（一）宗教慈善+精准帮扶。一是总结回顾“五水共治·五教同行”宗教慈善活动。2014—2016 年，在全省安排 4 批 100 个民族村与宗教界结对开展五水共治工作。为而进一步推动我省宗教公益慈善活动的深化，我委牵头开展全面评估督查，全面了解掌握各地公益慈善资金使用绩效和项目运行情况，同时通报表扬了 2 家功勋单位和 17 家优秀单位。二是全面部署“慈爱慈行·共帮共创”宗教慈善精准帮扶民族村活动工作。我委制定下发了《关于开展“慈爱慈行·共帮共创”宗教慈善精准帮扶民族村活动工作的方案》，要求在 2017—2020 年连续四年组织全省宗教界与民族村建立结对帮扶机制，每年筹集宗教慈善公益资金 1000 万元，确保到 2020 年，实现“全面消除民族村年收入 10 万元且经营性收入 5 万元以下的集体经济薄弱村”、“少数民族农户人均可支配收入达到所在县（市、区）平均水平且低收入农户人均可支配收入超过 1.5 万元”及“基本民生公共服务均等化实现度达到所在县（市、区）平均水平”3 大工作目标。三是创新实施帮扶力量“三结对”机制，推进帮扶工作精准落地。实行帮扶力量“三级结对”机制。省级层面由省民宗委 5 位领导牵头，分别带领两个委属处室与 5 个帮扶对象村开展结对；市、县级民宗局领导及相关处室按照省级结对模式分别开展结对帮扶工作。

（二）特色村寨+美丽经济。一是景区化标准扮靓美丽畲寨。按景区化要求打造特色村寨。按照美丽乡村示范村要与 3A 级景区相当，整治村要与 A 级景区相当的要求，开展“浙江省少数民族特色村寨十佳培育名录”评选，评出了 10 个“十佳村”和 10 个“提名村”。二是差异化思路打造畲乡景区。在全省倡导打好民族牌、不走寻常路、唱好家乡戏三大要求，突出一个畲字，把民族特色贯穿于整个特色村寨建设始终，注重特色村寨与特色村寨之间的差异化特色化，重视硬件建设的同时，提升村庄的内涵，勾起游子乡愁，打造梦里老家。三是可持续模式转化美丽经济。民族乡村充分发挥当地生态资源优势、民族文化优势，在民族特色上下功夫，有重点、有创新地发展民宿经济，引导民宿吃畲家饭、品畲家菜、跳畲家舞，使游客有故事听、有活动参与、有文化分享。全省目前近百个民族村有 500 多家民宿，5700 左右的床位。桐庐新丰村的“秘境山乡”、景宁李宝村的“云耕生活”、泰顺竹里村的

“竹里云溪”等民宿成为当地旅游的一大亮点。

（三）新业态+新营销。民族乡村在发展进一步创新发展方式和理念，推动加速发展。一是大力支持发展农业新业态。积极发展农业+旅游，强化拓展农业功能，支持和鼓励多元化的农业主体投入休闲养生旅游农业发展，进一步推进生产创意、产品创意和品牌创意，重点发展一批休闲旅游精品园、示范区，使农业发展具有生态、观光、旅游、休闲等多项功能的现代样板。如景宁民族乡村的“丽水山耕+景宁 600（海拔 600 米以上）”高山农产品基地，不但成为优质的绿色农产品供给示范品牌，还带动了当地农业产业的生态化、标准化、电商化，进一步增强了景宁旅游竞争力。二是大力支持发展营销新手段。会展经济引导。进一步整合民族乡村资源和优势，连续 3 年组织民族乡村企业积极参与森博会、农博会等重大展会，打响民族经济发展的独特品牌，提高影响力。如在第十届中国（义乌）国际森林产品博览会上，“畲族馆”人流数量约为 12 万人次，销售额 90 余万元，现场签约合同金额 1250 余万元，意向合同金额 1670 余万元。节庆经济辐射。从 2013 年开始，省民宗委和省旅游局先后在泰顺司前、武义柳城、苍南岱岭和景宁等地连续举办了四届浙江省畲族文化风情旅游节，同时整合温州瓯越“三月三”、金华丽水“竹柳新桥”四乡镇“三月三”等活动，打造成集民族文化、旅游文化、经贸经济等为一体的综合性品牌，带动浙江民族乡村旅游、民宿经济的发展。组织创新推动。民族乡村在发展中高度重视经济发展模式的创新，各地积极探索乡农创客孵化中心等模式，整合小企业服务、 农民创业指导、农业电商培训、金融贷款服务等功能，为民族乡村发展提供创业创新的服务，有力推动民族乡村发展。桐庐县莪山畲族乡 2016 年建立“农创客孵化中心”，入驻企业、合作社 24 家，实现销售总额 2150 万元。

（撰稿：潘晶　审稿：潘友明）

安徽省

2017 年，安徽省民委按照国家民委的总体要求和部署，紧紧围绕省委省政府中心工作，开拓创新，锐意进取，圆满地完成了年初既定的各项目标任务，有力地促进了全省少数民族和民族聚居地区经济社会加快发展。

一、坚持高位推动，进一步完善差别化扶持政策

推动出台《安徽省人民政府办公厅关于促进“十三五”期间少数民族和民族聚居地区加快发展的实施意见》。实施意见以省政府办公厅名义印发，提出少数民族和民族聚居地区“确保到 2020 年与全省人民一道迈入全面小康社会”的任务，从促进经济跨越发展、全力打赢脱贫攻坚战、优先保障和改善民生、深入开展民族团结进步创建活动、创新民族事务治理体系、充分发挥政策支撑作用、强化组织实施等七个方面做出工作部署，明确了完善差别化扶持政策、完善对口帮扶工作机制等保障举措，还做出了“给予民族乡建制镇待遇，享受建制镇政策”，“列入国家级少数民族特色村镇培育名录的民族村镇，符合条件的，享受我省古村落及特色风情小镇保护的有关政策”等突破性规定。为确保各项任务落实，实施意见要求省直有关部门把相关目标任务纳入本部门、本行业工作计划，还同步制定下发了重点工作任务分工表，明确责任单位和时限要求。

二、坚持完善机制，进一步推进“共同发展”提升行动联合攻坚

“共同发展”提升行动联合攻坚，是在安徽省委省政府领导亲自指导下，由省民族宗教工作领导小组统一部署的精准扶贫专项工作，重点选取 15 个特困民族村，组织协调省民委委员单位实施“二对一”重点帮扶。同时指导各地参照省里的做法，组织民委委员单位或者有关市直、县直单位对辖区内的其他困难民族村开展对口帮扶工作。2017 年，继续实施完善联合攻坚年度考核制度，省民族宗教工

作领导小组办公室（省民委）对省民委委员单位帮扶工作情况进行年度考核。29 家省民委委员单位共投入资金 3057 万元，安排 15 个特困民族村项目 57 个，有关市选取 40 个困难民族村，投入资金 1000 多万元，安排帮扶项目 40 余个。阜南县中岗镇南街民族村易地扶贫搬迁项目、砀山县玄庙镇马良民族村高标准农田建设项目、寿县堰口镇许寺民族村村民文化中心项目等一批较大项目的实施，有效缓解和解决了制约少数民族群众发展的难题，民族聚居地区经济社会面貌得到了极大改变。

三、坚持夯实基础，进一步推动民族乡村脱贫攻坚

一是建立精准台账。积极对接安徽省扶贫办，统计梳理省扶贫信息系统相关数据，建立完善全省少数民族贫困户和少数民族贫困人口基本台账，摸清全省贫困少数民族群众底数。同时向各市和省民委委员单位提供相关建档立卡贫困人口数据资料，要求围绕少数民族贫困人口，谋划工作，精准施策。二是开展调研统计。参加省政协少数民族乡村精准扶贫精准脱贫工作推进情况专项民主监督，多次赴贫困民族村调研，掌握民族乡村脱贫攻坚第一手资料。以精准扶贫精准脱贫为侧重点，开展 2016 年度民族乡村经济社会发展统计工作，为省委省政府决策提供依据。三是开展公益助学。以民族团结进步宣传月活动为契机，开展“民族一家亲”爱心助学行动，筹集善款 11.6 万元，为 58 名建档立卡贫困家庭学生发放了助学金。四是加强统筹协调。与省交通运输厅联合转发《交通运输部 国家民委关于贯彻<民族区域自治法>推进民族地区交通运输健康发展的意见》，加大对少数民族和民族聚居地区交通基础设施建设支持力度，2017 年共投资 10263.7 万元，累计安排少数民族贫困乡村农村道路畅通工程项目 104 个。全省水利部门用于民族乡村的水利建设资金约 5000 万元，民族乡村水利基础设施建设得到较快发展。

四、坚持示范引领，深入实施“小蘑菇产业扶贫行动”

安徽省民委高度重视全省少数民族和民族聚居地区产业扶贫工作，紧紧围绕精准扶贫精准脱贫，以“小蘑菇产业扶贫行动”为抓手深入推进产业扶贫，不断激发贫困民族村的内生动力，帮助各族贫困群众稳定脱贫。4 月，省民委在石台县召开了全省贫困民族村产业扶贫现场会，向全省 34 个联合攻坚对口帮扶村和建档立卡贫困民族村介绍石台县七都镇河口村产业扶贫具体做法和成效，并部署在全省开展“小蘑菇产业扶贫行动”，复制推广“合作社+扶贫”产业扶贫模式。安徽省委副书记、省长李国英批示予以肯定，并亲临调研，认为安徽省需要在推动产业扶贫上下更大功夫，及时发现、总结、推广产业扶贫方面的好经验、好做法，走示范引领之路，河口村产业扶贫经验可复制、可推广。安徽省民委选派河口村驻村干部李朝阳荣获“2017 年全国脱贫攻坚贡献奖”，并作为代表在全国脱贫攻坚先进事迹报告会上发言。国家民委主任巴特尔、副主任石玉钢也专门为此作出批示。

五、坚持多措并举，进一步加强少数民族专项资金管理

一是加强制度建设。会同安徽省财政厅及时转发财政部等六部门《中央财政专项扶贫资金管理办法》。根据省财政厅意见，多次修改完善《安徽省民族企业技术改造贷款贴息和生产补助资金（含少数民族补助资金）管理办法（草稿）》，推动早日出台。二是加强绩效评价。配合省财政投资评审中心对 2016 年度民族企业技改贴息资金和生产补助资金（含少数民族补助费）实施绩效评价，取得“优秀”考评结果。三是加强涉企项目审核。指导各地加强对涉企项目的审核把关，通过省财政涉企项目预警系统和法院失信人查询系统，将“不合格”项目主体排除在外，保证财政资金安全。四是加强监督检查。召开全省少数民族专项资金管理工作座谈会，督查和督促各地加强资金使用管理。按照国家民委开展少数民族发展资金管理使用工作情况省际间交叉检查的要求，部署各市开展少数民族发展资金管理使用情况自查。按照省财政投资评审中心绩效评价体系，要求各市相应开展自查，并要求对照绩效评价检查出的问题开展检查，立行立改。

六、坚持服务导向，进一步促进民品企业发展

一是开展调研。结合安徽省工作实际，完成国

家民委民贸民品贷款贴息工作调研任务。参加国家民委组织的关于“十三五”民贸民品工作调研座谈，报送安徽省落实民贸民品工作总结，提出意见建议。二是协调争取。协调有关部门共同指导民品企业申请享受2016年度流动资金贷款贴息1390.53万元。与省财政厅多次协调沟通，争取我省2017年民品企业流动资金优惠利率贷款贴息均衡转移支付政策尽早落地。根据民品企业发展需要，多方协调省直有关部门争取优惠政策。三是加强管理。下发通知指导各市开展对清真食品方面存在的有关问题的自查，切实落实好“十三五”期间民贸民品政策。

（撰稿：张正喆 审核：陆友勤）

福建省

2017年，以习近平新时代中国特色社会主义思想为指导，深入贯彻党的十九大精神，在省委、省政府的高度重视和正确领导下，各级党委政府和有关部门围绕中心、服务大局，锐意进取、奋发有为，推动全省民族经济工作取得新成效。

一、坚持政策引领，不断加强政策资金支持

省委、省政府高度重视少数民族和民族地区发展，出台政策文件，相关部门认真组织实施，落到实处。一是制定政策出台文件。省人民政府制定出台《关于贯彻国务院“十三五”促进民族地区和人口较少民族发展规划的实施意见》（闽政〔2017〕18号），为加快全省民族乡村发展提供坚强的政策保障。二是协调推动挂钩帮扶民族乡工作。按照要求，把基础设施、产业发展、民生改善作为帮扶重点，有针对性地开展帮扶，不断提升民族乡村的内生潜力和“造血”能力。据不完全统计，2017年各挂钩帮扶单位和各级财政共投入帮扶资金8241万元，扶持项目96个，拉动社会资金投入4.48亿元。三是实施造福工程搬迁工作。落实少数民族造福工程搬迁对象7227人，叠加补助资金722.7万元。四是汇编惠农政策文件。开展近年来惠农民生政策文件的编印工作，形成《福建省有关惠农民生政策汇编》（第三册）并发送至相关部门和民族乡村，让民族工作者和少数民族群众更好地掌握政策和用活政策。

二、加大扶持力度，深入推进精准扶贫工作

牢牢把握“全面实现小康，一个民族都不能少”的要求，不断探索和创新扶贫新模式，进一步汇聚力量，精准施策。一是加大政策资金整合力度。全年共下达省级少数民族补助资金1800万元和中央少数民族发展资金3920万元，重点支持23个省级扶贫开发工作重点县中的148个民族村和23个少数民族贫困村，确保精准帮扶、精准脱贫。二是做好扶持人口较少民族发展工作。下达高山族专项扶持资金175万元，继续帮助高山族群众发展生产，改善生活；协调省发改委下达中央预算内投资补助资金690万元，集中用于改善5个高山族聚居村的公益性基础设施，其中重点打造华安县仙都镇送坑村的特色村寨建设。三是加强扶贫专项统计工作。开展全省200人以上少数民族自然村和23个少数民族贫困村有关资料的统计工作，初步完成116个建档立卡少数民族贫困村相关资料的统计汇编工作，为完善少数民族自然村基础设施建设和深入开展少数民族贫困村的精准帮扶工作提供依据。四是加大扶贫资金监管力度。制定管理办法加强监督管理。根据发展需要和上级要求，我们重新制定出台《福建省少数民族发展与补助资金管理办法》（闽财行〔2017〕14号），以及和省财政厅等5部门共同制定出台《福建省省级财政专项扶贫资金管理办法》（闽财农〔2017〕44号）；开展项目资金监督检查工作。在设区市组织开展精准扶贫政策、项目资金、主体责任落实情况等自查的基础上，开展全省少数民族扶贫资金抽查工作；认真完成交叉检查任务。根据国家民委工作部署，认真完成与宁夏回族自治区民委的交叉检查和辽宁省民宗委到我省的检查调研工作。

三、加快特色村寨建设，推动优势产业发展

坚持把推行民族乡村特色产业扶持增收工程和

精准扶贫工作结合起来，引导各地因地制宜，努力走出一条既符合自身实际又契合群众愿望的特色产业发展之路。一是推进少数民族特色村寨建设。积极开展特色村寨建设调研，认真指导各地开展特色村寨建设工作，全年共下达特色村寨建设资金 2155 万元，支持第三批 47 个少数民族特色村寨保护与建设；召开现场推进会促进相互学习交流。在特色村寨中建设中表现突出的漳州华安县官畲村召开全省少数民族特色村寨工作现场推进会，以总结推广工作经验，促进相互学习交流。三明市青水畲族乡、福州市霍口畲族乡和漳州华安县官畲村等 20 个民族乡村旅游产业蓬勃发展，登上了"清新福建"2017 新晋品牌红榜。二是推动民族乡村发展特色优势产业。继续安排中央少数民族发展资金、省级少数民族补助资金扶持民族乡村发展现代农业、农副产品加工业、民族手工业、旅游业等特色产业，鼓励支持发展农民合作组织，促进群众就业增收。2017 年，全省 19 个民族乡农民人均纯收入达 15306 元，同比增长 9.2%。

四、加强交流合作，促进两岸茶产业发展

为推动海峡两岸少数民族茶产业交流，加快少数民族茶产业发展，2017 年，在宁德市蕉城区举办了海峡两岸少数民族茶产业交流会暨福建省第四届少数民族名优茶评选活动。来自海峡两岸的少数民族茶农、企业代表、茶叶评审专家以及民族工作者等 70 多人参加活动，其中，来自台湾阿里山邹族文化交流团有 17 人。两岸少数民族代表以茶牵线，同叙情缘，共商发展，有效推动了两岸少数民族宗亲的交流合作与茶产业的发展。

（撰稿：赖龙娣　审稿：兰铁军）

江西省

2017 年，江西民族经济工作在省委、省政府的高度重视和正确领导下，在国家民委精心指导下，以贯彻落实中央、全省民族工作会议精神为主线，以民族地区脱贫攻坚为重点，以"常规有创新、重点有突破、整体有特色"为标准，用心、用情、用政策，较好地推动了全省民族经济工作平稳有序的开展。

以少数民族事业发展"十三五"规划为引领，努力创造民族地区同步全面小康新机遇。结合江西民族地区发展实际，印发实施《江西省少数民族事业发展"十三五"规划》。《规划》的编制出台，指导、推动民族经济工作有了重要载体，也为民族地区同步全面小康创造了新机遇。《规划》印发后，江西省积极开展《规划》主要内容的宣传、解读、督促实施等工作。召开《规划》发布会，凤凰网现场在线直播，6 万人在线观看，省政府网、中国民族报等媒体也持续对《规划》内容进行了宣传报道。筹备召开省民族工作领导小组第三次会议，为切实完成《规划》确定的目标任务，结合民族工作领导小组各成员单位的职能，对《规划》主要任务进行分解，明确省民族工作领导小组各成员单位的任务分工和实施责任，明确了决胜小康阶段我省民族工作的主要任务和重要举措。

以精准脱贫为重点，大力推动民族地区脱贫攻坚。深入贯彻落实党的十九大精神，以习近平新时代中国特色社会主义思想为指导，按照中央和省委、省政府深入打好精准脱贫攻坚战的重大部署与基本方略，坚持"核心是精准、关键在落实、确保可持续"工作方针，坚持思想不松懈、工作不松劲，聚焦增强民族地区贫困群众获得感，统筹开发式和保障性扶贫，更加注重强化精准帮扶措施，更加注重提升精准扶贫成效，更加注重提高精准脱贫质量，更加注重完善常态化机制，在攻克深度贫困问题、补齐脱贫攻坚短板、激发脱贫内生动力、夯实大扶贫工作格局、加强扶贫领域腐败和作风问题专项治理各方面迈出坚实步伐，深化脱贫攻坚责任落实、政策落实、工作落实，全面开启精准脱贫攻坚新征程。2017 年省财政厅、省民宗局等六部门制定并印发《江西省财政专项扶贫资金管理办法》，在年度少数民族发展资金安排中，所有因素的设置、4039 万

元资金的投放，均突出脱贫攻坚，重点安排到 58 个处于脱贫攻坚主战场的县、市、区；切实抓好 37 个民族村组精准脱贫示范建设，全年共计投入 740 万元（精准扶贫示范点每年安排少数民族发展资金 20 万元）用于精准脱贫示范建设，通过以点带面，推动全省民族地区脱贫攻坚工作扎实开展；推动省直部门对口支援民族乡村工作扎实开展，引导各成员单位聚焦民族地区脱贫攻坚，加大对口支援工作力度，同时引导有民族乡村的市、县大力开展市直、县直单位对口支援民族村组工作，形成脱贫攻坚合力。一年来，各单位充分发挥部门优势，帮助受援民族乡村编制发展规划 30 多个，现场办公、实地指导 150 多人次，筹措资金 1.05 亿元，扎实推进了民族乡村精准脱贫工作。

以调研、督导、检查为抓手，扎实推动民族经济工作全面开展。深入民族乡村调查研究掌握第一手资料，指导督促基层民族工作开展，是民族经济工作的重要内容。2017 年，就赣发〔2015〕8 号文件的贯彻落实、民族地区精准扶贫、新一轮对口支援民族乡村、少数民族发展资金的管理使用、特色村寨建设、民族特需商品定点生产政策的落实、扶持人口较少民族工作等方面，先后到辖有民族乡村的县（市、区）进行调查研究，深入了解和掌握民族地区经济发展涌现的新亮点、新经验，以及经济运行中存在的新情况、新问题。把贯彻落实第十四次省党代会精神与全年民族工作目标任务结合起来，展开了贯彻落实全省民族工作会议精神督查工作。在将民族乡纳入省级特色小镇申报、建设工作范围时，时任省委常委、省政府分管副省长尹建业同志专门批示："对民族乡要给予倾斜，请住建厅支持"。吉安市峡江县金坪民族乡和鹰潭市贵溪市樟坪畲族乡纳入评审范围。同时省农工部门也积极落实 8 号文件精神的有关要求，把民族乡村纳入全省秀美乡村建设范围，极大的促进了江西省民族地区经济社会的发展。

（撰稿：茅黎　审稿：马哲海）

山东省

2017 年，山东省民族宗教委在国家民委的指导和山东省委、省政府的领导下，认真贯彻习近平新时代中国特色社会主义思想和党的十九大精神，按照省委、省政府部署要求，多措并举，真抓实干，深入推进少数民族脱贫攻坚，切实服务和改善民生，不断加强政策落实和各项机制建设，努力加快少数民族和民族聚居地方全面建成小康社会的步伐，取得了显著成效。

一、加大资金扶持，少数民族聚居地方基础设施显著改善，少数民族生产生活水平明显提高

按照"政府主导、分级负责、对口帮扶、社会参与、重点推动"的思路，积极开展对少数民族的帮扶工作，重点加大对贫困民族村道路交通、电网改造、农田水利等基础设施和规模养殖、特色种植等产业发展的扶持力度。2017 年，我省共投入中央及省级少数民族发展资金 3466 万元，扶持项目 141 个，实现 64 个少数民族贫困村、6244 少数民族贫困人口脱贫。为改善少数民族贫困群体生活水平，2017 年春节期间，省、市财政拿出专项资金向全省清真饮食习惯的农户和城市低保户发放牛羊肉价格补贴。各地民族工作部门以脱贫攻坚为抓手，积极作为，成效显著。2017 年济南市"温居工程"帮扶项目覆盖 43 户甲类、47 户乙类贫困家庭。泰安市开展"精准扶贫民族村，牵手助力奔小康"活动，先后组织实施了近 180 个帮扶项目，帮助民族村建设吃水和农田灌溉工程 70 处，铺设输水管道 200 公里，解决了近 4 万人的吃水困难，为 60 个民族村修建道路 220 公里，为 40 个村架设高低压线路 60 公里，新建变电室 20 处，少数民族村基础设施得到明显改善。

二、加强政策引导，少数民族农业产业结构得到进一步调整

按照"政策引导，科技推动，典型带动，产业拉动"的原则，以产业结构调整为主线，着力发展

民族乡村优势产业和特色农业，许多民族村初步形成了“一村一品，一乡一业”的产业格局。据统计，2017 年全省共有少数民族农民专业合作社 359 家，入社农户 23900 余户，注册资金计 13.7 亿元，具有民族传统特色的农产品种养殖类占比达 85.5%。莱芜市创新清真餐饮规范化、标准化管理，开展星级清真餐饮认定工作，组织清真餐饮业技能培训，提升清真餐饮水平，打造了少数民族经济发展新的亮点。德州市以少数民族专业合作社为抓手，引导少数民族群众转变种植养殖方式，形成合作规模效应，全市少数民族群众领办和创办的各类农村专业合作组织 97 家，其中养殖类 63 家、林果蔬菜水产类 10 家、粮棉种植类 16 家、农机加工类 3 家，辐射少数民族农户 6277 户，涉及少数民族农村人口 18533 人，占农村少数民族人口的 30.8%，入社少数民族群众纯收入普遍提高 30%以上。威海市虽然没有民族村，但为解决农村外来少数民族群众困难，创新发展路子，实施“合作社+”帮扶模式，把辖区农村中的少数民族贫困户全部纳入脱贫帮包范围，使 50 多户少数民族脱贫致富。

三、实施科技培训，少数民族群众的自我发展能力得到提升

围绕省委、省政府脱贫攻坚任务部署，省民族宗教委制定下发了《山东省少数民族农村科技人才培训工程工作方案（2015—2020 年）实施细则》，以提高少数民族群众科技素质、职业技能、经营能力为核心，以少数民族村居、家庭农场、农村合作组织负责人、农村致富带头人、农村生产经营型人才培养以及少数民族贫困户为重点，从指导思想、目标任务、培训重点、培训方式、实施步骤及组织领导等五个方面，对做好少数民族农村科技人才培训工作，作了系统部署和安排。2017 年，我委会同省科技厅组织专家，先后赴德州、聊城、滨州 3 市少数民族聚居镇村开展了少数民族科技培训活动，受训少数民族群众达 300 余人。

四、加强少数民族发展资金科学使用和监督管理

按照“项目预报、要素分配、过程监督、绩效考评”十六字方针，推动少数民族发展资金重点支持脱贫攻坚。通过资金量化因素系数分配办法，重点考量农村少数民族人口、农村少数民族贫困人口和经济发展水平因素，根据财政预算要求严格按程序，分 3 次将 2017 年我省少数民族发展资金 3466 万元下达到了少数民族贫困人口较多市及扶贫任务较重的省财政直接管理县。下发《关于做好 2017 年中央及省财政下拨少数民族发展资金使用管理有关事项的通知》，指导各市（省直管县）民族宗教局会同财政局，合理实施因素法分配，以扶贫规划为引领，以重点项目扶贫为平台，有效整合资金向扶贫开发重点区域倾斜，切实加大对少数民族贫困村基础设施建设、特色产业发展和贫困村户脱贫致富的统筹集中投向，充分发挥资金效应最大化。根据形势任务要求，建立完善少数民族发展资金项目各项管理制度。会同省财政厅制定出台了《山东省少数民族发展项目和资金使用管理办法》，建立起了资金事中事后监管的长效机制；积极推进各项具体制度部署落实，建立年度少数民族发展资金项目备案制度、资金项目绩效自查自评制度及下年度发展资金拟扶持项目库制度；聘请了第三方机构开展对各市资金项目绩效评估，确保了财政专项资金安全运行，有效提高了资金的使用效益。2017 年，新疆维吾尔自治区民委受国家民委委托组成专题检查组，对我省少数民族发展资金管理使用和脱贫攻坚工作情况进行了检查调研，对我省设立贫困人口系数分配及制度监管做法给予了充分肯定。

五、创新管理，强化服务，民族特需商品定点生产企业政策得到较好落实

积极应对“十三五”国家民品企业政策重大调整，省民族宗教委会同省财政厅、人民银行济南分行到潍坊、聊城、滨州等市开展了专项调研，着重推进设立省财政专项资金。在此基础上，省民族宗教委、省财政厅、中国人民银行济南分行共同研究制定了《山东省民族特需商品生产贷款贴息资金管理暂行办法》，对资金运行、绩效监督管理，特别是省市县三部门各自职责任务做了明确规定，为“十三五”民品政策落实起到了十分重要推动作用。

六、当前民族经济发展存在的主要问题

一是我省民族经济发展模式较为单一，可持续

性和后劲不足。我省少数民族常住人口多分布在鲁中、鲁西南、鲁西北地区，由于历史的原因和自然条件的制约，少数民族村整体发展仍然滞后，农村少数民族人均收入低于全省平均水平。改革开放以来，在党和政府的关怀下，通过少数民族发展资金的设立使用，广大少数民族群众自身的不懈努力，少数民族村居基础设施有了根本性改变，但农业产业结构优化升级仍较缓慢，表现在牛羊养殖、屠宰等少数民族传统优势产业，面临市场困境优势不再，而高效农业、农副产品深加工、电商、乡村旅游等现代产业发展缓慢，形成制约少数民族全面脱贫的瓶颈。部分偏远地区少数民族群众贫困程度仍较深，因病、因学等返贫情况加重。就整个我省的少数民族传统产业来看，化工、纺织、食品加工等，有的也做的很大，也有不少典型，但多数思想上比较保守，没有跟上新旧动能转换的步伐。山东省民族经济发展方面旧的动能力量不足，新动能还没有发掘和激发出来。二是少数民族贫困村整村脱贫推进工作需要进一步加强。截至 2017 年底，我省还有少数民族 991 人没有完全脱贫，而且少数民族中的贫困人口分布较广，扶贫的精准程度还有待于进一步提高。需着力加强各类资源的整合力度，加大各有关部门的协同配合，集中统筹力量进行帮扶，尽快实现全部少数民族人口脱贫，并切实巩固脱贫成果。

（撰稿：韩昌钦　审稿：罗军）

河南省

河南省民委认真学习贯彻党的十九大精神，全面贯彻党的民族政策，牢牢把握“中华民族一家亲，同心共筑中国梦”的目标任务，围绕民族地区加快发展、脱贫攻坚、全面建成小康社会目标，进一步巩固和发展平等、团结、互助、和谐的社会主义民族关系，少数民族和民族聚居地区经济社会事业发展态势良好。

一、改进完善，做好少数民族发展资金使用管理工作

少数民族发展资金使用和管理是帮助民族聚居地区加快经济社会发展的重要手段。河南省民委坚持扶贫开发导向，按照少数民族发展资金相关管理办法要求，持续完善制度措施，力求资金效益最大化。一是研究制定《河南省少数民族发展资金分配拨付管理办法》。2017 年 5 月，根据《中央财政专项扶贫资金管理办法》的要求，为加快资金拨付进度，提高资金使用效率，制定了《河南省少数民族发展资金分配拨付管理办法》，规定少数民族发展资金自中央拨付之日起 30 日内必须下达到县。二是加强少数民族发展资金使用情况监督检查。2017 年，河南省民委下达了《省民委关于开展少数民族发展资金专项检查的通知》，通知各市（县）开展自查，并上报自查报告；省民委会同省财政厅、机关纪委在各市县自查的基础上，选择部分市县进行抽查。6 月份，根据省财政厅扶贫资金问题整改专项工作小组办公室通知要求，全面开展少数民族发展资金问题排查整改工作，省财政厅整改办在《工作通报》对省民委的做法给予表扬肯定。9 月份，国家民委省际交叉检查组（青海省民委）来豫检查少数民族发展资金管理使用工作，认真做好迎检工作。三是及时督促各地将少数民族发展资金备案。指导各省辖市、省直管县民族部门及时对上一年度少数民族发展资金使用情况进行备案，帮助协调解决项目资金下达、项目管理中存在的问题。并按照政务公开规定，将 2016 年以来资金政策文件、管理制度、资金分配结果等信息在省民委网站公开，接受社会监督。

二、真抓实做，坚决打赢民族聚居地区脱贫攻坚战

由于历史、自然等方面的原因，我省少数民族扶贫工作任务较重。河南省民委结合我省贫困民族聚居地区实际情况，创新工作的思路和方法，强化措施，务实重干，努力推进贫困民族聚居地区经济社会发展。经过全省各级民族工作部门的共同努力，

我省少数民族扶贫开发工作取得了显著成效，2017年底，全省少数民族贫困村从2015年的49个下降到19个，少数民族贫困人口从4.3万人下降到1.8万人。一是认真贯彻省委省政府重要会议精神，细化实化工作举措。深入学习贯彻全省五次脱贫攻坚推进会议精神，结合民族工作实际，研究提出推进少数民族和民族聚居地区脱贫攻坚的意见建议和具体措施，2017年5月，省民委印发《省民委（宗教局）关于推进脱贫攻坚的实施意见》，要求党员干部全员参与，秉持从严从实的态度，积极担当，强化责任，把服务全省脱贫攻坚、加快推进民族聚居地区和少数民族人口脱贫作为重大政治任务，坚决打赢脱贫攻坚战；2017年8月，河南省民委印发《关于全省民委系统进一步配合协同做好少数民族贫困人口扶贫等相关工作的实施意见》，从切实扛起政治责任、落实民族政策措施、加强资金使用管理、务实谋划创新工作、有机结合创建活动、扎实开展驻村帮扶、从严从实督查指导七方面对推进全省少数民族人口脱贫提出了要求。省民委结对帮扶的十里铺村和东街村都分别制定了相应的扶贫计划，确保我们的扶贫工作有目标、有措施、保实效。二是持续加大贫困地区资金投入力度。为充分发挥少数民族发展资金的扶贫用途，将少数民族发展资金重点向53个贫困县倾斜；根据河南省委、省政府《关于贯彻落实<中国农村扶贫开发纲要（2011—2020年）>的实施意见》（豫发〔2011〕21号）、《中共河南省委 河南省人民政府关于打赢脱贫攻坚战的实施意见》、《河南省民委关于加强少数民族扶贫开发工作的意见》，我省将伏牛山区、大别山区、太行山区、黄淮地区、贫困革命老区、濮范台扶贫开发综合实验区确定为少数民族发展资金投向的重点区域，扎实做到“扶真贫，真扶贫”三是做好定点扶贫工作。柘城县东街村和上蔡县十里铺村是省民委定点帮扶的贫困村，自2012年实施帮扶以来，省民委成立帮扶工作领导组，制定帮扶规划，发挥部门资源优势，全力支持帮扶村脱贫攻坚。2017年，为柘城县东街村协调资金400万元，用于道路硬化、路面绿化、亮化，修建下水道、文化广场及卫生室。为进一步帮助东街村加快发展，河南省民委按照省委的部署，组织 14 个党支部和一个基层党委的党员干部与两个村的贫困户进行结对帮扶，使党员干部走进农村、深入基层，充分发挥党员干部模范带头作用。2017年，支持上蔡县十里铺村驻村第一书记认真做好档卡资料填报和规范工作，帮助村里理清发展思路，建强村基层党组织，持续推进贫困户劳动力转移和产业扶贫。派驻村第一书记协调安排4个贫困户到县人民医院就业实现脱贫，帮扶贫困户种植花生120亩，开展养羊大户托管方式精准帮扶18户64人。省民委在全国扶贫日和春节期间开展慰问活动，把价值5万元的慰问品送到十里铺村贫困群众手中。

三、巩固提高，推进少数民族特色村镇建设

少数民族特色村镇是少数民族和民族聚居地区的重要资源，支持少数民族特色村镇保护与发展是我委支持民族聚居地区经济发展的重要内容之一。一是会同省发改委、省财政厅、省住建厅、省文化厅、省旅游局等六部门联合下发《关于少数民族特色村镇保护与发展的实施意见》，对加强全省少数民族特色村镇保护与发展进行安排部署，与相关部门实施的项目相结合，借力借势共同打造中原风貌、产业特色的少数民族特色村镇；二是注重将少数民族特色村镇建设与新农村建设、美丽乡村、旅游等其它部门的项目相结合，借力、借势，共同打造；三是分类指导，加强民族特色小镇文化资源挖掘与保护，突出当地特点，宜工则工，宜商则商，宜农则农，宜游则游，培育发展影响力、辐射强的集商贸、餐饮、休闲、文化、旅游一体的特色消费聚集地。

四、服务企业，推动一系列政策落到实处

一是积极协调省财政推进继续执行民品贴息政策。2017年是国务院批准“十三五”期间继续执行民族特需商品定点生产企业扶持政策衔接过渡之年，既要严格执行政策，又要保证民族特需商品的生产平稳过渡。协调省财政厅参与补办2016年度贴息资金。二是参与主办2017年郑州精品年货博览会和2017中国—阿拉伯国家博览会。2017年1月会同中国商业联合会、省商务厅省贸促会联合主办的第七届郑州精品年货博览会，设立民族文化特色商品展区，组织全省35家民族企业参展。在展会上设立清真食品及民族用品展区，为企业搭建营销发展

平台，为各族群众节日消费提供特色商品。9 月 6 日至 9 日，组织企业参加“2017 中国-阿拉伯国家博览会”，我省在银川国际会展中心 H 馆设置清真食品名企名牌展区，大用、永达、华英、梦想、万中禽业等知名企业和郑州、开封、焦作等 11 个市的代表性企业参会，集中展示推介我省少数民族企业特色、产品优势和有关投资合作项目。展览期间，河南展区吸引众多中外嘉宾及参展商参观问询及洽谈合作事宜，数万名群众了解各类参展商品，部分企业成功签订中外合作协议和达成意向。

五、加强协调，做好民族宗教对口援疆工作

把对口援疆工作当作政治任务抓紧抓好。根据省援疆办通知要求，省民委牵头，省财政厅、省旅游局共同配合承担“民族团结模范游河南”重点事项，研究确定项目资金和工作方案。4 月份，接待了哈密爱国宗教人士和基层民宗干部 45 人来豫参观学习。10 月份接待了新疆生产建设兵团十三师民宗局 20 人来豫参观学习。加强与哈密市、兵团十三师民宗委和郑州经学院的联系沟通，积极做好承接新疆来豫爱国宗教人士 4 年制本科学历教育和汉语言培训等援疆工作前期筹备工作。

（撰稿：王霞　审稿：余德海）

湖北省

2017 年，湖北民族经济工作在国家民委的指导和省委、省政府的坚强领导下，以习近平新时代中国特色社会主义思想为指导，深入贯彻落实党的十九大精神和中央及省经济工作部署，聚集脱贫攻坚，着力改善民生，增加贫困农民收入，以完善贫困村基础设施、发展社会公益事业、改善群众生产生活条件为重点，加大投入，扎实推进，民族地区经济取得较快发展。

一、科学编制《湖北省少数民族事业发展“十三五”规划》

完成《规划》编制工作，并以省政府办公厅的名义下发实施。《规划》明确提出了“十三五”时期我省支持少数民族和民族地区发展、加强民族工作的总体要求、主要任务和重大举措。《规划》的出台，对于巩固和发展平等团结互助和谐的社会主义民族关系，促进少数民族和民族地区加快发展，进一步开创民族工作新局面，确保 2020 年少数民族和民族地区与全省同步实现全面建成小康社会，意义重大，影响深远。

二、大力推进民族地区重点项目建设

2017 年，恩施州 171 个省州重点项目完成投资 200 多亿元，占年度投资计划的 80%。黔张常铁路、建恩高速、宣鹤高速、江坪河电站等 103 个项目进入投资高峰期。咸丰大道、湖北天宇物流园等 PPP 项目加快推进，累计完成投资突破 10 亿元。五峰、长阳近 70 个省级项目累计完成总投资近 20 亿元。

三、不断加强少数民族资金管理

根据《中央财政专项扶贫资金管理办法》，会同省财政厅等部门制定了《湖北省财政专项扶贫资金管理办法》，为加强和规范中央、省级少数民族发展资金的使用管理提供了遵循；组织民族地区 10 县（市）对近年来中央少数民族发展资金使用情况进行了自查，按时完成了中央少数民族发展资金使用管理情况省际间交叉检查工作。2017 年共安排中央和省级少数民族资金 17435 万元，省级民族贸易企业网点建设和民族特需商品定点生产企业技术改造专项资金 195 万元，支持民族地区经济社会加快发展，支持扶贫项目 226 个，帮助民族地区 250 个贫困村整村脱贫出列，26 万多贫困人口脱贫摘帽，有 6 个县市人均可支配收入年增长达到或接近 10%。

四、持续抓好差别化政策落实

一是完善工作机制。根据省领导人事变动情况，

为确保“616”工程顺利实施，在征求省领导意见的基础上，及时调整了“616”对口支援工程省领导的联系点。二是落实帮扶资金和项目。切实履行总协调职责，2017 年，协调湖北武陵山少数民族经济社会发展试验区政策落实单位落实帮扶项目 455 个，帮扶资金 18.84 亿元；协调“616”对口支援工程各成员单位落实帮扶项目 401 个，帮扶资金 16.87 亿元；协调省内 9 个帮扶市落实帮扶项目 54 个，帮扶资金 1.97 亿元。系列差别化政策的落实，为民族地区加快发展注入了新活力。

五、扎实开展精准扶贫精准脱贫工作

坚决贯彻中央和省委省政府脱贫攻坚有关文件指示精神，认真履行省扶贫攻坚领导小组成员单位职责。省民宗委召开 2 次党组会研究精准脱贫工作，委领导先后到宜昌、十堰、恩施等地开展扶贫工作调研活动，深入贫困村面对面了解脱贫工作进展情况，帮助贫困户出点子想办法，并走访慰问困难群众。严格贯彻财政扶贫资金“五个到县”的要求，及时下拨中央和省级少数民族发展资金，支持民族地区开展脱贫攻坚工作。安排 200 万元支持省民宗委定点扶贫村的脱贫工作。协调组织全委干部职工分两批到扶贫驻点村开展“精准扶贫 你我同行”扶贫日活动。认真组织民族地区开展民族数据统计工作，及时准确掌握民族地区脱贫攻坚进展，总结脱贫攻坚成效，先后 6 次向国家民委、省委农工部和省扶贫办报送全省民族地区脱贫攻坚工作情况。

六、深入推进少数民族特色村镇建设

在中央和省级民族资金主要统筹用于精准扶贫工作的形势下，积极争取一定资金继续投入少数民族特色寨的提档升级工作，2017 年共安排少数民族特色村寨项目资金近 3800 多万元，我省 28 个少数民族特色村寨被国家民委第二批命名为“中国少数民族特色村寨”。根据国家民委要求，对第二批命名的特色村寨统一颁发了牌匾。

七、积极应做好民品民贸工作

及时将《财政部关于进一步做好民族贸易和民族特需商品生产贷款贴息工作有关事宜的通知》精神传达各地民族工作部门，要求做好政策的宣传和释疑工作，使已认定和拟申报的民贸企业了解新的政策变化，提前做好适应性的统筹安排工作；根据民贸企业认定程序，新认定民贸企业 148 家；就近年来民品民贸政策落实情况进行专题调研，就落实省级民贸民品财政贴息补助资金多次与省财政部门进行沟通协调，并向省政府提交了专题报告。

（撰稿：商振华　审稿：江华富）

湖南省

2017 年，我省深入贯彻落实中央、省委民族工作会议精神，坚持把推动民族地区经济社会发展作为民族工作的第一要务，通过规划驱动、项目带动、政策撬动和部门联动，积极创新推进方式，拓展服务平台，助推民族地区经济社会加快发展。

一、坚持规划驱动

编制了与民族地区发展息息相关的一系列专项规划。主要包括武陵山片区区域发展与扶贫攻坚“十三五”规划、湘西地区“十三五”产业发展规划、以工代赈建设“十三五”规划及易地扶贫搬迁“十三五”规划。这些规划明确了“十三五”民族地区发展目标和重大建设任务，引领民族地区发展方向。同时，在省级“十三五”规划和重大专项规划编制中，充分考虑民族地区发展实际，在项目布局、政策措施上充分考虑民族地区发展需求，编制了《湖南省武陵山片区区域发展与扶贫攻坚“十三五”实施规划》，项目涉及基础设施建设、农村生产生活条件改善、基本公共服务、产业发展、生态建设与环境保护等方面。编制了《湖南省“十三五”少数民族事业发展规划》和《湖南省少数民族特色村镇保护与发展“十三五”规划》两个民族工作“十三五”专项规划。《湖南省“十三五”少数民族事业发展规划》以加快民族地区经济持续健康发展、提高各族群众生活水平、促进少数民族和民族地区社会事业全面进步、发展繁荣少数民族文化、改善民族地区生态环境明显、巩固民族团结、增强民族事务治理能力为主要目标，谋划了 12 个方面的 65 项重大工程和项目。《湖南省少数民族特色村镇保护与发展“十三五”规划》以改善少数民族特色村镇的基础设施、发展特色产业、保护特色民居、传承民族文化、完善公共服务、促进各族群众交往交流交融为目标，谋划 5 个方面的 22 项重大工程和项目，确定在“十三五”期间由省、市州、县市区合力建设 200 个左右少数民族特色村镇，构建民族文化生态旅游点、线、圈，打造千亿大产业，带动 30 万农民大脱贫。

二、坚持项目带动

一是大力推动大湘西地区全面建成小康社会。第一，加快推进民族地区基础设施建设。按照中央民族工作会议精神，加大对民族地区农村公路、安全饮水、流域治理、林业重点工程、通信邮政、城镇环保等公益性基础设施项目的支持力度，取消县以下和集中连片特困地区市州级配套资金。第二，积极培育民族地区特色产业。立足民族地区资源优势，把特色产业的培育发展作为支持重点，以特色产业推动民族地区经济加快发展，将湘西州锰锌精深加工、张家界旅游商品加工集群、邵阳酒果蔬糖加工集群、怀化林纸一体化产业集群作为全省重点培育发展产业集群，将酒鬼酒、老爹生物、金天铝业、茂源化工、湘窖酒业、广信纸板、湘维化工、正清制药等民族地区优势产业的核心企业列入重点企业名单，集中力量给予政策和资金支持，帮助优势产业做大做强。编制了大湘西地区文化生态旅游融合发展精品线路，启动实施了民族民间传统工艺品产业保护与发展试点工作，进一步加大了对民族地区文化旅游业的扶持力度。第三，着力推动民生项目建设。我省围绕改善民族地区生产生活条件，建立健全了精准扶贫工作机制，实施了水、电、路、气、房、环境改善为主要内容的“六到农家”等整村推进示范村工程，推进了农村义务教育、基本医疗、住房安全、基层就业和社会保障等基本公共服务设施建设，有效缓解了民族地区“上学难、看病难、就业难”等突出问题。

二是以加快少数民族特色村镇建设为切入点，全力打造服务民族地区全面小康和精准扶贫的新平台。近年来，我省加大少数民族特色村镇建设，整合各类资金 200 多亿元，重点扶持建设了 300 多个少数民族特色村镇。其中 58 个列入了“中国少数民族特色村寨”名录，32 个入选“湖南省最美少数民族特色村镇”，33 个少数民族特色村镇成功创建国家 A 级景区，24 个入选国家级、省级民族团结进步创建活动示范单位和教育基地，涌现出了花垣县十八洞村等一批具有全国影响力的少数民族特色村镇。据统计，我省民族地区 30%以上的贫困村已把特色村镇民族文化旅游作为精准脱贫的支柱产业，90%以上已脱贫并进入小康序列的村镇都是以特色村镇民族文化旅游为依托。少数民族特色村镇已成为民族地区实施精准扶贫、推进全面小康的主要抓手和发展全域旅游的重要载体。在全国率先制定颁布了少数民族客栈标准，推动民族客栈与文化旅游融合发展，得到了国家民委的充分肯定。

三是民族自治地方逢十庆典建设把项目建设摆在首位，加快发展步伐。启动新一轮自治地方逢十庆典工作，省委提出“打基础、利长远、惠民生、可持续”的十二字方针，以基础设施和民生改善为重点，搞好 60 周年县庆项目建设。我省民族自治地方着眼于打基础增后劲、补短板增优势、惠民生增活力、促增长保态势，对庆典项目建设坚持早规划、早启动、早建设、早受益。第一，举办成立逢十周年庆典后的民族自治地方在新的更高的起点上推动发展，保持了经济快速增长、社会和谐稳定。2017 年举行的靖州苗族侗族自治县 30 周年县庆，围绕民生改善、基础提质、产业发展，确定了 7 大类、83 个县庆项目。2017 年，湘西土家族苗族自治州利用举办 60 周年州庆的契机，实施了 300 多个促进地区发展和民生改善的重点工程。第二，庆典项目着力提升公共服务水平，惠及千家万户。我省民族自治地方坚持把推进民生建设作为庆典项目建设工作的第一标尺，重点建设项目都与群众生活、环境优化、社会发展息息相关。

三、坚持政策撬动

近年来我省制定出台了《关于深入实施西部大

开发战略推进湘西土家族苗族自治州加快发展的若干意见》、《关于对武陵山片区农村基层教育卫生人才发展提供重点支持的若干意见》等 20 多个规范性文件。对湘西地区开发、民族地区扶贫攻坚、武陵山片区区域发展等作出了明确规定，为民族地区发展提供了必要的政策支持。2015 年出台的《中共湖南省委湖南省人民政府关于加强和改进新形势下民族工作的实施意见》（湘发〔2015〕9 号），推动实施了一批金量高的差别化支持政策，为做好我省民族工作注入了强大动力。一是实行财税倾斜政策。加大对民族地区的均衡性转移支付力度，对民族地区县市的体制补助每年按比例予以递增，将民族自治地方及少数民族人口过半县全部纳入国家重点生态功能区转移支付范围等等。二是将专项扶贫资金向民族地区倾斜。我省加快构建“1+10+17”脱贫攻坚政策支撑体系，始终将民族地区作为帮扶的重点。先后出台《中共湖南省委关于实施精准扶贫加快推进扶贫开发工作的决议》、《湖南省农村扶贫开发条例》、《中共湖南省委、湖南省人民政府关于贯彻落实〈中共中央国务院关于打赢脱贫攻坚战的决定〉的实施意见》，系统部署脱贫攻坚工作，重点突出以武陵山片区为主的民族地区。三是推动金融支持武陵山片区发展。武陵山片区开发上升为国家战略之后，我省按照“大胆探索、先行先试”的要求，为发挥金融支撑作用，破解湖南武陵山片区开发融资难题，积极推动开发性金融加大对武陵山片区的支持。省民宗委与国开行湖南省分行联合编制《湖南省武陵山片区区域发展与扶贫攻坚系统性融资规划（2012—2020 年）》，得到时任全国政协副主席、国家民委主任王正伟同志的肯定并作出重要批示；促成国家民委、国家开发银行在长沙召开支持武陵山片区区域发展与扶贫攻坚试点工作会议，全国政协副主席、原国家民委主任王正伟出席会议并作重要指示。会上，国家民委和国家开发银行与湖南、湖北、重庆、贵州四省市人民政府签署了《共同推进武陵山片区区域发展与扶贫攻坚试点合作协议》，国开行湖南省分行与邵阳市、沅陵县人民政府签署了《开发性金融支持产业扶贫合作协议》。我省的做法得到了国务院汪洋副总理、刘延东副总理等国家领导人的肯定，并作出重要批示。此后，国开行湖南省分行先后与湘西州、怀化市政府签署战略合作协议，与张家界市政府签署战略合作备忘录。2017 年发放贷款 242 亿元，创历史新高。支持领域覆盖重大基础设施、城市建设、产业到中小企业、民生等领域，大大加快了湖南武陵山片区区域发展与扶贫开发进程。四是做好民族教育发展促进工作。制定出台《湖南省人民政府关于加快发展民族教育的实施意见》，推动民族地区教育事业驶上快速、均衡、协调、特色发展的快车道。落实俞正声主席视察湘西自治州时的指示精神，积极推动省部共建吉首大学；针对乡镇区划调整中出现的新情况，严格执行少数民族高考加分政策，有效维护了民族乡考生的切身利益，维护了高校招生秩序和社会稳定。

四、坚持部门联动

一是强化民族工作组织领导机制。进一步健全省委民族工作领导小组成员和民委委员单位制度，整合力量，明确职责。坚持做到“三个注重”：第一，注重发挥省委民族工作领导小组的统领作用，发挥省民委委员单位的协同作用，发挥全省民宗委系统的职能作用，发挥乡村社区和民族联谊会等基层组织的基础作用。第二，注重借助统一战线的“同心工程”平台，组织统一战线各民主党派、团体、海外力量对民族地区的产业、教育、卫生、基础设施建设进行对接扶贫。第三，注重发挥宗教界的积极作用，在民族地区开展扶贫帮困等慈善活动，积极构建民族工作大格局，为顺利推进我省民族工作凝聚了广泛力量，为持续抓好中央民族工作会议精神的贯彻落实提供坚强有力的组织保障。二是强化对口帮扶工作机制。我省出台了《中共湖南省委办公厅湖南省人民政府办公厅关于印发<省级领导 2015—2017 年扶贫联县指导帮扶方案>的通知》、《中共湖南省委办公厅湖南省人民政府办公厅关于进一步加强干部驻村帮扶工作的意见》，坚持“省市带头、县乡为主”的原则，从 2015 年起强化对口帮扶机制。第一，省级领导联县带乡驻村帮扶。坚持“省市带头、县乡为主”的原则，由一名省级领导联系一个贫困县，指导该县干部驻村帮扶工作，推动全县扶贫开发。全省 24 个民族县市区中绝大部分都有一名省级领导联系指导。第二，加大对湘西自治州贫困县的对口帮扶。长沙、湘潭、株洲、岳阳等 7 个市对口帮扶湘西自治州的龙山、永顺等 7 个县，各市每年的帮扶资金和项目比上年要增加 20%以上，帮扶时间保持 6 年不变。三是强化监督检查机制。建立了重大事项督查的工作机制，重点抓好重大民族政策法规执行情况监督检查，确保各项政策落实不变形、不走样。省直各部门分别就我省近年来出台的“支持湘西自治州扶贫攻坚主战场”、“湘西地区开发”、“分类指导推进全面小康建设”、“重点帮扶少数民族高寒山区”、“加强武陵山民族地区教育卫生人才队伍建设”等差别化政策开展全面督查。

（撰稿：黄淼　审稿：肖丽萍）

广东省

2017 年广东省民族宗教委认真按照国家民委工作部署和广东省委省政府重大决策部署，认真深入学习贯彻党的十八大历次全会、十九大精神和习近平新时代中国特色社会主义思想，把创新、协调、绿色、开放、共享五大发展理念有机融合到推动民族工作全过程，推动各地各部门贯彻落实《关于扶持民族地区加快发展的意见》(以下简称《意见》)，抓督查促绩效，抓规划促发展，较好地完成全年工作任务。

一、抓项目真落实，延政策谋发展

1.领导重视，高位推动。2017 年，省领导马兴瑞、任学锋、林少春、袁宝成、林雄等以不同形式深入民族地区调研或专题听取民族工作情况汇报，指导推动《意见》的贯彻落实以及民族地区精准脱贫攻坚、社会主义新农村建设工作。省人大常委会、省政协也把推动《意见》的贯彻落实工作列入今年的重点督办调研和视察内容。时任省委常委、统战部部长林雄，多次率企业家到挂点联系点连南调研考察，指导推动特色产业项目落地和精准扶贫。华南城集团、香港永安集团、星河湾集团、长隆集团等知名企业纷纷与连南瑶族自治县人民政府签订合作协议，在该县投资建设项目。连南瑶族自治县人民政府与深圳市东怡实业有限公司签订鹿鸣特色旅游小镇项目战略合作意向书，计划投资 12 亿元，建设鹿鸣特色旅游小镇。

2.项目主导，促进发展。为确保《意见》重点项目推进，广东省民族宗教委就国道 G323 线（连南县城改线、连山县城改线、乳源上围至阳山交界段）、省道 S261 线连山小三江至连南大麦山（连接二广高速公路出口）项目等重点交通基础设施建设项目，连南塘冲水库等水利基础设施建设项目开展专项督查，专门与韶关、清远市有关职能部门对接座谈，查找突破口，并形成《关于督导协调推动〈意见〉重点项目落地情况的汇报》。与省人大华侨民族宗教委、省交通运输厅、省水利厅等有关部门多次协调，形成政策合力，共同推动争取项目早日落实。广东省民族宗教委与湖南省民族宗教委共同努力，就推进粤湘呼南高铁南延线建设事宜，形成专题报告报国家民委，积极争取国家有关部门支持，将高铁南延长线项目补充纳入国家中长期铁路网规划，进一步促进粤湘两省交界民族地区的精准脱贫攻坚工作。

3.做好评估，争取政策。《意见》实施以来，在 3 个自治县实行免征企业所得税地方分享部分政策（粤财法〔2015〕15 号）含金量高、实施效果好而受到基层的热烈欢迎。该项政策执行期为 2015-2017 年。据不完全统计，3 个自治县享受该税收优惠政策的企业达 1060 户次，减免企业所得税 2.87 亿元，吸引新增企业 940 户，政策效应总体上已显现。2016 年下半年，3 个自治县通过多种方式强烈呼吁延长该优惠政策的执行期限。2017 年 4 月初，广东省民族宗教委牵头组织开展了关于延长税收优惠政策执行期限专项评估工作，并协调韶关、清远市政府，省政府办公厅、省财政厅、省国税局、省地税局等部门，推动政策延续工作并争取政策尽快出台。广东省民族宗教委撰写《我省贯彻落实〈意见〉情况报告》以及《3 个自治县免征企业所得税地方分享部分政策实施情况评估报告》、《3 个自治县交通基础设施建设专项补助资金评估报告》报省委、省政府。2017 年 8 月，广东省财政厅、省地方税务局、省国家税务局联合下发《关于继续执行少数民族自治地区企业所得税优惠政策的复函》(粤财法〔2017〕11 号)，同意清远市连山壮族瑶族自治县、连南瑶族自治县、韶关市乳源瑶族自治县免征本地区企业应缴纳企业所得税中属于地方分享部分（含省级和市县级)，自 2018 年 1 月 1 日起至 2025 年 12 月 31 日止执行。

4.督导检查，共同推进。2017 年省人大常委会将民族地区加快发展列入督导调研议题。广东省民族宗教委代拟省政府向省人大常委会汇报《我省贯彻落实〈意见〉情况汇报（稿)》以及《本委贯彻落实〈意见〉情况汇报（稿》。8 月，广东省人大常委会组成两个调研组，分别由省人大常委会副主任罗娟、省人大侨民宗委主任委员陈世庆带队，分赴韶关、清远、肇庆、惠州、河源等地就民族地区经济社会发展情况开展专题调研。根据广东省政协党组工作要点和年度工作安排，林雄副主席率省政协第七视察团，先后赴韶关市乳源瑶族自治县、清远市连山壮族瑶族自治县和连南瑶族自治县，围绕“抓住产业共建机遇，加快民族地区发展”议题开展专题视察。视察团对广东省民族地区加快与珠三角产业共建的情况和面临的困难问题作了深度调研，并提出相关工作建议。广东省政协办公厅在调研的基础上，向省政府报送了专题视察报告。该报告得到了省领导的批示。广东省民族宗教委会同省发展改革委、经济和信息委化、财政厅、国土资源厅、环境保护厅、交通运输厅、地税局和国税局办理领导指示，共同助力民族地区发展。

5.积极谋划，办好会议。为学习贯彻党的十九大精神，进一步落实好中央和省关于民族工作的部署，推动广东民族地区加快发展，确保与全省同步建成小康社会，根据《意见》的要求，以省政府名义于 2017 年 12 月底在清远市连山壮族瑶族自治县召开全省推动民族地区加快发展现场办公会。会议的主要任务是：回顾总结近 3 年来全省贯彻落实《意见》取得的工作成效；深入研究分析民族地区经济社会发展中存在的主要问题及采取的对策建议，共商解决重点难点问题方案，对继续执行《意见》政策措施和加快民族地区发展作出部署。广东省民族宗教委制定《推动民族地区加快发展现场办公会工作方案》，草拟《在推动民族地区加快发展现场办公会上的讲话》以及《落实<意见>情况通报》，指导连山选好参观点、做好召开现场办公会各项准备及接待工作，认真梳理汇总分析各地各部门在贯彻落实《意见》情况及问题，并与省直有关部门对接，把会议开成解决问题的现场会。为确保现场会取得实效，广东省民族宗教委有关负责人与韶关、清远市有关领导分别到省交通运输厅、省水利厅协调解决重点项目，取得了共识。省政府副秘书长还专门召集省发改委、省民族宗教委、省财政厅、省交通运输厅、省水利厅等部门就十三五时期继续执行好《意见》以及拓展部分内容进行座谈，直面问题，聚焦问题，解决问题。

二、强特色实保护，以传承促发展

1.制发《广东省少数民族特色村镇保护与发展规划（2016—2020 年)》(以下简称《规划》)。2017 年 5 月，广东省民族宗教委联合省发展改革委、省住房城乡建设厅、省旅游局印发了《规划》(粤民宗发〔2017〕30 号)。该《规划》的出台，既是广东今后做好民族工作、促进民族地区精准脱贫和加快发展的重要抓手，也是“十三五”时期贯彻落实国务院《“十三五”促进民族地区和人口较少民族发展规划》的具体举措。《规划》为民族地区扎实开展少数民族特色村镇建设工作提供了指引并得到了基层的好评,《中国民族报》进行约稿并刊登了相关报道。

2.举办少数民族特色村镇建设培训班。为学习借鉴贵州省民族工作、精准扶贫和特色村寨建设的好经验、好做法，6 月 12 日至 16 日，广东省民族宗教委在贵州民族大学成功举办了“广东省少数民族特色村镇建设培训班”。该班得到贵州省民族宗教委大力支持，徐飞副主任为培训班授课并出席结业典礼。广东省 3 个自治县、7 个民族乡所在市县民族宗教工作部门、重点特色村寨所在乡镇有关负责同志、广东省民族宗教研究院及委相关处室人员共 41 人参加培训。本次培训班课程紧扣在城镇化进程大背景下，如何谋划推动少数民族特色村镇保护与发展工作。邀请有关专家学者作了《少数民族村镇保护与发展工作回顾与展望——以贵州为视角》、《民族建筑与少数民族特色村镇建设》、《旅游小镇与城镇化建设》、《民族地区的城镇化与文化保护发展》《少数民族特色村寨保护与发展以及在广东的实践》等专题讲座，使学员增长知识、开拓视野、增强工作信心，他们表示一定要把贵州省的经验做法带回，学好用好，规划先行，指导当地做好少数民族村寨建设工作。

3.做好第二批中国少数民族特色村寨命名挂牌工作。经国家民委组织专家评审，广东省的广州市增城区正果镇畲族村、韶关市始兴县深渡水瑶族乡长梅村委会长梅一组、乳源瑶族自治县游溪镇中心洞村委会政研瑶族新村、清远市连南瑶族自治县三江镇金坑村委会红星移民新村、三排镇三排村委会福彩新村、涡水镇大竹湾村委会小横龙村、连山壮族瑶族自治县吉田镇古县坪民族新村、小三江镇三联村委会东西江村、永和镇永梅村委会蒙洞村、潮州市饶平县饶洋镇蓝屋畲族村等 10 个少数民族特色村寨被纳入第二批中国少数民族特色村寨命名挂牌名单。根据国家民委《关于命名第二批中国少数民族特色村寨的通知》(民委发〔2017〕34 号)，广东省民族宗教委制作了“中国少数民族特色村寨”牌匾，并予以挂牌。

三、严督查强监管，以绩效促使用

为提高少数民族发展资金绩效管理，完善各项规章制度，履行监管责任，广东省民族宗教委按照广东省财政厅《关于做好 2017 年省级财政重点绩效评价工作的通知》(粤财绩函〔2017〕18 号）工作部署，3 月至 5 月，对广东省少数民族发展资金使用管理情况开展了专项督查，摸清了底数、掌握了进度、纠正了错误，取得预期效果。

1.加强指导，加快支出。根据少数民族发展资金总体支出比例过低，使用效益不高的情况，及时印发《关于加快少数民族发展资金支出进度的通知》(粤民宗发〔2017〕56 号)，要求各地切实加强资金使用管理工作的组织领导，增强工作责任感和紧迫感，提出解决对策，加快支出进度。四是做好中央少数民族发展资金交叉检查工作。根据《国家民委办公厅关于开展少数民族发展资金省际间交叉检查调研工作的通知》(民办发〔2017〕110 号)，2017 年 8 月到 9 月开展少数民族发展资金管理使用工作情况检查。根据安排，由山东省检查广东省，广东省检查辽宁省。9 月 25 日到 29 日，山东省民族宗教委由马银平巡视员带队，深入广东省清远市、肇庆市进行检查。10 月 9 日到 14 日，广东省民族宗教由李秀英副书记、巡视员带队，赴辽宁检查。检查结束后，撰写检查报告报国家民委。

2.及时传达，强化管理。及时将财政部、扶贫办、国家发改委、国家民委、农业部、林业部印发的《中央财政专项扶贫资金管理办法》(财农〔2017〕8 号）主要精神传达到基层，强调规范正确使用少数民族发展资金。按照审批权限下放到县的原则，“谁审批谁负责”，广东省民族宗教委指导县级民族宗教部门切实担起做好项目审批和实施工作的责任，科学管理使用发展资金，逐步建立项目库。

3.绩效评价，持续监督。全面梳理省级少数民族发展资金、民族乡补助资金、少数民族聚居区少数民族大学生资助资金使用管理绩效情况，撰写《广东省少数民族发展资金绩效自评报告》报省财政厅。

（撰稿：余森河　审稿：李秀英）

广西壮族自治区

2017 年，在国家民委的大力支持下，在自治区党委、自治区人民政府的正确领导下，广西民宗委紧紧围绕各民族“共同团结奋斗、共同繁荣发展”的民族工作主题，想方设法帮助少数民族群众解决生产生活中的一些特殊困难和问题，有力推动少数民族和民族地区经济社会发展。

一、以规划为抓手，编制两个民族专项规划的实施意见

为全面贯彻落实《国务院关于印发“十三五”促进民族地区和人口较少民族发展规划的通知》(国发〔2016〕79 号)、《国务院办公厅关于印发兴边富民行动“十三五”规划的通知》(国办发〔2017〕50

号）精神，根据自治区人民政府要求，参照“十二五”的做法，我们组织力量研究并起草了《广西壮族自治区贯彻落实〈“十三五”促进民族地区和人口较少民族发展规划〉实施意见（征求意见稿）》、《广西壮族自治区人民政府办公厅关于贯彻落实兴边富民行动“十三五”规划的实施意见（征求意见稿）》，经多次征求自治区有关部门、各市县和有关专家学者的意见，形成了实施意见（代拟稿），并呈报自治区人民政府审批。2017 年 11 月 16 日、12 月 26 日，广西印发了《广西壮族自治区贯彻落实“十三五”促进民族地区和人口较少民族发展规划的实施意见》、《广西壮族自治区人民政府办公厅关于贯彻落实〈兴边富民行动“十三五”规划〉的实施意见》，明确“十三五”时期全区促进民族地区和人口较少民族发展、实施兴边富民行动的目标任务和各部门工作职责，全力推进两个民族专项规划的贯彻落实工作。

二、立足保护与发展，加强少数民族特色村镇培育工作

2017 年 3 月，国家民委命名了第二批中国少数民族特色村寨，广西共有 38 个村寨获此殊荣。我们及时组织相关县、市（区）开展“中国少数民族特色村寨”挂牌工作，在本委网站开设“中国少数民族特色村寨”专栏，宣传我区创建“中国少数民族特色村寨”的典型，扩大村寨知名度，提升村寨影响力。为进一步做好少数民族特色村寨保护与发展工作，5 月 3 日印发了《自治区民宗委关于培育少数民族特色村寨的指导意见》（桂民宗发〔2017〕91 号），对我区少数民族特色村寨的培育目标、选点要求、培育任务、资金筹措、组织保障等方面提出了指导意见。

三、加强工作指导，进一步规范各级民族统计工作

为了全面提高我区民族统计队伍素质和工作水平，认真贯彻落实国家民委关于民族统计的工作要求，召开了 2017 年全区民族统计工作视频会议，要求各有关市、县扎实做好民族统计工作，不断提高民族经济统计工作队伍的业务素质，推动我区少数民族地区统计工作稳步向前发展。同时，我委加强与统计部门的工作联系与沟通，加强对民族统计数据的审核工作，不断提高数据的准确性，并顺利完成我区 2017 年少数民族和民族自治地方经济社会发展统计工作。

四、加强资金监管工作，确保发挥资金使用效益

一是进一步加强工作督查。2017 年 3 月，组织各市对 2017 年第一批少数民族发展资金项目落实情况和 2016 年第二批少数民族发展资金项目建设情况开展督查，主要就项目实施情况、项目效益、资金拨付以及项目廉政情况等内容进行督查，实地检查的项目达到项目总数的 60%。为进一步确保各地用好管好资金，从 9 月 1 日开始，由委领导带队组成 3 个核查组赴全区 10 个市 31 个县（市、区）开展 2017 年少数民族发展资金核查工作。二是加强统计通报，强化工作落实。在 2017 年 3 月，我委对各地少数民族发展资金结余情况进行了统计，根据各地自查情况，下发了《自治区民宗委关于少数民族发展资金结余情况的通报》（桂民宗发〔2017〕62 号），对截至 2017 年 2 月底，对结余资金情况进行了全区系统通报，要求及时落实整改。4 月 13 日，根据各市 2017 年第一批少数民族发展资金项目落实情况下发了《自治区民宗委关于 2017 年第一批少数民族发展资金项目备案情况的通报》（桂民宗发〔2017〕67 号）。7 月和 10 月，对 2017 年第一批少数民族发展资金第二、三季度项目建设情况进行了通报，要求各地依法依规，加快项目建设步伐，发挥资金效益。

五、积极落实扶贫责任，做好脱贫攻坚工作

一是做好行业扶贫工作。在分配少数民族发展资金时，我委认真落实自治区党委、自治区政府交给的扶贫攻坚任务，以贫困状况作为资金分配的重要因素，2017 年共投入 54 个贫困县 36560 万元，占全年资金量的 75%。与 2016 年投入 54 个贫困县资金量比较，同比增长 11236 万元，增幅为 44.4%。另外，从各地上报的资金项目计划备案情况看，各地均高度重视脱贫攻坚基础设施建设，全区 2017 年第一批中央少数民族发展资金投入屯级道路资金达

到23183.4万元，占该批资金总量的73.8%。二是推进定点帮扶。委领导高度重视，多次带领各有关处室和下属单位领导到宁明县推进定点扶贫工作，听取各村汇报，实地走访有关村屯，围绕脱贫攻坚，部署定点扶贫工作，明确任务和责任。在做好结对帮扶，增派人员的同时，围绕脱贫工作目标，逐项分析存在的问题，逐个攻破，扎实推进定点帮扶村脱贫工作。

（撰稿：翚丽　审稿：覃凤前）

海南省

一、概况

2017年，海南省民族宗教事务委员会认真贯彻党的十八大、十八届三中、四中、五中、六中全会精神和习近平总书记系列重要讲话精神，以及中央民族工作会议，牢牢把握各民族“共同团结奋斗、共同繁荣发展”的主题，立足民族地区实际，以推进民族地区基础设施建设、大力发展民族经济、改善少数民族群众民生为主旨，以解决少数民族和民族地区经济社会发展中的突出问题和特殊困难为切入点，加快民族地区的经济社会发展，民族经济工作取得新突破。2017年，中央、省级财政下达安排少数民族发展资金规模1.2229亿元（其中，中央财政下达8489万元，省级财政配套3740万元）。资金下达后，为打好民族地区脱贫攻坚战，我委紧紧围绕委年度工作部署，密切联系民族地区脱贫攻坚具体情况，资金分配向扶贫重点市县倾斜，分别安排民族地区特色产业发展类项目资金7117万元，少数民族特色村寨建设类项目资金4262万元，少数民族传统手工业保护与传承类项目资金850万元，帮助少数民族群众发展生产，改善生产生活条件。

二、立足脱贫攻坚大局，发展特色产业助力群众增收

在少数民族发展资金项目审批权限下放、涉农财政资金整合的大背景下，我委充分发挥资金项目指导、监督的管理作用，引导资金向贫困地区、贫困户聚集，把“精准”要求贯穿扶贫脱贫全过程，积极推动发展林下种植、循环农业等特色优势产业，共安排少数民族发展资金7117万元，以“合作社+农户”等方式，实施黄牛、豪猪、益智、火龙果、实用菌蘑菇等项目，积极扩展少数民族群众增收渠道，有效提升少数民族贫困人口自我发展能力。

三、以特色村寨建设为抓手，全力助推旅游扶贫攻坚

紧密依托省委省政府“百镇千村”工作部署，以我省创建全域旅游示范省为抓手，将“特色民居、特色产业、特色文化、民族团结、生态文明”的“五位一体”的少数民族特色村寨建设理念融入“美丽乡村”建设，努力把少数民族特色村寨打造成我省知名的全域旅游目的地。2017年，我委共安排少数民族发展资金4262万元，用于8个市县的13个少数民族特色村寨建。2017年3月，我委对琼中黎族苗族自治县什运乡便文村等11个第二批“中国少数民族特色村寨”开展命名挂牌工作，打响了我省少数民族特色村寨的品牌和知名度。

四、加大少数民族传统手工业扶持力度，传承发展传统技艺

推动落实我委会同省旅游委、省文体厅、省扶贫办联合下发的《关于印发落实〈中共海南省委、海南省人民政府关于打赢脱贫攻坚战的实施意见〉工作方案》，遵循“保护中发展，发展中保护”的理念，2017年安排少数民族传统手工业保护与传承类项目资金850万元，用于扶持民族地区设立民族传统手工艺传承点，重点推广黎锦、黎陶、黎族藤编技艺、苗绣等传统手工艺。开发民族特色旅游手工艺商品。鼓励传统手工艺人以技术带动群众组建合作社，鼓励贫困群众加入共同发展创收。

五、加强少数民族发展资金监督管理

2017 年，我们认真配合国家民委省际交叉检查组、省委巡视组等部门开展专项审计工作，并协助省委省政府开展国务院扶贫资金项目督查。据反馈，全省少数民族发展资金管理没有发生截留、挤占、挪用、套取的情况，资金项目实施程序规范。通过严格的资金监督，切实发挥少数民族发展资金的使用效益，助力民族地区脱贫攻坚大局。

（撰稿：赵浩　审稿：胡莲）

重庆市

2017 年，重庆市民族经济工作在市委、市政府的正确领导和国家民委的精心指导下，紧紧围绕全市工作大局，以促进少数民族和民族地区区域发展和脱贫攻坚为重点，积极促进全市少数民族和渝东南民族地区经济社会发展。在做好全面工作的基础上，重点开展了以下工作。

一、着眼推动经济发展质量变革、效率变革、动力变革，为民族地区聚资源聚要素

（一）争取国家民委和市财政加大支持力度

国家民委安排我市中央少数民族发展资金持续增长；会同市财政局下达市级少数民族发展资金 1 亿元，其中民族文化旅游企业贷款贴息资金 2500 万元，扶贫切块资金 310 万元。按照预算法和财政转移支付改革有关要求，各项资金及时下达区县。2018 年市级少数民族发展资金专项评审和预算编制顺利通过。

（二）协调落实针对民族地区的财政金融政策

认真贯彻落实市委、市政府对民族地区的差别化支持政策，促进对民族地区的转移支付比重继续增加。针对民贸民品贷款贴息优惠政策调整，联合市财政局，对“十三五”期间民贸民品政策执行情况进行调研与政策研究。加强对全市民贸民品和民族文化旅游业贷款贴息运行分析，掌握动态情况。2017 年，全市民贸民品企业贷款余额为 24 亿元；民族文化旅游企业贷款累计超过 22 亿元，核定贴息金额 2400 余万元。

（三）推进民族发展资金管理制度化规范化

按照贫困区县涉农资金整合使用、中央财政专项扶贫资金管理办法、民族发展资金绩效评估和我委工作重点，认真抓好 2017 年度民族发展资金绩效评估有关问题整改和评价结果应用，指导区县开展 2016 年度民族发展资金绩效评估和项目验收，研究制定 2017 年民族发展资金项目安排工作指导意见。深入区县实地调研指导少数民族特色村镇、民生项目、民族团结进步创建等项目建设，对民族发展资金项目建设情况进行督查。

（四）做好民族经济统计及数据分析工作

按季度对民族地区经济运行数据进行统计分析，进一步充实完善民族经济运行数据指标，把特色村镇建设情况和民族文化旅游业贷款贴息数据纳入监测范围，发挥咨询作用；完成《重庆民族地区 2016 年经济运行情况及 2017 年发展趋势》，开展《中国民族统计年鉴（2016 年卷）》相关数据收集整理。

二、着眼实施区域协调发展战略，促进少数民族和民族地区精准扶贫精准脱贫

（一）贯彻落实中央和市委市政府决策部署

根据国务院《“十三五”促进民族地区和人口较少少数民族发展规划》，牵头起草了《重庆市人民政府办公厅关于贯彻落实“十三五”促进民族地区和人口较少民族发展规划重点任务分工的通知》并由市政府办公厅印发执行。会同市旅游局、市工商联、国家开发银行重庆市分行制定出台了《关于推进重庆武陵山片区旅游减贫致富与协同发展的实施意见》，推动我市武陵山片区 7 区县旅游减贫致富与协同发展。

（二）助推民族地区区县等贫困区县脱贫攻坚

一是资金安排着重向贫困区县倾斜，直接切块 18 个贫困区县少数民族发展资金 15040.4 万元，在

贫困区县由市民宗委统筹实施的项目资金 950 万元，合计 15990.4 万元，占全市少数民族发展资金总量的 93.6%，比上年增加 1187.9 万元，增长 8%，超过增量部分 4.5%。二是聚焦民族地区深度贫困乡镇脱贫任务，研究制定《关于推进民族地区和对口帮扶县深度贫困乡镇脱贫攻坚的意见》，从资金安排、特色村镇建设、教育卫生事业发展等方面，支持民族地区 8 个深度贫困乡镇推进脱贫攻坚。三是推进城口县鸡鸣乡双坪村生态旅游扶贫，认真抓好定点包干扶贫工作，多次深入双坪村开展调研，形成调研报告报市政府。根据市委、市政府《深度贫困乡镇定点包干脱贫攻坚行动方案》，研究制定《定点包干扶贫城口县鸡鸣乡双坪村工作方案》，明确帮扶任务和保障措施。经济处具体负责定点包干脱贫牵头工作，选派 1 名正处级干部担任鸡鸣乡双坪村第一书记。

（三）促进少数民族和民族地区改善民生

指导区县尤其是贫困区县针对突出民生问题，实施便民路、便民桥、人畜饮水等基础设施项目，改善群众生产生活条件。安排少数民族青年才俊工程资金 550 余万元，安排民族地区残疾人康复救助项目 310 万元，实施康复救助 150 例。

三、着眼发展民族民俗文化生态旅游，促进少数民族特色村镇在乡村振兴战略中发挥作用

（一）开展少数民族特色村镇普查和调研

对渝东南民族地区及民族乡所在区县的少数民族特色村寨进行普查，筛选出民族特色突出、民族文化底蕴浓厚、村寨保护与发展较好的 62 个特色村寨，命名为我市首批少数民族特色村寨，并向社会公布。对黔江区濯水镇、武隆区浩口苗族仡佬族乡田家寨、石桥苗族土家族乡八角村、石柱县西沱镇、金铃乡银杏村、秀山县洪安镇、酉阳县龚滩镇、彭水县蚩尤九黎城、忠县磨子土家族乡、云阳县清水土家族乡等特色村镇项目建设情况进行调研，进一步掌握了解村镇建设发展情况。

（二）加强少数民族特色村镇保护与发展指导

在多次广泛深入调研基础上，筹备召开了重庆市少数民族特色小镇保护与发展现场会议，参观了典型，交流了经验，进一步统一了思想，明确了要求。联合市城乡建委、市文化委、市旅游局，牵头起草了《关于加快少数民族特色村镇保护与发展的意见》，明确了今后工作目标、任务和措施。

（三）推进少数民族特色村镇与乡村旅游融合发展

指导相关区县新建续建少数民族特色村镇 35 个，其中新建 12 个，续建 23 个，总投资 22.41 亿元，其中民族发展资金 6078.5 万元；上半年已完成投资 6.22 亿元，其中民族发展资金 4399.5 万元，各个村镇的基础设施、公共服务设施、民族风情风貌和特色产业等得到进一步完善和发展。将乡村旅游与村镇建设有机结合，助推旅游经济健康快速发展。2017 年，我市特色村镇接待游客 678.8 万人，实现旅游综合收入 10.6 亿元，其中濯水古镇接待游客 200 万人，旅游综合收入 3 亿元；蚩尤九黎城接待游客 35 万人，实现旅游综合收入 9000 万元。

（撰稿：吴涛　审稿：向远道）

四川省

2017 年，面对艰巨繁重的改革发展任务和多重叠加的困难挑战，四川省民族自治地方（包括阿坝藏族羌族自治州、甘孜藏族自治州、凉山彝族自治州和北川羌族自治县、峨边彝族自治县、马边彝族自治县）坚持以习近平新时代中国特色社会主义思想为指导，认真贯彻落实省委、省政府稳中求进工作总基调，因地制宜、精准施策，扎实推进脱贫攻坚和藏族区“六大民生工程计划”及大小凉山彝区“十项扶贫工程”，稳步推进供给侧结构性改革，经济运行总体平稳。全年实现地区生产总值（GDP）2167.7 亿元，比上年增长 5.7%，三次产业结构调整为 19.7：42.4：37.9；社会消费品零售总额 849.3 亿元，增长 10.8%；全年农村居民人均可支配收入 11252 元，增长 10.3%；城镇居民人均可支配收入

28616 元，增长 8.4%。

2017 年，在促进四川民族经济方面主要开展了以下工作：

一、深入调查研究，切实当好参谋助手

一是开展脱贫攻坚工作调研。为全面贯彻落实习总书记脱贫攻坚的重要指示精神，认真践行省委、省政府脱贫攻坚战略，深入研究我省民族地区脱贫攻坚取得的成效、积累的经验、存在的问题，切实提出措施和政策建议，我委与四川省县域经济学会共合作，依托省县域经济学会人才优势和平台，深入民族地区、深入基层加强脱贫攻坚工作调研，努力做到知民情、解民忧、帮民富，帮助广大贫困群众立足本地实际理清发展思路、找准发展路子，解决好当前民族贫困地区发展、稳定和贫困群众生产生活密切相关的实际问题。强化对民族贫困地区经济发展情况总结分析，为省委、省政府和省级部门当好参谋助手。在省上起草《深度贫困县脱贫攻坚专项年度实施方案》《关于加强非贫困村贫困人口精准扶贫精准脱贫工作的意见》时，我委结合实际提出的不少合理化建议得到了采纳。

二是积极开展民族地区“飞地园区”工作调研。为进一步加快民族地区脱贫攻坚步伐，着力优化民族地区的产业结构和发展模式，强力推进民族地区生态保护，全力激发民族地区经济社会发展的内生动力，充分发挥“飞地园区”对民族地区经济发展、培养管理人才和促进少数民族人员就业，我委对民族地区“飞地园区”发展情况进行了全面深入的调研，对民族地区“飞地园区”发展现状进行了认真分析，剖析了当前园区发展中存在问题和困难，并着力研究通过“飞地园区”促进民族地区财政收入增长和民族地区人才培养推动就业工作的措施和建议，力争通过民族地区“飞地园区”的模式创新，实现民族地区与发达地区共赢发展。调研报告得到了省领导的高度肯定，并批示给相关部门研究参考。

三是认真完成岷江上游生态环境和水环境保护调研工作。我委赴阿坝、眉山、宜宾、乐山对岷江上游生态环境和水环境保护开展了专题调研，了解掌握了该流域生态环境保护面临的困境和问题，提出了意见建议，并形成专题调研报告报送省政协，作为省政协双周协商会议发言材料在会上交流。

二、注重规划编制，努力提升民族地区经济社会发展科学性

为认真贯彻落实《国务院关于印发“十三五”促进民族地区和人口较少民族发展规划的通知》（国发〔2016〕79 号），着力推动少数民族和民族地区经济社会全面发展，在反复征求省级相关部门意见的基础上，结合四川实际，我们起草了实施意见，并由省政府正式印发各地实施。同时，为加快民族地区经济社会发展，与全省同步实现小康，我们在深入调研的基础上，在起草修订《四川省深入推进农业供给侧结构性改革加快由农业大省向农业强省跨越行动方案》《四川省幸福美丽新村建设环境整治行动实施规划（2017—2020 年）》《四川省乡村振兴战略规划（2018—2022 年）》过程中，结合民族地区的特殊情况，积极建言献策并努力呼吁争取，不少建议得到采纳，为民族地区今后的发展提供了有力的政策支撑。

三、强化学习宣传，扎实抓好重要精神的贯彻落实

我委及时并系统深入学习了党的十九大精神和习近平总书记系列讲话重要精神，就习近平总书记在四川代表团重要讲话精神和党的十九大“脱贫攻坚、乡村振兴、生态建设、防灾减灾、社会稳定”等方面重点内容，提出了具体详实操作性强的贯彻落实意见上报省政府，努力推动民族地区经济社会发展。对全国民族经济工作暨民族地区经济形势分析会议，我们除了在委里进行了学习贯彻外，还对会议主要精神进行了全面细致的梳理，并向市州印发了贯彻落实全国民族经济工作暨民族地区经济形势分析会议精神传达提纲，帮助市州及时学习贯彻会议精神。为进一步加强中、省重大精神的学习贯彻，加快民族地区特色产业发展，我们牵头相关部门及地方政府共同筹备了全省民族特色产业工作会议，待省政府明确后即可召开。

四、加强管理使用，充分发挥少数民族资金效益

一是认真做好少数民族发展资金审批下达工作。2017 年，我们严格按照区域、少数民族人口、

贫困人口、面积等多种因素，按相应比例制定资金分配计划，严格按照规定程序步骤，与省财政厅联合发文切块下达，同时对资金的投向提出了明确严格的要求。国家少数民族发展资金第一批次，省预算配套资金，国家民委第二批少数民族发展资金全部在规定时限完成分配下达。二是切实加强对资金的监督检查。与财政等 7 个省级部门联合下发了《中央和省级财政专项扶贫资金管理办法》，对资金的分配、支出范围、资金的下达、管理与监督等提出了具体明确的要求，确保资金使用规范、安全、高效。督促各地加强了对少数民族发展资金使用情况的监管。三是加强对少数民族资金使用情况的总结。在年底，对各地少数民族资金的使用情况进行了总结梳理，并上报国家民委备案。四是完成了海南省民宗委代表国家民委对我省少数民族发展资金管理使用情况的交叉检查工作，工作成效得到了海南省民委的高度肯定。五是代表国家民委对内蒙古少数民族发展资金的管理使用情况进行了检查，学习了内蒙古资金管理的好经验和好做法。

五、抓好统计分析，提高经济决策服务水平

认真开展民族地区统计监测工作，积极主动加强与省级有关部门和民族地区统计部门的联系沟通和协调，收集整理民族地区经济社会发展相关数据，全面分析民族地区经济运行情况，深入研判民族地区经济运行形势，及时为省委、省政府和省级各有关部门提供民族地区经济发展季度报表和经济运行报告，及时向国家民委上报全省民族地区经济社会运行各项统计报表及运行报告，为民族地区经济决策提供有益的参考。完成了全省 98 个民族乡的经济社会事业发展数据统计汇总，并形成分析材料上报国家民委。

六、加大扶持力度，扎实推进少数民族特色村镇建设

一是积极建议。结合我省实际，认真学习研究《中国少数民族特色村镇保护与发展评估体系标准》（征求意见稿），并积极向国家民委提出合理化修改意见。二是做好普查。加强对各地民宗工作部门的督促和指导，积极开展少数民族特色村镇保护与发展普查工作，摸清我省少数民族特色村镇的基本情况，为后期保护发展工作打下坚实基础。三是加强建设保护。在国家民委的关心支持下，我委在民族地区积极开展少数民族特色村寨保护与发展工作，并结合省委、省政府开展的藏区牧民定居、彝区彝家新寨建设、幸福美丽新村和新农村建设等，少数民族特色村寨建设取得了显著成效。我省绵阳市北川羌族自治县曲山镇石椅村等 50 个村寨被命名为第二批“中国少数民族特色村寨”。按照国家民委要求，我们制作下发了 50 个第二批中国少数民族特色村寨牌匾，大力激发了各地建设少数民族特色村寨的热情。

七、强化服务管理，认真落实民贸民品政策

为贯彻落实好“十三五”期间民贸民品政策，进一步做好民贸民品工作，我委赴雅安、乐山两地对民贸民品企业开展了专题调研，全面了解了扶持民贸民品企业优惠政策落实情况及成效，梳理分析了当前民贸民品工作面临的主要困难和问题，提出了促进民贸民品工作的政策建议，并形成专题调研报告上报国家民委。为落实好民贸民品企业贷款贴息政策，我委主动多次上门与财政、金融部门协调沟通座谈。通过努力争取，省上建立了 1300 万元的民贸民品企业贷款贴息专项资金，并制定了使用管理办法。

八、坚持绿色发展，加强民族地区生态保护

为贯彻落实省委十届八次全会《中共四川省委关于推进绿色发展建设美丽四川的决定》，加快推进民族地区树立绿色发展理念，大力促进生态文明建设，省人大常委会专题听取了《四川省人民政府关于民族自治地方生态保护和补偿机制的建立及落实情况、资源开发补偿和资源开发带动当地经济发展情况的工作报告》，人大常委会对民族自治地方生态保护和补偿机制的建立及落实工作给予了高度肯定，结合报告提出 6 条审议意见，要求省政府及相关部门贯彻执行。我委按照省政府领导批示，积极牵头抓好审议意见的落实，按照工作安排，协调省级 20 多个部门完成审议意见的回复报告，经省政府

研究后报送省人大常委会。同时，积极向国家部委反映建立健全生态环境补偿机制、资源开发地生态补偿机制，生态环境补偿基金，在民族地区调研指导工作中加强地方党委政府对生态环境保护的重要性的认识。

九、聚焦深度贫困，助推民族地区脱贫奔康

民族地区是我省脱贫攻坚的主战场，我省甘孜州、阿坝州藏区和凉山彝族自治州纳入了全国“三区三州”深度贫困地区范围。全省 45 个深度贫困县有 44 个在民族地区，还有一个也是民族待遇县。为帮助这些地方打赢脱贫攻坚战，我省专门出台了《关于进一步加快推进深度贫困县脱贫攻坚的意见》《关于支持大小凉山彝区深入推进扶贫攻坚加快建设全面小康社会进程的意见》，进一步聚焦聚力深度贫困地区脱贫攻坚，强化支撑支撑体系，加大政策倾斜力度。我委加大了对深度贫困地区脱贫攻坚的扶持力度，2017 年下达给甘孜、阿坝和凉山三州的资金比上年增加了 50%左右。向联系的深度贫困县——色达县，派出了 3 名干部，分别担任县委脱贫攻坚专职副书记、贫困乡镇脱贫攻坚专职副书记、贫困村第一书记。2017 年，民族地区贫困县 21 万人、5.3 万户减贫任务全部完成，1194 个贫困村、7 个贫困县如期退出。我委及时将民族自治地方脱贫攻坚进展情况系列材料（包括报告、典型材料、民族自治地方农村贫困监测表、民族自治地方贫困县脱贫摘帽计划表）向国家民委报送，并配合完成了国家民委专题调研组在川的调研任务，积极向上反映四川民族地区脱贫攻坚面临的困难，努力争取上级支持。根据省委办公厅要求，我委起草并报送了经验交流材料《统筹部署高位推动民族自治地方脱贫攻坚成效明显》。

十、狠抓民生工程，努力改善群众生产生活条件

切实履行“双牵头”职责，积极配合做好藏区“六大民生工程计划”相关工作。牵头做好彝区“十项扶贫工程”中“现代文明普及工程”的相关工作。2017 年，免费向彝区群众发放太阳能热水器、电视机、洗衣机、衣柜等“六件套”近 2 万套，组织编译出版彝语版《青少年法制故事 100 例》，并免费向彝区学校、农家书屋等发放 1 万册。通过一系列民生工程的实施，民族地区群众的生产生活条件得到了显著改善，落后的生活习俗不断改变，广大群众正逐步向现代富裕文明的新生活迈进。

（撰稿：李学华　审稿：荣跃泽仁）

贵州省

一、制定支持自治县和民族乡政策措施工作积极推进

围绕落实省政府工作报告提出的“制定支持民族自治县、民族乡加快发展的政策措施”任务，制定工作方案，组织起草团队，会同有关部门组成调研组，深入各市州、部分自治县和民族乡开展专题调研，起草完成《关于支持民族自治县加快发展的意见（代拟稿）》和《关于支持民族乡加快发展的意见（代拟稿）》，先后召开三个片区征求意见座谈会，并书面征求各市州、各自治县意见和省直部门意见，根据省政府要求将两个意见合并成为《关于支持民族自治县和民族乡加快发展的若干意见（代拟稿）》，并于月底正式报送省政府。11 月上旬，参加省政府组织的修改讨论会，并对文稿进行修改。11 月 12—17 日，根据省政府要求将文稿发送省直有关部门、各市州和各自治县政府征求意见，并根据意见建议进行修改完善后于 17 日上报省政府。目前，正在积极争取省政府召开有关部门协调会，并推动尽快按程序审定文稿，力争年底前出台文件。

二、民族地区脱贫攻坚工作深入推进

一是抓人口数量较少民族整体脱贫。制定推进方案，开展统计监测，加强督促检查，扎实推进 65

个人口数量较少民族贫困村整体脱贫任务落实。6月上旬，会同省扶贫办等省直有关部门组成督查组，对人口数量较少民族贫困村整体脱贫工作情况开展监测督查调度。推动黔南州、黔东南州召开现场推进会，不断加大工作力度。二是抓脱贫攻坚专项行动。先后起草全省民宗委系统关于开展脱贫攻坚春季攻势遍访民族贫困乡镇行动、脱贫攻坚大比武活动和脱贫攻坚秋季攻势等实施方案，积极推动专项行动任务落实。三是抓武陵山片区联系。按照调研、协调、沟通等联系职责，一方面加强与国家民委派驻联络员的联系，做好信息交流、服务等工作，另一方面加强情况收集，及时了解掌握情况，及时反映上报情况，积极配合抓好督查等工作，推动片区规划任务落实。四是抓绿色产品推介。认真落实省委省政府关于"贵州绿色农产品风行天下"的决策部署，组织武陵山片区 14 家农特产品企业于 6 月份赴重庆市参加第二十届中国（重庆）国际投资暨全球采购会(简称渝洽会)，努力推动"黔货出山"。五是配合做好了"实现全面小康，一个民族都不能少——贵州省民族地区脱贫攻坚展"的有关工作任务。

三、民族特色村镇保护与发展有力推进

一是做好命名挂牌。一方面，按照国家民委要求，对贵州省获得命名的 151 个"中国少数民族特色村寨"在牌匾制作发放、宣传报道等方面进行安排部署，将命名挂牌各项任务落到实处。在全国第二批 717 个中国少数民族特色村寨名单中，贵州省占总数的 21.10%，数量稳居全国第一。另一方面，开展了第二批"贵州省少数民族特色村寨"命名挂牌工作，命名了 240 个"贵州省少数民族特色村寨"。二是突出重点扶持。紧密结合旅游业"井喷式"增长和脱贫攻坚行动，围绕实施"1151"保护与发展计划，共计安排 6500 万元专项资金，重点扶持 10 个民族特色小镇、10 个示范小廊带和 100 个民族特色村寨建设。三是强化规划引领。全面完成了《贵州省少数民族特色村寨保护与发展指导规划》和《贵州省少数民族村镇保护与发展规划（2016—2020)》编制工作。加强了对各地有关规划特别是民族特色示范小镇和民族特色村镇示范廊带专项规划编制的指导，推动各地规范保护发展工作。四是加大宣传力度。组织编印《贵州省首批中国少数民族特色村寨实录》画册，并对第二批 151 个中国少数民族特色村寨宣传画册做出安排部署。五是注重督查推进。

四、扶持人口较少民族发展稳步推进

紧紧围绕国家《"十三五"促进民族地区和人口较少民族发展规划》的目标要求，继续以实施人口较少民族聚居行政村率先实现全面小康行动计划为抓手，扎实推进扶持人口较少民族发展工作。一是完成规划编制。年初印发了《贵州省扶持人口较少民族发展"十三五"专项建设规划》，明确"十三五"工作目标和重点任务。二是开展评估验收。制定下发 2017 年人口较少民族聚居村率先全面小康评估验收方案，按照严格标准、实事求是的要求，采取实地抽查与第三方评估相结合方式，对 2014、2015 年 10 个未达标和 2016 年 13 个应达标村进行了评估验收。其中，有 8 个村通过验收。至此，63 个率先小康村中已有 37 个村基本实现小康，占总数的 58.73%。三是用好专项资金。安排专项资金 3080 万元，指导有关地区落实项目，支持人口较少民族聚居行政村率先全面小康创建。

五、民贸民品优惠政策落实有序推进

一是抓好民贸企业认定。会同贵州省财政厅、人行贵阳中心支行认定了 196 家民贸企业。二是抓好专题调研。撰写了《贵州省民贸民品工作相关事项的调研报告》，并报送国家民委。三是举办专题培训。于 4 月份在上海市经济管理干部学院举办了一期民贸政策及经济政策培训班，组织我省各市州和 51 个民贸县民宗部门负责同志参加培训。四是抓好协调沟通。根据国家政策调整情况，一方面积极向国家民委反映困难和问题，推动顶层设计完善；另一方面积极协调省财政厅，并向省政府专题报告，推动抓好政策落实。五是开展示范评选。印发了《贵州省民贸民品优强企业和民贸民品扶贫示范企业管理暂行办法（试行)》，组织开展了首批民贸民品优强企业和扶贫示范企业申报活动，即将组织专家开展评选认定 10 名优强企业和扶贫示范企业。六是加强对外交流。经认真筹备，组织 15 家民贸民品企业赴新加坡、马来西亚开展了经贸文化交流考察活动，推动民贸民品企业走出去，拓展市场。全年前三季

度，全省民贸民品企业优惠利率贷款贴息达到 1.8 余亿元。

六、“黔系列”品牌打造工作积极推进

抓形象标识设计。从 2016 年 2 月起，贵州省打造“黔系列”联席会议办公室先后采取通过网络委托省外有关专业机构设计标识、面向社会发布征集公告公开征集、单独面向贵州大学等六所省内高校征集设计等多种方式，开展了一系列形象标识设计活动，共收到作品 297 幅。经过专家评审并报联席会议，最终确定 1 幅作品作为形象标识。“黔系列”标识（LOGO）已于 2016 年 12 月向国家工商总局申请商标注册共 41 类，现已成功注册商标 12 类，目前正在复审的 29 类。

抓宣传方案制定。品牌打造，宣传是关键。贵州省打造“黔系列”联席会议办公室起草了《打造“黔系列”民族文化产业品牌 2016 年宣传工作方案》，2017 年 1 月通过政府采购招标，进行全方位宣传“黔系列”。2 月 22 日，打造“黔系列”民族文化产业品牌工作启动仪式在贵州广播电视台举行。同年 9 月，由办公室起草《贵州省“黔系列”民族文化品牌 2017—2018 年宣传推广工作方案》，并经过招标，于 11 月 22 日与贵州艺高广告有限公司签订了采购合同。

抓宣传资源整合。在与贵州卫视、多彩贵州网、腾讯网等媒体合作的基础上，积极与新华社沟通协调，推动贵州省政府与新华社于 2018 年 5 月 20 日签订共同打造“黔系列”民族文化产业品牌合作协议，扩大“黔系列”民族品牌的国内外知名度和影响力。

抓工作经费保障。为进一步做好“黔系列”宣传推介工作，确保品牌宣传工作任务落到实处，产生实效，联席会议办公室积极与省财政厅进行协调沟通，争取经费支持。目前，省民宗委已安排“黔系列”专项经费 1000 万元，主要用于形象标识征集、宣传广告推出、品牌打造活动开展等方面支出。

抓品牌认定。2017 年 9 月 27 日，按照郭瑞民副省长在第三次联席会议上的要求，成熟一个产品、推出一个产品，成熟一个品牌、推出一个品牌原则，现已有“黔酒”“黔茶”“黔菜”等有关系列的牵头部门评选推出首批品牌产品，待联席会议审批。

七、其他有关业务工作顺利推进

一是抓好民族传统手工艺产业扶持。一方面安排专项资金 1000 万元，指导各地围绕脱贫攻坚任务抓好民族传统手工艺产业发展，在推动在产业化过程中实现保护与发展双促进、双提升。另一方面开展了少数民族传统手工艺传习所命名挂牌活动，于 7 月份命名了第二批 180 个省级少数民族传统手工艺传习所。二是抓好民族统计监测。对 2016 年民族地区经济社会发展指标等数据进行了统计监测和比对分析，形成了反映民族地区经济社会发展态势数据资料，为省政府民族工作联席会议等提供参考资料。及时完成了国家民委下达的民族自治地方、民族乡及边销茶统计报表的统计、审核、报送等工作。编制了《2016 年贵州民族统计监测手册》，配合电子政务中心开展了民族统计监测系统升级开发工作。三是落实少数民族建房任务。按照重点突出、兼顾特殊、点面结合的安排原则，共安排少数民族建房专项补助资金 300 万元，帮助农村少数民族住房困难群众改造居住环境。四是抓好人口计生综合治理。围绕与省委省政府签订的《贵州省人口和计划生育工作综合治理目标管理责任书》目标任务，落实专项帮扶资金 60 万元，按每户 1200 元标准帮扶计生户 500 户，并指导有关地区做好帮扶工作。

八、机关党建工作有效推进

始终围绕抓好党建促业务的目标要求，将党建工作作为提高政治站位、提升落实力的重要途径，贯穿于工作全过程。一是认真落实“三会一课”制度。坚持每月一次集中学习，坚持抓好自学，推动支部党员加强理论武装，提高政治修养，牢固树立“四个意识”，增强“四个自信”。二是严格纪律教育。认真开展党的各方面纪律学习，积极组织党员参加警示教育，推动党员遵守各项纪律，特别是政治纪律，严守政治规矩。三是抓好党的十九大和省十二次党代会精神的学习宣传。在组织党员参加各类学习活动的基础上，支部先后三次组织专题学习

讨论，深刻领会党的十九大精神特别是习近平新时代中国特色社会主义思想的精神实质，用于指导实践。四是深入推进“五千行动”。认真开展了处室包村、支部结对和党员结对帮扶活动，坚持每个季度到砚山镇毛田村开展结对帮扶活动，并宣讲贵州省第十二次党代会精神。

（撰稿：张发刚　审稿：吴继堂）

云南省

2017年云南省民族宗教委全面贯彻落实党的民族工作方针政策，紧紧围绕决战脱贫攻坚和决胜全面小康开展民族经济工作，采取一系列特殊政策措施，加大对民族自治地方、边境地区、“三州三区”地区、人口较少民族、“直过民族”和散居民族地区的扶持力度，促进民族地区加快发展，精准施策缩小各民族之间的发展差距，增强各族群众的获得感、幸福感，全面推进民族团结进步示范区建设，努力促进民族地区与全省同步全面建成小康社会。

推进实施专项规划，补齐少数民族地区发展短板。针对少数民族和民族地区、边境地区存在的突出问题和短板，云南省坚持把民族经济工作作为补短板的重要民生工程，把加快少数民族和民族地区、边境地区发展摆到更加突出的位置，制定实施专项发展规划，完善差别化支持政策，采取有力措施，促进少数民族和民族地区、边境地区加快发展和跨越发展。推进实施《云南省建设我国民族团结进步示范区规划（2016—2020 年）》、《云南省深入实施兴边富民工程改善沿边群众生产生活条件三年行动计划（2015—2017 年）》、《云南省少数民族特色村镇保护与发展规划（2016—2020）》等加快少数民族和民族地区发展专项规划。同时还与省扶贫办、省交通运输厅、省教育厅等部门协同实施《云南省全面打赢直过民族脱贫攻坚战行动计划（2016—2020年）》、《云南省“直过民族地区”沿边地区较大人口规模自然村通硬化路建设规划》、《关于在云南直过民族聚居区普及国家通用语言工作方案》等规划方案，以规划为平台，聚合协调各方资源，不断加大对少数民族和民族地区的投入扶持力度，为少数民族和民族地区增强发展动力、促进民族团结进步等奠定坚实基础。

建设民族团结进步示范创建工程，促进民族地区和谐发展。按照省委、省政府《关于加快建设民族团结进步示范区的实施意见》，在第一轮示范创建工程取得良好成效的基础上，推进实施《云南民族团结进步示范区建设“十县百乡千村万户示范创建工程”三年行动计划（2016—2018 年）》即第二轮示范创建工程，以“率先发展、全面小康”、“精准脱贫、跨越发展”和“突出特色、融合发展”三种类型，以创建 10 个示范县、100 个示范乡镇、1000 个示范村（特色村寨、社区）和 1 万户民族团结进步示范户为载体，2017 年重点实施了 10 个示范县、102 个示范乡镇、547 个示范村（少数民族特色村寨）建设。同时，大力开展民族团结进步示范户创建，推广实施村级产业发展互助资金，在少数民族聚居社区建立“三位一体”或“五位一体”网格化社会管理模式等，为少数民族和民族地区实现精准脱贫、跨越发展、和谐发展树立示范和标杆，示范区建设已深入人心，取得了阶段性成效。

重点支持“三州三区”、直过民族和人口较少民族发展，促进深度贫困群体跨越发展。会同省扶贫办扎实推进《云南省全面打赢直过民族脱贫攻坚战行动计划（2016—2020 年）》的实施，截止 2017 年底，全省已累计投入资金 155 亿元，同时协调上海对口帮扶和企业集团进行帮扶，对 11 个“直过民族”、人口较少民族聚居的 1179 个行政村进行整村推进、整族帮扶，着力实施能力素质提升、劳务输出、安居工程、培育特色产业、改善基础设施、生态环境保护等 6 大工程。2016—2017 年，云南省民族宗教委投入资金 3.5 亿元，以精准扶贫、促跨越发展为重点，实施直过民族、人口较少民族聚居村民族团结进步示范村创建、村内基础设施改善、公共服务提升、产业培育等项目建设。另外，每年安排资金 2600 万元，对全省人口较少民族聚居村 18.5

万户 77.1 万人购买农房险和人身意外伤害险，并对人口较少民族高中、大学本科和大专院校学生发放学生助学补助，为人口较少民族群众脱贫发展多提供一份保障，有效阻断因灾致贫现象。经过大力扶持，直过民族和人口较少民族聚居的 1179 个行政村建档立卡贫困人口由 2015 年的 66.75 万人减少到 45.92 万人。同时，倾斜支持“三州三区”深度贫困地区脱贫攻坚。2017 年，云南省民族宗教委投入怒江州、迪庆州少数民族发展资金 1.66 亿元实施整村推进、高黎贡山移民搬迁脱贫发展等项目建设，对两州的项目资金补助标准按其他地区的 1.5 倍安排补助资金，继续协同教育厅等部门率先在迪庆、怒江实施 14 年免费教育，有力地推进了两州的脱贫攻坚工作。

实施沿边三年行动计划，改善边境地区群众生产生活条件。牵头实施《云南省深入实施兴边富民工程改善沿边群众生产生活条件三年行动计划（2018—2020 年）》，重点对 25 个边境县 110 个沿边乡镇的 373 个沿边行政村和 21 个边境农场进行综合扶持，截至 2017 年底，累计投入资金达 150 亿元，有力推进抗震安居、产业培育壮大、基础设施建设、公共服务提升、村寨环境整治、劳动者素质提高等六大工程 31 个子工程建设。同时，为缓解边境一线群众因灾致贫、因灾返贫等突出问题，从 2017 年开始对沿边 373 个行政村内 82.1 万各族群众，不分民族和年龄，以政府购买公共服务的方式，为他们购买人身意外伤害保险，让沿边群众多一层保障。经过大力扶持，沿边 373 个行政村基本实现“五通八有三达到”目标，贫困发生率从 2014 年的 31.2%下降到 2017 年的 13.9%，有 10.8 万贫困群众实现脱贫。农村居民人均可支配收入 7495 元，年均增长 15.8%，增速超过全省平均水平 6 个百分点。基本公共服务水平整体提高，边境一线群众生产生活条件明显改善，群众得到实实在在的实惠，提振了扎根边境、勤劳致富的信心，进一步增强了守土固边的责任感和自豪感，成为深受各族群众欢迎的民心工程。

建设民族特色村镇，示范带动少数民族和民族地区美丽乡村建设。积极探索民族地区通过开发少数民族文化优势，推进美丽宜居乡村发展、促进旅游产品供给、拓宽少数民族群众增收渠道。云南省民族宗教委牵头组织实施了云南省少数民族特色村镇保护与发展规划（2016—2020)》，以“保护改造特色民居、发展特色产业、改善人居环境、传承特色文化、促进团结进步”为重点，2017 年，云南省民族宗教委投入资金 1.8 亿元，推进实施 30 个少数民族特色乡镇、113 个少数民族特色村寨建设。目前我省有 154 个少数民族特色村寨已被国家民委命名为“中国少数民族特色村寨”，并挂牌命名了 140 个省级少数民族特色村寨。经过认真打造，少数民族特色村镇已成为云南民族文化的品牌、特色旅游的名片、展示美丽云南的窗口，群众脱贫致富的资源，深受各民族群众的欢迎。

（撰稿：易永红　审稿：陈新华）

西藏自治区

贯彻落实自治区关于《“十三五”促进民族地区和人口较少民族发展规划》安排部署专题会议精神，积极推动《“十三五”促进民族地区和人口较少民族发展规划》和《兴边富民行动“十三五”规划》的贯彻实施。开展边境地区产业、公共服务现状和三岩片区异地搬迁调研，协助国家民委对全区“十二五”兴边富民实施情况开展调研，研究起草《西藏自治区人民政府“十三五”兴边富民行动规划工作任务分解表》和《贯彻落实国务院兴边富民行动“十三五”规划的实施意见》。积极参与扶贫攻坚，协助制定《西藏自治区“十三五”时期脱贫攻坚产业发展规划》，整合少数民族发展资金（兴边富民）7.6 亿元，用于脱贫攻坚产业脱贫工作。推动少数民族特色村寨保护与发展，将拉萨市曲水县达嘎乡色康民俗文化村等 8 个村命名为第二批中国少数民族特色村，扩大少数民族特色村寨品牌的影响力和辐射力。完成全区特色村寨普查工作，力争更多的村寨列入国家级特色村寨名录。组织选派全区 15 家民贸民品企业参加第22届澳门国际贸易投资展览会，宣传西藏民贸民品企业发展成效，加强国内外企业的交流合作。开展民贸民品企业发展现状调研，调整民贸民品企业名单，目前已上报企业628家。将拉萨市当雄县乌玛塘乡纳龙村、昌都市卡若区卡若镇左巴村等5个村列入国家民委扶持西藏精准扶贫定点示范村建设项目，及时下达500万元专项经费。开展2017年边境县国民经济综合统计，协助编制《边境小康村建设规划》。

（撰稿：洛桑群佩　审稿：金美）

陕西省

2017年，陕西省民委以习近平新时代中国特色主义思想为指引，全面学习贯彻党的十九大精神以及中央民族工作会议精神，在国家民委精心指导和省委省政府的正确领导下，牢牢把握“两个共同”民族工作主题，开拓创新，锐意进取，精准发力切实改善少数民族和民族聚居地方民生，促进了我省民族经济健康发展，为陕西追赶超越做出了积极贡献。

一、聚焦精准，助推农村少数民族地方经济发展

为认真做好全省民族聚居地方脱贫攻坚、包扶村扶贫工作以及少数民族特色村寨建设，我们对全省农村少数民族贫困人口和我省农村少数民族聚居地方基本情况进行了统计。据统计，全省农村少数民族贫困户共1462户4848人；定点包扶镇安县西口回族镇农丰村，全村445户1665人，其中贫困户117户416人；全省范围内少数民族人口占全村总人口30%以上的村18个，其中11个村被命名为“中国少数民族特色村寨”。

（一）调整充实全省少数民族发展资金项目库，做好少数民族发展资金下达工作

加强对少数民族发展资金项目库建设，指导少数民族镇（村）认真制定符合实际发展需要的脱贫项目规划，不断充实完善少数民族发展资金项目库，使少数民族发展资金的使用更加符合脱贫攻坚的需要。从全省9个市征集少数民族发展资金项目76个，为少数民族发展资金分配提供重要参考。分两批次将1849万元少数民族发展资金切块下达到有农村少数民族分布的28个县，共支持项目55个，其中：新修硬化道路40余公里、新修便民桥3座、饮水工程2个、村容村貌整治工程4个、农村文化活动中心3个、牛羊养殖项目3个、中蜂养殖基地1个、经济作物种植大棚20余亩。

（二）加强少数民族发展资金项目监管

一是规范资金使用管理。按照中央财政扶贫资金使用相关办法结合我省实际，我委会同省财政厅等6部门制定出台了《陕西省财政专项扶贫资金管理办法》，将项目审批权限下放到县，强化县级民族工作部门和财政部门工作职责。二是对我省2016年少数民族发展资金项目进行专项检查。从3月份起，由委领导带队，对渭南、延安、榆林、宝鸡、汉中、安康等市2016年少数民族发展资金项目进行实地检查，确保项目落实。三是完成少数民族发展资金交叉检查工作。按照国家民委安排，接受江西省民委检查组对我省少数民族发展资金项目的交叉检查，并组成检查组对贵州省少数民族发展资金项目进行交叉检查。

（三）邀请农科专家赴少数民族村镇助力产业发展

筹措资金30万元，邀请西北农林科技大学农业科技专家与我省3个回族镇签订帮扶协议，围绕提高少数民族村镇产业发展能力，对产业发展方向进行规划，对村民进行农业科技辅导，确定产业项目，现场指导农业产业开发，帮助确立起支柱产业，使村民获得稳定的收入来源，助力产业发展。

（四）组织开展包村扶贫工作

筹措资金99万元，帮助包扶村建成3个产业项目和1个基础设施项目，协调2条通组道路硬化、5个安全饮水点修建和2座便民桥施工，村容村貌焕然一新，产业发展稳步推进，定点帮扶的镇安县农丰村被评选确立为市级“三变”改革试点村，帮扶

工作取得了突破性进展。

（五）加强少数民族特色村寨建设

召开全省少数民族特色村寨建设经验交流会，对第二批被命名为“中国少数民族特色村寨”的我省宝鸡市凤县凤州镇凤州村，汉中市略阳县接官亭镇何家岩村，安康市汉滨区恒口镇联红村，商洛市镇安县西口回族镇青树村，商洛市镇安县西口回族镇石景村，商洛市镇安县茅坪回族镇元坪村等 6 个少数民族特色村寨进行了授牌，总结了近年来我省少数民族特色村寨建设经验，对今后少数民族特色村寨建设工作提出了要求。

二、突出重点，稳步推进城市民族经济工作

（一）加强清真食品监管及调研工作

一是对全省清真食品生产经营情况进行专项检查。与省委统战部、省工商局组成联合督查组，对汉中、安康、渭南、延安、榆林、铜川等 6 市清真食品生产、运输、储存、销售等相关环节的管理工作情况进行专项检查，重点检查清真食品方面存在的有关问题，通过检查，掌握了全省清真食品生产经营监管工作的总体情况，并对检查中发现的问题提出了整改要求，有效地维护了我省清真食品市场秩序。二是召开全省清真食品监督管理工作座谈会。为了进一步落实各项规定，提高清真食品生产经营和管理工作的水平，规范好我省的清真食品市场秩序，召开全省清真食品监督管理工作座谈会，通报了全省清真食品管理和治理工作情况，认真总结和梳理了我省清真食品管理工作中取得的成绩、存在的问题，探索清真食品管理工作的新途径，部署下一阶段全省清真食品管理工作。三是完成了《全省清真食品生产经营管理工作情况》调研报告。据统计，截至 2016 年 4 月，我省共有清真食品企业 4879 家，其中清真食品加工企业 158 家，个体工商户 3732 家，清真餐饮企业 942 家，清真屠宰企业 47 家；年产值 500 万以上企业 332 家，1000 万以上企业 47 家，5000 万以上企业 15 家，1 亿以上企业 12 家，清真食品产业年总产值 109.18 亿，上缴利税 5.99 亿；清真食品企业产业人数近 2.5 万人，少数民族员工 1.6 万人。

（二）促进民族特需商品定点生产企业优惠政策落实

一是为我省少数民族企业搭建平台，组织少数民族企业先后赴银川和呼和浩特参加中阿博览会和第二届中蒙博览会。二是摸清我省民族企业生产经营情况，完成了《我省“十二五”期间全国民族特需商品定点生产企业优惠政策落实情况》调研报告，2012 年至 2016 年，全省民品企业生产总值达 61 亿 3600 万元，上缴利税 1 亿 7 千万元，就业人员 16366 名，贷款 16 亿 7600 万元；落实中央财政民品生产补助资金 400 万元；10 家企业享受民品企业流动资金贷款基准利率 2.88%优惠贴息 2635.49 万元。

三、做好民委系统对口支援工作

根据国家民委关于民委系统对口支援新疆西藏民族工作部门的要求，在西安举办了一期西藏阿里地区爱国宗教人士培训班，阿里地区的 16 名爱国宗教人士参加了为期两周的培训。同时，向阿里地区民委拨付援助工作经费 35 万元。

四、2018 年工作要点

（一）指导全省农村少数民族地方脱贫攻坚

一是进一步完善少数民族发展资金项目库，指导市县科学合理设计项目，重点扶持产业类项目，增强农村少数民族聚居地方内生动力。二是提高少数民族村镇产业发展能力，落实农科专家赴 3 个回族镇少数民族村实地考察、现场指导，进行农业实用技术培训，帮助农村少数民族群众增加收入。三是管好用好少数民族发展资金。加强对少数民族发展资金管理使用情况的监督管理，做好少数民族发展资金项目备案工作。四是继续加大投入力度，做好包村扶贫工作。

（二）积极协调省级有关部门落实少数民族企业优惠政策

一是做好我省重点少数民族企业的调查统计工作，确定一批重点少数民族企业。积极协调商务厅、中小企业局、工商局等单位，落实扶持政策。二是组织少数民族企业开展交流展示，扩大我省少数民族企业影响力，组织重点企业赴发达省份参观交流学习，促进少数民族企业经贸发展。三是举办少数民族企业负责人培训班，加强相关政策法规、优惠

政策等学习宣传。

（三）进一步加强清真食品管理工作

一是组织全省各市对《陕西省清真食品生产经营管理条例》颁布12年来贯彻落实情况进行调研，为修改完善《条例》做好准备。二是召开全省清真食品管理工作专题会议，总结经验并对工作进行再部署。三是联系食安、工商等部门，重要时间节点前组织开展清真食品日生产经营活动检查，确保全省清真食品市场秩序规范有序。

（撰稿：马珂 审稿：雷西明）

甘肃省

2017年，甘肃民族经济工作在国家民委的支持和关心下，在省委、省政府的正确领导下，深入学习贯彻党的十九大精神，全面落实习近平总书记视察我省重要讲话和“八个着力”重要指示精神，以及中央民族工作会议和省民族工作会议精神，以新发展理念为引领，坚持稳中求进总基调，积极应对风险挑战，紧紧围绕促进少数民族和民族地区经济社会发展，保持了经济运行平稳、脱贫攻坚力度加大、民生持续改善、社会和谐稳定的良好局面。

一、推进“十三五”规划实施工作

一是编制印发三个专项规划。为推进甘肃省“十三五”民族地区经济和社会发展规划的落实，省民委、省改委于5月印发实施了《甘肃省“十三五”扶持人口较少民族发展规划》《甘肃省“十三五”兴边富民行动规划》《甘肃省“十三五”少数民族特色村镇保护与发展规划》。二是举办规划专题研讨班。为加大民族地区“十三五”规划的宣传和实施力度，于7月2日至5日，在兰州举办了全省“十三五”民族地区规划研讨班，研讨班邀请国家民委经济司的领导以及相关人员对国家制定的民族规划和我省的规定的编制思路进行了解读，重点任务进行了说明，14个市州、21个民族县及相关县民族工作部门，委相关处室的70多人参加了培训。

二、加强少数民族发展资金管理使用工作

一是及时下达少数民族发展资金。中央财政下达我省2017年少数民族发展资金22334万元，其中2016年11月提前下达的第一批资金17293万元，2017年7月第二批下达资金5041万元；省级配套1000万元以及民族县开发资金每年700万元；共计24034万元。根据国家民委通知精神和省上关于做好深度贫困地区脱贫攻坚工作的要求，严格按照甘办发〔2014〕66号文件规定和有关扶贫资金管理、涉农资金整合的要求新要求，采取因素分配，切块到县、县级统筹、整合使用的办法，先后两次提出2017年度少数民族发展资金的整合计划，对资金进行了切块下达，并认真落实了计划任务，将资金管理纳入到各市（州）的年度目标任务。二是开展少数民族发展资金检查。我委与省财政厅下发通知，对全省2014年至2016年以来，下拨的少数民族发展资金、民族乡资金等开展了专项检查工作；对2017年的各项资金进行了检查和备案，下发通知对少数民族发展资金、民族乡资金等进行检查工作，按时有关要求，进一步落实了市州的监管责任。在检查中对中央、财政、审计部门在检查、审计中发现的涉及少数民族发展资金方面的问题，积极进行了整改。三是开展少数民族发展资金省级互检。根据国家民委开展省区间少数民族发展资金交叉检查工作通知要求，江苏省民宗委检查组赴我省开展少数民族发展资金检查工作，检查期间赴甘南州、临夏州看项目、查资料，了解资金的使用和管理情况；我委赴河北省开展了少数民族发展资金专项检查，学习和了解河北省在管理使用少数民族发展资金中好的经验和做法，向国家民委报送了相关汇报材料。四是开展资金管理使用培训。邀请省财政厅、省扶贫办的同志对市州县民族工作部门的同志进行资金管理使用工作培训，进一步提高了基层民族工作部门资金管理水平。

三、促进民族地区脱贫攻坚

一是积极争取少数民族发展资金。多次向国家

民委汇报衔接，争取国家资金支持，委主要领导赴国家民委汇报了我省民族地区脱贫攻坚，特别是深度贫困地区的脱贫情况，争取国家民委加大对我省民族地区的支持力度，进一步增加少数民族发展资金，并建议将将东乡县列入国家民委深度贫困地区脱贫攻坚帮扶试点县。2017 中央财政下达我省年少数民族发展资金比 2016 年增长 16%。二是积极争取原民族乡撤乡建镇后享受民族乡发展资金政策。向省财政厅报送了《关于原民族乡撤乡并镇后享受民族乡发展资金政策的请示》，请示省财政厅研究将张掖市肃南县皇城镇，陇南市徽县城关镇、礼县盐官镇、宕昌县城关镇 4 个镇纳入民族乡发展资金扶持范围，列入省级预算，享受民族乡发展资金的政策。三是认真完成省脱贫攻坚领导小组成员单位各项任务。围绕中央和省委、省政府有关脱贫攻坚的决策部署，结合民族工作和民族地区实际，切实落实工作职责，建立了民族工作部门脱贫攻坚月报制度，每月按时上报脱贫攻坚情况。及时向国家民委、省委省政府及相关单位报送了《省民委支持我省藏区和临夏州脱贫攻坚情况汇报》《甘肃省民族自治地方脱贫攻坚情况汇报》《甘肃省民族地区精准扶贫工作有关情况汇报》《甘肃省民族乡经济社会发展情况汇报》《省民委支持东乡族自治县脱贫攻坚的措施》等脱贫攻坚情况汇报、进展情况以及相关数据。四是积极推动东乡县脱贫攻坚。为补齐东乡县餐饮产业培育环节上“有人力无技能、有优势无规模”的短板，经我委协调联系兰州国府一品餐饮有限公司、东乡县政府、东乡县扶贫办和东乡县职业技术学校等相关部门，11 月 22 日，在东乡县启动餐饮产业扶贫启动仪式，甘肃伊兰集团向东乡县捐助 200 万元，设立东乡县特困户救助基金，甘肃伊兰集团与甘肃哈俩里职业培训学校、东乡县职业技术学校签订东乡美食带薪培训三方协议，甘肃哈俩里职业培训学校与东乡县职业技术学校签订了东乡美食培训工作协议，用“到户到人”的帮扶项目，助力东乡贫困群众发展餐饮产业，推动东乡美食餐饮特色产业规模化、品牌化建设。五是积极做好少数民族劳务技能特色培训“出彩工程”工作，围绕脱贫攻坚和少数民族传统手工艺品保护与发展工作，对 2017 年度培训任务进行了分解，印发了任务分解方案，明确了目标任务和工作措施，全年培训 2.4 万人次。

四、落实民贸民品优惠政策

认真研究国家民贸民品政策，按照《关于进一步做好民族贸易和民族特需商品生产贷款贴息工作有关事宜的通知》精神，主动与省财政厅和中国人民银行兰州支行相关业务处室进行协调沟通，按时拨付 2016 年民贸民品贷款财政贴息资金 7726 万元。按照国家民委通知精神，对民贸民品有关政策情况调研检查，参加了国家民委调研组在银川召开的座谈会，汇报了我省民贸民品政策执行情况。

五、推进少数民族特色村镇保护与发展

一是研究命名少数民族特色村寨。对我省民族地区少数民族特色村寨进行了摸底，按照国家民委要求，上报了 13 个少数民族特色村寨。国家民委经过筛选，我省上报的 13 个少数民族特色村寨中 12 个被命名为“中国少数民族特色村寨”，按照委领导指示，我处正在积极协调研究命名工作。二是开展少数民族特色村镇普查。根据国家民委通知要求，对我省少数民族特色村镇保护与发展开展了全面普查。三是积极谋划甘肃丝路少数民族特色村镇风情带建设。根据纳入到《国务院 “十三五”促进民族地区和人口较少民族发展规划》中甘肃丝路少数民族特色村镇风情带建设的精神和《甘肃省“十三五”少数民族特色村镇保护与发展规划》具体部署，积极谋划甘肃丝路少数民族特色村镇风情带建设，向分解民委汇报了甘肃省丝路少数民族特色村镇风情带建设情况。

六、督促协调“三州意见”的实施

一是积极推动《三州意见》落实。《国家发展改革委办公厅〈关于四川省凉山州、云南省怒江州、甘肃省临夏州请求协调支持事项有关情况的复函〉》收悉后，积极与省发改委和临夏州对复函中的内容进行了沟通和了解，对三州意见的落实情况进行了了解，并对进一步推动三州意见的落实进行了沟通和协调，为推动三州意见的落实，按照省政府领导的要求，起草了《甘肃省落实三州意见的情况汇报》，已报省政府。二是积极协调召开“三州”联席会议。为进一步加大对临夏州脱贫攻坚支持力度，与临夏州相关人员赴国家民委、国家发改委汇报筹备“三州”联席会议有关情况，并邀请国家民委领导出席“三州”联席会

议。第三次“三州”联席会议9月在临夏州召开，国家民委经济司、国家发改委西部司以及云南、四川、甘肃省相关部门同志应邀出席会议，临夏回族自治州、凉山彝族自治州、怒江傈僳族自治州分别交流了贯彻落实《若干意见》的经验做法和取得的成绩，对贯彻落实中遇到的困难、存在的问题提出了有针对性的意见建议，取得了预期效果。

七、认真做好民族统计工作

一是认真做好我省民族地区各类经济数据的统计和分析工作，经过对2州5月主要经济数据的统计、分析，测算了我省民族地区2016年末的主要经济指示，为各项工作提供依据。二是参加了2017年全国民族地区经济形势分析会，对我省民族地区经济形势进行了分析，并将分析材料上报国家民委。三是认真做好2016年少数民族和民族自治地方国民经济和社会发展统计年报工作，及时梳理汇总了民族地区相关经济数据，填报了民族地区经济运行监测系统，各项数据已全部上报国家民委，目前国家民委正在对数据进行审核。同时，完成了向省委、省政府、省委统战部等部门和机关内各处室相关数据的核实报送工作。

八、扶持人口较少民族发展

按期完成监测系统数据上报。为深入贯彻实施《“十三五”促进民族地区和人口较少民族发展规划》，做好“十三五”扶持人口较少民族发展工作，国家民委于3月中旬在北京举办了扶持人口较少民族发展专题研讨班，我省积石山县、肃南县以及经济发展处的3名同志参加了培训监测工作培训，并按照要求，按时向国家民委报送了人口较少民族总结及2017年工作计划。2017年扶持人口较少民族监测系统相关数据已汇总上报国家民委。

九、加强脱贫攻坚调研

一是配合国家民委深度贫困地区脱贫攻坚调研。8月31日至9月6日，国家民委深度贫困地区调研组赴我省开展深度贫困地区脱贫攻坚调研，先后赴甘南州、临夏州、天祝县等多地开展了实地调研，进一步了解了我省民族地区深度贫困地区脱贫攻坚相关状况；二是积极开展统战部大调研活动。根据省委统战部大调研活动通知要求，积极深入民族地区开展经济社会发展调研，分析了当前民族地区经济社会发展新现状、新情况、新问题，提出了具有针对性的意见建议，报送了高质量调研报告；三是配合省委办公厅赴东乡县开展脱贫攻坚调研。为加快深度贫困县的脱贫攻坚工作，我委主动与省委办公厅联系，于9月25日赴东乡县开展脱贫攻坚调研，提出了加强东乡县脱贫攻坚的意见建议，起草了东乡县脱贫攻坚调研报告。

（撰稿：孔庆斌　审稿：王宇卫）

青海省

2017年是我国历史上具有里程碑意义的一年，党的十九大胜利召开，习近平新时代中国特色社会主义思想形成确立，中国特色社会主义进入新时代。习近平新时代中国特色社会主义民族宗教思想指引民族宗教工作创新推进，为做好新时代民族宗教工作提供了根本遵循。省第十三次党代会提出“四个转变”新思路，创造性的落实“四个扎扎实实”重大要求在青海落地生根。特别是“努力实现从人口小省向民族团结进步大省的转变”重要思路，推动民族团结进步先进区创建向更大范围、更高层次、更广领域拓展深入，为新时代青海民族宗教工作指明了战略目标和根本路径。

一、重实效，民族经济发展取得新成绩

在委领导的有力领导下，积极协调国家部委、省直有关单位共争取落实资金48975万元。一是争取落实少数民族发展资金26835万元，同比增长20.8%，资金全部切块下达到县，项目实行省级备案制；二是积极协调省发展改革委，落实扶持人口较少民族发展中央预算内资金11550万元，同比增长

44.6%。资金主要用于我省人口较少民族聚居村基础设施建设、基本公共服务设施、生态环境保护和人居环境整治，以及民族文化传承4个领域项目建设。三是积极协调省财政厅，下达2017年寺院危殿堂维修加固省级专项补助资金2000万元，指导6个市州民宗部门完成了当年寺院危殿堂维修加固建设任务批复，对105座寺院的危殿堂进行维修加固；四是做好2017年重点寺院水电路等基础设施及公共服务设施后续完善建设工作，协调省发改委落实中央预算内资金3590万元，解决41座重点寺院实际困难；五是协调省财政厅落实到账藏医药产业基金5000万元；六是按照省政府和省囊谦、杂多地震灾后恢复工作协调领导小组对灾后恢复规划编制工作安排，完成囊谦、杂多地震灾后宗教活动场所恢复项目实地核实及项目报送工作。同时，积极协调省财政厅调整寺院危殿堂维修加固专项补助资金570万元，用于杂多、囊谦两县42座寺院因灾受损经堂恢复建设。

二、重长远，扎实做好“十三五”民族宗教工作专项规划编制工作

按照国务院《“十三五”促进民族地区和人口较少民族发展规划》要求，根据我省实际情况，完成《青海省扶持人口较少民族发展专项建设规划（2016—2020年）》、《青海省少数民族特色村镇保护与发展规划（2016—2020年）》、《“十三五”少数民族事业规划》和《“十三五”寺院水电路等基础设施及公用服务设施完善建设规划》四个专项建设规划。目前，扶持人口较少规划已由省政府办公厅印发执行；寺院水电路等基础设施及公用服务设施完善建设规划由我委会同省发改委印发执行；少数民族特色村镇、少数民族事业两个规划由我委印发执行。

三、重创新，助推特色产业发展

一是省政府下达同意藏医药产业基金设立方案的批复后，在委领导的高度重视和直接领导下，3月9日完成藏医药产业发展基金挂牌工作，基金正式启动。截至目前，藏医药产业发展基金完成基金协会备案工作，已完成总投资16000万元两笔投资项目的立项和尽职调查工作。二是为了更加有效地推进民贸民品贴息工作，针对“十三五”民贸民品政策调整，积极沟通协调有关单位，申请设立省级财政专项贴息补助资金。同时，主动与省财政、人行部门联系，认真做好制定贷款贴息管理办法的前期准备工作。三是为进一步提升民族宗教工作服务和管理水平，推进民族宗教事务网格化管理，认真做好“青海省智慧民宗综合管理服务平台”项目申报工作，委托青海省信息中心正在编制青海省智慧民宗综合管理服务平台项目可行性研究报告。

四、重帮扶，精准扶贫取得新成效

深入扶贫点调研制定脱贫方案，确定脱贫主导产业，加大精准扶贫政策和资金方面支持力度。截止目前，共落实资金201万元，支持扶贫点基础设施、公共服务设施建设和特色产业发展。积极协调省扶贫局落实资金100万元，用于支持发展扶贫点两个村的特色产业。

五、重规范，认真做好项目督导检查和调研工作

根据国家民委开展少数民族发展资金管理使用工作情况省际间交叉检查的要求，赴河南省完成少数民族发展资金管理使用情况检查工作。同时，圆满完成了浙江省来我省的迎检工作，检查组对我省少数民族发展资金管理使用情况工作给予了充分肯定；建立并完善监管和考评制度，做好“十三五”时期项目数据库建设工作，组织开展项目督导检查和民族经济调研工作，先后赴有关州市，完成21个县43个项目的督导检查；委托省社科院对三年来寺院危殿堂维修加固工程进行绩效评估，共同完成《青海省寺院危殿堂维修加固工程绩效评估报告》。

六、重基础，认真做好统计工作

认真做好我省2016年少数民族和民族自治地方国民经济和社会发展统计工作，指导相关地区完成数据填报工作。同时，指导人口较少民族项目县完成了《扶持人口较少民族发展监测系统》中2016年相关基础数据的填报工作。

七、重协调，圆满完成两个重要会议工作任务

积极邀请国家民委领导和民贸民品客商参加

2017 年中国・青海绿色发展投资贸易洽谈会，圆满完成“青洽会”安排的任务。积极协调国家民委，海西州，成功举办了第三届“全国民族自治州全面建成小康社会经验交流现场会”，得到了参会代表的一致好评。

（撰稿：王姿琪　审稿：董富海）

宁夏回族自治区

2017 年，宁夏民委认真贯彻落实全国民族经济工作暨民族地区经济形势分析会议精神，聚焦脱贫攻坚主战场，聚焦精准扶贫精准脱贫，聚焦脱贫领域资金安全，聚焦脱贫攻坚成效，统筹整合使用少数民族发展资金，加强少数民族发展资金项目监管，充分发挥少数民族发展资金效益，助力全区脱贫攻坚；认真落实“十三五”民贸民品优惠政策，壮大民贸民品企业，更好地服务少数民族群众，为促进全区经济发展、加强民族团结作出了积极贡献。

一、2017 年民族经济工作

（一）少数民族发展资金分配使用管理情况

2017 年，国家民委下达宁夏少数民族发展资金 11141 万元，比 2016 年增加 1761 万元，增幅达到 18.8%。自治区民委认真落实中央和自治区关于优化财政涉农扶贫资金供给机制、坚持精准扶贫精准脱贫、打赢脱贫攻坚战的部署要求，深化统筹整合试点工作，资金分配向贫困县（区）重点倾斜，保障贫困县集中资源打赢脱贫攻坚战，有力推动脱贫攻坚目标任务实施，贫困地区基础设施明显改善，扶贫产业稳步发展。

一是统筹整合试点全覆盖，资金整体效益充分彰显。认真落实国家民委办公厅《关于支持贫困县开展统筹整合使用少数民族发展资金工作的通知》和《宁夏自治区人民政府办公厅关于支持贫困县开展统筹整合使用财政涉农资金试点的实施意见》精神，按照“管总量不管结构、管任务不管项目、管监督不管实施”的原则，积极配合自治区财政、扶贫等部门，在中南部山区 9 个贫困县（区）开展涉农扶贫资金统筹整合试点工作，实现资金统筹整合试点全覆盖，下达资金计划指标时不指定具体项目、不限定具体用途。按照自治区脱贫攻坚规划和年度脱贫重点任务，少数民族发展资金向贫困 9 县（区）重点倾斜，切块下达 9 个贫困县（区）少数民族发展资金 9781 万元，占资金总量的 88%，较 2016 年 6832 万元增加 2949 万元，支持 9 个贫困县（区）根据当地脱贫攻坚重点任务和报经自治区扶贫开发领导小组备案的资金统筹整合方案统筹整合使用，发挥资金整体效益。贫困县（区）人民政府承担项目确定和资金安全、规范、有效使用的具体责任。同时，统筹考虑川区移民吊庄点脱贫攻坚实际困难，有针对性地安排川区 9 县（区）1360 万元，支持开展移民村脱贫攻坚、少数民族特色村寨保护与发展、少数民族传统手工艺保护与发展工作。

二是认真履行资金监管职责，资金使用安全规范有效。认真落实自治区《扶贫资金使用监管协调（联席）会议制度》，会同自治区扶贫、财政、审计等部门，聘请有资质的会计师事务所对包括少数民族发展资金在内的各类扶贫资金使用管理情况进行专项审计检查，发现的问题及时通报，督促整改落实。会同自治区纪委监委派驻自治区民委纪检监察组，深入少数民族发展资金项目实施地，从资金拨付、项目审批、项目实施、账目管理等关键环节入手，开展少数民族发展资金管理使用情况专项检查。自治区民委领导班子成员结合年度重点任务督查和调研，对少数民族发展资金管理使用情况进行重点督查，坚决杜绝违纪违规现象的发生，确保了资金安全有效使用。

三是强化资金使用管理情况考核，资金使用效益评价机制进一步完善。认真贯彻习近平总书记在深度贫困地区脱贫攻坚座谈会上的重要讲话精神，按照自治区确定的深入贫困地区，将少数民族发展资金向西吉县、海原县、同心县、原州区、红寺堡区 5 个县（区）和中部干旱带西部片区（统称“五县一片”）重点倾斜，重点实施健康扶贫、残疾人扶贫、老年人养老保障、饮水安全巩固提升、危房危窑改造、贫困村整村推进与提升、保障兜底“十大工程”，着力攻克深度贫困堡垒。自治区民委将有关县区少数民族发展资金管理使用工作纳入年度绩效考核内容，考核结果报自治区效能考核办通报，对统筹整合工作开展好、资金使用效益高的贫困县和深度贫困地区，在分配下一年度少数民族发展资金时给予倾斜。

（二）“十三五”民贸民品优惠政策落实情况

按照国家民委、财政部关于落实“十三五”民贸民品优惠政策的有关要求和民贸民品生产贷款贴息方式的调整，结合实际，会同自治区财政厅制定了《宁夏回族自治区民族贸易和民族特需商品生产贷款贴息专项资金管理办法》，设立民族贸易和民族特需商品生产贷款贴息专项资金，落实民贸民品企业贷款贴息政策，保持政策的连续性。会同自治区财政厅制定了《宁夏回族自治区民族贸易企业认定管理办法》，进一步完善民族贸易企业认定条件和程序，健全实施第三方审计、基础档案、专家评审、动态调整、监督检查等制度，明确各级民族事务、财政部门及其工作人员的职责，为进一步加强和规范了民族贸易企业认定管理工作。

二、2018年民族经济工作要点

2018年是全面贯彻落实党的十九大精神的开局之年，是改革开放40周年，是决胜全面建成小康社会、实施“十三五”规划承上启下的关键一年，也是宁夏回族自治区成立60周年，做好民族经济工作意义重大。主要做好三项工作：

一是认真落实自治区《关于支持贫困县开展统筹整合使用财政涉农资金试点的实施意见》《深度贫困地区脱贫攻坚实施方案》，积极争取国家民委的大力支持，进一步加大对贫困县区，特别是“五县一片”深度贫困地区的扶持力度，深化统筹整合试点工作，发挥资金整体使用效益。

二是聚焦少数民族发展资金规范安全有效使用，进一步加大少数民族发展资金管理使用情况的监督检查力度。认真开展扶贫领域作风问题专项治理暨“脱贫攻坚作风建设年”活动，会同驻委纪检监察组开展少数民族发展资金管理使用情况专项检查，检查结果有效运用于贫困县（区）绩效考核成绩，确保少数民族发展资金使用管理符合政策要求。

三是认真执行《宁夏回族自治区民族贸易和民族特需商品生产贷款贴息专项资金管理办法》《宁夏回族自治区民族贸易企业认定管理办法》，提升制度执行力，积极主动服务民贸民品企业，精细化落实国家民贸民品优惠政策，促进民族地区经济发展，维护民族团结大好局面。

（撰稿：金晓玲　审稿：马汉功）

新疆维吾尔自治区

2017年，在自治区党委、自治区人民政府的坚强领导下，在国家民委的大力帮助和指导下，我委坚持以习近平新时代中国特色社会主义思想为指导，全面学习贯彻党的十九大精神，围绕脱贫攻坚目标，积极落实《“十三五”促进民族地区和人口较少民族发展规划》和《兴边富民行动“十三五”规划》，持续推进兴边富民行动、扶持人口较少民族发展、少数民族特色村寨保护和发展等民族经济工作，支持我区深度贫困地区做好脱贫攻坚工作，取得一定成效。

一、注重顶层设计，加强资金项目管理制度建设

根据中央和自治区有关财政涉农资金审批权限下放的实际，积极探索新形势下少数民族发展资金项目管理监督的途径和办法。2017年，我委（局）会同财政厅共同研究草拟了《新疆维吾尔自治区少数民族发展资金“因素法”分配暂行办法》和《新疆维吾尔自治区少数民族发展资金项目报备监管暂行办法》（以下简称《两个办法》），经自治区人民政府批准，以我委（局）和财政厅两家名义下发全疆各地民宗委和财政局实施。《两

个办法》是国家要求涉农资金项目审批权限下放至县市后少数民族发展资金管理的新办法，是“十三五”新时期，全疆各级民委、财政部门做好少数民族发展资金项目管理工作的重要指导文件和依据。《两个办法》明确了少数民族发展资金项目全部采取因素法分配，其中用于兴边富民行动、扶持人口较少民族发展的项目下放审批权限，用于少数民族特色村寨、少数民族传统手工艺品、解决少数民族特 殊困难和问题（存量部分）资金项目的审批，暂不下放，仍 由自治区审批下达，待条件成熟，再逐步下放。明确和细化了项目审批权限下放后，县（市、区）审批项目的权限和流 程，地（州、市）和自治区两级民委、财政部门加强监管和 服务的职责和任务，建立了资金项目报备和监督检查的工作机制等。从制度上保证了少数民族发展资金项目的安全运行。

二、坚决贯彻落实自治区党委脱贫攻坚战略部署，切实履行好边境扶贫专项行动牵头单位职责

自治区党委 2 号文件和自治区党委办公厅 41 号文件下发后，我委（局）高度重视，认真组织学习，深刻领会自治区党委脱贫攻坚的意图与决心，切实把思想和行动统一到自治区党委的安排部署上来，自觉把会议精神落实到当前各项工作中去，积极发挥好总牵头的作用。一是协调相关成员单位完成了 2016 年边境扶贫专项行动总结工作，并报请指挥长肖开提・依明常委同意，报送自治区扶贫开发领导小组；二是按照自治区扶贫开发领导小组办公室的要求，参与了赴海南省开展扶贫成效省际间交叉考核工作，同时协调各成员单位完成了广西壮族自治区对我区进行扶贫成效交叉考核工作所需基础资料的报送工作；三是协调相关成员单位完成了《〈新疆南疆地区脱贫攻坚调研报告〉任务分解方案》相关材料的报送工作。

三、做好指导服务，强化资金项目管理的监督检查

今年以来，我委（局）会同财政、纪检等部门，开展大规模的资金项目管理检查指导工作，先后前往 10 个地（州、市）次、30 余个县（市、区）次，深入实地检查项目 100 余个，发现和纠正了许多资金项目管理中存在的突出问题，对发现的突出问题，采取全疆通报批评，或依据职责管理权限，对有关负责人进行约谈或组织处理。同时我委（局）在检查过程中，每到一个地（州、市），都要与所有县（市、区）资金项目管理的分管领导和县级民宗委负责人进行座谈交流。今年是我区少数民族发展资金项目审批权限下放的第一年，也是各地（州、市）民宗委履行资金项目报备职责的第一年，通过座谈交流，对中央和自治区以及新出台《两个办法》政策做现场解读，澄清各地在资金项目管理过程中的模糊认识，增强工作的紧迫感和主动性。此外，我委（局）通过督查指导，还引入竞争性资金项目分配机制，对违反资金项目使用范围和投向的项目坚决整改，对项目报送不及时，质量不高，管理不严的地（州、市）和县（市、区），加大问责力度，列入因素法分配资金的绩效考核指标，与财政厅联合在次年的资金额度分配上削减资金额度；对报送项目及时，项目申报质量高，管理严格，完成任务好的地（州、市）和县（市、区）实行奖励资金额度的方式，形成了鼓励先进惩戒落后的资金额度分配机制，引导各县市重视项目资金的管理，不断提高项目资金的管理水平。

四、严格规范流程，做好资金项目日常管理工作

今年以来，中央和自治区不断强化财政扶贫专项资金的管理力度，我委（局）会同财政厅严格按照少数民族发展资金管理办法，特别是《两个办法》的要求，不断完善创新管理措施。一是在规定的时限内完成资金项目的下达任务。中央少数民族发展资金下达我区后，我委迅速商财政厅，起草年度资金分配方案，会签报送自治区人民政府审批后，即刻下达资金规模和组织报备实施项目的通知，自治区层面的整个运行时间不超过 30 天。各地（州、市）民宗委、财政局收到自治区下达的资金项目通知后，5 日内下达各县（市、区），着手开展项目实施前的各项准备；二是认真开展项目评审工作。今年以来，委（局）组织相关部门的专家，对各地上报的少数民族发展资金项目进行评审，科学完善申报项目，确保项目符合管理办法的规定；三是实行更加严格

的资金项目报备制度。按照《两个办法》的要求，在 2017 年实施项目报备管理和实施后督查结果的经验基础上，我委（局）会同财政厅首次对全区 2018 年度资金项目计划全面提前开展项目组织报备工作。各县（市、区）按照 2017 年度资金下达额度的 150%组织项目，提前做好项目的筛选、确定与审批，扎实做好资金项目组织工作。各地（州、市）民宗委、财政局负责对县（市）2018 年度资金项目进行政策性把关。各地报备工作在 10 月 20 日前全部结束，并报送自治区民委、财政厅备案，资金项目一经备案，不得更改和调整。下一步，国家民委、财政部 2018 年度资金额度下达我区后，各县（市、区）只能在已备案的项目中选择并确定当年的项目，切实增强了项目报备工作的严肃性和时效性。

五、着力做好少数民族特色村寨保护与发展工作

为了提升少数民族特色村寨建设水平，做强做大少数民族特色村寨“民字号”品牌，我委（局）着力加强了“十三五”时期少数民族特色村寨项目库建设，对原先已建成的项目库进行了充实和优化。同时，在全区范围内开展了少数民族特色村寨建设普查工作，深入到 35 个县市区，60 余个特色村寨建设项目点，逐一查看，掌握了大量的基础性资料，基本摸清了全疆少数民族特色村寨的底数。并与当地项目分管领导和负责人按照“一村一策”的模式，共同商讨，指出存在的突出问题，把握好工作重点，在对策和措施上出主意想办法，帮助各地理清发展思路，为“十三五”时期少数民族特色村寨建设的发展奠定了良好的基础。

六、民贸民品工作开展情况

一是加强调研，深入研究，积极会同自治区财政厅做好《新疆维吾尔自治区民族贸易和民族特需商品生产贷款财政贴息资金管理办法》的起草工作；二是做好民贸民品企业基础档案更新和建立；三是积极配合做好对 842 家民贸企业贷款贴息第三方审计审核工作。

（撰稿：裴海龙　审稿：姜国利）

新疆生产建设兵团

2017 年，兵团民族经济工作坚持以习近平新时代中国特色社会主义思想为指导，围绕决胜全面建成小康社会奋斗目标和保基本、补短板的工作思路，强化政治站位，狠抓工作落实，助推少数民族聚居团场和边境团场经济社会发展并取得了一定成效。

一、着眼民生改善和凝聚人心，持续推进少数民族经济发展

边境团场和少数民族聚居团场是兵团打赢脱贫攻坚战的主战场，是决胜全面建成小康社会的关键。实践中，我们紧扣民生，着力在补齐短板上集中发力，聚焦用力。一是实施了兴边富民行动项目。2017 年兵团兴边富民行动实施项目 48 个，总投资 2.92 亿元，其中国家拨付兴边富民行动专项资金 2.32 亿元，团场自筹资金 0.6 亿元，项目内容涉及道路交通、农业、林业、畜牧、水利、电力、卫生、旅游、民族手工艺培训等，职工群众生产生活条件也得到了明显改善，增收致富的渠道也进一步拓宽，有力地推动了边境团场经济持续增长。据不完全统计，58 个边境团场近 8 万人受益。二是坚持按照“投资少、见效快、职工群众得实惠”的原则，组织实施了 2017 年扶持少数民族发展资金项目的申报、论证、评审、实施方案的拟定、项目批复工作，总投资 1402.16 万元，实施了涉及温室大棚、畜牧养殖业、林果业、其他等四大类的 11 个项目，目前项目进展良好，基本达到项目预期目标。三是结合第三师托云牧场实际，我们联合发改委利用国家扶持人口较少民族发展资金 400 余万元实施了基础设施建设和产业发展类项目，通过项目的实施，促进了兵团柯尔克孜族聚居单位基础设施进一步改善，特色产业和社会事业进一步发展，全团 1 千余名柯尔克孜族职工群众的生活质量得到了较大提高。

二、着力推动民族经济工作规范化、科学化、制度化建设，认真搞好顶层设计

经过多年实践，兵团民族经济工作取得了一些成效，但新的形势、新的任务也赋予了兵团民族经济工作新的要求，特别是随着兵团深化改革的不断推进，一些不符合不适应的问题也随之凸显。对此，我们坚持以问题为导向，加强顶层设计，推动民族经济工作规范化、科学化、制度化建设。一是根据国务院办公厅《关于印发兴边富民行动“十三五”规划的通知》精神，我们结合兵团实际，组织力量起草了《兵团兴边富民行动“十三五”规划》，经兵团审批后，已于 2018 年 2 月 5 日颁布实施。二是根据《财政部扶贫办国家发展改革委国家民委农业部林业局关于印发<中央财政专项扶贫资金管理办法>的通知》（财农〔2017〕8 号）、《新疆生产建设兵团财政扶贫资金管理实施方法》（兵财企〔2017〕47 号）要求，我们对《兵团少数民族发展资金项目管理办法》、《兵团兴边富民行动项目管理暂行办法》、《兵团扶持人口较少民族发展项目管理办法》进行了修订，尤其是在《兵团兴边富民行动项目管理暂行办法》提出了因素法分配和审批权下放的内容，并向各师和成员单位征求意见，待兵团审定后贯彻执行。

三、着重加强工作指导和推动工作落实，加大督导调研力度

为确保各项工作、政策落到实处，真正让职工群众受益，我们进一步加大督导调研力度，推动工作落实。一是为确保兴边富民行动的成效真正体现在边兴民富上，2017 年 11 月，我们组成联合督查组对 2016 年和 2017 年兴边富民行动工作实施情况进行了督导检查。在各师自查基础上，又对重点边境团场项目建设和资金使用等情况进行了实地检查，督促项目落实，及时发现协调解决出现的问题，确保兴边富民行动项目顺利实施。二是兵团民宗局联合发改委、财政局、农业局等兵团兴边富民行动领导小组成员单位组成调研组对 6 个边境师、20 余个边境团场经济社会发展情况进行了深入调研，了解掌握了“十三五”规划的实施情况，梳理了目前存在的主要困难和问题，提出了下一步推进兴边富民行动的措施建议。三是组成联合调研组赴兵团唯一一个人口较少民族柯尔克孜族聚居单位——第三师托云牧场，调研牧场经济社会发展情况，实地考察了解当地职工群众生产生活条件及存在的实际问题和困难。四是开展民贸民品工作摸底调研。根据国家民委办公厅关于落实“十三五”期间民族贸易和民族特需商品定点生产企业贷款贴息政策的通知要求（民办发〔2017〕9 号）和《国家民委办公厅关于开展民贸民品工作相关事项调研的函》（民办函〔2017〕45 号）的相关规定，对兵团民贸民品各项工作做进一步规范落实，组织各师对“十三五”前两年贯彻落实民族贸易和民族特需商品定点生产优惠政策的落实和兑现情况存在的问题进行了调研，奠定了进一步完善的基础。

四、着实凸显民族经济工作特色，做好服务管理工作

根据兵团实际，紧紧抓住兵团民族特色村寨建设、结对帮扶和民贸企业服务管理工作，有力推进了兵团民族经济发展。一是探索民族特色村寨建设。2017 年 3 月，国家民委命名了第二批中国少数民族特色村寨，兵团首次获此殊荣，有 8 个村寨入选。我们及时组织相关师（市）开展“中国少数民族特色村寨”挂牌工作，并通过媒体宣传特色村寨，扩大村寨知名度，提升影响力。同时，为做好此项工作，我们积极与自治区沟通，学习他们在这方面工作的做法和经验，并组织调研组赴实地调研，了解存在的困难和问题，指明发展方向。二是进一步深化结对帮扶工作。按照兵团党委的安排，兵团民宗局挂钩地处和田的第十四师皮山农场，我们结合当地实际，投资 1000 余万元实施了经济生态林滴灌建设项目，建设了 1622 亩园林高效节水滴灌，促进了少数民族贫困群众增收。三是进一步加强民贸企业服务。加大协调力度，积极协调有关部门为民族贸易企业和民族特需用品定点生产企业落实优惠政策做了大量服务工作，促进了兵团民贸民品企业的发展壮大。

下一步，我们将继续坚持以习近平新时代中国特色社会主义思想为指导，围绕决胜全面建成小康社会奋斗目标和“各民族共同团结奋斗、共同繁荣发展”的民族工作主题，紧扣民生，立足本职，发

挥优势，做到政策落实、规划落实、项目落实、措施落实，积极帮助少数民族群众解决突出问题和特殊困难，不断推动兵团民族经济创新发展。

（一）深入推进兴边富民行动

按照《兵团兴边富民行动“十三五”规划》要求，继续加强 58 个边境团场基础设施建设，进一步完善基础设施，提升服务发展和保障边防能力，提高民生保障水平，改善职工群众安居守边条件，发展特色优势产业，增强职工群众居边致富作用，深度融入“一带一路”建设，提高沿边开发开放水平，加强生态环境保护，协调经济社会与生态环境发展，平稳增长边境团场人口，夯实民族团结基础，巩固边境团场安定和谐局面，努力实现兴边富民行动规划目标任务。

（二）贯彻落实扶持人口较少民族发展规划

继续加大力度扶持兵团人口较少民族发展，积极争取资金，加强基础设施建设，发展社会事业，重视特色优势产业发展，不断做大做强民族经济产业，大力培养人口较少民族的各类人才，帮助托云牧场贫困职工群众早日步入小康。

（三）加强民族特色村寨保护及发展工作

发挥各团场的资源优势，以项目建设为载体，扶持开发建设一批民族特色村寨，以特色产业培育与发展、特色文化发展、民族团结进步创建为主要内容，充分发挥示范带动作用。

（四）用好管好资金、加大扶持力度

用好、管好现有的专项资金，严格执行资金项目使用管理办法，切实提高资金使用的规范性、安全性和高效性，加强监督检查，落实好确保将有限的资金用在增强少数民族单位和少数民族职工群众的造血功能上，加大对少数民族聚居团场和少数民族聚居连队的扶持力度，促进兵团少数民族经济又好又快发展。

（五）继续抓好民贸民品工作

用好用足国家民贸民特优惠政策，落实调研成果，深化措施、细化工作、抓好落实，促进民贸民特企业发展。按照国家政策要求，重新认定民贸县境内的兵团民贸企业，坚持服务于少数民族群众生产生活和增收致富。

（撰稿：田惠敏　审稿：王卫国）

统计资料篇

分“民族自治地方”“陆地边境县”“牧区半牧区县”“民族乡镇”“全国少数民族发展情况”“其他资料”6部分。涉及到的全国性统计数据均不包括台湾省和香港特别行政区、澳门特别行政区的资料。统计资料主要来源于国家政府主管部门、各级统计和民族工作部门。部分数据合计数或相对数由于单位取舍不同而产生的计算误差均未作机械调整。全部统计资料均经国家统计局统计设计管理司和国民经济综合统计司审核。

民族自治地方

一、行政区划

1-1 民族自治地方行政区划(2017年末)

省级		地级		县级		乡级
合计	行政区划单位	合计	行政区划单位	合计	行政区划单位	行政区划单位
5	5 自治区	77	38 地级市 6 地区 30 自治州 3 盟	711	93 市辖区 77 县级市 372 县 49 旗 117 自治县 3 自治旗	8384
河 北				6	6 自治县	117
内蒙古		12	9 地级市 3 盟	103	23 市辖区 11 县级市 17 县 49 旗 3 自治旗	1020
辽 宁				8	8 自治县	149
吉 林		1	1 自治州	11	6 县级市 2 县 3 自治县	111
黑龙江				1	1 自治县	11
浙 江				1	1 自治县	19
湖 北		1	1 自治州	10	2 县级市 6 县 2 自治县	102
湖 南		1	1 自治州	15	1 县级市 7 县 7 自治县	208
广 东				3	3 自治县	23
广 西		14	14 地级市	111	40 市辖区 7 县级市 52 县 12 自治县	1251

*乡级行政区划单位不包括街道办事处。

1-1　续表

省级	地级		县级		乡级
行政区划单位	合计	行政区划单位	合计	行政区划单位	行政区划单位
海　南			6	6　自治县	60
重　庆			4	4　自治县	127
四　川	3	3　自治州	51	3　县级市 44　县 4　自治县	1171
贵　州	3	3　自治州	46	4　县级市 31　县 11　自治县	638
云　南	8	8　自治州	78	12　县级市 37　县 29　自治县	786
西　藏	7	6　地级市 1　地区	74	8　市辖区 66　县	697
甘　肃	2	2　自治州	21	2　县级市 12　县 7　自治县	268
青　海	6	6　自治州	35	3　县级市 25　县 7　自治县	320
宁　夏	5	5　地级市	22	9　市辖区 2　县级市 11　县	240
新　疆	14	4　地级市 5　地区 5　自治州	105	13　市辖区 24　县级市 62　县 6　自治县	1066

1-2 民族自治地方县(旗)、市分布(2017年末)

地 区	数 量	县(旗)、市名称
河 北	6 自治县	秦皇岛市：青龙满族自治县 承德市：丰宁满族自治县、宽城满族自治县、围场满族蒙古族自治县 沧州市：孟村回族自治县 廊坊市：大厂回族自治县
内蒙古	9 地级市 3 盟 23 市辖区 11 县级市 17 县 49 旗 3 自治旗	*呼和浩特市：新城区、回民区、玉泉区、赛罕区、托克托县、和林格尔县、清水河县、武川县、土默特左旗 *包头市：昆都仑区、东河区、青山区、石拐区、白云鄂博矿区、九原区、固阳县、土默特右旗、达尔罕茂明安联合旗 *乌海市：海勃湾区、海南区、乌达区 *赤峰市：红山区、元宝山区、松山区、林西县、宁城县、阿鲁科尔沁旗、巴林左旗、巴林右旗、克什克腾旗、翁牛特旗、喀喇沁旗、敖汉旗 *通辽市：科尔沁区、霍林郭勒市、开鲁县、科尔沁左翼中旗、科尔沁左翼后旗、库伦旗、奈曼旗、扎鲁特旗 *鄂尔多斯市：康巴什区、东胜区、达拉特旗、准格尔旗、鄂托克前旗、鄂托克旗、杭锦旗、乌审旗、伊金霍洛旗 *呼伦贝尔市：海拉尔区、扎赉诺尔区、满洲里市、牙克石市、扎兰屯市、额尔古纳市、根河市、阿荣旗、陈巴尔虎旗、新巴尔虎左旗、新巴尔虎右旗、莫力达瓦达斡尔族自治旗、鄂伦春自治旗、鄂温克族自治旗、 *巴彦淖尔市：临河区、五原县、磴口县、乌拉特前旗、乌拉特中旗、乌拉特后旗、杭锦后旗 *乌兰察布市：集宁区、丰镇市、卓资县、化德县、商都县、兴和县、凉城县、察哈尔右翼前旗、察哈尔右翼中旗、察哈尔右翼后旗、四子王旗 兴安盟：乌兰浩特市、阿尔山市、突泉县、科尔沁右翼前旗、科尔沁右翼中旗、扎赉特旗 锡林郭勒盟：锡林浩特市、二连浩特市、多伦县、阿巴嘎旗、苏尼特左旗、苏尼特右旗、东乌珠穆沁旗、西乌珠穆沁旗、太仆寺旗、镶黄旗、正镶白旗、正蓝旗 阿拉善盟：阿拉善左旗、阿拉善右旗、额济纳旗
辽 宁	8 自治县	鞍山市：岫岩满族自治县 抚顺市：新宾满族自治县、清原满族自治县 本溪市：本溪满族自治县、桓仁满族自治县 丹东市：宽甸满族自治县 阜新市：阜新蒙古族自治县 朝阳市：喀喇沁左翼蒙古族自治县
吉 林	1 自治州 6 县级市 2 县 3 自治县	四平市：伊通满族自治县 白山市：长白朝鲜族自治县 松原市：前郭尔罗斯蒙古族自治县 延边朝鲜族自治州：延吉市、图们市、敦化市、珲春市、龙井市、和龙市、汪清县、安图县
黑龙江	1 自治县	大庆市：杜尔伯特蒙古族自治县
浙 江	1 自治县	丽水市：景宁畲族自治县
湖 北	1 自治州 2 县级市 6 县 2 自治县	宜昌市：长阳土家族自治县、五峰土家族自治县 恩施土家族苗族自治州：恩施市、利川市、建始县、巴东县、宣恩县、咸丰县、来凤县、鹤峰县

注：1.内蒙古行政区划中的旗相当于县。
2.表中有*号的为民族自治地方所辖地级市。

1–2 续表 1

地　区	数量	县(旗)、市名称
湖　南	1 自治州 1 县级市 7 县 7 自治县	邵阳市：城步苗族自治县 永州市：江华瑶族自治县 怀化市：麻阳苗族自治县、新晃侗族自治县、芷江侗族自治县、 靖州苗族侗族自治县、通道侗族自治县 湘西土家族苗族自治州：吉首市、泸溪县、凤凰县、花垣县、保靖县、 古丈县、永顺县、龙山县
广　东	3 自治县	韶关市：乳源瑶族自治县 清远市：连山壮族瑶族自治县、连南瑶族自治县
广　西	14 地级市 40 市辖区 7 县级市 52 县 12 自治县	*南宁市：青秀区、兴宁区、江南区、西乡塘区、良庆区、邕宁区、 武鸣区、隆安县、马山县、上林县、宾阳县、横县 *柳州市：柳北区、城中区、鱼峰区、柳南区、柳江区、柳城县、 鹿寨县、融安县、融水苗族自治县、三江侗族自治县 *桂林市：临桂区、秀峰区、叠彩区、象山区、七星区、雁山区、 阳朔县、灵川县、全州县、兴安县、永福县、灌阳县、 资源县、平乐县、荔浦县、龙胜各族自治县、恭城瑶族自治县 *梧州市：长洲区、万秀区、龙圩区、岑溪市、苍梧县、藤县、蒙山县 *北海市：海城区、银海区、铁山港区、合浦县 *防城港市：港口区、防城区、东兴市、上思县 *钦州市：钦南区、钦北区、灵山县、浦北县 *贵港市：港北区、港南区、覃塘区、桂平市、平南县 *玉林市：玉州区、福绵区、北流市、容县、陆川县、博白县、兴业县 *百色市：右江区、靖西市、田阳县、田东县、平果县、德保县、 那坡县、凌云县、乐业县、田林县、西林县、隆林各族自治县 *贺州市：八步区、平桂区、昭平县、钟山县、富川瑶族自治县 *河池市：宜州区、金城江区、南丹县、天峨县、凤山县、东兰县、 罗城仫佬族自治县、环江毛南族自治县、巴马瑶族自治县、 都安瑶族自治县、大化瑶族自治县 *来宾市：兴宾区、合山市、忻城县、象州县、武宣县、金秀瑶族自治县 *崇左市：江州区、凭祥市、扶绥县、宁明县、龙州县、大新县、天等县
海　南	6 自治县	白沙黎族自治县、昌江黎族自治县、乐东黎族自治县、 陵水黎族自治县、保亭黎族苗族自治县、琼中黎族苗族自治县
重　庆	4 自治县	石柱土家族自治县、秀山土家族苗族自治县、 酉阳土家族苗族自治县、彭水苗族土家族自治县
四　川	3 自治州 3 县级市 44 县 4 自治县	绵阳市：北川羌族自治县 乐山市：峨边彝族自治县、马边彝族自治县 阿坝藏族羌族自治州：马尔康市、汶川县、理县、茂县、松潘县、 九寨沟县、金川县、小金县、黑水县、壤塘县、 阿坝县、若尔盖县、红原县 甘孜藏族自治州：康定市、泸定县、丹巴县、九龙县、雅江县、道孚县、 炉霍县、甘孜县、新龙县、德格县、白玉县、石渠县、 色达县、理塘县、巴塘县、乡城县、稻城县、得荣县、 凉山彝族自治州：西昌市、盐源县、德昌县、会理县、会东县、宁南县、 普格县、布拖县、金阳县、昭觉县、喜德县、冕宁县、 越西县、甘洛县、美姑县、雷波县、木里藏族自治县

1-2 续表 2

地 区	数量	县(旗)、市名称
贵 州	3 自治州 4 县级市 31 县 11 自治县	遵义市：道真仡佬族苗族自治县、务川仡佬族苗族自治县 安顺市：镇宁布依族苗族自治县、关岭布依族苗族自治县、紫云苗族布依族自治县 毕节市：威宁彝族回族苗族自治县 铜仁市：玉屏侗族自治县、印江土家族苗族自治县、沿河土家族自治县、松桃苗族自治县 黔西南布依族苗族自治州：兴义市、兴仁县、普安县、晴隆县、贞丰县、望谟县、册亨县、安龙县 黔东南苗族侗族自治州：凯里市、黄平县、施秉县、三穗县、镇远县、岑巩县、天柱县、锦屏县、剑河县、台江县、黎平县、榕江县、从江县、雷山县、麻江县、丹寨县 黔南布依族苗族自治州：都匀市、福泉市、荔波县、贵定县、瓮安县、独山县、平塘县、罗甸县、长顺县、龙里县、惠水县、三都水族自治县
云 南	8 自治州 12 县级市 37 县 29 自治县	昆明市：石林彝族自治县、禄劝彝族苗族自治县、寻甸回族彝族自治县 玉溪市：峨山彝族自治县、新平彝族傣族自治县、元江哈尼族彝族傣族自治县 丽江市：玉龙纳西族自治县、宁蒗彝族自治县 普洱市：宁洱哈尼族彝族自治县、墨江哈尼族自治县、景东彝族自治县、景谷傣族彝族自治县、镇沅彝族哈尼族拉祜族自治县、江城哈尼族彝族自治县、孟连傣族拉祜族佤族自治县、澜沧拉祜族自治县、西盟佤族自治县 临沧市：双江拉祜族佤族布朗族傣族自治县、耿马傣族佤族自治县、沧源佤族自治县 楚雄彝族自治州：楚雄市、双柏县、牟定县、南华县、姚安县、大姚县、永仁县、元谋县、武定县、禄丰县 红河哈尼族彝族自治州：蒙自市、个旧市、开远市、弥勒市、建水县、石屏县、泸西县、元阳县、红河县、绿春县、屏边苗族自治县、金平苗族瑶族傣族自治县、河口瑶族自治县 文山壮族苗族自治州：文山市、砚山县、西畴县、麻栗坡县、马关县、丘北县、广南县、富宁县 西双版纳傣族自治州：景洪市、勐海县、勐腊县 大理白族自治州：大理市、祥云县、宾川县、弥渡县、永平县、云龙县、洱源县、剑川县、鹤庆县、漾濞彝族自治县、南涧彝族自治县、巍山彝族回族自治县 德宏傣族景颇族自治州：芒市、瑞丽市、梁河县、盈江县、陇川县 怒江傈僳族自治州：泸水市、福贡县、贡山独龙族怒族自治县、兰坪白族普米族自治县 迪庆藏族自治州：香格里拉市、德钦县、维西傈僳族自治县
西 藏	6 地级市 1 地区 8 市辖区 66 县	*拉萨市：城关区、堆龙德庆区、达孜区、林周县、当雄县、尼木县、曲水县、墨竹工卡县 *日喀则市：桑珠孜区、南木林县、江孜县、定日县、萨迦县、拉孜县、昂仁县、谢通门县、白朗县、仁布县、康马县、定结县、仲巴县、亚东县、吉隆县、聂拉木县、萨嘎县、岗巴县 *昌都市：卡若区、江达县、贡觉县、类乌齐县、丁青县、察雅县、八宿县、左贡县、芒康县、洛隆县、边坝县 *林芝市：巴宜区、工布江达县、米林县、墨脱县、波密县、察隅县、朗县 *山南市：乃东区、扎囊县、贡嘎县、桑日县、琼结县、曲松县、措美县、洛扎县、加查县、隆子县、错那县、浪卡子县 *那曲市：色尼区、嘉黎县、比如县、聂荣县、安多县、申扎县、索县、班戈县、巴青县、尼玛县、双湖县 阿里地区：噶尔县、普兰县、札达县、日土县、革吉县、改则县、措勤县

1-2 续表 3

地 区	数量	县（旗）、市名称
甘 肃	2 自治州 2 县级市 12 县 7 自治县	天水市：张家川回族自治县 武威市：天祝藏族自治县 张掖市：肃南裕固族自治县 酒泉市：肃北蒙古族自治县、阿克塞哈萨克族自治县 临夏回族自治州：临夏市、临夏县、康乐县、永靖县、广河县、和政县、东乡族自治县、积石山保安族东乡族撒拉族自治县 甘南藏族自治州：合作市、临潭县、卓尼县、舟曲县、迭部县、玛曲县、碌曲县、夏河县
青 海	6 自治州 3 县级市 25 县 7 自治县	西宁市：大通回族土族自治县 海东市：民和回族土族自治县、互助土族自治县、化隆回族自治县、循化撒拉族自治县 海北藏族自治州：海晏县、祁连县、刚察县、门源回族自治县 黄南藏族自治州：同仁县、尖扎县、泽库县、河南蒙古族自治县 海南藏族自治州：共和县、同德县、贵德县、兴海县、贵南县 果洛藏族自治州：玛沁县、班玛县、甘德县、达日县、久治县、玛多县 玉树藏族自治州：玉树市、杂多县、称多县、治多县、囊谦县、曲麻莱县 海西蒙古族藏族自治州：德令哈市、格尔木市、乌兰县、都兰县、天峻县
宁 夏	5 地级市 9 市辖区 2 县级市 11 县	*银川市：金凤区、兴庆区、西夏区、灵武市、永宁县、贺兰县 *石嘴山市：大武口区、惠农区、平罗县 *吴忠市：利通区、红寺堡区、青铜峡市、盐池县、同心县 *固原市：原州区、西吉县、隆德县、泾源县、彭阳县 *中卫市：沙坡头区、中宁县、海原县
新 疆	4 地级市 5 地区 5 自治州 13 市辖区 24 县级市 62 县 6 自治县	*乌鲁木齐市：天山区、沙依巴克区、新市区、水磨沟区、头屯河区、达坂城区、米东区、乌鲁木齐县 *克拉玛依市：克拉玛依区、独山子区、白碱滩区、乌尔禾区 *吐鲁番市：高昌区、鄯善县、托克逊县 *哈密市：伊州区、巴里坤哈萨克自治县、伊吾县 阿克苏地区：阿克苏市、温宿县、库车县、沙雅县、新和县、拜城县、乌什县、阿瓦提县、柯坪县 喀什地区：喀什市、疏附县、疏勒县、英吉沙县、泽普县、莎车县、叶城县、麦盖提县、岳普湖县、伽师县、巴楚县、塔什库尔干塔吉克自治县 和田地区：和田市、和田县、墨玉县、皮山县、洛浦县、策勒县、于田县、民丰县 昌吉回族自治州：昌吉市、阜康市、呼图壁县、玛纳斯县、奇台县、吉木萨尔县、木垒哈萨克自治县 博尔塔拉蒙古自治州：博乐市、阿拉山口市、精河县、温泉县 巴音郭楞蒙古自治州：库尔勒市、轮台县、尉犁县、若羌县、且末县、和静县、和硕县、博湖县、焉耆回族自治县 克孜勒苏柯尔克孜自治州：阿图什市、阿克陶县、阿合奇县、乌恰县 伊犁哈萨克自治州：伊宁市、奎屯市、霍尔果斯市、伊宁县、霍城县、巩留县、新源县、昭苏县、特克斯县、尼勒克县、察布查尔锡伯自治县 塔城地区：塔城市、乌苏市、额敏县、沙湾县、托里县、裕民县、和布克赛尔蒙古自治县 阿勒泰地区：阿勒泰市、布尔津县、富蕴县、福海县、哈巴河县、青河县、吉木乃县 自治区直辖区县级行政单位：石河子市、阿拉尔市、图木舒克市、五家渠市、北屯市、铁门关市、双河市、可克达拉市、昆玉市

主要统计指标解释

行政区划 指国家对行政区域的划分。根据宪法规定，民族自治地方的行政区域划分如下：(1) 自治区分为地区（市、自治州）、县、自治县、市；(2) 自治州分为县、自治县、市；(3) 自治县分为乡、民族乡、镇。

二、综　合

2-1 民族自治地方国民经济与社会发展主要指标

指　标	总量指标					
	1990年	1995年	2000年	2005年	2010年	2016年
人口与就业						
人口(万人)						
年底总人口	15296	16044	16818	17311	18531	18736
#少数民族人口	6880	7232	7767	8239	8814	9655
就业						
单位从业人员数(万人)	1543	1672	1733	1202	1297	1571
宏观经济						
地区生产总值(亿元)		**4901**	**7486**	**15706**	**38989**	**70283**
第一产业		1629	2022	3300	6198	10502
第二产业		1747	2834	6419	18809	29790
第三产业		1526	2629	5987	13982	29991
人均地区生产总值(元)		**3055**	**4451**	**8991**	**22060**	**38975**
固定资产(亿元)						
全社会固定资产投资总额		1444	2477	8358	29876	70882
#国有单位	259.4	983	1553	3767	12046	28278
财政(亿元)						
地方一般公共预算收入	166.7	248	476	1026	3257	7136
地方一般公共预算支出	304.4	595	1173	3050	10512	23615
产业						
农业						
耕地面积(万公顷)	1763	1508	2086	2033	2380	2771
灌溉面积(万公顷)	764	838	936	1027	1156	1240
农林牧渔总产值(亿元)		2537	3200	5349	10374	17646
主要农产品产量						
粮食产量(万吨)	5373	5801	6381	7187	8308	9769
棉花产量(万吨)	47	95	146	188	248	360
油料产量(万吨)	208	264	353	372	422	566
大牲畜年底头数(万头)	5286	5618	5566	6153	6068	5918
羊年底头数(万只)	11362	11906	13076	16391	14885	16013
猪年底头数(万头)	5668	7240	8201	8526	8141	8327
工业						
主要工业产品产量						
布(亿米)	7.4	6.9	5.0	3.5	3.6	2.6
机制纸及纸板(万吨)	94	191	175	273	385	468
成品糖(万吨)	223	240	498	678	907	1203
原煤(亿吨)	1.2	1.7	1.5	3.8	10.4	11.2
原油(万吨)	1265	1610	2292	2833	3059	2975
发电量(亿千瓦小时)	739	1187	1712	3052	6730	13692
粗钢(万吨)	368	700	647	1846	4005	5309
生铁(万吨)	417	555	725	2087	4447	5357
水泥(万吨)	1958	4296	5703	10156	21653	39656
建筑业						
建筑业企业人数(万人)			132	142	194	349
建筑业总产值(亿元)			754	1656	5203	9768
施工房屋面积(万平方米)			9232	15964	35052	63044
竣工房屋面积(万平方米)			5326	8072	15418	27847

2017年	速度指标(%)								
	指数（2017年为以下各年）						平均增长速度		
	1990年	1995年	2000年	2005年	2010年	2016年	1991—2017年	1996—2017年	2001—2017年
18943	123.8	118.1	112.6	109.4	102.2	101.1	0.8	0.8	0.7
9839	143.0	136.0	126.7	119.4	111.6	101.9	1.3	1.4	1.4
1580	102.3	94.5	91.1	131.4	121.8	100.5	0.1	-0.3	-0.5
72046		**1004.3**	**651.2**	**374.1**	**191.5**	**107.2**		**11.1**	**11.7**
10737		324.5	247.0	187.4	141.8	104.9		5.5	5.5
28152		1687.0	1001.9	480.7	204.8	105.6		13.7	14.5
33157		1021.8	635.4	370.2	198.4	109.4		11.1	11.5
39622		**1297.1**	**890.1**	**440.7**	**179.6**	**101.7**		**12.4**	**13.7**
75306		5215.1	3040.2	901.0	252.1	106.2		19.7	22.2
30235	11655.8	3077.1	1947.4	802.5	251.0	106.9	19.3	16.9	19.1
7262	4356.4	2927.1	1527.1	707.6	223.0	101.8	15.0	16.6	17.4
25655	8428.0	4311.0	2187.3	841.0	244.1	108.6	17.8	18.7	19.9
2844	161.3	188.6	136.3	139.9	119.5	102.7	1.8	2.9	1.8
1378	180.4	164.5	147.3	134.2	119.2	111.1	2.2	2.3	2.3
18888	4388.1	314.7	239.8	175.9	111.8	104.9	15.0	5.3	5.3
10118	188.3	174.4	158.6	140.8	121.8	103.6	2.4	2.6	2.7
457	972.0	482.9	312.4	243.1	183.9	126.9	8.8	7.4	6.9
576	276.8	218.1	163.0	154.8	136.3	101.8	3.8	3.6	2.9
5642	106.7	100.4	101.4	91.7	93.0	95.3	0.2	0.0	0.1
16751	147.4	140.7	128.1	102.2	112.5	104.6	1.4	1.6	1.5
8312	146.6	114.8	101.4	97.5	102.1	99.8	1.4	0.6	0.1
3.9	52.4	56.2	77.5	110.9	106.8	146.4	-2.4	-2.6	-1.5
470	499.6	245.9	267.9	172.3	122.0	100.4	6.1	4.2	6.0
1208	542.7	504.4	242.5	178.1	133.2	100.4	6.5	7.6	5.3
12.2	1011.5	737.3	837.0	322.1	117.8	109.7	8.9	9.5	13.3
3001	237.3	186.4	131.0	106.0	98.1	100.9	3.3	2.9	1.6
15764	2133.7	1328.6	920.5	516.5	234.2	115.1	12.0	12.5	13.9
5659	1536.4	808.9	874.5	306.5	141.3	106.6	10.6	10.0	13.6
5371	1288.1	968.3	741.0	257.4	120.8	100.3	9.9	10.9	12.5
36507	1864.7	849.8	640.1	359.5	168.6	92.1	11.4	10.2	11.5
331			251.4	233.5	170.3	94.7			5.6
11097			1471.1	670.1	213.3	113.6			17.1
57713			625.2	361.5	164.6	91.5			11.4
20119			377.8	249.2	130.5	72.2			8.1

2-1　续表

指　　标	总量指标					
	1990年	1995年	2000年	2005年	2010年	2016年
邮电运输						
铁路营业里程(万公里)	1.31	1.70	1.43	1.69	2.12	3.04
公路通车里程(万公里)	29	33	42	59	91	120
邮电业务总量(亿元)	9	78	297	892	2456	2294
邮路及农村投递						
线路总长度(万公里)	88	107	110	110	127	196
国内商业						
社会消费品零售总额(亿元)	682	1692	2570	4874	11685	24884
对外经济贸易						
进出口总额(亿元)						6708
出口额(亿元)						3561
进口额(亿元)						2759
国际旅游						
国际旅游人数(万人次)			269	467	820	2906
国际旅游外汇收入(亿美元)			8	13	30	71
金融						
金融机构各项存款余额(亿元)			7906	16324	46622	103384
金融机构各项贷款余额(亿元)			6548	11300	30579	79877
教育、文化、卫生						
教育						
在校学生数(万人)						
普通高等学校	13.6	18.6	34.2	100.0	161.9	209.6
普通中学	610	632	873	1082	1050	1015
普通小学	1853	1889	1886	1668	1536	1500
专任教师数(万人)						
普通高等学校	2.8	3.7	3.6	6.3	9.5	11.4
普通中学	41.5	41.5	47.9	61.1	67.4	73.9
普通小学	84.8	85.8	89.9	88.1	90.7	91.1
文化						
出版数量						
图书(万册)	30166	42275	42310	41958	43099	50263
杂志(万册)	7866	7881	8332	10280	8276	8342
报纸(万份)	79120	94985	123277	169518	174848	181705
卫生						
医疗卫生机构数(万个)	1.06	1.23	1.25	1.18	1.20	4.72
医疗卫生机构床位(万张)	33.2	35.7	36.1	38.4	55.7	86.5
社会服务						
福利类收养单位床位数(万张)					27.3	32.3
城镇社区服务设施数(个)					6188	10861
城乡最低生活保障人数(万人)					1907.4	1701

注：1.规模以上工业企业统计范围1998年至2006年签字全部国有及年主营收入在500万元及以上非国有工业企业；
2.2007至2010年为年主营业务收入在500万元及以上的工业企业；2010年以后为年主营业务收入在2000万元及以上的工业企业；
3.2016年以后医疗卫生机构统计范围为医院、基础卫生医疗机构数，基础卫生医疗机构数包括社区卫生服务中心(站)、卫生院、门诊部、诊所、卫生所、医务室。

2017年	速度指标(%)								
	指数（2017年为以下各年）						平均增长速度		
	1990年	1995年	2000年	2005年	2010年	2016年	1991—2017年	1996—2017年	2001—2017年
3.14	239.7	184.7	220.0	185.8	147.9	103.1			4.7
124	420.9	372.3	291.8	209.7	135.6	103.2	5.5	6.2	6.5
2382	27700.0	3054.1	802.4	267.1	97.0	103.8	23.2	16.8	13.0
207	234.8	193.5	188.7	188.4	163.1	105.2	3.2	3.0	3.8
27230	3993.8	1609.0	1059.6	558.7	233.0	109.4	14.6	13.5	14.9
7099						105.8			
3924						110.2			
3181						115.3			
2847			1058.3	609.6	347.2	98.0			14.9
88			1159.4	683.8	291.8	122.6			15.5
113907			1440.8	697.8	244.3	110.2			17.0
91256			1393.7	807.6	298.4	114.2			16.8
223.4	1642.8	1201.2	653.3	223.4	138.0	106.6	10.9	12.0	11.7
1031	169.1	163.2	118.1	95.2	98.2	101.6	2.0	2.3	1.0
1539	83.0	81.4	81.6	92.3	100.2	102.6	-0.7	-0.9	-1.2
11.9	424.8	321.5	326.8	188.8	125.6	104.6	5.5	5.5	7.2
76.3	183.9	184.0	159.4	124.9	113.2	103.3	2.3	2.8	2.8
91.0	107.3	106.1	101.2	103.3	100.3	99.9	0.3	0.3	0.1
68020	225.5	160.9	160.8	162.1	157.8	135.3	3.1	2.2	2.8
9886	125.7	125.4	118.6	96.2	119.5	118.5	0.9	1.0	1.0
172137	217.6	181.2	139.6	101.5	98.4	94.7	2.9	2.7	2.0
4.87	460.6	394.9	389.8	411.1	407.2	103.2	5.8	6.4	8.3
93.7	282.4	262.6	259.5	243.8	168.2	108.3	3.9	4.5	5.8
35.5					130.0	109.9			
10812					174.7	99.5			
1639.5					86.0	96.4			

2–2 民族自治地方国民经济与社会发展主要指标占全国的比重

指　标	1990年	1995年	2000年	2005年	2010年	2014年	2015年	2016年	2017年
人口与就业									
年底总人口	13.38	13.25	13.27	13.36	13.82	13.71	13.54	13.55	13.63
单位从业人员	10.98	11.22	14.29	10.79	9.94	8.66	2.05	2.02	2.03
地区生产总值		**8.52**	**7.70**	**7.94**	**8.92**	**10.12**	**9.71**	**9.45**	**8.71**
第一产业		13.68	13.62	14.35	15.29	16.41	16.33	16.49	16.40
第二产业		6.50	6.19	6.62	8.55	10.92	10.44	10.06	8.41
第三产业		8.14	7.19	7.69	7.92	8.21	7.94	7.81	7.76
人均地区生产总值		60.54	56.65	63.98	67.00	73.60	70.37	73.37	66.41
全社会固定资产投资		**7.21**	**7.52**	**9.41**	**10.74**	**11.48**	**11.77**	**11.69**	**11.74**
国有单位固定资产投资	8.70	9.02	9.41	12.70	14.46	18.15	18.25	21.91	21.74
财政									
地方一般公共预算收入	8.60	8.31	7.42	6.80	8.02	8.74	8.49	8.18	7.94
地方一般公共预算支出	14.60	12.33	11.31	12.13	14.23	15.01	14.48	12.58	14.81
农业									
农业总产值	12.80	12.47	12.84	13.56	14.97	11.10	15.77	15.74	17.28
耕地面积	18.40								
灌溉面积	16.12	17.00	17.40	18.67	19.16	16.33	19.72	18.48	20.32
主要农牧产品									
粮食	12.00	12.43	15.75	14.85	15.20	16.11	15.77	15.85	15.29
棉花	10.40	19.84	33.11	32.89	41.68	59.61	63.09	67.92	80.82
油料	12.90	11.73	11.95	12.09	13.08	13.84	14.50	15.59	16.57
大牲畜年末头数	40.60	35.40	36.74	39.09	49.58	47.98	45.72	49.70	57.79
羊年末只数	54.10	43.00	45.04	43.98	53.00	53.90	52.96	53.18	55.41
猪年末头数	15.60	16.40	18.35	16.94	17.52	18.77	18.64	19.14	18.82
工业									
工业总产值	5.40	4.60	4.59	4.23	5.51				
主要工业产品									
布(混合数)	3.90	2.70	1.81	0.74	0.45	0.13	0.15	0.29	0.49
机制纸及纸板	6.86	6.80	7.06	5.05	3.92	4.08	3.75	3.80	3.75
成品糖	38.25	42.84	71.17	75.09	81.15	98.38	83.89	83.37	82.06
原煤	11.20	12.20	14.65	17.37	32.12	33.36	31.47	32.70	34.73
原油	9.10	10.70	14.06	15.66	15.07	17.49	15.07	14.90	15.67
发电量	11.90	11.80	12.63	12.33	16.00	20.17	21.50	22.29	24.27
粗钢	5.60	7.30	5.04	5.24	6.28	6.19	6.38	6.57	6.81
生铁	6.68	5.27	5.53	6.32	7.45	7.57	7.02	7.63	7.53
水泥	9.34	9.03	9.55	9.55	11.51	14.52	15.43	16.45	15.66
木材	31.60	48.10	22.28						

2–2 续表

指 标	1990年	1995年	2000年	2005年	2010年	2014年	2015年	2016年	2017年
建筑业									
建筑业总产值			4.50	4.77	5.42	3.64	5.04	5.05	5.19
运输									
铁路营业里程	24.50	31.10	24.30	22.41	23.28	21.38	24.98	24.55	24.73
公路线路里程	28.40	28.70	30.20	17.63	22.75	25.08	25.24	25.50	25.90
国内商业									
社会消费品零售总额	9.40	8.20	7.50	7.26	7.44	7.72	7.52	7.49	7.43
对外经济贸易									
进出口贸易			1.81	1.56	1.79	2.51	2.61	2.76	2.55
出口额			1.99	1.91	2.10	3.09	2.84	2.73	2.56
进口额			1.60	1.25	1.45	1.82	2.30	2.79	2.55
国际旅游									
国际旅游人数			4.17	4.42	7.04	20.29	20.99	20.99	20.41
旅游外汇收入			4.65	4.37	6.50	13.57	5.19	5.95	7.09
教育									
在校学生									
普通高等学校	6.59	6.40	6.15	6.40	7.25	7.27	7.65	7.77	8.11
普通中学	13.29	11.76	11.85	14.88	13.64	15.11	14.81	15.16	15.12
普通小学	15.14	14.32	14.49	15.35	15.45	15.57	15.10	15.13	15.24
专任教师									
普通高等学校	7.09	9.23	7.86	6.48	7.05	7.00	6.95	7.10	7.28
普通中学	13.68	12.44	11.96	12.82	13.38	14.42	15.53	14.15	14.34
普通小学	15.19	15.15	15.35	15.75	16.15	13.73	15.54	15.74	15.31
卫生									
医疗卫生机构数	17.00	18.10	18.78	19.68	19.84	21.68	19.54	4.94	5.05
医疗卫生机构床位数	12.70	12.60	12.25	11.96	11.77	11.85	11.76	12.34	13.36
卫生技术人员	12.50	12.40	7.91	10.66	10.85	8.64	11.87	11.91	11.94

注：1.本表中涉及民族自治地方GDP占全国的比重，分母为全国31个省(区、市)相加的合计数。

2.财政收支占全国的比重是指占全国地方财政收支的比重。

3.2016年以后#医疗卫生机构统计范围为医院、基础卫生医疗机构数，基础卫生医疗机构数包括社区卫生服务中心(站
卫生院、门诊部、诊所、卫生所、医务室。

2-3 按区域分的国民经济和社会发展主要指标（2017年）(一)

指　标	全国总计	民族自治地方		东部地区	
		绝对数	占全国比重(%)	绝对数	占全国比重(%)
自然资源					
土地面积(万平方公里)	960	613	63.9	92	9.5
人口					
总人口(年末)(万人)	139008	18943	13.6	53363	38.4
国民经济核算					
国内(地区)生产总值(亿元)	827122	72046	8.7	447835	54.1
第一产业	65468	10737	16.4	21131	32.3
第二产业	334623	28152	8.4	186286	55.7
第三产业	427032	33157	7.8	240418	56.3
人均国内(地区)生产总值(元)	59660	39622		83922	
固定资产投资					
全社会固定资产投资总额(亿元)	641238	75306	11.7	268911	41.9
财政					
地方一般公共预算收入(亿元)	91469	7262	7.9	52495	57.4
地方一般公共预算支出(亿元)	173228	25655	14.8	72869	42.1
对外贸易					
货物进出口总额(亿元)	278101	7099	2.6	229198	82.4
出口额(亿元)	153311	3924	2.6	125753	82.0
进口额(亿元)	124790	3181	2.5	103445	82.9
农业					
主要农产品产量(万吨)					
粮食	66161	10118	15.3	14964	22.6
棉花	565	457	80.8	50	8.9
油料	3475	576	16.6	692	19.9
工业					
主要工业产品产量					
原油(万吨)	19151	3001	15.7	7505	39.2
发电量(亿千瓦小时)	64951	15764	24.3	25069	38.6
粗钢(万吨)	83138	5659	6.8	45990	55.3
水泥(万吨)	233084	36507	15.7	80960	34.7
交通运输业					
铁路营业里程(万公里)	13	3.1	24.7	3.0	23.3
公路里程(万公里)	477	123.6	25.9	115.1	24.1
旅客周转量(亿人公里)	32813	2847	8.7	8632	26.3
货物周转量(亿吨公里)	197373	14664	7.4	105955	53.7
邮电通信业					
邮电业务总量(亿元)	37360	2382	6.4	20508	54.9
国内商业					
社会消费品零售总额(亿元)	366262	27230	7.4	187570	51.2
教育					
普通高等学校					
学校数(个)	2631	228	8.7	1012	38.5
招生数(万人)	762	69	9.1	286	37.6
在校学生数(万人)	2754	223	8.1	1054	38.3
毕业生数(万人)	736	55	7.4	286	38.9
卫生					
医疗卫生机构数(万个)	96	4.9	5.1	32.0	33.2
卫生技术人员(万人)	899	107.3	11.9	365.4	40.7
医疗卫生机构床位数(万张)	765	93.7	12.3	269.3	35.2
人民生活					
城镇居民人均可支配收入(元)	36396	30356		42990	
农村居民人均可支配收入(元)	13432	10544		16822	

2-3(一) 续表

指　　标	中部地区		西部地区		东北地区	
	绝对数	占全国比重(%)	绝对数	占全国比重(%)	绝对数	占全国比重(%)
自然资源						
土地面积(万平方公里)	103	10.7	687	71.5	79	8.2
人口						
总人口(年末)(万人)	36900	26.5	37695	27.1	10875	7.8
国民经济核算						
国内(地区)生产总值(亿元)	176487	21.3	168562	20.4	54256	6.6
第一产业	15803	24.1	19202	29.3	5963	9.1
第二产业	79938	23.9	69429	20.7	20259	6.1
第三产业	80745	18.9	79931	18.7	28035	6.6
人均国内(地区)生产总值(元)	47828		44718		49892	
固定资产投资						
全社会固定资产投资总额(亿元)	166139	25.9	169715	26.5	31253	4.9
财政						
地方一般公共预算收入(亿元)	16340	17.9	17787	19.4	4847	5.3
地方一般公共预算支出(亿元)	36958	21.3	50155	29.0	13246	7.6
对外贸易						
货物进出口总额(亿元)	18635	6.7	20982	7.5	9286	3.3
出口额(亿元)	11773	7.7	12092	7.9	3693	2.4
进口额(亿元)	6863	5.5	8890	7.1	5592	4.5
农业						
主要农产品产量(万吨)						
粮食	19388	29.3	14254	21.5	12915	19.5
棉花	53	9.4	462	81.7		
油料	1411	40.6	1148	33.0	224	6.5
工业						
主要工业产品产量						
原油(万吨)	338	1.8	6422	33.5	4885	25.5
发电量(亿千瓦小时)	13199	20.3	23137	35.6	3547	5.5
粗钢(万吨)	17464	21.0	11848	14.3	7836	9.4
水泥(万吨)	64366	27.6	78793	33.8	8965	3.8
交通运输业						
铁路营业里程(万公里)	2.8	22.2	5.2	40.9	1.7	13.5
公路里程(万公里)	128.5	26.9	194.4	40.7	39.3	8.2
旅客周转量(亿人公里)	7068	21.5	5782	17.6	1817	5.5
货物周转量(亿吨公里)	38706	19.6	29098	14.7	16050	8.1
邮电通信业						
邮电业务总量(亿元)	6590	17.6	7888	21.1	2221	5.9
国内商业						
社会消费品零售总额(亿元)	77475	21.2	68099	18.6	30762	8.4
教育						
普通高等学校						
学校数(个)	686	26.1	675	25.7	258	9.8
招生数(万人)	212	27.8	202	26.5	62	8.1
在校学生数(万人)	764	27.7	700	25.4	236	8.6
毕业生数(万人)	206	28.0	180	24.5	64	8.6
卫生						
医疗卫生机构数(万个)	26.5	27.5	30.4	31.6	7.5	7.7
卫生技术人员(万人)	217.9	24.2	245.7	27.3	68.9	7.7
医疗卫生机构床位数(万张)	203.8	26.6	224.5	29.4	67.2	8.8
人民生活						
城镇居民人均可支配收入(元)	31294		30987		30960	
农村居民人均可支配收入(元)	12806		10829		13116	

注：1.旅客周转量全国总计大于分地区之和的原因是有不分地区合计数，为民航完成数；

2.货物周转量全国总计大于分地区之和的原因是有不分地区合计数，不分地区合计数中包括铁路行包运量、民航、管道、中远集团海外公司和中海集团香港有限公司完成数。

3.2016年以后#医疗卫生机构统计范围为医院、基础卫生医疗机构数，基础卫生医疗机构数包括社区卫生服务中心(站)卫生院、门诊部、诊所、卫生所、医务室。

2-3 按区域分的国民经济和社会发展主要指标（2017年）(二)

指 标	全国总计	民族自治地方		牧区半牧区县	
		绝对数	占全国比重(%)	绝对数	占全国比重(%)
县级行政区域单位数(个)	**2851**	**711**	**24.9**	**269**	**9.4**
土地面积(万平方公里)	**960**	**613**	**63.9**	**417**	**43.4**
人口					
总人口(年末)(万人)	139008.0	18943.3	13.6	4736.4	3.4
国内(地区)生产总值(亿元)	**827121.7**	**72046.0**	**8.7**	**19199.5**	**2.3**
第一产业	65467.6	10736.6	16.4	3681.9	5.6
第二产业	334622.6	28152.5	8.4	8151.1	2.4
第三产业	427031.5	33157.0	7.8	7366.5	1.7
人均国内(地区)生产总值(元)	59660.0	39621.9		41538.3	
固定资产投资					
全社会固定资产投资总额(亿元)	641238.0	75305.8	11.7	16794.7	2.6
财政					
地方一般公共预算收入(亿元)	91469	7262.1	7.9	1127.0	1.2
地方一般公共预算支出(亿元)	173228	25654.7	14.8	5458.8	3.2
农业					
农林牧渔业总产值(亿元)	109331.7	18888.1	17.3	6044.8	5.5
粮食(万吨)	66160.7	10118.1	15.3	6574.6	9.9
肉类总产量(万吨)	8654.4	1696.9	19.6	673.4	7.8
工业					
规模以上工业企业资产总计(亿元)	1121910	93886.3	8.4	27025.6	2.4
教育					
普通中学					
学校数(个)	65434	9160.0	14.0	2050.0	3.5
在校学生数(万人)	6816.3	1030.9	15.1	189.4	2.8
专任教师数(万人)	532.3	76.3	14.3	17.6	3.3
普通小学					
学校数(个)	167009	33040.0	19.8	7375.0	4.4
在校学生数(万人)	10094	1538.6	15.2	300.3	4.4
专任教师数(万人)	594.5	91.0	15.3	22.3	3.8
卫生					
医疗卫生机构数(万个)	96.4	4.9	5.1	3.8	3.9
卫生技术人员(万人)	898.8	107.3	11.9	17.7	2.0
医疗卫生机构床位数(万张)	764.9	93.7	12.3	18.0	2.4
人民生活					
农村居民人均可支配收入(元)	13432.0	10544.2		11412.7	

2-3(二) 续表

指　　标	陆地边境县		青海等省藏区	
	绝对数	占全国比重(%)	绝对数	占全国比重(%)
县级行政区域单位数(个)	**139**	**4.9**	**74**	**2.6**
土地面积(万平方公里)	**194**	**20.2**	**102**	**10.6**
人口				
总人口(年末)(万人)	2372.7	1.7	553.6	0.4
国内(地区)生产总值(亿元)	**9138.3**	**1.1**	**2039.8**	**0.2**
第一产业	1926.8	2.9	296.8	0.5
第二产业	3417.8	1.0	866.6	0.3
第三产业	3811.7	0.9	876.4	0.2
人均国内(地区)生产总值(元)	38514.1		31101.1	
固定资产投资				
全社会固定资产投资总额(亿元)	8959.3	1.4	2693.8	0.4
财政				
地方一般公共预算收入(亿元)	597.5	0.7	241.1	0.3
地方一般公共预算支出(亿元)	3021.6	1.7	1576.3	0.9
农业				
农林牧渔业总产值(亿元)	2757.2	2.6	431.3	0.4
粮食(万吨)	2282.4	3.4	117.3	0.2
肉类总产量(万吨)	231.4	2.7	54.6	0.6
工业				
规模以上工业企业资产总计(亿元)	9891.2	0.9	5318.2	0.5
教育				
普通中学				
学校数(个)	1190.0	1.8	292.0	0.4
在校学生数(万人)	99.0	1.5	28.9	0.4
专任教师数(万人)	8.8	1.7	2.2	0.4
普通小学				
学校数(个)	5733.0	3.4	1553.0	0.9
在校学生数(万人)	156.2	1.5	46.7	0.5
专任教师数(万人)	11.3	1.9	3.5	0.6
卫生				
医疗卫生机构数(万个)	1.1	1.1	0.03	0.03
卫生技术人员(万人)	11.0	1.2	1.4	0.2
医疗卫生机构床位数(万张)	8.8	1.2	0.03	0.003
人民生活				
农村居民人均可支配收入(元)	11323.3		9555.1	

2–4 民族自治地方地区生产总值

年 份	地 区 生产总值 (亿元)	第一产业	第二产业	第三产业	地区生产总值构成 (%)	第一产业	第二产业	第三产业
1992	2182.62	822.51	750.34	609.77	100	37.7	34.4	27.9
1993	2762.41	938.13	1072.35	751.93	100	34.0	38.8	27.2
1994	3976.93	1294.45	1450.44	1232.04	100	32.5	36.5	31.0
1995	4901.14	1628.55	1746.52	1526.07	100	33.2	35.6	31.2
1996	5658.35	1876.61	2208.18	1753.56	100	33.2	35.8	31.0
1997	6333.26	2047.92	2320.2	1965.14	100	32.3	36.6	31.1
1998	6589.84	2055.62	2381.01	2153.21	100	31.2	36.1	32.7
1999	6886.17	2007.83	2528.18	2350.16	100	29.2	36.7	34.1
2000	7486.15	2022.30	2834.43	2629.41	100	27.0	37.8	35.2
2001	8179.19	2088.98	3085.54	3004.67	100	25.5	37.7	36.8
2002	9015.06	2200.28	3438.70	3376.08	100	24.4	38.1	37.5
2003	10381.02	2455.72	4163.54	3761.76	100	23.7	40.1	36.2
2004	12518.62	2919.70	5347.60	4251.32	100	23.3	42.7	34.0
2005	15705.93	3300.20	6419.02	5986.71	100	21.0	40.9	38.1
2006	18659.12	3622.87	8089.54	6946.71	100	19.4	43.4	37.2
2007	22852.78	4311.54	10265.37	8275.88	100	18.9	44.9	36.2
2008	27940.20	5002.01	13202.16	9736.03	100	17.9	47.3	34.8
2009	32015.43	5243.11	14643.71	12128.61	100	16.4	45.7	37.9
2010	38988.79	6198.21	18808.87	13981.72	100	15.9	48.2	35.9
2011	47915.67	7242.74	23885.14	16787.79	100	15.1	49.8	35.0
2012	54078.62	8145.70	26550.14	19382.77	100	15.1	49.1	35.8
2013	59265.87	8989.72	28568.63	21707.52	100	15.2	48.2	36.6
2014	64369.23	9572.90	29676.60	25120.21	100	14.9	46.1	39.0
2015	66553.23	9937.46	29297.62	27318.11	100	14.9	44.0	41.0
2016	70283.40	10501.86	29790.45	29991.10	100	14.9	42.4	42.7
2017	72046.04	10736.58	28152.47	33156.99	100	14.9	39.1	46.0

2–5 民族自治地方地区生产总值指数

(上年=100)

年 份	地区生产总值	第一产业	第二产业	第三产业
1993	111.7	104.7	121.8	113.8
1994	113.8	107.1	118.8	114.7
1995	109.4	106.3	112.4	109.3
1996	110.6	110.1	112.3	109.1
1997	110.7	108.4	112.7	110.6
1998	108.8	105.7	111.3	109.0
1999	107.3	102.5	109.5	109.4
2000	107.9	101.7	109.2	111.8
2001	108.3	103.1	109.2	111.4
2002	110.2	105.4	112.4	111.3
2003	111.9	105.9	117.2	110.2
2004	113.4	106.7	119.0	111.7
2005	114.9	107.3	121.7	112.4
2006	114.4	106.2	119.7	113.3
2007	115.4	105.4	120.2	114.8
2008	113.8	106.4	117.1	112.9
2009	114.0	105.0	117.9	113.3
2010	114.0	105.6	118.2	112.1
2011	113.5	105.7	117.1	112.3
2012	112.0	106.1	114.5	111.0
2013	110.5	104.4	112.3	109.6
2014	108.6	105.8	110.3	109.1
2015	108.3	104.7	108.0	110.1
2016	108.1	103.9	107.8	109.9
2017	107.2	104.9	105.6	109.4

2–6 民族自治地方分地区生产总值(2017年)

单位：亿元

地 区	地 区 生产总值	第一产业	第二产业	第三产业	工 业	建筑业
合 计	**72046.04**	**10736.58**	**28152.47**	**33156.99**	**20929.42**	**11752.81**
河 北	801.99	144.08	344.01	313.90	293.29	50.73
内蒙古	16096.21	1649.77	6399.68	8046.76	5109.00	1291.45
辽 宁	775.80	216.56	203.00	356.23	166.83	45.98
吉 林	1486.59	198.84	607.38	680.37	560.32	52.06
黑龙江	106.51	33.32	44.78	28.40	44.41	0.53
浙 江	54.37	7.21	15.86	31.31	8.55	7.30
湖 北	1002.06	223.87	345.20	432.99	309.05	65.76
湖 南	1104.17	191.12	359.68	553.36	307.84	69.13
广 东	159.50	22.57	59.23	77.71	48.48	10.74
广 西	18523.26	2878.30	7450.85	8194.11	5822.93	1635.69
海 南	524.96	202.81	114.90	207.25	53.33	61.60
重 庆	606.00	102.27	279.36	224.37	189.97	89.38
四 川	2167.74	427.98	918.23	821.54	584.98	333.78
贵 州	4244.00	883.43	1246.64	2113.92	937.55	395.04
云 南	6833.66	1350.62	2556.50	2926.54	1743.48	882.59
西 藏	1310.92	122.72	513.65	674.55	102.16	411.49
甘 肃	487.53	90.42	92.05	305.05	60.09	33.49
青 海	1435.26	188.22	690.02	557.02	236.69	312.97
宁 夏	3443.56	250.62	1580.57	1612.37	1096.30	4843.60
新 疆	10881.96	1551.84	4330.89	4999.23	3254.18	1159.51

2-7 民族自治地方分地区生产总值指数和人均地区生产总值(2017年)

地区	地区生产总值(以2016年为100)	第一产业	第二产业	第三产业	人均地区生产总值(元)
合计	**107.2**	**104.9**	**105.6**	**109.4**	**39622**
河北	107.4	104.9	105.2	111.3	41919
内蒙古	104.0	103.3	101.5	106.2	63764
辽宁	103.6	103.7	104.4	102.8	25015
吉林	103.0	103.4	100.6	105.2	46227
黑龙江	110.1	117.6	107.3	107.8	44503
浙江	107.1	103.5	108.8	107.2	50205
湖北	105.7	104.1	103.7	108.1	25472
湖南	107.7	104.0	106.1	110.1	23151
广东	100.0	100.0	100.0	100.0	37049
广西	107.1	104.2	105.5	109.6	38102
海南	107.2	105.0	108.1	109.0	34025
重庆	107.1	104.8	107.6	107.6	31736
四川	105.7	103.8	106.5	105.8	28927
贵州	110.6	109.4	114.0	119.8	30540
云南	110.4	106.2	112.0	114.6	28463
西藏	110.0	104.1	111.7	109.9	39267
甘肃	98.5	105.1	86.4	103.5	14855
青海	107.9	111.4	102.4	110.4	37826
宁夏	107.8	104.4	107.0	109.2	50765
新疆	107.6	104.8	106.4	109.5	44941

2–8 民族自治地方分地区生产总值构成(2017年)

单位：%

地　区	地区生产总值	第一产业	第二产业	第三产业	工　业	建筑业
合　计	**100**	**14.9**	**39.1**	**46.0**	**29.1**	**16.3**
河　北	100	18.0	42.9	39.1	36.6	6.3
内蒙古	100	10.2	39.8	50.0	31.7	8.0
辽　宁	100	27.9	26.2	45.9	21.5	5.9
吉　林	100	13.4	40.9	45.8	37.7	3.5
黑龙江	100	31.3	42.0	26.7	41.7	0.5
浙　江	100	13.3	29.2	57.6	15.7	13.4
湖　北	100	22.3	34.4	43.2	30.8	6.6
湖　南	100	17.3	32.6	50.1	27.9	6.3
广　东	100	14.1	37.1	48.7	30.4	6.7
广　西	100	15.5	40.2	44.2	31.4	8.8
海　南	100	38.6	21.9	39.5	10.2	11.7
重　庆	100	16.9	46.1	37.0	31.3	14.7
四　川	100	19.7	42.4	37.9	27.0	15.4
贵　州	100	20.8	29.4	49.8	22.1	9.3
云　南	100	19.8	37.4	42.8	25.5	12.9
西　藏	100	9.4	39.2	51.5	7.8	31.4
甘　肃	100	18.5	18.9	62.6	12.3	6.9
青　海	100	13.1	48.1	38.8	16.5	21.8
宁　夏	100	7.3	45.9	46.8	31.8	140.7
新　疆	100	14.3	39.8	45.9	29.9	10.7

2-9 全国民族自治区、自治州、自治县(旗)基本情况(2017年)(一)

地　区	年末总人口(万人)	#少数民族	少数民族占总人口(%)	地区生产总值(亿元)	第一产业(亿元)	第二产业(亿元)	第三产业(亿元)
5个自治区合计	**10877.21**	**4953.30**	**45.54**	**50255.91**	**6453.25**	**20275.64**	**23527.02**
内蒙古自治区	2528.61	556.39	22.00	16096.21	1649.77	6399.68	8046.76
广西壮族自治区	4885.00	2179.48	44.62	18523.26	2878.30	7450.85	8194.11
西藏自治区	337.15	309.60	91.83	1310.92	122.72	513.65	674.55
宁夏回族自治区	681.79	253.34	37.16	3443.56	250.62	1580.57	1612.37
新疆维吾尔自治区	2444.67	1654.48	67.68	10881.96	1551.84	4330.89	4999.23
30个自治州合计	**5985.88**	**3602.39**	**60.18**	**18721.23**	**3496.09**	**7066.64**	**6985.11**
吉林省							
延边朝鲜族自治州	210.14	84.22	40.08	927.58	69.19	424.90	433.50
湖北省							
恩施土家族苗族自治州	401.36	219.42	54.67	801.23	160.14	286.01	355.08
湖南省							
湘西土家族苗族自治州	263.82	241.55	91.56	582.64	83.79	179.42	319.43
四川省							
阿坝藏族羌族自治州	91.52	73.78	80.61	295.16	46.44	141.34	107.38
凉山彝族自治州	521.29	293.61	56.32	1480.91	296.52	621.88	562.51
甘孜藏族自治州	110.11	95.65	86.86	261.50	61.29	103.82	96.39
贵州省							
黔东南苗族侗族自治州	475.99	386.14	81.12	972.18	195.87	224.11	552.20
黔南布依族苗族自治州	419.89	249.07	59.32	1160.59	202.30	412.91	545.38
黔西南布依族苗族自治州	360.61	153.26	42.50	1067.60	204.08	340.68	522.84
云南省							
西双版纳傣族自治州	100.02	77.87	77.85	393.84	96.80	106.63	190.41
文山壮族苗族自治州	363.60	210.89	58.00	809.11	163.03	291.67	354.40
红河哈尼族彝族自治州	462.66	282.20	60.99	1478.57	225.03	687.94	565.61
德宏傣族景颇族自治州	130.90	62.52	47.76	356.97	81.87	89.19	185.91
怒江傈僳族自治州	55.11	51.74	93.90	141.50	20.86	43.25	77.39
迪庆藏族自治州	36.69	32.65	88.99	198.65	12.01	75.99	110.66
大理白族自治州	361.88	188.75	52.16	1066.51	214.95	409.60	441.96
楚雄彝族自治州	264.53	95.63	36.15	937.37	171.02	366.11	400.24

地区生产总值增长速度（%）	人均地区生产总值（元）	地方一般公共预算收入（亿元）	地方一般公共预算支出（亿元）	农村居民人均可支配收入（元）	规模以上工业企业数（个）	规模以上工业企业资产总计（亿元）	农林牧渔业总产值（亿元）	农业机械总动力（万千瓦特）
6.31	**46434.51**	**5388.28**	**17130.44**	**11414**	**12818**	**69151.69**	**11587.39**	**11150.17**
4.00	63764	1703.21	4529.93	12584	2801	20365.22	2822.45	3483.55
7.10	38102	1615.13	4908.55	11325	5723	17531.99	4742.76	3604.30
10.00	39267	185.83	1681.94	10330	116	1393.75	178.16	780.40
7.80	50765	417.59	1372.78	10738	1223	9495.50	517.42	605.40
7.60	44941	1466.52	4637.24	11045	2955	20365.22	3326.60	2676.53
7.98	**31101.07**	**1809.21**	**7436.08**	**9854**	**5918**	**24707.21**	**5288.78**	**5227.41**
3.30	43943	69.51	369.86	10401	507	1011.57	125.03	233.66
6.20	23892	74.93	340.25	9588	399	426.04	275.19	271.00
7.60	22094	107.64	298.69	8273	279	303.27	140.72	187.40
4.00	31487	26.81	236.25	11751	115	612.02	72.48	77.45
5.30	30669	134.55	479.87	11415	309	3020.66	513.02	351.79
9.10	22097	27.37	343.33	10444	53	1081.35	82.84	100.80
5.20	27654	86.56	401.56	8388	283	446.66	328.25	297.40
12.10	34581	119.00	378.35	9746	849	1333.37	341.56	317.00
12.50	37471	114.38	331.08	8596	450	878.62	340.27	284.66
8.70	33490	28.46	117.77	12043	83	314.17	169.59	122.66
10.00	22299	56.88	321.57	9184	178	607.81	278.05	251.80
10.80	31479	141.28	402.79	10356	345	1739.45	382.73	349.77
10.70	27427	33.77	150.92	9464	104	362.65	132.28	151.97
10.90	25940	9.93	89.67	5871	18	125.50	33.70	29.00
11.00	48334	10.17	139.94	7776	24	269.00	21.26	55.45
9.70	29846	87.01	338.18	10525	294	1275.47	407.92	306.10
10.80	34192	80.26	248.69	10044	333	1057.88	305.62	311.04

2-9(一) 续表 1

地 区	年末总人口（万人）	#少数民族	少数民族占总人口（%）	地区生产总值（亿元）	第一产业（亿元）	第二产业（亿元）	第三产业（亿元）
甘肃省							
临夏回族自治州	235.24	153.61	65.30	238.45	38.89	43.02	156.54
甘南藏族自治州	74.23	47.16	63.54	136.59	30.35	19.47	86.77
青海省							
海北藏族自治州	29.68	20.12	67.80	82.81	19.81	23.83	39.18
黄南藏族自治州	27.42	25.73	93.84	79.01	20.35	26.64	32.02
海南藏族自治州	47.24	36.61	77.50	145.82	34.62	66.10	45.10
果洛藏族自治州	20.57	19.20	93.33	31.29	0.66	12.28	18.34
玉树藏族自治州	40.96	40.45	98.76	64.38	27.85	22.71	13.82
海西蒙古族藏族自治州	40.57	13.28	32.74	673.24	29.46	349.66	294.13
新疆维吾尔自治区							
昌吉回族自治州	140.61	39.04	27.77	1220.13	242.21	577.44	110.32
巴音郭楞蒙古自治州	127.93	57.87	45.24	951.51	187.06	478.18	103.48
克孜勒苏柯尔克孜自治州	62.06	57.92	93.33	112.12	15.75	39.63	18.53
博尔塔拉蒙古自治州	47.54	17.48	36.77	311.17	61.32	93.85	42.37
伊犁哈萨克自治州	461.71	274.97	59.55	1742.78	482.56	508.40	203.23
120个自治县(旗)合计	**3271.32**	**2122.78**	**64.89**	**9253.66**	**2123.57**	**2876.57**	**3615.19**
河北省							
大厂回族自治县	13.26	3.09	23.29	103.54	6.62	33.01	63.91
孟村回族自治县	23.22	6.05	26.05	96.59	7.26	59.79	29.54
青龙满族自治县	50.48	37.66	74.60	110.00	38.70	16.94	54.35
丰宁满族自治县	36.46	29.32	80.41	114.87	28.33	44.06	42.48
围场满族蒙古族自治县	53.40	35.38	66.27	125.09	45.13	33.51	46.45
宽城满族自治县	26.05	19.60	75.25	251.91	18.03	156.70	77.17
内蒙古自治区							
鄂伦春自治旗	25.21	3.15	12.48	62.40	22.51	4.08	35.81
莫力达瓦达斡尔族自治旗	32.03	7.01	21.90	107.00	44.94	25.68	36.38
鄂温克族自治旗	13.87	5.91	42.62	100.55	7.21	64.65	28.68
辽宁省							
阜新蒙古族自治县	71.00	15.11	21.29	128.09	51.23	21.38	55.47
喀喇沁左翼蒙古族自治县	41.98	9.69	23.08	91.75	31.21	19.74	40.80
岫岩满族自治县	50.80	45.70	89.96	114.72	24.86	34.66	55.20

地区生产总值增长速度（%）	人均地区生产总值（元）	地方一般公共预算收入（亿元）	地方一般公共预算支出（亿元）	农村居民人均可支配收入（元）	规模以上工业企业数（个）	规模以上工业企业资产总计（亿元）	农林牧渔业总产值（亿元）	农业机械总动力（万千瓦特）
3.70	11734	16.89	203.43	6203	36	173.74	64.54	83.34
0.30	19152	8.55	243.35	6998	34	142.55	38.86	37.35
-20.30	29391	4.78	86.09	11714	25	82.12	28.80	48.48
3.30	28953	3.51	73.49	8164	9	40.67	25.85	17.88
-1.40	31002	11.33	96.78	10426	37	279.60	50.14	52.03
-2.60	18459	2.50	71.79	6625	3	10.44	8.06	48.40
1.00	15798	3.30	99.01	6839			31.98	
9.50	102391	134.19	125.83	12607	142	2492.02	46.20	42.73
7.00	76097	133.96	264.67	17316	334	2719.68	299.13	245.50
7.00	74377	80.66	244.86	16337	169	1792.00	12.95	286.13
8.20	18329	12.64	143.35	6524	31	182.04	34.02	48.40
10.00	65307	21.63	106.41	14066	97	167.03	78.48	77.60
8.00	36893	166.77	688.23	12779	378	1759.82	619.30	540.62
7.91	**34273**	**557.33**	**3158.52**	**11883**	**2906**	**7778.64**	**3610.64**	**3082.83**
9.80	79221	24.42	34.93	15417	64	91.04	11.97	15.40
6.60	41592	3.49	14.13	10781	102	73.89	14.49	25.46
6.40	21888	3.78	25.81	9538	17	58.31	62.92	12.37
7.00	31513	6.15	35.37	7164	32	176.53	47.96	47.30
8.00	29247	5.42	36.79	7966	40	202.51	73.34	66.50
7.20	98591	8.01	19.91	11558	39	404.30	31.10	9.24
3.90	24630	1.80	29.02	8763	4	17.56	36.34	64.00
6.00	25284	2.65	32.75	9424	3	6.56	73.42	115.00
5.00	72316	6.47	20.80	20581	12	266.46		20.22
3.40	20000	6.12	42.12	13791	53	114.05	126.05	134.20
4.60	26987	3.98	27.58	11849	38	55.74	60.49	21.50
4.40	22600	7.40	26.92	14238	48	78.78	40.79	27.70

2–9(一)　续表 2

地　　区	年　末 总人口 （万人）	#少数民族	少数民族 占总人口 （%）	地　　区 生产总值 （亿元）	第一产业 （亿元）	第二产业 （亿元）	第三产业 （亿元）
新宾满族自治县	29.25	24.18	82.65	51.26	16.81	10.96	23.48
清原满族自治县	32.29	20.99	65.00	56.14	17.39	11.53	27.22
本溪满族自治县	28.24	18.91	66.97	130.82	23.87	43.25	63.69
桓仁满族自治县	29.15	16.24	55.70	120.25	28.27	40.52	51.46
宽甸满族自治县	41.96	23.69	56.46	82.77	22.92	20.95	38.90
吉林省							
长白朝鲜族自治县	7.90	1.43	18.05	44.81	5.52	19.93	19.36
前郭尔罗斯蒙古族自治县	57.31	7.70	13.43	349.01	71.78	113.83	163.41
伊通满族自治县	44.96	17.31	38.50	165.18	52.35	48.73	64.10
黑龙江省							
杜尔伯特蒙古族自治县	25.14	5.13	20.40	106.51	33.32	44.78	28.40
浙江省							
景宁畲族自治县	17.15	2.00	11.68	54.37	7.21	15.86	31.31
湖北省							
长阳土家族自治县	39.25	25.51	65.00	135.34	41.32	38.65	55.37
五峰土家族自治县	19.84	16.66	84.00	65.49	22.41	20.54	22.54
湖南省							
城步苗族自治县	27.29	16.95	62.10	39.71	10.47	13.50	15.74
通道侗族自治县	23.95	21.13	88.20	41.70	8.05	12.69	20.96
江华瑶族自治县	53.48	38.91	72.75	113.86	23.99	32.57	57.30
新晃侗族自治县	25.90	22.63	87.37	57.70	7.77	26.55	23.39
芷江侗族自治县	37.84	24.22	64.00	107.62	24.01	42.85	40.75
靖州苗族侗族自治县	27.51	20.57	74.75	82.96	15.48	28.40	39.07
麻阳苗族自治县	39.76	37.80	95.07	77.97	17.57	23.70	36.71
广东省							
连南瑶族自治县	17.51	9.90	56.51	43.03	6.64	9.99	26.40
连山壮族瑶族自治县	12.34	7.68	62.27	31.89	7.69	8.52	15.68
乳源瑶族自治县	22.66	2.65	11.69	84.59	8.25	40.72	35.63
广西壮族自治区							
都安瑶族自治县	72.06	69.57	96.55	48.74	13.45	8.65	26.63
融水苗族自治县	51.97	39.38	75.77	98.57	16.09	44.06	38.42

地区生产总值增长速度（%）	人均地区生产总值（元）	地方一般公共预算收入（亿元）	地方一般公共预算支出（亿元）	农村居民人均可支配收入（元）	规模以上工业企业数（个）	规模以上工业企业资产总计（亿元）	农林牧渔业总产值（亿元）	农业机械总动力（万千瓦特）
2.60	17259	3.87	20.59	12532	23	26.30	35.50	30.10
2.80	17388	5.37	20.91	12805	26	36.77	36.74	24.00
5.30	46322	7.08	17.26	14505	26	84.72	47.00	17.54
3.10	41247	5.27	19.97	14554	23	42.36	52.90	15.72
1.30	19729	5.47	25.89	13936	32	61.46	38.34	30.03
6.20	56380	2.81	23.15	10115	29	18.36	9.58	3.18
1.80	60899	10.75	51.47	12079	137	137.97	140.12	172.50
3.00	36512	6.03	38.59	11648	52	39.39	85.05	48.27
10.10	44503	3.40	27.18	12356	32	80.81	65.04	79.70
7.10	50205	7.01	36.74	16503	17	15.17	11.31	8.89
3.70	34882	7.13	34.30	9687	60	62.22	69.77	23.50
3.40	34037	3.26	25.98	9498	47	28.34	39.89	16.19
7.80	14708	3.05	24.90	7160	28	33.42	18.67	20.11
8.70	19784	2.26	24.78	6887	30	6.87	14.22	26.10
8.80	26098	7.13	35.48	9589	7	74.99	44.29	43.46
7.40	22825	2.94	23.22	7663	34	18.49	15.89	16.10
6.10	30743	4.25	25.40	8086	45	24.29	36.42	61.20
8.60	31956	2.67	22.68	8769	35	12.80	26.57	42.50
7.60	22101	2.90	28.26	7650	30	12.78	27.40	23.85
4.00	32001	1.25	16.26	12049	13	10.04	10.10	2.62
0.20	33813	1.00	10.22	12005	2	2.50	12.74	4.90
9.20	45332	5.63	26.87	13000	64	147.49	13.33	9.30
8.60	9067	2.59	44.75	7237	19	23.65	22.84	43.61
11.70	23568	4.67	35.17	11413	37	33.80	27.83	27.31

2-9(一) 续表 3

地　区	年末总人口（万人）	#少数民族	少数民族占总人口（%）	地区生产总值（亿元）	第一产业（亿元）	第二产业（亿元）	第三产业（亿元）
三江侗族自治县	40.26	34.84	86.54	51.83	18.42	9.94	23.46
龙胜各族自治县	17.25	14.08	81.65	66.63	12.09	34.93	19.61
金秀瑶族自治县	15.69	12.55	80.00	32.23	9.01	6.55	16.67
隆林各族自治县	43.00	33.62	78.17	54.02	11.27	20.78	21.97
巴马瑶族自治县	29.42	25.26	85.84	42.96	10.63	12.11	20.22
罗城仫佬族自治县	38.74	29.51	76.17	46.46	16.48	8.68	21.30
富川瑶族自治县	33.75	19.91	59.00	70.29	25.69	22.19	22.42
大化瑶族自治县	47.90	44.91	93.76	56.28	9.36	23.93	23.00
环江毛南族自治县	37.69	35.45	94.06	51.53	18.62	10.57	22.35
恭城瑶族自治县	30.36	19.39	63.89	81.90	27.07	29.19	25.64
海南省							
白沙黎族自治县	19.50	12.85	65.87	47.14	21.33	5.17	20.64
昌江黎族自治县	25.45	10.53	41.36	114.64	30.27	50.55	33.81
乐东黎族自治县	53.74	20.81	38.72	121.02	69.57	17.06	34.40
陵水黎族自治县	38.13	21.79	57.14	149.40	44.46	29.14	75.79
琼中黎族苗族自治县	21.62	13.64	63.09	47.67	20.00	7.02	20.65
保亭黎族苗族自治县	16.78	11.65	69.43	45.09	17.18	5.96	21.95
重庆市							
石柱土家族自治县	54.77	43.44	79.30	162.28	25.04	82.93	54.31
秀山土家族苗族自治县	66.58	39.04	58.64	162.58	21.91	77.81	62.86
酉阳土家族苗族自治县	85.26	77.33	90.70	140.33	28.67	60.05	51.61
彭水苗族土家族自治县	70.02	44.81	64.00	140.81	26.64	58.57	55.59
四川省							
北川羌族自治县	23.53	9.06	38.52	50.19	10.80	16.76	22.62
木里藏族自治县	13.91	11.41	82.01	30.07	5.99	13.81	10.27
马边彝族自治县	22.04	11.09	50.31	37.59	8.33	14.11	15.16
峨边彝族自治县	14.75	6.05	41.01	42.38	4.58	20.32	17.48
贵州省							
松桃苗族自治县	72.65	49.48	68.10	127.46	28.25	42.40	56.81
镇宁布依族苗族自治县	40.72	26.14	64.19	101.52	18.47	25.73	57.32
紫云苗族布依族自治县	39.96	25.80	64.57	64.41	21.67	9.98	32.76

地　　区 生产总值 增长速度 (%)	人均地区 生产总值 （元）	地方一般 公共预算 收入 （亿元）	地方一般 公共预算 支出 （亿元）	农村居民 人均 可支配收入 （元）	规模以上 工　业 企业数 （个）	规模以上 工业企业 资产总计 （亿元）	农林牧渔 业总产值 （亿元）	农业机械 总动力 （万千瓦特）
9.30	16719	2.21	26.24	11125	8	9.09	29.75	20.75
6.40	39912	2.36	19.70	10572	24	97.57	19.11	28.40
10.10	24716	0.92	16.38	9280	14	10.95	14.64	11.07
5.50	15110	6.33	9.65	8401	9	37.36	18.90	30.20
12.10	18437	1.69	24.53	7376	13	10.47	17.08	14.72
4.50	14960	1.87	29.36	7262	16	26.91	28.61	23.12
4.50	26059	3.89	26.75	10079	20	112.37	40.91	18.93
2.60	14803	6.29	32.29	7426	6	24.61	16.37	20.58
5.80	18316	2.38	28.41	8861	23	36.01	31.78	33.64
5.30	31682	4.02	21.16	11880	23	39.74	41.65	57.27
6.20	27399	1.62	31.56	10739	4	3.98	33.06	13.06
8.30	49563	11.61	31.68	12650	9	399.17	46.54	17.95
6.00	25356	8.06	47.17	12175	3	39.43	106.58	73.30
8.30	44999	45.74	71.57	12185	1	9.16	69.42	27.00
6.30	26737	2.82	35.47	10840	7	1.76	33.00	29.50
6.00	29683	4.91	21.79	10792	2	2.84	25.66	6.77
9.00	42564	13.37	50.64	11752	51	130.77	39.41	33.07
7.20	33633	12.60	49.05	10189	65	102.46	34.80	35.20
6.00	25499	12.06	60.81	8852	29	110.08	45.27	41.50
6.00	28475	14.04	55.03	10196	39	149.93	41.90	40.10
9.10	22618	4.51	22.81	11814	39	60.20	18.67	8.91
2.20	21931	5.91	22.70	8908	5	268.18	11.01	10.10
4.20	20040	3.70	22.02	10344	21	95.05	8.65	6.00
7.90	31465	3.01	18.09	10120	29	98.82	7.57	11.00
12.00	25867	6.22	37.85	8068	69	65.49	48.79	47.58
14.30	35459	5.48	29.75	8013	26	44.76	30.89	31.47
9.90	23593	4.67	27.93	7989	14	12.08	37.22	24.20

2-9(一) 续表 4

地　区	年末总人口（万人）	#少数民族	少数民族占总人口（%）	地区生产总值（亿元）	第一产业（亿元）	第二产业（亿元）	第三产业（亿元）
威宁彝族回族苗族自治县	153.39	35.64	23.23	250.73	81.61	63.00	106.12
关岭布依族苗族自治县	40.42	25.79	63.80	88.04	21.30	18.91	47.83
三都水族自治县	37.28	36.31	97.40	67.29	19.14	10.68	37.47
玉屏侗族自治县	15.93	13.54	85.00	78.63	9.60	42.72	26.31
道真仡佬族苗族自治县	35.09	25.88	73.77	65.16	22.23	13.28	29.65
务川仡佬族苗族自治县	47.58	42.20	88.70	69.07	22.85	15.39	30.83
印江土家族苗族自治县	45.12	34.29	76.00	95.37	26.54	17.78	51.05
沿河土家族自治县	45.32	31.73	70.00	103.23	28.66	19.75	54.82
云南省							
峨山彝族自治县	15.56	10.64	68.37	78.17	11.86	30.14	36.16
石林彝族自治县	25.25	9.12	36.12	85.96	20.33	23.05	42.58
沧源佤族自治县	18.85	15.96	84.66	41.91	9.98	14.39	17.54
耿马傣族佤族自治县	29.49	16.33	55.38	89.93	30.54	28.20	31.18
玉龙纳西族自治县	22.25	19.13	85.97	58.61	11.51	25.51	21.59
宁蒗彝族自治县	27.91	23.36	83.73	36.29	8.29	13.62	14.39
江城哈尼族彝族自治县	12.78	10.30	80.60	28.29	9.18	10.28	8.83
澜沧拉祜族自治县	50.09	40.00	79.86	72.50	20.53	28.22	23.75
孟连傣族拉祜族佤族自治县	14.20	11.22	79.02	28.77	10.73	5.98	12.06
西盟佤族自治县	9.56	8.95	93.66	13.57	3.04	3.01	7.53
河口瑶族自治县	9.28	6.42	69.20	51.42	10.16	11.68	29.57
屏边苗族自治县	16.00	10.90	68.09	32.31	6.98	12.85	12.48
贡山独龙族怒族自治县	3.54	3.41	96.42	12.64	2.52	2.80	7.32
巍山彝族回族自治县	32.16	14.79	46.00	57.53	18.05	17.91	21.56
南涧彝族自治县	22.77	12.27	53.90	52.46	13.29	16.74	22.43
寻甸回族彝族自治县	56.94	13.51	23.72	89.89	23.62	26.35	39.92
元江哈尼族彝族傣族自治县	21.02	17.20	81.85	81.55	19.80	17.59	44.17
新平彝族傣族自治县	27.83	20.43	73.39	139.68	20.30	53.92	65.45
墨江哈尼族自治县	37.17	28.81	77.51	62.29	15.62	20.28	26.38
双江拉祜族佤族布朗族傣族自治县	18.46	8.68	47.00	42.48	10.92	14.70	16.87
兰坪白族普米族自治县	21.68	20.59	94.96	59.23	7.87	22.46	28.90
维西傈僳族自治县	15.65	13.69	87.51	46.91	5.80	17.80	23.31

地区生产总值增长速度(%)	人均地区生产总值(元)	地方一般公共预算收入(亿元)	地方一般公共预算支出(亿元)	农村居民人均可支配收入(元)	规模以上工业企业数(个)	规模以上工业企业资产总计(亿元)	农林牧渔业总产值(亿元)	农业机械总动力(万千瓦特)
12.90	19506	11.20	71.47	8423	95	184.90	135.27	2.50
11.00	21785	5.52	24.99	7992	24	55.00	35.19	29.50
12.40	24942	3.55	25.98	9151	36	9.92	30.16	20.00
11.70	63131	5.03	23.84	10534	103	224.53	16.54	13.00
16.00	26378	4.49	25.07	9178	31	20.84	36.37	26.09
11.90	21400	5.14	31.35	9124	31	25.36	38.74	24.00
12.10	33288	2.79	39.91	8058	54	21.81	44.20	38.00
12.20	22783	4.73	47.70	8616	30	31.76	47.64	34.60
12.60	45980	4.33	15.52	11937	24	43.76	18.61	44.61
8.50	32864	6.17	20.35	13588	42	69.20	38.57	30.71
11.50	22268	2.77	21.07	9498	9	26.61	18.74	9.23
10.70	29169	3.79	26.46	10249	20	37.78	48.78	35.93
9.30	26416	5.58	27.87	10181	9	60.72	23.18	20.00
9.00	13532	2.42	28.64	6723	10	71.64	14.09	8.40
7.50	22214	1.81	15.46	9080		48.48	15.71	18.13
11.30	14479	5.47	45.10	8873	15	335.52	34.20	37.58
10.00	20400	1.67	17.56	9040	6	7.45	19.71	17.21
10.50	14198	0.78	13.62	8900	4	5.75	5.41	14.49
21.50	47264	3.00	16.39	11335	7	1.59	15.14	4.50
11.10	21039	1.57	14.66	7842	15	14.92	11.67	5.26
11.30	32660	0.75	11.96	5698	2	16.95	3.54	4.21
9.80	18315	3.42	21.50	9221	21	21.33	31.00	21.87
9.70	23049	3.00	20.36	8448	19	99.92	24.28	10.50
7.00	19079	6.80	36.42	8299	42	116.63	42.37	37.80
13.50	38805	4.88	18.89	11706	25	43.77	33.34	17.03
12.50	47835	12.67	27.88	12259	32	188.56	38.63	38.39
10.50	16880	3.59	26.74	9295	16	128.09	28.38	28.28
10.00	23037	3.05	19.97	9793	15	18.92	18.52	22.00
12.10	27246	4.00	25.47	5934	2	43.18	13.01	10.62
10.30	28550	1.02	28.69	7674	5	18.34	10.34	19.73

2-9(一)　续表 5

地　　区	年　末总人口（万人）	#少数民族	少数民族占总人口（%）	地　区生产总值（亿元）	第一产业（亿元）	第二产业（亿元）	第三产业（亿元）
景东彝族自治县	36.59	18.69	51.07	68.84	25.19	20.55	23.11
景谷傣族彝族自治县	31.36	15.16	48.35	100.30	29.58	39.50	31.23
宁洱哈尼族彝族自治县	19.26	10.87	56.47	52.80	11.61	20.22	20.98
漾濞彝族自治县	10.59	7.16	67.61	22.72	6.12	8.48	8.12
禄劝彝族苗族自治县	48.73	15.93	32.70	91.19	23.61	23.95	43.63
金平苗族瑶族傣族自治县	39.05	34.28	87.78	53.25	11.92	26.35	14.98
镇沅彝族哈尼族拉祜族自治县	21.35	12.14	56.87	51.13	19.75	15.78	15.60
甘肃省							
张家川回族自治县	34.18	23.70	69.35	27.84	6.64	2.94	18.26
天祝藏族自治县	20.65	8.56	41.45	41.25	7.94	11.00	22.31
肃南裕固族自治县	3.88	2.22	57.12	21.01	5.37	6.70	8.94
肃北蒙古族自治县	1.21	0.51	41.62	13.75	0.55	6.09	7.11
阿克塞哈萨克族自治县	0.92	0.36	38.56	8.63	0.69	2.83	5.11
东乡族自治县	30.94	27.95	90.32	18.74	4.81	3.01	10.92
积石山保安族东乡族撒拉族自治县	26.68	14.40	53.96	15.35	3.56	0.82	10.98
青海省							
互助土族自治县	40.07	11.14	27.80	100.70	18.39	48.95	33.37
化隆回族自治县	30.47	25.60	84.01	44.90	6.41	23.35	15.14
循化撒拉族自治县	13.75	12.87	93.60	31.72	4.63	13.67	13.43
河南蒙古族自治县	4.01	3.92	97.76	14.90	6.56	4.48	3.87
门源回族自治县	16.23	10.48	64.59	32.40	8.01	9.54	14.84
大通回族土族自治县	46.67	24.22	51.89	93.65	15.46	53.68	24.51
民和回族土族自治县	43.61	26.68	61.18	87.74	10.58	49.17	27.99
新疆维吾尔自治区							
巴里坤哈萨克自治县	10.64	4.11	38.64	57.68	10.71	30.25	9.99
塔什库尔干塔吉克自治县	4.08	3.82	93.42	13.05	1.58	6.53	4.94
木垒哈萨克自治县	8.82	3.40	38.50	27.81	10.69	5.93	3.59
焉耆回族自治县	15.97	9.00	56.39	68.07	16.40	16.17	7.62
察布查尔锡伯自治县	19.52	13.18	67.52	52.49	24.93	11.78	17.35
和布克赛尔蒙古自治县	5.35	3.46	64.68	27.73	4.75	14.77	6.82

地　区生产总值增长速度(%)	人均地区生产总值（元）	地方一般公共预算收入（亿元）	地方一般公共预算支出（亿元）	农村居民人均可支配收入（元）	规模以上工　业企业数（个）	规模以上工业企业资产总计（亿元）	农林牧渔业总产值（亿元）	农业机械总动力（万千瓦特）
9.00	18640	4.73	26.48	9776	11	21.68	42.32	34.00
9.20	33535	5.84	26.98	10042	34	216.25	49.56	28.00
10.60	27303	3.60	19.65	9953	17	45.15	19.53	26.22
10.20	21448	1.48	13.85	9937	19	11.34	11.03	10.08
9.10	22021	6.12	33.59	8046	26	9.47	43.98	42.10
11.50	14230	2.41	26.65	7826	15	35.92	19.96	16.32
11.00	24025	3.86	22.72	9964	12	36.69	33.53	28.10
2.00	9321	0.94	23.80	6354	10	16.72	10.95	15.70
-15.60	23253	2.68	37.68	6932	45	40.29	13.81	0.05
-19.90	60641	2.37	17.32	15672	27	76.65	8.27	7.28
-12.89	89900	1.55	8.06	23297	22	100.50	1.08	3.19
-20.50	81800	0.71	5.29	24870	9	20.43	0.02	
4.00	6211	0.81	29.29	4908	3	6.73	8.00	10.60
3.70	5755	2.19	23.81	5239			8.09	36.43
105.40	26878	3.31	36.65	9029	20	98.86	18.94	47.00
7.40	21090	1.15	27.04	8992	9	12.28	11.01	20.01
10.20	24068	0.95	30.80	9733	14	50.40	7.04	6.44
5.10	35474	0.39	12.93	9837	4		8.80	
-17.60	20017	1.10	26.35	10525	15		12.20	
3.90	20882	4.70	42.33	10304	38	339.68	30.83	47.28
8.00	23909	2.35	36.84	9791	18	184.79	18.57	51.40
13.00	54100	3.78	20.29	12744	23	192.26	16.09	14.47
4.10	30431	1.60	37.38	6943	1	6.08	2.78	3.00
7.50	31521	4.44	17.96	14394	7	27.01	19.04	18.40
7.70	51242	3.57	18.62	17107	12	22.75	24.12	30.71
8.40	26891	2.67	25.39	12364	12		33.10	26.60
6.50	52301	7.92	15.15	12686	10	89.65	10.18	5.14

2-9 全国民族自治区、自治州、自治县(旗)基本情况(2017年)(二)

地区	粮食总产量(万吨)	肉类总产量(万吨)	全社会固定资产投资(亿元)	社会消费品零售总额(亿元)	进出口总额(亿元)	普通中学在校学生数(万人)
5个自治区合计	**6586.25**	**900.32**	**52465.79**	**19471.61**	**6569.11**	**614.41**
内蒙古自治区	3254.50	258.89	14013.16	7160.23	944.56	105.45
广西壮族自治区	1370.50	412.35	20499.11	7813.03	3866.34	300.94
西藏自治区	106.50	32.77	2051.04	523.32	59.19	18.33
宁夏回族自治区	370.05	33.46	3813.38	930.45	341.29	42.80
新疆维吾尔自治区	1484.70	162.84	12089.10	3044.58	1357.72	146.89
30个自治州合计	**2973.66**	**610.50**	**21712.56**	**6098.68**	**520.23**	**323.54**
吉林省						
延边朝鲜族自治州	141.35	6.06	736.79	560.01	143.68	6.61
湖北省						
恩施土家族苗族自治州	153.67	46.80	831.16	556.41	35.14	18.43
湖南省						
湘西土家族苗族自治州	84.80	10.23	466.73	280.11	13.33	14.59
四川省						
阿坝藏族羌族自治州	16.41	9.09	340.14	85.81	2.18	4.33
凉山彝族自治州	222.11	44.94	1134.04	616.30	3.13	26.47
甘孜藏族自治州	25.58	6.94	461.32	90.86		5.06
贵州省						
黔东南苗族侗族自治州	120.54	19.82	699.54	322.08	0.54	27.85
黔南布依族苗族自治州	125.53	20.55	1284.83	279.14	19.70	22.84
黔西南布依族苗族自治州	104.72	30.91	981.40	243.92	3.50	25.31
云南省						
西双版纳傣族自治州	48.92	4.40	479.35	130.33	25.32	5.22
文山壮族苗族自治州	163.62	54.13	758.07	363.40	5.35	21.24
红河哈尼族彝族自治州	187.00	94.56	2533.75	411.85	36.66	24.88
德宏傣族景颇族自治州	74.95	11.60	371.39	138.52	46.80	6.87
怒江傈僳族自治州	18.55	3.92	151.65	36.53	0.10	3.16
迪庆藏族自治州	18.33	3.33	364.48	51.42	0.04	2.01
大理白族自治州	177.65	55.67	881.97	373.81	2.68	19.21
楚雄彝族自治州	129.13	43.99	1290.33	335.99	5.84	13.94

小学在校学生数（万人）	医疗卫生机构（个）	卫生技术人员数（人）	医疗卫生机构床位数（张）	文化馆（个）	图书馆（个）	城镇居民最低生活保障人数（人）	城镇居民最低生活保障支出（万元）	农村居民最低生活保障人数（人）	农村居民最低生活保障支出（万元）
914.57	**85013**	**699876**	**616617**	**448**	**446**	**1491342**	**723982**	**6382099**	**1504777**
132.54	24217	180401	150335	120	117	430372	251417	1198720	363313
463.75	34012	305316	240713	109	115	190693	86985	2539255	575450
31.51	6826	16479	16113	74	81	33131	26492	226763	47085
58.14	4272	49714	39820	26	26	108446	69357	381057	129466
228.63	15686	147966	169636	119	107	728700	289731	2036304	389463
485.43	**39497**	**326251**	**330380**	**362**	**278**	**1057446**	**478910**	**4749284**	**1054015**
8.37	1383	16305	10942	8	9	70176	48591	55261	15878
26.46	3068	21872	23992	9	9	13411	7367	191953	53238
21.88	3226	16335	19152	9	9	44885	18184	184319	40038
6.29	1656	6316	4551	14	14	41419	15950	89461	15422
59.41	1040	17934	26462	18	18	56450	19473	434943	94176
10.04	2569	6360	4940	19	19	21601	8153	204188	43095
35.79	3867	24729	25517	17	17	42340	19195	503776	125106
30.35	2549	18392	19857	13	13	28598	13045	208530	55361
32.36	2095	15859	15128	9	9	17599	9159	267068	69682
9.57	754	9425	7560	4	4	6995	3011	15284	4531
35.44	1345	23376	24456	104	9	42308	17992	430545	80985
39.52	2321	25030	28471	13	14	91094	36666	371291	82886
11.16	562	8402	8516	7	7	13986	12568	66968	23290
4.76	331	2634	2586	5	5	12413	4993	145976	30032
2.77	283	2307	1516	4	4	12979	5121	114846	17982
23.23	2009	20143	19445	14	12	37870	20281	165028	47390
15.61	1733	15634	16042	11	11	71308	36293	140224	25551

2-9(二) 续表 1

地　　区	粮　食总产量（万吨）	肉　类总产量（万吨）	全社会固定资产投资（亿元）	社会消费品零售总额（亿元）	进出口总　额（亿元）	普通中学在　校学生数（万人）
甘肃省						
临夏回族自治州	77.48	6.25	175.10	90.76	0.35	9.55
甘南藏族自治州	8.68	7.86	203.61	48.63	0.91	4.60
青海省						
海北藏族自治州	8.41	5.85	109.19	23.01		1.75
黄南藏族自治州	4.46	4.25	105.05	10.37		1.73
海南藏族自治州	14.38	6.54	161.54	30.25	0.05	2.84
果洛藏族自治州	0.11		71.50	6.48		0.96
玉树藏族自治州	1.85	4.69	69.92	12.46		1.57
海西蒙古族藏族自治州	8.95	3.50	700.17	98.27	0.67	2.41
新疆维吾尔自治区						
昌吉回族自治州	198.87	31.08	1860.11	266.12	24.48	7.24
巴音郭楞蒙古自治州	62.47	7.47	2829.05	183.63	24.08	11.60
克孜勒苏柯尔克孜自治州	35.52	4.03	195.76	21.98		4.12
博尔塔拉蒙古自治州	64.67	2.57	230.74	46.17	56.71	2.09
伊犁哈萨克自治州	674.95	59.48	1233.86	384.06	68.98	25.08
120个自治县(旗)合计	**2067.83**	**338.36**	**8788.63**	**2871.08**	**160.45**	**179.55**
河北省						
大厂回族自治县	4.17	2.00	153.20	22.23	0.82	0.68
孟村回族自治县	16.64	4.08	122.68	31.01		0.53
青龙满族自治县	11.02	7.35	54.28	42.54	0.06	2.06
丰宁满族自治县	16.49	5.35	145.49	48.28	0.01	0.17
围场满族蒙古族自治县	31.06	5.69	139.83	52.60	0.03	2.88
宽城满族自治县	5.60	2.18	202.41	48.70	0.10	1.06
内蒙古自治区						
鄂伦春自治旗	57.10	1.16	21.26	29.88		0.45
莫力达瓦达斡尔族自治旗	163.93		30.29	37.14		1.07
鄂温克族自治旗	3.86	1.92	48.63	18.91		0.31
辽宁省						
阜新蒙古族自治县	85.37	33.96	42.72	45.68	0.40	2.98
喀喇沁左翼蒙古族自治县	26.60	9.55	39.39	48.75	5.61	1.98
岫岩满族自治县	26.23	6.02	25.50	105.49	4.76	2.01

小学在校学生数（万人）	医疗卫生机构（个）	卫生技术人员数（人）	医疗卫生机构床位数（张）	文化馆（个）	图书馆（个）	城镇居民最低生活保障人数（人）	城镇居民最低生活保障支出（万元）	农村居民最低生活保障人数（人）	农村居民最低生活保障支出（万元）
19.90	313	5634	8692	9	9	125475	52554	388031	67577
6.04	1030	4488	3034	9	9	32887	13703	160628	27587
2.25	67	1615	1660	5	5	9915	6400	18834	5963
2.62	64	1318	1731		5	9941	6128	45480	9304
4.17	499	2261	3133	6	6	14419	7698	48428	12433
1.87	79	805	1017	1	7	9845	5852	34872	9222
4.73	86	1237	1275	7	6	18690	9333	105119	23599
3.60	144	4033	3099	9	9	12535	6392	6683	2183
8.28	1198	11580	8926	8	8	6434	3102	14120	3617
11.82	1023	9154	8858	9	10	22119	13262	53527	13533
6.74	350	3406	3151	5	5	32352	13089	112216	20746
2.96	481	3461	2762	5	5	23711	7242	19133	4517
37.43	3372	26206	23909	11	11	113691	38117	152552	29092
268.98	**22384**	**122966**	**140486**	**143**	**136**	**424829**	**207412**	**2650417**	**681223**
1.08	122	553	447	1	1	122	124	924	748
2.12	299	528	251	1	1	384	458	1943	885
4.04	424	998	1961	1	1	5043	3394	20704	8167
3.06	329	1518	1905	1	1	4570	2062	29882	7649
4.16	363	935	2856	1	1	5343	2170	35323	8473
2.35	293	1398	3145	1	1	2865	1141	13047	3309
0.89	180	887	837	1	1	20831	11102	4298	1261
1.52	355	1321	542	1	1	12597	6927	23573	7732
0.46	122	1045	832	1	1	6875	3613	2198	1141
6.27	511	1964	1920	1	1	2403	1098	16752	3244
2.06	697	2564	2456	1	1	3011	1365	9715	2391
2.49	394	1932	1688	1	1	963	550	10858	2593

2-9(二) 续表 2

地　区	粮　食 总产量 （万吨）	肉　类 总产量 （万吨）	全社会 固定资产 投资 （亿元）	社会消费品 零售总额 （亿元）	进出口 总　额 （亿元）	普通中学 在　校 学生数 （万人）
新宾满族自治县	20.39	2.83	13.56	40.12	0.54	0.84
清原满族自治县	22.89	4.04	19.31	42.98	1.43	0.66
本溪满族自治县	12.20	3.87	34.67	57.72	3.49	1.01
桓仁满族自治县	13.43	3.23	27.75	49.34		0.88
宽甸满族自治县	25.11	5.06	15.78	75.66	3.03	1.61
吉林省						
长白朝鲜族自治县	2.20	0.14	60.36	12.35	1.82	0.25
前郭尔罗斯蒙古族自治县	208.03	6.28	283.09	177.61	1.01	2.32
伊通满族自治县	104.44		82.72	61.90		1.91
黑龙江省						
杜尔伯特蒙古族自治县	85.05	4.70	50.57	3.27	0.02	0.83
浙江省						
景宁畲族自治县	3.87	0.57	58.28	30.93	9.26	0.59
湖北省						
长阳土家族自治县	10.38	7.06	92.31	52.86	2.54	1.09
五峰土家族自治县	8.16	3.09	49.76	23.51	0.83	0.51
湖南省						
城步苗族自治县	7.92	1.96	52.23	24.65	0.09	0.88
通道侗族自治县	8.12	1.29	45.87	14.77		0.96
江华瑶族自治县	22.29	4.94	118.24	46.37	2.25	1.79
新晃侗族自治县	8.24	2.48	62.13	17.33		1.11
芷江侗族自治县	20.71	4.37	70.98	42.05		1.52
靖州苗族侗族自治县	12.55	3.52	55.37	31.59		1.13
麻阳苗族自治县	11.40	2.32	67.32	30.98	0.01	1.72
广东省						
连南瑶族自治县	3.49	0.54	10.82	9.16	1.51	0.74
连山壮族瑶族自治县	4.21	0.72	5.57	9.66		0.44
乳源瑶族自治县	6.10	0.60	75.41	24.24	6.87	0.95
广西壮族自治区						
都安瑶族自治县	12.31	4.05	40.26	24.50		3.59
融水苗族自治县	11.64	2.91	122.15	35.63	0.16	2.47

小学在校学生数（万人）	医疗卫生机构（个）	卫生技术人员数（人）	医疗卫生机构床位数（张）	文化馆（个）	图书馆（个）	城镇居民最低生活保障人数（人）	城镇居民最低生活保障支出（万元）	农村居民最低生活保障人数（人）	农村居民最低生活保障支出（万元）
1.05	211	389	961	1	1	4290	1808	10166	1794
1.14	289	1286	1365	1	1	4531	2160	15363	3097
0.99	136	1333	1281	1	1	3181	1850	4970	1554
1.10	138	1068	1579	1	1	4240	2024	6477	1883
1.51	480	1446	1949	1	1	5404	2704	15757	4035
0.26	95	168	316	1	1	7014	4144	5328	2277
3.11	478	2582	1718	2	1	6847	2920	17911	4573
1.94	205	1319	1577	1	1	4931	1990	21519	2987
1.02	87	884	923	12	12	4973	2182	11002	2166
0.86	96	881	651	1	1	556	251	7453	2341
1.41	498	1865	1992	2	1	1288	982	15704	6741
0.58	173	864	790	2	1	328	137	7022	1717
2.27	222	689	1343	1	1	7505	2734	5153	1900
1.71	185	1079	872	1	1	2474	1470	2470	2345
4.64	354	2933	2824	1	1	2548	1070	9012	5473
1.82	28	953	1669	1	1	3244	1149	8224	1982
2.28	356	1527	1656	1	1	1919	1100	5999	2400
1.86	282	1319	1188	1	1	5230	2103	5090	2283
2.67	326	1947	3062	1	1	3716	1624	6267	2881
1.37	95	641	448	1	1	367	287	5336	2062
0.87	96	586	352	1	1	217	151	3342	1344
1.64	39	969	559	1	1	284	191	3469	961
5.91	317	1560	1750	1		887	378	103680	22512
3.82	313	2269	1761	1	1	2429	1068	39796	7841

2-9(二) 续表 3

地 区	粮 食 总产量 (万吨)	肉 类 总产量 (万吨)	全社会 固定资产 投资 (亿元)	社会消费品 零售总额 (亿元)	进出口 总 额 (亿元)	普通中学 在 校 学生数 (万人)
三江侗族自治县	7.03	1.94	73.15	23.70		1.90
龙胜各族自治县	6.31	1.18	56.39	9.97		0.66
金秀瑶族自治县	4.69	0.85	18.74	9.69		0.59
隆林各族自治县	9.21	2.00	43.57	17.16		0.27
巴马瑶族自治县	5.92	1.97	48.48	14.93		1.74
罗城仫佬族自治县	11.20	2.40	28.37	19.28		1.50
富川瑶族自治县	12.70	3.48	101.52	16.86	0.05	1.45
大化瑶族自治县	7.21	2.89	30.07	18.83	0.05	2.75
环江毛南族自治县	12.46	2.14	34.76	23.49		1.74
恭城瑶族自治县	7.96	2.46	93.25	29.38		1.27
海南省						
白沙黎族自治县	2.93	1.86	16.37	15.74		0.94
昌江黎族自治县	3.91	1.54	55.68	19.38		0.88
乐东黎族自治县	11.82	2.17	64.72	32.89	0.04	2.86
陵水黎族自治县	8.68	1.90	234.71	30.80	13.76	1.57
琼中黎族苗族自治县	4.06	1.69	46.45	15.99		0.84
保亭黎族苗族自治县	2.59	1.65	34.26	15.34		0.78
重庆市						
石柱土家族自治县	26.54	3.92	142.36	62.68	0.51	3.17
秀山土家族苗族自治县	31.79	4.60	166.93	75.77	0.06	3.22
酉阳土家族苗族自治县	38.68	6.90	140.04	59.39	3.18	4.98
彭水苗族土家族自治县	32.53	5.50	178.74	67.53	0.05	4.05
四川省						
北川羌族自治县	4.78	1.99	48.84	20.07		0.83
木里藏族自治县	5.25	1.08	66.47	2.09		0.69
马边彝族自治县	6.63	1.41	45.85	19.49		1.15
峨边彝族自治县	4.08	0.92	36.33	16.75	0.03	0.52
贵州省						
松桃苗族自治县	23.98	3.80	229.63	27.19		4.10
镇宁布依族苗族自治县	9.86	1.43	102.73	23.65		1.23
紫云苗族布依族自治县	10.86	3.29	99.98	18.25		2.05

小学在校学生数（万人）	医疗卫生机构（个）	卫生技术人员数（人）	医疗卫生机构床位数（张）	文化馆（个）	图书馆（个）	城镇居民最低生活保障人数（人）	城镇居民最低生活保障支出（万元）	农村居民最低生活保障人数（人）	农村居民最低生活保障支出（万元）
3.47	196	1634	1185	1	1	4216	1829	47027	9444
1.01	173	839	500	1	1	1117	605	16506	4081
0.99	141	712	655	1	1	435	341	10100	3108
4.16	199	715	1360	1	1	2164	917	56349	12932
2.98	118	1211	746	1	1	710	300	25119	5823
2.73	155	1354	1185	1	1	1108	949	48796	11643
2.72	164	1175	1148		1	3294	66	23018	4894
4.46	260	1710	2680	1	1	552	268	38040	9198
2.58	193	1106	906	1	1	882	420	24639	7902
2.13	308	484	867	1	1	515	239	17704	3892
1.68	139	909	744	1	1	2546	1038	4427	1181
1.92	157	1370	889	1	1	5698	2356	9583	2351
3.73	283	1712	1576	1	1	6446	2783	18806	4863
3.29	183	1369	839	1	1	2256	332	7036	597
1.72	171	1246	1643	1	1	2662	1047	4382	1390
1.39	104	757	590	1	1	2029	312	4914	413
3.24	148	2458	3551	1	1	4755	2505	14904	5513
4.45	336	2595	2675	1	1	12152	6168	16258	5961
6.70	361	1830	2726	1	1	6398	3616	31660	12909
4.95	415	2244	2420	1	1	7124	3782	25159	9440
1.14	356	1252	1166	1	1	3845	1645	7936	2193
1.24	38	679	654	1	1	2455	808	14425	3595
2.32	172	671	583	1	1	966	500	17868	4114
1.14	145	486	528	1	1	753	406	9111	2165
4.71	62	2439	2896	1	1	2804	1474	74548	25535
2.90	218	974	1191	1	1	1345	721	25229	6157
3.13	151	900	1332	1	1	3972	1454	38044	11614

2-9(二) 续表 4

地　区	粮　食 总产量 (万吨)	肉　类 总产量 (万吨)	全社会 固定资产 投资 (亿元)	社会消费品 零售总额 (亿元)	进出口 总　额 (亿元)	普通中学 在　校 学生数 (万人)
威宁彝族回族苗族自治县	49.58	9.00	293.59	37.28		15.12
关岭布依族苗族自治县	9.42	1.80	96.86	26.13		5.30
三都水族自治县	8.86	1.73	51.54	15.01		2.53
玉屏侗族自治县	3.94	1.21	149.73	59.88		0.86
道真仡佬族苗族自治县	14.10	2.06	63.77	16.12		2.18
务川仡佬族苗族自治县	16.71	2.49	74.39	15.82		3.25
印江土家族苗族自治县	14.21	2.91	162.70	15.32		3.05
沿河土家族自治县	18.97	3.32	135.43	18.91		4.93
云南省						
峨山彝族自治县	7.14	3.12	95.51	17.69	0.13	0.97
石林彝族自治县	15.23	6.04	159.30	45.22	0.08	1.48
沧源佤族自治县	7.86	1.42	108.04	11.26	1.05	0.60
耿马傣族佤族自治县	12.10	2.58	137.31	22.10	0.56	1.04
玉龙纳西族自治县	12.05	5.85	73.19	12.71	0.48	0.87
宁蒗彝族自治县	8.33	1.84	48.30	11.56		1.86
江城哈尼族彝族自治县	4.61	0.65	31.46	7.27	3.77	0.56
澜沧拉祜族自治县	26.08	2.95	68.39	19.81	3.11	1.76
孟连傣族拉祜族佤族自治县	6.40	0.77	26.77	10.76	65.93	0.51
西盟佤族自治县	4.45	0.43	16.96	3.07	1.43	0.42
河口瑶族自治县	2.99	0.79	81.68	7.67	21.44	0.38
屏边苗族自治县	8.20	3.30	75.32	12.57		0.45
贡山独龙族怒族自治县	0.92	0.24	12.04	3.06		0.13
巍山彝族回族自治县	16.68	4.89	39.43	20.23	0.04	1.81
南涧彝族自治县	12.46	3.75	39.90	16.83		1.31
寻甸回族彝族自治县	24.62	9.84	147.35	35.90	0.10	3.30
元江哈尼族彝族傣族自治县	9.96	2.37	66.54	27.51	0.08	1.07
新平彝族傣族自治县	16.35	5.10	142.55	24.22	0.50	1.32
墨江哈尼族自治县	16.00	2.71	69.71	13.06		1.37
双江拉祜族佤族布朗族傣族自治县	7.28	1.92	78.22	8.91		0.72
兰坪白族普米族自治县	8.96	1.42	69.06	12.43		1.32
维西傈僳族自治县	7.86	1.25	103.07	8.89	0.00	0.56

小学在校学生数（万人）	医疗卫生机构（个）	卫生技术人员数（人）	医疗卫生机构床位数（张）	文化馆（个）	图书馆（个）	城镇居民最低生活保障人数（人）	城镇居民最低生活保障支出（万元）	农村居民最低生活保障人数（人）	农村居民最低生活保障支出（万元）
16.27	739	2400	4663		1	5529	1927	115167	25306
3.13	190	1119	1150	1	1	2356	1852	8355	3290
3.26	222	996	1375	1	1	915	1360	17841	5948
1.28	93	1076	881	7	1	2657	1283	11385	3889
2.46	131	753	1443	1	1	1271	545	15348	3086
3.04	156	2282	1912	1	1	2453	769	40701	8390
3.21	384	1433	1530	1	1	3742	1804	41994	14776
5.65		1589	2231		1	4725	2673	78705	31312
0.88	130	1116	805	1	1	2510	1194	3687	1064
1.66	169	1665	1598	1	1	1254	535	7486	2331
1.81	131	881	673	1	1	1226	1172	16518	7584
2.65	153	1352	1293	1	1	795	1266	12363	7924
1.16	224	757	645	1	1	3263	1153	13323	3861
2.23	130	391	835	1	1	7154	2686	51297	9635
0.92	78	607	507	1	1	1447	741	14388	4188
3.18	181	996	1646	1	1	2824	1196	105112	24098
1.26	67	536	432	1	1	540	241	11151	8341
0.68	47	270	289	1	1	2243	948	34745	6152
0.77	64	641	687	1	1	8852	4286	8134	1283
1.10	97	630	621	1	1	5348	3585	10796	3407
0.28	35	222	180	1	1	826	223	9729	2014
2.01	132	1229	1251	1	1	3452	1388	24539	4470
1.56	113	825	1105	1	1	2480	1037	31137	5674
3.60	258	1977	2804	1	1	5693	6313	20103	4709
1.57	112	1065	869	1	1	2849	1568	7802	2085
1.78	181	1676	1339	1	1	1799	1070	5607	1937
2.18	214	1195	1157	1	1	2461	1084	49654	10517
1.23	101	437	690	1	1	580	1191	9996	6096
1.79	121	706	784	1	1	4889	2023	46150	10692
1.14	106	605	348	1	1	2721	522	51615	8231

2-9(二)　续表 5

地　　区	粮　食总产量（万吨）	肉　类总产量（万吨）	全社会固定资产投资（亿元）	社会消费品零售总额（亿元）	进出口总　额（亿元）	普通中学在　校学生数（万人）
景东彝族自治县	19.05	3.67	65.22	17.87		1.57
景谷傣族彝族自治县	18.65	1.99	71.06	23.38		1.42
宁洱哈尼族彝族自治县	9.73	2.64	67.81	13.81		0.72
漾濞彝族自治县	7.05	2.20	23.90	7.35		0.47
禄劝彝族苗族自治县	24.01	7.68	130.38	36.20		2.29
金平苗族瑶族傣族自治县	14.56	4.03	100.35	11.57	0.07	1.92
镇沅彝族哈尼族拉祜族自治县	12.40	2.84	59.71	12.82		0.96
甘肃省						
张家川回族自治县	11.08	0.73	35.27	8.71		1.77
天祝藏族自治县	4.84	1.47	40.40	28.72		0.97
肃南裕固族自治县	3.56	1.16	6.28	5.06		0.04
肃北蒙古族自治县	0.68	0.24	30.81	2.21		0.06
阿克塞哈萨克族自治县	0.13	0.24	21.27	2.17		0.06
东乡族自治县	8.25	1.67	11.48	2.89		1.03
积石山保安族东乡族撒拉族自治县	10.27	0.46	13.36	5.86		1.10
青海省						
互助土族自治县	11.77		132.18	3.87		2.19
化隆回族自治县	16.38		71.70	9.05		0.31
循化撒拉族自治县	8.90	0.52	58.64	9.06		0.65
河南蒙古族自治县		1.81	19.60	1.15		0.15
门源回族自治县	5.47	1.66	47.96	10.14		1.10
大通回族土族自治县	22.84	3.05	112.29	25.55		2.74
民和回族土族自治县	31.49	1.62	149.36	25.43		0.81
新疆维吾尔自治区						
巴里坤哈萨克自治县	9.25	2.06	48.26	7.60		0.14
塔什库尔干塔吉克自治县	2.07	0.32	35.12	1.87	4.31	0.22
木垒哈萨克自治县	24.14	3.00	131.79	8.57	0.02	0.30
焉耆回族自治县	9.46	0.73	42.87	10.65		0.59
察布查尔锡伯自治县	54.73	1.99	39.44	3.79		0.88
和布克赛尔蒙古自治县	1.82	1.20	35.36	3.58		0.34

小学在校学生数(万人)	医疗卫生机构(个)	卫生技术人员数(人)	医疗卫生机构床位数(张)	文化馆(个)	图书馆(个)	城镇居民最低生活保障人数(人)	城镇居民最低生活保障支出(万元)	农村居民最低生活保障人数(人)	农村居民最低生活保障支出(万元)
2.36	181	1016	1272	1	1	3304	1606	29077	6709
2.34	153	631	927	1	1	1570	757	11104	2336
1.14	112	1139	878	1	1	2751	1129	14577	3852
0.77	82	396	582	1	1	2303	695	3181	1747
2.68	256	1988	2588	1	1	1378	1880	18615	8009
3.58	156	1184	2037	1	1	3825	1434	74149	17153
1.42	145	504	547	1	1	2772	1321	20813	4279
2.46	310	916	1132	1	1	6463	870	66953	13223
1.05	264	901	1239	1	1	7703	3878	39749	8050
0.15	89	256	429	1	1	1023	406	3348	684
0.06	39	146	170	1	1	545	270	403	89
0.08	10	116	82	1	1	522	294		
3.28	232	217	670	1	1	12840	6081	102012	15718
2.54	362	176	1017	1	1	6447	2543	65151	9918
2.42	26	985	1047	1	1	831	552	27702	6102
2.20	24	643	533	1	1	10592	5512	27766	7072
1.54	23	707	728	1	1	5141	3024	5475	1625
0.02	11	262	336	1	1	1194	638	5400	1401
1.18	170	655	743	1	1	5270	3143	9930	2845
3.30	460	2144	1922	1	1	4181	1979	20161	6799
3.21	571	856	1252			7273	4278	35640	8363
0.50	74	395	203	1	1	6434	3102	14120	3617
0.37	58	283	238	16	15	1937	975	18997	4767
0.47	86	465	450	1	1	1355	498	2134	394
0.96	75	924	754	1	1	1900	2144	6458	1478
1.56	108	1169	844	1	1	8158	2599	13222	2255
0.33	45	850	550	1	1	1654	813	2137	797

主要统计指标解释

国内（地区）生产总值(GDP)　指按市场价格计算的一个国家所有常住单位在一定时期内生产活动的最终成果。国内生产总值有三种表现形态，即价值形态、收入形态和产品形态。从价值形态看，它是所有常住单位在一定时期内生产的全部货物和服务价值与同期投入的全部非固定资产货物和服务价值的差额，即所有常住单位的增加值之和；从收入形态看，它是所有常住单位在一定时期内创造并分配给常住单位和非常住单位的初次收入之和；从产品形态看，它是所有常住单位在一定时期内最终使用的货物和服务价值与货物和服务净出口价值之和。在实际核算中，国内生产总值有三种计算方法，即生产法、收入法和支出法。三种方法分别从不同的方面反映国内生产总值及其构成。

对于一个地区来说，称为地区生产总值或地区GDP。

当年价格　指报告期的实际价格，如工厂的出厂价格、农产品的收购价格、商业的零售价格等。使用当年价格计算的数字，是为了使国民经济各项指标互相衔接，便于考察当年社会经济效益，便于对生产和流通、生产和分配、生产和消费进行经济核算和综合平衡。

按当年价格计算的价格指标在不同年份之间进行对比时，因为包含有各年间价格的因素，不能确切地反映实物量的增减变动，必须消除价格变动因素后才能真正反映经济发展动态。因此，在计算增长速度时都使用按可比价格计算的数字。

不变价格　指用同类产品的年平均价格作为固定价格来计算各年产品价值。按不变价格计算的产品价值消除了价格变动因素，不同时期对比可以反映生产的发展速度。新中国成立后，随着工农业产品价格水平的变化，国家统计局先后五次制定了全国统一的工业产品不变价格和农业产品不变价格，1949–1957 年使用 1952 年工（农）业产品不变价格，1957–1971 年使用 1957 年不变价格，1971–1981 年使用 1970 年不变价格，1981–1990 年使用 1980 年不变价格，1990 年开始使用 1990 年不变价格。

平均每年增长速度　在我国计算平均增长速度有两种方法：一种是习惯上经常使用的“水平法”，又称几何平均法，是以间隔期最后一年的水平同基期水平对比来计算平均每年增长（或下降）速度；另一种是“累计法”，又称代数平均法或议程法，是以间隔期内各年水平的总和同基期水平对比来计算平均每年增长（或下降）速度。

三次产业　三次产业的划分是世界上较为常用的产业结构分类，但各国的划分不尽一致。根据国家统计局《三次产业划分规定》和《国民经济行业分类》（GB/T 4754–2017），我国的三次产业划分是：

第一产业是指农、林、牧、渔业（不含农、林、牧、渔专业及辅助性活动业）。

第二产业是指采矿业（不含开采专业及辅助活动），制造业（不含金属制品、机械和设备修理业），电力、热力、燃气及水生产和供应业，建筑业。

第三产业即服务业，是指除第一、二产业以外的其他行业。

三、人　口

3–1 民族自治地方年末总人口及构成

单位：万人

年 份	民族自治地方总人口	民族自治地方少数民族人口	少数民族人口占民族自治地方总人口的比重(%)
1952	5600.95		
1957	6464.90		
1965	7739.20		
1975	10441.43		
1978	11077.22	4342.36	39.2
1979	11333.94		
1980	11586.35	4714.31	40.7
1981	11767.29		
1982	12127.26	5007.50	41.3
1983	12659.05	5339.10	42.2
1984	12899.98	5491.20	42.6
1985	13547.71	5852.87	43.2
1986	13927.03	6072.23	43.6
1987	14246.65	6252.58	43.9
1988	14579.84	6442.79	44.2
1989	15060.57	6688.63	44.4
1990	15295.71	6879.58	45.0
1991	15462.71	7044.32	45.6
1992	15630.06	7125.20	45.6
1993	15776.06	7179.08	45.5
1994	15974.68	7286.83	45.6
1995	16044.41	7232.13	45.1
1996	16230.41	7393.99	45.6
1997	16407.92	7451.12	45.4
1998	16615.95	7577.45	45.6
1999	16678.00	7571.34	45.4
2000	16817.70	7766.76	46.2
2001	16870.10	7799.47	46.2
2002	17051.24	7930.39	46.5
2003	17214.12	8016.96	46.6
2004	17311.28	8114.66	46.9
2005	17498.65	8238.95	47.1
2006	17679.86	8367.37	47.3
2007	17947.89	8501.22	47.4
2008	18135.33	8616.02	47.5
2009	18317.90	8713.71	47.6
2010	18531.02	8813.76	47.6
2011	18656.16	8913.86	47.8
2012	18802.17	9066.54	48.2
2013	18915.97	9274.86	49.0
2014	18755.38	9059.49	48.3
2015	18617.90	9457.67	50.8
2016	18736.22	9655.00	51.5
2017	18943.33	9838.64	51.9

注：本表未扣除区域变动因素，年度之间不可比。下同。

3-2 民族自治地方分地区年末总人口和少数民族人口(2017年)

地　区	年末总人口（万人）	#少数民族人口	少数民族占总人口的比重(%)
合　计	**18943.33**	**9838.64**	**51.94**
河　北	202.87	131.10	64.62
内蒙古	2528.61	556.39	22.00
辽　宁	324.67	174.50	53.75
吉　林	320.30	110.65	34.54
黑龙江	25.14	5.13	20.40
浙　江	17.15	2.00	11.68
湖　北	460.44	261.59	56.81
湖　南	499.57	423.75	84.82
广　东	52.51	20.23	38.52
广　西	4885.00	2179.48	44.62
海　南	175.22	91.26	52.08
重　庆	276.64	204.62	73.97
四　川	783.25	489.24	62.46
贵　州	1792.67	1098.95	61.30
云　南	2384.36	1380.29	57.89
西　藏	337.15	309.60	91.83
甘　肃	370.32	236.12	63.76
青　海	381.00	255.90	67.17
宁　夏	681.79	253.34	37.16
新　疆	2444.67	1654.48	67.68

3-3 民族自治地方分地区人口构成(2017年)

单位：万人

地　区	按性别分		按城乡分	
	男	女	城镇人口	乡村人口
合　计	**10186.92**	**8657.99**	**8216.91**	**10727.32**
河　北	105.76	97.11	47.42	155.45
内蒙古	1305.17	1223.44	1568.24	960.37
辽　宁	165.51	159.16	87.82	236.85
吉　林	161.27	159.04	187.48	133.73
黑龙江	12.66	12.48	7.89	17.25
浙　江	9.00	8.15	3.45	13.70
湖　北	240.29	220.16	99.80	360.65
湖　南	261.37	238.20	175.98	323.59
广　东	27.25	25.26	16.01	36.50
广　西	2951.00	1863.00	2404.00	2481.00
海　南	91.91	83.31	51.01	124.22
重　庆	145.99	130.65	82.91	193.73
四　川	401.81	381.44	164.52	618.72
贵　州	959.18	833.49	594.95	1197.72
云　南	1226.42	1157.95	799.74	1584.62
西　藏	171.24	165.91	104.14	233.00
甘　肃	190.07	180.25	95.20	275.12
青　海	180.69	172.89	123.85	257.15
宁　夏	344.08	337.71	395.33	286.46
新　疆	1236.27	1208.40	1207.18	1237.49

注：因部分省份城镇人口与乡村人口为户籍人口数，故与总人口数不等。

主要统计指标解释

人口数 指一定时点、一定地区范围内的有生命的个人的总和。年度统计的年末人口数指每年 12 月 31 日 24 时的人口数。

城镇人口和乡村人口 城镇人口是指居住在城镇范围内的全部常驻人口；乡村人口是指除上述人口以外的全部人口。

市 指经国家批准成立“市”建制的城市。

镇 指经省、自治区、直辖市批准的镇。1963 年以前为常住人口在 2000 人以上，非农业人口占 50%以上的人口聚居地。1964 年起改为常住人口在 3000 人以上，非农业人口占 70%以上或常住人口在 2500 人以上，不满 3000 人，非农业人口占 85%以上的。1984 年后又调整为凡县级地方国家机关所在地；或总人口在 20000 人以下的乡，乡政府驻地非农业人口超过 2000 人的；或总人口在 20000 人以上的乡，乡政府驻地非农业人口占全乡 10%以上；或少数民族地区、人口稀少的边远地区、山区和小型工矿区、小港口、风景旅游地、边境口岸等地，非农业人口虽不足 2000 人，都可建镇。

四、就业人员和劳动报酬

4—1 民族自治地方单位就业人员年平均工资

单位：元

年 份	合 计	国有单位	城镇集体单位	其他单位
1981	816	848	650	
1982	845	827	686	
1983	884	917	711	
1984	1026	1077	810	
1985	1142	1202	899	
1986	1320	1392	1011	
1987	1465	1535	1156	
1988	1739	1815	1396	
1989	1850	1931	1420	
1990	2040	2150	1525	2033
1991	2214	2318	1718	2284
1992	2527	3006	1949	2538
1993	3074	3210	2363	3652
1994	3970	4092	3185	4205
1995	4559	4857	3492	4801
1996	5268	5436	4033	5513
1997	5593	5799	4102	6077
1998	6243	6414	4580	6739
1999	6822	6979	5093	7234
2000	7802	7976	5716	8165
2001	9548	9839	6762	9385
2002	10990	11303	7277	11042
2003	12471	12877	8365	12164
2004	14583	15235	10161	13370
2005	15481	15869	10966	15201
2006	17766	18323	12375	17041
2007	21374	22334	15163	19603
2008	25232	26034	18600	23854
2009	28187	29351	21439	25994
2010	32218	33258	27263	30111
2011	37310	38094	32726	36033
2012	41549	41718	35705	41784
2013	49679	46671	40905	55887
2014	50435	48845	43915	53592
2015	58437	61177	49730	47539
2016	62925	66979	57555	57265
2017	66722	72035	57489	61257

注：1．本表未扣除区域变动因素，年度之间不可比。下同。
2．1998年以后为人均劳动报酬。

4–2 民族自治地方分地区年末单位就业人员（2017年）

单位：万人

地区	合计	国有单位	城镇集体单位	其他单位
合计	**1579.60**	**930.31**	**35.09**	**595.05**
河北	9.62	6.86	0.14	2.62
内蒙古	280.63	164.27	4.97	111.39
辽宁	13.20	9.75	0.84	2.61
吉林	32.89	20.08	0.56	12.25
黑龙江	1.20	0.91	0.01	0.29
浙江	1.03	0.72	0.01	0.31
湖北	24.12	13.74	2.29	8.09
湖南	21.85	16.20	0.95	4.70
广东	1.42	1.25	0.03	0.15
广西	398.03	201.61	12.44	183.97
海南	9.21	6.49	0.16	0.16
重庆	13.32	7.63	0.31	5.38
四川	53.81	27.68	0.52	11.15
贵州	70.53	52.14	2.80	15.59
云南	157.02	88.58	3.45	64.99
西藏	33.30	27.34	0.25	5.71
甘肃	23.09	18.24	1.34	3.51
青海	29.18	15.16	1.10	10.61
宁夏	71.14	35.61	0.63	34.90
新疆	335.01	216.06	2.28	116.66

4-3 民族自治地方分地区单位就业人员劳动报酬(2017年)

单位：亿元

地　区	合　计	国有单位	城镇集体单位	其他单位
合　计	**10539.42**	**6701.50**	**201.71**	**3645.11**
河　北	52.67	37.34	2.59	12.75
内蒙古	1890.10	1150.56	33.55	705.99
辽　宁	60.74	47.26	4.05	9.43
吉　林	163.56	106.41	4.42	52.73
黑龙江	6.24	5.42	0.03	0.79
浙　江	9.52	7.37	0.04	2.11
湖　北	138.67	98.86	7.45	32.36
湖　南	153.24	117.44	4.62	31.06
广　东	7.57	6.95	0.04	0.57
广　西	2487.45	1405.35	55.14	1026.96
海　南	59.80	41.38	0.85	17.58
重　庆	86.77	60.88	1.85	24.04
四　川	269.44	208.84	3.86	56.74
贵　州	547.23	417.61	19.91	109.72
云　南	1090.76	764.68	27.92	298.16
西　藏	356.85	315.99	1.29	39.57
甘　肃	139.79	119.78	5.41	14.61
青　海	200.64	122.57	9.03	78.05
宁　夏	508.16	270.20	4.41	233.55
新　疆	2310.22	1396.62	15.26	898.35

4–4 民族自治地方分地区单位就业人员平均劳动报酬（2017年）

单位：元

地　区	合　计	国有单位	城镇集体单位	其他单位
合　计	**66722**	**72035**	**57489**	**61257**
河　北	54744	54457	182822	48591
内蒙古	67351	70041	67459	63380
辽　宁	46008	48471	48205	36106
吉　林	49730	53003	78856	43034
黑龙江	52119	59859	50370	27586
浙　江	92209	102554	51690	68895
湖　北	57492	71939	32525	40016
湖　南	70127	72483	48689	66076
广　东	53154	55743	13663	39154
广　西	62495	69706	44324	55821
海　南	62495	63754	51458	1066444
重　庆	65139	79769	60286	44667
四　川	50068	75437	73811	50881
贵　州	77591	80100	71105	70365
云　南	69465	86325	80961	45876
西　藏	107169	115584	50885	69352
甘　肃	60538	65663	40480	41565
青　海	68765	80862	81990	73591
宁　夏	71433	75887	70261	66912
新　疆	68960	64640	66779	77005

主要统计指标解释

单位就业人员　指报告期末最后一日24时在本单位中工作，并取得工资或其他形式劳动报酬的人员数。该指标为时点指标，不包括最后一日当天及以前已经与单位解除劳动合同关系的人员，是在岗职工、劳务派遣人员及其他就业人员之和。就业人员不包括：

(1)离开本单位仍保留劳动关系，并定期领取生活费的人员；

(2)在本单位实习的各类在校学生；

(3)本单位因劳务外包而使用的人员。

乡村劳动力　指乡村人口中实际参加各种行业劳动并取得实物或货币收入的劳动力人数。包括劳动年龄内实际参加劳动的人数和不足或超过劳动年龄实际参加劳动的人数。

城镇登记失业人员　指有非农业户口，在一定的劳动年龄内(16 周岁至退休年龄)，有劳动能力，无业而要求就业，并在当地劳动保障部门进行失业登记的人员。

城镇登记失业率　城镇登记失业人员与城镇单位就业人员(扣除使用的农村劳动力、聘用的离退休人员、港澳台及外方人员)、城镇单位中的不在岗职工、城镇私营业主、个体户主、城镇私营企业和个体就业人员、城镇登记失业人员之和的比。

在岗职工　指在本单位工作且与本单位签订劳动合同，并由单位支付各项工资和社会保险、住房公积金的人员，以及上述人员中由于学习、病伤、产假等原因暂未工作仍由单位支付工资的人员。在岗职工还包括：

(1)应订立劳动合同而未订立劳动合同人员(如使用的农村户籍人员)；

(2)处于试用期人员；

(3)编制外招用的人员；

(4)派往外单位工作，但工资仍由本单位发放的人员(如挂职锻炼、外派工作等情况)。

劳动者报酬　指劳动者从事生产活动应获得的全部报酬，既包括货币形式的报酬，也包括实物形式的报酬。主要包括工资、奖金、津贴和补贴，单位为其员工交纳的社会保险费、补充社会保险费和住房公积金、行政事业单位职工的离退休金、单位为其员工提供的其他各种形式的福利和报酬等。

工资总额　指根据《关于工资总额组成的规定》(1990 年 1 月 1 日国家统计局发布的一号令)进行修订，在报告期内(季度或年度)直接支付给本单位全部就业人员的劳动报酬总额。包括计时工资、计件工资、奖金、津贴和补贴、加班加点工资、特殊情况下支付的工资，是在岗职工工资总额、劳务派遣人员工资总额和其他就业人员工资总额之和。

工资总额是税前工资，包括单位从个人工资中直接为其代扣或代缴的房费、水费、电费、住房公积金和社会保险基金个人缴纳部分等。

工资总额不论是计入成本的还是不计入成本的，不论是以货币形式支付的还是以实物形式支付的，均应列入工资总额的计算范围。

平均工资　指单位就业人员在一定时期内平均每人所得的工资额。它表明一定时期工资收入的高低程度，是反映就业人员工资水平的主要指标。计算公式为：

$$平均工资=\frac{报告期就业人员工资总额}{报告期就业人员平均人数}$$

五、固定资产投资

5-1 民族自治地方全社会固定资产投资和新增固定资产完成情况

单位：亿元

年 份	全社会固定资产投资	#国有经济固定资产投资	新增固定资产
1980			40.03
1981		61.62	29.25
1982		74.20	45.56
1983		93.24	63.21
1984		115.00	75.72
1985		161.94	118.88
1986		171.84	131.72
1987		200.17	241.92
1988		246.86	176.40
1989		230.99	193.15
1990		259.45	226.34
1991		340.84	251.00
1992	675.39	531.01	354.29
1993	978.51	791.44	543.07
1994	1271.46	994.16	603.75
1995	1444.03	982.60	924.65
1996	1611.37	1078.76	950.21
1997	1791.29	1198.37	1000.95
1998	2077.93	1342.49	1226.82
1999	2230.47	1411.56	1445.81
2000	2477.00	1552.59	1803.97
2001	2928.36	1610.05	1718.51
2002	3542.10	2187.80	2058.52
2003	4733.93	2652.59	2582.59
2004	6259.40	2923.32	
2005	8357.69	3767.48	5006.48
2006	10564.01	4642.16	5795.57
2007	13517.34	5198.81	7729.66
2008	17285.35	6655.11	7595.31
2009	23262.59	9397.21	14512.25
2010	29875.92	12045.84	16149.52
2011	37052.16	12437.33	21110.05
2012	43674.83	15580.17	27542.49
2013	53006.70	18294.19	28379.95
2014	58759.26	22692.92	29604.66
2015	66158.55	25494.34	43451.36
2016	70881.96	28277.52	39641.26
2017	75305.83	30235.23	47151.43

5-2 民族自治地方分地区全社会固定资产投资和新增固定资产（2017年）

单位：亿元

地　区	全社会固定资产投资	其中：不含农户投资	新增固定资产
合　计	**75305.83**	**73278.69**	**47151.43**
河　北	817.88	802.99	550.64
内蒙古	14013.16	13827.85	10571.81
辽　宁	218.68	214.24	141.15
吉　林	1162.96	1154.02	926.05
黑龙江	50.57	50.57	4.39
浙　江	58.28	58.28	21.48
湖　北	973.22	964.89	47.46
湖　南	938.86	885.59	598.89
广　东	91.80	90.91	85.62
广　西	20499.11	19908.27	14121.74
海　南	452.19	437.35	116.01
重　庆	628.08	574.70	264.02
四　川	2066.51	1947.04	792.31
贵　州	4374.58	3925.71	2298.03
云　南	8752.13	8741.04	5823.85
西　藏	2051.04	2051.04	1042.24
甘　肃	512.74	512.74	329.37
青　海	1741.55	1610.71	1081.53
宁　夏	3813.38	3725.12	2293.92
新　疆	12089.10	11795.64	6040.92

5-3 民族自治地方分地区按经济类型分的全社会固定资产投资(2017年)

单位：亿元

地　区	全社会固定资产投资	#国有企业	#私营企业	#外商和港澳台投资企业
合　计	**75305.83**	**30235.23**	**17187.81**	**885.03**
河　北	817.88	77.06	314.21	18.61
内蒙古	14013.16	5713.90	2830.07	100.03
辽　宁	218.68	70.76	101.73	5.74
吉　林	1162.96	380.63	210.89	10.92
黑龙江	50.57	13.99	27.60	
浙　江	58.28	34.49		
湖　北	973.22	63.53	62.73	
湖　南	938.86	355.88	145.04	
广　东	91.80	30.85	40.78	4.83
广　西	20499.11	4220.39	7206.45	488.82
海　南	452.19	104.11	36.40	20.62
重　庆	628.08	378.30	88.73	11.54
四　川	2066.51	1356.19	118.77	1.16
贵　州	4374.58	1859.80	842.12	63.42
云　南	8752.13	5553.11	1501.05	16.20
西　藏	2051.04	1556.00	107.53	3.50
甘　肃	512.74	330.88	67.59	
青　海	1741.55	839.66	195.30	6.22
宁　夏	3813.38	1042.36	1429.08	96.34
新　疆	12089.10	6253.33	1861.72	37.06

5-4 民族自治地方分地区按资金来源分的全社会固定资产投资(2017年)

单位：亿元

地　区	国家预算内资金	国内贷款	利用外资
合　计	**9511.13**	**8704.36**	**246.28**
河　北	60.89	116.20	1.47
内蒙古	1176.86	1399.02	3.50
辽　宁	26.64	36.16	4.41
吉　林	106.06	55.40	3.16
黑龙江	3.99	1.02	
浙　江	14.52	0.54	
湖　北	6.43	10.49	0.05
湖　南	176.22	133.39	11.59
广　东	8.94	16.12	0.25
广　西	1954.54	2657.52	17.54
海　南	68.68	79.38	15.02
重　庆	141.57	30.54	14.53
四　川	384.50	433.74	
贵　州	520.63	469.80	141.24
云　南	1069.64	556.33	2.99
西　藏	1101.06	80.70	3.51
甘　肃	203.11	25.13	0.25
青　海	400.24	223.98	0.49
宁　夏	254.75	629.51	4.59
新　疆	1831.86	1749.38	21.68

主要统计指标解释

全社会固定资产投资 是以货币形式表现的在一定时期内全社会建造和购置固定资产的工作量以及与此有关的费用的总称。该指标是反映固定资产投资规模、结构和发展速度的综合性指标，又是观察工程进度和考核投资效果的重要依据。全社会固定资产投资按登记注册类型可分为国有、集体、联营、股份制、私营和个体、港澳台商、外商、其他等。

固定资产投资（不含农户） 指城镇和农村各种登记注册类型的企业、事业、行政单位及城镇个体户进行的计划总投资 500 万元及 500 万元以上的建设项目投资和房地产开发投资，包含原口径的城镇固定资产投资加上农村企事业组织项目投资，该口径自 2011 年起开始使用。

固定资产投资的实际到位资金 根据固定资产投资的资金来源不同，分为国家预算资金、国内贷款、利用外资、自筹资金和其他资金。

(1)国家预算资金 国家预算包括一般预算、政府性基金预算、国有资本经营预算和社保基金预算。各类预算中用于固定资产投资的资金全部作为国家预算资金填报，其中一般预算中用于固定资产投资的部分包括基建投资、车购税、灾后恢复重建基金和其他财政投资。各级政府债券也应归入国家预算资金。

(2)国内贷款 指报告期固定资产项目投资单位向银行及非银行金融机构借入用于固定资产投资的各种国内借款，包括银行利用自有资金及吸收存款发放的贷款、上级主管部门拨入的国内贷款、国家专项贷款（包括煤代油贷款、劳改煤矿专项贷款等)，地方财政专项资金安排的贷款、国内储备贷款、周转贷款等。

(3)利用外资 指报告期收到的境外（包括外国及港澳台地区）资金(包括设备、材料、技术在内)。包括对外借款(外国政府贷款、国际金融组织贷款、出口信贷、外国银行商业贷款、对外发行债券和股票)、外商直接投资、外商其他投资(包括利用外商投资收益在国内进行固定资产再投资活动的资金)。不包括我国自有外汇资金(国家外汇、地方外汇、留成外汇、调剂外汇和国内银行自有资金发放的外汇贷款等)。各类外资按报告期末的外汇牌价（中间价）折成人民币计算。

新增固定资产 是指已经完成建造和购置过程，并已交付生产或使用单位的固定资产的价值，包括已经建成投入生产或交付使用的工程投资和达到固定资产标准的设备、工具、器具的投资及有关应摊入的费用。该指标是表示固定资产投资成果的价值指标，也是反映建设进度，计算固定资产投资效果的重要指标。

六、财　政

6-1 民族自治地方财政收支情况

单位：亿元

年份	收入			支出			收支差额
	合计	五个自治区	自治州、县	合计	五个自治区	自治州、县	
1952	4.96	3.81	1.15	4.39	3.34	1.05	0.57
1957	11.48	8.91	2.57	12.43	9.58	2.85	-0.95
1960	29.19	21.92	7.27	42.87	35.12	7.75	-13.68
1961	16.58	12.54	4.04	21.36	16.54	4.82	-4.78
1962	13.23	9.93	3.30	14.15	11.10	3.05	-0.92
1963	15.71	11.57	4.14	16.69	12.60	4.09	-0.98
1964	17.62	13.22	4.40	20.55	16.09	4.46	-2.93
1965	19.67	15.09	4.58	23.06	18.48	4.58	-3.39
1966	21.18	16.65	4.53	26.07	21.00	5.07	-4.89
1968	10.68	8.74	1.94	17.02	13.12	3.90	-6.34
1972	22.05	15.94	6.11	43.12	31.55	11.57	-21.07
1973	22.72	15.13	7.59	47.83	34.91	12.92	-25.11
1974	22.87	15.31	7.56	49.66	36.90	12.76	-26.79
1975	23.49	15.80	7.69	50.63	38.01	12.62	-27.14
1976	24.41	16.24	8.17	55.70	41.24	14.46	-31.29
1977	28.46	19.26	9.20	59.97	43.35	16.62	-31.51
1978	40.79	30.18	10.61	83.35	62.02	21.33	-42.56
1979	34.00	25.88	8.12	87.97	69.93	18.04	-53.97
1980	31.07	22.44	8.63	81.20	62.45	18.75	-50.13
1981	29.67	19.77	9.90	76.13	56.17	19.96	-46.46
1982	36.31	23.86	12.45	86.81	63.42	23.39	-50.50
1983	41.48	27.81	13.67	100.62	73.11	27.51	-59.14
1984	45.33	30.65	14.68	131.58	96.28	35.30	-86.25
1985	63.45	42.32	21.13	156.98	112.67	44.31	-93.53
1986	80.66	55.04	25.62	198.62	142.22	56.40	-117.96
1987	97.51	65.62	31.89	210.43	147.92	62.51	-112.92
1988	119.39	78.74	40.65	241.10	167.49	73.61	-121.71
1989	147.65	96.49	51.16	273.26	182.62	90.64	-125.61
1990	166.74	109.28	57.46	304.37	202.37	102.00	-137.63
1991	204.35	136.28	68.07	342.70	227.70	115.00	-138.35
1992	210.00	135.17	74.83	367.52	239.11	128.41	-157.52
1993	302.69	199.59	103.10	462.31	301.48	160.83	-159.62
1994	201.49	139.97	61.52	516.96	338.52	178.44	-315.47
1995	248.13	172.56	75.57	595.12	397.04	198.08	-346.99
1996	313.01	211.19	101.82	720.15	464.65	255.50	-407.14
1997	355.66	246.98	108.68	774.97	512.39	262.58	-419.31
1998	399.31	284.16	115.15	868.54	605.10	263.44	-469.23
1999	437.18	314.86	122.32	1003.77	693.84	309.93	-566.59
2000	475.54	347.35	128.19	1172.90	817.34	355.56	-697.36
2001	544.92	406.88	138.04	1608.60	1132.38	476.22	-1063.68
2002	594.66	449.83	144.83	1926.50	1426.71	499.79	-1331.84
2003	673.97	508.78	165.19	2109.30	1511.01	598.29	-1435.34
2004	825.78	637.72	188.06	2467.73	1749.48	718.25	-1641.95
2005	1026.35	800.56	225.79	3050.44	2158.08	892.36	-2024.08
2006	1281.04	981.34	299.70	3732.88	2613.53	1119.35	-2451.84
2007	1660.89	1297.14	363.75	4898.51	3461.27	1437.24	-3237.61
2008	2099.88	1650.05	449.83	6496.73	4635.88	1860.85	-4396.85
2009	2548.23	2002.30	545.93	8368.64	5798.07	2570.57	-5820.41
2010	3255.56	2532.74	722.82	10511.53	7088.57	3422.95	-7255.97
2011	4276.36	3299.54	976.81	13588.74	9283.00	4305.75	-9312.39
2012	5220.36	3978.32	1242.04	16070.80	10900.99	5169.81	-10850.44
2013	6013.42	4569.48	1443.95	17605.65	11891.69	5713.96	-11592.23
2014	6630.22	5012.43	1617.79	19395.46	12863.52	6531.94	-12765.24
2015	7044.69	5321.07	1723.62	21766.14	14643.30	7122.84	-14721.45
2016	7136.18	5415.29	1720.89	23615.49	15935.17	7680.31	-16479.31
2017	7262.06	5388.28	1873.78	25654.68	17130.44	8524.24	-18392.62

注：表列五个自治区，系指内蒙古自治区、广西壮族自治区、西藏自治区、宁夏回族自治区和新疆维吾尔自治区。
自治州、县系指除上述五个自治区以外各省所属的民族自治州、自治县。

6-2 民族自治地方分地区财政收入情况(2017年)

单位：亿元

地区	地方一般公共预算收入	#各项税收	#增值税	#企业所得税	#个人所得税
合计	**7262.06**	**4861.18**	**1856.12**	**509.96**	**265.75**
河北	51.27	36.25	20.53	4.83	2.15
内蒙古	1703.21	1286.91	365.32	128.82	56.22
辽宁	44.56	31.76	14.23	3.55	1.05
吉林	89.09	59.93	25.19	6.94	3.45
黑龙江	3.40	2.25	0.24	0.38	0.06
浙江	7.01	5.92	1.22	1.16	1.07
湖北	85.32	60.03	15.68	5.20	3.96
湖南	132.84	148.13	14.62	3.99	1.76
广东	7.88	5.47	2.23	0.08	0.36
广西	1615.13	1057.69	428.99	127.75	50.19
海南	74.76	58.62	16.10	7.90	2.34
重庆	52.07	32.29	10.03	2.62	1.94
四川	199.95	107.49	51.72	14.54	4.75
贵州	375.21	265.90	107.28	33.37	12.37
云南	544.68	328.02	138.59	14.69	13.03
西藏	185.83	122.70	78.94	4.74	18.62
甘肃	33.69	15.70	7.94	1.22	0.57
青海	172.07	21.45	22.69	7.77	12.02
宁夏	417.59	270.30	125.42	26.14	15.05
新疆	1466.52	944.38	409.15	114.27	64.78

6-3 民族自治地方分地区财政支出情况(2017年)(一)

单位：亿元

地　区	地方一般公共预算支出	#一般公共服务	#教育	#科学技术
合　计	**25654.68**	**2635.35**	**4151.60**	**231.36**
河　北	166.94	14.16	29.11	0.81
内蒙古	4529.93	349.10	561.85	33.67
辽　宁	201.24	14.24	33.63	0.34
吉　林	483.07	33.31	60.89	2.39
黑龙江	27.18	1.98	3.69	0.08
浙　江	36.74	4.34	5.53	0.35
湖　北	400.53	42.10	73.68	4.09
湖　南	483.42	58.18	85.04	2.61
广　东	53.34	8.30	10.85	0.49
广　西	4908.55	455.35	920.20	60.04
海　南	239.25	25.16	39.48	1.94
重　庆	215.53	14.83	47.41	1.31
四　川	1122.37	116.32	196.04	4.40
贵　州	1470.86	178.48	330.72	26.09
云　南	2358.19	277.50	457.06	11.55
西　藏	1681.94	243.55	227.20	8.49
甘　肃	538.92	205.91	69.51	1.37
青　海	726.67	72.91	106.45	2.96
宁　夏	1372.78	86.15	170.65	25.55
新　疆	4637.24	433.47	722.59	42.81

6-3 民族自治地方分地区财政支出情况(2017年)(二)

单位：亿元

地 区	#文化体育与传媒	#社会保障和就业	#医疗卫生	#保障住房支出
合 计	**469.44**	**3283.46**	**1907.58**	**1087.50**
河 北	2.32	21.01	18.15	4.72
内 蒙 古	116.79	704.14	323.48	164.31
辽 宁	2.59	34.93	22.07	5.09
吉 林	11.62	79.77	30.66	14.43
黑 龙 江	0.29	3.43	2.15	0.99
浙 江	0.91	2.25	2.87	0.82
湖 北	6.67	55.30	45.30	17.01
湖 南	11.02	65.11	48.85	19.41
广 东	0.96	6.88	6.16	1.62
广 西	64.36	678.65	512.31	139.65
海 南	4.24	22.88	21.64	21.64
重 庆	2.82	23.25	23.18	6.82
四 川	13.78	102.99	104.81	26.39
贵 州	25.75	147.17	166.17	204.49
云 南	30.63	336.63	262.54	104.86
西 藏	44.93	155.86	93.80	
甘 肃	9.63	60.60	41.08	28.78
青 海	16.91	94.28	57.69	31.68
宁 夏	22.82	162.32	97.98	60.32
新 疆	80.40	526.00	26.71	234.48

主要统计指标解释

一般公共预算收入 指国家财政参与社会产品分配所取得的收入，是实现国家职能的财力保证。主要包括：(1) 各项税收：包括国内增值税、国内消费税、进口货物增值税和消费税、出口货物退增值税和消费税、营业税、企业所得税、个人所得税、资源税、城市维护建设税、房产税、印花税、城镇土地使用税、土地增值税、车船税、船舶吨税、车辆购置税、关税、耕地占用税、契税、烟叶税等。(2) 非税收入：包括专项收入、行政事业性收费、罚没收入和其他收入。财政收入按现行分税制财政体制划分为中央本级收入和地方本级收入。

一般公共预算支出 指国家财政将筹集起来的资金进行分配使用，以满足经济建设和各项事业的需要。主要包括：一般公共服务、外交、国防、公共安全、教育、科学技术、文化体育与传媒、社会保障和就业、医疗卫生与计划生育、节能环保、城乡社区、农林水、交通运输、资源勘探信息等、商业服务业等、金融、援助其他地区、国土海洋气象等、住房保障、粮油物资储备、政府债务付息等方面的支出。财政支出根据政府在经济和社会活动中的不同职权，划分为中央财政支出和地方财政支出。

七、人民生活

7–1 民族自治地方分地区城镇居民生活水平情况(2017年)(一)

单位：元

地区	城镇居民人均可支配收入	城镇居民人均消费支出	#食品	#衣着	#居住
合计	**30355.76**	**19330.69**	**5840.91**	**1561.72**	**3629.10**
河北	28009.27	16709.20	4624.77	1761.24	2614.22
内蒙古	35670.00	23638.00	6469.00	2577.00	4108.00
辽宁	14136.41	9262.23	2417.87	1708.87	1102.87
吉林	24591.39	5215.37	1633.35	639.90	929.87
黑龙江	21159.00	16504.00	4419.00	1908.00	2086.00
浙江	33618.00	22892.00	7165.00	2107.00	5403.00
湖北	26665.73	18771.42	6144.20	1704.60	3741.18
湖南	22239.47	13549.53	4119.32	1014.71	2784.83
广东	23003.92	14964.11	5938.70	751.43	2286.47
广西	30502.00	18348.56	6098.52	908.12	3884.55
海南	27548.20	17794.78	9522.27	926.78	1530.84
重庆	27504.41	16349.26	5792.95	2066.11	3175.32
四川	28621.09	18879.98	6670.23	1437.17	2993.79
贵州	27437.86	16870.47	4906.73	1346.29	3305.72
云南	29509.73	17045.49	5330.41	1128.95	3262.97
西藏	30671.00	21088.00	9254.00	1973.00	4184.00
甘肃	20847.44	13463.68	4593.98	1485.12	2604.37
青海	27929.11	18885.76	5456.60	1794.50	3114.65
宁夏	29472.28	20219.00	4952.00	1768.06	3680.34
新疆	30775.00	22797.00	6360.00	2025.00	3955.00

7-1 民族自治地方分地区城镇居民生活水平情况(2017年)(二)

单位：元

地　　区	#家庭设备及服务	#医疗保健支出	#交通和通讯	#娱乐教育文化服务
合　　计	**1273.16**	**1461.86**	**2855.20**	**2202.55**
河　　北	990.26	1374.60	2490.34	1946.24
内 蒙 古	1670.00	1907.00	3511.00	2637.00
辽　　宁	812.93	638.52	1123.41	1457.76
吉　　林	362.08	494.00	613.34	452.34
黑 龙 江	650.00	2526.00	3873.00	1042.00
浙　　江	1144.00	3007.00	2070.00	1399.00
湖　　北	1202.53	1376.93	1991.03	2133.24
湖　　南	781.31	845.23	1418.96	2253.74
广　　东	846.55	1059.45	1702.34	1756.53
广　　西	1093.29	1254.24	2607.31	2151.53
海　　南	1250.76	693.87	1987.04	1456.47
重　　庆	1161.91	951.33	1413.69	1561.19
四　　川	1456.23	1069.63	2386.94	1743.14
贵　　州	1067.74	928.07	2915.69	2024.01
云　　南	1128.97	1273.84	2707.21	1847.93
西　　藏	1162.00	640.00	2314.00	1044.00
甘　　肃	1258.25	863.76	1413.25	1118.12
青　　海	1234.19	1527.66	2451.75	1885.19
宁　　夏	1257.00	1936.64	3470.90	2630.00
新　　疆	1590.00	2066.00	3545.00	2629.00

7-2 民族自治地方分地区农村居民生活水平情况(2017年)(一)

单位：元

地 区	农村居民人均可支配收入	农村居民人均消费支出	#食 品	#衣 着	#居 住
合 计	**10544.19**	**8790.25**	**2933.07**	**488.44**	**1704.08**
河 北	9326.89	7898.88	2483.06	540.65	1434.20
内蒙古	12584.00	12184.00	3385.00	842.00	2194.00
辽 宁	13522.02	9214.42	2622.71	543.62	1684.39
吉 林	11113.68	4517.66	1343.79	353.64	680.30
黑龙江	12356.00	8402.00	2378.00	688.00	533.00
浙 江	16503.00	12832.00	5309.00	703.00	2803.00
湖 北	9593.97	8017.52	3099.44	540.74	1555.10
湖 南	8184.04	7339.27	2521.56	382.51	1413.87
广 东	12471.58	10533.45	4092.57	345.91	2220.25
广 西	11325.00	9437.00	3043.00	287.00	2120.00
海 南	11775.00	7935.12	4007.59	252.30	1046.63
重 庆	10094.85	8670.42	3620.22	560.73	1518.53
四 川	11264.53	8796.01	3991.13	574.07	1401.44
贵 州	8829.73	8194.44	2366.17	426.69	1729.00
云 南	9764.51	7183.16	2488.17	317.83	1253.83
西 藏	10330.00	6691.00	3284.00	736.00	947.00
甘 肃	6538.67	7527.79	4190.47	421.86	1122.48
青 海	9334.07	10183.42	3474.19	871.59	2176.83
宁 夏	10738.00	9982.10	2522.00	718.60	1958.70
新 疆	11045.00	8713.00	2667.00	710.00	1660.00

7–2 民族自治地方分地区农村居民生活水平情况(2017年)(二)

单位：元

地　　区	#家庭设备及服务	#医疗保健支出	#交通和通　讯	#娱乐教育文化服务
合　　计	**472.12**	**785.24**	**1254.41**	**989.00**
河　　北	446.68	964.97	1064.76	786.42
内 蒙 古	522.00	1288.00	2056.00	1639.00
辽　　宁	386.03	970.34	1561.73	1252.42
吉　　林	270.52	614.71	578.78	558.91
黑 龙 江	458.00	1308.00	2240.00	797.00
浙　　江	590.00	786.00	1385.00	1070.00
湖　　北	555.09	697.20	691.53	740.29
湖　　南	425.45	546.09	698.77	1194.27
广　　东	535.92	628.90	1755.47	942.08
广　　西	495.00	931.00	1288.00	1128.00
海　　南	421.00	662.75	747.24	717.64
重　　庆	602.13	542.47	845.30	808.36
四　　川	503.36	469.88	891.82	655.94
贵　　州	513.11	491.87	1275.48	1100.64
云　　南	388.35	589.64	1155.13	900.92
西　　藏	434.00	147.00	794.00	239.00
甘　　肃	367.80	457.44	582.97	350.84
青　　海	710.81	944.83	1268.41	799.33
宁　　夏	574.00	1131.20	1675.30	1212.00
新　　疆	408.00	971.00	1421.00	747.00

7–3 民族自治地方分地区城乡居民储蓄存款年末余额(2017年)

单位：亿元

地　区	城乡居民储蓄存款年末余额
合　计	**42317.88**
河　北	694.92
内蒙古	
辽　宁	995.63
吉　林	1298.78
黑龙江	48.74
浙　江	46.38
湖　北	958.83
湖　南	1152.29
广　东	108.40
广　西	13761.04
海　南	414.79
重　庆	549.97
四　川	1588.12
贵　州	2869.52
云　南	5197.80
西　藏	
甘　肃	1135.54
青　海	754.24
宁　夏	2340.36
新　疆	8402.52

主要统计指标解释

居民可支配收入 指居民可用于最终消费支出和储蓄的总和，即居民可用于自由支配的收入。既包括现金收入，也包括实物收入。按照收入的来源，可支配收入包含四项，分别为：工资性收入、经营净收入、财产净收入和转移净收入。

工资性收入 指就业人员通过各种途径得到的全部劳动报酬和各种福利，包括受雇于单位或个人、从事各种自由职业、兼职和零星劳动得到的全部劳动报酬和福利。

经营净收入 指住户或住户成员从事生产经营活动所获得的净收入，是全部经营收入中扣除经营费用、生产性固定资产折旧和生产税之后得到的净收入。计算公式为：

经营净收入=经营收入-经营费用-生产性固定资产折旧-生产税

财产净收入 指住户或住户成员将其所拥有的金融资产、住房等非金融资产和自然资源交由其他机构单位、住户或个人支配而获得的回报并扣除相关的费用之后得到的净收入。财产净收入包括利息净收入、红利收入、储蓄性保险净收益、转让承包土地经营权租金净收入、出租房屋净收入、出租其他资产净收入和自有住房折算净租金等。财产净收入不包括转让资产所有权的溢价所得。

转移净收入 计算公式为：转移净收入=转移性收入-转移性支出

转移性收入 指国家、单位、社会团体对住户的各种经常性转移支付和住户之间的经常性收入转移。包括养老金或退休金、社会救济和补助、政策性生产补贴、政策性生活补贴、救灾款、经常性捐赠和赔偿、报销医疗费、住户之间的赡养收入，本住户非常住成员寄回带回的收入等。转移性收入不包括住户之间的实物馈赠。

转移性支出 指调查户对国家、单位、住户或个人的经常性或义务性转移支付。包括缴纳的税款、各项社会保障支出、赡养支出、经常性捐赠和赔偿支出以及其他经常转移支出等。

居民消费支出 指居民用于满足家庭日常生活消费需要的全部支出，既包括现金消费支出，也包括实物消费支出。消费支出可划分为食品烟酒、衣着、居住、生活用品及服务、交通通信、教育文化娱乐、医疗保健以及其他用品及服务八大类。

食品烟酒 指用于各种食品和烟草、酒类的支出。

衣着 指与居民穿着有关的支出，包括服装、服装材料、鞋类、其他衣类及配件、衣着相关加工服务的支出。

居住 指与居住有关的支出，包括房租、水、电、燃料、物业管理等方面的支出，也包括自有住房折算租金。

生活用品及服务 指家庭及个人的各类生活品及家庭服务。包括家具及室内装饰品、家用器具、家用纺织品、家庭日用杂品、个人用品和家庭服务。

交通通信 指用于交通和通信工具及相关的各种服务费、维修费和车辆保险等支出。

教育文化娱乐 指用于教育、文化和娱乐方面的支出。

医疗保健 指用于医疗和保健的药品、用品和服务的总费用。包括医疗器具及药品，以及医疗服务。

其他用品及服务 指无法直接归入上述各类支出的其他用品与服务支出。

居民储蓄存款余额 指城乡居民在某一时点上在银行和其他金融机构的本（人民币）、外币储蓄存款总额。不包括居民的手存现金和工矿企业、部队、机关、团体等单位存款。

八、城市概况

8-1 民族自治地方分地区城市情况(2017年)

地 区	城市数（个）	#地级市	#县级市
合 计	**115**	**38**	**77**
河 北			
内 蒙 古	20	9	11
辽 宁			
吉 林	6		6
黑 龙 江			
浙 江			
湖 北	2		2
湖 南	1		1
广 东			
广 西	21	14	7
海 南			
重 庆			
四 川	3		3
贵 州	4		4
云 南	12		12
西 藏	6	6	
甘 肃	2		2
青 海	3		3
宁 夏	7	5	2
新 疆	28	4	24

8–2 民族自治地方分地区城市市区情况(2017年)

地　区	市区面积（平方公里）	市区人口（万人）	市区暂住人口（万人）
合　计	**781159.56**	**5866.53**	**925.41**
河　北			
内蒙古	147077.45	982.27	236.20
辽　宁			
吉　林	27270.36	170.25	16.69
黑龙江			
浙　江			
湖　北	8572.82	174.64	9.28
湖　南	1093.30	34.77	3.78
广　东			
广　西	68539.76	2392.78	252.16
海　南			
重　庆			
四　川	20780.20	85.95	24.46
贵　州	8196.29	227.30	10.60
云　南	44688.59	477.84	61.73
西　藏	31300.51	57.70	39.38
甘　肃			
青　海	162250.50	45.68	10.56
宁　夏	22931.42	339.08	66.94
新　疆	238458.36	878.27	193.63

8-3 民族自治地方分地区城市城区面积和人口情况(2017年)

地　区	城区面积 (平方公里)	城区人口 (万人)	城区暂住人口 (万人)
合　计	**19253.05**	**2956.16**	**836.80**
河　北			
内蒙古	4884.54	670.09	220.61
辽　宁			
吉　林	473.10	113.93	12.55
黑龙江			
浙　江			
湖　北	185.00	42.73	5.99
湖　南	48.00	25.70	3.40
广　东			
广　西	5789.43	896.60	232.33
海　南			
重　庆			
四　川	775.87	44.79	18.70
贵　州	526.66	107.00	8.25
云　南	593.24	186.56	49.54
西　藏	603.22	36.75	37.58
甘　肃			
青　海	161.15	27.61	5.08
宁　夏	2119.18	231.21	62.20
新　疆	3093.66	573.19	180.57

8-4 民族自治地方分地区城市用地情况(2017年)

地　区	建成区面积(平方公里)	城市建设用地(平方公里)
合　计	**5367.44**	**5115.61**
河　北		
内蒙古	1269.16	1202.73
辽　宁		
吉　林	127.82	120.24
黑龙江		
浙　江		
湖　北	55.00	54.90
湖　南	38.00	30.80
广　东		
广　西	1413.65	1372.12
海　南		
重　庆		
四　川	54.60	49.85
贵　州	177.69	166.76
云　南	315.87	295.62
西　藏	147.56	124.84
甘　肃		
青　海	72.09	70.09
宁　夏	452.42	396.88
新　疆	1243.58	1230.78

8–5 民族自治地方分地区城市供水、液化气供气情况(2017年)

地　　区	城市供水综合生产能力(万立方米/日)	供水管道长度(公里)	城市液化石油气储气能力(吨)	液化石油气供气总量(吨)
合　　计	**2376.42**	**54771.31**	**103991.56**	**128.73**
河　　北				
内 蒙 古	427.31	9303.70	7023.30	52364.34
辽　　宁				
吉　　林	48.49	1332.34	2095.50	38452.60
黑 龙 江				
浙　　江				
湖　　北	24.00	820.05	450.00	1285.01
湖　　南	13.00	683.60	100.00	2450.00
广　　东				
广　　西	701.37	18527.67	68356.96	264065.62
海　　南				
重　　庆				
四　　川	19.99	738.50	3267.00	8783.00
贵　　州	39.36	2571.30	6766.85	18819.50
云　　南	97.44	5039.83	3187.65	23286.23
西　　藏	67.48	1639.71	2411.30	6059.16
甘　　肃				
青　　海	43.52	1223.60	1919.00	3268.89
宁　　夏	155.59	2684.94	4282.00	8911.09
新　　疆	738.87	10206.07	4132.00	68362.84

8–6 民族自治地方分地区城市道路情况(2017年)

地　区	城市道路长度（公里）	城市道路面积（万平方米）
合　计	**35440.07**	**74033.42**
河　北		
内蒙古	10034.91	21276.74
辽　宁		
吉　林	919.32	1522.50
黑龙江		
浙　江		
湖　北	316.32	427.84
湖　南	453.10	994.48
广　东		
广　西	9063.73	19820.59
海　南		
重　庆		
四　川	386.81	606.05
贵　州	828.99	1783.60
云　南	2226.89	4221.84
西　藏	687.87	1092.73
甘　肃		
青　海	384.90	1017.40
宁　夏	2273.18	6361.37
新　疆	7864.05	14908.28

8-7 民族自治地方分地区城市绿化面积（2017年）

地区	绿化覆盖面积（公顷）	建成区	绿地面积（公顷）	建成区
合计	**330562.29**	**209787.84**	**290577.86**	**190568.82**
河北				
内蒙古	71490.66	51049.84	67171.36	47172.21
辽宁				
吉林	5350.32	4871.74	4721.91	4376.86
黑龙江				
浙江				
湖北	2661.64	2152.04	2420.04	1869.04
湖南	1747.64	1523.00	1642.00	1351.50
广东				
广西	97094.63	55297.51	88788.88	48306.25
海南				
重庆				
四川	1953.92	1920.82	1901.71	1901.71
贵州	22698.08	5375.98	6489.63	4945.14
云南	17003.36	12243.00	14935.36	10802.06
西藏	5412.20	5136.20	5238.45	5040.45
甘肃				
青海	2146.70	2060.58	2001.06	1897.67
宁夏	28455.05	18438.25	26346.15	17501.58
新疆	74548.09	49718.88	68921.31	45404.35

8–8 民族自治地方分地区城市公园情况(2017年)

地区	公园绿地面积（公顷）	公园个数（个）	公园面积（公顷）
合计	**54850.60**	**1170**	**40181.57**
河北			
内蒙古	17511.20	296	14929.42
辽宁			
吉林	1387.23	33	782.45
黑龙江			
浙江			
湖北	480.20	30	400.00
湖南	342.60	5	98.00
广东			
广西	14024.59	254	10295.84
海南			
重庆			
四川	655.34	38	726.00
贵州	1030.09	33	1102.14
云南	2939.04	145	2390.52
西藏	434.70	36	355.00
甘肃			
青海	359.27	8	240.00
宁夏	5714.23	78	3048.16
新疆	9972.11	214	5814.04

8-9 民族自治地方分地区城市环境卫生情况(2017年)

地　区	生活垃圾处理量（万吨）	垃圾无害化处理厂(场)数（万吨）	公厕数（座）
合　计	**1585.52**	**1532.36**	**13689**
河　北			
内蒙古	366.99	366.99	6448
辽　宁			
吉　林	45.11	19.38	360
黑龙江			
浙　江			
湖　北	19.29	19.29	132
湖　南	10.60	10.60	65
广　东			
广　西	437.99	437.99	1552
海　南			
重　庆			
四　川	24.22	22.76	248
贵　州	44.33	44.33	215
云　南	102.83	102.47	1163
西　藏	44.37	44.37	360
甘　肃			
青　海	20.31	19.62	113
宁　夏	115.65	115.65	745
新　疆	353.83	328.91	2288

8-10 民族自治地方分地区城市市政公用设施水平情况(2017年)(一)

地 区	人口密度（人/平方公里）	人均日生活用水量（升）	用水普及率（%）	燃气普及率（%）
合 计	**1970**	**187.49**	**96.84**	**92.08**
河 北				
内蒙古	1824	114.51	99.10	96.01
辽 宁				
吉 林	2673	130.21	88.27	88.87
黑龙江				
浙 江				
湖 北	2634	161.63	93.37	89.55
湖 南	6063	230.90	88.32	81.10
广 东				
广 西	1950	257.18	97.63	97.80
海 南				
重 庆				
四 川	818	204.41	77.84	61.98
贵 州	2188	141.58	94.62	76.38
云 南	3980	161.05	93.97	61.02
西 藏	1232	265.71	92.80	56.77
甘 肃				
青 海	2029	250.92	94.86	92.05
宁 夏	1385	177.25	95.65	91.68
新 疆	2436	186.98	98.75	98.32

8-10 民族自治地方分地区城市市政公用设施水平情况(2017年)(二)

地　区	建成区供水管道密度（公里/平方公里）	人均道路面积（平方米）	建成区排水管道密度（公里/平方公里）	人均公园绿地面积（平方米）
合　计	**9.46**	**19.52**	**6.27**	**14.46**
河　北				
内蒙古	7.08	23.89	5.88	19.66
辽　宁				
吉　林	9.43	12.04	7.89	10.97
黑龙江				
浙　江				
湖　北	14.91	8.78	4.93	9.86
湖　南	17.99	34.17	0.42	11.77
广　东				
广　西	12.95	17.56	8.69	12.42
海　南				
重　庆				
四　川	13.53	9.55	7.03	10.32
贵　州	8.9	15.48	3.55	8.94
云　南	12.4	17.88	9.35	12.45
西　藏	10.72	14.70	2.73	5.85
甘　肃				
青　海	12.10	31.12	6.48	10.99
宁　夏	5.38	21.68	3.68	19.48
新　疆	7.76	19.78	4.93	13.23

8-10 民族自治地方分地区城市市政公用设施水平情况(2017年)(三)

地　区	建成区绿化覆盖率(%)	建成区绿地率(%)	生活垃圾处理率(%)	生活垃圾无害化处理率(%)
合　计	**39.09**	**35.5**	**97.94**	**94.66**
河　北				
内蒙古	40.22	37.17	99.41	99.41
辽　宁				
吉　林	38.11	34.24	89.52	38.46
黑龙江				
浙　江				
湖　北	39.13	33.98	100.00	100.00
湖　南	40.08	35.57	100.00	100.00
广　东				
广　西	39.12	34.17	99.92	99.92
海　南				
重　庆				
四　川	35.18	34.83	99.55	93.55
贵　州	30.25	27.83	91.60	91.60
云　南	38.76	34.20	99.94	99.59
西　藏	34.81	34.16	95.42	95.42
甘　肃				
青　海	28.58	26.32	96.63	93.38
宁　夏	40.75	38.68	99.16	99.16
新　疆	39.98	36.51	95.28	88.57

主要统计指标解释

供水管道长度 指从送水泵至用户水表之间所有管道的长度。不包括新安装尚未使用、水厂内以及用户建筑物内的管道。

供水总量 指报告期供水企业（单位）供出的全部水量。包括有效供水量和漏损水量。

用水普及率 指报告期末城区内用水人口与总人口的比率。计算公式为：

$$\text{用水普及率}=\frac{\text{城区用水人口（含暂住人口）}}{\text{城区人口}+\text{城区暂住人口}}\times 100\%$$

供气管道长度 指报告期末人工燃气生产厂制气、净化、输送等环节的综合生产能力，不包括备用设备能力。一般按设计能力计算，当实际生产能力大于设计能力时，应按实际测定的生产能力计算。测定时应以制气、净化、输送三个环节中最薄弱的环节为主。

供气总量 指报告期燃气企业（单位）向用户供应的燃气数量。包括销售量和损失量。

燃气普及率 指报告期末城区内使用燃气的人口与总人口的比率。

$$\text{燃气普及率}=\frac{\text{城区用气人口（含暂住人口）}}{\text{城区人口}+\text{城区暂住人口}}\times 100\%$$

城市道路 指城市供车辆、行人通行的，具备一定技术条件的道路、桥梁、隧道及其附属设施。城市道路由车行道和人行道等组成。在统计时只统计路面宽度在 3.5 米（含 3.5 米）以上的各种铺装道路，包括开放型工业区和住宅区道路在内。

道路长度 指道路长度和与道路相通的桥梁、隧道的长度，按车行道中心线计算。

道路面积 道路实际铺装面积和与道路相通的广场、桥梁、隧道的铺装面积（统计时，将车行道面积、人行道面积分别统计）。

人行道面积按道路两侧面积相加计算，包括步行街和广场，不含人车混行的道路。

建成区面积 城市行政区内实际已成片开发建设、市政公用设施和公共设施基本具备的区域。对核心城市，它包括集中连片的部分以及分散的若干个已经成片建设起来，市政公用设施和公共设施基本具备的地区组成。因此建成区范围，一般是指建成区外轮廓线所能包括的地区，也就是这个城市实际建设用地所达到的范围。

绿地面积 指报告期末建成区内用作园林和绿化的各种绿地面积。包括公园绿地、生产绿地、防护绿地、附属绿地的面积。

其中：**公园绿地** 指向公众开放的、以游憩为主要功能，有一定游憩设施的绿地。

人口密度 指建成区范围内的人口疏密程度。

计算公式：

$$\text{建成区人口密度（人/平方公里）}=\frac{\text{建成区常住人口（人）}}{\text{建成区面积（公顷）}}\times 100$$

人均日生活用水量 指用水人口平均每天的生活用水量。计算公式：

$$\text{建成区人均日生活用水量（升/人）}=\frac{\text{建成区年生活用水量（万立方米）}}{\text{建成区用水人口（人）}}\div 365\times 10^{7}$$

人均公园绿地面积 指报告期末建成区范围内平均每人拥有的公园绿地面积。

计算公式：

$$\text{建成区人均公园绿地面积（平方米/人）}=\frac{\text{建成区公园绿地面积（公顷）}}{\text{建成区常住人口（人）}}\times 10^{4}$$

建成区绿化覆盖率 指报告期末建成区范围内绿化覆盖面积与建成区面积的比率。

计算公式：

$$\text{建成区绿化覆盖率(\%)}=\frac{\text{建成区绿化覆盖面积（公顷）}}{\text{建成区面积（公顷）}}\times 100\%$$

建成区绿化率 指报告期末镇（乡）建成区范围内绿地面积与建成区面积的比率。

计算公式：

$$\text{建成区绿地率(\%)}=\frac{\text{建成区绿地面积（公顷）}}{\text{建成区面积（公顷）}}\times 100\%$$

生活垃圾处理率 指报告期建成区范围内生活垃圾处理量与生活垃圾产生量的比率。

计算公式：

$$\text{建成区生活垃圾处理率(\%)}=\frac{\text{建成区生活垃圾处理量（吨）}}{\text{建成区生活垃圾产生量（吨）}}\times 100\%$$

生活垃圾无害化处理率 指报告期建成区范围内生活垃圾无害化处理量与生活垃圾产生量的比率。

计算公式：

$$\text{建成区生活垃圾无害化处理率(\%)}=\frac{\text{建成区生活垃圾无害化处理量（吨）}}{\text{建成区生活垃圾产生量（吨）}}\times 100\%$$

由于生活垃圾产生量不易取得，用清运量代替。

九、资源和环境

9-1 民族自治地方自然资源及状况(2017年)

项　　目	2017年	民族自治地方占全国比重(%)
土地资源		
土地总面积(万平方公里)	612	63.7
耕地面积(千公顷)(2016)	31930.30	23.7
草原面积(千公顷)(2017)	285793.07	72.8
#可利用草原面积(2014)	236682.10	71.5
森林资源		
森林面积(万公顷)	9036.14	43.5
森林蓄积量(亿立方米)	64.97	0.004
水资源		
水资源总量(亿立方米)	12517	43.5
人均水资源量(立方米/人)	6331.69	305.2
主要矿产资源基础储量		
煤(亿吨)	893.95	35.9
铁矿石(亿吨)	31.34	15.6
硫铁矿(万吨)	33126.56	25.9
石油(万吨)	78808.50	22.5
天然气(亿立方米)	21519.30	39.6
铜矿 (万吨)	1255.23	47.9
铝土矿(万吨)	64958.15	64.3
锰矿(万吨)	24602.25	79.3
铬矿(万吨)	261.30	64.2
铅矿(万吨)	1190.63	65.8
锌矿(万吨)	3064.77	69.0
高岭土(万吨)	47925.89	69.2

9-2 民族自治地方分地区面积(2017年)

地　区	*总面积（平方公里）	#民族自治地方面积	民族自治地方面积占总面积（%）	民族自治地方人口密度（人/平方公里）
全国总计	**9600000**	**6117462**	**63.72**	
合　计	8362920	6117462	73.15	22.65
河　北	187700	23994	12.78	10.81
内蒙古	1183000	1183000	100.00	21.37
辽　宁	145900	34277	23.49	22.25
吉　林	187400	53578	28.59	17.09
黑龙江	454600	6176	1.36	0.55
浙　江	101800	1950	1.92	1.69
湖　北	185900	29613	15.93	24.77
湖　南	211800	30886	14.58	23.59
广　东	177900	4820	2.71	2.95
广　西	236000	236000	100.00	206.99
海　南	33920	11469	33.81	51.66
重　庆	82400	14532	17.64	33.57
四　川	485000	305965	63.09	16.15
贵　州	176000	97844	55.59	101.86
云　南	394000	275546	69.94	60.52
西　藏	1228400	1228400	100.00	2.74
甘　肃	454000	174726	38.49	8.16
青　海	721200	688686	95.49	5.28
宁　夏	66000	66000	100.00	103.30
新　疆	1650000	1650000	100.00	14.82

注：1.合计为全国民族自治地方面积合计数。
　　2.总面积为全省区面积数。

9–3 流经民族自治地方主要河流及流域面积

流域名称	流域面积（平方公里）
外流河	
黑龙江及绥芬河	934802
辽河、鸭绿江及沿海诸河	314146
黄河	752773
长江	1782715
元江及澜沧江	240389
怒江及滇西诸河	157392
雅鲁藏布江及藏南诸河	387550
藏西诸河	58783
额尔齐斯河	48779
内陆河	
内蒙内陆河	311378
河西内陆河	469843
准噶尔内陆河	323621
中亚细亚内陆河	77757
塔里木内陆河	1079643
青海内陆河	321161
羌唐内陆河	730077
松花江、黄河、藏南闭流区	42271

9–4 民族自治地方主要山脉基本情况

名　称	山峰高程（米）	雪线高程（米）	冰川面积（平方公里）
阿尔泰山	4374	3000—3200	287
天山	7435	3600—4400	9548
祁连山	5826	4300—5240	2063
帕米尔	7579		2258
昆仑山			11639
喀喇昆仑山	8611	5100—5400	3265
唐古拉山	6137		2082
羌塘高原	6596		3566
念青唐古拉山	7111	4500—5700	7536
横断山	7556	4600—5500	1456
喜玛马拉雅山	8844	4300—6200	11055
冈底斯山	7095	5800—6000	2188

9–5 民族自治地方主要城市气候情况(2017年)

城市	年平均气温(摄氏度)	年平均相对湿度(%)	年降水量(毫米)	年日照时数(小时)
呼和浩特	7.7	44.0	325.3	2746.4
南宁	21.9	79.8	1548.7	1632.2
拉萨	9.8	35.8	550.6	3070.3
银川	11.0	47.4	211.3	2894.5
乌鲁木齐	8.3	58.6	309.7	2667.9

9–6 民族自治区水资源总量和总供水量(2017年)

地区	水资源总量(亿立方米)	#地表水资源量	#地下水资源量	人均水资源量(立方米/人)	总供水量(亿立方米)	地表水	地下水	其他
全国	**28761.2**	**27746.3**	**8309.6**	**2074.5**	**6043.4**	**4945.5**	**1016.7**	**81.2**
内蒙古	309.9	194.1	207.3	1227.5	188.0	99.2	85.3	3.4
广西	2388.0	2386.0	446.6	4912.1	284.9	273.1	10.5	1.4
西藏	4749.9	4749.9	1086.0	142311.3	31.4	27.8	3.6	
宁夏	10.8	8.7	19.3	159.2	66.1	60.3	5.5	0.2
新疆	1018.6	969.5	587.0	4206.4	552.3	440.9	109.8	1.6

注：水资源总量等于地表水资源量加地下水资源量减两者之间的重复计算水量。

9–7 民族自治区总用水量和人均生活用水量(2017年)

地区	总用水量(亿立方米)	农业	工业	生活	生态	人均生活用水量(立方米/人)
全国	**6043.4**	**3766.4**	**1277.0**	**838.1**	**161.9**	**435.9**
内蒙古	188.0	138.1	15.7	11.0	23.1	744.7
广西	284.9	195.8	46.0	40.2	3.0	586.0
西藏	31.4	26.9	1.5	2.7	0.2	940.8
宁夏	66.1	56.7	4.5	2.3	2.5	974.3
新疆	552.3	514.4	13.1	14.7	10.2	2280.8

9-8 民族自治地方分地区工业废水排放及处理情况和工业固体废物产生与综合利用情况(2017年)

单位：万吨

地　区	工业废水排放总量	工业固体废物产生量	工业固体废物综合利用量
合　计	**164709**	**61405**	**27648**
河　北	391	3531	149
内蒙古	35800	26669	12306
辽　宁	399	731	1133
吉　林	5355	1674	490
黑龙江	134	4	4
浙　江	3		
湖　北	205	18	16
湖　南	2219	561	383
广　东	892	8	3
广　西	63253	7023	4433
海　南	401	236	30
重　庆	242	199	72
四　川	887	122	90
贵　州	3461	1931	1317
云　南	22955	5269	1912
西　藏	481	401	
甘　肃	758	10	73
青　海	1		
宁　夏	10892	4877	1905
新　疆	15979	8142	3334

主要统计指标解释

自然资源 指人类可以直接从自然界获得，并用于生产和生活的物质资源。自然资源一般可以分成可再生资源和非再生资源两大类。可再生资源是指在较短时间内可以再生、可以循环利用的资源，包括土地资源、水资源、气候资源、生物资源和海洋资源等。非再生资源是指在使用后不能再生的资源，包括矿产资源和地热资源。

土地资源 土地指陆地的表层部分，主要由岩石、岩石的风化物和土壤构成。土地资源按利用类型可以分为农用地、建筑用地和未利用地。

森林资源 指森林、林木、林地以及依托森林、林木、林地生存的野生动物、植物和微生物。

森林面积 包括郁闭度 0.2 以上的乔木林地面积和竹林面积，国家特别规定的灌木林地面积，农田林网以及村旁、路旁、水旁、宅旁林木的覆盖面积。

森林蓄积量 指一定森林面积上存在着的林木树干部分的总材积。

水利资源 水在自然界中以固态、液态和气态三种聚集状态存在，分布于海洋、陆地（包括土壤）以及大气之中，通过水循环形成水利资源。水利资源包括经人类控制并直接可供灌溉、发电、给水、航运、养殖等用途的地表水和地下水，以及江河、湖泊、井、泉、潮汐、港湾和养殖水域等。水利资源是发展国民经济不可缺少的重要自然资源。

矿产资源 矿产资源指由地质作用形成的，具有利用价值的，呈固态、液态、气态的自然资源，是社会生产发展的重要物质基础。目前我国已发现矿种有170 多种，按其特点和用途，可分为能源矿产(如煤炭、石油、天然气、地热)、金属矿产(如铁矿、锰矿、铜矿、铅矿、铝土矿)、非金属矿产(如金刚石、石灰岩、粘土)和水气矿产(如地下水、矿泉水、二氧化碳气)四大类。其中：金属矿产按其物质成份和性质又可分为：黑色金属矿产、有色金属矿产、贵金属矿产、稀有金属矿产、稀土金属矿产、分散元素金属矿产六类。

矿产基础储量 基础储量是查明矿产资源的一部分。它能满足现行采矿和生产所需的指标要求，是控制的、探明的并通过可行性或预可行性研究认为属于经济的、边界经济的部分，用未扣除设计、采矿损失的数量表示。

气温 指空气的温度，我国一般以摄氏度（℃）为单位表示。气象观测的温度表是放在离地面 1.5 米处通风良好的百叶箱里测量温度的，因此，通常所说的气温指的是离地面 1.5 米处百叶箱中的温度。计算方法为：月平均气温是将全月各日的平均气温相加，除以的天数而得。年平均气温是将 12 个月的月平均气温累加后除以 12 而得。

降水量 指从天空降到地面的液态或固态（经融化后）水，未经蒸发、渗透、流失而在地面上积聚的深度。计算方法为：月降水量是将全月各日的降水量累加而得。年降水量是将 12 个月的降水量累加而得。

耕地 指种植农作物的土地，包括熟地，新开发、复垦、整理地，休闲地（含轮歇地、轮作地）；以种植农作物（含蔬菜）为主，间有零星果树、桑树或者其他树木的土地；平均每年能保证收获一季的已垦滩地和海涂。耕地中包括南方宽度<1.0 米，北方宽度<2.0 米固定的沟、渠、路和地坎（埂）；临时种植药材、草皮、花卉、苗木等的耕地，以及其他临时改变用途的耕地。

相对温度 指空气中实际所含水蒸气密度的百分比值。其统计计算方法与气温相同。

日照时数 指太阳实际照射地面的时间，通常以小时为单位表示。其统计方法与降水量相同。

流域 每条河都有自己的干流和支流，干支流共同组成这条河流的水系。每条河流都有自己的集水区域，这个集水区域就称为该河流的流域。

外流河 指直接或间接流入海洋的河流。供给外流河河水的区域称为外流区。

内陆河 指在陆地内部干燥地区，河水沿途消失于沙漠或注入内陆湖泊的河流。供给内陆河河水的区域称为内陆区。

工业固体废物产生量 指未被列入《国家危险废物名录》或者根据国家规定的危险废物鉴别标准（GB5085）、固体废物浸出方法（GB5086）及固体废物浸出毒性测定方法（GB/T 15555）鉴定方法判定不具有危险特性的工业固体废物。

工业固体废物综合利用量 指报告期内企业通过回收、加工、循环、交换等方式，将固体废物中提取或者使其转化为可以利用的资源、能源和其他原材料的固体废物量（包括当年利用的往年工业固体废物累计贮存量）。如用作农业肥料、生产建筑材料、筑路等。综合利用量由原产生固体的单位统计。

十、农 业

10–1 民族自治地方农村基层组织情况

年 份	乡镇个数 （个）	乡村人口 （万人）
1983	10129	10269
1984	17742	10444
1985	18429	10968
1986	19165	11198
1987	18776	11794
1988	11594	12034
1989	11792	12998
1990	11295	12358
1991	11149	12446
1992	11031	12511
1993	10501	12602
1994	10645	12652
1995	10491	12677
1996	9660	12495
1997	9943	12782
1998	9972	12544
1999	9630	12856
2000	9534	11414
2001	9045	12959
2002	8916	13027
2003	8747	13104
2004	8737	13243
2005	8275	13331
2006	7796	9193
2007	7743	13262
2008	7802	13362
2009	7757	11853
2010	7794	11087
2011	7832	11459
2012	7987	10885
2013	7906	10741
2014	7684	10082
2015	7678	10684
2016	7752	10838
2017	7653	10727

10–2 民族自治地方分地区农村基层组织情况(2017年)

地 区	乡镇个数(个)	村民委员会(个)	乡村人口(万人)	乡个数(个)	镇个数(个)
合 计	**7653**	**81127**	**10727**	**3818**	**3835**
河 北	117	1453	155	65	52
内蒙古	777	11053	960	272	505
辽 宁	149	1134	237	31	118
吉 林	111	1544	134	32	79
黑龙江	11	79	17	6	5
浙 江	19	254	14	15	4
湖 北	102	2581	361	38	64
湖 南	202	2866	324	71	131
广 东	23	219	37		23
广 西	1118	14258	2481	319	799
海 南	64	588	124	20	44
重 庆	127	918	194	55	72
四 川	1156	8387	619	867	289
贵 州	530	6845	1198	120	410
云 南	793	7065	1585	372	421
西 藏	685	5261	233	545	140
甘 肃	268	2379	275	153	115
青 海	336	3063	257	224	112
宁 夏	193	2260	286	90	103
新 疆	872	8920	1237	523	349

10-3 民族自治地方农、林、牧、渔业总产值及指数(一)

年 份	绝对数(亿元)				
	农林牧渔业总产值	#农业	#林业	#牧业	#渔业
1981					
1982					
1983					
1984					
1985					
1986					
1987					
1988	733.21	422.84	50.37	171.42	7.48
1989	653.47	372.19	45.26	156.61	7.11
1990					
1991	1070.63	612.22	71.14	291.41	19.88
1992	1208.49	675.72	85.39	336.87	27.51
1993	1400.64	859.91	92.13	412.92	35.68
1994	1994.17	1210.66	111.28	615.86	56.37
1995	2536.60	1538.41	124.65	795.14	78.40
1996	2947.22	1796.40	137.89	918.38	94.55
1997	3175.11	1911.99	138.79	1014.52	109.81
1998	3210.06	1990.68	145.76	951.34	122.28
1999	3159.95	1898.60	157.68	974.90	128.77
2000	3199.77	1853.04	165.19	1038.43	143.12
2001	3327.71	1899.61	170.36	1110.98	146.77
2002	3501.22	1981.90	187.22	1179.83	152.26
2003	4014.59	2136.46	264.58	1342.09	166.64
2004	4803.39	2509.73	277.23	1708.31	193.54
2005	5349.47	2830.56	290.25	1900.65	210.20
2006	5905.76	3148.31	327.92	2073.17	229.49
2007	7104.18	3693.64	399.90	2552.73	263.07
2008	8260.45	4157.44	470.71	3103.73	306.18
2009	8670.89	4470.73	521.74	3118.90	331.07
2010	10374.44	5647.96	586.69	3506.11	379.30
2011	12125.67	6471.01	712.44	4185.01	467.53
2012	13631.28	7350.19	831.81	4595.38	530.13
2013	15012.66	8083.35	900.53	4972.54	586.22
2014	11352.35	6058.66	662.97	4145.15	249.08
2015	16881.48	9340.95	1006.57	5355.50	697.86
2016	17645.96	9708.26	987.20	5616.95	735.60
2017	18888.11	10109.89	1083.93	5715.48	799.99

注：1992年以前农业总产值包括副业，2003年执行新国民经济行业分类标准，总产值包括农林牧渔服务业产值。下表同。

10–3 民族自治地方农、林、牧、渔业总产值及指数(二)

年 份	指数(上年=100)				
	农林牧渔业总产值	#农业	#林业	#牧业	#渔业
1981	107.4	105.1	120.1	111.4	115.3
1982					
1983	107.8	106.7	111.9	106.4	114.6
1984	109.4	107.1	122.7	108.4	108.2
1985	110.8	108.1	114.2	116.3	120.2
1986	103.5	101.7	95.5	107.5	114.7
1987	105.7	106.1	99.4	105.4	113.4
1988	105.8	105.2	102.7	105.7	111.8
1989	106.1	104.8	107.1	108.7	113.0
1990	110.2	115.3	105.8	104.6	146.8
1991	105.9	99.5	130.2	124.0	145.4
1992	107.6	107.6	107.0	108.4	115.4
1993	105.1				
1994	107.1	104.9	106.2	109.8	134.2
1995	108.7	106.1	102.6	114.2	126.2
1996	109.0	108.2	102.2	111.2	118.4
1997	105.7	105.0	99.2	107.2	115.0
1998	106.9	110.4	105.1	99.7	114.1
1999	104.6	104.0	102.9	105.5	109.1
2000	101.9	99.1	103.7	106.6	106.1
2001	104.5	104.1	99.1	106.3	104.8
2002	105.4	105.2	108.7	105.5	104.0
2003	105.8				
2004	108.2				
2005	108.1	106.9	102.6	110.7	106.5
2006	107.4	106.4	109.0	108.0	107.5
2007	106.9	105.9	104.3	105.3	101.0
2008	107.6	107.1	111.8	108.1	105.5
2009	105.8	104.6	103.7	106.6	107.2
2010	106.8	106.3	98.7	106.9	106.0
2011	106.6	107.2	107.6	103.2	107.7
2012	106.5	107.1	107.5	106.0	107.1
2013	105.9	106.8	107.6	103.7	106.7
2014	105.4	105.3	106.3	105.4	106.8
2015	104.6	106.1	104.1	101.9	104.9
2016	104.4	104.8	102.4	103.4	105.0
2017	104.9	105.2	105.8	104.3	104.1

注：1992年以前农业总产值包括副业，2003年执行新国民经济行业分类标准，总产值包括农林牧渔服务业产值。下表同。

10-4 民族自治地方分地区农、林、牧、渔业总产值及指数(2017年)(一)

地区	绝对数(亿元)				
	农林牧渔业总产值	#农业	#林业	#牧业	#渔业
合计	**18888.11**	**10109.89**	**1083.93**	**5715.48**	**799.99**
河北	241.79	121.27	15.56	97.07	3.25
内蒙古	2822.45	1383.25	99.91	1260.95	31.30
辽宁	437.82	164.90	68.76	165.75	29.02
吉林	359.78	189.21	12.21	143.55	6.82
黑龙江	65.04	21.28	0.63	38.71	4.35
浙江	11.31	7.80	1.74	1.46	0.17
湖北	384.85	56.62	1.43	42.67	4.91
湖南	324.18	180.90	26.78	93.14	5.71
广东	36.16	20.96	7.03	5.46	0.64
广西	4742.76	2545.48	346.54	1136.33	500.55
海南	314.26	187.50	34.35	37.25	45.08
重庆	161.39	87.57	10.80	58.20	2.76
四川	703.23	348.41	36.88	297.25	6.77
贵州	1480.92	821.46	101.53	398.16	43.26
云南	2365.07	1209.60	230.52	806.04	69.46
西藏	178.16	78.44	2.95	92.17	0.33
甘肃	137.53	70.39	5.40	56.76	0.37
青海	277.40	99.81	16.97	143.57	3.41
宁夏	517.42	308.96	9.69	155.68	18.62
新疆	3326.60	2206.08	54.26	685.29	23.22

注：本表绝对数按当年价格计算，指数按可比价格计算。

10-4 民族自治地方分地区农、林、牧、渔业总产值及指数(2017年)(二)

地区	指数(上年=100)				
	农林牧渔业总产值	#农业	#林业	#牧业	#渔业
合计	**104.9**	**105.2**	**105.8**	**104.3**	**104.1**
河北	104.5	108.0	91.1	103.5	86.7
内蒙古	103.4	103.6	102.4	103.4	99.0
辽宁	97.9	93.8	106.6	99.4	96.5
吉林	104.8	103.1	109.9	111.3	107.7
黑龙江	118.1	93.8	111.5	110.2	119.8
浙江	103.4	102.7	107.3	102.1	103.1
湖北	104.8	109.6	102.5	103.1	112.4
湖南	104.3	104.1	107.1	104.7	102.5
广东	100.0	100.0	100.0	100.0	100.0
广西	104.4	105.3	105.1	101.4	104.2
海南	104.9	107.3	98.0	103.9	101.5
重庆	103.1	103.6	117.1	99.7	108.0
四川	103.9	105.7	107.1	101.4	104.2
贵州	106.5	107.6	107.4	105.1	104.3
云南	108.3	107.9	109.4	108.7	108.3
西藏	104.4	100.3	100.0	100.0	100.0
甘肃	105.0	104.3	99.1	105.5	104.6
青海	106.2	106.6	106.9	117.7	106.1
宁夏	104.5	103.6	93.1	107.2	105.8
新疆	105.1	105.0	108.4	104.2	109.7

注：本表绝对数按当年价格计算，指数按可比价格计算。

10-5 民族自治地方农、林、牧、渔业总产值构成

单位：%

年 份	农、林、牧、渔业总产值	农业	林业	牧业	副业	渔业
1980	100	65.94	4.82	22.17	6.62	0.45
1981	100	64.53	5.38	22.99	6.62	0.48
1982	100	62.11	6.78	22.02	8.37	0.72
1983	100	61.49	7.04	21.75	8.96	0.76
1984	100	60.20	7.90	21.56	9.59	0.75
1985	100	58.77	8.15	22.62	9.65	0.81
1986	100	57.75	7.51	23.49	10.35	0.90
1987	100	57.99	7.06	23.41	10.57	0.97
1988	100	57.67	6.87	23.38	11.06	1.02
1989	100	56.96	6.92	23.97	11.06	1.09
1990	100	59.60	6.65	22.75	9.55	1.45
1991	100	55.99	8.19	26.64	7.19	1.99
1992	100	56.02	8.13	26.84	6.68	2.15
1993	100	61.61	8.09	27.84		2.46
1994	100	60.03	8.03	28.55		3.08
1995	100	58.87	7.58	29.98		3.57
1996	100	58.43	7.11	30.58		3.88
1997	100	60.22	4.37	31.95		3.46
1998	100	62.01	4.54	29.64		3.81
1999	100	60.08	4.99	30.85		4.08
2000	100	57.91	5.16	32.45		4.47
2001	100	57.08	5.12	33.39		4.41
2002	100	56.60	5.35	33.70		4.35
2003	100	53.22	6.59	33.43	2.61	4.15
2004	100	52.25	5.77	35.56	2.39	4.03
2005	100	52.91	5.43	35.53	2.20	3.93
2006	100	53.31	5.55	35.10	2.15	3.89
2007	100	51.99	5.63	35.93	2.74	3.70
2008	100	50.33	5.70	37.57	2.69	3.71
2009	100	51.56	6.02	35.97	2.63	3.82
2010	100	54.44	5.66	33.80	2.44	3.66
2011	100	53.37	5.88	34.51	2.39	3.86
2012	100	53.92	6.10	33.71	2.38	3.89
2013	100	54.78	5.97	32.60	2.52	4.14
2014	100	53.37	5.84	36.51	2.08	2.19
2015	100	55.33	5.96	31.72	2.85	4.13
2016	100	55.02	5.59	31.83	3.39	4.17
2017	100	53.53	5.74	30.26	6.24	4.24

注：1.本表按当年价格计算。

2.2003年后，总产值包括农林牧渔业服务业。

10-6 民族自治地方分地区农、林、牧、渔业总产值构成(2017年)

(以农、林、牧、渔业和农林牧渔服务业总产值为100)

地　区	农业	林业	牧业	渔业
合　计	**53.53**	**5.74**	**30.26**	**4.24**
河　北	50.16	6.44	40.15	1.35
内蒙古	49.01	3.54	44.68	1.11
辽　宁	37.67	15.71	37.86	6.63
吉　林	52.59	3.39	39.90	1.89
黑龙江	32.72	0.96	59.52	6.69
浙　江	68.94	15.43	12.94	1.46
湖　北	14.71	0.37	11.09	1.28
湖　南	55.80	8.26	28.73	1.76
广　东	57.96	19.43	15.09	1.78
广　西	53.67	7.31	23.96	10.55
海　南	59.67	10.93	11.85	14.34
重　庆	54.26	6.69	36.06	1.71
四　川	49.54	5.24	42.27	0.96
贵　州	55.47	6.86	26.89	2.92
云　南	51.14	9.75	34.08	2.94
西　藏	44.03	1.65	51.73	0.18
甘　肃	51.19	3.93	41.27	0.27
青　海	35.98	6.12	51.76	1.23
宁　夏	59.71	1.87	30.09	3.60
新　疆	66.32	1.63	20.60	0.70

注：本表按当年价格计算。

10–7 民族自治地方耕地面积、总播种面积和粮食播种面积

单位：万公顷

年 份	耕地面积	总播种面积	#粮食播种面积	粮食播种面积占总播种面积比例（%）
1952	1347.97	1548.56	1344.16	86.80
1957	1536.43	1846.69	1568.33	84.93
1962	1629.33	1770.48	1531.27	86.49
1965	1672.33	1897.81	1637.43	86.28
1975	1635.47	1962.02	1659.29	84.57
1978	1639.60	2018.10	1674.34	82.97
1980	1657.56	1939.90	1583.71	81.64
1981	1650.33	1898.34	1544.39	81.35
1982	1651.91	1933.57	1561.88	80.78
1983	1685.61	1972.06	1609.35	81.61
1984	1661.42	1965.80	1576.22	80.18
1985	1747.06	2022.08	1542.37	76.28
1986	1697.07	2061.43	1579.60	76.63
1987	1698.51	2084.79	1622.16	77.81
1988	1725.04	2139.69	1619.59	75.69
1989	1751.54	2231.22	1685.37	75.54
1990	1763.39	2274.08	1717.69	75.53
1991	1743.00	2266.62	1666.78	73.54
1992	1766.25	2352.48	1697.90	72.17
1993	1776.09	2424.17	1341.07	55.32
1994	1805.89	2410.23	1281.97	53.19
1995	1508.00	2439.00	1726.78	70.80
1996	1804.98	2469.04	1742.38	70.57
1997	2069.84	2620.54	1832.01	69.91
1998	2068.50	2667.96	1862.78	69.82
1999	2095.99	2684.13	1831.14	68.22
2000	2086.44	2660.02	1754.33	65.95
2001	2062.60	2645.44	1721.52	65.07
2002	2006.63	2691.71	1719.73	63.89
2003	1967.68	2624.32	1614.21	61.51
2004	2048.18	2699.24	1660.58	61.52
2005	2033.13	2766.88	1695.65	61.28
2006	2087.60	2797.27	1696.06	60.63
2007	2287.60	2802.92	1718.69	61.32
2008	2302.55	2866.25	1746.29	60.93
2009	2306.86	2964.58	1854.66	62.56
2010	2380.48	3051.75	1911.16	62.63
2011	2375.66	3109.74	1912.17	61.49
2012	2374.57	3168.26	1922.39	60.68
2013	2589.61	3317.19	2026.51	61.09
2014	2130.12	3289.30	1986.87	60.40
2015	2555.67	3313.42	1969.82	59.45
2016	2770.95	3376.15	1974.87	58.49
2017	2844.43	3553.50	2141.05	60.25

10—8 民族自治地方分地区耕地面积和农作物播种面积（2017年）

单位：千公顷

地 区	年末实有耕地面积	农作物总播种面积	#粮 食	#油 料	#棉 花
合 计	**28444.27**	**35534.96**	**21410.54**	**2727.14**	**2232.78**
河 北	280.71	273.07	205.96	10.32	0.15
内蒙古	9259.00	9014.22	6780.92	1113.07	
辽 宁	635.72	614.67	502.79	61.95	
吉 林	824.48	761.10	730.57	55.26	
黑龙江	161.82	153.78	146.04	0.37	
浙 江	6.85	14.91	7.17	0.29	
湖 北	374.24	613.70	497.20	73.89	
湖 南	374.58	689.31	355.54	109.91	0.84
广 东	37.33	61.76	29.71	6.49	
广 西	4898.97	6164.70	2997.78	263.96	2.13
海 南	136.40	172.92	56.87	5.70	
重 庆	275.45	468.85	285.75	54.83	
四 川	769.19	1659.03	1300.59	44.65	
贵 州	1459.34	2464.84	1289.39	260.49	12.18
云 南	1824.00	4109.48	2552.34	170.13	0.01
西 藏	239.91	258.73	184.09	22.07	
甘 肃	315.60	348.79	253.72	56.77	
青 海	326.29	496.43	251.74	143.36	
宁 夏	1292.09	1132.60	722.50	33.30	
新 疆	4952.30	6062.07	2259.87	240.33	2217.47

10–9 民族自治地方主要农产品产量

单位：万吨

年 份	粮 食	棉 花	油 料	烟 叶	#烤烟	糖 料	甜 菜	甘 蔗
1949	1155.50	1.02						
1952	1581.50	3.14	21.47	1.90	1.90	109.52	0.16	109.36
1957	1882.50	5.98	28.79	3.68	3.68	156.86	24.48	132.38
1962	1717.50	3.02	13.03			62.13	12.41	49.72
1965	2217.00	8.87	27.49	5.47	5.47	271.99	39.43	232.56
1975	3069.50	5.39	32.01	10.62	10.62	417.70	56.83	360.87
1978	3123.50	5.97	36.15	12.29	12.29	578.46	65.68	512.78
1980	3300.10	8.33	36.68	8.53	8.53	694.20	133.14	561.06
1981	3371.00	11.73	106.79	17.33	13.51	855.15	127.21	727.94
1982	3744.15	15.21	129.40	27.58	21.51	1208.71	196.50	1012.21
1983	4026.64	16.83	140.51	17.72	13.61	1227.15	207.68	1019.47
1984	4114.67	20.92	153.95	26.22	20.79	1338.80	235.36	1103.44
1985	4006.33	19.36	192.82	46.40	33.72	1780.68	243.59	1537.09
1986	4065.04	22.40	198.79	31.32	23.15	1954.26	270.50	1683.76
1987	4338.74	28.58	175.58	35.14	26.66	2008.29	306.06	1702.23
1988	4361.40	28.26	174.16	51.67	41.43	2335.47	397.04	1938.43
1989	4662.37	29.80	169.33	53.65	42.29	2139.35	335.89	1803.46
1990	5372.98	47.37	208.13	48.76	39.30	2673.98	532.30	2141.68
1991	5516.37	65.24	230.06	63.69	51.96	3404.49	655.32	2749.17
1992	5612.34	67.89	235.23	85.11		3840.06	652.16	3187.90
1993	5157.09	68.93	226.29	90.50	77.08	3657.16	571.25	3085.91
1994	5092.17	89.14	242.91	60.79	49.36	4211.21	1080.18	3131.03
1995	5800.83	94.60	264.09	65.32	55.34	3317.69	613.93	2703.76
1996	6799.13	94.99	252.63	89.82	75.01	4560.67	722.92	3837.75
1997	6640.68	115.85	255.21	158.62		5190.36	822.67	4367.69
1998	7150.42	141.05	290.60	85.92				
1999	6873.84	136.14	332.87	68.57				
2000	6381.36	146.24	353.16	69.19				
2001	6492.55	157.66	313.36	63.34				
2002	6586.77	148.20	355.39	66.94		6656.91		
2003	6480.24	160.81	359.22	65.63		7972.26		
2004	6764.42	179.94	397.36	70.40		6446.32		
2005	7186.78	187.93	372.02	80.30		6511.64		
2006	7202.07	219.46	359.47	82.49		8074.50		
2007	7321.31	302.14	286.54	77.02		9905.47		
2008	7925.39	303.34	396.60	94.68		10427.56		
2009	8005.93	252.97	397.31	103.40		9389.06		
2010	8307.91	248.47	422.40	104.38		9118.30		
2011	8691.24	290.42	416.65	110.68		9360.30		
2012	9141.60	354.53	454.67	120.98		10097.28		
2013	9589.16	352.46	478.59	120.37		10381.90		
2014	9780.23	368.40	485.54	108.88		10497.37		
2015	9800.96	353.52	512.75	101.65		9935.36		
2016	9768.71	359.92	565.66	99.84		9848.52		
2017	10118.14	456.85	575.79	92.85		9649.54		

10–10 民族自治地方分地区主要农产品产量(2017年)

单位：万吨

地 区	粮 食	油 料	棉 花	麻 类	糖 料	烟 叶	茶 叶	水 果
合 计	**10118.14**	**575.79**	**456.85**	**2.07**	**9649.54**	**92.85**	**60.76**	**5248.77**
河 北	84.97	2.02	0.02			0.00		65.14
内蒙古	3254.50	240.70		0.73		0.62		322.88
辽 宁	232.21	10.77		0.04		0.72		28.44
吉 林	456.02	17.13				0.53		17.78
黑龙江	85.05	0.15			1.62			0.20
浙 江	3.87	0.05			0.00		0.23	1.10
湖 北	172.20	12.96				4.81	12.57	41.98
湖 南	176.04	16.29	0.04	0.02	2.60	3.86	0.48	186.57
广 东	13.79	1.89			0.31	0.16	0.10	5.02
广 西	1370.50	64.90	0.10	1.09	7611.69	2.91	7.33	1900.40
海 南	34.00	1.99			54.42	0.00	0.05	91.61
重 庆	129.55	10.49		0.15	0.02	2.59	0.88	13.80
四 川	279.60	8.48		0.01	6.94	12.33	1.24	164.90
贵 州	522.43	39.97	0.10	0.01	11.67	15.18	8.86	95.28
云 南	1106.18	28.17	0.00	0.01	1429.59	49.04	29.01	664.92
西 藏	106.50	5.90					0.01	0.16
甘 肃	106.45	8.53						15.81
青 海	129.52	28.75						2.00
宁 夏	370.05	6.94				0.09		210.60
新 疆	1484.70	69.70	456.60		530.68			1420.20

10-11 民族自治地方牲畜年末头(只)数及比重

年 份	牲畜总头数(万头/只)	大牲畜	猪	羊	比重(%) 大牲畜	猪	羊
1949	4108.00	1646.00	796.00	1666.00	40.07	19.38	40.55
1952	7606.50	2439.20	1136.90	4030.00	32.07	14.95	52.98
1957	9914.20	2926.30	1589.00	5398.90	29.52	16.03	54.45
1962	10424.60	2560.60	1255.30	6605.70	24.57	12.05	63.38
1965	14119.70	3372.90	2151.40	8595.40	23.89	15.24	60.87
1975	16226.95	3848.53	3031.85	9346.57	23.72	18.68	57.60
1978	16656.50	3807.20	3256.70	9579.60	22.87	19.58	57.55
1980	17168.30	3928.32	3286.26	9983.72	22.88	18.97	58.15
1981	17713.95	4057.86	3314.11	10314.98	22.91	18.71	58.38
1982	18026.93	4244.84	3635.67	10146.42	23.55	20.17	56.28
1983	17983.04	4339.77	3970.58	9672.69	24.13	22.08	53.79
1984	18198.34	4462.62	4047.20	9688.52	24.52	22.24	53.24
1985	19038.77	4748.79	4532.86	9757.12	24.94	23.81	51.25
1986	19808.61	4950.94	4869.33	9988.34	24.99	23.58	50.43
1987	20260.96	5046.00	4968.82	10246.14	24.91	24.52	50.57
1988	20938.16	5130.19	5085.00	10722.97	24.50	24.29	51.21
1989	21948.68	5229.87	5434.73	11284.08	23.83	24.76	51.41
1990	22312.78	5285.92	5668.05	11361.81	23.69	25.39	50.92
1991	22151.91	5308.61	5564.71	11278.59	23.96	25.12	50.91
1992	23039.85	5391.81	6726.06	10921.98	23.40	29.19	47.41
1993	22779.51	5429.58	6443.30	10926.63	23.81	28.26	47.93
1994	23449.37	5480.15	6729.43	11239.79	23.37	28.70	47.93
1995	24763.73	5618.25	7239.62	11905.86	22.69	29.23	48.08
1996	24891.68	5545.03	7138.86	12207.79	22.28	28.68	49.04
1997	25884.50	5636.80	7517.70	12690.00	21.81	29.09	49.10
1998	25455.63	5564.79	7046.73	12844.11	21.86	27.68	50.46
1999	26015.82	5688.57	7291.72	13035.53	21.87	28.03	50.10
2000	26842.63	5565.95	8200.84	13075.84	20.74	30.55	48.71
2001	27039.50	5549.57	8251.87	13238.06	20.52	30.51	48.97
2002	27572.94	5570.19	8062.49	13940.26	20.20	29.24	50.56
2003	28326.20	5797.61	7728.94	14799.65	20.47	27.29	52.25
2004	30155.18	5973.76	7955.65	16225.77	19.81	26.38	53.81
2005	31069.89	6152.63	8526.44	16390.83	19.80	27.44	52.75
2006	30868.69	6265.13	8143.88	16459.68	20.30	26.38	53.32
2007	29010.23	5744.65	7972.45	15293.12	19.80	27.48	52.72
2008	27762.38	5598.60	7696.79	14467.00	20.17	27.72	52.11
2009	28433.52	5683.81	7943.70	14806.01	19.99	27.94	52.07
2010	29094.29	6067.84	8141.22	14885.23	20.86	27.98	51.16
2011	28790.25	6023.70	8098.93	14667.63	20.92	28.13	50.95
2012	29170.85	5485.62	8554.60	15130.63	18.81	29.33	51.87
2013	29028.95	5368.30	8511.18	15149.48	18.49	29.32	52.19
2014	30850.72	5768.55	8742.82	16339.36	18.70	28.34	52.96
2015	30458.43	5576.34	8410.86	16471.23	18.31	27.61	54.08
2016	30257.46	5917.69	8326.77	16013.00	19.56	27.52	52.92
2017	30704.62	5641.92	8311.77	16750.93	18.37	27.07	54.56

10–12 民族自治地方大牲畜、猪、羊年末头(只)数占全国的比重

单位：%

年 份	牲畜总头数	大牲畜	猪	羊
1949	25.66	27.42	13.78	39.34
1952	33.36	31.90	12.66	65.24
1957	30.20	34.91	10.89	54.77
1962	34.19	36.48	12.56	49.06
1965	36.20	40.05	12.89	61.82
1975	30.75	39.63	10.78	57.21
1978	28.71	60.55	10.82	56.37
1980	29.20	41.24	10.66	53.30
1981	30.58	41.56	11.28	55.09
1982	30.89	41.17	13.19	61.16
1983	31.61	41.93	13.30	57.94
1984	31.73	41.17	13.19	61.16
1985	31.67	41.72	13.67	62.48
1986	31.83	41.64	14.45	60.23
1987	32.16	41.39	15.16	56.82
1988	31.34	31.04	14.87	53.35
1989	31.69	40.84	15.40	53.32
1990	31.76	40.59	15.63	54.10
1991	31.30	40.23	15.05	54.69
1992	31.72	39.98	17.51	52.68
1993	30.39	38.82	16.40	50.30
1994	29.12	36.70	16.20	46.70
1995	30.81	38.20	17.40	49.50
1996	28.67	43.50	15.60	40.10
1997	27.87	33.85	16.44	41.83
1998	30.32	37.59	16.68	47.74
1999	30.26	37.90	16.90	46.70
2000	30.20	36.74	18.35	45.04
2001	29.86	37.01	18.04	44.38
2002	29.61	36.60	17.42	44.03
2003	29.46	37.40	16.59	43.45
2004	29.99	37.96	16.51	44.29
2005	30.90	39.09	17.69	44.74
2006	30.23	39.74	16.47	44.61
2007	34.18	46.67	18.12	53.54
2008	32.05	45.70	16.63	51.51
2009	32.82	46.40	17.16	52.72
2010	33.59	49.53	17.59	53.00
2011	33.10	50.34	17.32	51.95
2012	33.54	45.84	18.29	53.59
2013	33.38	44.86	18.20	53.65
2014	34.69	47.98	18.77	53.90
2015	34.45	45.72	18.64	52.96
2016	35.38	49.70	19.14	53.18
2017	36.49	57.79	18.82	55.41

10–13 民族自治地方分地区牲畜出栏数和年底存栏数(2017年)

单位：万头(只)

地区	牲畜当年出栏数		牲畜年末存栏数		
	猪	羊	大牲畜	猪	羊
合　计	**11513.45**	**8001.13**	**5641.92**	**8311.77**	**16750.93**
河　北	137.89	152.61	37.15	85.48	99.68
内蒙古	918.96		824.40	505.60	6111.90
辽　宁	311.74	308.37	42.25	134.01	221.30
吉　林	157.09	76.45	74.84	127.52	78.48
黑龙江	12.48	23.00	11.65	8.65	27.08
浙　江	4.75	1.35	0.35	2.65	0.89
湖　北	586.58	71.20	48.15	334.23	149.79
湖　南	312.91	38.59	79.29	251.96	57.23
广　东	18.27	0.67	1.19	13.05	1.13
广　西	3355.06	209.68	352.36	2293.70	222.39
海　南	89.40	23.45	26.90	81.85	23.32
重　庆	202.06	57.63	496.84	150.66	47.24
四　川	583.28	418.84	376.46	466.06	802.54
贵　州	609.07	264.74	384.30	666.08	297.70
云　南	3437.10	601.85	868.81	2606.75	895.14
西　藏	19.06	397.19	626.78	42.29	1105.25
甘　肃	54.91	432.31	198.41	51.97	524.74
青　海	93.39	757.58	534.37	65.56	1260.64
宁　夏	113.70	560.00	123.10	81.00	506.60
新　疆	495.77	3605.60	534.30	342.70	4317.90

10—14 民族自治地方主要畜产品产量

单位：万吨

年 份	猪 肉	牛 肉	羊 肉	牛羊奶	羊 毛
1980	131.04	14.30	19.66	43.78	10.70
1981	124.29	19.34	20.56	54.41	11.66
1982	136.55	15.30	23.14	61.08	12.18
1983	135.20	18.58	29.08	65.02	12.59
1984	151.09	20.46	28.54	76.37	12.64
1985	179.85	27.41	31.13	86.76	15.76
1986	191.05	29.60	35.35	111.18	13.00
1987	212.84	30.18	36.32	123.15	13.86
1988	217.22	33.94	35.37	119.51	14.57
1989	235.76	39.12	43.31	126.07	15.62
1990	245.99	40.59	31.33	135.06	17.96
1991	301.63	45.97	51.21	129.32	15.82
1992	304.09	51.50	53.44	150.90	15.45
1993	336.61	56.56	37.20	159.31	15.15
1994	390.88	66.29	57.06	173.76	15.44
1995	454.16	78.77	65.07	185.79	19.34
1996	501.72	87.60	74.09	201.04	16.86
1997	506.74	101.14	84.34	216.85	17.89
1998	536.96	105.56	91.16	230.70	18.05
1999	583.74	111.47	97.72	243.49	18.19
2000	554.17	120.89	110.78	260.52	18.37
2001	616.96	125.44	111.71	304.57	18.66
2002	579.99	131.58	118.54	397.36	18.92
2003	589.18	152.46	138.54	595.35	20.95
2004	607.72	167.04	165.05	830.12	23.43
2005	672.40	185.08	189.69	1071.01	25.71
2006	717.14	204.48	209.96	1301.53	25.70
2007	696.04	194.50	203.38	1385.04	25.89
2008	705.04	199.44	188.94	1377.67	25.59
2009	752.96	208.68	196.13	1363.29	25.58
2010	801.87	220.45	216.09	1405.83	27.89
2011	810.44	219.82	213.68	1408.84	27.60
2012	865.29	220.69	206.87	1427.31	28.51
2013	866.87	220.97	205.07	1296.03	30.11
2014	911.87	211.75	207.38	1365.53	29.47
2015	881.98	235.56	223.38	1363.12	21.16
2016	869.42	244.79	232.62	1285.20	34.06
2017	867.17	231.55	223.70	1277.77	31.95

10-15 民族自治地方分地区畜产品和水产品产量(2017年)(一)

单位：万吨

地　区	肉类总产量	#猪　肉	#牛　肉	#羊　肉	牛羊奶产量
合　计	**1696.91**	**867.17**	**231.55**	**223.70**	**1277.77**
河　北	26.64	10.48	6.59	1.95	14.91
内蒙古	258.89	72.08	55.59	98.98	737.71
辽　宁	68.56	30.45	5.91	5.98	5.92
吉　林	12.48	13.55	7.31	1.10	6.18
黑龙江	4.70	0.96	0.94	0.36	23.41
浙　江	0.57	0.45	0.03	0.02	
湖　北	56.95	5.33	0.10	1.64	
湖　南	31.12	30.20	2.78	0.52	4.68
广　东	1.86	1.41	0.03	0.01	0.00
广　西	412.35	254.97	11.71	3.32	10.04
海　南	10.81	8.23	0.56	0.31	
重　庆	20.92	15.04	3.07	0.80	
四　川	65.28	40.25	14.14	7.28	28.25
贵　州	102.58	67.92	6.98	2.18	0.50
云　南	346.15	260.52	36.86	10.96	38.45
西　藏	32.77	0.00	0.00	0.00	42.27
甘　肃	17.94	3.65	7.04	6.73	12.76
青　海	30.04	6.96	17.96	13.40	32.27
宁　夏	33.46	8.91	10.92	9.91	160.07
新　疆	162.84	35.80	43.04	58.24	160.36

10–15 民族自治地方分地区畜产品和水产品产量(2017年)(二)

单位：万吨

地区	羊毛	羊绒	水产品
合计	**31.95**	**2.05**	**554.10**
河北	0.19	0.01	3.00
内蒙古	15.16	0.85	15.83
辽宁	0.38	0.02	10.37
吉林	0.06	0.93	3.23
黑龙江	0.17		3.20
浙江			0.14
湖北			0.79
湖南			4.54
广东	0.00		0.67
广西			378.79
海南			19.51
重庆			1.30
四川	0.58	0.01	4.18
贵州	0.06		13.48
云南	0.04	0.00	58.80
西藏			
甘肃	0.66	0.01	0.45
青海	2.54	0.04	1.20
宁夏	1.09	0.06	18.09
新疆	11.01	0.11	16.54

10-16 民族自治地方人均农业总产值和主要农产品人均占有量

年 份	农林牧渔业总产值（元）	粮 食（公斤）	棉 花（公斤）	油 料（公斤）	大牲畜（头）	猪（头）	羊（只）
1980	139.27	287.96	0.73		0.34	0.28	0.87
1981	146.86	288.69	1.01	9.15	0.35	0.28	0.89
1982	225.09	313.39	1.28	10.83	0.36	0.30	0.85
1983	233.81	324.91	1.36	11.34	0.35	0.32	0.78
1984	248.10	321.97	1.64	12.05	0.35	0.32	0.76
1985	265.61	302.96	1.47	14.58	0.36	0.34	0.74
1986	264.63	295.91	1.63	14.47	0.36	0.35	0.73
1987	272.78	308.00	2.03	12.46	0.36	0.35	0.73
1988	282.05	302.60	1.96	12.08	0.36	0.35	0.74
1989	290.99	314.60	2.01	11.43	0.35	0.37	0.76
1990	303.10	342.70	3.00	13.30	0.34	0.36	0.72
1991	692.39	356.75	4.22	14.88	0.34	0.36	0.73
1992	773.18	359.10	4.30	15.00	0.34	0.40	0.70
1993	887.83	330.90	4.40	14.60	0.35	0.40	0.70
1994	1248.33	317.25	5.55	15.14	0.34	0.42	0.73
1995	1580.99	374.97	5.91	16.14	0.35	0.45	0.74
1996	1815.86	426.20	5.95	15.84	0.46	0.45	0.77
1997	1935.11	406.93	7.10	15.64	0.44	0.46	0.78
1998	1931.91	430.75	8.50	17.51	0.34	0.42	0.77
1999	1894.68	412.15	8.16	19.96	0.34	0.44	0.78
2000	1902.62	379.44	8.70	21.00	0.33	0.49	0.78
2001	1972.55	389.29	9.45	18.79	0.33	0.49	0.79
2002	2053.35	386.29	8.69	20.84	0.34	0.49	0.82
2003	2332.15	376.45	9.34	20.87	0.34	0.45	0.86
2004	2774.72	390.75	10.39	22.95	0.35	0.46	0.94
2005	3090.16	411.43	10.76	21.30	0.35	0.49	0.94
2006	3340.39	407.36	12.41	20.33	0.35	0.46	0.93
2007	3958.22	407.92	16.83	15.97	0.32	0.44	0.85
2008	4570.00	438.46	16.78	21.94	0.31	0.43	0.80
2009	4733.56	437.05	13.81	21.69	0.31	0.43	0.81
2010	5598.42	448.32	13.41	22.79	0.33	0.44	0.80
2011	6499.55	465.86	15.57	22.33	0.32	0.43	0.79
2012	7265.23	487.23	18.90	24.23	0.29	0.46	0.81
2013	7936.50	506.93	18.63	25.30	0.28	0.45	0.80
2014	6052.85	521.46	19.64	25.89	0.31	0.47	0.87
2015	9067.34	526.43	18.99	27.54	0.30	0.45	0.88
2016	9418.10	521.38	19.21	30.19	0.32	0.44	0.85
2017	9970.85	534.13	24.12	30.40	0.30	0.44	0.88

注：人均农林牧渔业总产值1980年、1981年按1970年不变价格计算，1982—1990年按1980年不变价格，1991年至现在按当年价格计算。

10-17 民族自治地方农业机械总动力、有效灌溉面积、农村用电量和化肥施用量

年 份	农业机械总动力（万千瓦）	有效灌溉面积（万公顷）	农村用电量（亿千瓦小时）	化肥施用量(折纯)（万吨）
1980		684.39	23.74	99.90
1981		677.29	26.04	98.30
1982		672.67	27.84	116.37
1983	1869.9	689.30	29.25	138.72
1984	1964.5	673.01	32.85	140.87
1985	2144.4	685.53	33.58	154.74
1986	2468.7	705.20	42.21	179.52
1987	2643.8	717.61	46.33	197.23
1988	2908.4	723.44	48.60	209.46
1989	3329.5	736.79	56.83	245.69
1990	3817.1	764.37	70.26	266.86
1991	3569.0	749.85	69.16	307.51
1992	3675.7	825.83	92.76	323.79
1993	4104.7	821.52	99.11	363.87
1994	4137.4	841.44	94.71	396.92
1995	4563.3	837.80	110.92	458.42
1996	5053.4	898.62	114.64	508.59
1997	5166.3	879.69	123.83	501.17
1998	5353.7	899.28	123.08	551.10
1999	5857.5	918.00	124.80	528.40
2000	6206.5	935.70	127.38	545.08
2001	6547.2	962.36	140.57	572.80
2002	7117.7	982.97	143.83	597.60
2003	7369.8	975.49	150.01	623.23
2004	7871.7	988.74	164.57	656.61
2005	8611.3	1027.41	189.28	724.86
2006	9088.1	1050.00	205.96	813.06
2007	9900.2	1096.53	219.15	865.09
2008	11323.0	1114.16	250.68	980.54
2009	12186.7	1139.28	271.25	919.87
2010	13239.3	1156.22	308.58	961.73
2011	14099.9	1186.01	327.10	1006.52
2012	15094.0	1235.25	377.52	1033.02
2013	16029.5	1291.00	368.93	1102.97
2014	16637.9	1053.81	407.45	1140.28
2015	17292.4	1299.10	331.70	1141.87
2016	16754.7	1240.48	450.09	1257.16
2017	17635.7	1378.32	488.74	1396.53

10-18 民族自治地方分地区农业机械总动力、有效灌溉面积、农村用电量及化肥施用量(2017年)

地区	农业机械总动力(万千瓦)	有效灌溉面积(千公顷)	农村用电量(亿千瓦小时)	化肥施用量(万吨)
合计	**17635.68**	**13783.25**	**488.74**	**1396.53**
河北	176.26	91.19	20.14	9.99
内蒙古	3483.55	3174.80	78.90	235.04
辽宁	300.79	147.49	22.49	35.87
吉林	457.61	206.51	12.18	46.34
黑龙江	79.70	9.94	0.82	2.60
浙江	8.89	3.84	0.27	0.44
湖北	310.69	266.22	6.66	32.71
湖南	420.72	296.73	4.51	17.32
广东	16.82	28.50	0.74	2.62
广西	3604.30	1669.90	103.53	263.83
海南	167.58	42.14	3.26	17.46
重庆	149.87	49.59	4.37	11.98
四川	555.95	231.09	13.13	15.94
贵州	1170.00	638.13	29.76	94.84
云南	2142.07	1181.13	51.47	209.73
西藏	780.40	175.52	1.34	5.53
甘肃	146.90	74.31	5.72	5.88
青海	381.65	32.43	3.70	24.67
宁夏	605.40	511.50	14.63	107.50
新疆	2676.53	4952.30	111.13	256.24

主要统计指标解释

农林牧渔业总产值 指以货币表现的农、林、牧、渔业全部产品和对农林牧渔业生产活动进行的各种支持性服务活动的价值总量，它反映一定时期内农林牧渔业生产总规模和总成果。1957 年以前的农林牧渔业总产值中包括了厩肥和农民自给性手工业(如农民自制衣服、鞋、袜，自己从事粮食初步加工等)。1958 年及以后，林业中增加了村及村以下竹木采伐产值；牧业中取消了厩肥产值；副业中取消了农民自给性手工业产值，增加了村及村以下办的工业产值；渔业中增加了海洋捕捞水产品产值。1980 年及以后，在副业中增加了农民家庭兼营工业商品部分的产值。从 1984 年起村及村以下工业产值划归工业。从 1993 年起取消副业，将野生动物的捕猎划入牧业，野生植物采集和农民家庭兼营商品性工业划归农业。从 2003 年起，执行新的国民经济行业分类标准，农林牧渔业总产值中包括了农林牧渔服务业产值。林业中增加了森林采运业产值。农业中取消了家庭兼营商品性工业产值，将野生林产品的采集划归林业。第一次农业普查以后，由于畜牧业产品年报数据与普查数据之间存在一定的差距，根据农业普查结果，对畜牧业年报数据和畜牧业产值进行了修正。2010 年执行《统计用产品分类目录》，对 2009 年的农业、林业产值做了相应调整。

农林牧渔业总产值的计算方法通常是按农、林、牧、渔业产品及其副产品的产量分别乘以各自单位产品价格求得；少数生产周期较长，当年没有产品或产品产量不易统计的，则采用间接方法匡算其产值；然后将四业产品产值及农林牧渔服务业产值相加即为农林牧渔业总产值。

实用耕地面积 指种植农作物并经常进行耕锄的田地。包括热地、当年新开荒地、连续撂荒未满三年的耕地和当年的休闲地（轮歇地），也包括以种植农作物为主，附带种植桑、茶、果树和其他林木的土地以及沿海、沿湖地区已围垦利用的“海涂”、“湖田”等和小于 1 米宽的渠、路、田埂。不包括专业性的桑园、茶园、果园、果木苗圃、林地、芦苇地、天然草原等。

农业机械总动力 指全部农业机械动力的额定功率之和。农业机械是指用于种植业、畜牧业、渔业、农产品初加工、农用运输和农田基本建设等活动的机械及设备。农机总动力按使用能源不同分为以下四部分：

柴油发动机动力：指全部柴油发动机额定功率之和；

汽油发动机动力：指全部汽油发动机额定功率之和；

电动机动力：指全部电动机（含潜水电泵的电动机）额定功率之和；

其他机械动力：指采用柴油、汽油、电力之外的其他能源，如水力、风力、煤炭、太阳能等动力机械功率之和。

这个指标的统计数据主要来源于农机部门。

农村用电总量 指调查年度内农村范围内所有企业、事业、行政单位和住房从事生产经营活动、工作和日常生活用电总量。

农用化肥施用量 指调查年度内实际用于农业生产的化学肥料数量。包括氮肥、磷肥、钾肥和混合肥。施用量要求按折纯法计算，即各类化学肥料的实施施用量按其含氮、五氧化二磷、氧化钾的比例折成 100% 计算。其计算公式为：折纯量=实物量 × 某种化肥有效成分含量的百分比。

农用化肥施用量 指本年内实际用于农业生产的化肥数量，包括氮肥、磷肥、钾肥和复合肥。化肥施用量要求按折纯量计算数量。折纯量是指把氮肥、磷肥、钾肥分别按含氮、含五氧化二磷、含氧化钾的百分之百成份进行折算后的数量。复合肥按其所含主要成分折算。公式为：

折纯量=实物量 × 某种化肥有效成分含量的百分比

耕地灌溉面积 指具有一定的水源，地块比较平整，灌溉工程或设备已经配套，在一般年景下能够进行正常灌溉的耕地面积。在一般情况下，耕地灌溉面积应等于灌溉工程或设备已经配套，能够进行正常灌溉的水田和水浇地面积之和。它是反映我国农田水利建设的重要指标。

农作物总播种面积 指农业生产经营者应在日历年度内收获农作物在全部土地（耕地或非耕地）上的

播种或移植面积。凡是本年内收获的农作物，无论是本年还是上年播种，都算为播种面积，但不包括本年播种，下年收获的农作物面积。

农作物产量 指调查年度内全社会生产农产品的数量，不论耕地上与非耕地上的农作物产量，都应该统计在内。各种主要作物产量按国家的统一规定计算。谷物一律按脱粒后原粮计算（玉米按脱粒后的粒子计算）；薯类产量按五斤折一斤计算；豆类按去豆荚后干豆计算；棉花按去籽后的皮棉计算；麻类除亚麻以麻秆计算、苎麻以刮皮后的干麻计算、苘麻和线麻以熟麻皮计算外，其余一律以生麻计算；烤烟和晒烟均以干烟叶计算；花生以带壳的干花生计算；甘蔗以蔗秆计算；甜菜以根块计算。城市郊区按蔬菜计算的薯类和豆类产量按鲜品统计。

粮食产量 指农业生产经营者日历年度内生产的全部粮食数量。按收获季节包括夏收粮食、早稻和秋收粮食，按作物品种包括谷物、薯类和豆类。其产量计算方法：谷物按脱粒后的原粮计算，豆类按去豆荚后的干豆计算；薯类(包括甘薯和马铃薯，不包括芋头和木薯)1963 年以前按每 4 公斤鲜薯折 1 公斤粮食计算，从 1964 年开始改为按 5 公斤鲜薯折 1 公斤粮食计算，2014 年开始按鲜薯计算；城市郊区作为蔬菜的薯类(如马铃薯等)按鲜品计算，并且不作粮食统计。1989 年以前全国粮食产量数据主要靠全面报表取得，1989 年开始使用抽样调查数据。

棉花产量 指全社会的产量。包括春播棉和夏播棉。产量按皮棉计算。不包括木棉。

油料产量 指全部油料作物的生产量。包括花生、油菜籽、芝麻、向日葵籽、胡麻籽（亚麻籽）和其他油料。不包括大豆、木本油料和野生油料。花生以带壳干花生计算。

茶叶产量 指调查年度内生产的全部茶叶数量。包括从成片茶园和荒芜未垦土地上种植的以及零星种植的茶树上所采摘的全部产量，不论自食的或出售的，都应统计在内。茶叶产量按经过初步加工后的干毛茶计算。

水果产量 指调查年度内从果树上收获的全部水果数量。不论自食的或出售的，都应统计在内。但不包括果用瓜，如西瓜、甜瓜、白兰瓜、哈密瓜、脆瓜等以及主要作蔬菜用的藕、西红柿等；也不包括采集的野生水果。水果产量按鲜果计算，干枣、葡萄干、柿饼、橘饼等应统一折成鲜果计算。

造林面积 指在荒山、荒地、沙丘等一切可以造林的土地上，采用人工播种、植苗、飞机播种等方法新植的成片乔木林和灌木林，经验收符合“造林技术规程”要求株数，成活率达 85%以上的面积。四旁植树如一侧在 4 行以上，连续面积 0.0667 公顷（1 亩以上），应统计在造林面积内。不包括补植面积、治沙种草面积、经济林垦复面积、迹地更新面积和低产林改造面积。

禽畜出栏数 指报告期内各种类型生产单位和住户饲养的已屠宰或出售的全部畜禽数量。包括交售给国家、集市上出售以及自食的部分但出售或食用的仔畜不包括在内。

期初(末)畜禽存栏头(只)数 指报告期初(末)农村各种合作经济组织和国营农场、农民个人、机关、团体、学校、工矿企业、部队等单位以及城镇居民饲养的大牲畜、猪、羊、家禽等畜禽的数量。数据上报方式及数据调整情况同猪、牛、羊肉产量。

猪、牛、羊肉产量 指当年出栏并已屠宰、除去头蹄下水后带骨肉(即胴体重)的重量。包括全社会范围内的产量。1996 年以前为全面统计并逐级上报数据。1996 年第一次农业普查以后，根据普查结果，对畜牧业主要年报数据进行了修正。1999 年以后，国家统计局在部分地区开展了猪、牛、羊、禽等主要畜禽品种的抽样调查，并用抽样数据作为国家定案数据使用。未开展抽样调查的地区和品种，仍使用各级统计部门逐级上报数据。2007 年，根据第二次农业普查结果，对 2000—2006 年畜牧业主要年报数据进行了修正。2008 年，建立了主要畜禽监测调查制度，猪、牛、羊、禽等主要畜禽数据均以抽样调查数为法定数据。

水产品产量 指渔业（捕捞和养殖）生产活动的最终有效成果，包括全部海水和淡水鱼类、甲壳类(虾、蟹)、贝类、头足类、藻类和其他类渔业产品的最终产量。水产品产量是通过各级水产部门逐级上报取得数据。1995 年及以前，贝类中牡蛎按鲜肉计算；蚶、蛤、蛏按 5 斤鲜品折 1 斤计算。1996 年以后则统一按鲜品计算。

十一、工　业

11–1 民族自治地方分地区规模以上工业企业单位数(2017年)

单位：个

地　区	总　计	#国有企业	#私营企业	#股份合作企业	#港、澳、台商投资企业	#外商投资企业
合　计	**20346**	**2421**	**6675**	**2157**	**453**	**544**
河　北	294	8		90	3	12
内蒙古	2801	613	995			128
辽　宁	269	9	9		9	7
吉　林	725	8	2	455	39	8
黑龙江	32	2			1	1
浙　江	17			2		
湖　北	506	7	1	104	2	1
湖　南	488	21	2	396	6	3
广　东	79	5		12	12	2
广　西	5723	538	3493	11	256	163
海　南	26	16	7	1	2	
重　庆	184	8	1	65	1	
四　川	566	11	3	39	4	7
贵　州	2059	58	42	351	22	109
云　南	1785	61	6	429	31	26
西　藏	116	32	37		3	2
甘　肃	183	39	43	33		
青　海	315	16	8	26	8	4
宁　夏	1223	152	842	1	19	24
新　疆	2955	817	1184	142	35	47

11-2 民族自治地方分地区规模以上工业企业主要财务指标(2017年)

单位：亿元

地　区	资产合计	负债合计	所有者权益合计	利润总额	主营业务收入
合　计	**93886.29**	**60272.18**	**32439.14**	**4065.37**	**59919.26**
河　北	1006.58	649.35	357.23	49.77	911.14
内蒙古	20365.22	12951.84	7413.38	722.57	9730.75
辽　宁	500.18	246.14	156.97	18.77	244.31
吉　林	1207.29	649.29	50.38	44.21	567.30
黑龙江	80.81	50.12	30.69	3.93	44.86
浙　江	15.17	7.05	8.11	1.65	8.09
湖　北	516.60	262.96	204.31	29.91	325.15
湖　南	486.91	249.87	84.19	21.90	685.70
广　东	160.03	85.93	74.00	10.84	114.78
广　西	17531.99	10818.68	6737.11	1610.95	23805.05
海　南	456.35	299.21	157.13	25.70	112.19
重　庆	493.23	328.75	130.75	23.01	288.35
四　川	4968.10	3586.13	1201.28	150.69	1300.09
贵　州	3345.17	2108.00	1210.29	128.09	2317.50
云　南	7336.47	4976.89	2359.58	226.99	4332.53
西　藏	1393.75	777.54	615.30	26.60	214.98
甘　肃	570.86	311.33	103.17	8.40	139.34
青　海	3590.86	2430.48	1174.20	92.78	979.24
宁　夏	9495.50	6530.76	2957.68	146.04	4067.16
新　疆	20365.22	12951.84	7413.38	722.57	9730.75

11-3 民族自治地方主要工业产品产量(一)

年 份	布 (万米)	机制纸及纸板 (万吨)	成品糖 (万吨)	卷烟 (亿支)	原煤 (万吨)	原油 (万吨)
1952	3500	1.31		2.58	178	5
1957	8100	3.97		3.57	545	10
1962	8000	5.86			1631	101
1965	18200	7.86	22.20	7.70	2029	97
1975	25700	20.97	32.72	36.28	4561	441
1978	37300	30.90	43.57	51.43	6081	578
1980	44300	32.07	65.62	89.39	5418	624
1981	45789	31.65	78.99	107.05	5430	617
1982	52136	34.56	82.30	131.60	5799	625
1983	52995	45.30	101.16	150.99	6521	672
1984	47414	44.51	107.32	174.47	6993	705
1985	54183	59.21	126.91	209.89	8597	805
1986	67766	64.33	174.52	257.20	8875	862
1987	67210	72.68	187.81	323.60	9261	899
1988	69419	79.68	180.75	371.08	10995	973
1989	77916	93.16	198.65	413.84	13924	1113
1990	73705	94.10	222.62	443.10	12077	1265
1991	71433	109.52	249.06	441.27	12227	1402
1992	69287	131.85	372.82	444.05	13064	1405
1993	66505	151.27	373.94	479.78	14157	1637
1994	70072	153.00	280.20	491.60	14860	1466
1995	69306	191.21	239.54	353.63	16639	1610
1996	61689	172.84	312.42	271.45	17205	1813
1997	69246	168.99	312.42	458.85	19038	2003
1998	52548	155.82	519.48	446.28	17570	2047
1999	52191	153.07	567.20	434.76	15361	2058
2000	50096	175.46	498.22	376.49	14623	2292
2001	47197	178.51	437.68	395.74	15930	2229
2002	37000	177.95	669.09	417.34	15727	2460
2003	29969	219.68	823.95	444.73	20614	2597
2004	23135	224.94	813.02	1756.45	27127	2843
2005	34786	272.85	678.09	2105.57	38038	2833
2006	47193	258.73	758.48	2042.46	42931	2914
2007	44604	283.39	1005.39	2077.56	50991	3033
2008	32091	358.32	1174.42	1684.40	65284	3055
2009	30885	500.22	1047.41	2620.44	83287	2975
2010	36326	385.27	906.89	2672.64	103894	3059
2011	37356	437.37	935.39	2762.32	107862	3186
2012	20687	512.94	1102.30	2404.79	138050	3230
2013	17489	508.86	1282.80	2509.31	134546	3345
2014	12064	481.43	1616.04	2864.33	129248	3698
2015	13710	439.82	1236.65	2211.29	117922	3233
2016	26497	468.23	1203.26	4973.29	111516	2975
2017	38804	470.14	1208.03	1725.93	122388	3001

注：卷烟2003年及以前计量单位为万箱。

11—3 民族自治地方主要工业产品产量(二)

年 份	发电量(亿千瓦小时)	生铁(万吨)	粗钢(万吨)	水泥(万吨)	农用氮磷钾化肥(万吨)
1952	0.81	0.90			
1957	0.43	4.50			
1962	23.40	41.70	10.30	11.92	1.03
1965	33.40	55.80	39.40	91.01	36.43
1975	125.65	89.90	66.20	334.98	48.67
1978	173.99	168.20	128.50	554.00	
1980	193.36	177.52	166.60	576.09	57.10
1981	202.24	190.02	166.15	587.12	61.95
1982	221.25	182.76	167.59	699.87	67.11
1983	239.30	195.66	173.38	843.38	74.55
1984	260.90	214.98	197.82	940.78	80.18
1985	389.01	258.12	232.45	1222.08	85.72
1986	400.81	295.08	248.06	1343.15	100.03
1987	518.97	346.23	291.09	1538.03	131.85
1988	553.34	328.60	291.36	1667.50	128.64
1989	675.57	362.88	320.04	1714.40	153.93
1990	738.80	417.03	368.25	1957.83	197.05
1991	712.72	376.86	414.14	2372.10	203.59
1992	847.62	450.92	435.21	2828.96	213.31
1993	992.09	515.34	489.40	3210.18	205.37
1994	1107.87	536.70	493.48	3952.47	205.25
1995	1186.46	554.68	699.57	4295.92	218.75
1996	1228.93	663.67	722.14	4181.51	189.47
1997	1230.44	841.30	663.72	4454.00	227.50
1998	1356.79	701.73	632.76	4905.98	299.79
1999	1428.87	696.44	643.34	5271.35	314.57
2000	1712.00	725.00	647.05	5703.15	388.65
2001	1777.00	853.00	738.45	5896.53	431.86
2002	1957.00	988.00	899.82	6552.63	517.24
2003	2243.24	1156.93	1082.34	7828.52	554.61
2004	2363.18	1409.66	1321.02	8394.46	636.55
2005	3052.23	2086.77	1846.25	10155.90	717.29
2006	3740.15	2384.34	2150.20	11752.67	862.66
2007	4903.37	2907.68	2660.04	14011.36	932.08
2008	5500.95	3021.32	2980.87	15779.76	950.32
2009	5910.84	3945.56	3468.61	21375.54	1159.96
2010	6729.86	4447.49	4004.81	21652.56	1294.62
2011	7131.44	4799.34	3240.01	23235.36	889.79
2012	8989.47	5140.50	4018.94	31246.76	1091.50
2013	10455.23	5838.65	4471.60	35512.69	936.44
2014	11688.53	5399.95	5092.39	36174.12	667.23
2015	12500.12	4853.60	5125.79	36408.86	1374.18
2016	13692.43	5357.19	5309.23	39656.34	734.30
2017	17144.34	5371.30	5658.72	36507.34	971.71

11-4 民族自治地方分地区主要工业产品产量(2017年)(一)

地 区	布 (万米)	机制纸及纸板 (万吨)	原 盐 (万吨)	成品糖 (万吨)	卷 烟 (亿支)
合 计	**38804.00**	**470.14**	**856.36**	**1208.03**	**1725.93**
河 北	155.00				
内蒙古		12.86	125.34	36.87	314.50
辽 宁					
吉 林					294.46
黑龙江		1.45			
浙 江					
湖 北	276.00	7.41			171.40
湖 南	337.00	13.23			
广 东					
广 西	6500.00	301.21	3.84	936.20	144.26
海 南			0.73	4.05	
重 庆					
四 川		0.20			132.70
贵 州	102.00	12.19		5.74	103.03
云 南	93.00	67.68		172.03	310.08
西 藏					
甘 肃					
青 海			183.13		
宁 夏	3700.00	24.70	83.94		80.00
新 疆	27641.00	29.21	459.38	53.13	175.50

11—4 民族自治地方分地区主要工业产品产量(2017年)(二)

地区	原煤(万吨)	原油(万吨)	天然气(万立方米)	发电量(亿千瓦小时)	生铁(万吨)
合计	**122387.66**	**3001.24**	**3078161.01**	**17144.34**	**5371.30**
河北				68.55	447.54
内蒙古	90597.26	124.78	1900.00	4435.94	1550.43
辽宁				37.91	67.53
吉林	540.00	11.88	3587.00	47.49	1.18
黑龙江				10.07	
浙江				0.00	
湖北				117.46	4.95
湖南				41.50	10.79
广东			110.00	20.21	
广西	442.68	44.07	2100.00	1401.11	1310.75
海南				121.35	
重庆	10.65			97.81	
四川	63.37			4265.15	386.30
贵州	2984.32			295.66	80.03
云南	1478.73	0.03		1088.73	251.95
西藏				58.57	
甘肃	129.24			173.56	
青海	715.52	228.00	64.01	471.56	5.71
宁夏	7643.60	0.66		1380.94	192.00
新疆	17782.30	2591.82	3070400.00	3010.78	1062.13

11-4 民族自治地方分地区主要工业产品产量(2017年)(三)

地　区	粗钢（万吨）	水泥（万吨）	平板玻璃（万箱）	农用氮磷钾化肥（万吨）
合　计	**5658.72**	**36507.34**	**3610.18**	**971.71**
河　北	396.31	96.18		
内蒙古	1983.51	3045.26	988.37	473.67
辽　宁		39.94	2192.69	
吉　林	0.67	175.58		8.55
黑龙江				
浙　江				
湖　北		604.42	10.12	2.86
湖　南	2.70	414.53		25.65
广　东				
广　西	2265.26	12218.75		84.90
海　南		479.16		
重　庆		397.64		2.34
四　川	359.80	1033.61		2.80
贵　州	18.04	4649.61	281.40	175.73
云　南	402.92	5251.64	137.60	99.00
西　藏		646.47		
甘　肃		94.11		2.63
青　海		626.38		47.47
宁　夏	229.50	2177.70		46.10
新　疆	1110.56	4556.36	457.92	299.01

主要统计指标解释

工业 指从事自然资源的开采，对采掘品和农产品进行加工和再加工的物质生产部门。具体包括：(1)对自然资源的开采，如采矿、晒盐等(但不包括禽兽捕猎和水产捕捞)；(2)对农副产品的加工、再加工，如粮油加工、食品加工、缫丝、纺织、制革等；(3)对采掘品的加工、再加工，如炼铁、炼钢、化工生产、石油加工、机器制造、木材加工等，以及电力、燃气及水的生产和供应等；(4)对工业品的修理、翻新，如机器设备的修理等。工业统计调查单位为工业法人单位。

工业法人单位指从事工业生产经营活动的法人单位。工业法人单位应同时具备以下条件：①依法成立，有自己的名称、组织机构和场所，能够独立承担民事责任；②独立拥有（或授权）使用资产，承担负债，有权与其他单位签订合同；③具有包括资产负债表在内的帐户，或者能够根据需要编制帐户。

工业增加值 指工业企业在报告期内以货币表现的工业生产活动的最终成果。工业增加值有两种计算方法：一是生产法，即工业总产值减去工业中间投入加上应交增值税；二是收入法，即从收入的角度出发，根据生产要素在生产过程中应得到的收入份额计算，具体构成项目有固定资产折旧、劳动者报酬、生产税净额、营业盈余。

生产法：工业增加值=工业总产值−工业中间投入+应交增值税

工业销售产值 指以货币表现的工业企业在一定时间内销售的本企业生产的工业产品总量。包括已销售的成品、半成品价值，对外提供的工业性作业价值。工业销售产值按现行价格计算。

主营业务收入 指企业确认的销售产品、提供劳务等主要经营业务取得的收入。

主营业务成本 指企业经营主要业务所发生的成本总额。

资产总计 指企业过去的交易或者事项形成的，由企业拥有或控制的，预期会给企业带来经济利益的资源。资产一般按流动性分为流动资产流动资产和非流动资产。其中流动资产可分为货币资金、交易性金融资产、应收票据、应收账款、预付款项、其他应收款、存货等；非流动资产可分为长期股权投资、固定资产、无形资产及其他非流动资产。

负债合计 指企业过去的交易或者事项形成的，预期会导致经济利益流出企业的现时义务。负债一般按偿还期长短分为流动负债和长期负债。

所有者权益 指企业投资人对企业净资产的所有权。企业净资产为企业全部资产与企业全部负债的差额，包括实收资本、资本公积、盈余公积、未分配利润等。

利润总额 指企业在一定会计期间的经营成果、是生产经营过程中各种收入扣除各种耗费后的盈余，反映企业在报告期内实现的盈亏总额。

十二、建筑业

12-1 民族自治地方分地区建筑业基本情况

年份 地区	单位数 （个）	建筑业 总产值 （亿元）	房屋建筑 施工面积 （万平方米）	房屋建筑 竣工面积 （万平方米）	年末 从业人数 （万人）
1999	5092	639.67	9148.76	5408.04	133.80
2000	4828	754.30	9231.85	5325.88	131.59
2001	4587	916.49	10448.20	6149.86	133.77
2002	4148	1064.46	11547.41	6480.94	138.67
2003	4108	1227.17	13420.09	7221.96	138.10
2004	4361	1358.38	14100.68	6893.58	132.56
2005	4508	1610.27	15964.37	8072.09	141.73
2006	4694	1927.93	18543.61	9183.23	151.85
2007	4945	2500.49	22694.59	11234.59	162.61
2008	5198	3082.89	24600.04	11857.88	165.28
2009	5250	3961.73	28156.47	13167.00	183.97
2010	5380	5202.99	35052.18	15418.48	194.24
2011	5407	6391.76	42752.82	17483.12	190.14
2012	5207	6823.22	49143.97	19199.42	195.96
2013	5471	8221.44	60197.25	20339.00	224.42
2014	4634	6434.90	62184.62	19065.45	132.17
2015	5761	9104.94	59121.00	22842.35	240.51
2016	6086	9767.76	63043.71	27846.72	349.31
2017	7246	11096.51	57713.17	20118.95	330.85
合　计	**7246**	**11096.51**	**57713.17**	**20118.95**	**330.85**
河　北	64	61.77	172.74	109.94	1.43
内蒙古	1010	1122.19	5443.90	2031.50	27.82
辽　宁	146	60.24	432.59	172.80	3.53
吉　林	291	146.22	807.96	265.91	5.41
黑龙江	10	1.96	4.90	4.70	0.06
浙　江	17	17.52	62.26	38.80	0.58
湖　北	150	161.67	1345.80	244.89	0.92
湖　南	82	135.04	601.70	233.45	1.46
广　东	11	10.39	36.97	24.56	0.39
广　西	1326	4207.53	25273.68	8420.08	139.04
海　南	19	113.51	547.58	219.65	0.13
重　庆	72	188.08	375.78	185.77	2.87
四　川	277	220.21	793.60	403.76	6.02
贵　州	350	336.27	4209.38	558.73	10.59
云　南	799	988.55	3952.82	2108.92	34.38
西　藏	271	147.92	352.72	172.97	
甘　肃	94	123.47	433.21	168.96	0.92
青　海	193	86.08	324.89	150.04	2.33
宁　夏	761	549.21	2569.40	791.75	12.42
新　疆	1303	2418.70	9971.28	3811.77	80.55

12-2　民族自治地方分地区建筑业主要财务指标(2017年)

单位：亿元

地　区	企业资产合计	企业负债合计	企业所有者权益	企业利润总额	建筑业增加值
合　计	**10417.07**	**6917.10**	**3499.97**	**390.82**	**4291.87**
河　北	52.24	26.93	25.31	2.55	49.27
内蒙古	2186.02	1433.27	752.76	51.94	237.20
辽　宁	72.07	40.41	31.66	1.86	42.18
吉　林	193.42	125.36	68.06	8.26	53.22
黑龙江	2.23	0.80	1.43	0.10	0.53
浙　江	6.94	3.57	3.37	1.17	7.30
湖　北	18.83	8.41	10.41	1.81	60.38
湖　南	69.06	33.86	35.19	2.53	60.84
广　东	5.73	3.89	1.84	0.06	19.18
广　西	2058.32	1244.85	813.47	75.58	635.94
海　南	1.27	0.77	0.50	1.42	42.56
重　庆	193.54	119.73	73.80	9.78	66.94
四　川	130.89	72.26	58.63	4.57	300.86
贵　州	689.45	450.81	238.64	29.21	220.78
云　南	676.83	380.13	296.70	34.91	1765.54
西　藏	309.44	179.66	129.78	20.06	39.17
甘　肃	78.93	34.20	44.73	7.38	33.48
青　海	78.21	57.18	21.03	56.53	45.13
宁　夏	842.06	570.51	271.55	20.47	91.67
新　疆	2751.60	2130.48	621.12	60.62	519.67

主要统计指标解释

建筑业统计单位 指从事房屋、构筑物建造和设备安装活动的法人企业。建筑业法人企业应具有建筑业资质并能够独立核算，同时还应具备以下条件：①依法成立，有自己的名称、组织机构和场所，能够承担民事责任；②独立拥有和使用资产，承担负债，有权与其他单位签订合同；③独立核算盈亏，能够编制资产负债表。

建筑业总产值 是以货币形式表现的建筑业企业在一定时期内生产的建筑业产品和提供服务的总和。建筑业总产值包括：

(1)建筑工程产值：指列入建筑工程预算内的各种工程价值。

(2)安装工程产值：指设备安装工程价值，不包括被安装设备本身的价值。

(3)其他产值：建筑业总产值中除建筑工程、安装工程以外的产值。包括房屋构筑物修理产值、非标准设备制造产值、总包企业向分包企业收取的管理费以及不能明确划分的施工活动所完成的产值。

a.房屋构筑物修理产值：指房屋和构筑物修理所完成的产值，但不包括被修理房屋、构筑物本身价值和生产设备的修理价值。

b.非标准设备制造产值：指加工制造没有定型的非标准生产设备的加工费和原材料价值(如化工厂、炼油厂用的各种罐、槽，矿井生产统一使用的各种漏斗、三角槽、阀门等)以及附属加工厂为本企业承建工程制作的非标准设备的价值。

建筑业增加值 指建筑业企业在报告期内以货币形式表现的建筑业生产经营活动的最终成果。

从 2004 年第一次全国经济普查开始，建筑业现价增加值按生产法和分配法(收入法)两种方法计算，以收入法的计算结果为准，即从收入的角度出发，根据生产要素在生产过程中应得的收入份额计算。具体计算方法：经济普查年度建筑业增加值按照《经济普查年度 GDP 核算方案》计算，非经济普查年度建筑业增加值按照《非经济普查年度 GDP 核算方案》计算。

房屋建筑施工面积 指报告期内施工的全部房屋建筑面积，包括本期新开工的房屋建筑面积、上期跨入本期继续施工的房屋建筑面积、上期停缓建在本期恢复施工的房屋建筑面积、本期竣工的房屋建筑面积及本期施工后又停缓建的房屋建筑面积。

房屋建筑竣工面积 指报告期内房屋建筑按照设计要求已全部完工，达到住人和使用条件，经验收鉴定合格或达到竣工验收标准，可正式移交使用的各栋房屋建筑面积的总和。

十三、运输和邮电

13–1 民族自治地方运输、邮电情况

年 份	铁路营业里程（万公里）	公路里程（万公里）	全年铁路货运量（万吨）	全年公路货运量（万吨）	邮电局、所（个）	邮路及农村投递线路（万公里）
1949	0.35	1.14				
1952	0.38	2.59		355	3499	13.13
1957	0.55	6.27		1425	4452	39.72
1962	0.72	12.57			5174	45.73
1965		12.55		4165	5272	36.37
1975		17.71		10695		
1978	0.90	20.80		13448	7222	94.75
1980	0.20	21.16		10266	7136	88.68
1981	1.22	21.21		12059	7121	84.61
1982	1.23	21.65	9999	14960	7226	86.19
1983	1.21	23.00	11014	11885	7482	88.11
1984	1.21	23.54	12066	12864	7578	87.04
1985	1.25	25.41	13101	22013	8075	90.40
1986	1.26	25.09	13212	31628	8809	88.37
1987	1.27	27.57	12283	38566	8219	87.27
1988	1.27	27.68	14045	53937	8276	86.61
1989	1.29	30.05	15599	61385	8443	95.10
1990	1.31	29.37	18078	58371	8436	88.02
1991	1.33	28.67	17066	76352	9589	90.51
1992	1.35	28.30	17651	68366	8509	84.25
1993	1.45	30.84	27038	122362	8422	85.61
1994	1.67	31.19	23117	128162	8814	83.29
1995	1.70	33.21	20385	111060	9076	106.82
1996	1.76	36.33			9082	108.00
1997	1.69	36.49	22250	113947	9836	100.38
1998	1.71	37.64	18909	110164	12664	102.56
1999	1.75	40.26	19294	120064	13564	106.07
2000	1.42	42.36	21248	181784	10893	109.52
2001	1.43	49.57	22734	136983	12574	109.04
2002	1.44	52.70	23045	119536	7855	100.37
2003	1.51	54.78	24246	133128	8812	108.53
2004	1.68	55.67	35285	154040	9049	108.06
2005	1.69	58.96	34170	171842	9321	109.67
2006	1.80	77.28	39932	333614	9110	114.23
2007	1.83	84.25	45027	214636	9171	112.29
2008	2.00	86.35	58892	264528	8814	115.59
2009	2.09	88.01	65509	292338	9124	123.06
2010	2.12	91.19	81690	343776	9083	125.75
2011	2.30	96.14	92350	430562	9064	139.18
2012	2.37	102.46	98221	445176	10358	161.24
2013	2.56	102.99	100804	424938	8142	190.12
2014	2.39	111.97	98692	490947	6909	135.72
2015	3.02	115.53	79847	499828	18486	185.07
2016	3.04	119.77	81932	568789	22500	196.42
2017	3.14	123.63	119149	538994	26415	206.65

注：1.本表未扣除区域变动因素，年度之间不可比。
2.2000年后铁路营业里程指国有铁路营业里程。
3.2002年后邮电局、所数据仅指邮政局所数。

13–2 民族自治地方分地区运输条件(2017年)

单位：公里

地 区	公路线路里程	#等级路	国有铁路营业里程	内河航道里程	民用机场数(个)
合 计	**1236251**	**975291**	**31404**	**19133**	**78**
河 北	14768	6571	77		
内蒙古	199423	192222	12395	2403	17
辽 宁	17241	15023	167	144	
吉 林	17210	16108	40		2
黑龙江	1583		60	146	
浙 江	1967	1955		94	
湖 北	32885	25472	252	728	1
湖 南	24738	15186	502	1284	1
广 东	3463	3397			
广 西	123259	112619	5140	5873	7
海 南	7316	6753		7	
重 庆	18959	16063	241	155	
四 川	84132	77875	20	74	3
贵 州	95695	67915	1849	3602	5
云 南	201022	124164	1466	2391	7
西 藏	89343	77911	786		4
甘 肃	24184	10476	180	211	5
青 海	59165	22549	1270	1906	3
宁 夏	34561	34432	1060	114	4
新 疆	185338	148600	5900		19

13–3 民族自治地方分地区公路、铁路旅客、货物运输量(2017年)

地　区	客运量合计（万人）	#公　路	#铁　路	货运量合计（万吨）	#公　路	#铁　路
合　计	**326859**	**238096**	**56965**	**690105**	**538994**	**119149**
河　北	1696	1645	51	5153	5138	15
内蒙古	14867	9421	5446	213318	147483	65835
辽　宁	3877	3877		7441	7441	
吉　林	3846	2470	1370	6943	5033	1910
黑龙江	355	290	65	344	340	4
浙　江	102	102		141	141	
湖　北	5526	4591	654	5239	5046	23
湖　南	10274	8445	2023	6536	5578	1081
广　东	132	132		84	84	
广　西	51056	38083	9838	174656	139602	6634
海　南	1819	1819		632	632	
重　庆	4207	3920	284	1823	1716	92
四　川	9059	9059		16419	16419	
贵　州	138279	82084	29726	65976	40832	23009
云　南	35310	32614	1101	46553	45697	630
西　藏	1390	999	320	2217	2147	53
甘　肃	4553	4553		3914	3914	
青　海	5828	3907	1921	9032	5333	3699
宁　夏	7600	6518	650	39289	31659	6528
新　疆	27083	23568	3515	84395	74760	9635

13-4 民族自治地方分地区公路、铁路旅客、货物周转量(2017年)

地区	旅客周转量(亿人公里)	#公路	#铁路	货物周转量(亿吨公里)	#公路	#铁路
合计	**2912.06**	**1662.45**	**1165.67**	**14891.67**	**8878.15**	**4499.08**
河北	4.64	3.41	1.22	29.84	28.86	0.98
内蒙古	362.75	142.65	220.10	5146.76	2764.47	2382.29
辽宁	21.20	18.16	3.04	61.26	56.59	4.67
吉林	26.22	22.94	3.28	122.14	90.45	31.69
黑龙江	0.93	0.93		0.92	0.92	
浙江	0.42	0.42		1.33	1.33	
湖北	27.71	27.47		97.90	97.63	
湖南	50.05	46.30	3.75	70.86	65.23	5.62
广东	0.90	0.90		3.61	3.61	
广西	777.57	370.38	403.87	4613.32	2456.69	709.68
海南	12.01	12.01		4.78	4.78	
重庆	18.55	17.39	1.16	12.23	11.64	0.09
四川	68.11	68.11		206.20	206.20	
贵州	563.96	393.99	173.95	714.70	485.58	220.68
云南	326.47	271.51	29.61	620.06	602.20	17.28
西藏	0.01	0.00	0.00	0.01	0.01	0.00
甘肃	34.23	34.23	0.00	65.68	65.68	
青海	29.70	18.24	11.45	132.30	129.44	2.86
宁夏	158.11	55.84	43.26	811.41	500.18	253.55
新疆	428.54	157.57	270.97	2176.35	1306.66	869.69

13-5 民族自治地方分地区邮电业情况(2017年)

地 区	邮电业务总量(亿元)	营业网点(处)	邮路总长度(万公里)	农村投递线路(万公里)	移动电话年末用户(万户)	固定电话年末用户(万户)	互联网接入用户(万户)
合 计	**2426.24**	**26415**	**142.98**	**63.67**	**15741.55**	**1696.66**	**3624.90**
河 北	10.15	55	0.34	1.05	158.98	15.13	27.87
内蒙古	516.90	4605	28.21	12.20	2841.20	232.30	494.00
辽 宁	10.67	276	1.93	2.10	207.14	74.64	55.22
吉 林	3.59	162	0.63	0.50	228.26	46.38	46.76
黑龙江	0.32	11	38.24	0.01	7.00		2.00
浙 江	0.20	10	0.35	0.33	12.52	1.18	3.56
湖 北	20.30	127	0.69	2.86	207.22	28.28	75.69
湖 南	45.73	1576	1.52	3.71	300.84	21.35	49.41
广 东	1.68	26	0.05	0.08	17.62	4.05	14.87
广 西	799.92	7631			4385.08	307.71	1050.97
海 南	9.98	202	9.49	0.61	106.10	20.92	19.17
重 庆	13.12	417	0.56	0.53	188.84	17.94	48.18
四 川	68.38	407	2.56	2.25	579.07	89.98	115.27
贵 州	38.94	2271	7.32	5.74	1452.42	90.27	244.14
云 南	217.01	2444	7.74	12.42	2037.14	106.61	520.56
西 藏	48.65	1073	2.81	10.25	290.30	47.30	61.20
甘 肃	20.66	127	0.98	1.79	145.86	25.96	37.72
青 海	14.07	244	1.68	1.57	239.98	29.44	29.21
宁 夏	220.19	984	17.05	0.07	791.98	62.20	159.20
新 疆	365.80	3767	20.83	5.60	1544.00	475.00	569.90

主要统计指标解释

铁路营业里程 又称营业长度，指办理客货运输业务的铁路正线总长度。

公路里程 指报告期末公路的实际长度。统计范围：包括城间、城乡间、乡（村）间能行驶汽车的公共道路，公路通过城镇街道的里程，公路桥梁长度、隧道长度、渡口宽度。不包括城市街道里程，断头路里程，农（林）业生产用道路里程，工（矿）企业等内部道路里程。统计原则：按已竣工验收或交付使用的实际里程计算；两条或多条公路共同经由同一路段的重复里程，只计算一次。

内河航道里程 指在一定时期内，能通航运输船舶及排筏的天然河流、湖泊水库、运河及通航渠道的长度。包括全年季节性通航累计三个月以上的航道，不包括仅供零散流放竹、木排的河道。两省以河为界的航道里程，双方均按一半计算，以免重复。

货（客）运量 指在一定时期内，各种运输工具实际运送的货物重量(旅客数量)。货运按吨计算，客运按人计算。货物不论运输距离长短、货物类别，均按实际重量统计。旅客不论行程远近或票价多少，均按一人一次客运量统计；半价票、儿童票也按一人统计。

货（客）周转量 指在一定时期内，由各种运输工具运送的货物(旅客)数量与其相应运输距离的乘积之总和。该指标可以反映运输业生产的总成果，也是编制和检查运输生产计划，计算运输效率、劳动生产率以及核算运输单位成本的主要基础资料。计算货物周转量通常按发出站与到达站之间的最短距离，也就是计费距离计算。计算公式为：

$$货物（旅客）周转量=\sum（货物（旅客）运输量\times运输距离）$$

邮电、电信业务总量 指以货币形式表示的邮政、电信通信企业为社会提供各类邮政、电信通信服务的总数量。计算方法为各类业务的实物量分别乘以相应的不变单价，求出各类业务的货币量加总求得。没有不变单价的业务按其业务收入直接相加。

移动电话用户 指在电信运营企业营业网点办理开户登记手续，通过移动电话交换机进入移动电话网，占用移动电话号码的各类电话用户。包括各类签约用户、智能网预付费用户、无线上网卡用户。

互联网上网人数 指过去半年内使用过互联网的6周岁及以上中国居民人数。

固定电话用户 指在电信企业营业网点办理开户登记手续并已接入固定电话网上的全部电话用户。包括普通电话用户、无线市话用户、公用电话用户、窄带综合业务数字网（N—ISDN）用户、智能网专用接入终端用户等。

邮路 指各邮电局、所、代办所之间，邮电局、所与代办所、车站、码头、机场、转运站、报刊社之间，有自编或委办人员按固定班期规定路线交换邮件、报刊的路线。包括农村地区运邮兼投递的路线，不包括城市、农村地区纯投递路线。

农村投递路线 指农村局、所自编或委办人员按固定班期、规定路线至农村乡（镇）、行政村等收件单位投递邮件、报刊的路线。

十四、国内贸易

14-1 民族自治地方分地区社会消费品零售总额(2017年)

单位：亿元

地 区	社会消费品零售总额	批发零售贸易业	餐饮住宿业	其他
合 计	**27229.78**	**16810.76**	**3062.92**	**27.86**
河 北	245.36	204.10	40.98	0.29
内蒙古	7160.23	6022.68	1137.56	
辽 宁	465.74	363.72	59.03	
吉 林	811.87	587.47	162.50	
黑龙江	3.27	2.84	0.43	
浙 江	30.93	27.05	3.88	
湖 北	632.78	557.15	75.63	
湖 南	487.86	415.94	71.92	
广 东	43.06	231.93	5.15	
广 西	7813.03			
海 南	130.14	105.98	24.15	
重 庆	265.38	235.75	29.63	
四 川	849.28	690.41	158.87	
贵 州	1103.67	1540.26	164.58	17.92
云 南	2248.78	1619.70	408.82	9.65
西 藏	523.32	435.43	87.89	
甘 肃	186.26	149.31	36.96	
青 海	253.80	213.94	27.04	
宁 夏	930.45	769.14	161.31	
新 疆	3044.58	2637.97	406.61	

14—2 民族自治地方分地区限额以上批发零售贸易业商品购进、销售、库存总额(2017年)

地　区	法人企业(个)	年末从业人员(人)	购进总额(亿元)	年末库存总额(亿元)
合　计	**15394**	**689048**	**23791.30**	**2368.73**
河　北	72	4718	34.56	8.71
内蒙古	2334	126480	3905.24	561.99
辽　宁	82	2840	32.56	5.80
吉　林	217	11415	203.61	43.10
黑龙江	7	240	1.30	0.44
浙　江	13	2551	108.97	4.13
湖　北	307	15999	249.31	26.34
湖　南	169	8900	67.09	11.30
广　东	62	2580	229.45	7.47
广　西	3624	205096	6630.72	451.81
海　南	29	956	26.14	1.45
重　庆	387	9786	194.80	8.34
四　川	273	12887	228.62	27.63
贵　州	718	18529	526.47	51.09
云　南	1556	58074	1610.81	178.23
西　藏	201	15693	210.41	26.41
甘　肃	28	1093	16.66	1.00
青　海	2438	20992	110.13	14.66
宁　夏	449	38533	1508.14	115.95
新　疆	2428	131686	7896.30	822.90

14-3　民族自治地方分地区限额以上批发零售贸易业企业财务状况(2017年)

单位：亿元

地　区	商品销售额	主营业务收入	主营业务利润
合　计	**27748.67**	**23190.31**	**1165.39**
河　北	39.19	22.62	1.29
内蒙古	4456.03	3727.99	319.39
辽　宁	37.19	29.72	2.56
吉　林	248.47	228.31	8.71
黑龙江	1.74	1.55	0.04
浙　江	127.67	103.58	103.60
湖　北	271.75	237.60	10.32
湖　南	153.86	16.86	0.50
广　东	249.04	214.92	9.03
广　西	7430.76	6495.24	92.04
海　南	31.89	28.40	1.91
重　庆	211.32	265.10	11.29
四　川	344.26	277.44	3.58
贵　州	943.28	824.43	38.05
云　南	2563.87	1694.35	159.77
西　藏	248.65	9.05	-1.04
甘　肃	21.17	18.85	2.56
青　海	162.95	138.46	17.99
宁　夏	1540.42	1332.94	5.31
新　疆	8665.15	7522.90	378.50

主要统计指标解释

社会消费品零售总额 指企业（单位、个体户）通过交易售给个人、社会集团非生产、非经营用的实物商品金额，以及提供餐饮服务所取得的收入金额。个人包括城乡居民和入境人员，社会集团包括机关、社会团体、部队、学校、企事业单位、居委会或村委会等。

批发业 指向其他批发或零售单位（含个体经营者）及其他企事业单位、机关团体等批量销售生活用品、生产资料的活动，以及从事进出口贸易和贸易经纪与代理的活动，包括拥有货物所有权，并以本单位(公司)的名义进行交易活动，也包括不拥有货物的所有权，收取佣金的商品代理、商品代售活动；还包括各类商品批发市场中固定摊位的批发活动，以及以销售为目的的收购活动。

零售业 指百货商店、超级市场、专门零售商店、品牌专卖店、售货摊等主要面向最终消费者（如居民等）的销售活动，以互联网、邮政、电话、售货机等方式的销售活动，还包括在同一地点，后面加工生产，前面销售的店铺（如面包房）；谷物、种子、饲料、牲畜、矿产品、生产用原料、化工原料、农用化工产品、机械设备（乘用车、计算机及通信设备除外）等生产资料的销售不作为零售活动；多数零售商对其销售的货物拥有所有权，但有些则是充当委托人的代理人，进行委托销售或以收取佣金的方式进行销售。

批发零售贸易业商品购、销、存总额 指各种登记注册类型的批发和零售业企业(单位)以本企业(单位)为总体的，从国内、国外市场购进的商品总量，销售和出口的商品总量，库存的商品总量等情况。该指标可以反映商品流转过程中商品的购进、销售、库存之间的比例关系和存在的问题。

商品购进额 指从本企业以外的单位和个人购进（包括从国外直接进口）作为转卖或加工后转卖的商品金额（含增值税）。商品购进包括：（1）从工农业生产者、批发和零售业企业、住宿和餐饮业企业、出版社或报社的出版发行部门和其他服务业企业购进的商品；（2）从机关团体、事业单位购进的商品；（3）从海关、市场管理部门购进的缉私和没收的商品；（4）从居民收购的废旧商品等。不包括：（1）企业为本单位自身经营用，不是作为转卖而购进的商品，如材料物资、包装物、低值易耗品、办公用品等；（2）未通过买卖行为而收入的商品，如接受其他部门移交的商品、借入的商品、收入代其他单位保管的商品、其他单位赠送的样品、加工回收的成品等；（3）经本单位介绍，由买卖双方直接结算，本单位只收取手续费的业务；（4）销售退回和买方拒付货款的商品；（5）商品溢余。

商品销售总额 指对本单位以外的单位和个人出售的商品金额（包括售给本单位消费用的商品，含增值税）。商品销售包括：（1）售给城乡居民和社会集团消费用的商品；（2）售给农业、工业、建筑业、服务业等国民经济各行业用于生产、经营用的商品，包括售予批发和零售业作为转卖或加工后转卖的商品；（3）对国（境）外直接出口的商品。不包括：（1）未通过买卖行为付出的商品，如随机构变动移交给其他企业单位的商品、借出的商品、归还受其他单位委托代保管的商品、付出的加工原料和赠送给其他单位的样品等；（2）经本单位介绍，由买卖双方直接结算，本单位只收取手续费的业务；（3）购货退回的商品；（4）商品损耗和损失；（5）出售本单位自用的废旧物资。

商品库存额 对于批发和零售业法人单位和个体经营户，是指报告期末取得所有权的全部商品金额（含增值税）；对于批发和零售业产业活动单位，是指报告期末实际在库且归属法人具有所有权的全部商品金额（含增值税）。库存商品包括：(1)存放在本单位(如门市部、批发站、采购站、经营处)的仓库、货场、货柜和货架中的商品；(2)挑选、整理、包装中的商品；(3)已记入购进而尚未运到本单位的商品，即发货单或银行承兑凭证已到而货未到的商品；(4)寄放他处的商品，如因购货方拒绝付款而暂时存在购货方的商品；(5)委托其他单位代销(未作销售或调出)尚未售出的商品；(6)代其他单位购进尚未交付的商品。不包括：所有权不属于本单位的商品；委托外单位加工的商品；外贸企业代理其他单位从国外进口，尚未付给订货单位的商品；代国家储备部门保管的商品。

限额以上批发零售贸易业、餐饮业统计限额标准 批发业，年末从业人员 20 人及以上，年销售额 2000 万元及以上；零售业，年末从业人员 60 人及以上，年销售额 500 万元及以上；餐饮业，年末从业人员 40 人及以上，年销售额 200 万元及以上。

十五、对外经济贸易

15-1 民族自治地方分地区对外贸易和利用外资情况(2017年)

地区	进出口总额（亿元）			外商投资企业年底注册登记情况		
		进口总额（亿元）	出口总额（亿元）	企业数（个）	投资总额（亿美元）	注册资本（亿美元）
合　计	**7099**	**3181**	**3924**	**12142**	**1632**	**597**
河　北	6.66	0.48	6.18	45	0.25	0.75
内蒙古	944.56	609.79	334.77	3453	459.79	207.26
辽　宁	19.27	2.76	17.28	30	0.10	0.08
吉　林	146.52	79.85	66.66	574	22.20	12.79
黑龙江	0.02		0.02			
浙　江	9.26	0.17	9.09	8	0.30	0.30
湖　北	38.52	0.03	38.48			
湖　南	15.68	1.88	13.71			
广　东	8.38	1.87	6.51	10	0.06	0.06
广　西	3866.34	2011.14	1855.20	4872	562.00	2.99
海　南	13.80		13.76	7	15.02	5.00
重　庆	24.81	0.81	24.01			
四　川		0.68	4.67	33	0.31	0.15
贵　州	23.75	19.90	3.84	71	74.32	17.01
云　南	221.55	135.85	85.70	370	24.95	18.47
西　藏	59.19	29.34	29.85	252	30.31	21.17
甘　肃	1.26	0.00	1.26			
青　海	0.72	0.16	0.56		4.69	1.25
宁　夏	341.29	93.59	247.71	738	304.20	228.54
新　疆	1357.72	192.64	1165.08	1679	133.23	80.89

注：进出口总额按经营单位所在地分。

主要统计指标解释

货物进出口总额 指实际进出我国国境的货物总金额。包括对外贸易实际进出口货物，来料加工装配进出口货物，国家间、联合国及国际组织无偿援助物资和赠送品，华侨、港澳台同胞和外籍华人捐赠品，租赁期满归承租人所有的租赁货物，进料加工进出口货物，边境地方贸易及边境地区小额贸易进出口货物，中外合资企业、中外合作经营企业、外商独资经营企业进出口货物和公用物品，到、离岸价格在规定限额以上的进出口货样和广告品(无商业价值、无使用价值和免费提供出口的除外)，从保税仓库提取在中国境内销售的进口货物，以及其他进出口货物。该指标可以观察一个国家在对外贸易方面的总规模。我国规定出口货物按离岸价格统计，进口货物按到岸价格统计。

进口 指直接从国外进口的商品和委托外贸部门代理进口的商品，不包括从国内有关单位（包括对外贸易部门和其他单位）购进的进口商品。对外贸易企业只统计自主经营进口的商品，不包括受托代理进口的商品。

出口 指直接向国（境）外出口商品和委托外贸部门代理出口的商品，不包括售给外贸部门出口或加工后出口的商品以及在国内市场以外币销售的商品。

商品经营单位所在地进、出口额 指在所在地海关注册登记的有进出口经营权的企业实际进、出口额。

商品目的地进口额和商品货源地出口额 目的地进口额指进口货物的消费、使用或最终抵运地的实际进口额；货源地出口额指出口货物的产地或原始发货地的实际出口额。

外商直接投资 是指外国投资者在我国境内通过设立外商投资企业、合伙企业、与中方投资者共同进行石油资源的合作勘探开发以及设立外国公司分支机构等方式进行投资。外国投资者可以用现金、实物、无形资产、股权等投资，还可以用从外商投资企业获得的利润进行再投资。

外商其他投资 指除对外借款和外商直接投资以外的各种利用外资的形式。包括企业在境内外股票市场公开发行的以外币计价的股票发行价总额，国际租赁进口设备的应付款，补偿贸易中外商提供的进口设备、技术、物料的价款，加工装配贸易中外商提供的进口设备、物料的价款。

对外直接投资 指我国企业、团体等(简称境内投资主体）在国外及港澳台地区以现金、实物、无形资产等方式投资，并以控制国(境)外企业的经营管理权为核心的经济活动。对外直接投资的内涵主要体现在一经济体通过投资于另一经济体而实现其持久利益的目标。

十六、旅　游

16–1 民族自治地方分地区世界遗产情况（2017年）

单位：个

地 区	世界自然遗产	世界文化遗产	世界自然与文化遗产	人类口述和非物质遗产
全 国	**12**	**35**	**4**	**26**
民族自治地方	7	5		10
河 北				
内蒙古		1		2
辽 宁				
吉 林				
黑龙江				1
浙 江				
湖 北		1		
湖 南				
广 东				
广 西				
海 南				
重 庆				
四 川	3			
贵 州	1			1
云 南	1	1		
西 藏		1		2
甘 肃				1
青 海	1			1
宁 夏				
新 疆	1	1		2

16-2 民族自治地方分地区重点文物保护单位(2017年)

单位：个

地区	全国重点文物保护单位	古遗址	古墓葬	古建筑及历史纪念建筑物	近现代重要史迹及代表性建筑	石窟寺石刻及其他
合计	**512**	**222**	**82**	**127**	**55**	**26**
河北						
内蒙古	119	70	21	21	5	2
辽宁	14	8	6			
吉林	14	9	4	1		
黑龙江						
浙江	1			1		
湖北	13	9		2	1	1
湖南	11	1	1	4	3	2
广东						
广西	51	16	2	12	18	3
海南		1			1	
重庆	2	1			1	
四川	20	5	1	10	3	1
贵州	21	2	6	9	4	
云南	49	11	2	22	10	4
西藏	37	5	4	27	1	
甘肃	18	13		1	1	3
青海	21	8	4	5	3	1
宁夏	27	14	3	7	1	2
新疆	92	49	28	5	3	7

16-3 民族自治地方分地区国家AAAAA级旅游区、国家级重点风景名胜区和全国历史文化名城、名镇、名村(2017年)

单位：个

地　区	国家AAAAA级旅游区	国家级风景名胜区	全国历史文化名城	全国历史文化名镇	全国历史文化名村
合　计	**52**	**50**	**26**	**38**	**53**
河　北			1		
内蒙古	4	2	1	6	2
辽　宁	1	2		1	
吉　林	2	2			1
黑龙江					
浙　江				1	
湖　北	3			1	5
湖　南		4	1	4	5
广　东					1
广　西	5	3	3	7	9
海　南	2				
重　庆	2			2	
四　川	5	4	1		1
贵　州	2	11	2	3	10
云　南	5	9	5	6	6
西　藏	4	4	3	2	3
甘　肃			2	1	
青　海	1	1	1	1	5
宁　夏	4	2	1		1
新　疆	12	6	5	3	4

16—4 民族自治地方分地区国家重点自然保护区（2017年）

地　区	国家重点自然保护区（个）	面　积（千公顷）
合　计	**126**	**81517.26**
河　北	3	77.97
内蒙古	23	3924.90
辽　宁	3	33.69
吉　林	7	508.18
黑龙江		
浙　江		
湖　北	5	197.01
湖　南	1	24.80
广　东		
广　西	15	286.20
海　南	4	81.97
重　庆		
四　川	11	1730.60
贵　州	5	152.31
云　南	12	951.48
西　藏	9	37153.10
甘　肃	5	2015.12
青　海	5	20252.50
宁　夏	6	439.21
新　疆	12	13688.22

16-5 民族自治地方分地区旅行社单位数和旅游人数(2017年)

地　区	旅行社数（个）	旅游人次（万人次）	国际旅游	国内旅游
合　计	**3865**	**174617.7**	**2846.7**	**174817.4**
河　北	16	836.1	0.3	835.8
内蒙古	1433	11646.0	184.8	11461.2
辽　宁	56	3672.9	3.3	3669.6
吉　林	193	2579.8	59.3	2520.5
黑龙江	6	171.0	0.1	112.0
浙　江	5	780.5	1.1	779.3
湖　北	30	6243.3	40.9	6202.4
湖　南	49	6245.5	16.9	6231.5
广　东	14	841.3	0.1	841.2
广　西	830	52324.3	512.4	51811.9
海　南	18	1384.2	13.4	1370.8
重　庆	17	4767.3	3.2	4764.2
四　川	40	9922.9	782.4	9893.8
贵　州	189	19988.0	61.2	21211.2
云　南	356	29767.3	874.9	28892.4
西　藏	13	2561.4	34.4	2527.1
甘　肃	29	3447.6	15.1	3438.9
青　海	34	3627.8	1.6	4684.3
宁　夏	135	3085.0	6.5	3078.5
新　疆	402	10725.5	234.8	10491.0

16–6 民族自治地方分地区旅游收入(2017年)

地 区	国际旅游外汇收入（万美元）	国内旅游收入（亿元）
合 计	**850950.1**	**19230.0**
河 北	297.5	61.4
内蒙古	124556.0	3358.6
辽 宁	2678.5	218.7
吉 林	27538.5	430.1
黑龙江	4.4	10.2
浙 江	436.2	54.1
湖 北	5087.6	466.6
湖 南	3905.7	355.8
广 东	21.9	55.3
广 西	239600.0	5418.6
海 南	13099.5	55.8
重 庆	42983.0	201.6
四 川	16157.4	463.3
贵 州	12398.8	2147.5
云 南	256929.2	3279.0
西 藏	19751.0	366.3
甘 肃		153.3
青 海	563.2	107.2
宁 夏	3860.7	275.2
新 疆	81081.0	1751.6

主要统计指标解释

旅游人数 包括入境国际旅游者人数、出境居民人数和国内旅游者人数。

入境游客 指报告期内来中国（大陆）观光、度假、探亲访友、就医疗养、购物、参加会议或从事经济、文化、体育、宗教活动的外国人、港澳台同胞等游客（即入境旅游人数）。统计时，入境游客按每入境一次统计 1 人次。入境旅游人数包括入境过夜游客和入境一日游游客。

出境人数（出境游客） 指中国（大陆）居民因公或因私出境前往其他国家、中国香港特别行政区、澳门特别行政区和台湾省观光、度假、探亲访友、就医疗养、购物、参加会议或从事经济、文化、体育、宗教活动的人数（即出境游客）。统计时，出境游客按每出境一次统计 1 人次。

国内游客 指报告期内在中国（大陆）观光游览、度假、探亲访友、就医疗养、购物、参加会议或从事经济、文化、体育、宗教活动的中国（大陆）居民人数，其出游的目的不是通过所从事的活动谋取报酬。统计时，国内游客按每出游一次统计 1 人次。

国际旅游(外汇)收入 指入境游客在中国（大陆）境内旅行、游览过程中用于交通、参观游览、住宿、餐饮、购物、娱乐等全部花费。

国内旅游收入(旅游总花费) 指国内游客在国内旅行、游览过程中用于交通、参观游览、住宿、餐饮、购物、娱乐等全部花费。

国际旅行社 指经营对外招徕并接待外国人、华侨、港澳同胞和台湾同胞来中国、归国或回内地旅游业务的旅行社。

国内旅行社 指负责经营招徕、组团、接待国内旅客的旅游业务，以及不对外招徕，负责经营接待国际旅行社或其他涉外部门组织的外国人、华侨、港澳同胞和台湾同胞来中国、归国或回内地旅游业务的旅行社。

十七、银行和金融

17—1 民族自治地方分地区金融机构信贷(2017年)

单位：亿元

地　区	全部金融机构人民币各项存款余额	全部金融机构人民币各项贷款余额
合　计	**113907.39**	**91256.45**
河　北	1045.02	869.97
内蒙古	22952.80	21456.03
辽　宁	1256.81	570.69
吉　林	2069.42	1347.72
黑龙江	65.83	35.67
浙　江	92.57	75.04
湖　北	1624.62	1072.25
湖　南	1838.01	976.47
广　东	177.62	74.36
广　西	27714.24	22781.81
海　南	817.25	418.66
重　庆	846.76	621.46
四　川	3313.89	3313.89
贵　州	5692.30	4160.51
云　南	9509.29	6146.92
西　藏	4952.51	4041.44
甘　肃	1057.69	801.99
青　海	1774.96	998.83
宁　夏	5848.45	6332.61
新　疆	21257.36	16871.00

17-2 民族自治地方上市公司股本结构及主要财务指标(一)

指　　标	2000年	2001年	2002年	2003年	2004年	2006年	2007年	2008年	2009年
上市公司数目(家)	**77**	**84**	**87**	**95**	**98**	**100**	**102**	**106**	**111**
A股上市公司	76	83	86	94	96	98	101	104	109
B股上市公司	1	1	1	1	2	2	1	2	2
A、B股上市公司									
总股本(亿股)	**171.42**	**207.76**	**237.09**	**266.15**	**305.73**	**488.97**	**431.47**	**525.52**	**437.25**
主要财务指标(亿元)									
资产总额	865.32	1130.03	1394.94	1740.22	2084.15	2706.59	3499.36	4166.06	3839.89
所有者权益合计	474.28	562.33	640.89	711.40	790.75	928.46	1220.79	1447.81	1288.68
营业收入	331.63	468.72	598.93	808.65	1061.60	1609.15	2088.04	2706.37	2231.63
利润总额	92.91	109.76	145.12	185.04	234.23	328.23	221.12	152.17	147.67
净利润	41.48	31.06	32.06	26.82	32.19	70.24	141.55	97.78	92.90
每股收益(元)						0.32	0.33	15.30	0.24
净资产收益率(%)	8.75	5.52	5.00	3.77	4.07	7.57	11.60	6.75	7.21

17-2 民族自治地方上市公司股本结构及主要财务指标(二)

指　　标	2010年	2011年	2012年	2013年	2014年	2015年	2016年	2017年
上市公司数目(家)	**111**	**117**	**125**	**124**	**122**	**123**	**125**	**125**
A股上市公司	109	115	123	122	2	121	123	123
B股上市公司	2	2	2	2		2	2	2
A、B股上市公司								
总股本(亿股)	**729.95**	**834.85**	**830.19**	**888.62**	**1123.71**	**1556.96**	**1293.97**	**2962.91**
主要财务指标(亿元)								
资产总额	4146.09	7894.34	8846.31	9651.69	12563.50	16045.99	12821.27	21087.96
所有者权益合计	1345.76	2988.67	3401.07	3648.37	4363.66	5496.91	4243.29	7295.66
营业收入	2729.53	4879.50	4789.87	4805.97	5429.45	5303.87	3593.90	8729.86
利润总额	779.22	342.79	324.58	309.17	318.17	240.74	267.09	638.20
净利润	263.42	276.19	269.84	255.05	249.66	173.10	206.92	530.87
每股收益(元)	0.62	1.16	0.95	0.88	0.22	0.10	0.27	0.21
净资产收益率(%)	19.57	9.24	7.93	6.99	5.72	3.15	4.88	7.28

17-3 民族自治地方分地区上市公司数(2017年)

地区	总计(个)	A股上市公司	B股上市公司
合计	**125**	**123**	**2**
河北			
内蒙古	25	23	2
辽宁			
吉林	1	1	
黑龙江			
浙江			
湖北			
湖南	1	1	
广东			
广西	30	30	
海南			
重庆			
四川	1	1	
贵州			
云南	3	3	
西藏	10	10	
甘肃			
青海	2	2	
宁夏	12	12	
新疆	40	40	

17–4 民族自治地方分地区上市公司主要财务指标(2017年)(一)

地 区	总股本（亿股）	资产总额（亿元）	所有者权益合计（亿元）	营业收入（亿元）
合 计	**2962.91**	**21087.96**	**7295.66**	**8729.86**
河 北				
内蒙古	945.81	8092.12	2748.81	3134.31
辽 宁				
吉 林	5.34	4.72	3.05	4.12
黑龙江				
浙 江				
湖 北				
湖 南	3.25	23.61	18.55	6.55
广 东				
广 西	1281.30	2939.34	1143.28	1716.44
海 南				
重 庆				
四 川	3.65	24.15	12.29	9.01
贵 州				
云 南	11.58	56.58	41.36	27.88
西 藏	80.86	544.97	279.87	231.50
甘 肃				
青 海	32.36	850.82	245.34	130.18
宁 夏	83.67	578.38	282.21	250.12
新 疆	515.11	7973.28	2520.90	3219.75

17–4 民族自治地方分地区上市公司主要财务指标(2017年)(二)

地 区	利润总额(亿元)	净利润(亿元)	每股收益(元)	净资产收益率(%)
合 计	**638.20**	**530.87**	**0.21**	**7.28**
河 北				
内蒙古	314.54	250.60	0.25	0.08
辽 宁				
吉 林	0.15	0.12	0.02	0.03
黑龙江				
浙 江				
湖 北				
湖 南	1.12	0.97	0.54	0.09
广 东				
广 西	89.78	103.48	0.17	0.20
海 南				
重 庆				
四 川	0.74	0.56	0.11	0.04
贵 州				
云 南	4.28	3.43	0.29	0.08
西 藏	44.56	37.76	0.43	0.13
甘 肃				
青 海	-41.79	-43.87	-1.31	-0.17
宁 夏	7.35	4.34	0.05	0.01
新 疆	217.46	173.49	0.32	0.07

17-5 民族自治地方上市公司总股本及财务指标(2017年)

上市公司名称	总股本 (亿股)	资产总额 (万元)	所有者权益合计 (万元)	营业收入 (万元)	利润总额 (万元)	净利润 (万元)	每股收益 (元)	净资产收益率 (%)
内蒙古	**946**	**80921223**	**27488088**	**31343113**	**3145434**	**2506048**	**0.25**	**0.08**
金河生物	6	295991	163732	145783	14737	11005	0.17	0.07
蒙草抗旱	16	1247614	392340	557889	107454	88023	0.53	0.26
内蒙君正	84	2238411	1590637	773894	245635	214659	0.25	0.15
东宝生物	5	97154	72975	35624	2644	2242	0.05	0.03
金宇集团	9	568357	447794	190101	102537	86821	1.00	0.21
内蒙华电	58	4309398	1375818	1178257	102721	79712	0.09	0.05
伊利股份	61	4930036	2523982	6754745	707397	600281	0.99	0.25
四海股份	3	191249	76864	4078	-2153	-2153	-0.07	-0.06
包钢股份	456	14664246	4953712	5368373	282642	205090	0.05	0.04
*ST明科	4	119695	89494	6548	558	558	0.01	0.01
包钢稀土	36	2060088	1064848	1020398	80048		0.11	0.05
华资实业	5	257476	223532	16366	412	1525	0.02	0.01
平庄能源	10	589745	460696	280799	45967	48380	0.48	0.11
福瑞股份	3	250261	193163	84968	16091	9386	0.27	0.05
北方股份	2	203875	95157	89035	4264	3757	0.22	0.04
兴业矿业	19	933136	537535	211144	75608	55356	0.30	0.11
北方创业	17	1817480	786797	1196746	55504	52638	0.31	0.00
西水股份	11	22577429	2837145	3024642	311582	243676	2.19	0.22
亿利能源	27	2918550	1575205	1574603	85867	75042	0.20	0.04
鄂尔多斯	10	4606100	1382785	2212693	141178	103403	0.50	0.07
伊泰B股	33	7094160	2868290	2285850	256487	212536	0.61	0.08
远兴能源	40	2203838	1053067	1030395	115933	93940	0.18	0.08
兰太实业	4	669087	253823	328609	44391	40500	0.48	0.10
露天煤业	16	1471747	1085910	758882	206754	176268	1.07	0.17
鄂资B股	10	4606100	1382785	2212693	141178	103403	0.50	0.07
吉　林	**5**	**454759**	**40398**	**157038**	**3113**	**2382**	**0.02**	**0.03**
*ST石岘	5	454759	40398	157038	3113	2382	0.02	0.03
湖　南	**3**	**254174**	**200568**	**87833**	**22884**	**17416**	**0.54**	**0.09**
酒鬼酒	3	254174	200568	87833	22884	17416	0.54	0.09
广　西	**1281**	**29393382**	**11432849**	**17164357**	**897793**	**1034784**	**0.17**	**0.20**
百洋股份	2	358068	230125	239413	13992	12507	0.61	0.08
丰林集团	958	231525	190176	130169	12428	12053	0.13	0.07
八菱科技	3	257474	213640	77461	15054	13504	0.48	0.06

17-5 续表 1

上市公司名称	总股本（亿股）	资产总额（万元）	所有者权益合计（万元）	营业收入（万元）	利润总额（万元）	净利润（万元）	每股收益（元）	净资产收益率（%）
桂冠电力	61	4127701	1681546	877510	63169	280516	0.41	0.18
五洲交通	8	776306	371677	179218	44633	35613	0.44	0.12
南化股份	2	75541	18328	21416	-6820	-6820	-0.14	-0.13
南宁百货	5	223780	106362	232101	815	177	0.00	0.00
阳光股份	7	980094	369221	63956	-37398	-43889	-0.62	-0.16
*ST南纺	3	181263	41823	79939	9351	9218	0.36	0.24
南宁糖业	3	738882	141568	290642	-23481	-19836	-0.60	-0.13
两面针	6	270566	175747	147212	-15602	-16458	-0.26	-0.07
柳化股份	4	320368	3863	183007	6155	6155	0.15	-0.02
莱茵生物	4	289695	105102	80126	24795	20589	0.47	0.22
广陆数测	8	213448	113744	41158	-27867	-27845	-0.36	-0.22
柳钢股份	26	2307392	719920	4155717	303591	264618	1.03	0.45
柳工	11	2165805	911701	1126421	45768	32225	0.24	0.04
国海证券	42	6600920	1421591	265872	56986	43094	0.09	0.03
桂林旅游	4	262699	156984	55629	4706	3786	0.147	0.0356
中恒集团	35	686359	559672	204771	74445	60491	0.17	0.11
索芙特	8	711421	556938	166559	70444	57422	0.68	0.11
*ST河化	3	81788	2330	22088	3078	2946	0.10	--
*ST国发	5	77675	65918	43449	384	235	0.02	0.01
北海港	12	1283963	788826	327487	69887	58909	0.44	0.08
银河科技	11	333393	217733	104572	1096	1462	0.01	0.00
桂东电力	8	1275379	251991	1024483	13398	10010	0.08	0.02
皇氏乳业	8	561496	294100	236675	8144	7110	0.07	0.02
桂林三金	6	322956	265391	161602	56299	46440	0.79	0.18
贵糖股份	7	338057	252434	190737	10728	8023	0.12	0.03
恒逸石化	16	3326794	1196590	6428385	99211	162199	1.00	0.14
北生药业	4	12577	7808	6583	403	327	0.01	0.00
四　川	**4**	**245250**	**126343**	**91973**	**6688**	**4459**	**0.11**	**0.04**
西昌电力	4	245250	126343	91973	6688	4459	0.11	0.04
云　南	**12**	**565792**	**413615**	**278784**	**42766**	**34268**	**0.29**	**0.08**
文山电力	5	264479	166107	203466	19891	15670	0.33	0.10
丽江旅游	5	269068	244928	68720	25958	21688	0.37	0.09
景谷林业	1	32246	2580	6597	-3083	-3090	-0.24	不适用

17-5 续表 2

上市公司名称	总股本（亿股）	资产总额（万元）	所有者权益合计（万元）	营业收入（万元）	利润总额（万元）	净利润（万元）	每股收益（元）	净资产收益率（%）
西　藏	**81**	**5449683**	**2798727**	**2315017**	**445641**	**377575**	**0.43**	**0.13**
海思科	11	410883	197029	185616	25878	22910	0.22	0.11
西藏药业	2	233004	204540	91563	26160	23429	1.37	0.15
西藏天路	9	844860	364421	359096	63089	57911	0.43	0.13
ST珠峰	7	323530	170400	246653	136981	111330	1.71	0.71
西藏旅游	2	133649	45625	14163	-8176	-8177	-0.42	-0.16
西藏城投	8	1106286	321273	96485	9937	7314	0.11	0.03
梅花集团	31	1710192	936040	1113216	142288	119604	0.38	0.13
奇正藏药	4	229657	189379	105315	32403	30077	0.74	0.17
西藏发展	3	146934	110520	36155	5178	4476	0.04	0.01
西藏矿业	5	310689	259500	66755	11903	8700	0.07	0.02
青　海	**32**	**8508203**	**2453389**	**1301777**	**-417900**	**-438683**	**-1.31**	**-0.17**
青青稞酒	5	266350	229769	131836	-5515	-9842	-0.21	-0.04
盐湖股份	28	8241853	2223620	1169941	-412385	-428841	-1.49	-0.17
宁　夏	**84**	**5783807**	**2822127**	**2501212**	**73545**	**43389**	**0.05**	**0.01**
大元股份	5	429338	307387	218743	25160	21460	0.45	0.07
宁夏恒力	7	229904	102022	124794	4234	4115	0.06	0.05
赛马实业	5	734633	481913	435534	45737	37828	0.71	0.08
新华百货	2	455544	191467	743561	12301	7935	0.47	0.05
ST广夏	15	504396	402375	65964	11225	8699	0.06	0.02
美利纸业	7	202125	202125	84129	2346	2559	0.04	0.01
中银绒业	18	1215632	191312	279658	8896	4699	0.03	0.03
银星能源	7	917883	272943	93504	-19447	-19669	-0.27	-0.07
英力特	3	344416	298550	196519	12831	9331	0.31	0.03
东方钽业	4	110955	110955	94507	-38006	-37997	-0.86	-0.29
*ST西轴	8	187936	77032	43576	3590	2784	0.02	0.03
青龙管业	3	159465551	50417998	64395004	4349233	3469811	0.06	0.01
新　疆	**515**	**79732776**	**25208999**	**32197502**	**2174616**	**1734906**	**0.32**	**0.07**
天山生物	2	69095	36251	19531	1108	641	0.04	0.02
新疆浩源	4	112549	97253	36469	9072	7478	0.18	0.08
新研股份	15	896316	632968	185383	47649	39327	0.27	0.07
新疆天业	10	889652	476690	497716	65834	53666	0.55	0.13
啤酒花	6	719661	603302	985535	80000	58101	0.36	0.09
广汇股份	52	4480576	1431162	813746	89842	49055	0.13	0.06
美克股份	18	692478	493181	417942	44687	36536	0.24	0.11

17-5 续表 3

上市公司名称	总股本（亿股）	资产总额（万元）	所有者权益合计（万元）	营业收入（万元）	利润总额（万元）	净利润（万元）	每股收益（元）	净资产收益率（%）
新疆城建	7	1005817	199768	319068	-25408	-21827	0.46	0.24
八一钢铁	8	1860126	334074	1675685	108670	116796	1.52	0.42
百花村	4	203277	173303	41950	-55408	-56509	-1.41	-0.28
友好集团	3	523866	72480	587940	-48708	-47799	-1.56	-0.51
新疆众和	8	1013548	344433	600612	12437	11958	0.14	0.04
国际实业	5	303787	209473	35605	-7161	-7113	-0.14	-0.03
渤海租赁	62	21663210	3773688	2425755	330292	284121	0.43	0.08
宏源证券								
天山纺织	9	513898	454541	222029	93990	79531	0.36	0.19
天山股份	10	1846640	826651	707978	37045	28154	0.30	0.04
新中基	8	244533	88505	51771	10816	10023	0.05	0.04
中泰化学	21	5562741	1914730	4105903	292981	245302	1.12	0.15
天康生物	10	587285	305518	463003	42861	40378	0.42	0.15
北新路桥	6	1952048	323666	980644	12193	5045	0.09	0.03
ST天宏	1	142946	93407	124020	12105	10526	0.96	0.13
天富热电	12	1945416	662010	423784	21656	16725	0.19	0.04
天利高新	56	9124783	2276547	5536375	150268	67348	0.12	0.03
伊力特	4	306897	223639	191881	49536	35686	0.80	0.17
新农开发	4	255510	67632	108470	1666	1527	0.09	0.05
特变电工	37	8359777	3401979	3828120	306018	264204	0.61	0.08
中粮屯河	21	1710245	730886	1915721	100343	75400	0.36	0.11
新赛股份	5	225725	55798	110260	2677	2433	0.02	0.02
冠农股份	8	504566	230603	160233	8823	8420	0.11	0.04
ST香梨	1	29510	27732	6532	498	508	0.03	0.02
青松建化	14	958493	455102	210112	-14	-6076	0.04	0.01
金风科技	36	7278784	2347500	2512946	349056	314881	0.84	0.15
国统股份	1	252768	112747	78911	3720	1763	0.14	0.02
准油股份	2	74786	35077	20640	1049	989	0.04	0.03
西部建设	13	1822413	671102	1491978	21125	14243	0.10	0.02
*ST中葡	11	292872	235469	40174	-8963	-9040	-0.08	-0.04
光正钢构	5	167580	85575	55399	1565	782	0.01	0.01
西部牧业	2	242290	71585	69256	-36955	-37600	-1.74	-0.46
新研股份	15	896316	632968	138428	47649	39327	0.27	0.07

主要统计指标解释

信贷资金 指金融机构以信用方式积聚和分配的货币资金。金融机构信贷资金的来源有各项存款、金融债券、对国际金融机构负债、流通中现金、其他项目等；信贷资金的运用有各项贷款、有价证券及投资、黄金占款、外汇买卖、财政借款及在国际金融机构中的资产等。

存款 指企业、机关、团体或居民根据资金必须收回的原则，把货币资金存入银行或其他信贷机构保管并取得一定利息的一种信用活动形式。根据存款对象或性质的不同可划分为住户存款、非金融企业存款、政府存款、非银行业金融机构存款等科目。它是银行信贷资金的主要来源。

贷款 指银行或其他信贷机构根据资金必须归还的原则，按一定利率，为企业、个人等提供资金的一种信用活动形式。我国银行贷款分为短期贷款、中长期贷款、融资租赁、票据融资、各项垫款、境外贷款等。

十八、教育和科技

18–1 民族自治地方各类学校

单位：所

年 份	高等学校	中等学校	#中等专业学校	#普通中学	小 学
1952	11	531			59597
1957	14	1115			57480
1965	37	4777			140056
1975	35	8353			121110
1978	56	14277			142865
1979	63	12249	545	11704	139256
1980	63	11765	588	11177	131123
1981	67	11072	563	10509	117581
1982	68	11056	586	10470	114164
1983	76	11493	516	10977	119418
1984	74	11406	567	10839	117643
1985	86	11644	560	11084	121712
1986	93	11677	547	11130	119874
1987	100	11849	541	11308	119879
1988	101	12038	583	11455	119614
1989	106	14441	815	11626	120118
1990	105	12273	648	11625	117717
1991	104	12882	571	11563	103139
1992	102	12148	560	11588	99916
1993	101	12051	570	11481	97858
1994	104	12677	559	11880	99160
1995	105	13550	584	11606	97650
1996	96	13460	570	11484	90982
1997	92	13466	579	11486	90704
1998	94	13323	578	11364	88869
1999	95	13034	554	11209	87150
2000	97	12841	515	11208	84710
2001	105	12926	472	11433	75386
2002	116	13196	450	11862	73577
2003	135	13094	419	11711	70497
2004	149	12975	425	11653	66757
2005	155	12771	384	11559	67056
2006	167	12469	647	11247	63149
2007	171	12220	721	10885	58223
2008	192	11925	738	10622	55374
2009	196	11334		10261	52283
2010	209	11063		9944	49367
2011	211	10848		9751	46510
2012	210	10668		9469	44912
2013	212	10179		9043	41584
2014	221	10179		9388	42286
2015	228	10327		9197	38685
2016	237	10349		9160	33040
2017	236	9993		8988	32533

注：本表未扣除区域变动因素，年度之间不可比，下同。中等学校包括职业中学，下同。

18–2 民族自治地方各类学校专任教师

单位：万人

年 份	高等学校	中等学校	#中等专业学校	#普通中学	小 学
1952	0.06	1.02			
1957	0.26	2.22			
1965	0.62	5.30			
1975	0.79	27.47			
1978	1.49	37.70			
1979	1.68	34.78	1.63	33.15	61.25
1980	1.51	35.10	1.94	33.16	73.01
1981	1.51	31.87	1.93	29.94	72.29
1982	1.67	32.05	2.02	30.03	74.23
1983	1.90	32.41	2.09	30.32	77.12
1984	2.03	31.08	2.17	28.91	75.85
1985	2.18	33.53	2.39	31.14	60.03
1986	2.39	35.66	2.58	33.09	80.58
1987	2.55	37.39	2.78	34.61	80.71
1988	2.67	39.86	3.20	36.66	83.21
1989	3.40	47.57	10.36	37.21	84.01
1990	2.77	41.55	3.30	38.25	84.78
1991	2.70	43.09	3.24	38.90	83.96
1992	2.71	42.53	3.19	39.34	83.39
1993	2.69	42.92	3.17	39.75	83.68
1994	2.80	43.96	3.28	40.67	86.11
1995	3.69	48.90	4.07	41.47	85.83
1996	2.92	49.41	3.47	42.40	83.83
1997	2.95	52.29	3.57	44.65	88.55
1998	3.01	52.79	3.56	45.65	87.77
1999	3.10	54.29	3.59	46.97	89.89
2000	3.64	54.50	3.33	47.89	89.94
2001	3.87	55.74	3.12	49.32	86.43
2002	4.22	60.14	4.91	53.73	89.68
2003	4.88	61.54	2.67	55.51	87.69
2004	5.76	63.06	2.40	57.46	86.80
2005	6.26	66.80	2.49	61.15	88.05
2006	7.12	68.33	3.32	62.57	88.23
2007	7.59	71.55	5.29	63.66	89.21
2008	8.22	72.50	5.15	64.73	89.98
2009	8.70	71.52		66.19	90.59
2010	9.47	74.19		67.44	90.73
2011	9.69	76.84		69.88	89.39
2012	10.06	76.46		69.33	88.94
2013	10.32	75.68		68.65	86.07
2014	10.75	75.68		74.29	77.35
2015	10.94	87.62		80.28	88.32
2016	11.37	81.44		73.89	91.10
2017	11.89	83.96		76.32	91.02

18-3 民族自治地方各类学校在校学生

单位：万人

年 份	高等学校	中等学校	#中等专业学校	#普通中学	小 学
1952	0.45	20.94			467.31
1957	1.20	49.39			599.45
1965	3.05	95.41			1124.44
1975	3.11	362.46			1416.10
1978	5.65	682.00			1705.24
1979	6.20	628.39	7.50	610.19	1685.50
1980	7.08	601.14	18.56	582.57	1701.73
1981	7.79	509.15	15.38	493.76	1629.57
1982	7.18	469.15	13.75	455.41	1645.07
1983	7.76	486.41	14.52	471.89	1711.15
1984	8.73	508.38	17.62	490.76	1752.13
1985	10.44	573.29	20.65	516.64	1836.90
1986	11.61	595.60	21.83	573.77	1875.90
1987	12.38	608.72	22.83	585.89	1840.70
1988	13.23	610.86	25.64	585.22	1833.20
1989	13.98	707.17	27.33	579.84	1997.00
1990	13.55	509.64	25.25	584.40	1852.90
1991	13.16	665.44	27.39	589.30	1877.44
1992	14.17	627.99	28.37	599.62	1913.65
1993	16.11	606.52	32.04	574.48	1844.30
1994	18.06	643.52	35.89	607.62	1998.69
1995	18.60	721.09	39.14	631.88	1889.49
1996	18.66	767.21	48.16	667.66	2014.76
1997	20.47	819.15	43.40	721.75	2061.79
1998	22.13	867.75	47.75	763.75	2030.69
1999	26.00	918.84	51.31	809.76	1927.46
2000	34.23	978.33	52.71	872.97	1886.01
2001	44.89	999.89	49.03	901.20	1806.05
2002	56.70	1093.22	48.89	996.11	1813.33
2003	69.54	1134.98	46.62	1036.74	1738.25
2004	83.53	1169.83	49.71	1064.90	1692.94
2005	100.00	1386.97	52.38	1082.39	1667.69
2006	113.02	1218.80	85.74	1092.61	1653.10
2007	123.46	1254.29	122.80	1081.43	1645.80
2008	137.47	1231.45	115.90	1061.57	1615.53
2009	148.51	1224.75		1050.15	1580.89
2010	161.88	1248.64		1050.35	1536.29
2011	165.92	1220.30		1039.64	1484.42
2012	171.87	1218.81		1021.47	1478.70
2013	179.68	1186.71		1002.21	1445.96
2014	185.31	1186.71		1024.95	1471.65
2015	200.82	1171.83		990.54	1463.81
2016	209.57	1193.64		1014.85	1500.30
2017	223.42	1211.41		1030.95	1538.64

18–4 民族自治地方各类学校毕业生

单位：万人

年 份	高等学校	中等学校	#中等专业学校	#普通中学	小 学
1952	0.03	2.93			22.56
1957	0.14	7.44			69.43
1965	0.82	15.70			60.82
1975	0.76	103.71			158.30
1978	1.06	182.31			254.10
1979	1.05	219.68	3.49	216.19	224.69
1980	0.74	183.56	6.66	176.90	222.16
1981	1.21	132.36	8.17	124.19	217.55
1982	2.57	142.33	6.90	135.44	203.81
1983	2.04	143.89	5.33	129.56	214.51
1984	1.77	127.88	4.97	122.92	215.58
1985	2.04	143.00	5.40	137.60	228.02
1986	2.37	152.17	6.56	145.61	243.31
1987	3.54	162.64	7.26	155.38	251.29
1988	3.64	175.96	7.65	168.31	244.39
1989	3.63	185.75	41.33	144.42	283.60
1990	4.04	182.76	9.06	173.70	218.97
1991	3.98	177.71	8.98	161.98	237.50
1992	3.81	173.80	8.39	165.41	306.08
1993	3.65	178.64	8.80	169.84	261.09
1994	4.07	170.43	8.71	161.73	258.53
1995	5.29	193.86	9.94	171.16	257.68
1996	5.32	201.74	11.12	176.89	262.93
1997	4.99	213.64	11.26	187.72	278.73
1998	5.39	234.91	12.01	207.31	294.22
1999	5.58	244.89	13.73	215.24	313.09
2000	5.99	225.31	14.81	193.85	324.57
2001	6.69	255.77	14.27	227.53	314.90
2002	8.38	286.18	15.06	368.12	325.85
2003	12.00	312.38	16.77	281.22	315.90
2004	14.69	330.09	14.25	302.14	300.02
2005	19.26	357.83	14.01	327.41	289.12
2006	23.92	372.13	19.44	341.66	276.14
2007	28.33	384.38	26.65	346.46	271.21
2008	30.96	373.97	29.53	332.14	274.46
2009	32.98	377.46		336.00	269.58
2010	40.01	377.37		330.75	264.95
2011	40.03	375.80		331.61	258.05
2012	42.29	387.96		330.29	249.65
2013	44.74	110.13		321.83	245.45
2014	45.80	110.13		282.88	216.98
2015	48.08	373.03		317.54	230.40
2016	49.80	384.98		330.71	231.70
2017	54.63	380.22		329.31	241.92

18-5 民族自治地方分地区高等学校基本情况(2017年)

单位：人

地　区	学校数(所)	在校研究生数	在校本、专科学生数	招生数	毕业生数	教职工数	#专任教师数
合　计	**236**	**63169**	**2171068**	**689404**	**546260**	**178899**	**118937**
河　北							
内蒙古	53		448092	135888	117798	39598	26408
辽　宁							
吉　林	3	4086	22661	6745	5087	2941	1921
黑龙江							
浙　江							
湖　北	3	599	36301	9704	9429	2564	1807
湖　南	3	937	44781	17686	14666	2440	1655
广　东							
广　西	74	27713	866700	269900	210700	66900	43246
海　南							
重　庆							
四　川	3		24983	7880	5838	1533	1592
贵　州	12	301	92419	32276	22135	10079	5565
云　南	15	1059	92279	30781	24244	6234	4815
西　藏	7	1804	35643	19582	16102	3703	2484
甘　肃	2		13716	3452	2806	739	571
青　海							
宁　夏	19	5341	147449	39422	33133	11819	8272
新　疆	42	21329	346044	116088	84322	30349	20601

18-6 民族自治地方分地区各类中等学校基本情况(2017年)

单位：人

地　区	学校数(所)	在校学生数	招生数	毕业生数	教职工数	#专任教师数
合　计	**9993**	**12114133**	**4256244**	**3802249**	**955034**	**839564**
河　北	80	87770	38377	32110	8940	7605
内蒙古	1088	1247082	436285	435193	150190	106956
辽　宁	147	127918	42965	43803	15872	12139
吉　林	245	124648	42508	39983	18062	14551
黑龙江	13	8454	2121	2141	1014	923
浙　江	7	7573	2616	2251	631	535
湖　北	203	234427	81627	71779	16986	15693
湖　南	363	277603	97324	84197	19400	18679
广　东	31	22830	8008	7222	2670	2541
广　西	2488	3696200	1315700	1118900	237900	206686
海　南	115	81902	28197	23241	6541	6156
重　庆	114	169671	58060	53761	12502	11420
四　川	349	421141	154049	126504	10079	25230
贵　州	1004	1354533	480534	435614	86394	81298
云　南	1291	1419995	492437	440389	113123	99611
西　藏	143	202629	70189	61976	17694	17035
甘　肃	184	176249	63119	58925	18290	16453
青　海	236	243176	79608	70380	21674	19773
宁　夏	338	502759	170818	167144	38660	35995
新　疆	1554	1707573	591702	526736	158412	140285

18—7 民族自治地方分地区普通中学基本情况（2017年）

单位：人

地区	学校数（所）	在校学生数	招生数	毕业生数	教职工数	#专任教师数
合计	**8988**	**10309473**	**3604997**	**3293147**	**860237**	**763183**
河北	72	73818	33299	27653	7897	6715
内蒙古	976	1054482	368385	367893	131690	93256
辽宁	138	119840	40075	41941	14968	11515
吉林	215	110948	37483	35851	15969	12922
黑龙江	12	8346	2070	2094	907	829
浙江	6	5943	2071	1833	526	440
湖北	189	200262	69662	61918	15512	14353
湖南	327	237021	80516	72705	17399	16921
广东	28	21312	7462	6733	2084	1975
广西	2217	3009400	1062900	919200	209800	185744
海南	109	78761	26605	22725	6193	5837
重庆	107	154308	52101	49711	11426	10403
四川	325	383684	139879	117110	9418	23225
贵州	930	1180513	413791	396120	79878	75247
云南	1120	1240853	427567	391439	102250	90480
西藏	132	183329	62547	56377	16063	15515
甘肃	164	170396	60615	57205	17026	15433
青海	217	179361	66027	59737	20414	18678
宁夏	310	428017	145751	142484	35178	33243
新疆	1394	1468879	506191	462418	145639	130452

18-8 民族自治地方分地区职业中学基本情况(2017年)

单位：人

地 区	学校数(所)	在校学生数	招生数	毕业生数	教职工数	#专任教师数
合 计	**1005**	**1804660**	**651247**	**509102**	**94797**	**76381**
河 北	8	13952	5078	4457	1043	890
内蒙古	112	192600	67900	67300	18500	13700
辽 宁	9	8078	2890	1862	904	624
吉 林	30	13700	5025	4132	2093	1629
黑龙江	1	108	51	47	107	94
浙 江	1	1630	545	418	105	95
湖 北	14	34165	11965	9861	1474	1340
湖 南	36	40582	16808	11492	2001	1758
广 东	3	1518	546	489	586	566
广 西	271	686800	252800	199700	28100	20942
海 南	6	3141	1592	516	348	319
重 庆	7	15363	5959	4050	1076	1017
四 川	24	37457	14170	9394	661	2005
贵 州	74	174020	66743	39494	6516	6051
云 南	171	179142	64870	48950	10873	9131
西 藏	11	19300	7642	5599	1631	1520
甘 肃	20	5853	2504	1720	1264	1020
青 海	19	63815	13581	10643	1260	1095
宁 夏	28	74742	25067	24660	3482	2752
新 疆	160	238694	85511	64318	12773	9833

18-9 民族自治地方分地区小学基本情况(2017年)

单位：人

地区	学校数(所)	在校学生数	招生数	毕业生数	教职工数	#专任教师数
合计	**32533**	**15386445**	**2729057**	**2419181**	**943007**	**910181**
河北	252	168215	27325	24713	10441	9546
内蒙古	1658	1325442	215879	225839	117298	99653
辽宁	388	166124	19993	24885	13094	10387
吉林	430	136877	21145	24821	14633	12517
黑龙江	36	10151	1888	2130	934	848
浙江	17	8614	1230	1562	713	625
湖北	509	284453	44349	48003	15183	14865
湖南	723	391298	68130	58305	19578	20038
广东	99	38786	7872	5796	2321	2237
广西	8454	4637500	837000	713600	247100	237848
海南	361	137226	23063	22710	8718	8323
重庆	295	193354	29019	34827	12775	12443
四川	1525	803467	145244	114252	17530	43228
贵州	3596	1442947	259333	247829	82738	78830
云南	5869	1842732	315468	304845	120265	114790
西藏	806	315122	58283	45601	20315	20143
甘肃	1875	297446	57594	43517	23374	21893
青海	764	319058	66217	67566	15140	16509
宁夏	1353	581350	96628	99430	32552	32071
新疆	3523	2286283	433397	308950	168305	153387

18–10 民族自治地方分地区县及县以上政府部门所属研究与开发机构及情报文献机构和人员（2017年）

地　区	机构数（个）	从业人员（人）	#从事科技活动人员	#大学本科及以上学历
合　计	**771**	**47942**	**35498**	**26608**
内蒙古	139	10996	7977	5780
辽　宁	9	174	141	74
吉　林	10	281	260	194
湖　北	18	254	239	161
湖　南	8	387	249	140
广　东	4	23	10	3
广　西	194	16590	11130	8563
海　南	4	47	41	7
重　庆	17	417	395	233
四　川	19	711	598	438
贵　州	12	520	340	222
云　南	131	4858	4179	2805
西　藏	22	1788	969	693
甘　肃	6	435	409	217
青　海	10	455	385	283
宁　夏	45	2549	2066	1633
新　疆	123	7457	6110	5162

18–11 民族自治地方分地区县及县以上政府部门所属研究与开发机构及情报文献机构经费(2017年)

单位：千元

地 区	经费收入	#科技活动收入	经费支出	#科技经费支出
合 计	**16584426**	**10903559**	**15170536**	**10199297**
内蒙古	3501540	2061198	3418861	2170918
辽 宁	26440	18566	26228	17862
吉 林	62257	41249	60751	40147
湖 北	73744	68136	76485	69440
湖 南	66452	55261	63056	46631
广 东	1563	1558	1542	1512
广 西	6489076	3606864	5778502	3332947
海 南	5170	4010	5095	3339
重 庆	123486	111093	92937	78653
四 川	187916	171845	171845	147762
贵 州	101404	67636	100609	62267
云 南	1298635	1052044	1195795	972804
西 藏	749269	413600	653661	385368
甘 肃	73776	59136	68972	52662
青 海	213557	180972	207702	178015
宁 夏	937741	825612	813472	705641
新 疆	2672400	2164779	2435023	1933329

18—12 民族自治地方分地区县及县以上政府部门所属研究与开发机构及情报文献机构科技活动成果情况（2017年）

单位：篇

地　区	发表科技论文	#国外发表	出版科技著作	有效发明专利总数（项）	专利申请数	#发明专利	专利授权数	#发明专利
合　计	**10227**	**1413**	**361**	**2451**	**1750**	**1083**	**1020**	**532**
内蒙古	1352	63	76	163	145	52	96	31
辽　宁	30							
吉　林	47		1	6	2	1	4	3
湖　北	51		1	11	28	25	6	5
湖　南	13		11	2	5	2	2	2
广　东	3							
广　西	3294	357	90	1216	782	531	432	251
海　南	3		1					
重　庆	50		2	11	28	5	12	2
四　川	237	12	12	33	30	12	18	11
贵　州	102			35	44	37	5	3
云　南	988	192	42	175	85	52	47	22
西　藏	135	10	22	31	25	22	25	22
甘　肃	96		1	4	8	2	1	1
青　海	43							
宁　夏	684	14	33	79	90	44	35	16
新　疆	3099	765	69	685	478	298	337	163

主要统计指标解释

普通高等学校 指通过国家普通高等教育招生考试，招收高中毕业生为主要培养对象，实施高等学历教育的全日制大学、独立设置的学院、独立学院和高等专科学校、高等职业学校及其他机构。

大学、独立设置的学院主要实施本科及本科层次以上的教育。独立学院主要实施本科层次的教育。高等专科学校、高等职业学校实施专科层次的教育。其他机构是指承担国家普通招生计划任务不计校数的机构，包括普通高等学校分校、大专班等。

研究与开发机构 指有明确的任务和研究方向，有一定学术水平的业务骨干和一定数量的研究人员，具有研究、开发、开展学术工作的基本条件，主要进行科学研究与技术开发活动，并且在行政上有独立的组织形式，财务上独立核算盈亏，有权与其他单位签订合同，在银行有单独户头的单位。包括国务院各部门、中国科学院、中国社会科学院和各省、自治区、协调以及地（市）以上［含地（市）］各部门所属的国有科学研究与技术开发机构。

研究与开发机构职工 指参与研究与试验发展项目研究、管理和辅助工作的人员，包括项目(课题)组人员，企业科技行政管理人员和直接为项目(课题)活动提供服务的辅助人员。反映投入从事拥有自主知识产权的研究开发活动的人力规模。

研究与开发经费支出合计 指调查单位用于内部开展 R&D 活动（基础研究、应用研究和试验发展）的实际支出。包括用于 R&D 项目（课题）活动的直接支出，以及间接用于 R&D 活动的管理费、服务费、与 R&D 有关的基本建设支出以及外协加工费等。不包括生产性活动支出、归还贷款支出以及与外单位合作或委托外单位进行 R&D 活动而转拨给对方的经费支出。

十九、文化和出版

19—1 民族自治地方艺术事业机构

单位：个

年 份	合 计	艺术表演团体	艺术表演场馆	艺术创作机构
1979	645	589		
1980	672	603		
1981	682	603		
1982	690	600		
1983	703	608		
1984	709	614		
1985	726	630		
1986	887	616		91
1987	889	607		98
1988	923	592		149
1989	843	565		101
1990	846	557		105
1991	843	545		113
1992	828	540		111
1993	820	530		109
1994	821	535		108
1995	827	535		113
1996	834	516		135
1997	856	526		142
1998	825	534		97
1999	831	511		140
2000	829	510		137
2001	819	508		144
2002	846	512		141
2003	845	513		144
2004	761	501		81
2005	764	525		67
2006	773	538		66
2007	859	651		25
2008	866	651		24
2009	953	748	186	19
2010	1006	806	177	23
2011	985	805	164	16
2012	1050	823	195	32
2013	971	848	115	8
2014	1093	975	111	7
2015	1321	1063	157	101
2016	1398	1101	173	124
2017	1430	1119	185	126

注：本表未扣除区域变动因素，年度之间不可比。下同。

19—2 民族自治地方艺术事业机构职工

年 份	合 计	艺术表演团体	艺术表演场馆	艺术创作机构
1979	28466	27883		
1980	29516	28661		
1981	30291	29319		
1982	29665	28590		
1983	29013	27909		
1984	28967	27821		
1985	27961	26831		
1986	32299	28429		1168
1987	32370	28216		1356
1988	31047	26518		1681
1989	29237	24930		1379
1990	29419	25105		1308
1991	29528	24650		1663
1992	28836	24097		1599
1993	28196	23323		1653
1994	27491	22881		1601
1995	27160	22470		1646
1996	26307	21240		1806
1997	27197	21729		1996
1998	26410	21573		1243
1999	25758	20705		1776
2000	24818	20456		1691
2001	25519	21139		1686
2002	25697	21230		1627
2003	24990	20849		1696
2004	24065	20760		902
2005	24193	21012		811
2006	24417	21169		819
2007	34021	30131		188
2008	29393	25912		187
2009	31144	28201	2809	134
2010	32492	29328	3000	164
2011	32312	29633	2556	123
2012	32841	29228	3371	242
2013	34195	32911	1216	68
2014	35813	34585	1163	65
2015	40463	36332	3593	538
2016	41788	37238	3906	644
2017	42025	37900	3431	694

19–3 民族自治地方群众文化事业、图书馆事业机构

单位：个

年 份	群众文化机构	群众艺术馆	文化馆	文化站	图书馆
1979	2568		544	2024	
1980	3158		568	2590	
1981	3436		582	2854	331
1982	3974		562	3412	332
1983	5008		566	4442	407
1984	7169		856	6313	469
1985	7699		579	7120	494
1986	8164	73	614	7476	533
1987	8030	77	620	7333	547
1988	7980	77	623	7280	549
1989	7866	80	670	7114	551
1990	7994	79	637	7278	556
1991	8295	79	626	7590	561
1992	7531	78	635	6818	573
1993	8231	79	629	7523	573
1994	8222	81	630	7511	577
1995	8323	79	639	7605	584
1996	7624	79	653	6892	573
1997	7867	80	658	7129	596
1998	8079	82	679	7318	661
1999	7847	79	645	7123	670
2000	7812	79	655	7078	563
2001	7671	84	637	6950	563
2002	7698	83	633	8082	567
2003	7617	81	642	6894	566
2004	7925	80	632	7213	575
2005	7757	83	630	7044	591
2006	7423	82	631	6710	602
2007	7429	96	618	6715	605
2008	7582	80	643	6859	604
2009	7945		738	7207	619
2010	8618		776	7842	636
2011	8937		784	8153	653
2012	8994		789	8205	749
2013	9326		793	8533	757
2014	9496		795	8701	758
2015	9460		795	8665	758
2016	9590		801	8789	766
2017	9533		799	8734	767

19–4 民族自治地方群众文化事业、图书馆事业机构职工

单位：人

年 份	群众文化事业				图书馆事业
	合 计	群众艺术馆	文化馆	文化站	
1979	7101		4896	2205	
1980	8436		5441	2995	
1981	9408		6147	3261	2853
1982	10655		6282	4373	3031
1983	11928		6527	5401	3722
1984	14682		7153	7529	4278
1985	15198		6657	8541	4698
1986	18717	1702	7495	9517	5411
1987	19162	1837	7392	9933	5775
1988	19058	1858	7451	9749	6124
1989	19180	1973	7814	9393	6241
1990	19934	1949	8221	9764	6507
1991	20313	2001	8264	10048	6794
1992	19651	1995	8182	9474	7024
1993	20425	1971	8176	10278	7088
1994	20076	1970	8106	10000	7052
1995	22305	1991	8159	12155	7165
1996	16459	1855	7614	6990	7002
1997	17556	1897	7746	7913	7311
1998	17873	1957	7771	8145	7363
1999	16969	1881	7157	7931	7202
2000	17429	1839	7183	8407	7065
2001	19072	2017	7152	9903	7204
2002	19602	2020	7083	10499	7177
2003	19734	1799	6904	11031	7024
2004	20317	1829	6894	11594	6993
2005	20215	1891	7039	11285	9598
2006	20496	1939	7047	11510	7256
2007	20458	1890	7093	11475	7432
2008	21107	1725	7314	12068	7285
2009	21982		9179	12803	7439
2010	22525		9131	13394	7499
2011	23834		9288	14546	7590
2012	25999		10500	15499	7761
2013	27794		11110	16684	7977
2014	31166		11225	19941	7877
2015	32907		11245	21662	8011
2016	36414		11287	25127	8171
2017	35546		11158	24388	8299

19–5 民族自治地方文物事业机构和职工

单位：个、人

年 份	文物事业机构		#文物保护管理机构		#博物馆	
	机构数	职工人数	机构数	职工人数	机构数	职工人数
1983	122	1379	95	665	27	714
1984	156	1504	115	701	41	803
1985	201	1919	152	1004	49	915
1986	263	2692	204	1605	59	1087
1987	311	3020	244	1886	67	1134
1988	333	3376	256	1966	77	1410
1989	367	3478	284	2060	83	1418
1990	418	3534	327	2032	91	1502
1992	337	2959	269	1775	68	1184
1993	315	3390	243	2118	72	1272
1994	334	3349	259	2067	75	1282
1995	398	4217	317	2776	81	1441
1996	544	6884	401	2189	121	1945
1997	571	8988	415	2349	134	2099
1998	607	10461	430	2474	155	2344
1999	602	9598	435	2312	144	2183
2000	617	12240	444	2422	151	2206
2001	622	9486	441	5159	156	2417
2002	644	5652	458	2774	162	2310
2003	630	6139	445	3291	163	2391
2004	636	8896	438	5126	175	2724
2005	659	9598	456	5717	184	2808
2006	678	7176	471	3399	190	2821
2007	701	9310	467	5217	212	3219
2008	732	7943	470	3417	240	3567
2009	833	8495	499	3113	312	4437
2010	1056	12755	689	7021	344	4765
2011	1376	14791	968	7929	385	5664
2012	1387	16047	955	8506	410	6138
2013	1761	16525	1023	7820	456	7019
2014	2241	19200	1496	9840	475	7316
2015	1962	10888	1492	3449	470	7439
2016	2043	12594	1523	4315	520	8279
2017	2328	14434	1717	4611	611	9823

19–6 民族自治地方分类别按登记注册类型分的主要文化事业机构(2017年)

单位：个

类　别	合　计	按执行会计制度分类		按单位所属部门分类	
		事业	企业	文化部门	其他部门
总　计	**45673**	**14962**	**30711**	**14864**	**30809**
一、文化合计	43033	12335	30698	12413	30620
艺术表演团体	1119	436	683	480	639
其中：公有制艺术表演团体	498	436	62	480	18
艺术表演场馆	185	95	90	99	86
其中：公有制艺术表演场馆	107	95	12	99	8
公共图书馆	767	767		767	
文化馆	799	799		799	
文化站	8734	8734		8734	
其中：乡镇综合文化站	8152	8152		8152	
艺术展览创作机构	126	126		125	1
其中：美术馆	106	106		105	1
艺术教育业	10	10		10	
文化科研机构	38	38		38	
文化市场经营机构(不包括非公有制院团和场馆)	29883		29883		29883
文化行政主管部门	786	786		786	
其他文化机构	586	544	42	575	11
其中：文化市场执法机构	354	354		353	1
二、文物合计	2640	2627	13	2451	189
博物馆	611	611		517	94
文物保护管理机构	1717	1717		1667	50
文物科研机构	11	11		11	
文物商店	7		7	7	
其他文物机构	294	288	6	249	45

19–7 民族自治地方分类别按登记注册类型分的主要文化事业机构职工(2017年)

单位：人

类 别	合 计	按执行会计制度分类		按单位所属部门分类	
		事业	企业	文化部门	其他部门
总 计	**267349**	**107403**	**159946**	**109976**	**157373**
一、文化合计	250941	91063	159878	94687	156254
艺术表演团体	37900	18925	18975	21022	16878
其中：公有制艺术表演团体	21763	18925	2838	21022	741
艺术表演场馆	3431	796	2635	920	2511
其中：公有制艺术表演场馆	941	796	145	920	21
公共图书馆	8299	8299		8299	
文化馆	11158	11158		11158	
文化站	24388	24388		24388	
其中：乡镇综合文化站	22798	22798		22798	
艺术展览创作机构	694	694		691	3
其中：美术馆	582	582		579	3
艺术教育业	809	809		809	
文化科研机构	498	498		498	
文化市场经营机构(不包括非公有制院团和场馆)	136702		136702		136702
文化行政主管部门	19258	19258		19258	
其他文化机构	7804	6238	1566	7644	160
其中：文化市场执法机构	3149	3149		3143	6
二、文物合计	16408	16340	68	15289	1119
博物馆	9823	9823		8709	1114
文物保护管理机构	4611	4611		4606	5
文物科研机构	366	366		366	
文物商店	68		68	68	
其他文物机构	1540	1540		1540	

19–8 民族自治地方分地区按登记注册类型分的主要文化事业机构(2017年)

单位：个

地区	合计	按执行会计制度分类		按单位所属部门分类	
		事业	企业	文化部门	其他部门
合　计	**45673**	**14962**	**30711**	**14864**	**30809**
河　北	436	161	275	161	275
内蒙古	8067	1950	6117	1956	6111
辽　宁	465	205	260	205	260
吉　林	915	223	692	223	692
黑龙江	47	21	26	21	26
浙　江	50	27	23	28	22
湖　北	795	181	614	179	616
湖　南	1940	479	1461	483	1457
广　东	112	39	73	39	73
广　西	7877	1967	5910	1955	5922
海　南	516	130	386	131	385
重　庆	432	197	235	194	238
四　川	2261	1372	889	1371	890
贵　州	2552	871	1681	871	1681
云　南	6731	1401	5330	1394	5337
西　藏	3375	2410	965	2323	1052
甘　肃	986	454	532	462	524
青　海	1014	541	473	542	472
宁　夏	2226	421	1805	411	1815
新　疆	4876	1912	2964	1915	2961

19—9 民族自治地方分地区按登记注册类型分的主要文化事业机构职工(2017年)

单位：人

地区	合计	按执行会计制度分类		按单位所属部门分类	
		事业	企业	文化部门	其他部门
合计	**267349**	**107403**	**159946**	**109976**	**157373**
河北	1471	545	926	622	849
内蒙古	39544	19723	19821	19765	19779
辽宁	1798	1037	761	1037	761
吉林	4568	2253	2315	2312	2256
黑龙江	231	149	82	149	82
浙江	418	166	252	197	221
湖北	5251	1631	3620	1616	3635
湖南	9440	3348	6092	3384	6056
广东	720	331	389	331	389
广西	56826	16846	39980	17455	39371
海南	3673	717	2956	872	2801
重庆	2224	943	1281	920	1304
四川	9010	4743	4267	4729	4281
贵州	15255	6111	9144	6259	8996
云南	36816	10673	26143	10553	26263
西藏	18696	10687	8009	10699	7997
甘肃	6267	3495	2772	4079	2188
青海	5128	2431	2697	2496	2632
宁夏	17663	4227	13436	4984	12679
新疆	32350	17347	15003	17517	14833

19–10 民族自治地方分地区艺术事业机构(2017年)

单位：个、座

地　区	合　计	艺术表演团　体	艺术表演场　馆	艺术创作机　构
合　计	**1430**	**1119**	**185**	**126**
河　北	42	40	1	1
内蒙古	283	206	44	33
辽　宁	9	7	2	
吉　林	16	8	6	2
黑龙江	2	2		
浙　江	9	9		
湖　北	56	54		2
湖　南	53	38	7	8
广　东	4	4		
广　西	151	108	38	5
海　南	11	9	2	
重　庆	26	26		
四　川	38	29	2	7
贵　州	68	65	3	
云　南	211	192	16	3
西　藏	102	87	15	
甘　肃	38	27	4	7
青　海	54	36	18	
宁　夏	49	45	3	1
新　疆	208	127	24	57

19—11 民族自治地方分地区艺术事业机构职工(2017年)

单位：人

地区	合计	艺术表演团体	艺术表演场馆	艺术创作机构
合计	**42025**	**37900**	**3431**	**694**
河北	503	483	17	3
内蒙古	8966	7914	771	281
辽宁	110	102	8	
吉林	435	389	38	8
黑龙江	71	71		
浙江	163	163		
湖北	1322	1305		17
湖南	1664	1231	404	29
广东	128	128		
广西	5450	4747	633	70
海南	1079	1015	64	
重庆	299	299		
四川	1179	1156	4	19
贵州	1514	1378	136	
云南	7154	6464	682	8
西藏	2441	2377	64	
甘肃	959	866	60	33
青海	962	862	100	
宁夏	1700	1666	25	9
新疆	5926	5284	425	217

19—12 民族自治地方分地区群众文化事业、图书馆事业机构(2017年)

单位：个、座

地 区	群众文化事业			图书馆事业
	合 计	文化馆	文化站	
合 计	**9533**	**799**	**8734**	**767**
河 北	126	7	119	6
内蒙古	1231	120	1111	117
辽 宁	167	8	159	8
吉 林	145	13	132	12
黑龙江	15	1	14	1
浙 江	22	1	21	1
湖 北	120	12	108	11
湖 南	356	20	336	20
广 东	26	3	23	3
广 西	1298	124	1174	115
海 南	86	8	78	8
重 庆	173	5	168	5
四 川	1173	52	1121	52
贵 州	664	40	624	40
云 南	936	89	847	88
西 藏	774	82	692	81
甘 肃	300	24	276	24
青 海	348	45	303	42
宁 夏	271	26	245	26
新 疆	1302	119	1183	107

19-13 民族自治地方分地区群众文化事业、图书馆事业机构职工(2017年)

单位：人

地区	群众文化事业			图书馆事业
	合计	文化馆	文化站	
合计	**35546**	**11158**	**24388**	**8299**
河北	210	56	154	36
内蒙古	4924	1962	2962	1913
辽宁	343	141	202	100
吉林	882	528	354	278
黑龙江	40	12	28	12
浙江	97	20	77	17
湖北	470	125	345	120
湖南	1080	272	808	216
广东	105	53	52	22
广西	5236	2160	3076	1660
海南	239	77	162	70
重庆	691	80	611	60
四川	1940	561	1379	264
贵州	2090	582	1508	272
云南	3929	1239	2690	866
西藏	5073	457	4616	216
甘肃	954	299	655	230
青海	885	473	412	280
宁夏	1396	645	751	565
新疆	4962	1416	3546	1102

19-14 民族自治地方分地区文物事业机构和职工(2017年)

单位：个、人

地区	文物事业机构		#文物保护管理机构		#博物馆	
	机构数	职工人数	机构数	职工人数	机构数	职工人数
合计	**2328**	**14434**	**1717**	**4611**	**611**	**9823**
河北	10	75	6	17	4	58
内蒙古	184	2422	91	717	93	1705
辽宁	15	327	7	226	8	101
吉林	28	238	12	28	16	210
黑龙江	2	17	1	3	1	14
浙江	2	26	1	6	1	20
湖北	14	222	2	29	12	193
湖南	26	569	10	129	16	440
广东	3	49			3	49
广西	202	2587	70	375	132	2212
海南	5	27			5	27
重庆	10	60	5	24	5	36
四川	52	694	30	158	22	536
贵州	63	682	26	82	37	600
云南	132	1086	78	401	54	685
西藏	1246	1710	1239	1529	7	181
甘肃	47	526	11	56	36	470
青海	37	156	22	45	15	111
宁夏	76	1147	22	300	54	847
新疆	174	1814	84	486	90	1328

19–15 民族自治地方广播、电视事业机构

单位：个

年　份	广播电视台	广播电台	电视台
1952		5	
1957		6	
1965		14	
1975		42	
1978		50	
1979		25	
1980		25	
1981		34	
1982		34	
1983		33	
1984		42	16
1985		54	44
1986		64	69
1987		75	69
1988		133	88
1989		107	94
1990		111	96
1991		133	96
1992		189	106
1993		152	126
1994		209	142
1995		247	206
1996		205	215
1997		202	189
1998		261	225
1999		193	193
2000		277	206
2001		84	85
2002		73	90
2003		73	94
2004	389	41	50
2005	444	41	50
2006	381	91	117
2007	348	49	65
2008	447	47	59
2009	599	47	59
2010	564	46	56
2011	523	47	58
2012	537	38	45
2013	539	27	35
2014	542	26	34
2015	545	25	33
2016	552	26	33
2017	682	25	55

注：1.2001年后广播电台、电视中心台数据由国家广电总局提供，与以前数据不可比。

2. 2004年及以后数据中，广播电视台指既可对外广播又可播放电视的机构，广播电台仅含播放广播的机构，电视台仅含播放电视的机构。

19-16 民族自治地方分地区广播电视机构设置情况(2017年)(一)

单位：个

地　区	合　计	广播电台	电视台	广播电视台
合　计	**762**	**25**	**55**	**682**
河　北	7			7
内蒙古	94		2	92
辽　宁	16			16
吉　林	15			15
黑龙江	1			1
浙　江	2			2
湖　北	13	1	1	11
湖　南	22	1	1	20
广　东	3			3
广　西	97	7	6	84
海　南	6			6
重　庆	4			4
四　川	57			57
贵　州	49		19	30
云　南	97	6	9	82
西　藏	77	1	2	74
甘　肃	16			16
青　海	42	1	5	36
宁　夏	39	2	2	35
新　疆	105	6	8	91

19-16 民族自治地方分地区广播电视机构设置情况(2017年)(二)

单位：个

地区	省			
	合计	广播电台	电视台	广播电视台
合计	**11**	**6**	**5**	**2**
内蒙古				1
广西	3	2	1	
西藏	2	1	1	
宁夏	4	2	2	1
新疆	2	1	1	

19-16 民族自治地方分地区广播电视机构设置情况(2017年)(三)

单位：个

地区	地			
	合计	广播电台	电视台	广播电视台
合计	**100**	**15**	**24**	**61**
内蒙古	15		2	13
吉林	1			1
湖北	2	1	1	
湖南	2	1	1	
广西	19	5	5	9
四川	3			3
贵州	3			3
云南	11	3	3	5
西藏	8		1	7
甘肃	2			2
青海	7	1	5	1
宁夏	9			9
新疆	18	4	6	8

19-16 民族自治地方分地区广播电视机构设置情况(2017年)(四)

单位：个

地区	县			
	合计	广播电台	电视台	广播电视台
合计	**649**	**4**	**26**	**619**
河北	7			7
内蒙古	78			78
辽宁	16			16
吉林	14			14
黑龙江	1			1
浙江	2			2
湖北	11			11
湖南	20			20
广东	3			3
广西	75			75
海南	6			6
重庆	4			4
四川	54			54
贵州	46		19	27
云南	86	3	6	77
西藏	67			67
甘肃	14			14
青海	35			35
宁夏	25			25
新疆	85	1	1	83

19–17 民族自治地方使用民族语言广播播出机构(2017年)(一)

单位：个

地区	总计	蒙古语	藏语	维吾尔语	苗语	彝语	壮语	朝鲜语
合计	**170**	**46**	**37**	**53**	**3**	**5**	**17**	**9**
内蒙古	35	35						
辽宁	6	4						2
吉林	7	1						6
黑龙江	2	1						1
广西	16						16	
四川	6		3			3		
云南	2				2			
西藏	4				1	2	1	
甘肃	26		26					
青海	9	1	8					
新疆	57	4		53				

19–17 民族自治地方使用民族语言广播播出机构(2017年)(二)

单位：个

地区	总计	哈尼语	哈萨克语	傣语	傈僳语	拉祜语	景颇语	柯尔克孜语
合计	**25**	**2**	**15**	**2**	**1**		**1**	**4**
内蒙古								
辽宁								
吉林								
黑龙江								
广西								
四川								
云南								
西藏	6	2		2	1		1	
甘肃								
青海								
新疆	19		15					4

19－18 民族自治地方广播节目制作情况（2017年）（一）

单位：小时

地区	全年制作广播节目时间	全年制作新闻资讯类广播节目时间	全年制作专题服务类广播节目时间	全年制作综艺类广播节目时间
合计	**1097895**	**218429**	**328767**	**344245**
河北	4150	93	977	2939
内蒙古	277843	56471	86235	89800
辽宁	12476	1978	4429	2862
吉林	38269	4031	13525	14190
黑龙江	166	91	30	
浙江	640	91	198	91
湖北	8613	3563	2355	748
湖南	7628	2274	1177	1696
广东	1455	1095		
广西	237853	44272	43931	82162
海南	2368	520	917	
重庆	840	379	74	365
四川	15970	3442	2131	4567
贵州	25308	8522	7733	6566
云南	56779	13997	22276	13761
西藏	42017	6333	14362	15061
甘肃	5976	2414	1776	414
青海	4103	1766	1055	981
宁夏	57449	12566	19266	13752
新疆	297993	54531	106322	94291

19-18 民族自治地方广播节目制作情况(2017年)(二)

单位：小时

地区	全年制作广播剧类广播节目时间	全年制作广告类广播节目时间	全年制作其他类广播节目时间
合　计	**26277**	**82327**	**97849**
河　北		10	131
内蒙古	9311	21894	14132
辽　宁	1532	1180	495
吉　林	973	5173	377
黑龙江		35	10
浙　江		30	230
湖　北	394	1159	395
湖　南	670	699	1112
广　东		360	
广　西	1438	14941	51108
海　南	5	124	802
重　庆			22
四　川		622	5209
贵　州	45	1060	1383
云　南	596	1842	4307
西　藏	830	2743	2688
甘　肃		111	1261
青　海		41	259
宁　夏	2096	7846	1921
新　疆	8386	22457	12006

19—19 民族自治地方广播覆盖情况(2017年)(一)

地区	广播综合人口覆盖		中央节目		省级节目	
	人口（万人）	覆盖率（%）	人口（万人）	覆盖率（%）	人口（万人）	覆盖率（%）
合计	**18718.34**	**97.39**	**18598.34**	**96.77**	**18227.83**	**94.84**
河北	207.52	96.74	207.52	96.74	205.63	95.86
内蒙古	2497.96	99.24	2488.41	98.86	2344.16	93.13
辽宁	316.90	96.12	315.68	95.75	309.97	94.02
吉林	322.01	99.48	317.57	98.11	317.77	98.17
黑龙江	22.11	92.09	22.11	92.09	22.11	92.09
浙江	17.22	100.00	17.22	100.00	17.22	100.00
湖北	461.57	99.55	461.27	99.48	443.91	95.74
湖南	467.23	98.30	440.71	92.72	427.94	90.03
广东	49.39	99.78	49.39	99.78	49.39	99.78
广西	5423.65	97.21	5386.24	96.54	5331.75	95.57
海南	172.55	98.62	172.55	98.62	160.68	91.83
重庆	266.27	96.10	266.27	96.10	266.27	96.10
四川	688.87	87.26	688.79	87.25	631.92	80.04
贵州	1665.58	92.36	1664.07	92.27	1663.93	92.27
云南	2294.63	98.37	2292.27	98.27	2246.21	96.30
西藏	317.87	96.17	304.46	92.11	315.13	95.34
甘肃	363.27	98.73	350.81	95.35	335.08	91.07
青海	379.09	97.99	379.09	97.99	362.89	93.80
宁夏	658.61	97.59	658.61	97.59	658.21	97.53
新疆	2126.04	97.26	2115.30	96.77	2117.66	96.88

19—19 民族自治地方广播覆盖情况(2017年)(二)

地区	广播综合人口覆盖				无线广播综合覆盖			
	地市级节目		县级节目				中央节目	
	人口(万人)	覆盖率(%)	人口(万人)	覆盖率(%)	人口(万人)	覆盖率(%)	人口(万人)	覆盖率(%)
合计	13764.71	71.62	7542.09	39.24	18193.14	94.66	18077.88	94.06
河北	193.22	90.07	78.07	36.39	162.22	75.62	158.29	73.79
内蒙古	2386.51	94.81	1311.80	52.12	2492.64	99.03	2483.16	98.65
辽宁	275.25	83.48	287.60	87.23	313.55	95.10	308.77	93.65
吉林	282.94	87.41	254.91	78.75	321.86	99.44	317.38	98.05
黑龙江	22.11	92.09	22.05	91.84	22.11	92.09	22.11	92.09
浙江	8.09	46.98	8.09	46.98	17.22	100.00	17.22	100.00
湖北	434.58	93.73	268.84	57.98	461.20	99.47	460.90	99.40
湖南	320.02	67.33	216.99	45.65	449.28	94.52	423.71	89.14
广东	49.39	99.78	28.48	57.54	49.39	99.78	49.39	99.78
广西	4431.91	79.44	2024.61	36.29	5324.28	95.43	5301.37	95.02
海南			141.56	80.91	172.55	98.62	172.55	98.62
重庆			157.39	56.80	238.06	85.91	237.13	85.58
四川	388.30	49.19	150.70	19.09	661.91	83.84	661.91	83.84
贵州	818.08	45.36	240.13	13.32	1458.77	80.89	1457.02	80.79
云南	1805.85	77.42	344.53	14.77	2231.70	95.67	2229.29	95.57
西藏	58.95	17.83	10.83	3.28	310.12	93.82	297.26	89.93
甘肃	205.10	55.74	214.03	58.17	347.70	94.50	337.87	91.83
青海	133.77	34.58	150.70	38.95	378.82	97.92	378.82	97.92
宁夏	628.19	93.08	307.20	45.52	658.18	97.53	658.18	97.53
新疆	1322.45	60.50	1323.58	60.55	2121.58	97.06	2105.55	96.32

19–20 民族自治地方使用民族语言电视播出机构(2017年)(一)

单位：个

地　区	合　计	蒙古语	藏语	维吾尔语	彝语
合　计	**263**	**40**	**73**	**68**	**2**
内蒙古	30	30			
辽　宁	3	3			
吉　林	12	1			
黑龙江	1	1			
山　东					
广　西	23				
四　川	18		18		
云　南	19		1		2
西　藏	28		28		
甘　肃	1		1		
青　海	27	2	25		
新　疆	101	3		68	

19–20 民族自治地方使用民族语言电视播出机构(2017年)(二)

单位：个

地　区	壮语	朝鲜语	哈萨克语	傣语	景颇语	柯尔克孜语
合　计	**25**	**11**	**27**	**9**	**5**	**3**
内蒙古						
辽　宁						
吉　林		11				
黑龙江						
山　东						
广　西	23					
四　川						
云　南	2			9	5	
西　藏						
甘　肃						
青　海						
新　疆			27			3

19—21 民族自治地方电视节目制作情况(2017年)(一)

单位：小时

地区	全年制作电视节目时间	#新闻资讯类	#专题服务类	#综艺益智类	#影视剧类	#广告类
合计	**479686**	**170203**	**105512**	**65080**	**24437**	**73799**
河北	2489	664	495	323		895
内蒙古	75640	28024	19446	11173	60	12044
辽宁	4528	839	1143	1221		839
吉林	18716	1798	3065	2512		10797
黑龙江	376	92	129	81		69
浙江	479	96	54	98		110
湖北	4899	2178	1067	546		604
湖南	9854	3231	1571	891	205	2015
广东	596	352	2			220
广西	83848	32698	16227	8592	481	18860
重庆	2960	636	758	31		635
四川	19752	12235	3004	1842	57	1139
贵州	16248	8700	2278	615		2506
云南	44593	19232	10141	3586	2	5501
西藏	18015	6916	6545	1189	78	1239
甘肃	6247	2537	2049	669	39	540
青海	7218	4318	1972	720	12	75
宁夏	28961	8756	8304	3572	803	6165
新疆	134269	36900	27262	27419	22700	9546

19-21 民族自治地方电视节目制作情况(2017年)(二)

单位：小时

地区	全年制作其他类电视节目时间(小时)	全年制作电视剧数量	
		部	集
合计	**40655**	**22**	**765**
河北	112		
内蒙古	4893	1	20
辽宁	486		
吉林	544		
黑龙江	5		
浙江	121		
湖北	503		
湖南	1942		
广东	22		
广西	6989	5	240
重庆	900		
四川	1475		
贵州	2150		
云南	6130		
西藏	2048	2	14
甘肃	413	4	52
青海	120		
宁夏	1359		
新疆	10442	10	439

19-22 民族自治地方电视覆盖情况(2017年)(一)

地区	电视综合人口覆盖		中央节目		省级节目	
	人口(万人)	覆盖率(%)	人口(万人)	覆盖率(%)	人口(万人)	覆盖率(%)
合计	**18965.70**	**98.68**	**18842.05**	**98.03**	**18329.66**	**95.37**
河北	211.33	98.51	211.33	98.51	166.81	77.76
内蒙古	2497.46	99.22	2495.46	99.14	2290.96	91.02
辽宁	318.12	96.49	316.97	96.14	315.20	95.60
吉林	318.01	98.25	312.87	96.66	309.95	95.76
黑龙江	22.40	93.29	22.40	93.29	22.40	93.29
浙江	17.22	100.00	17.22	100.00	17.22	100.00
湖北	460.26	99.27	460.16	99.25	459.55	99.11
湖南	470.50	98.98	469.45	98.76	447.42	94.13
广东	48.97	98.93	48.97	98.93	48.97	98.93
广西	5498.23	98.55	5424.35	97.23	5390.03	96.61
海南	172.88	98.81	172.88	98.81	169.50	96.87
重庆	271.79	98.09	271.79	98.09	271.79	98.09
四川	751.76	95.22	751.41	95.18	668.70	84.70
贵州	1734.28	96.17	1731.61	96.02	1728.90	95.87
云南	2306.91	98.90	2305.39	98.83	2209.28	94.71
西藏	321.49	97.26	307.30	92.97	317.74	96.13
甘肃	363.96	98.92	355.61	96.65	333.84	90.73
青海	378.82	97.92	378.24	97.77	369.59	95.53
宁夏	670.60	99.37	670.60	99.37	670.60	99.37
新疆	2130.71	97.47	2118.04	96.89	2121.21	97.04

19–22　民族自治地方电视覆盖情况(2017年)(二)

地　区	电视综合人口覆盖率							
	地市级节目		县级节目		无线电视综合覆盖			
							中央节目	
	人　口(万人)	覆盖率(%)	人　口(万人)	覆盖率(%)	人　口(万人)	覆盖率(%)	人　口(万人)	覆盖率(%)
合　计	**14082.26**	**73.27**	**10270.64**	**53.44**	**18105.53**	**94.20**	**17960.72**	**93.45**
河　北	188.74	87.98	137.50	64.10	197.03	91.85	197.03	91.85
内蒙古	2306.36	91.63	1277.29	50.74	2396.36	95.20	2390.05	94.95
辽　宁	290.99	88.26	270.49	82.04	295.54	89.64	294.63	89.36
吉　林	273.28	84.43	289.59	89.47	258.92	79.99	246.85	76.26
黑龙江	19.42	80.88	12.00	49.98	22.40	93.29	22.40	93.29
浙　江	8.44	49.01	8.44	49.01	17.22	100.00	17.22	100.00
湖　北	439.50	94.79	337.85	72.87	459.90	99.19	459.90	99.19
湖　南	338.63	71.24	271.02	57.02	452.41	95.18	451.24	94.93
广　东	48.97	98.93	28.47	57.52	48.97	98.93	48.97	98.93
广　西	4457.80	79.90	2845.63	51.01	5395.67	96.71	5312.25	95.22
海　南					172.88	98.81	172.88	98.81
重　庆			79.67	28.75	217.69	78.56	217.69	78.56
四　川	473.17	59.94	398.23	50.44	716.98	90.82	716.97	90.82
贵　州	776.64	43.06	442.57	24.54	1437.15	79.69	1434.62	79.55
云　南	1753.23	75.16	1536.08	65.85	2231.46	95.66	2230.36	95.62
西　藏	64.78	19.60	16.69	5.05	273.73	82.81	261.35	79.07
甘　肃	209.12	56.84	218.46	59.38	348.51	94.72	338.96	92.13
青　海	316.84	81.90	287.99	74.44	378.11	97.73	377.39	97.55
宁　夏	650.69	96.42	321.16	47.59	666.04	98.69	666.04	98.69
新　疆	1465.66	67.05	1491.51	68.23	2118.56	96.92	2103.92	96.25

19-23 民族自治地方出版物情况

单位：种数：种；印数：万册(份)

年 份	图书		杂志		报纸	
	种 数	印 数	种 数	印 数	种 数	印 数
1978	1336	14279.4	78	1306.4	44	28271.3
1979	2018	13332.5	76	1226.8	62	47739.6
1980	2084	16162.5	114	2250.5	68	45109.9
1981	2343	23964.6	160	3770.7	67	52678.2
1982	3242	28089.6	163	8385.6	68	54594.5
1983	2613	17477.9	165	2480.7	79	49894.6
1984	2859	28065.2	231	8606.7	117	63627.4
1985	3365	35906.9	321	7818.8	175	76847.2
1986	3435	29287.8	332	7171.9	176	150281.9
1987	4507	29167.4	358	7273.6	214	92964.4
1988	5107	30754.8	445	8620.4	236	93274.4
1989	5696	30127.0	447	6502.9	239	76404.0
1990	5784	30166.3	544	17866.4	227	79119.6
1991	6662	39810.3	507	6561.9	245	87342.0
1992	6707	41277.0	487	6705.0	334	89412.0
1993	5907	42263.3	502	9833.3	248	71607.1
1994	8052	60986.3	631	8541.2	350	101678.5
1995	7647	42275.0	633	7881.0	340	94984.8
1996	7979	44497.3	560	7482.1	298	102861.1
1997	8417	45876.7	559	7824.4	322	116203.9
1998	10154	48507.5	542	7509.9	293	108276.7
1999	11208	48394.4	592	8069.4	347	111943.9
2000	11402	42310.0	650	8332.0	356	123277.0
2001	10089	42599.0	693	8892.0	441	132611.0
2002	10856	45564.0	750	9085.0	383	139467.0
2003	12431	43214.6	778	9981.9	381	163731.6
2004	12332	39510.9	731	8341.7	311	173632.6
2005	12592	41957.6	738	10279.5	311	169518.4
2006	15082	45838.7	580	10223.1	265	143372.3
2007	13482	45627.4	657	7729.8	315	177110.0
2008	19086	48929.1	675	7256.7	313	159786.3
2009	21518	47689.9	733	7366.0	334	165394.8
2010	20635	43098.9	739	8276.2	329	174847.8
2011	24106	49303.3	752	11088.3	333	171832.5
2012	27832	54793.5	875	12120.9	405	187051.3
2013	31065	64113.7	842	14582.7	316	191760.0
2014	33506	68877.2	5685	22165.4	353	240263.3
2015	23561	69844.0	958	27154.4	307	188006.0
2016	24886	50263.2	1952	8341.5	363	132705.0
2017	24987	68020.5	1622	9886.4	340	172136.6

19–24 民族自治地方分地区图书、杂志、报纸出版情况(2017年)

单位：种数：种；印数：万册(份)

地区	图书		杂志		报纸	
	种数	印数	种数	印数	种数	印数
合计	**24987**	**68020**	**1622**	**9886**	**340**	**172137**
河北						
内蒙古	3411	6018	151	1398	58	28289
辽宁	2	30	2	5	7	233
吉林	9645	6183	22	67	12	2544
黑龙江					1	26
浙江					1	90
湖北	418	1373	369	1314	33	47
湖南	8	8	180	0.2	21	220
广东						
广西	7319	29022	181	4090	53	57997
海南	1	0.1	8	1		
重庆			417	43	39	875
四川			2	4	6	1931
贵州	18	24	111	14	33	3497
云南	256	37	48	25	19	4540
西藏		1480	39	248	27	11556
甘肃					3	362
青海		8	55	28	8	405
宁夏	3909	5837	37	649	19	10524
新疆		18000		2000		49000

主要统计指标解释

文化产业机构　指专门从事文化工作具有法人资格、独立核算的事业、企业单位以及单独核算、附属于事业单位的经营性专业文化活动单位。

文化产业机构包括艺术业、图书馆业、群众文化业、文物业、文化艺术教育业、出版业、娱乐业、文化艺术经纪与代理业以及不属于以上分类的其他文化产业。

艺术业　包括戏剧、舞蹈、音乐、美术等各种艺术团及艺术家的活动。如演员、音乐家、作家、雕刻家、画家、漫画家、雕塑家的活动等。也包括剧场、音乐厅、美术展览馆等演出、展出设施的管理。

在制度中，将艺术业分为艺术表演团体、艺术表演场所和其他艺术三类。

艺术表演团体　指由文化部门主办或实行行业管理（经文化行政部门审批或已申报登记并领取相关许可证），专门从事表演艺术等活动的各类专业艺术表演团体，含民间职业剧团。不包括群众业余文艺表演团体。

艺术表演场所　指由文化部门主办或实行行业管理（经文化市场行政部门审批或已申报登记并领取相关许可证），有观众席、舞台、灯光设备，公开售票、专供文艺团体演出的文化活动场所。

图书馆　包括公共图书馆和除部队系统外的各类单位内部举办的或单独举办的图书馆。不包括群众艺术馆、文化馆、文化站内设的图书室。目前制度仅统计公共图书馆。

群众文化机构　包括群众艺术馆、文化馆、文化站、文化宫、少年宫等群众文化活动。在制度中，目前暂时不统计文化系统外的文化宫和少年宫。

群众艺术馆、文化馆、文化站指从事群众文化工作的专业机构。不包括临时抽调人员组成、没有编制的农村和街道文化工作队、服务站等。

广播电台　经国家广播电影电视总局（原广播电影电视部，下同）批准设置并颁发许可证，独立建制，财务上独立核算，有自办节目并正式播出的无线广播播出机构。

广播节目套数　经国家广播电影电视总局批准，并在颁发许可证中载明的，用固定频率自办播出节目并编有整套节目时间表，定期向听众公布广播节目名称和播出时间和节目的套数。

广播/电视节目覆盖人口数　按一定的技术标准在对象区内能接收广播节目的人口数。

广播/电视节目综合人口覆盖率　指根据原国家广电总局制定的《广播电视人口覆盖率统计技术标准和方法》进行统计调查的，在对象区内能接收到由中央、省、地市或县通过无线、有线或卫星等各种技术方式转播的各级广播/电视节目的人口数占全国总人口数的百分比。

电视台　经国家广播电影电视总局批准设置，并颁发许可证，独立建制，财务上独立核算，有自办节目并正式播出的无线电视播出机构。

电视节目套数　经国家广播电影电视总局批准，并在颁发许可证中载明的，用固定频道自办电视节目，并编有整套节目时间表，定期向观众公布电视节目名称和播出时间的节目的套数。

电视覆盖人口数　按一定的技术标准在对象区内能接收电视节目的人口数。

电视发射台和转播台　经广播电影电视行政主管部门批准设置正式开播的电视发射台和转播台。

电影放映单位　指具有放映机器设备、固定或不固定的放映场所与专职或兼职的放映技术人员，经有关部门登记批准，经常为一定的观众对象放映电影的机构。包括经批准对外开放进行营业，并与电影发行放映管理机构分账的专用放映单位和军委系统租片单位。

二十、卫 生

20-1 民族自治地方卫生机构、床位、人员

年 份	卫生机构数（个）	卫生机构床位数（张）	卫生技术人员数（人）
1949	361	3310	3531
1952	1176	5711	17877
1957	13819	26470	65649
1962	19763	94769	129818
1965	25306	120781	156889
1975	21575	219055	232218
1978	23934	253520	279387
1980	26073	271463	324300
1981	27604	276119	353395
1982	28237	281555	468850
1983	28800	290067	387690
1984	29794	302321	406880
1985	30432	312137	423733
1986	31168	318144	435882
1987	31838	332116	451429
1988	31931	338892	463900
1989	31081	347555	478304
1990	31973	359382	488661
1991	32142	365439	500254
1992	31075	375377	512996
1993	30642	419873	545934
1994	30588	415203	554220
1995	28957	387139	527438
1996	15706	370171	455220
1997	16111	378905	475731
1998	16724	392671	498720
1999	16733	379121	482722
2000	16009	381979	485181
2001	15904	385995	486749
2002	15319	362185	460043
2003	15230	381534	463382
2004	15519	400448	475313
2005	15488	409938	478320
2006	15463	425361	485766
2007	47081	458316	578875
2008	44429	501968	603747
2009	44209	550535	637850
2010	44681	596342	680547
2011	45598	643035	720489
2012	46664	703973	770095
2013	50127	767838	839336
2014	51892	824417	894210
2015	52646	872074	950307
2016	52578	913846	1006722
2017	53334	989738	1073420

注：1.本表未扣除区域变动因素，年度之间不可比。下同。
2.1996—2006年机构数不含诊所数、村卫生室、社区卫生服务中心。下同。
3.2002年卫生机构数为登记注册数。下同。
4.2002年后医生系执业(助理)医师数，故有所减少。
5.2016年以后#医院卫生院统计范围为医院、基础卫生医疗机构数，基础卫生医疗机构数包括社区卫生服务中心(站)、卫生院、门诊部、诊所、卫生所、医务室。

20–2 民族自治地方卫生机构

单位：个

年 份	合 计	医 院	卫生院	疗养院、所	门诊部	专科防治所、站	疾病预防控制中心	妇幼保健所、站	其 他
1957	13819	603		17	5541		146	641	6871
1962	19763	3203		69	15279		387	363	462
1965	25306	6275		43	17626		485	427	450
1975	21575	9749		25	10292		633	412	464
1978	23934	10191		30	11866		649	478	720
1979	25027	10254		30	12676	124	635	478	830
1980	26073	10433		34	13457	140	672	497	840
1981	27604	10735		36	14661	146	694	505	827
1982	28237	10803		41	15175	164	720	511	
1983	28800	11349		44	15130	173	727	522	855
1984	29794	11659		43	15713	187	763	545	884
1985	30432	10061		47	17761	221	817	559	966
1986	31168	10012		47	18342	249	847	591	1080
1987	31838	10129		49	18817	277	873	600	1093
1988	31931	10520		48	18488	283	862	603	1127
1989	31081	10342		46	17744	291	892	606	1160
1990	31973	10574		48	18312	300	910	625	1204
1991	32142	10680		48	18307	313	915	634	1245
1992	31075	10210		49	11568	315	930	640	1363
1993	30642	10389		64	16772	309	1004	649	1423
1994	30588	12482		65	14651	350	994	643	1403
1995	28957	12331		45	13282	331	995	630	1343
1996	15706	2548	9653	44	377	311	881	593	1299
1997	16111	2606	9855	44	435	320	893	609	1349
1998	16724	2691	10168	41	543	340	920	624	1397
1999	16733	2681	9783	38	1124	329	887	529	1362
2000	16009	2685	9807	37	339	323	884	525	1409
2001	15904	2695	9677	38	401	319	881	525	1368
2002	15319	2671	9161	36	698	278	740	387	1348
2003	15230	2603	9165	35	645	262	672	371	1477
2004	15519	2739	9145	35	571	238	502	364	1925
2005	15488	2739	9107	34	487	216	411	363	2131
2006	15463	2780	9016	33	479	190	305	361	2299
2007	47081	2907	9291	34	502	181	910	690	32566
2008	44429	2868	9004	27	495	171	893	675	30296
2009	44209	2901	8939	25	517	165	889	669	30104
2010	44681	2994	8967	23	585	162		668	31282
2011	45598	3095	8954	22	596	159		674	32098
2012	46664	3249	8854	22	646	160		675	33058
2013	50127	3459	8777	22	669	163		670	36367
2014	51892	3698	8777	20	761	162		669	37805
2015	52646	3980	8709	18	910	160		675	38194
2016	52578	4143	8694	19	1034	154	880	672	36982
2017	53334	4374	8652	17	1090	147	885	690	37479

注：1995年以前卫生院数字含在医院数中。

20–3 民族自治地方卫生机构床位

单位：张

年 份	合 计	医 院	卫生院	疗养院、所	门诊部	专科防治所、站	疾病预防控制中心	妇幼保健所、站	其 他
1957	26470	20773		1277					4420
1962	94769	71356		4954					18459
1965	120781	89497		3732					27552
1975	219055	190980		3178					24897
1978	253520	220927		3482					29111
1979	263202	230877		3736	25127	1035	60	426	1941
1980	271463	241679		4318	21471	1248	60	661	
1981	276119	246922		4844	19735	1299	60	882	2377
1982	281555	251805		5436	19811	1174	60	1063	2206
1983	290067	267382		5651	12034	1234	60	1376	2321
1984	302321	279259		5851	12120	1113	60	1530	2388
1985	312137	288732		6213	11972	770	75	1536	2839
1986	318144	294676		6367	11191	944	75	1824	3067
1987	332116	307350		6681	11589	1090	84	1994	3328
1988	338892	313677		6294	11756	967	118	2130	3950
1989	347555	321659		5981	11757	1384	116	2261	4391
1990	359382	331955		6262	12051	1717	117	2509	4771
1991	365439	338425		6157	11548	1772	216	2533	4788
1992	375377	347194		6508					
1993	416259	380079		12187	12709	1761	146	3464	5913
1994	415203	380626		11464	12087	1087	68	3478	5593
1995	387139	357024		6511	12017	1621	241	4076	5649
1996	370171	257701	91756	6588	2720	1308	238	4578	5282
1997	378905	260708	96351	6667	2957	1571	286	5276	5089
1998	392671	272202	98247	6637	2600	1550	293	5697	5445
1999	379121	261888	96084	6256	3266	1465	317	4696	5149
2000	381979	264963	96272	5591	2673	1570	347	5018	5545
2001	385995	268103	97171	5567	2695	1563	490	5347	5059
2002	362185	257800	89018	2249	1379	2158		3234	6347
2003	381534	269155	89935	128	1523	1480		3384	15929
2004	400448	282239	92790	2872	2127	2265		3789	14364
2005	409938	289726	94740	2804	1795	1867		3819	15173
2006	425361	299743	99947	4066	1228	1539		4001	14836
2007	458316	318697	112089	3846	1116	1235		15743	5590
2008	501968	343568	127578	3143	1063	1280		17942	6944
2009	550535	371645	144164	3601	994	1343		19089	9699
2010	596342	402269	155036	3154	1193	1453		20463	12774
2011	643035	440033	161413	2752	998	1450		21926	14463
2012	703973	491432	168978	2697	1167	1615		24188	13896
2013	767838	542952	178818	2797	1105	1890		26023	14253
2014	824417	588756	188406	2308	857	1686		27351	15053
2015	872074	630222	194048	2254	1007	1762		29350	13431
2016	913846	666144	197838	1938	921	1943		30570	14492
2017	989738	726548	209118	1842	999	2010		33043	16178

注：1995年以前卫生院数字含在医院数中。

20—4 民族自治地方专业卫生人员

单位：人

年 份	专业卫生人员	#卫生技术人员	#中 医	#西医师	#西医士	#中、西医结合高级医师
1957	77221	65649	15014	2997	8814	
1962	152872	129818	25980	10360	22764	
1965	184446	156889	26448	17860	28524	
1975	288559	232218	16126	35498	46333	
1978	349249	279387	20575	42574	57562	
1979	379396	302034	22663	45174	61018	
1980	407629	324300	24770	52258	63724	
1981	443076	353395	28562	58808	66940	129
1982	461245	368850	30106	60692	68954	175
1983	482042	387690	32706	65544	70723	168
1984	505994	406880	37010	65707	73377	211
1985	526965	432733	39634	64999	77710	160
1986	544777	435882	39909	66237	80391	180
1987	562349	451429	41722	69372	81304	199
1988	573682	463900	43647	114098	57023	419
1989	592461	478304	44250	123978	65180	443
1990	606085	488661	44266	127894	57470	458
1991	621172	500254	42922	129825	59664	408
1992	638230	512996	42764	130294	62864	480
1993	693651	548899	44089	143005	61875	755
1994	696548	554240	43862	152530	62169	920
1995	657512	527438	41406	146031	62171	1125
1996	579693	455220				
1997	601826	475731				
1998	629331	498720				
1999	606016	482722				
2000	606447	485181				
2001	606776	486749				
2002	568754	460043				
2003	569326	463382				
2004	581723	475313				
2005	585216	478320				
2006	592094	485766				
2007	697774	578875				
2008	726526	603747				
2009	765433	637850				
2010	816549	680547				
2011	861713	720489				
2012	919409	770095				
2013	1012319	839336				
2014	1081167	894210				
2015	1145495	950307				
2016	1209614	1006722				
2017	1284999	1073420				

20-5 民族自治地方分地区卫生机构数(2017年)(一)

单位：个

地区	卫生机构	医院	卫生院	门诊部	疗养院、所	专科防治所、站	疾病预防控制中心	妇幼保健所、站	社区卫生服务中心(站)
合计	**53334**	**4374**	**8652**	**1090**	**17**	**147**	**885**	**690**	**2946**
河北	689	26	116	15	1		6	7	22
内蒙古	10593	775	1313	309	4	51	119	113	1194
辽宁	1072	48	159	7		9	8	8	22
吉林	1661	76	130	73	1	11	13	12	18
黑龙江	92	4	11	1			1	1	1
浙江	51	3	19				1	1	2
湖北	846	53	105	8		1	11	11	28
湖南	1327	122	348	6		5	16	16	7
广东	96	7	31	2		3	3	3	1
广西	13238	589	1264	213	5	34	117	104	300
海南	79	13	14	3			2	1	4
重庆	343	44	130			3	4	4	9
四川	2131	208	1174	10			54	54	27
贵州	2127	371	615	13	1	1	44	43	121
云南	4827	590	843	80		24	92	85	91
西藏	1502	148	678	1	1		82	55	12
甘肃	1392	62	292	1		1	24	23	35
青海	937	107	264			1	40	36	73
宁夏	1970	209	220	31	1		25	21	166
新疆	8361	919	926	317	3	3	223	92	813

20-5 民族自治地方分地区卫生机构数(2017年)(二)

单位：个

地　区	诊所、卫生所、医务室	急救中心(站)	采供血机构	卫生监督所(中心)	医学科学研究机构	医学在职培训机构	健康教育所(站、中心)	其　他卫生机构
合　计	**31638**	**36**	**122**	**709**	**26**	**21**	**38**	**1943**
河　北	476			6				14
内蒙古	6427	8	18	116	4	4	22	116
辽　宁	678		1	5	1			126
吉　林	1273	1	8	6		1		38
黑龙江	70			1		1		1
浙　江	22			1				2
湖　北	605		2	11		1		10
湖　南	631		1	16	1			158
广　东	36			3				7
广　西	9487	4	29	110	13		1	968
海　南	39		1	1				1
重　庆	143			4		1		1
四　川	533	2	5	53	1	5		5
贵　州	842	1	8	44	1	2		20
云　南	2902	12	8	84	2	4	5	5
西　藏	518		5	1		1		
甘　肃	704	1	2	23	2	1	4	217
青　海	364		7	40	1		1	3
宁　夏	1248	2	5	24			5	13
新　疆	4640	5	22	160				238

20–6 民族自治地方分地区卫生机构床位数(2017年)(一)

单位：张

地区	卫生机构床位	医院	市	县	卫生院	乡卫生院
合计	**989738**	**726548**	**392698**	**333850**	**209950**	**209118**
河北	10471	7200		7200	2856	2856
内蒙古	150325	118697	80928	37769	21807	21807
辽宁	13354	8731		8731	4198	4198
吉林	14709	11566	7880	3686	2685	2685
黑龙江	802	562		562	155	155
浙江	649	548		548	89	89
湖北	26774	16243	8135	8108	9123	8963
湖南	31399	22161	5602	16559	8214	8214
广东	1351	669		669	521	521
广西	241140	161506	103830	57676	63035	63035
海南	1049	871		871	142	142
重庆	12638	6846		6846	4719	4719
四川	38730	27370	7432	19938	10112	10112
贵州	68553	51571	15962	35609	13810	13273
云南	124274	92149	38417	53732	26217	26090
西藏	16103	11749	7427	4322	3569	3569
甘肃	15345	10601	2914	7687	3915	3907
青海	14675	11474	2275	9199	2536	2536
宁夏	39820	34822	26417	8405	3354	3354
新疆	167577	131212	85479	45733	28893	28893

20–6　民族自治地方分地区卫生机构床位数（2017年）（二）

单位：张

地　区	门诊部	疗养院、所	专科防治所、站	妇幼保健所、站	其他卫生机构
合　计	**999**	**1842**	**2010**	**33043**	**15346**
河　北	30	10		234	141
内蒙古	235	552	373	3940	4721
辽　宁	4		100	144	177
吉　林	48	48	48	190	124
黑龙江				85	
浙　江					12
湖　北			15	988	405
湖　南			22	552	450
广　东			46	115	
广　西	67	787	477	13338	1930
海　南					36
重　庆			271	205	597
四　川				983	265
贵　州		94	2	2341	735
云　南	159		531	4280	938
西　藏		40		655	90
甘　肃				607	222
青　海			40	259	366
宁　夏	6	100		1212	326
新　疆	450	211	85	2915	3811

20-7 民族自治地方分地区专业卫生人员(2017年)(一)

单位：人

地区	卫生人员合计	#卫生技术人员	#执业(助理)医师
合计	**1284999**	**1073420**	**372242**
河北	9138	7849	3518
内蒙古	212385	177837	68118
辽宁	15272	12378	4755
吉林	25024	20803	8616
黑龙江	1178	1008	416
浙江	1059	863	363
湖北	27940	24257	8607
湖南	31793	26605	9293
广东	2499	2134	684
广西	365553	300216	96508
海南	1540	1249	399
重庆	11599	9449	3166
四川	45608	38051	11360
贵州	74651	63995	21071
云南	141444	121493	37737
西藏	20656	16454	7549
甘肃	16957	13653	5805
青海	14997	12837	4965
宁夏	58590	49527	18019
新疆	207116	172762	61293

20–7 民族自治地方分地区专业卫生人员(2017年)(二)

单位：人

地 区	市属卫生人员	#卫生技术人员	#执业(助理)医生	县属专业卫生人员	#卫生技术人员	#执业(助理)医生
合 计	**409388**	**340779**	**112358**	**496932**	**417182**	**135923**
河 北				7356	6260	2666
内蒙古	75261	62561	21725	62545	52829	21033
辽 宁				12261	9900	3776
吉 林	9333	7653	2833	7621	6082	2523
黑龙江				1015	873	355
浙 江				835	693	272
湖 北	7557	6322	2113	10875	9594	3202
湖 南	5311	4539	1411	21644	18207	6257
广 东				1518	1282	389
广 西	144445	118076	36427	128375	103067	28802
海 南				851	693	187
重 庆				8880	7334	2483
四 川	9471	7734	2465	29139	24890	7103
贵 州	15805	13558	4567	38421	33868	10917
云 南	39883	34360	10570	68855	59500	17485
西 藏	4884	3953	1777	4953	4124	1954
甘 肃	2344	1925	890	10292	8510	3614
青 海	4443	3713	1343	6509	5743	2199
宁 夏	19052	16265	5420	10924	9449	3179
新 疆	71599	60120	20817	64063	54284	17527

20–8 民族自治地方少数民族专业卫生人员

单位：人

年 份	专业卫生人员	#卫生技术人员	#中 医	#西医师	#西医士	#中、西医结合高级医师
1980	71694	56823	5815	8656	13782	
1981	96115	74843	7318	11197	18556	9
1982	100672	80521	8083	12038	18943	19
1983	108287	87216	8803	13509	20104	30
1984	117473	95310	10928	13818	22252	36
1985	135745	105656	11884	14926	22792	23
1986	139196	112058	12051	15516	25284	35
1987	147783	118748	12464	15360	24550	32
1988	154894	123586	13736	31191	18347	115
1989	163731	189603	14758	34717	18569	114
1990	170738	141448	14957	36825	20570	129
1991	178890	145406	11689	37943	21402	109
1992	187543	149635	14235	38438	22800	156
1993	172504	143744	13136	39007	19931	101
1994	180811	151953	14220	41238	20391	118
1995	180049	152523	13379	41363	20999	141
1996	174537	144575				
1997	183469	155803				
1998	185412	158121				
1999	185458	159199				
2000	186494	160113				
2001	184132	158169				
2002	184132	158169				
2003	196725	177110				
2004	194686	175213				

20–9 民族自治地方分地区中医中的民族医生

单位：人

年份 地区	合计	蒙医	藏医	维医	傣医
1991	5584	3325	1787	439	33
1992	4759	3325	1014	420	
1993	5649	3361	1706	525	57
1994	6098	3537	1815	707	39
1995	5702	3095	1804	767	36
1996	5557	3202	1801	461	93
1997	5857	3076	1961	660	160
1998	6252	3312	1995	736	209
1999	5970	2827	2109	853	181
2000	6744	3386	2169	934	255
2001	6440	2766	2307	1124	243
2002	6440	2766	2307	1124	243
2003	4302	2136	1723	417	26
2004	4544	2314	1759	438	33
合计	**4544**	**2314**	**1759**	**438**	**33**
河北	1				1
内蒙古	2107	2094	10		3
辽宁	125	124		1	
吉林	1				1
黑龙江	2	2			
浙江					
湖北	1	1			
湖南	2				2
广东					
广西	4	1		3	
海南					
重庆					
四川	307		304		3
贵州	2				2
云南	67	2	57	1	7
西藏	651		651		
甘肃	418	1	417		
青海	363	46	317		
宁夏	2				2
新疆	491	43	3	433	12

20-10 民族自治地方分地区卫生机构万元以上设备台数(2017年)

单位：台

地　区	合　计	10万元以下	10-49万元	50-99万元	100万元以上
合　计	**770563**	**579379**	**147833**	**23681**	**19670**
河　北	4209	3291	738	88	92
内蒙古	129546	95025	25975	4390	4156
辽　宁	6951	5258	1319	206	168
吉　林	14102	10618	2725	388	371
黑龙江	652	516	117	10	9
浙　江	964	703	212	26	23
湖　北	16965	13037	2985	555	388
湖　南	14473	11497	2269	364	343
广　东	1207	839	285	49	34
广　西	205904	151707	41957	6701	5539
海　南	951	647	253	29	22
重　庆	7110	5251	1475	240	144
四　川	25411	20044	4260	669	438
贵　州	35225	26655	6873	963	734
云　南	85799	65768	15692	2316	2023
西　藏	39475	36419	2301	505	250
甘　肃	5888	4615	1014	145	114
青　海	8277	6029	1758	297	193
宁　夏	39685	28738	8443	1293	1211
新　疆	127769	92722	27182	4447	3418

20—11 民族自治地方农村村级卫生组织

单位：个

年 份	村总数	有卫生机构的村数	占村总数的比重(%)	无医疗点的村数	占村总数的比重(%)
1978	67937	56655	83.4	11282	16.6
1979	68783	44324	64.4	24459	35.6
1980	68916	39325	55.6	30591	44.4
1981	75257	53434	71.0	21823	29.0
1982	75523	54240	71.8	21283	28.2
1983	79105	64006	80.9	15099	19.1
1984	80406	60790	75.6	19616	24.4
1985	86764	65426	75.4	21338	24.6
1986	92575	67353	72.8	25222	27.2
1987	92822	69005	74.3	23817	25.7
1988	96096	65248	67.9	30848	32.1
1989	97459	65665	67.4	31794	32.6
1990	91092	68843	75.6	22249	24.4
1991	96525	70045	72.6	26480	27.4
1992	76188	59356	77.9	16832	22.1
1993	93939	74260	79.1	19679	20.9
1994	97287	76244	78.4	21043	21.6
1995	96685	74375	76.9	29310	23.1
1996	97140	76059	78.3	21081	21.7
1997	100012	79368	79.4	20644	20.6
1998	101644	83571	82.2	18073	17.8
1999	98496	82023	83.3	16473	16.7
2000	99621	83442	83.8	16179	16.2
2001	98091	82995	84.6	15096	15.4

20—12 民族自治地方乡村医生、卫生员、农村接生员

单位：人

年 份	乡村医生和卫生员	乡村医生	卫生员	#少数民族乡村医生和卫生员	农村接生员
1982	116965	47933	69032	49743	86158
1983	116754	55580	61174	49228	88703
1984	118730	58109	60621	52630	96148
1985	131381	62255	69129	55914	101291
1986	135634	68480	68154	57423	106411
1987	139901	72374	67527	56634	107692
1988	135751	73106	62645	55188	106464
1989	136780	75228	61552	56304	141857
1990	135424	75935	59489	54594	107261
1991	139332	79709	59623	58052	104869
1992	146472	83518	62954	44695	97374
1993	163129	100993	62136	63582	98064
1994	154147	96347	57800	63573	94585
1995	158014	102376	55639	64290	91630
1996	159529	101416	58113	66865	84919
1997	165976	108712	57264	71229	86735
1998	172286	115367	56919	68872	81786
1999	169759	116520	53239	69098	80421
2000	173025	119979	53046	70989	73321
2001	171341	120976	50365	68431	68870
2002	171341	120976	50365	68431	68870
2008	117401	106146	11255		
2009	133541	119579	13962		
2010	138114	123545	14569		
2011	149727	132385	17342		
2012	150365	132408	17957		
2013	150720	132870	17850		
2014	150205	133545	16660		
2015	147901	131414	16487		
2016	145047	129411	15636		
2017	147072	130684	16388		

20–13 民族自治地方分地区乡村医生、卫生员(2017年)

单位：人

地区	乡村医生和卫生员	乡村医生	卫生员
合计	**147072**	**130684**	**16388**
河北	2290	2157	133
内蒙古	18128	16761	1367
辽宁	3318	3185	133
吉林	1612	1436	176
黑龙江	175	143	32
浙江	29	29	
湖北	3501	3330	171
湖南	4362	3729	633
广东	224	222	2
广西	34147	31202	2945
海南	33	33	
重庆	1744	1597	147
四川	8915	8663	252
贵州	11236	8117	3119
云南	19686	18345	1341
西藏	12685	9534	3151
甘肃	2713	2330	383
青海	3159	2734	425
宁夏	3244	2949	295
新疆	15871	14188	1683

20-14 民族自治地方分地区民族医院情况(2017年)

单位：个

地区	机构个数	床位数	人员数				
			合计	卫生技术人员		其他技术人员	管理人员
				小计	医生		
合计	**263**	**31728**	**31374**	**25756**	**9761**	**2024**	**1484**
内蒙古	77	11883	14962	12635	4574	756	714
辽宁	1	300	251	210	80	1	37
吉林	1	80	114	96	42	7	11
黑龙江	1	100	59	47	25	1	2
湖北	3	859	758	627	200	47	23
湖南	4	126	80	55	27	9	11
广西	5	540	834	616	206	82	46
四川	32	1372	1318	1058	418	91	74
贵州	9	622	585	488	143	18	51
云南	5	386	473	387	145	9	43
西藏	29	1866	1688	1281	805	80	173
甘肃	13	996	791	667	379	43	31
青海	27	2512	1184	944	461	100	62
宁夏	2	40	24	20	7		2
新疆	54	10046	8253	6625	2249	780	204

主要统计指标解释

医疗卫生机构 指从卫生(卫生计生)行政部门取得《医疗机构执业许可证》、《计划生育技术服务许可证》，或从民政、工商行政、机构编制管理部门取得法人单位登记证书，为社会提供医疗服务、公共卫生服务或从事医学科研和医学在职培训等工作的单位。医疗卫生机构包括医院、基层医疗卫生机构、专业公共卫生机构、其他医疗卫生机构。

医院 包括综合医院、中医医院、中西医结合医院、民族医院、各类专科医院和护理院，不包括专科疾病防治院、妇幼保健院和疗养院，包括医学院校附属医院。

基层医疗卫生机构 包括社区卫生服务中心、社区卫生服务站、街道卫生院、乡镇卫生院、村卫生室、门诊部、诊所(医务室)。

专业公共卫生机构 包括疾病预防控制中心、专科疾病防治机构、妇幼保健机构（含妇幼保健计划生育服务中心）、健康教育机构、急救中心（站）、采供血机构、卫生监督机构、取得《医疗机构执业许可证》或《计划生育技术服务许可证》的计划生育技术服务机构。

其他医疗卫生机构 包括疗养院、临床检验中心、医学科研机构、医学在职教育机构、卫生监督（监测、检测）机构、医学考试中心、农村改水中心、人才交流中心、统计信息中心等卫生事业单位。

卫生人员 指在医院、基层医疗卫生机构、专业公共卫生机构及其他医疗卫生机构工作的职工，包括卫生技术人员、乡村医生和卫生员、其他技术人员、管理人员和工勤人员。一律按支付年底工资的在岗职工统计，包括各类聘任人员(含合同工)及返聘本单位半年以上人员，不包括临时工、离退休人员、退职人员、离开本单位仍保留劳动关系人员、本单位返聘和临聘不足半年人员。

卫生技术人员 包括执业医师、执业助理医师、注册护士、药师（士）、检验技师（士）、影像技师、卫生监督员和见习医（药、护、技）师（士）等卫生专业人员。不包括从事管理工作的卫生技术人员(如院长、副院长、党委书记等)。

执业医师 指《医师执业证》“级别”为“执业医师”且实际从事医疗、预防保健工作的人员，不包括实际从事管理工作的执业医师。执业医师类别分为临床、中医、口腔和公共卫生四类。

执业(助理)医师 指《医师执业证》“级别”为“执业助理医师”且实际从事医疗、预防保健工作的人员，不包括实际从事管理工作的执业助理医师。执业助理医师类别分为临床、中医、口腔和公共卫生四类。

床位数 指年底固定实有床位（非编制床位），包括正规床、简易床、监护床、正在消毒和修理床位、因扩建或大修而停用的床位、不包括产科新生儿床、接产室待产床、库存床、观察床、临时加床和病人家属陪待床。

二十一、社会服务

21—1 民族自治地方分地区收养单位、民间组织和社区建设情况(2017年)

地区	收养单位		民间组织		社区建设
	福利类收养单位床位数(万张)	福利类收养单位收养救助人数(万人)	单位数(个)	#社会团体	城镇社区服务设施数(个)
合计	**35.50**	**20.52**	**91026**	**54390**	**11876**
河北	0.51	0.26	370	195	33
内蒙古	9.13	4.65	15116	7954	2706
辽宁	0.46	0.29	752	403	225
吉林	1.69	1.01	2430	1321	232
黑龙江			54	25	8
浙江	0.05	0.02	28	28	
湖北	1.73	1.23	2692	989	123
湖南	0.99	0.66	2080	1111	157
广东	0.17	0.03	190	124	177
广西	4.97	2.81	24567	12574	1980
海南	0.05	0.02	631	337	49
重庆	0.13	0.05	1311	825	104
四川	1.74	0.84	2793	2052	306
贵州	2.60	1.56	3749	2545	1577
云南	2.23	1.10	11202	8346	672
西藏	0.77	0.59	604	545	6
甘肃	0.33	0.22	3289	2946	361
青海	0.50	0.35	2801	2242	371
宁夏	1.65	0.76	6548	4207	552
新疆	5.80	4.07	9819	5621	2237

21–2 民族自治地方分地区城镇居民最低生活保障情况(2017年)

地　区	城镇居民最低生活保障人数(人)	城镇居民最低生活保障户数(户)	城镇居民最低生活保障支出(万元)	城镇居民最低生活保障年支出水平(元/人、年)
合　计	**2695260**	**1469788**	**1296342**	**4810**
河　北	18327	9117	9348	5101
内蒙古	430372	271798	251417	5842
辽　宁	28023	17665	13559	4839
吉　林	88968	62602	57644	6479
黑龙江	4973	2653	2182	4387
浙　江	556	348	251	4522
湖　北	15027	10256	8486	5647
湖　南	71521	37067	29434	4115
广　东	868	567	629	7245
广　西	190693	102730	86985	4562
海　南	21637	9907	7868	3636
重　庆	30429	16725	16071	5281
四　川	127489	68807	46934	3681
贵　州	120306	68267	57261	4760
云　南	372062	237229	181167	4869
西　藏	33131	18713	26492	7996
甘　肃	193905	67461	80598	4157
青　海	109827	56077	60929	5548
宁　夏	108446	61028	69357	6396
新　疆	728700	350771	289731	3976

21-3 民族自治地方分地区农村居民最低生活保障情况(2017年)

地区	农村居民最低生活保障人数(人)	农村居民最低生活保障户数(户)	农村居民最低生活保障支出(万元)	农村居民最低生活保障年支出水平(元/人、年)
合计	**12892341**	**5945530**	**3041796**	**2359**
河北	101823	86064	29231	2871
内蒙古	1198720	827369	363313	3031
辽宁	90058	48183	20589	2286
吉林	100019	72982	25716	2571
黑龙江	11002	7119	2166	1969
浙江	7453	4734	2341	3141
湖北	214679	118303	61696	2874
湖南	226534	101119	59302	2618
广东	12147	5900	4367	3595
广西	2539255	890723	575450	2266
海南	49148	21234	10795	2196
重庆	87981	40773	33823	3844
四川	777932	307752	164760	2118
贵州	1446691	640474	389451	2692
云南	2167010	1099949	493027	2275
西藏	226763	79506	47085	2076
甘肃	826275	252042	142846	1729
青海	391490	117430	96911	2475
宁夏	381057	290646	129466	3398
新疆	2036304	933228	389463	1913

主要统计指标解释

城市居民最低生活保障人数 指在报告期末共同生活的家庭成员人均收入低于当地最低生活保障标准，且家庭财产状况符合相关规定的城镇居民，并已发放补助经费的人数。

农村居民最低生活保障人数 指报告期末共同生活的家庭成员人均收入低于当地最低生活保障标准，得到当地政府给予最低生活保障待遇的农业人口家庭人数。

社区服务机构和设施数 指报告期末设立的社区服务指导中心、社区服务中心、社区服务站、社区养老机构、社区互助型养老设施及其他社区服务机构的总和数。具有面向老人，残疾人，儿童及其家庭的商品递送、医疗保健、家庭保洁、日间照料、陪伴服务等为社区居家养老服务的设施和突出综合服务的职能。

陆地边境县

1—1 陆地边境县经济发展主要指标

指　　标	2016年	占全国比重(%)	2017年	占全国比重(%)
人口与就业				
年底总人口(万人)	2375.60	1.72	2372.72	1.71
#少数民族人口	1199.59		1208.22	
单位就业人员数(万人)	184.28		187.37	
地区生产总值(亿元)	**8883.36**	**1.19**	**9138.32**	**1.10**
第一产业	1796.44	2.82	1926.84	2.94
第二产业	3512.86	1.19	3413.01	1.02
第三产业	3574.14	0.93	3798.55	0.89
人均地区生产总值(元)	**37394.10**		**38514.14**	
固定资产(亿元)				
全社会固定资产投资总额	8407.92	1.39	8959.28	1.40
财政(亿元)				
地方一般公共预算收入	607.79	0.70	597.50	0.65
地方一般公共预算支出	2747.39	1.71	3021.56	1.74
农业				
耕地面积(万公顷)	646.67	4.79	592.40	4.39
灌溉面积(万公顷)	320.71	4.78	301.86	4.45
农林牧渔总产值(亿元)	2732.93	2.57	2757.18	2.52
主要农产品产量(万吨)				
粮食产量	2332.36	3.53	2282.44	3.45
棉花产量	24.43	4.61	29.35	5.19
油料产量	70.65	1.95	82.37	2.37
牲畜年末存栏数(万头)				
大牲畜	908.09	9.50	924.45	9.47
羊	3355.82	11.21	3266.77	10.81
猪	998.11	2.26	972.87	2.20
肉类总产量(万吨)	237.85	2.76	231.36	2.67
工业				
规模以上工业企业资产总计(亿元)	9749.67	0.90	9891.20	0.88
教育				
普通中学				
学校数(个)	1231	1.88	1190	1.82
在校学生数(人)	1009565	1.51	990009	1.45
专任教师数(人)	91405	1.75	88326	1.66
普通小学				
学校数(个)	5057	2.85	5733	3.43
在校学生数(人)	1562394	1.58	1562105	1.55
专任教师数(人)	112538	1.94	113352	1.91
医疗卫生				
医疗卫生机构数(个)			15139	1.57
医疗机构床位数(张)	85687	1.20	107582	1.41
卫生技术人员数(人)	108771	1.29	109606	1.22

2-1 陆地边境县行政区划(2017年末)

地区	合计	市辖区	县级市	县	旗	自治县
合计	**140**	**8**	**33**	**67**	**15**	**17**
内蒙古	20	1	4		15	
辽宁	5	3	1			1
吉林	10	1	6	2		1
黑龙江	18	1	7	10		
广西	8	1	3	4		
云南	25		5	11		9
西藏	18			18		
甘肃	1					1
新疆	35	1	7	22		5

2-2 我国陆地边境县(旗)、市(市辖区)分布(2017年末)

地区	个数	县、旗、市(市辖区)
内蒙古自治区	1 市辖区 4 县级市 15 旗	包头市：达尔罕茂明安联合旗 呼伦贝尔市：扎赉诺尔区、满洲里市、额尔古纳市 陈巴尔虎旗、新巴尔虎左旗、新巴尔虎右旗 巴彦淖尔市：乌拉特中旗、乌拉特后旗 乌兰察布市： 四子王旗 兴安盟：阿尔山市、科尔沁右翼前旗 锡林郭勒盟： 二连浩特市、阿巴嘎旗、苏尼特左旗 苏尼特右旗、东乌珠穆沁旗 阿拉善盟：阿拉善左旗、阿拉善右旗、额济纳旗
辽宁省	3 市辖区 1 县级市 1 自治县	丹东市：振兴区、元宝区、振安区、东港市、宽甸满族自治县
吉林省	1 市辖区 6 县级市 2 县 1 自治县	通化市：集安市 白山市：浑江区、临江市、抚松县、长白朝鲜族自治县 延边朝鲜族自治州 ：图们市、珲春市、龙井市、和龙市、安图县
黑龙江省	1 市辖区 7 县级市 10 县	鸡西市：虎林市、密山市、鸡东县 鹤岗市：萝北县、绥滨县 双鸭山市：饶河县 伊春市：嘉荫县 佳木斯市：同江市、抚远市 牡丹江市：绥芬河市、穆棱市、东宁市 黑河市：爱辉区、逊克县、孙吴县 大兴安岭地区：呼玛县、塔河县、漠河县

2–2 续表

地区	个数	县、旗、市(市辖区)
广西壮族自治区	1 市辖区 3 县级市 4 县	防城港市：防城区、东兴市 百色市：靖西市、那坡县 崇左市：凭祥市、宁明县、龙州县、大新县
云南省	5 县级市 11 县 9 自治县	保山市：腾冲市、龙陵县 普洱市：江城哈尼族彝族自治县、孟连傣族拉祜族佤族自治县 澜沧拉祜族自治县、西盟佤族自治县 临沧市：镇康县、耿马傣族佤族自治县、沧源佤族自治县 红河哈尼族彝族自治州：绿春县、金平苗族瑶族傣族自治县、河口瑶族自治县 文山壮族苗族自治州：麻栗坡县、马关县、富宁县 西双版纳傣族自治州：景洪市、勐海县、勐腊县 德宏傣族景颇族自治州：芒市、瑞丽市、盈江县、陇川县 怒江傈僳族自治州：泸水市、福贡县、贡山独龙族怒族自治县
西藏自治区	18 县	日喀则市：定日县、康马县、定结县、仲巴县、亚东县、吉隆县、 聂拉木县、萨嘎县、岗巴县 林芝市：墨脱县、察隅县 山南市：洛札县、错那县、浪卡子县 阿里地区：噶尔县、普兰县、札达县、日土县
甘肃省	1 自治县	酒泉市：肃北蒙古族自治县
新疆维吾尔自治区	1 市辖区 6 县级市 22 县 5 自治县 1 直辖县级单位	哈密市：伊州区、巴里坤哈萨克自治县、伊吾县 阿克苏地区：温宿县、乌什县 喀什地区：叶城县、塔什库尔干塔吉克自治县 和田地区：和田县、皮山县 昌吉回族自治州：奇台县、木垒哈萨克自治县 博尔塔拉蒙古自治州：博乐市、阿拉山口市、温泉县 克孜勒苏柯尔克孜自治州：阿图什市、阿克陶县、阿合奇县、乌恰县 伊犁哈萨克自治州：霍尔果斯市、霍城县、昭苏县、察布查尔锡伯自治县 塔城地区：塔城市、额敏县、托里县、裕民县、和布克赛尔蒙古自治县 阿勒泰地区：阿勒泰市、布尔津县、富蕴县、福海县、哈巴河县、青河县、吉木乃县 自治区直辖县级行政单位：可克达拉市

3-1 陆地边境县分地区年末总人口和少数民族人口(2017年)

单位：万人

地　区	年底总人口	#少数民族人口	乡村人口	城镇人口
合　计	**2372.72**	**1208.22**	**1404.54**	**968.41**
内蒙古	184.71	60.66	91.37	93.34
辽　宁	173.45	39.15	88.66	84.79
吉　林	193.00	47.43	58.86	134.14
黑龙江	293.18	16.40	119.19	174.21
广　西	267.67	217.53	199.53	68.14
云　南	683.14	410.73	444.37	238.77
西　藏	39.79	34.63	31.04	8.75
甘　肃	1.21	0.51	0.42	0.79
新　疆	536.58	381.17	371.09	165.49

注：因部分省份城镇人口与乡村人口为户籍人口数，故与总人口数不等。

4-1 陆地边境县分地区生产总值(2017年)

单位：亿元

地　区	地区生产总值	第一产业	第二产业	第三产业	人均地区生产总值(元)
合　计	**9138.32**	**1926.84**	**3413.01**	**3798.55**	**38514**
内蒙古	1482.61	176.00	721.88	584.81	78566
辽　宁	549.19	102.35	166.30	280.55	30646
吉　林	977.25	78.42	475.06	423.76	50414
黑龙江	1405.26	565.67	263.82	575.77	47157
广　西	961.06	165.00	475.03	321.03	42835
云　南	1755.60	418.25	555.88	781.47	25252
西　藏	95.75	14.63	36.73	44.39	24084
甘　肃	13.75	0.55	6.09	7.11	89900
新　疆	1897.84	405.96	712.22	779.67	33620

4-2 陆地边境县分地区生产总值指数(2017年)

地　区	地区生产总值(以2016年为100)	第一产业	第二产业	第三产业
合　计	**106.5**	**105.2**	**104.5**	**108.3**
内蒙古	103.9	104.5	100.8	106.1
辽　宁	103.2	103.6	98.7	105.8
吉　林	100.1	103.2	95.6	105.7
黑龙江	106.3	105.8	103.4	108.3
广　西	108.2	104.4	108.4	109.7
云　南	110.4	106.0	111.8	111.8
西　藏	118.4	110.1	122.3	117.3
甘　肃	87.1	103.1	78.5	104.1
新　疆	108.5	104.9	108.7	107.9

4-3 陆地边境县分地区生产总值构成(2017年)

单位：%

地　区	地区生产总值	第一产业	第二产业	第三产业
合　计	**100**	**21.1**	**37.3**	**41.6**
内蒙古	100	11.9	48.7	39.4
辽　宁	100	18.6	30.3	51.1
吉　林	100	8.0	48.6	43.4
黑龙江	100	40.3	18.8	41.0
广　西	100	17.2	49.4	33.4
云　南	100	23.8	31.7	44.5
西　藏	100	15.3	38.4	46.4
甘　肃	100	4.0	44.3	51.7
新　疆	100	21.4	37.5	41.1

5-1 陆地边境县单位从业人员和劳动报酬(2017年)

地　区	单位从业人员数（万人）	劳动报酬（亿元）	平均劳动报酬（元）
合　计	**187.37**	**1252.20**	**66830**
内蒙古	21.60	181.08	83822
辽　宁	13.17	56.32	42757
吉　林	19.84	110.15	55525
黑龙江	20.90	102.09	48839
广　西	12.71	56.21	44219
云　南	45.24	291.97	64540
西　藏	3.54	26.97	76104
甘　肃	0.26	1.47	56736
新　疆	50.10	425.96	85015

6-1 陆地边境县分地区全社会固定资产投资、社会消费品零售总额和进出口总额(2017年)

单位：亿元

地　区	全社会固定资产投资	社会消费品零售总额	进出口总额（亿美元）
合　计	**8959.28**	**3030.88**	**870.47**
内蒙古	1453.60	601.64	216.29
辽　宁	151.66	470.41	18.78
吉　林	759.60	452.02	21.05
黑龙江	759.88	360.65	45.02
广　西	969.07	196.69	269.77
云　南	2249.57	562.78	163.66
西　藏	168.20	15.20	0.22
甘　肃	30.81	2.21	
新　疆	2416.87	369.29	135.68

7–1 陆地边境县分地区财政收入情况(2017年)

单位：亿元

地　区	一般公共预算收入	#各项税收	#增值税	#企业所得税	#个人所得税
合　计	**597.50**	**413.94**	**136.01**	**34.52**	**18.65**
内蒙古	84.04	66.25	19.06	5.19	2.29
辽　宁	56.32	31.21	12.36	4.90	1.35
吉　林	60.35	40.62	11.35	3.96	1.57
黑龙江	51.13	28.93	8.86	3.39	1.23
广　西	44.44	27.90	5.78	1.59	0.76
云　南	106.42	63.70	29.43	3.06	1.64
西　藏	7.52	4.17	1.24	0.45	0.11
甘　肃	1.55	0.70	0.42	0.02	0.03
新　疆	185.73	150.46	47.51	11.97	9.67

7–2 陆地边境县分地区财政支出情况(2017年)

单位：亿元

地　区	一般公共预算支出	#一般公共服务	#教　育	#科学技术
合　计	**3021.56**	**326.64**	**451.25**	**12.73**
内蒙古	378.90	40.76	37.49	1.30
辽　宁	93.02	7.67	17.83	0.16
吉　林	285.63	35.73	35.00	0.61
黑龙江	372.96	28.68	37.54	1.51
广　西	206.03	22.34	36.10	1.29
云　南	649.68	76.73	121.48	1.92
西　藏	109.84	25.75	13.07	0.29
甘　肃	8.06	0.90	0.66	0.02
新　疆	917.44	88.09	152.08	5.64

8-1 陆地边境县分地区农村居民生活水平情况(2017年)(一)

单位：元

地区	农村居民人均可支配收入	农村居民人均消费支出	#食品	#衣着	#居住
合计	**11323**	**8574**	**2479**	**577**	**1213**
内蒙古	17038	11026	2972	925	1560
辽宁	14851	11812	3574	952	2060
吉林	11359	9748	3096	753	1633
黑龙江	14616	8953	2650	734	1245
广西	10764	7764	3185	328	1420
云南	9457	6620	2336	309	1149
西藏	9273	4575	1993	679	369
甘肃	23297	21335	8005	1239	2702
新疆	10704	9985	1769	769	884

8-1 陆地边境县分地区农村居民生活水平情况(2017年)(二)

单位：元

地区	农村居民人均消费支出			
	#家庭设备及服务	#医疗保健支出	#交通和通讯	#娱乐教育文化服务
合计	**497**	**730**	**1147**	**820**
内蒙古	527	1150	2222	1493
辽宁	525	1575	1409	1510
吉林	587	1251	1205	911
黑龙江	442	1159	1542	1003
广西	453	408	1045	869
云南	386	488	1148	701
西藏	489	960	556	188
甘肃	1366	403	2949	2840
新疆	643	648	784	583

9–1 陆地边境县分地区农村基层组织情况(2017年)

地　区	乡镇个数（个）	乡村人口（万人）	村民委员会（个）
合　计	**1290**	**1404.54**	**10908**
内蒙古	146	91.37	1142
辽　宁	44	88.66	452
吉　林	132	58.86	952
黑龙江	160	119.19	1393
广　西	84	199.53	1022
云　南	252	444.37	2056
西　藏	139	31.04	858
甘　肃	4	0.42	26
新　疆	329	371.09	3007

9–2 陆地边境县分地区农、林、牧、渔业总产值及指数(2017年)

单位：亿元

地　区	农林牧渔业总产值	#农业	#林业	#牧业	#渔业	农林牧渔业总产值指数
合　计	**2757.18**	**1491.23**	**254.52**	**755.71**	**189.53**	**105.5**
内蒙古	295.22	100.30	12.21	148.56	8.99	103.5
辽　宁	173.46	49.54	6.41	33.10	77.65	105.0
吉　林	129.51	89.92	12.70	21.71	4.02	103.0
黑龙江	529.98	362.71	39.76	98.85	14.83	106.3
广　西	271.89	143.90	31.18	37.87	52.55	104.5
云　南	697.20	362.21	122.87	166.46	26.81	106.1
西　藏	14.89	7.33	0.33	5.66	0.51	150.9
甘　肃	1.08	0.23		0.81		100.0
新　疆	643.95	375.08	29.07	242.70	4.17	105.6

9–3 陆地边境县分地区耕地面积和有效灌溉面积(2017年)

单位：千公顷

地　区	年末实有耕地面积	有效灌溉面积
合　计	**5923.97**	**3018.59**
内蒙古	1076.05	445.41
辽　宁	151.56	57.58
吉　林	185.35	27.99
黑龙江	1790.46	516.07
广　西	349.07	78.85
云　南	682.27	326.24
西　藏	60.16	56.83
甘　肃	0.80	0.80
新　疆	1628.26	1508.81

9–4 陆地边境县分地区主要农产品产量(2017年)

单位：万吨

地　区	粮食	油料	棉花
合　计	**2282.44**	**82.37**	**29.35**
内蒙古	253.74	21.93	1.47
辽　宁	80.79	1.13	
吉　林	80.26	1.27	
黑龙江	716.89	9.11	
广　西	67.09	1.53	0.02
云　南	329.66	8.77	
西　藏	11.96	0.74	
甘　肃	0.68	0.03	
新　疆	741.37	37.86	27.86

9-5 陆地边境县分地区牲畜年末存栏数(2017年)

单位：万头

地 区	牲畜年末存栏数		
	大牲畜	猪	羊
合 计	**924.45**	**972.87**	**3266.77**
内蒙古	153.53	19.64	1406.42
辽 宁	3.45	32.25	14.97
吉 林	17.13	25.63	10.88
黑龙江	48.24	102.91	86.80
广 西	53.90	124.50	11.20
云 南	191.77	603.86	97.28
西 藏	141.90	10.05	225.25
甘 肃	1.90	0.14	36.10
新 疆	312.63	53.90	1377.87

9-6 陆地边境县分地区畜产品产量(2017年)

单位：万吨

地 区	肉类总产量	#猪肉	#牛肉	#羊肉
合 计	**231.36**	**96.47**	**41.26**	**51.03**
内蒙古	35.11	2.42	8.00	24.38
辽 宁	14.19	2.93	0.14	0.08
吉 林	4.54	2.22	1.35	0.10
黑龙江	20.45	11.11	4.81	1.47
广 西	14.20	9.43	1.24	0.19
云 南	69.81	52.92	8.20	1.37
西 藏	2.65	0.75	0.74	0.76
甘 肃	0.24	0.01	0.02	0.16
新 疆	70.17	14.67	16.77	22.53

9-7 陆地边境县分地区农业机械总动力和农村用电量(2017年)

地　区	农业机械总动力 (万千瓦)	农村用电量 (万千瓦小时)
合　计	**2905.94**	**701935.53**
内蒙古	563.75	111000.48
辽　宁	92.42	61213.00
吉　林	101.24	58959.38
黑龙江	669.16	72191.00
广　西	215.78	58180.44
云　南	594.77	100315.76
西　藏	74.69	2129.45
甘　肃	3.19	124.00
新　疆	590.95	237822.02

10-1 陆地边境县分地区规模以上工业企业单位数和资产总计(2017年)

地　区	工业企业单位数 (个)	资产总计 (亿元)
合　计	**2691**	**9891.20**
内蒙古	473	3329.24
辽　宁	225	368.67
吉　林	469	777.17
黑龙江	367	585.55
广　西	192	578.75
云　南	439	1480.97
西　藏	6	0.18
甘　肃	22	100.50
新　疆	498	2670.16

11—1 陆地边境县分地区普通中学和普通小学基本情况(2017年)

单位：人

地　区	普通中学			普通小学		
	学校数(所)	在校学生数	#专任	学校数(所)	在校学生数	#专任教师数
合　计	**1190**	**990009**	**88326**	**5733**	**1562105**	**113352**
内蒙古	108	59655	7936	131	80029	7133
辽　宁	67	46243	4931	292	60435	4968
吉　林	137	49791	7976	204	60501	6498
黑龙江	145	91441	9501	212	96026	8865
广　西	89	107338	6315	946	201873	11366
云　南	318	337635	23901	1891	587202	34601
西　藏	17	13585	1159	1080	24483	1309
甘　肃	2	587	82	2	640	84
新　疆	307	283734	26525	975	450916	38528

12—1 陆地边境县分地区医疗卫生机构情况(2017年)

单位：个、张、人

地　区	医疗卫生机构数	医疗卫生机构床位数	卫生技术人员数
合　计	**15139**	**107582**	**109606**
内蒙古	1681	7934	11244
辽　宁	1214	7973	6561
吉　林	1529	9201	9231
黑龙江	1528	13044	13535
广　西	1361	7756	9783
云　南	3542	34896	31460
西　藏	787	1937	1142
甘　肃	39	170	146
新　疆	3458	24671	26504

13—1　陆地边境县分地区收养单位、民间组织和社区建设情况(2017年)

地　区	收养单位		民间组织		社区建设
	福利类收养单位床位数(万张)	福利类收养单位收养救助人数(万人)	单位数(个)	#社会团体(个)	城镇社区服务设施数(个)
合　计	**4.31**	**2.40**	**7739**	**4941**	**1281**
内蒙古	0.48	0.20	956	676	315
辽　宁	0.54	0.38	474	147	121
吉　林	1.12	0.60	912	579	188
黑龙江	0.80	0.41	785	376	103
广　西	0.08	0.03	1151	626	117
云　南	0.54	0.23	2247	1771	218
西　藏	0.03	0.02	15	15	
甘　肃			27	24	6
新　疆	0.72	0.53	1172	727	323

13—2　陆地边境县分地区城镇居民最低生活保障情况(2017年)

地　区	城镇居民最低生活保障人数(人)	城镇居民最低生活保障户数(户)	城镇居民最低生活保障支出(万元)	城镇居民最低生活保障年支出水平(包括春节等一次性补助)(元/人、年)
合　计	**503160**	**289,681**	**248813**	**4945**
内蒙古	41923	27780	26056	6215
辽　宁	20075	13488	11226	5592
吉　林	98409	67858	52975	5383
黑龙江	71403	44029	35679	4997
广　西	12588	6703	5366	4263
云　南	76096	47417	41123	5404
西　藏	3399	1632	2785	8195
甘　肃	545	281	270	4952
新　疆	178722	80493	73333	4103

13–3 陆地边境县分地区农村居民最低生活保障情况(2017年)

地　区	农村居民最低生活保障人数(人)	农村居民最低生活保障户数(户)	农村居民最低生活保障支出(万元)	农村居民最低生活保障年支出水平(元/人、年)
合　计	**1921873**	**943206**	**458967**	**2388**
内蒙古	81889	57371	28693	3504
辽　宁	35084	21005	9622	2742
吉　林	74464	54948	21887	2939
黑龙江	64179	42563	17728	2762
广　西	219670	72259	50529	2300
云　南	834810	423292	205489	2462
西　藏	21296	6561	4199	1972
甘　肃	403	233	89	2211
新　疆	590078	264974	120731	2046

14—1 各陆地边境县主要经济社会指标(2017年)(一)

地　区	年　末 总人口 (万人)	地　区 生产总值 (亿元)	人均地区 生产总值 (元)	规模以上 工业企业资产总计 (亿元)	农林牧渔业 总产值 (亿元)
内蒙古自治区					
达尔罕茂明安联合旗	11.16	212.83	219187	332.18	26.05
四子王旗	21.25	53.56	25186	152.30	14.99
二连浩特市	7.54	109.66	150436	40.59	1.12
阿巴嘎旗	4.42	64.30	144693	74.68	15.74
东乌珠穆沁旗	6.21	54.79	80452	930.02	28.06
苏尼特左旗	3.45	49.71	152937	23.34	11.21
苏尼特右旗	6.74	48.20	69954	85.55	10.85
满洲里市	17.17	162.92	72411	168.73	5.10
额尔古纳市	8.06	39.16	48459	26.48	23.59
陈巴尔虎旗	5.60	76.54	136241	528.16	15.84
新巴尔虎左旗	4.22	20.64	48992	4.61	11.23
新巴尔虎右旗	3.52	52.50	149310	96.20	7.27
乌拉特中旗	14.30	83.46	55621	90.84	27.60
乌拉特后旗	5.85	58.51	99354	270.57	6.92
阿拉善左旗	14.47	205.27	135002	241.94	16.87
阿拉善右旗	2.52	17.14	64020	60.34	4.54
额济纳旗	1.85	43.91	100780	23.55	3.44
阿尔山市	4.58	15.44	22789	20.13	2.86
科尔沁右翼前旗	33.15	71.03	23929	39.44	59.29
扎赉诺尔区	8.64	43.05	77841	119.58	2.64
辽宁省					
振安区	16.98	48.86	28774	141.21	11.66
元宝区	18.09	59.56	32921	24.56	1.15
振兴区	37.18	121.42	28683	37.51	3.06
东港市	59.24	236.58	39530	103.93	119.25
宽甸满族自治县	41.96	82.77	19729	61.46	38.34
吉林省					
集安市	21.23	90.29	42190	81.69	16.26

粮食总产量（万吨）	肉类总产量（万吨）	全社会固定资产投资（亿元）	社会消费品零售总额（亿元）	农村居民人均可支配收入（元）	地方一般公共预算收入（亿元）	地方一般公共预算支出（亿元）
9.13	2.15	227.35	24.54	13757	5.50	18.75
20.03	3.28	32.10		9159	2.17	24.95
	0.31	29.42	156.13	41210	5.81	19.50
	3.62	29.03	11.72	23589	1.40	10.46
	3.53	40.24	23.75	27708	5.15	15.48
	1.65	25.09	7.60	29543	1.68	11.59
0.03	2.46	21.38	18.48	10615	2.54	14.38
	0.33	98.16	156.31		10.22	40.41
44.52		30.65	17.37	23658	1.41	17.38
	1.84	31.40	6.62	19989	4.91	15.29
1.27	2.24	16.11	7.48	19649	1.93	14.34
0.24	2.31	31.02	7.10	190704	6.49	16.20
40.65	2.15	104.73	17.23	15254	7.88	31.60
9.21	0.79	72.89	8.64	11790	8.48	16.47
15.46		330.25	57.22	17327	8.99	43.38
0.90	0.33	47.51	7.76	20026	0.84	4.15
0.08	0.09	82.42	14.47	21044	1.68	12.14
6.17	0.21	51.98	7.97	9275	1.16	11.80
113.87	7.64	105.47		9230	2.73	34.97
0.01	0.20	46.40	51.23		3.07	5.67
3.56	1.57	15.25	21.54	14469	4.15	8.51
0.21	0.11	26.51	103.51	14469	4.86	7.16
1.05	0.15	18.76	127.91	13450	10.42	9.67
52.59	7.30	75.37	141.80	15682	13.16	41.79
25.88	5.06	15.78	75.66	13936	5.47	25.89
6.81	0.52	60.00	56.24	12953	5.35	31.58

14-1(一) 续表 1

地　　区	年　末 总人口 （万人）	地　　区 生产总值 （亿元）	人均地区 生产总值 （元）	规模以上 工业企业资产总计 （亿元）	农林牧渔业 总产值 （亿元）
浑江区	32.69	196.71	60169	153.92	17.06
临江市	15.65	100.54	63630	66.26	13.90
抚松县	28.58	194.98	68214	131.38	39.05
长白朝鲜族自治县	7.90	44.81	56380	18.36	9.58
图们市	11.28	42.26	36922	30.61	2.90
龙井市	15.68	40.11	25292	18.46	7.23
珲春市	22.88	144.58	63264	201.74	10.29
和龙市	17.14	53.65	31294	74.73	13.24
安图县	19.97	69.32	34461		
黑龙江省					
萝北县	21.59	89.61	48150	51.29	16.28
绥滨县	17.68	58.01	21994	15.12	23.37
饶河县	13.96	52.70	37744	10.88	26.50
密山市	40.07	130.90	32342	59.59	65.38
虎林市	27.79	134.68	48191	129.74	46.99
鸡东县	27.38	90.72	31875	32.29	46.65
嘉荫县	7.09	24.85	34775	9.12	13.09
绥芬河市	7.01	148.66	211126	22.58	2.49
东宁市	20.39	163.13	80006	34.26	59.60
同江市	17.63	123.00	58339	35.72	27.69
抚远市	8.33	54.65	46054	10.47	35.64
爱辉区	18.50	23.68	28880	52.41	16.41
逊克县	9.62	27.74	30548	43.53	22.34
孙吴县	9.33	16.43	16882	6.98	13.64
呼玛县	4.52	17.41	38486	14.06	12.69
塔河县	7.51	23.11	29514	4.33	21.84
漠河县	7.21	33.77	46200	19.52	23.24
穆棱市	27.57	192.23	68725	33.66	56.12
广西壮族自治区					
防城区	44.00	150.46	38594	60.15	51.77

粮　食 总产量 （万吨）	肉　类 总产量 （万吨）	全社会固定 资产投资 （亿元）	社会消费品 零售总额 （亿元）	农村居民人均 可支配收入 （元）	地方一般 公共预算收入 （亿元）	地方一般 公共预算支出 （亿元）
3.21	0.51	152.99	134.07	13258	5.43	15.69
4.29	0.41	99.29	42.09	12839	2.39	26.70
9.36	0.66	153.70	59.01	13509	5.10	37.71
2.26	0.14		12.35	10115	2.81	23.15
4.80	0.26	42.81	29.72	10319	1.73	22.05
14.59	0.56	44.09	16.64	8787	18.67	24.23
11.96	0.62	130.00	62.40	12144	12.52	40.10
13.20	0.86	52.12	21.24	8896	2.46	32.29
12.27		24.59	18.26	8917	3.90	32.12
31.47	1.36	9.24	16.42	16946	2.88	19.12
48.40	0.94	22.43	11.13	5973	1.54	18.06
37.53	0.34	10.80	5.48	6670	1.21	22.16
104.64	5.57	45.07	43.89	16378	3.80	32.45
90.85	0.64	44.28	32.36	17779	4.99	24.22
78.87	2.03	28.80	24.29	15373	2.42	23.44
22.40	0.13	6.20	7.90	15193	1.23	16.46
1.26	0.25	94.04	29.82	19393	5.01	23.25
19.11	0.81	127.42	45.11	23224	6.20	26.86
63.12	0.81	55.56	23.57	7338	2.30	23.67
87.78	0.44	3.63	11.56	4901	1.79	19.18
31.93	1.04	40.72	7.74	13971	1.86	20.56
37.42	0.87	16.33	7.13	13981	2.73	16.31
21.18	0.66	13.08	7.74	12146	1.49	17.12
19.30	0.17	4.47	4.51	13413	0.98	11.47
1.09	0.42	9.93	7.63	11306	1.22	9.89
0.52	0.40	13.47	14.52	17350	2.01	12.20
42.18	3.57	214.40	59.86	17241	7.46	36.54
11.25	2.61	138.48	49.47	13883	5.91	23.30

14-1(一) 续表 2

地　区	年末总人口(万人)	地区生产总值(亿元)	人均地区生产总值(元)	规模以上工业企业资产总计(亿元)	农林牧渔业总产值(亿元)
东兴市	14.96	103.96	65738	38.69	30.67
凭祥市	11.44	75.98	64147	24.61	8.78
大新县	38.26	128.73	42027	81.10	40.50
宁明县	44.13	138.05	39180	55.53	56.96
龙州县	27.23	121.61	53702	93.69	44.11
靖西市	65.91	215.48	41363	211.71	26.83
那坡县	21.74	26.79	15654	13.27	12.27
云南省					
澜沧拉祜族自治县	50.09	72.50	14479	335.52	34.20
江城哈尼族彝族自治县	12.78	28.29	22214	48.48	15.71
西盟佤族自治县	9.56	13.57	14198	5.75	5.41
孟连傣族拉祜族佤族自治县	14.20	28.77	20400	7.45	19.71
镇康县	18.47	43.85	23777	32.27	18.64
沧源佤族自治县	18.85	41.91	22274	26.61	18.74
耿马傣族佤族自治县	29.49	89.93	29169	37.78	48.78
龙陵县	30.28	76.30	26312	78.59	30.56
腾冲市	68.27	176.83	26447	76.98	57.66
麻栗坡县	28.71	59.02	20600	52.42	19.34
马关县	38.31	86.44	22820	79.42	31.49
富宁县	42.18	86.42	20529	36.43	36.01
绿春县	24.53	33.53	14346	6.10	16.67
金平苗族瑶族傣族自治县	39.05	53.25	14230	35.92	19.96
河口瑶族自治县	9.28	51.42	47264	1.59	15.14
景洪市	42.54	208.28	38664	106.02	68.76
勐海县	33.20	100.62	29215	68.20	39.02
勐腊县	24.51	88.82	30323	14.21	61.81
芒市	42.10	104.48	24975	100.18	35.29
瑞丽市	20.86	103.57	50034	61.26	15.14
盈江县	32.32	84.39	26240	150.63	41.50
陇川县	19.54	43.78	22533	37.53	27.34

粮 食 总产量 （万吨）	肉 类 总产量 （万吨）	全社会固定 资产投资 （亿元）	社会消费品 零售总额 （亿元）	农村居民人均 可支配收入 （元）	地方一般 公共预算收入 （亿元）	地方一般 公共预算支出 （亿元）
2.42	0.78	129.50	27.55	16471	10.55	24.50
1.80	0.58	131.38	25.77	10977	5.16	17.10
12.24	3.20	131.22	15.29	11336	2.36	24.64
7.28	1.97	142.36	16.99	10637	1.06	17.04
4.95	0.85	119.44	20.91	9799	3.17	25.70
22.81	2.99	148.15	31.53	9344	13.96	50.39
6.42	1.22	28.53	9.18	7628	2.27	23.35
26.88	2.95	68.39	19.81	8873	5.47	45.10
4.75	0.65	31.46	7.27	9080	1.81	15.46
4.59	0.43	16.96	3.07	8900	0.78	13.62
6.60	0.77	26.77	10.76	9040	1.67	17.56
9.30	1.69	117.57	10.15	9629	2.92	18.80
8.11	1.45	108.04	11.26	9498	2.77	21.07
12.47	2.58	137.31	22.10	10249	3.79	26.46
15.70	3.79	114.20	16.65	9707	5.85	29.62
44.43	13.65	201.15	44.06	10331	16.99	55.14
12.77	4.33	57.87	22.10	9074	3.08	26.48
18.51	5.04	58.09	37.52	9171	6.05	32.19
16.28	5.25	99.26	42.79	9586	3.00	34.06
11.29	4.17	104.07	9.89	7742	2.15	20.77
15.01	4.03	100.35	11.57	7826	2.41	26.65
3.08	0.79	81.68	7.67	11335	3.00	16.39
10.39	1.74	298.76	82.19	13655	11.03	38.23
30.82	1.44	53.07	22.78	10935	4.95	29.93
9.22	1.27	134.17	25.36	9780	3.86	28.08
24.80	3.22	102.58	49.48	10364	6.00	28.43
6.93	2.85	123.63	39.14	10659	7.72	26.44
23.81	3.37	95.31	33.00	9720	4.85	29.40
14.23	1.68	36.29	10.06	8726	2.17	19.02

14-1(一)　续表 3

地　区	年 末 总人口 (万人)	地　区 生产总值 (亿元)	人均地区 生产总值 (元)	规模以上 工业企业资产总计 (亿元)	农林牧渔业 总产值 (亿元)
泸水市	18.92	51.95	27531	62.07	11.55
福贡县	11.58	15.05	14952	2.63	5.24
贡山独龙族怒族自治县	3.54	12.64	32660	16.95	3.54
西藏自治区					
洛札县	3.80	5.31	19486		0.60
错那县	1.54	5.70	36979		0.43
浪卡子县	3.84	7.35	19228		
定结县	2.33	3.16	13747		0.44
定日县	5.90	9.80	15423		2.58
康马县	2.35	5.13	21743		1.43
聂拉木县	2.04	7.10	35193	0.18	1.01
吉隆县	1.67	4.01	25356		0.00
亚东县	1.39	7.04	40460		1.31
岗巴县	1.19	4.08	34612		0.47
仲巴县	2.61	6.84	25631		
萨嘎县	1.60	4.05	25252		1.08
噶尔县	1.97	3.20	13391		
普兰县	0.98	2.96	30103		0.71
日土县	1.25	3.44	26142		1.00
札达县	0.82	3.21	29463		0.48
墨脱县	1.37	5.30	38616		0.51
察隅县	3.14	8.05	29741		2.86
甘肃省					
肃北蒙古族自治县	1.21	13.75	89900	100.50	1.08
新疆维吾尔自治区					
伊州区	43.35	359.17	73077	1109.98	26.58
伊吾县	2.12	51.00	240384	119.49	7.73
巴里坤哈萨克自治县	10.64	57.68	54100	192.26	16.09
和田县	35.69	34.26	9659	41.65	9.77
皮山县	29.37	26.45	8410	4.51	13.96

粮 食 总产量 （万吨）	肉 类 总产量 （万吨）	全社会固定 资产投资 （亿元）	社会消费品 零售总额 （亿元）	农村居民人均 可支配收入 （元）	地方一般 公共预算收入 （亿元）	地方一般 公共预算支出 （亿元）
6.52	1.80	57.53	16.96	5953	2.58	23.57
2.41	0.62	13.02	4.07	5672	0.75	15.25
0.95	0.24	12.04	3.06	5698	0.75	11.96
1.13	0.11	15.04	0.93	10965	0.33	2.55
0.53	0.72	7.38	1.06	9760	0.41	3.89
0.64		15.15	1.21	10037	0.37	11.08
0.63	0.10	3.35	0.68	6014	0.10	6.19
3.12	0.19	29.02	1.48	7184	0.92	
1.24	0.18	11.66		10859	0.12	11.52
0.83	0.13	10.48	0.93	7873	0.36	10.65
0.46	0.05		1.10	11074	0.32	0.60
0.15	0.09	10.12	2.21	12000	0.31	2.30
0.32	0.07	2.24		10728	0.15	6.88
	0.32	9.46	1.17	10569	0.47	12.19
0.15	0.17	0.80		8227	0.21	8.62
0.05	0.09	5.10	0.86	10399	0.57	5.89
0.29	0.05	0.43	0.73	10471	0.27	5.81
0.11	0.13	6.12	0.83	10411	0.27	5.46
0.08	0.06	6.25		9271	0.20	5.06
0.55	0.05	1.89	0.44	9073	0.46	
2.04	0.14	10.22	1.57	9192	1.67	4.58
0.70	0.24	30.81	2.21	23297	1.55	8.06
2.37	1.34	462.77	83.22	16387	38.04	59.02
0.71	1.08	69.96	2.55	17097	4.13	12.20
9.53	2.06	48.26	7.60	12744	3.78	20.29
16.47	1.46	54.19	2.59	7860	2.15	44.04
14.34	0.65	44.74	2.55	7252	1.81	36.06

14-1(一) 续表 4

地 区	年末总人口（万人）	地区生产总值（亿元）	人均地区生产总值（元）	规模以上工业企业资产总计（亿元）	农林牧渔业总产值（亿元）
温宿县	23.70	59.80	22059	74.31	47
乌什县	23.57	28.16	11950	8.04	15.32
叶城县	55.42	83.86	15874	33.30	59.91
塔什库尔干塔吉克自治县	4.08	13.05	30431	1.54	3.10
阿图什市	28.17	46.78	16603	62.27	14.72
阿合奇县	4.60	9.02	19732		2.29
乌恰县	6.10	25.20	14231	41.99	2.24
阿克陶县	23.18	31.20	13701	62.04	14.66
奇台县	23.96	146.02	60748	153.78	63.17
木垒哈萨克自治县	8.82	27.81	31521	27.01	19.04
博乐市	19.36	119.14	61535	79.58	32.85
温泉县	7.36	24.11	32611	0.42	11.67
阿拉山口市	0.92	60.02	655511	46.77	
昭苏县	18.26	46.09	25241	13.67	22.00
霍城县	28.04	78.58	23011	22.36	32.89
察布查尔锡伯自治县	19.52	52.49	26891		33.10
霍尔果斯市	6.45	47.46	73467		3.53
塔城市	15.17	80.40	52998	6.97	39.56
额敏县	15.83	65.59	41446	31.02	39.11
裕民县	9.38	34.97	37283	79.46	15.54
托里县	5.33	14.55	28082	1.00	8.73
和布克赛尔蒙古自治县	5.35	27.73	52301	89.65	10.33
阿勒泰市	19.92	72.75	36845	18.39	16.02
青河县	6.56	16.40	23194	26.13	8.18
吉木乃县	3.87	12.81	32260	22.20	3.08
富蕴县	9.78	42.48	43418	149.41	12.46
布尔津县	7.27	21.90	30672	62.20	7.51
福海县	6.67	41.36	50544	19.42	19.66
哈巴河县	8.78	39.56	44148	69.35	12.09

粮 食 总产量 （万吨）	肉 类 总产量 （万吨）	全社会固定 资产投资 （亿元）	社会消费品 零售总额 （亿元）	农村居民人均 可支配收入 （元）	地方一般 公共预算收入 （亿元）	地方一般 公共预算支出 （亿元）
28.36	3.32	77.78	16.09	16638	4.45	33.88
25.66	2.61	35.74	2.29	9089	1.29	31.15
51.96	6.73	120.72	16.01	7707	4.71	64.81
1.96	0.56	35.12	1.98	6943	1.60	37.38
11.97	1.80	79.33	13.47	7883	3.86	36.93
0.52	0.32	10.98	1.33	6817	0.91	15.81
0.46	0.43	46.03	2.30	7315	3.47	25.22
23.15	1.48	77.40	4.95	5972	3.39	40.19
80.64	14.16	249.49	29.75	16875	8.52	27.91
24.89	3.00	131.79	8.57	14394	4.44	17.96
31.29	1.14	199.57	33.34	15733	10.74	31.12
34.57	0.78	22.35	3.30	9658	1.39	14.96
		32.13			3.43	12.05
16.74	2.02	31.12	6.90	12276	1.58	26.19
35.42	4.66	39.17	18.78	11990	3.81	26.77
56.42	1.99	39.44	3.79	12364	2.67	25.39
4.93	0.29	46.51	3.61		22.77	33.90
101.06	2.74	66.24	2.03	14883	5.82	23.32
102.82	3.00	71.02	17.54	14273	4.23	23.66
22.87	1.46	26.25	4.53	9893	2.26	17.39
24.51	0.91	11.33	3.31	12311	0.93	12.50
1.88	1.20	35.36	3.58	12686	7.92	15.15
2.65	2.14	58.10	29.96	12950	6.84	31.47
5.04	0.67	22.40	3.45	11290	2.23	19.66
2.57	0.63	26.78	1.33	9806	1.20	18.72
10.92	1.48	50.47	7.95	7268	8.57	26.03
4.74	1.08	36.62	15.90	13152	3.64	18.22
8.88	1.56	27.20	7.34	13953	3.47	18.70
3.99	1.44	30.55	7.37	10915	5.67	19.44

14–1 各陆地边境县主要经济社会指标(2017年)(二)

地　　区	普通中学在校学生（人）	普通中学专任教师（人）	普通小学在校学生（人）	普通小学专任教师（人）	文化馆（个）	图书馆（个）
内蒙古自治区						
达尔罕茂明安联合旗	1519	243	2995	333	1	1
四子王旗	5836	447	6486	492	1	1
二连浩特市	4357		5477		1	1
阿巴嘎旗	887	188	1527	193	1	1
东乌珠穆沁旗	2691	183	4413	227		1
苏尼特左旗	651	126	1594	177	8	1
苏尼特右旗	2427	375	3122	371	1	1
满洲里市	9722	1119	8770	575		2
额尔古纳市	2733	311	2891	373	1	1
陈巴尔虎旗	967	233	967	428		
新巴尔虎左旗	819	159	1785	215	1	1
新巴尔虎右旗	671	394	1772	166	1	1
乌拉特中旗	1785	324	4121	418	1	1
乌拉特后旗	1377	230	2546	298	1	1
阿拉善左旗	8520	983	9511	610	1	2
阿拉善右旗	445	76	897	168	1	1
额济纳旗	815	90	1327	110	1	1
阿尔山市	593	173	1090	142		
科尔沁右翼前旗	9815	1907	16370	1565	1	1
扎赉诺尔区	3025	381	2368	272		1
辽宁省						
振安区	1986	444	5115	574	1	1
元宝区	591	79	5385	346	1	1
振兴区	763	109	12312	801	1	
东港市	26766	2350	22477	1944	1	1
宽甸满族自治县	16137	1949	15146	1303	1	1
吉林省						
集安市	7411	1161	7315	740	1	2

博物馆 （个）	医疗卫生 机构数 （个）	医疗卫生 机构床位数 （张）	卫生 技术人员 （人）	城镇居民最低 生活保障人数 （人）	城镇居民最低 生活保障支出 （万元）	农村居民最低 生活保障人数 （人）	农村居民最低 生活保障支出 （万元）
1	97	470	533	330	238	1508	548
3				5695	3414	28784	10907
2		227		858	380		
1	60	223	309	922	438	704	256
1	40	336	532	2249	1407	1715	984
1	77	130	210	716	347	875	361
	87	372	369	2636	1539	5015	1160
2	95	953	2118	2196	1643		
1	101	424	617	3914	2226		
	17	202	78	2741	1427	642	325
	19	149	326	1871	1038	1924	720
1	25	168	371	1679	1079	1103	543
1	134	440	379	1590	1260	7013	2249
1	77	484	492	4941	3023	3235	2466
1	243	1126	1858	1600	1185	685	359
2	88	181	187	128	99	91	47
1	13	175	170	229	191		
	34	158	310	4585	3189		
5	429	1380	1630	3043	1935	28595	7769
1	45	336	755				
	119	410	559	2370	1243	2438	606
	68	2400	268	4737	3192	717	210
	175	389	531	5799	3275	2229	953
1	372	2825	3757	1765	813	13943	3818
1	480	1949	1446	5404	2704	15757	4035
1	207	936	985	6550	2457	9229	2258

14-1(二) 续表 1

地 区	普通中学在校学生（人）	普通中学专任教师（人）	普通小学在校学生（人）	普通小学专任教师（人）	文化馆（个）	图书馆（个）
浑江区	5874	743	6864	807	1	
临江市	5829	912	5075	485	1	1
抚松县	11485	1739	11606	1122	1	1
长白朝鲜族自治县	2538	447	2621	435	1	1
图们市	2011	395	2566	293	1	1
龙井市	2632	667	3588	384	1	1
珲春市	4924	697	10924	1064	1	1
和龙市	1849	629	4156	573	1	1
安图县	5238	586	5786	595	1	1
黑龙江省						
萝北县	2939	331	2853	330	1	1
绥滨县	4748	467	4924	470	1	1
饶河县	3417	360	3629	452	1	1
密山市	15330	1591	10607	894	1	1
虎林市	8136	622	5543	509	1	1
鸡东县	7042	1049	7086	873	1	1
嘉荫县	2395	247	2753	263	1	1
绥芬河市	5710	451	7733	376	1	1
东宁市	8082	770	8594	669	1	1
同江市	3665	97	6530	263	1	1
抚远市	2765	439	3450	517	1	1
爱辉区	3923	589	7953	663	1	1
逊克县	3297	315	3194	337	1	1
孙吴县	3903	426	5567	541	1	1
呼玛县	1733	194	1643	150	1	1
塔河县	2011	329	1547	360	1	1
漠河县	1943	455	1881	130	1	1
穆棱市	10402	769	10539	1068	2	1
广西壮族自治区						
防城区	15854	925	37269	1930	1	1

博物馆（个）	医疗卫生机构数（个）	医疗卫生机构床位数（张）	卫生技术人员（人）	城镇居民最低生活保障人数（人）	城镇居民最低生活保障支出（万元）	农村居民最低生活保障人数（人）	农村居民最低生活保障支出（万元）
1	274	568	469	23021	9321	8516	2464
3	202	1138	1339	9711	4304	7753	1268
3	291	2775	1980	15341	7518	13131	4187
1	95	316	168	7014	4144	5328	2277
1	9	438	485	4926	3227	2478	871
1	108	1136	608	6750	4095	5298	1954
1	24	674	1006	9541	5930	4146	1344
1	147	417	895	8271	6374	7070	2464
1	172	803	1296	7284	5605	11515	2800
1	10	547	565	5557	2326	3326	699
	154	488	483	2752	1115	3554	1412
1	16	698	380	1889	933	4028	884
1	215	2770	3299	7512	3710	11723	2628
1	143	1152	1334	6143	3147	1264	506
	173	1600	867	4376	2218	6615	1417
1	45	359	387	3177	1569	3586	869
1	43	615	816	1019	523	1308	510
1	144	788	1174	2754	1215	2672	561
1	21	580	360	4635	2374	2544	1600
	54	190	284	1261	847	1295	656
1	91	429	627	5507	3290	2045	576
1	91	377	362	1868	1031	1687	946
5	146	460	478	2637	1146	5536	1054
1	61	267	296	1972	857	1762	383
	22	511	404	3976	2008	743	229
	12	393	632	4678	2338		
2	87	820	787	9690	5034	10491	2798
1	248	1014	1274	1280	459	15721	3170

14-1(二) 续表 2

地　区	普通中学在校学生（人）	普通中学专任教师（人）	普通小学在校学生（人）	普通小学专任教师（人）	文化馆（个）	图书馆（个）
东兴市	7452	547	22550	1170	1	1
凭祥市	5327	320	10593	610	1	1
大新县	14473	867	22062	1532	1	1
宁明县	17788	882	31552	1732	1	1
龙州县	9824	537	14992	996	1	1
靖西市	29042	1767	46388	2543	1	1
那坡县	7578	470	16467	853	1	1
云南省						
澜沧拉祜族自治县	17585	1450	31829	1762	1	1
江城哈尼族彝族自治县	5640	501	9242	498	1	1
西盟佤族自治县	4165	331	6839	568	1	1
孟连傣族拉祜族佤族自治县	5057	362	12569	719	1	1
镇康县	6716	616	16894	1031	1	1
沧源佤族自治县	5970	675	18132	1122	1	1
耿马傣族佤族自治县	10446	863	26484	1556	1	1
龙陵县	16410	1126	25044	1569	1	1
腾冲市	51149	2857	54164	2946	1	2
麻栗坡县	14135	1162	23341	1862	1	1
马关县	17544	1400	30519	1875	1	1
富宁县	28163	1697	41934	2144	1	1
绿春县	10981	877	20680	1073	1	1
金平苗族瑶族傣族自治县	19205	1353	35766	1584	1	1
河口瑶族自治县	3829	397	7738	664	1	1
景洪市	26653	1287	43839	2746	2	2
勐海县	12313	775	25532	1405	1	1
勐腊县	13254	931	26359	1418	1	1
芒市	13726	1021	36023	2077	1	3
瑞丽市	10438	725	18025	980	2	2
盈江县	17046	1333	29329	1747	1	1
陇川县	9869	776	17249	1065	1	1

博物馆（个）	医疗卫生机构数（个）	医疗卫生机构床位数（张）	卫生技术人员（人）	城镇居民最低生活保障人数（人）	城镇居民最低生活保障支出（万元）	农村居民最低生活保障人数（人）	农村居民最低生活保障支出（万元）
1	128	457	934	459	203	2746	547
1	73	309	530	2085	1079	3841	1040
1	21	1087	1396	1037	412	26453	6898
	243	1191	1784	1964	960	27163	5916
1	191	1209	1283	1145	280	18250	5226
1	312	1816	2107	3267	1401	92196	20610
1	145	673	475	1351	572	33300	7122
1	181	1646	996	2824	1196	105112	24098
1	78	507	607	1447	741	14388	4188
1	47	289	270	2243	948	34745	6152
1	67	432	536	540	241	11151	8341
1	112	1075	745	1473	783	34160	8411
	131	673	881	1226	1172	16518	7584
1	153	1293	1352	795	1266	12363	7924
1	150	915	506	5479	2044	42285	7542
4	355	2907	3385	1629	1067	25281	9342
1	132	835	896	4960	2184	70921	14215
	160	1400	1283	5272	2211	81360	16099
1	174	1111	804	6666	2959	68706	15138
1	114	1094	600	3664	1748	69019	16475
1	156	2037	1184	3825	1434	74149	17153
	64	687	641	8852	4286	8134	1283
2	328	4596	4878	3506	1722	5517	1462
	214	1634	1959	1888	767	5496	1748
	212	1330	1737	1601	522	4271	1321
1	164	4131	3742	8420	4945	16930	4357
1	101	1133	809	675	1066	3101	895
	153	1411	1371	1091	2547	16404	6388
	84	1156	1080	496	2307	14973	6033

14-1(二) 续表 3

地　　区	普通中学在校学生（人）	普通中学专任教师（人）	普通小学在校学生（人）	普通小学专任教师（人）	文化馆（个）	图书馆（个）
泸水市	11472	808	17048	1263	1	1
福贡县	4556	364	9843	641	1	1
贡山独龙族怒族自治县	1313	214	2780	286	1	1
西藏自治区						
洛札县	895	60	1492	153	1	1
错那县	453	54	796		11	
浪卡子县	1618	129	3066	229		1
定结县	698	59	1786	125		1
定日县	2034	173	1143			1
康马县	868	79	2033	206		1
聂拉木县	805	68	1741	127		
吉隆县	745	68	1655		1	1
亚东县	1	51	7	106	1	
岗巴县	506	57	118			
仲巴县	1104		2364		1	1
萨嘎县	682	65	1566		1	1
噶尔县	410	30	1040		5	1
普兰县	300	42	848		4	1
日土县	444	37	973		5	1
札达县	180	34	480		1	1
墨脱县	568	67	1078	173	1	1
察隅县	1274	86	2297	190	1	1
甘肃省						
肃北蒙古族自治县	587	82	640	84	1	1
新疆维吾尔自治区						
伊州区	26959	2332	28256	2771	2	2
伊吾县	1263	237	1690	234	1	1
巴里坤哈萨克自治县	1370	328	4979	715	1	1
和田县	14475	1085	42732	2904	1	1
皮山县	20957	1680	31232	1437	1	1

博物馆（个）	医疗卫生机构数（个）	医疗卫生机构床位数（张）	卫生技术人员（人）	城镇居民最低生活保障人数（人）	城镇居民最低生活保障支出（万元）	农村居民最低生活保障人数（人）	农村居民最低生活保障支出（万元）
1	107	2104	723	3476	1429	54119	10880
1	70	320	253	3222	1317	35978	6445
1	35	180	222	826	223	9729	2014
	33	50	62	151	106	497	130
	39	87	87	96	90	1379	365
	210	89	20	243	250	2685	290
	11	60	95	46	34	672	188
1	16	214	22	185	120	6534	1415
	11	65	77	6	6	184	21
	56	48	23	1630	1339	668	38
	7	418	88	74	49	1299	278
	40	60	69	139	60	2	3
	27	39	65	46	35	413	31
1	61	322	12	53	37	670	54
	47	80	81	33	24	1670	355
	7	77	43	538	427	614	110
	12	55	37	13	37	119	174
	19	67	71	36	41	1320	193
1	29	34	70	36	64	346	128
1	57	123	114	35	31	802	174
	105	49	106	39	37	1422	254
1	39	170	146	545	270	403	89
2	336	2638	3889	5516	3514	10583	3485
1	35	224	222	615	533	1282	599
1	74	203	395	1152	823	3545	1686
	21	1518	672	5335	2352	71566	14607
	207	1242	1230	11534	4363	52560	10670

14-1(二) 续表 4

地　区	普通中学在校学生（人）	普通中学专任教师（人）	普通小学在校学生（人）	普通小学专任教师（人）	文化馆（个）	图书馆（个）
温宿县	14866	1321	24624	1594	1	1
乌什县	13530	1147	24191	1319	1	1
叶城县	44913	3160	64997	3556	1	1
塔什库尔干塔吉克自治县	2625	177	3751	361	1	1
阿图什市	12712	1712	27312	2799		1
阿合奇县	2114	239	4331	648	1	1
乌恰县	2136	224	5604	644	1	1
阿克陶县	16388	1568	26124	2202	1	1
奇台县	10555	935	12468	1145	1	1
木垒哈萨克自治县	2995	384	4747	784	1	1
博乐市	6739	407	15790	1085	1	1
温泉县	2087	85	3347	547	1	1
阿拉山口市	257	24	573	36	1	1
昭苏县	7676	959	13875	1250		
霍城县	15680	1384	2546	1974	1	1
察布查尔锡伯自治县	8846	1299	15564	1087	1	1
霍尔果斯市	1683	111	2764	277		
塔城市	4316	318	10110	1217	2	2
额敏县	10347	1337	12706	927	1	1
裕民县	3672	468	8933	950	1	1
托里县	2141	296	3879	396	1	1
和布克赛尔蒙古自治县	3363	355	3327	510	1	1
阿勒泰市	9789	985	11909	1308	1	1
青河县	853	246	6190	563	1	1
吉木乃县	1978	185	2742	328	1	1
富蕴县	5749	486	9809	789	1	1
布尔津县	3797	466	6310	788	1	1
福海县	3476	268	5320	670	1	
哈巴河县	3427	317	8184	713	1	1

博物馆（个）	医疗卫生机构数（个）	医疗卫生机构床位数（张）	卫生技术人员（人）	城镇居民最低生活保障人数（人）	城镇居民最低生活保障支出（万元）	农村居民最低生活保障人数（人）	农村居民最低生活保障支出（万元）
1	149	787	723	3600	1673	11206	2069
1	134	650	574	9782	3471	53052	10529
1	409	3096	2351	26085	9700	113492	17760
1	58	238	283	1937	975	18997	4767
	11	815	530	11273	4463	44325	7846
	31	300	401	5939	2447	10385	2164
1	12	300	423	6116	2504	10515	2256
1	128	1107	585	9024	3674	46991	8479
1	108	1187	1338	1105	688	2773	750
1	86	450	465	1355	498	2134	394
1	256	701	1395	12972	4319	8995	2380
1	73	235	348	4615	1318	4695	987
1	1	100	72	6640	3304	16326	3769
	78	905	746	8935	2652	21022	3628
	219	1067	899	8158	2599	13222	2255
1	108	844	1169	1440	863	3561	1172
	17	119	171	5688	2615	10523	3378
1	173	1048	1149	2110	1012	3076	990
1	19	589	828	2882	1245	5522	1420
1	13	379	696	1654	813	2137	797
1	67	220	448	4357	2373	8719	2344
1	67	550	850	4089	1791	8520	1776
	137	1332	1408	1990	765	3812	1276
	55	230	254	3446	1841	6446	1546
	61	149	209	4466	1718	6281	1411
	90	389	395	2944	1365	5483	1713
	80	337	590	1968	1063	8332	1827
	23	272	351				
	122	450	445				

牧区半牧区县

1-1　牧区半牧区县经济社会发展主要指标

指　　标	2016年	占全国比重(%)	2017年	占全国比重(%)
人口				
年底总人口(万人)	4778.69	3.46	4736.42	3.41
地区生产总值(亿元)	**20711.00**	**2.78**	**19199.55**	**2.32**
第一产业	3607.20	5.67	3681.86	5.62
第二产业	9763.16	3.30	8151.15	2.44
第三产业	7340.64	1.91	7366.55	1.73
人均地区生产总值(元)	**44497.87**		**41686.04**	
固定资产投资(亿元)				
全社会固定资产投资总额	18259.69	3.01	16794.69	2.62
财政(亿元)				
地方一般公共预算收入	1290.34	1.48	1126.99	1.23
地方一般公共预算支出	5274.64	3.29	5458.83	3.15
农业				
农林牧渔总产值(亿元)	6011.31	5.36	6044.82	5.53
粮食产量(万吨)	6546.60	10.62	6574.64	9.94
牲畜年末存栏数(万头)				
大牲畜	4780.50	40.15	4607.50	47.19
羊	10111.24	33.58	10378.79	34.33
猪	3132.17	7.20	3288.38	7.45
肉类总产量(万吨)	672.41	7.88	673.44	7.78
工业				
规模以上工业企业资产总计(亿元)	27887.63	2.57	27025.56	2.41
教育				
普通中学				
学校数(个)	2147	3.28	2050	3.13
在校学生数(人)	2003875	2.99	1894419	2.78
专任教师数(人)	184483	3.53	175820	3.30
普通小学				
学校数(个)	7611	4.28	7375	4.42
在校学生数(人)	3088528	4.61	3002760	4.41
专任教师数(人)	219355	3.79	222993	3.75
医疗卫生				
医疗卫生机构数(个)			37763	3.92
医疗卫生机构床位数(张)	162677	2.28	179828	2.35
卫生技术人员数(人)	189117	2.24	177018	1.97
人民生活				
农村居民人均可支配收入(元)	10343	83.7	11449	85.23

2-1 牧区半牧区县行政区划(2017年末)

地区	合计	市辖区	县级市	县	自治县	旗	自治旗
合计	**269**	**4**	**20**	**181**	**18**	**44**	**2**
河北	6			4	2		
山西	1			1			
内蒙古	54	2	2	4		44	2
辽宁	6		1	3	2		
吉林	8		3	4	1		
黑龙江	15		4	10	1		
四川	48		3	44	1		
云南	3			2	1		
西藏	38	1		37			
甘肃	20		1	15	4		
青海	30		3	25	2		
宁夏	3			3			
新疆	37	1	3	29	4		

2-2 我国牧区半牧区县(旗)、市(市辖区)分布(2017年末)

地区	个数	县、旗、市(市辖区)
河北省	4 县 2 自治县	张家口市：张北县、康保县、沽源县、尚义县 承德市：丰宁满族自治县、围场满族蒙古族自治县
山西省	1 县	朔州市：右玉县
内蒙古自治区	2 市辖区 2 县级市 4 县 46 旗	包头市：达尔罕茂明安联合旗 赤峰市：林西县、阿鲁科尔沁旗、巴林左旗、巴林右旗、克什克腾旗、翁牛特旗、敖汉旗 通辽市：科尔沁区、开鲁县、科尔沁左翼中旗、科尔沁左翼后旗、库伦旗、奈曼旗、扎鲁特旗 鄂尔多斯市：东胜区、达拉特旗、准格尔旗、鄂托克前旗、鄂托克旗、杭锦旗、乌审旗、伊金霍洛旗 呼伦贝尔市：扎兰屯市、阿荣旗、陈巴尔虎旗、新巴尔虎左旗、新巴尔虎右旗、莫力达瓦达斡尔族自治旗、鄂温克族自治旗 巴彦淖尔市：磴口县、乌拉特前旗、乌拉特中旗、乌拉特后旗 乌兰察布市：察哈尔右翼中旗、察哈尔右翼后旗、四子王旗 兴安盟：突泉县、科尔沁右翼前旗、科尔沁右翼中旗、扎赉特旗 锡林郭勒盟：锡林浩特市、阿巴嘎旗、苏尼特左旗、苏尼特右旗、东乌珠穆沁旗、西乌珠穆沁旗、太仆寺旗、镶黄旗、正镶白旗、正蓝旗 阿拉善盟：阿拉善左旗、阿拉善右旗、额济纳旗
辽宁省	1 县级市 3 县 2 自治县	沈阳市：康平县 阜新市：彰武县、阜新蒙古族自治县 朝阳市：北票市、建平县、喀喇沁左翼蒙古族自治县
吉林省	3 县级市 4 县 1 自治县	四平市：双辽市 松原市：长岭县、乾安县、前郭尔罗斯蒙古族自治县 白城市：洮南市、大安市、镇赉县、通榆县
黑龙江省	4 县级市 10 县 1 自治县	齐齐哈尔市：龙江县、泰来县、甘南县、富裕县 鸡西市：虎林市 大庆市：肇州县、肇源县、林甸县、杜尔伯特蒙古族自治县 佳木斯市：同江市 绥化市：安达市、肇东市、兰西县、青冈县、明水县

2-2 续表

地区	个数	县、旗、市(市辖区)
四川省	3 县级市 44 县 1 自治县	阿坝藏族羌族自治州：马尔康市、汶川县、理县、茂县、松潘县、九寨沟县、金川县、小金县、黑水县、壤塘县、阿坝县、若尔盖县、红原县 甘孜藏族自治州：康定市、泸定县、丹巴县、九龙县、雅江县、道孚县、炉霍县、甘孜县、新龙县、德格县、白玉县、石渠县、色达县、理塘县、巴塘县、乡城县、稻城县、得荣县 凉山彝族自治州：西昌市、盐源县、德昌县、会理县、会东县、宁南县、普格县、布拖县、金阳县、昭觉县、喜德县、冕宁县、越西县、甘洛县、美姑县、雷波县、木里藏族自治县
云南省	1 县级市 1 县 1 自治县	迪庆藏族自治州：香格里拉市、德钦县、维西傈僳族自治县
西藏自治区	2 市辖区 36 县	拉萨市：林周县、当雄县 日喀则市：昂仁县、谢通门县、康马县、仲巴县、亚东县、萨嘎县、岗巴县 昌都市：卡若区、江达县、贡觉县、类乌齐县、丁青县、察雅县、八宿县 林芝市：工布江达县 山南市：曲松县、措美县、错那县、浪卡子县 那曲市：色尼区、嘉黎县、比如县、聂荣县、安多县、申扎县、索县、班戈县、巴青县、尼玛县 阿里地区：噶尔县、普兰县、札达县、日土县、革吉县、改则县、措勤县
甘肃省	1 县级市 15 县 4 自治县	兰州市：永登县 金昌市：永昌县 白银市：靖远县 武威市：民勤县、天祝藏族自治县 张掖市：山丹县、肃南裕固族自治县 酒泉市：瓜州县、肃北蒙古族自治县、阿克塞哈萨克族自治县 庆阳市：环县、华池县 定西市：漳县、岷县 甘南藏族自治州：合作市、卓尼县、迭部县、玛曲县、碌曲县、夏河县
青海省	3 县级市 25 县 2 自治县	海北藏族自治州：海晏县、祁连县、刚察县、门源回族自治县 黄南藏族自治州：同仁县、尖扎县、泽库县、河南蒙古族自治县 海南藏族自治州：共和县、同德县、贵德县、兴海县、贵南县 果洛藏族自治州：玛沁县、班玛县、甘德县、达日县、久治县、玛多县 玉树藏族自治州：玉树市、杂多县、称多县、治多县、囊谦县、曲麻莱县 海西蒙古族藏族自治州：德令哈市、格尔木市、乌兰县、都兰县、天峻县
宁夏回族自治区	3 县	吴忠市：盐池县、同心县 中卫市：海原县
新疆维吾尔自治区	1 市辖区 3 县级市 29 县 4 自治县	乌鲁木齐市：乌鲁木齐县 哈密市：伊州区、巴里坤哈萨克自治县、伊吾县 阿克苏地区：温宿县、沙雅县 喀什地区：塔什库尔干塔吉克自治县 和田地区：民丰县 昌吉回族自治县：奇台县、木垒哈萨克自治县 博尔塔拉蒙古自治州：博乐市、精河县、温泉县 巴音郭楞蒙古自治州：尉犁县、且末县、和静县、和硕县 克孜勒苏柯尔克孜自治州：阿克陶县、阿合奇县、乌恰县 伊犁哈萨克自治州：巩留县、新源县、昭苏县、特克斯县、尼勒克县 塔城地区：塔城市、额敏县、托里县、裕民县、和布克赛尔蒙古自治县 阿勒泰地区：阿勒泰市、布尔津县、富蕴县、福海县、哈巴河县、青河县、吉木乃县

3–1 牧区半牧区县分地区年末总人口和少数民族人口(2017年)

单位：万人

地 区	年底总人口	城镇人口	乡村人口
合 计	**4736.42**	**1354.28**	**3361.14**
河 北	193.78	38.45	155.33
山 西	11.59	6.25	5.34
内蒙古	1216.01	389.39	826.62
辽 宁	301.08	67.68	233.40
吉 林	327.26	122.43	204.84
黑龙江	597.74	174.26	423.49
四 川	724.32	151.05	570.44
云 南	36.69	6.16	30.53
西 藏	159.98	20.42	133.14
甘 肃	370.67	100.70	269.97
青 海	204.37	67.04	132.29
宁 夏	96.28	24.36	71.92
新 疆	496.64	186.11	303.83

注：因部分省份城镇人口与乡村人口为户籍人口数，故与总人口数不等。

4–1 牧区半牧区县分地区生产总值(2017年)

单位：亿元

地 区	地区生产总值				人均地区生产总值
		第一产业	第二产业	第三产业	
合 计	**19199.55**	**3681.86**	**8151.15**	**7366.55**	**41686**
河 北	494.25	153.78	181.43	159.03	29976
山 西	67.19	5.41	33.48	28.30	57984
内蒙古	8005.91	1028.75	3872.68	3104.48	68026
辽 宁	669.39	223.38	148.43	297.58	23989
吉 林	1635.18	298.15	682.72	654.31	50128
黑龙江	1854.50	673.96	590.03	590.51	31662
四 川	2024.76	404.26	856.60	763.90	28927
云 南	198.65	12.01	75.99	110.66	48334
西 藏	369.57	60.53	139.93	169.11	23101
甘 肃	797.57	170.55	272.11	354.91	21517
青 海	869.36	128.96	437.92	302.48	42538
宁 夏	201.22	29.62	97.36	74.25	22685
新 疆	2011.99	492.49	762.47	757.02	40512

4-2 牧区半牧区县分地区生产总值指数(2017年)

地区	地区生产总值(以2016年为100)	第一产业	第二产业	第三产业
合计	**105.4**	**104.9**	**103.7**	**107.2**
河北	108.4	106.0	110.3	109.1
山西	109.1	107.1	109.1	109.5
内蒙古	104.3	104.2	102.7	107.5
辽宁	103.3	103.7	103.7	102.7
吉林	108.3	103.8	100.4	106.1
黑龙江	104.1	104.7	102.8	105.0
四川	106.7	105.5	107.5	107.0
云南	110.7	106.0	114.4	108.9
西藏	107.8	106.9	113.4	113.2
甘肃	99.1	105.4	92.5	103.4
青海	106.8	106.3	100.6	107.4
宁夏	108.9	104.3	111.2	107.9
新疆	108.2	106.0	109.3	110.9

4-3 牧区半牧区县分地区生产总值构成(2017年)

单位：%

地区	地区生产总值	第一产业	第二产业	第三产业
合计	**100**	**19.2**	**42.5**	**38.4**
河北	100	31.1	36.7	32.2
山西	100	8.1	49.8	42.1
内蒙古	100	12.8	48.4	38.8
辽宁	100	33.4	22.2	44.5
吉林	100	18.2	41.8	40.0
黑龙江	100	36.3	31.8	31.8
四川	100	20.0	42.3	37.7
云南	100	6.0	38.3	55.7
西藏	100	16.4	37.9	45.8
甘肃	100	21.4	34.1	44.5
青海	100	14.8	50.4	34.8
宁夏	100	14.7	48.4	36.9
新疆	100	24.5	37.9	37.6

5–1 牧区半牧区县分地区在岗职工和劳动报酬（2017年）

地　区	在岗职工人数（万人）	工资总额（亿元）	平均工资（元）
合　计	**297.95**	**2415.42**	**81067**
河　北	7.12	40.21	56440
山　西	0.96	5.94	61672
内蒙古	98.98	889.12	89829
辽　宁	11.44	60.07	52514
吉　林	19.57	85.98	43925
黑龙江	23.46	117.58	50111
四　川	41.47	293.92	70878
云　南	3.30	38.77	117413
西　藏	5.78	53.45	92492
甘　肃	21.83	134.71	61719
青　海	10.91	113.59	104102
宁　夏	3.95	27.43	69496
新　疆	49.18	554.66	112788

5–2 牧区半牧区县分地区农村居民生活水平情况(2017年)(一)

单位：元

地　区	农村居民人均可支配收入	农村居民人均消费支出	#食品	#衣着	#居住
合　计	**11448.53**	**11485.34**	**3518.85**	**912.83**	**1660.99**
河　北	8451.46	7686.02	2740.48	545.06	1054.40
山　西	7161.00	5944.00	2813.00	375.00	587.00
内蒙古	12386.31	10870.70	3104.98	782.67	1705.53
辽　宁	11906.78	7788.11	2016.27	680.49	1333.24
吉　林	10549.72	9396.78	3128.49	503.11	1500.77
黑龙江	11516.78	7962.32	2312.50	688.14	1401.65
四　川	12659.38	11043.86	4284.12	906.28	1263.66
云　南	7782.70	3745.23	1362.41	252.42	357.01
西　藏	10127.13	5157.18	2029.53	688.52	609.54
甘　肃	8875.96	7489.37	2562.53	567.63	1186.01
青　海	9008.66	7797.81	2908.91	1064.73	1341.67
宁　夏	8199.84	7803.72	2212.92	588.67	1544.19
新　疆	13454.83	13199.92	2404.40	1012.74	1398.04

5-2 牧区半牧区县分地区农村居民生活水平情况(2017年)(二)

单位：元

地区	农村居民人均消费支出			
	#家庭设备及服务	#医疗保健支出	#交通和通讯	#娱乐教育文化服务
合计	**581.01**	**905.20**	**1313.38**	**991.48**
河北	403.66	1048.45	922.24	893.25
山西	185.00	688.00	638.00	534.00
内蒙古	574.74	1169.75	1918.89	1327.52
辽宁	416.75	920.09	1579.45	1285.68
吉林	703.93	1092.97	1385.82	1153.01
黑龙江	299.81	813.13	1232.97	688.58
四川	567.12	499.02	604.81	679.35
云南	266.76	304.14	587.03	600.06
西藏	861.55	358.12	636.50	381.45
甘肃	503.88	689.40	940.34	887.34
青海	911.38	1074.73	1627.32	882.57
宁夏	454.24	876.17	1088.59	905.08
新疆	765.84	897.17	1109.01	841.33

6-1 牧区半牧区县分地区财政收支、城乡居民储蓄存款、全社会固定资产投资和社会消费品零售总额(2017年)

单位：亿元

地区	地方一般公共预算收入	地方一般公共预算支出	城乡居民储蓄存款年末余额	全社会固定资产投资
合计	**1126.99**	**5458.83**	**9534.17**	**16794.69**
河北	25.61	165.86	466.31	552.63
山西	3.70	12.78	50.28	2.84
内蒙古	469.71	1428.42	3250.73	6962.10
辽宁	41.20	195.01	789.07	207.43
吉林	49.33	330.43	585.83	865.59
黑龙江	63.15	423.00	1026.33	1006.35
四川	146.34	860.11	871.67	1823.05
云南	10.17	139.93	112.98	364.48
西藏	19.63	183.62	99.29	550.40
甘肃	42.72	408.04	765.69	721.97
青海	57.40	316.43	136.25	951.72
宁夏	11.74	141.39	157.91	351.93
新疆	186.28	853.81	1221.83	2434.20

7–1 牧区半牧区县分地区农业经济和规模以上工业企业资产总计(2017年)

地　区	农林牧渔业总产值(亿元)	粮食总产量(万吨)	规模以上工业企业资产总计(亿元)
合　计	**6044.82**	**6574.64**	**27025.56**
河　北	270.52	96.23	1030.62
山　西	11.95	4.48	202.75
内蒙古	1580.04	2214.10	14026.34
辽　宁	507.49	403.11	548.03
吉　林	572.97	971.36	1118.71
黑龙江	1068.54	1625.00	1020.50
四　川	640.10	200.00	3263.85
云　南	21.26	18.33	269.00
西　藏	85.99	26.94	23.75
甘　肃	282.94	175.86	1384.56
青　海	187.18	33.70	505.20
宁　夏	58.66	64.95	584.48
新　疆	757.18	740.57	3047.77

7–2 牧区半牧区县分地区牲畜年末存栏数和奶产量(2017年)

单位：万头(只)

地　区	牲畜年末存栏数(万头)			奶产量(万吨)
	大牲畜	猪	羊	
合　计	**4607.50**	**3288.38**	**10378.79**	**791.10**
河　北	51.38	85.30	124.88	52.17
山　西	2.45	3.14	27.68	0.66
内蒙古	1169.71	946.59	4210.55	245.76
辽　宁	126.12	390.19	332.78	32.61
吉　林	270.80	228.76	294.19	16.65
黑龙江	200.87	483.85	403.67	192.11
四　川	706.30	656.48	721.16	28.23
云　南	27.56	49.99	23.13	1.33
西　藏	555.90	34.86	736.14	15.52
甘　肃	198.23	194.31	820.10	12.31
青　海	870.61	86.64	920.72	16.87
宁　夏	8.55	7.14	210.38	50.69
新　疆	419.03	121.13	1553.40	126.19

7–3 牧区半牧区县分地区肉产量(2017年)

单位：万吨

地 区	肉类总产量	#猪肉	#牛肉	#羊肉
合 计	**673.44**	**256.55**	**148.55**	**155.84**
河 北	19.51	7.80	6.72	2.87
山 西	1.38	0.57	0.22	0.60
内蒙古	207.65	49.96	39.78	71.63
辽 宁	108.94	61.75	11.54	8.92
吉 林	39.16	21.99	6.19	4.57
黑龙江	91.50	56.07	16.09	4.89
四 川	52.81	30.13	13.44	6.71
云 南	3.32	2.38	0.53	0.17
西 藏	21.34	0.96	14.85	4.48
甘 肃	24.52	6.62	6.01	9.03
青 海	20.19	1.40	9.84	10.14
宁 夏	9.91	2.08	2.65	4.57
新 疆	73.21	14.84	20.72	27.25

8–1 牧区半牧区县分地区普通中学和普通小学基本情况(2017年)

单位：人

地 区	普通小学			普通中学		
	学校数(所)	在校学生数(人)	专任教师数(人)	学校数(所)	在校学生数(人)	专任教师数(人)
合 计	**7375**	**3002760**	**222993**	**2050**	**1894419**	**175820**
河 北	202	118619	7445	55	84514	5101
山 西	11	5241	634	4	3560	465
内蒙古	923	584164	46698	427	398022	39893
辽 宁	248	165667	11357	138	113255	11930
吉 林	795	149828	15096	185	96305	11134
黑龙江	427	219985	18647	260	181329	26231
四 川	1549	722483	32075	295	371098	23601
云 南	36	27703	2244	10	20117	1515
西 藏	435	138618	8991	46	50637	4047
甘 肃	1203	233587	18806	224	180080	16178
青 海	351	155266	18944	88	93886	7286
宁 夏	464	92818	5433	36	53323	3730
新 疆	731	388781	36623	282	248293	24709

9–1 牧区半牧区县分地区医疗卫生情况(2017年)

地　区	医疗卫生机构（个）	医疗卫生机构床位数（张）	卫生技术人员（人）
合　计	**37763**	**179828**	**177018**
河　北	1943	8529	5037
山　西	294	450	757
内蒙古	10668	48775	49263
辽　宁	3360	11321	11610
吉　林	2271	12150	13100
黑龙江	1707	12477	15495
四　川	5837	32274	25301
云　南	283	1516	2307
西　藏	2223	4185	3661
甘　肃	3312	14661	12753
青　海	1689	7361	6597
宁　夏	618	3001	3145
新　疆	3558	23128	27992

10–1 牧区分地区城镇居民最低生活保障情况(2017年)

地　区	城镇居民最低生活保障人数（人）	城镇居民最低生活保障户数（户）	城镇居民最低生活保障支出（万元）	城镇居民最低生活保障年支出水平（元/人、年）
合　计	**906068**	**507260**	**444603**	**4907**
河　北	26266	15817	12979	4941
山　西	2463	1326	838	3402
内蒙古	188930	117418	108465	5741
辽　宁	31853	17791	13584	4264
吉　林	61353	40221	25906	4222
黑龙江	102684	70522	55884	5442
四　川	119419	64056	43555	3647
云　南	7630	4661	2645	3467
西　藏	16127	8365	11496	7128
甘　肃	78672	32979	36315	4616
青　海	74676	38001	41520	5560
宁　夏	25872	12857	14693	5679
新　疆	170123	83246	76724	4510

10–2 牧区分地区农村居民最低生活保障情况（2017年）

地区	农村居民最低生活保障人数（人）	农村居民最低生活保障户数（户）	农村居民最低生活保障支出（万元）	农村居民最低生活保障年支出水平（元/人、年）
合　计	**3487344**	**1791450**	**809185**	**2320**
河　北	182132	154194	44659	2452
山　西	6989	6612	2689	3848
内蒙古	643917	445870	191299	2971
辽　宁	61481	31875	14494	2358
吉　林	146859	112528	30769	2095
黑龙江	273909	201585	59970	2189
四　川	728358	286377	152636	2096
云　南	13842	7935	3083	2227
西　藏	143223	49502	26217	1831
甘　肃	551853	163929	96031	1740
青　海	259416	81496	62704	2417
宁　夏	98219	80665	34649	3528
新　疆	377146	168882	89983	2386

11-1 各牧区半牧区县主要经济社会指标(2017年)(一)

地　区	年末总人口（万人）	地区生产总值（亿元）	人均地区生产总值（元）	规模以上工业企业资产总计（亿元）	农林牧渔业总产值（亿元）
河北省	**193.78**	**494.25**	**29976**	**1030.62**	**270.52**
张北县	35.98	106.16	35528	280.01	43.16
康保县	26.96	53.95	26932	110.66	42.66
沽源县	22.37	54.62	31882	110.28	39.48
尚义县	18.62	39.55	21252	150.63	23.92
丰宁满族自治县	36.46	114.87	31513	176.53	47.96
围场满族蒙古族自治县	53.40	125.09	29247	202.51	73.34
山西省	**11.59**	**67.19**	**57984**	**126.86**	**11.95**
右玉县	11.59	67.19	57984	126.86	11.95
内蒙古自治区	**1216.01**	**8005.91**	**68026**	**14026.34**	**1580.04**
达尔罕茂明安联合旗	11.16	212.83	219187	332.18	26.05
阿鲁科尔沁旗	29.28	76.40	28785	38.22	31.00
巴林左旗	34.16	86.63	27269	111.20	36.88
巴林右旗	18.19	52.27	30250	89.89	20.20
林西县	23.33	69.20	34878	64.19	23.03
克什克腾旗	24.76	91.14	45659	491.37	30.04
翁牛特旗	47.88	111.64	26695	73.57	68.85
敖汉旗	60.38	117.02	22045	59.20	68.90
科尔沁左翼中旗	52.18	169.46	34257	60.87	70.56
科尔沁左翼后旗	40.55	171.17	50319	99.68	55.84
开鲁县	39.08	119.91	30465	115.76	71.25
库伦旗	17.84	40.86	24993	15.13	33.74
扎鲁特旗	30.51	119.76	44054	134.57	37.07
奈曼旗	44.50	157.85	36289	70.72	45.33
东胜区	26.56	691.81	135529	1589.51	2.49
达拉特旗	37.03	333.84	99892	521.95	60.38
准格尔旗	37.48	922.40	307643	2470.40	17.56
鄂托克旗	9.82	425.49	262330	1229.30	14.49
鄂托克前旗	8.03	127.90	179000	168.73	21.38
杭锦旗	14.41	94.80	83304	274.34	20.10
乌审旗	11.48	417.44	310300	548.41	24.44
伊金霍洛旗	17.60	564.39	271000	1403.95	13.47
阿荣旗	32.06	104.77	32683	24.95	75.58
莫力达瓦达斡尔族自治旗	32.03	80.87	25284	6.56	73.42
鄂温克族自治旗	13.87	100.55	72316	266.46	13.88

粮食总产量（万吨）	肉类总产量（万吨）	全社会固定资产投资（亿元）	社会消费品零售总额（亿元）	农村居民人均可支配收入（元）	地方一般公共预算收入（亿元）	地方一般公共预算支出（亿元）
96.23	**19.51**	**552.63**	**186.99**	**8451**	**25.61**	**165.86**
12.51	2.75	127.61	32.28	9586	6.86	28.06
16.32	2.93	52.08	21.44	8943	2.30	22.52
14.70	1.08	66.03	19.18	9221	2.93	23.72
5.16	1.71	21.59	13.22	8290	1.95	19.41
16.49	5.35	145.49	48.28	7164	6.15	35.37
31.06	5.69	139.83	52.60	7966	5.42	36.79
4.48	**1.38**	**2.84**	**16.87**	**7161**	**3.70**	**12.78**
4.48	1.38	2.84	16.87	7161	3.70	12.78
2214.10	**207.65**	**6962.10**	**2861.28**	**12386**	**469.71**	**1428.42**
8.05	2.15	227.35		13757	5.50	18.75
50.49	2.01	73.11	6.60	8709	2.73	31.67
44.41	1.86	115.13	95.09	9222	5.35	32.74
0.89	3.98	76.52		9498	3.00	25.11
24.55	1.79	86.03	45.26	9956	3.87	23.40
27.50	1.85	123.90	105.61	10246	5.36	26.50
100.24	3.52	132.20		9470	4.21	35.90
76.28	5.43	133.10	13.84	10221	4.45	38.57
178.96	9.90	111.89	48.18	10571	3.44	33.61
102.29	5.54	85.53	65.25	11116	3.51	32.37
107.45	10.23	112.80		14106	3.55	26.60
48.10	3.98	68.56	68.56	9974	1.15	16.24
52.44	9.82	161.34		13728	6.95	29.61
78.08	4.14	133.66	52.87	10277	3.24	33.84
1.37	0.26	424.99	341.29		41.65	51.97
57.98	5.04	267.30	208.80	16618	13.01	35.31
16.44	1.09	500.05		16756	67.38	72.08
9.10	2.36	367.05	61.21	16724	20.75	35.64
10.48	1.78	291.11	147.82	16929	8.01	25.65
36.86	1.84	194.00		16644	3.56	24.37
22.47	5.60	482.00		16709	33.86	29.61
8.42	0.57	468.37	368.92	16774	63.00	67.90
152.28	5.95	106.25	119.51	16469	2.50	30.96
163.93	3.10	30.29	18.69	9424	2.65	32.75
1.54	1.88	48.63		20581	6.47	20.80

11-1(一) 续表 1

地 区	年末总人口（万人）	地区生产总值（亿元）	人均地区生产总值（元）	规模以上工业企业资产总计（亿元）	农林牧渔业总产值（亿元）
陈巴尔虎旗	5.60	76.54	136241	528.16	15.84
新巴尔虎左旗	4.22	20.64	48992	4.61	11.23
新巴尔虎右旗	3.52	52.50	149310	96.20	6.87
扎兰屯市	40.90	147.54	35939	110.78	67.65
磴口县	11.45	46.07	39545	72.27	16.51
乌拉特前旗	33.47	115.41	38938	186.33	51.14
乌拉特中旗	14.30	83.46	55621	90.84	27.60
乌拉特后旗	5.85	58.51	99354	275.32	6.92
察哈尔右翼中旗	20.46	44.80	21800	139.60	13.00
察哈尔右翼后旗	21.95	49.33	22000	132.43	49.33
四子王旗	21.25	53.56	25186	146.40	15.32
科尔沁右翼前旗	33.15	71.03	23929	39.44	59.29
科尔沁右翼中旗	25.28	49.43	19450	62.86	31.79
扎赉特旗	38.97	74.52	19119	25.85	61.82
突泉县	30.04	60.25	28574	51.67	2.36
锡林浩特市	18.99	228.14	86384	541.10	30.61
阿巴嘎旗	4.42	64.30	144693	74.68	15.74
苏尼特左旗	3.45	49.78	152937	23.33	11.21
苏尼特右旗	6.74	48.20	69954	85.55	10.85
东乌珠穆沁旗	6.21	54.79	80452	93.00	28.06
西乌珠穆沁旗	8.03	118.54	147771	392.20	
太仆寺旗	21.05	50.62	45254	29.63	22.94
镶黄旗	3.15	54.08	172054	37.00	6.98
正镶白旗	7.16	35.84	65176	39.45	2.46
正蓝旗	8.41	67.52	81545	145.54	
阿拉善左旗	14.47	205.27	135002	241.94	16.87
阿拉善右旗	2.52	17.14	64020	60.34	4.54
额济纳旗	1.85	43.91	157100	23.55	3.44
科尔沁区	85.00	500.00	58823	15.13	33.74
辽宁省	**301.08**	**669.39**	**23989**	**548.03**	**507.49**
康平县	34.35	133.00	42087	134.50	67.38
阜新蒙古族自治县	71.00	128.09	20000	114.05	126.05
彰武县	40.03	90.17	22525	95.69	111.90
建平县	57.93	110.36	22788	58.95	61.25
喀喇沁左翼蒙古族自治县	41.98	91.75	26987	55.74	60.49
北票市	55.80	116.02	19038	89.10	80.43
吉林省	**327.26**	**1635.18**	**50128**	**1118.71**	**572.97**
双辽市	37.07	158.04	45612	116.49	73.34
前郭尔罗斯蒙古族自治县	57.31	349.01	60899	137.97	140.12

粮食 总产量 (万吨)	肉类 总产量 (万吨)	全社会 固定资产投资 (亿元)	社会消费品 零售总额 (亿元)	农村居民人均 可支配收入 (元)	地方一般公共 预算收入 (亿元)	地方一般公共 预算支出 (亿元)
12.06	1.84	31.40	47.43	19989	4.91	15.29
1.24	2.24	16.11	6.11	19649	1.93	14.34
0.23	2.31	31.02	7.10	19704	6.49	16.20
107.24	5.86	106.22	72.22	15418	5.03	38.10
34.21	1.59	42.45		16113	2.66	14.30
87.15	2.90	102.31	71.38	15636	7.42	28.87
39.43	2.15	104.73		15254	7.88	31.60
8.94	0.79	72.89	59.75	11790	8.48	16.47
11.40	2.39	18.75	16.87	8134	1.26	19.72
10.28	1.80	37.36		16981	1.60	20.22
13.37	3.40	32.10	39.97	9937	0.96	26.91
110.45	7.64			9230	2.73	34.97
75.48	6.13	64.79	38.51	8592	1.55	30.44
125.68	8.03	69.98	50.04	9157	3.68	40.88
106.21	2.37	73.06	24.49	8867	2.03	26.53
5.31	2.53	139.34	67.43	24069	19.63	26.94
	3.62	29.03	26.83	23589	1.40	10.46
	1.65	50.09	25.00	29543	1.68	11.59
0.03	2.46	21.38	18.45	10615	2.54	14.38
	3.53	40.24		27708	5.76	15.48
	4.90	40.06	8.40	23662	18.40	18.68
17.28	1.41	31.27	18.41	9072	1.19	15.54
	0.77	19.30	18.76	13212	1.58	8.65
0.50	1.17	28.65	24.76	9683	1.13	11.60
2.95	33.01	34.22	0.00	15997	12.44	12.42
14.99	1.11	330.25	226.75	17327	8.99	43.38
0.88	0.33	47.51	7.11	20026	0.84	4.15
0.08	0.09	82.42		21044	1.68	12.14
48.10	3.98	444.00	218.00	16642	14.70	16.24
403.11	**108.94**	**207.43**	**85.72**	**11907**	**41.20**	**195.01**
54.85	12.09	34.90	8.92	14069	14.00	24.17
85.37	33.96	42.72	12.88	13791	6.12	42.12
92.98	16.93	20.03	36.01	11479	4.47	28.40
90.21	12.95	30.98	10.48	11882	7.15	34.82
26.60	9.55	39.39	12.36	12270	3.98	27.58
53.10	23.47	39.40	5.08	7513	5.49	37.92
971.36	**39.16**	**865.59**	**743.39**	**10550**	**49.33**	**330.43**
111.90	9.83	104.04	104.04	12268	4.31	43.26
242.15	6.28	283.08	308.66	12079	10.75	51.47

11-1(一) 续表 2

地 区	年末总人口（万人）	地区生产总值（亿元）	人均地区生产总值（元）	规模以上工业企业资产总计（亿元）	农林牧渔业总产值（亿元）
长岭县	63.19	320.02	50461	154.26	132.28
乾安县	27.53	205.04	74507	180.85	46.05
镇赉县	26.70	134.70	50455	83.14	54.86
通榆县	35.77	123.65	34569	72.29	37.37
洮南市	41.21	137.54	33371	235.93	51.53
大安市	38.48	141.27	35652	137.77	37.41
黑龙江省	**597.74**	**1854.50**	**31662**	**1020.50**	**1068.54**
龙江县	58.39	90.97	15578	73.66	87.56
泰来县	30.52	52.53	17025	20.52	51.39
甘南县	37.78	78.58	20196	58.76	50.12
富裕县	28.20	74.34	25025	39.01	55.87
虎林市	27.79	134.68	48191	129.74	46.99
肇州县	43.14	130.55	29982	177.88	94.94
肇源县	44.57	106.72	34324	53.32	85.42
林甸县	25.90	45.99	28900	26.60	49.71
杜尔伯特蒙古族自治县	25.14	106.51	44503	80.81	73.75
同江市	17.63	123.00	58339	35.72	36.57
兰西县	48.68	71.73	14784	14.44	61.29
青冈县	44.66	67.00	13935	49.81	75.62
明水县	33.42	65.47	19588	18.24	50.92
安达市	45.59	310.64	64742	126.53	79.40
肇东市	86.33	395.79	45848	115.45	168.99
四川省	**724.32**	**2024.76**	**28927**	**3263.85**	**640.10**
汶川县	9.59	57.57	56829	134.45	5.86
理县	4.45	24.56	50533	103.28	3.13
茂县	11.10	33.94	30604	71.03	8.60
松潘县	7.51	19.71	26206	22.25	5.97
九寨沟县	6.76	24.68	30351	64.71	3.42
金川县	7.08	12.91	17258	0.17	4.85
小金县	7.91	15.46	18810	43.73	4.97
黑水县	5.99	22.39	36950	135.89	4.24
马尔康市	5.57	25.83	43115	7.60	3.89
壤塘县	4.50	8.24	19704		3.98
阿坝县	8.21	10.95	13332	0.79	5.64
若尔盖县	7.99	17.47	22452	9.85	11.57
红原县	4.89	12.72	26056	9.89	6.19

粮食总产量（万吨）	肉类总产量（万吨）	全社会固定资产投资（亿元）	社会消费品零售总额（亿元）	农村居民人均可支配收入（元）	地方一般公共预算收入（亿元）	地方一般公共预算支出（亿元）
185.98	7.45			11077	8.24	53.31
91.10	2.61					
103.97	3.20	114.27	121.22	8873	5.81	41.30
62.32	0.87	136.29	92.47	8943	6.39	50.83
92.66	7.86	85.36		9883	6.14	46.27
81.29	1.06	142.55	116.99	8927	7.70	43.98
1625.00	**91.50**	**1006.35**	**682.25**	**11517**	**63.15**	**423.00**
208.32	6.36	120.98	109.63	14176	4.08	44.92
87.15	2.12	96.76	8.36	7239	3.89	29.65
115.98	9.46	22.71	23.08	7119	2.82	33.38
15.88	2.69	78.87	21.16	9346	3.89	29.65
88.13	0.64	44.28	46.33	17779	4.99	24.22
104.20	14.53	29.02	29.02	13092	4.10	8.51
115.93	7.87	46.58	5.10	12136	3.01	11.89
123.35	5.48	34.04	7.10	7616	4.10	8.51
85.05	4.70	50.57	20.59	13185	3.40	27.18
61.23	0.81	55.56	21.39	7338	2.30	23.67
111.14	5.45	48.32	23.78	8237	3.19	36.23
122.63	5.28	33.79	38.27	9882	2.78	31.03
88.30	3.87	19.70	19.69	9065	2.42	30.98
107.70	5.40	139.91	110.63	14983	7.74	38.20
190.02	16.85	185.25	198.10	15028	10.44	44.97
200.00	**52.81**	**1823.05**	**661.94**	**12659**	**146.34**	**860.11**
1.15	0.53	25.28	7.16	12243	3.16	15.39
0.88	0.28	45.94	4.27	11707	1.19	9.87
3.28	0.74	15.80	1.05	11892	1.69	18.34
1.91	0.62	28.40	21.48	11746	1.16	16.43
1.06	0.42	32.06	13.57	11725	1.39	18.15
1.84	0.64	29.79	9.26	11689	0.67	12.83
2.27	0.61	16.10	6.09	11657	0.71	12.79
1.57	0.57	8.18	4.22	11567	1.48	10.96
0.96	0.79	31.44	2.39	12291	2.01	12.96
0.31	0.59	14.71	5.10	10482	0.22	13.44
0.64	0.81	14.63	5.33	11672	0.41	16.55
0.27	1.72	20.20	5.04	11693	0.61	17.13
	0.81	17.09	15.29	12196	0.47	12.87

11-1(一) 续表 3

地　　区	年末总人口（万人）	地区生产总值（亿元）	人均地区生产总值（元）	规模以上工业企业资产总计（亿元）	农林牧渔业总产值（亿元）
康定市	8.71	18.54	20907	87.04	5.69
泸定县	5.86	15.31	21897	70.05	4.83
丹巴县	6.61	23.93	36209	169.33	4.48
九龙县	4.98	12.08	21567	19.18	3.60
雅江县	5.76	8.92	14795		3.89
道孚县	4.76	6.75	13776	5.05	3.41
炉霍县	6.88	9.89	13542	4.76	6.12
甘孜县	4.99	9.41	18337		4.99
新龙县	8.77	8.54	9858		5.03
德格县	5.69	12.45	20480	11.48	4.74
白玉县	9.57	9.13	9023		5.75
石渠县	5.54	7.58	12312		4.82
色达县	6.86	11.64	15859		5.45
理塘县	5.32	12.26	23309	9.82	4.31
巴塘县	11.07	69.77	51456	591.24	7.00
乡城县	2.97	9.84	27784	76.93	3.14
稻城县	3.19	7.32	21716		2.79
得荣县	2.59	8.14	28872	36.48	2.80
西昌市	66.80	481.44	62033	507.59	77.02
木里藏族自治县	13.91	30.07	21931	268.18	11.01
盐源县	38.53	81.30	21967	89.93	36.31
德昌县	21.54	71.21	32165	76.51	30.77
会理县	46.24	224.04	50562	2.28	76.81
会东县	42.70	134.83	35708	86.67	72.68
宁南县	19.73	58.50	30531	28.55	29.12
普格县	21.14	24.65	13342	27.44	13.80
布拖县	19.76	24.07	13232	23.46	12.85
金阳县	21.44	30.33	17474	10.29	13.84
昭觉县	33.23	27.71	10668	30.58	17.21
喜德县	22.58	22.78	13136	4.78	12.06
冕宁县	40.40	116.57	32508	107.65	21.43
越西县	36.50	36.61	12469	8.91	12.46
甘洛县	23.48	29.76	13342	10.26	11.67
美姑县	27.07	24.60	9285		16.79
雷波县	27.60	62.43	25993	70.16	19.12

粮食总产量（万吨）	肉类总产量（万吨）	全社会固定资产投资（亿元）	社会消费品零售总额（亿元）	农村居民人均可支配收入（元）	地方一般公共预算收入（亿元）	地方一般公共预算支出（亿元）
1.26	0.51	46.76	10.79	11096	1.60	14.33
1.05	0.40	9.40	5.00	11832	1.00	13.27
1.96	0.32	13.22	2.83	12587	2.03	10.58
1.07	0.23	55.85	3.27	10275	1.98	12.92
1.62	0.30	16.25	2.34	9902	0.70	13.91
1.29	0.34	10.28	3.09	9618	0.52	12.67
3.84	0.48	10.05	6.25	10215	0.66	17.19
1.23	0.37	9.10	1.57	9811	0.50	13.67
1.49	0.51	14.62	2.28	9737	0.55	17.39
1.16	0.43	20.08	2.70	10273	1.21	15.65
0.79	0.51	15.60	3.70	9559	0.47	24.17
0.25	0.67	21.10	2.20	9604	0.69	18.27
1.40	0.50	23.98	5.81	9717	0.91	18.66
1.56	0.27	36.01	4.72	10216	0.83	12.19
2.16	0.48	56.55	18.78	12052	3.30	19.56
1.08	0.23	16.07	2.45	10176	0.52	9.88
1.16	0.18	23.86	2.45	10729	1.17	11.54
1.21	0.20	12.87	1.35	10042	0.44	9.91
0.30	5.64	360.88	118.67	16323	41.06	66.51
5.25	1.08	66.47	2.09	8908	5.91	22.70
17.81	3.30	61.23	26.94	10856	7.57	29.93
9.60		52.13	56.62	15828	5.02	17.22
28.32	7.59	105.10	86.28	15762	12.34	23.42
0.00	0.00	90.33	36.41	25961	9.46	24.82
8.30	2.19	81.39	66.59	14289	4.01	15.30
7.92		25.17	6.81	9136	1.96	17.34
7.89	1.14	27.29	4.65	7849	1.03	17.02
6.35	1.32	24.51	17.44	7813	2.07	18.61
10.69	2.22	35.18	22.55	8197	1.28	23.01
7.98	1.35	17.05	15.62	7816	1.88	18.70
18.49	3.13	55.70		13393	7.20	23.27
12.26	2.40	26.86		24059	1.49	21.59
8.34	1.44	22.15	1.23	7714	2.01	20.37
8.77	2.26	25.28		7652	0.83	19.66
	1.70	35.08	18.20	8758	7.00	27.15

11-1(一) 续表 4

地　区	年末总人口（万人）	地区生产总值（亿元）	人均地区生产总值（元）	规模以上工业企业资产总计（亿元）	农林牧渔业总产值（亿元）
云南省	**36.69**	**198.65**	**48334**	**269.00**	**21.26**
香格里拉市	14.97	120.64	67508	239.45	8.01
德钦县	6.08	31.11	45713	11.21	2.91
维西傈僳族自治县	15.65	46.91	28559	18.34	10.34
西藏自治区	**159.98**	**369.57**	**23101**	**23.75**	**85.99**
林周县	6.43	18.01	28010	3.54	3.68
当雄县	5.38	17.97	31252	10.30	4.18
卡若区	15.34	56.34	34256		3.38
江达县	9.36	17.59	16854		8.18
贡觉县	4.60	7.26	15726		1.80
类乌齐县	5.56	6.48	15693		3.54
丁青县	9.30	17.50	16858		6.72
察雅县	6.41	11.42	17988		3.44
八宿县	5.55	7.68	16152	0.12	0.76
曲松县	1.67	5.75	34589	6.29	0.64
措美县	1.50	5.65	37584		0.42
错那县	1.54	5.76	36979		0.40
浪卡子县	3.84	7.35	19228		0.91
昂仁县	5.87	8.75	14902		2.77
谢通门县	5.14	11.80	23135	3.50	2.71
康马县	2.35	5.13	21743		1.43
仲巴县	2.61	6.84	26509		2.30
亚东县	1.39	7.04	40460		1.02
萨嘎县	1.60	4.05	25252		1.08
岗巴县	1.19	4.08	30734		0.47
色尼区	8.58	30.75	17983		3.58
嘉黎县	3.89	6.27	14808		2.42
比如县	7.43	9.18	12194		4.98
聂荣县	3.71	7.93	17242		1.32
安多县	4.25	8.49	19991		1.37
申扎县	2.15	5.15	23900		1.44
索县	5.24	7.47	13085		2.31
班戈县	4.32	6.89	15800		4.15
巴青县	5.59	8.35	14902		2.36
尼玛县	3.37	6.97	20718		1.77

粮食总产量（万吨）	肉类总产量（万吨）	全社会固定资产投资（亿元）	社会消费品零售总额（亿元）	农村居民人均可支配收入（元）	地方一般公共预算收入（亿元）	地方一般公共预算支出（亿元）
18.33	**3.32**	**364.48**	**8.89**	**7783**	**10.17**	**139.93**
7.72	1.73	188.96		7912	8.24	85.60
2.75	0.34	72.46		7791	0.92	25.64
7.86	1.25	103.07	8.89	7674	1.02	28.69
26.94	**21.34**	**550.40**	**42.84**	**10127**	**19.63**	**183.62**
6.81	0.42	20.06		11455	1.04	11.42
	1.11	36.55	1.76	14333	2.99	10.46
2.07	1.48		8.79	10335	2.01	16.12
1.38	1.03	22.62		10191	1.16	13.50
1.36	0.34	9.28		8694	0.50	9.94
0.91	0.82	10.51		9365	0.61	0.61
2.66	0.81	15.92		10921	0.63	8.53
1.38	0.76	23.07		8846	0.47	11.51
1.09	0.41	17.95		8886	0.10	9.71
0.76	0.20	9.37	4.78	11024	0.60	5.08
0.31	0.20	17.90	1.79	10106	0.23	5.32
0.16	0.75	13.77	0.90	9760	0.41	3.89
0.62	0.20	15.15	1.36	10037	0.37	11.08
2.16	0.42	11.98	5.24	7468		
1.72	0.26	27.15		9852	0.10	0.10
1.20	0.18	11.66		10859	0.12	11.52
	0.32	9.46		10569	0.47	12.19
0.14	0.09	0.31	0.23	12000	0.31	2.30
0.15	0.17	0.80		8227	0.21	8.62
0.31	0.07	2.24	1.04	10728	0.15	6.88
	1.60	16.35	4.44	10141	0.57	15.32
0.05	0.83	11.84		10418	0.78	8.95
0.39	1.20	27.23		11698	0.58	11.41
	1.32			9412	0.18	8.27
	1.58	9.47		9249	0.37	9.76
	0.68	7.38		9228	0.23	0.17
0.52	0.60	12.51		8395	0.27	9.98
	0.64	1.24		8206	0.21	8.47
0.02	0.71	8.59	2.41	9439	0.24	8.88
0.01	0.81	0.00	0.00	13269	0.17	9.93

11-1(一)　续表 5

地　区	年末总人口（万人）	地区生产总值（亿元）	人均地区生产总值（元）	规模以上工业企业资产总计（亿元）	农林牧渔业总产值（亿元）
普兰县	0.98	2.96	30103		0.71
札达县	0.82	3.21	30565		0.48
噶尔县	1.97	3.20	28072		1.85
日土县	1.25	3.44	27744		1.00
革吉县	1.82	4.00	10410		0.29
改则县	2.58	5.93	23158		2.30
措勤县	1.79	3.16	16895		1.13
工布江达县	3.59	13.76	34257		2.68
甘肃省	**370.67**	**797.57**	**21517**	**1384.56**	**282.94**
永登县	43.91	66.33	31003	134.60	19.29
永昌县	23.53	68.08	28832	177.46	28.20
靖远县	50.16	70.68	15356	51.81	39.94
民勤县	26.93	75.19	31128	162.66	50.95
天祝藏族自治县	20.65	41.25	23253	40.15	13.81
肃南裕固族自治县	3.88	21.01	60641	76.65	8.27
山丹县	20.10	50.55	29974	51.15	17.84
瓜州县	14.96	72.41	48401	262.83	23.93
肃北蒙古族自治县	1.21	13.75	89900	100.50	1.08
阿克塞哈萨克族自治县	0.92	8.63	81800	20.43	1.16
环县	36.06	77.79	25005	135.70	15.80
华池县	13.81	65.87	49811	2.48	7.72
漳县	21.17	23.66	11981	9.81	9.48
岷县	49.33	36.77	8020	54.05	16.81
合作市	9.50	39.08	41138	23.59	2.17
卓尼县	10.59	15.05	14195	26.98	5.86
迭部县	5.44	11.79	21839	35.73	3.71
玛曲县	5.79	15.27	26379	8.66	6.99
碌曲县	3.74	8.81	23384	4.93	3.90
夏河县	8.98	15.58	17347	4.40	6.03
青海省	**204.37**	**869.36**	**42538**	**505.20**	**187.18**
门源回族自治县	16.23	32.40	20017		12.20
祁连县	5.24	15.64	29955	19.34	6.89
海晏县	3.60	18.01	49839	25.79	2.81
刚察县	4.60	16.87	36600	6.36	6.50
同仁县	9.88	26.86	26052	11.00	7.18

粮食 总产量 （万吨）	肉类 总产量 （万吨）	全社会 固定资产投资 （亿元）	社会消费品 零售总额 （亿元）	农村居民人均 可支配收入 （元）	地方一般公共 预算收入 （亿元）	地方一般公共 预算支出 （亿元）
0.29	0.05	4.32	0.00	11592	0.27	5.81
0.08	0.06	6.25	6.25	9271	0.20	5.06
0.05	0.18	5.10		10399	0.70	5.89
0.11	0.13	6.12	1.92	10411	0.27	5.46
0.01	0.16	5.36		10410	0.22	5.54
	0.34	138.30	0.00	9769	0.31	6.97
	0.19	4.85	1.94	9437	0.23	6.08
0.23	0.25	9.75		14367	1.33	7.73
175.86	**24.52**	**721.97**	**282.54**	**8876**	**42.72**	**408.04**
17.20	1.06	50.44	27.31	9716	4.99	15.27
32.91	1.13	24.56	14.96	12376	3.08	25.02
19.66	2.08	56.89	24.11	8782	3.16	31.14
15.94	2.36	60.06	25.93	12177	3.54	31.91
4.84	1.47	40.40	26.70	6932	2.68	37.68
3.56	1.16	6.28	5.50	15672	2.37	17.32
19.82	1.02	34.32	18.57	12244	2.54	21.08
2.80	0.74	102.99	22.09	15433	3.29	16.03
0.68	0.24	30.81	19.24	23297	1.55	8.06
0.13	0.24	21.27	2.66	24870	0.71	5.29
31.10	1.66	56.85	22.44	7708	3.10	32.50
10.23	0.61	22.69	12.16	7818	2.32	18.40
6.23	0.78	27.06	5.28	6491	1.42	14.89
6.68	1.21	30.47	9.91	6457	1.92	27.99
1.07	0.52	35.79	1.42	7203	1.59	18.79
0.64	1.17	35.32	4.27	6831	0.67	20.59
1.09	0.41	25.18	25.18	6640	1.52	13.55
	2.46	18.06	10.73	8410	1.12	17.74
0.31	1.00	16.26	3.12	8273	0.21	14.67
0.97	3.22	26.27	0.97	7035	0.94	20.14
33.70	**20.19**	**951.72**	**175.49**	**9009**	**57.40**	**316.43**
5.47	1.66	47.96	24.82	10525	1.10	26.35
0.47	1.77	22.56	13.73	13460	0.87	20.65
0.41	0.94	18.54	3.27	12775	0.89	11.96
0.19	1.37	20.14		14037	1.47	1.43
0.17	0.69	25.26	2.88	7844	1.02	18.13

11-1(一) 续表 6

地　区	年末总人口（万人）	地区生产总值（亿元）	人均地区生产总值（元）	规模以上工业企业资产总计（亿元）	农林牧渔业总产值（亿元）
尖扎县	5.66	21.94	3875	0.00	2.63
泽库县	7.73	15.76	21323		8.12
河南蒙古族自治县	4.01	14.90	35474		8.10
共和县	13.57	67.96	50082	169.22	12.43
同德县	6.32	12.75	44348		9.78
贵德县	11.03	27.06	20531	10.79	5.98
兴海县	8.16	21.86	26790	199.09	10.70
贵南县	8.12	16.19	20232		11.24
玛沁县	5.64	14.52	25721	8.66	2.34
班玛县	2.97	3.76	12664		1.18
甘德县	3.84	3.15	12001	0.67	1.19
达日县	3.66	3.41	9303		1.09
久治县	2.82	10.00	10032	1.63	1.53
玛多县	1.57	2.96	9956		0.70
玉树市	11.25	11.67	19433		5.14
杂多县	6.70	12.00	19096		8.21
称多县	6.75	6.65	9345		2.67
治多县	4.34	6.43	9708		3.79
囊谦县	10.02	9.14	9866		6.35
曲麻莱县	4.59	6.78	9853		4.11
格尔木市	13.76	327.24	14017	0.14	7.60
德令哈市	7.36	62.17	14316		9.19
乌兰县	3.54	16.53	41331	51.73	5.57
都兰县	9.13	33.61	57862		18.16
天峻县	2.26	11.59	40531	0.78	3.81
宁夏回族自治区	**96.28**	**201.22**	**22685**	**584.48**	**58.66**
盐池县	17.26	85.53	54627	272.57	14.44
同心县	33.20	63.32	19187	219.71	24.91
海原县	45.82	52.37	13079	92.20	23.85
新疆维吾尔自治区	**496.64**	**2011.99**	**40512**	**3047.77**	**757.18**
乌鲁木齐县	6.06	23.12	38130	8.78	12.98
伊州区	43.35	359.17	73077	1109.98	26.58
巴里坤哈萨克自治县	10.64	57.68	54100	192.26	16.09
伊吾县	2.12	51.00	240384	119.49	7.73
奇台县	23.96	146.02	60748	153.78	63.17

粮食总产量（万吨）	肉类总产量（万吨）	全社会固定资产投资（亿元）	社会消费品零售总额（亿元）	农村居民人均可支配收入（元）	地方一般公共预算收入（亿元）	地方一般公共预算支出（亿元）
1.53	0.27	16.27	1.17	4567	1.75	1.90
	1.51	19.19		6621	0.26	16.13
		19.60	11.49	9837	0.39	12.93
4.16	2.11	69.16		11086	2.13	23.07
2.46	0.99	11.73		10006	0.48	11.18
3.56	0.77	43.55	5.68	9675	1.07	8.45
1.77	1.59	25.59	26.06	11379	1.37	13.70
4.72	1.08	11.41	4.49	9902	1.10	1.10
0.00		20.91	6.39	10086	0.56	13.21
0.10	0.40	9.22	5.44	6204	0.21	9.09
	0.56	8.73		5523	0.22	10.50
		9.47	5.45	5131	0.03	3.12
	0.51	9.32		6105	0.29	9.08
		8.77		14183	7.10	6.98
0.41		11.83		7533	0.20	1.30
		10.78		7163	0.10	13.07
0.38	0.46	9.82	1.32	6770	0.27	1.47
		0.00	9.18	7608	1.36	1.36
1.08	0.93	13.17	10.54	5651	0.15	10.34
	0.72	11.23	11.32	7454	0.14	5.37
0.23	0.57	234.65	32.27	16851	19.81	35.62
		138.48		12314	5.65	5.46
0.81	0.52	40.89		19295	1.36	12.10
5.78		41.48		10110	1.90	1.94
	0.78	22.01		11897	4.18	9.48
64.95	**9.91**	**351.93**	**165.81**	**8200**	**11.74**	**141.39**
10.93	2.25	187.50	69.53	9549	7.19	36.62
32.22	2.47	86.03	59.81	8216	2.35	52.85
21.80	5.18	78.40	36.47	7658	2.21	51.92
740.57	**73.21**	**2434.20**	**480.40**	**13455**	**186.28**	**853.81**
0.69	1.55	56.00	1.11	17839	6.00	12.14
2.30	1.34	462.77		16387	38.04	59.02
9.25	2.06	48.26	27.00	12744	3.78	20.29
0.69	1.08	69.96		17097	4.13	12.20
78.22	14.16	249.49		16875	8.52	27.91

11-1(一) 续表 7

地　区	年末总人口（万人）	地区生产总值（亿元）	人均地区生产总值（元）	规模以上工业企业资产总计（亿元）	农林牧渔业总产值（亿元）
木垒哈萨克自治县	8.82	27.81	31521	27.01	19.04
博乐市	25.65	119.14	61535	79.58	32.85
精河县	14.34	77.14	48517	6.05	38.26
温泉县	7.36	24.11	32611	0.42	11.67
尉犁县	10.73	59.41		22.83	36.90
且末县	7.09	24.58	34770	8.93	15.75
和静县	18.56	76.61		195.50	27.60
和硕县	6.70	38.64	53000	15.03	27.91
温宿县	23.70	59.80	25209	74.31	47.06
沙雅县	26.50	54.74	20656	39.53	35.33
阿克陶县	23.18	31.20	13701	62.04	14.66
阿合奇县	4.60	9.03	19732		2.29
乌恰县	6.10	25.20	14231	41.99	2.24
塔什库尔干塔吉克自治县	4.05	13.05	30431	8.88	3.10
民丰县	3.86	10.34	26799		4.56
巩留县	19.83	45.62	23005	103.52	24.81
新源县	31.95	91.86	28748	112.42	39.70
昭苏县	18.26	46.09	25241	13.67	22.00
特克斯县	17.01	28.06	16496	25.17	2.04
尼勒克县	18.32	53.38	27919	84.69	30.58
塔城市	15.17	80.40	52998	6.97	39.56
额敏县	15.83	65.59	41446	16.80	39.11
托里县	9.38	14.55	28082	1.00	8.73
裕民县	5.35	27.73	52301	89.65	10.33
和布克赛尔蒙古自治县	5.33	28.49	57464	60.40	15.54
阿勒泰市	19.92	72.75	36845	18.39	16.02
布尔津县	7.27	21.90	30672	62.20	7.51
富蕴县	9.78	42.48	43418	149.41	12.46
福海县	6.67	41.36	50544	19.42	19.66
哈巴河县	8.78	39.56	44148	69.35	12.09
青河县	6.56	16.40	23194	26.13	8.18
吉木乃县	3.87	12.81	32260	22.20	3.08

粮食总产量（万吨）	肉类总产量（万吨）	全社会固定资产投资（亿元）	社会消费品零售总额（亿元）	农村居民人均可支配收入（元）	地方一般公共预算收入（亿元）	地方一般公共预算支出（亿元）
51.50	3.00	131.79	26.62	14394	4.44	17.96
30.35	1.14	199.57	73.83	15733	10.74	31.12
0.68	0.62	79.59	2.36	27732	4.13	24.54
33.54	0.78	22.14	2.98	9625	1.39	14.96
0.26	0.77	33.83	1.91	15591	2.64	17.34
5.20	0.69	32.66	2.12	17524	2.64	14.53
10.99	2.61	49.53	4.36	15775	4.57	23.15
13.74	0.74	17.87	8.56	14555	2.17	13.67
27.51	3.32	77.78	8.20	16638	4.45	33.88
15.80	1.93	75.46	4.37	14569	10.01	37.65
22.46	1.48	77.40	4.24	5972	3.39	40.19
0.51	0.32	10.98		6817	0.91	15.81
0.44	0.43	46.03	34.86	7315	3.47	25.22
1.90	0.56	35.12	1.98	6943	1.60	37.38
1.64	0.60	18.46	5.23	11069	1.05	13.30
44.70	3.68	34.25	22.93	12088	2.17	19.96
55.71	4.09	50.84	0.69	13583	6.85	28.66
16.24	2.02	31.12		12276	1.58	26.19
14.33	2.24	23.92	1.03	12761	1.90	20.18
18.75	3.70	37.10	5.10	12169	2.93	22.37
98.03	2.74	66.24	50.34	14883	5.82	23.32
99.74	3.00	71.02	6.01	14273	4.23	23.66
23.78	0.90	11.33	4.08	12311	0.93	12.50
1.82	1.20	35.36		12686	7.92	15.15
22.18	1.46	26.25	17.14	9893	2.26	17.39
2.57	2.14	58.10	58.45	12950	6.84	31.47
4.59	1.08	36.62	26.71	13152	3.64	18.22
10.59	1.48	50.47	40.44	7268	8.57	26.03
8.61	1.56	27.20	4.14	13953	3.47	18.70
3.87	1.44	30.55	30.63	10915	5.67	19.44
4.89	0.67	22.40	1.13	11290	2.23	19.66
2.49	0.63	26.78	1.86	9806	1.20	18.72

11-1 各牧区半牧区县主要经济社会指标（2017年）（二）

地 区	普通中学在校学生（人）	普通中学专任教师（人）	普通小学在校学生（人）	普通小学专任教师（人）
河北省	**84514**	**5101**	**118619**	**7445**
张北县	22309	949	22227	1209
康保县	6067	616	6579	681
沽源县	6941	600	11363	898
尚义县	3003	429	6189	806
丰宁满族自治县	17400	1350	30625	1655
围场满族蒙古族自治县	28794	1157	41636	2196
山西省	**465**		**634**	
右玉县	465		634	
内蒙古自治区	**368787**	**37364**	**545882**	**43321**
达尔罕茂明安联合旗	1519	243	2995	333
巴林左旗	15633	1403	18653	1637
巴林右旗	8417	779	9548	826
林西县	9256	760	11084	866
克什克腾旗	5898	820	7867	945
翁牛特旗	16255	1316	20004	2460
敖汉旗	27352	2225	30707	2252
科尔沁左翼中旗	15608	1342	24346	1810
科尔沁左翼后旗	18959	1512	20061	1659
开鲁县	7681	658	9900	946
库伦旗	13537	1129	16401	1854
扎鲁特旗	12023	1080	25361	2484
奈曼旗	26737	2282	40437	2256
东胜区	13488	1188	23848	1407
达拉特旗	15145	1531	26198	1662
准格尔旗	4923	734	10238	744
鄂托克旗	944	513	4898	477
鄂托克前旗	4031	542	6625	542
杭锦旗	4147	523	9796	631
乌审旗	6021	756	13691	992
伊金霍洛旗	8066	1283	17240	1145
阿荣旗	10698	1460	15216	908
莫力达瓦达斡尔族自治旗	3117	785	4618	580
鄂温克族自治旗	967	233	2006	428

医疗卫生机构数（个）	医疗卫生机构床位数（张）	卫生技术人员（人）	城镇居民最低生活保障人数（人）	城镇居民最低生活保障支出（万元）	农村居民最低生活保障人数（人）	农村居民最低生活保障支出（万元）
1943	**8529**	**5037**	**26266**	**12979**	**182132**	**44659**
392	1607	1051	4613	2612	37115	10623
352	715	461	4573	1936	31004	6822
291	690	447	3190	1439	27830	6317
216	756	625	3977	2761	20978	4774
329	1905	1518	4570	2062	29882	7649
363	2856	935	5343	2170	35323	8473
294	**250**	**757**	**2463**	**838**	**6989**	**2689**
294	250	757	2463	838	6989	2689
10048	**30160**	**46873**	**188930**	**108465**	**643917**	**191299**
97	250	533	330	238	1508	548
354	1134	1387	1872	1176	23725	7331
201	450	1184	2889	2188	12136	3397
35	1155	1112	4861	2518	19037	5761
274	694	1474	4056	2287	26993	6758
382	795	1396	1736	1096	16271	5718
45	1581	2178	4049	2336	38697	12637
554	600	1088	9183	4625	36019	9037
627	485	1312	3126	1923	9429	2651
287	600	403	3966	2475	17044	4946
426	853	1396	2166	1305	5187	1219
824	908	1498	6915	4696	20770	6082
401	4551	4349	4804	2912	25491	7204
357	1083	1509	3430	1749	1338	550
278	1277	1851	795	545	7686	3164
143	466	896	1297	569	7181	2818
92	318	578	699	444	2048	829
102	402	519	300	502	478	595
89	364	530	266	176	1913	792
174	815	4	547	407	1893	936
301	867	1450	505	398	2957	1484
355	286	1321	9508	5244	25128	6421
122	643	1045	12597	6927	23573	7732
17		78	20831	11102	4298	1261

11-1(二) 续表 1

地 区	普通中学在校学生（人）	普通中学专任教师（人）	普通小学在校学生（人）	普通小学专任教师（人）
陈巴尔虎旗	819	159	1785	215
新巴尔虎左旗	394	394	1772	166
新巴尔虎右旗	12698	1161	17775	1113
扎兰屯市	2980	289	3706	389
磴口县	10007	751	12714	752
乌拉特前旗	1785	324	4121	418
乌拉特中旗	1377	230	2546	298
乌拉特后旗	3156	356	3172	589
察哈尔右翼中旗	1854	365	4764	680
察哈尔右翼后旗	4707	420	6045	496
四子王旗	9815	1907	16370	1565
科尔沁右翼前旗	12130	1231	21289	1629
科尔沁右翼中旗	6472	936	13100	1068
扎赉特旗				
突泉县	15012		19561	
锡林浩特市	289	188	1527	193
阿巴嘎旗	217	126	1594	177
苏尼特左旗	2427	375	3122	371
苏尼特右旗	2691	183	4413	227
东乌珠穆沁旗	4430	284	5226	307
西乌珠穆沁旗	5302	429	4714	394
太仆寺旗	1057	131	1291	139
镶黄旗	1285	221	1902	258
正镶白旗				
正蓝旗	8520	983	9511	843
阿拉善左旗	445	76	897	134
阿拉善右旗	815	90	1327	110
额济纳旗	7681	658	9900	946
辽宁省	**113255**	**11930**	**165667**	**11357**
康平县	7601	1055	15539	1458
阜新蒙古族自治县	29820	3331	62675	2178
彰武县	9471	1210	17683	1461
建平县	26034	2230	27622	2215
喀喇沁左翼蒙古族自治县	19763	1877	20644	1949
北票市	20566	2227	21504	2096
吉林省	**96305**	**11134**	**149828**	**15096**
双辽市	15481	1406	20407	2299
前郭尔罗斯蒙古族自治县	7345	1820	31130	3504

医疗卫生机构数（个）	医疗卫生机构床位数（张）	卫生技术人员（人）	城镇居民最低生活保障人数（人）	城镇居民最低生活保障支出（万元）	农村居民最低生活保障人数（人）	农村居民最低生活保障支出（万元）
19	80	326	2741	1427	642	325
25	160	371	1871	1038	1924	720
252	1554	2441	1679	1079	1103	543
103	548	1004	11350	6356	28774	8341
251	982	1724	4291	2799	7439	2606
134	227	379	2264	1314	18823	5090
77	312	492	1590	1260	7013	2249
208	150	177	4941	3023	3235	2466
20		317	3824	2000	26401	9697
153	470	653	2676	1753	20488	9198
429	592	1630	5695	3414	28784	10907
359	716	1416	3043	1935	28595	7769
328	500	1318	5764	3771	11546	4025
			5163	3178	34878	6255
48		225	6163	3267	42596	9344
60	160	309	3247	1983	845	499
77	95	210	922	438	704	256
87	302	369	716	347	875	361
40	220	532	2636	1539	5015	1160
21	360	329	2249	1407	1715	984
30		352	3997	1795	2935	957
64	250	272	4062	1672	21270	3577
95	120	318	1570	618	2536	722
			1180	559	8111	1269
243	935	1858	2611	1184	6094	1706
88	150	187	1600	1185	685	359
13	100	170	128	99	91	47
287	600	403	229	191		
3360	**8569**	**11610**	**31853**	**13584**	**61481**	**14494**
192	624		2109	1405	5911	1177
511	950	1964	2403	1098	16752	3244
325	959	1780	1578	851	7236	1236
772	1765	2802	2656	1670	11391	3571
697	1921	2564	3011	1365	9715	2391
863	2350	2500	20096	7195	10476	2876
2271	**7486**	**13100**	**61353**	**25906**	**146859**	**30769**
390	859	2106	4103	2093	12575	2569
478	1278	2582	6847	2920	17911	4573

11-1(二) 续表 2

地　区	普通中学在校学生（人）	普通中学专任教师（人）	普通小学在校学生（人）	普通小学专任教师（人）
长岭县	25676	1879	35261	2657
乾安县				
镇赉县	10128	1276	16260	1682
通榆县	15203	2348	15743	1241
洮南市	14992	1313	17994	1972
大安市	7480	1092	13033	1741
黑龙江省	**181329**	**26231**	**219985**	**18647**
龙江县	15032	1137	26325	1782
泰来县	4078	9484	12451	491
甘南县	12663	997	18349	885
富裕县	8903	780	11947	948
虎林市	8136	622	5543	509
肇州县	11609	1289	16707	1931
肇源县	18218	2213	18270	2354
林甸县	9020	812	12920	1328
杜尔伯特蒙古族自治县	8346	829	10151	848
同江市	1877	97	6530	263
兰西县	19000	1634	13937	989
青冈县	12624	1071	14118	1603
明水县	11422	1096	8834	905
安达市	13907	954	14402	1180
肇东市	26494	3216	29501	2631
四川省	**371098**	**23601**	**722483**	**32075**
汶川县	6460	615	5087	643
理县	1442	240	2034	419
茂县	4536	533	6880	659
松潘县	2425	288	4106	415
九寨沟县	2161	211	4593	620
金川县	2161	389	3455	517
小金县	3679	361	4131	555
黑水县	1404	144	4864	523
马尔康市	3567	381	3396	426
壤塘县	1454	124	5178	356
阿坝县	2912	160	8162	613
若尔盖县	5510	380	7769	544
红原县	3062	202	5080	404

医疗卫生机构数（个）	医疗卫生机构床位数（张）	卫生技术人员（人）	城镇居民最低生活保障人数（人）	城镇居民最低生活保障支出（万元）	农村居民最低生活保障人数（人）	农村居民最低生活保障支出（万元）
332	1636	2225	4587	2500	31888	6500
			4101	1694	5857	2156
147	623	1066	6284	2654	18658	2971
223	895	1401	8613	3397	19133	3601
398	1221	2070	13808	5411	11060	2239
303	974	1650	13010	5237	29777	6159
1707	**9798**	**15495**	**102684**	**55884**	**273909**	**59970**
356	1730	1700	4145	2211	19127	4601
			3491	1691	9718	1783
243		1293	6076	3078	13947	2702
18	1237		2504	1587	13481	1391
143	965	1334	6143	3147	1264	506
			2212	4898	11149	4001
251	370	736	3260	2557	5409	1329
98	640	983	4968	2846	3425	2144
87	614	884	4973	2182	11002	2166
	310	360	4635	2374	2544	1600
253	460	2980	12193	4813	51115	8141
25			15636	6731	35529	7141
23	1630	1304	9401	3868	30428	5765
176	1254	2279	9136	7401	24789	7376
34	588	1642	13911	6502	40982	9325
5837	**20194**	**25301**	**119419**	**43555**	**728358**	**152636**
145	397	636	1725	506	2142	564
101	110	330	908	328	915	393
192	500	789	13495	4477	1895	358
169	177	473	7722	2604	3019	883
	280	551	6699	2342	8612	1379
29	400	471	852	288	4666	985
162	160	309	1112	536	3001	1025
	121	435	1491	429	6991	1346
	594	1057	2789	925	5513	1134
79		194	1420	408	17693	3430
42	280	420	2247	2855	23203	1827
129		290	862	222	5319	1115
134		379	97	30	6492	984

11-1(二) 续表 3

地 区	普通中学在校学生（人）	普通中学专任教师（人）	普通小学在校学生（人）	普通小学专任教师（人）
康定市	6727	571	5974	585
泸定县	3009	277	3435	453
丹巴县	4128	219	6671	458
九龙县	2428	172	4718	337
雅江县	1859	130	4720	346
道孚县	2603	195	5562	375
炉霍县	4305	274	6568	465
甘孜县	1129	92	3801	369
新龙县	1493	145	8878	495
德格县	908	79	5164	390
白玉县	2239	158	9559	590
石渠县	1314	95	6341	326
色达县	2343	152	7718	557
理塘县	4087	254	5381	459
巴塘县	8587	640	8728	596
乡城县	1273	101	2473	267
稻城县	1206	91	2749	304
得荣县	1002	99	1973	267
西昌市	54690	3574	79852	3743
木里藏族自治县	6545	432	12497	916
盐源县	38931	1818	21890	1372
德昌县	20971	1004	12615	1061
会理县	22282	1510	29838	1754
会东县	22725	1275	40597	1883
宁南县	9972	669	17527	926
普格县	8353	453	29652	1055
布拖县	5447	224	33655	1245
金阳县	6136	320	27510	1024
昭觉县	11420	470	38989	1588
喜德县	8980	467	28585	1256
冕宁县	19474	1076	41045	1845
越西县	13874	681	46356	1553
甘洛县	10072	573	26900	1198
美姑县	7944	514	37530	1450
雷波县	11869	769	32297	1512

医疗卫生机构数（个）	医疗卫生机构床位数（张）	卫生技术人员（人）	城镇居民最低生活保障人数（人）	城镇居民最低生活保障支出（万元）	农村居民最低生活保障人数（人）	农村居民最低生活保障支出（万元）
150	123	524	4229	1441	6081	1946
202	223	280	3304	1175	1269	153
86	99	285	1342	426	3887	1214
122	96	235	1040	290	6529	1547
168	109	275	165	324	5030	1140
143	150	267	850	270	14625	3294
171	212	323	735	356	9353	2213
125	75	259	1472	505	20323	3844
181	100	325	1131	660	11905	2413
168	80	219	1327	457	17052	3334
80	101	245	519	280	8828	1553
105	66	261	1092	343	37775	8316
180	110	343	620	182	13352	2636
112	107	275	1108	352	16390	3040
246	1431	1607	695	361	11257	1895
79	100	207	441	253	5308	1361
131	80	247	1132	342	8358	1808
136	57	183	348	119	6632	1332
269		5908	6480	2415	13286	3020
38	424	679	2455	808	14425	3595
419	423	1495	3539	1156	41636	8344
34	1064		1291	428	10236	2051
80	1813		5058	1800	14823	3361
49	1714		5864	1882	19915	4068
169	970	747	2795	891	16635	3448
191	239	290	911	310	14950	3229
36	658		4013	1551	40242	8051
217	420	548	2811	935	29450	5475
65	940		4553	1455	48991	11364
34	509		4330	1407	36807	7858
304	1836	1418	1227	571	10246	3792
45	250	872	5210	1750	34379	7719
	590	650	1514	500	24715	5084
47	898		1797	574	38303	7676
73	1108		2602	1041	25904	6041

11-1(二) 续表 4

地　　区	普通中学在校学生（人）	普通中学专任教师（人）	普通小学在校学生（人）	普通小学专任教师（人）
云南省	**20117**	**1515**	**27703**	**2244**
香格里拉市	13056	995	12791	1008
德钦县	1437	168	3488	399
维西傈僳族自治县	5624	352	11424	837
西藏自治区	**50637**	**4047**	**138618**	**8991**
林周县	2092	195	4177	361
当雄县	2017	162	5766	323
卡若区	1791	110	7141	428
江达县	1580	101	7868	376
贡觉县	85	66	4193	305
类乌齐县	2081	104	5837	308
丁青县	3082	121	8764	329
察雅县	1037	117	4907	369
八宿县	1406	105	3977	295
曲松县	572	61	974	115
措美县	413	49	821	116
错那县	453	54	786	23
浪卡子县	1618	129	3066	229
昂仁县	2341	143	5467	279
谢通门县	1911	150	4246	326
康马县	868	79	2033	206
仲巴县	1104	84	2364	213
亚东县	360		1048	106
萨嘎县	682	65	1566	139
岗巴县	506	57	960	125
色尼区	3029	191	9026	476
嘉黎县	1308	91	4471	207
比如县	3305	143	9800	462
聂荣县	1644	198	2990	104
安多县	1790	123	3776	268
申扎县	1072	95	2429	139
索县	2088	150	6705	350
班戈县	1895	101	3753	278
巴青县	2307	151	5900	323
尼玛县	1507	105	3025	414

医疗卫生机构数（个）	医疗卫生机构床位数（张）	卫生技术人员（人）	城镇居民最低生活保障人数（人）	城镇居民最低生活保障支出（万元）	农村居民最低生活保障人数（人）	农村居民最低生活保障支出（万元）
283	**1035**	**2307**	**7630**	**2645**	**13842**	**3083**
114	685	1348	6014	2703	41814	6699
63	100	354	4244	1896	21417	3052
106	250	605	2721	522	51615	8231
2223	**2326**	**3661**	**16127**	**11496**	**143223**	**26217**
57	70	394	892	798	2277	554
38	52	179	589	339	4502	568
20	62	171	4099	2725	8446	1681
111	125	58	314	209	9370	1866
15	65	93	355	236	6529	1365
95	105	129	255	170	5803	1181
80	148	147	193	128	8993	1858
153	35	65	235	156	7828	1531
127	67	131	208	138	6179	1231
28	40	78	115	130	494	131
37	30	58	143	88	1511	393
39	63	87	96	90	1379	365
210	35	20	243	250	2685	290
20		206	24	11	5041	892
116	75	51	81	39	2787	433
11	30	77	6	6	184	21
61	251	12	53	37	670	54
40	35	69	139	60	2	3
47	40	81	33	24	1670	355
27	20	65	46	35	413	31
14	21	90	3039	2123	10728	1304
12	53	114	382	274	4231	808
135	200	164	519	424	8457	1537
154	61	65	471	265	4975	566
34	38	107	638	452	5163	640
73	78	50	354	205	3127	393
19	85	96	227	144	5596	666
13	74	104	677	449	5636	698
169	32	82	260	234	5249	798
94	80	89	323	223	4577	2105

11-1(二) 续表 5

地　区	普通中学在校学生（人）	普通中学专任教师（人）	普通小学在校学生（人）	普通小学专任教师（人）
普兰县	300	42	848	78
札达县	180	34	480	64
噶尔县	410	30	1040	115
日土县	444	37	973	86
革吉县	583	334	1849	142
改则县	1130	72	2884	280
措勤县	617	62	1514	131
工布江达县	1029	136	1194	103
甘肃省	**180080**	**16178**	**233587**	**18806**
永登县	18081	1952	31063	1988
永昌县	7107	569	11745	817
靖远县	24136	2032	30299	2911
民勤县	12255	1124	8056	918
天祝藏族自治县	9656	1039	10528	1377
肃南裕固族自治县	688	89	1535	228
山丹县	8422	721	11788	975
瓜州县	8615	682	9502	739
肃北蒙古族自治县	587	82	640	84
阿克塞哈萨克族自治县	596	54	798	76
环县	21581	1764	25340	1770
华池县	3871	539	1903	852
漳县	12653	1067	14297	807
岷县	30041	2373	40204	1694
合作市	2561	233	6895	632
卓尼县	7731	797	7496	691
迭部县	2435	166	4662	578
玛曲县	3056	241	5876	456
碌曲县	2704	263	3560	512
夏河县	3304	391	7400	701
青海省	**93886**	**7286**	**155266**	**18944**
门源回族自治县	10995	858	11782	770
祁连县	2532	214	3865	285
海晏县	1476	121	2735	201
刚察县	1404	95	3994	277
同仁县	15681	1184	9334	529

医疗卫生机构数（个）	医疗卫生机构床位数（张）	卫生技术人员（人）	城镇居民最低生活保障人数（人）	城镇居民最低生活保障支出（万元）	农村居民最低生活保障人数（人）	农村居民最低生活保障支出（万元）
16	25	37	13	37	119	174
29	22	70	36	64	346	128
20	20	43	538	427	614	110
19	42	71	36	41	1320	193
13	44	61	121	94	673	388
9		65	147	136	3355	492
28	50		105	111	1413	232
40	53	182	122	128	881	184
3312	**8492**	**12753**	**78672**	**36315**	**551853**	**96031**
248	1308	1225	2493	1316	28096	5978
340	386	1312	5856	3751	12614	5240
221	774	937	6398	3419	62689	10534
398	810	1374	7363	3520	20949	4421
264	584	901	7703	3878	39749	8050
89	189	256	1023	406	3348	684
229	838	1264	7896	3046	7657	2750
122	330	726	1923	929	36881	6735
39		146	545	270	403	89
10	50	116	522	294		
277	680	881	2410	1158	84514	15844
130	500	693	2486	1158	16825	3408
151	548	453	3913	1431	49523	8348
409	500	228	6125	2242	105776	9718
13		257	11509	5378	8501	1102
121	270	544	2992	1105	25733	4307
67	146	377	1365	640	9962	2054
45	195	355	1122	419	10223	1976
35	224	235	854	362	7475	1282
104	160	473	4174	1594	20935	3511
1689	**4418**	**6597**	**74676**	**41520**	**259416**	**62704**
170	257	655	5270	3143	9930	2845
59	150	246	1191	1001	3789	1308
40	160	336	980	830	2260	860
	146	189	2474	1426	2855	950
94	115	171	5611	3105	12587	2761

11-1(二) 续表 6

地　区	普通中学在校学生（人）	普通中学专任教师（人）	普通小学在校学生（人）	普通小学专任教师（人）
尖扎县	4206	134	6603	455
泽库县	3681	287	8369	9522
河南蒙古族自治县	1526	512	564	225
共和县	5151	428	11528	666
同德县	2833	272	5804	424
贵德县	4215	613	8948	540
兴海县	2984	246	8481	449
贵南县	2760	301	6879	402
玛沁县	2247	280	5816	208
班玛县	3497	240	2432	169
甘德县	1711	74	3228	210
达日县	1065	73	3681	220
久治县	1022	152	2440	365
玛多县	751	32	1328	81
玉树市				
杂多县				
称多县	2941	136	6365	344
治多县	1649		4581	465
囊谦县	3518	213	9952	528
曲麻莱县	1062	108	3142	252
格尔木市	12177	358	18468	1030
德令哈市				
乌兰县	1701	205	2168	162
都兰县				
天峻县	1101	150	2779	165
宁夏回族自治区	**53323**	**3730**	**92818**	**5433**
盐池县	10472	768	12071	858
同心县	24582	1679	39659	2164
海原县	18269	1283	41088	2411
新疆维吾尔自治区	**248293**	**24709**	**388781**	**36623**
乌鲁木齐县	1653	222	4305	355
伊州区	26959	2332	28256	2771
巴里坤哈萨克自治县	1370	328	4979	715
伊吾县	1263	237	1690	234
奇台县	10555	935	12468	1145

医疗卫生机构数（个）	医疗卫生机构床位数（张）	卫生技术人员（人）	城镇居民最低生活保障人数（人）	城镇居民最低生活保障支出（万元）	农村居民最低生活保障人数（人）	农村居民最低生活保障支出（万元）
			898	451	9307	1297
15	214	46	2238	1934	18186	3845
11	292	262	1194	638	5400	1401
229	190	361	4354	2577	13192	3234
137	257	376	2520	1178	8432	2223
138	569	357	1480	1046	10536	2627
69	359	243	666	416	9009	2491
12		305	5399	2482	7259	1858
13	54	138	4309	2712	5518	1397
			1140	614	5543	1385
48	90	96	1379	729	6057	1898
2	130	119	1232	755	6819	1728
32	30	97	648	389	6420	1432
92		91	1137	653	4515	1382
			8835	4568	30572	6455
43	100	147	1929	650	15182	1865
76		125	2040	1254	15278	4872
9			1515	615	9791	2216
93	296	204	2916	1772	24945	5772
	23	78	1455	474	9351	2419
166	704	1653	3202	1626	780	292
			4960	2326	1043	355
50	150	181	1958	1017	1273	385
			1152	602	2052	688
91	132	121	594	538	1535	463
618	**2178**	**3145**	**25872**	**14693**	**98219**	**34649**
136	420	886	2310	160	9956	3995
190	1062	1319	10539	8383	39862	13806
292	696	940	13023	6150	48401	16848
3558	**15273**	**27992**	**170123**	**76724**	**377146**	**89983**
	142	170	337	177	1382	504
336	2292	3889	5516	3514	10583	3485
74	100	395	1152	823	3545	1686
35	99	222	615	533	1282	599
108	870	1338	1105	688	2773	750

11-1(二)　续表 7

地　区	普通中学在校学生（人）	普通中学专任教师（人）	普通小学在校学生（人）	普通小学专任教师（人）
木垒哈萨克自治县	2995	384	4747	784
博乐市	6739	521	15790	1384
精河县	3597	788	7930	1090
温泉县	2087	85	3347	547
尉犁县	2612	341	7127	656
且末县	3619	390	6157	678
和静县	6776	744	13266	1100
和硕县	2844	301	4826	483
温宿县	14866	1321	24624	1594
沙雅县	19836	1388	28698	1720
阿克陶县	16388	1568	26124	2202
阿合奇县	2114	239	4331	648
乌恰县	2136	224	560	644
塔什库尔干塔吉克自治县	2625	177	3751	361
民丰县	2007	269	3568	373
巩留县	16402	1577	14177	1257
新源县	19981	1761	29903	2229
昭苏县	7676	1101	13875	1250
特克斯县	9620	934	17925	1707
尼勒克县	8665	815	16920	1467
塔城市	4316	318	10110	1217
额敏县	10347	1337	12706	927
托里县	2141	296	3897	396
裕民县	3363	355	3327	510
和布克赛尔蒙古自治县	3672	468	8933	950
阿勒泰市	9789	985	11909	1308
布尔津县	3797	466	6310	788
富蕴县	5749	486	9809	789
福海县	3476	268	5320	670
哈巴河县	3427	317	8184	783
青河县	853	246	6190	563
吉木乃县	1978	185	2742	328

医疗卫生机构数（个）	医疗卫生机构床位数（张）	卫生技术人员（人）	城镇居民最低生活保障人数（人）	城镇居民最低生活保障支出（万元）	农村居民最低生活保障人数（人）	农村居民最低生活保障支出（万元）
86	200	465	1355	498	2134	394
256	396	1395	12972	4319	8995	2380
118	375	621	5544	1426	5443	1150
73	123	348	4615	1318	4695	987
81	200	422	1335	1133	2335	791
93	381	521	3462	1557	12469	2444
93	447	1100	4071	2063	8405	2349
67	180	426	1140	749	1822	693
150	530	723	3600	1673	11206	2069
215	500	1398	4082	2822	20353	4409
128	598	585	9024	3674	46991	8479
31	200	401	5939	2447	10385	2164
12	150	423	6116	2504	10515	2256
58	132		1937	975	18997	4767
46	230	245	1849	689	4214	895
130	557	1342	7540	2996	10496	2920
212	940	1661	5078	1922	12865	1780
78	398	746	6640	3304	16326	3769
45	462	629	7173	3200	13201	2636
126	496	903	6503	2712	13272	3133
173	919	1150	1440	863	3561	1172
19	405	828	5688	2615	10523	3378
67	180	448	2882	1245	5522	1420
67	349	850	2110	1012	3076	990
13	251	696	1654	813	2137	797
137	1011	1408	4357	2373	8719	2344
80	240	590	4466	1718	6281	1411
90	150	395	3446	1841	6446	1546
23	165	351	2944	1365	5483	1713
122	345	445	1968	1063	8332	1827
55	150	254	4089	1791	8520	1776
61	110	209	1990	765	3812	1276

民族乡镇

1-1 全国民族乡镇基本情况(一)

年 份	民族乡镇数(个)	#实际汇总数	年末总人口(万人)	#少数民族人口	农业总产值(亿元)
1991	1246	1031	1250.92	597.32	91.93
1992	1260	1153	1933.72	770.83	128.22
1993	1262	1238	1759.87	868.28	157.20
1994	1711	1258	1710.63	860.64	206.01
1995	1267	1263	1729.24	878.93	282.15
1996	1272	1264	1714.58	889.13	326.34
1997	1256	1207	1676.70	1011.90	382.20
1998	1252	1249	1690.90	894.64	382.96
1999	1252	1248	1738.64	901.89	521.12
2000	1231	1247	1851.20	947.70	415.32
2001		1204	1769.59	900.31	316.89
2002	1190	1190	1745.18	894.94	386.73
2003	1173	1165	1716.13	883.20	398.29
2004	1159	1151	1731.21	899.91	462.84
2005	1159	1123	1754.05	891.21	516.15
2006	1125	1125	1767.66	905.81	594.21
2007	1131	1123	1800.32	923.76	827.18
2008	1135	1135	1815.38	935.07	898.62
2009	1140	1140	1830.82	943.05	932.41
2010	1137	1137	1863.43	962.30	909.96
2011	1132	1132	1890.16	972.29	949.35
2012	1120	1120	1851.80	957.78	1115.71
2013	1086	1120	1804.30	923.40	1202.99
2014	1091	1091	1760.00	903.60	1249.84
2015	1025	1025	1761.35	918.06	1380.76
2016	1026	1026	1757.13	917.87	1626.91
2017	1027	1027	1759.24	911.08	1557.16

1-1 全国民族乡镇基本情况(二)

年 份	工 业 总产值 (亿元)	粮 食 总产量 (万吨)	财 政 收 入 (万元)	农村居民人均 可支配收入 (元)
1991	87.13	1195.85	396135	
1992	89.90	719.58	63573	
1993	187.99	1120.81	103445	
1994	257.88	1511.17	94085	
1995	348.92	1408.46	112923	
1996	451.45	953.93	141068	
1997	547.90	2246.70	213727	
1998	561.72	957.88	259527	
1999	543.93	751.81	310977	1466
2000	595.45	901.05	191942	1674
2001	388.90	873.52	184372	1510
2002	432.13	832.92	221046	1611
2003	520.42	792.69	235592	1740
2004	607.36	943.47	286062	2148
2005	714.99	1092.77	368015	2361
2006	902.16	1067.36	414099	2648
2007	1132.60	1076.59	495824	3092
2008	1344.95	1161.39	682219	3420
2009	1464.63	1160.58	693493	4028
2010	1795.83	1233.64	819400	4526
2011	1805.84	1233.77	863904	5229
2012	2048.44	1296.20	1105110	6184
2013	2159.45	1490.32	1400714	6940
2014	2225.52	1453.69	1252690	8014
2015	2163.81	1793.10	1396618	8701
2016	2353.90	1432.72	1542429	9724
2017	2892.17	1433.84	1786930	24562

2–1 全国分地区民族乡镇基本情况(2017年)

地区	民族乡镇数(个)	#民族镇	#民族苏木	行政区划面积(平方公里)	年末总人口(万人)	#少数民族
合计	**1027**	**41**	**1**	**274562**	**1759.24**	**911.08**
北京	5			621	8.32	2.01
天津	1			25	0.73	0.27
河北	50			5109	89.91	35.00
内蒙古	18		1	26970	19.80	6.21
辽宁	54			7359	88.06	49.94
吉林	33	5		7263	61.86	18.71
黑龙江	63	11		25239	97.64	39.25
江苏	1			54	2.32	0.70
浙江	18	4		1157	18.84	4.12
安徽	9			430	20.43	6.39
福建	19			2145	45.63	14.50
江西	8			1080	10.79	2.94
山东	4	4		216	15.38	3.16
河南	21	9		448	79.82	18.97
湖北	12	2		2356	29.63	15.46
湖南	84	1		11931	146.52	93.62
广东	7			1378	8.42	3.74
广西	59			17731	117.25	84.95
重庆	14			1422	16.63	6.17
四川	98			18532	77.36	37.18
贵州	193			20202	432.78	226.36
云南	140	2		41152	275.65	174.15
西藏	9			3575	0.90	0.84
陕西	3	3		747	3.83	1.16
甘肃	34			16362	32.74	21.53
青海	28			5436	22.80	15.07
新疆	42			55621	35.23	28.68

2-2 全国分地区民族乡镇村民委员会情况(2017年)

地 区	村民委员会(个)	#已通公路的村	#已通自来水的村	#已通电的村	#已通电话的村	#已通邮的村
合 计	**10042**	**9961**	**8957**	**10026**	**9826**	**8500**
北 京	72	72	72	72	72	72
天 津	13	13	11	13	13	13
河 北	651	647	566	651	651	648
内蒙古	169	164	100	164	164	118
辽 宁	510	510	354	510	510	510
吉 林	395	391	330	395	395	395
黑龙江	514	513	469	514	512	508
江 苏	6	6	6	6	6	6
浙 江	213	213	206	213	213	213
安 徽	69	69	53	69	69	69
福 建	321	321	312	321	321	321
江 西	72	72	69	72	72	72
山 东	158	158	158	158	158	158
河 南	206	206	203	206	206	206
湖 北	188	185	188	188	188	184
湖 南	1002	1000	875	1000	995	981
广 东	50	50	50	50	50	50
广 西	595	593	515	593	586	531
重 庆	97	97	97	97	97	85
四 川	642	633	553	637	628	396
贵 州	2088	2065	1841	2086	1934	1060
云 南	1057	1057	1033	1057	1057	1048
西 藏	27	27	22	27	27	25
陕 西	24	24	23	24	24	24
甘 肃	306	306	293	306	306	266
青 海	340	312	318	340	323	300
新 疆	257	257	240	257	249	241

3-1 全国分地区民族乡镇乡镇企业情况(2017年)

地 区	乡镇企业从业人员(万人)	乡镇企业总产值(亿元)	#工业企业总产值(亿元)	乡镇企业年净利润总额(亿元)
合 计	**87.12**	**3841**	**2892**	**385**
北 京	1.38	104.50	31.56	1.70
天 津	0.02	0.45	0.41	0.03
河 北	12.29	796.19	613.91	62.84
内蒙古	0.46	12.89	5.89	2.90
辽 宁	4.67	249.79	347.41	14.14
吉 林	4.43	290.76	178.75	25.68
黑龙江	4.13	136.94	64.65	13.05
江 苏	1.09	158.50	112.31	4.72
浙 江	1.23	40.95	21.91	2.79
安 徽	0.75	20.15	15.37	1.36
福 建	6.99	366.08	324.51	14.75
江 西	0.56	11.13	8.44	0.88
山 东	1.46	311.03	282.23	59.48
河 南	15.38	391.52	209.49	27.25
湖 北	1.69	64.31	25.40	5.36
湖 南	4.30	77.42	57.55	10.49
广 东	0.44	21.68	17.06	1.38
广 西	2.63	58.43	51.78	4.80
重 庆	0.34	7.36	1.70	1.32
四 川	2.17	135.94	107.52	15.16
贵 州	12.94	357.52	246.34	88.10
云 南	6.06	181.83	134.77	21.58
西 藏	0.00	0.30		0.04
陕 西	0.09	7.92	7.89	1.99
甘 肃	0.84	18.67	16.51	1.84
青 海	0.10	0.27	0.23	0.06
新 疆	0.67	18.07	8.56	1.60

4-1 全国分地区民族乡镇农业基本情况(2017年)(一)

地区	农作物总播种面积（公顷）	#粮食播种面积
合计	**3118048**	**2177726**
北京	2386	1329
天津	173	173
河北	97645	75861
内蒙古	215065	160242
辽宁	163845	120137
吉林	178570	157392
黑龙江	414641	379413
江苏	4550	4050
浙江	17695	9487
安徽	31120	24117
福建	40667	20244
江西	10215	6883
山东	19101	15071
河南	44396	30386
湖北	58794	29829
湖南	170065	164195
广东	8868	4318
广西	146436	79568
重庆	28386	15852
四川	123098	81542
贵州	474543	284060
云南	614556	363493
西藏	712	549
陕西	3953	2476
甘肃	71198	47097
青海	38591	19632
新疆	138779	80332

4-1 全国分地区民族乡镇农业基本情况(2017年)(二)

地　区	农林牧渔业总产值（亿元）	粮食产量（万吨）	肉类总产量（万吨）
合　计	**1557.16**	**1433.84**	**209.71**
北　京	4.91	0.82	0.25
天　津	1.10	0.04	0.06
河　北	95.26	53.83	12.53
内蒙古	53.82	93.97	3.60
辽　宁	111.68	84.45	24.19
吉　林	81.70	145.79	9.63
黑龙江	135.59	378.26	10.74
江　苏	5.95	2.81	0.62
浙　江	16.07	5.30	1.23
安　徽	18.50	18.60	1.55
福　建	46.15	11.86	1.88
江　西	8.05	4.18	1.12
山　东	14.87	14.75	3.92
河　南	32.84	21.68	4.32
湖　北	43.73	14.52	4.64
湖　南	60.68	75.30	15.30
广　东	6.03	2.16	0.34
广　西	64.93	39.27	6.91
重　庆	12.76	7.43	1.74
四　川	63.40	42.66	12.04
贵　州	252.03	153.29	32.12
云　南	304.66	158.03	45.19
西　藏	1.05	0.24	0.52
陕　西	3.15	1.19	0.21
甘　肃	21.62	19.23	3.44
青　海	16.40	16.09	1.98
新　疆	80.21	68.07	9.65

5-1 全国分地区民族乡镇财政收支和农村居民人均可支配收入情况(2017年)

地　区	财政收入（万元）	财政支出（万元）	农村居民人均可支配收入（元）
合　计	**1786930**	**1799309**	**24562**
北　京	60712	90969	26475
天　津	2048	2048	18764
河　北	131008	87628	9361
内蒙古	28547	25901	13599
辽　宁	73253	65831	10540
吉　林	81346	79275	10926
黑龙江	87761	87140	12992
江　苏	9381	5311	30912
浙　江	39611	38975	16299
安　徽	14951	17704	14705
福　建	50864	50095	15306
江　西	23048	28898	12405
山　东	34995	17565	13570
河　南	66527	68261	11464
湖　北	21241	26090	12396
湖　南	81268	76346	4697
广　东	7102	6680	11805
广　西	63471	72604	7726
重　庆	14952	20887	9934
四　川	130888	142577	8211
贵　州	367462	371199	7769
云　南	274656	295321	8029
西　藏	2233	2336	11618
陕　西	2816	2858	9829
甘　肃	27667	28966	7285
青　海	14905	14371	245752
新　疆	74216	73473	573046

6-1 全国分地区民族乡镇教育情况（2017年）

地　区	学校总数（所）	在校学生数（人）	教师总数（人）
合　计	**6069**	**1602567**	**119943**
北　京	17	8916	837
天　津	3	510	60
河　北	269	73081	5400
内蒙古	33	7406	1301
辽　宁	213	52967	5657
吉　林	129	32486	4580
黑龙江	115	24474	3626
江　苏	3	2112	152
浙　江	26	9632	821
安　徽	53	12463	1126
福　建	79	30033	2500
江　西	67	9177	631
山　东	31	12241	730
河　南	201	168015	9295
湖　北	69	19201	1297
湖　南	439	104726	7551
广　东	19	4017	441
广　西	580	104933	6630
重　庆	29	9614	986
四　川	249	67308	4438
贵　州	1614	449262	32248
云　南	1158	310389	21031
西　藏	178	2622	209
陕　西	15	3913	278
甘　肃	236	28937	2627
青　海	116	18748	1377
新　疆	128	35384	4114

7–1 全国分地区民族乡镇文化情况(2017年)

地　区	图书馆	文化站	村文化活动室
合　计	**1623**	**1225**	**10858**
北　京	3	5	62
天　津		1	13
河　北	61	59	631
内蒙古	33	18	147
辽　宁	32	54	481
吉　林	101	53	394
黑龙江	112	96	422
江　苏	1	1	8
浙　江	41	17	190
安　徽	31	16	61
福　建	10	20	302
江　西	4	8	72
山　东	6	4	156
河　南	19	24	181
湖　北	6	12	179
湖　南	286	96	1022
广　东	5	7	71
广　西	84	59	542
重　庆	14	14	98
四　川	152	143	611
贵　州	337	232	1987
云　南	20	140	2378
西　藏	16	9	21
陕　西	26	2	24
甘　肃	43	33	316
青　海	79	57	240
新　疆	101	45	249

8–1 全国分地区民族乡镇卫生情况（2017年）(一)

地 区	医疗卫生机构（个）	医院	基层医疗卫生机构	卫生院	村卫生室	卫生人员（人）	卫生技术人员
合 计	**9855**	**560**	**7423**	**977**	**9566**	**32648**	**19316**
北 京	92	1	93	32	61	304	264
天 津	1	1	13	1	13	64	38
河 北	846	23	832	66	792	1687	777
内蒙古	77	3	71	18	143	576	282
辽 宁	659	26	634	49	602	1521	870
吉 林	338	5	262	36	408	947	579
黑龙江	590	100	490		490	1427	787
江 苏	7		7	1	6	65	52
浙 江	97	1	96	17	79	489	369
安 徽	60	3	70	10	67	263	191
福 建	331		331	19	312	793	417
江 西	79		79	9	70	206	97
山 东	100	2	98	4	94	410	151
河 南	171	17	117	23	217	3316	2329
湖 北	150	1	149	12	169	692	474
湖 南	877	235			642	1263	
广 东	51	1	52	7	49	173	142
广 西	592	5	569	67	574	2220	1453
重 庆	115	2	103	15	98	268	148
四 川	1233	24	479	114	579	1466	848
贵 州	1626	95	1356	199	2193	6117	4453
云 南	1205		1198	143	1061	6133	3223
西 藏	19		19	9	16	81	30
陕 西	33		8	4	29	105	62
甘 肃	238	1	108	36	265	682	353
青 海	133	2	52	25	314	330	219
新 疆	135	12	137	61	223	1050	708

8-1 全国分地区民族乡镇卫生情况（2017年）(二)

地区	其中：执业(助理)医师	乡村医生和卫生员	医疗卫生机构床位数(张)	医院	基层医疗卫生机构	卫生院
合计	**7931**	**14770**	**28520**	**9536**	**14757**	**17924**
北京	171	69	26		35	35
天津	4	26	42	20	22	20
河北	671	910	1558		1558	1558
内蒙古	102	228	394	30	279	365
辽宁	331	911	1880	659	1044	950
吉林	248	568	823	171	414	589
黑龙江	91	640	2159	1669	490	
江苏	18	13	44		44	32
浙江	190	80	215	113	102	76
安徽	92	148	286	46	154	240
福建	151	376	332		332	332
江西	49	109	179		164	174
山东	119	259	273	70	155	108
河南	1416	487	3556	2623	537	958
湖北	183	202	599	21	383	479
湖南		836	1608	1608		
广东	35	58	150		27	123
广西	523	736	1839	179	1529	1513
重庆	105	143	308	53	153	301
四川	348	766	1127	133	671	1036
贵州	1501	3423	5834	2038	2262	3917
云南	1036	2694	3609		3571	3597
西藏	7	56	32		9	43
陕西	12	16	45		20	79
甘肃	203	293	585	42	288	424
青海	90	348	205	24	200	242
新疆	235	375	812	37	314	733

9-1 全国分地区民族乡镇农业科技情况(2017年)

地　区	农业科技与服务单位数	中高级农业技术人员数
合　计	**1833**	**9048**
北　京	4	20
天　津	1	7
河　北	116	408
内蒙古	33	97
辽　宁	175	542
吉　林	110	520
黑龙江	108	531
江　苏	7	33
浙　江	42	141
安　徽	24	39
福　建	33	190
江　西	19	65
山　东	38	115
河　南	118	634
湖　北	26	129
湖　南	117	453
广　东	16	26
广　西	73	262
重　庆	15	112
四　川	119	478
贵　州	229	1656
云　南	204	1629
西　藏	6	28
陕　西	3	20
甘　肃	78	390
青　海	39	144
新　疆	80	379

10–1 全国各民族乡镇基本情况(2017年)(一)

民族乡镇名称	行政区划面积(平方公里)	村民委员会(个)	#已通公路的村(个)	#已通自来水的村(个)
北京	**621**	**72**	**72**	**72**
朝阳区常营回族乡	9	10	10	10
通州区于家务回族乡	66	23	23	23
密云县檀营满族蒙古族乡	3			
怀柔区喇叭沟门满族乡	302	15	15	15
怀柔区长哨营满族乡	241	24	24	24
天津市	**25**	**13**	**13**	**11**
蓟县孙各庄满族乡	25	13	13	11
河北省	**5109**	**651**	**647**	**566**
石家庄市新乐市彭家庄回族乡	31	8	8	8
石家庄市藁城市九门回族乡	47	13	13	13
石家庄市无极县高头回族乡	32	15	15	15
唐山市遵化市汤泉满族乡	22	10	10	10
唐山市遵化市西下营满族乡	33	14	14	10
唐山市遵化市东陵满族乡	78	27	27	27
邯郸市邱县陈村回族乡	12	5	5	5
邯郸市大名县营镇回族乡	20	17	17	17
保定市易县凌云册满族回族乡	62	19	19	19
保定市定州市号头庄回族乡	43	17	17	17
保定市涞水县娄村满族乡	181	22	18	12
张家口市沽源县大二号回族乡	55	4	4	3
张家口市怀来县王家楼回族乡	132	16	16	14
廊坊市永清县管家务回族乡	33	12	12	12
廊坊市文安县大围河回族满族乡	62	24	24	24
承德市丰宁满族自治县南关蒙古族乡	351	14	14	14
承德市滦平县平坊满族乡	68	8	8	1
承德市滦平县安纯沟门满族乡	157	11	11	10
承德市滦平县五道营子满族乡	124	6	6	6
承德市滦平县邓厂满族乡	74	3	3	3
承德市滦平县马营子满族乡	141	10	10	6
承德市滦平县付家店满族乡	81	6	6	2

#已通电的村（个）	#已通电话的村（个）	#已通邮的村（个）	年末总人口（人）	#少数民族（人）	乡镇企业从业人员（人）	乡镇企业总产值（万元）	#工业企业（万元）
72	**72**	**72**	**83207**	**20098**	**13837**	**1044954**	**315637**
10	10	10	33433	8727	5932	748599	40279
23	23	23	26995	3200	4879	273865	273865
			5922	1329			
15	15	15	6922	3322			
24	24	24	9935	3520	3026	22490	1493
13	**13**	**13**	**7254**	**2702**	**205**	**4500**	**4050**
13	13	13	7254	2702	205	4500	4050
651	**651**	**648**	**899143**	**350036**	**122903**	**7961944**	**6139074**
8	8	8	22535	6382	5759	361792	26187
13	13	13	47880	6030	10000	1058499	858400
15	15	15	37650	14937	9800	42000	35095
10	10	10	9633	7565	870	37790	33524
14	14	14	11882	5678	287	11384	6500
27	27	27	24116	15376	4303	135902	58564
5	5	5	7452	6453	2016	63958	35208
17	17	17	16490	4676	3200	10850	9000
19	19	19	33396	8606	230	2210	2210
17	17	17	39248	13903	67	4200	2000
22	22	22	29087	14834	258	769	323
4	4	4	3186	697			
16	16	16	5777	1971	309	3727	3000
12	12	12	11936	3072	1565	36957	29306
24	24	24	32451	5787	7663	97762	54893
14	14	14	19451	10336	700	41713	41713
8	8	8	7511	5159	80	940	940
11	11	11	13434	9520	293	2200	1920
6	6	6	4922	4073	261	52	38
3	3		2690	1934	3		
10	10	10	9562	6360			
6	6	6	5548	2766	1470	17523	15100

10–1(一)　续表 1

民族乡镇名称	行政区划面积（平方公里）	村民委员会（个）	#已通公路的村（个）	#已通自来水的村（个）
承德市双滦区西地满族乡	113	10	10	10
承德市滦平县小营满族乡	118	10	10	2
承德市滦平县大屯满族乡	154	14	14	7
承德市滦平县西沟满族乡	154	9	9	9
承德市承德县岗子满族乡	80	10	10	8
承德市承德县两家满族乡	101	9	9	9
承德市兴隆县八卦岭满族乡	102	8	8	2
承德市兴隆县南天门满族乡	110	10	10	3
承德市隆化县尹家营满族乡	82	11	11	2
承德市隆化县庙子沟蒙古族满族乡	95	6	6	6
承德市隆化县偏坡营满族乡	183	14	14	9
承德市隆化县八达营蒙古族乡	189	12	12	8
承德市隆化县太平庄满族乡	173	11	11	11
承德市隆化县旧屯满族乡	174	11	11	11
承德市隆化县西阿超满族蒙古族乡	189	10	10	10
承德市隆化县白虎沟蒙古族满族乡	92	6	6	6
承德市平泉县七家岱满族乡	115	4	4	4
承德市平泉县平房满族蒙古族乡	127	11	11	7
承德市平泉县茅兰沟满族蒙古族乡	170	9	9	9
沧州市黄骅市羊二庄回族乡	330	48	48	48
沧州市黄骅市新村回族乡	43	4	4	4
沧州市河间市果子洼回族乡	26	20	20	20
沧州市献县本斋回族乡	24	11	11	11
沧州市沧县大褚村回族乡	55	26	26	26
沧州市沧县杜林回族乡	79	38	38	38
沧州市沧县李天木回族乡	100	14	14	14
沧州市沧县捷地回族乡	39	16	16	16
沧州市黄骅市羊三木回族乡	55	8	8	8
内蒙古自治区	**26970**	**169**	**164**	**100**
呼伦贝尔市莫力达瓦达斡尔族自治旗巴彦鄂温克民族乡	1500	17	17	7
呼伦贝尔市莫力达瓦达斡尔族自治旗杜拉尔鄂温克民族乡	530	10	10	10
呼伦贝尔市扎兰屯市达斡尔民族乡	417	7	7	7

#已通电的村（个）	#已通电话的村（个）	#已通邮的村（个）	年末总人口（人）	#少数民族（人）	乡镇企业从业人员（人）	乡镇企业总产值（万元）	#工业企业（万元）
10	10	10	21278	7795	2100	3115	3115
10	10	10	15136	13284	4958	1260000	1050000
14	14	14	21450	14483	660	19750	15750
9	9	9	7823	6486	508	703	703
10	10	10	8654	3310	165	2460	2460
9	9	9	10754	4318	203	1540	1540
8	8	8	15071	10652	136	14231	14231
10	10	10	7553	2435	250	3341	2569
11	11	11	8766	6017			
6	6	6	6907	3607			
14	14	14	13024	6757	125	3002	1202
12	12	12	13727	8350	481	5200	
11	11	11	11607	7860	60	1150	1150
11	11	11	8114	6328	428	7500	640
10	10	10	10759	6541	210	7328	6502
6	6	6	8925	7163	20	110	110
4	4	4	9622	5631	556	5620	5620
11	11	11	17695	16389	156	2869	2869
9	9	9	19868	9529	302	682	682
48	48	48	54001	6882	20668	3076030	2693060
4	4	4	12364	2381			
20	20	20	23691	6786	3766	127700	69330
11	11	11	14098	4085	3681	328860	288780
26	26	26	27799	4308	12716	22000	8200
38	38	38	46446	5870	1340	259293	172518
14	14	14	41792	3764	7983	541390	378060
16	16	16	36746	7821	8725	97801	34875
8	8	8	9636	5089	3572	240041	171187
164	**164**	**118**	**197952**	**62061**	**4613**	**128913**	**58949**
17	17	1	17240	5260			
10	10	10	8052	1653			
7	7	7	11159	2731	53	71	53

10–1(一) 续表 2

民族乡镇名称	行政区划面积(平方公里)	村民委员会(个)	#已通公路的村(个)	#已通自来水的村(个)
呼伦贝尔市扎兰屯市萨马街鄂温克民族乡	2596	6	6	4
呼伦贝尔市扎兰屯市南木鄂伦春民族乡	2160	9	8	8
呼伦贝尔市阿荣旗查巴奇鄂温克民族乡	770	11	11	3
呼伦贝尔市阿荣旗新发朝鲜族民族乡	162	7	7	7
呼伦贝尔市阿荣旗音河达斡尔鄂温克民族乡	558	8	8	8
呼伦贝尔市阿荣旗得力其尔鄂温克民族乡	384	9	9	5
呼伦贝尔市根河市敖鲁古雅鄂温克民族乡	1767	1	4	1
呼伦贝尔市陈巴尔虎旗鄂温克苏木	6037	7		
呼伦贝尔市额尔古纳市三河回族乡	3535	17	17	1
呼伦贝尔市额尔古纳市室韦俄罗斯民族乡	2068	7	7	
兴安盟科尔沁右翼前旗满族屯满族乡	3340	8	8	
赤峰市松山区当铺地满族乡	386	25	25	25
赤峰市喀喇沁旗十家满族乡	341	14	14	14
乌兰察布市凉城县曹碾满族乡				
呼伦贝尔市鄂温克族自治旗巴彦塔拉达斡尔族乡	418	6	6	
辽宁省	**7359**	**510**	**510**	**354**
沈阳市康平县柳树屯蒙古族满族乡	105	9	9	9
沈阳市康平县沙金台蒙古族满族乡	150	11	11	11
沈阳市法库县四家子蒙古族乡	95	9	9	9
沈阳市康平县东升满族蒙古族乡	123	10	10	8
沈阳市康平县西关屯蒙古族满族乡	88	9	9	9
大连市瓦房店市三台满族乡	130	10	10	5
大连市瓦房店市杨家满族乡	108	11	11	4
大连市庄河市太平岭满族乡	105	6	6	5
大连市庄河市桂云花满族乡	214	5	5	3
抚顺市抚顺县拉古满族乡	104	10	10	4
抚顺市抚顺县汤图满族乡	149	9	9	9
本溪市桓仁满族自治县雅河朝鲜族乡	212	8	8	8
锦州市义县地藏寺满族乡	116	5	5	2
锦州市义县大定堡满族乡	109	8	8	
阜新市彰武县二道河子蒙古族乡	93	8	8	8
辽阳市辽阳县吉洞峪满族乡	282	12	12	12

#已通电的村（个）	#已通电话的村（个）	#已通邮的村（个）	年末总人口（人）	#少数民族（人）	乡镇企业从业人员（人）	乡镇企业总产值（万元）	#工业企业（万元）
6	6	6	7051	1790			
8	8	8	14744	2463	261	810	
11	11	11	10902	2488	285	170	70
7	7	7	11712	1370	300	1600	900
8	8	8	8852	2170	450	2848	
9	9	9	13444	2111	138	926	
4	4	4	1446	482	110		
			2514	2012			
17	17		10999	5719			
7	7	1	2574	1182	162	860	
8	8	1	5103	4281	78	35000	5000
25	25	25	42195	9738	450	14800	14098
14	14	14	27627	14525	2326	71828	38828
6	6	6	2338	2086			
510	**510**	**510**	**880649**	**499411**	**46678**	**2497858**	**3474133**
9	9	9	15366	8045	56	2300	2200
11	11	11	18790	13710	665	7500	3800
9	9	9	16094	7815	674	14900	14200
10	10	10	18018	7585	181	819	789
9	9	9	15408	8896	140	1400	1400
10	10	10	26088	11283	6864	931220	325623
11	11	11	23151	7573	1928	143832	119119
6	6	6	21410	5365	3975	123941	86024
5	5	5	19750	8548	3617	328343	248674
10	10	10	17505	6510	1650	181500	171500
9	9	9	7640	6938	1120	13985	9779
8	8	8	19586	10304	430	18190	12380
5	5	5	7642	3468	625	8097	7104
8	8	8	7374	4560	850	2174	2174
8	8	8	13945	4353	280	1642	1186
12	12	12	19502	12743	1202	22678	11358

10–1(一)　续表 3

民族乡镇名称	行政区划面　积（平方公里）	村　民委员会（个）	#已通公路的　村（个）	#已通自来水的村（个）
辽阳市辽阳县甜水满族乡	314	14	14	14
铁岭市开原市林丰满族乡	142	10	10	
铁岭市铁岭县白旗寨满族乡	166	9	9	9
铁岭市西丰县成平满族乡	147	10	10	
铁岭市西丰县德兴满族乡	106	7	7	7
铁岭市西丰县和隆满族乡	265	10	10	10
铁岭市西丰县金星满族乡	134	9	9	7
铁岭市西丰县明德满族乡	116	7	7	5
铁岭市西丰县营厂满族乡	179	9	9	8
铁岭市清河区聂家满族乡	132	10	10	
朝阳市北票市马友营蒙古族乡	214	9	9	9
朝阳市北票市凉水河蒙古族乡	112	6	6	
朝阳市建平县三家蒙古族乡	160	14	14	8
朝阳市凌源市三家子蒙古族乡	233	17	17	17
朝阳市朝阳县松岭门蒙古族乡	83	6	6	4
朝阳市朝阳县乌兰河硕蒙古族乡	66	7	7	7
葫芦岛市绥中县西平坡满族乡	116	10	10	10
葫芦岛市绥中县范家满族乡	129	10	10	10
葫芦岛市绥中县高甸子满族乡	114	9	9	9
葫芦岛市绥中县葛家满族乡	104	10	10	6
葫芦岛市绥中县明水满族乡	112	8	8	8
葫芦岛市绥中县网户满族乡	75	14	14	7
葫芦岛市兴城市白塔满族乡	68	6	6	3
葫芦岛市兴城市大寨满族乡	77	13	13	2
葫芦岛市兴城市碱厂满族乡	161	7	7	
葫芦岛市兴城市旧门满族乡	83	8	8	7
葫芦岛市兴城市刘台子满族乡	40	10	10	10
葫芦岛市兴城市南大山满族乡	130	15	15	13
葫芦岛市兴城市望海满族乡	81	10	10	10
葫芦岛市兴城市围屏满族乡	112	8	8	1
葫芦岛市兴城市羊安满族乡	68	11	11	11
葫芦岛市兴城市药王庙满族乡	138	11	11	

#已通电的村（个）	#已通电话的村（个）	#已通邮的村（个）	年末总人口（人）	#少数民族（人）	乡镇企业从业人员（人）	乡镇企业总产值（万元）	#工业企业（万元）
14	14	14	20394	17335	372	6247	5362
10	10	10	10629	8596	350	5700	120
9	9	9	12014	5045	2760	6150	6100
10	10	10	12588	99	90	1000	1000
7	7	7	9744	6506	580	12587	20
10	10	10	15288	11445			
9	9	9	14451	9422	165	331	153
7	7	7	9960	7044	90	78	78
9	9	9	10258	6765			
10	10	10	10952	8360			
9	9	9	15920	3572	1192	29004	17500
6	6	6	6742	671	104	7370	5360
14	14	14	27003	3765	765	6989	4600
17	17	17	38795	1877	580	56000	55000
6	6	6	10370	2900	300	257340	2140000
7	7	7	9867	3124	206	1905	488
10	10	10	18716	17820	242	12805	2834
10	10	10	16323	11951	150	1710	910
9	9	9	19138	16375	900	9970	8920
10	10	10	14563	12323	452	14870	9220
8	8	8	14453	13800	560	4000	1100
14	14	14	21550	10600	800	30500	12100
6	6	6	11804	9679	480	9250	8465
13	13	13	15811	13861	205	7560	3340
7	7	7	11894	8861	1616	4658	3256
8	8	8	9941	5921	730	27298	26029
10	10	10	14744	7431	109	4899	3086
15	15	15	20986	18543	178	3243	2218
10	10	10	20005	15140	1360	39069	37158
8	8	8	13296	11784	280	3468	2670
11	11	11	21268	13545	2054	47841	36555
11	11	11	16300	10900	380	4250	3550

10-1(一) 续表 4

民族乡镇名称	行政区划面积(平方公里)	村民委员会(个)	#已通公路的村(个)	#已通自来水的村(个)
葫芦岛市兴城市三道沟满族乡	170	11	11	6
葫芦岛市兴城市元台子满族乡	112	9	9	2
葫芦岛市建昌县二道湾子蒙古族乡	91	12	12	4
丹东市宽甸满族自治县下露河朝鲜族乡	259	6	6	6
丹东市东港市合隆满族乡	99	10	10	10
丹东市凤城市大堡蒙古族乡	266	8	8	8
吉林省	**7263**	**395**	**391**	**330**
延边朝鲜族自治州珲春市三家子满族乡	60	8	8	8
延边朝鲜族自治州珲春市杨泡满族乡	227	7	7	7
吉林市昌邑区土城子满族朝鲜族乡	96	12	12	12
吉林市龙潭区乌拉街满族镇	188	28	28	21
吉林市龙潭区大口钦满族镇	105	12	12	6
吉林市昌邑区两家子满族乡	161	13	13	13
吉林市永吉县金家满族乡	160	7	7	7
吉林市蛟河市乌林朝鲜族乡	278	20	20	20
通化市梅河口市小杨满族朝鲜族乡	180	17	17	16
通化市集安市凉水朝鲜族乡	178	9	9	9
通化市通化县金斗朝鲜族满族乡	106	5	5	5
通化市通化县大泉源满族朝鲜族乡	339	21	21	21
通化市辉南县楼街朝鲜族乡	120	12	12	12
通化市柳河县姜家店朝鲜族乡	92	10	10	10
通化市柳河县三元浦朝鲜族镇	385	20	20	20
辽源市东丰县三合满族朝鲜族乡	167	16	16	5
长春市双阳区双营子回族乡	63	6	6	2
长春市榆树市延和朝鲜族乡	20	3	3	3
长春市九台市胡家回族乡	169	9	9	1
长春市九台市莽卡满族乡	153	12	12	3
白城市通榆县包拉温都蒙古族乡	236	4	4	4
白城市通榆县向海蒙古族乡	1175	16	16	16
白城市洮南市呼和车力蒙古族乡	260	7	7	7
白城市洮南市胡力吐蒙古族乡	150	10	10	10
白城市镇赉县哈吐气蒙古族乡	156	5	5	5

#已通电的村（个）	#已通电话的村（个）	#已通邮的村（个）	年末总人口（人）	#少数民族（人）	乡镇企业从业人员（人）	乡镇企业总产值（万元）	#工业企业（万元）
11	11	11	20358	17350	1306	9538	375
9	9	9	18320	11167	1390	55650	49560
12	12	12	24460	6450			
6	6	6	11340	8500	90	600	
10	10	10	20658	12980	240	6202	4580
8	8	8	22477	20208	1345	7255	5115
395	**395**	**395**	**618569**	**187086**	**44272**	**2907580**	**1787547**
8	8	8	8351	5846	164	4400	3900
7	7	7	2932	2752	124	106	
12	12	12	20304	10655	102	9005	5389
28	28	28	63564	14158	3720	177210	154000
12	12	12	20353	6551	2187	115000	95546
13	13	13	19025	4752	220	3200	2200
7	7	7	21108	7608	105	189	140
20	20	20	15942	4662	1824	8432	8249
17	17	17	15889	3883	543	19969	14720
9	9	9	5994	1978	70	150	92
5	5	5	7553	2848	298	4991	33460
21	21	21	24736	8075	816	14260	9600
12	12	12	24758	2892	1410	51743	38744
10	10	10	12347	5186	230	60020	22110
20	20	20	24063	5206	5632	110956	16865
16	16	16	24078	5180	6507	342748	322547
6	6	6	17069	5870	8568	1853000	995000
3	3	3	2866	2723	41	7801	7801
9	9	9	23600	9350	5515	8989	7611
12	12	12	33640	13466	1130	17280	5100
4	4	4	4865	2675			
16	16	16	25959	8499	135	245	
7	7	7	7251	2071			
10	10	10	8277	1781			
5	5	5	5294	2346			

10-1(一)　续表 5

民族乡镇名称	行政区划面　积（平方公里）	村　民委员会（个）	#已通公路的　村（个）	#已通自来水的村（个）
白城市镇赉县莫莫格蒙古族乡	527	13	9	10
白城市大安市新艾里蒙古族乡	83	5	5	5
白城市洮北区德顺蒙古族乡	388	19	19	19
松原市扶余县三骏满族蒙古族锡伯族乡	296	29	29	29
四平市铁东区叶赫满族镇	265	13	13	5
四平市公主岭市二十家子满族镇	115	9	9	9
四平市公主岭市龙山满族乡	147	8	8	5
四平市双辽市那木斯蒙古族乡	222	10	10	5
黑龙江省	**25239**	**514**	**513**	**469**
哈尔滨市南岗区红旗满族乡	63	8	8	8
哈尔滨市双城市乐群满族乡	88	9	9	9
哈尔滨市双城市同心满族乡	91	7	7	7
哈尔滨市双城市希勤满族乡	122	8	8	7
哈尔滨市双城市青岭满族乡	102	9	9	9
哈尔滨市双城市农丰满族锡伯族镇	119	9	9	9
哈尔滨市五常市拉林满族镇	156	13	13	13
哈尔滨市五常市红旗满族乡	209	12	12	10
哈尔滨市五常市营城子满族乡	112	7	7	7
哈尔滨市五常市牛家满族镇	189	15	15	15
哈尔滨市五常市民乐朝鲜族乡	55	6	6	6
哈尔滨市尚志市河东朝鲜族乡	120	9	9	9
哈尔滨市尚志市鱼池朝鲜族乡	460	7	7	7
哈尔滨市依兰县迎兰朝鲜族乡	470	15	15	10
齐齐哈尔市梅里斯达斡尔族区卧牛吐达斡尔族镇	473	7	7	7
齐齐哈尔市梅里斯达斡尔族区莽格吐达斡尔族乡	330	3	3	3
齐齐哈尔市泰来县宁姜蒙古族乡	379	7	7	7
齐齐哈尔市泰来县胜利蒙古族乡	363	5	5	5
齐齐哈尔市泰来县江桥蒙古族镇	279	6	6	6
齐齐哈尔市昂昂溪区水师营满族镇	199	6	6	6
齐齐哈尔市富裕县友谊达满柯族乡	673	14	14	14
齐齐哈尔市讷河市兴旺鄂温克族乡	374	12	12	12
齐齐哈尔市富拉尔基区杜尔门沁达族乡	100	3	3	2

#已通电的村（个）	#已通电话的村（个）	#已通邮的村（个）	年末总人口（人）	#少数民族（人）	乡镇企业从业人员（人）	乡镇企业总产值（万元）	#工业企业（万元）
13	13	13	13159	5684			
5	5	5	5376	1066			
19	19	19	22424	4037	450	3875	3000
29	29	29	50234	6367	108	19820	15575
13	13	13	30826	12330	210	9891	7198
9	9	9	21153	8554	1698	25600	11500
8	8	8	15223	4322	2213	10200	5600
10	10	10	20356	3713	252	28500	1600
514	**512**	**508**	**976353**	**392518**	**41316**	**1369414**	**646539**
8	8	8	23000	8742	4986	353000	345500
9	9	9	21560	18562	296	5060	4725
7	7	7	22892	15400	345	81300	41440
8	8	8	20758	16043	610	12775	5420
9	9	9	21726	14689	476	91100	2360
9	9	9	20716	12465	422	27520	14500
13	13	13	55210	31326	3976	228180	53909
12	12	12	42744	19427	599	1876	1245
7	7	7	31735	21790	3836	46600	22000
15	15	15	41856	14523	2430	45091	22458
6	6	6	12256	6220	950	3533	2625
9	9	9	14235	6129	271	31646	30618
7	7	7	12809	2700	280	6241	5939
15	15	15	23578	2980	3210	46300	2900
7	7	7	12577	4700	2230	27565	1500
3	3	3	7723	2822	42	2900	2520
7	7	7	17800	3043	43	1659	91
5	5	5	17819	2592	393	2841	2410
6	6	6	21473	2680	800	1353	850
6	6	6	15138	3786	1752	3700	2800
14	14	14	25375	3129	3946	38773	3100
12	12	12	37020	2490	1213	13121	11863
3	3	3	12581	3807	116	990	832

10-1(一) 续表 6

民族乡镇名称	行政区划面积（平方公里）	村民委员会（个）	#已通公路的村（个）	#已通自来水的村（个）
牡丹江市海林市新安朝鲜族镇	131	17	17	17
牡丹江市穆棱市福禄朝鲜族满族乡	109	11	11	11
牡丹江市宁安市江南朝、满族乡	623	25	25	23
牡丹江市宁安市卧龙朝鲜族乡	1180	13	13	12
牡丹江市东宁县三岔口朝鲜族镇	254	13	13	13
牡丹江市西安区海南朝鲜族乡	1079	16	16	16
佳木斯市同江市街津口赫哲族乡	286	6	6	6
佳木斯市同江市八岔赫哲族乡	327	4	4	4
佳木斯市桦川县星火朝鲜族乡	34	6	6	4
佳木斯市汤原县汤旺朝鲜族乡	55	14	14	14
大庆市肇源县超等蒙古族乡	244	7	7	7
大庆市肇源县浩德蒙古族乡	152	5	5	5
大庆市肇源县义顺蒙古族乡	283	7	7	7
黑河市逊克县新鄂鄂伦春族乡	7561	5	5	4
黑河市逊克县新兴鄂伦春族乡	389	4	3	4
黑河市爱辉区新生鄂伦春族乡	1713	3	3	3
黑河市爱辉区四嘉子满族乡	225	6	6	6
黑河市爱辉区坤河达斡尔族满族乡	88	6	6	6
黑河市北安市主星朝鲜族乡	60	4	4	3
黑河市孙吴县沿江达斡尔族满族乡	576	8	8	8
绥化市北林区兴和朝鲜族乡	21	2	2	2
绥化市北林区绥胜满族镇	99	5	5	5
绥化市北林区永安满族镇	108	7	7	7
绥化市北林区红旗满族乡	100	5	5	5
绥化市望奎县惠七满族镇	128	8	8	8
绥化市望奎县厢白满族乡	151	7	7	7
绥化市望奎县灵山满族乡	81	5	5	5
伊春市铁力市年丰朝鲜族乡	226	10	10	10
鹤岗市萝北县东明朝鲜族乡	49	7	7	4
鹤岗市绥滨县福兴满族乡	92	3	3	3
大兴安岭地区呼玛县白银纳鄂伦春族乡	436	6	6	2
大兴安岭地区塔河县十八站鄂伦春族乡	2095	6	6	6

#已通电的村（个）	#已通电话的村（个）	#已通邮的村（个）	年末总人口（人）	#少数民族（人）	乡镇企业从业人员（人）	乡镇企业总产值（万元）	#工业企业（万元）
17	17	17	19146	9759	211	2741	1634
11	11	11	18216	6315	1152	7452	2400
25	25	25	28003	9684	1179	11322	9300
13	13	13	17360	5260	287	9360	2500
13	13	13	16693	6759	488	15220	14600
16	16	16	17300	3064	169	4851	2765
6	6	6	3673	537	38	1720	130
4	4	4	3823	433	179	22830	1100
6	6	6	4781	4635	106	2300	1900
14	14	14	10587	7581	45	2738	2290
7	7	7	18030	5928	35	711	133
5	3	5	9723	1213	575	8931	570
7	7	7	14768	2585	700	15210	350
5	5	4	2331	633	52	3201	98
4	4	1	1654	180	11	2483	56
3	3	1	1029	166	20	130	20
6	6	6	3895	1611	114	87	61
6	6	6	2647	1456	56	84	27
4	4	4	3938	2211	52	7525	150
8	8	8	7092	1907	227	1137	60
2	2	2	3350	3250	62	3654	75
5	5	5	23655	14777	281	4355	2055
7	7	7	24668	16345	100	1464	41
5	5	5	18310	15648	246	1029	548
8	8	8	23010	6970	331	2498	2321
7	7	7	25806	13600	26	85	
5	5	5	18206	2650	110	14221	330
10	10	10	14064	2172	164	8208	6270
7	7	7	3147	2816	23	8692	2640
3	3	3	3887	1775	27	3632	37
6	6	6	1948	353	19	220	20
6	6	6	4142	494	35	3835	90

10-1(一) 续表 7

民族乡镇名称	行政区划面积（平方公里）	村民委员会（个）	#已通公路的村（个）	#已通自来水的村（个）
双鸭山市饶河县四排赫哲族乡	52	4	4	4
双鸭山市友谊县成富朝鲜族满族乡	99	4	4	2
七台河市勃利县杏树朝鲜族乡	105	11	11	11
七台河市勃利县吉兴朝鲜族、满族乡	121	14	14	14
鸡西市密山市和平朝鲜族乡	191	12	12	1
鸡西市鸡东县鸡林朝鲜族乡	51	6	6	2
鸡西市鸡东县明德朝鲜族乡	61	8	8	3
鸡西市城子河区永丰朝鲜族乡	78	7	7	7
江苏省	**54**	**6**	**6**	**6**
扬州市高邮市菱塘回族乡	54	6	6	6
浙江省	**1157**	**213**	**213**	**206**
金华市兰溪市水亭畲族乡	47	19	19	19
金华市武义县柳城畲族镇	172	54	54	54
衢州市龙游县沐尘畲族乡	81	10	10	3
丽水市莲都区老竹畲族镇	82	12	12	12
丽水市莲都区丽新畲族乡	83	9	9	9
丽水市龙泉市竹垟畲族乡	102	10	10	10
丽水市云和县雾溪畲族乡	33	6	6	6
丽水市云和县安溪畲族乡	35	8	8	8
丽水市遂昌县三仁畲族乡	79	8	8	8
丽水市松阳县板桥畲族乡	32	9	9	9
杭州市桐庐县莪山畲族乡	29	7	7	7
温州市平阳县青街畲族乡	22	11	11	11
温州市苍南县岱岭畲族乡	21	8	8	8
温州市苍南县凤阳畲族乡	21	6	6	6
温州市文成县西坑畲族镇	48	11	11	11
温州市文成县周山畲族乡	14	9	9	9
温州市泰顺县司前畲族镇	209	13	13	13
温州市泰顺县竹里畲族乡	47	3	3	3
安徽省	**430**	**69**	**69**	**53**
淮南市谢家集区孤堆回族乡	38	8	8	8
合肥市肥东县牌坊回族满族乡	90	13	13	13

#已通电的村（个）	#已通电话的村（个）	#已通邮的村（个）	年末总人口（人）	#少数民族（人）	乡镇企业从业人员（人）	乡镇企业总产值（万元）	#工业企业（万元）
4	4	4	1868	212	13	3088	76
4	4	4	5123	1172	40	14261	411
11	11	11	11866	588	116	21600	600
14	14	14	9350	1804	95	19879	556
12	12	12	16742	5182	420	60490	5170
6	6	6	7353	7076	8	381	250
8	8	8	9720	2751	160	2930	2100
7	7	7	12868	921	122	1735	1200
6	**6**	**6**	**23190**	**7049**	**10945**	**1585000**	**1123056**
6	6	6	23190	7049	10945	1585000	1123056
213	**213**	**213**	**188396**	**41174**	**12258**	**409518**	**219134**
19	19	19	22086	3150	2610	151000	14210
54	54	54	30250	3650	2986	32415	
10	10	10	11875	3100	212	8000	6252
12	12	12	16383	3299	260	5519	5519
9	9	9	10683	2171	52	1225	1225
10	10	10	7781	2432	130	6183	6183
6	6	6	2079	562			
8	8	8	2726	564			
8	8	8	8510	2090	530	12123	11973
9	9	9	4873	1065	122	4596	3872
7	7	7	9195	2483	2938	127044	125694
11	11	11	10053	2507			
8	8	8	6960	2685			
6	6	6	5898	3070			
11	11	11	11815	2680	789	9370	5163
9	9	9	5116	1610	128	586	586
13	13	13	18776	2946	1446	42957	38457
3	3	3	3337	1110	55	8500	
69	**69**	**69**	**204283**	**63920**	**7540**	**201520**	**153687**
8	8	8	16835	5879	130	26987	23534
13	13	13	45535	6590	3420	30160	16000

10-1(一) 续表 8

民族乡镇名称	行政区划面积(平方公里)	村民委员会(个)	#已通公路的村(个)	#已通自来水的村(个)
滁州市定远县二龙回族乡	41	5	5	4
淮南市凤台县李冲回族乡	23	6	6	
淮南市潘集区古沟回族乡	41	12	12	3
六安市寿县陶店回族乡	38	4	4	4
宣城市宁国市云梯畲族乡	51	4	4	4
蚌埠市五河县临北回族乡	60	11	11	11
阜阳市颍上县赛涧回族乡	49	6	6	6
福建省	**2145**	**321**	**321**	**312**
福州市罗源县霍口畲族乡	197	24	24	24
福州市连江县小沧畲族乡	58	5	5	5
宁德市福安市坂中畲族乡	76	19	19	19
宁德市福安市康厝畲族乡	114	32	32	32
宁德市福安市穆云畲族乡	119	33	33	30
宁德市霞浦县盐田畲族乡	154	22	22	22
宁德市霞浦县崇儒畲族乡	142	27	27	27
宁德市霞浦县水门畲族乡	149	23	23	23
宁德市蕉城区金涵畲族乡	62	16	16	10
宁德市福鼎市硖门畲族乡	56	9	9	9
宁德市福鼎市佳阳畲族乡	73	12	12	12
漳州市漳浦县赤岭畲族乡	120	9	9	9
漳州市漳浦县湖西畲族乡	79	10	10	10
漳州市龙海市隆教畲族乡	79	10	10	10
三明市永安市青水畲族乡	258	21	21	21
三明市宁化县治平畲族乡	178	12	12	12
龙岩市上杭县官庄畲族乡	90	18	18	18
龙岩市上杭县庐丰畲族乡	124	14	14	14
泉州市惠安县百崎回族乡	17	5	5	5
江西省	**1080**	**72**	**72**	**69**
鹰潭市贵溪樟坪畲族乡	122	5	5	5
上饶市铅山县太源畲族乡	79	4	4	4
上饶市铅山县篁碧畲族乡	81	4	4	4
吉安市永丰县龙冈畲族乡	140	11	11	11

#已通电的村（个）	#已通电话的村（个）	#已通邮的村（个）	年末总人口（人）	#少数民族（人）	乡镇企业从业人员（人）	乡镇企业总产值（万元）	#工业企业（万元）
5	5	5	15863	12056	202	6720	2920
6	6	6	18937	7903	324	24876	21713
12	12	12	32064	6346	891	72000	66000
4	4	4	14617	4522	370	14397	7100
4	4	4	6083	1825	245	11320	4690
11	11	11	28636	10309	1698	13500	10800
6	6	6	25713	8490	260	1560	930
321	**321**	**321**	**456286**	**144978**	**69908**	**3660823**	**3245052**
24	24	24	21132	4124	900	38615	12309
5	5	5	4404	2485			
19	19	19	26882	10133	6970	339588	302428
32	32	32	31312	9220	2341	91554	82164
33	33	33	29301	9906	366	7697	6900
22	22	22	31721	7053	4511	240032	192428
27	27	27	21455	4762	1333	66377	64574
23	23	23	22276	4823	1374	75963	35411
16	16	16	40136	7863	15233	1294636	1220931
9	9	9	23798	5956	1697	220000	200000
12	12	12	21166	7430	32	7967	7967
9	9	9	14475	11407	570	10186	7625
10	10	10	27924	9148	1070	5591	2276
10	10	10	27243	8172	1378	96033	78000
21	21	21	19068	6053	7362	202351	182034
12	12	12	14345	4789	6557	29931	27763
18	18	18	32897	12407	571	41945	31052
14	14	14	30108	6034	4736	52656	4671
5	5	5	16643	13213	12907	839701	786520
72	**72**	**72**	**107852**	**29351**	**5619**	**111311**	**84432**
5	5	5	3930	1232	87	1275	1120
4	4	4	2278	868	12	88	88
4	4	4	4195	1412	216	2090	1242
11	11	11	12097	4706	537	30226	30136

10-1(一)　续表 9

民族乡镇名称	行政区划面积（平方公里）	村民委员会（个）	#已通公路的村（个）	#已通自来水的村（个）
赣州市南康赤土畲族乡	157	18	18	15
吉安市青原区东固畲族乡	243	15	15	15
抚州市乐安县金竹畲族乡	248	10	10	10
吉安市峡江县金坪民族乡	11	5	5	5
山东省	**216**	**158**	**158**	**158**
淄博市临淄区金岭回族镇	19	10	10	10
聊城市莘县张鲁回族镇	83	51	51	51
菏泽市曹县侯集回族镇	58	20	20	20
德州市禹城市十里望回族镇	57	77	77	77
河南省	**448**	**206**	**206**	**203**
郑州市荥阳市金寨回族乡	6	2	2	2
周口市太康县城关回族镇	13	16	16	16
周口市淮阳县城关回族镇	41	15	15	15
周口市沈丘县槐店回族镇	29	19	19	19
商丘市宁陵县城关回族镇	11	5	5	5
商丘市睢县城关回族镇	25	7	7	7
商丘市民权县伯党回族乡	25	9	9	9
商丘市民权县胡集回族乡	22	13	13	13
平顶山市叶县马庄回族乡	7	8	8	8
平顶山市郏县姚庄回族乡	9	6	6	6
新乡市封丘县荆乡回族乡	8	5	5	5
许昌市许昌县艾庄回族乡	13	9	9	9
许昌市禹州市山货回族乡	12	6	6	6
许昌市襄城县颍桥回族镇	10	5	5	5
南阳市镇平县郭庄回族乡	18	9	9	9
南阳市方城县袁店回族乡	35	9	9	9
驻马店市西平县蔡寨回族乡	20	6	6	5
驻马店市新蔡县李桥回族镇	41	10	10	10
漯河市临颍县繁城回族镇	65	32	32	30
洛阳市洛宁县王范回族镇	15	4	4	4
洛阳市瀍河回族区廛河回族乡	24	11	11	11

#已通电的村（个）	#已通电话的村（个）	#已通邮的村（个）	年末总人口（人）	#少数民族（人）	乡镇企业从业人员（人）	乡镇企业总产值（万元）	#工业企业（万元）
18	18	18	50233	10265	2643	31196	20308
15	15	15	19536	5320	1384	29860	21583
10	10	10	12145	4358	216	4616	4257
5	5	5	3438	1190	524	11960	5698
158	**158**	**158**	**153821**	**31603**	**14574**	**3110263**	**2822290**
10	10	10	14692	4543	5427	2208218	2103968
51	51	51	58657	6700	1349	32065	24535
20	20	20	47432	14230	3008	488475	426470
77	77	77	33040	6130	4790	381505	267317
206	**206**	**206**	**798179**	**189664**	**153822**	**3915177**	**2094883**
2	2	2	8154	6922	796	59410	59410
16	16	16	88563	18439	2989	271900	95530
15	15	15	135072	22962	29320	332600	326819
19	19	19	126614	21933	65794	1255928	589721
5	5	5	48183	9225	4026	89130	44200
7	7	7	68766	13281	13516	335426	241156
9	9	9	22728	9972	1988	8210	6420
13	13	13	20325	9760	1820	12650	9220
8	8	8	12062	6393	863	31621	15536
6	6	6	8471	4893	946	12667	6950
5	5	5	6517	6465	290	9466	5185
9	9	9	14370	1898	1850	25060	18910
6	6	6	13419	5731	2585	133478	109270
5	5	5	9995	3108	1320	33560	26238
9	9	9	13452	5269	1510	5350	4882
9	9	9	17479	7105	2113	13668	9353
6	6	6	17400	5400	1480	18320	16300
10	10	10	30450	6310	4650	82900	64400
32	32	32	63142	3635	12268	167083	87803
4	4	4	41369	4826	1392	43062	37956
11	11	11	31648	16137	2306	973688	319624

10-1(一) 续表 10

民族乡镇名称	行政区划面积（平方公里）	村民委员会（个）	#已通公路的村（个）	#已通自来水的村（个）
湖北省	**2356**	**188**	**185**	**188**
荆门市钟祥市九里回族乡	100	9	9	9
荆州市洪湖市老湾回族乡	40	7	7	7
荆州市松滋市卸甲坪土家族乡	103	8	8	8
宜昌市宜都市潘家湾土家族乡	144	9	9	9
十堰市郧西县湖北口回族乡	251	19	16	19
恩施土家族苗族自治州恩施市芭蕉侗族乡	304	18	18	18
恩施土家族苗族自治州宣恩县长潭河侗族乡	430	39	39	39
恩施土家族苗族自治州宣恩县晓关侗族乡	422	40	40	40
仙桃市沔城回族镇	38	12	12	12
神农架林区下谷坪土家族乡	216	6	6	6
咸宁市赤壁市周郎嘴回族镇	80	9	9	9
恩施土家族苗族自治州鹤峰县铁炉白族乡	228	12	12	12
湖南省	**11931**	**1002**	**1000**	**875**
怀化市辰溪县罗子山瑶族乡	50	8	8	8
怀化市辰溪县苏木溪瑶族乡	52	10	10	10
怀化市辰溪县上蒲溪瑶族乡	63	8	8	8
怀化市辰溪县后塘瑶族乡	69	12	12	12
怀化市辰溪县仙人湾瑶族乡	133	16	16	16
怀化市洪江市深渡苗族乡	87	9	9	8
怀化市洪江市龙船塘瑶族乡	105	7	7	5
怀化市会同县炮团侗族苗族乡	85	8	8	8
怀化市会同县宝田侗族苗族乡	64	6	6	6
怀化市会同县蒲稳侗族苗族乡	56	6	6	6
怀化市会同县金子岩侗族苗族乡	237	26	26	26
怀化市会同县漠滨侗族苗族乡	76	7	7	7
怀化市会同县青朗侗族苗族乡	118	13	13	7
怀化市沅陵县二酉苗族乡	366	30	30	30
怀化市沅陵县火场土家族乡	101	6	6	6
怀化市中方县蒿吉坪瑶族乡	81	6	6	6
怀化市通道侗族自治县大高坪苗族乡	28	4	4	4
怀化市新晃侗族自治县步头降苗族乡	83	7	7	7
怀化市新晃侗族自治县米贝苗族乡	122	8	8	8

#已通电的村（个）	#已通电话的村（个）	#已通邮的村（个）	年末总人口（人）	#少数民族（人）	乡镇企业从业人员（人）	乡镇企业总产值（万元）	#工业企业（万元）
188	**188**	**184**	**296291**	**154636**	**16877**	**643078**	**254002**
9	9	9	13086	2980	4200	33000	29180
7	7	7	14960	3862	51	4500	4500
8	8	8	14717	9272	783	43212	37518
9	9	9	15283	6507	2323	73029	33624
19	19	19	21611	4250	201	6012	5540
18	18	18	64732	43320	1124	149500	53683
39	39	39	38300	26800	3600	700	200
40	40	40	41123	30843	1905	23156	15788
12	12	12	26767	8159	1996	180000	18000
6	6	4	5330	4501	50	2200	2200
9	9	9	25693	1266	357	106700	33700
12	12	10	14689	12876	287	21069	20069
1000	**995**	**981**	**1465194**	**936192**	**42996**	**774162**	**575535**
8	8	8	8675	5632	112	1392	1138
10	10	10	9654	6320			
8	8	8	9788	5960			
12	12	12	19066	12775			
16	16	16	25336	14350			
9	9	9	11189	8998	95	220	
7	7	1	8596	6877	226	1685	1350
8	8	8	13551	12650			
6	6	6	9683	8174	67	9385	8065
6	6	6	9983	9483	56	3020	3020
26	26	26	33538	24058	63	920	920
7	7	7	13787	10340			
13	13	13	23152	15621	2808	5500	3900
30	30	30	42130	37795	85	3500	400
6	6	6	7373	7226			
6	6	6	7122	3890	30	300	
4	4	4	4060	3906			
7	7	7	12000	10800			
8	8	8	15263	14728	128	5227	5227

10-1(一) 续表 11

民族乡镇名称	行政区划面积(平方公里)	村民委员会(个)	#已通公路的村(个)	#已通自来水的村(个)
邵阳市绥宁县河口苗族乡	142	10	10	10
邵阳市绥宁县麻塘苗族乡	250	13	13	13
邵阳市绥宁县东山侗族乡	117	12	12	8
邵阳市绥宁县鹅公岭侗族苗族乡	73	11	11	11
邵阳市绥宁县寨市苗族侗族乡	415	27	27	27
邵阳市绥宁县乐安铺苗族侗族乡	105	8	8	8
邵阳市绥宁县关峡苗族乡	215	9	9	9
邵阳市绥宁县长铺子苗族乡	551	29	29	26
邵阳市隆回县山界回族乡	47	16	16	10
邵阳市隆回县虎形山瑶族乡	93	12	12	12
邵阳市洞口县那溪瑶族乡	298	17	17	1
邵阳市洞口县大屋瑶族乡	76	11	11	3
邵阳市洞口县长塘瑶族乡	64	10	10	6
邵阳市新宁县黄金瑶族乡	143	11	11	11
邵阳市新宁县麻林瑶族乡	183	11	10	2
永州市蓝山县荆竹瑶族乡	183	6	6	6
永州市蓝山县湘江源瑶族乡	56	5	5	5
永州市蓝山县浆洞瑶族乡	173	6	6	6
永州市蓝山县汇源瑶族乡	50	5	5	5
永州市蓝山县犁头瑶族乡	35	4	4	4
永州市蓝山县大桥瑶族乡	128	7	7	7
永州市江永县松柏瑶族乡	228	14	14	10
永州市江永县千家洞瑶族乡	367	12	12	12
永州市江永县兰溪瑶族乡	63	6	6	3
永州市江永县源口瑶族乡	203	12	12	6
永州市宁远县九疑瑶族乡	328	21	21	18
永州市宁远县棉花坪瑶族乡	59	5	5	4
永州市宁远县桐木漯瑶族乡	69	6	6	5
永州市宁远县五龙山瑶族乡	168	11	11	11
永州市道县横岭瑶族乡	101	8	8	1
永州市道县洪塘营瑶族乡	244	10	9	6
永州市道县审章塘瑶族乡	106	14	14	5

#已通电的村（个）	#已通电话的村（个）	#已通邮的村（个）	年末总人口（人）	#少数民族（人）	乡镇企业从业人员（人）	乡镇企业总产值（万元）	#工业企业（万元）
10	10	10	14285	10196	83	7284	7284
13	13	13	16775	11618	357	5571	5211
12	12	12	18447	17139	234	7889	7437
11	11	11	13036	11732	67	481	347
27	27	27	31816	25739	1645	17648	8647
8	8	8	11287	9879	772	15358	14628
9	9	9	25225	24216	430	37240	11206
29	29	29	39360	31095	1905	103535	93181
16	16	16	27075	9476	526	10400	5600
12	12	12	16750	6710	535	5600	3800
17	17	17	11795	6920	512	26936	1965
11	11	11	5326	3428	120	2200	720
10	10	10	5326	2865	181	1265	872
11	11	11	8925	5814	224	11413	4975
11	11	11	14032	9093	740	7610	5992
6	6	6	4490	4252	315	5330	1420
5	5	5	3231	3069	49	1486	1200
6	6	6	5706	5280	358	3380	15000
5	5	5	3162	1659	35	1580	458
4	4	4	3137	1256	25	80	24
7	7	7	9624	4186	551	11800	10931
14	14	14	28560	20698			4750
12	12	12	22758	20373	54	379	235
6	6	6	9724	9625	220	63	2100
12	12	12	25064	20196	215	2150	2050
21	21	21	35326	7312	496	1293	680
5	4	4	7071	4328	85	86	34
6	6	6	7534	7534	49	1930	890
11	11	11	11789	4350	41	403	170
8	8	8	10789	5746	375	1800	1400
10	8	8	14536	9674	359	1870	172
14	14	14	29648	12831			

10-1(一) 续表 12

民族乡镇名称	行政区划面积(平方公里)	村民委员会(个)	#已通公路的村(个)	#已通自来水的村(个)
永州市祁阳县晒北滩瑶族乡	155	9	9	9
永州市新田县门楼下瑶族乡	127	13	13	13
永州市双牌县上梧江瑶族乡	196	13	13	13
永州市江华瑶族自治县小圩壮族乡	133	20	20	20
张家界市桑植县刘家坪白族乡	38	6	6	6
张家界市桑植县马合口白族乡	119	9	9	9
张家界市桑植县走马坪白族乡	132	14	14	14
张家界市桑植县芙蓉桥白族乡	206	13	13	13
张家界市桑植县洪家关白族乡	147	23	23	23
张家界市慈利县三官寺土家族乡	114	17	17	13
张家界市慈利县高峰土家族乡	145	16	16	16
张家界市慈利县金岩土家族乡	138	12	12	2
张家界市慈利县许家坊土家族乡	81	10	10	10
张家界市慈利县阳和土家族乡	74	10	10	10
张家界市慈利县甘堰土家族乡	180	20	20	15
张家界市慈利县赵家岗土家族乡	73	12	12	5
郴州市桂阳县白水瑶族乡	135	16	16	16
郴州市北湖区保和瑶族乡	102	11	11	11
郴州市北湖区仰天湖瑶族乡	176	15	15	15
郴州市宜章县莽山瑶族乡	89	6	6	4
郴州市汝城县文明瑶族乡	383	36	36	36
郴州市汝城县延寿瑶族乡	176	17	17	17
郴州市汝城县三江口瑶族乡	112	8	8	8
郴州市临武县西山瑶族乡	205	13	13	11
郴州市资兴市回龙山瑶族乡	130	11	11	11
郴州市资兴市八面山瑶族乡	239	15	15	15
常德市鼎城区许家桥回族维吾尔族乡	117	16	16	16
常德市汉寿县毛家滩回族维吾尔族乡	53	8	8	8
常德市桃源县枫树维吾尔族回族乡	59	12	12	12
常德市桃源县青林回族维吾尔族乡	101	13	13	13
株洲市炎陵县中村瑶族乡	291	12	12	12
衡阳市常宁市塔山瑶族乡	146	11	11	11
益阳市桃江县鲊埠回族乡	48	9	9	9

#已通电的村（个）	#已通电话的村（个）	#已通邮的村（个）	年末总人口（人）	#少数民族（人）	乡镇企业从业人员（人）	乡镇企业总产值（万元）	#工业企业（万元）
9	9	9	7280	3075	64	315	
13	13	13	10082	7016	25	760	1100
13	13	13	14779	4568	188	845	
20	20	20	28674	18595	442	2703	2298
6	6	6	11297	10732	200	400	
9	9	9	15439	13723	10	125	
14	14	14	20546	18491			
13	13	13	18620	16758			
23	23	23	34429	31065	89	2100	
17	17	17	26084	25686	55		
16	16	16	16729	16045			
12	12	12	18535	13611	52	35	
10	10	10	17776	15265			
10	10	10	20752	18200		955	
20	20	20	32068	28996	510	601	
12	12	12	14543	13940	290	681	365
16	16	16	25402	4716	67	11200	10015
11	8	11	18800	2740	4720	25740	9815
15	15	15	24440	3646	5145	130220	130120
6	6	6	9062	5298	1938	7183	1084
36	36	36	52375	22350	1705	20491	7869
17	17	17	30503	24416	724	24751	21655
8	7	2	9718	7012	315	5000	2100
11	13	7	13400	2165	86	29141	1864
11	11	11	18900	990	25	1550	
15	15	15	15900	1021	400	61500	29000
16	16	16	35653	9518	352	30000	30000
8	8	8	27893	8560	710	25600	24800
12	12	12	32885	9495	1596	26797	26797
13	13	13	37972	11469	2765	18897	18897
12	12	12	13989	3240	95	4074	3067
11	11	11	12695	6370			
9	9	9	21219	9548	5200	17290	17290

10 1(·) 续表 13

民族乡镇名称	行政区划面积(平方公里)	村民委员会(个)	#已通公路的村(个)	#已通自来水的村(个)
广东省	**1378**	**50**	**50**	**50**
惠州市龙门县蓝田瑶族乡	132	7	7	7
清远市连州市三水瑶族乡	139	4	4	4
清远市连州市瑶安瑶族乡	220	10	10	10
清远市阳山县秤架瑶族乡	588	10	10	10
肇庆市怀集县下帅壮族瑶族乡	77	5	5	5
韶关市始兴县深渡水瑶族乡	153	4	4	4
河源市东源县漳溪畲族乡	68	10	10	10
广西壮族自治区	**17731**	**595**	**593**	**515**
梧州市蒙山县长坪瑶族乡	132	5	5	5
梧州市蒙山县夏宜瑶族乡	81	6	6	6
贺州市八步区黄洞瑶族乡	189	4	4	
贺州市平桂管理区大平瑶族乡	217	6	6	1
贺州市昭平县仙回瑶族乡	190	6	6	6
贺州市钟山县两安瑶族乡	144	6	6	
贺州市钟山县花山瑶族乡	188	6	6	6
贵港市平南县马练瑶族乡	240	12	12	12
贵港市平南县国安瑶族乡	118	10	10	10
防城港市上思县南屏瑶族乡	527	9	9	
防城港市防城区十万山瑶族乡	98	5	5	5
南宁市马山县古寨瑶族乡	152	9	8	8
南宁市马山县里当瑶族乡	147	10	9	9
南宁市上林县镇圩瑶族乡	113	11	11	11
柳州市三江侗族自治县同乐苗族乡	180	19	19	19
柳州市三江侗族自治县福禄苗族乡	158	14	14	14
柳州市三江侗族自治县高基瑶族乡	162	8	8	8
柳州市融水苗族自治县滚贝侗族乡	2196	11	11	11
柳州市融水苗族自治县同练瑶族乡	204	6	6	6
柳州市柳城县古砦仫佬族乡	248	13	13	9
桂林市临桂县宛田瑶族乡	336	15	15	15
桂林市临桂县黄沙瑶族乡	198	5	5	5

#已通电的村（个）	#已通电话的村（个）	#已通邮的村（个）	年末总人口（人）	#少数民族（人）	乡镇企业从业人员（人）	乡镇企业总产值（万元）	#工业企业（万元）
50	**50**	**50**	**84193**	**37414**	**4383**	**216787**	**170647**
7	7	7	10849	9788	1844	113100	97070
4	4	4	4431	1703	158	7879	76
10	10	10	12548	3764	136	5700	5487
10	10	10	18205	4974	1236	3138	3138
5	5	5	11623	8011	315	6125	2012
4	4	4	6029	2018	160	994	
10	10	10	20508	7156	534	79851	62864
593	**586**	**531**	**1172500**	**849504**	**26341**	**584324**	**517788**
5	5	5	3068	2756			
6	6	6	6921	5902			
4	4	4	7562	5671	342	8956	7368
6	6	1	14396	3901	113	1500	1200
6	6	6	14902	8917	282	1552	653
6	6	6	17733	17164	892	7937	6084
6	6	3	8036	6453	680	246000	245252
12	12	12	47963	40166	156	1485	1340
10	10	10	24902	22000	7700	10869	10869
9	9	9	13825	13825	52	572	572
5	5	5	12249	8413	110	5420	5420
8	8	8	21338	21258	52	2840	2595
9	9	9	21389	21139	326	650	320
11	11	11	25495	24985	135	1045	1045
19	19	19	46910	46687	15	1663	1663
14	14	14	34646	32845	150	1800	
8	8	8	7501	6358	255	745	745
11	11	11	19768	17234	115	3924	
6	6	6	11291	10714	67	27	27
13	13	13	36335	17182	163	894	202
15	15	15	23291	13384	430	2000	1800
5	4	1	5541	2210	32	5000	4500

10-1(一) 续表 14

民族乡镇名称	行政区划面积（平方公里）	村民委员会（个）	#已通公路的村（个）	#已通自来水的村（个）
桂林市灵川县大境瑶族乡	264	8	8	8
桂林市灵川县兰田瑶族乡	125	3	3	3
桂林市全州县蕉江瑶族乡	230	8	8	8
桂林市全州县东山瑶族乡	420	16	16	16
桂林市兴安县华江瑶族乡	438	9	9	8
桂林市灌阳县洞井瑶族乡	207	9	9	9
桂林市灌阳县西山瑶族乡	188	10	10	10
桂林市资源县车田苗族乡	311	12	12	12
桂林市资源县两水苗族乡	133	6	6	6
桂林市资源县河口瑶族乡	112	5	5	5
桂林市平乐县大发瑶族乡	456	10	10	10
桂林市荔浦县蒲芦瑶族乡	259	9	9	9
桂林市雁山区草坪回族乡	33	3	3	3
百色市右江区汪甸瑶族乡	547	13	13	13
百色市田东县作登瑶族乡	376	21	21	21
百色市田林县潞城瑶族乡	788	19	19	19
百色市田林县利周瑶族乡	253	9	9	9
百色市田林县八桂瑶族乡	382	12	12	12
百色市田林县八渡瑶族乡	677	17	17	17
百色市凌云县伶站瑶族乡	194	9	9	9
百色市凌云县朝里瑶族乡	181	6	6	6
百色市凌云县沙里瑶族乡	227	12	12	12
百色市凌云县玉洪瑶族乡	316	18	18	18
百色市西林县足别瑶族苗族乡	282	6	6	6
百色市西林县普合苗族乡	195	7	7	7
百色市西林县那佐苗族乡	598	18	18	18
河池市南丹县八圩瑶族乡	496	16	16	6
河池市南丹县里湖瑶族乡	363	13	13	6
河池市南丹县中堡苗族乡	165	6	6	1
河池市天峨县八腊瑶族乡	326	9	9	
河池市凤山县平乐瑶族乡	175	10	10	10
河池市凤山县江洲瑶族乡	107	7	7	5

#已通电的村(个)	#已通电话的村(个)	#已通邮的村(个)	年末总人口(人)	#少数民族(人)	乡镇企业从业人员(人)	乡镇企业总产值(万元)	#工业企业(万元)
8	8	8	12660	5707	323	10500	10500
3	3	3	6248	3318	210	4000	4000
8	8	8	15896	5694	59	6695	5150
16	16	16	35151	29984			
9	9	9	18287	4536	2469	65315	47680
9	9	9	9304	2675	508	11758	9580
10	10	10	13115	5456	1120	13765	12419
12	12	12	26800	16252	1980	9690	4240
6	6	6	11309	7803	498	5100	5100
5	5	5	5535	3002	386	2693	2506
10	10	10	18551	10849	623	9700	5640
9	9	9	10535	7052	750	54413	54413
3	3	3	5521	2097	265	34	34
13	13	6	27520	27120	385	10700	6740
21	21	2	37255	11829	178	6057	6057
19	19	19	28098	23794			
9	9	9	17604	15222			
12	12	12	15602	14952			
17	17	17	22977	22469			
9	9	9	20200	17524			
6	6	6	9759	9562	56	320	
12	12	12	20274	14597	223	2491	
18	18	18	23145	8865	293	191	191
6		3	9301	9199	75	800	800
7	7	7	12287	4650	270	3350	
18	18	18	25830	23582			
16	16	16	29697	23966	3	200	200
13	13	9	26030	24230	28	291	
6	6	6	8734	8234	162	4105	3300
9	9	9	22717	6016			
10	10	10	24227	15405	385	3190	2610
7	7	7	15192	10634	169	2980	1905

10-1(一) 续表 15

民族乡镇名称	行政区划面积（平方公里）	村民委员会（个）	#已通公路的村（个）	#已通自来水的村（个）
河池市凤山县金牙瑶族乡	240	12	12	12
河池市东兰县三弄瑶族乡	89	5	5	2
河池市环江毛南族自治县驯乐苗族乡	590	12	12	12
河池市宜州市北牙瑶族乡	370	19	19	19
河池市宜州市福龙瑶族乡	400	15	15	2
重庆市	**1422**	**97**	**97**	**97**
奉节县云雾土家族乡	81	3	3	3
奉节县长安土家族乡	267	8	8	8
奉节县龙桥土家族乡	119	6	6	6
奉节县太和土家族乡	144	8	8	8
万州区恒合土家族乡	82	13	13	13
万州区地宝土家族乡	44	4	4	4
云阳县清水土家族乡	102	14	14	14
巫山县红椿土家族乡	110	5	5	5
巫山县邓家土家族乡	58	5	5	5
忠县磨子土家族乡	31	7	7	7
武隆区石桥苗族土家族乡	103	6	6	6
武隆区文复苗族土家族乡	110	6	6	6
武隆区后坪苗族土家族乡	87	6	6	6
武隆区浩口苗族仡佬族乡	85	6	6	6
四川省	**18532**	**642**	**633**	**553**
甘孜藏族自治州九龙县子耳彝族乡	352	5	5	5
甘孜藏族自治州九龙县三垭彝族乡	108	4	4	4
甘孜藏族自治州九龙县俄尔彝族乡	115	3	3	3
甘孜藏族自治州九龙县小金彝族乡	42	3	3	3
甘孜藏族自治州九龙县朵落彝族乡	125	3	3	3
甘孜藏族自治州九龙县踏卡彝族乡	269	4	4	4
甘孜藏族自治州九龙县湾坝彝族乡	630	5	5	5
阿坝藏族羌族自治州松潘县十里回族乡	39	6	6	6
阿坝藏族羌族自治州松潘县进安回族乡	28	10	10	10
攀枝花市仁和区大龙潭彝族乡	279	8	8	2
攀枝花市仁和区啊喇彝族乡	178	6	6	1

#已通电的村（个）	#已通电话的村（个）	#已通邮的村（个）	年末总人口（人）	#少数民族（人）	乡镇企业从业人员（人）	乡镇企业总产值（万元）	#工业企业（万元）
12	12	12	27618	9701	521	8130	5746
5	5	2	5591	2977	28	35	
12	12	12	27828	3850	1516	41247	35901
19	19	19	61772	48269	486	1369	1369
15	15	1	39268	39268	305	326	52
97	**97**	**85**	**166264**	**61735**	**3388**	**73594**	**17015**
3	3	3	4356	3049			
8	8	8	16488	4500			
6	6	6	11142	2998	58	6319	
8	8	8	14047	566			
13	13	13	27762	15503	1301	14898	6898
4	4	4	7877	4167	10	133	133
14	14	2	18848	4687			
5	5	5	7408	3769		84	84
5	5	5	3979	1399			
7	7	7	18828	8084	1627	44328	8375
6	6	6	12000	4000	50	3000	
6	6	6	9511	3912	189	228	2
6	6	6	7640	2732	125	4068	986
6	6	6	6378	2369	28	537	537
637	**628**	**396**	**773647**	**371767**	**21736**	**1359351**	**1075169**
5	5		4122	2976			
4	4		3447	3442			
3	3		3157	3152			
3	3		2799	2528			3933
3	3		1542	1249			
4	4		4442	4153			296
5	5		7295	6736			4607
6	6	6	3624	2278			
10	10	10	5306	2820	128	532	
8	8	8	15741	10874	2341	935	905
6	6	6	9318	5140	25	4060	1382

10–1(一)　续表 16

民族乡镇名称	行政区划面积（平方公里）	村民委员会（个）	#已通公路的村（个）	#已通自来水的村（个）
攀枝花市米易县麻陇彝族乡	228	8	8	8
攀枝花市米易县白坡彝族乡	343	10	10	10
攀枝花市米易县湾丘彝族乡	121	6	6	6
攀枝花市米易县新山傈僳族乡	70	4	4	4
攀枝花市盐边县敢鱼彝族乡	272	14	14	14
攀枝花市盐边县红果彝族乡	291	11	11	2
攀枝花市盐边县温泉彝族乡	187	7	7	7
攀枝花市盐边县箐河傈僳族乡	123	6	6	1
攀枝花市盐边县格萨拉彝族乡	340	11	11	10
攀枝花市盐边县和爱彝族乡	65	4	4	4
攀枝花市盐边县红宝苗族彝族乡	326	7	7	7
泸州市叙永县白蜡苗族乡	150	7	7	7
泸州市叙永县合乐苗族乡	91	5	5	5
泸州市叙永县枧槽苗族乡	81	6	6	4
泸州市叙永县石坝彝族乡	35	5	4	4
泸州市叙永县水潦彝族乡	83	10	10	10
泸州市古蔺县箭竹苗族乡	126	8	8	8
泸州市古蔺县大寨苗族乡	47	3	3	3
泸州市古蔺县马嘶苗族乡	91	5	5	5
广元市青川县蒿溪回族乡	112	5	5	5
广元市青川县大院回族乡	50	7	7	7
乐山市金口河区和平彝族乡	41	6	6	6
乐山市金口河区共安彝族乡	171	7	7	7
南充市阆中市博树回族乡	23	8	8	6
宜宾市筠连县高坪苗族乡	35	5	5	5
宜宾市筠连县联合苗族乡	39	8	8	8
宜宾市筠连县团林苗族乡	46	8	8	8
宜宾市屏山县屏边彝族乡	113	7	7	7
宜宾市屏山县清平彝族乡	84	10	10	10
宜宾市兴文县大坝苗族乡	128	16	16	16
宜宾市兴文县毓秀苗族乡	87	5	5	5
宜宾市兴文县大河苗族乡	126	17	17	15

#已通电的村（个）	#已通电话的村（个）	#已通邮的村（个）	年末总人口（人）	#少数民族（人）	乡镇企业从业人员（人）	乡镇企业总产值（万元）	#工业企业（万元）
8	8	8	8683	5905	37	600	600
10	10	1	10383	3119	120	544	544
6	6	6	16055	5306	5122	798850	668851
4	4	4	7184	2049	97	629	
14	14	1	7884	3508	30	680	560
11	11	1	14555	6690	1323	26628	20389
7	7	1	7662	6146	21	719	606
6	6	1	6312	1821	120	2229	227
11	11	11	12652	12252	15	3961	3961
4	4	4	5571	1678	296	966	758
7	7	1	5227	3856			
7	7	7	20620	4497	174	6940	6940
5	5	5	12787	5412	125	1234	587
6	6	6	13010	3023			
4	4	4	9422	3804	23	3506	3113
10	10	10	23762	16633	121	2273	1363
8	8	1	15783	3547	230	28592	12930
3	3	3	7525	1846	12		172
5	5	3	13601	16603	38	1410	870
5	5	1	3994	1359		710	
7	7	1	5700	1402		20	20
6	6	6	9594	2157	88	2825	2825
7	7	7	6606	2930	423	4752	2400
8	8	3	6558	3607	35	930	501
5	5	5	8092	2332	425	44131	43200
8	8	8	9756	3497	10	8063	1055
8	8	8	7173	1521	80	1226	1011
7	1	1	9359	4196			
10	10	10	8919	2406	101	56	56
16	16	16	32244	7118	765	12500	8575
5	5	2	6909	2613	143	2985	1153
17	17	17	43663	7998	991	73777	73777

10-1(一)　续表 17

民族乡镇名称	行政区划面　积（平方公里）	村　民委员会（个）	#已通公路的　村（个）	#已通自来水的村（个）
宜宾市兴文县麒麟苗族乡	115	25	25	17
宜宾市兴文县仙峰苗族乡	111	13	13	13
宜宾市珙县罗渡苗族乡	40	10	5	9
宜宾市珙县玉和苗族乡	25	4	4	4
宜宾市珙县观斗苗族乡	2035	4	4	4
雅安市汉源县小堡藏族彝族乡	49	3	3	3
雅安市汉源县坭美彝族乡	67	5	5	5
雅安市汉源县永利彝族乡	110	6	6	6
雅安市汉源县顺河彝族乡	79	4	4	4
雅安市汉源县片马彝族乡	55	6	6	6
雅安市石棉县安顺彝族乡	21	6	6	6
雅安市石棉县先锋藏族乡	94	7	7	7
雅安市石棉县蟹螺藏族乡	203	7	7	7
雅安市石棉县回隆彝族乡	224	6	6	6
雅安市石棉县擦罗彝族乡	76	5	5	5
雅安市石棉县栗子坪彝族乡	512	7	7	7
雅安市石棉县新民藏族彝族乡	123	9	9	9
雅安市石棉县挖角彝族藏族乡	187	3	3	3
雅安市石棉县田湾彝族乡	155	6	6	6
雅安市石棉县草科藏族乡	341	5	5	5
雅安市宝兴县跷碛藏族乡	889	5	5	5
雅安市荥经县宝峰彝族民族乡	14	3	3	3
雅安市荥经县民建彝族民族乡	21	5	5	5
凉山彝族自治州西昌市高草回族乡	25	7	7	2
凉山彝族自治州西昌市裕隆回族乡	44	9	9	4
凉山彝族自治州木里藏族自治县屋脚蒙古族乡	306	2	2	2
凉山彝族自治州木里藏族自治县俄亚纳西族乡	587	6	5	6
凉山彝族自治州木里藏族自治县白碉苗族乡	380	4	4	4
凉山彝族自治州木里藏族自治县项脚蒙古族乡	142	3	3	3
凉山彝族自治州木里藏族自治县固增苗族乡	389	4	4	4
凉山彝族自治州盐源县大坡蒙古族乡	149	5	4	2
凉山彝族自治州德昌县金沙傈僳族乡	74	3	3	

#已通电的村（个）	#已通电话的村（个）	#已通邮的村（个）	年末总人口（人）	#少数民族（人）	乡镇企业从业人员（人）	乡镇企业总产值（万元）	#工业企业（万元）
25	25	25	32542	7984	193	15337	8345
13	13	13	13191	4884	3521	48902	48902
10	10	1	14875	3512	300	25363	8420
4	4	4	6135	1991			
4	4	4	5614	1245	631	13180	3922
3	3	1	2235	523	36	49	49
5	5	5	2219	1189			
6	6	1	3291	626			
4	4	4	5028	1230	20	811	811
6	6	2	5473	1989	44	18	18
6	6	6	9406	4077	1166	85535	85535
7	7	7	6726	2258	381	66859	2986
7	7	1	3907	2107		25150	24958
6	6	6	7680	3361	192	2788	2788
5	5	1	4508	2430	324	8920	1784
7	7	7	5935	5875	220		
9	9	1	6755	2297	120	6000	5800
3	3	3	3528	2125	33	5123	5123
6	6	2	3122	1122	62	1800	
5	5	5	2986	1643	321	1019	1019
5	5	1	5498	5236	78	6120	5973
3	3	3	3394	1032			
5	5	1	4538	1387			
7	7	7	14436	4220			
9	9	9	20370	7456			
1	2	2	2448	2448			
6	6		6067	4325			
3	4	1	6159	4927			
3	3		3594	3090			
4	4	4	3380	2742			
5			3825	1560			
3	3	3	3278	3248			

10-1(一) 续表 18

民族乡镇名称	行政区划面积（平方公里）	村民委员会（个）	#已通公路的村（个）	#已通自来水的村（个）
凉山彝族自治州德昌县南山傈僳族乡	39	3	3	3
凉山彝族自治州会理县新安傣族乡	148	10	10	1
凉山彝族自治州冕宁县和爱藏族乡	96	6	6	6
凉山彝族自治州越西县保安藏族乡	35	3	3	
绵阳市平武县木皮藏族乡	251	3	3	3
绵阳市平武县白马藏族乡	715	4	4	4
绵阳市平武县黄羊关藏族乡	199	6	6	6
绵阳市平武县虎牙藏族乡	484	5	5	5
绵阳市平武县泗耳藏族乡	550	3	2	1
绵阳市平武县徐塘羌族乡	121	5	5	5
绵阳市平武县锁江羌族乡	249	10	10	10
绵阳市平武县平南羌族乡	98	5	5	5
绵阳市北川羌族自治县桃龙藏族乡	69	6	6	6
绵阳市盐亭县大兴回族乡	24	8	8	2
达州市宣汉县渡口土家族乡	105	8	8	8
达州市宣汉县龙泉土家族乡	224	14	14	14
达州市宣汉县三墩土家族乡	91	8	8	8
达州市宣汉县漆树土家族乡	42	4	4	3
绵阳市平武县水田羌族乡	111	7	7	2
绵阳市平武县旧堡羌族乡	121	6	6	1
绵阳市平武县阔达藏族乡	134	6	6	6
绵阳市平武县土城藏族乡	222	9	9	9
贵州省	**20202**	**2088**	**2065**	**1841**
贵阳市南明区小碧布依族苗族乡	66	12	12	12
贵阳市花溪区高坡苗族乡	120	19	19	19
贵阳市花溪区孟关苗族布依族乡	68	8	8	8
贵阳市花溪区马铃布依族苗族乡	82	3	3	3
贵阳市花溪区黔陶布依族苗族乡	74	7	7	7
贵阳市乌当区偏坡布依族乡	22	2	2	2
贵阳市乌当区新堡布依族乡	54	7	7	7
贵阳市白云区牛场布依族乡	67	13	13	13
贵阳市白云区都拉布依族乡	37	7	7	7

#已通电的村（个）	#已通电话的村（个）	#已通邮的村（个）	年末总人口（人）	#少数民族（人）	乡镇企业从业人员（人）	乡镇企业总产值（万元）	#工业企业（万元）
3	3	3	2062	2062			
10	10	10	9159	6369			
4	4	6	3327	1247	15		
3	3	3	5146	4304			
3	3	3	1128	836			
4	4	4	1523	1507			
6	6	6	1490	527			
5	5	1	2760	1281			
3	3	1	852	235			
5	5		2722	1950			
10	10	1	6314	6126	146	800	
5	5		2203	2100			
6	6	6	3311	2585			
8	8	8	7318	2481			
8	8	1	8036	7644			
14	14	2	11726	10536			
8	8	1	15942	9443	335	7586	7
4	4	4	7070	6517	83	166	
7	7	1	3765	2202			
6	6	1	3540	2900			
6	6	1	5120	2723			
9	9	9	7294	4866	56	563	563
2086	**1934**	**1060**	**4327800**	**2263625**	**129437**	**3575211**	**2463410**
12	12	12	18450	6979			
19	19	19	26128	19308	18	8805	8805
8	8	8	21151	10623		245450	85810
3	3	3	9673	6384	182		
7	7	7	10607	4773	530	11551	9241
2	2	2	2033	1961	150	381	
7	7	7	5378	3245			
13	13	13	13880	5228	870	14486	1014
7	7	7	10632	5876	383	138462	138462

10-1(一) 续表 19

民族乡镇名称	行政区划面积(平方公里)	村民委员会(个)	#已通公路的村(个)	#已通自来水的村(个)
贵阳市清镇市麦格苗族布依族乡	125	15	15	15
贵阳市清镇市王庄布依族苗族乡	77	10	10	10
贵阳市清镇市流长苗族乡	158	26	26	5
贵阳市开阳县高寨苗族布依族乡	177	8	8	8
贵阳市开阳县南江布依族苗族乡	120	6	6	6
贵阳市开阳县禾丰布依族苗族乡	83	7	7	7
贵阳市修文县大石布依族乡	50	7	7	7
贵阳市息烽县青山苗族乡	50	5	5	5
六盘水市水城县坪寨彝族乡	97	4	4	4
六盘水市水城县南开苗族彝族乡	136	12	12	12
六盘水市水城县青林苗族彝族乡	64	4	4	4
六盘水市水城县金盆苗族彝族乡	107	6	6	6
六盘水市水城县新街彝族苗族布依族乡	52	3	3	3
六盘水市水城县杨梅彝族苗族回族乡	160	6	6	6
六盘水市水城县野钟苗族彝族布依族乡	142	5	5	5
六盘水市水城县果布嘎彝族苗族布依族乡	107	5	5	5
六盘水市水城县龙场苗族白族彝族乡	101	5	5	5
六盘水市水城县营盘苗族彝族白族乡	114	6	6	6
六盘水市水城县顺场苗族彝族布依族乡	119	6	6	6
六盘水市水城县花戛苗族布依族彝族乡	160	5	5	5
六盘水市水城县猴场苗族布依族乡	155	6	6	6
六盘水市盘县普田回族乡	76	6	6	6
六盘水市盘县旧营白族彝族苗族乡	101	11	11	11
六盘水市盘县羊场布依族白族苗族乡	136	16	16	16
六盘水市盘县保基苗族彝族乡	147	7	7	7
六盘水市盘县淤泥彝族乡	175	19	19	19
六盘水市盘县普古彝族苗族乡	155	19	19	19
六盘水市盘县坪地彝族乡	152	15	15	15
六盘水市六枝特区梭戛苗族彝族乡	57	7	7	4
六盘水市六枝特区落别布依族彝族乡	94	13	13	13
六盘水市六枝特区中寨苗族彝族布依族乡	165	17	17	17
六盘水市六枝特区牛场苗族彝族乡	83	9	9	9

#已通电的村（个）	#已通电话的村（个）	#已通邮的村（个）	年末总人口（人）	#少数民族（人）	乡镇企业从业人员（人）	乡镇企业总产值（万元）	#工业企业（万元）
15	15	15	24452	8747	960	40271	31256
10	10	10	25628	7220	1925	110000	110000
26	26	26	53916	27590	310	6200	5000
8	8	8	26523	8315	286	32348	32283
6	6	6	21104	7451	400	1000	
7	7	1	17296	6227			
7	7	7	14078	3769	462	65	65
5	5	5	7465	2056	402	1256	776
4	4	1	13198	3899	201	998	998
12	12	1	52620	26313	145	1380	1349
4	4	1	22311	11931	120	595	595
6	6	1	31850	19441	158	2005	2005
3	3	1	14220	8864	20	700	700
6	6	1	28012	13610	37	1000	1000
5	5	1	24705	14650	105	3560	3560
5	5	1	19652	11652	216	1890	1890
5	5	1	24886	11908	251	3900	3900
6	6	1	21910	18667	120	4963	4963
6	6	1	26238	15572	335	22960	22960
5	5	1	20241	15387	56	10197	10197
6	6	1	22873	21272	261	26755	36755
6	6	6	14874	4759	128	496	110
11	11	11	34919	13893	142	586	375
16	16	16	38699	19684	10694	482583	327643
7	7	7	15947	13850	920	4879	1626
19	19	19	30800	25256	5486	37482	19155
19	19	19	26172	15703	1659	228280	42580
15	12	15	36432	12031	1680	21504	10768
7	7	7	22362	6780	983	17475	10666
13	13	13	42268	26632	6275	60923	8047
17	17	3	38652	37793	13225	223672	50420
9	9	1	26688	11098	806	34521	4536

10-1(一) 续表 20

民族乡镇名称	行政区划面积（平方公里）	村民委员会（个）	#已通公路的村（个）	#已通自来水的村（个）
六盘水市六枝特区月亮河彝族苗族乡	118	17	17	17
遵义市仁怀市后山苗族布依族乡	72	4	4	4
遵义市遵义县平正仡佬族乡	145	7	7	7
遵义市遵义县洪关苗族乡	63	3	3	3
遵义市桐梓县马鬃苗族乡	109	10	10	10
遵义市正安县谢坝仡佬族苗族乡	93	6	6	6
遵义市正安县市坪苗族仡佬族乡	111	4	4	4
遵义市余庆县花山苗族乡	106	4	4	4
遵义市道真仡佬族苗族自治县上坝土家族乡	93	3	3	3
安顺市西秀区鸡场布依族苗族乡	110	5	5	5
安顺市西秀区杨武布依族苗族乡	152	10	10	10
安顺市西秀区岩腊苗族布依族乡	114	8	8	8
安顺市西秀区新场布依族苗族乡	70	8	8	8
安顺市西秀区黄腊布依族苗族乡	72	7	7	7
安顺市平坝县十字回族乡	110	11	11	11
安顺市平坝县羊昌布依族苗族乡	76	7	7	7
安顺市普定县补郎苗族乡	81	11	11	11
安顺市普定县猴场苗族仡佬族乡	93	10	10	10
安顺市普定县猫洞苗族仡佬族乡	89	15	15	15
毕节市七星关区大屯彝族乡	60	8	8	8
毕节市七星关区田坎彝族乡	61	7	7	7
毕节市七星关区阿市苗族彝族乡	102	13	13	13
毕节市七星关区团结彝族苗族乡	84	13	13	13
毕节市七星关区阴底彝族苗族白族乡	117	12	12	12
毕节市七星关区千溪彝族苗族白族乡	54	5	5	5
毕节市黔西县永燊彝族苗族乡	93	13	13	13
毕节市黔西县新仁苗族乡	69	9	9	2
毕节市黔西县花溪彝族苗族乡	83	10	10	10
毕节市黔西县中建苗族彝族乡	62	6	6	6
毕节市黔西县定新彝族苗族乡	95	13	13	13
毕节市黔西县太来彝族苗族乡	100	13	13	13
毕节市黔西县绿化白族彝族乡	43	7	7	7

#已通电的村(个)	#已通电话的村(个)	#已通邮的村(个)	年末总人口(人)	#少数民族(人)	乡镇企业从业人员(人)	乡镇企业总产值(万元)	#工业企业(万元)
17	17	2	37044	29160	5315	55980	23777
4	4	4	11898	5006	169	680	
7	7	7	21753	4018	1308	17035	12383
3	3	3	11367	1324	236		
10	10	1	9401	2780			
6	6	6	15035	12018	225	16151	11613
4	4	4	22427	17888	452	3987	671
4	4	4	15243	8378	287	5000	5000
3	3	3	19681		358	258000	257981
5	5	5	19528	7380	567	23421	2918
10	10	10	31853	15926	2500	12000	7500
8	8	8	20314	10579	9862	653	400
8	8	8	17043	6449	50	5500	4000
7	7	7	17625	15536	960	4120	2010
11	11	11	38198	9598	356	19862	12000
7	7	7	27600	16522	3307	95007	70700
11	11	11	30186	9810	1500	11300	7942
10	10	1	28850	6043	153	10463	10463
15	15	15	38900	11200	268	20000	18000
8	8	8	23642	8448	1523	8250	6420
7	7	1	18980	4934	151	454	454
13	13	1	27331	8972	65	4332	2920
13	13	7	26739	6416	169	1879	336
12	12	5	46294	13581	247	7817	1029
5	5	5	25852	7712	290	4300	4100
13	13	13	2952	7896	300	3212	3212
9	9	1	26465	5618	307	409	300
10	10	10	22461	18194	3400	52014	50014
6	6	6	12327	3080	396	2800	2000
13	13	13	24456	7633	642	2000	1179
13	1	13	33105	9932	192	1125	524
7	7	1	18722	8052	512	18221	14232

10–1(一) 续表 21

民族乡镇名称	行政区划面积（平方公里）	村民委员会（个）	#已通公路的村（个）	#已通自来水的村（个）
毕节市黔西县红林彝族苗族乡	107	11	11	11
毕节市黔西县五里布依族苗族乡	84	10	10	10
毕节市黔西县铁石苗族彝族乡	90	11	11	11
毕节市大方县竹园彝族苗族乡	53	9	9	9
毕节市大方县响水白族彝族仡佬族乡	114	16	16	16
毕节市大方县鼎新彝族苗族乡	110	12	12	12
毕节市大方县牛场苗族彝族乡	106	10	10	10
毕节市大方县理化苗族彝族乡	131	10	10	5
毕节市大方县安乐彝族仡佬族乡	68	8	8	8
毕节市大方县凤山彝族蒙古族乡	52	8	8	3
毕节市大方县百纳彝族乡	93	6	6	6
毕节市大方县三元彝族苗族白族乡	94	8	8	8
毕节市大方县沙厂彝族乡	74	6	6	2
毕节市大方县黄泥彝族苗族满族乡	64	6	6	6
毕节市大方县核桃彝族白族乡	88	9	9	9
毕节市大方县八堡彝族苗族乡	106	7	7	7
毕节市大方县兴隆苗族乡	103	8	8	8
毕节市大方县大山苗族彝族乡	85	11	11	11
毕节市大方县星宿苗族彝族仡佬族乡	127	10	10	10
毕节市织金县自强苗族乡	53	11	11	1
毕节市织金县官寨苗族乡	63	16	16	2
毕节市织金县后寨苗族乡	108	13	13	13
毕节市织金县大平苗族彝族乡	56	13	13	3
毕节市织金县茶店布依族苗族彝族乡	86	21	21	5
毕节市织金县金龙苗族彝族布依族乡	109	20		20
毕节市织金县鸡场苗族彝族布依族乡	105	24	24	3
毕节市金沙县太平彝族苗族乡	97	5	5	5
毕节市金沙县石场苗族彝族乡	120	11	11	11
毕节市金沙县马路彝族苗族乡	83	7	7	3
毕节市金沙县安洛苗族彝族满族乡	101	8	8	8
毕节市金沙县新化苗族彝族满族乡	90	10	10	10
毕节市金沙县大田彝族苗族布依族乡	85	7	7	7

#已通电的村（个）	#已通电话的村（个）	#已通邮的村（个）	年末总人口（人）	#少数民族（人）	乡镇企业从业人员（人）	乡镇企业总产值（万元）	#工业企业（万元）
11	11	1	22631	12438	507	996	571
10	10	1	23344	9098	300	44256	44256
11	11	11	23861	14316	4	100	
9	9	9	12416		1532	29737	27600
14	16	1	39667	15515	110	480	125
12	12	12	46378	28046			
10	10	1	45172	17041	830	2000	572
10	10		51563	19677			
8	8	8	16127	11313	456	23549	20416
8	8	8	15123	6389	2220	85000	55000
6	6	1	21008	6629	88	5600	2760
8	8	8	20472	11825			
6	6	2	13118	3283	43	205	80
6	6	1	13752	5629	80	500	400
9	9	9	38846	9112			
7	7	7	39709	12389			
8	8	1	31335	9573			
11	11	1	19679	6180			420
10	10	2	14148	5057	168	800	
11	1	1	18832	15292	169	3691	1362
16	16	16	32535	19129	564	4950	3394
13	13	13	29619	12546	1020	31020	31020
13	13	1	23770	12633	80	5483	5483
21	21	1	21128	4795			
20	20	1	53028	29780			3471
24	24	1	55979	25584	540	2300	1800
5	5	1	15965	4699			
11	11	11	29798	9078	205	3210	1317
7	7	1	16931	4345			
8	8	8	21306	9765	1150	59500	57500
10	10	2	22667	7869	3850	96572	96572
7	7	1	11420	4085	680	13750	12420

10-1(一) 续表 22

民族乡镇名称	行政区划面积(平方公里)	村民委员会(个)	#已通公路的村(个)	#已通自来水的村(个)
毕节市赫章县兴发苗族彝族回族乡	113	16	16	16
毕节市赫章县松林坡白族彝族苗族乡	140	10	10	10
毕节市赫章县雉街彝族苗族乡	160	18	18	2
毕节市赫章县珠市彝族乡	193	26	26	21
毕节市赫章县双坪彝族苗族乡	84	10	10	2
毕节市赫章县辅处彝族苗族乡	83	9	9	9
毕节市赫章县铁匠苗族乡	106	8	8	8
毕节市赫章县可乐彝族苗族乡	132	19	19	19
毕节市赫章县河镇彝族苗族乡	120	14	14	14
毕节市赫章县结构彝族苗族乡	129	25	25	25
毕节市赫章县水塘堡彝族苗族乡	187	16	16	1
毕节市赫章县古达苗族彝族乡	173	20	20	15
毕节市纳雍县厍东关彝族苗族白族乡	59	10	10	10
毕节市纳雍县董地苗族彝族乡	99	11	11	11
毕节市纳雍县左鸠戛彝族苗族乡	57	6	6	6
毕节市纳雍县锅圈岩苗族彝族乡	104	15	15	15
毕节市纳雍县新房彝族苗族乡	100	25	25	25
毕节市纳雍县化作苗族彝族乡	97	19	19	19
毕节市纳雍县姑开苗族彝族乡	77	12	12	12
毕节市纳雍县羊场苗族彝族乡	117	15	15	15
毕节市纳雍县昆寨苗族彝族白族乡	90	16	16	16
毕节市纳雍县猪场苗族彝族乡	93	11	11	11
毕节市威宁彝族回族苗族自治县新发布依族乡	110	31	31	31
毕节市大方县大水彝族苗族布依族乡	72	10	10	10
毕节市黔西县金坡苗族彝族满族乡	85	9	9	9
毕节市大方县普底彝族苗族白族乡	83	8	8	8
毕节市黔西县仁和彝族苗族乡	74	10	10	5
铜仁市碧江区桐木坪侗族乡	69	3	3	3
铜仁市碧江区瓦屋侗族乡	115	6	6	6
铜仁市碧江区和平土家族侗族乡	79	7	7	7
铜仁市碧江区滑石侗族苗族土家族乡	79	7	7	7
铜仁市碧江区六龙山侗族土家族乡	86	4	4	4

#已通电的村（个）	#已通电话的村（个）	#已通邮的村（个）	年末总人口（人）	#少数民族（人）	乡镇企业从业人员（人）	乡镇企业总产值（万元）	#工业企业（万元）
16	16	1	32262	14872	265	33760	33760
10	10	1	21015	10718	403	820	632
18	18	2	24400	13967	2018	340040	321000
26	26	1	47078	12711	351	341	178
10	2	2	19866	5626	348	520	348
9	9	1	18498	5104	150	16700	1700
8	8	1	23111	11208	358	33930	31702
19	19	1	44330	14747	320	1200	400
14	14	1	22965	5897			
25	10	2	32071	7191	121	4068	4068
16	16	1	29130	11606	578	20860	18600
20	3	1	40269	18329	355	596	382
10	10	2	24377	10271	457	3026	2410
11	11	1	33539	23477	254	1026	352
6	6	1	14158	5161	108	1060	240
15	15	1	33440	15680	220	710	180
25	25	1	44115	18159	626	1200	78
19	19	2	42016	25680	426	1965	320
12	12	1	37942	12909	505	2206	1706
15	15	2	37113	9265	152	2000	245
16	16	1	31051	20493	254	756	356
11	11	1	21045	14885	865	4326	1047
31	31	1	51597	14879	106	22500	22500
10	10	10	20782	12614	3040	8250	8000
9	9	9	22970	10283	260	2650	2500
8	8	8	15342	11437	386	7851	
10	10	2	14269	11992	310	532	660
3	3	3	9790	7683	180	2000	280
6	6	6	12223	10756	280	7366	7120
7	7	7	23046	21200	120	6860	5861
7	7	7	23046	21200	120	6860	5861
4	4	4	4640	4332			

10-1(一)　续表 23

民族乡镇名称	行政区划面积(平方公里)	村民委员会(个)	#已通公路的村(个)	#已通自来水的村(个)
铜仁市万山区高楼坪侗族乡	76	14	14	14
铜仁市万山区黄道侗族乡	92	10	10	10
铜仁市万山区敖寨侗族乡	89	5	5	5
铜仁市万山区下溪侗族乡	65	7	7	7
铜仁市万山区鱼塘侗族土家族苗族乡	145	14	14	14
铜仁市万山区大坪侗族土家族苗族乡	156	12	12	12
铜仁市德江县楠杆土家族乡	124	13	13	13
铜仁市德江县沙溪土家族乡	119	14	14	14
铜仁市德江县桶井土家族乡	94	22	22	22
铜仁市德江县堰塘土家族乡	102	11	11	11
铜仁市德江县荆角土家族乡	98	15	15	13
铜仁市德江县长丰土家族乡	95	14	13	14
铜仁市德江县龙泉土家族乡	81	12	12	12
铜仁市德江县钱家土家族乡	80	12	12	12
铜仁市江口县德旺土家族苗族乡	267	10	10	10
铜仁市江口县官和侗族土家族苗族乡	120	4	4	4
铜仁市石阡县聚凤仡佬族侗族乡	157	18	18	18
铜仁市石阡县大沙坝仡佬族侗族乡	63	15	15	15
铜仁市石阡县枫香仡佬族侗族乡	70	12	12	12
铜仁市石阡县青阳苗族仡佬族侗族乡	135	14	14	14
铜仁市石阡县龙井侗族仡佬族乡	100	23	23	23
铜仁市石阡县石固仡佬族侗族乡	167	14	14	14
铜仁市石阡县坪地仡佬族侗族乡	123	18	18	18
铜仁市石阡县甘溪仡佬族侗族乡	158	9	9	9
铜仁市石阡县坪山仡佬族侗族乡	124	8	8	8
铜仁市思南县思林土家族苗族乡	56	13	13	10
铜仁市思南县枫芸土家族苗族乡	68	15	15	5
铜仁市思南县杨家坳苗族土家族乡	76	18	18	7
铜仁市思南县胡家湾苗族土家族乡	59	14	14	6
铜仁市思南县宽坪土家族苗族乡	68	14	14	4
铜仁市思南县三道水土家族苗族乡	62	17	17	5
铜仁市思南县天桥土家族苗族乡	69	12	12	5

#已通电的村（个）	#已通电话的村（个）	#已通邮的村（个）	年末总人口（人）	#少数民族（人）	乡镇企业从业人员（人）	乡镇企业总产值（万元）	#工业企业（万元）
14	14	14	16801	13862	5600	38650	24500
10	10	1	15946	15627	655	1430	1285
5	5	5	10528	8425	230	1200	
7	7	7	9050	3	450	27050	26500
14	14	14	30030	28529			
12	12	1	25980	20784	320	312	
13	13	13	15685	13019	16	90	
14	14	10	13038	9648	30	450	300
22	22	22	22882	22653	160	985	95
11	11	11	16688	14352	90	380	
15	15	12	16619	10969	120	610	510
14	14	10	17871	15190	16	300	
12	12	12	13705	10964	78	530	
12	12	12	14028	14028	180	540	400
10	10	10	18625	11920	165	2340	1398
4	4	4	9768	6450	14	150	78
18	18	1	21631	16872	320	270	180
15	15	3	20522	15391	52	126	52
12	12	1	9400	7332	88	426	109
14	14	1	12213	9526	138	425	168
23	23	1	28376	21565	80	780	325
14	14	1	14035	10526	45	462	213
18	18	1	20311	16655	351	925	216
9	9	1	14082	10279	91	468	112
8	8	1	8182	6627	430	1198	216
13	5	3	14178	6481	55	556	
15	4	2	17704	8764	55	1356	
18	7	5	22394	10709	230	1100	
14	4	2	15784	10516	52	176	
14	4	2	16000	8586	198	256	
17	7	2	20422	11529	150	1700	
12	4	3	16181	8475	142	558	

10-1(一)　续表 24

民族乡镇名称	行政区划面积（平方公里）	村民委员会（个）	#已通公路的村（个）	#已通自来水的村（个）
铜仁市思南县兴隆土家族苗族乡	56	13	11	5
黔西南布依族苗族自治州晴隆县三宝彝族乡	24	3	3	3
黔西南布依族苗族自治州兴仁县鲁础营回族乡	145	8	8	8
黔西南布依族苗族自治州望谟县油迈瑶族乡	169	8	8	8
黔东南苗族侗族自治州从江县秀塘壮族乡	178	13	13	11
黔东南苗族侗族自治州从江县刚边壮族乡	145	15	15	15
黔东南苗族侗族自治州从江县翠里瑶族壮族乡	165	20	20	20
黔东南苗族侗族自治州镇远县尚寨土家族乡	75	4	4	4
黔东南苗族侗族自治州麻江县坝芒布依族乡	128	7	7	7
黔东南苗族侗族自治州榕江县水尾水族乡	171	5	5	5
黔东南苗族侗族自治州榕江县三江水族乡	199	13	13	13
黔东南苗族侗族自治州榕江县仁里水族乡	83	8	8	8
黔东南苗族侗族自治州榕江县定威水族乡	145	7	7	7
黔东南苗族侗族自治州榕江县兴华水族乡	177	9	9	9
黔东南苗族侗族自治州榕江县塔石瑶族水族乡	90	9	9	9
黔东南苗族侗族自治州雷山县达地水族乡	73	10	10	10
黔东南苗族侗族自治州黎平县顺化瑶族乡	59	4	4	4
黔东南苗族侗族自治州黎平县雷洞瑶族水族乡	82	13	13	13
黔东南苗族侗族自治州岑巩县羊桥土家族乡	161	15	15	15
黔南布依族苗族自治州都匀市归兰水族乡	150	12	12	12
黔南布依族苗族自治州荔波县瑶山瑶族乡	207	8	8	8
黔南布依族苗族自治州荔波县黎明关水族乡	488	14	14	14
黔南布依族苗族自治州平塘县卡蒲毛南族	108	6	6	6
贵阳市花溪区湖潮布依族苗族乡	111	20	20	20
云南省	**41152**	**1057**	**1057**	**1033**
昆明市晋宁县夕阳彝族乡	157	10	10	10
昆明市晋宁县双河彝族乡	152	6	6	6
昆明市宜良县九乡彝族回族乡	256	8	8	8
昆明市宜良县耿家营彝族苗族乡	199	9	9	9
昭通市昭阳区守望回族乡	67	7	7	7
昭通市昭阳区小龙洞回族彝族乡	124	6	6	6
昭通市布嘎回族乡	97	5	5	3

#已通电的村（个）	#已通电话的村（个）	#已通邮的村（个）	年末总人口（人）	#少数民族（人）	乡镇企业从业人员（人）	乡镇企业总产值（万元）	#工业企业（万元）
13	5	1	16175	8804	325	659	
3	3	1	6043	5950	160	305	
8	8	8	18880	6821	239	1820	615
8	8	1	13521	13420			
13	13	1	7995	7326	18	245	83
15	15	1	11396	11218	525	1901	
20	20	20	14400	13730	280	335	50
4	4	1	8103	7455			
7	7	7	17123	11180	151	15063	15063
5	5		3359	3328			
13	13	1	14945	13029	27	10	10
8	8	8	12435	10969			
7	7	1	6291	5885			
9	5	1	12929	12819	25	80	66
9	9	9	11355	1276	24	102	
10	1	10	11562	9993			
4	4	4	5369	5310			
13	13	13	12922	12876			
15	15	15	28114	21450			
12	12	12	34512	33179	1232	360	360
8	8	8	10178	9873	148	1056	1056
14	14	14	22782	18965	112	2810	
6	6	1	13981	13687	70	1500	
20	20	20	39753	14904		43936	26836
1057	**1057**	**1048**	**2756450**	**1741549**	**60585**	**1818329**	**1347707**
10	10	10	9596	7668	1388	12891	10956
6	6	6	9415	7655	215	33321	6518
8	8	8	19140	5530	10	224	
9	9	9	19039	6490	1275	39080	38906
7	7	7	45545	33267			
6	6	6	37280	31323	1200	1400	
5	5	5	33290	22089	290	820	

10 1(一) 续表 25

民族乡镇名称	行政区划面积（平方公里）	村民委员会（个）	#已通公路的村（个）	#已通自来水的村（个）
昭通市青岗岭回族彝族乡	113	7	7	7
昭通市鲁甸县桃源回族乡	60	7	7	7
昭通市鲁甸县茨院回族乡	43	6	6	6
昭通市大关县上高桥回族彝族苗族乡	104	6	6	6
昭通市永善县马楠苗族彝族乡	211	6	6	6
昭通市永善县伍寨彝族苗族乡	174	5	5	5
昭通市镇雄县果珠彝族乡	91	5	5	5
昭通市镇雄县林口彝族苗族乡	117	8	8	8
昭通市彝良县龙街苗族彝族乡	238	12	12	12
昭通市彝良县奎香苗族彝族乡	229	8	8	8
昭通市彝良县树林彝族苗族乡	124	4	4	4
昭通市彝良县柳溪苗族乡	96	5	5	5
昭通市彝良县洛旺苗族乡	168	8	8	8
昭通市威信县双河苗族彝族乡	146	8	8	8
曲靖市师宗县龙庆彝族壮族乡	481	14	14	14
曲靖市师宗县五龙壮族乡	476	13	13	13
曲靖市师宗县高良壮族苗族瑶族乡	561	11	11	11
曲靖市罗平县长底布依族乡	89	6	6	6
曲靖市罗平县旧屋基彝族乡	120	7	7	7
曲靖市罗平县鲁布革布依族苗族乡	249	9	9	9
曲靖市富源县古敢水族乡	83	3	3	3
曲靖市会泽县新街回族乡	263	16	16	16
楚雄彝族自治州南华县雨露白族乡	243	7	7	7
楚雄彝族自治州大姚县湾碧傈僳傣族乡	557	12	12	12
楚雄彝族自治州永仁县永兴傣族乡	539	12	12	12
楚雄彝族自治州武定县东坡傣族乡	168	8	8	8
玉溪市红塔区小石桥彝族乡	73	3	3	3
玉溪市红塔区洛河彝族乡	171	5	5	5
玉溪市江川县安化彝族乡	96	5	5	5
玉溪市通海县高大傣族彝族乡	110	6	6	6
玉溪市通海县里山彝族乡	100	6	6	6
玉溪市通海县兴蒙蒙古族乡	5	3	3	3

#已通电的村（个）	#已通电话的村（个）	#已通邮的村（个）	年末总人口（人）	#少数民族（人）	乡镇企业从业人员（人）	乡镇企业总产值（万元）	#工业企业（万元）
7	7	7	31420	9588	146	2780	975
7	7	7	41762	39352	1210	66857	61006
6	6	6	30749	8717	1910	171030	169780
6	6	6	21795	7406	45	620	310
6	6	6	16938	5831	42	1330	1330
5	5	5	15958	4352	51	4320	3850
5	5	5	43320	10880	658	6521	6521
8	8	8	51755	12982	125	1060	1060
12	12	12	49376	11676			
8	8	8	55163	11030			
4	4	4	27858	7545			
5	5	5	22723	5762			
8	8	8	32815	7880	5568	54	
8	8	8	34806	9445			
14	14	14	41820	19290	568	1480	295
13	13	13	36750	13767	960	3896	1252
11	11	11	28270	22086	921	11079	1155
6	6	6	18235	6643	673	2629	379
7	7	7	11033	4216	246	915	750
9	9	9	20783	18297	208	1960	200
3	3	3	16256	5968	370	4250	2814
16	16	16	43789	18115			
7	7	7	14515	11942			
12	12	12	18195	10780	520	7350	
12	12	12	12042	7734	880	17129	6460
8	8	8	14600	11900	190	10200	482
3	3	3	6526	2993	1105	50764	45824
5	5	5	10163	9235	577	22706	8397
5	5	5	9580	9125	80	3573	3573
6	6	6	11560	7829	1491	26417	22648
6	6	6	8901	4539	1303	229184	150404
3	3	3	5766	5567	380	18423	11214

10-1(一) 续表 26

民族乡镇名称	行政区划面积（平方公里）	村民委员会（个）	#已通公路的村（个）	#已通自来水的村（个）
玉溪市华宁县通红甸彝族苗族乡	115	6	6	6
玉溪市易门县十街彝族乡	159	8	8	8
玉溪市易门县浦贝彝族乡	179	7	7	7
玉溪市易门县铜厂彝族乡	293	9	9	9
红河哈尼族彝族自治州河口瑶族自治县桥头苗族壮族乡	175	8	8	8
红河哈尼族彝族自治州金平苗族瑶族傣族自治县者米拉祜族乡	376	4	4	4
红河州蒙自县期路白苗族乡	212	6	6	6
红河州蒙自县老寨苗族乡	157	4	4	4
红河州开远市大庄回族乡	104	5	5	4
文山壮族苗族自治州文山市东山彝族乡	158	4	4	4
文山壮族苗族自治州文山市红甸回族乡	91	4	4	4
文山壮族苗族自治州文山市秉烈彝族乡	293	10	10	10
文山壮族苗族自治州文山市柳井彝族乡	173	7	7	7
文山壮族苗族自治州文山市坝心彝族乡	126	5	5	5
文山州砚山县阿舍彝族乡	273	7	7	7
文山州砚山县维末彝族乡	581	10	10	10
文山州砚山县盘龙彝族乡	238	5	5	5
文山州砚山县干河彝族乡	237	4	4	4
文山州丘北县舍得彝族乡	303	7	7	7
文山州丘北县新店彝族乡	472	6	6	6
文山州丘北县树皮彝族乡	580	9	9	
文山州丘北县八道哨彝族乡	214	5	5	1
文山州丘北县腻脚彝族乡	414	7	7	7
文山州麻栗坡县猛硐瑶族乡	215	5	5	5
文山州富宁县洞波瑶族乡	535	12	12	12
普洱市澜沧拉祜族自治县酒井哈尼族乡	381	4	4	4
普洱市澜沧拉祜族自治县发展河哈尼族乡	468	4	4	4
普洱市澜沧拉祜族自治县谦六彝族乡	896	15	15	15
普洱市澜沧拉祜族自治县文东佤族乡	180	6	6	6
普洱市澜沧拉祜族自治县安康佤族乡	179	5	5	5
普洱市澜沧拉祜族自治县雪林佤族乡	227	7	7	7
普洱市思茅区云仙彝族乡	667	12	12	12

#已通电的村（个）	#已通电话的村（个）	#已通邮的村（个）	年末总人口（人）	#少数民族（人）	乡镇企业从业人员（人）	乡镇企业总产值（万元）	#工业企业（万元）
6	6	6	10652	4670	290	4713	4600
8	8	8	12517	7619	1300	11950	4200
7	7	7	17635	9478	1152	25900	18560
9	9	9	21427	14352	293	11173	6273
8	8	8	19596	14806	29	85	
4	4	4	23554	23460	112	885	
6	6	6	19285	14432			
4	4	4	11529	6584	59	7590	2201
5	5	5	19602	16308	1721	24390	9068
4	4	4	11080	10092	140	12900	
4	4	4	14889	11542	979	4875	1921
10	10	10	23900	22554	19	150	
7	7	7	15853	10297			
5	5	5	8240	4270			
7	7	7	24191	19877	1030	9047	7450
10	10	10	58072	38883	121	3878	1297
5	5	5	35079	21605	1447	61562	61562
4	4	4	24468	20219			
7	7	7	19064	16495	30	1002	
6	6	6	20699	19100			
9	9	9	46460	26896	154	263	263
5	5	5	34000	23971	413	46256	39084
7	7	7	27273	16259	130	8000	
5	5	5	15056	14425	504	10489	5885
12	12	12	39507	35172	95	5271	5271
4	4	4	14065	13395	97	357	
4	4	4	16383	12434	419	612	
15	15	15	46584	39112	616	770	
6	6	6	14471	10242	15	333	
5	5	5	12756	12517	35	284	
7	7	7	13113	13075	1655	600	
12	12	12	17958	6810	65	220	75

10–1(一) 续表 27

民族乡镇名称	行政区划面积（平方公里）	村民委员会（个）	#已通公路的村（个）	#已通自来水的村（个）
普洱市思茅区龙潭彝族傣族乡	330	6	6	6
普洱市墨江哈尼族自治县孟弄彝族乡	211	7	7	7
普洱市西盟佤族自治县力所拉祜族乡	186	5	5	5
大理州大理市太邑彝族乡	107	5	5	5
大理州鹤庆县六合彝族乡	250	13	13	13
大理州宾川县钟英傈僳族彝族乡	292	6	6	6
大理州宾川县拉乌彝族乡	231	7	7	7
大理州祥云县东山彝族乡	316	8	8	8
大理州弥渡县牛街彝族乡	264	11	11	11
大理州永平县北斗彝族乡	483	9	9	9
大理州永平县厂街彝族乡	363	11	11	11
大理州永平县水泄彝族乡	396	9	9	9
大理州云龙县苗尾傈僳族乡	662	8	8	8
大理州云龙县团结彝族乡	306	5	5	5
丽江市华坪县永兴傈僳族乡	315	7	7	7
丽江市华坪县通达傈僳族乡	152	5	5	5
丽江市华坪县新庄傈僳族傣族乡	277	7	7	7
丽江市华坪县船房傈僳族傣族乡	174	4	4	4
丽江市永胜县羊坪彝族乡	164	5	5	5
丽江市永胜县东山傈僳族彝族乡	379	5	5	5
丽江市永胜县六德傈僳族彝族乡	331	8	8	8
丽江市永胜县大安彝族纳西族乡	241	8	8	
丽江市永胜县光华傈僳族彝族乡	170	8	8	8
丽江市永胜县松坪傈僳族彝族乡	291	8	8	8
丽江市宁蒗彝族自治县翠玉傈僳族普米族乡	618	6	6	6
丽江市古城区金江白族乡	89	5	5	5
丽江市玉龙纳西族自治县九河白族乡	359	11	11	11
丽江市玉龙纳西族自治县石头白族乡	574	5	5	5
丽江市玉龙县黎明傈僳族乡	812	7	7	7
保山市隆阳区瓦马彝族白族乡	307	21	21	21
保山市隆阳区瓦房彝族苗族乡	300	19	19	19
保山市隆阳区杨柳白族彝族乡	492	18	18	18

#已通电的村（个）	#已通电话的村（个）	#已通邮的村（个）	年末总人口（人）	#少数民族（人）	乡镇企业从业人员（人）	乡镇企业总产值（万元）	#工业企业（万元）
6	6	6	11898	4995	162	620	285
7	7	7	12837	7702	126	26	26
5	5	5	12019	11549	1010	3141	3141
5	5	5	9314	9008	346	34552	34552
13	13	13	15918	15675	220	679	679
6	6	6	9062	5612	51	580	
7	7	7	10588	4748	158	3000	2050
8	8	8	9885	9555	372	1197	772
11	11	11	20147	7550	68	8060	8060
9	9	9	13449	10304	262	11611	2538
11	11	11	19686	10955	207	60000	11000
9	9	9	17280	13298	1309	66761	66761
8	8	8	18503	15705	1296	28761	26726
5	5	5	11264	10811	250	5904	
7	7	7	13725	5421	367	8727	
5	5	5	8390	6323	29	426	
7	7	7	17526	8730	245	3699	621
4	4	4	10190	3918	115	2090	
5	5	5	7918	7918			
5	5	5	7921	7684			
8	8	8	14273	10998	142	6710	6710
8	8	8	15049	11495	130	1801	1801
8	8	8	15062	8079			
8	8	8	7790	7381			
6	6	6	15475	11800			
5	5	5	3458	2858	66	300	
11	11	11	29105	26197	987	1370	1210
5	5	5	9437	8419			
7	7	7	15825	12992	206	5502	4250
21	21	21	25625	13131	42	7919	1201
19	19	19	34031	14329	2375	26176	18518
18	18	18	39350	27070	2906	86538	69181

10 1(一) 续表 28

民族乡镇名称	行政区划面积（平方公里）	村民委员会（个）	#已通公路的村（个）	#已通自来水的村（个）
保山市隆阳区芒宽彝族傣族乡	510	12	12	12
保山市施甸县摆榔彝族布朗族乡	80	4	4	4
保山市施甸县木老元布朗族彝族乡	77	4	4	4
保山市龙陵县木城彝族傈僳族乡	234	5	5	5
保山市昌宁县朱街彝族乡	281	10	10	10
保山市昌宁县苟街彝族苗族乡	358	11	11	11
保山市昌宁县湾甸傣族乡	316	5	5	5
德宏傣族景颇族自治州陇川县户撒阿昌族乡	256	11	11	11
德宏州潞西市三台山德昂族乡	158	4	4	4
德宏州梁河县曩宋阿昌族乡	111	9	9	9
德宏州梁河县九保阿昌族乡	146	6	6	6
德宏州盈江县苏典傈僳族乡	428	4	4	4
怒江州福贡县匹河怒族乡	401	9	9	9
怒江傈僳族自治州泸水县洛本卓白族乡	267	8	8	8
迪庆州香格里拉县三坝纳西族乡	980	7	7	7
迪庆州德钦县霞若傈僳族乡	1415	7	7	7
迪庆州德钦县拖顶傈僳族乡	375	7	7	7
临沧市凤庆县新华彝族苗族乡	335	11	11	11
临沧市凤庆县腰街彝族乡	93	6	6	6
临沧市凤庆县郭大寨彝族白族乡	176	11	11	11
临沧市云县栗树彝族傣族乡	250	16	16	16
临沧市云县忙怀彝族布朗族乡	238	11	11	11
临沧市云县后箐彝族乡	187	11	11	11
临沧市永德县大雪山彝族拉祜族傣族乡	391	8	8	8
临沧市永德县乌木龙彝族乡	204	10	10	10
临沧市临翔区平村彝族傣族乡	297	5	5	5
临沧市临翔区南美拉祜乡	121	4	4	4
临沧市耿马傣族佤族自治县芒洪拉祜族布朗族乡	259	5	5	5
临沧市沧源佤族自治县勐角傣族彝族拉祜族乡	218	9	9	9
临沧市镇康县军赛佤族拉祜族傈僳族德昂族乡	184	6	6	6
西双版纳州景洪市基诺山基诺族乡	623	7	7	7
西双版纳州景洪市景哈哈尼族乡	399	6	6	6

#已通电的村（个）	#已通电话的村（个）	#已通邮的村（个）	年末总人口（人）	#少数民族（人）	乡镇企业从业人员（人）	乡镇企业总产值（万元）	#工业企业（万元）
12	12	12	38679	25398	808	59688	57312
4	4	4	7405	5232			
4	4	4	6015	2923			
5	5	5	8470	3933	253	4013	4013
10	10	10	14222	13229	378	12728	6419
11	11	11	23747	6183	460	25226	25226
5	5	5	18579	5560	2112	110062	98095
11	11	11	25493	17012	1316	22158	
4	4	4	7410	5699			
9	9	9	25812	7210			
6	6	6	15691	7735	780	3160	1703
4	4	1	8479	6176			
9	9	9	11746	11720	555	1851	254
8	8	8	13447	12484			
7	7	7	18606	15629	111	102639	102639
7	7	7	8655	8510	350	2451	1402
7	7	7	9891	9696	450	2406	1501
11	11	11	24195	17420	127	11525	
6	6	6	9111	7901	182	3639	27
11	11	11	21720	8286	31	1447	940
16	16	16	22104	17442			
11	11	11	20209	15991			
11	11	11	21300	15602			
8	8	8	22010	8200	156	27957	27957
10	10	10	28378	20886	301	8133	3029
5	5	5	9194	5248			
4	4	4	4722	4005	51	3083	3083
5	5	5	8725	5909	61	394	
9	9	9	14286	14033	482	4838	4773
6	6	6	14605	6126	72	3679	3679
7	7	7	14352	13428			
6	6		16896	15945	172	20804	20804

10-1(一) 续表 29

民族乡镇名称	行政区划面积（平方公里）	村民委员会（个）	#已通公路的村（个）	#已通自来水的村（个）
西双版纳州勐腊县瑶区瑶族乡	464	4	4	4
西双版纳州勐腊县象明彝族乡	934	5	5	5
西双版纳州勐海县格朗和哈尼族乡	312	5	5	5
西双版纳州勐海县布朗山布朗族乡	1001	7	7	7
西双版纳州勐海县西定哈尼族乡	615	11	11	11
西藏自治区	**3575**	**27**	**27**	**22**
山南市错那县麻麻门巴民族乡	83	1	1	1
山南市错那县贡日门巴民族乡	735	2	2	
山南市错那县吉巴门巴民族乡	220	2	2	2
山南市错那县勒门巴民族乡	363	2	2	2
山南市隆子县斗玉珞巴民族乡	333	3	3	3
林芝市巴宜区更章门巴民族乡	746	6	6	6
林芝市米林县南伊珞巴民族乡	633	3	3	
林芝市墨脱县达木珞巴民族乡	88	4	4	4
昌都市芒康县纳西民族乡	375	4	4	4
陕西省	**747**	**24**	**24**	**23**
商洛市镇安县西口回族镇	168	10	10	10
商洛市镇安县茅坪回族镇	105	7	7	6
安康市宁陕县江口回族镇	474	7	7	7
甘肃省	**16362**	**306**	**306**	**293**
临夏州广河县阿里麻土东乡族乡	33	6	6	6
甘南州临潭县长川回族乡	87	10	10	10
甘南州临潭县卓洛回族乡	25	3	3	3
甘南州临潭县古战回族乡	43	5	5	5
甘南州卓尼县勺哇土族乡	40	2	2	2
陇南市文县铁楼藏族乡	324	16	16	16
陇南市武都区坪垭藏族乡	95	9	9	6
陇南市武都区磨坝藏族乡	74	8	8	8
陇南市宕昌县新城子藏族乡	91	10	10	10
酒泉市肃州区黄泥堡裕固族乡	98	3	3	3
酒泉市玉门市小金湾东乡族乡	24	5	5	5
白银市会宁县新添堡回族乡	218	13	13	5

#已通电的村（个）	#已通电话的村（个）	#已通邮的村（个）	年末总人口（人）	#少数民族（人）	乡镇企业从业人员（人）	乡镇企业总产值（万元）	#工业企业（万元）
4	4	4	8472	7863	30	1460	
5	5	5	11191	10949	165	480	
5	5	5	17224	16749	210	540	
7	7	7	21596	20877			
11	11	11	26347	24705			
27	**27**	**25**	**8950**	**8428**	**38**	**3000**	
1	1	1	156	156			
2	2	1	213	175			
2	2	2	200	152			
2	2	1	140	140			
3	3	3	644	213			
6	6	6	1363	1360			
3	3	3	549	547			
4	4	4	1081	1081			
4	4	4	4604	4604	38	3000	
24	**24**	**24**	**38264**	**11569**	**874**	**79156**	**78901**
10	10	10	17107	3788	109	356	101
7	7	7	12090	5313	85	300	300
7	7	7	9067	2468	680	78500	78500
306	**306**	**266**	**327418**	**215259**	**8364**	**186691**	**165143**
6	6	6	14522	14522			
10	10	10	11195	7063			
3	3	3	3042	2899			
5	5	5	5657	3502			
2	2	1	1866	645			
16	16	16	10939	3298	207	243	107
9	9	9	6270	6270	57	2380	
8	8	1	5273	1842	14	236	
10	10	10	7729	2128	218	276	146
3	3	3	1679	1085			
5	5	5	6378	6378	6	2	
13	13	13	19719	15181	281	7009	7009

10-1(一) 续表 30

民族乡镇名称	行政区划面积(平方公里)	村民委员会(个)	#已通公路的村(个)	#已通自来水的村(个)
庆阳市正宁县五倾源回族乡	145	5	5	5
平凉市崆峒区峡门回族乡	209	24	24	24
平凉市华亭县神峪回族乡	101	11	11	11
平凉市华亭县山寨回族乡	82	8	8	8
平凉市崆峒区白庙回族乡	66	9	9	9
平凉市崆峒区大秦回族乡	58	12	12	12
平凉市崆峒区寨河回族乡	84	12	12	12
平凉市崆峒区大寨回族乡	236	24	24	24
平凉市崆峒区西阳回族乡	89	13	13	13
平凉市崆峒区上杨回族乡	44	7	7	7
张掖市肃南裕固族自治县祁丰藏族乡	10202	13	13	12
张掖市肃南裕固族自治县马蹄藏族乡	1879	23	23	23
张掖市肃南裕固族自治县白银蒙古族乡	448	3	3	3
张掖市甘州区平山湖蒙古族乡	1040	3	3	2
临夏州临夏县井沟东乡族乡	64	13	13	13
临夏州和政县梁家寺东乡族乡	39	8	8	8
临夏州临夏县安家坡东乡族乡	16	4	4	4
酒泉市瓜州县七墩回族东乡族乡	44	3	3	3
酒泉市瓜州县腰站子东乡族乡	137	6	6	6
酒泉市瓜州县广至藏族乡	135	6	6	6
酒泉市瓜州县沙河回族乡	48	5	5	5
酒泉市玉门市独山子东乡族乡	45	4	4	4
青海省	**5436**	**340**	**312**	**318**
西宁市大通县朔北藏族乡	84	18	18	18
西宁市大通县向化藏族乡	172	9	9	9
西宁市湟中县群加藏族乡	164	5	5	5
西宁市湟中县大才回族乡	72	16	16	16
西宁市湟中县汉东回族乡	36	4	4	4
西宁市湟源县日月藏族乡	48	22	22	22
海东地区民和县杏儿藏族乡	65	7	7	7
海东地区乐都县下营藏族乡	98	10	10	10
海东地区乐都县中坝藏族乡	130	14	14	14

#已通电的村（个）	#已通电话的村（个）	#已通邮的村（个）	年末总人口（人）	#少数民族（人）	乡镇企业从业人员（人）	乡镇企业总产值（万元）	#工业企业（万元）
5	5	5	6452	2206			
24	24	24	22317	20978	4630	155200	149700
11	11	11	11738	4350	987	6012	4983
8	8	8	14338	4043	620	3505	1050
9	9	9	13847	6592	152	813	463
12	12	12	11448	10074	143	568	219
12	12	12	15779	12381			
24	24	24	23639	16547	15	5670	568
13	13	13	12730	12730			
7	7	7	7961	7561	225	880	752
13	13	4	3169	2590			
23	23		5024	2690	280	1300	
3	3	3	641	371			
3	3	3	810	159			
13	13	13	19257	9821	35	175	1
8	8	8	14961	14574	45	452	121
4	4	4	11792	6425	370	1370	24
3	3	3	4068				
6	6	6	8090	3036	79	600	
6	6	6	8863	3222			
5	5	5	8755	2626			
4	4	4	7470	7470			
340	**323**	**300**	**227964**	**150670**	**974**	**2705**	**2332**
18	18	18	19385	8432			
9	9	9	8397	4828			
5	5	5	2417	1417			
16	16	16	21696	13084			
4	4	4	5461	5461			
22	22	22	12991	6366			
7	7	7	4450	3500			
10	10	10	5072	1536			
14			7422	2836			

10–1(一) 续表 31

民族乡镇名称	行政区划面积(平方公里)	村民委员会(个)	#已通公路的村(个)	#已通自来水的村(个)
海东地区乐都县达拉土族乡	111	21	21	21
海东市互助土族自治县松多藏族乡	207	8	8	8
海东市化隆回族自治县雄先藏族乡	183	24	24	24
海东市化隆回族自治县查甫藏族乡	121	12	11	12
海东市化隆回族自治县金源藏族乡	315	14	14	14
海东市化隆回族自治县塔加藏族乡	160	9	9	6
海东市循化撒拉族自治县道帏藏族乡	607	27	27	27
海东市循化撒拉族自治县尕楞藏族乡	185	11		11
海东市循化撒拉族自治县岗察藏族乡	266	3	3	
海东市循化撒拉族自治县文都藏族乡	225	16		
海东地区平安县沙沟回族乡	90	10	10	10
海东地区平安县巴藏沟回族乡	69	13	13	13
海东地区平安县石灰窑回族乡	84	14	14	14
海东地区平安县洪水泉回族乡	607	15	15	15
海东地区平安县古城回族乡	112	14	14	14
海东地区互助县巴扎藏族乡	523	8	8	8
海北州门源县皇城蒙古族乡	543	4	4	4
海北州海晏县哈勒景蒙古乡	67	3	3	3
海南州贵德县新街回族乡	93	9	9	9
新疆维吾尔自治区	**55621**	**257**	**257**	**240**
吐鲁番地区鄯善县东巴扎回族乡	144	4	4	4
和田地区皮山县瑙阿巴提塔吉克族乡	6000	3	3	3
和田地区皮山县康克尔柯尔克孜族乡	2480	2	2	2
巴音郭楞蒙古自治州和硕县乌什塔拉回族乡	443	8	8	8
昌吉回族自治州奇台县大泉塔塔尔族乡	1349	2	2	2
昌吉回族自治州奇台县五马场哈萨克族乡	1838	4	4	4
昌吉回族自治州奇台县乔仁哈萨克族乡	2123	2	2	1
昌吉回族自治州木垒哈萨克自治县大南沟乌孜别克族乡	1393	3	3	3
昌吉回族自治州玛纳斯县旱卡子滩哈萨克族乡	245	5	5	5
昌吉回族自治州玛纳斯县塔西河哈萨克族乡	840	6	6	6
昌吉回族自治州玛纳斯县清水河哈萨克族乡	2876	7	7	7
昌吉回族自治州阜康市三工河哈萨克族乡	1323	3	3	3

#已通电的村（个）	#已通电话的村（个）	#已通邮的村（个）	年末总人口（人）	#少数民族（人）	乡镇企业从业人员（人）	乡镇企业总产值（万元）	#工业企业（万元）
21	21	21	9030	4912			
8	8	1	6885	4311			
24	24	24	9434	6191			
12	12	12	6048	3907			
14	14	14	7051	7047			
9	9	9	4445	4442			
27	27	27	17020	15200			
11	11	11	5347	5347			
3	3	3	2104	2104			
16	16	16	12292	11694		2180	17
10	10	10	11573	7572			
13	13	13	4832	3027			
14	14	6	8522	4756			
15	15	15	8841	3891	685	350	100
14	14	14	11859	8088	253		2215
8	8	8	5270	3584			
4	4	4	1933	1506			
3			1682	1379			
9	9	1	6505	4252	36	175	
257	**249**	**241**	**352298**	**286765**	**6738**	**180737**	**85631**
4	4	4	4409	4200			
3	3	3	1064	1064			
2	2	2	1719	1719			
8	8	8	11150	6423			
2	2	1	4756	3611	17	4	4
4	4	1	8684	7210	4	150	150
2	1	2	3810	3182	11	485	
3	3	3	3560	3520	70	350	
5	5	5	4969	3238	643	55430	4800
6	6	6	4589	4274	41	900	900
7	7	7	6900	6023	318		
3	3	3	4611	3795			

10–1(一) 续表 32

民族乡镇名称	行政区划面积（平方公里）	村民委员会（个）	#已通公路的村（个）	#已通自来水的村（个）
昌吉回族自治州阜康市上户沟哈萨克族乡	3780	8	8	8
昌吉回族自治州昌吉市阿什里哈萨克族乡	3000	7	7	7
昌吉回族自治州呼图壁县石梯子哈萨克族乡	1226	6	6	6
乌鲁木齐市米东区柏杨河哈萨克族乡	768	6	6	5
克孜勒苏柯尔克孜自治州阿克陶县塔尔塔吉克族乡	1010	8	8	3
喀什地区塔什库尔干塔吉克自治县科克亚尔柯尔克孜族乡	2100	2	2	2
喀什地区泽普县布依鲁克塔吉克族乡	2400	4	4	4
喀什地区莎车县孜热普夏提塔吉克族乡	121	12	12	12
伊犁哈萨克自治州察布查尔锡伯自治县米粮泉回族乡	45	3	3	3
伊犁哈萨克自治州特克斯县科克铁热克柯尔克孜族乡	357	8	8	8
伊犁哈萨克自治州特克斯县呼吉尔特蒙古族乡	292	6	6	6
伊犁哈萨克自治州伊宁县愉群翁回族乡	155	16	16	12
伊犁哈萨克自治州尼勒克县科克浩特浩尔蒙古族乡	1013	10	10	10
伊犁哈萨克自治州霍城县伊车嘎善锡伯族乡	80	5	5	5
伊犁哈萨克自治州霍城县三宫回族乡	72	5	5	4
伊犁哈萨克自治州昭苏县胡松图喀尔逊蒙古族乡	1024	8	8	8
伊犁哈萨克自治州昭苏县察汗乌苏蒙古族乡	646	7	7	7
伊犁哈萨克自治州昭苏县夏特柯尔克孜族乡	1002	8	8	8
塔城地区塔城市阿西尔达斡尔族乡	402	20	20	20
塔城地区乌苏市塔布勒合特蒙古族乡	167	10	10	10
塔城地区乌苏市吉尔格勒特郭楞蒙古族乡	163	5	5	4
塔城地区额敏县额玛勒郭楞蒙古族乡	1854	4	4	4
塔城地区额敏县霍吉尔特蒙古族乡	306	9	9	9
阿克苏地区乌什县雅曼苏柯尔克孜族乡	1806	7	7	7
阿克苏地区温宿县博孜东柯尔克孜族乡	2878	9	9	9
哈密地区伊吾县前山哈萨克族乡	156	1	1	1
哈密地区哈密市德外都如克哈萨克族乡	2000	2	2	2
哈密地区哈密市乌拉台哈萨克族乡	1744	3	3	3
阿勒泰地区布尔津县禾木哈纳斯蒙古族乡	3040	2	2	2
阿勒泰地区阿勒泰市汗德尕特蒙古族乡	960	7	7	3

#已通电的村（个）	#已通电话的村（个）	#已通邮的村（个）	年末总人口（人）	#少数民族（人）	乡镇企业从业人员（人）	乡镇企业总产值（万元）	#工业企业（万元）
8	8	8	11412	7369			
7	7	7	7994	7794	601	21600	12066
6	6	6	7876	6386			
6	6	6	5344	3794	1876	50671	38225
8	8	8	5273	5273			
2	2	2	1084	1084			
4	4	4	3974	2782	200	10000	
12	12	12	10852	10532	100	598	300
3	3	3	5457	4829			
8	8	8	19192	16688			
6	6		7325	4866	15	18386	18386
16	16	16	62000	58000	686	637	637
10	10	10	18016	12545	1438	4915	3742
5	5	5	13598	5725	355	3547	3547
5	5	4	16775	15092	121	1274	1274
8	8	8	9715	7392			
7		7	11019	9098			
8	8	8	14951	13297			
20	20	20	10017	4692	84	5640	
10	10	5	4745	1877	20	1350	
5	5	5	3880	3453			
4	4	4	3500	3200	70	1600	1600
9	9	9	6405	2247	52	3200	
7	7	7	10208	9733			
9	9	9	7582	7650			
1	1	1	872	872			
2	2	2	3475	3413			
3	3	3	2915	2843			
2	2	2	2650	2625			
7	7	7	3971	3355	16		

10-1 全国各民族乡镇基本情况(2017年)(二)

民族乡镇名称	乡镇企业年净利润总额(万元)	农林牧渔业总产值(万元)	农作物总播种面积(亩)	#粮食播种面积(亩)
北京	**16956**	**49063**	**35791**	**19939**
朝阳区常营回族乡	3777	1181		
通州区于家务回族乡	12151	40165	16629	9175
密云县檀营满族蒙古族乡				
怀柔区喇叭沟门满族乡		3398	7935	3686
怀柔区长哨营满族乡	1028	4319	11227	7079
天津市	**305**	**11000**	**2600**	**2600**
蓟县孙各庄满族乡	305	11000	2600	2600
河北省	**628437**	**952647**	**1464668**	**1137909**
石家庄市新乐市彭家庄回族乡	29993	32892	54690	38013
石家庄市藁城市九门回族乡	97778	68000	80432	63385
石家庄市无极县高头回族乡	6032	49360	64030	51430
唐山市遵化市汤泉满族乡	950	4779	12945	8775
唐山市遵化市西下营满族乡	5500	11195	10276	5358
唐山市遵化市东陵满族乡	38175	17638	25710	18855
邯郸市邱县陈村回族乡	1074	15441	20185	9234
邯郸市大名县营镇回族乡	685	2200	37260	24410
保定市易县凌云册满族回族乡	260	33196	39130	35059
保定市定州市号头庄回族乡	400	75561	117611	76631
保定市涞水县娄村满族乡	468	21042	31670	24393
张家口市沽源县大二号回族乡		9640	27510	3150
张家口市怀来县王家楼回族乡	372	12346	15741	11739
廊坊市永清县管家务回族乡	2336	24446	23355	15450
廊坊市文安县大围河回族满族乡	7726	13988	47655	43800
承德市丰宁满族自治县南关蒙古族乡	3477	12100	40710	26642
承德市滦平县平坊满族乡	152	18052	9494	8745
承德市滦平县安纯沟门满族乡	179	18660	15063	12180
承德市滦平县五道营子满族乡	37	479	12330	3185
承德市滦平县邓厂满族乡		3052	3300	2500
承德市滦平县马营子满族乡		11963	12415	10215
承德市滦平县付家店满族乡	1996	19624	4550	4350

粮食产量（吨）	肉类总产量（吨）	农民合作社个数（个）	农民合作社成员数（户）	农业技术服务机构个数（个）	农业技术服务机构从业人员数（人）	公共财政收入（万元）
8235	**2460**	**138**	**3829**	**4**	**20**	**60712**
						28661
4137	1619	18	861	1	11	19684
						2762
1317	301	61	1115	2	4	5141
2781	539	59	1853	1	5	4465
430	**625**	**23**	**790**	**1**	**7**	**2048**
430	625	23	790	1	7	2048
538274	**125292**	**1212**	**19864**	**116**	**408**	**131008**
19872	7179	28	336	1	5	848
31912	4406	17	150	2	10	4053
29730	6902	19	260	2	23	505
3254	1230			6	6	240
2159	1058	4	57	1	6	154
8514	5854	10	127	2	5	915
4251	6248	4	463	1	3	169
4600	720	4	120	2	6	85
31553	3306	73	296	1	1	3780
38487	4015	33	864	1	3	716
9116	1289	52	180	1	2	1848
630	415	26	152	6	11	486
3940	719	26	544	2	11	1025
9376	2367	17	486	12	12	3973
22393	2232	14	103	2	5	2235
6042	1750	30	890	1	3	676
3717	482	2	160	2	4	718
3878	3780	13	65	1	2	864
1580	2411	10	754	1	2	513
1140	794	11	90	1	2	395
2779	1740	19	58	1	2	1377
1235	3970	4	25	1	1	514

10-1(二) 续表 1

民族乡镇名称	乡镇企业年净利润总额（万元）	农林牧渔业总产值（万元）	农作物总播种面积（亩）	#粮食播种面积（亩）
承德市双滦区西地满族乡	900	1264	15315	15227
承德市滦平县小营满族乡	40700	8680	29940	12000
承德市滦平县大屯满族乡	2120	15160	27345	13710
承德市滦平县西沟满族乡	196	18463	13665	10980
承德市承德县岗子满族乡	25	6743	12165	10110
承德市承德县两家满族乡	22	13985	13680	11640
承德市兴隆县八卦岭满族乡	594	30506	4890	3120
承德市兴隆县南天门满族乡	-8	16002	5150	4775
承德市隆化县尹家营满族乡		16605	24560	16589
承德市隆化县庙子沟蒙古族满族乡		11190	9420	10900
承德市隆化县偏坡营满族乡	525	23396	16025	14965
承德市隆化县八达营蒙古族乡	650	21951	25177	24500
承德市隆化县太平庄满族乡	90	14965	16910	15810
承德市隆化县旧屯满族乡	1850	14659	23760	18590
承德市隆化县西阿超满族蒙古族乡	3712	5803	13160	11820
承德市隆化县白虎沟蒙古族满族乡	30	18947	12670	12670
承德市平泉县七家岱满族乡	989	16521	9776	9776
承德市平泉县平房满族蒙古族乡	167	21132	24500	22630
承德市平泉县茅兰沟满族蒙古族乡	13	25368	29368	29368
沧州市黄骅市羊二庄回族乡	254854	67485	11974	10254
沧州市黄骅市新村回族乡				
沧州市河间市果子洼回族乡	6550	16100	41950	20280
沧州市献县本斋回族乡	24160	17120	58065	38310
沧州市沧县大褚村回族乡	12430	19780	3035	2875
沧州市沧县杜林回族乡	15752	19926	99510	92670
沧州市沧县李天木回族乡	41073	9107	133689	130297
沧州市沧县捷地回族乡	7976	19720	30437	30389
沧州市黄骅市羊三木回族乡	15477	6415	52470	46155
内蒙古自治区	**29037**	**538182**	**3225981**	**2403632**
呼伦贝尔市莫力达瓦达斡尔族自治旗巴彦鄂温克民族乡		930	530000	380000
呼伦贝尔市莫力达瓦达斡尔族自治旗杜拉尔鄂温克民族乡			248000	225900
呼伦贝尔市扎兰屯市达斡尔民族乡	23	36500	186645	173685

粮食产量（吨）	肉类总产量（吨）	农民合作社个数（个）	农民合作社成员数（户）	农业技术服务机构个数（个）	农业技术服务机构从业人员数（人）	公共财政收入（万元）
7973	1532	16	310	1	7	1873
4295	2560	6	128	1	2	46000
4875	5960	45	161	4	9	10510
4620	4233	26	291	2	2	786
4086	588	17	204	6	18	110
4581	850	7	126	3	7	620
995	732	12	860	1	5	686
1660	745	35	175	1	10	617
7102	2539	56	1301	1	1	469
4689	1503	16	125	1	2	250
10001	4315	68	370	1	3	783
1318	1980	20	105	1	2	563
7880	1521	5	139	1	2	397
8900	1460	43	338	1	3	522
6598	2553	45	610	1	5	546
5190	2001	30	220	1	2	199
5832	339	9	118	5	5	969
10962	936	16	2460	6	7	402
13935	1085	24	1570	5	91	665
40761	8984	112	1115	12	52	10576
						3092
10258	2017	58	570			931
14868	3866	25	240	2	18	3660
14963	2167	16	1300	1	5	3066
28391	1492	24	120	1	2	3003
36100	2138	27	358	1	3	4376
27349	3250	10	160	2	8	2293
9934	1080	28	210	4	12	6955
939748	**35957**	**1333**	**23386**	**33**	**97**	**28547**
140000	1620	152	768	1	2	1346
4800	755	112	560	1		1108
62900	1137	53	290	1	9	1583

10-1(二) 续表 2

民族乡镇名称	乡镇企业年净利润总额（万元）	农林牧渔业总产值（万元）	农作物总播种面积（亩）	#粮食播种面积（亩）
呼伦贝尔市扎兰屯市萨马街鄂温克民族乡		11500	157000	130000
呼伦贝尔市扎兰屯市南木鄂伦春民族乡	290	37800	150000	81000
呼伦贝尔市阿荣旗查巴奇鄂温克民族乡	10	37000	283208	271408
呼伦贝尔市阿荣旗新发朝鲜族民族乡	800	125000	100000	90000
呼伦贝尔市阿荣旗音河达斡尔鄂温克民族乡	2278	31700	10733	10733
呼伦贝尔市阿荣旗得力其尔鄂温克民族乡	231	57200	300765	289665
呼伦贝尔市根河市敖鲁古雅鄂温克民族乡			1525	981
呼伦贝尔市陈巴尔虎旗鄂温克苏木			106650	67650
呼伦贝尔市额尔古纳市三河回族乡		35000	534300	233700
呼伦贝尔市额尔古纳市室韦俄罗斯民族乡	202	8652	180000	100000
兴安盟科尔沁右翼前旗满族屯满族乡	5000		142230	115545
赤峰市松山区当铺地满族乡	5400	156900	214225	157630
赤峰市喀喇沁旗十家满族乡	14803		80700	75735
乌兰察布市凉城县曹碾满族乡				
呼伦贝尔市鄂温克族自治旗巴彦塔拉达斡尔族乡				
辽宁省	**141440**	**1116845**	**2457671**	**1802055**
沈阳市康平县柳树屯蒙古族满族乡	120	41968	87000	69690
沈阳市康平县沙金台蒙古族满族乡	650	41555	84405	70155
沈阳市法库县四家子蒙古族乡	285	42000	65000	53400
沈阳市康平县东升满族蒙古族乡	24	44205	94005	84945
沈阳市康平县西关屯蒙古族满族乡	118	29000	77000	62000
大连市瓦房店市三台满族乡	19566	68281	54311	40053
大连市瓦房店市杨家满族乡	1745	27718	62205	52680
大连市庄河市太平岭满族乡	7464	42924	57405	50670
大连市庄河市桂云花满族乡	16169	28156	29856	24986
抚顺市抚顺县拉古满族乡	21332	13627	39084	36849
抚顺市抚顺县汤图满族乡	1980	10983	22680	20205
本溪市桓仁满族自治县雅河朝鲜族乡	62	16999	31861	26061
锦州市义县地藏寺满族乡	1475	7600	30225	30225
锦州市义县大定堡满族乡	290	8000	21000	18948
阜新市彰武县二道河子蒙古族乡	78	13941	90660	57638
辽阳市辽阳县吉洞峪满族乡	4796	12910	28356	23320

粮食产量（吨）	肉类总产量（吨）	农民合作社个数（个）	农民合作社成员数（户）	农业技术服务机构个数（个）	农业技术服务机构从业人员数（人）	公共财政收入（万元）
36500	550	91	578	1	6	610
29500	1446	116	778	1	3	1655
54000	9706	157	710	1	6	977
286000		65	90	4	9	833
51200	7510	67	871	1	7	1170
140000	4900	95	812	1	5	1027
2342	98	10	75			5225
6089	2924	18	86	1	10	1591
15200	75	36	180	1	3	1363
20907	582	12	60	1	6	705
384		28	145	1	10	
58965	227	209	16532	1	5	4521
30961	4428	112	851	16	16	2690
						2143
844501	**241948**	**1731**	**35884**	**175**	**542**	**73253**
33967	6000	35	1135	1	2	411
31893	10187	130	780	3	7	1006
49000	9700	43	495	5	15	1192
30270	6000	112	1382	1	8	1322
26000	1700	30	385	5	7	1100
16778	8740	28	1250	1	15	5188
21000	12650	40	2080	1	14	4920
16328	8837	38	1373	1	8	3153
6820	4255	32	2700	5	16	5141
22543	715	12	108	1	3	11277
16389	608	47	396	1	2	1612
11484	160	11	360	1	3	1172
10479		3	35	1	3	359
10500		20	261	1	15	2163
39415	7450	94	615	3	22	1098
6650	980	61	1476	2	12	1299

10-1(二) 续表 3

民族乡镇名称	乡镇企业年净利润总额（万元）	农林牧渔业总产值（万元）	农作物总播种面积（亩）	#粮食播种面积（亩）
辽阳市辽阳县甜水满族乡	630	16992	39000	37410
铁岭市开原市林丰满族乡	256	12650	31665	27900
铁岭市铁岭县白旗寨满族乡	1200	15915	19467	19030
铁岭市西丰县成平满族乡	425	18800	37905	35655
铁岭市西丰县德兴满族乡	930	15522	31125	26277
铁岭市西丰县和隆满族乡		20783	36594	26625
铁岭市西丰县金星满族乡	23	7335	45003	38163
铁岭市西丰县明德满族乡	27	17582	33200	27850
铁岭市西丰县营厂满族乡		7260	27960	26098
铁岭市清河区聂家满族乡		11239	51420	32640
朝阳市北票市马友营蒙古族乡	4016	14773	74909	37839
朝阳市北票市凉水河蒙古族乡	536	9094	16318	15798
朝阳市建平县三家蒙古族乡	605	61000	128115	84520
朝阳市凌源市三家子蒙古族乡	30000	47000	45960	39915
朝阳市朝阳县松岭门蒙古族乡	1552	15726	19294	17435
朝阳市朝阳县乌兰河硕蒙古族乡	368	28362	39059	36059
葫芦岛市绥中县西平坡满族乡	732	24810	43035	24670
葫芦岛市绥中县范家满族乡	418	6415	39930	22245
葫芦岛市绥中县高甸子满族乡	402	11566	55395	23670
葫芦岛市绥中县葛家满族乡	750	15150	19250	13625
葫芦岛市绥中县明水满族乡	180	12560	7940	6550
葫芦岛市绥中县网户满族乡	2580	38030	59600	46387
葫芦岛市兴城市白塔满族乡	25	530	21330	16200
葫芦岛市兴城市大寨满族乡	630	32103	73160	43125
葫芦岛市兴城市碱厂满族乡	561	13063	41689	13260
葫芦岛市兴城市旧门满族乡	4801	9763	22575	13860
葫芦岛市兴城市刘台子满族乡	522	9822	31274	24756
葫芦岛市兴城市南大山满族乡	184	8843	72525	16140
葫芦岛市兴城市望海满族乡	2690	23560	65253	32199
葫芦岛市兴城市围屏满族乡	135	13532	36645	13956
葫芦岛市兴城市羊安满族乡	3954	19574	39077	13836
葫芦岛市兴城市药王庙满族乡	450	5000	34083	28000

粮食产量（吨）	肉类总产量（吨）	农民合作社个数（个）	农民合作社成员数（户）	农业技术服务机构个数（个）	农业技术服务机构从业人员数（人）	公共财政收入（万元）
8505	1987	28	889	1	6	1786
10010	1800	20	246	7	26	3760
12050	4680	35	850	1	4	363
22903	9965	14	900	1	3	610
13490	2470	7	105	4	13	877
15383	421	21	221	1	5	635
24585	4914	24	320	5	17	563
16635	6510	5	65	1	2	575
12600	1700	14	576	1	3	513
27300	4850	8	56	1	2	1789
18533	5939	61	4148	1	4	804
8600	3257	17	154	1	5	231
50880	1150	116	580	3	10	794
16000	300	17	887	8	53	1600
4000	4460	3	18	1	8	1300
15528	7024	12	85	5	8	1398
8030	9250	16	305	6	8	667
10555	12550	41	255	4	12	909
12045	6813	59	343	4	16	975
6001	3958	13	90	2	5	634
5600	2800	31	900	5	19	680
24904	12000	66	400	3	13	760
6350	2940	5	30	7	11	444
19620	5063	6	261	5	6	548
469	792	10	113	8	12	491
5636	5935	13	238	9	7	432
3375	2085	13	68	3	8	476
7275	5196	41	205	4	6	269
3350	7912	29	495	7	20	605
6378	4439	21	334	7	10	399
3745	2053	36	193	2	4	1129
12000	3000	8	300	6	6	443

10-1(二) 续表 4

民族乡镇名称	乡镇企业年净利润总额（万元）	农林牧渔业总产值（万元）	农作物总播种面积（亩）	#粮食播种面积（亩）
葫芦岛市兴城市三道沟满族乡	285	6921	21675	17415
葫芦岛市兴城市元台子满族乡	4920	12350	37700	33160
葫芦岛市建昌县二道湾子蒙古族乡		9900	38985	37470
丹东市宽甸满族自治县下露河朝鲜族乡	210	6600	16431	12000
丹东市东港市合隆满族乡	159	51853	60330	47130
丹东市凤城市大堡蒙古族乡	130	15000	67742	51362
吉林省	**256842**	**816984**	**2678546**	**2360884**
延边朝鲜族自治州珲春市三家子满族乡	510	10120	3519	33060
延边朝鲜族自治州珲春市杨泡满族乡	30	13000	40380	34710
吉林市昌邑区土城子满族朝鲜族乡	457	19680	60782	59675
吉林市龙潭区乌拉街满族镇	6202	57478	142350	122625
吉林市龙潭区大口钦满族镇	4008	32400	64525	51555
吉林市昌邑区两家子满族乡	700	40080	74285	69735
吉林市永吉县金家满族乡	34	34520	92072	86013
吉林市蛟河市乌林朝鲜族乡	821	21518	121746	118735
通化市梅河口市小杨满族朝鲜族乡	1120	19084	58560	54795
通化市集安市凉水朝鲜族乡	70	11017	21930	9405
通化市通化县金斗朝鲜族满族乡	390	9969	19343	16099
通化市通化县大泉源满族朝鲜族乡	2020	20105	59865	50805
通化市辉南县楼街朝鲜族乡	2896	32068	97410	90765
通化市柳河县姜家店朝鲜族乡	6000	27225	71000	67000
通化市柳河县三元浦朝鲜族镇	8543	11478	102347	96751
辽源市东丰县三合满族朝鲜族乡	90772	24040	64210	64210
长春市双阳区双营子回族乡	104000	79300	43830	40400
长春市榆树市延和朝鲜族乡	4260	4400	10080	10080
长春市九台市胡家回族乡	2179	36500	87150	87150
长春市九台市莽卡满族乡	1800	23755	156000	111000
白城市通榆县包拉温都蒙古族乡		4960	63180	42555
白城市通榆县向海蒙古族乡	155	29800	395805	293355
白城市洮南市呼和车力蒙古族乡		6850	51990	36990
白城市洮南市胡力吐蒙古族乡		1775	40800	32000
白城市镇赉县哈吐气蒙古族乡		9000	150525	140000

粮食产量（吨）	肉类总产量（吨）	农民合作社个数（个）	农民合作社成员数（户）	农业技术服务机构个数（个）	农业技术服务机构从业人员数（人）	公共财政收入（万元）
9500	947	18	305	5	20	496
11200	2312	17	340	5	6	461
9980	3950	18	130	5	18	350
12000	2010	21	1964	1	2	780
22038	4015	65	2515	1	10	540
17932	2519	46	1169	1	2	754
1457914	**96290**	**1773**	**31442**	**110**	**520**	**81346**
27938	760	12	156	1	3	668
11874	318	45	387	3	10	1855
48650	3264	12	295	7	6	616
90985	23099	101	1773	5	40	2245
36810	7755	48	150	3	9	1009
42800	9500	12	110	3	9	110
60107	1265	58	1865	2	10	295
58450	4653	41	786	1	5	442
36190	455	56	772	5	14	610
3022	161	14	256	2	4	2095
6607	328	16	412	6	13	457
19131	1962	36	2138	5	43	2450
45978	1087	103	4025	5	14	2400
35100	69	7	105	4	11	173
45782	186	152	680	7	45	3481
65101	1345	103	891	10	46	2747
28567	3190	76	396	2	6	31000
6800	450	5	40	1	1	524
56000	830	32	1585	2	17	4333
68600	5777	113	904	2	16	4550
6930	164	23	115	2	5	146
57243	813	96	2404	5	40	4550
23539	401	58	556	1	4	403
8000	497	58	757	1	4	450
46000	2000	28	821	1	2	148

10-1(二) 续表 5

民族乡镇名称	乡镇企业年净利润总额（万元）	农林牧渔业总产值（万元）	农作物总播种面积（亩）	#粮食播种面积（亩）
白城市镇赉县莫莫格蒙古族乡		15000	8895	5000
白城市大安市新艾里蒙古族乡		1341	59850	30000
白城市洮北区德顺蒙古族乡	350	42000	168285	163000
松原市扶余县三骏满族蒙古族锡伯族乡	1955	33870	233908	232210
四平市铁东区叶赫满族镇	970	31648	89430	87664
四平市公主岭市二十家子满族镇	6800	31850	7153	6906
四平市公主岭市龙山满族乡	1800	24833	5491	5369
四平市双辽市那木斯蒙古族乡	8000	56320	11850	11267
黑龙江省	**130497**	**1355947**	**6219611**	**5691191**
哈尔滨市南岗区红旗满族乡	16900	13840	50337	32694
哈尔滨市双城市乐群满族乡	2124	40100	103508	99644
哈尔滨市双城市同心满族乡	8150	30000	9740	7850
哈尔滨市双城市希勤满族乡	522	24137	149552	108743
哈尔滨市双城市青岭满族乡	10890	85200	128629	108569
哈尔滨市双城市农丰满族锡伯族镇	8300		113750	102500
哈尔滨市五常市拉林满族镇	5700	98071	159697	88914
哈尔滨市五常市红旗满族乡	97	59846	227976	215491
哈尔滨市五常市营城子满族乡	3000	21300	106200	106000
哈尔滨市五常市牛家满族镇	2812	25577	226211	214284
哈尔滨市五常市民乐朝鲜族乡	1110	14605	60982	54977
哈尔滨市尚志市河东朝鲜族乡	29900	18023	63823	63736
哈尔滨市尚志市鱼池朝鲜族乡	611	13782	56390	53831
哈尔滨市依兰县迎兰朝鲜族乡	346		182726	172726
齐齐哈尔市梅里斯达斡尔族区卧牛吐达斡尔族镇	289	26000	236035	216035
齐齐哈尔市梅里斯达斡尔族区莽格吐达斡尔族乡	127		190000	190000
齐齐哈尔市泰来县宁姜蒙古族乡	76	16043	203843	193843
齐齐哈尔市泰来县胜利蒙古族乡	187	30879	203981	196589
齐齐哈尔市泰来县江桥蒙古族镇	635	22571	161277	151203
齐齐哈尔市昂昂溪区水师营满族镇	140		35200	32200
齐齐哈尔市富裕县友谊达满柯族乡	170	34892	16080	16065
齐齐哈尔市讷河市兴旺鄂温克族乡	2624	50356	306546	306546
齐齐哈尔市富拉尔基区杜尔门沁达族乡	103	12644	95281	95261

粮食产量（吨）	肉类总产量（吨）	农民合作社个数（个）	农民合作社成员数（户）	农业技术服务机构个数（个）	农业技术服务机构从业人员数（人）	公共财政收入（万元）
37000	980	139	2390	1	2	3806
27480	538	25	500	2	5	69
81000	1300	32	800	3	15	310
135200	5895	95	2020	1	10	3650
43778	1212	124	870	3	18	1675
63530	8536	10	108	7	55	533
58722	6000	15	75	1	3	407
75000	1500	28	2300	6	35	3140
3782630	**107366**	**2533**	**43987**	**108**	**531**	**87761**
19032	1660	51	730	1	10	3297
69751	1200	76	705	1	10	1237
74575	555	111	632	6	18	1232
76120	2165	59	1610	10	77	1015
81383	1600	78	413	6	24	1055
154	1900	21	464	1	1	1125
71011	9485	52	214	5	22	1948
160036	582	230	741	1	15	610
70551	220	85	2100	1	2	604
162271	1750	76	2850	1	4	8213
27534	187	206	1936	3	18	450
38379	880	12	370	1	6	823
24670	380	26	226	1	5	455
62477	750	27	1332	2	8	1325
167940	20	77	350	1	2	2100
475000	500	32	281	1	11	1475
85496	1400	54	2934	1	3	2219
85040	2394	34	3410	1	11	1206
93975	878	14	1275	1	4	3165
12526	80	21	210	1	10	8
58460	3536	7	45	1	8	879
135930	2580	72	1289	1	24	902
32078	3351	16	1864	1	7	1553

10-1(二) 续表 6

民族乡镇名称	乡镇企业年净利润总额（万元）	农林牧渔业总产值（万元）	农作物总播种面积（亩）	#粮食播种面积（亩）
牡丹江市海林市新安朝鲜族镇	448	16766	107016	107016
牡丹江市穆棱市福禄朝鲜族满族乡	1490	7551	53842	53835
牡丹江市宁安市江南朝、满族乡	1700	9927	145860	142793
牡丹江市宁安市卧龙朝鲜族乡	722	33851	127500	127500
牡丹江市东宁县三岔口朝鲜族镇	3400	32883	84585	64198
牡丹江市西安区海南朝鲜族乡	2125	15887	192769	182135
佳木斯市同江市街津口赫哲族乡	541	16932	118412	118412
佳木斯市同江市八岔赫哲族乡	670	16174	214067	214067
佳木斯市桦川县星火朝鲜族乡	231	9300	38430	38430
佳木斯市汤原县汤旺朝鲜族乡	57	6304	62441	62441
大庆市肇源县超等蒙古族乡	237	2300	97333	75330
大庆市肇源县浩德蒙古族乡	420	7833	4479	4479
大庆市肇源县义顺蒙古族乡	515	490	139505	139470
黑河市逊克县新鄂鄂伦春族乡	127	2728	3088	2756
黑河市逊克县新兴鄂伦春族乡	98	2100	27781	27781
黑河市爱辉区新生鄂伦春族乡	65	1420	42792	2750
黑河市爱辉区四嘉子满族乡	14	5396	75145	74024
黑河市爱辉区坤河达斡尔族满族乡	66	5166	3750	3748
黑河市北安市主星朝鲜族乡	112	7012	64221	61702
黑河市孙吴县沿江达斡尔族满族乡	390	18429	138800	137600
绥化市北林区兴和朝鲜族乡	80	5362	24642	24642
绥化市北林区绥胜满族镇	2033	14558	128625	128000
绥化市北林区永安满族镇	600	40800	11094	10732
绥化市北林区红旗满族乡	847	22692	118310	107578
绥化市望奎县惠七满族镇	450	16910	171336	149734
绥化市望奎县厢白满族乡	34	31000	181733	171533
绥化市望奎县灵山满族乡	530	8929	9708	5064
伊春市铁力市年丰朝鲜族乡	730	37248	5200	5200
鹤岗市萝北县东明朝鲜族乡	390	5752	38662	32662
鹤岗市绥滨县福兴满族乡	75	3552	53000	53000
大兴安岭地区呼玛县白银纳鄂伦春族乡	10	4586	81158	2156
大兴安岭地区塔河县十八站鄂伦春族乡	88	894	41636	41636

粮食产量（吨）	肉类总产量（吨）	农民合作社个数（个）	农民合作社成员数（户）	农业技术服务机构个数（个）	农业技术服务机构从业人员数（人）	公共财政收入（万元）
53360	887	26	280	1	1	672
16364	12937	15	292	1	10	2482
106618	780	7	19	1	17	680
76499	1310	46	658	5	23	
26653	760	19	290	6	18	679
53300	3465	35	743	1	3	641
38488	520	16	120	1	2	374
73277	174	34	1412	1	3	6482
18949	60	19	840	1	2	1221
30275	231	22	82	1	2	459
7099	210	10	51	1	12	700
23918	763	38	468	1	4	640
69734	2704	28	868	1	3	900
9726	547	17	115	1	2	330
8542	70	16	97	1	1	485
328	17	8	50	1	3	1428
29031	674	13	488	1	1	3291
31112	217	5	457	1	7	291
35967	107	6	40	1	1	600
75950	6760	33	2760	1	5	400
12026	3700	1	35	1	2	387
65179	6577	24	138	1	13	1160
80457	5600	19	1356	1	10	273
80683	842	22	150	1	10	884
63886	2028	142	1564	1	3	10823
138812	40	78	360	1	2	700
32014	700	22	208	6	13	650
42272	3784	19	710	1	5	1308
16360	488	12	89	1	3	359
19958	270	5	55	1	3	230
562	18	22	235	3	11	1035
3555	416	10	72	1	3	1518

10–1(二) 续表 7

民族乡镇名称	乡镇企业年净利润总额（万元）	农林牧渔业总产值（万元）	农作物总播种面积（亩）	#粮食播种面积（亩）
双鸭山市饶河县四排赫哲族乡	70	2969	3114	3109
双鸭山市友谊县成富朝鲜族满族乡	780	13900	96101	96101
七台河市勃利县杏树朝鲜族乡	1330	20000	149995	139506
七台河市勃利县吉兴朝鲜族、满族乡	1050	1980	9896	9796
鸡西市密山市和平朝鲜族乡	12098	254671	139799	119693
鸡西市鸡东县鸡林朝鲜族乡	127	6900	48839	48839
鸡西市鸡东县明德朝鲜族乡	418	6930	62153	62153
鸡西市城子河区永丰朝鲜族乡	516		15030	11889
江苏省	**47197**	**59500**	**68250**	**60750**
扬州市高邮市菱塘回族乡	47197	59500	68250	60750
浙江省	**27920**	**160732**	**265423**	**142300**
金华市兰溪市水亭畲族乡	1210	27396	57388	33716
金华市武义县柳城畲族镇	1975	19898	32880	14550
衢州市龙游县沐尘畲族乡	1000	20000	18142	16030
丽水市莲都区老竹畲族镇	560	14262	31485	13290
丽水市莲都区丽新畲族乡	120	15920	21672	10668
丽水市龙泉市竹垟畲族乡	301	13418	18775	13566
丽水市云和县雾溪畲族乡			268	113
丽水市云和县安溪畲族乡			354	157
丽水市遂昌县三仁畲族乡	620	8806	14429	8814
丽水市松阳县板桥畲族乡	967	7242	10500	2700
杭州市桐庐县莪山畲族乡	13350	11442	16500	7440
温州市平阳县青街畲族乡		3754	4012	1919
温州市苍南县岱岭畲族乡		3840	4800	2100
温州市苍南县凤阳畲族乡		3560	4050	1800
温州市文成县西坑畲族镇	931	2856	9563	4163
温州市文成县周山畲族乡	112	1488	3749	1944
温州市泰顺县司前畲族镇	1774	5500	14190	7440
温州市泰顺县竹里畲族乡	5000	1350	2666	1890
安徽省	**13609**	**185003**	**466803**	**361750**
淮南市谢家集区孤堆回族乡	1706	12254	63515	54507
合肥市肥东县牌坊回族满族乡	1680	49200	108195	60900

粮食产量（吨）	肉类总产量（吨）	农民合作社个数（个）	农民合作社成员数（户）	农业技术服务机构个数（个）	农业技术服务机构从业人员数（人）	公共财政收入（万元）
19000	90	5	41	1	1	1087
50322	115	7	35	1	3	
72542	5110	66	350	3	12	937
60676	1100	48	688	1	3	3389
83375	2690	114	1366	1	4	1166
24422	40	25	162	2	4	732
41008	12	28	169	1	2	736
5942	2500	14	93	1	4	737
28138	**6215**	**46**	**7193**	**7**	**33**	**9381**
28138	6215	46	7193	7	33	9381
52966	**12329**	**825**	**17095**	**42**	**141**	**39611**
11504	7798	39	5782	2	7	3165
4890	800	55	3880	10	13	6120
5666	65	55	125	2	20	48
5421	561	43	152	1	9	2883
3690	326	21	120	1	7	3471
5325	1172	39	261	1	3	1658
552	20	16	196	1	4	859
1488	164	8	35	8	13	941
3156	581	46	322	1	8	1674
172	8					2167
2521	202	12	3452	1	4	3088
923	109	28	137	1	8	776
758	83	62	310	1	1	1739
836	147	25	150	6	18	2205
1674	64	32	163	1	8	2260
880	72	22	268			553
2945	136	286	1562	4	14	2956
565	23	36	180	1	4	3049
186016	**15536**	**212**	**8975**	**24**	**39**	**14951**
25531	530	10	213	1	5	1968
26140	1584	30	2125	1	2	7140

10–1(二)　续表 8

民族乡镇名称	乡镇企业年净利润总额（万元）	农林牧渔业总产值（万元）	农作物总播种面积（亩）	#粮食播种面积（亩）
滁州市定远县二龙回族乡	265	17230	71005	61252
淮南市凤台县李冲回族乡	4013	12414	34388	20160
淮南市潘集区古沟回族乡	3300	18038	70530	61320
六安市寿县陶店回族乡	605	19443	32420	28960
宣城市宁国市云梯畲族乡	850	11664	7850	3251
蚌埠市五河县临北回族乡	930	29900	53000	50000
阜阳市颍上县赛涧回族乡	260	14860	25900	21400
福建省	**147507**	**461494**	**610007**	**303654**
福州市罗源县霍口畲族乡	1819	32204	24267	17507
福州市连江县小沧畲族乡		3056	4738	2520
宁德市福安市坂中畲族乡	8012	25591	47175	18237
宁德市福安市康厝畲族乡	1546	34861	45618	22440
宁德市福安市穆云畲族乡	720	45828	47790	23745
宁德市霞浦县盐田畲族乡	2406	21745	18067	9638
宁德市霞浦县崇儒畲族乡	336	19561	32979	9719
宁德市霞浦县水门畲族乡	902	16366	30069	19226
宁德市蕉城区金涵畲族乡	46391	12689	13523	5983
宁德市福鼎市硖门畲族乡	1540	14772	13632	4834
宁德市福鼎市佳阳畲族乡	264	25951	22429	11851
漳州市漳浦县赤岭畲族乡	665	20735	25078	12664
漳州市漳浦县湖西畲族乡	824	33348	49180	29280
漳州市龙海市隆教畲族乡	7510	48084	34396	9181
三明市永安市青水畲族乡	4083	44331	58791	23614
三明市宁化县治平畲族乡	1986	6683	24093	14371
龙岩市上杭县官庄畲族乡	1669	16189	47150	24640
龙岩市上杭县庐丰畲族乡	352	25860	64417	40718
泉州市惠安县百崎回族乡	66482	13640	6615	3486
江西省	**8780**	**80522**	**153228**	**103249**
鹰潭市贵溪樟坪畲族乡	255	118	3912	2505
上饶市铅山县太源畲族乡	4	2283	1425	1245
上饶市铅山县篁碧畲族乡	362	2188	3465	2610
吉安市永丰县龙冈畲族乡	2457	14733	39930	29280

粮食产量（吨）	肉类总产量（吨）	农民合作社个数（个）	农民合作社成员数（户）	农业技术服务机构个数（个）	农业技术服务机构从业人员数（人）	公共财政收入（万元）
26853	1500	21	452	2	3	600
6090	1497	27	497	1	4	87
29485	1272	12	65	1	3	1495
19709	2248	22	228	1	4	258
1159	1242	8	45	2	6	1230
35689	4563	65	4050	11	6	1885
15360	1100	17	1300	4	6	289
118607	**18845**	**643**	**11409**	**33**	**190**	**50864**
6444	692	45	475	1	2	1735
1157	62	2	20	1	2	106
4220	309	48	387	1	8	5642
6874	1232	80	577	3	12	2082
7169	369	41	208	1	12	2131
3034	255	56	2243	1	2	5206
3845	756	70	2472	1	1	4116
5653	1396	49	641	1	5	3040
1806	532	29	295	1	11	4103
2069	655	27	160	1	5	3554
4168	412	32	254	1	10	2023
4846	1913	31	637	1	4	545
12739	716	24	738	4	5	2488
5692	861	8	220	1	3	4336
11099	2169	55	281	3	57	1828
5028	714	8	639	1	5	1738
9010	1528	21	518	4	12	2017
18912	4028	16	623	5	26	2503
4843	245	1	21	1	8	1672
41849	**11220**	**189**	**5083**	**19**	**65**	**23048**
897	6	51	219	1	3	216
446	136	15	312	1	3	1383
1211	191	8	40	1	8	1678
12000	238	14	181	6	24	3461

10–1(二)　续表 9

民族乡镇名称	乡镇企业年净利润总额（万元）	农林牧渔业总产值（万元）	农作物总播种面积（亩）	#粮食播种面积（亩）
赣州市南康赤土畲族乡	4082	36000	45811	27927
吉安市青原区东固畲族乡	200	17904	40395	26190
抚州市乐安县金竹畲族乡	480	4987	10325	7852
吉安市峡江县金坪民族乡	940	2309	7965	5640
山东省	**594785**	**148730**	**286516**	**226066**
淄博市临淄区金岭回族镇	90474	3850	6509	6509
聊城市莘县张鲁回族镇	1826	86028	78963	51549
菏泽市曹县侯集回族镇	501472	29842	105421	95351
德州市禹城市十里望回族镇	1013	29010	95623	72657
河南省	**272460**	**328401**	**665939**	**455785**
郑州市荥阳市金寨回族乡	17901	6910	3600	3600
周口市太康县城关回族镇	16853	17670	13200	9000
周口市淮阳县城关回族镇	48628	33700	41295	29490
周口市沈丘县槐店回族镇	26198	66785	19890	12570
商丘市宁陵县城关回族镇	6652	6187	8370	6345
商丘市睢县城关回族镇	6722	6646	10770	9225
商丘市民权县伯党回族乡	1735	16380	57000	34125
商丘市民权县胡集回族乡	2060	18340	53250	38700
平顶山市叶县马庄回族乡	2516	6516	15158	14357
平顶山市郏县姚庄回族乡	866	3922	18660	11850
新乡市封丘县荆乡回族乡	670	1772	13680	12300
许昌市许昌县艾庄回族乡	1100	10580	14000	9000
许昌市禹州市山货回族乡	12216	10665	24465	20656
许昌市襄城县颍桥回族镇	1460	6307	14145	10065
南阳市镇平县郭庄回族乡	374	6860	18540	12540
南阳市方城县袁店回族乡	3123	13182	41670	17130
驻马店市西平县蔡寨回族乡	700	14700	43770	30120
驻马店市新蔡县李桥回族镇	7140	26050	76390	68995
漯河市临颍县繁城回族镇	5448	33173	163858	96036
洛阳市洛宁县王范回族镇	17163	4456	2688	2481
洛阳市瀍河回族区廛河回族乡	92935	17600	11540	7200

粮食产量（吨）	肉类总产量（吨）	农民合作社个数（个）	农民合作社成员数（户）	农业技术服务机构个数（个）	农业技术服务机构从业人员数（人）	公共财政收入（万元）
11172	8685	26	1759	1	12	6710
10379	449	30	1350	1	5	1381
3383	269	32	975	7	8	1820
2361	1246	13	247	1	2	6399
147483	**39164**	**270**	**2857**	**38**	**115**	**34995**
2856	2853	20	393	2	6	23502
67689	17399	104	1100	16	53	2234
41342	1520	112	885	10	38	4025
35596	17392	34	479	10	18	5234
216835	**43171**	**253**	**4659**	**118**	**634**	**66527**
3100	150			1	10	1385
2759	828	6	193	8	31	10020
9236	3860	19	1200	21	220	15600
10482	1981	6	276	5	33	9392
3095	725			4	42	1722
4012	2029	16	81	4	32	3606
16720	4950	11	77	6	35	260
23667	1250	7	268	4	35	240
3683	2013	7	164	1	4	683
4769	1011	6	37	2	9	806
6113	1512	9	46	5	8	81
8800	1180	5	101	9	12	646
9493	1041	11	69	1	9	884
4569	1320	5	60	5	24	525
10560	185	18	134	9	18	151
8449	3144	28	378	1	7	664
15640	2550	26	135	2	16	610
27400	5590	8	500	1	10	226
40715	5338	63	397	27	41	751
1123	2256	2	543	2	38	2040
2450	258					16237

10-1(二) 续表 10

民族乡镇名称	乡镇企业年净利润总额（万元）	农林牧渔业总产值（万元）	农作物总播种面积（亩）	#粮食播种面积（亩）
湖北省	**53647**	**437284**	**881916**	**447432**
荆门市钟祥市九里回族乡	3000	32000	62665	42101
荆州市洪湖市老湾回族乡	5	1368	39260	21252
荆州市松滋市卸甲坪土家族乡	486	8099	27843	15627
宜昌市宜都市潘家湾土家族乡	2556	74762	46246	31061
十堰市郧西县湖北口回族乡	818	32988	57085	35746
恩施土家族苗族自治州恩施市芭蕉侗族乡	23920	129641	217150	66219
恩施土家族苗族自治州宣恩县长潭河侗族乡	350	14835	126088	87388
恩施土家族苗族自治州宣恩县晓关侗族乡	2780	45340	163416	86080
仙桃市沔城回族镇	13584	25044	1541	1287
神农架林区下谷坪土家族乡	660	3350	14881	10002
咸宁市赤壁市周郎嘴回族镇	3380	60845	104025	34547
恩施土家族苗族自治州鹤峰县铁炉白族乡	2108	9012	21717	16122
湖南省	**104853**	**606845**	**2550980**	**2462920**
怀化市辰溪县罗子山瑶族乡	698	3668	11885	7402
怀化市辰溪县苏木溪瑶族乡		1900	5852	2322
怀化市辰溪县上蒲溪瑶族乡		2700	6240	5640
怀化市辰溪县后塘瑶族乡		7000	9200	6700
怀化市辰溪县仙人湾瑶族乡		9783	32310	24220
怀化市洪江市深渡苗族乡	20	3928	31740	17107
怀化市洪江市龙船塘瑶族乡	420	3070	18013	17092
怀化市会同县炮团侗族苗族乡		1320	4000	3842
怀化市会同县宝田侗族苗族乡	938	4187	15695	7668
怀化市会同县蒲稳侗族苗族乡	100	980	12859	6548
怀化市会同县金子岩侗族苗族乡	647	9352	56298	42018
怀化市会同县漠滨侗族苗族乡		5878	5000	4305
怀化市会同县青朗侗族苗族乡	2662	5656	34142	14964
怀化市沅陵县二酉苗族乡	400	16299	98499	61150
怀化市沅陵县火场土家族乡		2500	7000	6780
怀化市中方县蒿吉坪瑶族乡	150	300	7000	5000
怀化市通道侗族自治县大高坪苗族乡		443	2945	1725
怀化市新晃侗族自治县步头降苗族乡		3779	10556	10556
怀化市新晃侗族自治县米贝苗族乡	1227	10427	30915	19920

粮食产量（吨）	肉类总产量（吨）	农民合作社个数（个）	农民合作社成员数（户）	农业技术服务机构个数（个）	农业技术服务机构从业人员数（人）	公共财政收入（万元）
145245	**46434**	**584**	**22478**	**26**	**129**	**21241**
21917	4270	90	756	6	12	1047
8474	247	30	30	1	1	1730
5071	1242	28	1119	3	6	1896
8108	6116	50	778	1	6	825
8950	1258	21	1589	1	7	1225
11442	7400	68	5223	4	60	5532
15042	8282	78	6942	1	8	1239
18642	10508	112	4643	1	9	4401
36149	3993	25	130	1	5	1365
1829	743	16	120	1	1	930
1273	1093	23	212	5	10	678
8348	1283	43	936	1	4	373
753020	**152959**	**1564**	**45195**	**117**	**453**	**81268**
3685	586	8	125	1	3	295
2531	242	4	75	1	3	375
4100	200	8	260	1	1	719
13350	800	5	90	1	1	1869
19400	4750	19	970	3	5	2210
9200	2000	7	287	1	2	1041
4392	140	7	375	1	2	137
3236	37	11	55	1	7	689
4090	462	6	459	1	2	735
2570	469	6	128	1	1	1654
18426	1378	12	234	1	15	2203
2153	864	11	160	1	2	1710
5414	1176	16	680	1	4	677
19675	1711	51	721	1	11	1752
2500	300	10	980	1	4	505
3000	25	15	1200	1	7	50
1351	294	9	186	2	3	475
4013	1000	2	15	1	1	33
6154	1523	12	256	3	5	77

10-1(二) 续表 11

民族乡镇名称	乡镇企业年净利润总额（万元）	农林牧渔业总产值（万元）	农作物总播种面积（亩）	#粮食播种面积（亩）
邵阳市绥宁县河口苗族乡	7284	8891	30125	19738
邵阳市绥宁县麻塘苗族乡	1076	6824	28823	15381
邵阳市绥宁县东山侗族乡	431	29756	27795	24651
邵阳市绥宁县鹅公岭侗族苗族乡	52	5709	11739	11255
邵阳市绥宁县寨市苗族侗族乡	7334	18159	65457	38728
邵阳市绥宁县乐安铺苗族侗族乡	2896	5021	10800	9528
邵阳市绥宁县关峡苗族乡	2900	14051	30157	20620
邵阳市绥宁县长铺子苗族乡	15530	42581	78426	41621
邵阳市隆回县山界回族乡	210	12888	46577	21834
邵阳市隆回县虎形山瑶族乡	1200	7301	70826	17436
邵阳市洞口县那溪瑶族乡	1910	600	17751	7990
邵阳市洞口县大屋瑶族乡	40	110	3750	3570
邵阳市洞口县长塘瑶族乡	28	102	2412	2135
邵阳市新宁县黄金瑶族乡	3609	3315	14200	9269
邵阳市新宁县麻林瑶族乡	306	2867	21123	11381
永州市蓝山县荆竹瑶族乡	3380	3670	2565	1200
永州市蓝山县湘江源瑶族乡	356	2810	5025	2350
永州市蓝山县浆洞瑶族乡	456	2670	2670	3370
永州市蓝山县汇源瑶族乡	168	860	1550	970
永州市蓝山县犁头瑶族乡	16	4512	5936	1678
永州市蓝山县大桥瑶族乡	3961	13685	17481	8940
永州市江永县松柏瑶族乡		6380	37453	25415
永州市江永县千家洞瑶族乡	237	6540	20120	17686
永州市江永县兰溪瑶族乡	9	4023	13493	5900
永州市江永县源口瑶族乡	1590	13590	20114	9796
永州市宁远县九疑瑶族乡	530	9695	16600	14705
永州市宁远县棉花坪瑶族乡	28	1170	2850	1548
永州市宁远县桐木漯瑶族乡	265	137	3371	1520
永州市宁远县五龙山瑶族乡	72	582	1210	5790
永州市道县横岭瑶族乡	320	7621	30012	17112
永州市道县洪塘营瑶族乡	925	8330	26480	16520
永州市道县审章塘瑶族乡		9450	35873	24216

粮食产量（吨）	肉类总产量（吨）	农民合作社个数（个）	农民合作社成员数（户）	农业技术服务机构个数（个）	农业技术服务机构从业人员数（人）	公共财政收入（万元）
11281	10619	19	1890	2	7	283
7526	2574	58	297	1	5	3213
9568	2458	82	421	1	3	2579
3927	590	17	510	1	2	89
14346	5442	106	542	2	12	1561
4855	5229	21	3048	1	6	78
7112	1510	66	364	1	6	286
17417	6160	106	6200	1	11	2055
11700	1171	19	213	1	7	2063
7235	1290	10	443	1	6	1567
3710	1320	3	30	1	2	310
1496	598	3	48	1	2	58
1346	271	1	1	1	2	61
3817	533	4	895	1	6	2305
4933	1069	7	1008	1	6	1210
1371	460	12	64	1	3	268
1198	716	5	73	1	1	268
290	84	5	66	1	1	410
812	514	4	109	1	1	279
530	70	4	110	1	1	305
4321	208	6	143	1	1	374
12800	3110	4	78	2	11	200
8023	506	3	5	2	5	3000
2962	28	4	102	1	3	51
10453	5657	5	128	2	9	155
14620	7600	22	451	4	13	516
2153	1940	8	483	2	2	230
750	230	6	480	7	7	329
1862	1061	16	772	1	3	400
6882	1500	8	212	1	1	35
5809	403	6	45	1	1	165
13320	4231	22	361	3	6	413

10-1(二) 续表 12

民族乡镇名称	乡镇企业年净利润总额（万元）	农林牧渔业总产值（万元）	农作物总播种面积（亩）	#粮食播种面积（亩）
永州市祁阳县晒北滩瑶族乡	160	3120	7560	4751
永州市新田县门楼下瑶族乡	110	1600	4000	1500
永州市双牌县上梧江瑶族乡	420	3108	31605	15047
永州市江华瑶族自治县小圩壮族乡	1602	5102	20297	12473
张家界市桑植县刘家坪白族乡	200	1250	9480	6045
张家界市桑植县马合口白族乡	65	4142	23697	17610
张家界市桑植县走马坪白族乡		8012	24957	17558
张家界市桑植县芙蓉桥白族乡		8715	40013	25926
张家界市桑植县洪家关白族乡	1500	2354	20427	18627
张家界市慈利县三官寺土家族乡	4480		19152	17621
张家界市慈利县高峰土家族乡		720	63611	34422
张家界市慈利县金岩土家族乡	35	4012	30990	22290
张家界市慈利县许家坊土家族乡		3644	32693	24908
张家界市慈利县阳和土家族乡		5151	29912	25090
张家界市慈利县甘堰土家族乡	253	4517	132709	57200
张家界市慈利县赵家岗土家族乡	121	3988	28917	22350
郴州市桂阳县白水瑶族乡	552	6717	32795	15779
郴州市北湖区保和瑶族乡		11940	41340	15908
郴州市北湖区仰天湖瑶族乡	320	4318	39251	17806
郴州市宜章县莽山瑶族乡	1583	3011	18244	11358
郴州市汝城县文明瑶族乡	1386	16748	83396	55765
郴州市汝城县延寿瑶族乡	7351	3348	51187	33840
郴州市汝城县三江口瑶族乡	2300	5786	20003	16230
郴州市临武县西山瑶族乡	52	30	8374	4218
郴州市资兴市回龙山瑶族乡	660	9106	57691	40369
郴州市资兴市八面山瑶族乡	9450	9007	51432	28570
常德市鼎城区许家桥回族维吾尔族乡	950	23088	161918	111698
常德市汉寿县毛家滩回族维吾尔族乡	3700	8800	62000	60000
常德市桃源县枫树维吾尔族回族乡	1035	27814	92924	54860
常德市桃源县青林回族维吾尔族乡	965	61495	139777	967118
株洲市炎陵县中村瑶族乡	1223	6085	17136	12053
衡阳市常宁市塔山瑶族乡		1350	580	350
益阳市桃江县鲊埠回族乡		1700	50000	14770

粮食产量（吨）	肉类总产量（吨）	农民合作社个数（个）	农民合作社成员数（户）	农业技术服务机构个数（个）	农业技术服务机构从业人员数（人）	公共财政收入（万元）
1838	330	12	130	1	1	445
800	25	13	165	1	4	280
5106	1109	51	1053	1	5	597
18063	614	4	35	1	7	605
2640	303	13	28	1	5	906
5921	691	9	66	1	5	490
21021	68	9	313	1	6	1282
22503	1559	42	250	1	5	1525
12392	625	29	29	1	7	3772
		23	130	1	9	3050
20308	2953	17	1252	1	9	463
10734	5300	12	200	1	3	1516
8342	636	12	67	1	6	271
8581	523	6	227	1	4	1226
23980	1347	22	842	1	9	1214
6657	845	18	185	1	5	985
5720	2375	11	56	1	1	145
6825	2120	9	83	1	4	872
6768	2295	18	709	3	6	1210
4002	510	18	601	1	1	641
23604	1926	66	2427	1	22	2735
12525	1076	30	319	1	5	2739
6500	520	23	320	2	4	982
24025	86	16	58	1	5	115
14414	3090	31	670	1	5	1042
7854	3898	28	880	1	3	1100
41343	5898	18	920	1	9	1589
45000	8200	21	1300	1	8	870
16738	6684	21	1960	1	10	1128
35439	9046	16	1721	1	13	1798
2665	388	30	395	1	4	1573
298	580	26	920	7	25	375
2750	230	9	36	3	7	1405

10-1(二) 续表 13

民族乡镇名称	乡镇企业年净利润总额（万元）	农林牧渔业总产值（万元）	农作物总播种面积（亩）	#粮食播种面积（亩）
广东省	**13826**	**60274**	**133026**	**64774**
惠州市龙门县蓝田瑶族乡	7230	22478	24369	14257
清远市连州市三水瑶族乡	57	4936	5409	1934
清远市连州市瑶安瑶族乡	2000	605	969	375
清远市阳山县秤架瑶族乡		4530	46035	17009
肇庆市怀集县下帅壮族瑶族乡	847	14354	18120	10680
韶关市始兴县深渡水瑶族乡	444	4410	13931	5604
河源市东源县漳溪畲族乡	3248	8960	24193	14915
广西壮族自治区	**47972**	**649296**	**2196538**	**1193515**
梧州市蒙山县长坪瑶族乡		3626	5130	3645
梧州市蒙山县夏宜瑶族乡		4579	18255	6030
贺州市八步区黄洞瑶族乡	1859	8873	16080	6465
贺州市平桂管理区大平瑶族乡	800	1880	19697	12616
贺州市昭平县仙回瑶族乡	257	11210	24150	14730
贺州市钟山县两安瑶族乡	1002		23745	16455
贺州市钟山县花山瑶族乡		11085	10395	6075
贵港市平南县马练瑶族乡	150	14825	26250	22950
贵港市平南县国安瑶族乡	610	20132	10080	9300
防城港市上思县南屏瑶族乡	148	8124	44635	11372
防城港市防城区十万山瑶族乡	120	2125	10410	7395
南宁市马山县古寨瑶族乡	449	9924	61125	27015
南宁市马山县里当瑶族乡	208	8878	28620	23055
南宁市上林县镇圩瑶族乡		12423	38000	21525
柳州市三江侗族自治县同乐苗族乡	326	22563	39720	22095
柳州市三江侗族自治县福禄苗族乡	1000	18500	2000	927
柳州市三江侗族自治县高基瑶族乡	50	7110	1453	543
柳州市融水苗族自治县滚贝侗族乡	780	11211	1767	861
柳州市融水苗族自治县同练瑶族乡	11	4490	242115	129120
柳州市柳城县古砦仫佬族乡	54	66442	117480	54150
桂林市临桂县宛田瑶族乡	200	281	44415	24810
桂林市临桂县黄沙瑶族乡	1700	5030	18840	9465

粮食产量（吨）	肉类总产量（吨）	农民合作社个数（个）	农民合作社成员数（户）	农业技术服务机构个数（个）	农业技术服务机构从业人员数（人）	公共财政收入（万元）
21614	**3354**	**157**	**1477**	**16**	**26**	**7102**
4773	758	20	147	8	8	1689
670	380	5	161	2	2	394
169	180	16	84	1	1	1083
4557	376	31	339	2	10	1526
3264	612	18	209	1	3	1044
1870	150	6	286	1	1	863
6311	898	61	251	1	1	503
392694	**69143**	**1177**	**57237**	**73**	**262**	**63471**
983	125	12	79	1	2	1843
1838	424	7	97	1	2	2205
2017	585	9	435	3	8	298
6527	697	13	130	1	1	1939
5469	781	19	182	1	2	398
6207	1905			1	8	1469
2168	1534	4	141	1	6	835
7059	2195	12	125	2	3	398
3113	1533	10	466	1	1	621
2937	506	8	25	1	3	2058
1865	482	5	30	1	3	257
7266	1920	28	1218	1	7	4898
5453	1732	38	1546	1	7	426
4376	1829	57	603	1	11	612
6749		68	9759	1	4	967
5250	880	25	21500	1	3	615
4014	710	26	715	1	2	673
2762	488	3	110	1	1	68
2714	543	24	143	1	2	20
20297	2269	23	246	3	13	1897
8050	2572	6	455	1	4	1760
2508	246	10	47	1	2	431

10-1(二) 续表 14

民族乡镇名称	乡镇企业年净利润总额（万元）	农林牧渔业总产值（万元）	农作物总播种面积（亩）	#粮食播种面积（亩）
桂林市灵川县大境瑶族乡	4000	8248	28797	15104
桂林市灵川县兰田瑶族乡	400	7632	17027	6834
桂林市全州县蕉江瑶族乡	361		37640	17685
桂林市全州县东山瑶族乡			5674	2860
桂林市兴安县华江瑶族乡	10043	14189	25200	15135
桂林市灌阳县洞井瑶族乡	2737	6963	35787	21356
桂林市灌阳县西山瑶族乡	2943	6325	33360	18615
桂林市资源县车田苗族乡	3560	27550	46295	22028
桂林市资源县两水苗族乡	1825	18110	40035	19270
桂林市资源县河口瑶族乡	1522	11000	17130	6180
桂林市平乐县大发瑶族乡	540	22500	50148	24660
桂林市荔浦县蒲芦瑶族乡	2267	6150	10500	7500
桂林市雁山区草坪回族乡	175	2544	8925	1770
百色市右江区汪甸瑶族乡	60	45500	89865	38770
百色市田东县作登瑶族乡			4228	2458
百色市田林县潞城瑶族乡		23056	54420	33060
百色市田林县利周瑶族乡		19675	19095	19095
百色市田林县八桂瑶族乡		19867	37500	19110
百色市田林县八渡瑶族乡		21110	43590	24360
百色市凌云县伶站瑶族乡		3	40100	20100
百色市凌云县朝里瑶族乡	152	3500	19485	11200
百色市凌云县沙里瑶族乡	498	5100	2589	1738
百色市凌云县玉洪瑶族乡	150	4923	27200	27200
百色市西林县足别瑶族苗族乡	100		16830	16830
百色市西林县普合苗族乡	820	3870	58100	39150
百色市西林县那佐苗族乡			44300	41300
河池市南丹县八圩瑶族乡	-5	13672	51510	29280
河池市南丹县里湖瑶族乡	29	9434	45975	31035
河池市南丹县中堡苗族乡	181	4390	19995	9810
河池市天峨县八腊瑶族乡			59610	40095
河池市凤山县平乐瑶族乡	278	4740	41115	27585
河池市凤山县江洲瑶族乡	260	5100	23385	15285

粮食产量（吨）	肉类总产量（吨）	农民合作社个数（个）	农民合作社成员数（户）	农业技术服务机构个数（个）	农业技术服务机构从业人员数（人）	公共财政收入（万元）
4523	767	8	43	3	4	1766
484	508	8	40	4	11	605
6864	3627	8	458	1	5	465
15039		3	98			589
6028	1588	4	36	1	7	1267
15870	1135	31	193	1	2	631
11917	1004	12	73	1	2	888
8530	1248	45	420	1	8	2451
8600	1131	15	152	1	3	995
2106	108	6	205	1	1	964
8054	1189	15	112	1	5	49
3500	1037	10	90	1	6	2049
497	889	3	48	1	5	627
11530	3993	13	194	1	2	2340
10370	1653	21	168	1	28	3813
10137	2298	38	329	2	4	1326
6235	1461	32	605	1	3	1581
6533	1750	12	3500	1	2	1942
7715	2185	24	5156	1	2	1310
5346	1100	13	150	1	2	1125
2710	600	34	320	1	2	996
6397	1109	12	60	1	2	1080
12000	0	18	54			571
3934	80	6	1200			510
4800	1250	3	870	1	3	746
11000		32		1	3	1019
6821	1681	31	320	1	3	96
6079	1478	16	130	1	3	53
2079	406	10	70	2	4	171
8910	1479	33	415	4	13	1563
6104	1132	75	850	1	10	600
2830	814	30	300	1	3	500

10-1(二) 续表 15

民族乡镇名称	乡镇企业年净利润总额（万元）	农林牧渔业总产值（万元）	农作物总播种面积（亩）	#粮食播种面积（亩）
河池市凤山县金牙瑶族乡	715	7225	43275	27030
河池市东兰县三弄瑶族乡	25		8820	4190
河池市环江毛南族自治县驯乐苗族乡	4308	9458	31922	29000
河池市宜州市北牙瑶族乡	278	64152	142365	70725
河池市宜州市福龙瑶族乡	26		110385	5513
重庆市	**13200**	**127606**	**425785**	**237785**
奉节县云雾土家族乡		4646	20155	8145
奉节县长安土家族乡		2200	62875	32640
奉节县龙桥土家族乡	2527	9235	43162	22467
奉节县太和土家族乡		9999	45561	13619
万州区恒合土家族乡	4469	24376	72350	52150
万州区地宝土家族乡	70	2755	7300	4280
云阳县清水土家族乡		16878	42415	24932
巫山县红椿土家族乡		8022	13650	2950
巫山县邓家土家族乡		4097	26125	15415
忠县磨子土家族乡	4436	12543	31976	24384
武隆区石桥苗族土家族乡	300	8000	3000	800
武隆区文复苗族土家族乡	34	11899	34620	17565
武隆区后坪苗族土家族乡	1316	8250	1716	1113
武隆区浩口苗族仡佬族乡	48	4705	20880	17325
四川省	**151567**	**633966**	**1846477**	**1223123**
甘孜藏族自治州九龙县子耳彝族乡		2520	4710	3840
甘孜藏族自治州九龙县三垭彝族乡		2941	6375	4320
甘孜藏族自治州九龙县俄尔彝族乡		2668	5715	3915
甘孜藏族自治州九龙县小金彝族乡		1242	4095	2505
甘孜藏族自治州九龙县朵落彝族乡		1036	1410	960
甘孜藏族自治州九龙县踏卡彝族乡		2901	4710	3240
甘孜藏族自治州九龙县湾坝彝族乡		6671	8700	6405
阿坝藏族羌族自治州松潘县十里回族乡		2767	3910	2890
阿坝藏族羌族自治州松潘县进安回族乡		4108	1300	1300
攀枝花市仁和区大龙潭彝族乡	181	22180	65835	43620
攀枝花市仁和区啊喇彝族乡	205	11550	1468	948

粮食产量（吨）	肉类总产量（吨）	农民合作社个数（个）	农民合作社成员数（户）	农业技术服务机构个数（个）	农业技术服务机构从业人员数（人）	公共财政收入（万元）
5068	1338	85	1675	1	4	665
977	364	10	55	1	1	557
11160	1800	15	537	1	6	1850
21884	2021	36	256	3	6	128
20442	964	3	3	1	2	894
74317	**17366**	**291**	**8509**	**15**	**112**	**14952**
2185	128	15	15	1	4	947
9557	2519	42	42	1	7	793
5806	1123	34	2426	1	2	1678
9253	2079	17	569	1	7	2065
12500	1308	9	250	1	6	354
2292	141	18	92	1	9	96
7105	316	30	390	2	17	
1238	411	34	312	1	4	962
2369	1396	16	143	1	3	652
8302	988	12	345	1	12	1087
400	30	7	48	1	12	2100
4073	2186	18	2892	1	10	2157
5200	3525	24	30	1	11	254
4037	1216	15	955	1	8	1808
426610	**120370**	**1269**	**38706**	**119**	**478**	**130888**
1089	130	2	15	2	8	496
1549	149	4	450	6		460
1200	168	9	60	1	1	403
831	53	1	36	1	2	437
307	41	9	73	1	3	428
1049	208	14	120			488
2992	689	19	103	1	1	617
725	132	13	120	1	4	
344	180	1	27		129	139
12550	2713	50	1465	9	21	3728
5111	934	24	189	1	2	71

10–1(二) 续表 16

民族乡镇名称	乡镇企业年净利润总额（万元）	农林牧渔业总产值（万元）	农作物总播种面积（亩）	#粮食播种面积（亩）
攀枝花市米易县麻陇彝族乡	85	9533	7920	4890
攀枝花市米易县白坡彝族乡	432	21926	1720	1001
攀枝花市米易县湾丘彝族乡	62135	13650	26070	16935
攀枝花市米易县新山傈僳族乡	90	11010	23235	11085
攀枝花市盐边县敢鱼彝族乡	60	9083	20560	12460
攀枝花市盐边县红果彝族乡		11718	23592	10508
攀枝花市盐边县温泉彝族乡	133	9854	15307	9132
攀枝花市盐边县箐河傈僳族乡	198	1060	14850	10035
攀枝花市盐边县格萨拉彝族乡	396	14599	35776	35776
攀枝花市盐边县和爱彝族乡	243	6389	16321	8818
攀枝花市盐边县红宝苗族彝族乡		4820	8788	6450
泸州市叙永县白蜡苗族乡	1325	93332	48915	37320
泸州市叙永县合乐苗族乡	83	6827	38674	25317
泸州市叙永县枧槽苗族乡			23500	19000
泸州市叙永县石坝彝族乡	272	3110	18532	15256
泸州市叙永县水潦彝族乡	454	7981	46771	27003
泸州市古蔺县箭竹苗族乡	8400	10518	44850	14291
泸州市古蔺县大寨苗族乡		782	7635	2039
泸州市古蔺县马嘶苗族乡	1219	9445	2601	1862
广元市青川县蒿溪回族乡		6040	14889	10970
广元市青川县大院回族乡	8	4345	19710	14525
乐山市金口河区和平彝族乡	1130	3700	17056	13809
乐山市金口河区共安彝族乡	522	4160	11092	7632
南充市阆中市博树回族乡	38	6290	17880	11340
宜宾市筠连县高坪苗族乡	4799	5529	20559	15528
宜宾市筠连县联合苗族乡	589	11830	23655	18030
宜宾市筠连县团林苗族乡	1024	4115	22590	16770
宜宾市屏山县屏边彝族乡		2580	18081	15054
宜宾市屏山县清平彝族乡		6041	20586	15001
宜宾市兴文县大坝苗族乡	1055	9916	60320	50292
宜宾市兴文县毓秀苗族乡	148	3827	19135	12099
宜宾市兴文县大河苗族乡	5868	11500	104589	59278

粮食产量（吨）	肉类总产量（吨）	农民合作社个数（个）	农民合作社成员数（户）	农业技术服务机构个数（个）	农业技术服务机构从业人员数（人）	公共财政收入（万元）
3810	913	17	449	1	2	1426
4850	1134	41	983			1525
7224	822	17	2100	1	3	1659
4808	1339	13	1421	1	1	847
3450	1120	24	162	1	2	986
5702	1429	26	2697	1	2	1158
2161	2441	13	368	1	2	459
3194	739	9	335	1	2	37
6882	1752	28	1029	1	1	365
1988	513	11	737	1	3	56
1454	681	19	1398	1	2	52
10233	1920	16	104	1	4	2499
4853	1571	14	612	1	7	472
13300	2000	4	26	1	3	4495
2102	1539	7	525	1	3	2974
5768	979	16	60			674
5913	1220	26	172	1	9	1697
863	66	26	172	1	4	450
12087	1364	28	224	2	7	169
2635	2870	16	710	2	3	332
3336	423	9	945	1	4	493
2191		40	301	1	1	785
3164	216	22	123	1	6	791
3932	819	20	817	1	4	407
8629	1556	6	612	1	5	879
10979	920	10	500	1	5	965
2710	1365	4	9	1	5	908
33737	28365	15	180	1	6	844
3851	820	11	284	1	6	1103
20106	3500	46	535	3	10	270
4082	95	3	412	1	3	1629
21489	8000	42	951	1	6	36200

10-1(二) 续表 17

民族乡镇名称	乡镇企业年净利润总额（万元）	农林牧渔业总产值（万元）	农作物总播种面积（亩）	#粮食播种面积（亩）
宜宾市兴文县麒麟苗族乡	294	18580	56000	38000
宜宾市兴文县仙峰苗族乡	5446	13561	30450	20450
宜宾市珙县罗渡苗族乡	15220		41790	24930
宜宾市珙县玉和苗族乡		6599	9275	7457
宜宾市珙县观斗苗族乡	1582	3035	8865	6885
雅安市汉源县小堡藏族彝族乡	15	1197	4527	4527
雅安市汉源县坭美彝族乡		4965	16391	11768
雅安市汉源县永利彝族乡		3619	13358	13358
雅安市汉源县顺河彝族乡	5	4952	8655	6960
雅安市汉源县片马彝族乡		3318	26119	20479
雅安市石棉县安顺彝族乡	9500	10696	14425	8750
雅安市石棉县先锋藏族乡		4881	16083	10553
雅安市石棉县蟹螺藏族乡	14974	4335	13940	8060
雅安市石棉县回隆彝族乡	560	5000	4991	3210
雅安市石棉县擦罗彝族乡	4000	5049	7127	3020
雅安市石棉县栗子坪彝族乡		6986	7601	3950
雅安市石棉县新民藏族彝族乡	1600	9767	36800	13400
雅安市石棉县挖角彝族藏族乡		1422	4932	2249
雅安市石棉县田湾彝族乡	2300	4368	10510	5261
雅安市石棉县草科藏族乡		3513	12477	7500
雅安市宝兴县跷碛藏族乡	80	2290	2000	19848
雅安市荥经县宝峰彝族民族乡		1871	9734	6378
雅安市荥经县民建彝族民族乡		3633		
凉山彝族自治州西昌市高草回族乡		8563	2958	2471
凉山彝族自治州西昌市裕隆回族乡		19669	26824	19535
凉山彝族自治州木里藏族自治县屋脚蒙古族乡			248	242
凉山彝族自治州木里藏族自治县俄亚纳西族乡		2740	16874	13944
凉山彝族自治州木里藏族自治县白碉苗族乡		2378	12167	11456
凉山彝族自治州木里藏族自治县项脚蒙古族乡		200	24000	20000
凉山彝族自治州木里藏族自治县固增苗族乡			10419	9585
凉山彝族自治州盐源县大坡蒙古族乡		1260	36500	10511
凉山彝族自治州德昌县金沙傈僳族乡		6617	7307	4823

粮食产量（吨）	肉类总产量（吨）	农民合作社个数（个）	农民合作社成员数（户）	农业技术服务机构个数（个）	农业技术服务机构从业人员数（人）	公共财政收入（万元）
14763	430	14	62	5	8	3183
8145	3457	12	130	1	6	2530
6410	3512	19	212	1	3	838
2816	111	8	205	1	3	544
2404	1425	8	318	1	4	615
1715	233	7	46	1	4	390
1538	811	17	375	1	6	599
1982	440	26	295	1	4	348
1690	264	7	162	1	3	510
3317	554	9	388	1	7	508
1950	547	8	285	1	6	1382
2242	800	18		1	2	872
1880	70	13	643	1	2	1279
1087	218	3	253	3	5	1676
800	4	10	600	1	3	899
1050		4	115	1	4	1259
3340	400	10	560	1	5	1261
481	55	4	233	1	4	828
1138	819	5	105	1	3	1085
1360		13	371	1	2	716
2348	1828	47	589	1	1	13681
1983	50	2	16	1	4	410
1459				2	4	275
14209	2730	15	1243	1	2	1242
9800	223	9	190	2	11	1002
6513	41	2	384	1	2	
2637	7400	21	885	1	6	
2629	308	4	1381	1	5	1112
10000	30	3	50			2209
1808	297	4	960			814
1750	350	8	207	1	5	330
1669	225	3	20	1	3	246

10-1(二) 续表 18

民族乡镇名称	乡镇企业年净利润总额（万元）	农林牧渔业总产值（万元）	农作物总播种面积（亩）	#粮食播种面积（亩）
凉山彝族自治州德昌县南山傈僳族乡			4900	1900
凉山彝族自治州会理县新安傣族乡		16960	22220	11245
凉山彝族自治州冕宁县和爱藏族乡		2100	9511	8608
凉山彝族自治州越西县保安藏族乡			16575	11640
绵阳市平武县木皮藏族乡		707	307	183
绵阳市平武县白马藏族乡		750	800	16
绵阳市平武县黄羊关藏族乡		2379	7303	4283
绵阳市平武县虎牙藏族乡		760		
绵阳市平武县泗耳藏族乡		904	1697	1230
绵阳市平武县徐塘羌族乡		2565	22500	18750
绵阳市平武县锁江羌族乡	240	7209	162200	113540
绵阳市平武县平南羌族乡			2789	2789
绵阳市北川羌族自治县桃龙藏族乡		6011	29844	14165
绵阳市盐亭县大兴回族乡		7658	15883	11186
达州市宣汉县渡口土家族乡		4311	13526	9631
达州市宣汉县龙泉土家族乡		3972	20166	16682
达州市宣汉县三墩土家族乡	4593	6839	32590	18870
达州市宣汉县漆树土家族乡	66	5080	12952	8503
绵阳市平武县水田羌族乡		4018	36153	3000
绵阳市平武县旧堡羌族乡		4093	10900	6424
绵阳市平武县阔达藏族乡		3524	13341	7207
绵阳市平武县土城藏族乡		2968	12987	10263
贵州省	**880972**	**2520255**	**7118151**	**4260898**
贵阳市南明区小碧布依族苗族乡		566	1485	
贵阳市花溪区高坡苗族乡		12948	208320	22680
贵阳市花溪区孟关苗族布依族乡		15580	2599	868
贵阳市花溪区马铃布依族苗族乡	103	21053	28000	9000
贵阳市花溪区黔陶布依族苗族乡	5776	15676	13965	3465
贵阳市乌当区偏坡布依族乡	215	7592	610	220
贵阳市乌当区新堡布依族乡		16320	22375	12167
贵阳市白云区牛场布依族乡	567	9842	61700	7342
贵阳市白云区都拉布依族乡	75230	10256	9863	3588

粮食产量（吨）	肉类总产量（吨）	农民合作社个数（个）	农民合作社成员数（户）	农业技术服务机构个数（个）	农业技术服务机构从业人员数（人）	公共财政收入（万元）
1448	250	2	50			200
7529	1402	10	220	1	3	614
2456	528	13	215	1	7	
3850	472	1	12	1	2	269
236	20	6	50	1	1	284
8	230	24	148	1	1	300
2108	130	6	37	1	1	509
948						755
600	500	9	23			260
638	1626	4	21	1	1	525
2470	1832	17	1729			1544
		3	37	1	1	423
2169	2894	12	168	2	4	539
4083		5	320	1	6	574
3315	937	11	556	1	6	924
5514	909	8	600	1	3	1091
9536	1019	7	235	1	8	1025
2847	788	3	54	1	3	528
2700	300	4	60	1	1	1046
5600	603	22	160	2	2	450
350	390	7	32	2	4	466
2063	23	17	85	4	5	1046
1532947	**321162**	**5444**	**123912**	**229**	**1656**	**367462**
53				1	10	9418
7910	2221	14	40	1	7	414
4790	2198	2	45	1	5	1296
2900	742	10	233	1	4	656
4682	99	10	96	1	5	753
932	45	6	38	1	6	983
3100	420	7	276	1	6	1836
2026	3582	40	1399	1	15	1819
1241	288	9	107	1	2	700

10–1(二)　续表 19

民族乡镇名称	乡镇企业年净利润总额（万元）	农林牧渔业总产值（万元）	农作物总播种面积（亩）	#粮食播种面积（亩）
贵阳市清镇市麦格苗族布依族乡	5731	10029	22938	16996
贵阳市清镇市王庄布依族苗族乡	6125	25684	49500	22900
贵阳市清镇市流长苗族乡	800	35000	80000	40000
贵阳市开阳县高寨苗族布依族乡	1642	24890	65595	29385
贵阳市开阳县南江布依族苗族乡	200	22340	54123	22341
贵阳市开阳县禾丰布依族苗族乡		22551	47985	19770
贵阳市修文县大石布依族乡	55	15772	19820	10425
贵阳市息烽县青山苗族乡	489	13881	39345	13725
六盘水市水城县坪寨彝族乡	158	10700	6000	3000
六盘水市水城县南开苗族彝族乡	210	31081	39075	26820
六盘水市水城县青林苗族彝族乡	527	13000	16590	3015
六盘水市水城县金盆苗族彝族乡	1385	22052	53670	41730
六盘水市水城县新街彝族苗族布依族乡	139	13600	20000	8000
六盘水市水城县杨梅彝族苗族回族乡	50	7000	32040	18040
六盘水市水城县野钟苗族彝族布依族乡	311	14300	44600	24610
六盘水市水城县果布嘎彝族苗族布依族乡	333	12122	27750	25800
六盘水市水城县龙场苗族白族彝族乡	581	17695	28320	20625
六盘水市水城县营盘苗族彝族白族乡	420	14458	30795	10095
六盘水市水城县顺场苗族彝族布依族乡	3401	16450	29710	23221
六盘水市水城县花戛苗族布依族彝族乡	1606	11222	26550	17100
六盘水市水城县猴场苗族布依族乡	3934	20424	23700	16095
六盘水市盘县普田回族乡	106	5993	10445	6034
六盘水市盘县旧营白族彝族苗族乡	92	6695	37560	17270
六盘水市盘县羊场布依族白族苗族乡	82089	10965	51377	45240
六盘水市盘县保基苗族彝族乡	1033	6542	38371	22113
六盘水市盘县淤泥彝族乡	8525	18946	23580	22740
六盘水市盘县普古彝族苗族乡	91312	25202	28703	25278
六盘水市盘县坪地彝族乡	4740	25000	38000	13800
六盘水市六枝特区梭戛苗族彝族乡	1528	17458	29456	20325
六盘水市六枝特区落别布依族彝族乡	15677	31512	40526	26111
六盘水市六枝特区中寨苗族彝族布依族乡	20212	21550	45962	28973
六盘水市六枝特区牛场苗族彝族乡	8576	29099	46395	29340

粮食产量（吨）	肉类总产量（吨）	农民合作社个数（个）	农民合作社成员数（户）	农业技术服务机构个数（个）	农业技术服务机构从业人员数（人）	公共财政收入（万元）
8495	2971	24	156	3	12	1063
5920	2516	13	125	1	7	2175
5200	5000	27	160	1	9	630
8140	3221	76	389	4	11	718
6890	3100	43	354	3	11	1050
5176	1679	53				3717
4210	1571	50	50	3	15	2100
3795	1156	7	550	1	3	731
750	425	9	85	1	5	1333
9263	2288	93	553	1	3	613
656	746	8	1336	1	4	1215
12336	1508	21	110	1	7	1822
4300	789	16	525	1	4	1414
14432	1500	15	61	1	3	2024
5012	550	9	400	1	3	800
3753	430	7	85	1	7	1607
6432	1433	48	384	1	4	1769
3398	816	9	584	1	6	1394
6290	403	15	31	1	4	1200
4380	372	6	35	1	2	1435
3496	392	46	1789	1	7	1280
4670	321	6	38	1	6	2325
8576	1672	13	130	1	18	541
16171	1213	16	96	1	21	5227
8933	2407	17	52	1	9	1990
8373	3308	40	665	1	22	5868
5276	2728	26	8292	1	17	8424
9000	900	17	6920	1	23	5471
6744	778	8	40	3	17	380
15023	1068	29	133	1	24	678
10992	710	30	150	3	35	1886
8622	1532	17	90	3	19	234

10 1(二) 续表 20

民族乡镇名称	乡镇企业年净利润总额（万元）	农林牧渔业总产值（万元）	农作物总播种面积（亩）	#粮食播种面积（亩）
六盘水市六枝特区月亮河彝族苗族乡	3757	49409	76665	38970
遵义市仁怀市后山苗族布依族乡	200	5810	21050	20186
遵义市遵义县平正仡佬族乡	5784	11988	54660	28380
遵义市遵义县洪关苗族乡		15712	74220	21480
遵义市桐梓县马鬃苗族乡		12300	14502	5580
遵义市正安县谢坝仡佬族苗族乡	1762	19250	55275	27075
遵义市正安县市坪苗族仡佬族乡	3972	21734	36050	27810
遵义市余庆县花山苗族乡	1020	17655	48262	16980
遵义市道真仡佬族苗族自治县上坝土家族乡	247951	16046	65340	33240
安顺市西秀区鸡场布依族苗族乡	1912	22380	6100	2370
安顺市西秀区杨武布依族苗族乡	5600	18000	28500	11250
安顺市西秀区岩腊苗族布依族乡	189	1286	43244	39687
安顺市西秀区新场布依族苗族乡	500	2000	47460	20760
安顺市西秀区黄腊布依族苗族乡	50	113	43046	18470
安顺市平坝县十字回族乡	2510	12227	69045	32523
安顺市平坝县羊昌布依族苗族乡	5870	17100	45808	22403
安顺市普定县补郎苗族乡	3210	12883	22125	17800
安顺市普定县猴场苗族仡佬族乡	6120	18871	42708	22765
安顺市普定县猫洞苗族仡佬族乡	7400	4336	10209	4000
毕节市七星关区大屯彝族乡	6338	5064	16797	8474
毕节市七星关区田坎彝族乡	300	17648	51870	23715
毕节市七星关区阿市苗族彝族乡	985	7125	99400	82950
毕节市七星关区团结彝族苗族乡	101	4316	57162	42835
毕节市七星关区阴底彝族苗族白族乡	690	23347	104580	58950
毕节市七星关区千溪彝族苗族白族乡	340	6900	73000	45120
毕节市黔西县永燊彝族苗族乡	3212	147	53415	43350
毕节市黔西县新仁苗族乡	50		28125	22995
毕节市黔西县花溪彝族苗族乡	34120	6220	45735	44890
毕节市黔西县中建苗族彝族乡	500	4480	26000	18000
毕节市黔西县定新彝族苗族乡	248	24470	73145	35724
毕节市黔西县太来彝族苗族乡	235	1356	54124	45681
毕节市黔西县绿化白族彝族乡	3826	58	51272	28350

粮食产量（吨）	肉类总产量（吨）	农民合作社个数（个）	农民合作社成员数（户）	农业技术服务机构个数（个）	农业技术服务机构从业人员数（人）	公共财政收入（万元）
13230	2525	70	543	1	16	568
4665	650	9	68	1	3	2473
8376	1823	24	145	1	27	1681
2451	1511	25	125	1	17	786
5335	1760	19	390	1	10	8297
2655	509	6	30	1	8	1265
7686	23914	7	121	1	2	1790
11735	6556	37	340	1	5	1418
7654	959	7	400	3	13	1658
1185	3168	16	515	1	8	1687
13430	5490	189	4300	1	10	2065
7120	3982	17	204	1	6	2896
16600	170	25	520	1	25	2299
10400	2150	42	123	1	12	1381
15535	1800	38	190	1	11	3268
9000	2500	17	500	1	15	1295
6230	304	31	180	1	5	1454
5881	1377	15	82	1	7	1438
3500	200	61	333	1	6	1407
4120	1273	9	43	1	5	1767
5587	990	11	60	1	5	1660
8853	965	15	85	1	8	2410
7856	802	34	1563	1	26	1551
14080	2041	39	921	1	11	2664
8560	902	28	85	1	9	1642
34680	800	55	275	1	6	1832
3175	926	11	52	1	7	2179
12480	9608	22	88	1	10	1200
12000	1500	6	160	1	7	325
7163	896	23	227	1	7	1489
8118	321	26	130	1	10	1786
6044	757	7	82	1	7	2290

10-1(二) 续表 21

民族乡镇名称	乡镇企业年净利润总额（万元）	农林牧渔业总产值（万元）	农作物总播种面积（亩）	#粮食播种面积（亩）
毕节市黔西县红林彝族苗族乡	299	2459	13000	10000
毕节市黔西县五里布依族苗族乡		22014	4363	1800
毕节市黔西县铁石苗族彝族乡		24367	2899	2380
毕节市大方县竹园彝族苗族乡	3052	4156	42580	32325
毕节市大方县响水白族彝族仡佬族乡	71	8920	77013	50932
毕节市大方县鼎新彝族苗族乡				
毕节市大方县牛场苗族彝族乡	800	22028	32736	16748
毕节市大方县理化苗族彝族乡			83490	61995
毕节市大方县安乐彝族仡佬族乡	183	11765	1467	1465
毕节市大方县凤山彝族蒙古族乡	9900	6325	14000	8000
毕节市大方县百纳彝族乡	1620	16060	19853	20066
毕节市大方县三元彝族苗族白族乡		8500	45655	41455
毕节市大方县沙厂彝族乡	30	7406	18421	7000
毕节市大方县黄泥彝族苗族满族乡	200	2500	16000	6000
毕节市大方县核桃彝族白族乡			47524	31800
毕节市大方县八堡彝族苗族乡			50442	44269
毕节市大方县兴隆苗族乡			19735	9244
毕节市大方县大山苗族彝族乡		6500	37000	36000
毕节市大方县星宿苗族彝族仡佬族乡	200	6250	36000	35000
毕节市织金县自强苗族乡	760	9800	29604	21000
毕节市织金县官寨苗族乡	3183	62040	17000	3102
毕节市织金县后寨苗族乡	15000		62040	39480
毕节市织金县大平苗族彝族乡	2300	14189	51997	31057
毕节市织金县茶店布依族苗族彝族乡		16000	23200	12000
毕节市织金县金龙苗族彝族布依族乡		1261	40000	25000
毕节市织金县鸡场苗族彝族布依族乡	800		40000	32000
毕节市金沙县太平彝族苗族乡		1324	6158	3845
毕节市金沙县石场苗族彝族乡	1005	18000	45075	20850
毕节市金沙县马路彝族苗族乡		4501	47270	34170
毕节市金沙县安洛苗族彝族满族乡	8500	6500	19841	16100
毕节市金沙县新化苗族彝族满族乡	27000	13964	2536	2206
毕节市金沙县大田彝族苗族布依族乡	1300	3650	22000	13200

粮食产量（吨）	肉类总产量（吨）	农民合作社个数（个）	农民合作社成员数（户）	农业技术服务机构个数（个）	农业技术服务机构从业人员数（人）	公共财政收入（万元）
4305	428	10	104	1	7	1669
7880	916	10	68	1	7	1609
1190	450	32	20	1	9	1866
4002	1651	9	103	1	15	3330
8611	1104	8	35	1	9	3883
7536	1639	31	455	1	14	3641
18598	12355	56		1	11	3352
7300	70	61	98	1	5	1617
5000	950	15	130	1	2	1050
5935	388	21	116	1	1	814
35712	830	35	208	1	3	2114
850	910	25	162	1	7	1138
3200	500	17	68	1	3	306
12000	4800	45	200	1	10	2292
7729	1571	23	49	1	8	2254
9821	2847	57	2355	1	7	2589
7100	360	48	395	1	5	2274
6800	320	68	486	1	3	1806
5250	2214	36	87	1	29	1096
450	500	80	345	1	3	2431
3102	450	42	210	1	3	4129
8707	793	46	230	1	3	1725
35000	1000	8	3	1	4	2278
10000	15400	120	600	1	11	3147
24000	9000	32	160	1	3	200
1153	750	25	130	1	2	103
8620	1483	35	30	2	5	1977
6500	1250	5	32	1	3	1223
11450	1788	16	105	1	10	3444
7668	986	21	105	1	5	5880
3850	980	12	65	1	4	1680

10-1(二) 续表 22

民族乡镇名称	乡镇企业年净利润总额(万元)	农林牧渔业总产值(万元)	农作物总播种面积(亩)	#粮食播种面积(亩)
毕节市赫章县兴发苗族彝族回族乡	3500	8858	62750	22410
毕节市赫章县松林坡白族彝族苗族乡	155	42500	48660	32430
毕节市赫章县雉街彝族苗族乡	62121	18000	72618	48320
毕节市赫章县珠市彝族乡	51	47922	125301	77256
毕节市赫章县双坪彝族苗族乡	248	23000	65000	41000
毕节市赫章县辅处彝族苗族乡	380	19000	41250	31500
毕节市赫章县铁匠苗族乡	7742	20225	52291	34585
毕节市赫章县可乐彝族苗族乡	240	42480	102900	70225
毕节市赫章县河镇彝族苗族乡		2650	43600	38600
毕节市赫章县结构彝族苗族乡	900	4210	56040	35850
毕节市赫章县水塘堡彝族苗族乡	620	24100	73570	54660
毕节市赫章县古达苗族彝族乡	104	8871	81365	63076
毕节市纳雍县厍东关彝族苗族白族乡	232	38165	52830	34080
毕节市纳雍县董地苗族彝族乡	300	4352	55648	38880
毕节市纳雍县左鸠戛彝族苗族乡	123	1990	41005	28770
毕节市纳雍县锅圈岩苗族彝族乡	110	4700	56333	35490
毕节市纳雍县新房彝族苗族乡	285	9780	60372	34080
毕节市纳雍县化作苗族彝族乡	215	7435	63962	40110
毕节市纳雍县姑开苗族彝族乡	325	3832	56875	37380
毕节市纳雍县羊场苗族彝族乡	200	8031	59404	39330
毕节市纳雍县昆寨苗族彝族白族乡	256	3180	50419	33968
毕节市纳雍县猪场苗族彝族乡	691	4128	59449	41520
毕节市威宁彝族回族苗族自治县新发布依族乡	5000	320	56000	42000
毕节市大方县大水彝族苗族布依族乡	1700	5900	13280	7200
毕节市黔西县金坡苗族彝族满族乡	540	11732	27990	14800
毕节市大方县普底彝族苗族白族乡	683	1841	21300	4000
毕节市黔西县仁和彝族苗族乡	276	4865	8800	6600
铜仁市碧江区桐木坪侗族乡	1200	12585	26190	18585
铜仁市碧江区瓦屋侗族乡	816	13196	33795	18495
铜仁市碧江区和平土家族侗族乡	600	34021	75435	43230
铜仁市碧江区滑石侗族苗族土家族乡	600	34021	75435	43230
铜仁市碧江区六龙山侗族土家族乡		6860	14715	8115

粮食产量（吨）	肉类总产量（吨）	农民合作社个数（个）	农民合作社成员数（户）	农业技术服务机构个数（个）	农业技术服务机构从业人员数（人）	公共财政收入（万元）
4906	1510	31	101	1	15	3358
31150	550	22	616	1	3	1994
9023	5726	32	121	1	9	2824
14831	2230	21	330	1	4	3522
8500	1050	23	162	1	8	2213
8053	1100	15	580	1	3	3200
6803	1139	54	374	1	6	2725
40260	4125	14	294	1	8	1610
41000	550	20	256	1	8	3219
8083	1150	22	198	1	9	4379
6200	1960	26	136	1	10	2596
12087	1929	24	148	1	7	264
8407	1345	78	397	1	16	1563
9590	1470	31	145	1	11	1143
6708	1344	34	199	1	13	88
7828	1345	60	340	2	10	1800
13075	1458	75	375	1	6	1440
9720	1404	78	325	1	6	3685
9371	1367	19	1325	1	10	2124
11320	1581	17	562	1	16	1032
7794	1428	61	298	1	10	2378
6725	1864	24	252	1	11	912
67000	4032	31	186	1	10	848
2790	430	26	320	1	3	2149
7820	480	36	950	1	7	1563
1600	180	19	133	1	2	646
1980	950	35	175	1	3	2191
4795	1971	60	700	2	3	1498
4851	958	20	688	1	10	539
17589	1448	30	500	1	19	878
17589	1448	30	500	1	19	878
1488	543	4	50			1966

10 1(二) 续表 23

民族乡镇名称	乡镇企业年净利润总额（万元）	农林牧渔业总产值（万元）	农作物总播种面积（亩）	#粮食播种面积（亩）
铜仁市万山区高楼坪侗族乡	12540	6200	21780	14520
铜仁市万山区黄道侗族乡	186	12500	8000	6030
铜仁市万山区敖寨侗族乡	120	9500	6825	4260
铜仁市万山区下溪侗族乡	865		1674	549
铜仁市万山区鱼塘侗族土家族苗族乡		970	27000	14500
铜仁市万山区大坪侗族土家族苗族乡	12	15000	42600	30600
铜仁市德江县楠杆土家族乡	38	15225	55200	30570
铜仁市德江县沙溪土家族乡	80	18784	65955	33405
铜仁市德江县桶井土家族乡	43	16143	47460	28185
铜仁市德江县堰塘土家族乡	280	22727	58545	32385
铜仁市德江县荆角土家族乡	108	15937	47325	28260
铜仁市德江县长丰土家族乡	58	15871	55890	30480
铜仁市德江县龙泉土家族乡	70	21058	46650	30255
铜仁市德江县钱家土家族乡	55	17962	58485	29790
铜仁市江口县德旺土家族苗族乡	670	3609	19190	15318
铜仁市江口县官和侗族土家族苗族乡	50	1755	4933	800
铜仁市石阡县聚凤仡佬族侗族乡	158	22591	1118	
铜仁市石阡县大沙坝仡佬族侗族乡	32	19613	1116	5886
铜仁市石阡县枫香仡佬族侗族乡	120	11745	465	312
铜仁市石阡县青阳苗族仡佬族侗族乡	286	15828	737	586
铜仁市石阡县龙井侗族仡佬族乡	468	29207	1441	890
铜仁市石阡县石固仡佬族侗族乡	221	20276	1128	769
铜仁市石阡县坪地仡佬族侗族乡	486	24064	1933	1658
铜仁市石阡县甘溪仡佬族侗族乡	268	17115	721	468
铜仁市石阡县坪山仡佬族侗族乡	580	12013	699	479
铜仁市思南县思林土家族苗族乡	124	15789	42672	26790
铜仁市思南县枫柝土家族苗族乡	125	20012	49011	30574
铜仁市思南县杨家坳苗族土家族乡	118	23136	54383	47011
铜仁市思南县胡家湾苗族土家族乡	53	16238	38831	22128
铜仁市思南县宽坪土家族苗族乡	60	18091	42051	23477
铜仁市思南县三道水土家族苗族乡	332	16960	43755	32420
铜仁市思南县天桥土家族苗族乡	350	18855	44203	27578

粮食产量（吨）	肉类总产量（吨）	农民合作社个数（个）	农民合作社成员数（户）	农业技术服务机构个数（个）	农业技术服务机构从业人员数（人）	公共财政收入（万元）
4526	1200	36	432	1	8	4823
21650	2500	25	135	1	4	2491
6480	85	18	780	1	4	3084
2127		33	1153	1	3	2793
5800	2150	89	1503	1	15	1911
9600	1310	20	115	1	18	1503
7531	1412	51	263	11	4	1066
7944	1844	33	7800	1	6	1399
6811	1397	70	3455	6	32	3457
8121	1519	47	2290	1	8	2241
6920	1233	35	7600	1	15	1505
7678	1593	100	4744	1	11	1477
7615	1665	43	1948	1	4	1739
7175	1377	48	325	5	20	1597
1768	1859	10	112	1	2	170
324	700	8	72	1	2	70
7168	1356	20	613	1	8	467
5936	1395	22	310	1	6	273
3537	566	12	296	1	4	106
4004	674	14	322	1	5	159
8551	1735	22	341	1	5	1276
5316	932	17	289	1	10	287
8689	1357	23	375	1	5	322
4591	718	13	128	1	3	322
3986	582	14	392	1	5	250
6040	1211	41	993	1	13	1661
7907	1398	32	350	1	16	1546
9395	1369	37	105	1	8	1856
5368	1181	15	15784	1	17	1313
5461	1169	27	1102	1	13	1544
7825	1109	32	158	1	15	2144
6918	1254	13	51	1	14	1639

10-1(二) 续表 24

民族乡镇名称	乡镇企业年净利润总额（万元）	农林牧渔业总产值（万元）	农作物总播种面积（亩）	#粮食播种面积（亩）
铜仁市思南县兴隆土家族苗族乡	168	15422	40318	26004
黔西南布依族苗族自治州晴隆县三宝彝族乡	45	980	1980	600
黔西南布依族苗族自治州兴仁县鲁础营回族乡	615	7300	60300	35710
黔西南布依族苗族自治州望谟县油迈瑶族乡		8411	36555	19185
黔东南苗族侗族自治州从江县秀塘壮族乡	21	9685	13700	4500
黔东南苗族侗族自治州从江县刚边壮族乡	86	3214	4732	3932
黔东南苗族侗族自治州从江县翠里瑶族壮族乡	134	9978	23048	19476
黔东南苗族侗族自治州镇远县尚寨土家族乡			11267	6010
黔东南苗族侗族自治州麻江县坝芒布依族乡		5604	50586	24132
黔东南苗族侗族自治州榕江县水尾水族乡		1045	2258	1558
黔东南苗族侗族自治州榕江县三江水族乡		240	1677	884
黔东南苗族侗族自治州榕江县仁里水族乡		20891	21300	10710
黔东南苗族侗族自治州榕江县定威水族乡		8590	22080	8640
黔东南苗族侗族自治州榕江县兴华水族乡	42	5282	20955	12030
黔东南苗族侗族自治州榕江县塔石瑶族水族乡	20	4568	1216	737
黔东南苗族侗族自治州雷山县达地水族乡				
黔东南苗族侗族自治州黎平县顺化瑶族乡				
黔东南苗族侗族自治州黎平县雷洞瑶族水族乡				
黔东南苗族侗族自治州岑巩县羊桥土家族乡		17600	61500	31088
黔南布依族苗族自治州都匀市归兰水族乡		23680	56655	41235
黔南布依族苗族自治州荔波县瑶山瑶族乡	250	10167	19772	6026
黔南布依族苗族自治州荔波县黎明关水族乡	1090		24297	16487
黔南布依族苗族自治州平塘县卡蒲毛南族	500	19220	10910	7200
贵阳市花溪区湖潮布依族苗族乡		17100	1498	547
云南省	**215847**	**3046632**	**9218333**	**5452399**
昆明市晋宁县夕阳彝族乡	1321	13231	29492	14708
昆明市晋宁县双河彝族乡	2251	30123	36338	10845
昆明市宜良县九乡彝族回族乡	52	24774	57950	52400
昆明市宜良县耿家营彝族苗族乡	2610	43943	77640	55740
昭通市昭阳区守望回族乡		22570	87238	41498
昭通市昭阳区小龙洞回族彝族乡	600	22800	79400	65300
昭通市布嘎回族乡	60	21000	76588	33688

粮食产量（吨）	肉类总产量（吨）	农民合作社个数（个）	农民合作社成员数（户）	农业技术服务机构个数（个）	农业技术服务机构从业人员数（人）	公共财政收入（万元）
6937	1405	14	526	1	16	1476
584	3100	16	485	1	8	783
9632	1471	8	62	1	7	1928
4870	446	35	160	1	13	
3200	672	21	216	1	4	574
4900	500	26	320	1	3	1105
5042	569	16	149	1	3	1960
		4	38	1	3	751
4967	456	7	500	1	4	1895
775	150	18	370	1	4	1486
3527	123	39	633	1	5	3334
6370	432	15	22	1	5	1847
2087	450	25	726	1	5	1582
6496	443	17	85	1	4	1758
2505	218	27	297	1	4	1917
		10	4736	1	8	2713
		7	91	1	3	1239
		13	512	1	2	1542
7988	1315	15	125	1	6	1150
10905	4028	31	279	1	6	1468
2109	705	19	104	1	8	976
8244	1124	53	412	1	11	1220
2880	126	7	206	1	4	1306
192	2605	7	150	1	9	15911
1580263	**451899**	**3542**	**153339**	**204**	**1629**	**274656**
5119	885	4	120	1	2	1374
2592	3179	10	204	1	15	2476
12100	3250	21	3420	1	10	1223
13477	4335	31	1367	2	12	1650
19211	1944	30	320	1	10	1440
19300	2300	9	10254	1	13	1600
6836	370	8	2000	1	29	288

10-1(二) 续表 25

民族乡镇名称	乡镇企业年净利润总额（万元）	农林牧渔业总产值（万元）	农作物总播种面积（亩）	#粮食播种面积（亩）
昭通市青岗岭回族彝族乡	1780	10110	39580	36240
昭通市鲁甸县桃源回族乡	9743	23671	75692	34340
昭通市鲁甸县茨院回族乡	34210	17600	36669	22105
昭通市大关县上高桥回族彝族苗族乡	250	13941	47970	41055
昭通市永善县马楠苗族彝族乡	550	5089	52860	36390
昭通市永善县伍寨彝族苗族乡	1640	6069	59685	43215
昭通市镇雄县果珠彝族乡	2105	31864	80932	62720
昭通市镇雄县林口彝族苗族乡	512	46842	85568	85113
昭通市彝良县龙街苗族彝族乡		14873	95991	42176
昭通市彝良县奎香苗族彝族乡		32234	63048	41022
昭通市彝良县树林彝族苗族乡		4705	51008	41668
昭通市彝良县柳溪苗族乡		16200	26073	23692
昭通市彝良县洛旺苗族乡	44	10100	57200	34341
昭通市威信县双河苗族彝族乡		17865	74018	64809
曲靖市师宗县龙庆彝族壮族乡	620	63580	152360	61825
曲靖市师宗县五龙壮族乡	1892	52483	175580	38690
曲靖市师宗县高良壮族苗族瑶族乡	1902	13286	146890	46275
曲靖市罗平县长底布依族乡	596	20462	88880	27210
曲靖市罗平县旧屋基彝族乡	260	23795	56147	18290
曲靖市罗平县鲁布革布依族苗族乡	952	75600	29390	15765
曲靖市富源县古敢水族乡	310	15010	45700	23605
曲靖市会泽县新街回族乡		31511	57800	43800
楚雄彝族自治州南华县雨露白族乡		23068	43995	26285
楚雄彝族自治州大姚县湾碧傈僳傣族乡	1300	29000	40700	28000
楚雄彝族自治州永仁县永兴傣族乡	1753	25873	42912	25483
楚雄彝族自治州武定县东坡傣族乡	880	16570	17200	15600
玉溪市红塔区小石桥彝族乡	4642	18814	34950	8250
玉溪市红塔区洛河彝族乡	3364	23197	26085	8049
玉溪市江川县安化彝族乡	550	15069	51515	8798
玉溪市通海县高大傣族彝族乡	2690	18019	29030	13203
玉溪市通海县里山彝族乡	1076	19016	39823	16011
玉溪市通海县兴蒙蒙古族乡	1191	7478	9256	502

粮食产量（吨）	肉类总产量（吨）	农民合作社个数（个）	农民合作社成员数（户）	农业技术服务机构个数（个）	农业技术服务机构从业人员数（人）	公共财政收入（万元）
15720	4375	41	1480	1	12	1243
12629	2417	30	744	1	7	3370
8894	1376	47	1376	1	8	2815
8677	2659	11	864	1	5	1437
5065	2651	44	1008	1	6	1139
7237	1895	10	460	1	5	342
16161	4581	38	5551	1	3	3166
18098	3423	1	56	1	3	3516
13879	3407	33	715	3	4	1231
22200	3194	22	920	6	15	1336
10472	1002	4	36	1	2	959
8340	1020	9	60	1	2	658
11843	2855	10	211	1	2	954
15011	3293	35	695	5	8	4626
29876	11970	15	486	1	14	3552
23204	9462	13	106	1	18	3520
22560	8069	11	322	2	19	5956
9000	4966	14	310	4	28	1344
7804	2650	10	370	1	4	1580
6306	2718	25	838	1	13	2222
7325	4863	12	267	1	6	494
19220	13678	9	808	1	11	1422
7228	2612	22	3050	1	21	1297
9550	1600	13	978	1	17	1550
7321	4121	9	310	1	12	4745
5860	4700	7	194	2	11	2323
3301	2719	1	275	4	10	4600
3807	5773	4	142	1	12	2510
4857	855	2	802	5	42	2196
5653	2836	11	1287	1	5	525
5564	2533	10	397	1	4	903
245	582	12	2435	1	5	292

10-1(二)　续表 26

民族乡镇名称	乡镇企业年净利润总额（万元）	农林牧渔业总产值（万元）	农作物总播种面积（亩）	#粮食播种面积（亩）
玉溪市华宁县通红甸彝族苗族乡	1360	620	38449	14490
玉溪市易门县十街彝族乡	620	12924	50835	24608
玉溪市易门县浦贝彝族乡	5280	27935	50701	27435
玉溪市易门县铜厂彝族乡	211	18830	87618	40298
红河哈尼族彝族自治州河口瑶族自治县桥头苗族壮族乡	65	33166	49477	35790
红河哈尼族彝族自治州金平苗族瑶族傣族自治县者米拉祜族乡	195	21052	50980	31900
红河州蒙自县期路白苗族乡		8250	56324	46323
红河州蒙自县老寨苗族乡	248	16166	60165	40995
红河州开远市大庄回族乡	1219	32402	55740	34150
文山壮族苗族自治州文山市东山彝族乡	1089	15350	58014	27540
文山壮族苗族自治州文山市红甸回族乡	512	16425	73144	28630
文山壮族苗族自治州文山市秉烈彝族乡	32	19961	90490	53274
文山壮族苗族自治州文山市柳井彝族乡		13592	59395	32050
文山壮族苗族自治州文山市坝心彝族乡		7424	41105	20710
文山州砚山县阿舍彝族乡	430	17060	104975	51787
文山州砚山县维末彝族乡	905	53355	312691	155187
文山州砚山县盘龙彝族乡	11912	41857	200798	100326
文山州砚山县干河彝族乡		22544	145438	61938
文山州丘北县舍得彝族乡	156	11702	90010	66375
文山州丘北县新店彝族乡		20540	102230	60726
文山州丘北县树皮彝族乡	167	66809	334000	81500
文山州丘北县八道哨彝族乡	2300	41809	141311	75466
文山州丘北县腻脚彝族乡	1000	82575	158350	53050
文山州麻栗坡县猛硐瑶族乡	475	10766	59800	35400
文山州富宁县洞波瑶族乡		14925	141165	60255
普洱市澜沧拉祜族自治县酒井哈尼族乡	24	10941	60782	38779
普洱市澜沧拉祜族自治县发展河哈尼族乡	121	6212	58489	43228
普洱市澜沧拉祜族自治县谦六彝族乡	229	22718	133501	111718
普洱市澜沧拉祜族自治县文东佤族乡	16	11416	76490	54982
普洱市澜沧拉祜族自治县安康佤族乡	3	7371	61683	42604
普洱市澜沧拉祜族自治县雪林佤族乡	122	12668	38717	28154
普洱市思茅区云仙彝族乡	35	7620	74250	61995

粮食产量（吨）	肉　类总产量（吨）	农民合作社个数（个）	农民合作社成员数（户）	农业技术服务机构个　数（个）	农业技术服务机构从业人员数（人）	公共财政收　入（万元）
4127	1643	6	418	3	8	741
8283	7118	18	986	3	9	1914
8602	6428	16	2530	1	5	1772
13070	5251	17	1750	1	4	1948
11557	2524	5	190	3	17	179
10876	2263	8	129	3	7	2176
9634	3253	4	108	1	4	1624
10060	2765	5	166	3	13	1579
12122	3855	25	293	7	20	2097
6558	2337	15	756	1	14	2668
8497	2401	45	341	1	4	1099
16828	2975	23	1230	1	5	1461
7440	2146	11	418	1	7	1170
5599	1713	19	428	1	8	1230
13283	3126	33	460	1	10	698
46189	9308	45	381	1	8	687
23510	3765	28	1244	1	8	1144
15576	3848	26	850	1	6	776
18120	6504	8	212	1	4	1319
14094	5457	8	106	1	4	1940
2114	9230	55	3728	1	8	2050
17523	11650	39	463	3	12	3822
15600	12680	23	112	1	3	1692
8100	2452	18	521	3	14	134
18783	5203	55	97	1	4	1152
9423	709	10	186	1	12	2988
11679	2708	19	834	1	14	2703
24089	3465	17	199	1	23	6105
11714	1263	26	537	1	12	2813
6555	577	8	341	1	12	2658
5612	594	4	258	1	10	3689
1142	2110	4	760	3	38	738

10–1(二) 续表 27

民族乡镇名称	乡镇企业年净利润总额（万元）	农林牧渔业总产值（万元）	农作物总播种面积（亩）	#粮食播种面积（亩）
普洱市思茅区龙潭彝族傣族乡	157	5430	33900	30300
普洱市墨江哈尼族自治县孟弄彝族乡		9743	52575	35356
普洱市西盟佤族自治县力所拉祜族乡		689	36394	28489
大理州大理市太邑彝族乡	6778	11615	21200	18100
大理州鹤庆县六合彝族乡	273	12100	31596	25490
大理州宾川县钟英傈僳族彝族乡	140	13560	29276	20052
大理州宾川县拉乌彝族乡	440	13426	29400	17200
大理州祥云县东山彝族乡	139	11096	28164	17595
大理州弥渡县牛街彝族乡	252	34847	57176	36410
大理州永平县北斗彝族乡	966	35973	47535	42000
大理州永平县厂街彝族乡	18000	40130	70380	56400
大理州永平县水泄彝族乡	1035	29762	63330	55800
大理州云龙县苗尾傈僳族乡	7090	15011	54544	42700
大理州云龙县团结彝族乡	400	12844	34995	30495
丽江市华坪县永兴傈僳族乡	680	16141	59011	30337
丽江市华坪县通达傈僳族乡	60	7833	29444	20340
丽江市华坪县新庄傈僳族傣族乡	426	39099	54828	37103
丽江市华坪县船房傈僳族傣族乡	185	8280	22305	19245
丽江市永胜县羊坪彝族乡		3910	28918	26327
丽江市永胜县东山傈僳族彝族乡		12156	26720	24825
丽江市永胜县六德傈僳族彝族乡	307	8763	31030	28380
丽江市永胜县大安彝族纳西族乡	200	11690	37245	24510
丽江市永胜县光华傈僳族彝族乡		8631	29670	19780
丽江市永胜县松坪傈僳族彝族乡		4332	35220	20595
丽江市宁蒗彝族自治县翠玉傈僳族普米族乡		9800	31734	25327
丽江市古城区金江白族乡	140	5876	9546	7344
丽江市玉龙纳西族自治县九河白族乡	51	20263	54000	39000
丽江市玉龙纳西族自治县石头白族乡		9845	25210	16940
丽江市玉龙县黎明傈僳族乡	290	11924	64282	40748
保山市隆阳区瓦马彝族白族乡	1880	41156	83553	61421
保山市隆阳区瓦房彝族苗族乡	2540	61306	111544	75266
保山市隆阳区杨柳白族彝族乡	6660	85726	156336	97378

粮食产量（吨）	肉类总产量（吨）	农民合作社个数（个）	农民合作社成员数（户）	农业技术服务机构个数（个）	农业技术服务机构从业人员数（人）	公共财政收入（万元）
4896	1116	3	620	4	25	663
8162	1085	8	245	3	12	1393
6550	604	22	3042	1	11	4271
8447	2398	47	235	1	15	765
5821	3465	12	1005	1	24	2478
6204	990	29	1409	1	14	1293
6251	2798	17	298	1	6	1176
6395	2319	35	1117	1	17	1544
15586	8105	44	1981	1	6	858
12600	2980	86	2552	1	7	893
14182	3286	85	2532	1	9	1151
14152	2395	63	1873	1	12	1248
13318	3853	8	142	4	21	2566
8720	3360	40	2083	1	8	505
5968	647	20	546	1	15	10957
2859	454	11	489	1	12	1073
8924	1413	27	2667	1	14	12739
4725	845	20	935	1	14	1090
5978	584	19	258	1	22	3089
5766	2439	16	240	1	19	3366
6557	1100	45	656	1	27	3462
6605	1928	46	769	1	4	3364
8540	2704	19	95	1	21	3096
5007	1944	9	247	1	22	1413
4813	1443			1	15	986
2938	735	15	198	1	11	1081
43200	5628	80	2400	1	5	1000
8760	3980	22	830	1	6	1280
9061	4324	26	481	1	4	1893
24461	7689	17	3649	2	7	1877
35046	10818	24	4373	1	6	1794
48054	10689	61	6884	2	17	1877

10-1(二) 续表 28

民族乡镇名称	乡镇企业年净利润总额（万元）	农林牧渔业总产值（万元）	农作物总播种面积（亩）	#粮食播种面积（亩）
保山市隆阳区芒宽彝族傣族乡	811	85852	116444	58997
保山市施甸县摆榔彝族布朗族乡		11613	33432	23820
保山市施甸县木老元布朗族彝族乡		4998	13130	11199
保山市龙陵县木城彝族傈僳族乡	475	23046	43083	25179
保山市昌宁县朱街彝族乡	853	21488	82483	50421
保山市昌宁县苟街彝族苗族乡	1500	39320	79607	39707
保山市昌宁县湾甸傣族乡	36687	38951	96322	35155
德宏傣族景颇族自治州陇川县户撒阿昌族乡	6735	41302	119558	58321
德宏州潞西市三台山德昂族乡		16678	40930	23700
德宏州梁河县曩宋阿昌族乡		18926	49413	26733
德宏州梁河县九保阿昌族乡	553	14597	38536	21533
德宏州盈江县苏典傈僳族乡		6033	48029	42056
怒江州福贡县匹河怒族乡	110	3150	63977	30706
怒江傈僳族自治州泸水县洛本卓白族乡		3997	50040	36090
迪庆州香格里拉县三坝纳西族乡			48840	43950
迪庆州德钦县霞若傈僳族乡			14085	12900
迪庆州德钦县拖顶傈僳族乡			27810	21210
临沧市凤庆县新华彝族苗族乡	252	48767	116705	82639
临沧市凤庆县腰街彝族乡	546	18829	41776	26177
临沧市凤庆县郭大寨彝族白族乡	26	23512	66268	42450
临沧市云县栗树彝族傣族乡		21090	68415	50190
临沧市云县忙怀彝族布朗族乡		21400	47280	46780
临沧市云县后箐彝族乡		22150	79452	67900
临沧市永德县大雪山彝族拉祜族傣族乡	5591	17508	81225	49650
临沧市永德县乌木龙彝族乡	802	28616	118150	87627
临沧市临翔区平村彝族傣族乡		11754	45683	18508
临沧市临翔区南美拉祜乡	150	6937	37301	16860
临沧市耿马傣族佤族自治县芒洪拉祜族布朗族乡	52	16125	41683	21193
临沧市沧源佤族自治县勐角傣族彝族拉祜族乡	288	8775	64020	47626
临沧市镇康县军赛佤族拉祜族傈僳族德昂族乡	265	18600	69620	52730
西双版纳州景洪市基诺山基诺族乡		21000	58469	30352
西双版纳州景洪市景哈哈尼族乡	423	48771	15659	11349

粮食产量（吨）	肉类总产量（吨）	农民合作社个数（个）	农民合作社成员数（户）	农业技术服务机构个数（个）	农业技术服务机构从业人员数（人）	公共财政收入（万元）
34524	10014	68	1277	2	18	1610
6103	2019	12	737	2	21	600
3740	1445	8	568	1	16	3064
7182	1529	14	2364	2	9	390
11827	6436	12	702	1	4	1640
12496	7644	43	666	1	14	1980
14984	7375	53	2838	1	13	4938
21776	3240	35	1772	3	11	1667
5863	898	27	507	1	14	1190
9603	146	57	1977	1	16	2680
6513	16	47	1209	1	14	1697
6819	99	11	240	1	4	2017
4528	736	29	625	1	16	1068
3902	950			1	17	1600
13318	1960	173	3435	1	7	2187
4893	407	19	103	1	5	1806
3961	604	63	326	1	8	1266
18401	4603	23	2420	2	17	1176
4015	1593	17	3250	2	10	948
9030	4856	19	4200	2	14	1142
13065	3800	16	165	1	3	
13090	3747	11	120	1	11	
14830	2530	11	120	1	5	
13150	1855	14	1736	1	12	4338
13918	2437	11	617	1	16	3634
5229	1774	68	2272	1	9	1682
2965	227	45	1237	1	4	2310
5353	553	5	824	1	15	1239
11934	745	31	900	1	17	2749
10194	2064	18	385	1	10	926
8164	630	37	1296	1	8	2465
4245	523	8	150	1	8	2618

10–1(二) 续表 29

民族乡镇名称	乡镇企业年净利润总额（万元）	农林牧渔业总产值（万元）	农作物总播种面积（亩）	#粮食播种面积（亩）
西双版纳州勐腊县瑶区瑶族乡	86	24012	42887	23189
西双版纳州勐腊县象明彝族乡	1	50351	44013	30160
西双版纳州勐海县格朗和哈尼族乡	120	19834	57036	34372
西双版纳州勐海县布朗山布朗族乡		23048	52139	38215
西双版纳州勐海县西定哈尼族乡		24227	127503	91133
西藏自治区	**400**	**10517**	**10674**	**8231**
山南市错那县麻麻门巴民族乡		89	68	20
山南市错那县贡日门巴民族乡		57	158	144
山南市错那县吉巴门巴民族乡			542	496
山南市错那县勒门巴民族乡		93	32	16
山南市隆子县斗玉珞巴民族乡		303	32	23
林芝市巴宜区更章门巴民族乡		3552	2540	912
林芝市米林县南伊珞巴民族乡		1292	1416	1416
林芝市墨脱县达木珞巴民族乡		194	2633	2309
昌都市芒康县纳西民族乡	400	4937	3252	2897
陕西省	**19913**	**31453**	**59290**	**37138**
商洛市镇安县西口回族镇	178	14371	26520	14430
商洛市镇安县茅坪回族镇	110	9245	21540	16860
安康市宁陕县江口回族镇	19625	7837	11230	5848
甘肃省	**18425**	**216235**	**1067970**	**706459**
临夏州广河县阿里麻土东乡族乡		303	13202	11600
甘南州临潭县长川回族乡		3564	27810	12137
甘南州临潭县卓洛回族乡			6300	2900
甘南州临潭县古战回族乡				
甘南州卓尼县勺哇土族乡		7010	5045	1926
陇南市文县铁楼藏族乡	80	3922	20960	19394
陇南市武都区坪垭藏族乡		13250	18780	11719
陇南市武都区磨坝藏族乡	134	980	20765	11253
陇南市宕昌县新城子藏族乡	58	1133	13100	9300
酒泉市肃州区黄泥堡裕固族乡		5224	7081	2135
酒泉市玉门市小金湾东乡族乡	12	4837	21099	1687
白银市会宁县新添堡回族乡	695	10257	95222	90369

粮食产量 （吨）	肉　类 总产量 （吨）	农民合作 社个数 （个）	农民合作 社成员数 （户）	农业技术 服务机构 个　　数 （个）	农业技术 服务机构 从业人员数 （人）	公共财政 收　　入 （万元）
5167	538	3	82	1	16	505
9709	507	11	148	1	20	357
12113	1107	121	133	1	18	1440
10416	693	87	609	1	20	2784
26801	1044	48	2208	1	9	64
2354	**5195**	**201**	**392**	**6**	**28**	**2233**
9	18	2				
37	28	1	36			
73	30	2	62	1	4	
8		1	100			427
136	128	11	18			
16	3	161				798
255	43	12	100			
671	33	5	70			1008
1150	4912	6	6	5	24	
11885	**2107**	**150**	**4758**	**3**	**20**	**2816**
6201	820	52	1265	1	3	1237
4407	820	64	3153	1	5	754
1277	467	34	340	1	12	826
192268	**34443**	**694**	**23088**	**78**	**390**	**27667**
6277	356	6	45	5	7	724
2158	534	85	750	1	6	999
		3	44			
923		32				
325	299	17	85	1	3	
4009	450	38	42	3	23	300
2397	148	9	76	4	5	239
2302	185	18	90	2	4	840
3148	32	50	280	1	7	2137
1098	374	18	55	1	4	1060
1036	507	22	1230	1	3	770
12491	1452	38	194	1	6	1520

10-1(二) 续表 30

民族乡镇名称	乡镇企业年净利润总额（万元）	农林牧渔业总产值（万元）	农作物总播种面积（亩）	#粮食播种面积（亩）
庆阳市正宁县五倾源回族乡		8992	27146	16494
平凉市崆峒区峡门回族乡	14540	17600	66530	48240
平凉市华亭县神峪回族乡	360	3460	55351	40432
平凉市华亭县山寨回族乡	210	3500	50390	25953
平凉市崆峒区白庙回族乡	325	13739	52621	36800
平凉市崆峒区大秦回族乡	127	8311	42129	26495
平凉市崆峒区寨河回族乡		9963	62668	54057
平凉市崆峒区大寨回族乡	235	17080	138450	109080
平凉市崆峒区西阳回族乡		8804	65292	50002
平凉市崆峒区上杨回族乡	648	6283	32897	22353
张掖市肃南裕固族自治县祁丰藏族乡		6815	6734	5344
张掖市肃南裕固族自治县马蹄藏族乡	340	7082	15645	13639
张掖市肃南裕固族自治县白银蒙古族乡		1982	1114	854
张掖市甘州区平山湖蒙古族乡		922	687	170
临夏州临夏县井沟东乡族乡	50	6337	44372	43874
临夏州和政县梁家寺东乡族乡	147	4867	14646	11273
临夏州临夏县安家坡东乡族乡	84	106	9500	8500
酒泉市瓜州县七墩回族东乡族乡		4797	14796	1900
酒泉市瓜州县腰站子东乡族乡	380	15683	31323	5900
酒泉市瓜州县广至藏族乡		1058	31550	
酒泉市瓜州县沙河回族乡		14892	27649	5080
酒泉市玉门市独山子东乡族乡		3480	27116	5600
青海省	**552**	**164012**	**578859**	**294475**
西宁市大通县朔北藏族乡		18228	40901	12979
西宁市大通县向化藏族乡		9558	31212	15900
西宁市湟中县群加藏族乡		3235	6048	4088
西宁市湟中县大才回族乡			38029	23836
西宁市湟中县汉东回族乡		4054	19878	12041
西宁市湟源县日月藏族乡		14500	36180	12650
海东地区民和县杏儿藏族乡		4943	7700	5700
海东地区乐都县下营藏族乡		3390	6421	2310
海东地区乐都县中坝藏族乡		9337	18133	12399

粮食产量（吨）	肉类总产量（吨）	农民合作社个数（个）	农民合作社成员数（户）	农业技术服务机构个数（个）	农业技术服务机构从业人员数（人）	公共财政收入（万元）
6640	441	9	63	1	11	1017
17900	1970	21	702	5	43	1103
10037	1329	23	270	7	46	1850
6112	1241	18	377	5	46	1052
10980	3957	22	198	7	31	882
12785	1766	18	148	1	18	838
10267	2063	9	352	3	6	140
19240	1740	35	142	1	4	1110
11564	1258	25	858	4	16	767
6332	2564	7	353	2	6	105
2199	1456	19	95	2	13	1655
3467	2322	15	15	1	25	1165
508	8	7	67	1	4	553
77	520	17	85	2	9	807
21397	25	13	14020	1	4	674
2908	688	1	12	1	4	659
6225	2700	5	1450	1	3	413
661	2184	19	120	1	1	784
2668	958	21	105	5	9	979
	28	19	96	5	13	1064
2147	580	21	119	1	5	675
1991	310	14	550	1	5	784
160852	**19762**	**782**	**5825**	**39**	**144**	**14905**
11754	1274	51	828	1	2	1328
13303	3910	28	140	1	1	646
1022	72	8	15	1	1	324
14362	1356	98	294	1	6	616
2729	367					432
4700	3000	36	291	1	1	1232
4900	300	32	925			431
850	785	25	166	1	13	655
		20	123	14	72	746

10–1(二)　续表 31

民族乡镇名称	乡镇企业年净利润总额（万元）	农林牧渔业总产值（万元）	农作物总播种面积（亩）	#粮食播种面积（亩）
海东地区乐都县达拉土族乡		5353	22340	22340
海东市互助土族自治县松多藏族乡			22822	13549
海东市化隆回族自治县雄先藏族乡		6434	37030	16799
海东市化隆回族自治县查甫藏族乡		4130	30278	16536
海东市化隆回族自治县金源藏族乡		5884	21042	8634
海东市化隆回族自治县塔加藏族乡		3708	11145	7937
海东市循化撒拉族自治县道帏藏族乡		17020	38719	20227
海东市循化撒拉族自治县尕楞藏族乡		17918	11954	93
海东市循化撒拉族自治县岗察藏族乡				
海东市循化撒拉族自治县文都藏族乡	119		22994	16801
海东地区平安县沙沟回族乡		14950	21500	11318
海东地区平安县巴藏沟回族乡		900	20836	13200
海东地区平安县石灰窑回族乡		1450	48500	10000
海东地区平安县洪水泉回族乡	400	200	36	36
海东地区平安县古城回族乡		7560	39200	23161
海东地区互助县巴扎藏族乡		3374	7896	2233
海北州门源县皇城蒙古族乡		4489	16240	9188
海北州海晏县哈勒景蒙古乡				
海南州贵德县新街回族乡	33	3397	1825	520
新疆维吾尔自治区	**16006**	**802146**	**2081688**	**1204982**
吐鲁番地区鄯善县东巴扎回族乡		5714	1750	349
和田地区皮山县瑙阿巴提塔吉克族乡		620	540	540
和田地区皮山县康克尔柯尔克孜族乡		521	1010	1010
巴音郭楞蒙古自治州和硕县乌什塔拉回族乡		53387	210411	82002
昌吉回族自治州奇台县大泉塔塔尔族乡	3	169	50709	37566
昌吉回族自治州奇台县五马场哈萨克族乡	70	46890	124200	83000
昌吉回族自治州奇台县乔仁哈萨克族乡	220	12968	26000	18800
昌吉回族自治州木垒哈萨克自治县大南沟乌孜别克族乡	140	4900	12000	5400
昌吉回族自治州玛纳斯县旱卡子滩哈萨克族乡	4492	11195	19290	3125
昌吉回族自治州玛纳斯县塔西河哈萨克族乡	700	10598	16000	5500
昌吉回族自治州玛纳斯县清水河哈萨克族乡		14893	15233	5886
昌吉回族自治州阜康市三工河哈萨克族乡		9954	52600	22700

粮食产量（吨）	肉类总产量（吨）	农民合作社个数（个）	农民合作社成员数（户）	农业技术服务机构个数（个）	农业技术服务机构从业人员数（人）	公共财政收入（万元）
23154	1246	65	218	1	2	930
682	495	3	24			586
10977	536	26	138	2	7	261
13137	480	19	109	2	6	201
3010	1184	13	74	2	5	162
5290	652	13	74	2	5	147
3560	35	27	332			
		109	109			878
14						
13720		9	253	1	10	
3750	120	9	13	1	3	2014
2230	380	28	490	3	4	
1	18	6	206			1028
24540		75	83	1	2	621
78	542	22	40	1	3	562
1299	1510	9	50			
	1269	23	385	1	1	291
1790	230	28	445	2		816
680694	**96462**	**810**	**12734**	**80**	**379**	**74216**
294	1062	2	10	5	8	1081
200	30					35
337	55	2	30			30
53835	1496	53	2056	1	9	2172
20777	350	5	187	5	9	712
4436	14	4	245	1	7	1161
9833	4685	6	152	1	13	585
2106	1410	17	151	2	13	981
2120	505	15	227	4	9	1823
165	1650	11	156	1	11	322
3805	3260	10	140	1	4	855
2490	66	21	614	1	3	4061

10-1(二) 续表 32

民族乡镇名称	乡镇企业年净利润总额（万元）	农林牧渔业总产值（万元）	农作物总播种面积（亩）	#粮食播种面积（亩）
昌吉回族自治州阜康市上户沟哈萨克族乡		47939	236000	82378
昌吉回族自治州昌吉市阿什里哈萨克族乡	5332	71800	30107	10006
昌吉回族自治州呼图壁县石梯子哈萨克族乡		26331	103629	53747
乌鲁木齐市米东区柏杨河哈萨克族乡	1705	4233	13026	2666
克孜勒苏柯尔克孜自治州阿克陶县塔尔塔吉克族乡		3700	1192	357
喀什地区塔什库尔干塔吉克自治县科克亚尔柯尔克孜族乡		1048	2109	2109
喀什地区泽普县布依鲁克塔吉克族乡	400	10430	7913	4012
喀什地区莎车县孜热普夏提塔吉克族乡	208	15680	67281	24293
伊犁哈萨克自治州察布查尔锡伯自治县米粮泉回族乡		11215	21718	17374
伊犁哈萨克自治州特克斯县科克铁热克柯尔克孜族乡		28277	85920	75960
伊犁哈萨克自治州特克斯县呼吉尔特蒙古族乡		21958	40389	12220
伊犁哈萨克自治州伊宁县愉群翁回族乡	469	110194	111880	108585
伊犁哈萨克自治州尼勒克县科克浩特浩尔蒙古族乡	500	35494	89606	59148
伊犁哈萨克自治州霍城县伊车嘎善锡伯族乡	603	20502	43980	42116
伊犁哈萨克自治州霍城县三宫回族乡	-6	21657	35415	9000
伊犁哈萨克自治州昭苏县胡松图喀尔逊蒙古族乡		8930	65370	65370
伊犁哈萨克自治州昭苏县察汗乌苏蒙古族乡		12600	71854	37635
伊犁哈萨克自治州昭苏县夏特柯尔克孜族乡		23035	78200	46765
塔城地区塔城市阿西尔达斡尔族乡	360	28543	210000	160000
塔城地区乌苏市塔布勒合特蒙古族乡	360	64662	52000	48000
塔城地区乌苏市吉尔格勒特郭楞蒙古族乡		8600	37890	7600
塔城地区额敏县额玛勒郭楞蒙古族乡	250	6500	17815	9836
塔城地区额敏县霍吉尔特蒙古族乡	200	15300	54604	22773
阿克苏地区乌什县雅曼苏柯尔克孜族乡		12125	23320	19000
阿克苏地区温宿县博孜东柯尔克孜族乡		12811	29126	16614
哈密地区伊吾县前山哈萨克族乡		1181	6003	
哈密地区哈密市德外都如克哈萨克族乡		4715	5540	
哈密地区哈密市乌拉台哈萨克族乡				
阿勒泰地区布尔津县禾木哈纳斯蒙古族乡		875		
阿勒泰地区阿勒泰市汗德尕特蒙古族乡			10059	1540

粮食产量（吨）	肉类总产量（吨）	农民合作社个数（个）	农民合作社成员数（户）	农业技术服务机构个数（个）	农业技术服务机构从业人员数（人）	公共财政收入（万元）
55065	680	78	2593	1	3	9920
3133	9764	34	735	1	6	2109
42979	930	42	380	3	7	120
1034	987	58	220	1	1	2100
1302	214	24	125	1	7	1783
221	352	3	120	1	2	
2011	300	2	200	1	1	80
9685	320	8	57	12	59	821
13151	705	11	172	1	2	1040
22788		48	48	1	3	21
6787	1593	49	430	5	68	3984
86723	35768	6	30	1	13	4145
31331	3966	15	980	7	50	2501
38271	1320	17	85	4	13	4437
4410	3961	16	135	1	3	1383
18759	1297	17	678	1		1215
18000	1200	32	160	1	1	1376
16367	3493	2	30	1	1	1462
119000	3120	118	625	1	2	2798
45892	1365	11	94	1	3	550
2893	1056	16	103	1	3	3224
3087	600	6	190			614
18400	620	27	210	1	5	2180
11924	2634	4	150	2	5	1603
6079	3152	4	112	1	2	3057
	200	3	27	1	5	509
	672	6	34	1	5	1801
	196	2	33	3	12	3402
	17			1	8	1626
1005	1397	5	10	1	3	536

10-1 全国各民族乡镇基本情况(2017年)(三)

民族乡镇名称	公共财政支出（万元）	农村居民人均可支配收入（元）	学校数（个）	在校学生数（人）
北京	**90969**	**26475**	**17**	**8916**
朝阳区常营回族乡	30179	30215	9	5765
通州区于家务回族乡	19684	24885	4	1735
密云县檀营满族蒙古族乡	2762		1	1075
怀柔区喇叭沟门满族乡	16778	22155	2	162
怀柔区长哨营满族乡	21566	21221	1	179
天津市	**2048**	**18764**	**3**	**510**
蓟县孙各庄满族乡	2048	18764	3	510
河北省	**87628**	**9361**	**269**	**73081**
石家庄市新乐市彭家庄回族乡	848	14157	9	1441
石家庄市藁城市九门回族乡	4053	16400	5	4226
石家庄市无极县高头回族乡	505	14100	8	1840
唐山市遵化市汤泉满族乡	240	9180	4	695
唐山市遵化市西下营满族乡	511	9057	1	962
唐山市遵化市东陵满族乡	655	8440	7	1764
邯郸市邱县陈村回族乡	169	11584	1	532
邯郸市大名县营镇回族乡	85	9000	6	2280
保定市易县凌云册满族回族乡	3780	3839	3	1360
保定市定州市号头庄回族乡	716	9980	17	4480
保定市涞水县娄村满族乡	1848	5080	7	1305
张家口市沽源县大二号回族乡	248	3850	1	45
张家口市怀来县王家楼回族乡	568	8602	2	474
廊坊市永清县管家务回族乡	1440	9293	4	1119
廊坊市文安县大围河回族满族乡	2235	10283	14	4067
承德市丰宁满族自治县南关蒙古族乡	676	3974	14	1561
承德市滦平县平坊满族乡	718	3806	1	186
承德市滦平县安纯沟门满族乡	864	3010	2	444
承德市滦平县五道营子满族乡	513	3200	1	119
承德市滦平县邓厂满族乡	395	2950	1	120
承德市滦平县马营子满族乡	927	3440	1	380
承德市滦平县付家店满族乡	514	4030	6	153

教师数（人）	图书馆（个）	文化站（个）	村文化活动室（个）	医疗卫生机构（个）	医院（个）	基层医疗卫生机构（个）
837	**3**	**5**	**62**	**92**	**1**	**93**
511	1	1		30	1	29
183	1	1	23	22		22
76		1				
29	1	1	15	16		16
38		1	24	24		26
60		**1**	**13**	**1**	**1**	**13**
60		1	13	1	1	13
5400	**61**	**59**	**631**	**846**	**23**	**832**
125	1	1	4	9		9
251	2	1	13	14		14
210	1	1	15	16		16
79	1	10	15	19		19
72	1	1	14	20		20
84	1	1	27	29		29
35	1	1	5	4		4
138	1	1	17	18		18
88	1	1	19	20		20
234	1	1	17	19		19
119	2	1	7	27		27
13	2	1	4	5		5
45	1	1	14	17		17
96	1	1	12	13		13
293	1	1	24	25		25
145	1	1	14	15		15
32	1	1	8	9		9
48	1	1	11	13		13
18	1	1	6	7		7
10	1	1	3	4		4
42	1	1	10	11		11
28	1	1	6	7		7

10–1(三) 续表 1

民族乡镇名称	公共财政支出（万元）	农村居民人均可支配收入（元）	学校数（个）	在校学生数（人）
承德市双滦区西地满族乡	1873	9000	1	1650
承德市滦平县小营满族乡	850	6400	5	787
承德市滦平县大屯满族乡	10510	4190	5	1925
承德市滦平县西沟满族乡	786	4200	1	311
承德市承德县岗子满族乡	632	6579	1	334
承德市承德县两家满族乡	620	6384	1	340
承德市兴隆县八卦岭满族乡	689	11986	3	1094
承德市兴隆县南天门满族乡	617	9402	2	360
承德市隆化县尹家营满族乡	469	8000	7	620
承德市隆化县庙子沟蒙古族满族乡	250	8700	1	343
承德市隆化县偏坡营满族乡	783	7200	6	638
承德市隆化县八达营蒙古族乡	563	6045	9	641
承德市隆化县太平庄满族乡	397	6303	1	497
承德市隆化县旧屯满族乡	522	6155	1	435
承德市隆化县西阿超满族蒙古族乡	546	6722	8	454
承德市隆化县白虎沟蒙古族满族乡	199	7035	3	410
承德市平泉县七家岱满族乡	536	5525	1	499
承德市平泉县平房满族蒙古族乡	687	5462	11	987
承德市平泉县茅兰沟满族蒙古族乡	699	6251	9	1165
沧州市黄骅市羊二庄回族乡	6969	15500	13	3299
沧州市黄骅市新村回族乡	3088	13100		
沧州市河间市果子洼回族乡	1322	9080	3	1792
沧州市献县本斋回族乡	3660	8760	6	1568
沧州市沧县大褚村回族乡	3753	13762	11	3152
沧州市沧县杜林回族乡	6782	9880	22	7100
沧州市沧县李天木回族乡	5713	8127	10	4588
沧州市沧县捷地回族乡	6254	12685	8	7859
沧州市黄骅市羊三木回族乡	5352	14032	5	680
内蒙古自治区	**25901**	**13599**	**33**	**7406**
呼伦贝尔市莫力达瓦达斡尔族自治旗巴彦鄂温克民族乡	1346	8723	1	69
呼伦贝尔市莫力达瓦达斡尔族自治旗杜拉尔鄂温克民族乡	1108	8120	1	138
呼伦贝尔市扎兰屯市达斡尔民族乡	1318	15700	1	444

教师数（人）	图书馆（个）	文化站（个）	村文化活动室（个）	医疗卫生机构（个）	医院（个）	基层医疗卫生机构（个）
98	10	1	10	11		11
76	1	1	9	12		12
112	1	1	18	10	23	
21	1	1	9	10		10
20	1	1	10	11		11
25	1	1	12	12		12
72	1	1	8	9		9
27	1	1	9	11		11
38	1	1	11	3		3
30	1	1	6	7		7
68	1	1	14	11		11
65	1	1	12	13		13
37	1	1	10	10		10
36	1	1	11	9		9
51	1	1	10	11		11
39	1	1	4	5		5
61	1	1	5	5		5
102	1	1	14	16		16
119	1	1	11	12		12
426	3	1	48	51		51
	1	1	4	5		1
141	1	1	20	19		19
94	1	1	11	16		16
183		1	20	54		54
326		1	38	80		80
284		1	8	68		68
574	1	1	16	34		34
70	1	1	8	10		10
1301	**33**	**18**	**147**	**77**	**3**	**71**
68		1	17	1		1
64		1	10	1		1
75	7	1	7	1		1

10-1(三) 续表 2

民族乡镇名称	公共财政支出（万元）	农村居民人均可支配收入（元）	学校数（个）	在校学生数（人）
呼伦贝尔市扎兰屯市萨马街鄂温克民族乡	610	10576	4	475
呼伦贝尔市扎兰屯市南木鄂伦春民族乡	1626	14694	3	564
呼伦贝尔市阿荣旗查巴奇鄂温克民族乡	693	16430	1	667
呼伦贝尔市阿荣旗新发朝鲜族民族乡	740	20000		
呼伦贝尔市阿荣旗音河达斡尔鄂温克民族乡	904	16800	2	589
呼伦贝尔市阿荣旗得力其尔鄂温克民族乡	1193	15200	2	790
呼伦贝尔市根河市敖鲁古雅鄂温克民族乡	3112	17290	1	688
呼伦贝尔市陈巴尔虎旗鄂温克苏木	1623	19989		
呼伦贝尔市额尔古纳市三河回族乡	1327	19000	3	299
呼伦贝尔市额尔古纳市室韦俄罗斯民族乡	920	14500	1	
兴安盟科尔沁右翼前旗满族屯满族乡			1	292
赤峰市松山区当铺地满族乡	4521	14104	8	1619
赤峰市喀喇沁旗十家满族乡	3037	10647	3	760
乌兰察布市凉城县曹碾满族乡				
呼伦贝尔市鄂温克族自治旗巴彦塔拉达斡尔族乡	1824	13909	1	12
辽宁省	**65831**	**10540**	**213**	**52967**
沈阳市康平县柳树屯蒙古族满族乡	411	12200	1	887
沈阳市康平县沙金台蒙古族满族乡	1006	13045	1	1108
沈阳市法库县四家子蒙古族乡	1192	10400	1	637
沈阳市康平县东升满族蒙古族乡	1322	14254	1	1112
沈阳市康平县西关屯蒙古族满族乡	1100	9200	1	1096
大连市瓦房店市三台满族乡	5188	16464	5	912
大连市瓦房店市杨家满族乡	4920	13057	4	732
大连市庄河市太平岭满族乡	3153	12373	6	904
大连市庄河市桂云花满族乡	5141	13879	5	728
抚顺市抚顺县拉古满族乡	1950	10606	1	634
抚顺市抚顺县汤图满族乡	901	14003	1	467
本溪市桓仁满族自治县雅河朝鲜族乡	1172	14600	1	190
锦州市义县地藏寺满族乡	359	8710	1	226
锦州市义县大定堡满族乡	2163	6571	1	240
阜新市彰武县二道河子蒙古族乡	1098	9855	1	787
辽阳市辽阳县吉洞峪满族乡	1299	11683	9	1246

教师数（人）	图书馆（个）	文化站（个）	村文化活动室（个）	医疗卫生机构（个）	医院（个）	基层医疗卫生机构（个）
62		1	6	7	1	6
108	10	2	8	4		4
70	12	1	11	1		1
		1	9			
80	1	1	8	10		10
82		1	9	13		13
116	1	1	1	1		
		1	7	1	1	
93		1		2		
9	1	1	1	1	1	
69	1	1	8	6		6
243		1	25	28		28
156		1	14			
6		1	6			
5657	**32**	**54**	**481**	**659**	**26**	**634**
124	1	1	9	10		10
137		1	11	12		12
80	1	1	9	10		10
120	1	1	11	13		13
116		1	9	10		10
96		1	10	20		20
107	1	1	11	12		12
111		1	6	7		7
135		1	5	7		7
106	1	1	10	13		13
52	1	1	9	8		8
27	1	1	8	11	1	10
63		1	5	6		6
32		1	8	10	1	9
98		1	8	11		11
116	1	1	13	14	1	13

10–1(三) 续表 3

民族乡镇名称	公共财政支出（万元）	农村居民人均可支配收入（元）	学校数（个）	在校学生数（人）
辽阳市辽阳县甜水满族乡	1786	8100	5	1066
铁岭市开原市林丰满族乡	3288	9015	4	424
铁岭市铁岭县白旗寨满族乡	363	11329	2	751
铁岭市西丰县成平满族乡	610	9968	4	429
铁岭市西丰县德兴满族乡	877	6402	1	163
铁岭市西丰县和隆满族乡	635	11287	4	805
铁岭市西丰县金星满族乡	563	10290	3	355
铁岭市西丰县明德满族乡	575	11753	1	195
铁岭市西丰县营厂满族乡	513	9998	3	540
铁岭市清河区聂家满族乡	1789	12400	1	590
朝阳市北票市马友营蒙古族乡	804	11500	7	1099
朝阳市北票市凉水河蒙古族乡	231	7450	2	136
朝阳市建平县三家蒙古族乡	806	12500	11	3530
朝阳市凌源市三家子蒙古族乡	1600	8500	13	3686
朝阳市朝阳县松岭门蒙古族乡	1300	11000	3	615
朝阳市朝阳县乌兰河硕蒙古族乡	2173	6865	5	860
葫芦岛市绥中县西平坡满族乡	667	9555	5	1482
葫芦岛市绥中县范家满族乡	909	9215	2	1017
葫芦岛市绥中县高甸子满族乡	975	8160	6	924
葫芦岛市绥中县葛家满族乡	634	5700	1	1060
葫芦岛市绥中县明水满族乡	680	7210	4	1200
葫芦岛市绥中县网户满族乡	728	10800	4	1589
葫芦岛市兴城市白塔满族乡	444	9120	6	884
葫芦岛市兴城市大寨满族乡	548	11500	8	2251
葫芦岛市兴城市碱厂满族乡	487	4600	4	1068
葫芦岛市兴城市旧门满族乡	432	9423	4	670
葫芦岛市兴城市刘台子满族乡	476	10850	5	1288
葫芦岛市兴城市南大山满族乡	269	9800	4	1272
葫芦岛市兴城市望海满族乡	605	10325	6	1456
葫芦岛市兴城市围屏满族乡	399	9540	6	1040
葫芦岛市兴城市羊安满族乡	1129	13000	4	885
葫芦岛市兴城市药王庙满族乡	443	3800	8	1142

教师数（人）	图书馆（个）	文化站（个）	村文化活动室（个）	医疗卫生机构（个）	医院（个）	基层医疗卫生机构（个）
134	1	1	14	15	1	14
62	1	1	10	11	1	11
77	1	1	9	10		10
66		1	10	21	1	20
27	1	1	7	8		8
97	1	1	10	1		1
51		1	5	11	1	10
30		1	7	13	1	12
67		1	9	10	1	9
71	1	1	10	11	1	10
148	1	1	9	19	1	18
45		1	6	10		10
225	1	1	14	16	1	15
227	1	1	17	45	1	44
65	1	1	6	19	1	18
88	1	1	7	19		19
70	1	1		13	1	12
75	1	1	3	11	1	10
82	1	1	9	3	1	2
126	1	1	10	2	1	1
87	1	1	6	9	1	8
108	1	1	14	15	1	14
125		1	6	10		10
216		1	3	14		14
115		1	7	3	1	2
86		1	8	11		11
106		1	10	11		11
126	1	1	17	10	1	9
144	1	1	10	11		11
83		1	8	17		17
170	1	1	11	15		15
124	1	1	11	10		10

10–1(三) 续表 4

民族乡镇名称	公共财政支出（万元）	农村居民人均可支配收入（元）	学校数（个）	在校学生数（人）
葫芦岛市兴城市三道沟满族乡	496	3500	3	885
葫芦岛市兴城市元台子满族乡	461	11650	4	970
葫芦岛市建昌县二道湾子蒙古族乡	350	9500	7	2065
丹东市宽甸满族自治县下露河朝鲜族乡	798	6500	1	736
丹东市东港市合隆满族乡	2675	15682	5	926
丹东市凤城市大堡蒙古族乡	938	14000	7	1007
吉林省	**79275**	**10926**	**129**	**32486**
延边朝鲜族自治州珲春市三家子满族乡	643	13700	1	133
延边朝鲜族自治州珲春市杨泡满族乡	1432	13000	1	46
吉林市昌邑区土城子满族朝鲜族乡	616	11050	3	1089
吉林市龙潭区乌拉街满族镇	2245	10300	6	3143
吉林市龙潭区大口钦满族镇	1009	12088	2	924
吉林市昌邑区两家子满族乡	100	12099	5	1350
吉林市永吉县金家满族乡	295	10124	2	630
吉林市蛟河市乌林朝鲜族乡	442	11698	4	960
通化市梅河口市小杨满族朝鲜族乡	610	13545	4	508
通化市集安市凉水朝鲜族乡	2095	12482	1	133
通化市通化县金斗朝鲜族满族乡	434	15762	1	89
通化市通化县大泉源满族朝鲜族乡	2450	10500	4	1140
通化市辉南县楼街朝鲜族乡	2080	13086	3	1114
通化市柳河县姜家店朝鲜族乡	153	14365	1	401
通化市柳河县三元浦朝鲜族镇	3481	13474	4	1786
辽源市东丰县三合满族朝鲜族乡	2813	13830	14	2390
长春市双阳区双营子回族乡	31000	12500	5	1100
长春市榆树市延和朝鲜族乡	524	18720	1	2
长春市九台市胡家回族乡	4333	8700	1	2241
长春市九台市莽卡满族乡	4550	10500	3	1833
白城市通榆县包拉温都蒙古族乡	146	4900	1	145
白城市通榆县向海蒙古族乡	3250	8000	3	1429
白城市洮南市呼和车力蒙古族乡	403	4011	6	517
白城市洮南市胡力吐蒙古族乡	450	3740	2	503
白城市镇赉县哈吐气蒙古族乡	148	8000	2	258

教师数（人）	图书馆（个）	文化站（个）	村文化活动室（个）	医疗卫生机构（个）	医院（个）	基层医疗卫生机构（个）
108		1	11	17	1	16
150	1	1	9	19		19
177		1	12	13	1	12
112	1	1	6	8	1	7
103	1	1	10	12	1	11
164		1	8	12		12
4580	**101**	**53**	**394**	**338**	**5**	**262**
45	9	1	8	5		
24	8	1	7	6		6
92	1	1	12	12		12
353		1	28	30	1	29
110	2	1	12	13	1	12
115	2	1	13	14		14
104	1	1	7	8		8
221	2	1	20	19		19
107	18	1	17	18		18
33		1	9	6		6
24		1	5			
195	1	1	20	20		
179	12	1	12	1		18
55	11	1	10	7		7
174	1	21	21		1	
259	1	1	16	19	1	
169	1	1	6			
11	1	1	3	1		1
215	2	1	9	10		9
267	12	1	12	13		
57		1	4	5		
337	1	1	16	18		
97	2	1	7	8		
97	1	1	10	11		11
40	2	1	5	1		

10-1(三)　续表 5

民族乡镇名称	公共财政支出（万元）	农村居民人均可支配收入（元）	学校数（个）	在校学生数（人）
白城市镇赉县莫莫格蒙古族乡	3806	7400	2	540
白城市大安市新艾里蒙古族乡	53	7800	1	248
白城市洮北区德顺蒙古族乡	310	15500	9	900
松原市扶余县三骏满族蒙古族锡伯族乡	3650	11500	9	3308
四平市铁东区叶赫满族镇	1675	8640	11	1122
四平市公主岭市二十家子满族镇	533	9100	3	540
四平市公主岭市龙山满族乡	407	9900	4	1401
四平市双辽市那木斯蒙古族乡	3140	9300	10	563
黑龙江省	**87140**	**12992**	**115**	**24474**
哈尔滨市南岗区红旗满族乡	2547	18000	1	415
哈尔滨市双城市乐群满族乡	1237	14955	1	647
哈尔滨市双城市同心满族乡	1232	15380	1	470
哈尔滨市双城市希勤满族乡	1015	13600	1	678
哈尔滨市双城市青岭满族乡	1055	14850	1	470
哈尔滨市双城市农丰满族锡伯族镇	1125	14100	3	452
哈尔滨市五常市拉林满族镇	1948	19123	4	2210
哈尔滨市五常市红旗满族乡	610	17694	1	712
哈尔滨市五常市营城子满族乡	604	16500	4	450
哈尔滨市五常市牛家满族镇	8213	12960	2	1685
哈尔滨市五常市民乐朝鲜族乡	450	22785	1	5
哈尔滨市尚志市河东朝鲜族乡	739	17872	1	53
哈尔滨市尚志市鱼池朝鲜族乡	455	15100	1	126
哈尔滨市依兰县迎兰朝鲜族乡	1325		2	855
齐齐哈尔市梅里斯达斡尔族区卧牛吐达斡尔族镇	2100	3000	3	520
齐齐哈尔市梅里斯达斡尔族区莽格吐达斡尔族乡	1475	9150	1	211
齐齐哈尔市泰来县宁姜蒙古族乡	2219	7890	2	520
齐齐哈尔市泰来县胜利蒙古族乡	1206	11206	5	595
齐齐哈尔市泰来县江桥蒙古族镇	3166	13293	3	780
齐齐哈尔市昂昂溪区水师营满族镇	8	13024	1	682
齐齐哈尔市富裕县友谊达满柯族乡	879	12897	3	2392
齐齐哈尔市讷河市兴旺鄂温克族乡	902	9345	7	972
齐齐哈尔市富拉尔基区杜尔门沁达族乡	1439	13887	3	853

教师数（人）	图书馆（个）	文化站（个）	村文化活动室（个）	医疗卫生机构（个）	医院（个）	基层医疗卫生机构（个）
180	1	1	13	1		
80	1	1	5	6		6
127	3	1	19		1	
315		1	29	44		44
125	1	1	13	13		13
105		1	8	9		9
86	1	1	8	9		9
182	3	1	10	11		11
3626	**112**	**96**	**422**	**590**	**100**	**490**
72	3	1	8	13	1	12
69	2	2	9	10	1	9
76	1	1	6	12	1	11
75	7	4	1	17	1	16
79	1	1	6	15	1	14
15	1	1	9	10	1	9
147	3	1	1	15	2	13
78	1	1	7	12	1	11
77	1	1	1	7	1	6
135	1	1	15	16	1	15
32	4	6	6	7	1	6
29	1	1	9	3	1	2
46	1	1	5	10	1	9
133	2	1	7	16	2	14
33	1	1	7	8	1	7
39	1	1	3	4	1	3
56		1	7	8	1	7
67	1	1	5	11	1	10
80	1	1	6	14	1	13
59	1	1	6	7	1	6
174	4	5	5	16	14	2
89	1	1	12	14	2	12
131	4	1	3	4	1	3

10-1(三) 续表 6

民族乡镇名称	公共财政支出（万元）	农村居民人均可支配收入（元）	学校数（个）	在校学生数（人）
牡丹江市海林市新安朝鲜族镇	694	19827	1	195
牡丹江市穆棱市福禄朝鲜族满族乡	2482	22864	2	115
牡丹江市宁安市江南朝、满族乡	680	16500	6	1491
牡丹江市宁安市卧龙朝鲜族乡		17361	1	235
牡丹江市东宁县三岔口朝鲜族镇	679	23968	1	201
牡丹江市西安区海南朝鲜族乡	641	16430	3	148
佳木斯市同江市街津口赫哲族乡	374	16766	1	6
佳木斯市同江市八岔赫哲族乡	6482	15911	1	38
佳木斯市桦川县星火朝鲜族乡	1221	9980	1	2
佳木斯市汤原县汤旺朝鲜族乡	437	12021	1	17
大庆市肇源县超等蒙古族乡	700	11000	3	1086
大庆市肇源县浩德蒙古族乡	640	11200	1	408
大庆市肇源县义顺蒙古族乡	900	11000	3	526
黑河市逊克县新鄂鄂伦春族乡	330	11722		
黑河市逊克县新兴鄂伦春族乡	485	7805		
黑河市爱辉区新生鄂伦春族乡	1428	13855	1	2
黑河市爱辉区四嘉子满族乡	3291	11286	1	52
黑河市爱辉区坤河达斡尔族满族乡	291	13389	1	2
黑河市北安市主星朝鲜族乡	737	14200		
黑河市孙吴县沿江达斡尔族满族乡	400	11314	1	72
绥化市北林区兴和朝鲜族乡	387	5500	1	
绥化市北林区绥胜满族镇	1160	5953	2	369
绥化市北林区永安满族镇	880	2629	2	461
绥化市北林区红旗满族乡	884	4254	1	186
绥化市望奎县惠七满族镇	10823	5210	1	345
绥化市望奎县厢白满族乡	700	11200	9	115
绥化市望奎县灵山满族乡	650	8200	4	174
伊春市铁力市年丰朝鲜族乡	1308	12295	1	250
鹤岗市萝北县东明朝鲜族乡	359	18710	1	5
鹤岗市绥滨县福兴满族乡	230	6950	1	30
大兴安岭地区呼玛县白银纳鄂伦春族乡	1031	12748	1	58
大兴安岭地区塔河县十八站鄂伦春族乡	1106	11017	1	191

教师数（人）	图书馆（个）	文化站（个）	村文化活动室（个）	医疗卫生机构（个）	医院（个）	基层医疗卫生机构（个）
73	1	1	17	12	1	11
67	1	1	11	8	1	7
220	1	1	25	28	1	27
46	1	1	10	16	1	15
69	1	1	13	14	1	13
73	1	16	1	16	1	15
15	1	1	6	5	1	4
16	1	1	4	5	1	4
9	7	1	6	3	1	2
18	1	1	11	4	1	3
159	2	1	7	8	1	7
107	1	1	2	6	1	5
85	5	1	7	8	1	7
	1	1	5	3	1	2
	1	1	3	2	1	1
14	1	1	3	3	1	2
34	1	1	7	7	1	6
6	1	1	6	7	1	6
	1	1	3	2	1	1
35	1	1	8	9	1	8
17	1	1	2	3	1	2
68	1	1	5	10	1	9
105	1	1	5	19	10	9
61	1	1	5	6	1	5
70	1	1	8	9	1	8
97	1	1	7	8	1	7
45	2		5	7	1	6
57	1	1	10	11	1	10
15	9	7	7	3	1	2
20	1	1	3	4	1	3
12	1	1	6	9	1	8
23	1	1	6	7	4	3

10-1(三) 续表 7

民族乡镇名称	公共财政支出（万元）	农村居民人均可支配收入（元）	学校数（个）	在校学生数（人）
双鸭山市饶河县四排赫哲族乡	1087	10996	1	6
双鸭山市友谊县成富朝鲜族满族乡		21789		
七台河市勃利县杏树朝鲜族乡	935	10466	4	304
七台河市勃利县吉兴朝鲜族、满族乡	3389	11235	1	374
鸡西市密山市和平朝鲜族乡	1166	16918	1	169
鸡西市鸡东县鸡林朝鲜族乡	732	17000	1	50
鸡西市鸡东县明德朝鲜族乡	736	7661	1	38
鸡西市城子河区永丰朝鲜族乡	737			
江苏省	**5311**	**30912**	**3**	**2112**
扬州市高邮市菱塘回族乡	5311	30912	3	2112
浙江省	**38975**	**16299**	**26**	**9632**
金华市兰溪市水亭畲族乡	3165	12650	3	1417
金华市武义县柳城畲族镇	6120	13000	4	2785
衢州市龙游县沐尘畲族乡	1003	20907	2	280
丽水市莲都区老竹畲族镇	3153	20452	2	1643
丽水市莲都区丽新畲族乡	2858	20019	1	262
丽水市龙泉市竹垟畲族乡	1485	18656	1	141
丽水市云和县雾溪畲族乡	753	13489		
丽水市云和县安溪畲族乡	958	22164	1	102
丽水市遂昌县三仁畲族乡	1728	16101	1	218
丽水市松阳县板桥畲族乡	2379	14985	1	121
杭州市桐庐县莪山畲族乡	1391	22842	2	242
温州市平阳县青街畲族乡	776	12450	1	125
温州市苍南县岱岭畲族乡	1939	18400	1	220
温州市苍南县凤阳畲族乡	2343	14821	2	114
温州市文成县西坑畲族镇	2291	13887	2	541
温州市文成县周山畲族乡	553	13835		
温州市泰顺县司前畲族镇	2956	16950	2	1421
温州市泰顺县竹里畲族乡	3123	16000		
安徽省	**17704**	**14705**	**53**	**12463**
淮南市谢家集区孤堆回族乡	1714	13187	6	1288
合肥市肥东县牌坊回族满族乡	7000	19800	15	2150

教师数（人）	图书馆（个）	文化站（个）	村文化活动室（个）	医疗卫生机构（个）	医院（个）	基层医疗卫生机构（个）
8		1	4	4	1	3
	1	1	1	6	1	5
59	1	1	11	11	1	10
61	1	1	14	16	1	15
31	1	1	12	13	1	12
25	6	1	6	2	1	1
15	1	1	1	7	1	6
	6	1	5	20	10	10
152	**1**	**1**	**8**	**7**		**7**
152	1	1	8	7		7
821	**41**	**17**	**190**	**97**	**1**	**96**
112		1	19	20		20
224	1	1	53	9	1	8
30	11	1	7	7		7
114	1	1	12	10		10
22			9	5		5
20	12	1	10	3		3
	1	1	3	1		1
9	4	1	8	1		1
21		1	8	6		6
19		1	9	3		3
30	1	1	7	8		8
17	4	1	3	2		2
29	1	1	13	1		1
21	1	1	6	3		3
38	2	1	7	4		4
		1	2	7		7
115	1	1	13	5		5
	1	1	1	2		2
1126	**31**	**16**	**61**	**60**	**3**	**70**
106		8	8	9		9
320	14	1	13	15		15

10-1(三) 续表 8

民族乡镇名称	公共财政支出（万元）	农村居民人均可支配收入（元）	学校数（个）	在校学生数（人）
滁州市定远县二龙回族乡	600	11825	1	411
淮南市凤台县李冲回族乡	460	12152	5	1213
淮南市潘集区古沟回族乡	1624	12700	7	3122
六安市寿县陶店回族乡	2004	10936	4	733
宣城市宁国市云梯畲族乡	1185	16500	1	150
蚌埠市五河县临北回族乡	2265	16100	10	1712
阜阳市颍上县赛涧回族乡	853	13000	4	1684
福建省	**50095**	**15306**	**79**	**30033**
福州市罗源县霍口畲族乡	1735	11771	3	511
福州市连江县小沧畲族乡	106	11875		
宁德市福安市坂中畲族乡	5794	18080	11	9310
宁德市福安市康厝畲族乡	2039	17691	2	1269
宁德市福安市穆云畲族乡	2131	16625	2	514
宁德市霞浦县盐田畲族乡	5262	16950	5	1471
宁德市霞浦县崇儒畲族乡	3600	15721	5	372
宁德市霞浦县水门畲族乡	3001	13410	2	485
宁德市蕉城区金涵畲族乡	3821	15837	4	3361
宁德市福鼎市硖门畲族乡	3539	15260	5	1082
宁德市福鼎市佳阳畲族乡	2011	15141	1	271
漳州市漳浦县赤岭畲族乡	545	15803	3	1332
漳州市漳浦县湖西畲族乡	2486	16020	8	2297
漳州市龙海市隆教畲族乡	4336	14484	11	1345
三明市永安市青水畲族乡	1828	19385	3	1285
三明市宁化县治平畲族乡	1738	13048	3	768
龙岩市上杭县官庄畲族乡	1947	15842	4	1513
龙岩市上杭县庐丰畲族乡	2505	14679	3	522
泉州市惠安县百崎回族乡	1672	13194	4	2325
江西省	**28898**	**12405**	**67**	**9177**
鹰潭市贵溪樟坪畲族乡	939	15029	5	182
上饶市铅山县太源畲族乡	1372	13190	1	152
上饶市铅山县篁碧畲族乡	1678	10886	1	419
吉安市永丰县龙冈畲族乡	2801	15150	13	1887

教师数（人）	图书馆（个）	文化站（个）	村文化活动室（个）	医疗卫生机构（个）		
					医院（个）	基层医疗卫生机构（个）
35	1	1	5	5		5
100	7	1	6	7		7
231	1	1	4	1	1	13
65	5	1	4	5	1	4
25	1	1	4	5		5
143	1	1	11	11		11
101	1	1	6	2	1	1
2500	**10**	**20**	**302**	**331**		**331**
74		1	22	23		23
		1	5	4		4
546	1	1	19	20		20
99		2	32	24		24
70		1	33	23		23
120	1	1	22	21		21
87	1	1	27	12		12
100	1	1	23	10		10
333		1	16	23		23
122	1	1	10	12		12
52	1	1	12	13		13
97		1	9	12		12
146		1	10	16		16
118	1	1	10	21		21
109	1	1	3	22		22
76	1	1	12	13		13
125		1	18	28		28
90		1	14	28		28
136	1	1	5	6		6
631	**4**	**8**	**72**	**79**		**79**
53		1	5	4		4
26		1	4	4		4
28		1	4	3		3
94	1	1	11	18		18

10-1(三) 续表 9

民族乡镇名称	公共财政支出（万元）	农村居民人均可支配收入（元）	学校数（个）	在校学生数（人）
赣州市南康赤土畲族乡	12519	12361	21	3209
吉安市青原区东固畲族乡	1370	12365	13	1901
抚州市乐安县金竹畲族乡	1820	9396	12	1052
吉安市峡江县金坪民族乡	6399	12573	1	375
山东省	**17565**	**13570**	**31**	**12241**
淄博市临淄区金岭回族镇	6215	19166	2	642
聊城市莘县张鲁回族镇	2234	15600	11	5979
菏泽市曹县侯集回族镇	4543	10922	14	3860
德州市禹城市十里望回族镇	4573	11280	4	1760
河南省	**68261**	**11464**	**201**	**168015**
郑州市荥阳市金寨回族乡	1102	16575	1	425
周口市太康县城关回族镇	10020	12468	13	20136
周口市淮阳县城关回族镇	15600	9546	26	23525
周口市沈丘县槐店回族镇	9392	16045	23	24034
商丘市宁陵县城关回族镇	1666	7900	11	26505
商丘市睢县城关回族镇	3520	10086	18	42648
商丘市民权县伯党回族乡	310	8200	7	1680
商丘市民权县胡集回族乡	305	8100	7	2100
平顶山市叶县马庄回族乡	774	7268	7	1087
平顶山市郏县姚庄回族乡	813	9083	5	733
新乡市封丘县荆乡回族乡	656	10555	3	863
许昌市许昌县艾庄回族乡	900	9500	3	1009
许昌市禹州市山货回族乡	854	15793	3	961
许昌市襄城县颍桥回族镇	525	9230	3	680
南阳市镇平县郭庄回族乡	595	8275	9	1350
南阳市方城县袁店回族乡	702	12542	10	1901
驻马店市西平县蔡寨回族乡	619	9375	7	1550
驻马店市新蔡县李桥回族镇	815	11260	13	3900
漯河市临颍县繁城回族镇	816	10496	26	7105
洛阳市洛宁县王范回族镇	2040	11782	5	5572
洛阳市瀍河回族区瀍河回族乡	16237	15918	1	251

教师数（人）	图书馆（个）	文化站（个）	村文化活动室（个）	医疗卫生机构（个）	医院（个）	基层医疗卫生机构（个）
192		1	18	19		19
117		1	15	16		16
102	2	1	10	12		12
19	1	1	5	3		3
730	**6**	**4**	**156**	**100**	**2**	**98**
71	1	1	10	8		8
249		1	51	43		43
210		1	20	19	1	18
200	5	1	75	30	1	29
9295	**19**	**24**	**181**	**171**	**17**	**117**
46	1	1	2	3		3
991	2	1	12	2	2	
535		1	15	36		36
2317	1	1	9	13	4	9
1146	1	1	5	10	3	7
2031	1	1	7	6	6	
148		1	9	10		10
136		1	13	14	1	14
154		1	1	9	1	
41	1	1	6	7		
62	5	1	5			
80		1	9	10		10
66		1	6	7		7
61		1	5			
95		1	9	10		10
159	1	1	9	11		11
125		1	6			
300	1	1	10	11		
485	1	1	30			
294	4	4	2			
23		1	11	12		

10-1(三) 续表 10

民族乡镇名称	公共财政支出（万元）	农村居民人均可支配收入（元）	学校数（个）	在校学生数（人）
湖北省	**26090**	**12396**	**69**	**19201**
荆门市钟祥市九里回族乡	1047	16939	2	670
荆州市洪湖市老湾回族乡	1473	15645	1	1200
荆州市松滋市卸甲坪土家族乡	1896	14087	3	988
宜昌市宜都市潘家湾土家族乡	2097	16162	3	637
十堰市郧西县湖北口回族乡	1225	8447	10	2642
恩施土家族苗族自治州恩施市芭蕉侗族乡	8262	10380	18	5141
恩施土家族苗族自治州宣恩县长潭河侗族乡	1578	9752	8	1698
恩施土家族苗族自治州宣恩县晓关侗族乡	5328	11453	11	2276
仙桃市沔城回族镇	1365	15462	3	1677
神农架林区下谷坪土家族乡	769	7775	2	339
咸宁市赤壁市周郎嘴回族镇	678	18787	5	748
恩施土家族苗族自治州鹤峰县铁炉白族乡	373	8575	3	1185
湖南省	**76346**	**4697**	**439**	**104726**
怀化市辰溪县罗子山瑶族乡	295	3480	5	438
怀化市辰溪县苏木溪瑶族乡	375	2237	9	539
怀化市辰溪县上蒲溪瑶族乡	719	2450	1	244
怀化市辰溪县后塘瑶族乡	1869	3921	2	1166
怀化市辰溪县仙人湾瑶族乡	2197	4272	9	1506
怀化市洪江市深渡苗族乡	1041	3580	1	300
怀化市洪江市龙船塘瑶族乡	137	3160	1	312
怀化市会同县炮团侗族苗族乡	651	3122	5	1163
怀化市会同县宝田侗族苗族乡	547	2588	2	718
怀化市会同县蒲稳侗族苗族乡	1561	3325	4	797
怀化市会同县金子岩侗族苗族乡	1348	3400	4	2093
怀化市会同县漠滨侗族苗族乡	1590	3420	1	1056
怀化市会同县青朗侗族苗族乡	332	2460	6	1850
怀化市沅陵县二酉苗族乡	1752	3800	5	2145
怀化市沅陵县火场土家族乡	505	3500	1	411
怀化市中方县蒿吉坪瑶族乡	50	4000	4	500
怀化市通道侗族自治县大高坪苗族乡	461	3371	4	372
怀化市新晃侗族自治县步头降苗族乡	30	3769	1	654
怀化市新晃侗族自治县米贝苗族乡	75	3560	5	1287

教师数（人）	图书馆（个）	文化站（个）	村文化活动室（个）	医疗卫生机构（个）	医院（个）	基层医疗卫生机构（个）
1297	**6**	**12**	**179**	**150**	**1**	**149**
113		1	9	10		10
76		1	7	8		8
76		1	8	10		10
61	1	1	9	11	1	10
150		1	17	18		18
261		1	18	22		22
108		1	39			
152	1	1	40	32		32
89	1	1	12	13		13
53	1	1	6	7		7
62	1	1	9	10		10
96	1	1	5	9		9
7551	**286**	**96**	**1022**	**877**	**235**	
61	12	1	8			
50	1	1	10			
32		1	8			
70		1	12			
104	16	1	15			
43		1	9			
45		1	7			
56	1	1	8			
48		1	6			
59		1	6			
147	1	1	26			
39	8	1	7			
128		1	13			
212	5	1	30			
40		1	6			
60	9	1	8			
30		1	4			
60		1	7			
96		1	8			

10-1(三) 续表 11

民族乡镇名称	公共财政支出（万元）	农村居民人均可支配收入（元）	学校数（个）	在校学生数（人）
邵阳市绥宁县河口苗族乡	283	3986	3	1121
邵阳市绥宁县麻塘苗族乡	3246	5620	2	581
邵阳市绥宁县东山侗族乡	2564	6948	4	863
邵阳市绥宁县鹅公岭侗族苗族乡	86		1	524
邵阳市绥宁县寨市苗族侗族乡	1045	5742	4	1045
邵阳市绥宁县乐安铺苗族侗族乡	77	8849	2	396
邵阳市绥宁县关峡苗族乡	269	4650	9	1561
邵阳市绥宁县长铺子苗族乡	2055	7433	4	2755
邵阳市隆回县山界回族乡	2063	4896	6	2336
邵阳市隆回县虎形山瑶族乡	1567	4630	9	2272
邵阳市洞口县那溪瑶族乡	310	3858	11	1196
邵阳市洞口县大屋瑶族乡	210	2600	1	206
邵阳市洞口县长塘瑶族乡	164	2800	3	370
邵阳市新宁县黄金瑶族乡	2317	2477	4	1238
邵阳市新宁县麻林瑶族乡	1185	2219	4	1179
永州市蓝山县荆竹瑶族乡	258	3900	1	124
永州市蓝山县湘江源瑶族乡	260	3668	1	100
永州市蓝山县浆洞瑶族乡	410	3800	1	191
永州市蓝山县汇源瑶族乡	279	3650	1	122
永州市蓝山县犁头瑶族乡	305	2750	2	143
永州市蓝山县大桥瑶族乡	373	3638	1	841
永州市江永县松柏瑶族乡	200	2584	3	2759
永州市江永县千家洞瑶族乡	2200	3000	3	1659
永州市江永县兰溪瑶族乡	145	2219	1	555
永州市江永县源口瑶族乡	149	3260	5	1232
永州市宁远县九疑瑶族乡	516	4140	4	2216
永州市宁远县棉花坪瑶族乡	230	3250	3	656
永州市宁远县桐木漯瑶族乡	329	3659	2	486
永州市宁远县五龙山瑶族乡	428	4158	2	611
永州市道县横岭瑶族乡	35	3500	5	626
永州市道县洪塘营瑶族乡	165	2575	5	1011
永州市道县审章塘瑶族乡	415	4830	20	2031

教师数（人）	图书馆（个）	文化站（个）	村文化活动室（个）	医疗卫生机构（个）	医院（个）	基层医疗卫生机构（个）
145	2	2	10		6	
55	14	1	13		24	
65	1	1	12		13	
24	1	1	17		1	
149	29	1	29		3	
43		1	10		12	
122	10	1	9		1	
177	29	1	29		3	
136	17	1	16		1	
80	1	1	12		1	
75		1	17		1	
22		1	11		1	
39		1	10		1	
70		1	11		1	
69		1	11		1	
16	9	1	6		1	
17	7	1	5		1	
25	1	1	6		1	
12	1	1	5		1	
13	1	1	4		1	
56	1	1	7		1	
180	4	1	14		2	
203		1	12		1	
36	1		1		1	
66			18		1	
162	30	1	21		3	
17	1	1	5		1	
34	7	1	6		7	
47	1	1	15		2	
44		1	8		1	
48		1	10		2	
161	15	1	14		2	

10-1(三) 续表 12

民族乡镇名称	公共财政支出（万元）	农村居民人均可支配收入（元）	学校数（个）	在校学生数（人）
永州市祁阳县晒北滩瑶族乡	448	8036	4	195
永州市新田县门楼下瑶族乡	280	3200	1	313
永州市双牌县上梧江瑶族乡	592	7324	3	234
永州市江华瑶族自治县小圩壮族乡	605	9589	12	2989
张家界市桑植县刘家坪白族乡	906	4780	5	546
张家界市桑植县马合口白族乡	490	3786	2	970
张家界市桑植县走马坪白族乡	1282	8530	6	1179
张家界市桑植县芙蓉桥白族乡	1726	4200	8	1248
张家界市桑植县洪家关白族乡	2470	8739	4	2725
张家界市慈利县三官寺土家族乡	1215	6195	19	3076
张家界市慈利县高峰土家族乡	463	7184	3	1329
张家界市慈利县金岩土家族乡	1516	4057	1	1460
张家界市慈利县许家坊土家族乡	139	4480	9	1980
张家界市慈利县阳和土家族乡	1226	7684	4	2050
张家界市慈利县甘堰土家族乡	1214	5766	12	2569
张家界市慈利县赵家岗土家族乡	985	4530	14	1464
郴州市桂阳县白水瑶族乡	1253	8370	21	1460
郴州市北湖区保和瑶族乡	915	9830	6	1895
郴州市北湖区仰天湖瑶族乡	1210	11248	20	1745
郴州市宜章县莽山瑶族乡	684	3495	4	648
郴州市汝城县文明瑶族乡	2684	6150	22	6252
郴州市汝城县延寿瑶族乡	2678	6176	6	3179
郴州市汝城县三江口瑶族乡	935	5934	2	1406
郴州市临武县西山瑶族乡	98	2139	3	513
郴州市资兴市回龙山瑶族乡	1042	14650	5	572
郴州市资兴市八面山瑶族乡	1100	17034	3	798
常德市鼎城区许家桥回族维吾尔族乡	1690	8952	4	1705
常德市汉寿县毛家滩回族维吾尔族乡	850	15000	3	1280
常德市桃源县枫树维吾尔族回族乡	1128	5966	4	2275
常德市桃源县青林回族维吾尔族乡	1798	15365	13	2206
株洲市炎陵县中村瑶族乡	1272	5583	4	986
衡阳市常宁市塔山瑶族乡	375	5832	10	1180
益阳市桃江县鲊埠回族乡	1405	12656	5	1742

教师数（人）	图书馆（个）	文化站（个）	村文化活动室（个）	医疗卫生机构（个）	医院（个）	基层医疗卫生机构（个）
21	1	1	9		1	
33		1	13		1	
45		1	13		2	
194		1	18		1	
60	7	1	6			
85		1	9			
98	1	1	14			
107		1	13			
237		1	23			
182	1	1	17			
72	1	1	16			
92	1	1	12			
105		1	10		1	
105	1	11	10			
169		1	20			
71		1	12			
79	3	1	20		3	
82	2	1	11		2	
140		3	15		3	
43	1	1	7		1	
298	1	1	37		3	
179	4	1	17		2	
79	1	1	11		2	
36	2	1	13		2	
78		1	7		2	
80	2	2	15		2	
166	2	1	16		19	
125		1	8		1	
178	1	1	12		48	
226	1	1	13		15	
108		1	12		15	
89	14	1	12		2	
101	3	1	9		10	

10-1(三)　续表 13

民族乡镇名称	公共财政支　出（万元）	农村居民人均可支配收入（元）	学校数（个）	在　校学生数（人）
广东省	**6680**	**11805**	**19**	**4017**
惠州市龙门县蓝田瑶族乡	1687	13225	2	757
清远市连州市三水瑶族乡	394	10368	1	138
清远市连州市瑶安瑶族乡	1083	9665	1	475
清远市阳山县秤架瑶族乡	1526	13273	3	759
肇庆市怀集县下帅壮族瑶族乡	625	14403	3	1040
韶关市始兴县深渡水瑶族乡	863	13416	1	115
河源市东源县漳溪畲族乡	503	9426	8	733
广西壮族自治区	**72604**	**7726**	**580**	**104933**
梧州市蒙山县长坪瑶族乡	1663	5033	1	73
梧州市蒙山县夏宜瑶族乡	2121	4620		418
贺州市八步区黄洞瑶族乡	298	7530	2	453
贺州市平桂管理区大平瑶族乡	1939		2	1374
贺州市昭平县仙回瑶族乡	398	8723	7	962
贺州市钟山县两安瑶族乡	1469	9402	14	1632
贺州市钟山县花山瑶族乡	835	9364	7	843
贵港市平南县马练瑶族乡	1739	9116	13	3179
贵港市平南县国安瑶族乡	621	8045	9	1608
防城港市上思县南屏瑶族乡	2058	6926	5	1021
防城港市防城区十万山瑶族乡	890	8238	5	1071
南宁市马山县古寨瑶族乡	4839	6155	11	2050
南宁市马山县里当瑶族乡	426	5850	9	1808
南宁市上林县镇圩瑶族乡	532	7209	9	1795
柳州市三江侗族自治县同乐苗族乡	967	7015	28	6319
柳州市三江侗族自治县福禄苗族乡	615	6080	15	4715
柳州市三江侗族自治县高基瑶族乡	673	11022	2	385
柳州市融水苗族自治县滚贝侗族乡	1074	8420	8	847
柳州市融水苗族自治县同练瑶族乡	1243	11460	5	668
柳州市柳城县古砦仫佬族乡	997	10143	14	2364
桂林市临桂县宛田瑶族乡	1760	12300	4	1540
桂林市临桂县黄沙瑶族乡	985	8650	2	151

教师数（人）	图书馆（个）	文化站（个）	村文化活动室（个）	医疗卫生机构（个）	医院（个）	基层医疗卫生机构（个）
441	**5**	**7**	**71**	**51**	**1**	**52**
82	1	1	8	7	1	8
16		1	4	5		5
42	1	1	24	11		11
96		1	6	11		11
82	1	1	15	6		6
23	1	1	4			
100	1	1	10	11		11
6630	**84**	**59**	**542**	**592**	**5**	**569**
14		1	4	6		6
43	1	1	6	7		
27	5	1	4	5		5
88		1	6	1		1
52	6	1	6	7		7
101		1	5	7		7
65		1	6	7		7
234		1	12	14	1	13
114		1	4	11		11
98	1	1	9			
57		1	10	6		6
133		1	6	10		10
129		1	10	11		11
105		1	11	12	1	11
309	1	1	18	17		17
175	1	1	14	15	1	14
40		1	8	9		9
55	12	1	11	12		12
28	1	1	6	1		1
232	1	1	15	8		8
120		1	8	1		1
23	1	1	4	6		6

10–1(三)　续表 14

民族乡镇名称	公共财政支　出（万元）	农村居民人均可支配收入（元）	学校数（个）	在　校学生数（人）
桂林市灵川县大境瑶族乡	1766	6480	4	670
桂林市灵川县兰田瑶族乡	605	5875	1	304
桂林市全州县蕉江瑶族乡	465	6930	12	1082
桂林市全州县东山瑶族乡	346	5032	42	1137
桂林市兴安县华江瑶族乡	791	13251	5	632
桂林市灌阳县洞井瑶族乡	631	6600	9	577
桂林市灌阳县西山瑶族乡	888	5760	11	931
桂林市资源县车田苗族乡	1920	9885	26	2160
桂林市资源县两水苗族乡	995	9470	7	311
桂林市资源县河口瑶族乡	909	8496	4	142
桂林市平乐县大发瑶族乡	1156	9145	10	874
桂林市荔浦县蒲芦瑶族乡	2036	7300	11	369
桂林市雁山区草坪回族乡	595	12449	4	486
百色市右江区汪甸瑶族乡	2460	10700	8	2713
百色市田东县作登瑶族乡	3786	7133	19	2478
百色市田林县潞城瑶族乡	1326		9	3179
百色市田林县利周瑶族乡	1581		4	1145
百色市田林县八桂瑶族乡	1942		5	1820
百色市田林县八渡瑶族乡	1310		8	2859
百色市凌云县伶站瑶族乡	1174	5876	13	2247
百色市凌云县朝里瑶族乡	930	5860	6	1262
百色市凌云县沙里瑶族乡	970	5045	13	2368
百色市凌云县玉洪瑶族乡	571	5043	8	2118
百色市西林县足别瑶族苗族乡	508	9274	2	631
百色市西林县普合苗族乡	746	4900	4	924
百色市西林县那佐苗族乡	1019	9274	10	2870
河池市南丹县八圩瑶族乡	2619	7636	16	4950
河池市南丹县里湖瑶族乡	2112	7502	13	5002
河池市南丹县中堡苗族乡	911	8282	6	731
河池市天峨县八腊瑶族乡	1491	7948	10	2071
河池市凤山县平乐瑶族乡	600	4500	11	2500
河池市凤山县江洲瑶族乡	500	5300	7	1789

教师数（人）	图书馆（个）	文化站（个）	村文化活动室（个）	医疗卫生机构（个）	医院（个）	基层医疗卫生机构（个）
69		1	4	9		9
35	1	1	4	5		5
90	1	1	8	9		9
59	1	1	16	1		
48	1	1	8	22	1	21
79	1	1	9	10		
93		1	10	11		11
175		1	12	13		13
43	1	1	6	7		7
33		1	1	6		6
98		1	10	8		8
47	1	1	7	12	1	11
41		1	3	4		4
153	1	1	13	15		15
163		1	21	22		22
175	1	1	19	21		21
73	1	1	9	10		10
97	1	1	12	14		14
173		1	17	19		19
115	10	1	9	10		10
80		1		6		6
112	1	1	12	13		13
115	8	1	7	10		10
40		1	1	7		7
48		1	7	7		7
197	19	1	18	19		19
247	1	1	16	16		16
241	1	1	4	13		13
46	1	1	6	6		6
165		1	10	3		3
160	1	1	10	11		11
113		1	7	10		10

10-1(三)　续表 15

民族乡镇名称	公共财政支出（万元）	农村居民人均可支配收入（元）	学校数（个）	在校学生数（人）
河池市凤山县金牙瑶族乡	665	4145	34	3907
河池市东兰县三弄瑶族乡	557	5380	2	332
河池市环江毛南族自治县驯乐苗族乡	2500	6643	11	2373
河池市宜州市北牙瑶族乡	121	9098	27	6142
河池市宜州市福龙瑶族乡	961	9679	16	3571
重庆市	**20887**	**9934**	**29**	**9614**
奉节县云雾土家族乡	947	10060	1	280
奉节县长安土家族乡	793	9482	3	500
奉节县龙桥土家族乡	1678	10612	3	556
奉节县太和土家族乡	991	9631	3	824
万州区恒合土家族乡	2682	7135	2	1568
万州区地宝土家族乡	996	9045	1	473
云阳县清水土家族乡	4056	10714	2	1941
巫山县红椿土家族乡	962	10065	2	283
巫山县邓家土家族乡	652	9385	3	219
忠县磨子土家族乡	1087	11124	2	486
武隆区石桥苗族土家族乡	2000	11000	3	1500
武隆区文复苗族土家族乡	2157	12415	1	345
武隆区后坪苗族土家族乡	78	10643	2	326
武隆区浩口苗族仡佬族乡	1808	11586	1	313
四川省	**142577**	**8211**	**249**	**67308**
甘孜藏族自治州九龙县子耳彝族乡	496	12752	2	141
甘孜藏族自治州九龙县三垭彝族乡	460	11948	2	341
甘孜藏族自治州九龙县俄尔彝族乡	403	11665	1	236
甘孜藏族自治州九龙县小金彝族乡	437	12055	2	159
甘孜藏族自治州九龙县朵落彝族乡	428	11240	1	69
甘孜藏族自治州九龙县踏卡彝族乡	486	12108	2	128
甘孜藏族自治州九龙县湾坝彝族乡	617	12444	5	888
阿坝藏族羌族自治州松潘县十里回族乡		12598	1	352
阿坝藏族羌族自治州松潘县进安回族乡	139		1	769
攀枝花市仁和区大龙潭彝族乡	3715	15794	9	930
攀枝花市仁和区啊喇彝族乡	1661	15507	1	387

教师数（人）	图书馆（个）	文化站（个）	村文化活动室（个）	医疗卫生机构（个）	医院（个）	基层医疗卫生机构（个）
290		1	12	14		14
21		1	5	6		6
147	1	1	12	13		13
306		1	19	21		21
201		1	15	16		16
986	**14**	**14**	**98**	**115**	**2**	**103**
24		1	3	3		3
50		1	8	9		9
36		1	6	7		7
52		1	8	9		9
140		1	13	15	1	14
35	5	1	4	6		6
126	2	1	14	16		16
20	2	1	5	5	1	
20		1	5	6		
41	1	1	8	14		14
356	1	1	6	7		7
29	1	1	6	7		7
30	1	1	6	6		6
27	1	1	6	5		5
4438	**152**	**143**	**611**	**1233**	**24**	**479**
12	1	1	5	1	2	5
16	1	1	4	1	3	8
13	1	1	3	1	2	5
12	1	1	3	1	2	5
10	1	1	3	1	2	5
10	1	1	4	1	2	5
52	1	1	5	1	2	16
35		1	6	7		
61			9			
64		1	8	12		12
41	1	1		6		6

10 1(三) 续表 16

民族乡镇名称	公共财政支出（万元）	农村居民人均可支配收入（元）	学校数（个）	在校学生数（人）
攀枝花市米易县麻陇彝族乡	1426	15800	1	301
攀枝花市米易县白坡彝族乡	1525	17453	1	377
攀枝花市米易县湾丘彝族乡	1659	15723	3	1007
攀枝花市米易县新山傈僳族乡	847	15389	1	296
攀枝花市盐边县敢鱼彝族乡	1017	12830	3	238
攀枝花市盐边县红果彝族乡	1041	12969	1	590
攀枝花市盐边县温泉彝族乡	459	12896	1	552
攀枝花市盐边县箐河傈僳族乡	686	13077	6	390
攀枝花市盐边县格萨拉彝族乡	1044	13042	3	389
攀枝花市盐边县和爱彝族乡	956	12774	1	386
攀枝花市盐边县红宝苗族彝族乡	918	12625	1	66
泸州市叙永县白蜡苗族乡	2499	7794	1	2829
泸州市叙永县合乐苗族乡	472	7171	1	1569
泸州市叙永县枧槽苗族乡	4495	9849	7	2007
泸州市叙永县石坝彝族乡	2974	8216	4	1512
泸州市叙永县水潦彝族乡	3209	8697	5	3646
泸州市古蔺县箭竹苗族乡	1697	11933	9	1642
泸州市古蔺县大寨苗族乡	320	10735	3	514
泸州市古蔺县马嘶苗族乡	169	9636	1	761
广元市青川县蒿溪回族乡	332	11490	1	251
广元市青川县大院回族乡	450	11300	1	270
乐山市金口河区和平彝族乡	785	10605	3	1355
乐山市金口河区共安彝族乡	771	10133	2	608
南充市阆中市博树回族乡	407	14215	1	173
宜宾市筠连县高坪苗族乡	879	10618	2	1048
宜宾市筠连县联合苗族乡	674	13810	4	1388
宜宾市筠连县团林苗族乡	840	12880	6	762
宜宾市屏山县屏边彝族乡	844	10848	1	1481
宜宾市屏山县清平彝族乡	1103	13061	6	1315
宜宾市兴文县大坝苗族乡	2246	9243	5	3904
宜宾市兴文县毓秀苗族乡	1327	10585	3	640
宜宾市兴文县大河苗族乡	36200	1170	13	2869

教师数（人）	图书馆（个）	文化站（个）	村文化活动室（个）	医疗卫生机构（个）	医院（个）	基层医疗卫生机构（个）
18		1	8	8		8
47		1	10	11		11
73	7	1	6	16		16
36	1	5	4	5		5
28	1	1	14	15		15
53	1	1	11	12		12
35	1	1	7	8		8
39	1	1	6	7		7
47		11	11	12		12
25	4	1	4	6	1	5
15	7	1	7	8		8
147		1	7	8		8
83		1	5	6		6
112	1	1	6	654	1	5
70		1	5	5		5
201	2	1	10	1	1	
28	3	3	3	9	1	8
93	1	1	8	9		9
96	5		5	1		
40	1	1	5			1
25	1	1	7			
77	7	7	6	6		6
80		1	7			
37		1	4	6		6
57		1	5			
77	1	1	8	8		8
51		2	8			
86				8		7
92		1	9			
230		1	16	17		
47	1	1	5	10		
157	19	1	18	37		

10 1(三) 续表 17

民族乡镇名称	公共财政支出（万元）	农村居民人均可支配收入（元）	学校数（个）	在校学生数（人）
宜宾市兴文县麒麟苗族乡	2858	9185	11	3442
宜宾市兴文县仙峰苗族乡	2530	14736	6	963
宜宾市珙县罗渡苗族乡	838	12358	7	1101
宜宾市珙县玉和苗族乡	544	10903	3	841
宜宾市珙县观斗苗族乡	615	9990	2	495
雅安市汉源县小堡藏族彝族乡	402	9646	1	245
雅安市汉源县坭美彝族乡	599	10200	1	200
雅安市汉源县永利彝族乡	348	8395	1	79
雅安市汉源县顺河彝族乡	494	10197	1	87
雅安市汉源县片马彝族乡	508	10797	1	272
雅安市石棉县安顺彝族乡	1382	11242	4	598
雅安市石棉县先锋藏族乡	872	11351	2	1018
雅安市石棉县蟹螺藏族乡	1080	11345	2	197
雅安市石棉县回隆彝族乡	1428	11808	4	656
雅安市石棉县擦罗彝族乡	842	11456	3	654
雅安市石棉县栗子坪彝族乡	1130	11406	2	481
雅安市石棉县新民藏族彝族乡	1149	11450	1	586
雅安市石棉县挖角彝族藏族乡	758	11700	1	381
雅安市石棉县田湾彝族乡	439	8000	1	212
雅安市石棉县草科藏族乡	716	11368	1	172
雅安市宝兴县跷碛藏族乡	11841	12530	7	243
雅安市荥经县宝峰彝族民族乡	410	8046	1	193
雅安市荥经县民建彝族民族乡	248	14024	1	353
凉山彝族自治州西昌市高草回族乡	944	15688	2	1271
凉山彝族自治州西昌市裕隆回族乡	1287	13901	4	2773
凉山彝族自治州木里藏族自治县屋脚蒙古族乡				
凉山彝族自治州木里藏族自治县俄亚纳西族乡		7228	9	925
凉山彝族自治州木里藏族自治县白碉苗族乡	1038	8860	1	755
凉山彝族自治州木里藏族自治县项脚蒙古族乡	1162	7500	5	360
凉山彝族自治州木里藏族自治县固增苗族乡	814	7886	1	310
凉山彝族自治州盐源县大坡蒙古族乡	330	8260	1	120
凉山彝族自治州德昌县金沙傈僳族乡	246	12230	1	461

教师数（人）	图书馆（个）	文化站（个）	村文化活动室（个）	医疗卫生机构（个）	医院（个）	基层医疗卫生机构（个）
198	1	2	23	29		
94		1	13	14		
88		1	10	16		16
44		1	4	6		
26		1	4	6		6
15	4	1	3	3		3
12	6	1	5	3		3
13	7	1	6	5		5
14	5	1	4	4		4
22	7	1	6	6		6
37	6		6	7		7
71		1	7	7		6
22			7	1		
39		1	6			
60	6	1	5	6		6
34	1	1	7			3
31	10	1	9	5		5
22	1	1	3	2		2
16		1	6		1	1
15		1	5	5		5
35		1	5			
10		4	3	3		3
11	6	1	5	5		5
103		1	7	8		8
101			9	9		9
40	8	3	5	7		
48	7	1	4	5		
36	3	3	3	1	1	
23			4	5		
11		1	5	6	1	6
25		1	3			

10–1(三) 续表 18

民族乡镇名称	公共财政支出（万元）	农村居民人均可支配收入（元）	学校数（个）	在校学生数（人）
凉山彝族自治州德昌县南山傈僳族乡	200	8000	1	295
凉山彝族自治州会理县新安傣族乡	614	14230	2	569
凉山彝族自治州冕宁县和爱藏族乡		6210	1	160
凉山彝族自治州越西县保安藏族乡	269	4007	3	345
绵阳市平武县木皮藏族乡	284	6264	1	13
绵阳市平武县白马藏族乡	300	10000	1	
绵阳市平武县黄羊关藏族乡	509	10453	1	12
绵阳市平武县虎牙藏族乡	546	9400	1	80
绵阳市平武县泗耳藏族乡	260	9845	1	3
绵阳市平武县徐塘羌族乡	525	6752	1	57
绵阳市平武县锁江羌族乡	10538	14500	2	163
绵阳市平武县平南羌族乡	580	9016	1	69
绵阳市北川羌族自治县桃龙藏族乡	467	12544	1	73
绵阳市盐亭县大兴回族乡	574	13694	1	164
达州市宣汉县渡口土家族乡	924	7786	1	665
达州市宣汉县龙泉土家族乡	1091	7119	3	2033
达州市宣汉县三墩土家族乡	1025	6184	4	1710
达州市宣汉县漆树土家族乡	528	7868	1	420
绵阳市平武县水田羌族乡	730	8032	1	80
绵阳市平武县旧堡羌族乡	450	9212	1	86
绵阳市平武县阔达藏族乡	466	10521	1	157
绵阳市平武县土城藏族乡	730	7560	2	132
贵州省	**371199**	**7769**	**1614**	**449262**
贵阳市南明区小碧布依族苗族乡	2123	16434	2	1176
贵阳市花溪区高坡苗族乡	3047	11949	6	3270
贵阳市花溪区孟关苗族布依族乡	1296	15695	8	3890
贵阳市花溪区马铃布依族苗族乡	1638	11976	6	504
贵阳市花溪区黔陶布依族苗族乡	2497	15225	6	663
贵阳市乌当区偏坡布依族乡	983	15046	2	180
贵阳市乌当区新堡布依族乡	1836	14720	5	392
贵阳市白云区牛场布依族乡	1819	13202	4	1424
贵阳市白云区都拉布依族乡	2490	13743	4	771

教师数（人）	图书馆（个）	文化站（个）	村文化活动室（个）	医疗卫生机构（个）	医院（个）	基层医疗卫生机构（个）
20	1	3				
29		1	10	10		10
8		1	6	3		
21			3	3		3
7		1	3	1		
3		1	4	5		5
4		1	6	3		3
10		1	5	2		2
2		3	3	1		
12		1	5	6		6
20		1	10	10		10
12		1	2	5		5
11		1	6	4	1	3
30		1	8	9		9
33		1	8	9	1	8
79		14	13	15		15
87		1	8	9		9
25		1	4	6		6
14		1	7	8		8
15		7	7	7		7
17		1	6	6		6
24		1	9	9		9
32248	**337**	**232**	**1987**	**1626**	**95**	**1356**
118		1	1	15	2	14
166	1	1	19	1		1
249		1	8	9		8
55	1	1	3	1	1	9
51		1	7	9		9
29		1	2	2		2
66		1	7	8		
117	4	1	13	1	1	1
74		1	7	1	1	1

10-1(三)　续表 19

民族乡镇名称	公共财政支出（万元）	农村居民人均可支配收入（元）	学校数（个）	在校学生数（人）
贵阳市清镇市麦格苗族布依族乡	2231	12799	8	1763
贵阳市清镇市王庄布依族苗族乡	3822	17021	2	1861
贵阳市清镇市流长苗族乡	1916	10123	14	4410
贵阳市开阳县高寨苗族布依族乡	2454	11415	6	1371
贵阳市开阳县南江布依族苗族乡	1800	12000	8	1198
贵阳市开阳县禾丰布依族苗族乡	1974	10988	3	1026
贵阳市修文县大石布依族乡	2128	9417	3	1286
贵阳市息烽县青山苗族乡	731	13001	3	1000
六盘水市水城县坪寨彝族乡	1238	7599	6	1064
六盘水市水城县南开苗族彝族乡	613	8620	15	4801
六盘水市水城县青林苗族彝族乡	1215	8192	8	2861
六盘水市水城县金盆苗族彝族乡	1298	8217	8	4908
六盘水市水城县新街彝族苗族布依族乡	1414	8325	5	1227
六盘水市水城县杨梅彝族苗族回族乡	2024	7610	9	1645
六盘水市水城县野钟苗族彝族布依族乡	750	8160	7	3219
六盘水市水城县果布嘎彝族苗族布依族乡	1607	7450	5	1643
六盘水市水城县龙场苗族白族彝族乡	1769	8636	8	2898
六盘水市水城县营盘苗族彝族白族乡	1394	8241	7	2598
六盘水市水城县顺场苗族彝族布依族乡	1200	8276	7	2449
六盘水市水城县花戛苗族布依族彝族乡	1435	7806	6	2173
六盘水市水城县猴场苗族布依族乡	1280	8548	7	2138
六盘水市盘县普田回族乡	1781	8160	7	928
六盘水市盘县旧营白族彝族苗族乡	2668	7656	7	1937
六盘水市盘县羊场布依族白族苗族乡	5462	7946	9	4738
六盘水市盘县保基苗族彝族乡	1832	7818	3	1680
六盘水市盘县淤泥彝族乡	7560	10197	8	3414
六盘水市盘县普古彝族苗族乡	5518	9106	5	2347
六盘水市盘县坪地彝族乡	5306	8735	12	2213
六盘水市六枝特区梭戛苗族彝族乡	968	8721	11	3970
六盘水市六枝特区落别布依族彝族乡	2069	8863	9	3345
六盘水市六枝特区中寨苗族彝族布依族乡	2439	7613	12	3339
六盘水市六枝特区牛场苗族彝族乡	1191	8640	12	2758

教师数（人）	图书馆（个）	文化站（个）	村文化活动室（个）	医疗卫生机构（个）		
					医院（个）	基层医疗卫生机构（个）
110		1	15	1		1
116	1	1	10	1	1	
258		1	26	1	1	1
102		1	8	1	1	
92		1	6	16	1	15
75	9	1	7			
76		1	7	8	1	7
123	1	1	5	1	1	1
81		1	4	1	1	
273		1	12	13	1	12
159		1	4	1	1	
212		1	6	1	1	
76		1	3	1	1	
153		1	6	1		
147		1	5	1	1	
95		1	5	1	1	
153		1	7	1	1	
164		1	6	1	1	
154		1	6	1	1	
126		1	5	2	1	1
136		1	6	2	1	1
96	1	1	6	6		7
137		1	11	12		
206	1	1	16	2	1	
89	1	1	7	8		8
195		1	19	1	2	1
151		1	19	20		20
216		1	15	17	1	16
202	1	1	7	8		8
235		1	13	13		13
147		1	9	10		10
198		1	17		1	17

10-1(三) 续表 20

民族乡镇名称	公共财政支出（万元）	农村居民人均可支配收入（元）	学校数（个）	在校学生数（人）
六盘水市六枝特区月亮河彝族苗族乡	2100	8640	12	2758
遵义市仁怀市后山苗族布依族乡	2472	10500	4	1526
遵义市遵义县平正仡佬族乡	1681	8463	12	2068
遵义市遵义县洪关苗族乡	715	8802	5	1086
遵义市桐梓县马鬃苗族乡	8098	8770	7	485
遵义市正安县谢坝仡佬族苗族乡	898	9173	6	1034
遵义市正安县市坪苗族仡佬族乡	858	9169	5	1812
遵义市余庆县花山苗族乡	1418	10261	5	1116
遵义市道真仡佬族苗族自治县上坝土家族乡	1599	9241	6	2872
安顺市西秀区鸡场布依族苗族乡	1687		3	3428
安顺市西秀区杨武布依族苗族乡	2065	10500	11	2860
安顺市西秀区岩腊苗族布依族乡	2896	8775	10	2365
安顺市西秀区新场布依族苗族乡	2202	9078	4	875
安顺市西秀区黄腊布依族苗族乡	1381	9082	4	1746
安顺市平坝县十字回族乡	2739	9188	16	5090
安顺市平坝县羊昌布依族苗族乡	1108	8550	10	2700
安顺市普定县补郎苗族乡	1454	6973	9	3086
安顺市普定县猴场苗族仡佬族乡	1438	8020	11	2928
安顺市普定县猫洞苗族仡佬族乡	1114	8113	8	119
毕节市七星关区大屯彝族乡	1767	5850	8	2692
毕节市七星关区田坎彝族乡	1660	5631	6	1986
毕节市七星关区阿市苗族彝族乡	2410	5600	10	2552
毕节市七星关区团结彝族苗族乡	1551	6253	15	3378
毕节市七星关区阴底彝族苗族白族乡	2664	8643	16	5860
毕节市七星关区千溪彝族苗族白族乡	1642	7700	6	2760
毕节市黔西县永燊彝族苗族乡	1832	8112	8	1790
毕节市黔西县新仁苗族乡	2179	6260	11	1656
毕节市黔西县花溪彝族苗族乡	1200	7393	10	1377
毕节市黔西县中建苗族彝族乡	325	7200	7	1239
毕节市黔西县定新彝族苗族乡	1672	7325	7	1229
毕节市黔西县太来彝族苗族乡	1786	8346	13	3290
毕节市黔西县绿化白族彝族乡	2290	7846	5	1882

教师数（人）	图书馆（个）	文化站（个）	村文化活动室（个）	医疗卫生机构（个）	医院（个）	基层医疗卫生机构（个）
198		1	17		1	17
110		1	4	5		5
185		1	5	13		13
103		1	3	14		
62		1	10	1		1
133		1	6	8	1	6
131		1	4	6	1	5
104	1	1	4	5		5
175		1	3			
159	1	1	5	1	1	1
205	2	1	11	5	1	4
153		1	8			1
95		1	8	14		1
98	1	1	7	15		15
382		1	11	24		24
181		1	7			
208		1	11	17		17
196		1	10	15		15
	17	1	15	16		
180	1	1	8	2	1	9
85		7	7	9		1
232		1	13	15	1	14
221	1	1	13	14		
308	13	1	12	15	1	1
217		1	5	11		1
117		1	13	1		
123	10	10	9	10	1	9
77	10	1	10	12		12
93	7	1	6	7		7
108	1	1	13	1	1	1
204		1	13	1	1	1
122		1	7	1		1

10-1(三) 续表 21

民族乡镇名称	公共财政支出（万元）	农村居民人均可支配收入（元）	学校数（个）	在校学生数（人）
毕节市黔西县红林彝族苗族乡	1669	5500	9	2646
毕节市黔西县五里布依族苗族乡	1609		10	2745
毕节市黔西县铁石苗族彝族乡	1866	5400	9	2037
毕节市大方县竹园彝族苗族乡	3000	6800		2858
毕节市大方县响水白族彝族仡佬族乡	3102	8668	10	3590
毕节市大方县鼎新彝族苗族乡				
毕节市大方县牛场苗族彝族乡	1994	8439	13	6968
毕节市大方县理化苗族彝族乡	2241	8626	16	3132
毕节市大方县安乐彝族仡佬族乡	1143	8470	7	1597
毕节市大方县凤山彝族蒙古族乡	1050	7688	6	1570
毕节市大方县百纳彝族乡	875	8741	7	3591
毕节市大方县三元彝族苗族白族乡	1206	8224	7	1726
毕节市大方县沙厂彝族乡	967	8670	5	1465
毕节市大方县黄泥彝族苗族满族乡	476	8700	6	746
毕节市大方县核桃彝族白族乡	2258		12	4425
毕节市大方县八堡彝族苗族乡	2254		9	2973
毕节市大方县兴隆苗族乡	2108	8125	12	4034
毕节市大方县大山苗族彝族乡	1448	8150	11	4026
毕节市大方县星宿苗族彝族仡佬族乡	1547	8932	10	1956
毕节市织金县自强苗族乡	1132	8563	5	987
毕节市织金县官寨苗族乡	1660	7640		4204
毕节市织金县后寨苗族乡	3098	8695	7	105
毕节市织金县大平苗族彝族乡	956	8661	10	2957
毕节市织金县茶店布依族苗族彝族乡	1971	7913	6	3613
毕节市织金县金龙苗族彝族布依族乡	2777	7986	14	4779
毕节市织金县鸡场苗族彝族布依族乡	200	1800	21	4228
毕节市金沙县太平彝族苗族乡	103		14	2623
毕节市金沙县石场苗族彝族乡	1977	7850	10	2294
毕节市金沙县马路彝族苗族乡	1223	7385	6	1686
毕节市金沙县安洛苗族彝族满族乡	3444	9590	11	3411
毕节市金沙县新化苗族彝族满族乡	6000	8015	13	3700
毕节市金沙县大田彝族苗族布依族乡	1670	4200	11	1320

教师数（人）	图书馆（个）	文化站（个）	村文化活动室（个）	医疗卫生机构（个）		
					医院（个）	基层医疗卫生机构（个）
151		1	10	1		1
170		1	10		2	1
148		1	11	1		1
186		1	9	2	2	15
249		1	15	2	2	2
395		1	10	22	1	21
153		11	10	16	1	15
99		1	8	9		9
144	15	1	7	1	1	10
234	1	1	6	12	1	11
124	15	1	8	12		12
110		1	6	9		9
88		1	6	7		7
231	10	1	9	15	1	13
263	1	1	9	16	1	15
230	1	1	8	15	1	1
207		1	11			
147		1	10			
97		1	11	1		1
173	1	1	16	17	1	16
2442		7	13	1	1	1
131		1	13	1		1
206		1	19			
243		1	20	2	1	1
290		1	1	1	2	
154	1	1	5	1		
129	10	1	11	13	11	13
140	1	1	7	1	1	8
185		1	8	17	1	16
251	10	1	11	34	2	31
145	11	1	7	1	1	1

10-1(三)　续表 22

民族乡镇名称	公共财政支出（万元）	农村居民人均可支配收入（元）	学校数（个）	在校学生数（人）
毕节市赫章县兴发苗族彝族回族乡	3358	7600	6	3222
毕节市赫章县松林坡白族彝族苗族乡	1994	7500	8	2476
毕节市赫章县雉街彝族苗族乡	2787	8018	14	5142
毕节市赫章县珠市彝族乡	3234	8048	20	7100
毕节市赫章县双坪彝族苗族乡	2191	7272	8	3370
毕节市赫章县辅处彝族苗族乡	3215	7856	7	2430
毕节市赫章县铁匠苗族乡	2815	7530	12	3044
毕节市赫章县可乐彝族苗族乡	3129	7470	8	5926
毕节市赫章县河镇彝族苗族乡	3219	8104	8	5132
毕节市赫章县结构彝族苗族乡	4364	8100	11	3941
毕节市赫章县水塘堡彝族苗族乡	2596	3189	12	5199
毕节市赫章县古达苗族彝族乡	292	6778	15	5844
毕节市纳雍县厍东关彝族苗族白族乡	1563	8210	11	3414
毕节市纳雍县董地苗族彝族乡	1143	7272	13	5961
毕节市纳雍县左鸠戛彝族苗族乡	88	7242	8	2225
毕节市纳雍县锅圈岩苗族彝族乡	1755	7264	10	4913
毕节市纳雍县新房彝族苗族乡	1440	8021	9	5614
毕节市纳雍县化作苗族彝族乡	3685	8144	13	5863
毕节市纳雍县姑开苗族彝族乡	2124	8319	17	7200
毕节市纳雍县羊场苗族彝族乡	1032	7608	15	4637
毕节市纳雍县昆寨苗族彝族白族乡	1345	7153	14	4633
毕节市纳雍县猪场苗族彝族乡	853	7287	10	3676
毕节市威宁彝族回族苗族自治县新发布依族乡	2330	4320	21	6750
毕节市大方县大水彝族苗族布依族乡	2252	7490	12	2589
毕节市黔西县金坡苗族彝族满族乡	2272	8590	10	2457
毕节市大方县普底彝族苗族白族乡	611	8584	7	1073
毕节市黔西县仁和彝族苗族乡	2183	8900	8	2742
铜仁市碧江区桐木坪侗族乡	1498	8990	6	632
铜仁市碧江区瓦屋侗族乡	539	9321	3	780
铜仁市碧江区和平土家族侗族乡	878	12000	8	1060
铜仁市碧江区滑石侗族苗族土家族乡	878	12000	8	1060
铜仁市碧江区六龙山侗族土家族乡	1966	8411	2	149

教师数（人）	图书馆（个）	文化站（个）	村文化活动室（个）	医疗卫生机构（个）	医院（个）	基层医疗卫生机构（个）
182		1	16	17		17
158		1	10	11		11
232		1	18	14		14
418		1	26	27		27
211		1	10	11		11
149		1	9	10		10
184		1	8	9		9
363		1	19	22	2	20
265		1	14	15		15
200		1	25	26		26
208		1	16	18	1	17
316		1	20	22	1	22
212		1	10	11		10
268		1	11	12		12
137		1	6	7		7
248		1	15	16		16
288		1	25	26		26
275		1	19	20		20
273		1	12	13		13
257		1	15	13		13
236		1	16	17		17
201		1	11	12		12
333	32	1	31	31	1	30
162		1	10	20		20
155		1	9	11	1	10
87		1	8	14	1	13
166		1	10	17	2	15
96	1	2	1	2	1	1
67	1	2	1	1	1	1
112		1	7	1	1	1
112		1	7	1	1	1
23	1	1	4	1	1	1

10-1(三) 续表 23

民族乡镇名称	公共财政支出（万元）	农村居民人均可支配收入（元）	学校数（个）	在校学生数（人）
铜仁市万山区高楼坪侗族乡	4823	8000	9	1936
铜仁市万山区黄道侗族乡	2491	8500	9	1204
铜仁市万山区敖寨侗族乡	3084	7860	8	504
铜仁市万山区下溪侗族乡	2793	7200	6	603
铜仁市万山区鱼塘侗族土家族苗族乡	1217	7365	16	3016
铜仁市万山区大坪侗族土家族苗族乡	2700	7890	12	2116
铜仁市德江县楠杆土家族乡	1066	8050	7	1648
铜仁市德江县沙溪土家族乡	1631	8045	5	567
铜仁市德江县桶井土家族乡	3457	7785	14	2719
铜仁市德江县堰塘土家族乡	3088	8065	10	1288
铜仁市德江县荆角土家族乡	1505	8038	3	985
铜仁市德江县长丰土家族乡	1972	8033	6	1947
铜仁市德江县龙泉土家族乡	1739	8077	5	1058
铜仁市德江县钱家土家族乡	1597	8053	8	1388
铜仁市江口县德旺土家族苗族乡	190	4512	8	1654
铜仁市江口县官和侗族土家族苗族乡	79	3652	4	614
铜仁市石阡县聚凤仡佬族侗族乡	1200	7321	11	1136
铜仁市石阡县大沙坝仡佬族侗族乡	1176	6543	8	1898
铜仁市石阡县枫香仡佬族侗族乡	783	6421	8	589
铜仁市石阡县青阳苗族仡佬族侗族乡	836	6835	11	708
铜仁市石阡县龙井侗族仡佬族乡	1388	7132	8	2221
铜仁市石阡县石固仡佬族侗族乡	1211	6521	11	1340
铜仁市石阡县坪地仡佬族侗族乡	909	7475	10	1521
铜仁市石阡县甘溪仡佬族侗族乡	909	4772	8	1221
铜仁市石阡县坪山仡佬族侗族乡	906	7012	7	688
铜仁市思南县思林土家族苗族乡	1751	6842	6	1401
铜仁市思南县枫芸土家族苗族乡	1640	8917	7	1505
铜仁市思南县杨家坳苗族土家族乡	2033	6732	13	2387
铜仁市思南县胡家湾苗族土家族乡	1460	7318	4	1796
铜仁市思南县宽坪土家族苗族乡	1796	2367	9	1799
铜仁市思南县三道水土家族苗族乡	2117	9800	8	1881
铜仁市思南县天桥土家族苗族乡	1799	8744	7	1257

教师数（人）	图书馆（个）	文化站（个）	村文化活动室（个）	医疗卫生机构（个）	医院（个）	基层医疗卫生机构（个）
133		1	15	17	1	16
123	9	1	10	14		14
68	8	1	7	8		8
75	7	1	7	9		9
236	15	1	14	16		16
173		1	12	12		
141		1	12	14		12
53		1	14	4		1
213		2	22	16		16
155		3	11	10		8
82		1	15	16		1
141		1	15	12		12
116		1	12	13		13
140		1	12	1		1
48	1	1	10	11		
30	1	1	4	5		
152	1	1	18			1
152	1	4	15			1
71	1	1	12			1
98		1	14			1
196		1	23			1
136		1	14			1
143	1	1	18			1
108		1	9			
78	1	1	8			1
124	1	1	13	14		1
122	1	1	15	14		1
150	1	1	18	19		1
142	1	1	14	14		1
146	1	1	14	15		1
168		1	17	19	1	1
119	1	1	12	13		1

10–1(三) 续表 24

民族乡镇名称	公共财政支出（万元）	农村居民人均可支配收入（元）	学校数（个）	在校学生数（人）
铜仁市思南县兴隆土家族苗族乡	1858	7800	8	1489
黔西南布依族苗族自治州晴隆县三宝彝族乡	784	5562	1	428
黔西南布依族苗族自治州兴仁县鲁础营回族乡	1895	6719	10	2386
黔西南布依族苗族自治州望谟县油迈瑶族乡		7070	5	1005
黔东南苗族侗族自治州从江县秀塘壮族乡	574	8390	4	688
黔东南苗族侗族自治州从江县刚边壮族乡	1115	8310	8	1772
黔东南苗族侗族自治州从江县翠里瑶族壮族乡	1960	8285	8	1776
黔东南苗族侗族自治州镇远县尚寨土家族乡	702	8296	7	903
黔东南苗族侗族自治州麻江县坝芒布依族乡	1842	8046	3	1350
黔东南苗族侗族自治州榕江县水尾水族乡	1460	7963	1	383
黔东南苗族侗族自治州榕江县三江水族乡	3284	7982	12	1274
黔东南苗族侗族自治州榕江县仁里水族乡	2019	7679	7	624
黔东南苗族侗族自治州榕江县定威水族乡	1467	7883	1	543
黔东南苗族侗族自治州榕江县兴华水族乡	1551	7969	5	1030
黔东南苗族侗族自治州榕江县塔石瑶族水族乡	2317	8045	6	734
黔东南苗族侗族自治州雷山县达地水族乡	2452		7	1228
黔东南苗族侗族自治州黎平县顺化瑶族乡	984	7782	4	376
黔东南苗族侗族自治州黎平县雷洞瑶族水族乡	1235	7778	5	916
黔东南苗族侗族自治州岑巩县羊桥土家族乡	1150	8476	13	3350
黔南布依族苗族自治州都匀市归兰水族乡	1464	9091	13	2747
黔南布依族苗族自治州荔波县瑶山瑶族乡	284	9025	6	1056
黔南布依族苗族自治州荔波县黎明关水族乡	891	8500元	11	881
黔南布依族苗族自治州平塘县卡蒲毛南族	1149	9095	4	69
贵阳市花溪区湖潮布依族苗族乡	13047	12032	25	5290
云南省	**295321**	**8029**	**1158**	**310389**
昆明市晋宁县夕阳彝族乡	2048	10018	2	551
昆明市晋宁县双河彝族乡	1941	11137	2	716
昆明市宜良县九乡彝族回族乡	1223	7610	4	2120
昆明市宜良县耿家营彝族苗族乡	1300	7543	6	1737
昭通市昭阳区守望回族乡	1713	7089	7	4969
昭通市昭阳区小龙洞回族彝族乡	1528	6050	9	5003
昭通市布嘎回族乡	280	4860	6	4212

教师数（人）	图书馆（个）	文化站（个）	村文化活动室（个）	医疗卫生机构（个）		
					医院（个）	基层医疗卫生机构（个）
140	1	1	13	14		1
28	2	1	3	4		4
139		1	8	9		9
99		1	8	9		
64		1	4	5		5
107		1	1	1	1	6
100	21	1	20	20		20
69		1	4			
125		1	7	10		
30	1	2	5	6		6
65	1	1		13		13
88	1	1	8	8		8
34	1	1	7	7		7
48		1	9	6		6
40	1	1	9	1		8
66	14	1	10	10	1	8
29	1	1		5	1	4
47	14	1	13	16		16
206		1	15	14		14
316		1	12	9		9
66	3	1	8	10		2
85	14	1	14	17		17
730	7	1	6	7		7
343	5	1	10	3	3	3
21031	**20**	**140**	**2378**	**1205**		**1198**
57		1	10	11		11
73		1	6	7		7
148		1	8	9		9
141		1	9	10		10
304		1	7	8		8
254		1	6	8		8
269		1	5	6		6

10-1(三) 续表 25

民族乡镇名称	公共财政支出（万元）	农村居民人均可支配收入（元）	学校数（个）	在校学生数（人）
昭通市青岗岭回族彝族乡	1243	5876	11	4235
昭通市鲁甸县桃源回族乡	3370	8050	13	5078
昭通市鲁甸县茨院回族乡	2815	7670	7	4256
昭通市大关县上高桥回族彝族苗族乡	1437	5750	10	2225
昭通市永善县马楠苗族彝族乡	2137	3748	4	1497
昭通市永善县伍寨彝族苗族乡	1552	5193	1	2049
昭通市镇雄县果珠彝族乡	3166	8113	20	8255
昭通市镇雄县林口彝族苗族乡	3516	6815	21	8741
昭通市彝良县龙街苗族彝族乡	1231	5535	18	8203
昭通市彝良县奎香苗族彝族乡	1336	6475	14	8158
昭通市彝良县树林彝族苗族乡	942	5003	8	4468
昭通市彝良县柳溪苗族乡	658	5763	10	3340
昭通市彝良县洛旺苗族乡	923	6840	17	3442
昭通市威信县双河苗族彝族乡	4513	5977	13	3138
曲靖市师宗县龙庆彝族壮族乡	3552	5160	15	8296
曲靖市师宗县五龙壮族乡	3520	6210	14	4155
曲靖市师宗县高良壮族苗族瑶族乡	5956	5498	17	4915
曲靖市罗平县长底布依族乡	1344	6500	7	2286
曲靖市罗平县旧屋基彝族乡	1733	8878	9	1215
曲靖市罗平县鲁布革布依族苗族乡	2214	9100	12	2464
曲靖市富源县古敢水族乡	1700	10250	12	1816
曲靖市会泽县新街回族乡	2359	11055	15	2507
楚雄彝族自治州南华县雨露白族乡	1587	13974	8	1138
楚雄彝族自治州大姚县湾碧傈僳傣族乡	2350	6996	7	1877
楚雄彝族自治州永仁县永兴傣族乡	3054	9661	4	492
楚雄彝族自治州武定县东坡傣族乡	2266	6356	9	1258
玉溪市红塔区小石桥彝族乡	1509	14418	4	686
玉溪市红塔区洛河彝族乡	2510	14572	4	888
玉溪市江川县安化彝族乡	2196	10966	3	784
玉溪市通海县高大傣族彝族乡	1063	13931	3	683
玉溪市通海县里山彝族乡	3101	10143	1	885
玉溪市通海县兴蒙蒙古族乡	1473	12321	1	630

教师数（人）	图书馆（个）	文化站（个）	村文化活动室（个）	医疗卫生机构（个）		
					医院（个）	基层医疗卫生机构（个）
235		1	7	8		8
407		1	7	8		8
334		1	6	7		7
155	1	1	6	7		7
120		1	6	7		7
105	1	1	5	6		6
337		1	5	6		6
335		1	8	10		10
422		1	12	13		13
452		1	8	9		9
203		1	4	5		5
172		1	5	6		6
155		1	8	9		9
229		1	6	9		9
425		1	14	15		15
269	1	1	13	14		14
281		1	116	12		12
156		1	6	7		7
119		1	48	8		8
200		1	26	10		10
149		1	5	5		5
257	1	1	16	17		17
82		1	34	7		7
136		1	12	14		14
49		1	37	13		13
91	1	1	17	8		8
75	1	1	3	4		4
142	1	1	5	4		4
53		1	5	6		6
80	1	1	6	7		7
59		1	6	7		
26		1	4	3		3

10–1(三)　续表 26

民族乡镇名称	公共财政支出（万元）	农村居民人均可支配收入（元）	学校数（个）	在校学生数（人）
玉溪市华宁县通红甸彝族苗族乡	1252	7361	6	1200
玉溪市易门县十街彝族乡	1916	11928	11	1230
玉溪市易门县浦贝彝族乡	1772	11826	8	1130
玉溪市易门县铜厂彝族乡	1948	11075	10	1555
红河哈尼族彝族自治州河口瑶族自治县桥头苗族壮族乡	1663	3822	10	1833
红河哈尼族彝族自治州金平苗族瑶族傣族自治县者米拉祜族乡	1919	7208	12	2949
红河州蒙自县期路白苗族乡	1524	5043	8	1763
红河州蒙自县老寨苗族乡	1119	8682	5	1476
红河州开远市大庄回族乡	1833	14071	10	1296
文山壮族苗族自治州文山市东山彝族乡	3181	8898	3	2230
文山壮族苗族自治州文山市红甸回族乡	972	9304	4	1535
文山壮族苗族自治州文山市秉烈彝族乡	1118	7584	11	3197
文山壮族苗族自治州文山市柳井彝族乡	1585	5904	5	1461
文山壮族苗族自治州文山市坝心彝族乡	1425	6355	1	624
文山州砚山县阿舍彝族乡	1263	8979	9	2761
文山州砚山县维末彝族乡	1962	10418	11	5009
文山州砚山县盘龙彝族乡	1624	9911	10	4716
文山州砚山县干河彝族乡	1241	9343	10	3306
文山州丘北县舍得彝族乡	1506	6025	7	2214
文山州丘北县新店彝族乡	1868	7559	6	3751
文山州丘北县树皮彝族乡	1775	8759	13	6343
文山州丘北县八道哨彝族乡	3614	8317	12	4288
文山州丘北县腻脚彝族乡	1532	8650	11	4688
文山州麻栗坡县猛硐瑶族乡	1437	9252	11	2251
文山州富宁县洞波瑶族乡	1152	10125	17	4044
普洱市澜沧拉祜族自治县酒井哈尼族乡	3571	4448	4	1204
普洱市澜沧拉祜族自治县发展河哈尼族乡	2739	3587	5	1336
普洱市澜沧拉祜族自治县谦六彝族乡	6311	5961	11	3859
普洱市澜沧拉祜族自治县文东佤族乡	3067	3752	5	1304
普洱市澜沧拉祜族自治县安康佤族乡	2794	3078	6	1366
普洱市澜沧拉祜族自治县雪林佤族乡	3560	2490	8	1708
普洱市思茅区云仙彝族乡	1447	4370	7	1530

教师数（人）	图书馆（个）	文化站（个）	村文化活动室（个）	医疗卫生机构（个）	医院（个）	基层医疗卫生机构（个）
121		1	6	7		7
140		1	8	8		8
144		1	7	7		7
188		1	9	10		10
245		1	8	9		9
102		1	4	10		10
142		1	16	10		10
83		1	4	4		4
102		1	20	6		6
153		1	4	4		4
85		1	4	5		5
179		1	11	10		10
103		1	7	7		7
47		1	5	5		5
123		1	7	8		8
299		1	108	11		11
278		1	59	11		11
233		1	51	6		6
130		1	21	7		7
193		1	6	6		6
351		1	10	14		14
276		1	22	10		10
275		1	9	8		8
169		1	66	5		5
245		1	63	13		13
85		1	4	5		5
83		1	4	5		5
266		1	15	16		16
94		1	6	7		7
94		1	5	6		6
99		1	7	8		8
211		1	12	10		10

10-1(三)　续表 27

民族乡镇名称	公共财政支出（万元）	农村居民人均可支配收入（元）	学校数（个）	在校学生数（人）
普洱市思茅区龙潭彝族傣族乡	1142	4300	7	1740
普洱市墨江哈尼族自治县孟弄彝族乡	1393	6335	2	567
普洱市西盟佤族自治县力所拉祜族乡	1581	8780	3	1036
大理州大理市太邑彝族乡	1467	10208	6	822
大理州鹤庆县六合彝族乡	1665	5299	17	1296
大理州宾川县钟英傈僳族彝族乡	1101	6719	8	856
大理州宾川县拉乌彝族乡	1176	11807	3	1210
大理州祥云县东山彝族乡	1368	6456	9	1064
大理州弥渡县牛街彝族乡	1640	5383	11	1691
大理州永平县北斗彝族乡	1550	9100	3	980
大理州永平县厂街彝族乡	612	10699	12	2077
大理州永平县水泄彝族乡	1803	9315	10	1723
大理州云龙县苗尾傈僳族乡	2326	8018	8	1222
大理州云龙县团结彝族乡	1109	6900	6	1233
丽江市华坪县永兴傈僳族乡	6033	6548	9	935
丽江市华坪县通达傈僳族乡	670	8615	3	610
丽江市华坪县新庄傈僳族傣族乡	10284	12092	7	927
丽江市华坪县船房傈僳族傣族乡	1078	7143	5	541
丽江市永胜县羊坪彝族乡	1968	8310	6	574
丽江市永胜县东山傈僳族彝族乡	2017	7293	5	866
丽江市永胜县六德傈僳族彝族乡	3534	7772	5	1171
丽江市永胜县大安彝族纳西族乡	2721	7750	10	1444
丽江市永胜县光华傈僳族彝族乡	3924	8639	8	896
丽江市永胜县松坪傈僳族彝族乡	1405	6906	9	675
丽江市宁蒗彝族自治县翠玉傈僳族普米族乡	983	5180	8	1620
丽江市古城区金江白族乡	1080	11366	6	222
丽江市玉龙纳西族自治县九河白族乡	1000	8626	12	2021
丽江市玉龙纳西族自治县石头白族乡	1587	7322	7	697
丽江市玉龙县黎明傈僳族乡	1990	7990	8	1320
保山市隆阳区瓦马彝族白族乡	1924	9132	17	2943
保山市隆阳区瓦房彝族苗族乡	1794	10667	20	3139
保山市隆阳区杨柳白族彝族乡	3833	10914	18	3310

教师数（人）	图书馆（个）	文化站（个）	村文化活动室（个）	医疗卫生机构（个）		
					医院（个）	基层医疗卫生机构（个）
105		1	5	7		7
44		1	7	8		8
96	1	1	5	6		6
90	1	1	5	9		9
105		1	13	15		15
92		1	48	7		7
85		1	55	8		8
85		1	8	9		9
143		1	14	12		12
88		1	9	10		10
182		1	11	12		12
145	1	1	9	10		10
91		1	8	9		9
98	2	1	5	6		6
93		1	7	7		7
52		1	13	6		6
107		1	47	8		8
63		1	16	4		4
56		1	5	6		6
73		1	5	6		6
78		1	8	4		4
137		1	15	10		10
82		1	8	6		6
55		1	8	9		9
108		1	4	7		7
31		1	30	5		5
204	1	1	11	12		12
83		1	11	5		5
132		1	7			
192	1	1	19	23		23
228		1	54	20		20
192	1	1	18	19		19

10-1(三) 续表 28

民族乡镇名称	公共财政支出（万元）	农村居民人均可支配收入（元）	学校数（个）	在校学生数（人）
保山市隆阳区芒宽彝族傣族乡	5458	14409	14	4706
保山市施甸县摆榔彝族布朗族乡	2381	9666	6	904
保山市施甸县木老元布朗族彝族乡	3064	7039	6	751
保山市龙陵县木城彝族傈僳族乡	2152	9907	6	1037
保山市昌宁县朱街彝族乡	2577	7606	10	1535
保山市昌宁县苟街彝族苗族乡	2334	9787	8	2811
保山市昌宁县湾甸傣族乡	4938	13020	5	2076
德宏傣族景颇族自治州陇川县户撒阿昌族乡	1681	8856	12	3203
德宏州潞西市三台山德昂族乡	1190	6348	2	825
德宏州梁河县曩宋阿昌族乡	1390	7906	13	1829
德宏州梁河县九保阿昌族乡	1525	7808	9	1782
德宏州盈江县苏典傈僳族乡	1830	4553	9	1806
怒江州福贡县匹河怒族乡	1123	4625	2	1502
怒江傈僳族自治州泸水县洛本卓白族乡	1600	3854	9	1298
迪庆州香格里拉县三坝纳西族乡	2132		2	1056
迪庆州德钦县霞若傈僳族乡	1652		1	1015
迪庆州德钦县拖顶傈僳族乡	1543			
临沧市凤庆县新华彝族苗族乡	1131	11500	10	2440
临沧市凤庆县腰街彝族乡	1460	9863	7	1161
临沧市凤庆县郭大寨彝族白族乡	1106	9818	16	2381
临沧市云县栗树彝族傣族乡	996	9798	14	2539
临沧市云县忙怀彝族布朗族乡	1039	9673	11	2165
临沧市云县后箐彝族乡	1202	9303	12	2274
临沧市永德县大雪山彝族拉祜族傣族乡	1976	11808	7	2621
临沧市永德县乌木龙彝族乡	4600	7200	11	3533
临沧市临翔区平村彝族傣族乡	3060	9106	4	1301
临沧市临翔区南美拉祜乡	2052	7484	1	665
临沧市耿马傣族佤族自治县芒洪拉祜族布朗族乡	1235	5673	7	1014
临沧市沧源佤族自治县勐角傣族彝族拉祜族乡	3336	9153	9	1022
临沧市镇康县军赛佤族拉祜族傈僳族德昂族乡	1013	10370	8	2602
西双版纳州景洪市基诺山基诺族乡	2307	11302	1	645
西双版纳州景洪市景哈哈尼族乡	2589	16600	4	3347

教师数（人）	图书馆（个）	文化站（个）	村文化活动室（个）	医疗卫生机构（个）		
					医院（个）	基层医疗卫生机构（个）
205	1	1	12	13		13
84	1	1	13	5		5
70		1	14	6		6
88		1	5	6		6
119		1	37	11		11
202		1	11	13		13
180		1	5	6		6
280	1	1	128	11		11
63		1	4	5		5
214	1	1	75	10		10
207		1	44	11		11
80		1	4	4		4
111		1	9	12		12
77		1	8	9		9
135		1	7	7		7
114		1	7	8		8
		1	7	6		6
130		1	54	12		12
82		1	6	7		7
170		1	11	12		12
143		1	16	17		17
164		1	11	12		12
159		1	11	12		12
161		1	8	9		9
198		1	10	11		11
98		1	40	6		6
47		1	4	5		5
95		1	19	6		6
99		1	42	10		10
127		1	35	7		7
57		1	44	8		8
214		1	50	8		8

10-1(三) 续表 29

民族乡镇名称	公共财政支出（万元）	农村居民人均可支配收入（元）	学校数（个）	在校学生数（人）
西双版纳州勐腊县瑶区瑶族乡	1447	8234	3	1532
西双版纳州勐腊县象明彝族乡	2940	8728	3	1498
西双版纳州勐海县格朗和哈尼族乡	1343	11087	1	539
西双版纳州勐海县布朗山布朗族乡	2697	7426	26	3052
西双版纳州勐海县西定哈尼族乡	3419	7306	6	1969
西藏自治区	**2336**	**11618**	**178**	**2622**
山南市错那县麻麻门巴民族乡		15321	1	35
山南市错那县贡日门巴民族乡		11602		43
山南市错那县吉巴门巴民族乡		1267		
山南市错那县勒门巴民族乡	530			
山南市隆子县斗玉珞巴民族乡		15069		
林芝市巴宜区更章门巴民族乡	798	10069	1	186
林芝市米林县南伊珞巴民族乡		16536	1	150
林芝市墨脱县达木珞巴民族乡	1008	10013	172	25
昌都市芒康县纳西民族乡		12168	3	2183
陕西省	**2858**	**9829**	**15**	**3913**
商洛市镇安县西口回族镇	1237	9458	9	1936
商洛市镇安县茅坪回族镇	754	8892	2	1067
安康市宁陕县江口回族镇	868	11780	4	910
甘肃省	**28966**	**7285**	**236**	**28937**
临夏州广河县阿里麻土东乡族乡	723	5026	8	1528
甘南州临潭县长川回族乡	906	7435	10	910
甘南州临潭县卓洛回族乡		6500	2	201
甘南州临潭县古战回族乡		6601	5	689
甘南州卓尼县勺哇土族乡		6483	1	171
陇南市文县铁楼藏族乡	300	5765	10	630
陇南市武都区坪垭藏族乡	239	5050	8	372
陇南市武都区磨坝藏族乡	790	5490	7	214
陇南市宕昌县新城子藏族乡	3842	6109	3	588
酒泉市肃州区黄泥堡裕固族乡	772	13731	1	80
酒泉市玉门市小金湾东乡族乡	770	12820	1	1320
白银市会宁县新添堡回族乡	1520	5752	14	1254

教师数（人）	图书馆（个）	文化站（个）	村文化活动室（个）	医疗卫生机构（个）	医院（个）	基层医疗卫生机构（个）
79		1	4	9		9
88		1	5	10		10
35		1	7	7		7
218		1	7	9		9
129		1	11	12		12
209	**16**	**9**	**21**	**19**		**19**
11		1	1			
		1	1	1		1
				2		2
		1	2	2		2
	4	2	3	4		4
21	8	1	6			
26	4	1	3	4		4
4		1	4	5		5
147		1	1	1		1
278	**26**	**2**	**24**	**33**		**8**
118	11	1	10	15		
63	7		7	8		8
97	8	1	7	10		
2627	**43**	**33**	**316**	**238**	**1**	**108**
121		1	6	1		1
91		1	10	11		
30		1	1	4		
83		1	5			
19			2	3		
82	1	1	16	1		1
35		1	9			
25		1	8	1		1
62		1	10	11		11
10		1		1		1
65	7	1	5	1		1
125		1	13	14		14

10-1(三) 续表 30

民族乡镇名称	公共财政支出（万元）	农村居民人均可支配收入（元）	学校数（个）	在校学生数（人）
庆阳市正宁县五倾源回族乡	1017	7135	1	572
平凉市崆峒区峡门回族乡	1106	9242	23	1692
平凉市华亭县神峪回族乡	1765	5282	13	1542
平凉市华亭县山寨回族乡	1040	6350	9	1000
平凉市崆峒区白庙回族乡	882	8525	10	1190
平凉市崆峒区大秦回族乡	819	6480	7	1193
平凉市崆峒区寨河回族乡	140	6314	13	1276
平凉市崆峒区大寨回族乡	1737	6941	18	1648
平凉市崆峒区西阳回族乡	767	6610	11	1058
平凉市崆峒区上杨回族乡	95	7600	8	829
张掖市肃南裕固族自治县祁丰藏族乡	1535	17232	1	157
张掖市肃南裕固族自治县马蹄藏族乡	1020	13997	2	178
张掖市肃南裕固族自治县白银蒙古族乡	553	15000		71
张掖市甘州区平山湖蒙古族乡	807	9384	1	
临夏州临夏县井沟东乡族乡	642	5360	13	1150
临夏州和政县梁家寺东乡族乡	659	4984	8	1817
临夏州临夏县安家坡东乡族乡	430	7482	9	1374
酒泉市瓜州县七墩回族东乡族乡	688	8907	3	406
酒泉市瓜州县腰站子东乡族乡	992	14203	7	778
酒泉市瓜州县广至藏族乡	1020	8716	6	1394
酒泉市瓜州县沙河回族乡	606	8587	1	482
酒泉市玉门市独山子东乡族乡	784	7091	2	1173
青海省	**14371**	**245752**	**116**	**18748**
西宁市大通县朔北藏族乡	1328	12010	6	1639
西宁市大通县向化藏族乡	646	10410	1	729
西宁市湟中县群加藏族乡	324	8066	3	298
西宁市湟中县大才回族乡	508	7811	6	2648
西宁市湟中县汉东回族乡	449	10685	3	231
西宁市湟源县日月藏族乡	1232	10073	3	1250
海东地区民和县杏儿藏族乡	431	8700	1	787
海东地区乐都县下营藏族乡	531	8009	4	331
海东地区乐都县中坝藏族乡	776	8423	1	152

教师数（人）	图书馆（个）	文化站（个）	村文化活动室（个）	医疗卫生机构（个）		
					医院（个）	基层医疗卫生机构（个）
63		1	5	6		6
168	2	1	24	27		2
148		1	11	12		11
131	1	1	8	10		8
140	1	1	9	10		9
113		1	12	13		13
138	1	1	12	13		
127	1	1	24	25		
110		1	13	14		
95	1	1	7	8		
38	1	1	13	7		7
51	18	1	17	16		8
		1	3			
3		1	3	1		1
84	1	1	13			
115	1	1	8	9	1	1
118		1	4	1		
20	1	1		3		3
43	1	1	30	1		1
61		1	6	6		
31		1	5	3		3
82	5	1	4	5		5
1377	**79**	**57**	**240**	**133**	**2**	**52**
128		1	18			
57	10	1	9	10		
24	6	1	5	6		6
162		1	16	1		1
45		1		3		3
103		1	22	1	1	
46		1	7			1
34		1	10	5		
25	15	1	14	15		

10-1(三) 续表 31

民族乡镇名称	公共财政支出（万元）	农村居民人均可支配收入（元）	学校数（个）	在校学生数（人）
海东地区乐都县达拉土族乡	922	9460	12	390
海东市互助土族自治县松多藏族乡	586	7531	6	504
海东市化隆回族自治县雄先藏族乡	261	8966	5	832
海东市化隆回族自治县查甫藏族乡	201	8721	4	584
海东市化隆回族自治县金源藏族乡	162	7829	3	423
海东市化隆回族自治县塔加藏族乡	147	7996	3	342
海东市循化撒拉族自治县道帏藏族乡			6	
海东市循化撒拉族自治县尕楞藏族乡	878	786	7	1040
海东市循化撒拉族自治县岗察藏族乡		10290	2	232
海东市循化撒拉族自治县文都藏族乡		8462	12	2151
海东地区平安县沙沟回族乡		9259	3	1256
海东地区平安县巴藏沟回族乡	1906	8344	3	435
海东地区平安县石灰窑回族乡		8005	5	465
海东地区平安县洪水泉回族乡	523		3	206
海东地区平安县古城回族乡	621	9165	5	1228
海东地区互助县巴扎藏族乡	562	9203	4	249
海北州门源县皇城蒙古族乡		18029		
海北州海晏县哈勒景蒙古乡	564	21532		
海南州贵德县新街回族乡	816	7986	5	346
新疆维吾尔自治区	**73473**	**573046**	**128**	**35384**
吐鲁番地区鄯善县东巴扎回族乡	1081	13325	1	350
和田地区皮山县瑙阿巴提塔吉克族乡	35	7863	1	66
和田地区皮山县康克尔柯尔克孜族乡	28	7311	1	148
巴音郭楞蒙古自治州和硕县乌什塔拉回族乡	1822	17033	2	1145
昌吉回族自治州奇台县大泉塔塔尔族乡	712	16085	1	349
昌吉回族自治州奇台县五马场哈萨克族乡	1161	16100	2	663
昌吉回族自治州奇台县乔仁哈萨克族乡	585	16018	1	198
昌吉回族自治州木垒哈萨克自治县大南沟乌孜别克族乡	981	13367	1	352
昌吉回族自治州玛纳斯县旱卡子滩哈萨克族乡	1823	18096	4	379
昌吉回族自治州玛纳斯县塔西河哈萨克族乡	322	17800	3	342
昌吉回族自治州玛纳斯县清水河哈萨克族乡	855	15863	2	386
昌吉回族自治州阜康市三工河哈萨克族乡	4039	16291		

教师数（人）	图书馆（个）	文化站（个）	村文化活动室（个）	医疗卫生机构（个）	医院（个）	基层医疗卫生机构（个）
45	22	1	21	22		
44		7	8	9		
46				2		
24				1		
24				1		
18				1		
		27	27			
48				1		1
12						
139						
86	2	1	10			1
47	14	1	13	14		14
58		1	14	15		
23	3	1	15	1	1	1
82	1	1	14	15		15
35		1	8	9		
	3	3	2			5
	3	3	3	1		4
22		1	4			
4114	**101**	**45**	**249**	**135**	**12**	**137**
38		1	4	1		
6	2	1	3	4		
13	1	1	2	3		
163		1	14			
51	1	1	4	5		5
74	7	1	5	4		4
37	2	1	1	2		2
53		1	3	4		4
52		1	5	4		
83		1	6	7		
124		1	7	8		
		1	5	3		3

10-1(三) 续表 32

民族乡镇名称	公共财政支出（万元）	农村居民人均可支配收入（元）	学校数（个）	在校学生数（人）
昌吉回族自治州阜康市上户沟哈萨克族乡	9935	16833	2	644
昌吉回族自治州昌吉市阿什里哈萨克族乡	2109	15976	1	663
昌吉回族自治州呼图壁县石梯子哈萨克族乡	120	15018	1	615
乌鲁木齐市米东区柏杨河哈萨克族乡	2182	16541	1	301
克孜勒苏柯尔克孜自治州阿克陶县塔尔塔吉克族乡	1783	4650	9	850
喀什地区塔什库尔干塔吉克自治县科克亚尔柯尔克孜族乡		9412	1	91
喀什地区泽普县布依鲁克塔吉克族乡	100	10511	1	365
喀什地区莎车县孜热普夏提塔吉克族乡	821	3237	12	2822
伊犁哈萨克自治州察布查尔锡伯自治县米粮泉回族乡	1040	16060	1	921
伊犁哈萨克自治州特克斯县科克铁热克柯尔克孜族乡	21	12580	13	3211
伊犁哈萨克自治州特克斯县呼吉尔特蒙古族乡	3984	13857	3	604
伊犁哈萨克自治州伊宁县愉群翁回族乡	4145	14632	17	6395
伊犁哈萨克自治州尼勒克县科克浩特浩尔蒙古族乡	2501	13495	5	1736
伊犁哈萨克自治州霍城县伊车嘎善锡伯族乡	4275	14868	3	641
伊犁哈萨克自治州霍城县三宫回族乡	1384	13781	4	1904
伊犁哈萨克自治州昭苏县胡松图喀尔逊蒙古族乡	533	14758	1	1034
伊犁哈萨克自治州昭苏县察汗乌苏蒙古族乡	1376	13517	2	1034
伊犁哈萨克自治州昭苏县夏特柯尔克孜族乡	1462	12420	4	1773
塔城地区塔城市阿西尔达斡尔族乡	2756	17000	1	380
塔城地区乌苏市塔布勒合特蒙古族乡	550	13616	1	322
塔城地区乌苏市吉尔格勒特郭楞蒙古族乡	3344	11499	2	798
塔城地区额敏县额玛勒郭楞蒙古族乡	614	14098	4	63
塔城地区额敏县霍吉尔特蒙古族乡	2180	14953	1	690
阿克苏地区乌什县雅曼苏柯尔克孜族乡	1603	11800	3	1080
阿克苏地区温宿县博孜东柯尔克孜族乡	3033	5668	9	674
哈密地区伊吾县前山哈萨克族乡	535	13142	1	139
哈密地区哈密市德外都如克哈萨克族乡	1721	14820	2	205
哈密地区哈密市乌拉台哈萨克族乡	3456	17600	1	524
阿勒泰地区布尔津县禾木哈纳斯蒙古族乡	1930	18000	2	363
阿勒泰地区阿勒泰市汗德尕特蒙古族乡	536	13551	1	164

教师数（人）	图书馆（个）	文化站（个）	村文化活动室（个）	医疗卫生机构（个）		
					医院（个）	基层医疗卫生机构（个）
84		1	8	10	1	9
101		1	7	8		8
89	7	1	6			
31		1	7	7	1	7
155		1	4	9		9
18	3	1	1	1		
62	5	1	4	5		5
153	12	1	12	13		13
105		1	3			
275	7	1	6	6		6
91	1	1	6	1		1
423		1	16	1		1
227	1	1	10	1		
76		1	5			
202	4	1	4	5		5
89		1	7			
106	8	1	7			3
208	14	1	8			3
81		1	20	1		
84		1	9	1		7
157	6	1	5	6		
16	1	1	4	1		4
67	1	1	9	1	9	22
114		1	1	8		8
108	2	1	9			2
25		1	1	1	1	1
49	1	1	1	1		1
61	7	4	3	3		3
87		1				1
76	8	1	7			

10—1 全国各民族乡镇基本情况(2017年)(四)

民族乡镇名称	卫生院(个)	村卫生室(个)	卫生人员(人)	卫生技术人员(人)
北京	**32**	**61**	**304**	**264**
朝阳区常营回族乡	29		138	127
通州区于家务回族乡	1	21	104	76
密云县檀营满族蒙古族乡				
怀柔区喇叭沟门满族乡	1	15	32	32
怀柔区长哨营满族乡	1	25	30	29
天津市	**1**	**13**	**64**	**38**
蓟县孙各庄满族乡	1	13	64	38
河北省	**66**	**792**	**1687**	**777**
石家庄市新乐市彭家庄回族乡	1	8	25	17
石家庄市藁城市九门回族乡	1	13	37	17
石家庄市无极县高头回族乡	1	15	43	20
唐山市遵化市汤泉满族乡	2	17	30	10
唐山市遵化市西下营满族乡	1	19	39	14
唐山市遵化市东陵满族乡	2	27	63	36
邯郸市邱县陈村回族乡	1	3	14	11
邯郸市大名县营镇回族乡	1	17	33	14
保定市易县凌云册满族回族乡	1	19	28	9
保定市定州市号头庄回族乡	2	17	68	30
保定市涞水县娄村满族乡	1	26	41	15
张家口市沽源县大二号回族乡	1	4	9	5
张家口市怀来县王家楼回族乡	1	16	43	27
廊坊市永清县管家务回族乡	1	12	27	15
廊坊市文安县大围河回族满族乡	1	24	33	9
承德市丰宁满族自治县南关蒙古族乡	1	14	34	19
承德市滦平县平坊满族乡	1	8	16	8
承德市滦平县安纯沟门满族乡	2	11	19	8
承德市滦平县五道营子满族乡	1	6	11	5
承德市滦平县邓厂满族乡	1	3	6	3
承德市滦平县马营子满族乡	1	10	15	5
承德市滦平县付家店满族乡	1	6	8	2

	其中：执业(助理)医师(人)	乡村医生和卫生员(人)	医疗卫生机构床位数(张)	医院(张)	基层医疗卫生机构(张)	卫生院(张)
	171	**69**	**26**		**35**	**35**
	104					
	25	28	20		20	20
	13	19	6		6	6
	29	22			9	9
	4	**26**	**42**	**20**	**22**	**20**
	4	26	42	20	22	20
	671	**910**	**1558**		**1558**	**1558**
	17	8	25		25	25
	17	20	30		30	30
	20	23	51		51	51
	10	20	160		160	160
	14	25	13		13	13
	36	27	59		59	59
	7	3	21		21	21
	10	19	35		35	35
	9	19	30		30	30
	30	38	78		78	78
	6	26	23		23	23
	3	4	22		22	22
	18	16	32		32	32
	3	12	36		36	36
	1	24	12		12	12
	15	15	36		36	36
	8	8	16		16	16
	8	11	30		30	30
	5	6	10		10	10
		3	8		8	8
	5	10	12		12	12
	2	6	15		15	15

10-1(四) 续表 1

民族乡镇名称	卫生院（个）	村卫生室（个）	卫生人员（人）	卫生技术人员（人）
承德市双滦区西地满族乡	1	10	18	8
承德市滦平县小营满族乡	2	10	22	11
承德市滦平县大屯满族乡	1	22	31	9
承德市滦平县西沟满族乡	1	9	15	6
承德市承德县岗子满族乡	1	10	19	6
承德市承德县两家满族乡	1	11	17	6
承德市兴隆县八卦岭满族乡	1	8	18	11
承德市兴隆县南天门满族乡	1	10	22	11
承德市隆化县尹家营满族乡	1	2	13	11
承德市隆化县庙子沟蒙古族满族乡	1	6	17	11
承德市隆化县偏坡营满族乡	1	10	39	29
承德市隆化县八达营蒙古族乡	1	12	34	26
承德市隆化县太平庄满族乡	1	9	17	8
承德市隆化县旧屯满族乡	1	8	17	9
承德市隆化县西阿超满族蒙古族乡	1	10	27	17
承德市隆化县白虎沟蒙古族满族乡	1	4	13	9
承德市平泉县七家岱满族乡	1	4	11	6
承德市平泉县平房满族蒙古族乡	2	14	28	14
承德市平泉县茅兰沟满族蒙古族乡	1	11	22	11
沧州市黄骅市羊二庄回族乡	3	48	109	57
沧州市黄骅市新村回族乡	4		20	12
沧州市河间市果子洼回族乡	1	18	46	24
沧州市献县本斋回族乡	2	14	36	14
沧州市沧县大褚村回族乡	2	52	75	14
沧州市沧县杜林回族乡	1	79	127	45
沧州市沧县李天木回族乡	3	65	129	39
沧州市沧县捷地回族乡	2	32	88	48
沧州市黄骅市羊三木回族乡	1	9	15	6
内蒙古自治区	**18**	**143**	**576**	**282**
呼伦贝尔市莫力达瓦达斡尔族自治旗巴彦鄂温克民族乡	1	16	28	13
呼伦贝尔市莫力达瓦达斡尔族自治旗杜拉尔鄂温克民族乡	1	8	14	6
呼伦贝尔市扎兰屯市达斡尔民族乡	1	6	32	16

其中：执业（助理）医师（人）	乡村医生和卫生员（人）	医疗卫生机构床位数（张）	医院（张）	基层医疗卫生机构（张）	卫生院（张）
8	10	40		40	40
11	11	8		8	8
9	22	20		20	20
6	9	18		18	18
4	13	12		12	12
6	11	25		25	25
11	7	16		16	16
11	11	15		15	15
11	2	18		18	18
11	6	8		8	8
29	10	20		20	20
26	8	30		30	30
8	9	30		30	30
9	8	15		15	15
17	10	15		15	15
9	4	15		15	15
6	5	10		10	10
14	14	20		20	20
11	11	24		24	24
57	52	56		56	56
12	8	6		6	6
10	22	20		20	20
6	22	30		30	30
12	61	66		66	66
20	82	67		67	67
39	90	80		80	80
48	40	112		112	112
6	9	8		8	8
102	**228**	**394**	**30**	**279**	**365**
3	15				10
2	8				6
5	16	8		8	8

10–1(四) 续表 2

民族乡镇名称	卫生院（个）	村卫生室（个）	卫生人员（人）	卫生技术人员（人）
呼伦贝尔市扎兰屯市萨马街鄂温克民族乡	1	6	29	17
呼伦贝尔市扎兰屯市南木鄂伦春民族乡	2	2	18	10
呼伦贝尔市阿荣旗查巴奇鄂温克民族乡	1	14	33	19
呼伦贝尔市阿荣旗新发朝鲜族民族乡	1	11	28	12
呼伦贝尔市阿荣旗音河达斡尔鄂温克民族乡	1	9	30	13
呼伦贝尔市阿荣旗得力其尔鄂温克民族乡	1	12	23	
呼伦贝尔市根河市敖鲁古雅鄂温克民族乡	1		3	3
呼伦贝尔市陈巴尔虎旗鄂温克苏木			12	8
呼伦贝尔市额尔古纳市三河回族乡		15	30	
呼伦贝尔市额尔古纳市室韦俄罗斯民族乡			17	2
兴安盟科尔沁右翼前旗满族屯满族乡	1	5	34	29
赤峰市松山区当铺地满族乡	3	25	155	95
赤峰市喀喇沁旗十家满族乡	2	14	80	36
乌兰察布市凉城县曹碾满族乡				
呼伦贝尔市鄂温克族自治旗巴彦塔拉达斡尔族乡	1		10	3
辽宁省	**49**	**602**	**1521**	**870**
沈阳市康平县柳树屯蒙古族满族乡	1	9	32	17
沈阳市康平县沙金台蒙古族满族乡	1	11	38	16
沈阳市法库县四家子蒙古族乡	1	9	12	7
沈阳市康平县东升满族蒙古族乡	1	12	26	12
沈阳市康平县西关屯蒙古族满族乡	1	9	9	9
大连市瓦房店市三台满族乡	1	19	44	35
大连市瓦房店市杨家满族乡	1	11	16	5
大连市庄河市太平岭满族乡	1	6	12	6
大连市庄河市桂云花满族乡	2	5	13	8
抚顺市抚顺县拉古满族乡	1	12	3	29
抚顺市抚顺县汤图满族乡	1	7	23	15
本溪市桓仁满族自治县雅河朝鲜族乡	1	9	34	14
锦州市义县地藏寺满族乡	1	5	8	2
锦州市义县大定堡满族乡	1	5	7	10
阜新市彰武县二道河子蒙古族乡	1	10	22	20
辽阳市辽阳县吉洞峪满族乡	1	13	25	8

其中：执业（助理）医师（人）	乡村医生和卫生员（人）	医疗卫生机构床位数（张）	医院（张）	基层医疗卫生机构（张）	卫生院（张）
6	6	28	22	6	22
8	8	61		61	61
8	14	8		8	8
7	16	8			8
8	11	45		45	21
	23	12		12	12
3		4			4
					60
2	4	8	8		
9	5	25		25	25
27	60	63		50	52
14	42	116		56	60
		8		8	8
331	**911**	**1880**	**659**	**1044**	**950**
17	15	28		28	28
5	7	20		20	20
5	28	75		75	48
7	14	44		44	20
2	9	20		20	20
6	46	87		57	30
5	11	26		26	26
6	22	20		20	20
5	25	50		10	40
8	16	20		20	20
4	8	12			12
4	20	64	54	10	10
1	5	12		12	12
2	16	36	20	16	16
6	14	8		8	8
7	25	90	60	10	20

10-1(四) 续表 3

民族乡镇名称	卫生院(个)	村卫生室(个)	卫生人员(人)	卫生技术人员(人)
辽阳市辽阳县甜水满族乡		14	32	18
铁岭市开原市林丰满族乡	1	10	20	20
铁岭市铁岭县白旗寨满族乡	1	9	17	6
铁岭市西丰县成平满族乡		20	27	3
铁岭市西丰县德兴满族乡	1	7	12	12
铁岭市西丰县和隆满族乡		10	30	30
铁岭市西丰县金星满族乡		10	28	13
铁岭市西丰县明德满族乡		12	25	13
铁岭市西丰县营厂满族乡		9	14	5
铁岭市清河区聂家满族乡	10	10	18	8
朝阳市北票市马友营蒙古族乡		18	61	46
朝阳市北票市凉水河蒙古族乡	1	9	45	27
朝阳市建平县三家蒙古族乡	1	14	40	21
朝阳市凌源市三家子蒙古族乡	1	43	254	130
朝阳市朝阳县松岭门蒙古族乡	1	17	29	10
朝阳市朝阳县乌兰河硕蒙古族乡	1	18	24	24
葫芦岛市绥中县西平坡满族乡	1	11	11	5
葫芦岛市绥中县范家满族乡		10	36	22
葫芦岛市绥中县高甸子满族乡		2	23	20
葫芦岛市绥中县葛家满族乡		1	7	6
葫芦岛市绥中县明水满族乡		8	51	37
葫芦岛市绥中县网户满族乡		14	36	22
葫芦岛市兴城市白塔满族乡	1	9	15	6
葫芦岛市兴城市大寨满族乡	1	13	33	20
葫芦岛市兴城市碱厂满族乡		2	20	18
葫芦岛市兴城市旧门满族乡	1	10	17	7
葫芦岛市兴城市刘台子满族乡	1	10	18	5
葫芦岛市兴城市南大山满族乡		9	29	20
葫芦岛市兴城市望海满族乡	1	10	12	3
葫芦岛市兴城市围屏满族乡	1	16	19	5
葫芦岛市兴城市羊安满族乡	1	14	21	7
葫芦岛市兴城市药王庙满族乡	1	9	21	15

其中：执业（助理）医师（人）	乡村医生和卫生员（人）	医疗卫生机构床位数（张）	医院（张）	基层医疗卫生机构（张）	卫生院（张）
12	14	110	70	40	
4	20	36	16	20	16
6	11	15			15
	24	12	12		
4	8	12		12	12
10	30	19		19	
3	15	20		20	20
13	12	15	13	2	
3	9	30	21	9	
7	10	30	10	10	10
20	15	84	30	54	54
9	18	36		16	20
7	28	36		14	22
6	124	87	26	61	61
10	29	20	10	10	10
6	18	20		20	20
3	3	60	32	28	28
8	14	70	25	45	45
14	3	52	50	2	2
1	1	12	10	2	2
16	14	62	46	16	16
	14	49	35	14	14
3	9	15		15	15
15	13	20		20	20
2	2	32	30	2	
3	10	30		30	20
2	13	10		10	10
4	9	24	15	9	
3	9	20		20	20
2	14	20		20	20
4	14	15		15	15
9	6	20		20	20

10–1(四)　续表 4

民族乡镇名称	卫生院（个）	村卫生室（个）	卫生人员（人）	卫生技术人员（人）
葫芦岛市兴城市三道沟满族乡	1	15	19	4
葫芦岛市兴城市元台子满族乡	1	18	22	4
葫芦岛市建昌县二道湾子蒙古族乡		12	25	13
丹东市宽甸满族自治县下露河朝鲜族乡	1	6	22	18
丹东市东港市合隆满族乡	1	10	28	2
丹东市凤城市大堡蒙古族乡	1	11	36	12
吉林省	**36**	**408**	**947**	**579**
延边朝鲜族自治州珲春市三家子满族乡	1	4	8	8
延边朝鲜族自治州珲春市杨泡满族乡	1	5	14	12
吉林市昌邑区土城子满族朝鲜族乡	1	11	32	14
吉林市龙潭区乌拉街满族镇	1	29	119	40
吉林市龙潭区大口钦满族镇	1	12	38	18
吉林市昌邑区两家子满族乡	1	13	53	33
吉林市永吉县金家满族乡	1	7	47	43
吉林市蛟河市乌林朝鲜族乡	1	18	80	31
通化市梅河口市小杨满族朝鲜族乡	1	17	31	14
通化市集安市凉水朝鲜族乡	1	5	12	7
通化市通化县金斗朝鲜族满族乡	1	5		
通化市通化县大泉源满族朝鲜族乡	2	18	32	7
通化市辉南县楼街朝鲜族乡	1	17	79	46
通化市柳河县姜家店朝鲜族乡	1	6	17	7
通化市柳河县三元浦朝鲜族镇	1	31		80
辽源市东丰县三合满族朝鲜族乡	2	16	16	
长春市双阳区双营子回族乡	1	13	4	2
长春市榆树市延和朝鲜族乡	1			1
长春市九台市胡家回族乡	1	9	26	17
长春市九台市莽卡满族乡	1	12	20	10
白城市通榆县包拉温都蒙古族乡	1	4	10	5
白城市通榆县向海蒙古族乡	2	16	41	25
白城市洮南市呼和车力蒙古族乡	1	7	29	22
白城市洮南市胡力吐蒙古族乡	1	10	13	3
白城市镇赉县哈吐气蒙古族乡	1	5	4	4

其中：执业（助理）医师（人）	乡村医生和卫生员（人）	医疗卫生机构床位数（张）	医院（张）	基层医疗卫生机构（张）	卫生院（张）
3	15	35	20	15	15
4	18	20		20	20
6	12	30	30		
4	18	30	14	8	8
8	10	40	10	30	30
7	24	20		20	20
248	**568**	**823**	**171**	**414**	**589**
8	8	17		5	12
8	2	12		6	6
8	10	15		15	15
12	79	135	70	65	70
5	20	52	28	24	28
13	20	15		15	15
4	24	10			10
14	49	9		9	9
2	17	18		18	18
5	5	22		12	10
6	5				15
7	18	125		72	53
9	24	28		28	28
4	6	26		26	26
32	31		60		
	16	65			
2	13				10
1		8			8
4	9	15		15	15
12	24	25			25
3	5	8			8
19	16	45			45
5	7	8			8
3	10	16		16	16
	5	4			4

10-1(四) 续表 5

民族乡镇名称	卫生院（个）	村卫生室（个）	卫生人员（人）	卫生技术人员（人）
白城市镇赉县莫莫格蒙古族乡	1	13	4	4
白城市大安市新艾里蒙古族乡	1	5	11	8
白城市洮北区德顺蒙古族乡	1	19		9
松原市扶余县三骏满族蒙古族锡伯族乡	1	43	71	28
四平市铁东区叶赫满族镇	1	12	72	42
四平市公主岭市二十家子满族镇	1	8	21	6
四平市公主岭市龙山满族乡	1	8	13	3
四平市双辽市那木斯蒙古族乡	1	10	30	30
黑龙江省		**490**	**1427**	**787**
哈尔滨市南岗区红旗满族乡		12	62	50
哈尔滨市双城市乐群满族乡		9	21	5
哈尔滨市双城市同心满族乡		11	7	5
哈尔滨市双城市希勤满族乡		16	64	33
哈尔滨市双城市青岭满族乡		14	10	8
哈尔滨市双城市农丰满族锡伯族镇		9	30	21
哈尔滨市五常市拉林满族镇		13	106	93
哈尔滨市五常市红旗满族乡		11	26	15
哈尔滨市五常市营城子满族乡		6	36	6
哈尔滨市五常市牛家满族镇		15	24	9
哈尔滨市五常市民乐朝鲜族乡		6	9	3
哈尔滨市尚志市河东朝鲜族乡		2	10	8
哈尔滨市尚志市鱼池朝鲜族乡		9	16	7
哈尔滨市依兰县迎兰朝鲜族乡		14	30	7
齐齐哈尔市梅里斯达斡尔族区卧牛吐达斡尔族镇		7	50	39
齐齐哈尔市梅里斯达斡尔族区莽格吐达斡尔族乡		3	9	6
齐齐哈尔市泰来县宁姜蒙古族乡		7	25	7
齐齐哈尔市泰来县胜利蒙古族乡		10	39	29
齐齐哈尔市泰来县江桥蒙古族镇		13	29	11
齐齐哈尔市昂昂溪区水师营满族镇		6	29	16
齐齐哈尔市富裕县友谊达满柯族乡		2	16	14
齐齐哈尔市讷河市兴旺鄂温克族乡		12	35	23
齐齐哈尔市富拉尔基区杜尔门沁达族乡		3	20	14

其中：执业(助理)医师(人)	乡村医生和卫生员(人)	医疗卫生机构床位数(张)	医院(张)	基层医疗卫生机构(张)	卫生院(张)
	13	6			6
6	3	14			14
	21	12	12		12
10	43	18		18	18
17	30	30		30	30
6	15	15		15	15
3	10	15		15	15
20	10	35	1	10	25
91	**640**	**2159**	**1669**	**490**	
5	12	82	70	12	
1	16	28	19	9	
1	2	31	20	11	
3	31	32	16	16	
1	2	54	40	14	
2	9	28	19	9	
11	13	193	180	13	
2	11	23	12	11	
1	30	16	10	6	
1	15	40	25	15	
1	6	36	30	6	
1	2	71	69	2	
1	9	29	20	9	
1	23	36	22	14	
4	11	139	132	7	
1	3	59	56	3	
1	18	27	20	7	
3	10	47	37	10	
1	18	27	14	13	
2	13	30	24	6	
1	2	34	32	2	
2	12	36	24	12	
1	6	22	19	3	

10-1(四) 续表 6

民族乡镇名称	卫生院（个）	村卫生室（个）	卫生人员（人）	卫生技术人员（人）
牡丹江市海林市新安朝鲜族镇		11	37	26
牡丹江市穆棱市福禄朝鲜族满族乡		7	13	6
牡丹江市宁安市江南朝、满族乡		27	37	5
牡丹江市宁安市卧龙朝鲜族乡		15	21	6
牡丹江市东宁县三岔口朝鲜族镇		13	43	22
牡丹江市西安区海南朝鲜族乡		15	23	5
佳木斯市同江市街津口赫哲族乡		4	13	10
佳木斯市同江市八岔赫哲族乡		4	10	6
佳木斯市桦川县星火朝鲜族乡		2	8	6
佳木斯市汤原县汤旺朝鲜族乡		3	6	4
大庆市肇源县超等蒙古族乡		7	27	6
大庆市肇源县浩德蒙古族乡		5	22	6
大庆市肇源县义顺蒙古族乡		7	9	2
黑河市逊克县新鄂鄂伦春族乡		2	6	4
黑河市逊克县新兴鄂伦春族乡		1	9	8
黑河市爱辉区新生鄂伦春族乡		2	9	7
黑河市爱辉区四嘉子满族乡		6	11	5
黑河市爱辉区坤河达斡尔族满族乡		6	12	6
黑河市北安市主星朝鲜族乡		1	6	5
黑河市孙吴县沿江达斡尔族满族乡		8	28	20
绥化市北林区兴和朝鲜族乡		2	7	5
绥化市北林区绥胜满族镇		9	29	5
绥化市北林区永安满族镇		9	33	24
绥化市北林区红旗满族乡		5	28	18
绥化市望奎县惠七满族镇		8	49	25
绥化市望奎县厢白满族乡		7	26	19
绥化市望奎县灵山满族乡		6	29	10
伊春市铁力市年丰朝鲜族乡		10	27	17
鹤岗市萝北县东明朝鲜族乡		2	7	5
鹤岗市绥滨县福兴满族乡		3	8	5
大兴安岭地区呼玛县白银纳鄂伦春族乡		8	8	4
大兴安岭地区塔河县十八站鄂伦春族乡		3	18	15

其中：执业(助理)医师(人)	乡村医生和卫生员(人)	医疗卫生机构床位数(张)	医院(张)	基层医疗卫生机构(张)	卫生院(张)
3	11	46	35	11	
1	7	27	20	7	
1	32	47	20	27	
1	15	35	20	15	
2	21	38	25	13	
1	18	33	18	15	
1	3	12	8	4	
1	4	12	8	4	
1	2	26	24	2	
	2	15	12	3	
1	21	17	10	7	
1	16	25	20	5	
	7	19	12	7	
	2	7	5	2	
1	1	5	4	1	
1	2	5	3	2	
1	6	11	5	6	
1	6	8	2	6	
1	1	9	8	1	
2	8	23	15	8	
1	2	26	24	2	
1	24	25	16	9	
2	9	109	100	9	
2	10	25	20	5	
3	24	28	20	8	
2	7	22	15	7	
1	19	16	10	6	
2	10	44	34	10	
1	2	18	16	2	
1	3	12	9	3	
	4	16	8	8	
2	3	63	60	3	

10-1(四) 续表 7

民族乡镇名称	卫生院（个）	村卫生室（个）	卫生人员（人）	卫生技术人员（人）
双鸭山市饶河县四排赫哲族乡		3	6	4
双鸭山市友谊县成富朝鲜族满族乡		5	10	6
七台河市勃利县杏树朝鲜族乡		10	13	3
七台河市勃利县吉兴朝鲜族、满族乡		15	15	1
鸡西市密山市和平朝鲜族乡		12	19	7
鸡西市鸡东县鸡林朝鲜族乡		1	2	1
鸡西市鸡东县明德朝鲜族乡		6	10	4
鸡西市城子河区永丰朝鲜族乡		10	30	15
江苏省	**1**	**6**	**65**	**52**
扬州市高邮市菱塘回族乡	1	6	65	52
浙江省	**17**	**79**	**489**	**369**
金华市兰溪市水亭畲族乡	1	19	51	25
金华市武义县柳城畲族镇		8	183	147
衢州市龙游县沐尘畲族乡	1	6	15	9
丽水市莲都区老竹畲族镇	1	9	41	40
丽水市莲都区丽新畲族乡	1	4	8	7
丽水市龙泉市竹垟畲族乡	1	2	10	7
丽水市云和县雾溪畲族乡	1		5	5
丽水市云和县安溪畲族乡	1		10	5
丽水市遂昌县三仁畲族乡	1	5	12	7
丽水市松阳县板桥畲族乡	1	2	6	4
杭州市桐庐县莪山畲族乡	1	7	38	30
温州市平阳县青街畲族乡	1	1	12	12
温州市苍南县岱岭畲族乡	1		12	9
温州市苍南县凤阳畲族乡	1	2	10	8
温州市文成县西坑畲族镇	1	3	32	16
温州市文成县周山畲族乡	1	6	7	4
温州市泰顺县司前畲族镇	1	4	33	32
温州市泰顺县竹里畲族乡	1	1	4	2
安徽省	**10**	**67**	**263**	**191**
淮南市谢家集区孤堆回族乡	1	8	34	20
合肥市肥东县牌坊回族满族乡	2	13	46	26

其中：执业（助理）医师（人）	乡村医生和卫生员（人）	医疗卫生机构床位数（张）	医院（张）	基层医疗卫生机构（张）	卫生院（张）
	2	6	3	3	
1	4	23	18	5	
	10	22	12	10	
	14	35	20	15	
1	12	43	31	12	
	1	20	19	1	
	6	26	20	6	
2	15	40	30	10	
18	**13**	**44**		**44**	**32**
18	13	44		44	32
190	**80**	**215**	**113**	**102**	**76**
25	26	22		22	6
55	10	122	113	9	
7	6				
19	1				
4	1				
5	2	1		1	1
3		1		1	
5	5	5		5	5
5	5	8		8	8
2	2	3		3	3
7	8	2		2	2
7					
9	3	2		2	2
8	2	2		2	2
13	3	30		30	30
4	3	5		5	5
12	1	10		10	10
	2	2		2	2
92	**148**	**286**	**46**	**154**	**240**
4	14	20			20
26	20	30		30	30

10-1(四) 续表 8

民族乡镇名称	卫生院（个）	村卫生室（个）	卫生人员（人）	卫生技术人员（人）
滁州市定远县二龙回族乡	1	4	24	24
淮南市凤台县李冲回族乡	1	6	45	45
淮南市潘集区古沟回族乡	1	12	32	25
六安市寿县陶店回族乡	1	4	24	21
宣城市宁国市云梯畲族乡	1	4	9	6
蚌埠市五河县临北回族乡	1	10	26	22
阜阳市颍上县赛涧回族乡	1	6	23	2
福建省	**19**	**312**	**793**	**417**
福州市罗源县霍口畲族乡	1	22	44	22
福州市连江县小沧畲族乡	1	3	17	12
宁德市福安市坂中畲族乡	1	19	48	29
宁德市福安市康厝畲族乡	1	23	38	13
宁德市福安市穆云畲族乡	1	22	38	26
宁德市霞浦县盐田畲族乡	1	20	41	16
宁德市霞浦县崇儒畲族乡	1	11	51	38
宁德市霞浦县水门畲族乡	1	9	25	14
宁德市蕉城区金涵畲族乡	1	22	57	25
宁德市福鼎市硖门畲族乡	1	11	27	14
宁德市福鼎市佳阳畲族乡	1	12	38	15
漳州市漳浦县赤岭畲族乡	1	11	32	21
漳州市漳浦县湖西畲族乡	1	15	46	28
漳州市龙海市隆教畲族乡	1	20	47	23
三明市永安市青水畲族乡	1	21	36	16
三明市宁化县治平畲族乡	1	12	30	15
龙岩市上杭县官庄畲族乡	1	27	71	41
龙岩市上杭县庐丰畲族乡	1	27	61	27
泉州市惠安县百崎回族乡	1	5	46	22
江西省	**9**	**70**	**206**	**97**
鹰潭市贵溪樟坪畲族乡	1	3	4	1
上饶市铅山县太源畲族乡	1	3	7	2
上饶市铅山县篁碧畲族乡	1	2	14	11
吉安市永丰县龙冈畲族乡	1	17	40	18

其中：执业（助理）医师（人）	乡村医生和卫生员（人）	医疗卫生机构床位数（张）	医院（张）	基层医疗卫生机构（张）	卫生院（张）
5	9	8		8	8
7	45	30			30
25	15	36		36	36
10	3	10	10		
3	3	8		8	8
10	16	36			36
2	23	108	36	72	72
151	**376**	**332**		**332**	**332**
6	22	15		15	15
4	5	10		10	10
10	19	15		15	15
6	25	3		3	3
14	12	22		22	22
8	25	15		15	15
5	13	15		15	15
7	11	20		20	20
13	32	16		16	16
6	13	10		10	10
3	23	18		18	18
9	11	18		18	18
2	18	18		18	18
12	24	20		20	20
7	20	20		20	20
3	15	21		21	21
11	30	35		35	35
14	34	16		16	16
11	24	25		25	25
49	**109**	**179**		**164**	**174**
1	3	9		9	9
5	5	11		11	8
2	3	15		15	15
11	22	36		36	36

10-1(四) 续表 9

民族乡镇名称	卫生院（个）	村卫生室（个）	卫生人员（人）	卫生技术人员（人）
赣州市南康赤土畲族乡	1	18	78	43
吉安市青原区东固畲族乡	1	15	39	9
抚州市乐安县金竹畲族乡	2	10	17	7
吉安市峡江县金坪民族乡	1	2	7	6
山东省	**4**	**94**	**410**	**151**
淄博市临淄区金岭回族镇	2	6	35	19
聊城市莘县张鲁回族镇	1	42	206	61
菏泽市曹县侯集回族镇		18	105	43
德州市禹城市十里望回族镇	1	28	64	28
河南省	**23**	**217**	**3316**	**2329**
郑州市荥阳市金寨回族乡	1	2	26	16
周口市太康县城关回族镇	2	11	833	621
周口市淮阳县城关回族镇	1	35	160	110
周口市沈丘县槐店回族镇		9	298	162
商丘市宁陵县城关回族镇	2	5	872	671
商丘市睢县城关回族镇	3	14	596	426
商丘市民权县伯党回族乡	1	9	24	14
商丘市民权县胡集回族乡	1	13	20	17
平顶山市叶县马庄回族乡		8	32	22
平顶山市郏县姚庄回族乡	1	6	22	16
新乡市封丘县荆乡回族乡	1	3	20	7
许昌市许昌县艾庄回族乡	1	9	22	14
许昌市禹州市山货回族乡	1	6	27	13
许昌市襄城县颍桥回族镇	1	5	50	33
南阳市镇平县郭庄回族乡	1	9	25	23
南阳市方城县袁店回族乡	1	10	60	35
驻马店市西平县蔡寨回族乡	1	6	29	26
驻马店市新蔡县李桥回族镇	1	10	54	38
漯河市临颍县繁城回族镇	1	32	111	45
洛阳市洛宁县王范回族镇	1	4	23	8
洛阳市瀍河回族区廛河回族乡	1	11	12	12

其中：执业（助理）医师（人）	乡村医生和卫生员（人）	医疗卫生机构床位数（张）	医院（张）	基层医疗卫生机构（张）	卫生院（张）
9	35	46		46	46
9	30	30		30	30
7	10	15		15	15
5	1	17		2	15
119	**259**	**273**	**70**	**155**	**108**
19	16	80		67	13
61	145	60		60	60
11	62	50	50		
28	36	83	20	28	35
1416	**487**	**3556**	**2623**	**537**	**958**
6	4	22		25	20
387	35	577	404		173
45	50	95		95	95
136	15	262	208	54	54
504	10	840	760	125	110
210	126	1213	1213	40	30
7	13	40			40
17	16	33			33
5	10	54	38	16	
2	6	26			26
7	3	33		5	28
8	18	20		20	
8	6	20		20	20
17	2	65		65	
2	25	40			40
13	25	72		72	45
4	20				20
16	20	64			64
18	66				80
3	6	60			60
1	11	20			20

10–1(四) 续表 10

民族乡镇名称	卫生院（个）	村卫生室（个）	卫生人员（人）	卫生技术人员（人）
湖北省	**12**	**169**	**692**	**474**
荆门市钟祥市九里回族乡	1	9	34	25
荆州市洪湖市老湾回族乡	1	7	28	14
荆州市松滋市卸甲坪土家族乡	1	9	32	15
宜昌市宜都市潘家湾土家族乡	1	9	39	23
十堰市郧西县湖北口回族乡	1	17	49	32
恩施土家族苗族自治州恩施市芭蕉侗族乡	1	21	193	165
恩施土家族苗族自治州宣恩县长潭河侗族乡	1	31	91	48
恩施土家族苗族自治州宣恩县晓关侗族乡	1	31	106	69
仙桃市沔城回族镇	1	12	32	19
神农架林区下谷坪土家族乡	1	6	16	10
咸宁市赤壁市周郎嘴回族镇	1	9	36	26
恩施土家族苗族自治州鹤峰县铁炉白族乡	1	8	36	28
湖南省		**642**	**1263**	
怀化市辰溪县罗子山瑶族乡				
怀化市辰溪县苏木溪瑶族乡				
怀化市辰溪县上蒲溪瑶族乡				
怀化市辰溪县后塘瑶族乡				
怀化市辰溪县仙人湾瑶族乡				
怀化市洪江市深渡苗族乡				
怀化市洪江市龙船塘瑶族乡				
怀化市会同县炮团侗族苗族乡				
怀化市会同县宝田侗族苗族乡				
怀化市会同县蒲稳侗族苗族乡				
怀化市会同县金子岩侗族苗族乡				
怀化市会同县漠滨侗族苗族乡				
怀化市会同县青朗侗族苗族乡				
怀化市沅陵县二酉苗族乡				
怀化市沅陵县火场土家族乡				
怀化市中方县蒿吉坪瑶族乡				
怀化市通道侗族自治县大高坪苗族乡				
怀化市新晃侗族自治县步头降苗族乡				
怀化市新晃侗族自治县米贝苗族乡				

其中：执业(助理)医师(人)	乡村医生和卫生员(人)	医疗卫生机构床位数(张)	医院(张)	基层医疗卫生机构(张)	卫生院(张)
183	**202**	**599**	**21**	**383**	**479**
25	9	48		18	30
4	10	25			25
7	17	28		28	28
6	14	21	21		21
10	17	20		20	20
52	28	99		99	99
10	33	80		30	50
19	37	135		135	75
12	13	72		12	60
3	6	20		20	20
26	10	21		21	21
9	8	30			30
	836	**1608**	**1608**		

10-1(四) 续表 11

民族乡镇名称	卫生院（个）	村卫生室（个）	卫生人员（人）	卫生技术人员（人）
邵阳市绥宁县河口苗族乡		10	45	
邵阳市绥宁县麻塘苗族乡		10	46	
邵阳市绥宁县东山侗族乡		12	36	
邵阳市绥宁县鹅公岭侗族苗族乡		6	12	
邵阳市绥宁县寨市苗族侗族乡		30	70	
邵阳市绥宁县乐安铺苗族侗族乡		5	18	
邵阳市绥宁县关峡苗族乡		9	30	
邵阳市绥宁县长铺子苗族乡		29	49	
邵阳市隆回县山界回族乡		24	48	
邵阳市隆回县虎形山瑶族乡		12	20	
邵阳市洞口县那溪瑶族乡		12	20	
邵阳市洞口县大屋瑶族乡		6	3	
邵阳市洞口县长塘瑶族乡		6	6	
邵阳市新宁县黄金瑶族乡		10	31	
邵阳市新宁县麻林瑶族乡		11	27	
永州市蓝山县荆竹瑶族乡		5	5	
永州市蓝山县湘江源瑶族乡		5	5	
永州市蓝山县浆洞瑶族乡		3	8	
永州市蓝山县汇源瑶族乡			3	
永州市蓝山县犁头瑶族乡		1	4	
永州市蓝山县大桥瑶族乡		11	14	
永州市江永县松柏瑶族乡		29	39	
永州市江永县千家洞瑶族乡		12	20	
永州市江永县兰溪瑶族乡		11	4	
永州市江永县源口瑶族乡		20	12	
永州市宁远县九疑瑶族乡		33	42	
永州市宁远县棉花坪瑶族乡		2	3	
永州市宁远县桐木漯瑶族乡		6	7	
永州市宁远县五龙山瑶族乡		12	13	
永州市道县横岭瑶族乡		8	9	
永州市道县洪塘营瑶族乡		14	21	
永州市道县审章塘瑶族乡		14	28	

其中：执业（助理）医师（人）	乡村医生和卫生员（人）	医疗卫生机构床位数（张）	医院（张）	基层医疗卫生机构（张）	卫生院（张）
	29		32		
	15		19		
	24		38		
	6		20		
	70		30		
	12		18		
	5		10		
	49		45		
	37		20		
	32		24		
	12		12		
	6		6		
	6		6		
	17		24		
	18		29		
	5		6		
	5		3		
	4		3		
	2				
	11		16		
	29		45		
	12		10		
	11		25		
	20		32		
	33				
	2				
	6		7		
	12		5		
	8		20		
	14		45		
	14		26		

10–1(四) 续表 12

民族乡镇名称	卫生院（个）	村卫生室（个）	卫生人员（人）	卫生技术人员（人）
永州市祁阳县晒北滩瑶族乡		4	4	
永州市新田县门楼下瑶族乡		18	9	
永州市双牌县上梧江瑶族乡		13	12	
永州市江华瑶族自治县小圩壮族乡		11	18	
张家界市桑植县刘家坪白族乡				
张家界市桑植县马合口白族乡				
张家界市桑植县走马坪白族乡				
张家界市桑植县芙蓉桥白族乡				
张家界市桑植县洪家关白族乡				
张家界市慈利县三官寺土家族乡				
张家界市慈利县高峰土家族乡				
张家界市慈利县金岩土家族乡				
张家界市慈利县许家坊土家族乡		8		
张家界市慈利县阳和土家族乡				
张家界市慈利县甘堰土家族乡				
张家界市慈利县赵家岗土家族乡				
郴州市桂阳县白水瑶族乡		13	21	
郴州市北湖区保和瑶族乡		11	36	
郴州市北湖区仰天湖瑶族乡		15	36	
郴州市宜章县莽山瑶族乡		3	4	
郴州市汝城县文明瑶族乡		39	66	
郴州市汝城县延寿瑶族乡		14	25	
郴州市汝城县三江口瑶族乡		11	26	
郴州市临武县西山瑶族乡		6	8	
郴州市资兴市回龙山瑶族乡		9	14	
郴州市资兴市八面山瑶族乡		8	20	
常德市鼎城区许家桥回族维吾尔族乡		16	83	
常德市汉寿县毛家滩回族维吾尔族乡		8	28	
常德市桃源县枫树维吾尔族回族乡		14	39	
常德市桃源县青林回族维吾尔族乡		13	55	
株洲市炎陵县中村瑶族乡		12	37	
衡阳市常宁市塔山瑶族乡		9	13	
益阳市桃江县鲊埠回族乡		9	47	

其中：执业(助理)医师(人)	乡村医生和卫生员(人)	医疗卫生机构床位数(张)	医院(张)	基层医疗卫生机构(张)	卫生院(张)
	5		20		
	18		10		
	13		36		
	11		11		
			20		
	13		16		
	14		42		
	15		52		
	3		18		
	39		110		
	14		26		
	11		56		
	6		6		
	9		16		
	11		20		
	22		150		
	8				
	39		62		
	26		247		
	15		44		
	9		26		
	9		44		

10–1(四)　续表 13

民族乡镇名称	卫生院（个）	村卫生室（个）	卫生人员（人）	卫生技术人员（人）
广东省	**7**	**49**	**173**	**142**
惠州市龙门县蓝田瑶族乡	1	7	32	22
清远市连州市三水瑶族乡	1	4	8	6
清远市连州市瑶安瑶族乡	1	10	28	18
清远市阳山县秤架瑶族乡	1	10	34	31
肇庆市怀集县下帅壮族瑶族乡	1	5	33	23
韶关市始兴县深渡水瑶族乡	1	3		14
河源市东源县漳溪畲族乡	1	10	38	28
广西壮族自治区	**67**	**574**	**2220**	**1453**
梧州市蒙山县长坪瑶族乡	1	5	8	3
梧州市蒙山县夏宜瑶族乡	1	6	20	14
贺州市八步区黄洞瑶族乡	1	4	27	21
贺州市平桂管理区大平瑶族乡	1	6	36	27
贺州市昭平县仙回瑶族乡	1	6	21	9
贺州市钟山县两安瑶族乡	1	6	38	29
贺州市钟山县花山瑶族乡	1	6	19	13
贵港市平南县马练瑶族乡	1	12	83	63
贵港市平南县国安瑶族乡	1	10	42	31
防城港市上思县南屏瑶族乡	1	9	12	3
防城港市防城区十万山瑶族乡	1	5	10	5
南宁市马山县古寨瑶族乡	1	9	33	24
南宁市马山县里当瑶族乡	1	10	50	40
南宁市上林县镇圩瑶族乡	1	10	60	44
柳州市三江侗族自治县同乐苗族乡	1	16	78	43
柳州市三江侗族自治县福禄苗族乡	1	14	40	22
柳州市三江侗族自治县高基瑶族乡	1	8		17
柳州市融水苗族自治县滚贝侗族乡	1	11	37	25
柳州市融水苗族自治县同练瑶族乡	1	6	28	18
柳州市柳城县古砦仫佬族乡	1	7	20	12
桂林市临桂县宛田瑶族乡	1	15	52	30
桂林市临桂县黄沙瑶族乡	1	5	11	11

其中：执业(助理)医师(人)	乡村医生和卫生员(人)	医疗卫生机构床位数(张)	医院(张)	基层医疗卫生机构(张)	卫生院(张)
35	**58**	**150**		**27**	**123**
10	7	37		7	30
2	2	6			6
4	10	36		10	26
9	17	17			17
1	10	10			10
2	2	4			4
7	10	40		10	30
523	**736**	**1839**	**179**	**1529**	**1513**
2	5	5		5	5
2	6	13		13	13
6	6	12		12	12
10	9	21		21	21
6	12	12		12	12
8	9	25		25	25
3	6	6		6	6
35	20	62	20	42	30
9	11	15		15	15
3	9	10			10
3	5	11		11	11
12	9	50		50	50
7	10	30		30	30
10	16	80	40	40	40
10	25	49		49	49
8	14	50	34	16	34
2	15	10		10	10
2	12	25		25	25
3	10	26		26	26
6	8	61		61	61
10	22	12		12	12
4		3		3	3

10-1(四) 续表 14

民族乡镇名称	卫生院（个）	村卫生室（个）	卫生人员（人）	卫生技术人员（人）
桂林市灵川县大境瑶族乡	1	8	32	21
桂林市灵川县兰田瑶族乡	1	4	18	9
桂林市全州县蕉江瑶族乡	1	8	29	13
桂林市全州县东山瑶族乡	1	16	16	
桂林市兴安县华江瑶族乡	1	20	36	26
桂林市灌阳县洞井瑶族乡	1	9	50	18
桂林市灌阳县西山瑶族乡	1	10	27	17
桂林市资源县车田苗族乡	1	12	46	21
桂林市资源县两水苗族乡	1	6	46	13
桂林市资源县河口瑶族乡	1	5	24	18
桂林市平乐县大发瑶族乡	1	7	41	26
桂林市荔浦县蒲芦瑶族乡	1	10	54	26
桂林市雁山区草坪回族乡	1	3	21	15
百色市右江区汪甸瑶族乡	2	13	68	48
百色市田东县作登瑶族乡	1	21	39	18
百色市田林县潞城瑶族乡	2	19	60	46
百色市田林县利周瑶族乡	1	9	35	15
百色市田林县八桂瑶族乡	2	12	36	24
百色市田林县八渡瑶族乡	2	17	54	37
百色市凌云县伶站瑶族乡	1	9	37	28
百色市凌云县朝里瑶族乡	1	5	13	7
百色市凌云县沙里瑶族乡	1	12	45	33
百色市凌云县玉洪瑶族乡	2	8	40	27
百色市西林县足别瑶族苗族乡	1	6	28	9
百色市西林县普合苗族乡	1	6	39	22
百色市西林县那佐苗族乡	2	17	86	63
河池市南丹县八圩瑶族乡	1	15	55	38
河池市南丹县里湖瑶族乡	1	12	46	33
河池市南丹县中堡苗族乡	1	5	21	16
河池市天峨县八腊瑶族乡	1	2	46	20
河池市凤山县平乐瑶族乡	1	10	33	23
河池市凤山县江洲瑶族乡	1	9	37	28

其中：执业(助理)医师(人)	乡村医生和卫生员(人)	医疗卫生机构床位数(张)	医院(张)	基层医疗卫生机构(张)	卫生院(张)
6	9	20		20	20
6	3	16		16	16
7	16	7		7	7
	16	10		10	10
26	10	25	25		
14	18	27		27	27
13	10	26		26	26
15	24	62		24	38
6	33	8		8	8
18	6	20		20	20
8	7	70	35	35	35
4	28	30	15	15	15
2	6	10	10		10
20	13	61		61	61
18	21	48			48
13	14	37		37	37
10	18	34		34	34
6	12	41		41	41
20	17	50		50	50
5	9	25		25	25
2	6	6		6	6
5	12	20		20	20
4	13	24		24	24
2	4		9	18	9
7	10	24		18	18
5	23	48		48	48
9	17	35		35	35
7	13	16		16	16
1	5	5		5	5
20	26	77		77	50
7	10	35		35	25
3	9	35		35	25

10-1(四)　续表 15

民族乡镇名称	卫生院（个）	村卫生室（个）	卫生人员（人）	卫生技术人员（人）
河池市凤山县金牙瑶族乡	2	12	35	23
河池市东兰县三弄瑶族乡	1	5	16	11
河池市环江毛南族自治县驯乐苗族乡	1	12	65	32
河池市宜州市北牙瑶族乡	2	19	112	85
河池市宜州市福龙瑶族乡	1	15	51	40
重庆市	**15**	**98**	**268**	**148**
奉节县云雾土家族乡	1	2	7	
奉节县长安土家族乡	1	8	20	
奉节县龙桥土家族乡	1	6	19	12
奉节县太和土家族乡	1	7	25	16
万州区恒合土家族乡	1	13	69	33
万州区地宝土家族乡	1	5	22	13
云阳县清水土家族乡	2	14	39	25
巫山县红椿土家族乡	1	4	10	6
巫山县邓家土家族乡	1	5	5	1
忠县磨子土家族乡	1	13		
武隆区石桥苗族土家族乡	1	6	12	6
武隆区文复苗族土家族乡	1	6	21	21
武隆区后坪苗族土家族乡	1	5	8	8
武隆区浩口苗族仡佬族乡	1	4	11	7
四川省	**114**	**579**	**1466**	**848**
甘孜藏族自治州九龙县子耳彝族乡	5	5		
甘孜藏族自治州九龙县三垭彝族乡	4	4		
甘孜藏族自治州九龙县俄尔彝族乡	2	2		
甘孜藏族自治州九龙县小金彝族乡	2	2		
甘孜藏族自治州九龙县朵落彝族乡	2	2		
甘孜藏族自治州九龙县踏卡彝族乡	4	4		
甘孜藏族自治州九龙县湾坝彝族乡	5	5		
阿坝藏族羌族自治州松潘县十里回族乡	1	6	14	13
阿坝藏族羌族自治州松潘县进安回族乡				
攀枝花市仁和区大龙潭彝族乡	1	11	45	28
攀枝花市仁和区啊喇彝族乡	1	5	23	18

其中：执业（助理）医师（人）	乡村医生和卫生员（人）	医疗卫生机构床位数（张）	医院（张）	基层医疗卫生机构（张）	卫生院（张）
12	12	98		98	50
4	5	15		6	1
28	12	30		12	18
19	19	113		111	92
10	11	43		43	43
105	**143**	**308**	**53**	**153**	**301**
	7	20		20	20
	20	30		30	30
3	7	10		10	10
5	9	25		25	25
33	26	35	35		35
9	8	15		15	15
25	14	41		41	41
3	5	18	18		18
1	6				5
12	13	40			40
1	6	40			40
5	16	14		6	8
4	2	13		5	8
4	4	7		1	6
348	**766**	**1127**	**133**	**671**	**1036**
2	6	4			4
9	17	41		41	41
5	5	20		20	20

10-1(四) 续表 16

民族乡镇名称	卫生院（个）	村卫生室（个）	卫生人员（人）	卫生技术人员（人）
攀枝花市米易县麻陇彝族乡	1	7	18	11
攀枝花市米易县白坡彝族乡	1	10	24	14
攀枝花市米易县湾丘彝族乡	1	6	21	14
攀枝花市米易县新山傈僳族乡	1	4	20	16
攀枝花市盐边县敢鱼彝族乡	1	14	17	6
攀枝花市盐边县红果彝族乡	1	11	30	19
攀枝花市盐边县温泉彝族乡	1	7	18	9
攀枝花市盐边县箐河傈僳族乡	1	6	15	6
攀枝花市盐边县格萨拉彝族乡	1	11	18	7
攀枝花市盐边县和爱彝族乡	1	4	15	10
攀枝花市盐边县红宝苗族彝族乡	1	7	15	5
泸州市叙永县白蜡苗族乡	1	7	34	20
泸州市叙永县合乐苗族乡	1	5	33	28
泸州市叙永县枧槽苗族乡	1	5	10	5
泸州市叙永县石坝彝族乡	2	3	44	32
泸州市叙永县水潦彝族乡			36	21
泸州市古蔺县箭竹苗族乡	1	7	32	4
泸州市古蔺县大寨苗族乡	1	8	24	8
泸州市古蔺县马嘶苗族乡	1	6	30	25
广元市青川县蒿溪回族乡	1	6	12	5
广元市青川县大院回族乡	1	6		
乐山市金口河区和平彝族乡	1	6	7	3
乐山市金口河区共安彝族乡	1	7	6	7
南充市阆中市博树回族乡	1	5	13	8
宜宾市筠连县高坪苗族乡	1	5		7
宜宾市筠连县联合苗族乡	1	7	19	16
宜宾市筠连县团林苗族乡	1	6	9	6
宜宾市屏山县屏边彝族乡	1	7	14	4
宜宾市屏山县清平彝族乡	1	5		22
宜宾市兴文县大坝苗族乡	1	16	35	17
宜宾市兴文县毓秀苗族乡	1	9	21	10
宜宾市兴文县大河苗族乡	1	36	80	28

其中：执业（助理）医师（人）	乡村医生和卫生员（人）	医疗卫生机构床位数（张）	医院（张）	基层医疗卫生机构（张）	卫生院（张）
5	7	16		16	16
5	10	9		9	9
14	7	24		24	24
10	4	12		12	12
3	11	20		20	6
3	11	15		15	15
	9	11		11	4
6	6	10		10	10
7	11	20		20	20
3	5	14		8	6
1	10	4		4	4
12	14	50		50	50
6	33			30	30
5	11	80	30	20	30
4	12	24		24	24
15		40	40		
4	28	39	25	14	25
8	16	30		30	30
18	6	20			20
4	7			6	6
	3				2
7		11		10	1
3	18	4			4
3	5	10		10	10
2	5				6
3	15	11		3	8
2	8	8		3	5
3	7	24		7	17
3	19			20	20
	18	65			65
	11	15			15
	52	28			28

10-1(四) 续表 17

民族乡镇名称	卫生院（个）	村卫生室（个）	卫生人员（人）	卫生技术人员（人）
宜宾市兴文县麒麟苗族乡	2	27	36	9
宜宾市兴文县仙峰苗族乡	1	13	27	14
宜宾市珙县罗渡苗族乡	1	15	35	18
宜宾市珙县玉和苗族乡	1	5	13	8
宜宾市珙县观斗苗族乡	1	5		
雅安市汉源县小堡藏族彝族乡	1	2	6	6
雅安市汉源县坭美彝族乡	1	2	7	2
雅安市汉源县永利彝族乡	1	4	7	2
雅安市汉源县顺河彝族乡	1	3	7	7
雅安市汉源县片马彝族乡	1	5	15	11
雅安市石棉县安顺彝族乡	1	6	7	7
雅安市石棉县先锋藏族乡	1	5	12	12
雅安市石棉县蟹螺藏族乡	1		13	6
雅安市石棉县回隆彝族乡	1	5	17	12
雅安市石棉县擦罗彝族乡	1	5	11	11
雅安市石棉县栗子坪彝族乡	1	2	13	13
雅安市石棉县新民藏族彝族乡	1	4	16	14
雅安市石棉县挖角彝族藏族乡	1	1	12	12
雅安市石棉县田湾彝族乡	1	6	10	3
雅安市石棉县草科藏族乡	1	4	10	1
雅安市宝兴县跷碛藏族乡	1	5	18	12
雅安市荥经县宝峰彝族民族乡	1	2		9
雅安市荥经县民建彝族民族乡	1	4	14	14
凉山彝族自治州西昌市高草回族乡	1	7	19	12
凉山彝族自治州西昌市裕隆回族乡	1	8	48	20
凉山彝族自治州木里藏族自治县屋脚蒙古族乡				
凉山彝族自治州木里藏族自治县俄亚纳西族乡	1	6	10	2
凉山彝族自治州木里藏族自治县白碉苗族乡	1	4	9	6
凉山彝族自治州木里藏族自治县项脚蒙古族乡	1	2	5	5
凉山彝族自治州木里藏族自治县固增苗族乡	1	4	10	3
凉山彝族自治州盐源县大坡蒙古族乡	1	5	13	7
凉山彝族自治州德昌县金沙傈僳族乡	1	3	6	3

其中：执业(助理)医师(人)	乡村医生和卫生员(人)	医疗卫生机构床位数(张)	医院(张)	基层医疗卫生机构(张)	卫生院(张)
	27	32			32
	13	11			11
7	17	20		20	15
4	13	5			5
1	5	7			7
6		2			2
2	5	4			4
2	5	4		4	4
6	1	5		5	5
11	4	7		7	7
7		10		10	10
5	7	4		4	4
1	7	5			5
5	5	6		5	1
5		5	5	1	5
2	11	9	9	9	9
5	2	18		18	18
3	4	8			8
2	5	5	5	5	5
1	9	9		9	9
3	6	14			14
2	1	3			3
		10			10
4	7	14		14	14
14	28				10
2	6	6			6
1	3	5			5
		4			2
3	7	15			15
1	5	15		5	10
2	3	4			4

10–1(四) 续表 18

民族乡镇名称	卫生院（个）	村卫生室（个）	卫生人员（人）	卫生技术人员（人）
凉山彝族自治州德昌县南山傈僳族乡	1	3	9	
凉山彝族自治州会理县新安傣族乡	1	9	15	11
凉山彝族自治州冕宁县和爱藏族乡	1	2	10	6
凉山彝族自治州越西县保安藏族乡	1	2	5	5
绵阳市平武县木皮藏族乡	1		2	2
绵阳市平武县白马藏族乡	1	4	7	3
绵阳市平武县黄羊关藏族乡	1	2	7	5
绵阳市平武县虎牙藏族乡	1	1	3	
绵阳市平武县泗耳藏族乡	1		7	5
绵阳市平武县徐塘羌族乡	1	5	8	4
绵阳市平武县锁江羌族乡	1	9	12	2
绵阳市平武县平南羌族乡	1	4	7	3
绵阳市北川羌族自治县桃龙藏族乡	1	3	9	7
绵阳市盐亭县大兴回族乡	1	8	20	
达州市宣汉县渡口土家族乡	1	8	20	12
达州市宣汉县龙泉土家族乡	1	14	35	14
达州市宣汉县三墩土家族乡	1	8	29	21
达州市宣汉县漆树土家族乡	1	5	26	10
绵阳市平武县水田羌族乡	1	7	13	6
绵阳市平武县旧堡羌族乡	1	6	11	5
绵阳市平武县阔达藏族乡	1	5	14	9
绵阳市平武县土城藏族乡	1	8	14	5
贵州省	**199**	**2193**	**6117**	**4453**
贵阳市南明区小碧布依族苗族乡	1	13	27	12
贵阳市花溪区高坡苗族乡	1	19	35	11
贵阳市花溪区孟关苗族布依族乡	1	8	23	11
贵阳市花溪区马铃布依族苗族乡	1	8	12	12
贵阳市花溪区黔陶布依族苗族乡	1	8	22	11
贵阳市乌当区偏坡布依族乡	1	1	6	3
贵阳市乌当区新堡布依族乡	1	7	19	7
贵阳市白云区牛场布依族乡	1	12		9
贵阳市白云区都拉布依族乡	1	7	15	15

其中：执业（助理）医师（人）	乡村医生和卫生员（人）	医疗卫生机构床位数（张）	医院（张）	基层医疗卫生机构（张）	卫生院（张）
	9				3
4	4	19			19
4	1	2			2
2	6	4		4	4
1		2			2
3	4	6			6
1	2	2			2
	3	10			10
2	2	6		2	4
3	4	2		2	2
2	10	5		5	5
3	4	4		4	4
2	2	5	5		
	20	19		19	19
4	8	22	14	8	14
6	18				20
12	8	15		15	15
5	16	16		16	16
2	7	4		4	4
3	6	6		6	6
5	5	8		8	8
2	9	25		25	25
1501	**3423**	**5834**	**2038**	**2262**	**3917**
12	15	10			10
5	19	29		19	10
4	11	60		8	60
2	8	12	6	6	6
4	11	16		16	6
2	1	4		4	4
7	12	14			14
9	12		20	12	20
8	7	60	50	10	50

10-1(四) 续表 19

民族乡镇名称	卫生院（个）	村卫生室（个）	卫生人员（人）	卫生技术人员（人）
贵阳市清镇市麦格苗族布依族乡	1	18	32	17
贵阳市清镇市王庄布依族苗族乡	1	15	47	24
贵阳市清镇市流长苗族乡	1	33	59	51
贵阳市开阳县高寨苗族布依族乡	8	21	57	30
贵阳市开阳县南江布依族苗族乡	1	15	31	29
贵阳市开阳县禾丰布依族苗族乡	1	11		25
贵阳市修文县大石布依族乡	1	7	23	23
贵阳市息烽县青山苗族乡	1	5	30	5
六盘水市水城县坪寨彝族乡		3	45	35
六盘水市水城县南开苗族彝族乡		12	71	56
六盘水市水城县青林苗族彝族乡		3	18	17
六盘水市水城县金盆苗族彝族乡		5	17	10
六盘水市水城县新街彝族苗族布依族乡		3	32	26
六盘水市水城县杨梅彝族苗族回族乡		5	35	26
六盘水市水城县野钟苗族彝族布依族乡		4	43	36
六盘水市水城县果布嘎彝族苗族布依族乡		4	41	33
六盘水市水城县龙场苗族白族彝族乡		7	67	53
六盘水市水城县营盘苗族彝族白族乡		6	17	10
六盘水市水城县顺场苗族彝族布依族乡		6	40	36
六盘水市水城县花戛苗族布依族彝族乡		4	34	29
六盘水市水城县猴场苗族布依族乡		5	14	14
六盘水市盘县普田回族乡	1	6	17	13
六盘水市盘县旧营白族彝族苗族乡	1	11	76	45
六盘水市盘县羊场布依族白族苗族乡	1	16	122	106
六盘水市盘县保基苗族彝族乡	1	7	17	10
六盘水市盘县淤泥彝族乡	1	20	141	109
六盘水市盘县普古彝族苗族乡	1	19	38	16
六盘水市盘县坪地彝族乡	1	15	102	95
六盘水市六枝特区梭戛苗族彝族乡	1	7	36	29
六盘水市六枝特区落别布依族彝族乡	1	12	46	40
六盘水市六枝特区中寨苗族彝族布依族乡	1	9	19	19
六盘水市六枝特区牛场苗族彝族乡	1	17	53	21

其中：执业（助理）医师（人）	乡村医生和卫生员（人）	医疗卫生机构床位数（张）	医院（张）	基层医疗卫生机构（张）	卫生院（张）
13	21	10		10	10
9	23	10	10		10
51	33	36	36	36	36
8	21	46	30		16
2	29	30	30		30
13	11	30			
	8	19	12	7	
6	8	12		1	1
5	5	21	21		
15	15	99	99		
1	11	12	12		
7	5	45	45		
6	6	45	45		
9	17	45	45		
7	12	30	30		
8	8	8	8		
14	8	99	99		
7	7	65	65		
4	19	26	26		
5	21	30	30		
	14	18	18		
2	12	20		12	8
8	23	30			30
33	16	175	78		97
3	7	30		30	30
18	32	80	111	80	80
7	22	48			48
7	60	110	30	30	50
7	29	22		22	22
13	46	30		30	30
2	16	15		15	15
9	53	45	30	15	30

10-1(四) 续表 20

民族乡镇名称	卫生院（个）	村卫生室（个）	卫生人员（人）	卫生技术人员（人）
六盘水市六枝特区月亮河彝族苗族乡	1	17	53	21
遵义市仁怀市后山苗族布依族乡	1	4	32	24
遵义市遵义县平正仡佬族乡	1	12	37	20
遵义市遵义县洪关苗族乡	1	13	28	15
遵义市桐梓县马鬃苗族乡	1	5	32	18
遵义市正安县谢坝仡佬族苗族乡	1	6	28	13
遵义市正安县市坪苗族仡佬族乡	1	4	29	18
遵义市余庆县花山苗族乡	1	4	61	45
遵义市道真仡佬族苗族自治县上坝土家族乡	1	3	27	11
安顺市西秀区鸡场布依族苗族乡	1	11	21	5
安顺市西秀区杨武布依族苗族乡		4	49	5
安顺市西秀区岩腊苗族布依族乡	1	13	13	3
安顺市西秀区新场布依族苗族乡	1	12		14
安顺市西秀区黄腊布依族苗族乡	1	14	23	12
安顺市平坝县十字回族乡	1	23	28	42
安顺市平坝县羊昌布依族苗族乡	1	7	31	27
安顺市普定县补郎苗族乡	1	16	43	40
安顺市普定县猴场苗族仡佬族乡	1	14	47	33
安顺市普定县猫洞苗族仡佬族乡	1	15	39	26
毕节市七星关区大屯彝族乡	1	8	29	17
毕节市七星关区田坎彝族乡	1	7	30	16
毕节市七星关区阿市苗族彝族乡	1	13	26	13
毕节市七星关区团结彝族苗族乡	1	13	38	20
毕节市七星关区阴底彝族苗族白族乡	1	12	34	8
毕节市七星关区千溪彝族苗族白族乡	1	9	80	72
毕节市黔西县永燊彝族苗族乡	1	13		9
毕节市黔西县新仁苗族乡	9	9	18	9
毕节市黔西县花溪彝族苗族乡	1	11	23	13
毕节市黔西县中建苗族彝族乡	1	6	20	15
毕节市黔西县定新彝族苗族乡	1	10	20	15
毕节市黔西县太来彝族苗族乡	1	13	14	10
毕节市黔西县绿化白族彝族乡	1	7	20	14

其中：执业（助理）医师（人）	乡村医生和卫生员（人）	医疗卫生机构床位数（张）	医院（张）	基层医疗卫生机构（张）	卫生院（张）
9	53	45	30	15	30
1	8	35		15	15
9	13	20			20
4	13	12		12	8
5	9	7		7	7
3	12	12	12		
3	8	29	29		
13	16	12		12	12
	16				15
3	13	20	1	20	1
3	8	58	58	8	
	16	9			9
3	4	35			35
5	11	10		10	10
2	23	10		10	10
3	15				40
4	14	23		23	23
9	14	12		12	10
7	13	10			15
8	12	20			20
6	14	24			24
2	13	25			25
1	18	39			39
7	19	76	16		60
32	13	38			38
9	15	13			13
9	9	23	14	9	9
10	15	15		11	15
3	6	6		6	6
3	13	20	7	7	7
8	37	34		14	20
4	14	20		20	20

10-1(四) 续表 21

民族乡镇名称	卫生院（个）	村卫生室（个）	卫生人员（人）	卫生技术人员（人）
毕节市黔西县红林彝族苗族乡	1	11	41	19
毕节市黔西县五里布依族苗族乡	2	10		9
毕节市黔西县铁石苗族彝族乡	1	11	30	13
毕节市大方县竹园彝族苗族乡	1	9	29	26
毕节市大方县响水白族彝族仡佬族乡	1	19	63	34
毕节市大方县鼎新彝族苗族乡				
毕节市大方县牛场苗族彝族乡	1	20	60	40
毕节市大方县理化苗族彝族乡	1	15	87	51
毕节市大方县安乐彝族仡佬族乡	1	8		25
毕节市大方县凤山彝族蒙古族乡	1	10	35	10
毕节市大方县百纳彝族乡	1	10	37	23
毕节市大方县三元彝族苗族白族乡	1	11	30	19
毕节市大方县沙厂彝族乡	1	8	11	8
毕节市大方县黄泥彝族苗族满族乡	1	6	11	10
毕节市大方县核桃彝族白族乡	1	13	94	94
毕节市大方县八堡彝族苗族乡	1	14	26	26
毕节市大方县兴隆苗族乡	1	13	50	50
毕节市大方县大山苗族彝族乡	1	10		15
毕节市大方县星宿苗族彝族仡佬族乡	1	10	22	13
毕节市织金县自强苗族乡	1	11	20	18
毕节市织金县官寨苗族乡		16	68	32
毕节市织金县后寨苗族乡	1	13	12	28
毕节市织金县大平苗族彝族乡	1	12	50	22
毕节市织金县茶店布依族苗族彝族乡	1	5		
毕节市织金县金龙苗族彝族布依族乡	1	16	56	51
毕节市织金县鸡场苗族彝族布依族乡	1	24	47	28
毕节市金沙县太平彝族苗族乡	1	5	35	17
毕节市金沙县石场苗族彝族乡	1	11	68	14
毕节市金沙县马路彝族苗族乡	1	7	27	15
毕节市金沙县安洛苗族彝族满族乡	1	16	48	39
毕节市金沙县新化苗族彝族满族乡	1	31	138	27
毕节市金沙县大田彝族苗族布依族乡	1	7	61	22

其中：执业（助理）医师（人）	乡村医生和卫生员（人）	医疗卫生机构床位数（张）	医院（张）	基层医疗卫生机构（张）	卫生院（张）
7	22	40		40	40
9	10	43	20	23	23
2	15	34	14	10	10
9	18	87	40		47
10	19	70	15	23	32
6	20	40	20	20	20
19	15	80			80
9	16	29		8	21
23	10	15	20	10	15
14	10	50			50
2	11	48		48	48
3	9	70		70	70
1	11	31			31
27	19	90	40		50
2	20	80			80
49	16	70	50	20	20
5	17				10
4	10				3
5	17	20		20	20
11	32	36		16	20
8	26	25	1	1	1
10	26	20		20	20
	23				14
18	86	80	60	20	20
1	47	32		6	4
5	18	17		5	12
43	11	64	38	11	15
22	9	20	12	8	12
11	16	34	30	8	30
10	111	131	40	41	50
4	15	20	20	1	18

10-1(四) 续表 22

民族乡镇名称	卫生院（个）	村卫生室（个）	卫生人员（人）	卫生技术人员（人）
毕节市赫章县兴发苗族彝族回族乡	1	16	42	37
毕节市赫章县松林坡白族彝族苗族乡	1	10	18	16
毕节市赫章县雉街彝族苗族乡	1	13	27	20
毕节市赫章县珠市彝族乡	1	26	77	39
毕节市赫章县双坪彝族苗族乡	1	10	33	27
毕节市赫章县辅处彝族苗族乡	1	9	30	20
毕节市赫章县铁匠苗族乡	1	8	29	27
毕节市赫章县可乐彝族苗族乡	1	19	90	63
毕节市赫章县河镇彝族苗族乡	1	14	41	32
毕节市赫章县结构彝族苗族乡	1	25	28	21
毕节市赫章县水塘堡彝族苗族乡	1	16	24	19
毕节市赫章县古达苗族彝族乡	1	20	42	28
毕节市纳雍县厍东关彝族苗族白族乡	1	9	42	26
毕节市纳雍县董地苗族彝族乡	1	11	26	13
毕节市纳雍县左鸠戛彝族苗族乡	1	6	26	6
毕节市纳雍县锅圈岩苗族彝族乡	1	15	25	9
毕节市纳雍县新房彝族苗族乡	1	25	34	9
毕节市纳雍县化作苗族彝族乡	1	19	26	7
毕节市纳雍县姑开苗族彝族乡	1	12	38	26
毕节市纳雍县羊场苗族彝族乡	1	12	25	12
毕节市纳雍县昆寨苗族彝族白族乡	1	16	36	18
毕节市纳雍县猪场苗族彝族乡	1	11	22	11
毕节市威宁彝族回族苗族自治县新发布依族乡	1	31	64	33
毕节市大方县大水彝族苗族布依族乡	1	19	33	9
毕节市黔西县金坡苗族彝族满族乡	1	9	31	20
毕节市大方县普底彝族苗族白族乡	1	12	13	11
毕节市黔西县仁和彝族苗族乡	1	14	25	18
铜仁市碧江区桐木坪侗族乡	1	4	19	13
铜仁市碧江区瓦屋侗族乡	1	7		16
铜仁市碧江区和平土家族侗族乡	1	11		20
铜仁市碧江区滑石侗族苗族土家族乡	1	11		20
铜仁市碧江区六龙山侗族土家族乡	1	3		5

其中：执业（助理）医师（人）	乡村医生和卫生员（人）	医疗卫生机构床位数（张）	医院（张）	基层医疗卫生机构（张）	卫生院（张）
5	42	29		29	29
2	18	23		23	23
7	27	32		32	32
12	77	30		30	30
4	33	18		18	18
4	30	20		20	20
2	29	20		20	20
27	90	115	75	40	40
9	41	73		73	45
7	28	30		30	30
5	24	35	8	27	27
14	42	25	7	25	18
18	16	60			60
2	13	18			18
3	20	40			40
2	16	35			35
3	25	45			45
7	19	21			21
2	12	30			30
5	13	23			23
18	18	20			20
7	11	20			20
7	31	15	1	1	1
5	19	20		20	20
11	20	67	67	18	49
2	26	40			40
7	20	246	176		70
6	4	14	10	4	
5	7		10		
8	19		11		
8	19		11		
3	2		4		

10–1(四) 续表 23

民族乡镇名称	卫生院（个）	村卫生室（个）	卫生人员（人）	卫生技术人员（人）
铜仁市万山区高楼坪侗族乡	1	16	22	
铜仁市万山区黄道侗族乡	1	13	15	1
铜仁市万山区敖寨侗族乡	1	7	24	16
铜仁市万山区下溪侗族乡	1	8	19	19
铜仁市万山区鱼塘侗族土家族苗族乡	1	15	53	30
铜仁市万山区大坪侗族土家族苗族乡	1	11	29	29
铜仁市德江县楠杆土家族乡	1	12	29	21
铜仁市德江县沙溪土家族乡	1	12	33	31
铜仁市德江县桶井土家族乡	1	15	47	21
铜仁市德江县堰塘土家族乡	2	13	14	14
铜仁市德江县荆角土家族乡	1	15	22	16
铜仁市德江县长丰土家族乡	1	14	32	15
铜仁市德江县龙泉土家族乡	1	12	41	28
铜仁市德江县钱家土家族乡	1	12	34	20
铜仁市江口县德旺土家族苗族乡	1	10	18	8
铜仁市江口县官和侗族土家族苗族乡	1	4	10	1
铜仁市石阡县聚凤仡佬族侗族乡	1	18		36
铜仁市石阡县大沙坝仡佬族侗族乡	1	15	32	32
铜仁市石阡县枫香仡佬族侗族乡	1	12		20
铜仁市石阡县青阳苗族仡佬族侗族乡	1	14		30
铜仁市石阡县龙井侗族仡佬族乡	1	23		45
铜仁市石阡县石固仡佬族侗族乡	1	14		36
铜仁市石阡县坪地仡佬族侗族乡	1	18		33
铜仁市石阡县甘溪仡佬族侗族乡	1	9		27
铜仁市石阡县坪山仡佬族侗族乡	1	8		29
铜仁市思南县思林土家族苗族乡	1	13	30	17
铜仁市思南县枫芸土家族苗族乡	1	13	32	19
铜仁市思南县杨家坳苗族土家族乡	1	18	42	24
铜仁市思南县胡家湾苗族土家族乡	1	13	34	21
铜仁市思南县宽坪土家族苗族乡	1	14	30	15
铜仁市思南县三道水土家族苗族乡	1	17	67	50
铜仁市思南县天桥土家族苗族乡	1	12	32	18

其中：执业（助理）医师（人）	乡村医生和卫生员（人）	医疗卫生机构床位数（张）	医院（张）	基层医疗卫生机构（张）	卫生院（张）
6	16	10		10	10
11	13	9		9	9
2	8	8		8	8
5	8	8		8	8
12	23	50		50	50
5	15	8		8	8
5	19	40		21	6
2	15	15		12	5
3	16	99		99	99
6	14	40		16	24
4	15	25		25	10
4	16	10			10
10	13	37		12	25
6	14	29		14	15
1	10	18			18
1	9	10			10
15	18			18	22
10	15			30	16
8	12	35		12	23
9	14			14	23
12	23	2		23	18
15	14	3		14	16
8	18			18	25
14	9	29		9	20
13	8			8	16
7	13	12		12	12
8	13	10		10	10
4	18	18		18	18
5	13	10		10	10
4	15	20		20	20
15	17	60	40	20	20
5	14	10		10	10

10-1(四) 续表 24

民族乡镇名称	卫生院（个）	村卫生室（个）	卫生人员（人）	卫生技术人员（人）
铜仁市思南县兴隆土家族苗族乡	1	13	28	15
黔西南布依族苗族自治州晴隆县三宝彝族乡	1	3	11	3
黔西南布依族苗族自治州兴仁县鲁础营回族乡	1	8	18	18
黔西南布依族苗族自治州望谟县油迈瑶族乡	1	8	33	20
黔东南苗族侗族自治州从江县秀塘壮族乡	1	4	12	12
黔东南苗族侗族自治州从江县刚边壮族乡	1	5	20	20
黔东南苗族侗族自治州从江县翠里瑶族壮族乡	1	19	41	21
黔东南苗族侗族自治州镇远县尚寨土家族乡	1	3	23	23
黔东南苗族侗族自治州麻江县坝芒布依族乡	1	9	22	14
黔东南苗族侗族自治州榕江县水尾水族乡	1	5	15	6
黔东南苗族侗族自治州榕江县三江水族乡	1	12	6	9
黔东南苗族侗族自治州榕江县仁里水族乡	1	7	29	22
黔东南苗族侗族自治州榕江县定威水族乡	1	6	19	5
黔东南苗族侗族自治州榕江县兴华水族乡	1	5	24	15
黔东南苗族侗族自治州榕江县塔石瑶族水族乡	1	7	12	8
黔东南苗族侗族自治州雷山县达地水族乡	1	7	24	17
黔东南苗族侗族自治州黎平县顺化瑶族乡	1	3	18	15
黔东南苗族侗族自治州黎平县雷洞瑶族水族乡	1	15	45	33
黔东南苗族侗族自治州岑巩县羊桥土家族乡	1	13	44	33
黔南布依族苗族自治州都匀市归兰水族乡	3	6		39
黔南布依族苗族自治州荔波县瑶山瑶族乡	2	8	21	17
黔南布依族苗族自治州荔波县黎明关水族乡	3	14	46	30
黔南布依族苗族自治州平塘县卡蒲毛南族	1	6	16	10
贵阳市花溪区湖潮布依族苗族乡	1	20	75	75
云南省	**143**	**1061**	**6133**	**3223**
昆明市晋宁县夕阳彝族乡	1	10	35	10
昆明市晋宁县双河彝族乡	1	6	31	17
昆明市宜良县九乡彝族回族乡	1	8	36	14
昆明市宜良县耿家营彝族苗族乡	1	9	42	25
昭通市昭阳区守望回族乡	1	7	65	17
昭通市昭阳区小龙洞回族彝族乡	1	6	48	22
昭通市布嘎回族乡	1	5	41	20

其中：执业（助理）医师（人）	乡村医生和卫生员（人）	医疗卫生机构床位数（张）	医院（张）	基层医疗卫生机构（张）	卫生院（张）
10	13	20		20	20
3	1	2		2	2
8	10	30		16	15
4	13				10
	13	16		16	16
5	15	17	17		17
3	20	34		34	15
	3				15
8	9	15			15
6	3	6			6
4	39	21		12	9
4	7	11		11	11
5	2	9		9	9
6	9	12			12
4	4	11		11	11
3	7	18	13	7	11
5	3	6	4	2	
14	12	27		16	11
11	17	74		74	35
17	15	20		19	19
10					25
14	16	29		29	29
3	6	22		22	10
3	21	11	11	11	11
1036	**2694**	**3609**		**3571**	**3597**
7	20	10		10	10
5	14	10		10	10
8	16	30		30	30
8	17	25		25	25
14	48	32		32	32
2	26	50		50	50
18	21	20		20	20

10–1(四) 续表 25

民族乡镇名称	卫生院（个）	村卫生室（个）	卫生人员（人）	卫生技术人员（人）
昭通市青岗岭回族彝族乡	1	7	29	13
昭通市鲁甸县桃源回族乡	1	7	71	50
昭通市鲁甸县茨院回族乡	1	6	60	36
昭通市大关县上高桥回族彝族苗族乡	1	6	23	9
昭通市永善县马楠苗族彝族乡	1	6	35	19
昭通市永善县伍寨彝族苗族乡	1	5	24	17
昭通市镇雄县果珠彝族乡	1	5	41	23
昭通市镇雄县林口彝族苗族乡	1	9	57	22
昭通市彝良县龙街苗族彝族乡	1	12	48	25
昭通市彝良县奎香苗族彝族乡	1	8	48	23
昭通市彝良县树林彝族苗族乡	1	4	30	17
昭通市彝良县柳溪苗族乡	1	5	44	24
昭通市彝良县洛旺苗族乡	1	8	53	25
昭通市威信县双河苗族彝族乡	1	8	69	30
曲靖市师宗县龙庆彝族壮族乡	1	14	84	40
曲靖市师宗县五龙壮族乡	1	13	73	39
曲靖市师宗县高良壮族苗族瑶族乡	1	11	67	33
曲靖市罗平县长底布依族乡	1	6	30	12
曲靖市罗平县旧屋基彝族乡	1	7	22	15
曲靖市罗平县鲁布革布依族苗族乡	1	9	28	12
曲靖市富源县古敢水族乡	1	4	26	15
曲靖市会泽县新街回族乡	1	16	68	15
楚雄彝族自治州南华县雨露白族乡	1	6	38	26
楚雄彝族自治州大姚县湾碧傈僳傣族乡	1	13	60	26
楚雄彝族自治州永仁县永兴傣族乡	1	12	40	21
楚雄彝族自治州武定县东坡傣族乡	1	7	29	12
玉溪市红塔区小石桥彝族乡	1	3	15	12
玉溪市红塔区洛河彝族乡	1	3	17	9
玉溪市江川县安化彝族乡	1	5	23	13
玉溪市通海县高大傣族彝族乡	1	6	17	11
玉溪市通海县里山彝族乡	1	6	19	13
玉溪市通海县兴蒙蒙古族乡	1	2	15	11

其中：执业（助理）医师（人）	乡村医生和卫生员（人）	医疗卫生机构床位数（张）	医院（张）	基层医疗卫生机构（张）	卫生院（张）
12	16	34		34	34
20	21	65		65	65
3	24	70		70	70
6	14	16		16	16
3	13	25		25	25
7	5	15		15	15
12	18	50		50	50
15	35	30		30	30
10	23	35		35	35
12	20	36		36	36
11	10	29		29	29
12	13	15		15	15
12	26	38		38	38
9	39	10		10	10
24	44	50		50	50
6	26	42		42	42
4	34	36		36	36
6	12	12		12	12
8	7	12		12	12
7	16	27		27	27
7	10	20		20	20
5	48	20		20	20
6	11	18		18	18
10	33	21		21	21
5	19	15		15	15
3	14	20		20	20
3	3	30		30	30
5	8	10		10	10
5	10	6		6	6
6	6	15		15	15
7	6	8		8	8
6	4	25		25	25

10-1(四) 续表 26

民族乡镇名称	卫生院（个）	村卫生室（个）	卫生人员（人）	卫生技术人员（人）
玉溪市华宁县通红甸彝族苗族乡	1	6	24	13
玉溪市易门县十街彝族乡	1	7	32	17
玉溪市易门县浦贝彝族乡	1	6	36	16
玉溪市易门县铜厂彝族乡	1	9	27	9
红河哈尼族彝族自治州河口瑶族自治县桥头苗族壮族乡	1	8	32	17
红河哈尼族彝族自治州金平苗族瑶族傣族自治县者米拉祜族乡	1	9	27	10
红河州蒙自县期路白苗族乡	1	9	30	21
红河州蒙自县老寨苗族乡	1	3	31	12
红河州开远市大庄回族乡	1	5	58	37
文山壮族苗族自治州文山市东山彝族乡	1	3	21	10
文山壮族苗族自治州文山市红甸回族乡	1	4	48	30
文山壮族苗族自治州文山市秉烈彝族乡	1	9	65	37
文山壮族苗族自治州文山市柳井彝族乡	1	6	19	13
文山壮族苗族自治州文山市坝心彝族乡	1	4	29	15
文山州砚山县阿舍彝族乡	1	7	78	31
文山州砚山县维末彝族乡	1	10	153	91
文山州砚山县盘龙彝族乡	1	10	81	55
文山州砚山县干河彝族乡	1	5	58	37
文山州丘北县舍得彝族乡	1	6	48	28
文山州丘北县新店彝族乡	1	5	43	20
文山州丘北县树皮彝族乡	1	13	140	107
文山州丘北县八道哨彝族乡	1	9	51	11
文山州丘北县腻脚彝族乡	1	7	58	36
文山州麻栗坡县猛硐瑶族乡	1	4	30	19
文山州富宁县洞波瑶族乡	1	12	69	29
普洱市澜沧拉祜族自治县酒井哈尼族乡	1	4	28	20
普洱市澜沧拉祜族自治县发展河哈尼族乡	1	4	27	13
普洱市澜沧拉祜族自治县谦六彝族乡	1	15	78	46
普洱市澜沧拉祜族自治县文东佤族乡	1	6	27	14
普洱市澜沧拉祜族自治县安康佤族乡	1	5	26	12
普洱市澜沧拉祜族自治县雪林佤族乡	1	7	25	13
普洱市思茅区云仙彝族乡	1	9	35	26

其中：执业（助理）医师（人）	乡村医生和卫生员（人）	医疗卫生机构床位数（张）	医院（张）	基层医疗卫生机构（张）	卫生院（张）
3	11	12		12	12
12	15	10		10	10
12	20	9		9	9
2	18	10		10	10
4	15	30		30	30
6	17	33		33	33
13	9	30		30	30
6	19	22		22	22
12	21	35		35	35
4	11	10		10	10
3	18	30		30	30
5	28	30		30	30
1	6	20		20	20
2	14	10		10	10
11	26	30		30	30
13	43	96		96	96
12	26	30		30	30
6	21	30		30	30
3	20	12		12	12
6	23	13		13	13
12	33	54		54	54
3	19	44		44	44
1	22	34		34	34
2	11	16			16
2	40	56		56	56
6	8	16		16	16
4	14	20		20	20
4	32	84		84	84
2	13	27		27	27
6	14	15		15	15
3	12	15		15	15
16	9	15		15	15

10-1(四) 续表 27

民族乡镇名称	卫生院（个）	村卫生室（个）	卫生人员（人）	卫生技术人员（人）
普洱市思茅区龙潭彝族傣族乡	1	6	27	21
普洱市墨江哈尼族自治县孟弄彝族乡	1	7	14	6
普洱市西盟佤族自治县力所拉祜族乡	1	5	33	17
大理州大理市太邑彝族乡	1	8	30	6
大理州鹤庆县六合彝族乡	1	13	57	16
大理州宾川县钟英傈僳族彝族乡	1	6	36	22
大理州宾川县拉乌彝族乡	1	7	53	20
大理州祥云县东山彝族乡	1	8	53	15
大理州弥渡县牛街彝族乡	1	11	57	25
大理州永平县北斗彝族乡	1	9	35	16
大理州永平县厂街彝族乡	1	11	54	30
大理州永平县水泄彝族乡	1	9	37	18
大理州云龙县苗尾傈僳族乡	1	8	41	20
大理州云龙县团结彝族乡	1	5	38	16
丽江市华坪县永兴傈僳族乡	1	6	59	23
丽江市华坪县通达傈僳族乡	1	5	25	15
丽江市华坪县新庄傈僳族傣族乡	1	7	41	26
丽江市华坪县船房傈僳族傣族乡	1	3	21	17
丽江市永胜县羊坪彝族乡	1	5	28	13
丽江市永胜县东山傈僳族彝族乡	1	5	25	10
丽江市永胜县六德傈僳族彝族乡	1	3	48	16
丽江市永胜县大安彝族纳西族乡	2	8	38	11
丽江市永胜县光华傈僳族彝族乡	1	5	38	14
丽江市永胜县松坪傈僳族彝族乡	1	8	36	12
丽江市宁蒗彝族自治县翠玉傈僳族普米族乡	1	6	40	17
丽江市古城区金江白族乡	1	4	12	6
丽江市玉龙纳西族自治县九河白族乡	1	11	49	26
丽江市玉龙纳西族自治县石头白族乡	1	4	31	23
丽江市玉龙县黎明傈僳族乡	1	7	35	21
保山市隆阳区瓦马彝族白族乡	2	21	76	36
保山市隆阳区瓦房彝族苗族乡	1	19	119	64
保山市隆阳区杨柳白族彝族乡	1	18	82	28

其中：执业(助理)医师(人)	乡村医生和卫生员(人)	医疗卫生机构床位数(张)	医院(张)	基层医疗卫生机构(张)	卫生院(张)
14	6	10		10	10
5	8	10		10	10
5	16	14			14
4	20	20		20	20
7	41	20		20	20
6	14	12		12	12
7	33	15		15	15
10	20	10		10	10
7	32	20		20	20
7	19	20		20	20
8	24	24		24	24
5	19	17		17	17
6	21	20		20	20
3	22	20		20	20
14	36	28		28	28
7	10	10		10	10
14	15	25		25	25
5	4	16		14	14
8	15	10		10	10
1	15	10		10	10
5	32	12		12	12
4	22	10		10	10
7	24	10		10	10
3	24	12		12	12
5	17	24		24	24
2	6	4		4	4
9	23	34		34	34
11	8	16		10	6
9	14	14		14	14
7	40	73		73	73
37	55	99		99	99
13	54	50		50	50

10-1(四) 续表 28

民族乡镇名称	卫生院（个）	村卫生室（个）	卫生人员（人）	卫生技术人员（人）
保山市隆阳区芒宽彝族傣族乡	1	12	63	23
保山市施甸县摆榔彝族布朗族乡	1	4	27	17
保山市施甸县木老元布朗族彝族乡	1	5	20	14
保山市龙陵县木城彝族傈僳族乡	1	5	25	15
保山市昌宁县朱街彝族乡	1	10	58	44
保山市昌宁县苟街彝族苗族乡	2	11	89	59
保山市昌宁县湾甸傣族乡	1	5	81	60
德宏傣族景颇族自治州陇川县户撒阿昌族乡	1	10	36	18
德宏州潞西市三台山德昂族乡	1	4	22	15
德宏州梁河县曩宋阿昌族乡	1	9	127	50
德宏州梁河县九保阿昌族乡	1	10	71	56
德宏州盈江县苏典傈僳族乡	1	3	23	19
怒江州福贡县匹河怒族乡	1	11	27	8
怒江傈僳族自治州泸水县洛本卓白族乡	1	8	32	16
迪庆州香格里拉县三坝纳西族乡	1	6	30	20
迪庆州德钦县霞若傈僳族乡	1	7	20	15
迪庆州德钦县拖顶傈僳族乡	1	5	31	22
临沧市凤庆县新华彝族苗族乡	1	11	37	20
临沧市凤庆县腰街彝族乡	1	6	26	11
临沧市凤庆县郭大寨彝族白族乡	1	11	41	24
临沧市云县栗树彝族傣族乡	1	16	39	12
临沧市云县忙怀彝族布朗族乡	1	11	39	17
临沧市云县后箐彝族乡	1	11	38	16
临沧市永德县大雪山彝族拉祜族傣族乡	1	8	33	16
临沧市永德县乌木龙彝族乡	1	10	34	14
临沧市临翔区平村彝族傣族乡	1	5	23	13
临沧市临翔区南美拉祜乡	1	4	19	11
临沧市耿马傣族佤族自治县芒洪拉祜族布朗族乡	1	5	33	22
临沧市沧源佤族自治县勐角傣族彝族拉祜族乡	1	9	49	26
临沧市镇康县军赛佤族拉祜族傈僳族德昂族乡	1	6	57	42
西双版纳州景洪市基诺山基诺族乡	1	7	55	41
西双版纳州景洪市景哈哈尼族乡	1	6	23	17

其中：执业（助理）医师（人）	乡村医生和卫生员（人）	医疗卫生机构床位数（张）	医院（张）	基层医疗卫生机构（张）	卫生院（张）
11	40	99		99	99
7	10	12		12	12
4	6	50		50	50
6	10	40		40	40
10	14	30		30	30
14	30	93		93	93
6	21	30		30	30
2	18	20		20	20
7	7	10		10	10
17	60	30		30	30
18	15	37		37	37
3	4	10		10	10
4	11	13		13	13
3	16	12		12	12
10	10	8		8	8
4	5	10		10	10
11	9	20		20	20
2	11	18		18	18
8	10	12		12	12
7	17	24		24	24
4	27	12		12	12
8	22	28		28	28
4	22	20		20	20
8	17	30		30	30
4	20	50		50	50
4	10	13		13	13
5	8	9		9	9
5	10	14		14	14
7	21	15		15	15
4	15	40		40	40
9	11	30		30	30
13	6	50		50	50

10-1(四) 续表 29

民族乡镇名称	卫生院（个）	村卫生室（个）	卫生人员（人）	卫生技术人员（人）
西双版纳州勐腊县瑶区瑶族乡	1	6	61	48
西双版纳州勐腊县象明彝族乡	1	5	74	54
西双版纳州勐海县格朗和哈尼族乡	1	6	37	17
西双版纳州勐海县布朗山布朗族乡	1	8	64	20
西双版纳州勐海县西定哈尼族乡	1	11	66	27
西藏自治区	**9**	**16**	**81**	**30**
山南市错那县麻麻门巴民族乡	1	1	8	1
山南市错那县贡日门巴民族乡	1		6	2
山南市错那县吉巴门巴民族乡	1	1	5	1
山南市错那县勒门巴民族乡	1	1	9	3
山南市隆子县斗玉珞巴民族乡	1	3	9	9
林芝市巴宜区更章门巴民族乡	1	2	7	
林芝市米林县南伊珞巴民族乡	1	3	10	1
林芝市墨脱县达木珞巴民族乡	1	4	13	5
昌都市芒康县纳西民族乡	1	1	14	8
陕西省	**4**	**29**	**105**	**62**
商洛市镇安县西口回族镇	2	13	27	
商洛市镇安县茅坪回族镇	1	7	32	25
安康市宁陕县江口回族镇	1	9	46	37
甘肃省	**36**	**265**	**682**	**353**
临夏州广河县阿里麻土东乡族乡	1	6	20	
甘南州临潭县长川回族乡	1	10	20	12
甘南州临潭县卓洛回族乡	1	3	7	4
甘南州临潭县古战回族乡	1	5	7	1
甘南州卓尼县勺哇土族乡	1	2		
陇南市文县铁楼藏族乡	1	16	32	16
陇南市武都区坪垭藏族乡	1	9	17	8
陇南市武都区磨坝藏族乡	1	8	8	5
陇南市宕昌县新城子藏族乡	1	10	21	10
酒泉市肃州区黄泥堡裕固族乡	1	3	7	4
酒泉市玉门市小金湾东乡族乡	1		18	9
白银市会宁县新添堡回族乡	1	13	26	12

其中：执业（助理）医师（人）	乡村医生和卫生员（人）	医疗卫生机构床位数（张）	医院（张）	基层医疗卫生机构（张）	卫生院（张）
5	13	12		12	12
3	20	18		18	18
4	18	14		14	14
6	24	24		24	24
8	39	33		33	33
7	**56**	**32**		**9**	**43**
1	7				4
	4				4
	4	3			3
	6	5		5	3
		6			6
1	12				5
1	9	4		4	4
1	8	4			4
3	6	10			10
12	**16**	**45**		**20**	**79**
		20		20	20
6	7	25			25
6	9				34
203	**293**	**585**	**42**	**288**	**424**
	20				15
12	8	7			7
1	3	3			3
1	5				5
		5			5
1	16	12		12	12
	9	9			9
3		10		10	10
2	11	9			9
3		10			10
5	9	15		15	15
6	14	16		16	16

10–1(四) 续表 30

民族乡镇名称	卫生院(个)	村卫生室(个)	卫生人员(人)	卫生技术人员(人)
庆阳市正宁县五倾源回族乡	1	5	18	10
平凉市崆峒区峡门回族乡	1	24	37	21
平凉市华亭县神峪回族乡	1	11	77	41
平凉市华亭县山寨回族乡	1	9	30	21
平凉市崆峒区白庙回族乡	1	9	24	15
平凉市崆峒区大秦回族乡	1	12	26	15
平凉市崆峒区寨河回族乡	1	12	21	9
平凉市崆峒区大寨回族乡	1	24	40	16
平凉市崆峒区西阳回族乡	1	13	24	13
平凉市崆峒区上杨回族乡	1	7	28	5
张掖市肃南裕固族自治县祁丰藏族乡	2	5	25	16
张掖市肃南裕固族自治县马蹄藏族乡	3	5	17	12
张掖市肃南裕固族自治县白银蒙古族乡		2	4	3
张掖市甘州区平山湖蒙古族乡	1	1	6	6
临夏州临夏县井沟东乡族乡	1	13	25	12
临夏州和政县梁家寺东乡族乡	1	8	27	12
临夏州临夏县安家坡东乡族乡	1	4	19	15
酒泉市瓜州县七墩回族东乡族乡	1	2	6	4
酒泉市瓜州县腰站子东乡族乡	1	3	19	13
酒泉市瓜州县广至藏族乡	1	5	8	2
酒泉市瓜州县沙河回族乡	1	2	9	2
酒泉市玉门市独山子东乡族乡	1	4	9	9
青海省	**25**	**314**	**330**	**219**
西宁市大通县朔北藏族乡	2	18		23
西宁市大通县向化藏族乡	1	9	19	10
西宁市湟中县群加藏族乡	1	5	14	14
西宁市湟中县大才回族乡	1	16	20	20
西宁市湟中县汉东回族乡		3	3	
西宁市湟源县日月藏族乡		22	7	
海东地区民和县杏儿藏族乡	1		10	7
海东地区乐都县下营藏族乡	1	11		15
海东地区乐都县中坝藏族乡	1	14	37	8

其中：执业（助理）医师（人）	乡村医生和卫生员（人）	医疗卫生机构床位数（张）	医院（张）	基层医疗卫生机构（张）	卫生院（张）
10	8	6		6	6
8	16	30		16	14
36	11	44	27	17	27
7	9	10		10	10
9	9	32		9	23
5	11	36		18	18
8	12	28		12	16
9	24	39		22	17
4	11	21		11	10
5	23	26		13	13
16	9	47		9	38
1	5	25		25	25
	1	4		4	
2		7		7	7
4	13	12			12
8	15	33	15	15	15
15	4	16			16
4	2	9		9	9
5	6	12		12	12
2	6	27		5	1
2	3	16		6	10
9		9		9	9
90	**348**	**205**	**24**	**200**	**242**
11	17				9
4	9	8			8
2	14	18		10	8
4	16	15		15	15
	3				
			14		
3	7				6
6	15	8			8
4	25				10

10-1(四) 续表 31

民族乡镇名称	卫生院（个）	村卫生室（个）	卫生人员（人）	卫生技术人员（人）
海东地区乐都县达拉土族乡	1	21	26	4
海东市互助土族自治县松多藏族乡	1	8	12	4
海东市化隆回族自治县雄先藏族乡	1	24		
海东市化隆回族自治县查甫藏族乡	1	12		
海东市化隆回族自治县金源藏族乡	1	14		
海东市化隆回族自治县塔加藏族乡	1	9		
海东市循化撒拉族自治县道帏藏族乡	1	27		
海东市循化撒拉族自治县尕楞藏族乡	1	11		9
海东市循化撒拉族自治县岗察藏族乡				4
海东市循化撒拉族自治县文都藏族乡				13
海东地区平安县沙沟回族乡	1	10	10	5
海东地区平安县巴藏沟回族乡	1	13	22	10
海东地区平安县石灰窑回族乡	1	14	22	4
海东地区平安县洪水泉回族乡	1	15	15	15
海东地区平安县古城回族乡	1	14	44	13
海东地区互助县巴扎藏族乡	1	8	20	12
海北州门源县皇城蒙古族乡	1	4	11	7
海北州海晏县哈勒景蒙古乡	1	3	8	3
海南州贵德县新街回族乡	1	9	30	19
新疆维吾尔自治区	**61**	**223**	**1050**	**708**
吐鲁番地区鄯善县东巴扎回族乡	1		21	8
和田地区皮山县瑙阿巴提塔吉克族乡	1	3	11	8
和田地区皮山县康克尔柯尔克孜族乡	1	2	10	8
巴音郭楞蒙古自治州和硕县乌什塔拉回族乡	1	5	27	17
昌吉回族自治州奇台县大泉塔塔尔族乡	1	4	10	10
昌吉回族自治州奇台县五马场哈萨克族乡	1	3	30	17
昌吉回族自治州奇台县乔仁哈萨克族乡	1	1	4	2
昌吉回族自治州木垒哈萨克自治县大南沟乌孜别克族乡	1	3	19	13
昌吉回族自治州玛纳斯县旱卡子滩哈萨克族乡	1	3	19	16
昌吉回族自治州玛纳斯县塔西河哈萨克族乡	1	6	19	14
昌吉回族自治州玛纳斯县清水河哈萨克族乡	1	7	23	17
昌吉回族自治州阜康市三工河哈萨克族乡	1	2	14	9

其中：执业（助理）医师（人）	乡村医生和卫生员（人）	医疗卫生机构床位数（张）	医院（张）	基层医疗卫生机构（张）	卫生院（张）
4	21				14
	8	6			6
5		19			19
3		8			8
3		7			7
2		7			7
	45			108	20
2	22				7
2	6				4
3	32				16
2	10	8			
3	12	17		17	4
4	14	20		14	6
8	15	10	10	10	
5	26	34		26	8
	8	15			15
	4				2
4	8	5			5
6	11				30
235	**375**	**812**	**37**	**314**	**733**
8	13	4			4
2	3	20			20
1	2	20			20
17	10	34			34
10		10		10	10
6	11	10		10	10
2	2	8		8	8
4	6	20		20	20
7	3	15			15
3	2	10			10
10	6	22			22
5	2				

10–1(四) 续表 32

民族乡镇名称	卫生院（个）	村卫生室（个）	卫生人员（人）	卫生技术人员（人）
昌吉回族自治州阜康市上户沟哈萨克族乡	1	8	30	18
昌吉回族自治州昌吉市阿什里哈萨克族乡	1	7	27	20
昌吉回族自治州呼图壁县石梯子哈萨克族乡	1	6	18	12
乌鲁木齐市米东区柏杨河哈萨克族乡	1	6	25	15
克孜勒苏柯尔克孜自治州阿克陶县塔尔塔吉克族乡	2	7	34	16
喀什地区塔什库尔干塔吉克自治县科克亚尔柯尔克孜族乡	1		8	8
喀什地区泽普县布依鲁克塔吉克族乡	1	4	8	4
喀什地区莎车县孜热普夏提塔吉克族乡	1	12	58	37
伊犁哈萨克自治州察布查尔锡伯自治县米粮泉回族乡	1	2	21	8
伊犁哈萨克自治州特克斯县科克铁热克柯尔克孜族乡	1	5	35	23
伊犁哈萨克自治州特克斯县呼吉尔特蒙古族乡	1	6	27	21
伊犁哈萨克自治州伊宁县愉群翁回族乡	1	14	143	123
伊犁哈萨克自治州尼勒克县科克浩特浩尔蒙古族乡	1	10		13
伊犁哈萨克自治州霍城县伊车嘎善锡伯族乡	1	5	50	25
伊犁哈萨克自治州霍城县三宫回族乡	1	4	25	18
伊犁哈萨克自治州昭苏县胡松图喀尔逊蒙古族乡	1	2	27	19
伊犁哈萨克自治州昭苏县察汗乌苏蒙古族乡	1	2	39	30
伊犁哈萨克自治州昭苏县夏特柯尔克孜族乡	1	2	20	15
塔城地区塔城市阿西尔达斡尔族乡	1	20	19	19
塔城地区乌苏市塔布勒合特蒙古族乡	1	6	26	13
塔城地区乌苏市吉尔格勒特郭楞蒙古族乡	1	5	14	9
塔城地区额敏县额玛勒郭楞蒙古族乡	4	4	7	5
塔城地区额敏县霍吉尔特蒙古族乡	9	9	7	7
阿克苏地区乌什县雅曼苏柯尔克孜族乡	1	7	16	16
阿克苏地区温宿县博孜东柯尔克孜族乡	8	25	23	5
哈密地区伊吾县前山哈萨克族乡	1		5	5
哈密地区哈密市德外都如克哈萨克族乡	1		33	9
哈密地区哈密市乌拉台哈萨克族乡	1	2	38	23
阿勒泰地区布尔津县禾木哈纳斯蒙古族乡	1	1	27	22
阿勒泰地区阿勒泰市汗德尕特蒙古族乡	1	3	33	11

其中：执业（助理）医师（人）	乡村医生和卫生员（人）	医疗卫生机构床位数（张）	医院（张）	基层医疗卫生机构（张）	卫生院（张）
6	12	10	10		
5	7	20		20	20
4	6				15
6	9	12			12
2	18	24		20	20
		20			
4	4	12		12	12
3	18	42		12	30
11	2				15
5	7	28			28
4	6	12		12	12
20	14	236		56	180
	13				25
13	25	60		35	25
3	7	23		23	15
8	8				20
5	9				35
5	14				25
5	20	9	9		
	11	6		6	6
4	5	11		11	11
2		4			4
7	16	36	18	10	1
16	7	32		16	16
4	14				
	5	8		8	8
4	20	6			6
8	15	6		6	6
5	2	10		10	10
1	21	12		9	3

主要统计指标解释

乡镇企业 指农村集体经济组织或者农民投资为主，在乡镇（包括所辖村）举办的承担支援农业义务的以及外地人（包括城里人）在农村、乡镇兴办的以吸收农村剩余劳动力就业为主和具有发展农村经济本质特征的各类企业和个体工商户。

所谓投资为主，是指农村集体经济组织或者农民投资超过百分之五十，或者虽不足百分之五十，但能起到控股或者实际支配作用。

实际支配作用是指企业投资虽不以农村集体经济组织或农民为主，但是利用了农村耕地，利用了农村基础设施、资源和劳动力，由农村集体经济组织或农民参与管理。

全国少数民族发展情况

一、人 口

1–1 历次人口普查全国分民族人口

单位：人

民 族	历次普查人口数					
	1953年	1964年	1982年	1990年	2000年	2010年
全国总计	**577856141**	**691220104**	**1003913927**	**1130510638**	**1242612226**	**1332810869**
汉族	542824056	651296368	936674944	1039187548	1137386112	1220844520
蒙古族	1451035	1965766	3411367	4802407	5813947	5981840
回族	3530498	4473147	7228398	8612001	9816805	10586087
藏族	2753081	2501174	3847875	4593072	5416021	6282187
维吾尔族	3610462	3996311	5963491	7207024	8399393	10069346
苗族	2490874	2782088	5021175	7383622	8940116	9426007
彝族	3227750	3380960	5453564	6578524	7762272	8714393
壮族	6864585	8386140	13383086	15555820	16178811	16926381
布依族	1237714	1348055	2119345	2548294	2971460	2870034
朝鲜族	1111275	1339569	1765204	1923361	1923842	1830929
满族	2399228	2695675	4304981	9846776	10682262	10387958
侗族	712802	836123	1426400	2508624	2960293	2879974
瑶族	665933	857265	1411967	2137033	2637421	2796003
白族	567119	706623	1132224	1598052	1858063	1933510
土家族		524755	2836814	5725049	8028133	8353912
哈尼族	481220	628727	1058806	1254800	1439673	1660932
哈萨克族	509375	491637	907546	1110758	1250458	1462588
傣族	478966	535389	839496	1025402	1158989	1261311
黎族	360950	438813	887107	1112498	1247814	1463064
傈僳族	317465	270628	481884	574589	634912	702839
佤族	286158	200272	298611	351980	396610	429709
畲族		234167	371965	634700	709592	708651
高山族	329	366	1650	2877	4461	4009
拉祜族	139060	191241	304256	411545	453705	485966
水族	133566	156099	286908	347116	406902	411847
东乡族	155761	147443	279523	373669	513805	621500
纳西族	143453	156796	251592	277750	308839	326295
景颇族	101852	57762	92976	119276	132143	147828

注：1. 各年度人口均为中国大陆人口普查数，不包括现役军人。
2. 少数民族人口合计数中不包括其他未识别的民族人口和外国人加入中国籍人口数。
3. 1982年人口数未包括西藏间接调查的28 601人，据有关资料计算，如包括间接调查人口数，1982年门巴族约为6 248人，珞巴族约为2 065人。
4. 2010年人口数为人口普查机器汇总数据。

1-1 续表

单位：人

民族	历次普查人口数					
	1953年	1964年	1982年	1990年	2000年	2010年
柯尔克孜族	70944	70151	113386	143537	160823	186708
土族	53277	77349	159632	192568	241198	289565
达斡尔族		63394	94126	121463	132394	131992
仫佬族		52819	90357	160648	207352	216257
羌族	35660	49105	102815	198303	306072	309576
布朗族		39411	58473	82398	91882	119639
撒拉族	30658	34664	69135	87546	104503	130607
毛南族		22382	38159	72370	107166	101192
仡佬族		26852	54164	438192	579357	550746
锡伯族	19022	33438	83683	172932	188824	190481
阿昌族		12032	20433	27718	33936	39555
普米族		14298	24238	29721	33600	42862
塔吉克族	14462	16236	26600	33223	41028	51069
怒族		15047	22896	27190	28759	37524
乌孜别克族	13626	7717	12213	14763	12370	10569
俄罗斯族	22656	1326	2917	13500	15609	15393
鄂温克族	4957	9681	19398	26379	30505	30875
德昂族		7261	12297	15461	17935	20556
保安族	4957	5125	9017	11683	16505	20074
裕固族	3861	5717	10568	12293	13719	14378
京族		4293	13108	18749	22517	28199
塔塔尔族	6929	2294	4122	5064	4890	3556
独龙族		3090	4633	5825	7426	6930
鄂伦春族	2262	2709	4103	7004	8196	8659
赫哲族		718	1489	4254	4640	5354
门巴族		3809	1140	7498	8923	10561
珞巴族			1066	2322	2965	3682
基诺族			11962	18022	20899	23143
其他未识别民族	1017299	32411	799705	752347	734438	640101
外国人加入中国籍	1004	7416	4937	3498	941	1448

1-2 历次人口普查少数民族人口的分布情况(一)

单位：人，%

地区	1953年			1964年		
	绝对数	占该地区总人口的比重(%)	占全国少数民族人口的比重(%)	绝对数	占该地区总人口的比重(%)	占全国少数民族人口的比重(%)
全　国	**34013782**	**5.89**	**100.00**	**39883909**	**5.77**	**100.00**
北　京	168404	6.08	0.50	283524	3.75	0.71
天　津	79857	2.96	0.23	115613	2.70	0.29
河　北	715752	1.75	2.10	621926	1.50	1.56
山　西	20316	0.14	0.06	40100	0.22	0.10
内蒙古	959336	15.73	2.82	1604756	13.00	4.02
辽　宁	1482619	8.07	4.36	1858900	6.90	4.66
吉　林	1193237	10.67	3.51	1342170	8.57	3.37
黑龙江	944328	7.98	2.78	1087045	5.40	2.73
上　海	31461	0.51	0.90	43591	0.40	0.11
江　苏	66362	0.16	0.20	83002	9.19	0.21
浙　江	30854	0.14	0.09	106411	0.38	0.27
安　徽	133801	0.45	0.39	155256	0.50	0.39
福　建	19979	0.15	0.06	147017	0.88	0.37
江　西	2001	0.01	0.01	9300	0.04	0.02
山　东	252506	0.52	0.74	294643	0.53	0.74
河　南	405715	0.93	1.19	517195	1.03	1.30
湖　北	35434	0.13	0.10	183035	0.54	0.46
湖　南	586737	1.78	1.72	1275719	3.43	3.20
广　东	430279	1.25	1.27	747181	1.75	1.87
广　西	7337944	37.51	21.57	8553300	41.03	21.45
海　南						
四　川	2022315	3.11	5.95	1728955	2.54	4.33
贵　州	3562493	23.69	10.47	4009683	23.39	10.05
云　南	5411883	31.59	15.91	6384114	31.13	16.01
西　藏	1273969	100.00	3.75	1213796	97.01	3.04
陕　西	56272	0.36	0.17	93978	0.45	0.24
甘　肃	1486775	11.71	4.37	955396	7.56	2.40
青　海	854136	50.95	20.51	829318	38.65	2.18
宁　夏				650366	30.86	1.63
新　疆	4449017	93.01	13.08	4948619	68.07	12.41

1-2 历次人口普查少数民族人口的分布情况(二)

单位：人，%

地区	1982年			1990年		
	绝对数	占该地区总人口的比重(%)	占全国少数民族人口的比重(%)	绝对数	占该地区总人口的比重(%)	占全国少数民族人口的比重(%)
全国	**66434341**	**6.62**	**100.00**	**90567245**	**8.01**	**100.00**
北京	322320	3.49	0.49	413937	3.83	0.46
天津	164241	2.12	0.25	202642	2.31	0.22
河北	853275	1.61	1.28	2408876	3.94	2.66
山西	63760	0.25	0.10	82061	0.29	0.09
内蒙古	2996477	15.55	4.51	4166260	19.42	4.60
辽宁	2909615	8.15	4.38	6165508	15.62	6.81
吉林	1829555	8.11	2.75	2525212	10.24	2.79
黑龙江	1613043	4.94	2.43	1997934	5.67	2.21
上海	49748	0.42	0.07	62171	0.47	0.07
江苏	110559	0.18	0.17	153060	0.23	0.07
浙江	161546	0.42	0.24	212582	0.51	0.23
安徽	261760	0.53	0.39	324227	0.58	0.36
福建	250449	0.97	0.38	465995	1.55	0.51
江西	22052	0.07	0.03	101144	0.27	0.11
山东	407849	0.55	0.61	505694	0.60	0.56
河南	799338	1.07	1.20	1008972	1.18	1.11
湖北	1778494	3.72	2.68	2140188	3.97	2.36
湖南	2201087	4.08	3.31	4823649	7.95	5.33
广东	1057527	1.78	1.59	354625	0.56	0.39
广西	13933250	38.26	20.97	16577113	39.24	18.30
海南				1114803	17.00	1.23
四川	3660402	3.67	5.51	4889295	4.56	5.40
贵州	6675360	23.38	10.05	10504828	32.43	11.60
云南	10277069	31.57	15.47	12351834	33.41	13.64
西藏	1769935	94.97	2.66	2112168	96.18	2.33
陕西	133098	0.46	2.20	156403	0.48	0.17
甘肃	1555186	7.95	2.34	1857467	8.30	2.05
青海	1535774	39.42	2.31	1878028	42.14	2.07
宁夏	1244238	31.94	1.87	1549067	33.27	1.71
新疆	7797344	59.61	11.74	9961202	62.42	10.45

1-2 历次人口普查少数民族人口的分布情况(三)

单位：万人

地区	2000年			2010年		
	总人口	少数民族人口	占总人口比例(%)	总人口	少数民族人口	占总人口比例(%)
全　国	**126583**	**10643**	**8.41**	**133972**	**11379**	**8.49**
北　京	1382	59	4.26	1961	80	4.08
天　津	1001	26	2.64	1294	33	2.55
河　北	6744	291	4.31	7185	299	4.16
山　西	3297	10	0.29	3571	9	0.25
内蒙古	2376	493	20.76	2471	506	20.48
辽　宁	4238	678	16.02	4375	664	15.18
吉　林	2728	246	9.03	2746	219	7.97
黑龙江	3689	185	5.02	3831	137	3.58
上　海	1674	10	0.60	2302	28	1.22
江　苏	7438	25	0.33	7866	38	0.48
浙　江	4677	40	0.85	5443	121	2.22
安　徽	5986	38	0.63	5950	40	0.67
福　建	3471	58	1.67	3689	80	2.17
江　西	4140	11	0.27	4457	15	0.34
山　东	9079	62	0.68	9579	73	0.76
河　南	9256	113	1.22	9402	113	1.20
湖　北	6028	262	4.34	5724	247	4.32
湖　南	6440	658	10.21	6568	655	9.97
广　东	8642	123	1.42	10430	206	1.98
广　西	4489	1721	38.34	4603	1711	37.17
海　南	787	136	17.29	867	145	16.72
重　庆	3090	198	6.42	2885	194	6.73
四　川	8329	415	4.98	8042	491	6.11
贵　州	3525	1334	37.85	3475	1255	36.12
云　南	4288	1433	33.41	4597	1534	33.37
西　藏	262	246	94.07	300	276	91.93
陕　西	3605	18	0.49	3733	19	0.51
甘　肃	2562	223	8.69	2558	241	9.42
青　海	518	236	45.51	563	264	46.92
宁　夏	562	194	34.53	630	223	35.39
新　疆	1925	1143	59.39	2181	1307	59.92

注：2000年和2010年人口数为人口普查快速汇总数据。

1–3 全国少数民族分布的主要地区

民　族	分布的主要地区
蒙古族	内蒙古、辽宁、吉林、河北、黑龙江、新疆
回族	宁夏、甘肃、河南、新疆、青海、云南、河北、山东、安徽、辽宁、北京、内蒙古、天津、黑龙江、陕西、贵州、吉林、江苏、四川
藏族	西藏、四川、青海、甘肃、云南
维吾尔族	新疆
苗族	贵州、湖南、云南、广西、重庆、湖北、四川
彝族	云南、四川、贵州
壮族	广西、云南、广东
布依族	贵州
朝鲜族	吉林、黑龙江、辽宁
满族	辽宁、河北、黑龙江、吉林、内蒙古、北京
侗族	贵州、湖南、广西
瑶族	广西、湖南、云南、广东
白族	云南、贵州、湖南
土家族	湖南、湖北、重庆、贵州
哈尼族	云南
哈萨克族	新疆
傣族	云南
黎族	海南
傈僳族	云南、四川
佤族	云南
畲族	福建、浙江、江西、广东
高山族	台湾、福建
拉祜族	云南
水族	贵州、广西

1-3 续表

民　族	分布的主要地区
东乡族	甘肃、新疆
纳西族	云南
景颇族	云南
柯尔克孜族	新疆
土族	青海、甘肃
达斡尔族	内蒙古、黑龙江
仫佬族	广西
羌族	四川
布朗族	云南
撒拉族	青海
毛南族	广西
仡佬族	贵州
锡伯族	辽宁、新疆
阿昌族	云南
普米族	云南
塔吉克族	新疆
怒族	云南
乌孜别克族	新疆
俄罗斯族	新疆、黑龙江
鄂温克族	内蒙古
德昂族	云南
保安族	甘肃
裕固族	甘肃
京族	广西
塔塔尔族	新疆
独龙族	云南
鄂伦春族	黑龙江、内蒙古
赫哲族	黑龙江
门巴族	西藏
珞巴族	西藏
基诺族	云南

1–4 2010年全国人口普查各民族分城市、镇、乡村的人口

单位：人，%

民族	总人口	城市人口	镇人口	乡村人口
全国总计	**1332810869**	**403760040**	**266245506**	**662805323**
汉族	1220844520	386027166	247209627	587607727
少数民族合计	111324800	17680203	18916027	74728570
少数民族占全国比重	8.35	4.38	7.10	11.27
蒙古族	5981840	1351092	1411757	3218991
回族	10586087	3606760	2057256	4922071
藏族	6282187	315622	923177	5043388
维吾尔族	10069346	1161024	1092195	7816127
苗族	9426007	958670	1457396	7009941
彝族	8714393	523907	1120997	7069489
壮族	16926381	2685283	3132374	11108724
布依族	2870034	347835	404996	2117203
朝鲜族	1830929	999237	271198	560494
满族	10387958	2608600	1935398	5843960
侗族	2879974	291661	585784	2002529
瑶族	2796003	258966	393313	2143724
白族	1933510	273943	388571	1270996
土家族	8353912	1132394	1785132	5436386
哈尼族	1660932	83289	204994	1372649
哈萨克族	1462588	125800	211905	1124883
傣族	1261311	116239	291357	853715
黎族	1463064	120068	262798	1080198
傈僳族	702839	14950	60685	627204
佤族	429709	16036	63211	350462
畲族	708651	113750	118551	476350
高山族	4009	1593	826	1590
拉祜族	485966	16305	62724	406937
水族	411847	32688	47784	331375
东乡族	621500	41258	62481	517761
纳西族	326295	78456	39339	208500
景颇族	147828	11615	17536	118677
柯尔克孜族	186708	12099	23428	151181

1-4 续表

单位：人

民族	总人口	城市人口	镇人口	乡村人口
土族	289565	41623	52268	195674
达斡尔族	131992	38755	37252	55985
仫佬族	216257	44439	51264	120554
羌族	309576	21506	74048	214022
布朗族	119639	4896	13622	101121
撒拉族	130607	17270	22019	91318
毛南族	101192	15408	18982	66802
仡佬族	550746	65389	130285	355072
锡伯族	190481	74997	25881	89603
阿昌族	39555	3090	5960	30505
普米族	42862	2530	6139	34193
塔吉克族	51069	1865	7784	41420
怒族	37524	1865	4319	31340
乌孜别克族	10569	4906	2317	3346
俄罗斯族	15393	10888	2133	2372
鄂温克族	30875	6003	10720	14152
德昂族	20556	1196	1911	17449
保安族	20074	1510	2375	16189
裕固族	14378	3000	3879	7499
京族	28199	9251	6217	12731
塔塔尔族	3556	1416	702	1438
独龙族	6930	326	828	5776
鄂伦春族	8659	2298	2794	3567
赫哲族	5354	2356	1269	1729
门巴族	10561	520	1890	8151
珞巴族	3682	122	398	3162
基诺族	23143	3638	1608	17897
其他未识别的民族	640101	52304	119571	468226
外国人加入中国籍	1448	367	281	800

1–5　2010年全国人口普查各民族6岁及6岁以上人口的受教育状况(一)

单位：人，%

民　族	合　计	未上过学	小　学	初　中
全国总计	**1242546122**	**62136405**	**357211733**	**518176222**
汉族	1140804980	53726722	317175239	482244975
少数民族合计	101741142	8409683	40036494	35931247
少数民族占全国比重	8.19	13.53	11.21	6.93
蒙古族	5493484	181845	1576111	2092137
回族	9684824	829803	3451225	3256837
藏族	5652093	1727358	2593670	751132
维吾尔族	8911219	312376	3705107	3741470
苗族	8509677	872566	3919856	2722963
彝族	7792892	1114281	4190993	1744197
壮族	15450124	734370	5587561	6601655
布依族	2598781	317940	1169545	824977
朝鲜族	1764882	22789	236872	766999
满族	9644853	206212	2635047	4433743
侗族	2619132	173293	1023789	1013249
瑶族	2496825	166437	1097493	874247
白族	1785320	104148	693269	649936
土家族	7630400	466043	2790562	2887431
哈尼族	1495794	217182	807352	341877
哈萨克族	1305071	20763	473830	535399
傣族	1154883	130337	613322	293869
黎族	1317322	85524	411397	639645
傈僳族	640339	118004	358140	122790
佤族	398890	54899	232864	83034
畲族	643415	40412	259014	235542
高山族	3674	95	751	1287
拉祜族	446816	70495	278976	69673
水族	370377	48543	174757	109644
东乡族	551196	97262	357318	68468
纳西族	307242	23495	105359	103015

1–5(一) 续表

单位：人，%

民 族	合 计	未上过学	小 学	初 中
景颇族	132808	12534	72498	34975
柯尔克孜族	165498	5220	75643	54936
土族	266248	28772	103264	78400
达斡尔族	121946	1414	25607	51541
仫佬族	195734	8194	74142	73733
羌族	289490	20394	122080	90504
布朗族	108074	15420	63324	20384
撒拉族	113873	24119	58679	19217
毛南族	91706	3876	35010	36031
仡佬族	497661	45033	208655	162617
锡伯族	176497	1972	36721	77860
阿昌族	34844	2794	17424	10518
普米族	39094	5688	15467	10921
塔吉克族	45716	1601	22758	13707
怒族	34002	5117	15952	8259
乌孜别克族	9596	196	2809	2857
俄罗斯族	14516	183	2125	4420
鄂温克族	28111	348	6261	11070
德昂族	18251	3530	10389	3269
保安族	17517	1930	10442	3041
裕固族	13441	822	5056	3765
京族	25159	1392	6674	10191
塔塔尔族	3244	46	710	967
独龙族	6220	1018	2623	1681
鄂伦春族	7884	109	1407	3017
赫哲族	4940	94	820	1827
门巴族	9509	3559	3466	1214
珞巴族	3213	882	1554	413
基诺族	21014	1911	8616	7162

1-5 2010年全国人口普查各民族6岁及6岁以上人口的受教育状况(二)

单位：人，%

民　族	高　中	大学专科	大学本科	研　究　生
全国总计	**186646865**	**68610519**	**45625793**	**4138585**
汉族	176525992	64353701	42822692	3955659
少数民族合计	10120873	4256818	2803101	182926
少数民族占全国比重	5.42	6.20	6.14	4.42
蒙古族	860899	420682	335274	26536
回族	1240522	504660	371555	30222
藏族	270620	192834	111515	4964
维吾尔族	586636	382935	178129	4566
苗族	619448	235032	132635	7177
彝族	448569	183627	106949	4276
壮族	1653720	560431	296407	15980
布依族	168197	72622	43878	1622
朝鲜族	456566	130639	141342	9675
满族	1273292	576376	477022	43161
侗族	247176	101127	57878	2620
瑶族	220155	81596	53343	3554
白族	195778	79341	59298	3550
土家族	936733	330121	204943	14567
哈尼族	84070	29350	15456	507
哈萨克族	159961	79416	34739	963
傣族	70756	30213	15860	526
黎族	128694	35779	15722	561
傈僳族	24620	10959	5654	172
佤族	17969	7289	2746	89
畲族	68856	21606	16961	1024
高山族	742	385	374	40
拉祜族	15415	7680	4425	152
水族	23003	8911	5291	228
东乡族	17049	7041	3926	132
纳西族	39320	20933	14308	812

1-5(二)　续表

单位：人，%

民　族	高　中	大学专科	大学本科	研　究　生
景颇族	7859	3435	1467	40
柯尔克孜族	16131	10030	3443	95
土族	30221	13319	11726	546
达斡尔族	21767	11807	9132	678
仫佬族	22281	9977	6952	455
羌族	32378	15323	8395	416
布朗族	5083	2289	1528	46
撒拉族	6051	3427	2287	93
毛南族	9597	4376	2677	139
仡佬族	43041	21667	16020	628
锡伯族	29729	15525	13495	1195
阿昌族	2386	1051	650	21
普米族	3870	1836	1274	38
塔吉克族	4137	2979	519	15
怒族	2571	1451	630	22
乌孜别克族	1692	1079	919	44
俄罗斯族	3531	2272	1847	138
鄂温克族	5318	2998	1987	129
德昂族	674	263	124	2
保安族	1202	601	291	10
裕固族	1788	1186	774	50
京族	3963	1658	1219	62
塔塔尔族	643	426	433	19
独龙族	497	282	108	11
鄂伦春族	1511	1011	764	65
赫哲族	920	574	637	68
门巴族	597	373	290	10
珞巴族	175	83	105	1
基诺族	1973	942	390	20

1–6 2010年全国人口普查各民族15岁及15岁以上的文盲人口状况

单位：人，%

民 族	15岁及15岁以上人口	文盲人口	文盲人口占15岁及以上人口比例
全国总计	**1111488248**	**54190864**	**4.88**
汉族	1024636211	47108426	4.60
少数民族合计	86852037	7082438	8.15
少数民族占全国比重	7.81	13.07	
蒙古族	4805740	156455	3.26
回族	8345262	749916	8.99
藏族	4671710	1382295	29.59
维吾尔族	7464351	256724	3.44
苗族	7025185	754482	10.74
彝族	6340355	919980	14.51
壮族	13496217	600570	4.45
布依族	2109850	285427	13.53
朝鲜族	1677260	17216	1.03
满族	8632096	170832	1.98
侗族	2228281	151472	6.80
瑶族	2125293	136168	6.41
白族	1526504	84352	5.53
土家族	6475074	414066	6.39
哈尼族	1276730	178784	14.00
哈萨克族	1115037	12446	1.12
傣族	1008297	112823	11.19
黎族	1128234	75775	6.72
傈僳族	541808	100448	18.54
佤族	344456	47085	13.67
畲族	561607	32922	5.86
高山族	3270	84	2.57
拉祜族	389618	56991	14.63
水族	298766	43409	14.53
东乡族	450604	82038	18.21
纳西族	271264	20515	7.56

1-6 续表

单位：人，%

民 族	15岁及15岁以上人口	文盲人口	文盲人口占15岁及以上人口比例
景颇族	111711	10014	8.96
柯尔克孜族	138037	4161	3.01
土族	228647	26212	11.46
达斡尔族	108406	947	0.87
仫佬族	170896	6557	3.84
羌族	251028	18618	7.42
布朗族	90914	11444	12.59
撒拉族	93341	22520	24.13
毛南族	78306	3107	3.97
仡佬族	394113	39694	10.07
锡伯族	156598	1368	0.87
阿昌族	28325	2303	8.13
普米族	32685	5037	15.41
塔吉克族	37678	1411	3.74
怒族	28781	4138	14.38
乌孜别克族	8224	129	1.57
俄罗斯族	13013	142	1.09
鄂温克族	24543	254	1.03
德昂族	15293	3271	21.39
保安族	14207	1667	11.73
裕固族	11714	729	6.22
京族	21482	1151	5.36
塔塔尔族	2869	33	1.15
独龙族	5205	887	17.04
鄂伦春族	6828	71	1.04
赫哲族	4436	70	1.58
门巴族	7634	2759	36.14
珞巴族	2538	790	31.13
基诺族	18332	1785	9.74

1-7 2010年全国人口普查各民族分产业的人口

单位：人，%

民族	总计	第一产业	第二产业	第三产业
全国总计	**71547989**	**34584219**	**17284443**	**19679327**
汉族	65539943	30416927	16553309	18569707
少数民族合计	5978017	4144630	727539	1105848
少数民族占全国比重	8.36	11.98	4.21	5.62
蒙古族	302690	192045	27118	83527
回族	512837	270396	73806	168635
藏族	320211	262995	10460	46756
维吾尔族	545158	449906	21541	73711
苗族	502575	353974	87130	61471
彝族	511991	422672	37748	51571
壮族	965994	669288	136494	160212
布依族	151167	104854	27244	19069
朝鲜族	72332	19133	14607	38592
满族	557607	325949	81427	150231
侗族	159794	101525	31794	26475
瑶族	155806	114989	21977	18840
白族	108565	72575	14387	21603
土家族	418466	252259	83056	83151
哈尼族	101348	79930	9499	11919
哈萨克族	63313	49574	2492	11247
傣族	78770	63746	4517	10507
黎族	81296	65968	4570	10758
傈僳族	45768	41066	1640	3062
佤族	27923	21815	3262	2846
畲族	36129	18063	9544	8522
高山族	218	95	42	81
拉祜族	33055	29040	1385	2630
水族	22627	17040	3321	2266
东乡族	40761	35883	1300	3578
纳西族	19443	13119	853	5471
景颇族	8811	7252	445	1114

1-7 续表

单位：人，%

民 族	总 计	第一产业	第二产业	第三产业
柯尔克孜族	8546	6942	283	1321
土族	15978	11032	2141	2805
达斡尔族	5796	3042	516	2238
仫佬族	10431	5821	2029	2581
羌族	18297	13345	1613	3339
布朗族	7402	6327	401	674
撒拉族	5589	3650	291	1648
毛南族	5758	3662	1070	1026
仡佬族	26501	16389	4968	5144
锡伯族	9934	5339	1356	3239
阿昌族	2138	1688	204	246
普米族	2433	1892	148	393
塔吉克族	2119	1881	46	192
怒族	2215	1773	137	305
乌孜别克族	375	124	49	202
俄罗斯族	617	113	85	419
鄂温克族	1352	791	84	477
德昂族	1255	1127	40	88
保安族	1009	780	63	166
裕固族	800	527	65	208
京族	1293	633	117	543
塔塔尔族	188	103	14	71
独龙族	453	400	17	36
鄂伦春族	340	103	31	206
赫哲族	244	79	50	115
门巴族	603	509	19	75
珞巴族	182	159	3	20
基诺族	1514	1248	40	226
其他未识别的民族	29951	22616	3583	3752
外国人加入中国籍	78	46	12	20

1-8 2010年全国人口普查各民族分年龄的人口

单位：人，%

民族	人口总计	0-14岁	15-60岁	61岁以上
全国总计	**1332810869**	**221322621**	**933893808**	**177594440**
汉族	1220844520	196208309	858795454	165840757
少数民族合计	111324800	24906147	74725436	11693217
少数民族占全国比重	8.35	11.25	8.00	6.58
蒙古族	5981840	1176100	4351233	454507
回族	10586087	2240825	7172993	1172269
藏族	6282187	1610477	4117366	554344
维吾尔族	10069346	2604995	6664484	799867
苗族	9426007	2400822	6019521	1005664
彝族	8714393	2374038	5578659	761696
壮族	16926381	3430164	11371698	2124519
布依族	2870034	760184	1768421	341429
朝鲜族	1830929	153669	1365732	311528
满族	10387958	1755862	7544429	1087667
侗族	2879974	651693	1858387	369894
瑶族	2796003	670710	1842364	282929
白族	1933510	407006	1307009	219495
土家族	8353912	1878838	5373544	1101530
哈尼族	1660932	384202	1128229	148501
哈萨克族	1462588	347551	1024109	90928
傣族	1261311	253014	892225	116072
黎族	1463064	334830	1004243	123991
傈僳族	702839	161031	479809	61999
佤族	429709	85253	306638	37818
畲族	708651	147044	477440	84167
高山族	4009	739	2896	374
拉祜族	485966	96348	347918	41700
水族	411847	113081	255321	43445
东乡族	621500	170896	395139	55465
纳西族	326295	55031	228744	42520
景颇族	147828	36117	101059	10652

1-8　续表

单位：人，%

民　族	人口总计	0–14岁	15–60岁	61岁以上
柯尔克孜族	186708	48671	123555	14482
土族	289565	60918	207268	21379
达斡尔族	131992	23586	98926	9480
仫佬族	216257	45361	147537	23359
羌族	309576	58548	217159	33869
布朗族	119639	28725	81517	9397
撒拉族	130607	37266	82562	10779
毛南族	101192	22886	65777	12529
仡佬族	550746	156633	330184	63929
锡伯族	190481	33883	138387	18211
阿昌族	39555	11230	25499	2826
普米族	42861	10176	28958	3727
塔吉克族	51069	13391	33895	3783
怒族	37523	8742	25109	3672
乌孜别克族	10569	2345	7237	987
俄罗斯族	15393	2380	11208	1805
鄂温克族	30875	6332	23159	1384
德昂族	20556	5263	13882	1411
保安族	20074	5867	12473	1734
裕固族	14378	2664	10212	1502
京族	28199	6717	18421	3061
塔塔尔族	3556	687	2509	360
独龙族	6930	1725	4649	556
鄂伦春族	8659	1831	6438	390
赫哲族	5354	918	4051	385
门巴族	10561	2927	6891	743
珞巴族	3682	1144	2292	246
基诺族	23143	4811	16071	2261
其他未识别的民族	640101	207992	371899	60210
外国人加入中国籍	1448	173	1019	256

1-9 2010年全国人口普查各民族分性别出生人口和死亡人口（2009.11.1—2010.10.31）

单位：人，%

民族	出生人数			死亡人数		
	小计	男	女	小计	男	女
全国总计	**1190060**	**652073**	**537987**	**7421990**	**4293783**	**3128207**
汉族	1059649	582390	477259	6823973	3937020	2886953
少数民族合计	129819	69336	60483	595028	354912	240116
少数民族占全国比重	10.91	10.63	11.24	8.02	8.27	7.68
蒙古族	5504	2877	2627	24817	15455	9362
回族	12113	6501	5612	47198	27664	19534
藏族	6812	3490	3322	39143	21133	18010
维吾尔族	17132	8741	8391	52855	31018	21837
苗族	11714	6436	5278	52259	31466	20793
彝族	12041	6348	5693	52195	31585	20610
壮族	19946	11047	8899	92308	55667	36641
布依族	3758	2124	1634	18944	11321	7623
朝鲜族	684	378	306	10337	6133	4204
满族	7439	3992	3447	46716	28915	17801
侗族	3498	1937	1561	17354	10245	7109
瑶族	3329	1841	1488	14343	8997	5346
白族	1850	928	922	11687	6690	4997
土家族	7871	4175	3696	45272	26593	18679
哈尼族	2337	1220	1117	10540	6367	4173
哈萨克族	2331	1195	1136	6809	4403	2406
傣族	1508	780	728	7627	4341	3286
黎族	2053	1110	943	6456	3961	2495
傈僳族	986	536	450	5045	2982	2063
佤族	545	270	275	3132	1873	1259
畲族	591	332	259	4072	2616	1456
高山族	1		1	10	7	3
拉祜族	603	298	305	3657	2201	1456
水族	633	357	276	3481	2137	1344
东乡族	1103	611	492	2632	1440	1192
纳西族	255	134	121	2036	1128	908
景颇族	301	151	150	1062	640	422

1–9 续表

单位：人，%

民族	出生人数			死亡人数		
	小计	男	女	小计	男	女
柯尔克孜族	246	134	112	881	517	364
土族	282	150	132	1663	983	680
达斡尔族	118	57	61	547	363	184
仫佬族	254	137	117	859	539	320
羌族	325	161	164	1535	896	639
布朗族	164	91	73	671	393	278
撒拉族	240	115	125	467	268	199
毛南族	113	67	46	559	346	213
仡佬族	562	287	275	3109	1931	1178
锡伯族	105	62	43	682	463	219
阿昌族	60	33	27	202	127	75
普米族	49	26	23	236	145	91
塔吉克族	75	43	32	233	131	102
怒族	43	26	17	324	185	139
乌孜别克族	8	3	5	30	21	9
俄罗斯族	7	2	5	57	34	23
鄂温克族	34	20	14	121	86	35
德昂族	42	23	19	141	81	60
保安族	41	26	15	84	43	41
裕固族	11	6	5	63	39	24
京族	27	16	11	186	110	76
塔塔尔族	2	1	1	17	10	7
独龙族	8	4	4	64	41	23
鄂伦春族	3	2	1	35	21	14
赫哲族	3	1	2	10	5	5
门巴族	15	10	5	119	71	48
珞巴族	11	5	6	44	28	16
基诺族	33	19	14	102	57	45
其他未识别的民族	582	340	242	2956	1829	1127
外国人加入中国籍	10	7	3	33	22	11

二、教　　育

2-1 全国分地区少数民族教职工（2017年）（一）

单位：人

地　区	普通高等学校	成人高等学校	中等职业教育
全　国	**144623**	**2197**	**47516**
北　京	8163	156	516
天　津	1881	41	193
河　北	4959	13	1559
山　西	377	6	54
内蒙古	12658	105	3964
辽　宁	11800	170	3579
吉　林	7352	124	1117
黑龙江	4078	113	307
上　海	2031	19	134
江　苏	2508	12	179
浙　江	1643	9	291
安　徽	1114	4	121
福　建	1145	4	178
江　西	751	9	67
山　东	2138	6	301
河　南	2936	12	385
湖　北	4256	20	854
湖　南	6278	23	3027
广　东	4947	53	920
广　西	16020	454	6299
海　南	780	12	264
重　庆	2024	35	929
四　川	3905	59	805
贵　州	12223	123	5826
云　南	10109	19	5445
西　藏	1443		1035
陕　西	1919	17	79
甘　肃	2140	14	961
青　海	1539	44	995
宁　夏	2255	21	561
新　疆	9251	500	6571

2-1 全国分地区少数民族教职工(2017年)(二)

单位：人

地 区	普通中学	特殊教育学校	小 学	幼儿园
全 国	**590422**	**5525**	**613823**	**303468**
北 京	4978	84	3438	3161
天 津	1720	32	1178	499
河 北	16852	250	18331	5755
山 西	345	14	188	85
内蒙古	37726	486	34839	15694
辽 宁	40689	418	27216	14287
吉 林	12138	191	8473	2585
黑龙江	7768	62	4780	1147
上 海	1231	17	425	440
江 苏	1210	21	784	654
浙 江	2191	23	2140	1254
安 徽	1486	25	1293	573
福 建	2083	48	2481	1230
江 西	691	8	638	387
山 东	2959	28	2235	1257
河 南	4717	46	4562	2304
湖 北	13378	116	11808	5994
湖 南	41115	280	29604	18244
广 东	9556	91	3697	6167
广 西	79293	907	98466	54788
海 南	4849	14	6476	3382
重 庆	12526	98	13299	5074
四 川	14364	121	27788	5793
贵 州	89074	794	88293	48346
云 南	55028	491	76461	28286
西 藏	10959	178	18389	4308
陕 西	874	9	588	542
甘 肃	10139	36	13664	5132
青 海	12562	58	12095	7446
宁 夏	9379	95	9880	5828
新 疆	88542	484	90314	52826

2–2 全国少数民族专任教师

单位：万人

年 份	高等学校	中等技术学校	中等师范学校	普通中学	职业中学	小 学
1951				0.27		
1952	0.06			0.45		5.98
1957	0.19			1.17		9.82
1963	0.10	0.12	0.05	1.32	0.06	7.24
1965	0.33	0.11	0.04	1.46	0.28	13.32
1975	0.27			6.85		27.17
1978	0.59	0.27	0.20	11.23		31.02
1979	0.72	0.29	0.22	10.82		31.30
1980	0.78	0.35	0.26	11.23	0.07	32.94
1981	0.84	0.38	0.24	10.52	0.09	33.06
1982	0.92	0.44	0.27	10.42	0.13	34.32
1983	1.08	0.49	0.27	10.72	0.23	34.49
1984	1.08	0.52	0.28	11.24	0.36	37.80
1985	1.28	0.60	0.32	12.56	0.56	39.78
1986	1.42	0.78	0.36	13.92	0.68	42.13
1987	1.54	0.81	0.42	15.05	0.84	43.68
1988	1.69	0.85	0.44	15.85	1.63	42.12
1989	1.75	0.92	0.47	17.39	1.03	46.25
1990	1.78	0.97	0.51	18.30	1.09	45.87
1991	1.89	1.01	0.53	19.21	1.19	46.41
1992	1.94	1.05	0.51	20.00	1.29	47.63
1993	1.94	1.04	0.52	20.21	1.39	47.72
1994	2.11	1.10	0.52	20.76	1.40	47.88
1995	2.20	1.16	0.58	22.25	1.50	50.19
1996	2.20	1.22	0.60	23.34	1.82	51.55
1997	2.28	1.27	0.62	24.69	1.66	52.79
1998	2.32	1.26	0.62	26.03	1.64	53.69
1999	2.33	1.25	0.61	27.14	1.68	54.51
2000	2.51	1.26	0.53	28.16	1.63	55.30
2001	2.87	1.16	0.47	30.04	1.63	57.47
2002	3.35	1.05	0.46	31.70	1.65	57.23
2003	3.63	0.87	0.37	33.35	0.30	57.09
2004	4.30	0.82	0.35	34.61	0.28	56.86
2005	4.65			36.18	0.21	56.93
2006	5.03			37.44	0.17	57.20
2007	5.52			38.18	0.12	57.79
2008	5.83			38.93	0.08	58.11
2009	6.20			39.90	0.05	58.52
2010	6.48			40.62	0.04	58.39
2011	6.86			46.15		53.58
2012	7.16			42.19		58.56
2013	7.94			47.88		54.38
2014	8.23			49.30		59.56
2015	8.58			50.29		54.82
2016	9.10			51.61		55.75
2017	9.37			53.24		56.77

注：2003年以后职业中学数仅指职业初中数。(下同)

2–3 全国少数民族专任教师占全国专任教师总数的比重

单位：%

年　份	高等学校	中等技术学校	中等师范学校	普通中学	职业中学	小　学
1951				2.6		
1952				2.9		
1957	2.8			3.9		4.3
1963	2.2	2.5	4.1	3.1	3.9	2.8
1965	2.4	2.5	3.5	3.2	1.4	3.5
1975	1.7	4.2		3.3		5.2
1978	2.9	3.9	6.6	3.5		5.9
1979	3.0	3.7	6.4	3.5		5.8
1980	3.2	3.9	6.9	3.7	3.2	6.0
1981	3.4	3.9	6.4	3.7	3.0	5.9
1982	3.2	4.0	6.7	3.9	3.3	6.2
1983	3.6	4.2	6.9	4.1	3.1	6.4
1984	3.4	4.3	6.6	4.4	3.5	7.0
1985	3.7	4.7	6.9	4.7	3.9	7.4
1986	3.8	5.4	7.3	5.0	4.2	7.8
1987	4.0	5.2	7.8	5.2	4.5	8.0
1988	4.3	5.1	7.7	5.4	8.0	7.7
1989	4.4	5.4	8.2	5.8	4.8	8.3
1990	4.4	5.5	8.7	6.0	4.9	8.2
1991	4.8	5.7	9.3	6.2	5.1	8.4
1992	5.0	5.9	8.9	6.4	5.2	8.6
1993	5.0	5.7	9.0	6.4	5.3	8.6
1994	5.3	5.9	8.7	5.3	5.1	8.5
1995	5.5	5.9	9.4	6.7	5.1	8.9
1996	5.5	6.0	9.5	6.7	5.9	9.0
1997	5.6	6.0	9.8	6.9	5.2	9.1
1998	5.7	6.1	5.7	7.0	4.9	9.2
1999	5.5	6.2	9.9	7.1	5.0	9.3
2000	5.4	6.2	9.9	7.0	5.1	9.4
2001	5.4	6.3	10.4	7.2	5.3	9.7
2002	5.4	6.2	12.2	7.2	5.3	9.9
2003	5.0			7.4		10.0
2004	5.0			7.4		10.1
2005	4.8			7.6		10.2
2006	4.6			7.7		10.2
2007	4.7			7.8		10.3
2008	4.7			7.9		10.3
2009	4.8			8.0		10.4
2010	5.0			8.1		10.4
2011	4.9			9.1		10.4
2012	5.0			8.3		10.5
2013	5.5			9.4		9.7
2014	5.4			9.6		10.6
2015	5.5			9.7		9.6
2016	5.7			9.9		9.6
2017	5.7			10.0		9.5

2–4 全国分地区少数民族专任教师(2017年)(一)

单位：人

地 区	普通高等学校	成人高等学校	中等职业教育
全 国	**93733**	**1323**	**37306**
北 京	4072	81	383
天 津	1222	22	150
河 北	3475	9	1180
山 西	264	4	37
内蒙古	8363	63	3079
辽 宁	7584	95	2619
吉 林	4381	83	823
黑龙江	2455	38	205
上 海	1337	10	106
江 苏	1716	8	153
浙 江	1184	7	260
安 徽	776	1	96
福 建	789	1	159
江 西	578	6	47
山 东	1522	6	230
河 南	2063	6	270
湖 北	2627	14	754
湖 南	4452	14	2385
广 东	3070	26	763
广 西	8929	263	4583
海 南	363	8	174
重 庆	1267	20	793
四 川	2761	44	580
贵 州	8726	66	4966
云 南	7281	6	4314
西 藏	896		959
陕 西	1146	7	62
甘 肃	1477	12	663
青 海	1174	34	752
宁 夏	1625	11	438
新 疆	6158	358	5323

2–4 全国分地区少数民族专任教师(2017年)(二)

单位：人

地区	普通中学	特殊教育学校	小学	幼儿园
全国	**532415**	**4831**	**567719**	**187898**
北京	4077	73	3137	2052
天津	1496	24	1064	337
河北	14643	199	17115	4009
山西	288	14	174	44
内蒙古	30220	435	27487	10982
辽宁	35660	340	23972	9758
吉林	10097	169	7412	1581
黑龙江	6822	51	4323	703
上海	1114	15	390	290
江苏	1116	17	757	433
浙江	2058	20	2064	805
安徽	1380	20	1271	353
福建	1889	41	2384	765
江西	665	7	628	270
山东	2757	19	2179	841
河南	4336	40	4394	1454
湖北	12411	106	11601	3108
湖南	38645	252	28684	10080
广东	8653	79	3457	4055
广西	71458	771	92816	29745
海南	4355	10	6146	1777
重庆	11772	91	13028	2999
四川	13433	106	26043	4417
贵州	82510	712	81260	30364
云南	50097	428	72045	18655
西藏	10609	162	18254	3453
陕西	781	9	532	355
甘肃	9404	26	13227	3863
青海	11670	57	10954	4610
宁夏	9047	91	9742	3243
新疆	78952	447	81179	32497

2–5 全国少数民族在校学生

单位：万人

年 份	高等学校	中等技术学校	中等师范学校	普通中学	职业中学	小 学
1950	0.13					
1951		0.07	0.45	4.03		94.3
1952	0.29	0.26	1.62	7.32		147.4
1957	1.61	1.77	1.97	27.69		319.4
1962	2.87	1.31	0.94	29.47		
1963					1.21	299.2
1965	2.19	1.09	0.81	37.18	1.35	521.9
1975	3.06			155.69		770.8
1978	3.60	2.84	3.03	246.75		768.6
1979	3.74	3.22	3.97	205.87		737.8
1980	4.29	3.93	4.47	199.30	1.46	752.2
1981	5.12	3.91	3.90	177.06	1.36	735.6
1982	5.39	4.10	3.46	177.96	1.77	823.9
1983	5.96	4.48	3.74	182.97	3.62	821.9
1984	6.93	5.24	4.21	202.07	6.17	910.1
1985	9.41	6.65	4.98	224.47	8.74	954.8
1986	9.95	7.57	5.62	254.06	10.32	1033.7
1987	11.87	8.50	6.22	280.07	12.43	1051.3
1988	12.54	8.83	6.18	281.64	26.39	983.6
1989	13.16	9.95	6.28	283.54	13.65	1052.1
1990	13.79	11.41	6.77	294.62	15.06	1069.5
1991	14.18	11.93	6.70	308.59	16.51	980.6
1992	15.29	12.71	7.09	320.88	18.37	1122.3
1993	16.32	14.30	7.67	313.69	18.62	1140.2
1994	17.79	15.69	7.52	324.23	18.98	1149.2
1995	18.76	18.43	8.84	346.65	23.78	1200.2
1996	19.68	21.05	9.02	370.19	24.57	1251.1
1997	21.68	23.71	9.13	403.93	22.93	1248.2
1998	22.63	25.25	9.72	449.16	22.86	1240.2
1999	24.77	27.96	9.71	463.29	24.15	1214.2
2000	31.99	28.98	9.47	498.91	23.88	1181.6
2001	40.97	27.60	8.70	482.84	25.07	1172.0
2002	52.39	27.17	7.82	613.16	26.55	1149.7
2003	65.52	18.88	5.10	654.46	8.74	1120.70
2004	75.59	18.72	3.71	676.11	8.95	1097.15
2005	95.32			684.74	8.55	1078.07
2006	107.55			689.38	3.47	1081.28
2007	115.35			685.46	3.10	1074.18
2008	127.99			680.23	2.19	1070.79
2009	141.05			679.94	1.61	1059.12
2010	150.83			680.34	1.15	1048.24
2011	167.62			683.67		1044.02
2012	176.88			678.26		1037.54
2013	183.74			681.93		1040.95
2014	198.57			696.94		1058.97
2015	213.74			710.07		1094.97
2016	231.02			727.04		1136.67
2017	248.11			752.97		1175.97

2–6 全国少数民族在校学生占全国在校学生总数的比重

单位：%

年 份	高等学校	中等技术学校	中等师范学校	普通中学	职业中学	小 学
1951	1.4	0.4	2.1	2.6		2.2
1952	1.5	0.9	4.7	2.9		2.9
1957	3.7	3.7	6.7	4.4		5.0
1962	3.5	3.7	5.2	3.9	3.9	4.1
1965	3.2	2.8	5.2	4.0	2.3	4.5
1975	6.1	7.6		3.5	5.0	5.1
1978	4.2	5.4	8.4	3.8		5.3
1979	3.7	4.5	8.2	3.5		5.0
1980	3.8	5.2	9.3	3.6	3.2	5.1
1981	4.0	6.2	8.9	3.6	2.8	5.1
1982	4.7	6.5	8.4	3.9	2.5	5.9
1983	4.9	6.5	8.2	4.2	3.0	6.0
1984	5.0	6.5	8.2	4.4	3.5	6.7
1985	5.3	6.6	8.9	4.8	3.8	7.1
1986	5.3	6.6	9.2	5.2	4.0	7.8
1987	6.1	7.0	9.5	5.7	4.7	8.2
1988	6.1	6.5	9.0	5.9	9.4	7.8
1989	6.3	6.7	9.2	6.3	4.8	11.2
1990	6.6	7.3	10.0	6.4	5.1	8.7
1991	6.9	7.4	10.1	6.6	5.2	8.1
1992	7.0	7.3	10.7	6.7	5.4	9.2
1993	6.4	6.8	10.6	6.6	5.1	9.2
1994	6.4	6.5	9.6	5.5	4.7	9.0
1995	6.5	6.4	10.4	6.5	5.3	9.1
1996	6.5	6.3	10.3	6.5	5.2	9.2
1997	6.8	6.3	10.0	6.7	4.5	8.9
1998	6.6	6.2	10.6	7.1	4.2	8.9
1999	6.0	6.6	10.7	6.8	4.5	9.0
2000	5.8	7.0	12.3	6.8	4.7	9.1
2001	5.7	7.0	13.1	7.5	5.4	9.3
2002	5.8	6.9	13.0	9.3	5.2	9.5
2003	5.9			7.6		9.6
2004	5.7			7.8		9.8
2005	6.1			8.0		9.9
2006	6.2			8.2		10.1
2007	6.1			8.3		10.2
2008	6.3			8.4		10.4
2009	6.6			8.6		10.5
2010	7.0			8.6		10.4
2011	6.8			9.1		10.5
2012	7.4			9.4		10.7
2013	7.7			9.4		10.7
2014	7.8			10.3		11.2
2015	7.6			10.4		12.2
2016	7.4			10.4		10.7
2017	7.2			10.2		10.5

2–7 全国分地区少数民族在校学生(2017年)(一)

单位：人

地区	博士生（含科研机构）	硕士生（含科研机构）	普通高等学校（普通本、专科）	成人高等学校（成人本、专科）	中等职业教育
全国	**21761**	**106234**	**2481053**	**7735**	**1259771**
北京	5920	16721	67559		3904
天津	617	2628	40201		2401
河北	147	1818	80139	198	31554
山西	38	227	9943	3	209
内蒙古	433	5147	116671		39845
辽宁	1765	8852	165313		57281
吉林	1272	6195	65745	348	6786
黑龙江	751	2896	50260	27	5765
上海	1264	4763	34046		3271
江苏	1061	3974	57354	128	2728
浙江	431	1397	29203	30	8022
安徽	220	785	14101	54	2714
福建	257	1265	33229	15	6673
江西	70	722	44718	18	1914
山东	210	1540	43955	10	9537
河南	65	1101	48173	25	7264
湖北	1600	6558	121546	188	26528
湖南	702	4459	139950		75125
广东	791	3208	29177		11876
广西	235	4089	276978	6600	204472
海南	14	280	21249		22484
重庆	509	3169	65709		38636
四川	929	4474	110609	19	55893
贵州	113	3019	256633		186741
云南	378	4037	194114		175581
西藏	47	441	21174		19188
陕西	1314	5380	32783	14	2390
甘肃	321	1928	54856	58	10841
青海	32	703	32442		31596
宁夏	34	849	44150		27022
新疆	221	3609	179073		181530

2–7 全国分地区少数民族在校学生(2017年)(二)

单位：人

地　区	普通中学	特殊教育学校	小　学	幼儿园
全　国	**7529716**	**24025**	**11759653**	**4846099**
北　京	41631	179	77051	35166
天　津	20098	90	27263	6246
河　北	204938	645	336227	99803
山　西	3511	1	5169	1106
内蒙古	309464	1382	396250	170212
辽　宁	333768	1217	392024	111779
吉　林	88897	265	101042	29769
黑龙江	64282	182	71321	11664
上　海	14613	42	15254	7917
江　苏	22012	16	30831	6421
浙　江	42967	60	112516	55298
安　徽	19942	6	25317	7378
福　建	50825	129	88413	22083
江　西	7310	13	11316	4152
山　东	43441	48	66506	18933
河　南	76358	53	99701	30018
湖　北	159723	407	223426	80800
湖　南	412629	1157	649456	255865
广　东	76768	75	176614	43748
广　西	1138277	3781	1772016	733062
海　南	84736	121	143994	42367
重　庆	170655	455	203831	73005
四　川	319377	616	711203	249661
贵　州	1230147	4149	1590718	646752
云　南	945900	3503	1521270	510117
西　藏	177360	874	307703	100488
陕　西	7982	9	11693	4923
甘　肃	137596	280	271987	113883
青　海	174773	959	296194	115486
宁　夏	181518	789	284751	93137
新　疆	968218	2522	1738596	1164860

三、文　　化

3–1 全国少数民族文字出版物情况

单位：种数：种；印数：万册(份)

年 份	图 书		期 刊		报 纸	
	种数	印数	种数	印数	种数	印数
1952	621	661	15	169	20	2933
1957	1763	1462	35	244	32	2434
1962	942	910	27	170	32	2252
1965	1694	2480	36	268	36	3955
1970	312	1331	5	93	5	3262
1975	1226	3365	18	237	10	6461
1978	1386	3179	35	313	11	7072
1980	1921	3427	42	575	18	7384
1981	1904	2652	63	590	18	6631
1982	2270	3330	75	631	18	7063
1983	2327	3358	74	616	19	7927
1984	2524	3514	76	748	42	15175
1985	2759	3629	109	1035	57	11402
1986	2972	3635	126	1085	56	12561
1987	3157	4184	128	1148	70	13306
1988	3294	3816	541	1350	76	13411
1989	3260	3853	153	1280	75	9031
1990	3251	3867	131	1027	79	14837
1991	3575	4922	142	1006	81	11983
1992	3065	4326	167	1354	83	11981
1993	3500	5090	173	1291	87	11513
1994	3248	4552	178	1247	92	12526
1995	3342	4791	185	1197	92	16833
1996	3209	5060	183	1011	89	14917
1997	3429	4999	184	970	88	10527
1998	4108	5376	184	1099	83	9651
1999	4591	6021	185	1009	81	10486
2000	5062	5640	193	863	84	10116
2001	4779	5306	202	990	92	12396
2002	5125	5729	211	978	89	10229
2003	4787	5034	205	781	88	13130
2004	5457	6355	193	584	89	14404
2005	5295	6755	192	466	82	10966
2006	5931	6518	192	651	82	11809
2007	5561	6444	192	758	82	12740
2008	5563	3797	192	650	82	14964
2009	8535	6689	192	612	82	12184
2010	7593	4925	207	850	82	19846
2011	9275	7310	222	894	84	20070
2012	9119	6659	228	1240	98	20828
2013	9511	7168	231	1272	101	20989
2014	8031	5853	227	1255	103	21443
2015	9192	6912	223	1246	103	19609
2016	9436	8238	225	1273	105	22261
2017	8592	6102	229	1198	103	28001

3–2 全国少数民族文字出版的图书(一)

单位：种数：种；印数：万册(份)；印张：万印张

年 份	总计				书籍			
	种数		印数	印张	种数		印数	印张
	合计	#新出			合计	#新出		
1952	621	534	661	1714	391	341	281	739
1957	1763	1504	1462	6320	1204	1120	685	3122
1962	942	627	910	4111	361	341	202	1230
1965	1694	1290	2480	9276	644	560	1002	4650
1970	312	247	1331	4874	159	134	797	3556
1975	1226	1072	3365	12428	762	720	1868	8514
1978	1386	1120	3179	12346	750	689	874	4914
1979	1544	1290	2707	14166	803	791	716	5571
1980	1921	1456	3427	16854	1047	976	905	6449
1981	1904	1471	2652	16249	1038	973	776	6991
1982	2270	1713	3330	18882	1232	1132	1033	7919
1983	2237	1683	3358	19783	1267	1182	1113	8974
1984	2524	1931	3514	21177	1483	1379	1142	9854
1985	2759	2075	3629	20253	1602	1478	1111	8168
1986	2972	2108	3635	21030	1679	1567	1021	8158
1987	3157	2022	4184	22878	1752	1532	1215	9134
1988	3294	1975	3816	21647	1842	1580	1046	7958
1989	3260	1783	3853	22059	1709	1385	1124	8088
1990	3251	1869	3867	21673	1734	1422	1049	7853
1991	3575	1913	4922	25103	1700	1369	1201	8220
1992	3065	1556	4326	2549	1536	1207	1096	8104
1993	3500	1995	5090	26069	1704	1353	1398	9087
1994	3428	1827	4552	25869	2277	1535	2136	12926
1995	3342	1473	4791	24943	1547	1085	1411	8521
1996	3209	1431	5060	26523	1607	1080	1648	8635
1997	3429	1361	4999	27022	1959	1143	1784	9027
1998	4108	1548	5376	30291	2412	1341	2164	11418
1999	4591	1828	6021	34557	2367	1473	1896	11156
2000	5062	2078	5640	33514	2598	1741	1510	9965
2001	4779	2374	5306	32241	2451	1933	1412	9254
2002	5125	2329	5729	34765	2548	1840	1552	10524
2003	4787	2275	5034	31947	2624	1683	1501	9289
2004	5457	2430	6355	40022	2832	1798	1458	10137
2005	5295	2522	6755	44154	2606	1669	1424	9902
2006	5931	2811	6518	47302	3324	2156	1382	12493
2007	5561	2175	6444	42347	4543	1821	5264	35770
2008	5563	2543	3797	26679	4734	2285	2780	21057
2009	8535	3163	6689	45988	5361	2687	2705	19106
2010	7593	3173	4925	35335	6050	2828	3362	24323
2011	9275	3675	7310	53867	5586	3091	2559	23236
2012	9119	3629	6659	51739	5652	3113	3013	24889
2013	9511	3824	7168	52675	6117	3351	3521	26940
2014	8031	3883	5853	47467	4838	3391	2554	24851
2015	9192	4369	6912	53543	6314	3896	3471	28525
2016	9436	4082	8238	65751	6284	3625	3837	30520
2017	8592	3559	6102	49801	5888	3272	2479	21118

3–2　全国少数民族文字出版的图书(二)

单位：种数：种；印张：万印(份)；印张：万印张

年　份	课本				图片			
	种数		印数	印张	种数		印数	印张
	合计	#新出			合计	#新出		
1952	230	193	380	975	41	41	29	18
1957	509	341	759	3180	50	43	18	18
1962	550	256	640	2820	31	30	68	61
1965	787	561	1150	4404	263	169	328	222
1970	75	35	316	1144	78	78	218	174
1975	358	246	939	3481	106	106	558	433
1978	537	340	1629	6829	99	91	676	603
1980	808	414	1958	9713	66	66	564	692
1981	803	436	1692	8998	63	62	184	260
1982	974	517	2170	10820	64	64	27	143
1983	975	420	2020	10499	85	81	225	310
1984	946	464	2198	11145	95	88	174	121
1985	1084	525	2326	11885	73	72	192	201
1986	1263	515	2561	12686	30	26	53	179
1987	1330	416	2847	13566	75	74	124	154
1988	1400	345	2669	13197	52	50	101	299
1989	1509	356	2624	13644	42	42	105	154
1990	1482	413	2754	13582	35	34	64	226
1991	1828	497	3671	16616	47	47	50	233
1992	1488	309	3154	14261	41	40	76	163
1993	1780	628	3623	16837	16	14	71	97
1994	1137	283	2361	12843	14	9	55	99
1995	1780	373	3346	16283	15	15	34	20
1996	1592	343	3403	17860	10	8	9	10
1997	1464	213	3204	17908	6	5	11	24
1998	1677	193	3199	18805	19	14	13	67
1999	2204	337	4100	22871	20	18	25	108
2000	2455	334	4124	23838	9	3	6	11
2001	2311	427	3886	22978	17	14	8	9
2002	2555	472	4163	24137	22	17	14	89
2003	2142	583	3521	22623	21	9	12	18
2004	2611	619	4890	29873	14	13	7	12
2005	2689	853	5331	34239				
2006	2605	653	5134	34802				
2007	1009	347	1175	6545				
2008	826	257	1015	5620				
2009	3154	470	3962	26811				
2010	1523	327	1548	10948	4	2	2	4
2011	3665	562	4703	30559				
2012	3457	510	3639	26834				
2013	3390	473	3643	25721				
2014	3187	489	3295	22599				
2015	2876	471	3438	25007				
2016	3149	456	4396	35207				
2017	2703	287	3621	28672				

3–3 全国分地区少数民族文字出版的图书(2017年)(一)

单位：种数：种；印数：万册(份)；印张：千印张

地区	总计				书籍			
	种数合计	#新出	印数	印张	种数合计	#新出	印数	印张
全国合计	**8592**	**3559**	**6102**	**498009**	**5888**	**3272**	**2479**	**211182**
中央合计	547	373	247	26069	498	355	232	24010
地　　方	8045	3186	5855	471940	5390	2917	2247	187172
内 蒙 古	2194	814	1405	106914	1417	722	570	43798
辽　　宁	226	124	69	4356	188	104	55	3521
吉　　林	722	235	199	15857	442	199	123	9379
黑 龙 江	81	39	11	1281	81	39	11	1281
广　　西	35	33	55	3063	19	18	9	499
四　　川	718	246	398	41049	493	240	167	22164
贵　　州	22	17	3	582	22	17	3	582
云　　南	302	287	67	9038	258	245	47	7139
西　　藏	454	219	501	36501	324	218	185	15364
甘　　肃	168	134	49	5373	168	134	48	5287
青　　海	321	71	295	24294	170	65	63	6476
新　　疆	2802	967	2803	223632	1808	916	966	71682

3–3 全国分地区少数民族文字出版的图书(2017年)(二)

单位：种数：种；印数：万册(份)；印张：千印张

地　区	课本			
	种数合计	#新　出	印　数	印　张
全国合计	**2703**	**287**	**3621**	**286719**
中央合计	49	18	15	2059
地　方	2654	269	3606	284660
内蒙古	777	92	835	63116
辽　宁	37	20	13	830
吉　林	280	36	76	6478
黑龙江				
广　西	16	15	46	2564
四　川	225	6	231	18885
贵　州				
云　南	44	42	20	1899
西　藏	130	1	316	21137
甘　肃				
青　海	151	6	232	17818
新　疆	994	51	1837	151933

注：本年出版少数民族文字图书的文种有：布依文、朝鲜文、德宏傣文、侗文、规范彝文、哈尼文、哈萨克文、景颇文、柯尔克孜文、拉祜文、傈僳文、满文、蒙古文、苗文、纳西文、佤文、维吾尔文、西双版纳文、锡伯文、瑶文、载佤文、藏文、壮文等23种。

3-4 全国少数民族文字出版的期刊、报纸

单位：种数：种；印数：万册(份)；印张：万印张

年份	期刊			报纸		
	种数	印数	印张	种数	印数	印张
1950				14	259	205
1952	15	169	311	20	2933	2043
1957	35	244	757	32	2434	2432
1962	27	170	617	32	2252	2002
1965	36	268	846	36	3955	4159
1970	5	93	659	5	3262	3880
1975	18	237	1346	10	6461	6211
1978	35	313	2022	11	7072	7416
1979	41	392	2084	12	6078	6291
1980	42	575	2441	18	7384	6231
1981	63	590	2462	18	6631	5541
1982	75	631	2432	18	7063	6598
1983	74	616	2495	19	7927	8377
1984	76	748	3123	42	15175	13657
1985	109	1035	4745	57	11402	9331
1986	126	1085	4991	56	12561	11070
1987	128	1148	4742	70	13306	11571
1988	154	1350	5823	76	13411	11829
1989	153	1280	5188	75	9031	7998
1990	131	1027	4221	79	14837	13957
1991	142	1006	4151	81	11983	10819
1992	167	1354	5124	83	11981	10410
1993	173	1291	5011	87	11513	8831
1994	178	1247	4577	92	12526	12102
1995	185	1197	4544	92	16833	14078
1996	183	1011	3983	89	14917	10728
1997	184	970	3723	88	10527	9596
1998	184	1099	4207	83	9651	9227
1999	185	1009	3919	81	10486	11996
2000	193	863	3349	84	10116	10133
2001	202	990	3759	92	12396	12705
2002	211	978	3693	89	10229	11001
2003	205	781	3037	88	13130	15149
2004	193	584	2383	89	14404	17495
2005	192	466	2186	82	10966	12131
2006	192	651	2655	82	11809	12800
2007	192	758	3130	82	12740	14526
2008	192	650	2889	82	14964	30570
2009	192	612	2742	82	12184	15329
2010	207	850	3754	82	19846	24427
2011	222	894	4090	84	20070	32599
2012	228	1240	5380	98	20828	31650
2013	231	1272	5515	101	20989	33431
2014	227	1255	5849	103	21443	31768
2015	223	1246	5859	103	19609	27977
2016	225	1273	6050	105	22261	33092
2017	229	1198	5726	103	28001	38885

3-5　全国分地区少数民族文字出版的期刊(2017年)(一)

单位：种数：种；印数：万册(份)；印张：千印张

地　区	合　计				综合类			
	种　数	平均期印　数	总印数	总印张	种　数	平均期印　数	总印数	总印张
总　计	**229**	**119**	**1198**	**57259**	**9**	**3**	**24**	**1089**
中　央	19	16	111	6184	3	1	13	553
地　方	210	102	1087	51075	6	2	11	536
内蒙古	45	28	416	18588				
吉　林	14	5	60	4003				
黑龙江	2	1	4	243				
广　西	1	0	2	102				
四　川	4	2	7	365				
云　南	3	0	2	84				
西　藏	16	8	50	2125	1	0	1	102
甘　肃	3	1	2	203				
青　海	12	3	17	1068				
新　疆	110	54	527	24294	5	1	10	434

3-5　全国分地区少数民族文字出版的期刊(2017年)(二)

单位：种数：种；印数：万册(份)；印张：千印张

地　区	哲学、社会科学类				自然科学、技术类			
	种　数	平均期印　数	总印数	总印张	种　数	平均期印　数	总印数	总印张
总　计	**78**	**76**	**880**	**39386**	**40**	**12**	**92**	**3850**
中　央	11	14	89	4855				
地　方	67	62	791	34531	40	12	92	3850
内蒙古	19	24	383	16294	8	1	10	449
吉　林	5	4	51	3007	2	0	1	97
黑龙江								
广　西								
四　川	2	2	6	320				
云　南								
西　藏	5	5	37	1368	3	1	5	189
甘　肃	2	0	0	32				
青　海	5	1	10	439	2	0	1	62
新　疆	29	26	304	13071	25	9	74	3053

3-5 全国分地区少数民族文字出版的期刊(2017年)(三)

单位：种数：种；印数：万册(份)；印张：千印张

地区	文化、教育类				文学、艺术类			
	种数	平均期印数	总印数	总印张	种数	平均期印数	总印数	总印张
总计	**38**	**11**	**95**	**4109**	**64**	**17**	**108**	**8825**
中央					5	1	9	776
地方	38	11	95	4109	59	15	99	8049
内蒙古	6	1	7	399	12	2	17	1446
吉林	3	0	4	268	4	1	4	631
黑龙江					2	1	4	243
广西					1	0	2	102
四川					2	0	1	45
云南					3	0	2	84
西藏	4	1	4	309	3	1	2	158
甘肃					1	1	2	171
青海	2	0	2	172	3	1	4	396
新疆	23	9	78	2962	28	9	62	4774

3-5 全国分地区少数民族文字出版的期刊(2017年)(四)

单位：种数：种；印数：万册(份)；印张：千印张

地区	少儿读物类				画刊类			
	种数	平均期印数	总印数	总印张	种数	平均期印数	总印数	总印张
总计	**6**	**15**	**270**	**10604**	**5**	**1**	**13**	**553**
中央					3	1	13	553
地方	6	15	270	10604	2			
内蒙古	2	9	218	8682				
吉林	1	1	9	590				
黑龙江	1	1	3	150				
广西								
四川								
云南								
西藏								
甘肃								
青海								
新疆	2	4	40	1182	2			

3–6 全国分地区少数民族文字出版的报纸(2017年)

单位：种数：种；印数：万册(份)；印张：千印张

地区	合计			
	种数	平均期印数	总印数	总印张
总计	**103**	**138**	**28001**	**388850**
中央	4	6	2001	20007
地方	99	132	26001	368843
内蒙古	13	10	2349	33581
辽宁	3	1	116	879
吉林	8	6	790	12854
黑龙江	1	1	319	6380
广西	1	1	25	250
四川	3	2	277	2773
云南	8	4	209	1729
西藏	12	25	6195	87382
甘肃	7	4	177	1476
青海	40	77	15431	220671
新疆	3	1	113	868

3–7 全国少数民族文字期刊出版数量与上年相比增减的百分比(2017年)

单位：%

地区	种数	总印数	总印张
总计	**1.78**	**-5.85**	**-5.36**
中央		-13.29	-10.75
地方	1.94	-5.01	-4.66

3–8 全国少数民族文字报纸出版数量与上年相比增减的百分比(2017年)

单位：%

地区	合计			
	种数	平均期印数	总印数	总印张
总计	**-1.90**	**13.45**	**25.78**	**17.50**
中央		14.00	9.63	9.63
地方	-1.98	13.42	27.23	17.96

3-9 主要少数民族语言广播播出基本情况(2017年)

地 区	广播使用语 言 (种)	合计 时:分	转中央台节目 时:分	转省级台节目 时:分	转地市级台节目 时:分	制作节目播出时间 时:分
合 计	蒙古语	**230863 : 34**	**73656 : 00**	**24296 : 42**	**20036 : 55**	**94069 : 47**
内蒙古		174694 : 04	64755 : 30	17401 : 42	12741 : 25	69250 : 47
辽 宁		13685 : 00	3650 : 00	365 : 00		5325 : 00
吉 林		5840 : 00	227 : 00	201 : 00		2983 : 00
黑龙江		8760 : 00	182 : 30	152 : 00	7295 : 30	1110 : 00
青 海		4374 : 30		780 : 00		2850 : 00
新 疆		23510 : 00	4841 : 00	5397 : 00		12551 : 00
合 计	朝鲜语	**45375 : 55**	**3120 : 30**		**340 : 00**	**28021 : 30**
辽 宁		7260 : 00	1480 : 00		340 : 00	5438 : 00
吉 林		38115 : 55	1640 : 30			22583 : 30
合 计	藏语	**172050 : 10**	**32945 : 30**	**62718 : 20**	**2843 : 00**	**47099 : 42**
四 川		8761 : 20	1150 : 00	5206 : 20	1353 : 00	918 : 00
云 南						
西 藏		134626 : 25	24013 : 00	48942 : 00	1490 : 00	36548 : 25
甘 肃		6782 : 55	548 : 00	365 : 00		3982 : 47
青 海		21879 : 30	7234 : 30	8205 : 00		5650 : 30
合 计	维吾尔语	**259617 : 30**	**28525 : 10**	**80697 : 45**	**12457 : 33**	**119086 : 05**
新 疆		259617 : 30	28525 : 10	80697 : 45	12457 : 33	119086 : 05

3-10 主要少数民族语言电视播出基本情况(2017年)

地区	电视节目播出语种种类(种)	合计 时:分	转中央台节目 时:分	转省级台节目 时:分	转地市级台节目 时:分	制作节目播出时间 时:分
合计	蒙古语	**214153:41**	**34953:45**	**21866:00**	**6881:3**	**53896:47**
内蒙古		160509:21	31339:00	12314:30	6400:33	42266:12
辽宁		8695:00	375:00		185:00	2160:00
吉林		7300:00	298:00	365:00	10:00	2734:00
黑龙江		8760:00	182:30	5732:00	103:00	1117:00
青海		14253:15	1684:15	2932:30	182:30	2665:30
新疆		14636:5	1075:00	522:00		2954:5
合计	朝鲜语	**74909:29**	**1681:35**	**73:00**	**12:00**	**29808:48**
吉林		74909:29	1681:35	73:00	12:00	29808:48
合计	藏语	**324974:23**	**35190:5**	**53059:00**	**20181:00**	**44846:49**
四川		48051:50	4026:30	2047:00	1341:00	14105:20
云南		6168:00	880:00	724:00		1978:00
西藏		160980:47	22272:8	34809:9	16010:00	6587:30
甘肃		6131:00	182:00		121:00	1853:00
青海		103642:46	7829:27	15478:40	2709:00	20322:59
合计	维吾尔语	**353541:45**	**34984:35**	**62817:35**	**11508:55**	**60925:45**
新疆		353541:45	34984:35	62817:35	11508:55	60925:45
合计	哈萨克语	**112407:21**	**5725:15**	**20890:15**	**1143:20**	**16000:35**
新疆		112407:21	5725:15	20890:15	1143:20	16000:35

四、体　　育

4–1 全国少数民族传统体育运动会情况

届次	时间	地点	参加代表团（个）	运动员人数（个）	比赛项目（个）	表演项目（个）
1	1953.11	天津	15	395	6	414
2	1982.9	呼和浩特	29	863	2	68
3	1986.8	乌鲁木齐	29	1097	7	115
4	1991.11	南宁	30	1740	9	120
5	1995.11	昆明	31	2342	11	129
6	1999.8—9	拉萨、北京	31	3390	14	150
7	2003.9	银川、石嘴山	34	3735	14	125
8	2007.11	广州	34	6381	15	149
9	2011.9	贵阳	34	6790	16	185
10	2015.8	鄂尔多斯	33	7000	17	140

4–2 全国少数民族在队运动员和教练员

单位：人

年 份	少数民族运动员	少数民族教练员
1991	1120	296
1992	1197	306
1993	954	289
1994	998	326
1995	941	262
1996	1018	258
1997	1049	261
1998	1064	269
1999	1026	242
2000	1105	252
2001	1137	247
2002	1063	239
2003	1234	1791
2004	1195	1846
2005	1204	1804
2006	1150	1840
2007	1400	2268
2008	1756	1950
2009	1729	1631
2010	2103	1712
2011	2261	2089
2012	2224	457
2013	2141	511
2014	2078	411
2015	2215	382
2016	2338	384
2017	2381	2267

注：2002年以前少数民族教练员为一线教练员，2003年后教练员指一、二、三线教练员。

4–3 全国分地区少数民族在队运动员和教练员（2017年）

单位：人

地　区	少数民族运动员	少数民族教练员
全　国	**2381**	**2267**
中　央		5
地　方	2381	2262
北　京	65	35
天　津	36	14
河　北	45	43
山　西	10	12
内蒙古	282	211
辽　宁	136	152
吉　林	24	122
黑龙江	41	52
上　海	8	13
江　苏	23	24
浙　江	16	12
安　徽	11	11
福　建	12	18
江　西	2	4
山　东	24	60
河　南	29	73
湖　北	34	37
湖　南	59	101
广　东	26	42
广　西	263	276
海　南	47	6
四　川	5	23
贵　州	85	77
云　南	50	50
西　藏	159	272
重　庆	194	38
陕　西	44	26
甘　肃	170	51
青　海	71	41
宁　夏	78	23
新　疆	332	343

五、民族贸易和民族用品生产

5-1 全国分地区定点边销茶企业生产情况(2017年)(一)

地 区	企业数(个)	从业人员年末数(人)	#专业技术人员(人)	边销茶产量(吨)	边销茶产量占企业产品总产量的比重(%)	边销茶销售量(吨)	边销茶产值(万元)
合 计	**30**	**5784**	**1480**	**73921**	**88**	**63005**	**123838**
内蒙古	**1**	**12**	**4**	**100**	**100**	**80**	**82**
包头市容兴茶叶精制厂		8	2	50	100	35	51
浙 江	**3**	**298**	**56**	**11130**	**92**	**10090**	**12035**
武义骆驼九龙砖茶有限公司		112	15	4600	91	4100	5905
新昌县江南诚茂砖茶有限公司		88	22	3780	100	3650	3290
宁波赤岩峰茶业有限公司		98	19	2750	85	2340	2840
湖 北	**2**	**1128**	**315**	**12630**	**71**	**7675**	**14148**
湖北富华茶业有限公司		46	5	389	100	321	331
赵李桥锦合茶业有限公司		435	109	3615	80	2662	5005
湖 南	**9**	**2248**	**623**	**26439**	**72**	**23934**	**34735**
安华怡清源茶业有限公司		380	42	1062	46	925	1030
紫艺茶业有限公司		58	12	994	83	960	4039
益阳茶厂有限公司		308	58	5462	74	5426	5813
白沙溪茶厂有限责任公司		658	305	3095	73	2388	9642
安化茶厂有限公司		168	65	193	17	303	349
益阳香炉山茶业有限公司		35	7	1300	80	985	1170
临湘市茶业有限责任公司		32	12	3800	100	3000	2800
临湘永巨茶业有限公司		143	32	3573	91	3462	3733
临湘市明伦茶业有限公司		280	51	6200	72	5900	5410

5-1 续表 1

地区	企业数（个）	从业人员年末数（人）	#专业技术人员（人）	边销茶产量（吨）	边销茶产量占企业产品总产量的比重(%)	边销茶销售量（吨）	边销茶产值（万元）
四川	**4**	**506**	**151**	**16706**	**73**	**15964**	**11053**
雅安茶厂有限公司		130	23	2902	93	2750	1840
雅安市友谊茶叶有限公司		120	69	4793	74	4359	3550
吉祥茶业有限公司		31	7	3000	80	3000	1200
雅安市名山县西藏朗赛茶厂		117	17	2028	91	1872	1078
贵州	**2**	**130**	**35**	**1446**	**100**	**1246**	**5580**
桐梓县金龙茶叶有限责任公司		90	29	146	88	146	4380
湄江印象茶业有限责任公司		40	6	1300	90	1100	1200
广西	**3**	**508**	**132**	**3343**	**75**	**2008**	**31170**
广西梧州茂圣茶业有限公司		263	102	686	57	564	7820
广西壮族自治区梧州茶厂		100	18	1662	100	850	14395
广西金花茶业有限公司		145	12	995	62	594	8955
陕西	**1**	**264**	**29**	**806**	**100**	**659**	**9866**
咸阳泾谓茯茶有限公司		264	29	806	100	659	9866
云南	**5**	**690**	**135**	**1321**	**20**	**1349**	**5169**
下关沱茶(集团)股份有限公司		284	51	1031	37	1059	4616
龙生茶叶股份有限公司		230	40	102	3	102	176
耿马县国营洛凌茶厂		130	24	38	1	38	77
双江自治县双龙古茶厂		22	12				
陇川县纵歌茶厂		24	8	150	36	150	300

5−1 续表 2

地 区	边销茶产值占企业产品总产值的比重(%)	边销茶销售收入(万元)	边销茶销售利润(万元)	全年流动资金贷款额(万元)	享受流动资金贷款利率优惠额(万元)	减免增值税(万元)
合 计	**63**	**97816**	**10802**	**87528**	**12777**	**3188**
内蒙古	**100**	**66**	**10**			**2**
包头市容兴茶叶精制厂	100	36	5			1
浙 江	**90**	**10096**	**479**	**7700**	**37**	**717**
武义骆驼九龙砖茶有限公司	87	4920	286	3200		138
新昌县江南诚茂砖茶有限公司	100	2930	126	3200		498
宁波赤岩峰茶业有限公司	85	2246	67	1300	37	81
湖 北	**58**	**10477**	**566**	**14800**	**120**	**358**
湖北富华茶业有限公司	100	273	7			8
赵李桥锦合茶业有限公司	80	4011	168	7800	120	320
湖 南	**50**	**29954**	**1306**	**22838**	**652**	**1565**
安华怡清源茶业有限公司	35	886	12	1200	30	32
紫艺茶业有限公司	94	3101	43			450
益阳茶厂有限公司	42	5895	-360.58	7000	200	177
白沙溪茶厂有限责任公司	49	7427	386	10500	299	310
安化茶厂有限公司	25	368	4			12
益阳香炉山茶业有限公司	73	935	66			136
临湘市茶业有限责任公司	100	2800	200			150
临湘永巨茶业有限公司	90	3617	282	450	12	115
临湘市明伦茶业有限公司	35	4365	301	500	13	102

5-1 续表 3

地区	边销茶产值占企业产品总产值的比重(%)	边销茶销售收入（万元）	边销茶销售利润（万元）	全年流动资金贷款额（万元）	享受流动资金贷款利率优惠额（万元）	减免增值税（万元）
四川	**54**	**10854**	**406**	**10940**	**184**	**447**
雅安茶厂有限公司	78	1744	113	4310		
雅安市友谊茶叶有限公司	55	3980	80	6130	177	159
吉祥茶业有限公司	80	1000	50			
雅安市名山县西藏朗赛茶厂	61	745	45	300	8	35
贵州	**419**	**6880**	**3690**	**6000**	**4500**	
桐梓县金龙茶叶有限责任公司	88	4380	3490	6000	4500	
湄江印象茶业有限责任公司	90	2500	200			
广西	**71**	**18478**	**2914**	**11750**	**7284**	
广西梧州茂圣茶业有限公司	53	7116	748	7280	7280	
广西壮族自治区梧州茶厂	100	7722	2037	720	4	
广西金花茶业有限公司	60	3640	129	3750		
陕西	**100**	**5619**	**919**	**5800**		
咸阳泾谓茯茶有限公司	100	5619	919	5800		
云南	**12**	**5392**	**513**	**7700**		**99**
下关沱茶(集团)股份有限公司	21	4861	540	4000		99
龙生茶叶股份有限公司	3	176	1	1050		
耿马县国营洛凌茶厂	1	77	-58			
双江自治县双龙古茶厂				2500		
陇川县纵歌茶厂	36	278	30	150		

六、其　他

6-1 历届中国共产党全国代表大会少数民族中央委员、候补中央委员人数

届 次	时 间	地 点	代表总数	#少数民族代表	中央委员、中央候补委员总数	#少数民族中央委员、中央候补委员人数
第一届	1921.7.23—31	上 海	12	1		
第二届	1922.7.16—23	上 海	12	1	5	
第三届	1923.6.12—20	广 州	30余人		14	
第四届	1925.1.11—22	上 海	20		14	
第五届	1927.4.27—5.9	武 汉	80	1	45	
第六届	1928.6.18—7.11	莫斯科	118		36	1
第七届	1945.4.23—6.11	延 安	755		77	2
第八届	1956.9.15—27	北 京	1133		170	10
第九届	1969.4.1—24	北 京	1512		279	
第十届	1973.8.24—28	北 京	1249		319	15
第十一届	1977.8.12—18	北 京	1510		333	16
第十二届	1982.9.1—11	北 京	1749	104	348	31
第十三届	1987.10.25—11.1	北 京	1936		285	32
第十四届	1992.10.12—18	北 京	1989	198	319	32
第十五届	1997.9.12—18	北 京	2048	219	344	38
第十六届	2002.11.8—14	北 京	2114	230	356	35
第十七届	2007.10.15—21	北 京	2213	242	371	40
第十八届	2012.11.8—14	北 京	2270	249	376	39
第十九届	2017.10.18—24	北 京	2280	264	376	38

6–2 历届全国人民代表大会少数民族代表人数

届 次	时 间	代表总数	#少数民族代表数	少数民族代表比例(%)	少数民族(个)
第一届	1954年	1226	178	14.50	30
第二届	1959年	1226	179	14.60	30
第三届	1964年	3040	372	12.20	53
第四届	1975年	2885	270	9.40	54
第五届	1978年	3497	381	10.90	54
第六届	1983年	2978	403	13.60	55
第七届	1988年	2970	445	14.90	55
第八届	1993年	2898	554	18.60	55
第九届	1998年	2979	428	14.37	55
第十届	2003年	2985	415	13.90	55
第十一届	2008年	2987	411	13.76	55
第十二届	2013年	2987	409	13.69	55

6–3 历届中国人民政治协商会议全国委员会少数民族委员人数

届 次	时 间	委员总数	#少数民族委员数	少数民族委员比例(%)	少数民族(个)
第一届	1949年	198	19	9.60	10
第二届	1954年	753	61	8.10	16
第三届	1959年	1071	78	7.29	19
第四届	1965年	1199	81	6.76	20
第五届	1978年	2268	147	6.49	31
第六届	1983年	2228	185	8.31	37
第七届	1988年	2180	222	10.19	45
第八届	1993年	2172	101	4.65	55
第九届	1998年	2196	259	11.80	55
第十届	2003年	2238	262	11.70	55
第十一届	2008年	2237	250	11.18	55
第十二届	2013年	2237	258	11.53	55

6-4 国务院历次全国民族团结进步表彰情况(一)

单位：个，人

地区	总计			1988年第一次表彰			1994年第二次表彰		
	集体	个人	#女	集体	个人	#女	集体	个人	#女
合计	**1833**	**1842**	**330**	**565**	**601**	**106**	**642**	**613**	**106**
北京	36	24	5	12	5	2	12	9	2
天津	27	23	6	9	5	1	8	8	1
河北	42	42	7	11	14	3	15	13	1
山西	12	17	3	3	4	1	4	5	
内蒙古	93	98	18	34	34	8	29	33	5
辽宁	75	62	12	26	16	4	25	22	4
吉林	52	71	12	15	26	4	18	22	3
黑龙江	47	47	5	18	12	2	16	16	2
上海	31	20	7	8	6	2	11	7	1
江苏	19	22	2	5	7	1	7	7	1
浙江	21	17	5	7	5	2	7	6	2
安徽	17	20	2	5	5		6	8	1
福建	27	16	3	8	4	1	11	6	1
江西	15	10	2	4	3	1	4	3	1
山东	32	34	7	10	9	2	11	12	1
河南	37	31	3	15	7		10	13	2
湖北	49	46	12	13	15	5	19	14	3
湖南	71	55	9	25	16	3	22	20	1
广东	21	21	2	4	8		8	7	2
广西	128	119	26	46	39	6	41	41	10
海南	35	30	6	11	9	2	12	10	1
重庆	15	11	3						
四川	67	87	12	18	37	5	29	30	4
贵州	97	81	24	33	29	7	33	23	8
云南	127	113	16	45	39	3	47	30	7
西藏	50	80	21	10	38	9	19	21	5
陕西	17	18	3	3	7	1	7	5	1
甘肃	63	60	8	18	24	1	22	19	3
青海	57	52	10	26	16	5	17	16	2
宁夏	49	64	12	17	25	4	17	17	2
新疆	108	163	33	24	61	15	40	45	10
其他	296	288	34	82	76	6	115	125	19

6–4 国务院历次全国民族团结进步表彰情况(二)

地区	1999年第三次表彰			2005年第四次表彰			2009年第五次表彰			2014年第六次表彰		
	集体	个人	#女	集体	个人	#女	集体	个人	#女	集体	个人	#女
合　计	**626**	**628**	**118**	**642**	**676**	**135**	**739**	**749**	**161**	**678**	**818**	**195**
北　京	12	10	1	12	10	3	15	13	5	14	15	5
天　津	10	10	4	9	10	4	10	11	6	9	12	4
河　北	16	15	3	17	18	2	19	19	4	17	22	5
山　西	5	8	2	5	7	2	7	8	2	6	8	
内蒙古	30	31	5	32	31	4	32	34	4	31	38	8
辽　宁	24	24	4	22	23	5	25	24	4	25	26	9
吉　林	19	23	5	19	23	5	20	22	3	19	24	8
黑龙江	13	19	1	17	15	2	17	18	2	15	20	8
上　海	12	7	4	13	7	3	16	7	3	13	10	4
江　苏	7	8		10	8	2	11	10	6	11	11	1
浙　江	7	6	1	8	8	1	9	10	4	8	13	4
安　徽	6	7	1	7	8	3	9	9	2	8	9	
福　建	8	6	1	8	10	1	10	11	1	9	14	2
江　西	7	4		8	4	2	8	7	3	7	8	3
山　东	11	13	4	13	11	2	14	13	2	13	15	3
河　南	12	11	1	13	12	3	17	12	3	14	16	3
湖　北	17	17	4	17	18	2	19	19	6	17	20	5
湖　南	24	19	5	24	22	4	28	25	4	25	30	4
广　东	9	6		11	11	1	15	11	2	17	19	3
广　西	41	39	10	42	42	11	44	44	11	40	49	23
海　南	12	11	3	11	12	2	13	13	3	12	15	4
重　庆	15	11	3	16	13	2	16	15	5	14	17	5
四　川	20	20	3	23	23	3	29	27	4	26	34	5
贵　州	31	29	9	33	32	5	35	34	11	32	38	15
云　南	35	44	6	39	40	8	39	40	7	37	44	12
西　藏	21	21	7	21	21	9	24	28	5	22	31	9
陕　西	7	6	1	6	6		8	8	3	8	7	1
甘　肃	23	17	4	21	21	4	24	21	3	19	26	2
青　海	14	20	3	17	18	3	18	20	3	17	21	3
宁　夏	15	22	6	18	19	6	21	21	7	18	24	7
新　疆	44	57	8	40	52	13	40	53	16	37	51	14
其　他	99	87	9	90	121	18	127	142	17	118	131	16

主要统计指标解释

普通高等学校 指通过国家普通高等教育招生考试，招收高中毕业生为主要培养对象，实施高等学历教育的全日制大学、独立设置的学院、独立学院和高等专科学校、高等职业学校及其他机构。

大学、独立设置的学院主要实施本科及本科层次以上的教育。独立学院主要实施本科层次的教育。高等专科学校、高等职业学校实施专科层次的教育。其他机构是指承担国家普通招生计划任务不计校数的机构，包括普通高等学校分校、大专班等。

成人高等学校 指通过国家成人高等教育招生考试，招收具有高中毕业或同等学力的人员为主要培养对象，利用函授、业余、脱产等多种形式，对其实施高等学历教育的学校。包括：职工高等学校、农民高等学校、管理干部学院、教育学院、独立函授学院、广播电视大学、其他机构。其他机构是指承担国家成人招生计划任务不计校数的机构。

其他资料

其他资料一　全国行政区划（2017年底）

单位：个

省级区划名称	地级区划数	#地级市	县级区划数	#市辖区	#县级市	#县(旗)	#自治县(自治旗)	乡镇级区划数	#镇	#乡(苏木)	#民族乡(民族苏木)	#街道
全　国	**334**	**294**	**2851**	**962**	**363**	**1355**	**117**	**39888**	**21116**	**10529**	**1028**	**8241**
北京市			16	16				331	143	38	5	150
天津市			16	16				248	124	3	2	121
河北省	11	11	168	47	20	95	6	2255	1128	818	50	308
山西省	11	11	119	23	11	85		1398	564	632		202
内蒙古自治区	12	9	103	23	11	66	3	1020	505	254	18	243
辽宁省	14	14	100	59	16	17	8	1531	641	202	54	688
吉林省	9	8	60	21	20	16	3	919	426	182	33	311
黑龙江省	13	12	128	65	19	43	1	1192	532	353	63	307
上海市			16	16				214	107	2		105
江苏省	13	13	96	55	21	20		1284	758	68	1	458
浙江省	11	11	89	37	19	32	1	1378	641	274	18	463
安徽省	16	16	105	44	6	55		1486	965	275	9	246
福建省	9	9	85	29	12	44		1105	642	284	19	179
江西省	11	11	100	25	11	64		1561	825	579	8	157
山东省	17	17	137	55	26	56		1824	1094	70	4	660
河南省	17	17	158	52	21	85		2441	1151	640	21	650
湖北省	13	12	103	39	24	37	2	1234	761	165	12	308
湖南省	14	13	122	35	17	63	7	1927	1134	398	84	395
广东省	21	21	121	64	20	34	3	1601	1124	11	7	466
广西壮族自治区	14	14	111	40	7	52	12	1251	799	319	59	133
海南省	4	4	23	8	5	4	6	218	175	21		22
重庆市			38	26		8	4	1030	626	182	14	222
四川省	21	18	183	53	17	109	4	4610	2196	2064	98	350
贵州省	9	6	88	15	8	53	11	1379	839	317	193	223
云南省	16	8	129	16	15	69	29	1398	682	543	140	173
西藏自治区	7	6	74	8		66		697	140	545	9	12
陕西省	10	10	107	30	4	73		1295	983	23	3	289
甘肃省	14	12	86	17	4	58	7	1355	816	413	34	126
青海省	8	2	43	6	3	27	7	400	143	223	28	34
宁夏回族自治区	5	5	22	9	2	11		240	103	90		47
新疆维吾尔自治区	14	4	105	13	24	62	6	1066	349	523	42	193
香港特别行政区												
澳门特别行政区												
台湾省												

注：乡镇级总数包含河北省、新疆维吾尔自治区的各一个区公所。

其他资料二　全国国民经济和社会发展总量与速度指标

指　　标	总量指标			
	1978	2000	2016	2017
人口(万人)				
年末总人口	96259	126743	138271	139008
城镇人口	17245	45906	79298	81347
乡村人口	79014	80837	58973	57661
就业(万人)				
就业人员数	40152	72085	77603	77640
第一产业	28318	36043	21496	20944
第二产业	6945	16219	22350	21824
第三产业	4890	19823	33757	34872
城镇登记失业人数	530	595	982	972
国民经济核算				
国民总收入(亿元)	3678.7	99066.1	740598.7	824828.4
国内生产总值(亿元)	3678.7	100280.1	743585.5	827121.7
第一产业	1018.5	14717.4	63672.8	65467.6
第二产业	1755.2	45664.8	296547.7	334622.6
第三产业	905.1	39897.9	383365	427031.5
人均国内生产总值(元)	385	7942	53935	59660
人民生活				
全国居民人均可支配收入(元)	171	3721	23821	25974
城镇居民人均可支配收入(元)	343	6256	33616	36396
农村居民人均可支配收入(元)	134	2282	12363	13432
财政(亿元)				
一般公共预算收入	1132	13395	159605	172593
一般公共预算支出	1122	15887	187755	203085
环境、灾害				
废水中化学需氧量排放量(万吨)			1047	1022
废气中二氧化硫排放量(万吨)			1103	875
能源(万吨标准煤)				
能源生产总量	62770	138570	346037	359000
能源消费总量	57144	146964	435819	449000

指数(%)（2017为以下各年）			平均增长速度(%)	
1978	2000	2016	1979–2017	2001–2017
144.4	109.7	100.5	0.9	0.5
471.7	177.2	102.6	4.1	3.4
73.0	71.3	97.8	-0.8	-2.0
193.4	107.7	100.0	1.7	0.4
74.0	58.1	97.4	-0.8	-3.1
314.2	134.6	97.6	3.0	1.8
713.1	175.9	103.3	5.2	3.4
183.4	163.4	99.0	1.6	2.9
3442.5	458.4	107.0	9.5	9.4
3452.1	454.1	106.9	9.5	9.3
537.2	195.1	103.9	4.4	4.0
5328.9	496.8	106.1	10.7	9.9
4835.4	504.4	108.0	10.5	10.0
2380.8	413.5	106.3	8.5	8.7
2378.4	475.0	107.3	8.5	9.6
1541.6	403.3	106.5	7.3	8.5
1825.5	372.9	107.3	7.7	8.0
14726.5	1244.7	107.4	13.7	16.0
17486.1	1238.5	107.6	14.2	16.0
		97.6		
		79.4		
571.9	259.1	103.6	4.6	5.8
785.7	305.5	102.9	5.4	6.8

其他资料二　续表 1

指　　标	总量指标			
	1978	2000	2016	2017
固定资产投资				
全社会固定资产投资总额(亿元)		32918	606466	641238
#房地产开发		4984	102581	109799
全社会住宅投资(亿元)		7594	83660	86985
对外经济贸易				
货物进出口总额(亿元)	355.0	39273.3	243386.5	278101.0
出口额	167.6	20634.4	138419.3	153311.2
进口额	187.4	18638.8	104967.2	124789.8
外商直接投资(亿美元)		407.2	1260.0	1310.4
农　业				
农林牧渔业总产值(亿元)	1397.0	24915.8	106478.7	109331.7
主要农产品产量(万吨)				
粮　食	30476.5	46217.5	66043.5	66160.7
棉　花	216.7	441.7	534.3	565.3
油　料	521.8	2954.8	3400.0	3475.2
肉　类	943.0	6013.9	8628.3	8654.4
水产品	465.4	3706.2	6379.5	6445.3
工　业				
主要工业产量				
原煤(亿吨)	6.2	13.8	34.1	35.2
原油(万吨)	10405.0	16300.0	19968.5	19150.6
天然气(亿立方米)	137.3	272.0	1368.7	1480.3
水泥(亿吨)	6524.0	59700.0	241031.0	233084.1
粗钢(万吨)	3178.0	12850.0	80760.9	83138.1
钢材(万吨)	2208.0	13146.0	104813.5	104642.1
汽车(万辆)	14.9	207.0	2811.9	2901.8
发电机组(万千瓦)	483.8	1249.0	13119.8	11822.9
金属切削机床(万台)	18.3	17.7	67.3	60.9
发电量(亿千瓦小时)	2566.0	13556.0	61331.6	64951.4

指数(%)(2017为以下各年)			平均增长速度(%)	
1978	2000	2016	1979—2017	2001—2017
		107.0		21.0
	2203.0	107.0		22.6
78338.3	708.1	114.3	18.6	12.2
91474.5	743.0	110.8	19.1	12.5
66590.1	669.5	118.9	18.1	11.8
	321.8	104.0		7.1
848.8	216.8	104.0	5.6	4.7
217.1	143.2	100.2	2.0	2.1
260.9	128.0	105.8	2.5	1.5
666.0	117.6	102.2	5.0	1.0
917.8	143.9	100.3	5.8	2.2
1385.0	173.9	101.0	7.0	3.3
570.2	254.6	103.3	4.6	5.7
184.1	117.5	95.9	1.6	1.0
1078.2	544.2	108.2	6.3	10.5
3572.7	390.4	96.7	9.6	8.3
2616.1	647.0	102.9	8.7	11.6
4739.2	796.0	99.8	10.4	13.0
19462.2	1401.8	103.2	14.5	16.8
2443.8	946.6	90.1	8.5	14.1
332.2	344.6	90.4	3.1	7.5
2531.2	479.1	105.9	8.6	9.7

其他资料二　续表 2

指　　标	总量指标			
	1978	2000	2016	2017
规模以上工业企业主要指标(亿元)				
资产总计		126211	1085866	1121910
主营业务收入		84152	1158999	1133161
利润总额		4393	71921	74916
建筑业				
建筑业总产值(亿元)		12498	193567	213944
房地产业				
房地产企业房屋施工面积(万平方米)		65897	758975	781484
房地产企业房屋竣工面积(万平方米)		25105	106128	101486
房地产企业商品房销售面积(万平方米)		18637	157349	169408
#住宅		16570	137540	144789
房地产企业商品房销售额(亿元)		3935	117627	133701
#住宅		3229	99064	110240
批发、零售和旅游业				
社会消费品零售总额(亿元)	1558.6	39106.0	332316.3	366261.6
入境旅客(万人次)	180.9	8344.4	13844.4	13948.2
#外国人(万人次)	23.0	1016.0	2815.1	2916.5
国内旅客(亿人次)		7.4	44.4	50.0
国际旅游外汇收入(亿美元)	2.6	162.2	1200.0	1234.2
国内旅游收入(亿元)		3175.5	39390.0	45660.8
交通运输业				
客运量(万人)	253993	1478573	1900194	1848620
铁　路	81491	105073	281405	308379
公　路	149229	1347392	1542759	1456784
水　运	23042	19386	27234	28300
民　航	231	6722	48796	55156
货运量(万吨)	319431	1358682	4386763	4804850
铁　路	110119	178581	333186	368865
公　路	151602	1038813	3341259	3686858

指数(%)（2017为以下各年）			平均增长速度(%)	
1978	2000	2016	1979—2017	2001—2017
	1711.9	110.5		18.2
	1185.9	103.0		15.7
	404.3	95.6		8.6
		107.7		
		105.3		
		113.7		
		111.3		
23499.4	936.6	110.2	15.0	14.1
7709.6	167.2	100.8	11.8	3.1
12702.7	287.0	103.6	13.2	6.4
	672.2	112.6		11.9
46926.6	760.7	102.8	17.1	12.7
	1437.9	115.9		17.0
727.8	125.0	97.3	5.2	1.3
378.4	293.5	109.6	3.5	6.5
976.2	108.1	94.4	6.0	0.5
122.8	146.0	103.9	0.5	2.3
23877.1	820.5	113.0	15.1	13.2
1504.2	353.6	109.5	7.2	7.7
335.0	206.6	110.7	3.1	4.4
2431.9	354.9	110.3	8.5	7.7

其他资料二　续表 3

指　　标	总量指标			
	1978	2000	2016	2017
水　运	47357	122391	638238	667846
民　航	6.4	196.7	668.0	705.9
管　道	10347	18700	73411	80576
沿海规模以上港口货物吞吐量(万吨)	19834	125603	810933	865464
民用汽车拥有量(万辆)	135.8	1608.9	18574.5	20906.7
#私人汽车		625.3	16330.2	18515.1
邮政、电信和信息软件业				
邮政业务总量(亿元)	14.9	232.8	7397.2	9763.7
电信业务总量(亿元)	19.2	4559.9	15617.0	27596.7
移动电话用户(万户)		8453.3	132193.4	141748.7
固定电话用户(万户)	192.5	14482.9	20662.4	19375.7
局用交换机容量(万门)	405.9	17825.6	22441.6	18398.7
互联网宽带接入用户(万户)			29720.7	34854.0
软件业务收入(亿元)			48232.2	55103.1
金融业				
社会融资规模增量(万亿元)			17.8	19.4
货币和准货币(M2)(万亿元)		13.5	155.0	169.0
货币(M1)(万亿元)		5.3	48.7	54.4
流通中现金(M0)(万亿元)		1.5	6.8	7.1
金融机构人民币各项存款余额(万亿元)	0.1	12.4	150.6	164.1
金融机构人民币各项贷款余额(万亿元)	0.2	9.9	106.6	120.1
境内股票发行金额(亿元)		1515.8	20435.4	16613.6
保险公司保费金额(亿元)		1598.0	30904.2	36577.8
保险公司赔款及给付金额(亿元)		526.0	10515.7	11178.4
科学技术				
研究与试验发展经费支出(亿元)		895.7	15676.7	17606.1
发明专利申请授权数(万件)		1.3	40.4	42.0
技术市场成交额(亿元)		650.8	11407.0	13424.0

指数(%)（2017为以下各年）			平均增长速度(%)	
1978	2000	2016	1979–2017	2001–2017
1410.2	545.7	104.6	7.0	10.5
11029.6	358.9	105.7	12.8	7.8
778.7	430.9	109.8	5.4	9.0
4363.5	689.0	106.7	10.2	12.0
15390.7	1299.4	112.6	13.8	16.3
	2960.9	113.4		22.1
	1676.8	107.2		18.0
10063.0	133.8	93.8	12.6	1.7
4533.1	103.2	82.0	10.3	0.2
		117.3		
		114.2		
	1197.3	108.1		15.7
	1005.6	111.8		14.5
	482.6	103.4		15.7
	1325.5	109.0		16.4
	1208.9	112.7		15.8
	1096.0	81.3		15.1
	2289.0	118.4		20.2
	2125.2	106.3		19.7
	1965.6	112.3		19.1
	3231.9	103.9		22.7
	2062.7	117.7		19.5

其他资料二　续表 4

指　　标	总量指标			
	1978	2000	2016	2017
教　育				
专任教师数(万人)				
#普通高等学校	20.6	46.3	160.2	163.3
普通高中	74.1	75.7	173.3	177.4
初　中	244.1	328.7	348.8	354.9
普通小学	522.6	586.0	578.9	594.5
在校学生数(万人)				
#普通本、专科	85.6	556.1	2695.8	2753.6
普通高中	1553.1	1201.3	2366.6	2374.5
初　中	4995.2	6256.3	4329.4	4442.1
普通小学	14624.0	13013.2	9913.0	10093.7
卫　生				
医院(个)	9293.0	16318.0	29140.0	31056.0
医院床位数(万张)	110.0	216.7	568.9	612.0
执业(助理)医师(万人)	97.8	207.6	319.1	339.0
卫生总费用(亿元)	110.2	4586.6	46344.9	52598.3
文　化				
图书出版总印数(亿册、亿张)	37.7	62.7	90.4	92.4
电视节目制作时间(万小时)		58.5	350.7	365.2
故事影片产量(部)	46.0	91.0	772.0	798.0
社会保险				
社会保险基金收入(亿元)		2644.9	53562.7	67154.2
社会保险基金支出(亿元)		2385.6	46888.4	57145.0
参加基本养老保险人数(万人)		13617.4	88776.8	91548.3
参加城镇基本医疗保险人数(万人)		3786.9	74391.6	117681.4
参加失业保险人数(万人)		10408.4	18088.8	18784.2

注：本表速度指标中，国民总收入、国内生产总值、农林牧渔业总产值、城乡居民收入指标均按可比价格计算；固定资产投资类指标平均增长速度按累计法计算；货币供应量、财政收入和支出的平均增长速度按年度增速计算；其他指标按绝对数计算。

指数(%)（2017为以下各年）			平均增长速度(%)	
1978	2000	2016	1979—2017	2001—2017
777.7	346.0	101.9	5.4	7.6
233.9	228.9	102.4	2.2	5.0
142.9	106.1	101.7	0.9	0.3
110.8	98.8	102.7	0.3	-0.1
3216.8	495.2	102.1	9.3	9.9
152.9	197.7	100.3	1.1	4.1
88.9	71.0	102.6	-0.3	-2.0
69.0	77.6	101.8	-0.9	-1.5
334.2	190.3	106.6	3.1	3.9
556.4	282.5	107.6	4.5	6.3
346.6	163.3	106.2	3.2	2.9
47725.5	1146.8	113.5	17.1	15.4
245.1	147.4	102.2	2.3	2.3
	624.2	104.1		11.4
1734.8	876.9	103.4	7.6	13.6
	2539.0	125.4		21.0
	2395.4	121.9		20.5
	672.3	103.1		11.9
	3107.6	158.2		22.4
	180.5	103.8		3.5

附 录

收编了各类少数民族方面的资料。

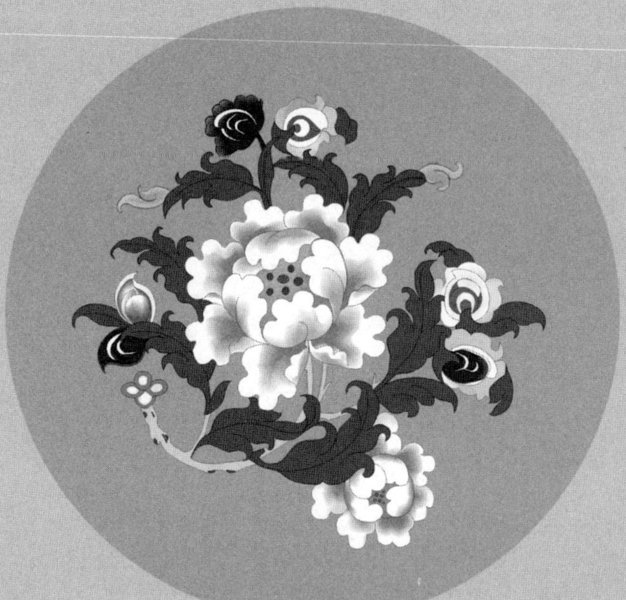

全国人大、政协少数民族领导人名单

■历届全国人大常委会少数民族副委员长、全国政协常委会少数民族副主席简表

届次	年份	全国人大常委会副委员长	年份	全国政协常委会副主席
第一届	1954	达赖喇嘛·丹增嘉措(藏)、赛福鼎·艾则孜(维吾尔)	1949	
第二届	1959	达赖喇嘛·丹增嘉措(藏)、赛福鼎·艾则孜(维吾尔)、班禅额尔德尼·确吉坚赞(藏)	1954	班禅额尔德尼·确吉坚赞(藏)、包尔汉(维吾尔)
第三届	1964	赛福鼎·艾则孜(维吾尔)、阿沛·阿旺晋美(藏)	1959	包尔汉(维吾尔)、帕巴拉·格列朗杰(藏)、阿沛·阿旺晋美(藏)
第四届	1975	韦国清(壮)、赛福鼎·艾则孜(维吾尔)、乌兰夫(蒙古)、阿沛·阿旺晋美(藏)	1965	韦国清(壮)、帕巴拉·格列朗杰(藏)
第五届	1978	乌兰夫(蒙古)、韦国清(壮)、赛福鼎·艾则孜(维 吾尔)、阿沛·阿旺晋美(藏)	1978	乌兰夫(蒙古)、韦国清(壮)、杨静仁 (回)、帕巴拉·格列朗杰(藏)
第六届	1983	韦国清(壮)、阿沛·阿旺晋美(藏)、班禅额尔德尼·确吉坚赞(藏)、赛福鼎·艾则孜(维吾尔)	1983	杨静仁(回)、帕巴拉·格列朗杰(藏)、包尔汉(维吾尔)
第七届	1988	乌兰夫(蒙古)、韦国清(壮)、阿沛·阿旺晋美(藏)、班禅额尔德尼·确吉坚赞(藏)、赛福鼎·艾则孜(维吾尔)、廖汉生(土家)	1988	杨静仁(回)、帕巴拉·格列朗杰(藏)、司马义·艾买提(维吾尔)
第八届	1993	帕巴拉·格列朗杰(藏)、布赫(蒙古)、铁木尔·达瓦买提(维吾尔)	1993	阿沛·阿旺晋美(藏)、赛福鼎·艾则孜(维吾尔)
第九届	1998	帕巴拉·格列朗杰(藏)、布赫(蒙古)、铁木尔·达瓦买提(维吾尔)	1998	阿沛·阿旺晋美(藏)、赵南起(朝鲜)、白 立忱(回)
第十届	2003	司马义·艾买提(维吾尔)、热地（藏）、乌云其木格（女，蒙古）	2003	帕巴拉·格列朗杰（藏）、阿沛·阿旺晋美(藏)、阿不来提·阿不都热西提（维吾尔)、白立忱(回)、李兆焯（壮）
第十一届	2008	乌云其木格（女，蒙古）、司马义·铁力瓦尔地（维吾尔族）	2008	帕巴拉·格列朗杰（藏）、阿沛·阿旺晋美(藏)、阿不来提·阿不都热西提（维吾尔)、白立忱(回)
第十二届	2013	向巴平措（藏族)、艾力更·依明巴海（维吾尔族）	2013	帕巴拉·格列朗杰（藏）、王正伟（回）、马飚（壮)、齐续春（满）

全国人大民委、国家民委、全国政协民委主要领导人名单

■历届全国人大民委、国家民委和全国政协民委主任简表

届次	时间	全国人大民委主任	时间	国家民委主任	时间	全国政协民委主任
第一届	1954.9	刘格平(回)	1949.10	李维汉	1949.9	乌兰夫(蒙古)
第二届	1959.4	刘格平(回)	1954.9	乌兰夫(蒙古)	1954.12	卢汉(彝)
第三届	1965.4	谢扶民(壮)	1959.4	乌兰夫(蒙古)	1964.12	卢汉(彝)
第四届			1965.1	乌兰夫(蒙古)	1964.12	卢汉(彝)
第五届	1979.7	阿沛·阿旺晋美(藏)	1978.3	杨静仁(回)	1978.2	萨空了(蒙古)
第六届	1983.6	阿沛·阿旺晋美(藏)	1986.1	司马义·艾买提(维吾尔)	1983.6	马信(回)
第七届	1988.3	阿沛·阿旺晋美(藏)	1988.4	司马义·艾买提(维吾尔)	1988.3	杨静仁(回)
第八届	1993.3	王朝文(苗)	1993.3	司马义·艾买提(维吾尔)	1993.3	金鉴(满)
					1995.3	赵朴初
第九届	1998.3	王朝文(苗)	1998.3	李德洙(朝鲜)	1998.3	乌力吉(蒙古)
第十届	2003.3	多吉才让（藏）	2003.3	李德洙(朝鲜)	2003.3	钮茂生（满）
第十一届	2008.3	马启智（回）	2008.3	杨晶(蒙古)	2008.3	田聪明
第十二届	2013.3	李景田（满）	2013.3	王正伟（回）	2013.3–2016.3	朱维群
				巴特尔(蒙古)	2016.3	

注：1．历届人大民委所设为主任委员。

2．政协一至六届设民族组，从第七届起设民族委员会，第八届常委会第十二次会议将民族委员会与宗教委员会合并为民族和宗教委员会。

3．一至四届称中央民委，从第五届起称国家民委；第一届中央民委主任由中央人民政府委员会任命，从第二届起由全国人大或其常委会任命。

中国共产党第十六届至十八届中央委员会少数民族委员、候补委员及中央纪律检查委员会少数民族委员名单

■中国共产党第十六届中央委员会少数民族委员名单(15 人)(按姓氏笔画为序)

马启智(回族)	乌云其木格(女，蒙古族)	石宗源(回族)
白立忱(回族)	司马义·艾买提(维吾尔族)	列确(藏族)
回良玉(回族)	多吉才让(藏族)	李兆焯(壮族)
李德洙(朝鲜族)	杨正午(土家族)	阿不来提·阿不都热西提(维吾尔族)
钮茂生(满族)	热地(藏族)	戴秉国(土家族)

■中国共产党第十六届中央委员会少数民族候补委员名单(20 人)

(按得票多少排序，票数相同的按姓氏笔画为序)

艾斯海提·克里木拜(哈萨克族)	王正伟(回族)	全哲洙(朝鲜族)
黄瑶(布依族)	彭祖意(瑶族)	杨晶(蒙古族)
黄选平(回族)	符桂花(女，黎族)	管国忠(傣族)
石玉珍(女，苗族)	白春礼(满族)	向巴平措(藏族)
李景田(满族)	罗正富(彝族)	李克(壮族)
仁青加(藏族)	司马义·铁力瓦尔地(维吾尔族)	李成玉(回族)
欧泽高(藏族)	王正福(苗族)	

■中国共产党第十六届中央纪律检查委员会少数民族委员名单(7 人)(按姓氏笔画为序)

马子龙(回族)	王正福(苗族)	巴特尔(蒙古族)
司马义·铁力瓦尔地(维吾尔族)	布穷(藏族)	李成玉(回族)
欧泽高(藏族)		

■中国共产党第十七届中央委员会少数民族委员名单(16 人)(按姓氏笔画为序)

王正伟（回族）	乌云其木格(女，蒙古族)	艾斯海提·克里木拜（哈萨克族）
石宗源（回族）	白立忱（回族）	司马义·铁力瓦尔地（维吾尔族）
列确（藏族）	回良玉（回族）	向巴平措（藏族）
李成玉（回族）	李兆焯（壮族）	李景田（满族）
杨晶（蒙古族）	陆兵（壮族）	阿不来提·阿不都热西提（维吾尔族）
戴秉国（土家族）		

■中国共产党第十七届中央委员会少数民族候补委员名单(24 人)

（按得票多少排序，票数相同的按姓氏笔画为序）

符跃兰（女，黎族）	马飚（壮族）	旦科（藏族）
全哲洙（朝鲜族）	罗正富（彝族）	刘慧（女，回族）
余远辉（瑶族）	努尔·白克力（维吾尔族）	黄康生（布依族）
刘学普（土家族）	刘振来（回族）	金振吉（朝鲜族）
巴音朝鲁（蒙古族）	刘晓凯（苗族）	咸辉（女，回族）
谌贻琴（女，白族）	白春礼（满族）	多吉（藏族）
李克（壮族）	李康（女，壮族）	武吉海（苗族）
刀林荫（女，傣族）	雷春美（女，畲族）	乌兰（女，蒙古族）

■中国共产党第十七届中央纪律检查委员会少数民族委员名单(8 人)(按姓氏笔画为序)

王正福（苗族）	仁青加（藏族）	巴特尔(蒙古族)
朱明国（黎族）	李汉柏（白族）	欧泽高（藏族）
金道铭（满族）	贺邦靖（女，白族）	

■中国共产党第十八届中央委员会少数民族委员名单（10 人）（按姓氏笔画为序）

马飚（壮族）	王正伟（回族）	巴音朝鲁（蒙古族）
巴特尔（蒙古族）	白玛赤林（藏族）	白春礼（满族）
全哲洙（朝鲜族）	杨晶（蒙古族）	陈求发（苗族）
努尔·白克力（维吾尔族）		

■中国共产党第十八届中央委员会少数民族候补委员名单（29 人）

（按得票多少排序，票数相同的按姓氏笔画为序）

刘晓凯（苗族）	陈志荣（黎族）	金振吉（朝鲜族）
咸辉（女，回族）	马顺清（回族）	朱明国（黎族）
刘学普（土家族）	杨崇勇（满族）	余远辉（瑶族）
陈武（壮族）	陈鸣明（布依族）	赵金（彝族）
赵立雄（白族）	洛桑江村（藏族）	谌贻琴（女，白族）
蓝天立（壮族）	旦科（藏族）	刘慧（女，回族）
夏杰（女，回族）	叶红专（土家族）	尔肯江·吐拉洪（维吾尔族）
李康（女，壮族）	李昌平（藏族）	努尔兰·阿不都满金（哈萨克族）
欧阳坚（白族）	刀林荫（女，傣族）	公保扎西（藏族）
雷春美（女，畲族）	乌兰（女，蒙古族）	

■中国共产党第十八届中央纪律检查委员会少数民族委员名单（4 人）（按姓氏笔画为序）

马勇霞（女，回族）	丹珠昂奔（藏族）	石生龙（满族）
多杰热旦（藏族）		

中国少数民族文化资料

■中国少数民族语言系属

汉藏语系	藏缅语族	藏语、门巴语、珞巴语、彝语、哈尼语、白语、羌语、傈僳语、纳西语、拉祜语、景颇语、土家语、普米语、怒语、独龙语、阿昌语、基诺语
	壮侗语族	壮语、侗语、布依语、傣语、水语、黎语、毛南语、仫佬语
	苗瑶语族	苗语、瑶语、畲语
	语族未定	仡佬语
阿尔泰语系	突厥语族	维吾尔语、哈萨克语、柯尔克孜语、撒拉语、乌孜别克语、塔塔尔语、裕固(尧乎尔)语
	蒙古语族	蒙古语、达斡尔语、东乡语、土族语、保安语、裕固(恩格尔)语
	通古斯–满语族	满语、鄂温克语、鄂伦春语、锡伯语、赫哲语
	语族未定	朝鲜语
印欧语系	斯拉夫语族	俄罗斯语
	伊朗语族	塔吉克语
南亚语系	孟高棉语族	佤语、德昂语、布朗语
南岛语系	印尼语族	高山语

注：1．京族语的系属尚未确定。

2．回族、满族大部通用汉语(满语只在极少数满族人口中使用)。

■中国各民族文字类型

象形文字	纳西族东巴文
汉字及其变体	汉文、方块壮字、方块侗字、水书、白文。
音节文字	纳西族哥巴文、彝文。
拼音文字	(一)印度字母体系—藏文、傣文。 (二)阿拉伯字母体系—老维吾尔文、老哈萨克文以及乌孜别克文、柯尔克孜文、塔塔尔文。 (三)回鹘文字母体系—蒙古文、“托忒蒙古文”、锡伯文。 (四)朝鲜文字母体系—朝鲜文。 (五)拉丁字母体系—壮文、景颇文、拉祜文、佤文、傈僳文、新维吾尔文、新哈萨克文以及布依、苗、黎、纳西、侗、哈尼各族的文字方案。 (六)斯拉夫字母体系—俄罗斯族的俄文。

■中国各民族名称的罗马字母拼写法

民族	罗马字母拼写法	字母代码	民族	罗马字母拼写法	字母代码
汉族	Han	HA	柯尔克孜族	Kirgiz	KG
蒙古族	Mongol	MG	土族	Tu	TU
回族	Hui	HU	达斡尔族	Daur	DU
藏族	Zang	ZA	仫佬族	Mulao	ML
维吾尔族	Uygur	UG	羌族	Qiang	QI
苗族	Miao	MH	布朗族	Blang	BL
彝族	Yi	YI	撒拉族	Salar	SL
壮族	Zhuang	ZH	毛南族	Maonan	MN
布依族	Buyei	BY	仡佬族	Gelao	GL
朝鲜族	Chosen	CS	锡伯族	Xibe	XB
满族	Man	MA	阿昌族	Achang	AC
侗族	Dong	DO	普米族	Pumi	PM
瑶族	Yao	YA	塔吉克族	Tajik	TA
白族	Bai	BA	怒族	Nu	NU
土家族	Tujia	TJ	乌孜别克族	Uzbek	UZ
哈尼族	Hani	HN	俄罗斯族	Russ	RS
哈萨克族	Kazak	KZ	鄂温克族	Ewenki	EW
傣族	Dai	DA	德昂族	Deang	DE
黎族	Li	LI	保安族	Bonan	BN
傈僳族	Lisu	LS	裕固族	Yugur	YG
佤族	Va	VA	京族	Gin	GI
畲族	She	SH	塔塔尔族	Tatar	TT
高山族	Gaoshan	GS	独龙族	Derung	DR
拉祜族	Lahu	LH	鄂伦春族	Oroqen	OR
水族	Sui	SU	赫哲族	Hezhen	HZ
东乡族	Dongxiang	DX	门巴族	Monba	MB
纳西族	Naxi	NX	珞巴族	Lhoba	LB
景颇族	Jingpo	JP	基诺族	Jino	JN

■中国少数民族主要节日

民族	主要节日	时间	民族	主要节日	时间
阿昌族	火把节	农历六月二十五日	京　族	哈　节	农历正月二十五（江龙）
	会街节	农历九月初十	德昂族	泼水节	农历四月十五日
	泼水节	农历二月二十九日	东乡族	圣纪节	伊斯兰教历三月十二日
	撒　神	农历七月初一		开斋节	伊斯兰教历九月三十日
	尝新节	农历八月十五日		古尔邦节	伊斯兰教历十二月十日
白　族	三月街	农历三月十五日	侗　族	芦笙节	农历六月至九月
	火把节	农历六月二十四日		侗　年	农历十一月十九日
	渔潭会	农历八月十五日		斗牛节	农历二月
保安族	圣纪节	伊斯兰教历三月十二日	独龙族	吃新节	农历六月至七月
	开斋节	伊斯兰教历九月三十日		卡雀哇	农历十月中下旬
	古尔邦节	伊斯兰教历十二月十日	俄罗斯族	复活节	公历三、四月
布郎族	开门节	傣历十二月十五日	鄂伦春族	春节	农历正月初一
	关门节	傣历九月十五日	鄂温克族	米阔鲁节	农历五月二十二日
	泼火节	农历二月十九日	高山族	新年祭	农历十二月
布依族	六月六	农历六月初六	仡佬族	灯杆节	农历正月初一
	三月三	农历三月初三		仡佬节	农历三月初三
	四月八	农历四月初八		尝新节	农历六、七月
朝鲜族	元　日	农历正月初一	拉祜族	库扎节	傣历三月
	上元节	农历正月初五		火把节	农历六月二十四日
	寒食节	农历四月初五		尝新节	傣历十二月
	端　午	农历五月初五	黎族	三月三	农历三月初三
哈尼族	十月节	农历十月初一	傈僳族	收获节	农历九月
	六月节	农历六月二十四日		澡塘节	农历正月初三
哈萨克族	圣纪节	伊斯兰教历三月十二日		过年节	农历正月初一
	开斋节	伊斯兰教历九月三十日		刀杆节	农历二月初八
	古尔邦节	伊斯兰教历十二月十日	珞巴族	旭独龙节	藏历二月
赫哲族	赫哲年	农历正月初一		隆德节	藏历四月
回　族	圣纪节	伊斯兰教历三月十二日	满　族	颁金节	阴历十一月十三日
	开斋节	伊斯兰教历九月三十日		庙　会	农历四月
	古尔邦节	伊斯兰教历十二月十日	景颇族	目脑节	农历正月十五日
基诺族	打铁节	农历一月	柯尔克孜族	圣纪节	伊斯兰教历三月十二日
	火把节	农历六月		开斋节	伊斯兰教历九月三十日
京　族	哈　节	农历六月初十（万尾、巫头）		古尔邦节	伊斯兰教历十二月十日
		农历八月初十（山心岛）		诺劳孜	农历正月初一

续表

民族	主要节日	时间
达斡尔族	春节(阿涅)	农历正月初一
傣族	泼水节	傣历六月六日
	开门节	傣历十二月十五日
	关门节	傣历九月十五日
苗族	龙船节	农历五月二十四日
	吃新节	农历六月初六
	赶秋节	农历九月
仫佬族	依饭节	农历十月
	后生节	农历正月或七月
纳西族	正月农具会	农历正月二十日
	三月龙王庙会	农历三月十五日
	七月骡马会	农历七月十五日
怒族	鲜花节	农历三月十五日
普米族	大过年	农历正月初七
	大十五节	农历十二月十五日
	尝新节	农历九月
	转山节	农历七月十五日
土家族	过赶节	农历十二月二十九日
	祈禳节	农历正月初三
	牛王会	农历八月初八
土族	擂台会	农历二月初二
	火神节	农历正月二十九日
	端阳	农历五月初五
佤族	火把节	农历六月二十四日
	播种节	农历三月十五日
	新米节	农历七、八月
维吾尔族	古尔邦节	伊斯兰教历十二月十日
	开斋节	伊斯兰教历九月三十日
	努鲁斯节	伊斯兰教历八月十四日
乌孜别克族	古尔邦节	伊斯兰教历十二月十日
	开斋节	伊斯兰教历九月三十日
	圣纪节	伊斯兰教历三月十二日
锡伯族	春节	农历十二月二十三日至次年正月初二
毛南族	庙节	农历五月
	南瓜节	农历九月初九
蒙古族	蒙古族新年	农历正月初一
	那达慕大会	农历七～八月
苗族	苗年节	农历十月初五
	四月八	农历四月初八
门巴族	藏历年	藏历正月初一
	望果节	藏历八月间
羌族	羌族大年	农历正月初一
	青苗会	农历三月十二日
	端午节	农历五月初五日
撒拉族	开斋节	伊斯兰教历九月三十日
	圣纪节	伊斯兰教历三月十二日
	古尔邦节	伊斯兰教历十二月十日
畲族	分龙节	农历五月十五日
水族	借额节	农历九月
	卯节	农历五、六月
塔吉克族	古尔邦节	伊斯兰教历十二月十日
	迄脱迄迪尔爱脱节	农历三月间
	肉孜节	伊斯兰教历九月三十日
塔塔尔族	古尔邦节	伊斯兰教历十二月十日
	开斋节	伊斯兰教历九月三十日
	圣纪节	伊斯兰教历三月十二日
瑶族	盘王节	农历十月十六日
	尝新节	农历八、九月
	歌节	农历三月初三
彝族	二月八	农历二月初八
	送年节	农历三月初七
裕固族	春节	农历正月初五
	端午节	农历五月初五
	中秋节	农历八月十五
藏族	藏历年	藏历正月初一
	望果节	藏历八月间
	雪顿节	藏历七月一日
壮族	三月三	农历三月初三
	中元节	农历七月十四日

■民族自治地方全国重点文物保护单位

（截至 2017 年）

地　区	数量	名　称	时　代	地　址
（一）古遗址：222 处				
内蒙古自治区	70	辽上京遗址	辽	巴林左旗
		辽中京遗址	辽	宁城县
		大窑遗址	旧石器时代	呼和浩特市
		居延遗址	汉	额济纳旗
		嘎仙洞遗址	北魏	鄂伦春自治旗
		元上都遗址	元	正蓝旗
		兴隆洼遗址	新石器时代	敖汉旗
		大甸子遗址	青铜时代	敖汉旗
		固阳秦长城遗址	秦	固阳县
		缸瓦窑遗址	辽	赤峰市
		敖伦苏木城遗址	元	达尔罕茂明安联合旗
		萨拉乌苏遗址	旧石器时代	乌审旗
		岱海遗址群	新石器时代	凉城县
		庙子沟遗址	新石器时代	察哈尔右翼前旗
		架子山遗址群	青铜时代	喀喇沁旗
		大井古铜矿遗址	青铜时代	林西县
		城子山遗址	青铜时代	敖汉旗
		和林格尔土城子遗址	汉至唐	和林格尔县
		黑山头城址	金、元	额尔古纳市
		金界壕遗址	金	呼伦贝尔盟、兴安盟、通辽市、赤峰市、乌兰察布盟、包头市
		应昌路故城遗址	元	克什克腾旗
		黑城遗址	西夏至元	额济纳旗
		阿善遗址	新石器时代	包头市
		赵宝沟遗址	新石器时代	敖汉旗
		红山遗址群	新石器时代至青铜时代	赤峰市
		夏家店遗址群	新石器时代至战国	赤峰市
		朱开沟遗址	新石器时代至商	伊金霍洛旗
		秦直道遗址	秦	鄂尔多斯市
		麻池城遗址和召湾墓群	汉	包头市
		黑城城址	汉	宁城县
		朔方郡故城	汉	磴口市、巴彦淖尔市
		霍洛柴登城址	汉	杭锦旗
		克里孟城址	汉至南北朝	察哈尔右翼后旗
		沃野镇故城	汉至南北朝	乌拉特前旗
		白灵淖尔城址	南北朝	固阳县
		十二连城城址	隋至唐	准格尔旗
		城川城址	唐	鄂托克前旗
		查干浩特城址	辽至明	阿鲁科尔沁旗

续表 1

地　区	数量	名　称	时　代	地　址
内蒙古自治区		安答堡子城址	金至元	达尔罕茂明安联合旗
		净州路故城	金至元	四子王旗
		砂井路总管府故城	元	四子王旗
		巴彦乌拉城址	元	鄂温克族自治旗
		蘑菇山北遗址	旧石器时代	内蒙古自治区呼伦贝尔市满洲里市
		金斯太洞穴遗址	旧石器时代、商	内蒙古自治区锡林郭勒盟东乌珠穆沁旗
		辉河水坝遗址	新石器时代	内蒙古自治区呼伦贝尔市鄂温克族自治旗
		哈克遗址	新石器时代	内蒙古自治区呼伦贝尔市海拉尔区
		白音长汗遗址	新石器时代	内蒙古自治区赤峰市林西县
		兴隆沟遗址	新石器时代	内蒙古自治区赤峰市敖汉旗
		魏家窝铺遗址	新石器时代	内蒙古自治区赤峰市红山区
		富河沟门遗址	新石器时代	内蒙古自治区赤峰市巴林左旗
		寨子圪旦遗址	新石器时代	内蒙古自治区鄂尔多斯市准格尔旗
		草帽山遗址	新石器时代	内蒙古自治区赤峰市敖汉旗
		马架子遗址	新石器时代、夏、商、周	内蒙古自治区赤峰市喀喇沁旗
		三座店石城遗址	夏至商	内蒙古自治区赤峰市松山区
		二道井子遗址	夏至商	内蒙古自治区赤峰市红山区
		太平庄遗址群	夏至商	内蒙古自治区赤峰市松山区
		尹家店山城遗址	夏至商	内蒙古自治区赤峰市松山区
		南山根遗址	周	内蒙古自治区赤峰市宁城县
		奈曼土城子城址	战国至秦汉	内蒙古自治区通辽市奈曼旗
		云中郡故城	战国至隋唐	内蒙古自治区呼和浩特市托克托县
		浩特陶海城址	辽	内蒙古自治区呼伦贝尔市陈巴尔虎旗
		灵安州遗址	辽	内蒙古自治区通辽市库伦旗
		豫州城遗址及墓地	辽	内蒙古自治区通辽市扎鲁特旗
		韩州城遗址	辽	内蒙古自治区通辽市科尔沁左翼后旗
		饶州故城址	辽	内蒙古自治区赤峰市林西县
		武安州遗址	辽、金、元	内蒙古自治区赤峰市敖汉旗
		宁昌路遗址	辽、金、元	内蒙古自治区赤峰市敖汉旗
		吐列毛杜古城遗址	金	内蒙古自治区兴安盟科尔沁右翼中旗
		四郎城古城	金、元、明	内蒙古自治区锡林郭勒盟正蓝旗
		燕家梁遗址	元	内蒙古自治区包头市九原区
		新忽热古城址	元、明	内蒙古自治区巴彦淖尔市乌拉特中旗

续表 2

地　区	数量	名　称	时　代	地　　址
辽宁省	8	查海遗址	新石器时代	阜新蒙古族自治县
		庙后山遗址	旧石器时代	本溪满族自治县
		永陵南城址	汉至魏晋	辽宁省抚顺市新宾满族自治县
		高俭地山城	汉至唐	辽宁省本溪市桓仁满族自治县
		下古城子城址	汉至唐	辽宁省本溪市桓仁满族自治县
		赫图阿拉故城	明	新宾满族自治县
		五女山山城	高句丽（公元前 37–668 年）	桓仁满族自治县
		东山嘴遗址	新石器时代	喀左自治县
		金牛山遗址	旧石器时代	营口县
		姜女石遗址	秦 汉	绥中县
		凤凰山山城	高句丽（公元前 37–668 年）	凤城市
		海城仙人洞遗址	旧石器时代	海城市
		新乐遗址	新石器时代	沈阳市
		高台山遗址	新石器时代	新民市
		石台子山城	汉至唐	沈阳市
		牛河梁遗址	新石器时代	凌源县、建平县
吉林省	9	渤海中京城遗址	渤海（公元 698–926 年）	和龙市
		八连城遗址	唐、五代	珲春市
		塔虎城	辽、金	前郭尔罗斯蒙古族自治县
		百草沟遗址	战国至晋	汪清县
		城山子山城	唐	敦化市
		磨盘村山城	唐至金	图们市
		石人沟遗址	旧石器时代	吉林省延边朝鲜族自治州和龙市
		萨其城址	唐	吉林省延边朝鲜族自治州珲春市
		温特赫部城址与裴优城址	唐、金	吉林省延边朝鲜族自治州珲春市
湖北省	9	建始直立人遗址	旧石器时代	建始县
		施州城址	宋	恩施市
		唐崖土司城址	元至清	咸丰县
		容美土司遗	明至清	鹤峰县
		长阳人遗址	旧石器时代	湖北省宜昌市长阳土家族自治县
		不二门遗址	商、周	湖南省湘西土家族苗族自治州永顺县
		魏家寨古城遗址	汉	湖南省湘西土家族苗族自治州保靖县
		里耶大板遗址与墓群	汉	湖南省湘西土家族苗族自治州龙山县
		四方城遗址	战国至汉	湖南省湘西土家族苗族自治州保靖县

续表 3

地　区	数量	名　称	时　代	地　址
湖南省	1	老司城遗址	五代至清	永顺县
广西壮族自治区	16	百谷和高岭坡遗址	旧石器时代	百色市、田东县
		甑皮岩遗址	新石器时代	桂林市
		顶蛳山遗址	新石器时代	邕宁县
		白莲洞遗址	旧石器至新石器时代	柳州市
		鲤鱼嘴遗址	旧石器至新石器时代	柳州市
		感驮岩遗址	新石器时代至战国	那坡县
		秦城遗址	秦至晋	兴安县
		智城城址	唐	上林县
		柳城巨猿洞	旧石器时代	广西壮族自治区柳州市柳城县
		布兵盆地洞穴遗址群	旧石器时代	广西壮族自治区百色市田东县
		那赖遗址	旧石器时代	广西壮族自治区百色市田阳县
		晓锦遗址	新石器时代	广西壮族自治区桂林市资源县
		大浪古城遗址	汉	广西壮族自治区北海市合浦县
		草鞋村遗址	汉	广西壮族自治区北海市合浦县
		越州故城	南朝	广西壮族自治区钦州市浦北县
		中和窑址	宋	广西壮族自治区梧州市藤县
海南省	1	信冲洞遗址	旧石器时代	海南省昌江黎族自治县
重庆市	1	重庆冶锌遗址群	明至清	重庆市丰都县、石柱土家族自治县
四川省	5	营盘山和姜维城遗址	新石器时代	茂县、汶川县
		大洋堆遗址	周至战国	西昌市
		哈休遗址	新石器时代	四川省阿坝藏族羌族自治州马尔康县
		罕额依新石器时代文化遗址和汉代石棺葬墓群	新石器时代、汉	四川省甘孜藏族自治州丹巴县
		永平堡古城	明	四川省绵阳市北川羌族自治县
贵州省	2	龙广观音洞遗址	旧石器时代至新石器时代	贵州省黔西南布依族苗族自治州安龙县
		普安铜鼓山遗址	战国至西汉	贵州省黔西南布依族苗族自治州普安县
云南省	11	太和城遗址	南诏（公元 649—902 年）	大理白族自治州大理市
		元谋猿人遗址	旧石器时代	元谋县
		腊玛古猿化石地点		禄丰县
		石佛洞遗址	新石器时代	耿马傣族佤族自治县
		白羊村遗址	新石器时代	宾川县
		山龙山于图山城址	唐	巍山彝族回族自治县
		元谋古猿化石地点	旧石器时代	云南省楚雄彝族自治州元谋县
		玉水坪遗址	旧石器时代至新石器时代	云南省怒江傈僳族自治州兰坪白族普米族自治县

续表 4

地　区	数量	名　称	时　代	地　　址
云南省		大墩子遗址	新石器时代	云南省楚雄彝族自治州元谋县
		海门口遗址	新石器时代至夏、商、周	云南省大理白族自治州剑川县
		银梭岛遗址	新石器时代至商	云南省大理白族自治州大理市
西藏自治区	5	古格王国遗址	约为公元十世纪前后	扎达县
		卡若遗址	新石器时代	昌都县
		拉加里王宫遗址	13 世纪至 18 世纪	曲松县
		小恩达遗址	新石器时代	西藏自治区昌都地区昌都县
		皮央和东嘎遗址	宋至明	西藏自治区阿里地区札达县
甘肃省	13	齐家坪遗址	新石器时代	广河县
		林家湾遗址	新石器时代	东乡县
		八角城城址	唐至明	夏河县
		半山遗址	新石器时代	甘肃省临夏回族自治州广河县
		然闹遗址	新石器时代	甘肃省甘南藏族自治州迭部县
		磨沟遗址（含墓群）	新石器时代至商	甘肃省甘南藏族自治州临潭县
		新庄坪遗址	新石器时代至商	甘肃省临夏回族自治州积石山保安族东乡族撒拉族自治县
		边家林遗址	新石器时代至商	甘肃省临夏回族自治州康乐县
		马家塬遗址	新石器时代、战国	甘肃省天水市张家川回族自治县
		草沟井城址	汉至明	甘肃省张掖市肃南裕固族自治县
青海省	8	马厂塬(yuán)遗址	新石器时代	民和回族土族自治县
		西海郡故城遗址	汉至南北朝	海晏县
		喇家遗址	新石器时代	民和回族土族自治县
		塔温搭里哈遗址	青铜时代	都兰县
		宗日遗址	新石器时代	青海省海南藏族自治州同德县
		塔里他里哈遗址	商至周	青海省海西蒙古族藏族自治州都兰县
		门源古城	宋	青海省海北藏族自治州门源回族自治县
		贡萨寺旧址与宗喀巴大殿	清	青海省玉树藏族自治州治多县
宁夏回族自治区	14	水洞沟遗址	旧石器时代	灵武县
		开城遗址	元	固原县
		鸽子山遗址	旧石器时代	青铜峡市
		菜园遗址	新石器时代	海原县
		照壁山铜矿遗址	汉	中卫市
		灵武窑址	宋至明	灵武市
		张家场城址	汉	盐池县
		页河子遗址	新石器时代	宁夏回族自治区固原市隆德县
		固原古城遗址	汉至清	宁夏回族自治区固原市原州区

续表 5

地　区	数量	名　称	时　代	地　　址
宁夏回族自治区		省嵬城址	宋	宁夏回族自治区石嘴山市惠农区
		七营北嘴城址	宋至明	宁夏回族自治区中卫市海原县
		柳州城址	宋至明	宁夏回族自治区中卫市海原县
		大营城址	宋至明	宁夏回族自治区固原市原州区
		兴武营城址	明	宁夏回族自治区吴忠市盐池县
新疆维吾尔自治区	49	高昌故城	高昌（公元 500–640 年）	吐鲁番县
		雅尔湖故城	高昌（公元 500–640 年）	吐鲁番县
		楼兰故城遗址	汉至晋	若羌县
		北庭故城遗址	唐	吉木萨尔县
		尼雅遗址	西汉－西晋	民丰县
		苏巴什佛寺遗址	南北朝－唐	库车县
		奴拉赛铜矿遗址	青铜时代	尼勒克县
		圆沙古城	汉	于田县
		克孜尔尕哈烽燧	汉	库车县
		孔雀河烽燧群	汉至晋	尉犁县
		罗布泊南古城遗址	汉至晋	若羌县
		莫尔寺遗址	汉至唐	疏附县
		托库孜萨来遗址	汉至唐	巴楚县
		米兰遗址	汉至唐	若羌县
		安迪尔古城遗址	汉至唐	民丰县
		石头城遗址	晋至清	塔什库尔干塔吉克自治县
		七个星佛寺遗址	晋至宋	焉耆回族自治县
		热瓦克佛寺遗址	南北朝	洛浦县
		白杨沟佛寺遗址	唐	哈密市
		大河古城	唐	巴里坤县
		乌拉泊古城	唐至元	乌鲁木齐县
		台藏塔遗址	唐至宋	吐鲁番市
		丹丹乌里克遗址	南北朝至唐	策勒县
		麻扎塔格戍堡址	唐	墨玉县
		通古斯巴西城址	唐	新和县
		骆驼石旧石器遗址	旧石器时代	新疆维吾尔自治区塔城地区和布克赛尔蒙古自治县
		岳公台一西黑沟遗址群	春秋至战国	新疆维吾尔自治区哈密地区巴里坤哈萨克自治县
		龟兹故城	西汉至宋	新疆维吾尔自治区阿克苏地区库车县
		石人子沟遗址群	汉	新疆维吾尔自治区哈密地区巴里坤哈萨克自治县
		营盘古城古墓群及古墓群	汉至晋	新疆维吾尔自治区巴音郭楞蒙古自治州尉犁县

续表 6

地　区	数量	名　称	时　代	地　　址
新疆维吾尔自治区		喀拉墩遗址	汉至南北朝	新疆维吾尔自治区和田地区于田县
		乌什喀特古城遗址	汉至唐	新疆维吾尔自治区阿克苏地区新和县
		石城子遗址	东汉	新疆维吾尔自治区昌吉回族自治州奇台县
		达玛沟佛寺遗址	南北朝	新疆维吾尔自治区和田地区策勒县
		克斯勒塔格佛寺遗址	唐	新疆维吾尔自治区阿克苏地区柯坪县
		兰城遗址	唐	新疆维吾尔自治区巴音郭楞蒙古自治州和硕县
		唐王城遗址	唐	新疆维吾尔自治区阿克苏地区库车县
		阿萨古城遗址	唐至宋	新疆维吾尔自治区吐鲁番地区鄯善县
		达勒特古城遗址	唐至元	新疆维吾尔自治区博尔塔拉蒙古自治州博乐市
		唐朝墩古城遗址	唐至元	新疆维吾尔自治区昌吉回族自治州奇台县
		夏塔古城遗址	唐至元	新疆维吾尔自治区伊犁哈萨克自治州昭苏县
		昌吉州境内烽燧群	唐至清	新疆维吾尔自治区昌吉回族自治州木垒哈萨克自治县、奇台县、吉木萨尔县、阜康市、昌吉市、呼图壁县、玛纳斯县
		古代吐鲁番盆地军事防御遗址	唐至清	新疆维吾尔自治区吐鲁番地区吐鲁番市、托克逊县、鄯善县
		哈密境内烽隧遗址	唐至清	新疆维吾尔自治区哈密地区哈密市、巴里坤哈萨克自治县、伊吾县
		柳中古城遗址	唐至清	新疆维吾尔自治区吐鲁番地区鄯善县
		道尔本厄鲁特森木古城遗址	明	新疆维吾尔自治区塔城地区和布克赛尔蒙古自治县
		惠远新、老古城遗址	清	新疆维吾尔自治区伊犁哈萨克自治州霍城县
		阔纳齐兰遗址	清	新疆维吾尔自治区阿克苏地区柯坪县
		伊犁清代卡伦遗址	清	新疆维吾尔自治区伊犁哈萨克自治州霍城县、察布查尔锡伯自治县
（二）石窟寺、石刻及其他：26 处				
内蒙古自治区	2	阴山岩画	新石器至青铜时代	乌拉特前旗、乌拉特后旗、乌拉特中旗、磴口县
		真寂之寺石窟	辽	巴林左旗
湖北省	1	仙佛寺石窟	唐	来凤县
湖南省	2	溪州铜柱	五代	湘西土家族苗族自治州永顺县
		阳华岩摩崖	唐至清	江华瑶族自治县
广西壮族自治区	3	花山岩画	战国至东汉	宁明县
		桂林石刻	唐至清	桂林市
		柳侯祠碑刻	宋至民国	柳州市

续表 7

地　区	数量	名　称	时　代	地　　址
四川省	1	博什瓦黑岩画	唐至宋	昭觉县
云南省	4	石钟山石窟	南诏、大理（公元 649−1094 年）	大理白族自治州剑川县
		南诏铁柱	南　诏	弥渡县
		元世祖平云南碑	元	大理市
		沧源崖画	新石器时代	沧源县
甘肃省	3	炳灵寺石窟	北魏至明	临夏县
		马蹄寺石窟群	十六国～清	肃南裕固族自治县
		文殊山石窟	北朝～西夏	肃南裕固族自治县
青海省	1	贝大日如来佛石窟寺和勒巴沟摩崖	唐	玉树县
宁夏回族自治区	2	须弥山石窟	北朝至唐	固原县
		贺兰山岩画	元	贺兰县
新疆维吾尔自治区	7	克孜尔千佛洞	唐至宋	拜城县
		库木吐喇千佛洞	唐至宋	库车县
		柏孜克里克千佛洞	唐至元	吐鲁番县
		森木塞姆千佛洞	晋－宋	库车县
		克孜尔尕哈石窟	北朝至唐	库车县
		平定准噶尔勒铭碑	清	昭苏县
		吐峪沟石窟	南北朝至唐	鄯善县
（三）古墓葬：82 处				
内蒙古自治区	21	辽陵及奉陵邑(含怀凌陵及奉陵)	辽	巴林右旗、巴林左旗
		成吉思汗陵	1954 年迁建	伊金霍洛旗
		宝山、罕苏木墓群	辽	阿鲁科尔沁旗
		扎赉诺尔墓群	汉	满洲里市
		王昭君墓	汉	呼和浩特市
		韩匡嗣家族墓地	辽	巴林左旗
		吐尔基山墓	辽	科尔沁左翼后旗
		萧氏家族墓	辽	奈曼旗
		张应瑞家族墓地	元	翁牛特旗
		南宝力皋吐古墓地	新石器时代	内蒙古自治区通辽市扎鲁特旗
		小黑石沟墓群	西周至战国	内蒙古自治区赤峰市宁城县
		团结墓地	东汉	内蒙古自治区呼伦贝尔市海拉尔区
		和林格尔东汉壁画墓	东汉	内蒙古自治区呼和浩特市和林格尔县
		谢尔塔拉墓地	唐至五代	内蒙古自治区呼伦贝尔市海拉尔区
		奈林稿辽墓群	辽	内蒙古自治区通辽市库伦旗
		耶律祺家族墓	辽	内蒙古自治区赤峰市阿鲁科尔沁旗

续表 8

地　区	数量	名　称	时　代	地　址
内蒙古自治区		耶律琮墓	辽	内蒙古自治区赤峰市喀喇沁旗
		沙日宝特墓群	辽	内蒙古自治区赤峰市阿鲁科尔沁旗
		砧子山古墓群	元	内蒙古自治区锡林郭勒盟多伦县
		恩格尔河墓群	元	内蒙古自治区锡林郭勒盟苏尼特左旗
		和硕端静公主墓	清	内蒙古自治区赤峰市喀喇沁旗
辽宁省	6	永陵	清	新宾满族自治县
		马城子墓地	夏至西周	辽宁省本溪市本溪满族自治县
		望江楼墓地	西汉王东汉	辽宁省本溪市桓仁满族自治县
		雅河流域墓群	汉至唐	辽宁省本溪市桓仁满族自治县
		冯家堡子墓地	汉至唐	辽宁省本溪市桓仁满族自治县
		关山辽墓	辽	辽宁省阜新市阜新蒙古族自治县
吉林省	4	干沟子墓群	战国至西汉	长白朝鲜族自治县
		龙头山古墓群	渤海	和龙市
		六顶山古墓	渤海(公元 698—927 年)	延边朝鲜族自治州敦化市
		鸭绿江上游积石墓群	汉至唐	吉林省白山市浑江区、江源区、临江市、长白朝鲜族自治县
湖南省	1	里耶麦茶战国墓群	战国	湖南省湘西土家族苗族自治州龙山县
广西壮族自治区	2	合浦汉墓群	汉	合浦县
		凤腾山古墓群	清	广西壮族自治区河池市环江毛南族自治县
四川省	1	凉山大石墓群	战国至汉	德昌县、喜德县
贵州省	6	交乐墓群	汉	兴仁县
		务川大坪墓群	汉	贵州省遵义市务川仡佬族苗族自治县
		兴义万屯墓群	东汉	贵州省黔西南布依族苗族自治州兴义市
		惠水仙人桥洞葬	明至清	贵州省黔南布依族苗族自治州惠水县
		黔南水族墓群	明至清	贵州省黔南布依族苗族自治州三都水族自治县、荔波县
		明十八先生墓	清	贵州省黔西南布依族苗族自治州安龙县
云南省	2	万家坝古墓群	明	云南省楚雄彝族自治州楚雄市
		顺荡火葬墓群	明	云南省大理白族自治州云龙县
西藏自治区	4	藏王墓	公元七世纪	穷结县
		烈山墓地	唐	朗县
		吉堆吐蕃墓群	唐	洛扎县
		查木钦墓群	唐	拉孜县
青海省	4	杂涅墓群	唐	青海省玉树藏族自治州玉树县
		玉树古墓群	唐	青海省玉树藏族自治州治多县、玉树县、称多县

续表 9

地　区	数量	名　称	时　代	地　址
青海省		街子拱北	清	青海省海东地区循化撒拉族自治县
		热水墓群	唐	都兰县
宁夏回族自治区	3	西夏陵	西夏	银川市
		固原北朝隋唐墓地	北朝至唐	宁夏回族自治区固原市原州区
		窨子梁唐墓	唐	宁夏回族自治区吴忠市盐池县
新疆维吾尔自治区	28	小河墓地	公元前 2000 年~公元前 1500 年	新疆维吾尔自治区巴音郭楞蒙古自治州若羌县
		阔科克古墓群	青铜时代	新疆维吾尔自治区阿勒泰地区布尔津县
		拜其尔墓地	青铜时代	新疆维吾尔自治区哈密地区伊吾县
		大喀纳斯景区墓葬群	青铜时代至铁器时代	新疆维吾尔自治区阿勒泰地区布尔津县
		赛里木湖古墓群	青铜时代、汉至唐	新疆维吾尔自治区博尔塔拉蒙古自治州博乐市
		阿日夏特科克石围及石堆墓群	春秋至战国	新疆维吾尔自治区博尔塔拉蒙古自治州温泉县
		阿敦乔鲁石栅古墓群及岩画群	春秋至战国	新疆维吾尔自治区博尔塔拉蒙古自治州温泉县
		库车友谊路墓群	晋、十六国	新疆维吾尔自治区阿克苏地区库车县
		小洪纳海石人墓	隋、唐	新疆维吾尔自治区伊犁哈萨克自治州昭苏县
		默拉纳额什丁麻扎	明	新疆维吾尔自治区阿克苏地区库车县
		阿斯塔纳古墓群	晋至唐	吐鲁番市
		阿巴和明麻札	清	喀什市
		三海子墓葬及鹿石	青铜时代	青河县
		焉不拉克古墓群	青铜时代	哈密市
		察乌乎古墓群	青铜时代	和静县
		切木尔切克石人及石棺墓群	青铜时代至汉、魏	阿勒泰市
		扎滚鲁克石墓群	青铜时代至汉、晋	且末县
		山普拉古墓群	汉、晋	洛浦县
		楼兰墓群	新石器时代至晋	若羌县
		五堡墓群	青铜时代	哈密市
		洋海墓群	青铜时代至唐	鄯善县
		阿日夏特石人墓	隋至唐	温泉县
		麻赫穆德•喀什噶里墓	元	疏附县
		速檀•歪思汗麻扎	明	伊宁县
		叶尔羌汗国王陵	明	莎车县
		艾比甫•艾洁木麻扎	清	阿图什市
		哈密回王墓	清至民国	哈密市
		吐虎鲁克·铁木尔汗麻扎	元	霍城县

续表 10

地　区	数量	名　称	时　代	地　址
（四）古建筑及历史纪念建筑物：127 处				
内蒙古自治区	21	万部华严经塔	辽	呼和浩特市
		金刚座舍利宝塔	清	呼和浩特市
		美岱召	明	土默特右旗
		五当召	清	包头市
		汇宗寺	清	多伦县
		福会寺	清	喀喇沁旗
		喀喇沁亲王府及家庙	清	喀喇沁旗
		和硕恪靖公主府	清	呼和浩特市
		开鲁县佛塔	元	开鲁县
		清水河县长城	明	清水河县
		纳林塔秦国长城遗址	战国	伊金霍洛旗
		锦山龙泉寺	清	喀喇沁旗
		大召	明至清	呼和浩特市
		绥远城墙和将军衙署	清	呼和浩特市
		贝子庙	清	锡林浩特市
		定远营	清	阿拉善左旗
		灵悦寺	清	喀喇沁旗
		诺尔古建筑群	清	多伦县
		库伦三大寺	清	库伦旗
		僧格林沁王府	清	科尔沁左翼后旗
		宝善寺	清	阿鲁科尔沁旗
吉林省	1	灵光塔	唐	长白朝鲜族自治县
浙江省	1	时思寺	元至清	景宁畲族自治县
湖北省	2	鱼木寨	明至清	利川市
		大水井古建筑群	清	利川市
湖南省	4	马田鼓楼	清	通道侗族自治县
		芋头侗寨古建筑群	明、清	通道侗族自治县
		坪坦风雨桥	清	通道侗族自治县
		凤凰古城堡	清	凤凰县
广西壮族自治区	12	经略台真武阁	明	容县
		程阳永济桥	民国	三江县
		灵渠	秦	兴安县
		大土阁	明	合浦县
		莫土司衙署	明、清	忻城县
		靖江王府及王陵	明	桂林市

续表 11

地　区	数量	名　称	时　代	地　　址
广西壮族自治区		岜团桥	清	三江侗族自治县
		临贺故城	汉至清	贺州市
		江头村和长岗岭村古建筑群	明至民国	灵川县
		马殷庙	明至清	富川瑶族自治县
		燕窝楼	明至清	全州县
		恭城古建筑群	明至清	恭城瑶族自治县
四川省	10	卓克基土司官寨	清	马尔康县
		德格印经院	清	德格县
		直波碉楼	清	马尔康县
		松潘古城墙	明	松潘县
		棒托寺	明、清	壤塘县
		丹巴古碉群	唐至清	丹巴县
		措尔机寺	元至清	壤塘县
		日斯满巴碉房	元至明	壤塘县
		松格嘛呢石经城和巴格嘛呢石经墙	明至清	石渠县
		波日桥	清	新龙县
贵州省	9	增冲鼓楼	清	从江县
		青龙洞	清	镇远县
		福泉城墙	明	福泉市
		郎德上寨古建筑群	明、清	雷山县
		地坪风雨桥	清	黎平县
		寨英村古建筑群	明至清	松桃苗族自治县
		飞云崖古建筑群	明至清	黄平县
		旧州古建筑群	明至清	黄平县
		葛镜桥	明	福泉市
云南省	22	崇圣寺三塔	唐、五代	大理白族自治州大理市
		广允缅寺	清	沧源佤族自治县
		景真八角亭	清	勐海县
		曼飞龙塔	清	景洪市
		大宝积宫与琉璃殿	明	玉龙纳西族自治县
		中心镇公堂	清	香格里拉县
		喜洲白族古建筑群	明、清	大理市
		建水文庙	明、清	建水县
		水目寺塔	唐至明	祥云县
		佛图寺塔	唐	大理市
		大姚白塔	唐	大姚县

续表 12

地　区	数量	名　称	时　代	地　址
云南省		指林寺大殿	元至清	建水县
		宝山石头城	元	玉龙纳西族自治县
		州城文庙和武庙	明至清	宾川县
		龙华寺	明至清	姚安县
		朝阳楼	明	建水县
		西门街古建筑群	明	剑川县
		沙溪兴教寺	明至民国	剑川县
		孟连宣抚司署	清	孟连傣族拉祜族佤族自治县
		曼短佛寺	清	勐海县
		双龙桥	清	建水县
		长春洞	清	巍山彝族回族自治县
		寿国寺	清	维西傈僳族自治县
西藏自治区	27	大昭寺		拉萨市
		昌珠寺		乃东县
		萨迦寺	元	萨迦县
		布达拉宫	明至民国	拉萨市
		噶丹寺	明初至清	拉萨市
		扎什伦布寺	明初至清	日喀则县
		哲蚌寺	明	拉萨市
		色拉寺	明	拉萨市
		罗布林卡	清	拉萨市
		夏鲁寺	元至清	日喀则市
		桑耶寺	789−799 年	扎囊县
		托林寺	宋	扎达县
		扎塘寺	1081−1093 年	扎囊县
		白居寺	明	江孜县
		朗色林庄园	明	扎囊县
		曲德寺、卓玛拉康	公元 10 世纪、公元 1274 年	吉隆县（大唐天竺使出铭公元 658 年）
		色喀古托寺	公元 1080 年	洛扎县
		科迦寺	公元 996 年	普兰县
		小昭寺	公元 641 年	拉萨市
		吉如拉康	唐至清	乃东县
		松卡石塔	唐	扎囊县
		聂塘卓玛拉康	宋	曲水县
		敏竹林寺	明	扎囊县
		查杰玛大殿	元至清	昌都地区

续表 13

地区	数量	名称	时代	地址
西藏自治区		平措林寺	明	拉孜县
		邦纳寺	明	索县
		康松桑卡林	清	扎囊县
甘肃省	1	拉卜楞寺	清	夏河县
青海省	5	隆务寺	明、清	同仁县
		贵德文庙及玉皇阁	明、清	贵德县
		藏娘佛塔及桑周寺	北宋至清	玉树县
		格萨尔三十大将军灵塔和达那寺	宋、元	囊谦县
		却藏寺	清	互助土族自治县
宁夏回族自治区	7	海宝塔	清	银川市
		同心清真大寺	清	同心县
		拜寺口双塔	西夏	贺兰县
		一百零八塔	元	青铜峡市
		承天寺塔	清	银川市
		董府	清	吴忠市
		宁夏秦长城遗址	战国	彭阳县、西吉县、固原县
新疆维吾尔自治区	5	苏公塔	清	吐鲁番市
		伊犁将军府	清	伊宁市
		昭苏圣佑庙	清	昭苏县
		艾提尕尔清真寺	明	喀什市
		靖远寺	明	察布查尔锡伯自治县
(五) 革命遗址、革命纪念建筑物及近现代重要史迹和代表性建筑：55 处				
内蒙古自治区	5	乌兰夫故居	清至民国	土默特左旗
		成吉思汗庙	民国	乌兰浩特市
		“独贵龙”运动旧址	1919–1921 年	乌审旗
		百灵庙起义旧址	1936 年	达尔罕茂明安联合旗
		内蒙古自治政府成立大会会址	1947 年	乌兰浩特市
湖北省	1	五里坪革命旧址	1929–1933 年	鹤峰县
湖南省	3	沈从文故居	清	凤凰县
		湘鄂川黔革命根据地旧址	1934–1935 年	张家界市、永顺县、龙山县
		抗日胜利芷江洽降旧址	1945 年	芷江侗族自治县
广西壮族自治区	18	金田起义地址	1851 年	桂平县金田村
		中国工农红军第七军、第八军军部旧址	1929–1930 年	百色市、龙州县
		李宗仁故居(包括李宗仁府邸)	1921、1948 年	临桂县、桂林市
		李济深故居	民国	苍梧县

续表 14

地　区	数量	名　称	时　代	地　址
广西壮族自治区	18	右江工农民主政府旧址	1929 年	田东县
		八路军桂林办事处旧址	1938 年	桂林市
		北海近代建筑	近代	北海市
		刘永福、冯子材旧居建筑群	清	钦州市
		连城要塞遗址和友谊关	明至清	北海市、防城港市、宁明县、凭祥市、龙州县、大新县、靖西县、那坡县
		容县近代建筑	清至民国	容县
		太平天国永安活动旧址	1851 年	蒙山县
		马胖鼓楼	民国	三江侗族自治县
		梧州中山纪念堂	民国	梧州市
		广西农民运动讲习所旧址	1925 年	东兰县
		红军标语楼	1930 年	河池市
		湘江战役旧址	1934 年	兴安县、全州县、灌阳县
		昆仑关战役旧址	1939–1940 年	南宁市、宾阳县、柳州市
		胡志明旧居	1942–1954 年	柳州市
海南省	1	陵水县苏维埃政府　旧址	1927–1928 年	陵水黎族自治县
重庆市	1	赵世炎故居	1904–1914 年	酉阳自治县
四川省	3	泸定桥	1935 年	甘孜藏族自治州泸定县
		阿坝红军长征遗迹	1935 年	小金县、黑水县、松潘县、若尔盖县、茂县、红原县
		白利寺	1936–1950 年	甘孜藏族自治州泸定县
贵州省	4	黔东特区革命委员会旧址	1934 年	沿河土家族自治县、德江县、印江土家族苗族自治县
		黎平会议会址	1934 年	黎平县
		“二十四道拐”抗战公路	1936 年	晴隆县
		和平村旧址	1941–1944 年	镇远县
云南省	10	纳楼长官司署	清	建水县
		南甸宣抚司署	清、民国	梁河县
		五家寨铁路桥	清	屏边苗族自治县
		茨中教堂	清	德钦县
		蒙自海关旧址	清至民国	蒙自县
		鸡街火车站	民国	个旧市
		企鹤楼	民国	石屏县
		陈氏宗祠	民国	石屏县
		允燕塔	民国	盈江县
		民族团结誓词碑	1951 年	普洱哈尼族彝族自治县
西藏自治区	1	江孜宗山抗英遗址	1904 年	江孜县

续表 15

地　区	数量	名　称	时　代	地　址
甘肃省	1	俄界会议旧址	1935 年	迭部县
青海省	3	第一个核武器研制基地旧址	1957–1995 年	海晏县
		新寨嘉那嘛呢	清	玉树县
		循化西路红军革命旧址	1939–1946 年	循化撒拉族自治县
宁夏回族自治区	1	将台堡革命旧址	1936 年	西吉县
新疆维吾尔自治区	3	坎尔井地下水利工程	清	吐鲁番市
		塔城红楼	清至民国	塔城市
		三区革命政府政治文化活动中心旧址	民国	伊宁市

■民族自治地方全国历史文化名城

(截至 2017 年)

河北	承德市
内蒙古自治区	呼和浩特市
湖南	凤凰县
广西壮族自治区	桂林市、柳州市、北海市
四川	会理县
贵州	遵义市、镇远县
云南	昆明市、大理市、丽江市、巍山彝族回族自治县、建水县
西藏自治区	拉萨市、日喀则市、江孜县
甘肃	天水市、张掖市
青海	同仁县
宁夏回族自治区	银川市
新疆维吾尔自治区	喀什市、吐鲁番市、库车县、伊宁市、特克斯县

■民族自治地方中国历史文化名镇

(截至 2017 年)

内蒙古自治区	牙克石市博克图镇
	正蓝旗上都镇
	科尔沁左翼中旗花吐古拉镇
	敖汉旗四家子镇
	科尔沁左翼后旗吉尔嘎朗镇
	开鲁县开鲁镇
辽宁省	新宾满族自治县永陵镇
浙江省	景宁畲族自治县鹤溪镇
湖北省	宣恩县椒园镇
湖南省	龙山县里耶镇
	永顺县芙蓉镇
	泸溪县浦市镇
	花垣县边城镇
广西壮族自治区	昭平县黄姚镇
	灵川县大圩镇
	阳朔县兴坪镇
	兴安县界首镇
	恭城瑶族自治县恭城镇
	贺州市八步区贺街镇
	鹿寨县中渡镇
重庆市	石柱县西沱镇
	酉阳土家族苗族自治县龙潭镇
贵州省	黄平县旧州镇
	雷山县西江镇
	松桃苗族自治县寨英镇
云南省	禄丰县黑井镇
	剑川县沙溪镇
	孟连县娜允镇
	宾川县州城镇
	洱源县凤羽镇
	蒙自县新安所镇
西藏自治区	乃东县昌珠镇
	日喀则市萨迦镇
甘肃省	临潭县新城镇
青海省	循化撒拉族自治县街子镇
新疆维吾尔自治区	鄯善县鲁克沁镇
	霍城县惠远镇
	富蕴县可可托海镇

■民族自治地方中国历史文化名村

（截至 2017 年）

内蒙古自治区	土默特右旗美岱召镇美岱召村
	包头市石拐区五当召镇五当召村
吉林省	图们市月晴镇白龙村
湖北省	恩施市崔家坝镇滚龙坝村
	恩施市宣恩县沙道沟镇两河口村
	宣恩县沙道沟镇两河口村
	宣恩县椒园镇庆阳坝村
	利川市谋道镇鱼木村
湖南省	祁阳县潘市镇龙溪村
	龙山县苗儿滩镇捞车村
	通道侗族自治县坪坦乡坪坦村
	通道侗族自治县双江镇芋头村
	永顺县灵溪镇老司城村
广东省	连南瑶族自治县三排镇南岗古排村
广西壮族自治区	富川瑶族自治县朝东镇秀水村
	灵山县佛子镇大芦村
	南宁市江南区江西镇扬美村
	玉林市玉州区城北街道办事处高山村
	富川瑶族自治县朝东镇福溪村
	灌阳县文市镇月岭村
	灵川县青狮潭镇江头村
	兴安县漠川乡榜上村
	阳朔县白沙镇旧县村
四川省	丹巴县梭坡乡莫洛村
贵州省	锦屏县隆里乡隆里村
	黎平县肇兴乡肇兴寨村
	从江县往洞乡增冲村
	三都县都江镇怎雷村
	雷山县郎德镇上郎德村
	务川县大坪镇龙潭村
	从江县丙妹镇岜沙村
	黎平县茅贡乡地扪村
	榕江县栽麻乡大利村
	务川仡佬族苗族自治县大坪镇龙潭村
云南省	云龙县诺邓镇诺邓村
	石屏县宝秀镇郑营村

续表

云南省	巍山县永建镇东莲花村
	祥云县云南驿镇云南驿村
	弥渡县密祉乡文盛街村
	永平县博南镇曲硐村
西藏自治区	吉隆县吉隆镇帮兴村
	尼木县吞巴乡吞达村
	工布江达县错高乡错高村
青海省	同仁县年都乎乡郭麻日村
	玉树县仲达乡电达村
	循化撒拉族自治县清水乡大庄村
	玉树县安冲乡拉则村
	班玛县灯塔乡班前村
宁夏回族自治区	中卫市香山乡南长滩村
新疆维吾尔自治区	鄯善县吐峪沟乡麻扎村
	哈密市回城乡阿勒屯村
	哈密市五堡乡博斯坦村
	特克斯县喀拉达拉乡琼库什台村

中国少数民族文学、少数民族题材作品“骏马奖”资料

■历届全国少数民族文学“骏马奖”获奖作品

	第一届	第二届	第三届	第四届	第五届	第六届	第七届	第八届	第九届	第十届	第十一届
长篇小说	7	4	6	6	8	7	7	5	5	5	5
中、短篇小说集(中、短篇小说)	29	51	14	28	14	15	17	6	5	5	5
诗歌集(诗集、长诗、短诗)	59	33	10	25	13	14	10	5	7	5	5
散文、报告文学集(散文、报告文学)	17	12	5	11	10	12	12	10	8	10	9
评论集(评论)		6	1	4	4	4	4	5	5		
儿童文学集(儿童文学)	8		3	3	1	4	2				
电影文学	4										
剧　本	5										
翻译奖		8(人)	4(人)	6(人)	3(人)	6(人)	4(人)	1（人）	4（人）	4（人）	3（人）
新人新作			18	16	10						
特别奖			22			1					
荣誉奖	11	13									
人口较少民族特别奖									5		
合　计	140	127	83	99	63	63	56	32	39	29	27

■历届全国少数民族题材电视“骏马奖”评奖活动

届数	时间	地点	主办单位	协办单位	承办单位
第一届	1986 年	呼和浩特	国家民委　文化部　中国文联　中国视协		内蒙古自治区广电厅、民委、视协
第二届	1988 年	昆明	国家民委　文化部　中国文联　中国视协		云南省广电厅、民委、视协
第三届	1990 年	乌鲁木齐	国家民委　文化部　中国文联　中国视协		新疆维吾尔自治区广电厅、民委、视协
第四届	1992 年	南宁	国家民委　广电部　文化部　中国文联	中国视协	广西壮族自治区广电厅、民委、视协
第五届	1994 年	成都	国家民委　广电部　文化部　中国文联	中国视协	四川省广电厅、民委、视协
第六届	1996 年	北京	国家民委　广电部　文化部　中国文联	中国视协	国家民委文化宣传司
第七届	1998 年	广州	国家民委　广电部　文化部　中国文联	中国视协	广州市广电局广州电视台、广东省民委
第八届	2000 年	北京	国家民委　广电部　文化部　中国文联	中国视协	北京电视台
第九届	2002 年	济南	国家民委　广电部　文化部　中国文联	中国视协	山东省民委、广电局、文化厅、文联承办、山东电视综艺频道具体承办
第十届	2004 年	呼和浩特	国家民委　广电部　文化部　中国文联	中国视协	内蒙古自治区民委、广电厅、文化厅、文联承办

■历届全国少数民族题材电视“骏马奖”获奖作品

（单位：部）

	第一届	第二届	第三届	第四届	第五届	第六届	第七届	第八届	第九届	总计
北京			1			3	1	4	6	15
天津					1	1				2
河北				2	1		1	2	1	7
山西	1		1					1		3
吉林	1	4	5	4	4	4	4	5	5	36
内蒙古	2	3	11	5	10	7	14	14	14	80
辽宁	1				1	2				4
吉林	1	4	5	4	4	4	4	5	5	36
黑龙江	1			1	2	2	2	3	5	16
上海			1	1	1		3	4	1	11
江苏				1		1			2	4
浙江		1	1							2
安徽				1					1	2
福建					1	1		1	1	4
江西										
山东				1	1	2	2	6	17	29
河南										
湖北			2	4	1	1	2	3	4	17
湖南		2	3	3	3	5	3	4	4	27
广东			1	1	1	2	1	1		7
广西	1	2	7	17	4	3	2	9	11	56
海南				1		1		2		4
重庆										
四川		1	2	2	15	2	3	2	5	32
贵州	2	1	1	3			2	3	3	15
云南	2	5	4	4	3	7	10	14	16	65
西藏	1	1	4	4	4	4	5	2		25
陕西	1		1							2
甘肃	1	1	2	2	6	2		6	2	22
青海		1	1	4	3	4	9	10	15	47
宁夏	1	1	1	2	2	2	2	3	1	15
新疆	1	5	14	20	14	14	19	27	33	147
中央电视台			5	1	3	5	4	17	33	68
中国电视剧制作中心		2			1	1			2	6
中央电视台新影制作中心									4	4
中国广播艺术团								1	2	3
中国农业电影电视中心									2	2
合计	17	34	73	88	86	80	93	149	195	815

■历届全国少数民族题材电影"骏马奖"获奖作品

(单位：部，人)

	第一届(1994 年)	第二届(1998 年)	第三届(2002 年)
故事片一等奖	1	1	1
故事片二等奖	3	1	2
故事片三等奖	6	1	1
故事片评委会特别奖	1		
故事片评委会提名奖(纪念奖)	23		5
儿童片一等奖			
儿童片二等奖			
儿童片三等奖			2
儿童片评委会提名奖			2
纪录片一等奖	1		
纪录片二等奖	2		
纪录片三等奖	3		
优秀纪录片奖			2
美术片一等奖	1		
美术片二等奖	2	1	
美术片三等奖	1	1	
优秀美术片奖			2
科教片一等奖	1		
优秀电视电影奖			2
最佳编剧(优秀编剧)	1(人)	2(人)	4(人)
最佳导演(优秀导演)	2(人)	2(人)	2(人)
最佳摄影(优秀摄影)		1(人)	1(人)
最佳男演员(优秀男演员)	1(人)	1(人)	1(人)
最佳女演员(优秀女演员)	1(人)	1(人)	1(人)
少数民族语优秀译制片奖	36		
少数民族语优秀译制片奖(蒙古语)		3	2
少数民族语优秀译制片奖(藏语)		1	3
少数民族语优秀译制片奖(维吾尔语)		4	2
少数民族语优秀译制片奖(哈萨克语)		1	1
少数民族语优秀译制片奖(彝语)		2	2
少数民族语优秀译制片奖(壮语)		2	6
少数民族语优秀译制片奖(傣语)		1	2
少数民族语优秀译制片奖(侗语)		1	2
少数民族语优秀译制片奖(佤语)			1
少数民族语优秀译制片奖(傈僳语)		1	
少数民族语优秀译制片奖(苗语)		2	
少数民族语译制片综合技术奖(蒙古语)		1	1
少数民族语译制片综合技术奖(藏语)		1	2
少数民族语译制片综合技术奖(维吾尔语)		1	2
少数民族语译制片综合技术奖(哈萨克语)			
少数民族语译制片综合技术奖(彝语)		1	
少数民族语译制片综合技术奖(壮语)		1	
少数民族语译制片综合技术奖(侗语)		1	
少数民族语译制片综合技术奖(鄂温克语)		1	
少数民族语译制片综合技术奖(佤语)		1	
少数民族语译制片综合技术奖(苗语)			1

中国少数民族传统体育运动会资料

■历届全国少数民族传统体育运动会

项目	第一届	第二届	第三届	第四届
时间	1953年11月8日—12日	1982年9月2日—8日	1986年8月10日—17日	1991年11月10日—17日
地点	天津市	呼和浩特市	乌鲁木齐市	南宁市
参加单位	华北、东北、西北、中南、西南、东南等6大行政区和内蒙古、解放军、铁路系统共9个单位	29个省、自治区、直辖市代表团	29个省、自治区、直辖市代表团	30个省、自治区、直辖市代表团
民族及人数	蒙古、回、藏、维吾尔、哈萨克、苗、满、朝鲜、傣、纳西、塔塔尔等12个民族，395名运动员	55个少数民族，863名运动员、教练员，其中：少数民族运动员593人；2个观摩团，400多人；300多名中外记者	55个少数民族，1097名运动员、教练员，其中：少数民族运动员777人；29个观摩团，872人；中外记者580人；港澳同胞及外国朋友45人	55个少数民族，1740名运动员。29个观摩团，有教练员、裁判员、工作人员、少数民族体育先进地区和单位代表、新闻工作者共4500人
比赛项目	举重、拳击、石锁、摔跤、击剑和步射(弓箭射准)	射箭邀请赛、中国式摔跤比赛	摔跤、射箭、赛马、叼羊、射弩、抢花炮、秋千	龙舟、抢花炮、秋千、射弩、珍珠球、木球、摔跤、赛马和武术
表演项目	武术(分棒术和器械，共383项)、民间体育(分石提、爬杆等22项)、骑术(各种马上技巧表演9项)	傣族的孔雀拳、蒙古族的赛骆驼、赛马等68项	表演项目115项	表演项目120项

续表

项目	第五届	第六届	
时间	1995 年 11 月 5 日—12 日	1999 年 9 月 24 日—30 日	1999 年 8 月 18 日—23 日
地点	昆明市	北京市(主赛场)	拉萨市(分赛场)
参加单位	31 个省、自治区、直辖市代表团，新疆生产建设兵团、解放军代表团、台湾少数民族代表团	31 个省、自治区、直辖市代表团，新疆生产建设兵团、解放军代表团、台湾少数民族代表团	31 个省、自治区、直辖市代表团、新疆生产建设兵团、解放军代表团
民族及人数	55 个少数民族，2342 名运动员。30 个省、自治区、直辖市组织了观摩团。运动员、教练员、工作人员、观摩人员、少数民族体育模范代表，中外记者及来宾共 7000 人参加了运动会。	55 个少数民族，2626 名运动员。各省、自治区、直辖市组织了观摩团、运动员、教练员、工作人员、观摩人员、少数民族体育模范代表及记者共计 6000 人。	35 个少数民族，764 名运动员。各省、自治区、直辖市组织了 33 个代表团和 40 个观摩团。运动员、教练员、工作人员、观摩人员及记者共计 2386 人。
比赛项目	抢花炮、珍珠球、木球、民族式摔跤(博克、且里西、格、北嘎、绊跤)、秋千、武术、射弩、龙舟、马上项目(速度赛马、走马、跑马、射击、跑马射箭、跑马拣哈达、叼羊)、打陀螺、毽球等共 11 项	抢花炮、珍珠球、毽球、蹴球、木球、秋千、武术、龙舟、民族式摔跤(博克、格、且里西、北嘎、绊跤)、马上项目(速度赛马、走马、跑马、射击、跑马射箭、跑马拾哈达)等 10 个项目	马上项目、射弩、打陀螺、押加等 4 个项目。
表演项目	表演项目 129 项	表演项目 11 项	表演项目 39 项

项目	第七届	第八届	第九届	第十届
时间	2003 年 9 月 6 日—13 日	2007 年 11 月 10 日—18 日	2011 年 9 月 10 日—2011 年 9 月 18 日	2015 年 8 月 9 日–17 日
地点	银川市（主赛场） 石嘴山市（分赛场）	广州市	贵阳市	鄂尔多斯市
参加单位	31 个省、自治区、直辖市代表团，新疆生产建设兵团、解放军代表团、台湾少数民族代表团	31 个省、自治区、直辖市代表团，新疆生产建设兵团、解放军代表团、台湾少数民族代表团	31 个省、自治区、直辖市代表团，新疆生产建设兵团、中国人民解放军、台湾少数民族代表团。	全国各省、自治区、直辖市及中国人民解放军、新疆生产建设兵团
民族及人数	55 个少数民族，3735 名运动员。30 个省、自治区、直辖市组织了观摩团。运动员、教练员、工作人员、观摩人员、少数民族体育模范代表，中外记者及来宾共 9039 人参加了运动会。	55 个少数民族，6381 名运动员。30 个省、自治区、直辖市组织了观摩团。运动员、教练员、工作人员、观摩人员、少数民族体育模范代表，中外记者及来宾共 1.5 万人参加了运动会。	由 55 个少数民族，6771 名运动员。31 个省、自治区、直辖市组织了观摩团。运动员、教练员、工作人员、观摩人员、少数民族体育模范代表，中外记者及来宾近万人参加了运动会。	由 55 个少数民族，运动员、教练员、裁判员及工作人员的总人数预计将达到 9000 人。
比赛项目	抢花炮、珍珠球、木球、民族式摔跤(博克、且里西、格、北嘎、绊跤)、秋千、武术、射弩、龙舟、马术(速度赛马、走马、跑马射箭、跑马射击、跑马拾哈达)、打陀螺、毽球、蹴球、高脚竞速、押加等共 14 项	抢花炮、珍珠球、木球、民族式摔跤(博克、且里西、格、北嘎、绊跤、朝鲜族式摔跤)、秋千、武术、射弩、龙舟、马术(速度赛马、走马、跑马射箭、跑马射击、跑马拾哈达)、打陀螺、毽球、蹴球、高脚竞速、板鞋竞速、押加等共 15 项	花炮、珍珠球、木球、蹴球、毽球、龙舟、独竹漂、秋千、射弩、陀螺、押加、高脚竞速、板鞋竞速、武术、民族式摔跤（搏克、且里西、格、北嘎、绊跤、希日木）、马术（速度赛马、走马、跑马射击、跑马射箭、跑马拾哈达）等 16 个大项。	花炮、珍珠球、木球、蹴球、毽球、龙舟、独竹漂、秋千、射弩、陀螺、押加、高脚竞速、板鞋竞速、少数民族武术、民族式摔跤、马术、 民族健身操等 17 项
表演项目	表演项目 125 项。	表演项目 148 项。	3 个大类，共 188 项。	表演项目 140 项。

■中国少数民族传统体育运动竞赛项目

项目名称	项目内容	
1．花炮	男子	16 人集体项目
2．珍珠球	男子	14 人集体项目
	女子	14 人集体项目
3．木球	男子	10 人集体项目
4．蹴球	男子	单蹴、双蹴
	女子	单蹴、双蹴
	男女混合	双蹴
5．毽球	男子	6 人集体项目
	女子	6 人集体项目
6．龙舟	男子	直道竞速：250 米、500 米、800 米
	女子	直道竞速：250 米、500 米、800 米
	男女混合	直道竞速：250 米、500 米、800 米
7．秋千	女子	团体赛
		双人触铃、双人高度
		单人触铃、单人高度
8．射弩	男女混合	团体
	男子	全能
		20 米双轮跪姿
		20 米双轮立姿
	女子	全能
		15 米双轮跪姿
		15 米双轮立姿
9．陀螺	男子	3 人团体赛
		个人赛
	女子	3 人团体赛
		个人赛

续表

项目名称	项目内容	
10．押加	男子	55 公斤、60 公斤、70 公斤、80 公斤、80 公斤以上级
11．高脚竞速	男子	200 米竞速、2×200 米接力
	女子	200 米竞速、2×200 米接力
	男女混合	4×100 米混合接力
12．武术	男子、女子拳术	A 组：各种长拳、南拳、太极拳
		B 组：形意拳、八卦拳、八极拳、通臂拳、翻子拳、劈挂拳、地躺拳、象形拳、查拳、华拳、花拳、炮拳、洪拳、红拳、少林拳
		C 组：除 A、B 外的各种拳术套路
	男子、女子器械	A 组：长拳类刀、剑、枪、棍
		B 组：各种双、软器械
		C 组：除 A、B 外的各种单器械
	男子、女子对练	3 人以内各种对练套路(不允许混合)
13．民族式摔跤(男子项目)	博克(蒙式)团体、个人赛	
	且里西(维式)52 公斤、62 公斤、74 公斤、90 公斤、90 公斤以上	
	格(彝式)52 公斤、62 公斤、74 公斤、90 公斤、90 公斤以上	
	北嘎(藏式)52 公斤、62 公斤、74 公斤、90 公斤、90 公斤以上	
	绊跤(回式)52 公斤、62 公斤、74 公斤、90 公斤、90 公斤以上	
14．马术	速度赛马：1000 米、2000 米、3000 米、5000 米、10000 米	
	走马：1000 米、2000 米、5000 米	
	跑马射击	
	跑马射箭	
	跑马拾哈达	
15.独竹漂	男子直道竞速 60 米、100 米	
	女子直道竞速 60 米、100 米	
16.板鞋竞速	男子三人板鞋	
	女子三人板鞋	
	三人板鞋 4×100 米混合接力	
17.民族健身操	由国家民委为第十届全国少数传统体育运动会民族健身操比赛组织创编的规定套路。	

中国民族自治地方世界遗产、国家级自然保护区、风景名胜区和旅游区名单

■民族自治地方世界遗产（截至 2017 年）

	省区	名称	地址
世界文化遗产	内蒙古自治区	元上都遗址	内蒙古自治区锡林郭勒
	湖北省	土司遗址	湖北省恩施土家苗族自治州
	云南省	红河哈尼梯田	云南省红河哈尼族彝族自治州元阳县
	西藏自治区	布达拉宫（大昭寺、罗布林卡）	西藏自治区拉萨市
	新疆维吾尔自治区	丝绸之路中国部分	新疆维吾尔自治区高昌故城、交河故城、克孜尔尕哈峰燧、克孜尔石窟、苏巴什佛寺遗址、北庭故城遗址
世界自然遗产	四川省	九寨沟	四川省阿坝藏族羌族自治州九寨沟县
		黄龙	四川省阿坝藏族羌族自治州松潘县
		四川大熊猫栖息地	四川省阿坝藏族羌族自治州小金县
	云南省	三江并流	云南省迪庆藏族自治州、怒江傈僳族自治州
	云南省、贵州省	中国南方喀斯特	云南省石林彝族自治县、贵州省黔南布依族苗族自治州荔波县
	青海省	青海可可西里	青海省玉树藏族自治州西部
	新疆维吾尔自治区	新疆天山	新疆维吾尔自治区
世界人类口述和非物质遗产	内蒙古自治区	蒙古族长调民歌	内蒙古自治区
		蒙古族呼麦	内蒙古自治区、阿拉泰、哈卡斯
	吉林省、黑龙江省、辽宁省	朝鲜族农乐舞	吉林省、黑龙江省、辽宁省等朝鲜族聚居区
	贵州省、湖北省、广西省、四川省、云南省	贵州侗族大歌	贵州、湖北、广西、湖南等省区
	西藏自治区	藏戏	西藏自治区、青海、甘肃、四川、云南等藏语地区
		《格萨尔》史诗	西藏自治区、青海省、甘肃省、四川省、新疆维吾尔自治区
	甘肃省	甘肃花儿	临夏回族自治州
	青海省	青海热贡艺术	青海省同仁县地区
	新疆维吾尔族自治区	新疆《玛纳斯》	新疆维吾尔自治区
		新疆维吾尔木卡姆艺术	新疆维吾尔自治区

■民族自治地方国家级自然保护区名录

(截至 2017 年)

地区	保护区名称	行政区域	面积(公顷)	主要保护对象	类型	建立时间
河北省	红松洼草原	围场县	7300	草原生态系统	草原草甸	1994-8-1
	塞罕坝	围场县	20029.8	森林-草原交错带生态系统	草原草甸	2007-4-6
	滦河上游	围场县	50637.4	滦河上游的自然生态环境、森林生态系统及其生物多样性和珍稀濒危的野生动植物物种	森林和野生动物	2008-1-14
内蒙古自治区	赛罕乌拉	巴林左旗	100400	森林及马鹿等野生动物	森林生态	1997-4-1
	达里诺尔鸟类	克什克腾旗	119413	珍稀鸟类	野生动物	1987-9-8
	白音敖包云杉林	克什克腾旗	13862	沙地云杉林	森林生态	1979-10-4
	黑里河	宁城县	27638	森林生态系统	森林生态	1996-12-31
	大黑山	敖汉旗	86799	天然阔叶林	森林生态	1996-9-1
	汗玛	根河市	107348	森林生态系统	森林生态	1996-11-29
	红花尔基樟子松林	额温克旗	20085	樟子松林	森林生态	1998-5-1
	辉河	鄂温克族自治旗	346848	湿地、珍禽、草原	内陆湿地	1997-12-1
	达赉湖	新巴尔虎右旗	740000	湖泊、湿地、草原生态系统	内陆湿地	1987-1-1
	科尔沁	科尔沁右翼中旗	126987	湿地珍禽、灌丛及疏林草原	野生动物	1986-6-1
	图牧吉	扎赉特旗	94830	草原生态系统及大鸨等珍禽	草原草甸	1996-8-1
	大青沟	科尔沁左翼后旗	8183	针阔混交林	森林生态	1988-5-9
	锡林郭勒草原	锡林浩特市	580000	草甸草原、沙地疏林	草原草甸	1985-8-8
	鄂尔多斯遗鸥	鄂尔多斯市东胜区	14770	遗鸥及其生境	野生动物	1991-1-1
	西鄂尔多斯	鄂托克旗、乌海市	555849	古老残遗濒危植物	野生植物	1986-12-1
	乌拉特梭梭林－蒙古野驴	乌拉特后旗	68000	梭梭林、蒙古野驴及荒漠生态系统	荒漠生态	1985-10-1
	内蒙古贺兰山	阿拉善左旗	67710	水源涵养林、野生动植物	森林生态	1992-10-27
	额济纳胡杨林	额济纳旗	26253	胡杨林	荒漠生态	1968-6-1
	阿鲁科尔沁	阿鲁科尔沁旗	136793	沙地草原、湿地生态系统及珍稀鸟类	森林生态	2005-7-23
	哈腾套海	磴口县	123600	荒漠植被和野生动植物	荒漠生态	2005-7-23
	额尔古纳	额尔古纳市	124527	寒温带针叶林	森林生态	2006-2-11
	鄂托克恐龙遗迹化石	鄂托克旗查布苏木	46410	多种类型的恐龙足迹化石,以及恐龙骨骼化石	地质遗迹	2007-4-6
	大青山	乌兰察布市卓资县、呼和浩特市、包头市	388577	山地森林灌丛珍稀野生动植物及水源涵养地	森林生态	2008-1-14
辽宁省	老秃顶子	桓仁、新宾县	15219	长白植物区系原生型森林及紫杉、人参等珍稀物种	森林生态	1981-9-18
	白石砬子	宽甸县	7467	原生型红松阔叶混交林	森林生态	1981-9-9
	海棠山	阜新蒙古族自治县	11002.7	油松栎类混交的顶极群落及野生动物	森林生态	2007-4-6

续表 1

地区	保护区名称	行政区域	面积(公顷)	主要保护对象	类型	建立时间
吉林省	伊通火山群	伊通自治县	765	火山地质遗迹	地质遗迹	1984-6-27
	鸭绿江上游	长白县	20306	冷水性鱼类	野生动物	1996-10-1
	天佛指山松茸	龙井市	77317	松茸及森林生态系统	野生植物	1996-8-22
	长白山	安图县	196465	森林及野生动物	森林生态	1960-4-1
	珲春东北虎	珲春市	108700	东北虎、豹及其栖息地	野生动物	2005-7-23
	查干湖	吉林省西部前郭、乾安和大安 2 县 1 市	50684	半干旱地区湖泊水生生态系统、湿地生态系统和野生珍稀、濒危鸟类	内陆湿地和水域生态	2007-4-6
	雁鸣湖	敦化	53940	牡丹江上游湿地及黑鹳、东方白鹳、丹顶鹤、中华秋沙鸭等濒危水禽及东北虎迁移的重要生态通道	内陆湿地和水域生态	2007-4-6
湖北省	神农架	房县、兴山、巴东	70467	森林生态系统及珍稀动物金丝猴等	森林生态	1986-7-9
	后河	五峰自治县	10340	原始森林珍稀动植物	森林生态	2000-4-1
	星斗山	利川、咸丰、恩施市	68339	水杉、珙桐及森林植被	野生植物	1988-1-1
	七姊妹山	宣恩县	34550	典型的中亚热带山地常绿阔叶林生态系统、珙桐为主的珍稀濒危植物及群落、大型猫科动物为主的珍稀濒危动物及其栖息环境和亚高山泥炭藓沼泽湿地	野生植物	2008-1-14
	长阳崩尖子	长阳土家族自治县	13313	中亚热带森林生态系统及生物多样性、国家珍稀濒危野生动植物资源及其栖息地	森林生态	1988-8-5
湖南省	小溪	永顺县	24800	原始次生林	森林生态	1985-7-16
广西壮族自治区	大明山	武鸣、马山、上林县	16994	季风常绿阔叶林、水源涵养林及自然景观	森林生态	1981-8-1
	花坪	龙胜、临桂县	17400	银杉及典型常绿阔叶林生态系统	野生植物	1961-11-1
	猫儿山	资源、兴安县	17009	典型常绿阔叶林生态系统、水源涵养林	森林生态	1976-5-1
	山口红树林	合浦县	8000	红树林生态系统	海洋海岸	1990-9-30
	岑王老山	田林县、凌云县	18994	南亚热带中山常绿阔叶混交林、垂直带谱森林生态系统和黑颈长尾雉、叉孢苏铁、伯乐树等珍稀濒危物种	森林生态	2007-4-6
	九万山	融水苗族自治县、罗城仫佬族自治县、环江毛南族自治县	25212.8	水源涵养林	森林生态	2007-4-6
广西壮族自治区	合浦儒艮	合浦县	35000	儒艮及海洋生态系统	野生动物	1986-4-27
	北仑河口海洋	防城市防城区	3000	红树林生态系统	海洋海岸	1990-3-4
	防城上岳金花茶	防城市防城区	9195	金花茶及森林生态系统	野生植物	1986-4-5
	十万大山	上思、钦州、防城	58277	水源涵养林	森林生态	1982-6-1
	弄岗	龙州、宁明县	10080	石灰岩季节雨林生态系统、白头叶猴、黑叶猴等	森林生态	1978-1-1
	大瑶山	金秀自治县	24907	水源林及瑶山鳄蜥、银杉	森林生态	1982-6-1

续表 2

地区	保护区名称	行政区域	面积(公顷)	主要保护对象	类型	建立时间
广西壮族自治区	木论	环江自治县	8969	中亚热带石灰岩、常绿阔叶混交林生态系统	森林生态	1991-8-18
	千家洞	灌阳县	12231	亚热带常绿阔叶林	森林生态	2006-2-11
	金钟山黑颈长尾雉	隆林各族自治县、西林县	20924.4	黑颈长尾雉	野生动物	2008-1-14
海南省	尖峰岭	乐东自治县	20170	热带雨林生态系统	森林生态	1976-10-1
	五指山	琼中自治县	13435.9	热带原始林生态系统	森林生态	1985-11-1
	霸王岭	昌江自治县	29980	黑冠长臂猿及生境	野生动物	1980-4-9
	吊罗山	陵水县、保亭县、琼中县	18389	森林生态系统及珍稀动植物	森林生态	2008-1-14
四川省	马边大风顶	马边自治县	30164	大熊猫及森林生态系统	野生动物	1977-5-1
	卧龙	汶川县	200000	大熊猫及森林生态系统	野生动物	1975-1-1
	九寨沟	九寨沟县	64297	大熊猫及森林生态系统	野生动物	1978-1-1
	四姑娘山	小金县	48500	野生动物及高山生态系统	野生动物	1996-11-29
	若尔盖湿地	若尔盖县	166571	高寒沼泽湿地及黑颈鹤等野生动物	内陆湿地	1994-8-18
	贡嘎山	康定、泸定县	400000	珍稀动物及高山生物多样性	森林生态	1997-12-8
	察青松多	白玉县	143682.6	白唇鹿、金钱豹等野生动物	野生动物	1995-1-1
	亚丁	稻城县	134400	森林生态系统、野生动植物、冰川	森林生态	1997-12-16
	美姑大风顶	美姑县	50655	大熊猫及森林生态系统	野生动物	1982-1-1
	长江上游珍稀、特有鱼类国家级自然保护区		33174	珍稀鱼类	野生动物	1987-12-4
	海子山	甘孜藏族自治州稻城县、理塘县	459161	高寒湿地生态系统	内陆湿地	2008-1-14
贵州省	梵净山	江口、印江、松涛	41900			1986-7-9
	麻阳河黑叶猴	沿河自治县	31113	黑叶猴等珍稀动物及生境	野生动物	1987-8-1
	草海	威宁自治县	12000	高原湿地生态系统及黑颈鹤等	内陆湿地	1985-1-1
	雷公山	黔东南自治州	47300	中亚热带森林及秃杉等珍稀植物	森林生态	1982-6-1
	茂兰	荔波县	20000	喀斯特地貌为主的森林生态系统	森林生态	1986-4-9
云南省	哀牢山	新平县	67700	原始森林、黑长臂猿等珍稀动植物	森林生态	1986-3-1
	高黎贡山	保山市和泸水县		喜马拉雅红豆杉、戴帽叶猴	森林和野生动物类型	1986
	大围山	屏边自治县	43993	南亚热带常绿阔叶林及珍稀动物	森林生态	1986-6-1
	金平分水岭	金平自治县	42027	热带半山山地苔藓常绿阔叶林以及珍稀动植物	森林生态	1986-6-1
	绿春黄连山	绿春县	65058	亚热带常绿阔叶林生态系统、野生动植物	森林生态	1983-4-1
	文山老君山	文山县	26867	原始阔叶林	森林生态	1958-10-8
	无量山	景东、南涧县	30938	亚热带常绿阔叶林及长臂猿等	森林生态	1988-3-1
	西双版纳	西双版纳自治州	241776	热带森林生态系统及珍稀野生动植物	森林生态	1958-10-9

续表 3

地区	保护区名称	行政区域	面积(公顷)	主要保护对象	类型	建立时间
云南省	纳板河	景洪县	26100	森林和野生动植物	森林生态	1992-7-1
	苍山洱海	大理市	79700	断层湖泊、古代冰川遗迹、弓鱼、苍山冷杉、杜鹃林	内陆湿地	1981-11-5
	白马雪山	德钦县	276432	高山针叶林、滇金丝猴	森林生态	1984-1-1
	南滚河	沧源自治县	50887	亚洲象及其栖息的热带季雨林	野生动物	1980-1-1
西藏自治区	雅鲁藏布江中游黑颈鹤	林周县	614350	黑颈鹤及其越冬生境	野生动物	1993-1-1
	芒康滇金丝猴	芒康县	185300	滇金丝猴及其生态系统	野生动物	1993-1-1
	珠穆朗玛峰	日喀则地区	3381000	高山森林及荒漠生态系统	森林生态	1988-4-5
	色林错	申扎县	2032380	黑颈鹤繁殖地、高原湿地生态系统	野生动物	1993-1-1
	羌塘	双湖、文南、改则等	29800000	藏羚羊、野牦牛等野生动物及高原荒漠生态系统	荒漠生态	1993-4-4
	雅鲁藏布大峡谷	墨脱县	916800	热带山地垂直带植被及珍贵动植物	森林生态	1985-7-9
	察隅慈巴沟	察隅县	101400	羚羊、山地亚热带森林生态系统	森林生态	1985-1-1
	拉鲁湿地	拉萨市	1220	高寒湿地生态系统	内陆湿地	2005-7-23
	类乌齐马鹿	类乌齐县	120614	马鹿、白唇鹿等野生动物及其生境、自然植被	野生动物	2005-7-23
甘肃省	莲花山	卓尼、康乐县	11691	森林生态系统	森林生态	1982-12-1
	尕海－则岔	碌曲县	247431	候鸟等野生动物、森林生态、石林等	野生动物	1995-10-1
	盐池湾	肃北蒙古族自治县	1360000	白唇鹿及过渡带生态系统	荒漠生态	2006-2-11
	安南坝野骆驼	阿克塞哈萨克族自治县	396000	野骆驼及其荒漠生态系统	野生动物	2006-2-11
	多儿	迭部县		野生大熊猫及其栖息地的连片保护	野生动物	2017-7-4
青海省	孟达	循化自治县	17290	森林生态系统及珍稀生物物种	森林生态	1980-4-1
	青海湖	刚察县	495200	斑头雁、棕头鸥等水禽及生态系统	野生动物	1975-8-8
	可可西里	玉树自治州	4500000	藏羚羊、野驴、野牦牛等有蹄类动物及生态系统	野生动物	1995-10-8
	隆宝	玉树县	10000	黑颈鹤、天鹅等水禽及草甸生态系统	野生动物	1986-8-9
	三江源	玉树县	15230000	珍稀动物、湿地、森林、高寒草甸、冰川等生态系统	内陆湿地	2000-5-1
宁夏回族自治区	贺兰山	银川市	206266	森林生态系统、野生动植物资源	森林生态	1982-7-1
	沙坡头	中卫县	13722	自然沙生植被及人工植被、野生动物	荒漠生态	1984-9-1
	罗山	同心县	33710	水源涵养林	森林生态	1982-7-1
	白芨滩	灵武市	74843	天然柠条母树林及沙生植被	荒漠生态	1985-1-4
	六盘山	固原县	26667	野生动物及水源涵养林	森林生态	1982-5-9
	哈巴湖	盐池县	84000	过渡区荒漠-湿地生态系统	内陆湿地	2006-2-11

续表 4

地区	保护区名称	行政区域	面积(公顷)	主要保护对象	类型	建立时间
新疆维吾尔自治区	阿尔金山	若羌县	4500000	三大有蹄类野生动物	荒漠生态	1983-1-1
	罗布泊野骆驼	若羌县	7800000	野骆驼及其生境	野生动物	1986-1-1
	巴音布鲁克	和静县	100000	天鹅等珍稀水禽、沼泽	野生动物	1980-5-9
	托木尔峰	温宿县	237600	野生动植物	森林生态	1980-1-1
	西天山	巩留县	31217	雪岭云杉林森林生态系统	森林生态	1983-1-2
	甘家湖梭梭林	乌苏县	54667	梭梭林及生境	荒漠生态	1983-10-1
	哈纳斯	布尔津、哈巴河县	220162	西伯利亚动植物区系及自然景观	森林生态	1980-5-1
	塔里木胡杨	尉犁县、轮台县	395420	胡杨林及其荒漠生态系统	森林生态	2006-2-11
	艾比湖湿地	博乐市、精河县	267085	湿地及珍稀野生动植物	内陆湿地	2007-4-6
	伊宁小叶白蜡	伊宁县	16400	唯一的天然小叶白蜡集中地	野生植物	2016-5-2
	霍城四爪陆龟	霍城县	35000	珍稀动物四爪陆龟及其生境	野生动物	2016-5-2
	阿勒泰科克苏湿地	阿勒泰市	30667	湿地	内陆湿地	2017-7-4

■民族自治地方国家 AAAAA 级旅游区（点）名单

（截至 2017 年）

地　区	数量（个）	名　　称
内蒙古自治区	4	鄂尔多斯达拉特旗响沙湾旅游景区
		鄂尔多斯伊金霍洛旗成吉思汗陵旅游区
		呼伦贝尔市满洲里市中俄边境旅游区
		阿尔山·柴河旅游景区
辽宁省	1	本溪市本溪满族自治县本溪水洞景区
吉林省	2	延边朝鲜族自治州安图县长白山景区
		延边朝鲜族自治州敦化市六鼎山文化旅游区
湖北省	3	宜昌长阳县清江画廊景区
		恩施土家族苗族自治州恩施市恩施大峡谷景区
		恩施州巴东神农溪纤夫文化旅游区
广西壮族自治区	5	桂林市漓江景区
		桂林市乐满地度假世界
		桂林独秀峰·靖江王城景区
		南宁市青秀山旅游区
		桂林市两江四湖(秀峰区)·象山(象山区)景区
海南省	2	保亭县呀诺达雨林文化旅游区
		陵水县分界洲岛旅游区

续表

地　区	数量（个）	名　　称
重庆市	2	云阳县龙缸景区
		酉阳桃花源景区
四川省	5	绵阳北川羌城旅游区
		阿坝藏族羌族自治州九寨沟旅游景区
		阿坝藏族羌族自治州松潘县黄龙风景名胜区
		阿坝藏族羌族自治州汶川特别旅游区
		甘孜藏族自治州泸定县海螺沟景区
贵州省	2	安顺市镇宁布依族苗族自治县黄果树瀑布景区
		黔南布依族苗族自治州荔波县樟江景区
云南省	5	迪庆藏族自治州香格里拉普达措国家公园
		西双版纳傣族自治州勐腊县中科院西双版纳热带植物园
		大理白族自治州大理市崇圣寺三塔文化旅游区
		丽江市玉龙纳西族自治县玉龙雪山景区
		昆明市石林彝族自治县石林风景区
西藏自治区	4	拉萨布达拉宫景区
		拉萨大昭寺景区
		林芝市工布江达县巴松措景区
		日喀则市桑珠孜区扎什伦寺景区
青海省	1	海东市互助土族自治县互助土族故土园旅游区
宁夏回族自治区	4	石嘴山市沙湖旅游景区
		中卫市沙坡头旅游景区
		银川市西夏区宁夏镇北堡西部影视城
		银川市灵武市水洞沟旅游区
新疆维吾尔自治区	12	伊犁哈萨克自治州阿勒泰地区哈巴河县白沙湖景区
		昌吉回族自治州阜康市天山天池风景名胜区
		喀什地区喀什市噶尔老城景区
		伊犁哈萨克自治州特克斯县喀拉峻景区
		巴音郭楞蒙古自治州和静县巴音布鲁克景区
		吐鲁番市葡萄沟风景区
		阿勒泰地区喀纳斯景区
		喀什地区泽普县金胡杨景区
		伊犁地区新源县那拉提旅游风景区
		阿勒泰地区富蕴县可可托海景区
		乌鲁木齐天山大峡谷
		巴音郭楞蒙古自治州博湖县博斯腾湖景区

■民族自治地方国家级风景名胜区名单

（截至 2017 年）

地　区	数量（个）	风景名胜区名单
内蒙古自治区	2	扎兰屯风景名胜区
		额尔古纳风景名胜区
辽宁省	2	青山沟风景名胜区
		本溪水洞风景名胜区
吉林省	2	仙景台风景名胜区
		防川风景名胜区
湖南省	4	猛洞河风景名胜区
		德夯风景名胜区
		万佛山-侗寨风景名胜区
		湖南省凤凰风景名胜区
广西壮族自治区	3	桂林漓江风景名胜区
		桂平西山风景名胜区
		花山风景名胜区
四川省	4	黄龙寺－九寨沟风景名胜区
		贡嘎山风景名胜区
		四姑娘山风景名胜区
		邛海－螺髻山风景名胜区
贵州省	11	黄果树风景名胜区
		㵲阳河风景名胜区
		荔波樟江风景名胜区
		马岭河峡谷风景名胜区
		都匀斗篷山－剑江风景名胜区
		黎平侗乡风景名胜区
		紫云格凸河穿洞风景名胜区
		平塘风景名胜区
		榕江苗山侗水风景名胜区
		沿河乌江山峡风景名胜区
		瓮安江界河风景名胜区
云南省	9	路南石林风景名胜区
		西双版纳风景名胜区
		大理风景名胜区
		三江并流风景名胜区
		丽江玉龙雪山风景名胜区
		瑞丽江—大盈江风景名胜区
		省建水风景名胜区
		普者黑风景名胜区
		阿庐风景名胜区
西藏自治区	4	雅砻河风景名胜区
		纳木措-念青唐古拉山风景名胜区
		唐古拉山-怒江源风景名胜区
		西藏自治区土林-古格风景名胜区
青海省	1	青海湖风景名胜区
宁夏回族自治区	2	西夏王陵风景名胜区
		宁夏回族自治区须弥山石窟风景名胜区
新疆维吾尔自治区	6	天山天池风景名胜区
		库木塔格沙漠风景名胜区
		博斯腾湖风景名胜区
		赛里木湖风景名胜区
		托木尔大峡谷风景名胜区
		罗布人村寨风景名胜区

中国民族自治区、自治州、自治县(旗)、民族乡镇、市辖民族区名单

■中国民族自治区、自治州、自治县一览表

民族自治地方	建立时间	首府驻地	面积(万平方公里)
自治区			
内蒙古自治区	1947.5.1	呼和浩特市	118.3000
广西壮族自治区	1958.3.15	南宁市	23.6660
西藏自治区	1965.9.1	拉萨市	122.8400
宁夏回族自治区	1958.10.25	银川市	6.6400
新疆维吾尔自治区	1955.10.1	乌鲁木齐市	166.0400
自治州			
吉林省			
延边朝鲜族自治州	1952.9.3	延吉市	4.3559
湖北省			
恩施土家族苗族自治州	1983.12.1	恩施市	2.3902
湖南省			
湘西土家族苗族自治州	1957.9.20	吉首市	1.5461
四川省			
甘孜藏族自治州	1950.11.24	康定县城关镇	15.1078
凉山彝族自治州	1952.10.1	西昌市	6.0111
阿坝藏族羌族自治州	1953.1.1	马尔康镇	8.3201
贵州省			
黔东南苗族侗族自治州	1956.7.23	凯里市	3.0339
黔南布依族苗族自治州	1956.8.8	都匀市	2.6207
黔西南布依族苗族自治州	1982.5.1	兴义市	1.6804
云南省			
西双版纳傣族自治州	1953.1.24	允景洪镇	1.9700
德宏傣族景颇族自治州	1953.7.24	芒市镇	1.1526
怒江傈僳族自治州	1954.8.23	鲁掌镇	1.4703
大理白族自治州	1956.11.22	大理市	2.9460
迪庆藏族自治州	1957.9.13	中心镇	2.3870
红河哈尼族彝族自治州	1957.11.18	蒙自市	3.2929
文山壮族苗族自治州	1958.4.1	开化镇	3.2239
楚雄彝族自治州	1958.4.15	楚雄市	2.9256

续表 1

民族自治地方	建立时间	首府驻地	面积(万平方公里)
甘肃省			
甘南藏族自治州	1953.10.1	合作镇	4.0898
临夏回族自治州	1956.11.19	临夏市	0.8166
青海省			
玉树藏族自治州	1951.12.25	结古镇	18.8794
海南藏族自治州	1953.12.6	恰卜恰镇	4.5895
黄南藏族自治州	1953.12.22	隆务镇	1.7921
海北藏族自治州	1953.12.31	浩门镇	3.9354
果洛藏族自治州	1954.1.1	大武镇	7.6312
海西蒙古族藏族自治州	1954.1.25	德令哈市	32.5785
新疆维吾尔自治区			
巴音郭楞蒙古自治州	1954.6.23	库尔勒市	46.2700
博尔塔拉蒙古自治州	1954.7.13	博乐市	2.5074
克孜勒苏柯尔克孜自治州	1954.7.14	阿图什市	6.9112
昌吉回族自治州	1954.7.15	昌吉市	7.7129
伊犁哈萨克自治州	1954.11.27	伊宁市	49.0039
自治县(旗)			
河北省			
孟村回族自治县	1955.11.30	孟村镇	0.0393
大厂回族自治县	1955.12.7	大厂镇	0.0176
青龙满族自治县	1987.5.10	青龙镇	0.3309
丰宁满族自治县	1987.5.15	大阁镇	0.8747
围场满族蒙古族自治县	1990.6.12	围场镇	0.9058
宽城满族自治县	1990.6.16	宽城镇	0.1933
内蒙古自治区			
鄂伦春自治旗	1951.10.1	阿里河镇	6.0378
鄂温克族自治旗	1958.8.1	巴彦托海镇	1.8750
莫力达瓦达斡尔族自治旗	1958.8.15	尼尔基镇	1.0985
辽宁省			
喀喇沁左翼蒙古族自治县	1958.4.1	大城子镇	0.2238
阜新蒙古族自治县	1958.4.7	阜新镇	0.6284
新宾满族自治县	1985.6.7	新宾镇	0.4287
岫岩满族自治县	1985.6.11	岫岩镇	0.4507
清原满族自治县	1990.6.6	清原镇	0.3926
本溪满族自治县	1990.6.8	小市镇	0.3362
桓仁满族自治县	1990.6.10	桓仁镇	0.3548
宽甸满族自治县	1990.6.12	宽甸镇	0.6125

续表 2

民族自治地方	建立时间	首府驻地	面积(万平方公里)
吉林省			
前郭尔罗斯蒙古族自治县	1956.9.1	前郭镇	0.7076
长白朝鲜族自治县	1958.9.15	长白镇	0.2498
伊通满族自治县	1989.8.30	伊通镇	0.2523
黑龙江省			
杜尔伯特蒙古族自治县	1956.12.5	泰康镇	0.6427
浙江省			
景宁畲族自治县	1984.12.24	鹤溪镇	0.1950
湖北省			
长阳土家族自治县	1984.12.8	龙舟坪镇	0.3430
五峰土家族自治县	1984.12.12	五峰镇	0.2072
湖南省			
通道侗族自治县	1954.5.7	双江镇	0.2225
江华瑶族自治县	1955.11.25	沱江镇	0.3216
城步苗族自治县	1956.11.30	儒林镇	0.2620
新晃侗族自治县	1956.12.5	新晃镇	0.1511
芷江侗族自治县	1987.9.24	芷江镇	0.2096
靖州苗族侗族自治县	1987.9.27	渠阳镇	0.2211
麻阳苗族自治县	1990.4.1	高村镇	0.1561
广东省			
连南瑶族自治县	1953.1.25	三江镇	0.1231
连山壮族瑶族自治县	1962.9.26	吉田镇	0.1264
乳源瑶族自治县	1963.10.1	乳城镇	0.2125
广西壮族自治区			
龙胜各族自治县	1951.8.19	龙胜镇	0.2537
金秀瑶族自治县	1952.5.28	金秀镇	0.2517
融水苗族自治县	1952.11.26	融水镇	0.4665
三江侗族自治县	1952.12.3	古宜镇	0.2455
隆林各族自治县	1953.1.1	新州镇	0.3542
都安瑶族自治县	1955.12.15	安阳镇	0.4092
巴马瑶族自治县	1956.2.6	巴马镇	0.1966
富川瑶族自治县	1984.1.1	富阳镇	0.1572
罗城仫佬族自治县	1984.1.10	东门镇	0.2639
环江毛南族自治县	1987.11.24	思恩镇	0.4558

续表 3

民族自治地方	建立时间	首府驻地	面积(万平方公里)
大化瑶族自治县	1987.12.23	大化镇	0.2754
恭城瑶族自治县	1990.10.15	恭城镇	0.2149
海南省			
乐东黎族自治县	1987.12.28	抱由镇	0.2746
琼中黎族苗族自治县	1987.12.28	营根镇	0.2693
保亭黎族苗族自治县	1987.12.30	保城镇	0.1161
昌江黎族自治县	1987.12.30	石碌镇	0.1596
白沙黎族自治县	1987.12.30	牙叉镇	0.2118
陵水黎族自治县	1987.12.30	陵城镇	0.1128
重庆市			
秀山土家族苗族自治县	1983.11.7	中和镇	0.2450
酉阳土家族苗族自治县	1983.11.11	钟多镇	0.5173
彭水苗族土家族自治县	1984.11.10	汉葭镇	0.3903
石柱土家族自治县	1984.11.18	南宾镇	0.3031
四川省			
北川羌族自治县	2003.10.25	曲山镇	0.2865
木里藏族自治县	1953.2.19	博瓦镇	1.3246
峨边彝族自治县	1984.10.5	沙坪镇	0.2395
马边彝族自治县	1984.10.9	民建镇	0.2383
贵州省			
威宁彝族回族苗族自治县	1954.11.11	城关镇	0.6294
松桃苗族自治县	1956.12.31	城关镇	0.2861
三都水族自治县	1957.1.2	三合镇	0.2384
镇宁布依苗族自治县	1963.9.11	城关镇	0.1721
紫云苗族布依族自治县	1966.2.11	松山镇	0.2284
关岭布依族苗族自治县	1981.12.31	关索镇	0.1468
玉屏侗族自治县	1984.11.7	平溪镇	0.0517
印江土家族苗族自治县	1987.11.20	印江镇	0.1961
沿河土家族自治县	1987.11.23	和平镇	0.2469
务川仡佬族苗族自治县	1987.11.26	都濡镇	0.2773
道真仡佬族苗族自治县	1987.11.29	玉溪镇	0.2156
云南省			
峨山彝族自治县	1951.5.12	双江镇	0.1972
澜沧拉祜族自治县	1953.4.7	勐朗镇	0.8807
江城哈尼族彝族自治县	1954.5.18	勐烈镇	0.3476
孟连傣族拉祜族佤族自治县	1954.6.16	孟连镇	0.1957
耿马傣族佤族自治县	1955.10.16	耿宣镇	0.3837
宁蒗彝族自治县	1956.9.20	大兴镇	0.0206

续表 4

民族自治地方	建立时间	首府驻地	面积(万平方公里)
贡山独龙族怒族自治县	1956.10.1	茨开镇	0.4506
巍山彝族回族自治县	1956.11.9	文华镇	0.2266
石林彝族自治县	1956.12.31	鹿阜镇	0.1777
玉龙纳西族自治县	1961.4.10	黄山镇	0.6521
屏边苗族自治县	1963.7.1	玉屏镇	0.1906
河口瑶族自治县	1963.7.11	河口镇	0.1313
沧源佤族自治县	1964.2.28	勐董镇	0.2539
西盟佤族自治县	1965.3.5	西盟镇	0.1391
南涧彝族自治县	1965.11.27	南涧镇	0.1802
墨江哈尼族自治县	1979.11.28	玖联镇	0.5459
寻甸回族彝族自治县	1979.12.20	仁德镇	0.3966
元江哈尼族彝族傣族自治县	1980.11.12	澧江镇	0.2858
新平彝族傣族自治县	1980.11.25	桂山镇	0.4223
维西傈僳族自治县	1985.10.13	保和镇	0.4661
漾濞彝族自治县	1985.11.1	上街镇	0.1957
禄劝彝族苗族自治县	1985.11.25	屏山镇	0.4378
金平苗族瑶族傣族自治县	1985.12.7	金河镇	0.3677
普洱哈尼族彝族自治县	1985.12.15	宁洱镇	0.3670
景东彝族自治县	1985.12.20	锦屏镇	0.4532
景谷傣族彝族自治县	1985.12.25	威远镇	0.7777
双江拉祜族佤族布朗族傣族自治县	1985.12.30	勐勐镇	0.2292
兰坪白族普米族自治县	1988.5.25	金顶镇	0.4555
镇沅彝族哈尼族拉祜族自治县	1990.5.15	按板镇	0.4223
甘肃省			
天祝藏族自治县	1950.5.6	华藏寺镇	0.7147
肃北蒙古族自治县	1950.7.29	党城湾镇	6.6748
东乡族自治县	1950.9.25	锁南镇	0.1510
张家川回族自治县	1953.7.6	张家川镇	0.1293
肃南裕固族自治县	1954.4.20	红湾寺镇	2.3041
阿克塞哈萨克族自治县	1954.4.27	博罗转井镇	3.3333
积石山保安族东乡族撒拉族自治县	1981.9.30	吹麻滩镇	0.0910
青海省			
门源回族自治县	1953.12.19	浩门镇	0.6896
互助土族自治县	1954.2.17	威远镇	0.3320

续表 5

民族自治地方	建立时间	首府驻地	面积(万平方公里)
化隆回族自治县	1954.3.1	巴燕镇	0.2740
循化撒拉族自治县	1954.3.1	积石镇	0.1749
河南蒙古族自治县	1954.10.16	优干宁	0.6250
民和回族土族自治县	1986.6.27	上川口镇	0.1780
大通回族土族自治县	1986.7.10	桥头镇	0.3090
新疆维吾尔自治区			
焉耆回族自治县	1954.3.15	焉耆镇	0.2439
察布查尔锡伯自治县	1954.3.25	察布查尔镇	0.4469
木垒哈萨克自治县	1954.7.17	木垒镇	1.3235
和布克赛尔蒙古自治县	1954.9.10	和布克赛尔镇	3.2000
塔什库尔干塔吉克自治县	1954.9.17	塔什库尔干镇	5.2300
巴里坤哈萨克自治县	1954.9.30	巴里坤镇	3.5714

■中国民族乡镇一览表

地　区	数　量	乡镇名称
北京市	5	朝阳区常营回族乡、通州区于家务回族乡、密云县檀营满族蒙古族乡、怀柔区喇叭沟门满族乡、怀柔区长哨营满族乡
天津市	1	蓟县孙各庄满族乡
河北省	50	石家庄市新乐市彭家庄回族乡、石家庄市藁城市九门回族乡、石家庄市无极县高头回族乡、唐山市遵化市汤泉满族乡、唐山市遵化市西下营满族乡、唐山市遵化市东陵满族乡、邯郸市邱县陈村回族乡、邯郸市大名县营镇回族乡、保定市易县凌云册满族回族乡、保定市定州市号头庄回族乡、保定市涞水县娄村满族乡、张家口市沽源县大二号回族乡、张家口市怀来县王家楼回族乡、廊坊市永清县管家务回族乡、廊坊市文安县大围河回族满族乡、承德市丰宁满族自治县南关蒙古族乡、承德市滦平县平坊满族乡、承德市滦平县安纯沟门满族乡、承德市滦平县五道营子满族乡、承德市滦平县邓厂满族乡、承德市滦平县马营子满族乡、承德市滦平县付家店满族乡、承德市双滦区西地满族乡、承德市滦平县小营满族乡、承德市滦平县大屯满族乡、承德市滦平县西沟满族乡、承德市承德县岗子满族乡、承德市承德县两家满族乡、承德市兴隆县八卦岭满族乡、承德市兴隆县南天门满族乡、承德市隆化县尹家营满族乡、承德市隆化县庙子沟蒙古族满族乡、承德市隆化县偏坡营满族乡、承德市隆化县八达营蒙古族乡、承德市隆化县太平庄满族乡、承德市隆化县旧屯满族乡、承德市隆化县西阿超满族蒙古族乡、承德市隆化县白虎沟蒙古族满族乡、承德市平泉县七家岱满族乡、承德市平泉县平房满族蒙古族乡、承德市平泉县茅兰沟满族蒙古族乡、沧州市黄骅市羊二庄回族乡、沧州市黄骅市新村回族乡、沧州市河间市果子洼回族乡、沧州市献县本斋回族乡、沧州市沧县大褚村回族乡、沧州市沧县杜林回族乡、沧州市沧县李天木回族乡、沧州市沧县捷地回族乡、沧州市黄骅市羊三木回族乡
内蒙古自治区	18	呼伦贝尔市莫力达瓦达斡尔族自治旗巴彦鄂温克民族乡、呼伦贝尔市莫力达瓦达斡尔族自治旗杜拉尔鄂温克民族乡、呼伦贝尔市扎兰屯市达斡尔民族乡、呼伦贝尔市扎兰屯市萨马街鄂温克民族乡、呼伦贝尔市扎兰屯市南木鄂伦春民族乡、呼伦贝尔市阿荣旗查巴奇鄂温克民族乡、呼伦贝尔市阿荣旗新发朝鲜族民族乡、呼伦贝尔市阿荣旗音河达斡尔鄂温克民族乡、呼伦贝尔市阿荣旗得力其尔鄂温克民族乡、呼伦贝尔市根河市敖鲁古雅鄂温克民族乡、呼伦贝尔市陈巴尔虎旗鄂温克苏木、呼伦贝尔市额尔古纳市三河回族乡、呼伦贝尔市额尔古纳市室韦俄罗斯民族乡、兴安盟科尔沁右翼前旗满族屯满族乡、赤峰市松山区当铺地满族乡、赤峰市喀喇沁旗十家满族乡、乌兰察布市凉城县曹碾满族乡、呼伦贝尔市鄂温克族自治旗巴彦塔拉达斡尔族乡

续表 1

地 区	数 量	乡镇名称
辽宁省	54	沈阳市康平县柳树屯蒙古族满族乡、沈阳市康平县沙金台蒙古族满族乡、沈阳市法库县四家子蒙古族乡、沈阳市康平县东升满族蒙古族乡、沈阳市康平县西关屯蒙古族满族乡、大连市瓦房店市三台满族乡、大连市瓦房店市杨家满族乡、大连市庄河市太平岭满族乡、大连市庄河市桂云花满族乡、抚顺市抚顺县拉古满族乡、抚顺市抚顺县汤图满族乡、本溪市桓仁满族自治县雅河朝鲜族乡、丹东市宽甸满族自治县下露河朝鲜族乡、丹东市东港市合隆满族乡、丹东市凤城市大堡蒙古族乡、锦州市义县地藏寺满族乡、锦州市义县大定堡满族乡、阜新市彰武县二道河子蒙古族乡、辽阳市辽阳县吉洞峪满族乡、辽阳市辽阳县甜水满族乡、铁岭市开原市林丰满族乡、铁岭市铁岭县白旗寨满族乡、铁岭市西丰县成平满族乡、铁岭市西丰县德兴满族乡、铁岭市西丰县和隆满族乡、铁岭市西丰县金星满族乡、铁岭市西丰县明德满族乡、铁岭市西丰县营厂满族乡、铁岭市清河区聂家满族乡、朝阳市北票市马友营蒙古族乡、朝阳市北票市凉水河蒙古族乡、朝阳市建平县三家蒙古族乡、朝阳市凌源市三家子蒙古族乡、朝阳市朝阳县松岭门蒙古族乡、朝阳市朝阳县乌兰河硕蒙古族乡、葫芦岛市绥中县西平坡满族乡、葫芦岛市绥中县范家满族乡、葫芦岛市绥中县高甸子满族乡、葫芦岛市绥中县葛家满族乡、葫芦岛市绥中县明水满族乡、葫芦岛市绥中县网户满族乡、葫芦岛市兴城市白塔满族乡、葫芦岛市兴城市大寨满族乡、葫芦岛市兴城市碱厂满族乡、葫芦岛市兴城市旧门满族乡、葫芦岛市兴城市刘台子满族乡、葫芦岛市兴城市南大山满族乡、葫芦岛市兴城市望海满族乡、葫芦岛市兴城市围屏满族乡、葫芦岛市兴城市羊安满族乡、葫芦岛市兴城市药王满族乡、葫芦岛市兴城市三道沟满族乡、葫芦岛市兴城市元台子满族乡、葫芦岛市建昌县二道湾子蒙古族乡
吉林省	33（其中民族镇 5）	延边朝鲜族自治州珲春市三家子满族乡、延边朝鲜族自治州珲春市杨泡满族乡、吉林市昌邑区土城子满族朝鲜族乡、吉林市龙潭区乌拉街满族镇、吉林市龙潭区大口钦满族镇、吉林市昌邑区两家子满族乡、吉林市永吉县金家满族乡、吉林市蛟河市乌林朝鲜族乡、通化市梅河口市小杨满族朝鲜族乡、通化市集安市凉水朝鲜族乡、通化市通化县金斗朝鲜族满族乡、通化市通化县大泉源满族朝鲜族乡、通化市辉南县楼街朝鲜族乡、通化市柳河县姜家店朝鲜族乡、通化市柳河县三元浦朝鲜族镇、辽源市东丰县三合满族朝鲜族乡、长春市双阳区双营子回族乡、长春市榆树市延和朝鲜族乡、长春市九台市胡家回族乡、长春市九台市莽卡满族乡、白城市通榆县包拉温都蒙古族乡、白城市通榆县向海蒙古族乡、白城市洮南市呼和车力蒙古族乡、白城市洮南市胡力吐蒙古族乡、白城市镇赉县哈吐气蒙古族乡、白城市镇赉县莫莫格蒙古族乡、白城市大安市新艾里蒙古族乡、白城市洮北区德顺蒙古族乡、松原市扶余县三骏满族蒙古族锡伯族乡、四平市铁东区叶赫满族镇、四平市公主岭市二十家子满族镇、四平市公主岭市龙山满族乡、四平市双辽市那木斯蒙古族乡
黑龙江省	63（其中民族镇 11）	哈尔滨市南岗区红旗满族乡、哈尔滨市双城市乐群满族乡、哈尔滨市双城市同心满族乡、哈尔滨市双城市希勤满族乡、哈尔滨市双城市青岭满族乡、哈尔滨市双城市农丰满族锡伯族镇、哈尔滨市五常市拉林满族镇、哈尔滨市五常市红旗满族乡、哈尔滨市五常市营城子满族乡、哈尔滨市五常市牛家满族镇、哈尔滨市五常市民乐朝鲜族乡、哈尔滨市尚志市河东朝鲜族乡、哈尔滨市尚志市鱼池朝鲜族乡、哈尔滨市依兰县迎兰朝鲜族乡、齐齐哈尔市梅里斯达斡尔族区卧牛吐达斡尔族镇、齐齐哈尔市梅里斯达斡尔族区莽格吐达斡尔族乡、齐齐哈尔市泰来县宁姜蒙古族乡、齐齐哈尔市泰来县胜利蒙古族乡、齐齐哈尔市泰来县江桥蒙古族镇、齐齐哈尔市昂昂溪区水师营满族镇、齐齐哈尔市富裕县友谊达满柯族乡、齐齐哈尔市讷河市兴旺鄂温克族乡、齐齐哈尔市富拉尔基区杜尔门沁达族乡、牡丹江市海林市新安朝鲜族镇、牡丹江市西安区海南朝鲜族乡、牡丹江市宁安市江南朝鲜族满族乡、牡丹江市宁安市卧龙朝鲜族乡、牡丹江市东宁市三岔口朝鲜族镇、牡丹江市穆棱市福禄朝鲜族满族乡、佳木斯市同江市街津口赫哲族乡、佳木斯市同江市八岔赫哲族乡、佳木斯市汤原县汤旺朝鲜族乡、佳木斯市桦川县星火朝鲜族乡、大庆市肇源县超等蒙古族乡、大庆市肇源县浩德蒙古族乡、大庆市肇源县义顺蒙古族乡、黑河市逊克县新鄂鄂伦春族乡、黑河市逊克县新兴鄂伦春族乡、黑河市爱辉区新生鄂伦春族乡、黑河市爱辉区四嘉子满族乡、黑河市爱辉区坤河达斡尔族满族乡、黑河市北安市主星朝鲜族乡、黑河市孙吴县沿江达斡尔族满族乡、绥化市北林区兴和朝鲜族乡、绥化市北林区绥胜满族镇、绥化市北林区永安满族镇、绥化市北林区红旗满族乡、绥化市望奎县惠七满族镇、绥化市望奎县厢白满族乡、绥化市望奎县灵山满族乡、伊春市铁力市年丰朝鲜族乡、鹤岗市萝北县东明朝鲜

续表 2

地　区	数　量	乡镇名称
黑龙江省	63（其中民族镇 11）	族乡、鹤岗市绥滨县福兴满族乡、大兴安岭地区呼玛县白银纳鄂伦春族乡、大兴安岭地区塔河县十八站鄂伦春族乡、双鸭山市饶河县四排赫哲族乡、双鸭山市友谊县成富朝鲜族满族乡、七台河市勃利县杏树朝鲜族乡、七台河市勃利县吉兴朝鲜族满族乡、鸡西市密山市和平朝鲜族乡、鸡西市鸡东县鸡林朝鲜族乡、鸡西市鸡东县明德朝鲜族乡、鸡西市城子河区永丰朝鲜族乡
江苏省	1	扬州市高邮市菱塘回族乡
浙江省	18(其中民族镇 4)	金华市兰溪市水亭畲族乡、金华市武义县柳城畲族镇、衢州市龙游县沐尘畲族乡、丽水市莲都区老竹畲族镇、丽水市莲都区丽新畲族乡、丽水市龙泉市竹垟畲族乡、丽水市云和县雾溪畲族乡、丽水市云和县安溪畲族乡、丽水市遂昌县三仁畲族乡、丽水市松阳县板桥畲族乡、杭州市桐庐县莪山畲族乡、温州市平阳县青街畲族乡、温州市苍南县岱岭畲族乡、温州市苍南县凤阳畲族乡、温州市文成县西坑畲族镇、温州市文成县周山畲族乡、温州市泰顺县司前畲族镇、温州市泰顺县竹里畲族乡
安徽省	9	淮南市谢家集区孤堆回族乡、合肥市肥东县牌坊回族满族乡、滁州市定远县二龙回族乡、淮南市凤台县李冲回族乡、淮南市潘集区古沟回族乡、淮南市寿县陶店回族乡、宣城市宁国市云梯畲族乡、蚌埠市五河县临北回族乡、阜阳市颍上县赛涧回族乡
福建省	19	福州市罗源县霍口畲族乡、福州市连江县小沧畲族乡、宁德市福安市坂中畲族乡、宁德市福安市康厝畲族乡、宁德市福安市穆云畲族乡、宁德市霞浦县盐田畲族乡、宁德市霞浦县崇儒畲族乡、宁德市霞浦县水门畲族乡、宁德市蕉城区金涵畲族乡、宁德市福鼎市硖门畲族乡、宁德市福鼎市佳阳畲族乡、漳州市漳浦县赤岭畲族乡、漳州市漳浦县湖西畲族乡、漳州市龙海市隆教畲族乡、三明市永安市青水畲族乡、三明市宁化县治平畲族乡、龙岩市上杭县官庄畲族乡、龙岩市上杭县庐丰畲族乡、泉州市惠安县百崎回族乡
江西省	8	鹰潭市贵溪市樟坪畲族乡、上饶市铅山县太源畲族乡、上饶市铅山县篁碧畲族乡、吉安市永丰县龙冈畲族乡、赣州市南康市赤土畲族乡、吉安市青原区东固畲族乡、抚州市乐安县金竹畲族乡、吉安市峡江县金坪民族乡
山东省	4(其中民族镇 4)	淄博市临淄区金岭回族镇、聊城市莘县张鲁回族镇、菏泽市曹县侯集回族镇、德州市禹城市十里望回族镇
河南省	21(其中民族镇 9)	郑州市荥阳市金寨回族乡、周口市太康县城关回族镇、周口市淮阳县城关回族镇、周口市沈丘县槐店回族镇、商丘市宁陵县城关回族镇、商丘市睢县城关回族镇、商丘市民权县伯党回族乡、商丘市民权县胡集回族乡、平顶山市叶县马庄回族乡、平顶山市郏县姚庄回族乡、新乡市封丘县荆乡回族乡、许昌市许昌县艾庄回族乡、许昌市禹州市山货回族乡、许昌市襄城县颍桥回族镇、南阳市镇平县郭庄回族乡、南阳市方城县袁店回族乡、驻马店市西平县蔡寨回族乡、驻马店市新蔡县李桥回族镇、漯河市临颍县繁城回族镇、洛阳市洛宁县王范回族镇、洛阳市瀍河回族区瀍河回族乡
湖北省	12(其中民族镇 2)	荆门市钟祥市九里回族乡、荆州市洪湖市老湾回族乡、荆州市松滋市卸甲坪土家族乡、宜昌市宜都市潘家湾土家族乡、十堰市郧西县湖北口回族乡、恩施土家族苗族自治州恩施市芭蕉侗族乡、恩施土家族苗族自治州宣恩县长潭河侗族乡、恩施土家族苗族自治州宣恩县晓关侗族乡、仙桃市沔城回族镇、神农架林区下谷坪土家族乡、咸宁市赤壁市周郎嘴回族镇、恩施土家族苗族自治州鹤峰县铁炉白族乡
湖南省	84	怀化市辰溪县罗子山瑶族乡、怀化市辰溪县苏木溪瑶族乡、怀化市辰溪县上蒲溪瑶族乡、怀化市辰溪县后塘瑶族乡、怀化市辰溪县仙人湾瑶族乡、怀化市洪江市深渡苗族乡、怀化市洪江市龙船塘瑶族乡、怀化市会同县炮团侗族苗族乡、怀化市会同县宝田侗族苗族乡、怀化市会同县蒲稳侗族苗族乡、怀化市会同县金子岩侗族苗族乡、怀化市会同县漠滨侗族苗族乡、怀化市会同县青朗侗族苗族乡、怀化市沅陵县二酉苗族乡、怀化市沅陵县火场土家族乡、怀化市中方县蒿吉坪瑶族乡、怀化市通道侗族自治县大高坪苗族乡、怀化市新晃侗族自治县步头降苗族乡、怀化市新晃侗族自治县米贝苗族乡、邵阳市绥宁县河口苗族乡、邵阳市绥宁县麻塘苗族乡、邵阳市绥宁县东山侗族乡、邵阳市绥宁县鹅公岭侗族苗族乡、

续表 3

地 区	数 量	乡镇名称
湖南省	84	邵阳市绥宁县寨市苗族侗族乡、邵阳市绥宁县乐安铺苗族侗族乡、邵阳市绥宁县关峡苗族乡、邵阳市绥宁县长铺子苗族乡、邵阳市隆回县山界回族乡、邵阳市隆回县虎形山瑶族乡、邵阳市洞口县那溪瑶族乡、邵阳市洞口县大屋瑶族乡、邵阳市洞口县长塘瑶族乡、邵阳市新宁县黄金瑶族乡、邵阳市新宁县麻林瑶族乡、永州市蓝山县荆竹瑶族乡、永州市蓝山县湘江源瑶族乡、永州市蓝山县浆洞瑶族乡、永州市蓝山县汇源瑶族乡、永州市蓝山县犁头瑶族乡、永州市蓝山县大桥瑶族乡、永州市江永县松柏瑶族乡、永州市江永县千家洞瑶族乡、永州市江永县兰溪瑶族乡、永州市江永县源口瑶族乡、永州市宁远县九疑瑶族乡、永州市宁远县棉花坪瑶族乡、永州市宁远县桐木漯瑶族乡、永州市宁远县五龙山瑶族乡、永州市道县横岭瑶族乡、永州市道县洪塘营瑶族乡、永州市道县审章塘瑶族乡、永州市祁阳县晒北滩瑶族乡、永州市新田县门楼下瑶族乡、永州市双牌县上梧江瑶族乡、永州市江华瑶族自治县小圩壮族乡、张家界市桑植县刘家坪白族乡、张家界市桑植县马合口白族乡、张家界市桑植县走马坪白族乡、张家界市桑植县芙蓉桥白族乡、张家界市桑植县洪家关白族乡、张家界市慈利县三官寺土家族乡、张家界市慈利县高峰土家族乡、张家界市慈利县金岩土家族乡、张家界市慈利县许家坊土家族乡、张家界市慈利县阳和土家族乡、张家界市慈利县甘堰土家族乡、张家界市慈利县赵家岗土家族乡、郴州市桂阳县白水瑶族乡、郴州市北湖区保和瑶族乡、郴州市北湖区仰天湖瑶族乡、郴州市宜章县莽山瑶族乡、郴州市汝城县文明瑶族乡、郴州市汝城县延寿瑶族乡、郴州市汝城县三江口瑶族乡、郴州市临武县西山瑶族乡、郴州市资兴市回龙山瑶族乡、郴州市资兴市八面山瑶族乡、常德市鼎城区许家桥回族维吾尔族乡、常德市汉寿县毛家滩回族维吾尔族乡、常德市桃源县枫树维吾尔族回族乡、常德市桃源县青林回族维吾尔族乡、株洲市炎陵县中村瑶族乡、衡阳市常宁市塔山瑶族乡、益阳市桃江县鲊埠回族乡
广东省	7	惠州市龙门县蓝田瑶族乡、清远市连州市三水瑶族乡、清远市连州市瑶安瑶族乡、清远市阳山县秤架瑶族乡、肇庆市怀集县下帅壮族瑶族乡、韶关市始兴县深渡水瑶族乡、河源市东源县漳溪畲族乡
广西壮族自治区	59	梧州市蒙山县长坪瑶族乡、梧州市蒙山县夏宜瑶族乡、贺州市八步区黄洞瑶族乡、贺州市平桂区大平瑶族乡、贺州市昭平县仙回瑶族乡、贺州市钟山县两安瑶族乡、贺州市钟山县花山瑶族乡、贵港市平南县马练瑶族乡、贵港市平南县国安瑶族乡、防城港市上思县南屏瑶族乡、防城港市防城区十万山瑶族乡、南宁市马山县古寨瑶族乡、南宁市马山县里当瑶族乡、南宁市上林县镇圩瑶族乡、柳州市三江侗族自治县同乐苗族乡、柳州市三江侗族自治县福禄苗族乡、柳州市三江侗族自治县高基瑶族乡、柳州市融水苗族自治县滚贝侗族乡、柳州市融水苗族自治县同练瑶族乡、柳州市柳城县古砦仫佬族乡、桂林市临桂县宛田瑶族乡、桂林市临桂县黄沙瑶族乡、桂林市灵川县大境瑶族乡、桂林市灵川县兰田瑶族乡、桂林市全州县蕉江瑶族乡、桂林市全州县东山瑶族乡、桂林市兴安县华江瑶族乡、桂林市灌阳县洞井瑶族乡、桂林市灌阳县西山瑶族乡、桂林市资源县车田苗族乡、桂林市资源县两水苗族乡、桂林市资源县河口瑶族乡、桂林市平乐县大发瑶族乡、桂林市荔浦县蒲芦瑶族乡、桂林市雁山区草坪回族乡、百色市右江区汪甸瑶族乡、百色市田东县作登瑶族乡、百色市田林县潞城瑶族乡、百色市田林县利周瑶族乡、百色市田林县八桂瑶族乡、百色市田林县八渡瑶族乡、百色市凌云县伶站瑶族乡、百色市凌云县朝里瑶族乡、百色市凌云县沙里瑶族乡、百色市凌云县玉洪瑶族乡、百色市西林县足别瑶族苗族乡、百色市西林县普合苗族乡、百色市西林县那佐苗族乡、河池市南丹县八圩瑶族乡、河池市南丹县里湖瑶族乡、河池市南丹县中堡苗族乡、河池市天峨县八腊瑶族乡、河池市凤山县平乐瑶族乡、河池市凤山县江洲瑶族乡、河池市凤山县金牙瑶族乡、河池市东兰县三弄瑶族乡、河池市环江毛南族自治县驯乐苗族乡、河池市宜州市北牙瑶族乡、河池市宜州市福龙瑶族乡

续表 4

地 区	数 量	乡镇名称
重庆市	14	奉节县云雾土家族乡、奉节县长安土家族乡、奉节县龙桥土家族乡、奉节县太和土家族乡、万州区恒合土家族乡、万州区地宝土家族乡、云阳县清水土家族乡、巫山县红椿土家族乡、巫山县邓家土家族乡、忠县磨子土家族乡、武隆区石桥苗族土家族乡、武隆区文复苗族土家族乡、武隆区后坪苗族土家族乡、武隆区浩口苗族仡佬族乡
四川省	98	甘孜藏族自治州九龙县子耳彝族乡、甘孜藏族自治州九龙县三垭彝族乡、甘孜藏族自治州九龙县俄尔彝族乡、甘孜藏族自治州九龙县小金彝族乡、甘孜藏族自治州九龙县朵落彝族乡、甘孜藏族自治州九龙县踏卡彝族乡、甘孜藏族自治州九龙县湾坝彝族乡、阿坝藏族羌族自治州松潘县十里回族乡、阿坝藏族羌族自治州松潘县进安回族乡、攀枝花市仁和区大龙潭彝族乡、攀枝花市仁和区啊喇彝族乡、攀枝花市米易县麻陇彝族乡、攀枝花市米易县白坡彝族乡、攀枝花市米易县湾丘彝族乡、攀枝花市米易县新山傈僳族乡、攀枝花市盐边县敢鱼彝族乡、攀枝花市盐边县红果彝族乡、攀枝花市盐边县温泉彝族乡、攀枝花市盐边县箐河傈僳族乡、攀枝花市盐边县格萨拉彝族乡、攀枝花市盐边县和爱彝族乡、攀枝花市盐边县红宝苗族彝族乡、泸州市叙永县白蜡苗族乡、泸州市叙永县合乐苗族乡、泸州市叙永县枧槽苗族乡、泸州市叙永县石坝彝族乡、泸州市叙永县水潦彝族乡、泸州市古蔺县箭竹苗族乡、泸州市古蔺县大寨苗族乡、泸州市古蔺县马嘶苗族乡、广元市青川县蒿溪回族乡、广元市青川县大院回族乡、乐山市金口河区和平彝族乡、乐山市金口河区共安彝族乡、南充市阆中市博树回族乡、宜宾市筠连县高坪苗族乡、宜宾市筠连县联合苗族乡、宜宾市筠连县团林苗族乡、宜宾市屏山县屏边彝族乡、宜宾市屏山县清平彝族乡、宜宾市兴文县大坝苗族乡、宜宾市兴文县毓秀苗族乡、宜宾市兴文县大河苗族乡、宜宾市兴文县麒麟苗族乡、宜宾市兴文县仙峰苗族乡、宜宾市珙县罗渡苗族乡、宜宾市珙县玉和苗族乡、宜宾市珙县观斗苗族乡、雅安市汉源县小堡藏族彝族乡、雅安市汉源县坭美彝族乡、雅安市汉源县永利彝族乡、雅安市汉源县顺河彝族乡、雅安市汉源县片马彝族乡、雅安市石棉县安顺彝族乡、雅安市石棉县先锋藏族乡、雅安市石棉县蟹螺藏族乡、雅安市石棉县回隆彝族乡、雅安市石棉县擦罗彝族乡、雅安市石棉县栗子坪彝族乡、雅安市石棉县新民藏族彝族乡、雅安市石棉县挖角彝族藏族乡、雅安市石棉县田湾彝族乡、雅安市石棉县草科藏族乡、雅安市宝兴县跷碛藏族乡、雅安市荥经县宝峰彝族民族乡、雅安市荥经县民建彝族民族乡、凉山彝族自治州西昌市高草回族乡、凉山彝族自治州西昌市裕隆回族乡、凉山彝族自治州木里藏族自治县屋脚蒙古族乡、凉山彝族自治州木里藏族自治县俄亚纳西族乡、凉山彝族自治州木里藏族自治县白碉苗族乡、凉山彝族自治州木里藏族自治县项脚蒙古族乡、凉山彝族自治州木里藏族自治县固增苗族乡、凉山彝族自治州盐源县大坡蒙古族乡、凉山彝族自治州德昌县金沙傈僳族乡、凉山彝族自治州德昌县南山傈僳族乡、凉山彝族自治州会理县新安傣族乡、凉山彝族自治州冕宁县和爱藏族乡、凉山彝族自治州越西县保安藏族乡、绵阳市平武县木皮藏族乡、绵阳市平武县木座藏族乡、绵阳市平武县白马藏族乡、绵阳市平武县黄羊关藏族乡、绵阳市平武县虎牙藏族乡、绵阳市平武县泗耳藏族乡、绵阳市平武县徐塘羌族乡、绵阳市平武县锁江羌族乡、绵阳市平武县平南羌族乡、绵阳市北川羌族自治县桃龙藏族乡、绵阳市盐亭县大兴回族乡、达州市宣汉县渡口土家族乡、达州市宣汉县龙泉土家族乡、达州市宣汉县三墩土家族乡、达州市宣汉县漆树土家族乡、绵阳市平武县水田羌族乡、绵阳市平武县旧堡羌族乡、绵阳市平武县阔达藏族乡、绵阳市平武县土城藏族乡

续表 5

地 区	数 量	乡镇名称
贵州省	193	贵阳市南明区小碧布依族苗族乡、贵阳市花溪区高坡苗族乡、贵阳市花溪区孟关苗族布依族乡、贵阳市花溪区马铃布依族苗族乡、贵阳市花溪区黔陶布依族苗族乡、贵阳市乌当区偏坡布依族乡、贵阳市乌当区新堡布依族乡、贵阳市白云区牛场布依族乡、贵阳市白云区都拉布依族乡、贵阳市清镇市麦格苗族布依族乡、贵阳市清镇市王庄布依族苗族乡、贵阳市清镇市流长苗族乡、贵阳市开阳县高寨苗族布依族乡、贵阳市开阳县南江布依族苗族乡、贵阳市开阳县禾丰布依族苗族乡、贵阳市修文县大石布依族乡、贵阳市息烽县青山苗族乡、六盘水市水城县坪寨彝族乡、六盘水市水城县南开苗族彝族乡、六盘水市水城县青林苗族彝族乡、六盘水市水城县金盆苗族彝族乡、六盘水市水城县新街彝族苗族布依族乡、六盘水市水城县杨梅彝族苗族回族乡、六盘水市水城县野钟苗族彝族布依族乡、六盘水市水城县果布嘎彝族苗族布依族乡、六盘水市水城县龙场苗族白族彝族乡、六盘水市水城县营盘苗族彝族白族乡、六盘水市水城县顺场苗族彝族布依族乡、六盘水市水城县花戛苗族布依族彝族乡、六盘水市水城县猴场苗族布依族乡、六盘水市盘县普田回族乡、六盘水市盘县旧营白族彝族苗族乡、六盘水市盘县羊场布依族白族苗族乡、六盘水市盘县保基苗族彝族乡、六盘水市盘县淤泥彝族乡、六盘水市盘县普古彝族苗族乡、六盘水市盘县坪地彝族乡、六盘水市六枝特区梭戛苗族彝族乡、六盘水市六枝特区落别布依族彝族乡、六盘水市六枝特区中寨苗族彝族布依族乡、六盘水市六枝特区牛场苗族彝族乡、六盘水市六枝特区月亮河彝族苗族乡、遵义市仁怀市后山苗族布依族乡、遵义市遵义县平正仡佬族乡、遵义市遵义县洪关苗族乡、遵义市桐梓县马鬃苗族乡、遵义市正安县谢坝仡佬族苗族乡、遵义市正安县市坪苗族仡佬族乡、遵义市余庆县花山苗族乡、遵义市道真仡佬族苗族自治县上坝土家族乡、安顺市西秀区鸡场布依族苗族乡、安顺市西秀区杨武布依族苗族乡、安顺市西秀区岩腊苗族布依族乡、安顺市西秀区新场布依族苗族乡、安顺市西秀区黄腊布依族苗族乡、安顺市平坝县十字回族乡、安顺市平坝县羊昌布依族苗族乡、安顺市普定县补郎苗族乡、安顺市普定县猴场苗族仡佬族乡、安顺市普定县猫洞苗族仡佬族乡、毕节市七星关区大屯彝族乡、毕节市七星关区田坎彝族乡、毕节市七星关区阿市苗族彝族乡、毕节市七星关区团结彝族苗族乡、毕节市七星关区阴底彝族苗族白族乡、毕节市七星关区千溪彝族苗族白族乡、毕节市黔西县永燊彝族苗族乡、毕节市黔西县新仁苗族乡、毕节市黔西县花溪彝族苗族乡、毕节市黔西县中建苗族彝族乡、毕节市黔西县定新彝族苗族乡、毕节市黔西县太来彝族苗族乡、毕节市黔西县绿化白族彝族乡、毕节市黔西县红林彝族苗族乡、毕节市黔西县五里布依族苗族乡、毕节市黔西县铁石苗族彝族乡、毕节市大方县竹园彝族苗族乡、毕节市大方县响水白族彝族仡佬族乡、毕节市大方县鼎新彝族苗族乡、毕节市大方县牛场苗族彝族乡、毕节市大方县理化苗族彝族乡、毕节市大方县安乐彝族仡佬族乡、毕节市大方县凤山彝族蒙古族乡、毕节市大方县百纳彝族乡、毕节市大方县三元彝族苗族白族乡、毕节市大方县沙厂彝族乡、毕节市大方县黄泥彝族苗族满族乡、毕节市大方县核桃彝族白族乡、毕节市大方县八堡彝族苗族乡、毕节市大方县兴隆苗族乡、毕节市大方县大山苗族彝族乡、毕节市大方县星宿苗族彝族仡佬族乡、毕节市织金县自强苗族乡、毕节市织金县官寨苗族乡、毕节市织金县后寨苗族乡、毕节市织金县大平苗族彝族乡、毕节市织金县茶店布依族苗族彝族乡、毕节市织金县金龙苗族彝族布依族乡、毕节市织金县鸡场苗族彝族布依族乡、毕节市金沙县太平彝族苗族乡、毕节市金沙县石场苗族彝族乡、毕节市金沙县马路彝族苗族乡、毕节市金沙县安洛苗族彝族满族乡、毕节市金沙县新化苗族彝族满族乡、毕节市金沙县大田彝族苗族布依族乡、毕节市赫章县兴发苗族彝族回族乡、毕节市赫章县松林坡白族彝族苗族乡、毕节市赫章县雉街彝族苗族乡、毕节市赫章县珠市彝族乡、毕节市赫章县双坪彝族苗族乡、毕节市赫章县辅处彝族苗族乡、毕节市赫章县铁匠苗族乡、毕节市赫章县可乐彝族苗族乡、毕节市赫章县河镇彝族苗族乡、毕节市赫章县结构彝族苗族乡、毕节市赫章县水塘堡彝族苗族乡、毕节市赫章县古达苗族彝族乡、毕节市纳雍县库东关彝族苗族白族乡、毕节市纳雍县董地苗族彝族乡、毕节市纳雍县左鸠戛彝族苗族乡、毕节市纳雍县锅圈岩苗族彝族乡、毕节市纳雍县新房彝族苗族乡、毕节市纳雍县化作苗族彝族乡、毕节市纳雍县姑开苗族彝族乡、毕节市纳雍县羊场苗族彝族乡、毕节市纳雍县昆寨苗族彝族白族乡、毕节市纳雍县猪场苗族彝族乡、毕节市威宁彝族回族苗族自治县新发布依族乡、毕节市大方县大水彝族苗族布依族乡、毕节市黔西县金坡苗族彝族满族乡、毕节市大方县普底彝族苗族白族乡、毕节市黔西县仁和彝族苗族乡、铜仁市碧江区桐木坪侗族乡、铜仁市碧江区瓦屋侗族乡、铜仁市碧江区和平土家族侗族乡、铜仁市碧江区滑石侗族苗族土家族乡、

续表 6

地　区	数　量	乡镇名称
贵州省	193	铜仁市碧江区六龙山侗族土家族乡、铜仁市万山区高楼坪侗族乡、铜仁市万山区黄道侗族乡、铜仁市万山区敖寨侗族乡、铜仁市万山区下溪侗族乡、铜仁市万山区鱼塘侗族土家族苗族乡、铜仁市万山区大坪侗族土家族苗族乡、铜仁市德江县楠杆土家族乡、铜仁市德江县沙溪土家族乡、铜仁市德江县桶井土家族乡、铜仁市德江县堰塘土家族乡、铜仁市德江县荆角土家族乡、铜仁市德江县长丰土家族乡、铜仁市德江县龙泉土家族乡、铜仁市德江县钱家土家族乡、铜仁市江口县德旺土家族苗族乡、铜仁市江口县官和侗族土家族苗族乡、铜仁市石阡县聚凤仡佬族侗族乡、铜仁市石阡县大沙坝仡佬族侗族乡、铜仁市石阡县枫香仡佬族侗族乡、铜仁市石阡县青阳苗族仡佬族侗族乡、铜仁市石阡县龙井侗族仡佬族乡、铜仁市石阡县石固仡佬族侗族乡、铜仁市石阡县坪地仡佬族侗族乡、铜仁市石阡县甘溪仡佬族侗族乡、铜仁市石阡县坪山仡佬族侗族乡、铜仁市思南县思林土家族苗族乡、铜仁市思南县枫柸土家族苗族乡、铜仁市思南县杨家坳苗族土家族乡、铜仁市思南县胡家湾苗族土家族乡、铜仁市思南县宽坪土家族苗族乡、铜仁市思南县三道水土家族苗族乡、铜仁市思南县天桥土家族苗族乡、铜仁市思南县兴隆土家族苗族乡、黔东南苗族侗族自治州岑巩县羊桥土家族乡、黔南布依族苗族自治州都匀市归兰水族乡、黔南布依族苗族自治州荔波县瑶山瑶族乡、黔南布依族苗族自治州荔波县黎明关水族乡、黔南布依族苗族自治州平塘县卡蒲毛南族、贵阳市花溪区湖潮布依族苗族乡
云南省	140	昆明市晋宁县夕阳彝族乡、昆明市晋宁县双河彝族乡、昆明市宜良县九乡彝族回族乡、昆明市宜良县耿家彝族苗族乡、昭通市昭阳区守望回族乡、昭通市昭阳区小龙洞回族彝族乡、昭通市昭阳区布嘎回族乡、昭通市昭阳区青冈岭回族彝族乡、昭通市鲁甸县桃源回族乡、昭通市鲁甸县茨院回族乡、昭通市大关县上高桥回族彝族苗族乡、昭通市永善县马楠苗族彝族乡、昭通市永善县伍寨彝族苗族乡、昭通市镇雄县果珠彝族乡、昭通市镇雄县林口彝族苗族乡、昭通市彝良县龙街苗族彝族乡、昭通市彝良县奎香苗族彝族乡、昭通市彝良县树林彝族苗族乡、昭通市彝良县柳溪苗族乡、昭通市彝良县洛旺苗族乡、昭通市威信县双河苗族彝族乡、曲靖市师宗县龙庆彝族壮族乡、曲靖市师宗县五龙壮族乡、曲靖市师宗县高良壮族苗族瑶族乡、曲靖市罗平县长底布依族乡、曲靖市罗平县旧屋基彝族乡、曲靖市罗平县鲁布革布依族苗族乡、曲靖市富源县古敢水族乡、曲靖市会泽县新街回族乡、楚雄彝族自治州南华县雨露白族乡、楚雄彝族自治州大姚县湾碧傈僳傣族乡、楚雄彝族自治州永仁县永兴傣族乡、楚雄彝族自治州武定县东坡傣族乡、玉溪市红塔区小石桥彝族乡、玉溪市红塔区洛河彝族乡、玉溪市江川县安化彝族乡、玉溪市通海县高大傣族彝族乡、玉溪市通海县里山彝族乡、玉溪市通海县兴蒙蒙古族乡、玉溪市华宁县通红甸彝族苗族乡、玉溪市易门县十街彝族乡、玉溪市易门县浦贝彝族乡、玉溪市易门县铜厂彝族乡、红河哈尼族彝族自治州河口瑶族自治县桥头苗族壮族乡、红河哈尼族彝族自治州金平苗族瑶族傣族自治县者米拉祜族乡、红河哈尼族彝族自治州蒙自县期路白苗族乡、红河哈尼族彝族自治州蒙自县老寨苗族乡、红河哈尼族彝族自治州开远市大庄回族乡、文山壮族苗族自治州文山市东山彝族乡、文山壮族苗族自治州文山市红甸回族乡、文山壮族苗族自治州文山市秉烈彝族乡、文山壮族苗族自治州文山市柳井彝族乡、文山壮族苗族自治州文山市坝心彝族乡、文山壮族苗族自治州砚山县阿舍彝族乡、文山壮族苗族自治州砚山县维末彝族乡、文山壮族苗族自治州砚山县盘龙彝族乡、文山壮族苗族自治州砚山县干河彝族乡、文山壮族苗族自治州丘北县舍得彝族乡、文山壮族苗族自治州丘北县新店彝族乡、文山壮族苗族自治州丘北县树皮彝族乡、文山壮族苗族自治州丘北县八道哨彝族乡、文山壮族苗族自治州丘北县腻脚彝族乡、文山壮族苗族自治州麻栗坡县猛硐瑶族乡、文山壮族苗族自治州富宁县洞波瑶族乡、普洱市澜沧拉祜族自治县酒井哈尼族乡、普洱市澜沧拉祜族自治县发展河哈尼族乡、普洱市澜沧拉祜族自治县谦六彝族乡、普洱市澜沧拉祜族自治县文东佤族乡、普洱市澜沧拉祜族自治县安康佤族乡、普洱市澜沧拉祜族自治县雪林佤族乡、普洱市思茅区云仙彝族乡、普洱市思茅区龙潭彝族傣族乡、普洱市墨江哈尼族自治县孟弄彝族乡、普洱市西盟佤族自治县力所拉祜族乡、大理白族自治州大理市太邑彝族乡、大理白族自治州鹤庆县六合彝族乡、大理白族自治州宾川县钟英傈僳族彝族乡、大理白族自治州宾川县拉乌彝族乡、大理白族自治州祥云县东山彝族乡、大理白族自治州弥渡县牛街彝族乡、大理白族自治州永平县北斗彝族乡、

续表 7

地　区	数　量	乡镇名称
云南省	140	大理白族自治州永平县厂街彝族乡、大理白族自治州永平县水泄彝族乡、大理白族自治州云龙县苗尾傈僳族乡、大理白族自治州云龙县团结彝族乡、丽江市华坪县永兴傈僳族乡、丽江市华坪县通达傈僳族乡、丽江市华坪县新庄傈僳族傣族乡、丽江市华坪县船房傈僳族傣族乡、丽江市永胜县羊坪彝族乡、丽江市永胜县东山傈僳族彝族乡、丽江市永胜县六德傈僳族彝族乡、丽江市永胜县大安彝族纳西族乡、丽江市永胜县光华傈僳族彝族乡、丽江市永胜县松坪傈僳族彝族乡、丽江市宁蒗彝族自治县翠玉傈僳族普米族乡、丽江市古城区金江白族乡、丽江市玉龙纳西族自治县九河白族乡、丽江市玉龙纳西族自治县石头白族乡、丽江市玉龙纳西族自治县黎明傈僳族乡、保山市隆阳区瓦马彝族白族乡、保山市隆阳区瓦房彝族苗族乡、保山市隆阳区杨柳白族彝族乡、保山市隆阳区芒宽彝族傣族乡、保山市施甸县摆榔彝族布朗族乡、保山市施甸县木老元布朗族彝族乡、保山市龙陵县木城彝族傈僳族乡、保山市昌宁县朱街彝族乡、保山市昌宁县苟街彝族苗族乡、保山市昌宁县湾甸傣族乡、德宏傣族景颇族自治州陇川县户撒阿昌族乡、德宏傣族景颇族自治州芒市三台山德昂族乡、德宏傣族景颇族自治州梁河县曩宋阿昌族乡、德宏傣族景颇族自治州梁河县九保阿昌族乡、德宏傣族景颇族自治州盈江县苏典傈僳族乡、怒江傈僳族自治州福贡县匹河怒族乡、怒江傈僳族自治州泸水市洛本卓白族乡、迪庆藏族自治州香格里拉市三坝纳西族乡、迪庆藏族自治州德钦县霞若傈僳族乡、迪庆藏族自治州德钦县拖顶傈僳族乡、临沧市凤庆县新华彝族苗族乡、临沧市凤庆县腰街彝族乡、临沧市凤庆县郭大寨彝族白族乡、临沧市云县栗树彝族傣族乡、临沧市云县忙怀彝族布朗族乡、临沧市云县后箐彝族乡、临沧市永德县大雪山彝族拉祜族傣族乡、临沧市永德县乌木龙彝族乡、临沧市临翔区平村彝族傣族乡、临沧市临翔区南美拉祜乡、临沧市耿马傣族佤族自治县芒洪拉祜族布朗族乡、临沧市沧源佤族自治县勐角傣族彝族拉祜族乡、临沧市镇康县军赛佤族拉祜族傈僳族德昂族乡、西双版纳傣族自治州景洪市基诺山基诺族乡、西双版纳傣族自治州景洪市景哈哈尼族乡、西双版纳傣族自治州勐腊县瑶区瑶族乡、西双版纳傣族自治州勐腊县象明彝族乡、西双版纳傣族自治州勐海县格朗和哈尼族乡、西双版纳傣族自治州勐海县布朗山布朗族乡、西双版纳傣族自治州勐海县西定哈尼族乡
西藏自治区	9	山南市错那县麻玛门巴族乡、山南市错那县贡日门巴族乡、山南市错那县基巴门巴族乡、山南市错那县勒布区勒门巴族乡、林芝市林芝县更章门巴族乡、林芝市米林县南伊珞巴乡、林芝市墨脱县达木珞巴族乡、昌都市芒康县下盐井纳西族乡、山南市隆子县斗玉珞巴乡
陕西省	3(其中民族镇 3)	商洛市镇安县西口回族镇、商洛市镇安县茅坪回族镇、安康市宁陕县江口回族镇
甘肃省	34	临夏回族自治州广河县阿里麻土东乡族乡、甘南藏族自治州临潭县长川回族乡、甘南藏族自治州临潭县卓洛回族乡、甘南藏族自治州临潭县古战回族乡、甘南藏族自治州卓尼县勺哇土族乡、陇南市文县铁楼藏族乡、陇南市武都区坪垭藏族乡、陇南市武都区磨坝藏族乡、陇南市宕昌县新城子藏族乡、酒泉市肃州区黄泥堡裕固族乡、酒泉市玉门市小金湾东乡族乡、白银市会宁县新添堡回族乡、庆阳市正宁县五倾源回族乡、平凉市崆峒区峡门回族乡、平凉市华亭县神峪回族乡、平凉市华亭县山寨回族乡、平凉市崆峒区白庙回族乡、平凉市崆峒区大秦回族乡、平凉市崆峒区寨河回族乡、平凉市崆峒区大寨回族乡、平凉市崆峒区西阳回族乡、平凉市崆峒区上杨回族乡、张掖市肃南裕固族自治县祁丰藏族乡、张掖市肃南裕固族自治县马蹄藏族乡、张掖市肃南裕固族自治县白银蒙古族乡、张掖市甘州区平山湖蒙古族乡、临夏回族自治州临夏县井沟东乡族乡、临夏回族自治州和政县梁家寺东乡族乡、临夏回族自治州临夏县安家坡东乡族乡、酒泉市瓜州县七墩回族东乡族乡、酒泉市瓜州县腰站子东乡族乡、酒泉市瓜州县广至藏族乡、酒泉市

续表 8

地　区	数　量	乡镇名称
甘肃省	34	瓜州县沙河回族乡、酒泉市玉门市独山子东乡族乡
青海省	28	西宁市大通回族土族自治县朔北藏族乡、西宁市大通回族土族自治县向化藏族乡、西宁市湟中县群加藏族乡、西宁市湟中县大才回族乡、西宁市湟中县汉东回族乡、西宁市湟源县日月藏族乡、海东市民和回族土族自治县杏儿藏族乡、海东市乐都县下营藏族乡、海东市乐都县中坝藏族乡、海东市乐都县达拉土族乡、海东市互助土族自治县松多藏族乡、海东市化隆回族自治县雄先藏族乡、海东市化隆回族自治县查甫藏族乡、海东市化隆回族自治县金源藏族乡、海东市化隆回族自治县塔加藏族乡、海东市循化撒拉族自治县道帏藏族乡、海东市循化撒拉族自治县尕楞藏族乡、海东市循化撒拉族自治县岗察藏族乡、海东市循化撒拉族自治县文都藏族乡、海东市平安县沙沟回族乡、海东市平安县巴藏沟回族乡、海东市平安县石灰窑回族乡、海东市平安县洪水泉回族乡、海东市平安县古城回族乡、海东市互助土族自治县巴扎藏族乡、海北藏族自治州门源回族自治县皇城蒙古族乡、海北藏族自治州海晏县哈勒景蒙古族乡、海南藏族自治州贵德县新街回族乡
新疆维吾尔自治区	42	吐鲁番市鄯善县东巴扎回族乡、和田地区皮山县瑙阿巴提塔吉克族乡、和田地区皮山县康克尔柯尔克孜族乡、巴音郭楞蒙古自治州和硕县乌什塔拉回族乡、昌吉回族自治州奇台县大泉塔塔尔族乡、昌吉回族自治州奇台县五马场哈萨克族乡、昌吉回族自治州奇台县乔仁哈萨克族乡、昌吉回族自治州木垒哈萨克自治县大南沟乌孜别克族乡、昌吉回族自治州玛纳斯县旱卡子滩哈萨克族乡、昌吉回族自治州玛纳斯县塔西河哈萨克族乡、昌吉回族自治州玛纳斯县清水河哈萨克族乡、昌吉回族自治州阜康市三工河哈萨克族乡、昌吉回族自治州阜康市上户沟哈萨克族乡、昌吉回族自治州昌吉市阿什里哈萨克族乡、昌吉回族自治州呼图壁县石梯子哈萨克族乡、乌鲁木齐市米东区柏杨河哈萨克族乡、克孜勒苏柯尔克孜自治州阿克陶县塔尔塔吉克族乡、喀什地区塔什库尔干塔吉克自治县科克亚尔柯尔克孜族乡、喀什地区泽普县布依鲁克塔吉克族乡、喀什地区莎车县孜热普夏提塔吉克族乡、伊犁哈萨克自治州察布查尔锡伯自治县米粮泉回族乡、伊犁哈萨克自治州特克斯县科克铁热克柯尔克孜族乡、伊犁哈萨克自治州特克斯县呼吉尔特蒙古族乡、伊犁哈萨克自治州伊宁县愉群翁回族乡、伊犁哈萨克自治州尼勒克县科克浩特浩尔蒙古族乡、伊犁哈萨克自治州霍城县伊车嘎善锡伯族乡、伊犁哈萨克自治州霍城县三宫回族乡、伊犁哈萨克自治州昭苏县胡松图喀尔逊蒙古族乡、伊犁哈萨克自治州昭苏县察汗乌苏蒙古族乡、伊犁哈萨克自治州昭苏县夏特柯尔克孜族乡、塔城地区塔城市阿西尔达斡尔族乡、塔城地区乌苏市塔布勒合特蒙古族乡、塔城地区乌苏市吉尔格勒特郭楞蒙古族乡、塔城地区额敏县额玛勒郭楞蒙古族乡、塔城地区额敏县霍吉尔特蒙古族乡、阿克苏地区乌什县雅曼苏柯尔克孜族乡、阿克苏地区温宿县博孜东柯尔克孜族乡、哈密市伊吾县前山哈萨克族乡、哈密市伊州区德外里都如克哈萨克族乡、哈密市伊州区乌拉台哈萨克族乡、阿勒泰地区布尔津县禾木哈纳斯蒙古族乡、阿勒泰地区阿勒泰市汗德尕特蒙古族乡

■中国市辖民族区一览表

地　区	市辖民族区名称
内蒙古自治区	呼和浩特市回族区
黑龙江省	齐齐哈尔市梅里斯达斡尔族区
河南省	郑州市管城回族区
	洛阳市廛河回族区
	开封市顺河回族区

注：全国现有市辖“民族区”5 个。

中国陆地边境县、牧区半牧区县、民族贸易县、民族自治地方国家扶贫工作重点县

■中国陆地边境县(旗)、市(市辖区)一览表

地区	自治州(盟、地、市)	县、旗、市(市辖区)
内蒙古自治区	包头市	达尔罕茂明安联合旗
	呼伦贝尔市	扎赉诺尔区、满洲里市、额尔古纳市 陈巴尔虎旗、新巴尔虎左旗、新巴尔虎右旗
	巴彦淖尔市	乌拉特中旗、乌拉特后旗
	乌兰察布市	四子王旗
	兴安盟	阿尔山市、科尔沁右翼前旗
	锡林郭勒盟	二连浩特市、阿巴嘎旗、苏尼特左旗 苏尼特右旗、东乌珠穆沁旗
	阿拉善盟	阿拉善左旗、阿拉善右旗、额济纳旗
辽宁省	丹东市	振兴区、元宝区、振安区、东港市、宽甸满族自治县
吉林省	通化市	集安市
	白山市	浑江区、临江市、抚松县、长白朝鲜族自治县
	延边朝鲜族自治州	图们市、珲春市、龙井市、和龙市、安图县
黑龙江省	鸡西市	虎林市、密山市、鸡东县
	鹤岗市	萝北县、绥滨县
	双鸭山市	饶河县
	伊春市	嘉荫县
	佳木斯市	同江市、抚远市
	牡丹江市	绥芬河市、穆棱市、东宁市
	黑河市	爱辉区、逊克县、孙吴县
	大兴安岭地区	呼玛县、塔河县、漠河县
广西壮族自治区	防城港市	防城区、东兴市
	百色市	靖西市、那坡县
	崇左市	凭祥市、宁明县、龙州县、大新县
云南省	保山市	腾冲市、龙陵县
	普洱市	江城哈尼族彝族自治县、孟连傣族拉祜族佤族自治县 澜沧拉祜族自治县、西盟佤族自治县
	临沧市	镇康县、耿马傣族佤族自治县、沧源佤族自治县
	红河哈尼族彝族自治州	绿春县、金平苗族瑶族傣族自治县、河口瑶族自治县
	文山壮族苗族自治州	麻栗坡县、马关县、富宁县

续表

地区	自治州(盟、地、市)	县、旗、市(市辖区)
云南省	西双版纳傣族自治州	景洪市、勐海县、勐腊县
	德宏傣族景颇族自治州	芒市、瑞丽市、盈江县、陇川县
	怒江傈僳族自治州	泸水市、福贡县、贡山独龙族怒族自治县
西藏自治区	日喀则市	定日县、康马县、定结县、仲巴县、亚东县、吉隆县 聂拉木县、萨嘎县、岗巴县
	林芝市	墨脱县、察隅县
	山南市	洛札县、错那县、浪卡子县
	阿里地区	噶尔县、普兰县、札达县、日土县
甘肃省	酒泉市	肃北蒙古族自治县
新疆维吾尔自治区	哈密市	伊州区、巴里坤哈萨克自治县、伊吾县
	阿克苏地区	温宿县、乌什县
	喀什地区	叶城县、塔什库尔干塔吉克自治县
	和田地区	和田县、皮山县
	昌吉回族自治州	奇台县、木垒哈萨克自治县
	博尔塔拉蒙古自治州	博乐市、阿拉山口市、温泉县
	克孜勒苏柯尔克孜自治州	阿图什市、阿克陶县、阿合奇县、乌恰县
	伊犁哈萨克自治州	霍尔果斯市、霍城县、昭苏县、察布查尔锡伯自治县
	塔城地区	塔城市、额敏县、托里县、裕民县、和布克赛尔蒙古自治县
	阿勒泰地区	阿勒泰市、布尔津县、富蕴县、福海县 哈巴河县、青河县、吉木乃县

注：1.名单顺序按民政部编《中华人民共和国行政区划简册》排列。
2.统计口径以沿陆地国境线的县级行政区划为单位。
3.资料截止时间为 2017 年 12 月 31 日。
4.新疆建设兵团 58 个边境团场暂未列入本表。

■中国牧区、半牧区县(旗)一览表

地 区	分 类	县 数	县(旗)名单
河北	半牧区	6	张北县、康保县、沽源县、尚义县、 丰宁满族自治县、围场满族蒙古族自治县
山西	半牧区	1	右玉县
内蒙古	牧区	34	达尔罕茂明安联合旗、阿鲁科尔沁旗、巴林左旗、巴林右旗、克什克腾旗、翁牛特旗、科尔沁区、科尔沁左翼中旗、科尔沁左翼后旗、扎鲁特旗、鄂托克前旗、鄂托克旗、杭锦旗、乌审旗、陈巴尔虎旗、新巴尔虎左旗、新巴尔虎右旗、鄂温克族自治旗、乌拉特中旗、乌拉特后旗、四子王旗、科尔沁右翼中旗、锡林浩特市、阿巴嘎旗、苏尼特左旗、苏尼特右旗、东乌珠穆沁旗、西乌珠穆沁旗、镶黄旗、正镶白旗、正蓝旗、阿拉善左旗、阿拉善右旗、额济纳旗
	半牧区	20	林西县、敖汉旗、开鲁县、库伦旗、奈曼旗、东胜区、达拉特旗、准格尔旗、伊金霍洛旗、扎兰屯市、阿荣旗、莫力达瓦达斡尔族自治旗、磴口县、乌拉特前旗、察哈尔右翼中旗、察哈尔右翼后旗、突泉县、科尔沁右翼前旗、扎赉特旗、太仆寺旗

续表

地区	分类	县数	县(旗)名单
辽宁	半牧区	6	康平县、彰武县、阜新蒙古族自治县 北票市、建平县、喀喇沁左翼蒙古族自治县
吉林	牧区	1	通榆县
	半牧区	7	双辽市、长岭县、乾安县、前郭尔罗斯蒙古族自治县 洮南市、大安市、镇赉县
黑龙江	牧区	7	龙江县、甘南县、富裕县、肇源县、杜尔伯特蒙古族自治县、安达市、青冈县
	半牧区	8	泰来县、虎林市、肇州县、林甸县、同江市、肇东市、兰西县、明水县
四川	牧区	10	松潘县、壤塘县、阿坝县、若尔盖县、红原县、德格县、白玉县、石渠县、色达县、理塘县
	半牧区	38	马尔康市、汶川县、理县、茂县、九寨沟县、金川县、小金县、黑水县、康定市、泸定县、丹巴县、九龙县、雅江县、道孚县、炉霍县、甘孜县、新龙县、巴塘县、乡城县、稻城县、得荣县、西昌市、盐源县、德昌县、会理县、会东县、宁南县、普格县、布拖县、金阳县、昭觉县、喜德县、冕宁县、越西县、甘洛县、美姑县、雷波县、木里藏族自治县
云南	牧区	3	香格里拉市、德钦县、维西傈僳族自治县
西藏	牧区	13	当雄县、仲巴县、萨嘎县、色尼区、嘉黎县、聂荣县、安多县、申扎县、班戈县、巴青县、革吉县、改则县、措勤县
	半牧区	25	林周县、昂仁县、谢通门县、康马县、亚东县、岗巴县、卡若区、江达县、贡觉县、类乌齐县、丁青县、察雅县、八宿县、工布江达县、曲松县、措美县、错那县、浪卡子县、比如县、索县、尼玛县、普兰县、噶尔县、札达县、日土县
甘肃	牧区	7	天祝藏族自治县、肃南裕固族自治县、肃北蒙古族自治县、阿克塞哈萨克族自治县、玛曲县、碌曲县、夏河县
	半牧区	13	永登县、永昌县、靖远县、民勤县、山丹县、瓜州县、环县、华池县、漳县、岷县、合作市、卓尼县、迭部县
青海	牧区	26	海晏县、祁连县、刚察县、泽库县、河南蒙古族自治县、共和县、同德县、兴海县、贵南县、玛沁县、班玛县、甘德县、达日县、久治县、玛多县、玉树市、杂多县、称多县、治多县、囊谦县、曲麻莱县、德令哈市、格尔木市、乌兰县、都兰县、天峻县
	半牧区	4	门源回族自治县、同仁县、尖扎县、贵德县
宁夏	牧区	1	盐池县
	半牧区	2	同心县、海原县
新疆	牧区	22	伊吾县、塔什库尔干塔吉克自治县、民丰县、木垒哈萨克自治县、温泉县、和静县、阿合奇县、乌恰县、新源县、昭苏县、特克斯县、尼勒克县、托里县、裕民县、和布克赛尔蒙古自治县、阿勒泰市、布尔津县、富蕴县、福海县、哈巴河县、青河县、吉木乃县
	半牧区	15	乌鲁木齐县、伊州区、巴里坤哈萨克自治县、温宿县、沙雅县、奇台县、博乐市、精河县、尉犁县、且末县、和硕县、阿克陶县、巩留县、塔城市、额敏县

注：全国共有牧区县和半牧区县 269 个。

■民族自治地方国家扶贫工作重点县一览表

地　区	数　量	县(旗、市)名称
河北	3	丰宁满族自治县、围场满族蒙古族自治县、青龙满族自治县
内蒙古	31	武川县、阿鲁科尔沁旗、巴林左旗、巴林右旗、林西县、翁牛特旗、喀喇沁旗、宁城县、敖汉旗、科尔沁左翼中旗、科尔沁左翼后旗、库伦旗、奈曼旗、莫力达瓦达斡尔族自治旗、鄂伦春自治旗、卓资县、化德县、商都县、兴和县、察哈尔右翼前旗、察哈尔右翼中旗、察哈尔右翼后旗、四子王旗、阿尔山市、科尔沁右翼前旗、科尔沁右翼中旗、扎赉特旗、突泉县、苏尼特右旗、太仆寺旗、正镶白旗
吉林	4	龙井市、和龙市、汪清县、安图县
湖北	9	长阳土家族自治县、恩施市、利川市、建始县、巴东县、宣恩县、咸丰县、来凤县、鹤峰县
湖南	10	江华瑶族自治县、城步苗族自治县、通道侗族自治县、泸溪县、凤凰县、花垣县、保靖县、古丈县、永顺县、龙山县
广西	28	龙胜各族自治县、隆安县、马山县、天等县、龙州县、田东县、德保县、靖西市、那坡县、凌云县、乐业县、西林县、田林县、隆林各族自治县、凤山县、东兰县、巴马瑶族自治县、都安瑶族自治县、大化瑶族自治县、罗城仡佬族自治县、环江毛南族自治县、忻城县、三江侗族自治县、融水苗族自治县、金秀瑶族自治县、上林县、昭平县、富川县
海南	3	白沙黎族自治县、琼中黎族苗族自治县、保亭黎族苗族自治县
重庆	4	石柱土家族自治县、彭水苗族土家族自治县、酉阳土家族苗族自治县、秀山土家族苗族自治县
四川	20	马边彝族自治县、小金县、黑水县、壤塘县、甘孜县、德格县、石渠县、色达县、理塘县、盐源县、普格县、布拖县、金阳县、昭觉县、喜德县、越西县、甘洛县、美姑县、雷波县、木里藏族自治县
贵州	36	道真仡佬族苗族自治县、务川仡佬族苗族自治县、关岭布依族苗族自治县、镇宁布依族苗族自治县、紫云苗族布依族自治县、威宁彝族回族苗族自治县、印江土家族苗族自治县、沿河土家族自治县、松桃苗族自治县、兴仁县、普安县、晴隆县、贞丰县、望谟县、册亨县、安龙县、黄平县、施秉县、三穗县、岑巩县、天柱县、锦屏县、剑河县、台江县、黎平县、榕江县、从江县、雷山县、麻江县、丹寨县、荔波县、独山县、平塘县、罗甸县、长顺县、三都水族自治县
云南	46	禄劝彝族苗族自治县、寻甸回族彝族自治县、宁蒗彝族自治县、宁洱哈尼族彝族自治县、墨江哈尼族自治县、景东彝族自治县、镇沅彝族哈尼族拉祜族自治县、江城哈尼族彝族自治县、孟连傣族拉祜族佤族自治县、澜沧拉祜族自治县、西盟佤族自治县、双江拉祜族佤族布朗族傣族自治县、沧源佤族自治县、双柏县、南华县、姚安县、大姚县、永仁县、武定县、泸西县、元阳县、红河县、金平县、绿春县、文山市、砚山县、西畴县、麻栗坡县、马关县、丘北县、广南县、富宁县、梁河县、泸水市、福贡县、贡山独龙族怒族自治县、兰坪白族普米族自治县、香格里拉市、德钦县、维西傈僳族自治县、漾濞彝族自治县、南涧彝族自治县、巍山彝族回族自治县、金平苗族瑶族傣族自治县、屏边苗族自治县、勐腊县
甘肃	14	张家川回族自治县、天祝藏族自治县、临夏县、康乐县、永靖县、广河县、和政县、东乡族自治县、积石山保安族东乡族撒拉族自治县、合作市、临潭县、卓尼县、舟曲县、夏河县
青海	12	大通回族土族自治县、民和回族土族自治县、化隆回族自治县、循化撒拉族自治县、泽库县、甘德县、达日县、杂多县、治多县、囊谦县、玛多县、曲麻莱县
宁夏	8	盐池县、同心县、原州区、海原县、西吉县、隆德县、泾源县、彭阳县
新疆	27	巴里坤哈萨克自治县、乌什县、柯坪县、阿图什市、阿克陶县、阿合奇县、乌恰县、疏附县、疏勒县、英吉沙县、莎车县、叶城县、岳普湖县、伽师县、塔什库尔干塔吉克自治县、和田县、墨玉县、皮山县、洛浦县、策勒县、于田县、民丰县、察布查尔锡伯自治县、尼勒克县、托里县、青河县、吉木乃县

■中国民族贸易县(旗)、市一览表

地 区	数 量	县(旗、市)名称
河北	5	青龙满族自治县、丰宁满族自治县、围场满族蒙古族自治县、宽城满族自治县、孟村回族自治县
内蒙古	57	苏尼特左旗、阿巴嘎旗、西乌珠穆沁旗、镶黄旗、正镶白旗、正蓝旗、苏尼特右旗、东乌珠穆沁旗、多伦县、太仆寺旗、达尔罕茂明安联合旗、四子王旗、商都县、化德县、察哈尔右翼前旗、察哈尔右翼右旗、察哈尔右翼后旗、乌拉特中旗、乌拉特后旗、鄂托克旗、杭锦旗、准格尔旗、乌审旗、伊金霍洛旗、鄂托克前旗、林西县、巴林右旗、阿鲁科尔沁旗、克什克腾旗、翁牛特旗、巴林左旗、宁城县、敖汉旗、喀喇沁旗、科尔沁右翼前旗、扎赉特旗、科尔沁左翼后旗、科尔沁右翼中旗、库伦旗、奈曼旗、扎鲁特旗、陈巴尔虎旗、新巴尔虎左旗、新巴尔虎右旗、额尔古纳左旗、鄂温克族自治旗、莫力达瓦达斡尔族自治旗、鄂伦春自治旗、阿拉善左旗、阿拉善右旗、额济纳旗、科尔沁左翼中旗、托克托县、清水河县、武川县、和林格尔县、固阳县
辽宁	5	阜新蒙古族自治县、喀喇沁左翼蒙古族自治县、新宾满族自治县、岫岩满族自治县、桓仁满族自治县
吉林	5	安图县、长白朝鲜族自治县、龙井市、和龙市、汪清县
黑龙江	1	杜尔伯特蒙古族自治县
浙江	1	景宁畲族自治县
湖北	10	来凤县、鹤峰县、咸丰县、利川市、巴东县、建始县、宣恩县、恩施市、五峰土家族自治县、长阳土家族自治县
湖南	12	龙山县、桑植县、永顺县、保靖县、花垣县、古丈县、泸溪县、凤凰县、新晃侗族自治县、通道侗族自治县、城步苗族自治县、江华瑶族自治县
广东	3	连山壮族瑶族自治县、连南瑶族自治县、乳源瑶族自治县
广西	34	那坡县、凌云县、乐业县、西林县、隆林各族自治县、平果县、田林县、德保县、靖西县、田东县、马山县、上林县、天等县、大新县、龙州县、宁明县、隆安县、上思县、巴马瑶族自治县、环江毛南族自治县、罗城仫佬族自治县、东兰县、凤山县、都安瑶族自治县、天峨县、南丹县、大化瑶族自治县、金秀瑶族自治县、融水苗族自治县、三江侗族自治县、忻城县、资源县、龙胜各族自治县、富川瑶族自治县
海南	8	保亭黎族苗族自治县、白沙黎族自治县、乐东黎族自治县、琼中黎族苗族自治县、东方黎族自治县、陵水黎族自治县、昌江黎族自治县、通什市
重庆	5	酉阳土家族苗族自治县、秀山土家族苗族自治县、黔江区、彭水苗族土家族自治县、石柱土家族自治县
四川	51	马尔康县、茂县、红原县、阿坝县、汶川县、若尔盖县、理县、黑水县、小金县、松潘县、金川县、九寨沟县、壤塘县、峨边彝族自治县、马边彝族自治县、冕宁县、宁南县、德昌县、会东县、会理县、昭觉县、金阳县、甘洛县、布拖县、普格县、喜德县、雷波县、越西县、美姑县、木里藏族自治县、盐源县、米易县、盐边县、康定县、九龙县、炉霍县、甘孜县、雅江县、新龙县、道孚县、白玉县、理塘县、德格县、乡城县、石渠县、稻城县、色达县、巴塘县、泸定县、德荣县、丹巴县
贵州	51	道真仡佬族苗族自治县、剑河县、台江县、黎平县、榕江县、从江县、雷山县、丹寨县、黄平县、锦屏县、天柱县、麻江县、施秉县、镇远县、三穗县、岑巩县、荔波县、罗甸县、惠水县、三都水族自治县、平塘县、独山县、长顺县、贵定县、龙里县、福泉县、瓮安县、松桃苗族自治县、沿河土家族自治县、印江土家族苗族自治县、卢丰县、望谟县、册亨县、安龙县、晴隆县、兴仁县、普安县、威宁彝族回族苗族自治县、赫章县、纳雍县、镇宁布依族苗族自治县、紫云苗族布依族自治县、关岭布依族苗族自治县、大方县、黔西县、织金县、金沙县、水城县、盘县特区、六枝特区、务川仡佬族苗族自治县